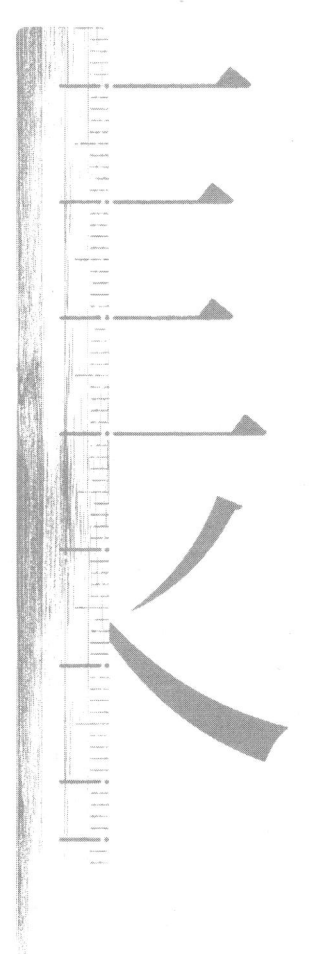

"好校长"是怎样炼成的

丛书总主编
余慧娟

/

本册主编
任国平

华东师范大学出版社
全国百佳图书出版单位

人民教育

目　录

辑一

校长的价值领导力从何而来

辑五

用课程改变学校

辑六

沟通就是一种领导力

辑十

管理标准时代，校长如何走向专业化

总 序
办伟大的学校，做伟大的校长和教师

翟 博

　　《人民教育》编辑部应华东师范大学出版社之邀，出版这套丛书，可喜可贺。

　　创刊于1950年的《人民教育》杂志，积聚了深厚的历史财富、广博的教育资源、深远的影响力和良好的公信力，被读者亲切地誉为"中国基础教育第一刊"。近几年来，《人民教育》杂志围绕中心，服务大局，坚持"方向性引领、专业化服务"宗旨，着力引领读者深入探讨中国基础教育改革发展的一系列重大课题，并在理论和实践层面作出回应，获得读者高度认可。其中，既有对教育现代化、立德树人、教育公平、教育质量观等重大理论问题的思考，也有校长领导力提升、学校办学的新经验，还有教师发展的新思路，更有最前沿的学习方式的引介，上接天线，下接地气。从《人民教育》近几年发表的文章中，精选、分类结集成册，既充分发挥了文献的长远价值，便于读者系统阅读，也能够更好地扩大传播面。在当前转瞬即逝的刷屏式海量、碎片阅读背景下，高水平的专业文章更能够帮助读者聚焦关注点，提高阅读的获得感，提升专业水平。

　　具体而言，《人民教育》精品文丛具有如下特点。

　　第一，丛书立足于新时代中国基础教育的历史使命，对重大教育课题和重点难点问题给出了丰富且可资借鉴的回答，是引领、推动中国基础教育发展的珍贵文献。

党的十八大以来，以习近平同志为核心的党中央高瞻远瞩，提出了一系列重要的教育思想和教育论断，为新时代基础教育发展指明了方向。党的十八大报告首次提出，把立德树人作为教育的根本任务。习近平总书记多次强调，要全面贯彻落实党的教育方针，培养德、智、体、美、劳全面发展的社会主义建设者和接班人；要处理好德与才的关系，解决好德与才相统一的问题；要让学生做到明大德、守公德、严私德；要把立德树人的成效作为检验学校一切工作的根本标准。深刻领会立德树人的丰富内涵，认真探索立德树人的实践路径，深入研究立德树人的理论，是新时代给基础教育提出的重大课题。

在这一背景下，基础教育需要切实承担起一系列重大使命。要把社会主义核心价值观教育融入教育全过程，放在更加突出的位置加以落实，引领学生树立正确的历史观、民族观、国家观、文化观。要植根于中华优秀传统文化的土壤，培育文化自信和中国精神，把中华优秀传统文化融入课堂教学和学校教育全过程，在创造性转化、创新性发展中传承中国人的文化基因。要大力发展素质教育，树立德、智、体、美、劳全面发展的质量观。要重新思考、践行好学校、好校长、好老师的标准。坚持育人为本，转变教育思想观念，认真落实习近平总书记提出的"四有"好老师的要求，进一步提升校长和教师的专业素质。从单纯以学科考试分数为主要评价指标转到全面发展的理念上来；从关注少数尖子生的发展转到关注每一个孩子的发展上来；从过于强调统一步调转到更多关注个性发展上来。

《人民教育》精品文丛，正是站在基础教育改革发展的最前沿，围绕以上重大课题、重要使命，组织国内顶尖专家、优秀校长教师，提供前沿思想理念和脚踏实地的解决方案。《新时代学校使命》一书，由社评和《人民教育》核心议题的前言构成，高度凝练了对当前教育问题的思考，包括教育自信、教育质量观、核心价值观教育、美育、教育活力，等等。《身体教育学》一书，力图借助"身体教育学"这个最新概念，以整体的观念来推动全面发展。《核心素养的中国实践》一书，期待带动整个基础教育质量观的变化，以适应未来对人才和教育的要求。《名校的那些"秘密"》一书，以活生生的案例来展示学校社会主义核心价值观教育、培养文化自信、落实立德树人根本任务的管理、课程、空间设计等诸多实践路径。《还可以怎样学习》一书，聚焦近年来学生发展素养目标的变化，以全球视野介绍更广阔、更多样、更有效的学习方式。《"好校长"是怎样炼成的》一书，专注于校长的价值领导力、课程领导力、教师领导力和沟通领导力等核心要素的实践解读。《老师，你为什么不再进步了》一书，关注教师的成长与高原期突破。《朝向心灵伟大的教师》一书，汇集教育界、文化界及商界名人的成长故事和教育故事，力图为校长教师打开新的窗口，从社会的角度来看教育。

第二，丛书集中展现了中国教育实践经验与智慧，引导读者建立和提升教育自信。

中国教育质量迅速提升的一个重要秘密，就是中小学的每一堂课，都在努力体现国家战略、国家意志，国家顶层设计与一线微观实践高度融通呼应。

对美好生活的渴望，对美好教育的热烈追求，是中国教育成功的重要动力。纵观中国基础教育改革开放 40 年来的历程，对美好教育的追求，成为教育发展、教育工作者改革创造的重要驱动力。这套丛书中提炼的好学校、好校长、好教师的改革经验，无不是在回应广大人民群众对美好教育的殷切期盼。

与时代潮流合拍，创造高品质的教育，是教育改革的重要经验。近年来，中小学涌现了一大批好校长、好教师，就在于他们敏锐地抓住了时代发展的脉搏，大力提升自己的政治素养，养成法治思维，涵养博大的精神世界，从宏观上保障了教育教学改革的正确方向。同时，近年来中国基础教育改革的一个关键突破点，是从主要关注教学方式层面的改进转向学校整体层面的变革，体现了与新时代精神的密切呼应。

从这套丛书中还可以看到如国家认同教育、核心价值观教育、优秀传统文化教育、学校文化、课程构建与优化、选课走班制度等方面的具体操作经验。这些都是我们的中小学扎根中国大地实实在在干出来的智慧结晶，是中国基础教育之所以卓越的重要因素，也是我们教育自信的来源，值得学校校长、教师认真研读、借鉴。

第三，丛书呼吁教育工作者乘着新时代的东风，办伟大的学校，做伟大的校长和教师。

伟大的学校，不是仅仅为升学服务的学校，而是要为学生未来创造美好生活的学校。美好生活，不仅意味着谋生就业能力，也意味着正确的价值观，丰富的精神世界，厚重的家国情怀，强烈的社会责任感，健康的自我调节能力，和谐的人际交往能力。伟大的学校，也不仅仅是学生成长的乐园，还应该是教师的人生幸福所在。教师的幸福与学生的发展密切相关。只有当教师从心底里认同教师职业，才能真正参与到学生的成长之中，也才能获得自身职业价值的实现，收获作为教师的幸福。伟大的学校，善于激发教师的职业热情，帮助教师获得成就感。这也是《名校的那些"秘密"》等书揭示的秘密所在。

伟大的校长，其领导力不仅体现在过硬的政治素质、坚持正确的办学方向上，还体现为优良的道德品质，更要有教育的定力，"习惯于择高处立，寻平处坐，向宽处行，务实，求稳，但内心却向往教育的理想，一切为了民族的未来"。伟大的校长，是善于成就教师的校长。李烈感言："当我哪一天不再做校长时，如果老师们在背后这样说：'李烈当校长的时候，我们是真的在快乐地工作着'，那就是对我最高的褒奖了。"伟大的校长还应是优秀的学习者，善于在繁忙的事务间隙，终身学习，反思完善。在工作中，伟大与平庸的区别往往在于能否不断注入生命的激情，能否不断发现心灵伟大的教师和存在无限发展潜能的孩子。

伟大的教师，首先是一个精神灿烂的人。教师是深度参与学生精神生活的引领者。无论是做"四有"好老师，还是做好"引路人"，教师自身的精神修养是前提，这包括坚定的理想信念、崇高的道德修养、对丰富个性的包容、对人的发展性的充分认识、传递正能量的意识和能力、沟通的艺术、自我情绪管理，等等。善于发现美是他们共同的特质。他们还是一群积极回应环境的人，能够敏锐地发现新问题，通过学习、思考、行动来调整自己，跟着时代一同进步。这些伟大教师的特质，读者可以从《老师，你为什么不再进步了》《朝向心灵伟大的教师》等书中充分感受。

中国社会正处在全面深化改革、实现中华民族伟大复兴中国梦的进程中，社会转型、技术变革等都给基础教育提出了严峻挑战，教育工作者如何看待新情况、解决新问题，考验着我们队伍的素质，更考验我们的学习能力。2013年，习近平总书记在中央党校建校80周年庆祝大会暨2013年春季学期开学典礼上的讲话中指出，"要依靠学习走向未来""只有加强学习，才能增强工作的科学性、预见性、主动性，才能使领导和决策体现时代性、把握规律性、富于创造性"。愿读者在这套丛书中，能够充分感知新时代对我们提出的使命和要求，了解我国基础教育改革发展的基本脉络，把握学校办学的正确方向和科学规律，发展和培育伟大学校、伟大校长、伟大教师成长的"基因"，立志办伟大的学校，做伟大的校长和教师，为伟大的时代贡献自己的价值。

2018年7月

（作者系中国教育报刊社党委书记、社长）

序
新时代呼唤更多的"好校长"

毛亚庆

　　《人民教育》编辑部的任国平编辑邀请我为近几年在《人民教育》校长板块发表的精彩文章汇集而成的书——《"好校长"是怎样炼成的》写一篇序。我欣然接受，主要是因为该书不仅记录了教育研究者、行政管理者、校长从不同的角度对于如何做"好校长"的思考与切身体悟，读来让人感慨，也为杂志的编辑们这样"有心""用心"为推进中国教育前行所作的努力而感动，更为重要的是对"'好校长'是怎样炼成的"这一主题的积极回应，体现了新时代对于办好人民满意的教育的时代需求。

　　"新时代"这个词可能是党的十九大以后中国社会使用频率最高的词。新时代的"新"，意味着不同于以往，体现为人民日益增长的美好生活需要和不平衡不充分的发展之间的矛盾成了社会的主要矛盾，表现为人民对美好生活的向往成了中国社会未来的奋斗目标；新时代的"新"，也意味着这是未来一段历史时期中国社会相对稳定的发展追求，不仅需要中国经济的发展由高速增长阶段转向高质量发展阶段，也需要中国社会的发展整体"升级换代"，重新再出发。

　　在教育上，习近平总书记用"更好的教育"回应人民对美好生活的期盼，在这一背景下，如何做一名"好校长"，需要校长在对新时代历史性充分把握的基础上，回应好如何构建"好的教育"和"好的学校"。

首先，好校长应对新时代历史性有充分的认识。对于当下社会发展历史性的把握，既是在原有历史性上的前行，是一种进步，又是为社会的未来发展孕育新的历史发展可能性，为此，好的校长需要关注三个问题。

一是"有没有"的问题，即在原有的基础上是否有新的或被忽视的所谓"存在"产生或被观照，是否有新的或被忽视的特质出现；在新时代，比起金钱和物质，更重要的是精神层面的充实感；人民对生活的需要不再停留在追求量的增加、点的变化上，开始注重质的飞跃、面的拓展。人们对物质文化生活提出了更高的要求，并且对民主、法治、公平、正义、安全、环境等方面的需求也日益提高。

二是"对不对"的问题，即基于新质或被忽视的"存在"被关注的背景下，提出的新思路、新战略、新举措与所关注的"存在"是否具有某种特定的规定性，是否促进了它的发展和光大。在新时代，社会发展方式从关注数量增加和外延延展转变到追求质量的提升和内涵的发展；社会发展模式从数量扩张的增长模式转向质量提升的发展模式，更强调从外延到内涵式的发展道路。

三是"好不好"的问题，即这些新思路、新战略、新举措是否促进了社会向前发展，是否满足了相关主体需要的发展追问。在新时代，人们对美好生活的向往，表明人们对自己的定位不再是外在物质的欲求物，而是将自己的生活本身作为描述和评判的对象。美好生活的含义不仅是断言对自己生活感到满意而是觉得自己的生活很好，衡量的尺度将是把人的发展作为目的，而不是为了某种纯粹外在目的而牺牲人的发展，从而使这个社会呈现的是"崇高"而不是"鄙俗"，是精神的彰显而不仅是物质的追求，是人的发展而不仅是物质的丰富。

其次，好校长要对"好的教育"有充分的理解。在新时代要构建"好的教育"，需要从如下方面努力。

第一，教育需要重新定位：不仅要多出人才，快出人才，更重要的是要出好人才。出好人才，在新时代就须回答好"培养什么人，怎样培养人"这一带有全局性和根本性的教育重大问题，要体现教育的中国特色社会主义的方向性，通过教育，使社会主义核心价值观达到"立德树人"。

第二，对人发展的理解要变化：不仅要成为"某种人"，更为重要的是要"成为人"。在新时代，要解决好由于以往教育发展更多地为经济发展服务的单向度定位，以及由于市场经济建立与功利化、唯认知论的升学诉求相互成为共谋，使对人的发展的理解过多关注系统知识的掌握和具体专业知识的拥有，追求形成某种特定的技能，从事特定的职业，扮演特定的角色，遗忘了教育对人发展的理解应是"使人作为人能够成其为人"，而不仅是使人"成为某种人"。

第三，对教育的理解要变化：对教育的理解不仅要"观物"更要"观人"。在新时代，对教育的理解不再仅是"人是掌握知识的容器"，注重知识与学生发展的外在关联；而更应从"观人"的立场强调教育也需要把握"现实的、活生生的、具体的、历史的人"——人毕竟是追求意义的存在，这种存在不仅是寻求所属物种尺度的生存存在，更为重要的是追求人内在固有尺度的生命存在。

第四，教育价值的取向要变化：在新时代对教育公平和教育质量应有新的理解，要树立"没有公平的质量是不道德的，没有质量的公平是低层次的"这样的认识，从两者彼此分离转换到相互交融整体加以理解的阶段，在更凸显公平的同时还要兼顾有质量，这是保障每一个受教育者身心潜能得到全面发展的基础，也是每一个适龄受教育者的基本权利。

第五，思考教育的方式要变化：看待教育发展的思维方式要从"点"到"面"转换。在新时代，看待教育发展的思维方式要体现整体性和综合化，要凸显将教育的发展看作一个整体，立足于整体来分析教育部分与部分、部分与整体之间关系的系统性；需要整体系统思考破解制约基础教育发展的问题与障碍，促进基础教育自身完善和健康发展，真正体现基础教育是给孩子的发展打基础的定位。

最后，好校长对"好学校"要有充分的理解。在新时代要构建"好的学校"，就应使学校更像人一样是有生命、有灵性的，是一个生命的有机体；好的学校不应只是规划孩子发展的地方，而应是一个能够让孩子实现梦想的地方。因此，好的学校必备这样的基本要素。

共享与自我彰显的学校办学理念构成学校的灵魂。在这里，学校的灵魂应建立在学校生活中相关群体达成了共享的学校发展愿景，形成了共同成长的办学理念，树立了将学生视为一个自我生命的生成者、实现者，使每一个人获得最大可能的充分发展。

开放与互动的人际关系构成学校的血肉。在这里，学校管理者、教师和学生的关系不是彼此孤独、分割、个体化的"原子"——彼此不沟通，不相互理解，学校不是被看成孤独个人的机械聚合，而是彼此开放、互动的有机体。

科学与民主的学校运行机制构成学校的骨架。在这里，学校管理不仅要关注制度化、程序化、技术化的管理过程，还要在教育政策、制度、机制上通过民主的方式，使人的自由意志得以彰显、保证和实现。

追求理性的获得与人性的提升的教育教学质量构成学校的命脉。在这里，学校教育不再是注重加班加点的知识训练，学习的目的不再只是为了获得一个外在于人的本真发展的外在认可的符号和资格，学校教育质量与效益的获得要出于人的社会性发展，提升人的人性，注重人的精神理念和人格锻造。

新的时代，需要基于新时代的历史性把握，对"好的教育""好的学校"有充分理解的"好校长"快速成长，以"更好的教育"回应人民对美好生活的向往，使中国社会不仅"站起来""富起来""强起来"，而且能够更"好起来"。

2018 年 5 月

（作者系教育部小学校长培训中心主任，北京师范大学教育学部教授）

辑一
校长的价值领导力从何而来

守护教育的良心

厉佳旭

2016 年 5 月的一天，我收到王飞老师写的文章《孩子，学校给你的不仅仅是分数》，讲述了一个这样的故事：

> 一个学生不肯来校读书。王飞和班主任决定前去家访。
>
> 学生见到老师就说："读书没意思，学校没意思。"
>
> 王老师灵机一动，说："去学校又不是为读书的。"
>
> "到学校不为读书？那为了什么？"
>
> "为了生活，为了做人，为了交朋友，为了锻炼身体，为了做些自己喜欢做的事情，为了学点对自己有用的本事啊。读那几本书，考点分数，只是很小的一部分。你看，一个人在家里，什么都不做，就是玩游戏、看电视，能够学到什么？时间一久，身体变差了，心情也不好了，朋友也没了，什么本领也学不到。在学校，每天有体育课，可以锻炼身体；每天和同学们一起吃饭聊天，可以交朋友；每天可以看点喜欢的书，参加喜欢的兴趣小组，学点东西。这不是很快乐吗……"
>
> 这个学生居然被老师的一番话打动了。第二天，就回到了学校。

王老师后来对我说："虽然我们花了周末大半天时间去做工作，虽然这个学生的学习态度并不好，但我们还是觉得很有意义。"

"是的，这就是教育良心。我们多做些与分数无关的事情，多做些在别人看来毫无意义的事情，恰恰是在守护着自己的教育良知，恰恰也证明我们在努力做着真教育。"

王飞是学校的政教主任，我们经常进行这样的对话。

有教育良心就会真正重视育人工作，不会把分数当作自己的唯一追求

2016 年 6 月 21 日下午，在浙江省宁波市政府召开的中小学德育工作会议上，作为学校代表之一，我校有幸能够登台发言。在介绍了学校德育工作经验后，我谈了三点体会：

第一，重视是前提。学校对德育的重视程度和开展德育工作的实际高度，往往决定了一所学校的办学品位和办学品质。

第二，虔诚很重要。德育的成效就在学生日常生活中，但它常常躲在光鲜的成绩背后甚至远离成绩的地方。教育者必须怀有一颗单纯而虔诚的心。

第三，垂范是关键。教师出现的地方，就应该是教育发生的地方。学生更相信他看见的成人世界，而不是他听说的道德世界。

最后，我用一句话总结：教育的使命是立德树人。或许，当我们对分数背后的东西关注更多，对分数以外的东西关心更多的时候，我们就离教育的目的和本质更近了。

我的这次发言，得到了与会领导和同行的认同和肯定。某位市领导在讲话中多次引用我的观点和原话，他认为我对育人工作的认识是到位的。

其实，在我看来，要做到上面三点，最关键的就是教育良心。

有教育良心，就会真正重视育人工作，不会把分数当作自己的唯一追求；有教育良心，就会虔诚地重视每一个学生的健康成长，不会用分数来衡量学生的优劣，区别对待；有教育良心，就会明白，做教师就要严于律己，行胜于言，时时表率，处处垂范，勇于自责和自纠，善于自省和自励，而不是知行脱节，言行不一。

什么是良心？良心，指的是人与生俱来的道德感，是人类辨别是非对错的能力。它也是人之为人的本质特征，是被现实社会普遍认可并被自己认同的行为规范和价值标准。

良心是人格道德的内核。一个人如果具备了良心，即便没有外在的约束和监督，也会"从心所欲不逾矩"。所以，卢梭认为"良心是灵魂之声"，苏霍姆林斯基视良心为"使人做自己行为举止的最严厉的评判者的力量"，是"行为和理智的捍卫者"，毛姆则称良心是"守护个人为自我保存所启发的社会秩序的保护神"。

什么是教育良心

教育良心，就是良心在教育工作中的具体体现和要求，是教育者应该具备的职业道德感和专业抉择能力。具体地说，它是教育者对教育事业的那份忠诚，对教育原则的那份坚守，对教育对象的那份关爱，对教育责任的那份担当，对教育质量的那份承诺，对教育效率的那份追求。

教育是良心活。

因为教育具有迟效性，绝不像许多工作那样立竿见影，你今天所做的教育努力，可能在明年甚至数十年后，才能显现出效果来。

因为教育具有复杂性，学生的成长不仅来自教师个人的努力，还来自学生个人、家长以及社会各界的共同努力，谁都可以把责任轻易地推卸给别人。

因为教育具有潜隐性，教育的好坏常常深深地潜伏隐藏在学生的内心深处，它不像工厂流水线上的生产那样可以简单测量。你带给学生的是心灵的成长还是精神的沉沦，任何高明的工具和量表都难以准确测量。

教师的工作具有极大的随意性和主观性。要做好教育，是世界上最困难的事情；要做坏教育，是世界上最容易的事情。要做一位卓越的教师，是人世间最艰难的挑战；要做一位平庸的教师，则是人世间最简单的选择。

看到学生萎靡不振，你可以张口批评，也可以视而不见，还可以草草过问，更可以作深入细致的调查、沟通和家访，说不定，这里面就有一个令你吃惊的背景和让你流泪的故事。

这就是教育的良心。

学生的作业本，你可以匆匆打个日期，可以简单打个对错，可以再打个等级，也可以根据你对学生的了解认真写几句批语或激励的话。当然，还可以找每个学生来面对面，一一作细致而耐心的指导。

这就是教育的良心。

面对一节课，你可以拿着课本直接进课堂，让学生一边学，你一边跟着临时"备课"；你可以下载个课件，生搬硬套，照本宣科；你可以拿着过去的教案，与学生一年一年重复着"阿毛的故事"；你可以深入钻研教材，查阅大量资料，花大半天、一个周末甚至许多天备一节课。你可以给学生云里雾里、不知所云的迷惘，也可以给学生如沐春风、豁然开朗的愉悦，更可以给学生醍醐灌顶、更上层楼的惊喜。

这就是教育的良心。

在你功成名就之后，领导和同事对你不吝赞词，你可以躺在荣誉上恃才傲物；你也可以回到起点，重新出发，开始更高远的探索之旅。

这就是教育的良心。

在你行将退休之际，同事和学生对你敬重有加，你可以依靠资历得过且过；也可以永葆初心，珍惜在校的每一个日子，勤勤恳恳，善始善终。

这就是教育的良心。

在你遭受不公之时，领导和家长对你批评指责，你可以放任自己敷衍塞责；也可以任劳任怨，一如既往地兢兢业业、恪尽职守，努力关爱和帮助每一个学生。

这就是教育的良心。

总之，教育是让人成为人的事业，当以培育和守护人的良心为己任。教师是良心活，是特别倚重良心的职业，是最需要良心作为保障的职业。良心既是教育之根基，也是教育之灵魂。

只有守护住教育良心，我们的学校才像真正的学校

当前，以片面追求升学率为主要特征的教育功利化和短视化现象依然十分严重；全球性的社会问题，如诚信缺失、真理模糊、物欲泛滥、享乐至上等，轻而易举地侵入校园，影响教育，校园内层出不穷的心理失衡、价值失偏、理想失却、道德失守、行为失范等现象，早已令人深以为忧。

朱清时院士曾说过："一个社会要有希望，一定要有净土，这个净土就是学校。"学校理当成为一片净土，一方道德高地，自觉承担起并切实履行好服务和改造社会的伟大使命。只有守护住教育良心，我们的学校才像真正的学校，我们的教师才像真正的教师，我们的教育才是真正的教育，我们的孩子们也才能够更好地传承和守护住人类的真善美文化，生活在更美好的未来社会之中，并为未来社会和文明进步作出自己应有的贡献。

所以每年开学，我们全体师生都会在国旗下庄严地宣誓："我，从走进立人中学的那一刻起，无论今后身处何方——有人看见或无人看见，无论今后所言何物——有人听见或无人听见，无论今后所做何事——有人知晓或无人知晓，都将坚守与生俱来的良知，做一个懂感恩、负责任、有爱心的人。"

我们将这份誓词印刻在运动场的文化墙上，师生们茶余饭后休闲散步的时候，不经意间就从这里获得了关于良心的启发和提醒。

总之，好的学校就应当这样：走在校园里的都是有良心的人，而从校园里走出去的人，都是能够坚守良心的人。

无论社会如何复杂，世界如何变幻，生活如何凶险，命运如何无常，作为教育者，我们应当始终坚守自己的教育良心。

教育者好了，教育才会好起来；教育好了，孩子们才会好起来；孩子们好了，世界才会好起来。

（作者系浙江省宁波市镇海区立人中学校长）

（文章原刊于《人民教育》2017 年第 01 期）

办一所学生喜欢的学校

姚跃林

　　7年前的初夏，我从媒体上得知厦门大学在福建漳州校区与漳州开发区联合筹办一所中学的消息。从未想过"跳槽"的我，第一次认真地看完了一所学校的招聘启事。

　　"创校"，瞬间点燃了我心中朦胧的教育理想。我一直希望在一所风光旖旎的寄宿制学校里教书育人，朝看学生读书，夕观学生运动，夜览星空下水晶般的教学楼，满眼尘世喧嚣被隔离后洋溢在师生脸上浓稠的甜蜜……一种属于孩子与学校的特有的色彩和旋律，我称之为"稍稍有一点诗意地栖息"。这一点"诗意"，"诱惑"我开始了一段冒险之旅。

　　离开工作了23年的安徽一所知名中学，我有太多的不舍。我在那里成长，见证了她的辉煌，也为她的再出发奠定了平稳基础。但闹市中局促的校园无法放飞我的理想。早晨，学生拥在校门口等待开门；傍晚，单调无情的广播催促学生离开校园；夜晚来临，校园是那样的静寂……一种因处处妥协、时时遗憾而潜滋暗长的教育理想，似乎一直在等待放飞的天空。2007年9月3日，我抛家别子，走进了只有我一个人的"学校"，等待我的是一座滨海荒山和一卷蓝图。

　　今天，若问我为什么要当厦大附中的校长，我会平静地说：为了教育理想！难道还有什么其他理由可以解释？

一切从零开始。在办学定位受到质疑、学校发展面临困境的2009年春天，我常常夜不能寐，心力交瘁，每一个早晨都在心脏的隐痛中醒来，每一个晚上都在醒不过来的担忧中入睡。我下定决心：即使不能实现既定定位，也绝不离开"学校"。幸运的是，我们用自己的努力赢得了信任和发展机遇。

学校因学生而存在，有学生学校就有价值。没有优质生源，也许难有好的升学成绩，但完全可以建成好学校，关键在教师。我们确立了"培育和提升一流的教育服务品质，用合适的教育办学生喜欢的学校"的办学思路，将师资作为"服务品质"的核心，视"一流教育服务品质"为最高质量。真心服务学生成长，办学生喜欢的学校，这既是我们的理想，也是切合实际的发展路径。对于学校而言，还有比"学生喜欢"更高的评价吗？

激发教师的智慧比制度建设还重要，而制度正是用来保障教师教学自主权的。用一个模式来定义一所学校的课堂是一件不可思议的事。我们倡导教学民主，不搞"明星制"，珍视批判精神，直面教育本质，绝不做明天后悔的事。从互信和唯美的视角来建构多维关系，在单纯和谐的人际交往中，享受专业化的生活乐趣。规划基于终身从教的专业发展，将最好的论文写在课堂上，在实践中获得专业成长。努力保持人格独立和精神超越，办有尊严的教育。

教师生活在学生中，使厦大附中教师成为当今社会最专注于自己专业的人。突出服务，使资源和课程更好地促进学生全面发展。尊重学生的自主创造，以"我即文化"的命题，引领文化自信和文化自觉。不追求"高效课堂"，强调师生相伴共处的意义。尊重学生的客观差异和选择权，从关注学生的现实快乐出发，提高教学有效性。反对"为了考试"的课堂，努力实现教育对人的起码尊重。承认生命的固有价值，提倡适度教育，勉励学生做幸福的平凡人。

回望来路，我很庆幸自己在职业生涯的后半程，能有一件自己喜欢的事可做。虽然我深知办一所不一样的学校无比艰难，但与学校相守，与师生相伴，我的内心充满阳光。7年来，校园赐予我不竭的思想和快乐，我以笔谈的方式予以记录，在个人博客"理想国"里写了近 500 篇、120 多万字的文章。我为我的同事和学生而写，向其倾诉，与其对话。校长要做"真实"的人，要用教育信仰和人格魅力在思想的平等碰撞中领导学校。

今天，当孩子们享受着免费教育、同事们沉浸于职业幸福时，当他们感念快乐的校园生活而由衷地喜欢附中时，当学校办学质量快速提升从而具有较大区域影响力时，我才真正体会到"校长"的职业价值，感悟到坚持的意义，才发现我的梦正是大家的梦。

（作者系厦门大学附属实验中学校长）

（文章原刊于《人民教育》2015 年第 07 期）

叩问教育的本质

朱祥烈

校长是什么？我认为校长是事业。我从教已近 30 年，虽然已担任校长 16 年，但是在校长事业之路上，我还是一名学生。

我喜欢安安静静地办学，不迎合喧闹与浮华。这份安静，可以让内心慢慢强大，目标慢慢清晰，思想慢慢积淀。

世纪之初，我在成都芳草小学担任校长 10 年，有了属于自己的"一亩三分地"，可以做自己想做的事，去追寻人生的价值。但是，当校长不是一件简单的事，有诸多的问题、困难、矛盾找上门来，我慢慢体会到了一种责任、一种担当：必须把学校办好。

我是做科研出身，曾有教改课题成果获得重庆市一等奖，于是便从教育科研起步探索办学之路。针对最初学校硬件差、教师不稳定、家长不信任等问题，我们开展了教师审美素质促进学生发展的研究。3 年下来，教师素质、教学质量有了可喜变化，原来迟疑的家长也纷纷把孩子送来了。

后来发现，要把学校办好，仅仅靠提高教师素质是不够的，必须使全体学生全面、主动、和谐发展。在上一轮研究中，我们发现审美化评价是制约学生发展的一个瓶颈，于是我带领团队质疑"三好学生"评价中的问题，借鉴全国少工委雏鹰争章的思想，延续审美化评价探索，开展了省级课题"争章夺星促进小学生个性化发展"的研究。几年下来，我们厘清了评价理念，建构了一套小学生个性化评价体系与策略。这一研究成果获得了四川省政府教学成果一等奖，学校办学质量和效益迅速提升。

在科研兴校的进程中，我不断叩问：教育的本质是什么？什么样的思想和策略才符合教育的本质规律？我越来越清晰地认识到，教育的本质是促进学校里每一个人真实、善好地发展，由此出发，越是贴近学校实际、受到师生认同的想法、做法，就越是符合教育规律、办学规律。我们相信只要找准问题、定准目标，通过持之以恒的科研淬炼，一定能收获师生的成长与发展。

然而，仅有教育科研是不够的。在新一轮课程改革的浪潮中，我在反复追问自己从哪里来？要到哪里去？在被评为成都市特级校长、被遴选为成都市未来教育家培养对象后，更多了一份压力和责任。如何引领师生实现更好的发展？如何更好地发挥自己应有的作用？

在不断琢磨与实践中，一个改革的轮廓逐步清晰：办一所自由生长型的学校，以自由生长型的教师培养具有"独立之精神，自由之思想"的生长型学生。我和我的团队在心中描摹出一片更美的风景。

"自由"是"不逾规矩的随心所欲"，不受束缚，不被压抑，指向心灵的舒畅、精神的饱满、思维的开放；"生长"是主动的成长，是生命力的迸发。自由生长的主张直指造成学生不快乐、不自由、不幸福的各种功利思想和其他积弊，力图唤醒教师尊崇教育规律的悟性，喜欢所做的，做所喜欢的；唤醒学生向上向善的灵性，释放潜能，彰显个性；唤醒学校和社会尊崇自由的生机，为师生自由生长保驾护航，让每一位师生成为幸福快乐、独一无二的"我"。

我带领团队积极建构儿童多彩课程，以个性化、多姿多彩的课程为儿童提供丰富、有趣、有益的儿童生活，把生动有趣、快乐和自由还给儿童。我们认为，儿童和儿童多彩课程"协同共振"，会产生有质量的共鸣；儿童在多彩课程中自由生长，课程也随着儿童学习生活的变化而不断生长，儿童和课程会一起自由生长。我们还认为，儿童多彩课程的构建和探索可以囊括社团、课堂等课改研究，可以通过多彩学堂、多彩社团、多彩评价等立体推进师生自由生长。

更美的风景在前方，我和我的团队在路上。纵然前路难免荆棘与坎坷，我们也会勇往直前。

（作者系四川省成都玉林中学附属小学校长）

（文章原刊于《人民教育》2015 年第 07 期）

我有一个"芽"与"露"的梦想

王淑芳

小时候，我很"宅"，喜欢把自己关在房子里做自己的梦，当小说家，当图书管理员，当同学们喜欢的老师……

不知不觉中自己长大了，18 岁的我真的成了一名老师，我的想法更多了。带着孩子们一起写童话，成立他们喜欢的俱乐部，用他们喜欢的方式提出各种各样的奖励，甚至想象着成为校长的自己又为孩子们开辟了一个新的活动场，我的这样和那样的梦交替上演着……

没想到，工作了 15 年的我真的在前任校长的推荐下，于 2003 年秋天成为一名校长。我激动地自言自语：我以前的那许多许多的想法可以有更大的空间去实现了。

当时在我的眼里，学校最重要的使命是培养孩子们高贵的气质，让他们从青少年时代起就有精神上的追求和高尚的人生目标。每一个人都可以选择做一个普通的人，和芸芸众生一样，过普通的生活，但他的修养必须是这个社会中最优秀的。我想，学校如果没有这样的想法，培养出来的学生一定会很平庸甚至很庸俗。

正好，在我当校长的第一个学期，区教育局组织校长论坛，我的一篇文章入选，但演讲时我临时把主题改为"我的雅行之梦"，我的演讲引起了争论。2003 年正是课改初期，主张的是个性张扬，而我的主张是雅行。校长们的不认同引起我校教师的关注，为了自己学校的校长，他们群策群力，谈雅行，做雅行，寻求可行的雅行之路。

我们的想法很快有了思想和行动支撑。"雅行"，贵在雅，重在行，雅是行的标准，行是雅的体现。"雅行"是什么？雅者，不粗不俗，不卑不亢，温文尔雅，落落大方，君子风范。行者，践行之，心性外化之，言行举止合一也。中华五千年文明史，本身就是一篇雅乐华章，可资取材的宝物不可胜数，是每一个中国人灵魂的依靠。培养孩子"秀外慧中，知行合一"的雅行素养，是我们广小人的共同梦想。

于是，学校走道里的"中华五千年文明路线图"在"文化小导游"的演绎下变成了大世界；楼梯间的"星光大道"在"班级小岗位"的履职中使小不点变成了大明星；"开放式书廊"让孩子们有了朝读书、午习字、暮自省的交流场；西北角楼梯回廊成了"校园风景线"；"学生成长档案袋"成了小思想、小体验的收纳箱……校园就像一个大磁场，吸引着这里的每一个人。

学校不仅是梦开始的地方，还是让生命获得充盈的地方。师生来到这里就是为了生命价值的实现，为了生命的相互碰撞与激活。我们的"雅行沙龙"就此拉开序幕。学校的梦体现在每一个人的梦想中，大家把自己放在一个博大的世界中来认识自己、发展自己，从不同角度去认识别人、认识群体、认识世界，描绘心目中的雅行教育图景。

在师生的自由创意下，我们鼓励课程开发中学生和教师的创意与钻研，尊重教师教育活动的自由，尊重学生对教育资源的利用与选择。于是，2009年5月，我们正式推出了一套《雅行走天下》校本课程教材。这套教材分为《脚步的诗歌》《美妙的声音》《微笑的礼仪》《神奇的双手》4册。健身操和美体舞，经典诵读和音乐欣赏，文明礼仪和美丽英语，小实验、小制作和小家政等内容分列其中。至此，一个臻于完整的培养雅行基本素养的课程体系在广小全面铺开，其丰富的内容、多元的跨学科资源、灵活的学习方式和较为扎实的实施，成为推进"雅行文化"新的生长点。在这里，人是能动的，是主动构建的，更多的话语权、行动权由领导转向教师、学生，浸润到校园文化、班级文化、课堂文化、教师文化、学生文化之中。

在教师学生说雅行的时候，家长们开始说雅行了；家长们说雅行的时候，社区也开始说雅行了。雅行在师生、家长及周边社区中产生了很好的影响。我真实感受到：社会各界都在思考、关注下一代的健康成长，关注生活质量，关注过上有德行的生活。学校与社会、学生与学生、教师与教师、教师与学生之间的对话和交流，点燃着师生内心的火焰。大家从"被动的安排"到"主动的选择"，学校终于转变为"保持人的意志自由的地方"。

在教育无法抗拒"链接"的时代，主动应用信息技术促进师生精神世界的完整绽放，还有更多的探讨空间，校长正是在这样的过程中成长、成熟……而我的心灵对话，"芽"与"露"的梦想，还在继续绵延、绵延……

（作者系湖北省武汉市洪山区广埠屯小学校长）

（文章原刊于《人民教育》2015 年第 07 期）

我为什么越来越不会当校长了

柳袁照

教职工大会开成了沙龙，校长"退居二线"

新学期开学，我们将教职工大会开成了沙龙，主题是："语文课、数学课、英语课：我们怎么上好课？"在江苏省的高考模式中，是以语文、数学、英语3门总分划定招生分数线的，而会在物理、化学、生物、历史、政治、地理6门中选择两门为选修课程，以等第计算成绩并作为"门槛"，与语文、数学、英语相匹配来录取。因此，在实际教学中，语文、数学、英语显得尤为重要。这是一个真命题，也是一个伪命题。我们需要理性思考：真的是这样吗？应该这样吗？

面对这些问题，在沙龙上让教师开展充分的讨论、交流，畅所欲言，谈论如何上好数学课、语文课、英语课，绝不就语文说语文、就数学说数学，而是着重于它们之间的关系，不仅是语文课、数学课、英语课之间的关系，而是各学科相互之间的各种错综关系，让教师讲讲自己，了解相互之间的"自己"。大家放开来碰撞，在碰撞中进一步认识自己所教学科地位的同时，也认识其他学科的地位。

举行这个沙龙的时候，我们不仅局限于学校内部，还向家长开放，邀请家长参加，除了可促进家校之间的相互沟通，更使这个沙龙具有神圣感、庄重感。

我们之所以不把一般的开学教师大会开成泛泛的行政工作布置，而转为"大家说"的科学研究、课堂研究、学生学情研究，其目的是创设环境，突出教师的主体地位。比如这个开学沙龙，教师坐在台上，如何在特定时间内对本学科作简要准确的表达，而且是通识性的表达，是需要功力与精心准备的。

这样的做法不是第一次，而是形成了惯例。一段时间以来，我们已经形成了一个系列，还有"好老师大家说""好家长大家说""好学校大家说"等；也不仅是只有沙龙，还有教育教学的专题研讨会、现场会、经验交流会等，而校长退居到"二线"，是"导演"，更是"观众"。

我们之所以这样做，源于对校长价值的理解。

"好校长"不只是自己成长，而应在师生的美妙成长之中成长自己

校长的价值是一个简单的问题，也是一个十分难以回答的问题。是说普遍的价值，还是说特殊的价值？在当下的经济社会文化背景下，中小学校长的价值是什么呢？即我们的中小学真正需要一个怎样的校长？如何领导、管理一所学校？校长是以什么关系为前提存在的？包括与学校的关系、与教师的关系、学生的关系等。

我常喜欢打比方说明道理，假如校长是一棵树，他应该生长在哪里，以一种什么状态与形状生成？当下，提倡教育家办学无可非议，许多地方以培养"教育家型校长""名校长"为使命，许多校长也以做一个"教育家型校长""名校长"为奋斗目标，都是好事。

不过，我曾认真观察过自然现象，大树底下往往连草都不长。一个"教育家型校长""名校长"的出现，往往是以"强势"校长的状态、方式出现的，包括舆论的强势、"包装"的强势。他们的出现，对于所在区域、所在学校是一种风景——树大茂密，托天覆地。我并不反对校长做一棵大树，只是反对独占阳光雨露的树。为何一棵树长得好？土壤好还是阳光雨露好？占尽了地理优势，占尽了阳光雨露，当然会长得好，但那是以牺牲别人为代价的。

这种现象以"名校"校长尤甚。名校具有各种优势，包括历史的、现实的、内部的、外部的、生源的、师资的、硬件的、软件的、政策的、舆论的，等等。在那里当"教育家型校长""名校长"容易得多，有捷径可走。在"名校"当校长，有比别人多得多的培训、培养机会。这无可非议，关键是不能影响别人。

我今天所要说的，主要不是指学校对学校的影响，而是指在学校内部校长对教师的影响。常常听见说"一个好校长，就是一所好学校"，此话说过了头，就是问题。一个"好校长"在，学校办得好；一个"好校长"离开、不在了，学校开始走下坡路、衰弱，这就是问题。一个"好校长"，在学校"独木成林"，这棵"独木"不在了，林子当然也就消失了。这样的现象比比皆是，缘由很多、很复杂，但也值得我们当校长的反思。

校长应该成为一棵大树，矗立于苍天之下，茫茫成为一景，成为一个有思想、能坚守、能变革，对多元文化既融入又超脱、善实践的"教育家"。这是从宏观上来说，面对日常校园内的办学实际，并不会如此浪漫与抽象。

真正的"教育家型校长""好校长"，不只是自己成长，而应在师生的美妙成长之中成长自己；不是只有自己有机会，而是要留一点机会给别人，甚至要为别人主动创造机会。蔡元培在北京大学当校长时"兼收并蓄"，北大当时出了多少"大家"！那是蔡校长给别人创造机会。又如白马湖畔的春晖中学，经亨颐先生当校长，自己成了教育家，手下的教师都是大师，如硕彦、夏丏尊、朱自清、朱光潜、丰子恺等，他们的名声甚至比经校长更大。

看一位校长是不是"教育家型校长""名校长"，不仅看他自身，更要看他所在的学校，看他的学校是不是涌现了更多很好的"教育家型老师""名师"以及这些"教育家型名师"培养出了怎样的一批有情怀、有担当、有创造的学生。

校长的胸襟应该开阔，容得下别人在"这个校园里"成名

我们不能强求校长要培养出多少"名师"来，"名师"之所以成为"名

师"，有诸多说得清又说不清的理由。但是，校长的胸襟应该开阔，容得下别人在"这个校园里"成名，创造出成才的美好天地。

我们学校的老校长王季玉，在她当校长期间，曾经聘请沈骊英做老师。当时费孝通、杨绛在一个班，而老师则是沈骊英。后来沈骊英被科学界称为"麦子女圣"，连陶行知都崇拜她。她的学生费孝通、杨绛后来名声更是超过了老师沈骊英。而校长王季玉除了振华女校（苏州十中前身）的老师、学生知道她之外，几乎很少再有人知道有一个叫王季玉的好校长。

王季玉在任期间，还邀请了颜文樑当画图老师，那时颜文樑还是一个小青年，后来成为我国油画界的一代宗师。她还邀请了苏雪林、叶圣陶做国文老师、写作老师，他们的成长、成名是不是也与做振华女校老师的一段经历有关？还有杨荫榆、王佩铮都是一代大家。

我相信王季玉当校长期间，心里从来没有想过自己要当一个"教育家型校长""名校长"，可我以为最终她比我们当下许多称为"教育家型校长""名校长"的强许多。我也相信她比她的那些"手下"老师的名声小许多，甚至比她的学生费孝通、杨绛、何泽慧、彭子冈、李政道的名声要小许多，但是她绝不会遗憾。这些名人大师在王季玉校长面前，也无一不弯腰鞠躬致意。

我无数次查阅历史，查阅校史，王校长只有几篇讲话稿存世。这样的人以自己做土壤、做阳光雨露，给师生以恩泽，能说不是真正意义上的"教育家型校长""名校长"吗？

我虽然在我们学校已经做了 14 年校长，但是对"校长"的理解，却还是很肤浅。校长对一个学校的影响确实不可低估，这种影响有积极的，也有消极的；会是深刻的，也会是表层的；可能是长久的，或是短暂的。如何影响一所学校？每一位校长都会不一样。有的通过"领导"，包括"控制"；有的通过"管理"，包括引进企业管理的方式、途径；有的通过"经营"，包括像强占"地盘"一样不断扩大学校的"实力""势力"，等等。

如何做校长？我越来越感觉到自己不会做校长。校长有时并不能凭自己对教育和学校的理解、按照自己的理想图景去当校长。他需要坚守，也需要兼顾、妥协。尽管如此，我还是做了一定的"探求"。一是"放手"，自己退居到次要的位置上，在一些重要的学校活动之中尤其如此。二是"搭台"，给教师搭建重要的发展平台，要宽广而有高度。三是"采摘"，即及时发现、总结、提炼、推广教师的成功做法、经验，如从秋天丰收的果树上采摘丰硕的果子一样，大家分享。

什么才是校长的真正价值？这从蔡元培、经亨颐、王季玉等身上得到了充分的体现。校长的价值在于，通过自己日常领导、管理一所学校，从而使师生得到最好的发展。所谓最好的发展，是在一定的背景条件下，得到尽可能的发展，这种发展是美妙的，是真正意义上的、完整的、全面的生命生长，至于什么"型"、什么"家"都不重要。

当下已经不是蔡元培、经亨颐、王季玉的时代了，但我们同样需要新的探索与诠释，每一个时代都有自己的特点与个性。在这个时代，我们怎么做校长？这真的是一个很现实、很有意义的问题。

（作者系江苏省苏州第十中学校长）

（文章原刊于《人民教育》2016年第10期）

校长如何实现价值引领

翁光明

一所学校的价值思想很大程度上源于校长心中的价值取向和愿景。校长提倡什么样的价值理念，用什么样的价值规范来要求自己和师生，都将影响师生员工的精神风貌和成长走向，进而对学校的文化形成产生深远而潜移默化的影响。

2012 年年底，我从教育局机关下派到一所城乡接合部的普通高中担任校长，学校当时发展滞后、状态低迷、质量滑坡，社会认可度比较低。如何带领学校走出困境，重启光明，是摆在我面前的一道重大课题。

学校提倡什么、反对什么，一定要鲜明

我所在学校的艺术教育有较好的基础，在区域内有一定影响力，但未成为学校特色。一方面，由于生源问题，加之所处地理位置的因素，之前学校追寻"成功教育"，却难以实现目标要求，无法引领发展；另一方面，作为田家炳学校，田家炳精神文化还有待进一步挖掘……担任校长不久，我开始认真思考学校的文化价值构建问题。

我深知，学校文化应当始于师生内在的精神追求，且符合学校生长的内涵气质。它建基于学校实践，综合学校发展的个性元素，既体现传承与借鉴，又着眼发展与创新。校长的价值理念倘若抛开学校的内外部条件，

生搬硬套，奉行"拿来主义"，必然不是源于学校自身文化本质，也难以形成真正适合于学校发展的个性化办学理念。

办学理念是学校文化的核心。在广泛征求师生意见的基础上，学校广纳贤言、集思广益，精心归纳、全面总结，最终确定了"向着美的方向生长"的办学理念，既体现教育的价值性、过程感，又体现发展的方向感、特色化。在此基础上，我们全面梳理出了学校文化架构——"让师生过完整而幸福的教育生活"的办学宗旨，"履义崇仁，自强不息"的校训，"博爱、博学、博雅"的校风，"仁者气度、学者气质、智者气韵"的师风，"问学、勤学、乐学"的学风，总结提炼了江苏省泰州市田家炳实验中学文化20条，发布"美誉学校、美妙课堂、美好学生、美丽教师""四美宣言"。

校园文化的明晰让广大师生对学校"培养什么人，怎样培养人""提倡什么、反对什么"，有了更加理性的认识和对照依据，文化的价值引领作用得到充分发挥。

龙应台在《文化是什么》中写道："（希腊）老农在刷白了的粉墙边种下一株红蔷薇，显然认为美是重要的，一种对待自己、对待他人、对待环境的做法。"学校文化又何尝不是长在传承与创新土地上的粉墙边的一株红蔷薇呢？

学校管理说到底是人的管理，要让每一位师生"寻找"到最美的自己

在中国的传统文化中，管理总是以"管"为主，这种自上而下的管理理念使很多校长把管理的价值取向定位于建立"规范"和"秩序"。

在踏上校长岗位之初，我也曾陷入深深的困惑之中："我如此投入，怎么还有这么多不理解呢？"一次偶然的发现让我对学校管理有了新的认识。

刚到学校上任，正值年底，我第一个走访慰问的是学生宿舍传达室，看宿舍的老张激动不已，连声说"没想到校长会来看望"。之后，大家反映老张工作更认真了。工作日期间，老张有意无意地会在我经过的宿舍楼前的路边和我打招呼，寒暄几句，几无间断。至此，我才真正认识到，学校管理的对象是人而不是物，人是生动的、发展的、社会的、个性的，学校

管理要让每一个教职员工发现自己、唤醒自己、成就自己。

我在学校管理中树立"每个人都很重要"的管理理念，关注人的情绪，满足人的需要，尊重人的价值，引领人的发展。在这样的管理价值引领下，元旦师生联欢会上出现了勤杂工的身影，年终表彰会上食堂师傅获得了育人单项奖，从行政人员到勤杂工，从中层干部到普通员工，人人都能找到自己应有的位置，人人都能感到被尊重的温暖。

学校向教师倡导这样一种价值：教师是一种使人类和自己都会变得更加美好的职业，其价值不在于升官发财，而在于成全他人、成就自己。我们开展寻找包括勤奋刻苦型、减负增效型、倾情育人型、科研创新型、任劳任怨型、家庭和谐型等美丽老师活动，"人人美好、个个美丽"成为大家共同的追求。

学校对学生实施"全纳教育"管理，不抛弃、不放弃任何一个学生。通过全方位帮扶、滴灌式栽培、个性化培养，采用分层教学、分类指导，让基础一般的学生能够考上本科、重点院校，文化课薄弱、有一定艺体特长的学生发挥特长考上艺体本科，有的还考上了全国著名院校。

在施行绩效工资考核的背景下，学校管理面临新的挑战，我们创新学校管理方式，构建"目标细化、过程硬化、考核量化"的管理模式和评价体系，各项工程均明确指导思想、目标要求、具体工作、时序进度和保障措施。学校将年度目标分解落实到分管校长和相关部门，明确部门、班级、班主任及教师的职责和要求，各部门按规定每月在网上核实公布量化考核结果，用公平、公正的绩效杠杆推动各项任务的圆满完成。在校园内形成外有压力、内有动力、充满活力的工作氛围，让公平公正的管理价值引领得到充分的体现。

"高效明晰"是学校管理价值引领的重要方面。为消除落实学校政策"中梗阻"的现象，提升管理效能，学校降低工作重心，重视年级组职能建设，成立由中层处室成员、教师代表、家长代表共同组成的年级管理委员会。"年管会"下设办公室负责日常工作，分管校长走进教师队伍，直接蹲点年管会工作，一线发现问题，一线及时解决问题。学校又将部门和年级组可能交叉的27项工作列出"权力清单""工作明细表"，明确牵头单位，实现管理的责权利的统一。

主体参与、适性发展，是课程改革的基本价值取向

学校教育的目标、价值主要通过课程来体现和实施。

学校原有课程缺乏顶层设计，庞杂无序，学生不感兴趣，"客随主便""就菜下饭"的现象比较普遍。经过探讨，我们认为，课程开发建设必须寻找到一个可以连接不同课程的纽带，这个纽带具有基本性、必备性，起关键作用，同时课程建设必须基于学生需要，体现学生需求。最终我们把学生核心素养的培育作为整个学校课程的灵魂，把"主体性、发展性、多样化、可选择"作为课程建设的原则，统整学校课程规划和建设的各个要素，建设实质关联、有质量的素养课程体系。

从 2014 年起，学校探索建立完善基于学生核心素养的课程体系，从结构上分成三个层次：基础课程、校本课程和定制课程；从内容上分为"1+3+7+X"，构建"学生核心素养"一个中心，"人与自然、人与社会、人与自我"三个维度，"道德素养、语言素养、人文素养、生活素养、科技与信息素养、健康素养、艺术素养"7 个方面，田家炳精神教育、礼仪教育、异域文化、创意写作、职业规划、网络达人、环保卫士等近 40 个课程集群。同时，由学生"点菜"，学校"下单"，开设播音与主持、电视编导、舞蹈、摄影、动漫等定制课程，用购买服务、名师走教、院校共建等方式解决紧缺师资，为有特殊需要的学生设立课程，真正实现为每一个学生提供可选择的教育。

课程价值取向不仅是课程建设的价值，更包含课程实施过程中传授方式、方法的价值取向。

在我进校之初，学校课堂授课模式一成不变地沿用整堂课教师"一教到底"的传统授课模式，师生累，效率低。我力排众议，在学校各科全面推行"基于问题三问三学"思维课堂教学模式，积极追求高效、智慧的课堂教学模式，努力形成课堂教学特色。通过"以问导学""自问促学""设问测学"三个环节，以问题为载体，以思维为核心，更好地整合课堂，让

学生更大程度地参与课堂教学，发挥课堂主体地位，从而提升课堂教学效率。学校所有学科均深入开展"基于问题三问三学"思维课堂教学模式的探究和实践，课堂效果逐渐显现。现在的课堂，学生活动多了，学生学得轻松了。

　　波兹曼（N.Postman）指出，"一旦你学会了如何问问题，你就学会了如何学习"，它能造就"一种迥然不同、更为大胆、更富有潜力的理智"，也是生存于这个飞速变化的时代的重要工具。这也正是我们课程教学实施改革过程中重要的价值追求。

（作者系江苏省泰州市田家炳实验中学校长）

（文章原刊于《人民教育》2016 年第 10 期）

校长的价值领导力从何而来

曾祥琼

2015 年 7 月，我参加了本区教育系统第一届中小学校长公开遴选活动。经过激烈的竞争，我中选了，教育局将一所在建小学交给我。从事学校行政管理工作已有 15 年，人到中年迎来教育生涯的全新局面，于我而言既是机会又是挑战。

这是一所位于城市建设新区的学校，生源既有拆迁小区的失地农民子弟，又有周边高端商住楼住户的孩子，还有进城务工人员随迁子女。这样一所生源较复杂的学校，我将如何定位学校的发展方向和培养目标？我将怎样带领学校走好走实，步入可持续发展的道路，促进师生的成长成功？是扬起权力的鞭子，还是举起思想的旗帜……一系列问题摆在面前。

我知道，"校长是一所学校的灵魂"，校长的人格修养、教育思想和办学理念就是这个灵魂的作用所在；我也知道，校长的办学价值取向要符合党的教育方针、社会的主流价值观，要符合学校的实际，还要符合教育发展规律；我还知道，只有用价值驱动去治理学校，学校才有发展的内驱力。

新学校还在建设中，组织机构尚未形成，作为一名准校长，修炼价值领导力是我首先要做的功课。

在学习与反思中提升校长的价值观修养

要准确地定位学校的价值目标，需要校长不但有较高的价值观修养，还要有一定的教育理论水平，对教育本质和学校发展规律有系统而准确地把握。反思自己，虽然有多年的学校行政管理经历，但由于都是涉及教育教学的业务管理，全局意识、政策意识、教育理念比较缺乏。知不足而后补，新旧学校交接的空窗期，我有足够的时间去学习与反思。

我首先开启学习模式，从提高自己的个人修养、完善人生价值信念开始。中华传统文化博大精深，加强人格修养需要到传统文化中汲取精神养分。机缘巧合，我加入了一个"晨诵晨跑打卡群"，与沿海发达地区众多优秀的校长相遇。晨诵《论语》成了我们每天唱晓黎明的必修课，清晨5点多众群友准时问安，然后朗诵半小时、晨跑半小时。在一轮一轮的晨读中，孔子"因材施教""有教无类"等教育思想渐渐地印于脑海，"为学之道""处世之学""君子之道"悄然在意识中明晰，在言行中生长。我深知自己的不足，做事自我要求高，有完美主义倾向，但有时面对外界的纷扰又不够笃定，总怀疑自己的想法，其实这就是自己的价值信念不坚定的表现。读《论语》让我明白，不论是为人处世还是管理工作，只有努力以"温良恭俭让"修养自己的心性，内心才会更加豁达，与人相处也才会更加融洽，作为校长的引领作用方能显现出来。

身为校长，丰厚的教育理论和深刻的教育思想是必不可少的。虽然平日里也喜欢读点杂志或微信中的教育文章，但碎片阅读终归是浅阅读，构建教育理论体系还需要系统的深度阅读。美国教育哲学家杜威的《民主主义与教育》是我已经细读两遍的教育典籍。透过艰涩的文字，我读出了"教育即生长""教育即生活""教育即经验"的不断改造的真正含义，惊喜地发现，"儿童中心论""学习构建主义""做中学"等当今中小学新课程改革所倡导的教育理念，其实杜威早在一百多年前就提出来了。教育经典的价值就在于不仅指出了教育该怎么去做，而且揭示出为什么这样做，让人在理解中去实施符合教育规律的行为。新的发现让我更坚定了自己阅读教育经典的决心，即使啃读起来很困难，但也乐此不疲。

广泛阅读，既要读教育类的"有用"之书，还要读人文社科、自然科学的"无用"之书，跳出教育看教育，从更广阔的视角认识教育本质，系统掌握社会主流价值思想，建立全面、正确的价值体系。

在学习中积累，在交流中反思，新校的价值定位已慢慢在脑海里萌发。在国学思想的熏染中，我想到了"蒙童养正、果以育德"的育人目标。"养正教育"可培养孩子的规则意识，但似乎又缺乏对孩子天性的呵护。我希望学校是孩子们幸福成长的乐园；"生长教育"可以顺应孩子的天性，激发其潜力，促进孩子自主发展，但似乎过于理想化，孩子的习惯养成又如何保证？释义校名，我和老师们从校名的"北星"二字中挖掘出恒定指引的寓意，"仰望星空，脚踏大地"的思想可以引申出既培养孩子的远大理想和探索精神，又要教育孩子心里装着规则，踏实学习，快乐成长，但似乎有空洞之感……灵感如汩汩的清泉不时冒出，每一种构思都有利有弊，似乎不完美，但它们又都是学习思考的结晶。闪烁的思想总是稍纵即逝，唯有记录下来，方能进一步思考下去。

在教育思想的引导上，千万不要越俎代庖

多种思路汇集而来，但我知道学校的价值体系不可能面面俱到，必须正确、凝练、切实而又个性突出。

如何整合与提炼？顺着思维的惯性，我险些迈入越俎代庖的境地。恰逢此时，我参与了成都市新都区教育局对各中小学办学理念的知晓度和认同度的调研活动。

调查结果显示，师生对学校的办学理念的知晓率达 90% 左右，而认同度却只有 30% 左右。为什么知晓率与认同度的悬殊如此之大？究其原因在于构建过程出了问题。我们请专家倾情打造的、校长一己之力设计的、小范围教师参与讨论的做法都忽略了民主参与的原则。小众人群的意志并不代表大家的意愿，强加只能增加反感，即使正确也不一定认同。

一种刺激要引起人的反应，须借助一定的环境进行传递。校长的教育

思想要想植根于教师的心中，需要营造浸润的环境，更需要认知的碰撞与融合。全员参与、民主构建显得尤为重要。

如何更能激发教职员工参与的热情？美国管理学家斯蒂芬在《管人的真理》中提到，激发员工民主参与的热情必须满足四个条件：第一，应该有足够的时间让员工参与；第二，员工参与的事项与他们的自身利益紧密相关；第三，员工应该有参与的能力；第四，组织的文化应该支持员工的参与。对照以上条件，一个细致而清晰的民主参与的构建规划在脑海中浮现。

新校开学，我用半学期时间分层推进构建过程。第一步是学习动员。首先召开全体教职工大会，宣传构建学校核心价值体系对学校发展的重要意义以及学校文化建设相关知识。同时，也将自己对教育的理解，对学校发展的思考跟老师们交流，提高他们的认识，激发他们参与的热情。第二步是调查了解。采用观察、访谈、座谈等方式，了解教师对学校发展方向与培养目标的认识、思考与愿望，梳理出他们的意见。结合自己的思考，精心设计一份较完善的问卷调查表发放到每一个人手中进行调查。第三步是梳理整合。根据问卷情况认真梳理出教师的建议，整合意见设计出具有代表性的若干方案。第四步是讨论筛选。将梳理出的若干方案分发到各学科教研组进行讨论，采用淘汰筛选法选出大家最认可的一种方案。第五步是完善方案。将选出的方案再次发放到各学科教研组进行补充修改。各组完善后，召集各学科教研组代表再次整合各组意见形成较详细的方案。第六步为教代会审议通过。

一位哲人说过，一个人很难拒绝由自己参与作出的决定，不挥舞权杖的决策才是最安全的决策。

通过校长引领、全员参与、分层推进，教师潜移默化地将个人发展愿景与学校的价值理念融合起来，正所谓"参与的过程就是教化的过程，构建的过程就是认可的过程"。民主参与时，校长的智慧还在于组织、激发、引领和协调。

因为参与面广，难免出现各执一词、意见不统一的现象。处理民主与集中的关系时，校长既要保护好每个人畅所欲言的安全感，又要关注到精英人群的独到见解，提取最有价值的观点，适时进行价值导向。

再饱满的种子，只有落地才能生根；再完美的价值体系，只有在学校的实际工作中才能开花结果。

现实中，不少学校的办学理念往往是一纸空文，束之高阁，说做"两张皮"，学校工作看上级领导的指挥棒，"应试教育"的单一价值评价在学校大行其道，老师辛苦、学生厌学，学校教育误入歧途。将正确的价值体系渗透在学校各领域的工作中，浸润在师生的言行之中，便成为当务之急。

学校对学生的培养总是通过各种各样的课程来完成的。设置丰富多彩的课程，让学生根据个人兴趣自由选择，是落实学校办学理念的一种有效途径。

我们整合国家课程，结合学校实际设置出价值多元、形式多样的校本课程，供学生选择，促进学生个性发展。比如，结合校名"北星"构思中的"启明教育"理念；围绕"找到生命的北，做最亮的星"，既可以挖掘出艺术的元素，又可以开发出科创特色课程，还可以在德育与教学中围绕"星星点灯"的主题拓展出"星阅读""星展台"等课程，培养学生自主学习、自我悦纳、自主创新的品质……一切都在构思中，理念与课程的结合有待新校落成后与老师们从长计议。

（作者单位系四川省成都市新都区汉城小学）

（文章原刊于《人民教育》2016 年第 10 期）

如何走出"办学理念"误区

孔凡哲

办学理念的种种"不合时宜"

当前，中小学校的办学理念凌乱、理念与实践"两张皮"现象严重。据报道，湖南省政府教育督导室 2012 年对长沙市 21 所省示范性普通高中进行了督导评估并公布有关分析报告，"其中 5 所学校的办学理念是'为学生发展奠基'，有 7 所学校是'以人为本'或'以学生为本'，办学口号存在趋同化倾向"。这是一个带有普遍性的问题。

此外，中小学校的办学理念还存在过度超前、形式主义、缺乏个性、刻板僵化和缺乏整合等问题，具体表现为：办学理念高高在上，而具体行为则各行其是。

办学理念善变多变，缺少继承和文化积淀。许多中小学的办学理念"如同时装一样不断变换、永追新潮"。究其原因，一方面，校长频繁更换，每任校长总要出"新花样"，制定"新举措"，提出"新理念"。但由于缺乏深入思考，特别是对学校文化缺乏足够认识，导致频繁换花样，执行者疲于奔命。另一方面，校长缺乏主见，今天听某位专家报告提出一个"理想观点"，就心血来潮想出一个"新理念"，明天外出参观某校，又有新灵感诱发"新理念"，导致办学理念时常更换，而日常工作"涛声依旧"。

办学理念与其子项目前后冲突，甚至自相矛盾。如某校以"做一个有责任的人"为办学理念，细化为"学会做人、学会读书、学会心畅、学会健体、学会博趣、学会求知"，但细细品来，两者之间既不能相互包含，又存在相互交叉，用后者无法诠释、细化"做一个有责任的人"。

办学理念抄袭，趋同现象严重。这种现象在全国比较普遍，背后传递了一个信息——从经验办学到教育家办学，还有很长的路要走。

办学理念不伦不类，既缺乏科学依据，又无法付诸实践。在某省会城市的一所小学，新上任校长从某所名校倡导的"主动发展教育"中"深受启发"。随后，将"主动"作为办学理念，称为"主动教育"，解释为"让学生主动接受教育"，细化为"每天让学生主动接受教育管理者的管理，每天让每个学生主动接受任课教师的课堂教学，让每个学生主动接受班主任的教育"等，令人啼笑皆非。

理念与现实，为啥"两张皮"

每一位教育工作者都有自己潜在的教育理解，无论是官员出身的校长，还是基层磨炼出来的校长、学者型校长，都有自己固有的教育理念和管理理念。有的校长能够清楚表达，自觉践行，表里如一，而不少校长或不能清楚表达但默默实践，或既不能清楚表达又不能始终如一地实践，理念与现实"两张皮"。这些现象背后，存在诸多必然因素。

"问题"学校的办学理念仅仅是一个口号，不是基于学校长期积淀的文化，也不是源自校长自己深思熟虑的教育理解，而是从别处直接"拿来的"。

的确，从以往的经验办学到今天倡导的理念办学、走教育家办学之路，我国中小学校长整体水平大幅提升。但当前一些教育观念依然严重滞后的校长往往仅凭片面理解就选择一个华丽辞藻作为"办学理念"。这些口号式的"办学理念"并非源自学校长期成功办学的文化积淀和合理升华，也就很难走上一条正确的办学之路。

理念塑造文化，而准确的价值表达及其恰当的传递方式，才可能有效提升教师的道德影响力、执行能力、服务学生的能力、团队协作能力，才会构建出美好的校园文化。

可见，切实提升校长自身的教育认知水平，及时用现代教育观念更新自身对教育的认识，成为当前中小学校长不容忽视的重要任务之一。

频繁更换校长导致学校文化积淀过程时断时续，学校的办学思路、管理政策无法合理延续，短期内无法用好的理念统领学校已有的成功实践。

长期以来，我国对于中小学校长的管理一直采取行政管理（而非专业管理）的方式，仅仅将"校长"作为一个领导岗位而非专业岗位来管理。

某地一位家长在博客中感慨："一中又换校长了吗？如此频繁地更换校长，对学校的发展、学生的成长有什么积极意义吗？各机关单位任职几乎都有一任的规矩，难道校长连一任都当不了？学校发展3年一个周期，一中的校长貌似还未到一任，他对一中的发展起到的是推动还是制约作用？"

事实上，校长也是专业岗位，必须由"懂行"的人来担任，强化校长的专业职能，适当弱化其行政职能，是提升校长领导力的关键。

2013年，教育部颁布的《义务教育学校校长专业标准》明确规定了国家对义务教育学校合格校长专业素质的基本要求。将"校长"作为一个专业来看待，不断提升校长的专业水准，是当前亟待解决的任务。

先进的办学理念无法真正转化为教育教学行为，导致办学行为与办学理念严重割裂。

办学理念不能转化为具体的办学行为，有的是因为缺乏科学依据，有的则是"办学理念"仅仅"挂在墙上"，还有的是教育理念"高射炮打蚊子"，无法对教育实践起到应有的引领作用。如某名校将"幸福教育"列为办学理念，自我诠释为"让每一个学生都享受学校教育的幸福和快乐"。理念的确美好。但是，数年实践下来，始终无法走出瓶颈——"上不去，下不来"，其根源在于无法将"幸福"落实到具体的学科教学之中。

不少校长的理论修养薄弱，办学实践仅停留在原理的应用层面。

当前，我国中小学校有相当一批校长是典型的实践家，但理论修养薄弱，仅停留在原理的应用层面，难以上升到自我创生的层次。

在陶行知看来，"一个真正有使命感的校长，一个真正一流的教育家，一定是'敢探未发明的新理'和'敢入未开化的边疆'的人""校长要有自己独立的学校观，要做一个行动的校长"，这些观点在今天依然有显著借鉴意义。

当然，究竟如何产生校长？什么样的机制更科学？任期多长为宜？国内外尚无令人信服的结论。但必须高度重视专业属性在其中的突出位置，才能有力地发挥校长对学校教育的正向推动作用。

如何提炼好的办学理念

办学理念并不是对学校具体工作的描述，而是集中体现了一所学校的办学理想和教育价值追求。

呼唤"顶天立地"式的理念设计。"顶天立地"即基于本校长期的实践探索，进行适当理论提升，并恰当切入现代教育理念。

建议各级校长培训机构切实加强校长对现代教育理念的系统学习，使办学理念的提炼在理论上"站得住脚"。同时，学校办学理念的设计、提炼，需要在科学规范、梳理学校办学传统的基础上，广泛征求理论工作者、本校师生的意见和建议。切实将办学理念提炼的过程，变成全体教职员工思想碰撞、达成共识的过程。

建立研究团队，开展"基于理论的实践探索"与"基于实践的理论提升"。当前，不少校长每天忙于处理各类突发事件，应急式、"灭火机式"的工作方式，令其无暇顾及自身理论水平的提升。

学校可建立一支能够横跨理论与实践两大领域的研究团队。在"基于理论的实践探索"中，选择恰当的理论，并从学校实际出发制订切实可行的理论应用方案；在"基于实践的理论提升"中，寻找理论专家的学术支持，可邀请专家临床诊断、实地考察、指点提炼。

开展大学（科研机构）与中小学校伙伴合作研究。20世纪末，香港地区率先开展"优质学校计划"，广泛开展大、中、小学伙伴合作关系的实践研究。此后，内地也陆续开展起来，来自大学（科研机构）的专家、学者与中小学师生一起开展行动研究，对学校改进确实起到实效。

及时梳理本校成功的办学、管理经验，并以恰当的理论贯穿其中。办学理念是统领学校教育教学行为的纲领，只有物化在学校的教育教学行为之中才有意义。其一，办学理念必须与培养目标吻合，也可以是细化和具体化的培养目标。其二，办学理念必须是学校办学特色的高度概括，并已经被具体化为学校教育教学的方方面面。其三，办学理念必须有一定的教育理论作支撑。办学理念不仅仅表现为一句话，不是为了用来应付检查、招生宣传。理念的背后蕴含着教育的理性认识和价值追求，它可以体现出学校文化的核心价值观，是学校决策者对办学目标和特色的取向所作出的选择，并为全体师生所接受的共同观念。

（作者系东北师范大学教师教育研究院副院长、教授）

（文章原刊于《人民教育》2015年第08期）

辑二
把校长当作一门"学问"来做

校长，如何成为一名专业行政领导

林卫民

校长要以安静的心态面对别人的问题，去鼓励别人的心灵"破壳"

校长不只是优秀的专业教师，虽然常常是因为"教而优则仕"使你成了校长，但并不意味着用专业教师的思维和处事方式去领导学校，一定能够取得成功。

有一位校长跟我聊，现在的一些老师上课"功力"不行。有一次，他听了同学科某老师上的课之后，毅然决定第二节课由自己来上，然后与该老师讨论应当如何上好这类课。

显然，这位校长没有跳出"专业领导"的处事方式，如果你是一个"专业师父"、学科教研员，这样的行事方式或许没有什么不妥，但作为一个校长，你更要考虑的是，每一个人内心深处都有一位潜在的自己的导师，一个人的进步要依靠这位"内心潜在的导师"出场。

作为校长，要以安静的心态面对别人的问题，去鼓励别人的心灵"破壳"，不要简单粗暴地对待教师专业的不足，而是允许别人的心灵以他自己的水准和速度去自行发现不足、问题以及应当努力的方向。

校长应当投入精力去设计学校组织的学术活动机制，让每个学科教师在"服务于共同体指向"的专注思考中，听到自己"内心潜在的导师"的话语。

成功的学校并不是"简单一团和气"的学校

校长也不是一个纯粹的行政官员，可能你是因为"勤而优则仕"成了校长，你在教育行政机关表现优秀，然后下派你到学校当校长，这并不意味着用通常的行政官员的思维及行事方式去领导学校，一定能够取得成功。

有一位校长跟我聊，学校中的一些老师包括一些专业特别优秀的老师，没有基本的行政规矩，对于一些"行政潜规则"毫无知觉。在机关，领导要求的，作为下级必须努力将这一要求完成，而在学校，对校长的要求总有异样的声音，总是在问"为什么""凭什么"，对校领导的决定和校长的指令常常抱怀疑的态度，甚至"不把校长当校长"。

显然，这位校长没有跳出"行政领导"的处事方式。学校与行政机关的环境、组织结构有着明显的差异，复杂性、多样化、差异性是学校的环境和组织结构的特点。

虽然学校也需要像一般组织那样的行政规矩和规则，但更重要的是基于教育本质内涵的"教育的良知"或"教育者的良知"。在师德约束的最基本层面上，教育的良知要求教师在做决定时更多地考虑学生的利益，而不仅仅是出于教师自己的愿望或校长的行政指令。

正如"将纤薄脆弱的芦苇编织起来，能够做成结实得足以盛放重物的篮子"，当教师们的许多微小的克制、善待孩子以及对学生、同事的体贴编织到一起，就形成了一个和谐而繁荣的"学校教育场"。

在此前提下，表面上的非教育本质方面的"动荡"虽然是一种麻烦，但冲突与压力对于解决学校教育教学以及管理、服务中的技术问题有很大帮助。成功的学校并不是"简单一团和气"的学校，处在一定程度上的冲突或许是保持学校活力的秘方。

我见到太多的负责任的下属干部，他们有一个错觉，认为其他教师都不像他们那样"好心"：不那么诚实、负责任、关心体贴和遵守校规，表面上在爱学生实际上可能是为了赢得家长的回报。"把所有教师作为经济人进行描述，看作比人性和教师职业专注的实际情况更加精确"，这样的倾向常常产生言过其实和管理过度的局面，从可持续性角度来看，将会对学校事业发展产生不利的影响。

校长如果只有控制心态并固执地利用特别强力的控制手段，最终学校会变成简单的、机械的、表观上完美的组织，这与学校组织追求的品质内涵是相悖的。

当了校长，意味着你是一个专业行政领导，不是专业领导也不是行政领导，而是专业与行政融合的领导。"教育的外行并不等于教育管理的外行，管理的内行并不等于教育管理的内行"，懂教育的专家去做教育管理必须学好管理，懂管理的专家去做教育管理需要了解教育，因此，有了校长称号的教育行家，还需要更加努力去修炼自己的管理知识和能力；懂行政的官员去做校长，还必须了解教育和学校的现实与本质内涵。

校长要在教育教学标准基础上建立并保护教师的专业独立性

如何使学校组织既强调标准、规矩又充满活力，能够积极地应付复杂多变的环境？答案只有一个：教育教学技能的标准化。

当教师有了"深刻"的教育教学技能，当管理者富有实践经验时，处理很多教育教学上的事件、日常管理上的事件，自然会有直觉的方向感，知道哪些必须坚持，哪些有必要妥协甚至必须尽快放弃。

教师从事的是以独立性为特征的专业工作，这样的组织结构中，对教师的培训和思想影响是非常重要也是非常复杂的事，拥有教师资格证并不保证一定具有作为教师所需的知识、技能和操守，培训和思想影响要长期进行下去，并从中建立起教育教学技能的标准化。

教育教学技能标准化是一系列标准技能的综合体。"优秀专业人士在工作中得到的快乐并不仅仅是来自解决难题，还包括灵活应用一些技巧解决他们知道结构归属但并不熟悉具体情况的问题。"只有在教育教学标准基础上建立并保护的专业独立性，才能使教师获得更多的工作激情和活力，否则，自由散漫就会逐步滋生。

校长的战略影响力需要在非正式场合的沟通中达成共识并逐步扩展影响面

校长作为专业行政领导，面对的是两套行政管理层级，一套是民主化的、自下而上的专业人员层级；另一套是科层化的、自上而下的支持人员层级。因此，除了动脑筋运用足够的领导智慧使"教育教学技能的标准化"落到实处之外，还要处理以下一些情况。

一是用大量的时间处理组织中的混乱情况。学科教学之间、学科教学与德育之间，即使你考虑得再精致，常常也会感到漏洞百出，各个部门所管辖的边界常常会发生冲突或者空白，协调的事几乎每天都要进行。校长每天在学校巡视，时常会看到一些区域有开裂的开关甚至是裸露的电线，剧烈闪动的白炽灯，破落的大理石，即将掉落的壁画，被堵住的下水道，教师餐厅明显的卫生瑕疵……而且，这些事的发生不只是在校长发现当时，破落的现象已经有一周或更长的时间了。无论多么强调精致、完美，粗糙的管理总是发生在眼皮底下。

二是做好服务，充当组织内部的专业人士与组织外部的相关行政人员之间的桥梁，为专业人士排忧解难，甚至帮助其就有关专业事宜、有关教职工切身利益的事宜，进行必要的公关。一所学校最值得尊敬的是那些奋斗在第一线的教职工，尽管确实存在一些不负责任、水平低下的教师和懒惰的员工，但学校之所以能进步而且业绩明显，仍然是因为有相当多的教职工是在认真履行他们的职责。校长应当充满敬意地看待那些诚恳工作并拼命努力的教职工，不断消除那些欺负教职工的官僚现象，尽最大可能去解决教职工的现实问题，特别是要做好帮助教师专业发展的事项及与外部行政人员联系的事宜。

三是依赖非正式的权力，并运用巧妙的办法对专业人员施加战略影响力，以促进教育教学技术标准的构建和提升。管理在技术上是简单的，而在人际关系上却是复杂的。"打造良好的人际关系是组织成功的基础"，校长应当熟练掌握建立信任型关系的技巧，包括表现出对教师的真实关切，对教师的关注点感兴趣，意识到教师私人的兴趣，愿意按照这些关注来行动，获得合乎道德的成果，等等。战略影响力不是在正式宣讲中完成的，更多的是需要在非正式场合的沟通中达成共识并逐步扩展影响面，其扩散效应是放大式的。

有意思的是，专业人士对高效的专业行政领导会产生某种依赖性。作为校长，你完全不需要时时施威，更不必恐惧教师忘却你是一个校长，只要你做到办事公正高效，专业人士对你会特别信赖，权威和声望会自然形成。

（作者系北京外国语大学校长助理、北京市北外附属外国语学校校长）

（文章原刊于《人民教育》2016年第07期）

校长职级制改变了校长生态环境

李升全

如果不是校长职级制，已是副县级、在一所有着近万人的职业学校任党委副书记、副校长的我，怎么也想不到会到一所只有几十名教职员工、陌生的特殊教育学校去任职，开启人生的另一扇窗。

从校长后备人才到考选成为校长，从初级校长成为中级校长……一路走来，回顾走过的路，细细反思这几年，担任校长之后最大的变化是什么，竟一下子思路凝滞，想说的很多——校长职级制，带来的冲击、挑战，带来的对人生定位、对职业的理解都是前所未有的。山东省潍坊市实行校长职级制，不仅是制度的"破冰"，更为校长走向专业化"扬帆"。

后备校长，校长职业生涯的"新阶梯"

在潍坊，要想担任校长，必先进入"校长后备人才库"。这个"库"容量并不大，但能量很大，"库"里的人都是层层选拔的学校精英。作为校长职级制的配套工程——校长后备人才库的建立，是校长职级制的制度基础。

2009年，我也进入了"库"中。那时我对是不是校长后备人才抱着无所谓的态度，因为我认为校长任命权在上级领导手中，校长后备人才库也就是做做样子，面子工程而已。

然而，我错了。校长必须从后备校长人才库中选，更为重要的是，校长后备人才库奠定了校长走职业化的思想基础、专业基础。

每学期两次的校长后备人才培训，让我们这些"后备们"从思想上接受了"正能量"。当时的我可以说"功成名就"，有船到码头车到站的思想，想着过几年安稳日子，就可以退居二线。经过多次的学习，我领会到，校长职级制不单单是校长摘去了"官帽"那么简单，更多的是赋予我们使命——为教育贡献自己的能力。

校长怎么当，怎样才能当一名好校长？校长后备人才的历次学习培训，又让我认清了许多模糊认识。专家学者的讲座、优秀校长的"言传身教"，让我懂得了如何做一名优秀的校长，掌握了成为职业校长的专业基本功。

实施校长任职资格准入制度，公开选拔、系统培养后备人才，建立的人才储备机制和成长机制，缩短了新任校长的过渡期和适应期，促进了优秀人才脱颖而出，也用制度卡住不适合做校长的人通过各种关系介入管理岗位，实现了"庸者让、能者上"。

多元平台，校长成长"新引擎"

2013年7月，经过校长后备人才的思想储备、专业储备，我参加了潍坊特教学校校长的招考选拔。这次招考，全部由第三方机构组织，采取专家遴选的方式，经过笔试、面试、答辩等几轮的选拔，我有幸成为潍坊聋哑学校的校长。

担任校长之后，面对新问题、新业务，如何"平稳着陆"？作为校长职级制的重要组成部分——校长成长平台，把校长们扶上马，再送一程。

教育行政主管部门为校长们搭建了学习平台，从学校治理、校园安全、课程建设、党的建设、廉洁从政……实现了"菜单式"培养。以前对校长课程力的理解不够深，对课程的内涵和外延还有些模糊，听了专家、优秀校长的讲座，有一种豁然开朗之感。对于听障学生的课程开发，对满足每一名听障学生的课程需求，有了深刻的认识。后来，我们成立了课程建设委员会，构建起适合听障学生的课程。例如，面对老化的聋校国家教材，实现二次开发，借鉴普通学校、青岛聋校的课程，再次进行整合；针对言语康复训练和职业教育的听障学生，开发了专业课程，继而开发了活动课程、素养课程、送教上门课程等，实现了体系化、个性化、多元化，不仅满足了学生成长，还带起了一支队伍。而我本人也在课程开发过程中体会到了专业成长的快乐。

不仅有学习平台，还有交流平台。如每月一次的"北海论坛"，校长坐在一起，针对一个问题进行讨论交流，有困惑提出来，有思想说出来，有好做法奉献出来……在碰撞、交流中，校长的思路开阔了，专业理念提升了。如何实现学校从管理到治理的转变，过去有想法但不成熟，经过校长们的沟通交流，提高了我的学校治理能力，在实践中也得到了验证。我们在完善制度、明确职责之后，大规模压缩层级，重心下移，转变职能，完善组织架构，实现了从管理到服务的华丽转身。"潍坊校长"微信平台，也是为校长成长搭建的交流平台，校长们可以将自己的读书体会、治校经验、育人感悟等晒出来与大家分享。

评价激励，校长发展"新境界"

校长职级制改变了什么？我认为，改变了校长的生态环境，这种生态环境的改变得益于评价机制的改变，实现了校长有精力办学、有动力为师生服务、有能力实现人生价值。

取消校长行政级别，由教育部门归口管理，最大限度地减少了与教育无关的行政会议、烦琐无休的检查应酬、形形色色的行政审批干预等，让校长真正摆脱了行政束缚，实现了专家办学。

教育主管部门组织的对校长的评价也不再是单一的考核，更多的是引领校长成长。按照校长职级制的规定，实行校长任期制，保障了校长岗位的稳定性、目标性。校长可以从容规划 4 年的任期目标和学校 4 年发展规划，摆脱了过去围着上级考核转的"怪圈"。学校年度评价，内容涵盖了办学理念、办学规范、办学质量、课程教学、学校管理、师生发展、办学满意度等多元指标，每学年考核一次。行政部门平时不"指手画脚"，减少了对办学的干扰，让校长有精力干成事。从评价制度上，要求校长必须围绕着学校发展、师生成长去谋划。

我有一个切身体会，感觉自己的时间不够用了。时间都去哪儿了？都用在听课评课上了，用在读书学习上了，用在学校发展上了。

评价的转变，改变了校长的时间轨迹，让校长们真正走上了自己的专业成长之路。就拿科研来说，以前当校长只要"指手画脚"就够了，现在不一样了，课题、项目需要校长引领，科研领导力也是校长晋级的"敲门砖"。3年中，我牵头承担了一个省级课题、一个市级课题。

评价模式的转变，也提高了"小"学校的校长地位，实现了校长平等。以前，特殊教育学校是"小弟弟"，不被重视，考核时比不过大学校。实现多元评价后，校长们站在了同一起跑线上。这样一来，就大大提高了优秀校长的社会地位和职业成就感、幸福感。

激励措施到位，也让校长有盼头。校长职级制明确规定了校长的努力方向：初级校长—中级校长—高级校长—特级校长。同时，进行了物质激励，建立了校长绩效，校长绩效纳入同级政府财政，为校长干事创业保驾护航，调动了校长积极性。

校长职级制延长了校长的职业生命。高级校长可以干到60岁，特级校长可以干到65岁，解决了校长的短视心理和后顾之忧，极大地激发了校长的内生发展动力和办学活力。

如今，在潍坊聋哑学校，我可以专心致志研究办学，不急功近利，对学校进行长远规划。通过理念引领、制度保障、培训提升、项目破解等举措，学校实现了由"管理"到"治理"的嬗变，一所矛盾突出的学校转变为学生家长办学满意度测评连年名列潍坊市直学校第一、干事创业充满爱心的特色学校。

（作者系山东省潍坊聋哑学校校长）

（文章原刊于《人民教育》2016年第07期）

从"职务"向"职业"的转身

张景和

我 2010 年年底任山东省昌邑一中校长，其时正值潍坊推进第二轮校长职级制改革。此前，我在昌邑教育局任业务局长 13 年，分管校长职级制改革多年，深知其一步步推进的艰难。在第一轮推进过程中，有很多校长不理解这项改革，认为取消行政级别，地位降了，没面子；社会上也有人认为这不过是做做样子……凡此种种，导致这项改革推而不进。潍坊市委、市政府和教育局不断出台诸如"校长遴选、校长后备人才、职级评定、薪酬工资"等一系列配套制度，加强宣传和引导。到我任昌邑一中校长时，整个潍坊校长职级制的良好生态已基本形成。

因有着分管校长职级制工作的这段经历，我更能体会到"制度"变革的力量。怀揣着对教育的梦想，开启了我的校长之旅。5 年的校长经历使我深切感受到，校长职级制是校长专业发展的助推器。这个过程也让我找到了校长的专业尊严，感受到了专业发展的力量。

校长对教育思想的领导过程，是一步步向专业化迈进的过程

校长职级制使校长从"职务"走向"职业"。作为一名职业校长，最重要的事情是什么？是教育思想的领导。

2014 年 10 月 18 日，我在第五届全国新学校论坛上作了"校长的办学

思想从哪里来"的发言,在和同事们的实践探索中,形成了基于昌邑一中的"立德树人"核心价值体系,总结提炼了"方向比力量重要、内生比激励重要、土壤比化肥重要"三条基本经验,提出并践行"三维质量观",即学业质量、状态质量、发展质量。春节前后,我又开始调节"质量观",它来自师生共同的"灵魂的高贵、思维的力量、生命的旺盛、情感的丰富"——在我看来,这些都属于校长专业的教育思想的领导。

在教育思想形成和领导的过程中,我体会最深的是,校长对教育思想的领导,不是那么容易做到的。首先,校长既要有顶层设计,又要在实践中反思凝练,构成学校发展的一整套的可解释框架。其次,要用明确的语言文字表述出来,然后成为故事,在传播中形成文化,确保学校"立德树人"的方向不动摇。最后,我把教育思想反思凝练的过程,看作校长专业化螺旋上升的过程。这样,校长自然而然就成长为"专家型"校长了。

只有与教师合奏共舞,校长才能成长为专业化领导

校长职级制助推校长"领导"下的学术力量的增长。校长的专业领导力从哪里来?校长必须和老师一起合奏,共同跳舞。共同跳舞就需要一个舞台。2012年,昌邑一中潍水研修学院举行揭牌仪式。借助这个舞台,我们组织了36次主题研修。2015年,开通了"昌邑一中潍水研修学院微信研修平台",用"互联网+"思维促使老师、校长的专业成长从"要素驱动"的路径依赖转向"专业驱动"的自主发展。

这个合奏共舞的过程,并非一帆风顺。2015年,我校尹秋华老师获"全国杰出中小学中青年教师"称号,山东教育电视台作了"尹秋华和她的物理团队"的专题报道,特别提到了张兴颂老师。毕业4年、年仅29岁的张兴颂,第一次教高三物理并任13班班主任,遭到学生及家长的强烈质疑。换还是不换?校务委员意见不一。在和张兴颂的交流对话中,我发现他骨子里有一股不服输的韧劲儿,但来自家长的不信任,使他无法战胜外界的压力。在生长的"疼痛"节点,他需要我作为校长"专业"身份的心灵认可。2014年高考,张兴颂所教的两个班取得优异成绩,他自己也在

"磨难"中成长起来。

这件事给了我启示：校长职级制的核心是校长的专业化，校长的专业化追求往往会成为全校教师的专业化追求，而校长对教师的专业引领又"倒逼"校长不断走向"专业化"之路。这个过程中，校长有定力，教师就不浮躁，大家才能静下心来寻找"教育"，守望生命，收获成长。

重塑组织架构，激发校长专业发展活力

校长职级制释放的最大红利就是赋予校长更大的办学自主权。"枷锁"打碎了，"权力"下放了，校长有了自由"跳舞"的平台。怎样把"权力"用好？我的体会是，校长必须重塑组织架构，让渡权力。

5年来，我们沿着学校发展规划的线路图，以建立现代学校制度为契机，重塑组织架构和工作流程，推进学校理事会、校务委员会、教职工代表大会、家长委员会建设。"四会一章程"为主体的现代学校治理结构的基本架构初步形成。2013年，我们以"质量、制度、课程"为学校发展的关键词，推进了239个管理项目，修订完善了96项管理制度，一步步把"分校负责制"转向"年级部负责制"，在"条块结合、以块为主，线面并行、以面为重"的管理模式基础上，逐步构建"线面融合、条块联动"的工作新格局，推进以"班主任、教研组长、学生班长、职员干事"为核心的四个"作业组"建设，形成了"后勤围着前勤转、科室围着年级转、领导围着教师转、教师围着学生转、全校围着育人转"的校本管理架构。

这个过程中，我体会最深刻的是校长要担当好领导者、谈判者、诊断者、实践者等不同角色，这些角色的变化只有一个目的，就是力图使"学校这个生命体"的能量和信息能够与外界自由交换，使她能够自我呼吸、自我生长、自我担当。作为校长，在各种角色的不断变换中，内生动力源源不断地激发出来，校长就会"被迫"走向自身的专业化发展之路。

做了13年的业务局长，我"指挥""命令""敦促"别人如何当校长；5年亲历校长的个人体验，我的最大收获就是自身的专业化成长。这种成长，来自个人的一线教育实践，更来自校长职级制培育的丰厚土壤。在这

里，我找到了一名校长的职业乐趣——探究。在探索教育规律、师生成长规律、科学管理规律中，我开始找到校长专业成长的尊严与力量。

记得任校长两年后的 2013 年 12 月 19 日，山东广播电视台就校长职级制来校作专题采访，"冷不丁"向我提了一个"二选一"的必答题："干局长还是干校长更能够实现您的价值？""当然是干校长了！干校长能够让我领着一群人实现自己的教育梦想。局长是个行政职务，很大程度上得服从各级的安排。"

陶行知先生主张"先行而后知"。而今，我对这句话似乎有了更加深刻的理解。

（作者系山东省昌邑市第一中学校长）

（文章原刊于《人民教育》2016 年第 07 期）

把校长当作一门"学问"来做

周　颖

2014年暑假，江苏省苏州市直属学校开始评职级校长的那一阵，总有熟识的老师和教育之外的人士向我询问，评不评校长职级有什么不同？最后的结论差不多是校长还是那个原来的校长，只不过主管部门可以借此多给校长发一点津贴，至少体现了社会对教育的重视和领导对校长的爱护。

听了这番议论，心里颇不是滋味。"校长职级制"难道对一位校长就意味着这些？实行校长职级制以来，诸多的经历、体验和思考让我明白，"校长职级制"给了校长一次全面的个人诊断，推进了校长在教育价值领导、教学领导及组织领导等方面的提升，最终推动学校的可持续发展，促进学生的健康成长。

一份清醒的"自我认定"

校长的评价来自各方面，任何一位校长都会在意来自教育主管部门、教师、学生及家长的看法。但每一次的评价都是缘于学校的某个侧面、某一事件或某项工作，因而往往失之片面。3年一次的学校综合督导指向学校的办学成效，并不是对校长个人的评价与鉴定，因此许多校长是在模糊的社会评价中，模糊地形成一份自我认定。而校长职级的评定，则是对校长的一次全面"体检"，许多校长也是在那一刻获得了一份清醒的"自我认定"。

我清晰地记得那次职级校长的申报，当整理材料时，我发现自己所有的论文和课题都是有关语文学科教学的，几乎没有一篇像样的有关学校管理的论文。想想除了年终述职报告，平时自己所写的各种发言稿与总结，讲完用完也就随手一扔，何曾梳理过。望着厚实的学科教学研究成果，我暗下决心：要把校长当作一门"学问"来做。

　　职级评定现场的答辩环节，有一幕记忆犹新。在个人10分钟陈述结束后，有一专家问："严格的常规管理和丰富多彩的活动，怎么体现立德树人？"我恍然醒悟，开展了那么多活动，其实并没有有意识地用一根主线串起来。虽然现场匆忙地对活动的德育内涵作了阐述，但心里知道这样的回答连自己都不满意。专家发现了管理中存在的问题，只是借提问这个环节作了个善意的提醒。

　　苏州市中小学校长的职级分为"四级六等"，即特级、高级（一等、二等）、中级（一等、二等）、初级。我被评为中级一等，虽不出意料，但好长一段时间心情并不轻松。作为校长的我，综合素质得到一次全面的鉴定，发现了许多不足，学校工作缺少精心设计，教育活动缺少提炼……

致力于学生发展的"核心设计"

　　苏州的校长职级制，在参评对象上，有过一番讨论。最后的决定是：教育局的处长、学校的书记和副校长都不参评，只有现职校长可以参评；如果评定后不再担任校长，那津贴也随之取消。

　　我渐渐明白这次改革的深意：推行校长职级制，意在取消校长行政级别，其本质是校长的专业化，体现了校长由"职务"向"职业"的实质性转变，强化校长的职业意识和专业发展；在一定程度上调整了政府职能部门与学校之间的关系，学校获得了更多的话语权和裁量权，同时也阻止了不懂教育的行政人员进入校长队伍，为校长队伍的发展设置了必要的门槛。校长是学校教育的设计者、指导者、管理者、自我监督者及自我评价者，学校渐渐成为教育改革的主体。

　　实行校长职级制，致力于培养教育家型校长，而其终极目标是指向学生的发展。培养怎样的学生，采用怎样的途径和手段来培养学生？我专注于思考如何促进学生发展的核心设计。

核心设计切入点可以有很多，但最终必然会落实于课程和教学。怎样作课程的改进？振华中学是一所初中，初中生处于认识世界、认识自我的关键期，其中部分学生又会面临人生职业生涯的第一次选择。2014 年以来，学校开设丰富多彩的课程让学生有更多认识和发现自己的契机，发现自己的兴趣、爱好、潜能，让每个受教育者都能主动地、最大限度地发展自己的天赋，使其内部的灵性与可能性得到充分的发展，帮助学生生长出飞翔的翅膀，让学生成为优秀的自己。

当然，教育资源不仅仅局限于校内，高科产业园、绿色农业园、科研院所、博物馆、部队等都是课程资源；教师也不局限于本校，高校教师、职校教师、企业管理人员、民间艺术传承人、家长等，都成了老师。初中生兴趣广泛且易转移，学校设立了体量小、种类多的校本"小微课程"，让学生在校内、校外、网上，自主地、选择性地学习和探究。

课堂教学是最重要的育人途径。很长一段时间，学校的课堂教学存在"知识为本、训练为主、讲解偏多"的倾向，很多专家都含蓄地说，振华中学的课堂有点"旧"。因此，学校开始注重学生学习文化和教师教学文化的建设，建设以"探究体验"为特征的智慧课堂。延续叶圣陶教学思想，追求"不教之教"；在课堂上培养学生的问题意识、质疑精神、批判能力，而"探究体验"则是手段和途径。学校提出课堂教学的基本路径："始于体验"，创设源于生活的丰富情境，让学生在各类情境中充分体验和感悟；"融于探究"，以探究活动为主线，激发学生自主探究的意识，指导学生科学探究的方法；"问题驱动"，注重问题意识的培养，引导学生在探究体验中感悟生成，提升思维能力……一个又一个项目的持续推进，使学校取得了不小的进步。

"好学校"的理解与呈现

2015 年，我有幸成为教育部首期"卓越校长领航工程——中小学名校长领航班"的一员，开始思考一名优秀校长应该承担的更多责任。

苏州市教育局在职级校长开评前后的一段时间，把苏州市直属学校校长的所有正职校长和部分区县的校长推到了前台。校长口中的好学校，百姓眼中的好教育，成为这两年苏州教育人士、十余万家长以及关心教育的市民的关注焦点，其载体就是"好学校大家说""好职校大家说"等五场展示活动。

"要让广大市民了解我们的校长，校长们也把自己对教育的思考表达出来，展现出你们的专业素养。"苏州教育局局长顾月华这么鼓励大家。

"好学校大家说"活动，在社会各界了解校长口中的"适性教育""朴实教育""课改学校""好教师引领学生成长"等学校形象和办学观点的同时，是校长们展现"营造育人文化、领导课程教学、引领教师成长"等方面的思考和主张，是校长们对教育本质和热点问题的思考，表达了他们对教育事业的无限热情。

学校文化、办学品质、科学评价、学生生涯规划、教师专业发展，每一个有关教育内涵发展的重大问题，都引发校长们的交流和争论。在"好学校大家说"这个平台，所有校长都作了精彩亮相，社会对学校、校长，多了一份了解和敬意。

重温苏州教育局《关于推行中小学校长职级制的意见（试行）》，我对其中一段表述颇多感慨，"全面贯彻党的教育方针，实施人才强教战略，落实和扩大学校办学自主权，支持鼓励校长在实践中大胆探索，创新教育思想、教育模式和教育方法，提高管理水平，形成办学风格"。这是多大的教育期待，对校长而言，又是多大的教育责任。作为一名耕耘教坛近30年、担任校长近10年的教育工作者，唯有借这一缕东风，不断前行。

（作者系江苏省苏州市振华中学校校长）

（文章原刊于《人民教育》2016年第07期）

校长的学科专业追求会提升管理"含金量"

周　婷

以下一些说法我们或多或少听到过，或者自己就是其中的发声者——

说法一：年纪很轻就做了校长，到后来才发现学科专业都荒废了。

说法二：校长事情多，主科教学课再也不能任教了，每周就上 2 节"品德与社会"课。

说法三：真羡慕你们评上特级教师后再担任校长，学科专业根基牢。

说法四：某某特级教师自从当上校长，几乎见不到他登上公开课的舞台了。

这几种声音，都在传播着一个观点：校长岗位和校长的学科专业追求是矛盾对立的，或者说当上校长，无形中就放弃了自己的学科专业追求。

真该如此吗？

一些核心能力可以从学科专业管理迁移到学校教育管理

其实，教育管理和学科业务追求有诸多相通之处。这些相通之处在于，都是以儿童素养养成和促进儿童终身发展为己任，都是以教育者的智慧唤醒和激发为主要方式，都是一种民主平等的教育交往生活。

谈到教育生活，首先是经验的累积和运用。为师者能从自己专攻的也是自己最为熟悉的学科专业生活入手，不断丰厚业务生活经验。其次，能从学科业务生活经验中自觉地培植或逐渐形成几种能力，如儿童成长道德引领能力、教学反思创新能力、分析判断处置能力、协调各种资源助推儿童发展能力、文化培塑与引导传承的能力……这些能力可以从学科专业管理迁移到学校教育管理之中。

于是，在实际工作中，学科教学业务能力强的人一般会得到提拔，有的成长为校长。可以说，学科业务成长中，与学校全面管理需要的能力关联性越强、迁移性越好，越适应校长岗位。行使管理职能的校长，一直自主自觉追求着学科专业发展，其实也是在促进学校管理经验的不断生成和创新，让自身全面管理素养不断升值。

行文至此，很多人不由自主地想到，有不少校长不在一线任教，没有行走在自己的学科专业发展之路上，校长依然当得很好啊。

其实，学科专业追求不等于对学科教学事必躬亲。美国中小学校长专业标准中有一条是这样说的："学校领导者是通过倡导、培育和保持有助于学生学习和教职工专业发展的学校文化和教学计划来促使所有学生成功的教育领导者。"从中我们可以看出，校长学科专业追求的方式是多种多样的，也必须是高屋建瓴的。校长可以亲力亲为地上课，但更重要的是对学科专业的研究、规划、设计、领导等。校长的学科专业追求，会让校长潜移默化地在各项校务活动统筹安排中，带着职业的含金量和专业的水准，更有针对性、更科学地组织教育教学活动，提升办学质量。

校长一直拥有学科专业追求，也是为广大教师树立榜样，探索如何为儿童建构多彩的学习生活和创设良好的学校环境，使之更符合儿童成长的规律，更贴近教育教学实际。

我们非常熟悉的苏霍姆林斯基，长期积淀了丰厚的学科专业实践，在亲近儿童、研究儿童中创作出《给教师的建议》，鼓舞着一代又一代的教师，成为教育思想的集大成者。因而，校长坚守学科专业立场，就是坚守促进以人发展为本的立场，就是坚守教育本质要义的立场。

校长要追求学校所有学科均衡发展

我们经常会看到一种现象：校长会有意或无意地"护着"自己擅长的学科，使之成为这个学校的优势学科。需要强调的是：校长的学科专业追求，不仅是精于自己学科的实践与研究，而且要关注全校的学科建设；校长的学科专业追求，不是去强化自己的学科，使其在学校中"一枝独秀"，而是要跨学科观照学校的整体教学，追求所有学科的均衡发展；校长的学科专业追求，不止于本学科专业设计力，而要具备所有学科的研究力和领导力。

当然，要做到这些，确实有些难。

江苏省南京市鼓楼区教育局要求校长形成一种贴地行走的工作习惯。比如，校长一定要全程参与区级教学活动；校长每学期都要上交听课笔记，听课内容必须覆盖全部学科，其中校内听课不少于 50 节，必须有听课反思记录，对听课笔记检查结果进行全区通报……这些好的做法都在鞭策我们校长要深入教学一线，而且要学习研究各学科教学。

校长时时保持着对各学科的关注热情，有助于对教学整体状态的分析、把控和调整。别的不说，就说学校每周要举行的各学科校本研修活动。该活动各学校普遍采用听课、议课、沙龙研讨等方式，到了尾声时，往往需要校长作总结性发言。此时，校长的讲话会被参与的教师视为最有权威、最被看重的发言，从某种意义上说，还代表学校教学工作的导向。所以，即使是一次小活动的校长讲话，都要注意涉及学科专业教学特质，要善于将学科教学理念和教学实际相融，正确引领教学改革的方向。换言之，校长需要各科专业思想指导，需要拓宽专业研究领域、丰富专业内涵，需要从各学科整合的视角主动建构自己的教学文化、精准规划教学生态发展路径。

校长要自觉将个体学科专业发展与学校整体教学事业统一在办学实践中，促进各学科相融相长、共建共生，实现学科专业精神的超越，让学科专业视界更宽泛、更深远、更有价值。

在观照全校整体学科建设时，校长不只是关注中观的规划和微观的实践，更要有宏观的课程理论和学科教学理念的架构。儿童的发展和学校文化愿景的实现，依托于校长课程与教学领域的专业思想力；以课程专业思想方式进行学科研究与实践研究，是校长学科专业思想的高度凝练和体现。因此，校长要善于将教育思想与教育实践完美结合，在课程改革与学科教学实践中，培养适应社会需要的优秀人才。

（作者系江苏省南京市汉口路小学校长）

（文章原刊于《人民教育》2016 年第 18 期）

校长应坚持自己的学科专业追求

李　丹

校长必须坚持自己的学科专业追求，因为"君子务本"，一定的学科专业背景是校长管理学校的"根本"立足点。

校长的工作重点和目标是"提升质量"

学校的教育内容主要是以学科教学的形式来组织的。作为学校师生生活的主体部分——课堂，我们的生命就是这样以一节一节课的标准单位来计算、度过的。日本教育家佐藤学说得好，"课堂改变，学校就会改变"。可见，校长对学校的教学领导，是提高教育质量的关键所在。课堂教学对于当校长的我来说，于公于私，都是不可放弃的职业生命的一部分。

我就以清华大学附属小学校长窦桂梅为例来谈一谈吧。

先从校长办学思想的溯源来说。众所周知，校长的教育思想对一所学校的发展方向起着至关重要的作用。学校的价值就在于通过丰富的显性与隐性课程来教化人。其显性课程，各学科的教学思想应该是统领在校长的办学思想之下的，校长的办学思想通过渗透到各学科教师的教学思想当中来发挥对学校发展、学生成长的导向作用。

一般来说，校长都是从一线教师成长起来的。可以说，追根溯源，校长的原始教育思想与其主要学科背景、学科专业教育思想血脉相连。校长的办学理念首先来自对教学理念的思考与定位。

比如，窦桂梅校长做语文教师的时候，就在语文课堂中提出"主题教学"：从生命的层次，用动态生成的观念，重新全面认识课堂教学，整体构建语文课堂教学。以"立人"为核心，以促进儿童的语言和精神共同成长为目标，以一个个母题为线索，整合各种阅读资源、生活资源和文化资源，构建一种开放而活泼的母语学习课程方式。

她在语文学科教学专业追求上形成的教育教学思想，更深层次地体现在其后来作为清华附小校长的办学理念中，如"用整合思维撬动学校组织变革""基于清华附小学生核心素养的要求，建构学校的课程体系，形成基于国家课程且高于国家标准的清华附小的'1+X课程'体系的课程建设"。由此可见，校长在学科专业上的追求，使其在教学理念、教学策略、教学实践等诸方面能更深入地审视、改革和创新，通过传递教学的精神，使自己的思想和目标变成全体教师的共识和追求，才能实现真正意义上的主导办学方向，有效提升学校教育质量，弘扬一所学校的个性。

怎么抓质量才最有效

学校管理者的工作性质不应停留在一个"吆喝型"的管理者身份上，而应定位为专家性质的引领者身份上。这是从校长工作的有效性角度来说的。

试想，一位长期脱离教学一线的校长，如何正确把握课堂教学？如何为教师尤其为青年教师示范？课堂不仅是学生成长的地方，教师成长的平台，也是校长成长的阵地。

在大力提倡教师专业化发展的今天，校长作为管理者，虽然其专业性的内涵确实比学科教学专业能力更丰富，但作为推动学校教学教研发展的核心力量，校长的学科专业化发展更应该走在前列。

校长如果仅凭行政力量推动教学管理，收效甚微。

我在一所地处长沙老城区的小学担任校长，学校教师年龄结构偏大，平均年龄43岁，职业倦怠感较为严重，参与教学研究活动的热情减退。怎样调动教师的积极性，促进老教师在现有固化的教学观念和平庸的教学个性上有新的突破和提升？根据自己的学科背景（语文），我在地方课程和校本课程内上阅读课，并要求自己每个学期给老师们上一节研究课。通过以身作则，推动教师以积极认真的态度参与到上课、观课、议课的活动中来，真诚地交流沟通，把教学研究活动当作合作共赢的平台，给教师提供更多的分享。两年下来，有位语文教师对我说："你是我接触过的唯一一位亲自带头上研究课的校长，你都这样做，我们老师没话讲，我们更应该上好课。"

但校长仅有这种勇于带头的精神引领是不够的。当教师在学科教学专业上需要搀扶、引领的时候，你要能把你的"专业水平"拿出来，给教师以实质性的帮助、引导。这样教师才会获得专业上的提升，实现自我超越。可见，校长只有在学科专业上不断追求，才能具备这种能力，并真切地感受到在学科专业上的实践与思考带给自己的成长以及带动教师的成长。

2013年2月，在教育部颁布的《义务教育学校校长专业标准》中，首次系统构建了我国义务教育学校校长的6项专业职责，其中两项"领导课程教学""引领教师成长"的职责要求，不正是体现了对校长在提升学校教学工作领导力方面的专业发展导向吗？

所以，校长坚持学科专业追求，是不可放弃的职业生命的一部分。

当然，校长在学科专业上的追求并不完全等同于需要完整地兼一门主课才能进行，应结合校长管理学校规模的大小和实际工作量而定。但一定要坚持在某一学科内的教学实践，不能完全脱离课堂。由于事务繁杂，校长可以选择相对适宜的教学时间，比如校本课程，课时量既不是很大，又能为自己的学科专业追求提供实践平台。

（作者系湖南省长沙市开福区望麓园小学校长）

（文章原刊于《人民教育》2016年第18期）

管理才是校长的第一专业

李建华

在学校，教师是一种职业，校长也是一种职业，《中华人民共和国职业分类大典》把中小学校长列为一个独立的职业。两种职业有着不同的专业标准，教师和校长都需要持证上岗。教师的职业能力体现在教学上，校长的职业能力体现在管理上。

完成自己的职业转身之后，校长须从"小局"转向"大局"

我常在想一个略带哲学味儿的问题：校长，作为一种职业，是谁？从哪里来？到哪里去？校长是教育行政部门或其他办学机构任命的学校行政负责人，在校长负责制体制下，校长是在学校中依靠管理能力来引领学校发展的那个人，是把学校带向未来的那个人。校长不是天上掉下来的"林妹妹"，也不是千年修炼的"狐"，绝大部分校长是从教师一线岗位一步一步走来，有着自己良好的学科专业背景和实力。

校长在完成自己的职业转身之后，就需要把视域充分打开，把担当扛起来，从班级转向学校，从教学转向管理，从小局转向大局，万千责任系一身。从校内而言，小到师生的吃喝拉撒、油盐酱醋，大到学校人财物、时空信息元素的调配，都需要校长运筹帷幄；从校外而言，上面千条线，学校一根针，所有问题都需要校长自己来扛。无边界的责任，让校长即便有三头六臂，有时也会应接不暇。试问，如果没有良好的管理能力，校长何以担纲？

长期以来，我们在学校认识上存在一个误区，认为教学是一线，其他都是二线、三线，如果单从教学的重要性而言，这样的说法是有其合理性的。但是，教育作为社会的一个子系统，学校作为一个独立的法人单位，对校长而言，管理何尝不是一线呢？古今中外，蔡元培、梅贻琦、张伯苓、陶行知、苏霍姆林斯基，他们的杰出成就无不体现在对学校的管理上，他们以卓越的学校管理思想在教育的天空中熠熠生辉。

当今社会，分工越来越精细，专业化程度要求也越来越高，专业的事需要交给专业的人来做。很多知名企业建立了现代企业制度，实行职业经理人制度，教育也不应例外。《国家中长期教育改革和发展规划纲要（2010—2020年）》提出，建立健全现代学校制度，促进校长专业化，倡导教育家办学。中小学校长专业化一直是我国教育事业的重要议题之一，为此，教育部于2013年2月颁布实施了《义务教育学校校长专业标准》，2014年8月制定印发了《义务教育学校管理标准（试行）》。从这两个标准中，我们可以窥见对校长管理能力重要性的考量。

作为学校的"CEO"，管理才是关键

《义务教育学校校长专业标准》首次系统建构了我国义务教育学校校长的6项专业职责，明确了校长专业发展的主要方向，体现了倡导教育家办学的要求。

这6项专业职责是"规划学校发展、营造育人文化、领导课程教学、引领教师成长、优化内部管理、调适外部环境"。专家认为，6项专业职责背后有着深刻的导向："规划学校发展、营造育人文化"体现了校长对学校的价值领导，是校长专业职责的灵魂；"领导课程教学、引领教师成长"体现了校长对学校的教学领导，这也是提高教育质量的关键所在；"优化内部管理、调适外部环境"体现了校长对学校的组织领导，是提升学校办学水平的管理保障。

专家的解读最终都聚焦在"领导"这一关键词上，我也从6项专业职责的行为动词"规划""营造""领导""引领""优化""调适"的背后解析出"专业标准"对校长的"管理能力"提出了极高的要求，同时在6项专业职责的60条专业要求中，全都关乎"管理"。

《义务教育学校管理标准（试行）》的基本内容为"平等对待每位学生、促进学生全面发展、引领教师专业发展、提升教育教学质量、营造和谐安全环境、建设现代学校制度"。标准明确要求"学校要将本标准作为学校治理的基本依据，树立先进的学校治理理念，建立健全各项管理制度，完善工作机制。校长和教师要按照本标准的要求规范自身的管理和教育、教学行为，把标准的各项要求落到实处"。在其92条管理要求中指向的学校管理，第一责任人自然是校长，对校长的衡量也是"管理能力"。

从两个"标准"中我们可以清晰地看到对管理的指向、对校长的要求，而要践行两个"标准"，都需要校长充分调动管理智慧，运用管理手段，发挥管理能力才能获得。因此，校长不是治头疼伤风的"万金油"，而是要揽瓷器活的"金刚钻"。《哈佛商业评论》曾刊登过《CEO必须做的三件事》一文。文章提出，有远见的CEO必须做三件事：一是管理现在，二是忘记过去，三是开创未来。公司若想经久不衰，就必须使自己的维持力、颠覆力和创造力保持恰当的平衡，实现这一平衡是CEO的首要任务。现代学校也是如此，校长作为学校的"CEO"，要实现这样的平衡，管理才是关键。

里约奥运会，郎平带领中国女排夺得冠军，不是她"铁榔头"亲自上场做运动员，而是她作为教练员充分发挥体育管理能力，充分调动女排队员的积极性而得来的。如果郎平没有"体育管理系现代化专业"学习的积累，如果没有郎平这样"好校长"的带领，中国女排不可能有今日之辉煌。不会游泳的教练也是可以培养出世界冠军的。对校长管理学校来说，这些都是极好的教材。

如果把学科专业高于管理之上或置于两者并重的地位来要求校长，都是极为不妥的。前者会让校长难以跳出学科的小圈子，难以形成大的教育观和管理观。后者对校长过于苛求，人的时间和精力是有限的，鱼和熊掌不可兼得，全能型校长是极少见的。校长在现代学校制度和教育家办学思想的引领下，需要视野、情怀、心态、文化和格局，对于广大的校长而言，最普适性的要求、最专业化的标准才是最适合的。

做好管理是校长的天职，管理才是校长的第一专业。

（作者系江苏省南京市莲花实验学校校长）

（文章原刊于《人民教育》2016 年第 18 期）

辑三
从行政思维转向法治思维

从行政思维转向法治思维

封留才

依法治教是实现教育健康发展的必然选择，是教育发展新常态下的客观要求，也是改善学校治理和加快校长专业成长的重要条件。

然而，不少校长缺乏依法治校的意识、勇气和校本化实践的能力，存在以人治校、以罚治校等现象，以至于在许多矛盾、纠纷面前陷于被动应付状态，甚至被长期纠缠，严重影响学校正常秩序。

"智慧"的校长应有正确的权力观，要将自己的一切行政行为和学校各项工作全部关进"法"的笼子里，做到横向到边、纵向到底，不留死角。

大到学校发展规划、绩效考核方案等重大决策，小到师生日常行为要求、家长参与管理的方式等，校长都要依据相关法规，健全议事规则，构建决策机制，为自身以及全校教职员工"立好规矩"，以制度规范的形式作出规定，形成从义务、权利、要求到责任的权力运行的"闭合式"机制，使各项工作"于法有据""有法可依"。

2014 年秋季，某中学教师为逃避个人债务，一直未上班，校长在多次派法律顾问上门询问、书面送达和在当地主流媒体发布公告要求其回校说明原因未果的情况下，于 2015 年 1 月 30 日，向教育行政部门和人社部门单方面提出解除其聘用合同的申请，并得到了批准。这位校长的处理方式值得称赞，既体现了人文关怀，更反映了校长依纪依规治校的能力和学校教师管理机制的健全。

学校有了"规矩"，校长还要带头守规矩、讲规矩、用规矩，将相关法律和"规矩"作为判断和处理学校事务的准绳。然而，不少校长法治意识淡薄，搞"权大于法""选择性守法"，既破坏了教育生态，又违背了法治精神。

某地一所"颇有名气"的高中，校长砍掉了班会课，减少了体育课，时间全部让给高考科目。人们不禁要问，国家刚性的"课程标准"竟敢触碰，校长的法治意识何在？办学行为又怎会规范？在这样的学校，立德树人的根本任务怎能完成？社会主义核心价值观的培育和践行又怎能落地？真是令人扼腕。我以为，这样的教育不是真正的教育。

实现从行政思维向法治思维转变，校长必须从日常管理细节入手，从关键环节入手，在全校形成办事依法、遇事用法、难事靠法的依法治校新常态。

无论是决策、用人，还是涉及教师切身利益的职称晋升、绩效考核，都要做到程序合规、依"法"决定。

时有发生的"校闹"事件、校园纠纷，一次次给人们警醒，考量着校长依法治校的能力和水平。不少校长为息事宁人而"天价摆平"，不但给学校造成了巨大的经济损失，而且严重扰乱了教育教学秩序，直接影响学校的形象和声誉。校长要善用法律、依靠法律化解危机，让解决"校闹"问题回归法治框架，绝不能让"校闹"随意践踏法律。

（作者系江苏省泰州市教育局副局长、法学博士）

（文章原刊于《人民教育》2015 年第 06 期）

法治思维更多地体现为制度管理

祝　郁

法治思维是将法治的诸种要求运用于认识、分析、处理问题的思维方式，是一种以法律规范为基准的理性思考方式。

回顾自己在上海市嘉定区迎园中学担任校长的 10 年经历，如果有人问我，是什么让你带领全校教师使一所 9 年换了 7 任校长的问题学校走出低谷，成为上海市的新优质学校？那么，我会毫不犹豫地告诉他——校长的法治思维。

法治思维方式的核心是对合法与非法的预判

校长的法治思维应该包含以下两个方面的内容：首先，校长作为学校的法人代表，要增强校内全体教育工作者的法治观念，增强依法治校的意识，提高依法办事的能力，积累通过法律解决纠纷的经验。其次，校长要通过民主程序，带领全校师生运用法治思维制定合理可行的校规校纪，规范校园行为，增强师生规则意识，形成学校法治文化。

法治思维方式的核心是对合法与非法的预判，即把合法性作为处理问题的前提；围绕合法与非法对有争议的行为、主张、利益和关系进行思考、分析、判断和处理。

当我们把法律规范作为考量一切行为的是非标准时，我们就是在运用法治思维。在学校，法治意识落实到每个具体行为主体身上，其实就是规则意识。无论是校长、员工还是学生，只要具备了这种法治思维，即是有规则意识的——既对自己是有行为底线要求的，又拥有此底线以上的无限空间。

管理的合法性，不在"人"，在制度

如何运用法治思维构建学校的管理体系？

在现代管理学中，有一个基本认识：人是靠不住的！每个人都有自己的情绪，每个人的情绪在不同场合、面对不同的事物时会有不同反应；人的能力有高下，对事务的判断不能保证一定全面准确，人会犯错误。因此，在学校管理中，不能仰赖"人对人的管理"，而是要依靠完善的制度保障。

作为学校的法人代表，除了经常提醒自己做到"慎独"，以较高的道德标准来要求自己之外，我更加信奉制度管理。

自 2004 年起，依靠全校师生的团队智慧，我们提出了"专业精良、课堂精彩、管理精细、文化精致的优质初中"的办学目标。基于这一共同认知，构建起学校服务质量的管理结构、管理职责、运行流程、测量和改进的完整体系，并配置以健全的章程、职责、规则与程序设计，形成由质量手册、学校章程、职责、规则与程序等构成的学校运行管理体系，保障了学校的高效运转。

随着运行管理体系日渐成熟，学校制定了发展规划和年度达成细目表，确保每个时期都有明确的工作目标和重点，同时严格按照"规划设计—执行—检查反思—改进"的原则认真做好学校的每一项工作；我们建立各条线组织网络图，明确工作范围；细化工作职责，实行部门责任目标管理制和年级主任负责制，严格落实管理细则，使部门目标、年级目标和个人目标与学校组织目标融为一体，实现了决策到实施的短程化。

2011 年制定学校"十二五"发展规划时，经历了多次改革的迎中教师主动参与学校管理的意识越来越强。他们提出：光有规划没有用，还需要有保障规划实施的行动指南，我们不希望这个行动指南还是"冷冰冰的条条杠杠"，能不能用自己的话来做这个行动指南？可否就叫《迎园中学五年行动纲要》？

在网络"迎中论坛"上，五年行动纲要讨论的主题帖成为热帖，持续15页，跟帖266条。行动纲要六易其稿，终于完成，一共88条，每一条都凝聚了老师们的心血，每一条都能找到老师们的影子。

迎中教师将集体迎中人共同智慧形成的章程、行动纲要、质量手册和程序文件集结成册并取名为"迎园中学教师手册"，就是考虑到学校的每一位教职员工都是岗位与工作的管理者，需要参与学校制度文化的建设，需要从手册中寻求行为的规范、保障和指引，以确保学校的管理规范、公平、公正。

10年来，我们成功地引导全体教师以法治思维构建学校的管理体系。从某种程度上讲，法治思维也是一种鼓励创造力的思维。学校的每个行为人都很清晰地了解什么是做事情的底线和准则，在这样的前提下，每个人尽可以发挥自己的自由度和想象力；在这样的思维引领下，制度规范着行为，行为形成了习惯，习惯培育着传统，传统积淀了文化，文化又返回来润泽制度。制度和文化本是管理的两翼。制度是文化的沉淀，文化是制度的精华与升华。当制度成为一种习惯、一种行为，文化会成为一种崇高的信仰、一种内在的力量，优秀就成了一种必然结果。

凡事有准则、有程序、有监督、有负责

在迎园中学，我们在做每一件事情的时候，首先考量的是是否符合学校已有的章程及规章制度。如果不符合，那么首先要分析寻找不符合的原因所在：是原有的规则落后了，还是现有的考虑在价值取向上有缺陷？如果是前者，那么正确的做法就是按照原有的章程生效程序作出必要的修订，使之成为不阻碍学校发展的制度障碍；反之，则坚决不为。

凡事有准则、有程序、有监督、有负责，成了迎中教师的行事原则。

规范管理从教师延续到了学生，从课堂延续到了课外，学校的一切工作变得越来越规范。管理离不开规则和标准，真正高效的管理必然靠制度来运行。制度化使学校逐步走向秩序、和谐与安定。

我的体会是，学校发展史不应成为"校长更换史"，而应成为学校管理制度变迁史。学校内部管理制度首先受制于国家法律和各级政府规章，随着学校办学自主权的落实，学校管理日益成为学校内部人与人、人与组织之间以及组织与组织之间的互动博弈。

人们总是在这种博弈中寻找新的平衡点，制度也由此而发生变迁。

（作者系上海市嘉定区迎园中学校长）

（文章原刊于《人民教育》2015年第06期）

以师生合法权利制约校长权力

丁莉莉

法治的前提和基础是民主。没有"民主"参与的学校，可能一时走得快，但肯定走不远、走不稳。我们着力祛除学校管理中的"人治"之弊，以法治思维提升办学境界。

制度设计从民主程序中来

我们的学校章程规定：凡重大决策、重要事项，必须经全体教师充分酝酿，最终由教代会集体表决通过实施，舍此别无他途。

阳光章程建设从民主程序来。"依良法，达善治"，是法治思维的基本内涵。学校的"阳光章程建设工程"最大限度地把办学事务全部纳入制度规范，消除人治因素，弱化校长的权力角色——使校长成为协调者和落实者，而不是发号施令者。管理中，不少人找我求情、行方便，我就一句话："规矩定了，我真没这个权力。"

校园里，当同一类问题、失误反复出现，肯定是制度有问题。我们反复修订完善了《阳光神小管理文本和管理流程书》《教师手册》和《阳光少年手册》等制度体系，尽力使其成为兼具合法性、科学性和前瞻性特质的"良法"。制度设计从民主程序中来，师生就能自觉地严格执行。

教育权益救济从民主选择来。"没有救济，就没有权利。"随着公民权利和个体意识的提高，学校、教师、学生、家长之间各种纠纷数量增多，情况复杂。2014年，我校两名同学在放学途中发生争执，互相大打出手，一人发生严重意外伤害。家长没有走司法程序，而是多次非理性上访，想"把事情闹大"，以满足不合理诉求。对此，我们召开教师代表和家长委员会会议，在讨论中有多种声音，有的主张"息事宁人"，有的主张"置之不理"，有的主张"依法维权"。最终通过民主表决，我们选择法律途径取得权益救济。

我们委托法制副校长及其律师团队代理解决此事。经法庭两次审理，最终判定学校零责任。以此为契机，我们开始致力于建设教育法律纠纷防范机制，将因管理行为、教职工待遇、师生意外伤害等引发的纠纷纳入不同的解决渠道，发挥好调解组织、教职工、学生、家长自治组织和法制工作机构的优势与作用，彰显了法治的权利保障力量。

以民主管理涵养法治思维

民主是法制发挥力量的源泉。只有推行民主管理，才能有效涵养校长的法治思维，最终固化为现代学校治理常态，培育师生的民主风貌和法治意识。

以"参与、建议、监督"为核心的"135民主管理"机制。"1"是指教师"一周执行校长"、学生"一周执行班长"、家长"一日驻校执行管理"制度；"3"是针对教师、学生、家长和社区，每学期至少开展3次针对性征集建议活动，评选"阳光金点子"；"5"是指家长监督委员会、教师监督委员会、学生监督委员会、学校教育协作联盟和网上紫学园工作室直通车5驾"马车"，联手参与、建议、监督，形成自由沟通和建言献策的自然成长生态。有学生提出，"在传统运动会的基础上再举行一次全员参与的益智运动会，每周举行一次单项的校园吉尼斯活动……"由此"校园益智运动会""周周吉尼斯""校园爱心贮存箱""阳光币"等小特色、小温暖应运而生，人气红火。

执行校长制让教师参与学校管理。每周一位普通教师做执行校长，负责管理和落实学校本周工作，校长为其提供全程服务、指导和协助；执行校长拥有相应的责权利，与校长换位思考，以命运共同体的状态自主成长，很多教师受益匪浅，竞相申报。有位执行校长写道："我有了另一种生命存在的姿态，找到了管理角色的'代入感'，进而感同身受，不再狭隘和偏执，对职业生涯有了新感悟。"

这样做，是不是校长就没事了呢？除了要全面担负领导责任和引领服务外，我每周撰写"阳光服务室与老师说"，以周简报和网络跟帖、回帖等互动形式，与教师线上、线下进行交流、引导。

"小助理"给孩子一个成长支点。学校遴选学生代表组成"评审团"，经演讲、答辩投票产生"校长小助理"，在国旗下颁发聘书，通过培训引导孩子以独特视角发现校园"故事"，发挥"智囊团"作用，寻找不良行为及问题，及时向校长反馈。小助理有权参加学校联席会议和重要活动，以小主人的微视角关注身边人，管理身边事，责无旁贷地投入学校治理"协奏曲"。

家校之间无"围墙"。学校搭台，家委会积极融入学校治理，审议学校工作报告，参与教师评价考核，管理家长信箱，开展问卷调查，提交合理化建议，对家长解疑释惑……推动学校从外部和家长的角度发现问题、解决问题。

公权力应得到制约和监督

孟德斯鸠说："防止滥用权力的办法，就是以权力制约权力。"校长的权力在接受法律规范和组织权力监督的同时，必须受到师生合法权利的制约。

民主测评是师生的权利。我们不断探索完善对民主测评的监督方式，对学校领导班子、班子成员和各个层次的管理者建立完善"阳光监督员制度"，设计了实事求是、据理评议的测评体系。以"实事求是、客观公正"为原则，不同的监督主体通过不同的监督形式，分层梳理、归类问题，深入细致剖析原因，提出整改意见并进行多次监督，直到落实。我们坚持

"有权有责、责权相符、权受监督、违责必究"，形成了服务师生的"一线意识"和"基层导向"，对上对下都负责。

阳光公开没有例外。公开是最美的阳光，更是信任和民主的基石。作为学校民主管理和监督制约的重要手段，我们坚持党务、校务双公开，除规定保密事项外，做到"360度全方位公开、零距离真实公开、无延迟及时公开"。

我们建立阳光公开领导小组、工作小组和监督小组，抓住事前公开、过程公开、结果公开三环节，建立完善校务公开实施细则，利用学校宣传栏、网站、博客、微博、家校通、微信公众平台等载体，倒逼管理者做"透明"事，当"阳光"人，逐步从"不敢不公开"到"不能不公开"，最终"不想不公开"。

每位教师都关注绩效工资，尽管分配方案体现了集体意愿，但也不能让每个人都称心。对个别心理不平衡的老师，我都心平气和地让他们在全程留痕并公开的事实和数据面前消气、顺气，让他们"站在未来看现在"，一起研究专业成长。"阳光招生"全程公开，有效杜绝了暗箱操作、违规操作。每月评选"阳光学生"，一律在线公开，学生服气、教师认可、家长满意。学校报表数据、统计资料、奖惩荣誉等相关情况，都可查询，信息对称，由此激发校园里"信任的力量"。

（作者系山东威海高区神道口小学校长）

（文章原刊于《人民教育》2015年第06期）

一部好章程，一所好学校

乔锦忠

2012 年 11 月，教育部印发《全面推进依法治校实施纲要》（以下简称《纲要》），根据《纲要》要求，到 2015 年，我国将全面形成"一校一章程"的格局。

然而，如何才能制定一部好章程？换言之，制定学校章程，需要考虑到哪些因素呢？

着力规范内部治理结构和权力运行规则

学校章程是指经法定程序通过的关于学校基本任务、组织规程、办学规则等重大问题的规章制度。它是学校自主管理及政府监督管理学校的基本依据。学校章程的核心问题是权力的分配和制约。一般来说，学校章程应包括：序言、总则、学生、教职员工、管理体制和组织机构、财务、资产、后勤、学校与社会、学校标识、附则等内容。

《纲要》要求，学校起草制定章程要遵循法制统一、坚持社会主义办学方向的基本原则，以促进改革、增强学校自主权为导向，着力规范内部治理结构和权力运行规则，充分反映广大教职员工、学生的意愿，凝练共同的理念与价值认同，体现学校的办学特色和发展目标，突出科学性和可操作性。

明确办学定位，否则章程有效性会大打折扣

学校发展最终要依靠提升质量和打造特色，而学校质量和特色的形成需要条件支撑。学校所处的地理位置和外部环境不尽相同，办学理念和培养目标也应因地制宜。学校要在保证办学方向的基本原则下，根据自身办学体制、生源和其他内外部资源等情况来确定学校的办学理念和培养目标。

教育改革已进入深水区，高考制度改革对中小学办学会产生重大而深远的影响，过去依赖于体制和靠吸引优秀生源而形成的名校随着就近入学政策的严格执行将会受到很大的冲击，立足于学区和片区特点制定新的办学理念和培养目标已成为当务之急。办学定位不准，章程的有效性就会大打折扣。

重大事项必须遵循法定程序

有关学校发展规划、基本建设、重大合作项目、重要资产处置以及重大教育教学改革等决策事项，应当按照有关规定，进行合法性论证，开展合理性、可行性和可控性评估，建立完善职能部门论证、邀请专家咨询、听取教师意见、专业机构或者主管部门测评相结合的风险评估机制。

在学校重大事项的决策过程中，听取专业机构和主管部门的意见、征求教职工和咨询校务委员会的看法非常必要。比如，学校启动有关教育教学改革的重大项目，在课程设置、教学模式和方式等方面进行改革，应该有充分的论证。

在学校章程制定中，必须明确哪些重要事项要经过哪些法定的程序。比如，学校干部聘任，要有推荐提名、考核竞聘、公示任命等必要的程序。程序公正是科学决策的有力保障。

要考虑执行力和学习力问题

学校建立章程的根本目的是促进学校发展。现在，很多学校的发展仍然高度依赖校长个人素质。建立学校章程的根本目的就是减少学校发展对校长个人的依赖，从规章制度上建立起学校发展的内在机制。

影响学校发展的主要因素包括科学的决策机制、强大的执行力和教职工具备良好的学习力。在学校章程制定时，必须考虑执行力和学习力的问题。在学校章程中要有约束干部的退出机制，要有提高教职工学习能力的机制。如果没有这样的机制，章程就缺少灵魂。

章程是大家共同约定的，不是领导强加的

制定好一部章程，除了要明确章程内容中的关键问题外，还需要把握好章程制定过程。制定章程本身就是一个决策过程，需要有广泛的参与。在章程制定过程中，可以邀请专家对学校的办学定位提出意见，对学校内部治理结构、决策程序和内在发展机制等方面的条款给出依据，供教职工思考、批评和提出建议。

学校章程是学校全体成员共同遵守的规章制度，最终会对学校教职工的行为产生约束。在制定过程中有了广大教职工的参与，制订的方案就带有契约性质——章程是大家共同约定的，不是领导强加的。

只要学校能结合自身实际情况科学把握学校工作任务、内部治理结构、决策程序、内在发展机制等问题，遵循合理的程序制定章程，其科学性就有保障，章程制定就会真正促进学校的发展。

落实学校办学自主权是章程有效的关键

建设法治社会，完善治理体系，提升治理能力，就是要破除组织发展对个人过度依赖的状况。在法治时代，呼唤好校长不如制定好制度。从这

个意义上讲，"一部好章程，一所好学校"要远远胜过"一个好校长，一所好学校"。

但"一部好章程，一所好学校"是一个美好的愿望，现实中即使有一部好章程，也未必能有一所好学校。有了章程，如果束之高阁，也不可能发挥作用。1986年，《中华人民共和国教育法》就要求学校有章程，政府也曾经推动过章程制定工作，很多学校也早已有章程，但这些章程一直没有很好地发挥作用。

学校章程之所以不能发挥作用，主要是因为学校缺乏办学自主权。当前，真正的办学主体是教育局。教育部已经发布了课程标准，也有质量监测系统，可教育局还要求学校开齐课程、开足课时。学校缺乏用人自主权，想要的人不一定能招来，不胜任工作的人出不去。在校财局管体制下，学校预算演变为"资金使用进度安排"，真正用钱的地方有很多规定不能用、不好用，不必多用钱的地方却有很多钱在等着用。

学校制定章程，按照章程实行自主管理是学校依法办学的关键，是法治时代学校发展的必然逻辑。但这有赖于政府下放权力，切实落实学校办学自主权。只有学校有了足够的办学自主权，能够真实自由地表达自己的主张，才能科学合理地制定章程，这样的章程才能真正造就好学校。

总之，学校微观治理结构与国家和政府的宏观治理结构之间紧密关联。从这个意义上讲，学校章程现代化的程度取决于国家政治体制和政府行政管理体制改革的进度。改革开放以来，党和国家一直在采用渐进式改革的思路推进各项改革。因此，学校章程的现代化也不可能一蹴而就。要立足现实，先从低度民主起步，逐步培养教职工的民主参与意识和参与能力。既不能新瓶装老酒，原地踏步，也不能操之过急，脱离现实，影响学校发展。

（作者系北京师范大学教育学部副教授，北京市门头沟区京师实验小学校长）

（文章原刊于《人民教育》2015年第05期）

每位教师都是章程的制定者和受益者

张浩强

章程制定过程融合了学校上下各个层面的价值认同

制定章程是校长和教师对学校教育思想、价值取向、办学理念的理解、认同与内化过程，更是全校教职员工达成共识的过程。

浙江省杭州市胜利实验学校创办于 2009 年，原为杭州市胜利小学教育集团的一个校区，于 2014 年 2 月与杭州市胜利小学正式分离，成为独立法人单位。要不要继承学校之前"幸福生活每一天"的办学理念？原先的教师、学生发展目标需不需要创新？如何创新？这一系列的问题都"晒"在全校教职员工面前。

学校行政班子向全体教职工抛出问题，征求意见，通过"头脑风暴"，让每一位教师用三个词来概括自己心目中的优秀卓越的幸福学子形象。然后，学校章程制定小组进行同类合并、分类梳理，整理出最集中的 15 个词，再交由全体教师依照学校发展实际和幸福教育价值追求进行选择，最终选为胜利实验学校的学生培养目标，写入章程第七条：学生的发展目标是培养健康、自主、文雅的幸福少年。学生培养目标如此，学校章程中其他方面如办学宗旨、教师文化、教育教学管理机制等都是以类似方式确定从而写进章程。

章程制定过程融合了全体教师对教育的理解和学生的希望，融合了学校上下各个层面的价值认同，因而体现了所有教职工对学校发展和学生发展的期望与追求，于是在学校运行中的作用也变得更有力。

教师从一线教育者成了"学校管理者"

学校章程制定的过程，也是梳理学校内部管理体制的过程。只有写入章程，学校的教学质量管理、教师管理、经费管理才会有章可循、有法可依，学校管理才合法合理。

学校章程不仅规范了学校管理者的岗位职责，明晰了校长拥有的权力，更对教师在学校的职责和权利都有了明确规定。"还权于师""授权与授钱同步""职责明晰"等思想渗透在我们学校的章程里。如学校章程第十四条规定：学校建立以全体教职工参与的大会制度，保障教职工参与学校民主管理和进行民主监督。第十八条规定：学校建立健全信息公开制度。学校实行校务公开，切实保障教职工的知情权、参与权和监督权。

在我们学校，每位教师都对自己在教育岗位上应履行的职责了然于心且恪尽职守。与此同时，学校也切实保证教师应享有的权利，如培训权、知情权、决策权、管理权等。

因此，在我们学校，教师约谈校长，教师参与策划学校活动已是寻常之事。就连学校经费的预算和使用，教师也充分参与。为保证学校每项经费使用效益的最大化，学校在学期初公布本学期可支配经费的信息，保证教师的知情权。之后分学生和教师"两条线"向学校申报本学期所需要经费的额度及打算开展的活动。如学生经费的支出包括班级奖品的购买、学生外出实践活动、幸福人物评比等；教师经费支出包括教师培训、课题咨询、专家讲座等。各个部门须在了解信息、策划活动后才能对经费进行预算。学校根据上报情况，进行"切块"预算，全盘统筹，最后交付学校教代会表决通过，授权校长进行经费的使用。

这一过程，教师从一线教育者成了"学校管理者"，保障了每位教师在教育岗位上履行职责，也充分给予他们参与学校管理的权利，真正实现学校的开放管理、民主管理。

切实保护教师专业自主

作为一所新学校，通过章程的制定让全体教师认同学校新的办学理念很重要，但延续老校 400 多年的文化积淀和价值追求也不容忽视。融洽轻松的同事关系、自由民主的言论氛围、多元个性的专业发展等，都是这所学校一直以来的文化追求。

因此，胜利实验学校的章程制定过程，以较好继承老校文化、保护教师专业自由、释放教师心灵为出发点。如章程第二十八条关注了学生课堂学习方式的转变，倡导"主动参与、有效思考、个性表达"的课堂文化，鼓励教师向课堂要质量。再如第三十三条提出，学校营造民主、自由、科学的研究氛围，构建对话、合作、反思、共享的研修文化，鼓励教师开展教育教学改革和实验，以特色工作申报、项目申报等形式鼓励教师开展基于问题的小课题研究，建立区以上（含区）、校两级课题管理办法，重视研究过程，每年召开一次学术成果发布会，促进研究成果的转化与应用；学校鼓励教师著书立说。

在我们学校，"鼓励教师开展教育教学改革和实验""鼓励教师著书立说"等并不是一纸空文。我们相信"闲暇才能出智慧"。因此，为保证教师有研究的时间和空间，保护每位教师专业发展的自由，延续学校文化命脉，我们不断改革教师管理，大大精简或减少事务性的事情，鼓励教师专业创新。

以备课改革工作为例。我校教师不再需要每课"零起点备课"，那么，教师不备课怎么进课堂？教师不备课做什么？我们学校继承了"资源共享"的好传统，每位教师在一个学期结束后就会拿到下一学期要执教的全册教案及配套的课件和测试卷。教师根据本班学生的具体情况对现成教案进行删改即可。这不仅保证了教学质量，也大大节省了时间。教师有更多时间去做自己的事情，钻研班级工作，解决教学困惑，创新特色工作，著书立说等。

（作者系浙江省杭州市胜利实验学校校长）

（文章原刊于《人民教育》2015 年第 05 期）

辑四
谁来调动教师的积极性

如何扶正"奖励性绩效工资"政策

周　彬

自奖励性绩效工资政策进入校园以来，它便成为一个众说纷纭的话题。教师认为，所谓的奖励性绩效工资，就是拿自己的工资去奖励别人的绩效；教师层与管理层也因此矛盾重重，教师觉得管理层拿着自己的工资来管自己，管理层觉得自己干了活却得不到与之相应的报酬；对校长也没有什么好处，原来可以自由支配的"活"钱，现在都成了照章办事的"死"钱，在教师激励方面显得很无力。

被广泛论证的奖励性绩效工资政策，是到了中小学校就如此的"水土不服"，还是我们在享受它带来的政策红利之后，所必须承担的政策代价呢？它除了带给学校管理诸多问题之外，还带来了些什么？如果我们都不希望这些问题变得更加严重，那又应该如何去将其"扶正"呢？

用"自己的收入"去奖励"他人的绩效"？

知道自己一年的收入，不知道自己一年的收入，哪一种情况更让人感到幸福？对于那些富人来讲，可能知道自己一年的收入，会增进他们的幸福感；但对于并不富有的教师来讲，不知道也就不可比，不可比也就不知道自己有多么的穷，也就不知道自己比别人穷多少，幸福并不会因为不知道而增加，但至少会通过不知道来保有自己的尊严。

可是，一旦有一种制度明明白白地告诉你，你一年可能赚多少，这下你有点愤怒了，原来我辛苦一年才赚到这么一点！要是和身边那些听说赚得特别多的人，比如商人或者公司白领的收入相比，那就更愤怒了。这还没有完，到了年底，再告诉你，由于你的工作绩效比同事差，你还没有赚到年初告诉你的那个数字。到了这个时候，你该出奇愤怒了——明明是自己的钱，为什么还要被别人拿去呢？

有人管着你，没有人管你，哪一种情况你觉得更幸福？如果管理者通过良好的管理，能够为教师换来更大的利益，教师们是可以让渡部分自由的，甚至也愿意在更大利益面前让渡原本属于自己的一部分利益。

可是，学校管理层能够做到这一点吗？很不幸的是，还真做不到。目前教育行政部门只对教师个体实施了绩效工资政策，并没有对学校组织实施绩效工资政策。也就是说，不管学校办得好还是办得差，教师群体的总收益没有多大变化；但在学校内部，如果教师教好了或者教差了，教师个体的收益是有变化的，而这个变化并不是来自群体的增量，而是来自教师间的调剂，这就是常讲的用"自己的收入"去奖励"他人的绩效"。

有可以自由支配的钱，有必须照章办事的钱，哪一种钱有利于管理效率的提高？在经济学中，可自由支配本身就是一种利益，因为它可以最大限度地满足消费者的多种需要。一旦金钱不能自由支配，这种利益就会大打折扣，因为它可能指定购买你根本就不需要的商品，但对于你需要的商品却限量购买。在校长看来，奖励性绩效工资就成了照章办事的"死"钱，这就有可能大大地削弱学校管理效率，因为它对教师的激励作用减少了。但在教育财政看来，奖励性绩效工资并不是"死"钱，只不过不是按照校长个人意志使用的钱，而是必须按照教师群体意志使用的钱，所以这个钱在校长眼中是"死"钱，在教师群体眼中却是"活"钱。

可是，对教师群体来讲，目前最关注的并不是钱的"死"与"活"，而是钱的多与少；对校长个人来讲，虽然也关心钱的多与少，但可能更关注的是钱的"死"与"活"。

需要为学校预留相应比例的"自主奖励机制"

从企业管理生态中诞生的奖励性绩效工资政策，刚刚进入教育生态环境，难免有"孤军深入"的弊病，也不可避免会遭遇到教育生态系统的"排异"。与之相应，要在教育生态环境中更好地发挥奖励性绩效工资政策的作用，就需要我们进一步完善奖励性绩效工资政策体系（除了要完善这项政策本身之外，还要完善与之相配套的政策），同时也要调整教育生态环境本身，让教育生态环境以开放的姿态，去迎接奖励性绩效工资政策可能带来的变化，起到扶正奖励性绩效工资政策的作用。

先得有奖励性绩效工资"标准"，然后才有奖励性绩效工资"政策"。每个人都有对自己收入的知情权，这是奖励性绩效工资政策带给教师的最大福利，让教师的收入不再模模糊糊，让教师的付出与所得变得清清楚楚。但是，既然是绩效工资，那就意味着教师工资必须与教学绩效相对称，而是否对称的标准，就是绩效与收益的比例是否达到当地工资的市场水准。

由于绩效工资是一种市场管理制度，所以要实施它，前提是承认并接受市场交易的观念与市场交易的条件。如果教学绩效换来的是远低于市场水准的教学工资，这种绩效工资政策不但起不到激励与奖励的作用，反而成了削弱与打击教师工作积极性的政策。因此，要在学校实施奖励性绩效工资，就必须告诉教师这个奖励性绩效工资的"标准"是怎么出台的？如果没有一个客观的标准，每一个人都会认为自己付出得多，得到的却太少；等到有了这个相对客观的标准，则可以让教学绩效优异的教师因为得到更高工资而心满意足，也可以让教学绩效较差的教师因为得到较低工资而自我反省。

先得有学校组织的奖励性绩效工资，然后才有教师个体的奖励性绩效工资。如果不对学校组织实施绩效工资，这就导致不管这所学校是办好还是办差，都不影响教师群体的总收益。在这种情况下，为了确保教师利益最大化，最好的办法就是通过降低成本的方法，来提升学校组织的整体收益。也就是说，由于学校办好办差并不影响教师群体的收益，那就最好不要朝好的方向办，因为这样办学成本会增加；与之相应，在整体收益不增加，但办学成本增大的情况下，教师群体的收益也就相应减少。至于教师群体收益怎么分配的问题，既然学校不要朝好的方向办，那最简单的分配方法就是平均分配，因为人均年收入有多少是年初预算就定下来的，学校也没有理由要减少。至于管理层为什么要多拿钱，也实在是匪夷所思的事，学校根本就不需要朝好的方向办，你还来管教师干什么呢？再说，教师这个行业本来就是靠良心维持的行业，只要管理层信任教师，爱护教师，教师自会用心教书育人。你现在还要来管教师，岂不是明摆着不信任教师，不爱护教师了吗？可是，在不朝着更好的方向发展、在没有人来承担管理职责的学校里，它还有未来吗？

先得划定奖励性绩效工资边界，然后才能有效实现奖励性绩效工资效力。学校与企业间的最大区别是，企业的目标相对单一，要么是产品，要么是利润；但学校就异常复杂了，教育目标有近期的、远期的，教育过程有技术的、艺术的，教育教学有科学的、人文的。这就意味着，在企业中普遍适用的绩效工资，在学校中不可能普遍适用，而是有着特定的适用范围。事实上，在企业中，也没有哪个企业把绩效工资用于所有的工作项目与工作岗位。对教师来讲，有些工作成果是可以折算成教学绩效的，但更多的教学成果是无法折算成教学绩效的；对学校的不同工作岗位来讲，有些工作岗位是可以用绩效来考核的，但更多的岗位是不能用绩效考核的。如果要把教师所有的教育成果都折算为教育绩效，教师就不得不放弃教育使命的长远发展，而聚焦在工作任务的当下应对；不得不放弃教师的光荣使命，而聚焦在匠人的产品生产——这既是对教育的误判，也是对教师的误读。所以，学校需要奖励性绩效工资，但不能全部都用奖励性绩效工资来核算与推进。为学校预留相应比例的自主奖励机制，既是对学校办学自主权的尊重，也是对教育教学规律的尊重。

绩效考核对学校管理者提出了新要求

尽管我们对奖励性绩效工资有着这样或者那样的批评与指责，但不可否认的是，此项政策让学校管理变得更加阳光与透明，也变得更加公正与民主。

以前的学校教育教学工作更依赖于教师的良心与良知，学校管理工作更依赖于学校管理者的人品与智慧。在奖励性绩效工资面前，学校关心的是每位教师应该完成多少工作量以及每位教师的教育教学质量如何，虽然忽略了教师在工作过程中的良心与良知，但却把工作中的质与量都晒在了阳光之下。

对学校管理者来讲，学校管理的过程不再是主观臆断的过程，也不是靠个人英明决策的过程，而是把学校管理建立在民主决策之上，建立在客观证据之上。

其实，实施奖励性绩效工资之后，对学校管理者的管理水平提出了更高要求，比如如何让学校岗位职责清晰起来，用什么方法去测量和评价教育教学工作的数量与质量，用什么方法把学校不同工作岗位的工作数量与质量置于同一个工资体系之中。此外，如何在学校管理中听取不同层级工作人员的意见和建议，如何凝聚团队的管理智慧，都是奖励性绩效工资对学校管理者提出的要求与挑战。

当学校管理和经费支配不得不纳入制度体系时，学校管理者的制度设计能力就非常重要，而这并不是基于对具体人或事的判断，而是基于对此类人或事的趋势、规律的把握。并不是说，让谁去做这件事，做好了我们奖励他多少钱；而是谁都可以去做这件事，他把这件事做好了，我们一定给他多少钱。还有，当学校经费交由制度来支配后，学校管理者自由支配的经费少了，那么用什么去调动教师的工作积极性呢？除了用制度的力量引领教师努力之外，还需要学校管理者转变以往的管理模式，开启更多的调动教师工作积极性的非金钱与非物质的因素。比如，如何让教师在学校教育教学工作中获得成就感，如何让教师在师生交往中拥有存在感，如何让教师在学校发展过程中收获荣誉感。

的确，教师与学校之间并不完全是雇主与工人之间的关系，教师与学生之间也不是工人与产品的关系，所以不可能把学校中的人际关系都转变成交易关系。教师到学校不仅仅需要收获金钱，还需要收获成就感、存在感和荣誉感；学生到学校不仅仅需要知识，还需要学会相互理解和相互尊重。

越是把管理交给制度，管理就显得越来越不讲人性，制度也会变得越来越不相信人性。制度不是针对具体人的，也不是针对具体事情的，所以一旦事情发生，就必须按照事先制定的制度来执行。于是，这就要求学校管理者在管理过程中体现出自己温情、温暖的一面。作为学校办学品质的保证，管理和制度必将变得越来越非人性化，从而让学校的运转和发展不再因人而异。可是，当学校越在高位运行时，在学校中工作和学习的师生将会碰到越来越多不顾及具体人和事的制度。在这种情况下，学校管理者的人格魅力、为人亲善，既是对制度化管理的补充，又是体现学校管理者自身管理功能的重要途径。

需要强调的是，学校管理者的温情与温暖，并不是对现有管理举措与制度的破坏，而是对管理举措与制度的补充和延伸。比如，当教师由于迟到或者旷课而被罚款了，这时管理者的正确做法，并不是通过不罚款来体现自己的温暖与温情，而是通过对教师迟到或者旷课原因的关心，来减少或者杜绝教师迟到或者旷课的次数。

不管我们理解还是不理解，接受还是不接受，奖励性绩效工资已经深深地镶嵌到了学校管理的基因之中。我们可以去审视它，但审视的目的是为了重构它，通过对它在教育领域的重构，让它更适应我们的教育、我们的学校；我们也应该把它当作一面镜子，通过这位"从企业管理界来到我们身边的不速之客"，让我们的学校管理变得更加阳光与民主。

［本文系国家社会科学基金教育学青年课题"绩效工资背景下教师有效激励"（CFA110112）阶段性研究成果。］

（作者系华东师范大学教育学部教授、博士生导师）

（文章原刊于《人民教育》2015 年第 17 期）

绩效考核该如何避免流于形式

陈松信

实施绩效工资改革以来，尽管各地中小学校制订了绩效考评方案，但不少学校在执行方案时却不痛不痒，据说"不好操作"——管理者担心得罪教师，害怕激化矛盾。当然，也不乏个别学校"穿新鞋，走老路"，搞平均主义——将绩效工资暂时挂着，待到年终时发放了事，大家"你好，我也好"，使得绩效工资改革流于形式。

如何才能真正发挥教师绩效考评制度应有的作用呢？

"流动性"评价方案：让绩效奖金"活起来"

《教育部关于做好义务教育学校教师绩效考核工作的指导意见》（以下简称《意见》）指出："要根据绩效考核结果，合理确定奖励性绩效工资分配等次，坚持向骨干教师和作出突出成绩的教师倾斜，适当拉开分配差距。"但有的学校在绩效考核时"蜻蜓点水"，有的学校将绩效考评方案束之高阁……根本没有做到"适当拉开分配差距"。

为了充分发挥教师绩效考核的激励功能，学校可以实施"流动性"评价方案，即教师绩效考核采取百分制，根据每位教师每月绩效考核得分的多少核算奖金，具体为：每位教师的月绩效奖金＝（人均绩效奖金 × 科任教师人数）÷ 教师绩效考核总分 × 教师个人绩效考核得分。

这样，每位教师的每月考核分值都不一样，但每月学校全体教师的绩效奖金总额不变，从而呈现出学校绩效奖金总额在教师之间"流动"的活性状态。

"流动性"绩效考核评价，一方面着眼于教师的工作实绩和贡献，根据考核分值决定教师的绩效奖金额度，将更多的绩效奖金流向骨干教师和作出突出贡献的优秀教师，在一定程度上拉开了教师之间绩效奖金的分配差距，彰显了教师绩效考核工作的题中应有之义；另一方面，绩效奖金好比一个大蛋糕，所有绩效资金在教师中流动，真正体现了多劳多得、优绩优酬，能够充分发挥激励功能，调动教师的工作积极性，从而有效增强学校办学活力，提高办学质量和效益。

"模块性"考评机制：增强绩效考核结果的公信力

《意见》提出，实施绩效考核应遵循"客观公正，简便易行"原则。然而，基于中小学校教师实际，学校对教师除了在"师德""教育教学研究""教师专业发展"等方面有共性的要求外，由于教师的任教学科、工作分工不同，很难用"一把尺子"对教师的工作进行评价。倘若学校采取"一刀切"的做法，难免存在不公平因素，非但不能起到激励作用，反而会打击一部分教师的工作积极性。

为了使绩效考核工作更加公正、公平，更具可操作性，学校可采取"模块性"考评机制，即根据教师的任教学科以及工作分工情况，按照"语文""数学""英语"等各教研组以及"班主任""非专任教师岗位"等分"模块"进行单独考评。学校根据各"模块"人数情况，将学校绩效奖金总数分配到各个"模块"中进行"流动性"考核评价。

这种考评方式的重要意义在于：一是搭建了简便易行的评比平台。任教同一学科以及从事相同工作岗位性质的教师，更具可比性，有利于绩效考核领导小组考核教师的工作实绩和贡献。二是营造了公正、公平的评比环境。对工作性质相同的教师单独进行评比，人人对考评细则心中有数，对于自己每月的考评分数也就心服口服。三是发挥了相互监督作用。公平、透明的评比，有利于形成教师之间的良性竞争氛围，使得教师之间、教师与考核领导小组之间相互监督、相互约束，确保绩效考核工作的执行力，增强绩效考核结果的公信力。

"引领性"评比细则：让绩效考核成为引领教师成长的推手

"流动性"评价方案和"模块性"考评机制，虽然明确了教师绩效考核工作的整体思路和框架，但学校制定出科学、合理的考评细则更为重要。

考评细则不应由校长一人或行政班子成员闭门造车，而应广泛听取广大教职工的意见、建议，才能确保绩效考评方案顺乎民心、合乎民意，也才能使教师绩效考评工作顺利实施，并且使之成为引领教师专业成长、提高教师队伍整体素质的一个有力推手。

首先，学校行政班子成员应着眼于学校发展全局，根据教师日常工作实际，结合教育教学效益，围绕"师德管理""教师考勤""学校安全""教育教学研究""教学质量""班主任工作"以及"加分项目"等方面内容，权衡利弊，科学量化，确定考核的具体标准和权重。通过行政班子的充分酝酿和反复推敲，大家形成统一认识，形成教师绩效考评初步方案。

其次，学校应充分发扬民主，根据教师绩效考评的相应"模块"，各学科由教研组长组织带领，班主任由年级组长组织带领，分别召开会议，研讨考评方案。大家根据行政班子制订的教师绩效考评初步方案，联系组内教师及班主任工作实际，围绕"如何使得组内每一位教师都能得到公正公平考评"畅所欲言，积极建言献策，提出客观、合理的修改建议。

最后，学校应综合考虑教师提出的修改意见，结合学校工作及教师的心理需求实际，再次对考评方案进行认真梳理和分析，反复斟酌利弊，并积极采纳教师提出的合理建议和意见，最终确定学校的教师绩效考评方案。

得到广大教师拥护和支持的考评方案，推行起来才会畅通无阻，也才能在绩效考评工作中避免纠纷和矛盾。另外，绩效考评制度的实施，牵一发而动全身，大家对工作有了更加明确的目标，有助于促进教师对个人工作进行反思，在各"模块"内教师之间形成你追我赶的良性竞争氛围，从而有效引领教师专业成长。

（作者系福建省泉州市南少林国际学校小学部校长）

（文章原刊于《人民教育》2015 年第 17 期）

"绩效工资"考验校长的管理智慧

张洪锋

在校长圈里，有"谈绩效色变"的现象。在绩效工资改革洗礼下，一些原来挺强势的老资格校长骤然跌落神坛，一些照搬照抄图省事的校长纷纷经受了教代会通不过的煎熬，还有的不顾一线教师的翘首企盼，只是维持原状等待奇迹出现……

绩效工资改革真的那么可怕？非也！这是学校难得的发展机遇。

在教师群体中，我们常常可以预期：每位教师都希望学校好。在这个教师发展的生态空间里，各种教师都在享受着体制的阳光照耀。有的教师有才，希望更加卓越；有的教师态度诚恳，默默无闻，坚守岗位；有的则希望充分享受体制优惠，活让别人干，待遇不可少……这种状态，多年来已经达成相对平衡。

绩效工资改革一来，这个生态平衡出现了由破到立的变革。有能力的正面力量希望按劳取酬，实现更大的自我价值；无才不出力的希望拿个平均数继续混。这里需求和期待的差异是产生矛盾的焦点，考验着校长的管理智慧。

校长要引导全体教师关注、参与绩效工资改革全程，在新的愿景下，让每位教师重新找到自己发展的定位，让学校在新的起点重新出发。校长需要深入思考的问题是：

第一，为什么要改革？绩效工资改革是大势所趋。从学校角度来说，学校要发展，就需要激发全体教师的干事激情。这需要校长作出合理的愿景规划，让全体教师愿意为实现美好的愿景而努力。就教师个体而言，每个人都有自己的长处，都希望用自己的长处来实现自我价值。

校长应从多元评价的角度，让老师们看到改革的红利。我所在的学校是一所农村完小，当时很多老师过着每天教书、安于现状的日子。不知不觉中，质量平平，生源流失。看到周边学校的"高大上"，很多老师有了低人一等的自卑感。于是，学校管理层提出：学校不能再碌碌无为，尝试以"全员成长、全面发展"的办学理念，走陶行知乡村教育之路，办朴素的、有特色的农村理想教育；建设乡村学校少年宫，全面发展学校文体艺术项目；营造浓郁校园文化，影响师生发展。当时，这一理念得到大多数老师的支持，并将相关激励措施纳入绩效工资。

实践证明，学校的愿景和大家的希望保持了同一方向。学校快速发展，成为教育部"全国教育系统先进集体"，校园文化省内知名，少年宫成为地区品牌，老师出去受人尊敬。这是绩效工资改革与学校发展愿景有机结合的最好证明。

第二，改革改什么？校长要牢牢抓住教师发展这个主线，原先建立的教师评价体系很多方面是正面的，对学校发展是有益的，这部分应该保留。有些条款思路陈旧落后，成为学校和教师发展的羁绊，应当改革。有些是新事物、新情况，应该作好规范和导向。

教师的工作更多的是良心活，我们出台制度是保底，即教师尽心尽力完成岗位职责，然后再扬正气、促成绩、求发展。既要让教师看到发展学生、成就自己的大道理，又要适当体现超工作量、优质所体现的优酬激励措施。

根据学校实际，校长要控制好节奏，把握好差距，让老师们看到改革的条款这个表面，也认识到这个条款背后对学校发展的预期，成为与教师发展同步的制度保障。绩效改革不是全盘否定过去，而是继承、创新和发展原有体制。

第三，怎么改革？教师是一个有着自尊、平等、敏锐等多种特质的特殊群体，因此在改革过程中要持一种以人为本的思想，以包容的心态、群众的路径和公开的流程去实现改革的目的。校长不是官，只是教师群体的一员。校长应该沉下去，从教师发展的角度出发看问题。

各种利益诉求会影响方案的制订。这需要校长收集主流正面需求，包容看待个性需求，从人本角度去接近广大教师的期待，让一线民意成为改革的主流。校长需要做的是把广大教师的意见升格到学校发展层面的高度。即使出现一些矛盾和冲突，校长也应该尊重"问题"，让大家看到一些个性需求的不合理之处。

绩效工资改革一旦形成决议，就应该作为学校管理的依据，让教师们有据可循，而且要公开透明。这样，教师个体努力方向明确，制度执行规范，有利于学校稳步发展。

（作者系浙江省慈溪市周巷镇潭北小学校长）

（文章原刊于《人民教育》2015 年第 17 期）

莫让新事物成为学校发展的羁绊

赖高明

我在福建一所县级农村初中任教，近 6 年先后担任德育主任、教研主任和校长助理，参与了学校绩效工资分配方案的制订与实施，也体味着学校绩效工资改革带来的喜与忧。

教育局的绩效工资文件下发到学校之初，着实让学校热闹了一阵。首先，工资总额提高了，加工资是值得高兴的事情。其次，教师们抱着不同的心理围观：年轻教师很期待，因为这意味着可以多劳多得；而职称级别较高的老教师则在观望……这也成了我们制订校内绩效工资方案时的纠结——在公平和效率、稳定和活力的矛盾中，我们该如何把握？

新方案引起的震动

参照永安市教育局出台的绩效工资分配指导意见，学校的绩效工资分配方案艰难出台了。方案共有十几页，11000 多字，内容很精细。奖励性绩效工资 70% 按月考核发放，30% 于每学期结束后考核发放。其中，按月发放部分考核项目包括管理岗位津贴（包含班主任、行政人员、教研组备课组系列人员等 17 种岗位）、工作量津贴（包含教学工作量、前文提及的部分岗位工作量、值班、考勤等）。学期结束考核发放的项目包括学业成绩、德育工作、专业发展、培优补差、控辍保学等。

按照方案的愿景，学校绩效工资分配将最大限度地体现多劳多得的原则，但实施伊始即引起不小震动：财政核定我校教师人均700元奖励性绩效工资，满教学工作量、担任班主任等管理岗位、下班辅导次数多的教师可领七百多元至近千元，这些多为语文、数学、英语学科的教师；仅任满教学工作量但未担任班主任等管理岗位的老师可领三四百元；未任满教学工作量且未担任班主任等管理岗位的老师可领几十元到一二百元。

多劳多得的分配意图是明显的，但是却不能被广泛认可，一时间绩效工资的话题成为教师的谈资，大家关注的焦点在于"差距过大"。

修改稿之后的平静

学校的分配方案在风风雨雨中艰难地实施了一个学期，而在此过程中，校内的情绪性舆论始终未能平息。这让学校管理者很纠结，迫于形势对方案进行了修订。修订稿主要砍去了管理岗位和工作量重叠部分的津贴，二者取其一。然而，任何高明的管理者也无法拿出一个百分之百满意的方案来，修改之后的方案分配结果仍然有高低悬殊，却已不是普遍性问题了，新方案总体上体现橄榄形态势。

一次行政会议上，有人提出绩效工资差距的问题，我提出一个见解：考量是否合理的标尺是将金额与工作负荷对比，若二者相当则说明总体上没有问题，仅看分配结果数额就大喊不公的，可能是因为承担工作量少而领取绩效工资份额少的人，学校管理要重情感更应重理性。此后，关于绩效的问题渐趋平静。认可？被动适应？不抱希望？我在寻思……

盘点与反思

绩效工资的实施过程，是一次学校管理优化的过程，我们在反思中前行。

"理想主义"行不通。理想主义对于制度建设是行不通的，完美主义的管理思想往往可能碰壁。管理要受各种现实因素的制约，不存在绝对的公平，不同主体想法亦不同，但管理者应当始终追求公正的管理价值取向。

学校希望通过精细考核来实现多劳多得的目标，而实践中考核"量"容易，考核"质"却很难，希望撇开职称因素而单纯以工作岗位等"量"的因素来作为绩效分配主要依据的做法阻力重重，因为年纪较大、职称级别较高的教师无法和年轻教师比工作量，但他们却是校园中话语影响力较大的群体。

考核催生管理智慧。教师普遍认为绩效工资属于"工资"范畴，而不是"奖金"，职称级别较高的教师认为绩效工资是按照职称比例核拨到学校的，自己所占份额理应更大，所以无法接受"被拉平""被拉低"的事实。种种困境表明，绩效工资的激励作用如何发挥面临挑战，不少校长也抱怨自己手上可以调控的激励手段太少了。而当面临稳定和活力的矛盾时，我们学校积极采取了"工作量趋平"的策略，以尽量缩小绩效工资的差距。

通过分配制度改革促进学校发展，是今后学校管理努力的一个方向，我们应具有担当精神和改革勇气，莫让新事物成为学校发展的羁绊！

（作者单位系福建省永安市第二中学）

（文章原刊于《人民教育》2015年第17期）

走出单一评价教师的困局

吴国平

以往学校对教师的评价相对单一而线性，以学生的考试分数论英雄、发奖金、定工作量、推荐评先评优评职等，成为异化的学校教育的产物。随着高中新课程改革的深化特别是新高考方案的实施，我们需要结合教育改革以及学校特色发展的要求，更新或重建教师评价体系。

不断拓宽教师评价的内容、领域和广度

课程改革的深化和新高考方案的实施，极大改变了原有的学校教育生态，整个学校生活样态显得更加丰富、多样、开放和自主，这意味着教师需要承担传统课程教学、班级管理职能之外的更多工作任务，其工作方式、内容、特征日趋综合化、素质化、个性化，课程建设者、生涯指导者、教学研究者、学生个性化成长指导者等成为其需要努力扮演好的新角色。为此，我们在教师评价中努力体现教育改革所带来的多维度特征。

一是利用《校本研训手册》推动教师专业发展。2011 年，学校研制出台了《镇海中学教师专业成长暨校本研训手册》，分"我的成长规划""我的成长历程""我的成长收获"三部分，称为"成长三部曲"。

其中，按照教师专业成长的内容，"我的成长历程"大致设置了精品课堂、听评课记录、主题教研活动、专家讲座、课题研究、校本课程建设、

教育阅读、教育写作、教育碎思、实践偶得、教育教学理念更新等 11 个项目 17 个板块，贯穿教师整个学年的工作，覆盖教师专业发展的基本领域，体现了教育改革对教师专业发展的最新要求。教育碎思、实践偶得、教育教学理念更新等项目的安排，能够把教师处于散发、偶发状态的理念感悟、教育智慧等明晰并固定下来，有利于推动个人教育思想体系的逐步建构。

17 个板块有些为必修、有些为选修，每个板块对应一定的学时数，教师只要修满 24 学时即为合格，学校建议各位教师参加所有的研训内容。

二是实施新的《镇海中学教研组考核细则》，修订后的《教研组考核细则》分基础和加分两部分，共 12 个一级指标，60 个二级指标，每个二级指标又细分出 3—5 个三级指标。与过去相比，指标数的增多不仅是因为相关指标被分解得更为明晰具体，最主要的原因是增加了不少新的评价内容。如"加分部分"，包括承担学校重要会议活动、辐射示范作用、临时教学科研任务三个主要方面，而"承担学校重要会议活动"又细分出读书节活动、艺术节活动、科技节活动、体育节活动、跨区班招生考试和临时教学与管理、重要会议、校本课程建设 7 个更具体的考核评价模块，"临时教学科研任务"则细分出参与学校重大课题研究、弹性申请学分、实验活动、优化学生作业实验活动、开设临时公开课、开展临时性交流活动 6 个模块。

无论是《校本研训手册》还是《教研组考核细则》，都关注了教师工作、专业发展及相应的教师评价的丰富维度，较好地实现了基础与专长、共性与个性、团队与个体、显性与隐性的有机统一，多把"尺子"为教师指明了更多的专业发展方向和更多的发展可能性，让教师获得了更多发挥专长、释放潜能、展现个性的机会和舞台，也获得了更多的组织认同、他人认同和自我认同的机会。

有机整合评价资源，促进教师的自我认知、自我评价和自我完善

传统的教师评价主要由学校领导和相关职能部门执行，不可避免地存在主观性、片面性、被动性，无法全面、客观、公正地反映教师的真实情况，不能充分发挥教师评价的积极作用，甚至产生各种负面影响。为此，

我们从以下几个方面创新教师评价体系。

一是增强教师的自我发展意识，强化教师的自我评价。每学年开始前，学校要求全体教师在《校本研训手册》上制定自己的学年度发展规划，引导每位教师在分析个人发展现状的基础上规划自己本学年的发展目标、任务、重点及相应实现路径。年度计划的作用显而易见，因为"目标引领方向、凝聚力量，规划明确路径、集聚资源"。每学年结束后，教师同样需要在"我的成长收获"板块对自己整个学年的个人成长情况进行总结、评估、反思和展望，并简要罗列本学年的一些重要成果和关键事件。

可以说，《校本研训手册》的一大鲜明特色就是突出"我"的角色和地位，每一个研修项目都以"我的"为前缀，无形中对教师形成积极的自我暗示，增强大家的主体意识和内在驱动力。在不断"规划—行动—总结"的螺旋上升过程中，教师专业成长成为一项自主、自发、自觉的个人行为。

二是强化学生在教师评价中的作用。师生关系是学校组织中最重要的人际关系，作为教师最主要的服务对象，学生对教师的评价最为真实、客观、直接而富有说服力。这种评价有些是显性的，如学生的成绩、学生对教师的好恶、学生对教师教育教学方式方法的意见和建议等。对这些评价信息，学校相关部门可以通过教学情况分析、学生访谈、调查问卷等形式获得并传达给教师，成为评价教师工作的一个依据。

课程改革背景下，师生之间的互动、融合更频繁、更丰富，学生在课程、课堂、活动、社团、导师等方面有了更多的自主权。如自由选择他所喜欢的老师，还能在学校贴吧、校园文化活动、由学生社团发起或学校发起的诸如"最美教师""最受欢迎教师""教师形象漫画展"的活动中自由表达自己的喜好。这种自主选择、自由表达本身就是对教师的隐性评价，能促进教师的自我审视与完善。在新形势下，学校创设和搭建了更多师生互动交流的平台，让教师在多元化的师生交流中获得有效的评价信息。

三是增强教师评价的专业化水平。教师评价要做到科学、合理、公平、公正，评价的标准、工具和方式必须是可靠的、制度化、标准化和程序化的，而不能依赖少数人的主观意志和经验判断。为此，我们在选修课程建设、校本教材编写、有效教学推进、成长导师制、教师科研论文等各个方面都制订了明确具体的评价细则，实施规范有序的评价流程，设立多个由民主推选、职责明确的校内（专项）教学学术评议机构，同时引入高校、科研院所的专业力量介入评价过程，使教师评价更加全面科学、公正透明、真实可信，同时也更好地发挥以评促改、以评促进的作用。

（作者系浙江省宁波市镇海中学校长）

（文章原刊于《人民教育》2015 年第 14 期）

谁来调动教师的积极性

——以"完全组阁制"化解学校管理难题

周　华

年级组长没人当，班主任没人当，备课组长没人当，有教师请产假需要代课时没人愿意代，就连考试监考多出一场甚至 30 分钟教师都要斤斤计较……这是我刚刚担任校长时面临的状况。我观察到，当下不少学校也面临这样的尴尬。

当学校出现这样的问题时，意味着教师已经把自己与学校"分离"开来，教师个人利益与学校利益处于"失衡"状态，甚至把工作当成了负担。教师在学校没有存在感、参与感，更没有工作的获得感。

从"人本管理"自我实现的层面设计学校管理制度

当一个教师的工作积极性需要校长或者别人来调动的时候，这位教师的工作状态可想而知；当一所学校需要想方设法调动教职工的积极性时，这所学校校长的管理一定出了问题。

拿什么调动全校教师的积极性？奖金，晋级，表扬？抑或是开会喊口号？靠别人调动起来的积极性，真的有效吗？真的能持久吗？那么，教师的积极性由谁来调动？当然不是校长，也不是其他领导，而是教师自己。

教师工作的积极性必须由教师自己调动。

当前，我国经济社会全面转型升级，教育领域综合改革早已拉开帷幕。社会经济条件的变化，带来了老百姓包括广大教师对自身幸福指数的高度关注和自我意识的不断强化。全社会对于教育的重视和尊重日益提升，而学校教师承担的压力也与日俱增。教师自身诸多关乎职场之外的幸福诉求，比如健康、家庭、兴趣、休闲等，与教师职业的光环及工作要求之间的矛盾也日渐凸显。教师职业倦怠较为普遍，直接表现为工作缺乏激情，职业理想弱化，无成功追求，效能感降低等。

传统的以行政为单一主体、学校利益至上的管理模式已经越来越不适应形势的发展，学校管理的许多工作难以通过行政命令手段来推动，或者即使布置了，也难以收到满意的效果。签到、监管、强制、号召等传统的管理手段，把教师个人幸福与学校利益对立起来，以致学校管得越多，教师越抗拒，关系越紧张。

这种状况令许多校长深感无力、无奈和无助。新形势下，学校领导靠站在道德制高点以居高临下的绝对权威发号施令已日渐式微，必须从"人本管理"自我实现的层面设计管理制度和实施人本管理策略，找到学校利益与个人利益的平衡点，寻求教师自我幸福与提升教育工作水平的最佳结合点，变单个主体管理为多元主体管理，让每位教师都成为学校管理的主体，从而让教师拥有更多的存在感、参与感和自我实现的获得感。

"完全组阁制"实质是对管理者及其团队充分信任基础上的充分授权

教师出现这样或那样的问题，很有可能是校长的理念和管理的机制存在问题。那么，怎样才能让教师拥有更多的存在感、参与感和获得感，破解学校管理难题？针对学校存在的问题，我校在试行教育行政部门推行的"校长组阁制"基础上，放手下移管理重心，在学校各层面自上而下全面推行组阁制，一组到底，我们称为"完全组阁制"。

"校长组阁制"即教育行政部门聘任校长，校长自主聘任组建领导班子，教育行政部门每学年对校长组阁的团队进行考核，不合格的校长及其领导班子成员将被集体解聘。

"完全组阁制"是对"校长组阁制"改革的拓展和延伸，从高层到基层，层层组阁，交错式覆盖年级、班级、教研组、备课组等各个层面和重要节点，以管理层面为平台，以精细管理为手段，以提高效能为目标，构建处室、学部、教研三线融合和管研一体的团队化、网格化、精细化的现代学校管理新模式。

"完全组阁制"让每一位教师或主动或被动地投身改革，每一位教师都可能成为管理主体，拥有可获得成就的管理平台和展示空间，从而刷新了存在感，提升了参与感，增加了获得感。

学校发展的内生机制由此从传统的"火车跑得快，全靠车头带的绿皮车"转型升级为"校长把握方向，各车厢自带动力的高铁动车组"，推动学校发展驶上快车道。

"完全组阁制"离不开校长对教职工的充分信任。所谓"信任"，即"相信而敢有所托付"。试想，如果一个人总是言不由衷、言行不一，自然会让人怀疑其心意是否真诚。这样的人不可能赢得他人信任，自然也少有人敢"有所托付"。

其实，人与人相处的过程，便是一个选择是否"信任"的过程。"被信任"并不必然，也非易事。心存善意，言行适度，才有获得信任与尊敬的可能。

"学会信任"，其实是学着如何理性地分析问题，如何公正地评价他人，同时也是学着如何客观地审视自我、不断完善自我。一个学不会信任他人的人，其实也不太可能获得信任。"信任他人"本身也是一种包容和悦纳的能力，拥有一种坦诚与善良的心性。

"完全组阁制"实质是对学校中层管理者及其团队充分信任基础上的充分授权，为中层管理者搭平台、架梯子，从而帮助教师自我实现，实现个人价值。这个机制有助于让每一位教师调动自身积极性，把个人幸福、利益与学校的发展、利益统一起来，实现双赢。

"学部主任组阁"化解"年级组长没人当"难题

我们将年级组升格为副校级学部。学校成立高一、高二、高三3个学部，设3名副校级校长助理，将校长助理和学部主任捆绑成一个岗位，聘期3年，公开招聘。

所谓"捆绑"，即如果你不再担任学部主任，则校长助理一职自动卸任。此方案一经推出，立刻在教师中获得积极响应，一些拥有丰富年级组管理经验的中层干部和教师踊跃报名，令校长头疼的年级组长人选问题就此化解。

多年来，年级组管理最为突出的一个问题是过于倚重年级组长的个人能力和水平，而忽视了团队的力量。如今，单打独斗的个人英雄时代已经终结，取而代之的是团队的力量。只有优秀的团队，才能培养出尽心尽责、能力非凡的多元化优秀人才，才能酝酿出勤勉、诚信、团结、高效、自律的管理队伍，使团队朝着更高远的目标不断迈进。

我们加强学部管理团队建设力度，实施"学部主任组阁"，即将一个年级视作一所分校，由副校级学部主任全权负责学部事务，组建学部管理团队，以团队的力量管理学部。在学部主任组阁制下，学部主任自行聘请1名学部常务副主任、1名教学副主任、1名政教副主任；每个学部成立学部党支部，配备党支部书记1名，分管该年级的党务和后勤工作，形成"五人学部管理团队"。

各学部独立运作，自主管理，教学线、政教线与后勤服务线自成体系，常务副主任以联系、协调、督查学部工作为其职责；教学副主任负责本学部教务工作，包括备课组管理；政教副主任负责本学部德育管理工作；党支部书记除负责党务工作外，还要协调解决本学部后勤保障问题。原则上，学部主任拥有本学部人事权，可聘请班主任、各学科备课组长以及各学科任课教师。学部各项工作只要不违背教育方针政策和学校规章，不涉及其他年级，均由学部自行解决，解决后上报相关处室备案。

学部主任组阁赋予学部主任充分的自主管理权，在一定程度上可以按照自己的想法管理年级，充分释放管理者及其团队的智慧和潜能。该项机制运行以来，团队管理高效运作，学部各项工作成效显著，尤其是在应对新高考学业水平考试和选考的课时调整、教师调配等方面，显示出优越的适时性和灵活性，化解了令人担心的新高考教务管理方面的诸多棘手问题。

"首席导师组阁"化解"班主任没人当"难题

我们取消"班主任班级管理制"，实行"完全导师制"和"首席导师组阁制"。

"完全导师制"即全体教师都担任导师，参与育人。我们把班级学生分为若干小组，每位导师负责10名左右的学生，也有人称之为"全员育人导师制"。

"完全导师制"要求全体教师关注每个学生从入学到毕业的整个教育过程，包括学习、生活、德育等各个环节。这要求教师对学生的教育要有整体性和一贯性的观念，在任何环节都不放松对学生的教育和指导。

只有人人参与管理，才有可能真正实现个性化教育。"完全导师制"把1名教师对40名学生甚至更多的学生变成1名教师对10名学生，原本让班主任不堪重负的工业化管理的担子变成由导师团队共同分担，这种减法对于教育教学效果增长的作用不可估量。

"首席导师组阁"是由学部主任为每一个班级聘请1名首席导师，再由首席导师在本班任课教师中聘请3—4名导师，组成导师管理团队。选聘导师的范围包括所有学科教师，以往没有机会担任班主任的学科教师，如技术、音乐、体育、美术等学科教师都在其中。

"完全导师制"要求将一个班级的学生分成3—5个异质学习小组，每个小组设1名导师，小组之间可在德、智、体等多方面展开竞争。首席导师有权决定本班需聘导师的数量以及聘请谁担任导师，并负责协调、管理、评价导师的工作，主持每周导师工作例会，采集并分析各学习小组的数据及时传达给各导师。导师对首席导师负责，首席导师可兼任导师也可不兼任。学生出现问题，非紧急情况由所负责的导师自行解决，首席导师一般不直接参与。

"完全导师制"对班级管理也实现了团队管理，大大减轻了班级管理的个人负担。从班主任到首席导师，从任课教师到学生团队导师，定位的变革、职能的转换、新颖的管理方式，重新点燃了教师心中对班主任这份"苦差事"的热情，吸引了众多任课教师的积极参与。

其实教师都知道，当不当班主任在学生心目中的地位有着天壤之别。导师团队依靠集体智慧群策群力，并能充分发挥教师的个人经验和专长，使班级管理更为高效，学生个性化教育得以实现。同时，也充分保护了任课教师参与班级管理的积极性，特别是技术、音乐、体育、美术等小学科教师。

在推行过程中，班级管理经验丰富的任课教师特别受欢迎，他们所在的管理团队的凝聚力更强；而那些平时工作懒散、责任心不强的教师，得不到聘请被边缘化的趋势，又迫使他们改变工作状态以赢回尊重。

学科主任组阁和教研组长组阁：人人都是管研者

随着学校规模的扩大、同年级班级的增多和任课教师数量的加大，学校教研组组织教师教研变得越来越困难。

在以年级组为核心的管理体制下，特别是在年级组升格为更强势的学部制管理后，学部必将更加重视备课组的管理与建设，并要求备课组以本学部为中心开展各种教研活动。在这种情况下，学校如果再仅仅依靠教研组来管理学校教学与研究，显然不现实。就现状而言，语文、数学、英语等大组教师数已近30人，物理、化学组教师业已超过20人，学校教研组每月组织一次集体活动，但想要组织高效的教学研究活动已显得力不从心。

与此同时，备课组的作用及意义正在加强，对教师的帮助更实在。备课组每周组织一次集体备课活动，更多地在发挥学校教研组的教学研究角色。实际上，学校教研组的地位受到挑战，已开始走向名存实亡。

然而，一个年级的备课组又难以承担学校教研组的教研工作。其"备课组"名称决定了它只能以"集体备课"为中心,开展与备课和课堂教学相关的活动,教师的轮换和变数也使教师自身难以建立对备课组的归属感。备课组长不会关注"备课"以外的教研事务。

教研组与备课组的改革势在必行。我们把语文、数学、英语等超过20人的教研组直接升格为学科教研室,把物理、通用技术和信息技术合并为理技教研室,把化学和生物合并为生化教研室,把政治、历史、地理合并为文史教研室,把音乐、体育、美术合并为体艺教研室;教研组长升级为教研室主任,各年级备课组升级为教研组,备课组长为教研组长,聘期3年。同时,将学科教研室主任与其所在年级的教研组长实施捆绑,以确保学科主任的工作既能统领全局又可接地气。学科教研室主任下设两名副主任,也与两个年级的教研组长进行捆绑。学科主任负责学校层面本学科的教学研究和学科建设工作;各教研组长则负责本学部的教研工作和教研组建设。学科主任有权向另外两个学部主任举荐教研组长人选,并共同确定最终人选。学部教研组长则负责组建本学部的教学研究骨干团队,每周组织常规教研活动。

学科主任组阁使得逐渐被边缘化的教研组长在职级上有所提升,并被明确赋予学科建设与发展的职能,获得更大的平台和更多的资源,使之重新焕发出活力。组阁制则有助于团结教研组的力量,发挥各教研组的工作积极性,实现学科建设思想,同时较好地解决了年级之间的传承问题。

长期以来,备课组长和班主任工作一样,压力大、工作累,教师往往"敬而远之",令负责推选的教务主任头疼。有时只好通过"做工作"的方式强迫教师承担,甚至让没有什么教学经验的年轻教师担任。教研组长组阁在提升备课组长职级地位、拓展工作职能范围的基础上,又赋予组长组阁权,可以自己确定若干教师参与教研组管理和建设,组建集体备课和教学研究核心团队,扎实开展每周一次的集体备课和教学研究活动。此举一并解决了组长无人愿当、集体备课活动低效等难题。

充分信任、充分授权,应该是现代学校管理制度改革的方向。实行"完全组阁制",让每一位教师都成为管理主体,为每一位教师提供适合的平台,创造了获得认同的机会。教师的主体意识自然而然地被激发出来,对工作的热情，对学校的认同，在学校工作的幸福指数都发生了极大的变化，这正是现代学校管理者希望看到的教职工工作状态。

"完全组阁制"的管理机制下，校长简政放权，工作重点也转型升级，可以跳出烦琐的学校日常事务，站到更高的角度思考学校整体发展，用正确的教育思想引领学校前行，有更多的时间整合校内外资源，对学校的各项工作进行更为科学的考核与评价。

（作者系浙江省龙游中学校长）

（文章原刊于《人民教育》2017 年第 02 期）

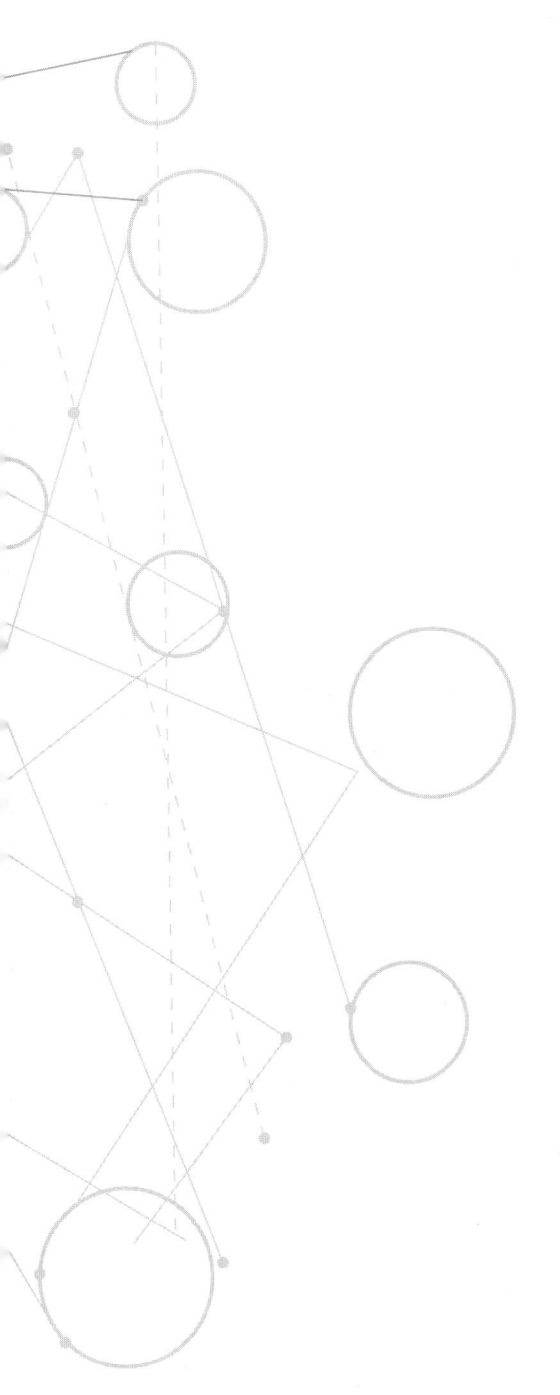

辑五

用课程改变学校

使核心素养落地是校长课程领导力的重要标志

任学宝

核心素养是校长课程领导力的一个有效切入点

记得曾与一位有 30 多年"校长龄"的老校长有过一次较为深入的交流，他在总结他的经历时说道："2000 年以前校长当得很轻松，因为我只要按照上面的规定，按部就班完成各项计划就可以了，但此后校长似乎成了一个任重而道远的职业。"

这位老校长的一番话让我生发了一些思考。究其原因：一方面，国家、地方和学校三级课程的确立让校长对学校管理和课程建设有了主动权，更多的权力代表了更多的责任和担子；另一方面，步入 21 世纪以后，教育教学改革浪潮不断涌动，作为教育理念、政策和一线课堂教学的重要桥梁，校长所承担的工作越来越重，单纯的学校管理已经不足以满足新形势下校长所肩负的职责。校长从一个学校的管理者转变为学校建设发展的引领者，因此"校长领导力"这一概念在这几年迅速走红，而其中"课程领导力"更是一项核心领导力，是校长专业发展的重要组成部分。

虽说与教务管理相比，课程领导力包含了更多的内涵，如对课程价值的理解、课程内容的研发、课程实施的管理、课程评价的制定等，但课程领导力仍然是一个比较宽泛的界定，它需要一个载体来切入，需要一个更为上位的概念。

在当前的教育改革中，"核心素养"一词被不断提及。随着有关研究的不断深入，以"社会责任、国家认同、国际理解；人文底蕴、科学精神、审美情趣；身心健康、学会学习、实践创新"为要素的中国学生发展核心素养成为社会主义核心价值观的有效载体，也成为编制课程标准的主要依据。

可以说，核心素养的研究将引领新一轮的课程改革，而在这个"让情怀落地"越来越受欢迎的时代，如何让学生发展核心素养落地，便成为校长课程领导力最有效的切入点，也是考验校长能否适应新形势下角色转变的重要标志之一。

让核心素养落地需要注意什么

有人将学校管理比作烹制一道美食，我非常认可这一比喻。事实上，让学生核心素养落地也是一个"加工美食"的过程：学生就是我们的顾客，学生未来的发展就是我们所希望呈现的最后的美食，而美食烹制的过程就是校长课程领导力"披荆斩棘""熠熠生辉"的过程。在这之前，我们需要考虑以下三个因素。

一是考虑定位，罗列已有食材。烹制任何一道美食的前提就是要查看自己拥有哪些加工的素材。要真正发挥校长的课程领导力，定位的确认是必不可少的条件。一位校长想要让学生核心素养在本校生根发芽，首先就要考虑学校的定位和基本情况，如偏重学术性的高中对于学生核心素养的理解和落实显然和偏重应用型的高中有所不同，一所现代化高中与一所农村学校的办学条件也不尽相同。要想所有学校都培育出全面发展的人，就好比让厨师用不同的食材做出相同的满汉全席，最后的结果无非就是形似神不似，这样就违背了教育的本质。

二是考虑需求，树立"顾客是上帝"的意识。在服务行业，"顾客是上帝"一直是最高的标准，它体现的是"顾客需求至上"的理念。对学校来说，它所服务的对象有广义和狭义两种：广义的对象就是为社会输送的合适人才。至于社会需要怎样的人才，这在学生核心素养中已经有了详细的指标。而狭义的对象就是学生。学生主体性理念已经被多数教育工作者所认同，因此要想让核心素养落地，校长的课程领导力必须充分考虑学生的需求。一方面，各种核心素养在每个人身上体现的强弱程度不同，这就需要关注学生的已有基础；另一方面，学生想要达到的目标也不同，因此对核心素养的具体需求也不一样。

三是考虑未知，不当"只会做一道菜的厨师"。很多校长都会想到前面的两个因素，但对于未来的研究乏善可陈。事实上，一个优秀的厨师不可能永远只用一道菜来服务顾客，他需要了解未来顾客可能喜欢的口味，并不断改进自己的厨艺。学校管理也是一样，在这个日新月异的时代，"不断的变化和永恒的变革"才是唯一不变的事实。因此，在使学生核心素养落地的过程中，校长的课程领导力不能局限于当前，应该将学校置于历史的发展中进行考虑。目前浙江省正在试点高考招生改革方案，一些校长花了很多心思应对学生的选择、师资的调整、教室的配给等，而对于未来的招生改革以及学生在大学和社会中发展所需的能力没有进行通盘考虑，这种狭隘性或将在若干年后凸显出其影响。

学生发展核心素养的转化途径

相比于社会主义核心价值观培育和立德树人的根本任务，学生核心素养有关意见（征求意见稿）已具有很强的可操作性，通过3个一级指标、9个二级指标以及25个配以解释的三级指标的分解，学生发展核心素养有了具体的指向。但在学校层面，核心素养仍然过于"上位"，因此校长的课程领导力在学生核心素养、学校课程建设和学生成长三个维度之间扮演了一个极为重要的枢纽角色。

作为校长领导力的核心，课程领导力主要关注课程体系的建设与教学模式的重构，因此对于学生核心素养的转化，也要集中在课程建设和学科渗透方面。

（一）基于核心素养的课程体系建构

校长课程领导力的最直接作用点就在于学校课程体系的建构，而根据本校实际和学生需求完成课程方案设计，则是促使学生核心素养落地的最直接、有效的途径。

第一，做好校本选修课程与国家、地方课程的有效衔接。浙江省新高考改革和课改的核心词是"选择"，因此学校需要开设足够多数量、足够高质量的校本选修课程来满足学生多样的选择。但是，选修课程的开发、开设并不是拍脑门儿决定的，也不是教师擅长什么就开什么，只有以国家和地方课程为主干，向四周不断衍生的选修课程才是符合发展核心素养的选修课程。另外，学校也要根据本校实际对国家课程和地方课程进行编排整合，打通必修课程与选修课程之间的通道，从而将核心素养的各项指标分解到具体的课程中，使得学生通过对课程的修习达到发展的要求。

第二，依据核心素养开发开设课程群。课程群是指一系列具有相同主旨的课程按照一定的逻辑和层次进行组合后的课程形态。一般来说，优质的课程群有两大来源：一方面，可通过挖掘学科内部或者学科之间的逻辑来构建专业的学科课程群；另一方面，也可以充分利用学校或地区特色来渗透多门学科。例如，浙江有学校就以西溪湿地课程构建特色选修课程群，将化学、生物、美术、历史、语文、外语等多门课程进行整合，体现了学生发展的多样性需求。

第三，充分挖掘校内外资源，保证核心素养的有效实施。校长的职责之一，就是挖掘并有效利用校内外资源，这是促使核心素养通过课程得以实施的必备条件。校长需要借助社会企事业单位、大专学校、职业院校等外在资源为学生多样化的核心素养培养提供支持；校长也需要进一步挖掘校内资源，通过学科教室建设、教师专业化培养及学校文化建设等途径为核心素养落地生根护航。

（二）基于学生核心素养的学科素养体系建构

如果说课程体系的建设是校长以课程领导力促使学生核心素养落地最

直接的方式，那么通过将核心素养分解为学科的专业素养则是一种"曲线救国"的方式。不同学科对学生的核心素养发展都有贡献，但贡献程度却不一样，因此研究学科的素养体系成为促使学生发展核心素养的间接途径。

首先，学科的核心素养目标是学生发展专业素养的具化，是在充分考虑本学科对于发展学生核心素养贡献的基础上制定的。其次，学科的教学内容必须充分考虑到专业素养的渗透和落实。再次，在学科教学建议中，要以多样化的形式促进核心素养通过课程真正内化于学生。最后，在评价体系建构上，更要将学生核心素养的落实情况作为学科目标达成的重要依据，从而为进一步的教学提供诊断信息。

基于这样的转化关系，我们可以从学科知识、学科学习方法、学科思维和价值观等四个层面自下而上架构学科素养的金字塔模型，并借助学科课程纲要的撰写来规范学科教学要求、教学进度安排、考试节点建议等内容。

对于一线教师来说，将学生核心素养转化为学科专业素养的途径更符合日常的工作习惯，也为他们开展各层次、各类别学生的教学活动和评价活动指明了方向。同时，校长通过构建"核心素养—学科素养—课程建设—课堂教学—综合评价"这一系列模型，能更好地将学生核心素养具体化、易操作化。

上述两条只是校长领导力在促使学生核心素养真正落地的一些具体操作策略。需要注意的是，无论采取何种措施，时刻激发学生的热情是保证核心素养有效落地的根本条件。"不让学生的精神去流浪"，这是学校育人工作的第一使命和责任，因此校长在课程领导力方面要更多地关注诸如显隐性课程的对接，要用学生喜欢和易接受的方式去搭建平台。

随着学生核心素养的逐渐完善，教育也有了自己的指明灯。我们要深入研究学生发展核心素养的具体落实路径，让选择回归教育的原点，促进学生全面而有个性地成长。

（作者系浙江省教研室主任，浙江杭州师范大学附属中学原校长）

（文章原刊于《人民教育》2016 年第 12 期）

从学生真实生活出发建设课程

周　颖

校长的课程领导力意味着，校长要具备课程与教学的基本素养以及落实课程的有效行为和策略，还要善于鼓励、指导更多的教师，让他们在课程建设工作中发现或实现自己的价值。

学校课程建设和实施应站在学生立场上

课程观的基础是教育观。对"培养什么人，怎样培养人"这一核心问题的回答，是校长的基本价值取向，它取决于党和国家的教育方针、学校教育文化历史以及校长当下的教育实践与思考。

培养德、智、体、美等全面发展的社会主义建设者和接班人是教育的终极目标，也是每一位教育工作者特别是校长必须在教育中实现的国家意志，因此校长的价值取向必须体现学生全面发展，课程观同样如此。课程建设和实施应该站在学生的立场，努力促进学生主动发展、快乐成长。

什么是课程？如果把课程理解为国家规定的各学科教学内容的总和，那么课程对学生而言就是前人留下的知识文化及这些知识的逻辑架构，它成了独立于师生主体之外的缺乏情感与温度的一个物件。虽然在学习的过程中师生可以体会、挖掘，但它们只是教师必须传授、学生必须掌握的理性的学习任务。

实际上，课程包含了学生学习过程中实现的全面成长。如今，"课程是学习经验的总和"这一观点为越来越多的校长和教师所接受。那么，学生的学习经历以及在学习过程中师生共同形成的学习经验，就不再是静态的知识，而应包括课堂上学生通过与教师、同伴交往所形成的人际关系，还包括学习中形成的对自己、他人和班级的看法以及情感体验与价值判断。

在这个意义上说，课程必然会融入人的要素（至少包括教师、学生两方面），同时包括学习环境和资源等，几个要素协同运作，就呈现出各校不同的国家课程实施及校本课程建设状态。而校长的课程领导力就体现在建设良好的学习资源和环境、和谐互动的师生关系，带领教师致力于课程规划、开发、实施、管理和评价，促进师生成长。

传统课程观认为，学校的课程内容是人类文明与智慧的结晶，文化传递是教育的题中应有之义，学习是为了继承昨天，也是为了准备明天。学校往往以成就学生的明天来规划、设计学生的今天，因而课程的实施更着眼于学生的未来。

这种价值取向无可厚非，但在我看来，学生当下的学习也是他生命旅程中的重要一段，因此学生当下的生存状态（主要是学习状态）同样需要关注。课程设计与实施要对学生产生积极影响，要注重学生学习的质量指数和幸福指数。校长要努力让课程关心学生学习过程中的情绪和情感——学生通过怎样的方法学习，头脑中形成了怎样的建构，养成了怎样的学习习惯，何种程度上激发了他的潜能……简言之，让课程为学生的今天负责，才会继承人类优秀文化，同时为明天的创造奠基。

校长要鼓励教师从学生真实生活出发，推动学生主动学习

国家课程的设计没有也不可能针对某一特定地区或特定群体的师生，因而落实到具体学校时会与学生的经验与兴趣、教师的意志与构想存在一定距离。教师的课程设计立足于"教"还是"学"，这是新旧理念和行为的分野。校长要鼓励教师从学生真实生活出发，设置具体情境，从学生认知规律的角度设计课程并组织课堂学习，推动学生主动学习。

比如英语课程的设计与实施。牛津译林版初中英语教材中每个单元都有 TASK 作为单元总结和运用，以完成写作任务的方式呈现。过去以教为中心的常规设计是这样的：根据教材提供的句型和词组，完成范文填空或阅读现成的文章，教师重视语法的正确性，不在意学生如何把生活中的感受表达成文。

这种设计并不是旨在让学生学会自主写作，而是为了强化掌握单个词组与句型。学生语言积累虽然不多，我们还是要鼓励学生用外语去表达生活中的真实场景和感受。现在的设计一般是这样的：先是无拘无束地写下想表达的生活经历和情感体验，可以用单词或短语，不必顾虑拼写和语法，这样可以消除学生运用第二语言写作的恐惧和顾忌；然后写出详细提纲，重组信息和要点，此时要注意拼写和语法的准确性；最后扩展提纲，书写成句成篇。实践下来，学生学习效果有明显改善。

课程的设计与实施需要教师的智慧，而作为师生共同经历的课程，如果能师生共同创设，将更易于激发学生的学习热情。这种创意与智慧的学习给予学生发表学习成果的机会，改变了教师高高在上的形象，师生的关系更为融洽，学习活动也更容易展开。

苏科版物理教材八年级上册第一章《声现象》第二节"乐音的特性"有个课后小制作，要求自制简易乐器、给乐器分类并在组内展示。这个课外作业如果不加注意，教师随口一说，学生做与不做也不可知。但学校物理组教师非常重视这项作业，从一开始的部分学生参与制作，到年级的物理制作比赛，最终 4 名学生在教师指导下设计并动手做了各不相同的实验，探究自制弦乐器的发声原理及相关要素，撰写出研究报告，最后以实验方案、视频和实验总报告《自制弦乐器发声要素的实验探究》，获得江苏省教育厅 2015 年组织的初中物理综合实践活动一等奖。通过几年努力，"声学小制作"成为我校师生共创的物理课程，被越来越多的教师认可。

校本课程的体系化逐渐成为学校课程建设的目标，越来越多的学校热衷于建设大体量、体系化的校本课程。我认为，国家课程是一个庞大的体系，它关注到学生成长的方方面面；校本课程作为其补充，依据学校特点，旨在学生发展，更主要的是要依靠自己的教师来建设，因此，体量小、品种多甚至碎片化就是校本课程的常态，只要能满足学生发展需求的课程就是好课程，而不必纠结课程的体系性。当然，学校师资力量很强，或者通过区域协调共同筹建体量大、品种全、体系强的校本课程，是更理想的状态。

因此，我们建设博学课、博览课、博识课构成"小微课程"。博学课每门课程通常为4课时或8课时，每课时1小时；博览课由学校提供学习视频，供学生网上选修；博识课由学校提供校外实践基地，学生自拟课题自主选修。课程内容涉及文学欣赏、思维训练、科学实验探究、科学发明探索、生活技能、社会交往、体育艺术、美学修养、人格养成等。学校降低了校本课程的门槛，每位教师都可以依据自己的爱好和专长开设选修课，学生就有了更多的自主选择课程学习的机会。

教师依学而教，学生主动学习，共同获得美好而有价值的学校生活经历

体现国家意志的课程是完全预设的课程，课程设计者根据国家的意识形态、学科知识结构和学生认知发展规律进行设计，它具有普适性，但也缺乏针对性。同样，过去的学习是在听讲、记忆、训练、考试这一基本流程中完成的，学习的时空主要在课堂，学习活动大部分发生在师生之间，少部分发生在同伴之间，学习形式比较单一，学习结果基本也在教师的预设范围之内。

今天，我们倡导学生自主学习，"时空"也跳出了学校，学习活动不仅仅发生在师生之间，特别是城市的学生会在业余时间进入社会办学机构学习，还有的学生利用学习APP和互联网学习，学习过程与结果呈现不可测的情况。

校长应该鼓励教师设计并实施多维课程，适应后工业时代权威解体、标准多样、海量信息的社会特质，让学生用多种手段和途径完成学习的建构生成。比如，学校开设主题为"走近苏东坡"的文学阅读课，教师要求学生读林语堂先生的《苏东坡传》，自选苏东坡的两篇作品深度阅读，完成对苏东坡的评介。不同的作品，不同的资源，不同的阅读平台和方法，学生的学习成果各不相同、各有特色，这些学习成果放在一起，可勾勒出苏

东坡其人其文的大致轮廓。

如前所述，学生的在校学习还有个体社会化的任务，学生在教师指导下学习，在伙伴集体中学习，通过学习学会与人相处、与人合作。从这个角度说，集体学习的地位和产生的积极影响毋庸置疑；同时，在集体学习情境之中，学生的部分自学能力也得以习得与培养。

但学生是各不相同的，学习需求也不一样，因材施教一直是古往今来的教育理想和追求。近年一些学校尝试分层教学和走班教学，从行政班集体教学向前跨出了一大步，但本质上教育的着眼点还是"分类"，而不是面向"个体"。如果真正做到根据学生的学习经验与特点精确设置并实施课程，不仅能大大提高教育效益，而且也实现了从根本上尊重学生。荷兰阿姆斯特丹的 Steve Jobs School，其教师被称为"学习教练"。每个学生拥有个人学习计划，每个孩子要面对个人的学习挑战，选择不同的学习方法。每 6 个星期依据学生、家长和"教练"的想法来调整学习，学校目前四到十二年级的学生都配有 iPad，提供许多个人学习的 APP，让孩子规划自己的教育。在那所学校，没有孩子会被遗忘，大家都有自己的学习速度。因此，如果我们认同"一切教育都是自我教育，一切学习本质上都是自学"，就应该更注重个体学习，当然这对学校的教育资源提出了更高的要求。

班级授课制由于受时空限制，学习往往是在教师指导下统一开展的。但我们可以看一下这样的生物实验课——"探究绿色植物对环境湿度的影响"，目的是使学生能具体而直观地了解生物与环境之间相互影响、相互适应的关系，通过室外测量实验感知环境湿度的变化，从而了解绿色植物对环境的影响。

具体实验方法为：学生依据实验目标，自行选择裸地、草地、灌木丛 3 种不同的环境，在同一时间段运用干湿计测量每种环境下的空气湿度情况，每个环境下测量 3 次，以减少误差；同时，也可选择同一环境在早上、中午和傍晚 3 个不同时间段进行对比测量，从而比较出不同环境下空气湿度的变化或者不同时间段空气湿度的变化。学生可根据自己选择的不同测量目的而设计和改进测量方法，同学之间可以进行数据的汇总比较、实验过程的交流分享。相较以往的统一方法、统一对象的实验形式，这能够更好地发挥学生的主观能动性，同时培养学生探究合作的能力。

教育的起点是学生的差异性，教育的终点是让学生成人成才。教育是有限的，学习是无限的。接受教育不是学生的天性，主动学习才是人的天性。校情各不相同，学校师生各不相同，校长领导的课程建设应该为学而设、师生共创，教师依学而教，学生主动学习，共同获得美好而有价值的学校生活经历。

（作者系江苏省苏州市振华中学校校长）

（文章原刊于《人民教育》2016 年第 12 期）

当学校课程走向深度建构

杨培明

20 世纪 70 年代，美国教育家施瓦布在《实践，一种课程的语言》中提出："课程领域已步入穷途末路，按照现行的方法和原则已不能继续运行，也无以增进教育的发展。现在需要的是适合于解决问题的新的原则、新的观点、新的方法。"今天，在全面深化课程教学改革的背景下，施瓦布的论断似乎并不完全是危言耸听。

我们学校于 2005 年全面启动了学校课程改革。经过 10 年努力，已经出现了一批特色、品牌课程，受到学生的欢迎。在部分教师为此而陶醉的同时，我却感到前所未有的忧虑。

总体来看，南菁高中的课程还停留在一期课改的水平，主要表现为：课程数量不断增加，但课程之间缺少逻辑关系，课程理念没有实现教育的全过程渗透，教师的课程开发存在一定的盲目性，有的课程内容已经不能满足今天学生的成长需要。因此，整体规划、设计课程体系，深度建构学校课程已经迫在眉睫。

应重新审视学校课程价值

什么知识最有价值？唯一的答案——科学。在达尔文首次发表《物种起源》以及杜威出生的这一年（1859 年），斯宾塞提出并回答了这个问题。

长期以来，以科学主义为追求的教育工具理性泛滥，使基础教育的育人价值没有得到充分体现。经过 10 年课改，基础教育特别是高中教育的应试价值过于张扬的情况没有得到根本转变，这不利于人的全面发展和社会的健康发展。

2014 年 3 月，《教育部关于全面深化课程改革落实立德树人根本任务的意见》指出：“课程改革面临新的挑战……学生成长环境发生深刻变化。青少年学生思想意识更加自主，价值追求更加多样，个性特点更加鲜明。国际竞争日趋激烈……这些变化和需求对课程改革提出了新的更高要求。”

南菁高中创办于 1882 年，前身是江苏学政兼兵部左侍郎黄体芳在左宗棠的协助下创办的“南菁书院”，“南菁书院”的前身是“经沽书院”。书院自建立起即以“忠恕勤俭”为校训，弘扬传统儒学，培养经世致用之人才。

在传承书院文化和对教育本质深刻认识的基础上，南菁确立了“办关注师生生命幸福的教育”的哲学追求，即以审美精神引领课程改革和学校育人实践，促进学生科学精神与人文精神协调发展，为学生终身发展提供精神动力和价值导向。因此，我们力求超越已有的主要由数量、特色构建起来的课程形态，以价值性、系统论、整体观为基础，让学校课程走向深度建构。

学校品位取决于课程体系中“真、善、美”的含量

从一定意义上说，学校是智慧美、思想美、行为美等一切美的发祥地。

南菁是江苏省唯一的美育课程基地，按照“课程目标的整体性、课程结构的多元性、课程教学的审美性”三个原则，南菁提出了“四美”课程目标，即美的课程、美的课堂、美的学生、美的教师。

“美的课程”，即按照真、善、美的价值目标，将人文、科学、道德、艺术、生活等课程内容，按一定的层次和结构关联性加以整合。在中国教育科学研究院和教育部中学校长培训中心专家团队的指导下，学校充分发动师生参与，经过方案征集、多次讨论，最终形成了“大美育课程体系”——“两轴、三级、五域”的扇形结构（如图 1）。

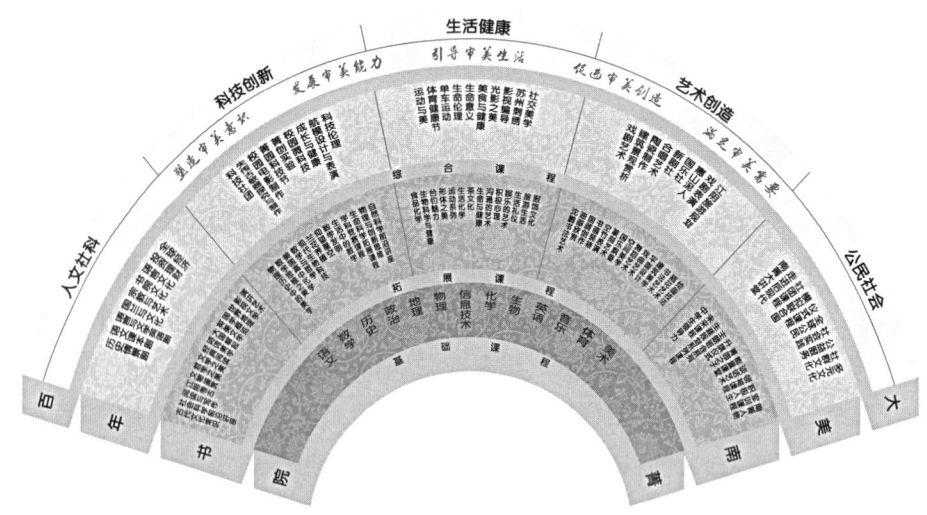

图1 "两轴、三级、五域"课程体系

两轴（两个扇柄）：化自学校建筑群的两条核心轴线，即历史轴和现代轴，分别代表南菁书院的历史和未来。双轴也象征着钟的时针和分针：从"百年书院"走向"大美南菁"，寓意南菁教育传承历史、跨越时空、面向未来。

三级：学校课程的构架，均按三个层次排列。基础课程指向学生基本素质的形成和发展，体现国家对公民素质的最基本要求；拓展课程指向开发学生的潜能，促进学生个性发展和体现学校办学特色；综合课程指向学生自主与创新精神、研究与实践能力、合作与发展意识。

五域：指课程架构的五大领域，分别是人文社科、科技创新、生活健康、艺术创造、公民社会，基本包括了学生核心素养的全部领域，构成学校完整的课程图谱。

"美的课堂"即将课堂纳入课程体系范畴，这是学校课程实施的关键环节。课堂的功能除了让学生获取知识之外，还能完善其品格，启迪其智慧，促使学生以更高的标准去思考和追求人生意义，获得人生境界的提升。学校通过审美课堂的建设，力求构建充满美学意蕴的课堂教学生态，将学习的自由还给学生，通过师生互动、情感交融、合作探究，让课堂的育人价值得以充分发挥。

理想的教育是促进身心和谐发展的教育，是历史传承与创新意识、科学精神和人文品质平衡发展的教育，是凝练真、善、美意境的教育。

什么样的学生才是"美的学生"？我们提出了"三有"的标准。第一，有知性。这主要是对学生在科学素养方面的要求。学生具有较强的认知学习能力，能够把握知识间的内在联系、知识与实际问题的联系并尝试知识的具体应用，有好奇、质疑、想象、批判等卓越的思维品质。第二，有德行。这主要指在道德修养和公民素质方面的要求。学生具有正确的道德判断，认同、理解、遵守与维护社会规则；关心、参与公共事务，敢于承担社会责任，对民族的传统和文化有归属感，具有较高的公民素养。第三，有灵性。也就是对学生提出了人文修养、艺术涵养、身心觉悟方面的要求，指向人的精神层面。有灵性的人在感受自然、接触社会的过程中，能有丰富的生命体验、发现人生的意义、追求生命的幸福。美的学生拥有知性的"真"、德行的"善"和灵性的"美"。

南菁校友顾明远先生说："没有爱就没有教育。"教师不仅仅是一项技术性的工作，教师的职业能力在于内涵的发展，在于基于职业道德、人格和知识所展现出的整体魅力，只有"美的教师"才可能培养出"美的学生"。"美的教师"既追求专业发展，又关注自身的"生命成长"，在"育人"的同时也不忘"育己"，让自己的职业生涯展现出无限的可能性，从而获得饱满、幸福的人生体验。近年来，每次进行的"最美老师"评选，都成为学校的一大盛事。"全国优秀教师"马莉将其成功的班主任工作经验浓缩为三句话：用阳光、美丽的生命姿态站在学生面前，用快乐激发快乐；用安静、平和的生命姿态陪伴着学生，用尊重换来尊重；用低头、并肩的姿态倾听学生诉说，用真情感染真情。她"以美育人、育美的人"的教育理念，渗透到了教育教学管理的全过程，学生亲切地唤她"Super Mario（超级马莉）"。

课程深度构建的关键是将审美的追求渗透在教育生活中

美育渗透在学校教育的各个环节，让师生过一种幸福的教育生活。课程的整合、融合和综合，是我们深度建构和实施大美育课程的主要方式。

"课程整合"主要包括整合科学与人文课程，构建基于学生核心素养培育的审美的课程群；通过大学与中学课程的衔接整合，拓展课程边界，构建具有更高审美内涵的精品课程。

在南菁，有不少教师把个人爱好变成一门课程，然后通过逐步构建发展成学科整合课程的例子。化学教师张静慧个人喜爱色彩与图案设计，曾开设"印染工艺"校本课程，内容主要是对民间印染作品的鉴赏、染料的化学成分解读、蜡染和扎染的手工实践等。经过不断建构，现已成为一门"中国传统工艺与化学"的整合课程，包括丝绸与印染、陶瓷鉴赏与陶器制作、酿酒原理与酒文化、茶叶与茶道等。

"课程融合"主要包括优秀传统文化与美育课程的深度融合、学科核心素养培育与审美精神的融合、信息技术与课堂教学的深度融合、现代教育理念与学校课程深度融合等。通过课程融合，开发基于学科素养培育的学科美育课程，在学科课程教学中渗透传统文化价值，改变单一灌输式的传统教学方式，构建互动交融、简约唯美的课堂教学样态。物理组开设的"物理学之美"课程，让学生从更高的角度看待物理，认识到物理学中包含的深刻的科学思想和人文内涵。"物理学史与物理学家小传""失传古'欹（qī）器'的研究与复制""建筑中的力学与美学"等课程，让物理学习的过程成了学生的探索之旅。学生在了解开普勒的和谐宇宙、海森伯的矩阵力学之美的过程中，明白了科学的灵魂在于人类对美的追求。

"课程综合"即构建跨学科的综合课程，主要包括环境文化课程、生活美育课程、社团活动课程和校园文化课程。学校通过跨学科的综合课程，开发指向学生核心素养提升的课程群，如戏剧课程、辩论课程、校园商业体验课程等。另外，学校还充分利用社会资源，为学生创造丰富的课程体验。如学生毕业课程的综合设计、交往的艺术、生活的技能、运动与健康课程的系统开发等。如戏剧课程包含语文组开发的"语文课本剧"，历史组的"中学生历史剧的创作与表演"，外语组的"英语戏剧小品"等组成元素，由学生在教师指导下创作剧本、排练剧目、化妆造型、登台表演。从《汉高祖回乡》《林黛玉进贾府》到《哈姆雷特》，学生在不同风格的戏剧体验中，享文化之旅，赏演绎之韵。

　　在深度建构课程体系的同时，我们加快推进课题研究和课堂教学改革，实现"课程、课题、课堂"联动，从而整体提升学校的办学品质。课程深度构建的关键是将审美的追求渗透在教育生活中，让学校教育充盈美的精神，走向审美的境界。

［本文系全国教育科学"十二五"规划 2015 年度教育部重点课题"基于优秀传统文化的普通高中美育课程整合研究"（DHA150328）成果之一。］

（作者系江苏省南菁高级中学党委书记、校长）

（文章原刊于《人民教育》2016 年第 12 期）

用课程改变学校

罗树庚

一所学校，由于历史的发展进程不同，面对的挑战不同，工作重点可能不一样。但不管怎样，有些东西是永恒不变的，课程设置问题就是学校的核心。

打个比方，如果把学校比作一家饭店，教师好比大厨，而课程就是这家店区别于其他店的"招牌菜"。这家店有什么与众不同之处，用什么吸引家长、招待学生，答案是课程。

课程是学校管理的核心

在学校管理中，我们经常会看到一些校长对这个问题的认识不够清晰准确。有的校长把着力点放在制度建设上，甚至不惜投入重金引进ISO9001质量管理体系，构建烦冗的学校管理制度；有的校长则把重点放在学校外显的校园文化建设上；有的则把着力点放在搞丰富多彩的活动上，校园里天天像过节一般热闹；有的则把重点放在特色创建上，寄希望通过特色打响学校的品牌。

制度、文化、特色、活动当然需要，但在我看来，这些都不是学校管理的核心。如果一个校长长期拘泥于这些方面，我只能说其管理还没有深入教育实质，只是在外围打转转。

学校的核心是课程。抓住课程，就相当于牵住了"牛鼻子"；抓住核心，其他工作会很自然地被带动起来。

课程是学校管理的核心，是由课程本身的性质决定的。课程承载着国家的意志、教育的目标，是教育教学的内容，也是教育教学的归宿。教师凭借课程，通过课堂教学，达成国家的教育方针、育人目标。

教师要有强烈的课程意识

不少教师有个错误的认识，认为课程开发与建设是专家的事，是课程顶层设计者的事。其实不然，从某种意义上讲，教师是课程建设的关键。每一位教师都应该致力于校本课程的开发与实施，为学生的个性发展搭建舞台。教师要通过校本课程的开发，逐渐形成自己的特色课程，让学生受益，让自己在学校课程的开发中体现自身价值、体会教育幸福。

新课程最显著的两个改革，一是转变教与学的方式，重构了新型师生关系；二是赋予学校课程开发权，教师有权根据不同地区、不同学校、不同学生的需求，确立适应时代需要的课程目标，开发与之相适应的课程资源，形成相对稳定而又灵活的实施机制，不断地自我调节、更新发展。江苏省南京市北京东路小学校长孙双金说过："一个好老师，不仅能教好国家课程、地方课程和校本课程，还能建构自己的教师课程。"

有强烈课程意识的教师，有敏锐的建构力，会及时把学习、生活中的相关信息进行统整，变成校本课程、教师课程。

我想以自己建构的一节课为例，说明课程意识的重要性。寒假过后，孩子们返校迎来了新学期。初春的校园，柳枝吐出嫩绿的小芽，远远望去，鹅黄的叶芽让柳树换了新装。寒假里，我恰巧又读到《浅谈中国古典诗词中的杨柳意象》《五万首唐诗，最美的植物不过这四种》这两篇文章。走进校园，当我的目光触及吐芽柳枝的一刹那，我心中立刻有了一个主意：我要带孩子们来一场"春日读柳"。柳是春的使者，是诗的精灵，是美的象征，是善的代言，是韧的化身。在博大精深的中国古典诗词中，古人往往借杨柳表达多种情意，如抒发惜别深情，歌咏美好春光，描写女子的美丽形态，书写爱情与闺怨，揭示一些生活哲理。借杨柳抒发惜别之情，我从小学语文课本中的《送元二使安西》入手，带出了郑谷的《淮上与友人别》、李白的《春夜洛城闻笛》、白居易的《忆江柳》；借杨柳歌咏美好春光，我从小学语文课本中的《咏柳》入手，带出了韩愈的《早春呈水部张十八员外》、杨巨源的《城东早春》、韩翃的《寒食》。就这样，以杨柳为意象，我开发了一课《春日读柳》。

举这个例子，我想说明的是，其实课程开发并不神秘，只要我们有强烈的课程意识，谁都可以建构、开发出属于自己的课程，开发出适合学生发展、深受学生喜爱的课程。

新课程赋予教师课程自主权，教师有了课程设置的"自留地"，这给一线教师提供了一个开放的空间。在打好学习基础的前提下，你可以研发个性化课程，发展学生的兴趣爱好，培养学生的技能特长。韩兴娥推出了"海量阅读"课程；薛瑞萍用"日有所诵"改变了一届又一届学生的命运；蒋军晶的"群文阅读"研究吸引着大量追随者；丁慈矿建构的"对课"一版再版，独领风骚；刘发建的"亲近鲁迅"课程被媒体广泛深入报道……这些青年才俊用课程开发与建设唱响了新时代教师专业发展的优美旋律；用这种有别于上一代名家大师的专业发展方式，为自己开创了一片艳阳天。

用课程推动学生、教师、学校发展

我们学校是一所创办仅 7 年的新学校，但我们在短时间内实现了快速发展。学校被确定为浙江省宁波市深化义务教育课程改革样本学校之一，被确定为教育部基础教育课程教材发展中心宁波实验区课改实验学校，多个校本课程荣获浙江省义务教育精品课程。为什么我们能后来居上，实现快速发展？这与我们一直以来把课程作为学校的核心，用课程推动学生、教师、学校发展是密不可分的。

我们把联合国教科文组织提出的"四个学会"、积极心理学研究者提出的"六大类美德"与中国学生发展核心素养进行融合，确立了学校的培养目标，即身心健康、品格高尚、行为优秀、热爱学习、热爱生活、勇于创新。以此为目标，构建"幸福1+1"课程。该课程以"立德树人"为根本任务，以"核心素养"为目标，是实现"为学生幸福人生奠基"办学理念的保障。"幸福1+1"课程（见图1），为我们构建起新型的师生关系，创生出教师与学生之间新型的教育生态。

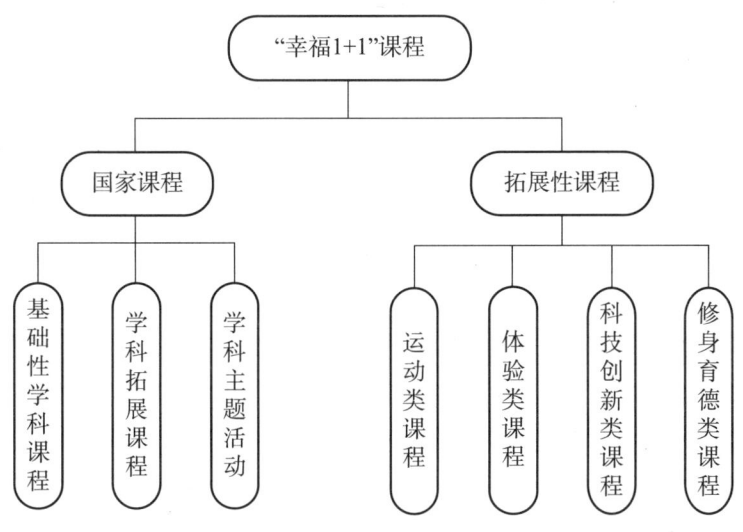

图1 "幸福1+1"课程

学校以深化课程改革为中心，抓住学生发展、课堂教学改革两条主线，坚持"国家课程校本化、选修课程特色化、社团活动课程化、隐性课程系统化"的课程建设思路，致力于构建多层次、多元化、可选择的课程体系，实现育人模式的多样化、特色化和优质化。

在国家课程校本化的过程中，我们采取"加一加、减一减"策略。"情趣作文"是我们在小学语文课程中增补的一项基础性内容。我们在不增加课时的情况下，通过减少每学期用于复习的课时，从二年级开始每学期增加10节情趣作文。二至六年级10个学期，我们增补了100个情趣作文素材。这些素材以兴趣为核心，让游戏、活动、实践走进课堂，让课堂生活化。学生在教师的组织下，一边做实验、玩游戏、进行社会调查，一边练习写作，真正实现了"先玩后写、边玩边写，玩中学写、不玩不写"。"好玩的数学"是我们在小学数学基础课程中增补的一项内容。我们将魔方、汉诺塔、七巧板等数学游戏按照形、数、博弈、逻辑等几大类，根据学生身心发展的年龄特点，巧妙结合到一至六年级的数学学习中。通过数学游戏，激发学生的学习兴趣，提升学生的思维能力。我们发现，小学生在学习英语的过程中，喜欢唱英文歌曲、看英文版动画片、读英文原版绘本，根据这一特点，在英语教学中，我们构建起"60首英文歌曲+60本英文绘本伴我成长6年"的校本课程。

为了培养学生的创新意识、创新精神，使其具有批判质疑、勇于探究、敢于实践的能力，我们在课程建构中把"科技创新类课程"作为学校拓展性课程的重要组成部分。我们向学生提供航模、车模、船模、3D打印、创客、七巧板、OM头脑奥林匹克等十多门个性化选修课。

数学教师陈书玉对发明创造、动手制作情有独钟。一次偶然的机会，她了解到国际上有一项"OM头脑奥林匹克竞赛"，这是一项旨在培养学生创新能力、团队合作精神的科技创意比赛，有100多个国家和地区的数万所学校参与。

陈书玉对这一赛事很感兴趣，就带着自己班级里的几个学生利用课余时间一起设计、制作。几个学生在她的带领下，几乎所有的课余时间都泡在她临时开辟的制作间里，连双休日也沉浸其中，乐此不疲。

由于全身心投入，功夫总算没有白费。我们学校首次组队参加全国OM头脑奥林匹克竞赛就荣获二等奖。看到陈书玉和几个学生玩得不亦乐乎，她所任教的两个班级学生都想参加。经不住学生的苦苦请求，她在自己任教班级的学生中成立了OM兴趣小组。摸爬滚打了一年，陈书玉带领的OM兴趣小组在全国竞赛上一举夺魁，还获得了前往美国参加第35届世界OM头脑奥林匹克竞赛的资格。连续两年的影响，OM头脑奥林匹克竞赛一下成了学生都想参加的一项活动。

怎么让更多的学生参与这项科技创新活动呢？经过商量，我们决定让陈书玉老师为五年级学生开设"OM科创课程"，每周一节课，试行一年。从一项比赛到成立一个兴趣组，再到开出一门课程，如今我校的"OM科创课程"不仅是区域内的一门精品课程，还被列入宁波市重点课题。在实践摸索中，我们拟订了课程标准，编写了相关教材。OM从一个单纯的比赛活动上升为一门课程，让教师们看到了课程建构、开发的真实样本。他们不再觉得课程开发是一件多么难的事了。

在摸索拓展类课程的过程中，经过几年的实践、总结与提升，学校已经形成一批相对成熟的校本课程，办学特色也因此不断彰显，成为区域内深化课程改革的典范。

学校的产品是课程，抓住课程这一管理核心，就能用课程改变学校，用课程引领教师专业发展，用课程培育学生，让个性化教育落到实处，真正落实"立德树人"的根本任务。

（作者系浙江省宁波国家高新区实验学校校长）

（文章原刊于《人民教育》2016 年第 23 期）

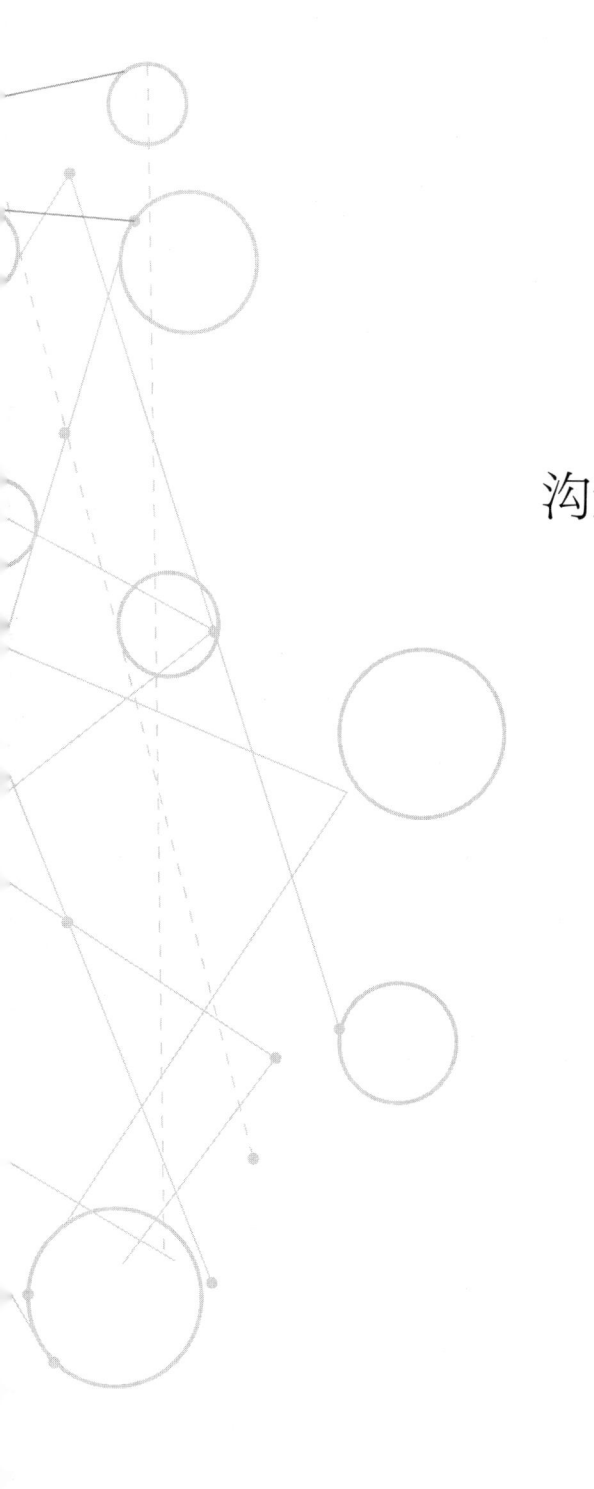

辑六
沟通就是一种领导力

沟通就是一种领导力

赵桂霞

2007 年 7 月，我做了一年校长以后接受组织的第一次检验，其中有一项是"教职工对班子成员和班子的满意度"。我的得分极低。

我相信，如果不是因为广文中学是 2006 年两校合并需要磨合，如果不是因为我初任校长而且此前从来没有在学校做过管理工作，这样的满意度会导致一个结果，那就是调整岗位。

基于以上的原因，组织上原谅了我，让我继续留任。

我也陷入了痛苦的反思之中。问题到底出在哪里？

2006 年两校合并，在做好学校各项常规工作的同时，我们没有忘记对学校发展进行顶层设计。我们在调研的基础上确立了学校发展的愿景，大家一致认同创建"学生喜欢、教师幸福、家长满意、社会认可的理想学校"；随后又在行动研究中明晰了发展轨迹，并确立了"主题发展"的工作策略——一年突出一个主题，用主题发展带动全局提升。第一学年围绕"教师发展"主题，我们作了大量研究，各项举措也都是在研究中寻找并逐步确立为发展教师的相关机制。

似乎这一切都做得很科学——没有拍脑门儿，没有想当然，这些举措也并非出自我校长的个人意愿——可为什么老师会不满意？

因为我们之间缺乏沟通。

一个没有沟通的学校，改革创新越多，得到的反馈越不理想

那一年合校，我们都特别忙，我和班子成员之间、干部和老师之间，上下执行得多、沟通得少，甚至有些事项都来不及商量。

一个没有沟通的学校，改革创新越多，得到的反馈就越不理想。因为一个人外显的行为是由其内在的因素——那些我们看不见的习惯、感觉、想法决定的。

他怎样想，才能怎样做。每个人只受自己意识的支配。

校长的想法，虽然经由团队研究出来，但没有变成每个人的想法。于是，越是让他这样做，他的内心就越会有冲突，不满意也就自然地显露出来。

原来，是这些藏在冰山下的"个人因素"起了决定性作用。

我深信，管理的最高追求是激发和调动每个员工的积极性。积极性外显于行为，而决定一个人有无积极行为，取决于他的想法。因此，所谓调动积极性，就是把每个个体的感觉、想法激发出来，使之与团队共同的想法一致起来。而要达到这样的目标，只有沟通。

于是，我认识到，沟通是校长管理工作的重要内容。

正如著名组织管理学家巴纳德所言："沟通是一个把组织的成员联系在一起，以实现共同目标的手段。"据管理学家的研究，管理者70%的时间要用于与被管理者沟通；没有做成的事，70%是没有沟通或者沟通无效造成的。

缺乏沟通的各项工作，上下都当作任务来完成。团队中只有上面一个人有积极性，难以完成一个团队建设理想学校的重大使命。沟通在管理中具有核心价值，或者说，管理的本质在于有效沟通。

后来我发现，沟通并不简单。

2008年，广文中学第二届毕业生离校。因为2007年第一届毕业生离校时的"破坏性"行为，我们想通过开发"离校课程"，给毕业生上好"最后一课"，让孩子们带着美好、情感和爱离开校园。"离校课程"设计出来后，我带到校务会上与大家沟通。当我把开发背景、过程、内容、实施方

式等一股脑儿地陈述以后，校委会成员无一人支持。书记陈述了他的理由：一个小时的毕业典礼，我们都管不住学生；如果延长为一天时间的所谓"离校课程"，学校会变成什么样？

这种架势，是我做校长以来从来没有遇到过的。也让我感觉到，真正的沟通是要面临挑战的，但正是在这种挑战中才能达到真正的理解和认同。

这种挑战的背后有什么？信息本身不是沟通，简单的信息传递不是沟通，沟通是沟通者向被沟通者表达一种感知、传递一种期望，推动对方思考，让对方接纳和认同，这才是真正的沟通。

美国经济学界和政界划时代的学者约翰·肯尼思·加尔布雷思有一句名言：当人们证明改变思想和没有必要改变思想的选择时，人人都忙着证明后者。

这句话的背后，又告诉了我什么？

我相信，人的大脑是有思维图式的，或者说思维路径。不仅2007年，包括在学校工作多年的人都知道毕业生离校时的场景。每个人的大脑里装上了这样的思维图式：毕业离校会有不安定因素发生。

习惯的东西，左右着校务委员的想法。

沟通的本质在于突破思维定式，让每个人的大脑里形成一个新的思维路径，才能从本质上接纳，得到大家的支持。

于是，这个议题留待下次会议集体研究。会后，我与校务委员一个一个分别沟通。不再是我说方案，而是从问题开始倾听他们的想法。一对一的沟通中，我们都会聚焦相同的问题，很容易达成共识。

当个别沟通后，第二次提交校务会，全部通过。"离校课程"顺利实施，大家收获了前所未有的感动。

而我的收获是，我弄清了沟通的实质。沟通不是自己去解释、说明什么，而是推动对方自己思考、理解、建构，一旦对方厘清了事情的本质，大家会以前所未有的积极性投入进来。

学校的一些改革创新尤其是重大改革事项，提前个别沟通十分重要。因为每个人的思维路径不一样，于是个别沟通成了学校改革创新前的重要一环。

沟通需要校长"放下自己",推动对方自主思考

在我与每个校务委员沟通的时候,我发现了一个有意思的现象:我提出相同的问题,得到不同的回应;我对方案内容的相同陈述,对方的理解也各不相同。这让我意识到,每个人在建构新的图式时,都受到自己旧有图式的制约。所以,接收相同的信息,会加工出各不相同的东西来,带来理解上的偏差。

2011年,我的一次亲身体验,让我真正理解了这一点,也从此知道,沟通必须双向互动,方式途径必须多元。

那是一个游戏,用6张小纸条摆成一个要求的图形。

我藏在厚厚的窗帘后,向我的学生发出指令;4个学生根据我的指令,摆放图形。当我们结束游戏,看他们摆放的图形时,没有一幅图与我手中的图一致,4个学生的图也各不相同。

我非常吃惊!我的表达很清晰啊。问题出在哪里?

反思游戏的过程,我发现了我的问题:我是看着图形加工成语言信息发出指令的,从图形到我的语言信息,已经进行了一次加工过程,这次加工包含我的个人痕迹;我是发令者,没有请求对方表达一下他的理解与我的表述是否一致,看看有无理解上的偏差。沟通的单向性,成了我们沟通的重要障碍,而厚厚的窗帘所导致的沟通方式的单一性,是另一个重要原因。

沟通必须是双向的行动。之后,每当听完与我沟通者的陈述以后,我都会先试着用我的语言理解他的表达,而每次效果也都很好。

沟通的手段必须是多元的。研究发现,在人际沟通中,第一印象8%来自说话的内容,37%来自声音声调,55%来自肢体语言。语言、肢体、语气、声调、手势等,都是沟通的重要手段。因此,"重大事情必须当面沟通"。

当这样沟通以后,我发现工作起来特别顺畅,但我又遇到了问题。

在我关注的沟通中,都是我有想法后去跟团队成员沟通。但身为校长,

总有很多干部、教师带着请示来，或者为了得到一个解决问题的答案，甚至来寻求一个解决问题的办法。

"校长，你说这事怎么办？"

每次，我都会用心用力地替他思考，给他一个办法。结果发现，他并没有按照我说的办法去做，还是按照自己的想法走了。

这样的事情不是发生过一次。什么原因呢？

我知道，一定不是干部故意不按照校长的想法去做，而是他自己的大脑本来装着他的思考。如果校长不能放下身段、倾听陈述，推动对方自己思考，生发出新的办法来，我们的想法再好，也落不到实处。相反，因为总是替下属"背猴子"，我自己的事情常常需要晚上进行。

沟通的基本问题，在于心态。放下自己，推动对方自主思考，应是校长在沟通中的作为。

我也领悟到，领导力的核心就是管理者改变人们思维的能力；领导之道，在于推动对方自主思考的沟通中；沟通就是一种领导力，沟通的艺术就是领导的艺术。

沟通是把一道道"墙"变成一扇扇"门"的过程

我对数据特别敏感。在深圳机场的洗手间里，我看到了卷筒外张贴的纸张上写着：深圳机场每年消耗的厕纸，等同于 1370 棵 20 年树龄的树木；数量：117500 卷；重量：82250kg。那一天，我用纸特别仔细。

走到洗手盆前，第一次在国内使用黄色的擦手纸，心中感到蛮幸福的，感觉自己为保护环境作了贡献。抽纸盒上有这样的文字：使用再生纸，减少森林砍伐。

这就是数据的魅力！在工作中，善用数据有助于化解很多棘手问题。

2012 年 7 月，当我把初三年级部主任的接力棒交给刚刚送走毕业生的陈主任时，她很焦虑。在 8 月举行的一年一度暑期中层以上干部研讨会上，她不断向我倾诉她的困难和压力。解决她的焦虑情绪，引导她发现问题，寻找问题背后的原因，关注解决问题的办法和措施，成了我的当务之急。

找了一个闲暇的空当，我们开始了如下的沟通：

> 你考虑初三的工作多久了？几天，几周，还是更长时间？
>
> 多久想起一次来？每小时，每天，或者每周几次？
>
> 你每次考虑这件事情需要多少时间？用几分钟还是几个小时？
>
> 这件事情对你来说有多重要？以1到10为序，你给这件事情打几分？
>
> 对你来说，这件事情的优先次序如何？以1到10为序，排第几？
>
> 你想得最多的问题是什么？把思考最多的重要问题依次排下来。
>
> ……

我发现，当我们的沟通用数据表达时，陈主任的眉头越来越舒展，注意力开始关注解决问题，寻找方法，而不是陷入问题本身。经过两个小时的交流，她已经有了关于调动教师积极性、激发学生主动性、课堂高效愉悦、常规管理等诸多办法。初三学部的工作思路形成了，工作备案表配发。开学后，初三工作秩序井然，我们一步步完成着当初设定的目标。我再也看不见她的愁容了。如今，她负责初二学部，主导着初一学部，幸福地工作着，团队的每个人也都很幸福。

现在的广文校园里，不再是一个脑袋想问题，而是每个人都在发现问题、解决问题。每年学期工作分享，总能听到各个部门基于问题的工作创新。这些小创新年年不断，而且很有实效，推动了校园的改变：学生更加喜欢这里，老师在这里更加幸福。这些年，广文依然进行着改革创新，但老师的满意度上升了。

沟通，是把一道道墙变成一扇扇门的过程。门开了，心通了，气顺了，事也就好办了。

（作者系山东省潍坊市广文中学校长）

（文章原刊于《人民教育》2015年第21期）

中层干部，该不该 "中规中矩"

薛元荣

学校中层的角色在"中"，上有决策层，下是操作层。为了工作到位，中层要领会决策层的意图，既要执行，又要"施展"。施展，有指导、督促的成分，有创造性发挥的空间。

知道自己的定位，明确自己的职责，不折不扣完成交代的任务，这无疑是一名合格的中层。

决策错误，影响办学方向；操作失误，影响教育质量。中层断裂，好决策得不到真落实。一个合格的中层循规蹈矩不越位，但优秀的中层不必"中规中矩"，很多时候需要"旁逸斜出"。

做中层的事，操决策层的心

作为中层，首先要明确决策层之所以这样决策而不是那样决策的原因。听话听音，看决策要看底。当你有了决策者的"心"和"脑"，即"你懂了"时，执行起来便会得心应手。如果只做"传声筒""二道贩子"，不领会决策的内涵，非但无法指导操作层，有时还会误传。当中层的心和决策者的心一起跳动、中层的脑和决策层的脑一起运转时，这样的中层才是成熟的、聪明的中层。

然而，决策层不是所有的决策都是符合实际、具有先进理念的支撑、可持续发展的。那么，这时候，中层要敢于"越位"，做一回决策层的"老师"，即"启发"决策层。可以在"请教"时"启发"决策层——可以"明知故问"，给决策层细细考究的机会，说不定决策层会恍然大悟，从而改正一个失误；可以在提建议时"启发"决策层——一个"不经意"的建议，或许会改变决策层有欠考虑的决策；可以借向决策层交流学习体会的时候，交换最近看到的相关的做法、经验——在"闲聊"中为决策层打开一扇窗……或许，决策层"灵感"来了，决策改得更为成熟了。

"启发"决策层是不容易的，得学会换位思考。如果是德育处主任，可以站在教导主任的角色上多想想，想想他的难处，更可以想想如何借助学科教学渗透德育，形成合力。如果学会站在校长的角度想问题，那么你"启发"他们时会觉得你有"通盘考虑问题"的意识，感觉你是站在"全校的立场上"。如果学会站在局长的角度想教育，那不是狂妄，只会让你站得更高，当你"启发"决策层时，定会让你被人刮目相看。你也不妨站在分管市长的角度想教育，那不是你"有毛病"，而是要你晓得，一个不了解社会的学校中层，注定是一个井底之蛙般的中层，你的"启发"永远只是在"井底"。

如果因为你的"启发"，打开了决策层的胸襟和视野，打开了学校的胸襟和视野，那么你是一名站得高的中层。

中层，要让自己的"层"厚重起来

学校中层的担当在于你处于一个厚重的层面。这个层面不厚重，这所学校的精神和文化就不厚重。有些中层甘于"中庸"。身为中层，多点头，照章办事，不得罪领导，这是多数人的做法。否则，如果遇到心胸狭窄的决策层，你的"大局意识"轻则被误解为"摆不正位子"，重则被误解为"有野心"。但如此局面，对学校的发展没帮助，还助长了平庸之气。

有的中层有意无意地选择"中立"。一是等待决策层的决策，像算盘珠子一样，拨一拨动一动，不拨不动，不求有功但求听话。二是不主动帮助指导操作层，有难题抛给决策层，做个蹩脚的"二传手"，只求不得罪操作层，力求"搞好群众关系"，争取年终测评时"优秀票"多一些。这样庸碌的"一团和气"的中层，是学校发展的阻力之一。

中层要让自己的"层"厚重起来，上承决策，下撑操作。要敢于创造性地执行，走出一条属于自己的"中层之路"。有人说，中层工作难以开拓。其实不然，只要有舞台，都可以创造奇迹。不要担心决策层批评而裹足不前、亦步亦趋；不要担心"群众不满"而瞻前顾后、按图索骥。要创新总会有风险，不创新就是停止脚步，停止不前意味着退步。

中层这个角色的厚重，是做出来的。中层有理由成为所在岗位的专家，也必须成为那方面的行家里手，不但实践出成果，讲起来也应该头头是道、如数家珍。因为中层，上有决策层的理念和思想的引领，下有亲身实践积累。只想、只说而不做，容易脱离实际；只做而不动脑子、不反思总结，容易走弯路甚至反教育而行之。中层这个角色，最锻炼教师，是最能成为专家的角色。因为有实践，就有发言权；因为有经验，就有总结提升的义务；因为接地气，就有成为决策层智囊的职责；因为有宝贵的体验，就有服务的责任。

中层，得有一副"铁肩"

铁肩担道义。铁肩的一头是校长，另一头是教师。此铁肩，多了不得；此道义，多豪迈。

中层，也会遭遇尴尬。一是教师们的怨言。没事儿，怨言是资源，可以从同事的怨言中吸取有益的建议，调整工作方式，有则改之，无则加勉，在怨言中学会成长、走向成熟。再多的怨言，也要收藏。

没有无缘无故的爱，也没有无缘无故的怨言。很多时候，因爱和责任而生怨。一是决策层——校长的批评。校长的批评，是中层最该欢迎的，在批评中，找准方向。没有无缘无故的批评。批评，是一种帮助；因为负责，才会批评。退一万步，即便校长出于种种原因"容不下"你，也没关系，回到教师中，那就做一个最优秀的教师——因为我们生来就是教师，过去是，现在也是。

要做就做这样的中层：进，可挑更重的担子；退，能做最优秀的教师。这便是厚重的中层，永不平庸、永不中立的中层。这样的中层，是学校的"脊梁"。这样的中层，说真话、做真教育，心里边有教育家做榜样。这样的中层理性，不赶时髦，不喊口号，不贴标语，不人云亦云。这样的中层有思想，走出校园，还能让人感觉是一名教师，一脸书卷气，一身正气，甚至还有些知识分子的风骨。

（作者单位系江苏省苏州市相城区黄桥实验小学）

（文章原刊于《人民教育》2015年第20期）

学校中层的自我"定位"

罗刚淮

学校中层，既要在职权范围内代表组织（学校）行使着组织、管理、督促、检查、评价等系列管理职能，同时又常常要领受高层管理者（如校长等）的工作布置、执行、推进、检查、考核等。

中层人员的自我角色定位非常重要。定位恰当，做得好，往往能促进学校各项工作顺利推进，深得校长赏识、同事赞誉；如果定位不当，做得不好，常常会两头受气，四面楚歌。有段顺口溜："等着上面布置，等着下面找刺，整天跑着救火，还要几头受气。"这是一些中层管理者的浮世绘。那么，该如何定位中层角色呢？又该怎样担当呢？

相对于校长，做好配角

校长是学校的领导者、最高管理者，负责学校发展的方向、领导和决策。因此，组织管理中，中层必须全面服从校长的领导和安排。

客观地说，管理是一个团队的事，校长虽能而未必全能，这就需要中层互补，组成强大的团队，学校行进才会方向明确、健康有力。

基于此，中层干部就该是校长的"左膀右臂"，执行、落实工作部署；是校长的"千里眼、顺风耳"，收集提供各类信息，便于校长决策；是校长的"智囊团"，针对疑难问题提供有益的建议；更是积极拥护校长的主体力量，紧密团结在校长周围，真诚地拥护校长。在学校管理范围内，中层要扮演配角。当然，自己在做好配角的过程中也会得到锻炼，展示能力才华，树立形象。

有些管理者以为做了中层干部，可以为某些事做主了，因此固执己见，与校长叫板，试与校长分享权力，这是不明智的。唯有与校长及时良好地沟通，部门的工作才会得到校长的支持，中层管理者也才能"有位""有为"，不至于碌碌无所成。

相对于部门，做好主角

学校设有多个部门，通过部门职责将学校工作分解落实，具体执行学校的各项决策指令。学校中层是执行者，但在执行任务时则是指挥官。此时，中层管理者已经不需要思考"为什么做"，而是思考"怎样做"。在这个问题上，学校中层是绝对的主角，即便有些工作校长想参与其中，他也多以建议者的角色出现。

作为问题解决者，中层管理者要承担执行时的组织、管理、督促、评价和激励等工作，系统而具体。其实，这也是学校工作的主体，学校和教师的绝大部分时间、精力都是花费在这里。

过程管理是学校管理中的重要一环。如何为教师提供便捷高效的执行路径、方法，考量着中层的经验、智慧，有人称之为实践性智慧。

有些管理者说起理论来旁征博引，可是一做起来，少谋划、少方法，其实就是缺乏实践智慧。中层要做的事在学校部门职责里有着明确的要求，部门分工是中层工作的主体，根据需要，偶尔还会有少数临时性项目，这些都需要中层去协调处理。

中层管理者工作尽职到位，是对校长工作的最大支持，也是自己在学校中的价值体现。有些中层明明是部门日常工作，却等着校长催促，以显示本部门工作重要，或者为刻意显示有些工作重要，人为造声势，牵扯校长以及全校师生太多的时间精力。

将日常工作做到无形，将重点工作做实在，将特色工作做突出，这应成为中层的自觉追求。

相对于同僚，做好朋友

学校的不少工作，其实是"你中有我，我中有你"。因此，中层要想做好工作，还需要跟其他部门做好协作，要与其他中层管理者做朋友，相互关心，相互礼让，相互帮助，做到"到位，补位，不越位"。

一是到位。本部门的工作不能留尾巴，不能浮于表面，否则，在同一母系统中你这部门的一环出问题，可能波及其他部门的工作。比如，春（秋）游看起来是德育部门的事，如果后勤的餐饮、车辆协调不到位，郊游实践起来必然不顺畅，教育实践课程就难以达到预期效果。

二是补位。由于经验、能力、严谨程度、客观变化等影响，一部门主任工作中出现疏漏时，其他管理者应及时提醒，甚至顶岗协助，及时补位。这才能保证大局不乱，工作顺利进行。常于危难之时援手相助，大家自然相处和洽。如果将对方视作竞争关系，或者袖手旁观，等到自己部门出意外时，不但不会有人帮助，相反，看笑话、说是非的倒会不少。

三是不越位。部门有分工也有交叉，这就需要相互礼让协调，既不能"本位主义"，又不能越位，管到别的部门去了。部门分工不清，或者越位工作，常常让普通教师不知所措，带来管理上的混乱。一般来说，学校事务绝大部分归口很清楚，难免有交叉。在这种情况下，需要部门之间相互宽容、支持，必要时也可以请校长来协调。有的则需要以"项目负责制"来推行，指定专人牵头执行。

相对于教师，做成导师

中层管理者不是全职管理人员，仍是教师身份。这就决定了学校管理者与其他行业管理人员有着重要的区别，即依赖学术影响力建立个人威信，而不仅仅以管理者身份与教师相处。

那么，学校中层如何与教师相处呢？

一是做好教师本分，与教师平等相待。学校中层做好自身该做的事，如集体备课、学科组内交流课、批阅试卷等工作，不能因管理忙而推脱，更不能高高在上，凌驾于教师之上。

二是做出业绩，树立学术威信。教师们佩服有真才实学的人，中层管理者多是教学优秀的老师，做了中层之后不能丢掉业务，离开课堂，变成只会做些上传下达、排表跑腿的人。

三是做成导师。选任优秀教师为学校中层，学校原本希望其更好地发挥教学特长和学术影响力，带动更多教师进步，绝对不希望把干部当成一种待遇。所以，学校中层务必牢记身份，借助管理平台，将自己的教育经验、智慧传播给更多教师，带动更多教师专业成长。在专业发展方面，自己要身先士卒、率先垂范，并切实指导帮助教师共同进步。比如，通过课题研究带动团队进步，通过项目活动教导教师做事。如此年复一年，必然受到广大教师的欢迎，个人威望也会日渐升高。且不说本部门的工作会得到大家支持，单就同事间的友爱氛围，也足以让人向往陶醉。这种情态无论是对学校发展，还是对个人进步，都是极大的利好。

（作者单位系南京师范大学附中江宁分校）

（文章原刊于《人民教育》2015 年第 20 期）

中层如何更卓越

段安阳

中层干部素质的高低决定了学校整体管理团队素质的高低。只有中层卓越，才有强有力的学校整体工作，也才有可能打造理想、优质的学校。

中层干部的角色究竟是什么？

既是决策者，又是执行者。现代管理学认为，每一个员工都是单位的积极管理者。现在很多学校召开行政会议，不再是校长"一言堂"，而是悉心听取各部门的意见与建议，大家集思广益，共同商议学校发展目标、思路，确定学校规划，拟定学校整体工作的顶层设计。虽然中层管理者的意见与建议不起决定性作用，但参与讨论的过程就是参与学校决策的过程。同时，中层干部又是学校管理的执行者。学校的办学思路需要落实到具体工作中，第一关就是中层干部的理解、布置和落实。中层干部的角色既有决策者的成分，又有执行者的成分，是决策与执行的综合体。

既是管理者，又是被管理者。中层干部上有分管校长、一把手校长，他们都是上级，所以是被管理者。而中层又是所负责工作的直接领导，是名正言顺的管理者。"被管理"与"管理"是中层干部需要在学校经常转换的两个角色。

中层干部的基本素养

要有"方向感"。"方向感"不是"开车出门不迷路"，而是认同学校既定的办学方向、愿景、目标以及理念。学校发展的大方向是经过若干次专家论证、行政会议研讨、教代会民主决策的结果。中层要吃透学校办学理念，认同学校办学价值观，并积极落实在自己的分管工作中。这是"方向感"的第一层含义。其二，中层干部在自己的"一亩三分田"里要有自己的思想和主张，明确自己本条线工作的目标以及如何达到目标。既要有长远的规划性目标，又要有年度和学期的落实性计划。

要有"责任感"。中层要有对上负责的态度。校长或分管校长把一项任务交给你，是对你的信任，你在接受任务时务必要吃透工作要求和工作流程，在规定时间内交出满意答卷。最犯忌的是一项任务交到你手里，在规定时间内还没有完成，要校长一遍又一遍地催促。或者在规定时间内早早提交了任务，但不是少了这个，就是缺了那个。有"责任感"，有质量意识，做一个积极高效的执行者，是一个优秀中层干部的不二选择。

要有"归属感"。归属，就是"你是哪里的""你在哪里"，不仅仅是人的物理在场，更重要的是心理在场，即一种情感归属和价值归属。在学校，面对全体教师，你是学校行政干部，不是普通教师。有的中层为了和一线教师打成一片，获得支持，教师发牢骚，抱怨学校制度的不合理，也跟着教师一起吐酸水、发牢骚。这样的角色定位是有问题的，你要明白自己是学校管理者，是和校长站在一起的管理干部。此时的你可以认真倾听教师的抱怨，并诚恳表示会将合理化建议反映到校长会议上，再来安抚教师，这样既能获得教师的理解，又能获得客观公正的意见与建议，对学校发展起到积极的促进作用。遇事冷静是一个成熟管理者的必备素养。

如何走向卓越？

中层管理工作"多、杂、繁、难"，需要得到分管校长和一把手校长的大力支持，同时也要树立自己的权威，这个权威不是用来压制教师的，而是用思想和精神引领教师，用自己的身先士卒示范和带动教师。优秀中层需要具备几个核心能力。

执行力。校长的思想决定了学校办学的高度。好的思想、美丽的愿景能否实现与达成，中层执行力起着极其重要的作用。中层执行力表现为任务明确、理解到位、思路清晰、计划科学、执行到位。执行力强，才能按时保质保量完成工作任务。

领导力。你是学校的部门负责人，与此有关的工作你就是直接领导。如何领导教师按照既定目标完成工作任务，需要中层具备一定的组织领导力。例如，教科室主任负责学校教科研工作，所有教师都是你的领导对象，甚至校长和副校长也归属你教科室主任的工作范畴。

领导力更多地表现在你如何调动所有人的工作积极性，让全体教师达成你的计划目标。领导就是带着大家一起干，让大家与你一起朝着既定目标努力。一个人做事不是领导，带着一群人一起做事才是领导。带领一群人一起开心地做大家都想做的事，一起收获成长才是好领导。好领导要善于调动全体下属的工作积极性，知人善任，科学分工，有效调控。领导力还表现在你的沟通协调工作上，有时候是协调教师个体之间的。有的教师会说"你分配的任务多了"，有的会埋怨你分配的任务是临时任务，这都离不开协调。还有分管的条线工作，有时会与其他部门的工作冲突，这就需要你与其他部门协调沟通。

影响力。中层的影响力主要来自两个方面，一是学科教学上要走在教师前面，能引领教师大胆进行教学改革，潜心研究教材教法，充分调动学生学习的积极性和主动性。二是表现在科研意识与科研成果上。对自己负责的条线工作和自己任教的学科教学，要有自己的主张，有积累，有成果。试想，德育主任分管学校德育工作，如果只忙于应付日常事务性工作，对德育工作没有自己的见解和主张，没有自己的研究成果，就算不上一个合格的德育主任。

亲和力。中层管理者对上要面对校长，对下要面对全体教师。所谓的"管理"，实际上就是协调人、带动人、帮助人、成就人——成就他人的同时也成就自己，所以培养自己的亲和力非常重要。

亲和力的要点是"友善真诚，能为他人着想"。当教师面临困难时，要设身处地积极寻求解决问题的办法。亲和力的对立面是"官派作风"。要用真诚与热情、智慧与修养赢得一线教师的尊重与信任，那样远胜于"称兄道弟""拍肩式兄弟"。

此外，中层管理者在日常管理中，要处理好刚性制度与柔性人文关怀的关系。柔性人文关怀不是不要制度，而是在不违反制度与原则的前提下，尽量多地设身处地为一线教师考虑，给他们真诚的关心与关怀，这样才能调动每一个人的工作积极性。

（作者单位系浙江省宁波滨海国际学校）

（文章原刊于《人民教育》2015年第20期）

我如此投入，怎么还有这么多抱怨

沈茂德

作为一名长期从事学校管理的实践者，我眼中的学校管理是两个词，即"管"和"理"。

所谓"管"，并不是一般意义上的规章的制定与结果的考核，而是管理者要能敏锐地发现学校运行中存在和可能发生的问题，及时地予以"预警"和"校正"。犹如中医看病那样，通过"望、闻、问、切"发现"病症"及"病源"。这个过程既高度体现管理者的经验和视野，更体现管理者强烈的人性光辉，即所有的"望、闻、问、切"绝不是出于"评价与控制"，而是出于善意的诊断，其目的是为了促进发展。

所谓"理"，就是针对"病症"和"病源"，及时"下汤下药"，厘清工作思路，理顺纷繁的校内外关系。这个过程要求管理者有相当的智慧和能力，体现服务与引领。

"不要把校长当官做"

世界上其实并不存在一个"学校的标准模式"。每一所学校都可以追求优质发展，但发展的路子完全可以各不相同，关键在于要有自己的教育哲学。

校长应该像医生那样，在学校运作过程中，既为学校的每一天"诊断"，也要帮助每一个人在学习与反思中发现自己的不足，使学校的每个岗位、每个工作环节在这种和谐的诊断中发现"病灶"，并在自我反思与管理者的服务中自我痊愈。

在今天的基础教育领域，我们并不缺现代教育理念，缺少的是对优秀教育理念的深刻理解和一以贯之的实践行为。我们缺少以一种"古典的心态"来思考与实践的办学行为，我们更缺少脚踏实地进行校本性建设的持久行为，缺少建设优质文化的韧性。

在我看来，校长绝不是无所不能的。他应该自知学校的传统和基础，把自己从肤浅的视界中解放出来，始终守住教育文化的核心，并不断赋予其时代的含义，努力建设智慧、坚韧的团队，努力再努力，学校就必然会有个性化的内涵与活力。

20年的校长实践，我深悟，管理的价值追求是促进师生发展，其基本形式就是"诊断"与"服务"。"不要把校长当官做"应该是校长职业的基本准则，学校管理的主体应该是教师，校长则是主体行为的组织者和协调者。相信师生应该是校长内心永远的声音，内心宁静应该是校长的职业本色，行走在校园中、说专业的话应该是校长的自我要求，建设优秀的学校文化则是学校管理的价值追求。

"我如此投入，怎么还有这么多抱怨？"

每次外访，时常看到这样的场景：一些校长常常会出于真心求"道"的目的，向外国校长同行提这样的问题：你们学校有哪些管理学生的规章制度？你们是如何考核（管理）教师的……面对这样一些问题，常见外国学校的校长脸上会闪过茫然的感觉，有些校长会无奈地耸耸肩，摊开双手，连说"No，No"。

在中国的传统文化中，管理积淀着浓郁的官本意识，往往意味着制度、考核、奖惩。这种自上而下的管理理念，使很多校长把管理的价值取向定位于建立"规范"和"秩序"。在我踏上校长岗位之初，也曾陷入深深的困惑之中："我如此投入，怎么还有这么多抱怨？"一段时间的实践之后，我才认识到:"校长管理的价值在于'诊断'与'服务'过程之中,在于学校优秀文化的建设之中。"

在传统的管理哲学中,"管住物、管好事、管住人"成为一种普遍的程式。我们通常看到的学校管理模式是校长居于学校管理层的顶端,然后向下逐级形成金字塔形的管理网络。

这种基于工业革命的企业化管理模式,可以高效实施标准化的运作,但弊病是极大地削弱了学校的主体——师生群体的个性和主动性,往往陷入管理中"人不见了"的尴尬境地。

应该认识到,学校管理的目的是为了"促进人的发展",而不是为了"便于控制"。"规范"和"秩序"的建立是管理的一种基础性架构,而不是管理的真正意义。管理应该使一所学校充满活力,使每一位师生充满生命的激情,为了心中的信仰,为了实现共同的发展愿景而自觉工作、学习。著名学者马尔库塞认为:"观念和文化的东西是不能改变世界的,但它可以改变人,而人是可以改变世界的。"

要使学校全面增值,首先要使每一个人的内心增值。由此,"促进每一个学生、每一位教职工核心素质的发展"就逐渐成为我对学校管理的本原追求。学校管理方式也应相应地实现两个转变:从"法官行为"(结论评价)转变为"医生行为"(预警与医治);由自上而下的"命令"转变为彼此平等的"和谐对话"。

如我们学校的"诊断性听课",其目的不是为了给教师打一个等级,而是为了发现常态课堂教学中存在的问题并提出改进意见,真心促进教师专业成长。再如"教师会议",主讲者不应仅仅是校长,而应是某一主题的"首席教师",而"首席教师"的发言也不应该仅仅是一家之言。会议的主讲者有了这样的约定,每次在开会之前都需要先进行学生、学科组、年级组等的大量调研,在深入调研的基础上提出自己的理解与建议。我们的教师会议已成为一种颇有深度的校本性论坛。

文化变革是改变普通高中"同质化"的突破口

当前，普通高中正经历着由外延到内涵的转变，然而现实中却存在着严重的"同质化"现象。所以，推动普通高中多样化发展，鼓励普通高中办出特色，成为一种时代诉求。

如何推动普通高中优质特色发展？我们认为，文化变革是普通高中优质特色发展的"顶层设计"，育人模式是走向优质特色的关键。所以，整体规划学校优质特色发展的价值追求、发展路径、操作体系，成为学校管理的基础性工作。优质学校一定是以先进理念（非形式主义的口号）引领的现代学校，是注重学生"学业优秀和核心素质良好"的高质量学校，是勇于创新的探索型学校，是不断自我超越的品质型学校。

衡量一所高中是不是在走向优质特色发展，应该有五个方面的基础性标志：一是学生发展情况（是否群星灿烂），二是师资品质（师德、学识双优），三是课程水平（体现丰富性、常态性，而非展示性），四是教育质量（高位稳定），五是办学行为（规范性、实验性）。

传统体制下，学校较多地追求升格晋级，追求不断通过各类评估验收，在管理中起引领、主导作用的是各种评估条例和上级的要求。于是，"千校一貌"就成为基础教育领域一种很特殊的现象。如果每所学校都努力追求自身的优质特色，必将引发基础教育领域"千帆竞发"的良好办学态势。

"文化空气"是基础性、决定性力量

考察一些优秀的学校，显著的办学成绩犹如漂浮在海平面上的冰山一样显山露水，而支撑它的关键因素——学校文化（软实力）则隐于海平面之下。只有深入校园，深入师生的学习与工作，我们才能真实而深刻地感悟和认识这些关键因素。在我看来，研究一些成功学校的办学之路和学校文化，可能比简单地交流一些管理机制、校园建设重要得多。

哈佛大学肯尼迪政治学院院长约瑟夫·奈在其《软实力：世界政治中

的制胜之道》一书中指出："软实力是通过吸引别人而不是强制他们来达到你想要达到的目的的能力。"

软实力同样也存在于学校之中，它是一个较高层次的概念，本质是学校的一种精神力量，包括办学理念、发展战略，还有校风、学风、教风和全校师生稳定的价值追求、精神状态，也包括学校已为社会公认的形象、声誉、特色与品牌等。一句话，软实力其实是弥散在校园中、积淀在师生意识中、外显为师生行为的学校文化。学校只有真实地拥有了这种深刻的校本文化，才会充满生机并具有持续发展的动力。

《老子》曰："天下莫柔弱于水，而攻坚强者莫之能胜，以其无以易之。弱之胜强，柔之胜刚，天下莫不知，莫能行。"

在我看来，对学校改革与发展起基础性和决定性影响的力量是那种弥散于校园中的"文化空气"，在全体师生言行间不经意流露的"行为文化"，流淌于师生血液中的"基因文化"。这种"软文化"是学校常态运行中"无形的手"，它在规范和操纵着学校的走向，真实地影响和浸润着每一个师生的内心世界和外在行为。

在学校文化建设中，校长处于核心的管理地位。如果一个校长对文化建设的价值追求是"作秀""营销"，那这所学校一定会形成一种虚假的、缥缈的、墙上芦苇式的"时装文化"。这所学校可能会有一时的显赫与轰动，但绝不会有持久的发展。

当一所学校发展到一定阶段后，"超越规范"就成了管理的一种内在诉求。"超越规范"不是不要规范，而是建立在较稳定的规范基础上的一种更高层次的文化管理。

作家刘墉曾说："你可以一辈子不登山，但你心中一定要有座山，它可以使你总有一个奋斗的方向，它使你任何一刻抬起头，都能看到自己的希望。"

每一位教师内心都有着职业发展的梦想，校长要帮助和鼓励教师把这种梦想变为现实。在具体实践中，我们着力于"师生双向成才"的探索：即一方面要把学生培养成才，另一方面还要为教职工的发展成才创造尽可能多的机会和尽可能优越的条件，使他们在教学、服务的过程中成才。比如通过"再回大学"，提高教师的专业素质和理论修养；通过"造山运动"，让一部分教师"享受特殊成长待遇"。当每一位教师感到自己在不断发展时，我们的学校怎能不一步一步走向成功呢？

教育面对的是一个个独立的、鲜活的生命，其最终价值是发展每一个孩子的素质，让每一个学生感受到成长的幸福并具有推动社会进步的能力。

如此说来，激发每一个孩子对生命的珍惜、对生命价值的渴望与追求就变得尤为重要。我们学校改变了那种鉴别、分类、考核学生的管理哲学，明确提出"每一个孩子都是一座金矿""学校应该成为每一个孩子都可以放声歌唱的地方，要努力让我们的学校成为在校生喜欢、毕业生怀念的乐园"，于是学生发展便出现了"群星灿烂"的美景。

今天的校长，应该像蔡元培、陶行知、苏霍姆林斯基那样，心态上更平和一点，语言上更朴素一点，行为上更真实一点。只有这样，校园里才会有更多的优秀教师，才会有更多的卓越孩子。

（作者系江苏省天一中学校长）

（文章原刊于《人民教育》2015 年第 11 期，
原标题为《真实的学校管理，其实很朴素》）

辑七

检查评比：从被动"应付"转化为主
动"应对"

管得太具体，教育没希望

陈立群

经过多年发展，中国的教育事业取得了举世公认的成就。但当下似乎也遇到了一些发展"瓶颈"，其中之一就是出现了较为严重的"行政化"倾向，影响了学校的正常办学。针对这个问题，我谈以下两点看法。

检查过多，学校忙于应付

在当下社会所谓的"行政化"倾向中，不管是一般的公共行政领域还是专业领域，行政命令至上，而非规律首要。工作围着检查转，专业围着权力转，基层围着行政转。学校亦如此，需要花费大量的精力来应对各种名目的检查评比、汇报总结。

在常见的行政思维中，检查或评比是为了显示主管部门对相关事务的绝对领导，并以此来突出自己的工作，彰显自己的存在，向上有实实在在的工作可以汇报，向下有抓手可以"以直接管理者的姿态"决定、指引学校的工作。而检查评比的方式，因为领导不可能也没有时间真正走进学校进行多角度感知和评价，所以方式看起来并不复杂，那就是听汇报、看材料、查台账。

每一个大大小小的领导都是这样想的，每一个大大小小的处室都是这样做的，于是各种检查纷至沓来，且各领导、各处室对材料的要求又不尽相同，作为基层的学校虽苦不堪言，也只能一一应对。如廉洁教育进校园考核检查、文明学校检查、文明城市检查、对外交流工作评比、"红十字"示范学校检查、"好人榜"推荐评选、"千校结好"特色学校评选、平安校园评估检查、综合治理工作检查、师德师风专项检查……诸多项目，难以一一罗列。

2014年年底，一位中学校长告诉我，各类工作总结材料一共写了8份，直写到头都发麻了。其实，所检查的各项内容，都具体落实在学校的日常教育教学管理中，但一旦要来检查，学校可不能只拿出工作计划和落实情况，得按照某种"完美形式"，用某类高深词汇，根据相关检查要求而非工作实际需求进行补笔记、做材料、准备台账，甚至重新布置校园环境等工作。

这样的检查，不按照要求准备则心里没底，可花了大量的时间准备了，可能检查人员只是听一听汇报，翻一翻材料，有时因为时间太紧，一个上午要检查两个地方，可能材料也不翻，听一听汇报就走了。

本人曾应邀为教育部中学校长培训中心的校长班授课20多次，每与其他校长谈及检查的事，大多怨声载道，却又直叹无奈。不应付不行，检查之后，就有红头文件公布评比结果，有些涉及学校的未来发展。若是学校不讲究，不布置准备相应的检查、评比材料，上头领导和处室绝不可能轻易放过，家长、社会的批评指责也会铺天盖地而来，直接影响招生工作，进而影响学校的生存和发展，至于教育理想的实现更是无从谈起。

教育应遵道而行

大千世界，万事万物，于变化不息之中蕴藏着独具魅力的规律，此谓之"道"。认识规律，把握规律，运用规律，是为学习，是为求道。

教育更是如此。因其与人相关，且是正在成长中的青少年，教育必须符合人的成长规律，而它正是在对学生的成长教育行动的探索和研究中才慢慢形成了本身的规律。那么对教育的检查和评价，也应体现在对教育行为是否符合人的成长规律和教育本身的规律上。对于当下检查评比过多的情况，我提出如下建议。

确立行政部门的服务意识。发展社会的公共事业和公益事业，是政府的重要职责。教育行政部门更应该遵道而行，确立服务意识，切切实实地为基层学校提供方便，排忧解难。在我近30年的校长生涯中，只有过一次这样的经历。时任杭州市教委主任张绪培带领全体局领导深入学校，目的只有一个，现场办公，听取学校的建议和呼声，帮助学校解决办学中遇到的问题，免得基层学校遇到问题一次次地往局里跑，有时还不一定找得到相关领导。

减少检查评比项目。在我看来，教育之道就在于人的身心发展规律和教育教学规律。也许政府和教育行政部门的检查就是为了督促学校在教育教学活动中遵道而行，依法办学。但须知，过多过密的检查本身严重影响了基层学校的工作，打乱了教育教学的步骤，干扰了学校的办学自主权，是不遵循规律的表现。教育局有那么多的处室，每个处室都希望以某一项检查评比来具体地牵住学校的"鼻子"，基层学校自然苦不堪言。我甚至认为，管得太具体，教育没希望。建议教育行政部门规范施政，统一步调，避免政出多头，切实减少对基层学校的检查评比。

建立诚信机制。中小学实行校长负责制，应该疑人不用，用人不疑，确保校长的办学自主权。非检查不可的，实行暗访，直接与师生交谈，可保障真实可靠，还可避免大张旗鼓，兴师动众，劳民伤财。更多的工作大可不必去学校检查，而由学校提供书面说明材料，校长对材料的真实性负责。如发现弄虚作假，可免除校长职务。

（作者系浙江省杭州学军中学校长）

（文章原刊于《人民教育》2015年第08期）

由被动"应付"转化为主动"应对"

贡和法

时下的学校，校长和教师好累！一方面，要夜以继日地推进教育教学改革；另一方面，还要时不时地迎接各种检查评比。

由于受一些政府职能部门"工作惯性"和"路径依赖"现象的影响，教育系统检查评比多、行政干预多的顽症在短期内还难以消除。

近日我看到某区 2015 年主管部门"晒出"的检查评比项目就有 29 个，涉及学校整体工作的 15 项，如"依法治校示范学校"创建等；单项检查评比 14 个，如"优秀校本课程"评比等。诚然，对学校整体工作进行盘点，对专项工作开展检查评比、达标考核，以鼓励先进、鞭笞落后，本无可厚非，但关键是这些检查评比要"务实、适度"。

"上面千条线，下边一根针"，基层学校为迎接众多的检查评比只能疲于应付。到了年终，许多检查评比集中在一起，牵扯了校长和教师很多的时间和精力，干扰和影响正常的教育教学工作。因此，各级行政部门一方面要简政放权，严控检查评比项目，给学校自主发展的空间，切实为基层学校"减负、减压"；另一方面，要增强评价项目的针对性、操作性、导向性、权威性，真正发挥检查评比的激励功能。

学校发展不能在追逐外在效应中迷失方向，办学更不能迷失在没完没了的"应付"中。面对众多的检查评比，学校要尽可能由被动"应付"转向主动"应对"，不断提升自身的治理能力和水平。

一是办学行为从"外控"走向"自主"。

在如今的办学体制下，政府部门发出的通知、要求，学校往往不敢拒绝，因为学校的创建成效和办学实绩，直接关系到学校领导的考核、评价以至未来的晋升。政府和学校之间的这种微妙的"管控"关系，导致有些学校办学缺少主见，更不敢"行高于人""堆出于岸"了。

要主动"应对""管控"式的检查评比，重点在于校长要对教育有一种科学的判断和深刻的思考，有科学自主的办学理念。校长有了坚如磐石的价值自信，就敢于走向学校教育的"自主"，而对那些为了落实某项行政指令而不惜全校"兴师动众"的创建活动，对一些仅是装点门面的"奖牌"的获取，就会多一份静思而行的心，也就会果断地放弃那些浮华的评比迎检活动，给师生创设一个宁静安详的氛围。

二是学校发展从"管理"走向"治理"。

"治理"和"管理"在根本上是制度设计和制度运行的不同，是制度的力量或制度产生作用与效果的不同。因此，学校主动"应对"检查评比还必须做到：

有顶层设计的发展规划。依据学校的办学理念和目标，对学校发展的制度建构、文化建设、教学改革、质量提升、队伍建设等方面作出顶层设计和系统规划，确立新的目标追求，"择高而立、向宽而行"。在此基础上，细化拟定出学期、月、周的阶段性工作安排，便于教职工从容地去面对每一项工作，不再为应付那些检查评比去编造"数据"、制造"亮点"、概括"实绩"而感"头疼"，实现以"不变"应"万变"。让校长教师能"静下心来教书、潜下心来育人"，让学校的教育活动更契合学生内在的真正需要。

有遵循规律的实施策略。学校要通过"尊重教育规律、丰富教育民主、建构现代学校制度、坚持依法治教"等策略切实提升治理能力和水平，在自觉遵循规律的基础上增强工作的主动性、创新性，常规工作可通过正常的记录、汇报、告示等形式向社会公开，不需要频繁而密集的检查评比，让校长腾出精力来谋事、干事。学校可以在主管部门公示的检查评比"项目清单"中作出选择和取舍，根据学校的发展思路和已形成的办学特色来决定迎检与参评项目，甚至"可以拒绝任何计划外的评估和检查"。当然，学校在取舍时应与主管部门沟通好，正确的取舍有别于简单的敷衍。

（作者系江苏省江阴高级中学原副校长，江苏省特级教师、正高级教师）

（文章原刊于《人民教育》2015年第08期）

期待科学民主地评教

李　军

作为一名基层义务学校的管理工作者，我深深感到要想真正拥有"办学自主权"是多么不容易。现实中，各种名目繁多、烦琐细碎的评估、评审、评选、创建常常接踵而至。我作过统计，某县教育局曾经一个月内下发多达 50 份通知和文件，有时一个星期安排四五次会议，校长被迫沦落为"开会校长"。主管部门或政府其他部门每个月都会主动安排学校做一些他们看来很重要的事情，但从一个一线学校管理者的角度来看，有些其实是可有可无的，有的甚至与学校没有多少关系的创建活动等也会强行要求学校完成。

特别是如果从学生成长的角度来看，很多带有运动式、临时性的创建活动和学生的实际生活是没有多少关系的。

更为可笑的是，不是教育主管部门的一些政府部门（不便举例），也会经常有评审、创建等任务分解到学校，令人无所适从。拒绝吧，人家既是上级政府部门，又好像与学校有那么一点点关系；接受吧，徒增对学校发展、教师发展、学生发展无甚意义的诸多事务，严重影响了学校、教师、学生的正常教学和学习工作，浪费了诸多时间和精力。

多数校长出于"对上负责"的心理而冲淡"对下负责"的愿望，于是官僚主义、形式主义在所难免。一些基层校长已经异化为"只对上负责，不对下负责"的治校模式，办学方向发生严重的偏离，离学校办学的本质已越走越远。

面对如此现实，谈基层义务教育学校"办学自主权"感觉有些无奈，可以说，多数时候我们是"戴着镣铐在跳舞"，应付尚且目不暇接，何谈"自主"？如何破解这一现实困境，是摆在政府和校长面前的一个重要命题。我想提三点建议。

一是政府要简政放权。"善政必减。"只有该简的简，该放的放，才能激发学校和社会活力，激发学校发展的动力和办"师生向往"学校的潜力。按照十八届三中全会《中共中央关于全面深化改革若干重大问题的决定》精神，要深化行政审批制度改革，已经命令取消的，要不折不扣地放给学校、社会，不能变相保留和控制。要及早把学科设置、课程设置、评价设置的权利下放给学校，尤为关键的是要思考如何把最核心的人事权、财权下放给学校。只有学校拥有了这些核心的自主权，才能真正促使学校走向现代化。

二是着力构建现代学校制度。政府放权时往往有所顾忌，担心"一放即乱"。要解决这一实际问题，首先要依据教育部出台的《义务教育学校管理标准（试行）》的要求，把构建现代学校制度作为校长办学的重要方面，在放权的同时建立有效的治理机制。对于义务教育学校，要加快推进教职工代表大会和家长委员会制度建设，切实推进教师、家长、社区真正介入学校管理的全过程。其次，根据教育部下发的《全面推进依法治校实施纲要》，校长要把依法治校的能力和成效作为治理学校的重要内容，实行依法办学的考核标准、考核制度、考核办法，要将行政权的行使规范在法治的轨道上，强化信息公开，让权力在阳光下运行。再次，校长要实行民主管理制度。对于原则性、方向性、制度性等重要事情，要主动面向社会、面向教职工、面向学生。要牢固树立服务意识，一切以学生为中心，致力为学生个性发展、生命成长提供民主、宽松、开放的教育，真正提高服务能力和服务水平。只有树立这种意识，才能真正实现学校治理健康、持续地发展。最后，校长还要有敢于说"不"的勇气和决心，对一切与学校发展、学生发展无关的事情要坚决说"不"，要有抵御"美丽肥皂泡"的勇气，要有成为"教育家"的信心。

三是推行科学民主评教。在推进"管办评"分离中，如何客观、公正、科学地实施评价，对于简政放权和校长治校能否真正推行有着重要的意义。要强化专业组织评价，加快构建第三方评估学校的常态化机制，尽量减少"行政化"评价，构建多方共同监督学校的办学体制。

目前各校都建立了家长委员会，但多数还没有真正成为学校内部管理的一个主体。要实施"家长评教"和"学生评教"，杜绝形式主义、虚假主义，通过"家长评教"和"学生评教"等途径促进校长管理的规范化、常态化、科学化。尝试建立学校理事会治理机制，推行校长公推公选制度，对于在"家长评教"和"学生评教"活动中达不到满意度的校长、教师要实行"请辞制度"和"强化改进制度"——这是我理想中的检查评比体系，它把校长、教师的精气神都凝聚在了办学上。

（作者系江苏省泰州市许庄中心小学副校长）

（文章原刊于《人民教育》2015年第08期）

检查评比应成为学校发展、学生成长的"助推器"

段安阳

检查评比历来是各个系统、各条战线推进工作的基本方法和手段。在教育系统，科学适量的检查评比可以起到约束和导向作用，是上级教育主管部门指导基层学校正确开展工作的有效手段，对推进学校教育发展改革是十分有益的。然而，近年来花样百出、名目繁多的检查评比，让基层学校苦不堪言，甚至严重影响了正常的教育教学秩序。

"迎检""迎评"乱象

有的学校一年内要迎接数十项大检查，有教学工作大检查、实验室大检查、安全大检查、体育工作大检查、校园文化大检查、德育工作大检查、宣传工作大检查、学校网络安全大检查、学校收费工作大检查、骨干教师培养工作大检查、党纪工作大检查、工会工作大检查、学校卫生大检查、校园足球推进工作大检查、戏剧进校园工作大检查……这些仅仅是教育系统内部开展的大检查。另外，人事、纪检、卫生、环保、消防、物价、公安、质量监督等政府职能部门每年也要到校检查多次。名校、城区小学、乡镇中心校成为检查评比的泛滥区，还有参观、展示、来访、考察活动，教师们应接不暇，有时连备课、批改作业的时间都没有。检查评比杂乱，行政干预过多，基层学校要花大量的人力、物力、财力来应对，对学校内涵发展、学生健康成长带来严重影响。且看某些学校的做法。

某省教育评估院专家组对某普通高中进行省三星级学校评估验收。按照规定，每班学生人数不能超过 54 人，而此校每班人数多达八九十人。怎样才能顺利通过省级检查验收？学校领导研究决定，每班多于 54 人的由班主任做工作，临时停课回家休息几天，并将教室多余的桌凳搬走，学校还另造了一份学生花名册备检。

有的学校为了迎接卫生大检查或广播操评比，全校停课搞卫生或广播操排练，严重影响了正常的教学秩序。基层学校弄虚作假的目的很明确——顺利通过甚至高分通过检查验收，为学校争得荣誉，学校门口荣誉墙又能增添一块金光闪闪的省级铜牌，让全体家长以校为荣，让全体师生爱校如家。有了"不菲"的政绩，也好向当地政府申请本来就应该得到的教育经费。

教育是塑造人的工程，教育的使命之一是教学生求真。陶行知说："千教万教教人求真，千学万学学做真人。"这些学校一边在学生大会或品德课堂教育学生：要诚实真诚，实事求是，做一个正直的人，不弄虚作假，不阳奉阴违；一边教学生为了学校荣誉集体撒谎，做虚假材料，造虚假台账。此种行为对学生成长是致命的打击，他们会怀疑这个世界，怀疑这个社会，以至于失却内心的价值底线。

检查评比要给学校发展空间

作为一名一线教育工作者，我就检查评比分别给教育行政管理部门和基层学校提几条建议。

教育行政管理部门可以变专项督导检查为教育综合调研。教育局职能部门很多，有教研室、教科室、教育技术装备室、安全监督室、督导室、人事科、工会、财经科、校舍科等。各职能部门围绕自己分管的工作，分头下达任务，而且随着网络无纸化办公的普及，不少基层学校一天要收到数十份上级电子文件。检查验收也是各自为政，有的学校一天要迎接四五个检查团。教育主管部门要协调各职能科室有效、有序地开展工作，由教育局牵头，把各条线的专项检查整合在一起，变专项督导检查为教育综合调研。教育综合调研不搞评分排名，不集中安排在年终，全年内随机走访，不打招呼，不下文件，不要基层学校准备"假、大、空"的迎检材料。变行政家长干预式"管"为专家顾问式"理"，带着帮助和服务的意识参与学校管理，为学校可持续发展出谋划策。

可以变非教育部门进校检查为教育行业内垂直管理。某市一城区小学在 2012 年共迎接各类检查和验收 50 多次，其中一半以上是教育系统之外政府职能部门的检查，有环保局、消防局、财政局、物价局等。学校办学由教育行政管理部门主管，其他政府职能部门要为学校发展保驾护航、出谋划策，给教育主管部门提出意见与建议，变非教育部门进校检查为教育行业内垂直管理，切实减少基层学校多头管理、多头检查的无序状态。给学校发展留足空间，就是给学生成长带来益处。

学校要扎扎实实办学，做好日常工作。校长负责制是现代社会赋予校长的办学自主权，校长的办学思想与学校发展水平密切关联，所以社会呼唤教育家办学。在教育家稀缺的当下，学校管理者需要扎扎实实办学校，校长要对教育有着一种虔诚的情怀，对真、善、美保持一种儿童般的向往。千万不能有急功近利思想，千万不能有"带着任命来，带着政绩走"的思想，要把学校各项工作做细做实，为教师教书育人提供宽松和谐的氛围，为学生健康快乐成长提供保证。不能平时不抓教育教学工作，忙于行政走访、拉关系，到检查验收任务来临时，带领师生一起弄虚作假，做有悖师德的虚假应付工作。

要办出质量和特色，提升学校话语权。学校工作千头万绪，校长管理学校要分清轻重缓急，理顺条块职权，忙而不乱；要在宏观中把握细节，在微观中洞察全局。"行高于人"是衡量一个校长是否成熟的重要指标。邀请专家团队为学校量身定制顶层发展蓝图，用教师的特长办出学校的特色，必要时善于利用校外资源也是一种积极开放的办学思想。学校有了科学的办学思想和价值追求，校长就会以科学的方式最大限度地实现师生最优发展，让全体师生在校园快乐同行，结伴成长，共享教育幸福。这样，校长对各项检查评比才拥有话语权，会对学校发展和学生成长带来的干扰或影响作出正确选择，敢于说"不"。

（作者单位系浙江省宁波滨海国际合作学校）

（文章原刊于《人民教育》2016 年第 22 期）

回归教育检查评比的初心

张洪锋

检查评比要"接地气"

某地一个教育系统外的检查组去检查验收一所学校法制教育示范基地建设成果。检查组对学校实际工作成效交口称赞，高度评价。然而，当看到学校提交的书面验收材料只有 5 厘米厚时，很是不满。校方咨询要多厚？对方手势显示，一两尺厚才可以勉强通过。校长愤然拒绝验收组，当场表态：凡是"促退"的形式主义验收放弃创牌。结果，校长受到多位分管领导批评。

某地开展社会测评，其指标涵盖教育各范畴。经过几轮评审，效果明显。然而，在部分指标设计和调整上追求"全纳入"，把各级考核挂钩项目全数纳入，导致测评权重背离教育主线……

凡此种种现象，基层校长和基层教育部门管理者都心知肚明，谁也不去计较，受检单位领导内心有谱：每次都是虚假材料填空，迎来送往；检查者也明知下面造假，资料如山空四海，翻来覆去走过场。也有明白的教育人在想：这样的验收评比到底有什么用？为什么要进行验收评比？今后还要不要继续评？怎样的验收评比才能真正促进学校师生的成长？

教育是一个复杂的过程，教育检查评比也不是洪水猛兽。检查评比的初衷没有错，就是要促进学校健康良性发展，促进学校师生的成长。

但如今，不少教育检查评比变味了，背离了初衷，反思其原因：首先，一些部门对教育检查评比验收的主观意图出了偏差，一些非教育系统部门缺少资料素材，教育系统是"资料库"，教师能说会写，学生人数巨大，都是极好的"资料员"。于是去教育系统积累素材，应付上级考核。他们可能没有想过，验收是"促进"而不是"促退"教育。其次，教育验收评比的指标不科学，尤其体现在不接地气，脱离教育实际。比如，一些中西部小学学生流动到东部发达地区后，原有校舍占地面积不变，人数锐减，学生人均占地面积和建筑面积数很大，根据某些考核指标，数字大几十倍的不合格；而东部发达地区流入务工者子女多，原有班级在尽量吸纳接收后，班级学生人数超过验收指标也不合格。两个不合格，校方的整改方法是面积造假、人数造假、报表造假。因为就实际情况来说，中西部地区学校很难招到相应的学生，也不好随意割掉教育用地用房。东部地区要不残忍拒收，短时期新建扩建也难实现。而参加检查验收的往往是领导、退居二线的领导或者远离一线的所谓专家，甚至是外地来的和尚好念经——缺乏教育学术专业背景的人员。第一拨人这么要求，第二拨人那么要求。他们的随意性点评，导致学校发展方向"脉象紊乱，阴阳失调"。如此种种，令人甚为痛心！

检查评比在控制数量的前提下，应注重"保规范、促提升、导发展"

我担任农村小学校长已近 10 年，也对教育检查评比验收欲弃之而后快。但是，事物存在的合理性告诉我们，教育检查评比并不是一无所用，教育主管部门也好，基层学校也罢，都应回归做工作的初衷：为学校师生成长而努力奋斗。我以为，教育检查评比在做到控制数量的前提下，应注重发挥保规范、促提升、导发展三个层次的作用。

教育验收评比应该成为"保规范"的利器。我所在的地区 3 年前就开始引入第三方教育评估方式，是浙江省首个实施义务教育阶段素质教育第三方测评的县市。在测评指标中，设有规范性指标，如师德、班额、按规定开课、作息时间、作业量等硬性指标，如果学校忽视了这些教育管理最起码的要求，那就是"掉底儿"的事，是要被一票否决的。我非常认同这种做法，因为这是我们按照国家规定进行教育教学、开展学校管理所要坚守的底线。通过第三方测评，防止走过场、熟人验收、应付验收等弊端，对区域内各学校的规范发展起到了很好的托底作用，有利于整个区域内学校的整体规范化建设。这是办学最低层次的要求，教育评估验收就是利器，是刀刃上的好钢。这样的检查评比验收，政策规定，领导重视，学校接受，社会满意。

教育验收评比第二层次的作用应该是"促提升"。教育主管部门对评估指标的设计，应着重在保规范的基础上，对学校进行诊断性和内省性的评估。即学校在学习评估标准后，能够进行自我诊断和评估专家诊断，并进行自我调整、反思、弥补和修正。有些指标如学校育人环境的优化提升；校领导的专业提升、下课堂听课等；教师的学历提升，个体专业成长提升等；学生音、体、美全面素养技能的培养和学生个体德育成长提升等，如果指标设计能够立足当地教育实际，适当顾及区域教育均衡，学校、领导、教师和学生都能找到自己所处阶段提升的目标，实现教育评估促进学校各项事业整体提升的目标。反之，如果设计的指标背离教育实际，远离教育一线，就会成为学校教师和学生的沉重负担。如一些地方为了推进教育现代化网络建设，强迫教师建立个人博客，规定每天点击次数和上传资源大小，还要不断通报排名情况，导致师生整体忙于应付造假。

"导发展"是教育评估验收的一种理想化层次。区域教育评估验收的标准统一，正面作用是整体提升，负面作用是容易千校一面，缺乏个性。办学校就得因地制宜、因校制宜、因人而异。师生选择和个性化成长是未来教育发展的主导方向。对于一所学校来说，如何通过教育评估的导向，引导学校管理层分析自身优势和缺点，统筹现有资源，制定学校个性化发展规划，寻找适合学校特色发展的道路，方为上策。在过程性评估中，引导学校总结阶段性发展成果、修正过程性问题，调整确定合理发展目标和方向，着眼于学校中长期发展愿景打造，学校育人核心文化的提炼与形成，是为正道。教育评估要适度放宽学校自主办学指标的设计权限，或许能催生百花齐放。

教育检查评估不可怕，可怕的是忘记了自己工作的初衷。我们期待精简高效的检查评估新风进入校园，让教育检查评估和学校师生成长同向并进。

（作者系浙江省慈溪市周巷镇潭北小学校长）

（文章原刊于《人民教育》2016年第22期）

将检查评比"融入"学校生活

王文英

不可否认,检查评比可以促使学校工作更加规范有序,形成正确的行为导向。尽管各地不缺有思想、有见地、有抱负的学校管理者,然而不可避免地会存在一些办学思想不清晰、办学行为不规范的管理者。必要的检查评比无疑能为学校提供一份可以参照的标准,使每一位办学者明确目标、厘清思路,确保每一所学校正常运转。

检查评比可以激励先进,形成良好的舆论氛围。在检查评比过程中,可以发现一些学校卓有成效的办学经验、先进典型,如善加利用,不仅可以表彰、激励先进,更能为其他学校提供可以借鉴的经验,促使整个区域办学水平优质均衡发展。

检查评比还可以发现问题,为决策提供实践依据。尽管经过大量调研并征求意见,但有些检查内容并不符合现实发展的要求,不能有效地发挥规范、导向、激励的作用。通过检查评比,可以发现检查内容本身存在的不科学、不完善之处,以此为决策者提供依据,及时调整。

当然,现实中也有一些走马观花、追求形式的检查评比,对于这样的检查评比,学校大可不必理会,要敢于说"不"。

换一种方式迎检迎评

学校管理者和教师之所以对各种名目的检查评比怨言颇多，主要在于其打乱了原来的工作计划，增加了工作量。的确，如果被动接受，且平日没有作相应的准备，检查评比就是"额外工作"，令学校应接不暇，从而草草了事。

那么，我们是否可以换一种方式，以主动积极的态度去应对呢？我梳理了学校所在区域进行的一些检查评比发现，尽管不排除有一些属于突击性的，但大多是常态化的。而突击性检查评比中，大量的工作也并非额外之事。如"文明城市"检查，涉及学校的检查内容主要是关于未成年人思想道德建设，如德育主题活动、校园环境、文明礼仪、养成教育、体质健康、卫生艺术等方面，这与学校德育、体卫艺工作紧密相关。再如"健康促进学校"验收，主要涉及校园环境、有关健康方面的设施设备配置、学生卫生健康知识知晓以及健康卫生活动的开展，这也是学校设施装备、体育卫生的重要内容。可见，很多所谓的"额外活儿"，事实上是学校的"分内事"。

但这些分内事也的确是纷繁复杂，如果不加以统筹协调，足以让人疲惫不堪，却不一定能取得实效。为此，我们需要系统整理。对于经常性开展的检查评比，可以对其条款分门别类一一梳理，如对校园环境、师德师风、教育教学能力、德育主题活动、养成教育、卫生健康、道德法治、学生学科素养等加以梳理；再对每一类别所需开展的活动及目标进行整理并列出清单。清单内容包括一级指标，即分门别类列出的各个项目；二级指标，即每个项目需要开展的活动、达成的目标。对于二级指标中需要开展的各项工作和需要达成的目标加以分析、研究，讨论哪些工作可以统整，哪些工作可以合并，哪些工作可以整体规划。最后，各职能部门根据规划内容进行再思考，并将所需要承担的任务纳入条线计划。事实上，面向学校的检查评比，无外乎上面提到的那些门类，如果部门配合、及早准备、统筹兼顾，从管理者到教师都能做到心中有数，面对各种常规检查评比时，我们就能从容面对。

与日常教育教学相融合

检查评比并不是目的，而是促进学校办学水平提升、师生发展的重要手段。只有将检查评比工作真正落到实处，学生的健康成长才有保障。

与环境建设相结合。良好的环境能润物无声地促进一个人知、情、意、行的内在转化，潜移默化地影响人的思想和行为。我们不妨将一些检查评比内容与环境建设有机结合起来，使孩子们身处其中，耳濡目染，起到事半功倍的作用。如我校把人流量最多的长廊作为"礼仪廊"，廊道里的柱子、墙面分别用图文结合的形式布置了师生共同创编的礼仪歌，如《读书歌》《劳动歌》《就餐歌》《健体歌》等，朗朗上口的儿童化语言，形象生动的榜样式画面，吸引了孩子们的眼球，他们在课余驻足停留，看着、念着，不知不觉对行为规范有了清晰的认识。与环境建设结合，要考虑儿童的年龄特征，避免大块文字的张贴，也要避免超出学生认知和理解能力的内容上墙，要用通俗易懂、图文结合的方式，可以考虑设计成互动式内容。要注意及时更新环境布置，让孩子们心怀期待。如学校橱窗，可分别以法制、卫生、健康、安全等为主题，定期更换。

与课程开发相结合。可将一些检查评比内容与校本课程的开发和实施结合起来，弥补国家课程与地方课程的不足，满足办学的不同需求，促进学生的个性发展。如体育学科，目前还没有统一的教材，我们组织相关人员对其进行研究，寻找关于健康常识、卫生保健、自救自护等方面的知识进行梳理、选择，形成体育学科的校本教材。再如主题班会课，也没有现成的内容，我们开发了"百川故事会"，分生命安全、自我意识、人际交往、归属与爱四个方面寻找相应的绘本故事，并设计配套活动，让孩子们从中认识自我，懂得交往，珍惜生命。我们还根据需要研发微课程，如环境保护、廉洁自律、节约能源等，供教师选择使用。

与活动策划相结合。教育是在活动中进行的，小学生每天都会参加各种活动。如果将一些检查评比项目融入学生平日的活动，效果定会事半功倍。如关于社会主义核心价值观的落实，我们没有让孩子们去机械背诵记忆，而是以爱国、敬业、诚信、友善为主题，组织开展讲故事比赛，让孩子们在故事中了解什么是爱国行为，知道敬业才能成功，诚实方能赢得他人尊重，友善才能交到朋友。再如，关于法律知识进校园的检查，我们通过画展的方式，让孩子们用稚嫩的画笔形象生动地表达学习法律的体会。这种方式既受到了孩子们的喜爱，同时也能使枯燥的法律常识走进孩子们的内心。又如，为考查孩子们的劳动技能和劳动意识，我们组织美食节活动，孩子们便认真学习制作美食，学做家务。当严肃的检查评比以活泼的形式进行时，检查评比就不再被排斥，而成为促进学生发展的重要手段。

与表彰奖励相结合。对于小学生而言，表彰奖励能激发他们内在的动力，引导他们向着某个目标前进。为此，我们可以将检查评比与对学生的表彰奖励结合起来。根据检查评比项目，分别设立相应的奖项，如劳动小达人、环保小卫士、美丽小公民、自护小能人等。当然，这些奖项的评选不能凭印象随意进行，需要有配套的标准，应该结合平时的行为及活动中的表现，通过自我申报、现场答辩等方式综合评定。如劳动小达人的评选，前提是必须获得班级的劳动章（在班内完成值日好的学生可以获得劳动章）及学校的劳动章（参加校内义务劳动获好评可以获得校级劳动章）。

总之，将检查评比内容融入日常的学校生活，使之成为培养人的过程中不可或缺的一部分，才能让人感觉它不是负担，并发挥其应有的作用。

（作者系江苏省太仓市新区第二小学校长）

（文章原刊于《人民教育》2016 年第 22 期）

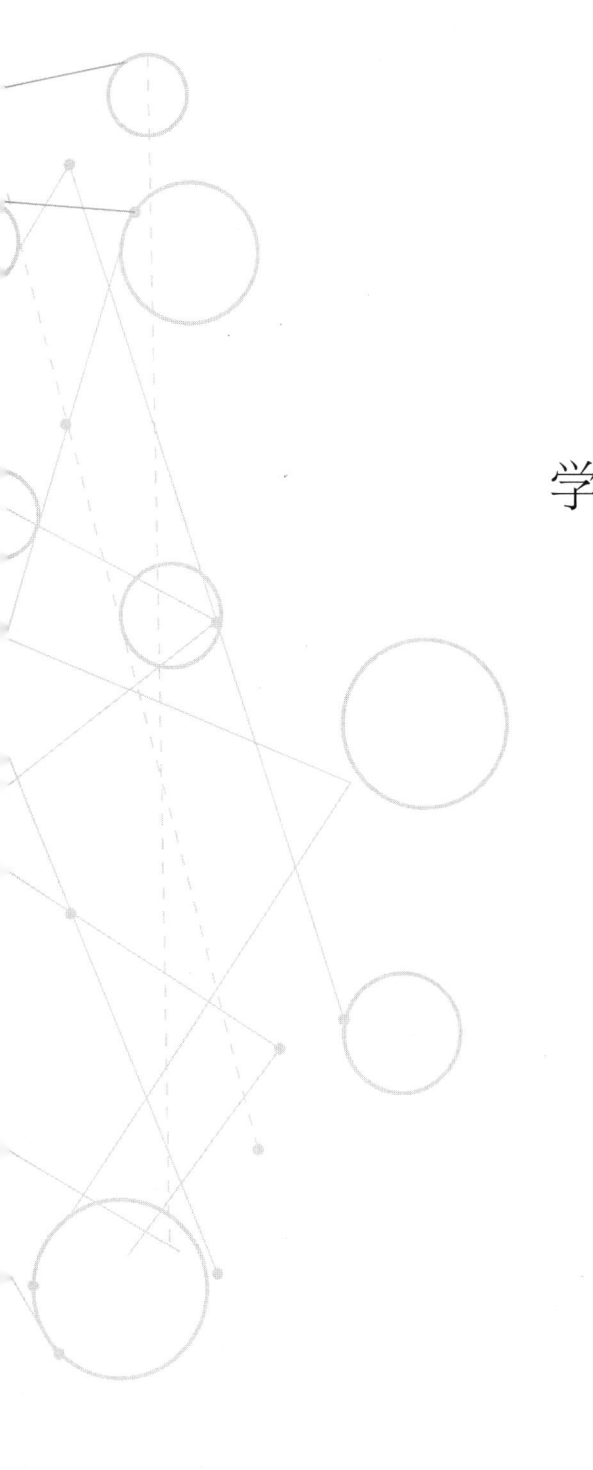

辑八
学校危机管理 2.0 版

防治学生欺凌和校园暴力需综合施策

俞伟跃　耿　申

　　当前，我国中小学生中的欺凌和暴力事件出现了新的特点和趋势，在对近两年网络新闻平台上收集到的 61 起欺凌和暴力事件进行分析后发现：发生在校外的事件共有 36 件，占 59.0%；涉事者中在校生 207 人，占66.8%，初中生 182 人，占 87.9%；涉事者中女性占大多数，共有 215 人，占 69.4% 等。有些事件还呈现出性质非常恶劣、方式翻新、网络欺凌高发等特点。防治学生欺凌和校园暴力，需要明确思路，多管齐下，多措并举，采取针对性措施，凝聚社会、家庭、学校多方合力，构建安全成长的良好环境，呵护中小学生健康成长。

积极完善法制建设

　　我国《刑法》规定，已满 14 周岁不满 16 周岁的人，犯故意杀人、故意伤害致人重伤或者死亡、强奸、抢劫、贩卖毒品、防火、爆炸、投毒罪的，应当负刑事责任。因而，对于未满 14 周岁或已满 14 周岁故意伤害但没有致人重伤的，不能构成犯罪，这类行为均作为一般民事纠纷，由监护人承担民事赔偿责任，校方轻则警告、训诫，重则开除学生息事宁人。

　　与中国相同，德国、日本都把 14 岁作为刑事责任年龄起点，但法国定为 13 岁，荷兰、印度、加拿大、希腊、匈牙利、丹麦都定为 12 岁，中国香港和美国的纽约州都定为 7 岁。为了惩戒校园欺凌行为，很多社会人士呼吁应该降低刑事责任年龄起点，建议未满 14 岁也应该治罪，但要予以轻罚。

2016 年 12 月 28 日，最高人民检察院召开"依法履行检察职能，积极参与防治中小学生欺凌和暴力"为主题的新闻发布会，提出对已满 14 周岁不满 16 周岁的学生使用轻微暴力或者威胁，强行索要其他学生随身携带的生活、学习用品或者钱财数量不大且未造成一定危害后果的，不认为是犯罪。但对实施严重危害社会行为，未达到刑事责任年龄的未成年人，会同公安机关责令其监护人严加管教，必要时交由政府收容教养。

因此，要谨慎对待未成年人入罪范围扩大问题，积极探索构建刑罚之外的惩戒、矫治制度。可借鉴他国司法和救助制度，如美国设立的未成年人社区矫正制度。针对未成年人判决的大多数案件，都采取了非监禁执行，对于那些较轻微的行为如破坏财产、盗窃、伤害等，强制其参加一定期限的社区服务。

目前，教育部正在研究起草《学校安全条例》和关于建立健全中小学安全风险防控机制的意见，把防治中小学生欺凌和暴力作为其中的重要内容，构建教育、预防、处理、救济于一体的防范处理机制和法律制度体系。同时，国家相关部门将进一步加强对未成年人的法律保障和对中小学生欺凌与暴力事件的惩处。

重视家庭教育方式

家庭教育的质量以及父母的行为方式，关系孩子的终身发展。从对一些学生欺凌和暴力事件的分析来看，不少施暴者来自暴力家庭，存在父母监护缺位、家庭教育缺失等问题，导致孩子身心成长发生了严重偏差。而大多数暴力和欺凌事件又发生在校外，家庭的监护责任尤其重要。

家长要依法履行家庭教育职责，建立对欺凌暴力的正确认知，掌握合理的应对方法。及时了解掌握孩子不同年龄段的表现和成长特点，从源头上防治孩子欺凌暴力行为的养成。在与孩子一起面对"欺凌事件"时，家长应尊重孩子，注意加强与孩子心灵的沟通。孩子若不愿意告诉被欺凌的事，家长可以选择在其他轻松的氛围中了解情况、出谋划策，或直接帮助孩子解决问题。

教育部门应积极会同有关部门，努力构建较为完善的学校、家庭、社会共同参与的中小学生欺凌和暴力防治工作体系，减少因家庭教育缺失导致的学生欺凌和暴力事件。开展家校互动活动，通过开办家长学校、组织家长委员会、设立家庭教育咨询机构，帮助家长开展好家庭教育，强化家长对未成年人的监管及教育责任，引导家长言传身教，做孩子遵纪守法的榜样。及时了解学生家庭情况，特别要动员父亲多参加亲子活动，多参与家庭教育。建立教育专家热线，便于家长向相关教育专家、心理专家、法律专家等多方人员咨询，提高家庭教育水平。

营造平安校园环境

良好的校园文化有助于在潜移默化中建立学生间良好的人际关系，有助于预防学生欺凌和暴力。学校可以借助丰富的集体活动或主题活动，落实《中小学生守则（2015 年修订）》，开展"法治进校园活动"，落实《中小学心理健康教育指导纲要（2012 年修订）》等，优化学校文化环境，为学生间的友好交往创造机会，形成团结向上、互助友爱、和谐的人际交往氛围，并逐步形成正确的世界观、人生观和价值观。2017 年，教育部会同中央文明办深入开展文明校园创建工作，推动校园文化生活质量的提升。

科学规范处置流程

对于中小学校来说，"依法依规处置"的关键是以保护遭受欺凌和暴力的学生身心安全及促进施加欺凌和暴力的学生内心感化、行为转化为核心，建立和完善处置学生欺凌和暴力事件的基本流程。各中小学校都应按照"强化事先预防、及时应对事件、做好事后辅导"的基本原则，建立防治学生欺凌和暴力领导小组，制定和规范防治学生欺凌与暴力的处置流程，包括早期预警、及时上报、事中处理以及事后心理干预等，对校园欺凌做到早发现、早预防、早控制。对欺凌或施暴学生要进行有针对性的教育引导和帮扶，给予其改过机会。但对施暴情节严重者，则须采取请公安民警参与警示谈话，实施训诫、做义工、移交公安机关等惩戒措施。

区域要加强校内与校园周边的安全工作管理，做到点面结合，重点突出；措施上实行强化值班与狠抓宣传相结合，制定完善应急制度；责任上建立责任倒查制，严格遵守规章制度，对于严重违反校纪校规、扰乱正常校园秩序、暴力情节严重的学生必须遵照相关规定严厉惩戒。

规范专门学校建设

专门学校是基础教育的重要组成部分，是义务教育的底线，在维护教育公平、教育和矫治有严重不良行为未成年学生、预防未成年人犯罪等方面发挥了很好的作用。在处置学生欺凌和暴力事件时，对实施欺凌和暴力的学生、学校和家长要进行严肃的批评教育和警示谈话，情节较重的，公安机关应参与警示教育。对屡教不改、多次实施欺凌和暴力的学生，应登记在案并将其表现记入学生综合素质评价，必要时转入专门学校就读。

专门学校要坚持以人为本，注重因材施教。要把学生缺点当特点，把学生要求当成学校要求，把学校的特殊性当成特色，大力推进工读教育改革，重视课程开发，探索工读教育与职业教育结合的有效模式，让问题学生顺利回归和融入社会。

建立综合治理机制

校园欺凌的产生原因复杂，既有主观原因，又有客观原因；既有历史原因，又有现实原因；既有教育内部原因，又有教育外部原因。各地要联合教育、综治、法院、检察院、公安、民政、司法、共青团、妇联等部门，组织成立防治学生欺凌和暴力工作领导小组，明确任务分工，强化工作职责，完善防治办法，形成党委领导、政府负责、部门协同、社会共治的工作体系，坚决遏制校园欺凌频发的势头。教育行政部门和中小学校要与当地公安、司法等机关密切配合，建立一套系统化、多元化处置机制，特别要加强校园周边环境治理。相关部门应进一步明确未成年人监护人的监护职责，遵循教育、感化、挽救的方针，探索建立符合未成年人年龄、心理特点和身心发育需要的监督管理措施。

切实加强督查评估

国务院教育督导委员会开展了校园欺凌专项治理工作，督促各地加强防治学生欺凌和暴力。各地要建立学生欺凌和暴力防治评估体系，引入第三方评估和群众评议，客观、公正、科学评价工作效果，把学生欺凌和暴力防治工作绩效纳入平安建设、精神文明创建、社会治安综合治理考评范围。将学校开展防治学生欺凌与暴力工作的情况纳入年度考核，并开展经常性检查，定期总结。对开展防治学生欺凌和暴力工作突出的地方、学校要予以表扬和表彰，对开展防治学生欺凌和暴力不力的地方、学校要予以通报批评。各校要结合实际，形成各具特色的防治学生欺凌和暴力活动，编制学校年度防治学生欺凌和暴力工作计划及班级、学生考评办法，将学生欺凌和暴力行为纳入学生综合素质评价，与评优评先结合起来。

（俞伟跃系教育部基础教育司副司长；耿申系北京教育科学研究院研究员）

（文章原刊于《人民教育》2017 年第 09 期）

家校纠纷中，应如何给学校赋权、确权

侯春平

近年来，学校管理者不时会面临家校纠纷的困扰。由于家校双方所持立场不同，导致对事件的定性以及处理结果的态度迥异，使得家校纠纷进一步激化，学校回应的迟缓与回应的态度反而引发了更大的质疑，凸显学校应对突发事件能力的欠缺。但是，对学校处理事件态度的关注无益于问题的解决，我们必须回到问题的本身。

因此，对家校纠纷发生的原因、家校纠纷的预防、家校纠纷发生后学校应如何发挥积极性作用进行探讨，有非常重要的现实意义。

为什么会产生家校纠纷

一是家校纠纷产生的事实原因。一般来说，家校纠纷的产生首先源于一定事实的发生，本文概括为基础事实。比如，学校教学设施和设备造成的校园事故、校园欺凌、意外事故等。2016年年初，北京某小学的毒跑道事件，引起了家校关系紧张；也有发生校园欺凌后，引发的家校纠纷；还有发生意外伤害事故等引发的家校纠纷。2016年，北京某小学"欺凌事件"引发的家校纠纷，就源于家校双方对学生受伤害事件的定性无法达成一致。基础事实的发生是家校纠纷产生的基础原因。

二是家校纠纷发生的直接原因。实际上，并不是发生基础事实就会产生家校纠纷，基础事实发生后，家校沟通渠道畅通，问题得到了解决，家校纠纷就不会发生；或者校园事故等基础事实发生之后，因为《侵权责任法》第38、第39、第40条以及其他法律规范有明确的规定，这类事件的当事人即使对沟通结果不满意，可以通过诉讼方式解决。因此，基础事实发生后家校沟通不畅，是家校纠纷发生的直接原因。

三是家校纠纷发生的制度原因。在北京某小学"欺凌事件"中，家长与学校的根本分歧在于，家长认为事件应定性为校园欺凌，而校方认为不是校园欺凌，只是偶发的事件。2016年5月，国务院教育督导委员会办公室印发《关于开展校园欺凌专项治理的通知》。根据《通知》要求，校园欺凌是指发生在学生之间，蓄意或恶意通过肢体、语言及网络等手段，实施欺负、侮辱造成伤害。这为界定校园欺凌行为给出了原则性指导，但在实践中如何界定尚缺乏可操作性，因此目前这些事件尚处于"灰色地带"。对校园欺凌界定程序的缺失，是家校纠纷产生的制度原因。

四是校方处理问题应对能力的原因。当有关学校的舆论事件发生后，由于校方缺乏应对突发事件的处置能力，出于某些原因，校方没有对舆论事件及时回应和反馈，或者回应和反馈方式不被公众接受，会让公众和家长有一种知情权没有得到实现的感觉，在互联网发达的时代，很容易造成事件升级。

五是家校纠纷的实质原因。家长往往是家校纠纷外化的发起者，家长的态度和价值取向决定事件的走向，家长想通过家校纠纷外化的方式得到自己想要的结果。如北京某小学"欺凌事件"中家长对事件定性的要求，其实是成年人复仇心理作用下的表达方式，家长的心情可以理解，但我们不认同这样的表达方式，因为即使认定为校园欺凌，对自己孩子来讲，受到的伤害不会因此而减少。在制度性缺失的情形下，对孩子进行恢复性帮助或许是更可取的办法。

家校纠纷的具体表现及其负面作用

一般来讲，基础事实发生后由于家校沟通渠道不畅，或是沟通结果没有达到预期，家长会以各种形式将家校纠纷放大，比如通过互联网发布、接受媒体采访或是在校门口集会的形式，让更多的社会力量参与到讨论中来，通过这种方式给学校施压，以期达到事情向自己希望的方向发展。北京某小学"欺凌事件"发生后，家长认为是校园欺凌，学校则持相反的意见，家校沟通未果，家长在向教育行政部门投诉的同时，又通过互联网发表声明，引起了社会广泛关注。

另外还有基础事实发生后，在家校沟通不畅或沟通未果时，家长采取的极端方式。比如某地学生在校意外身亡后，家长在校门口采取烧纸等不当方式，严重影响了学校正常的教育教学工作。这些通过非理性渠道解决家校纠纷的做法，是典型的"校闹"行为。本文的态度是，家校纠纷的解决要依法合理进行，切忌用违法的方式解决纠纷，否则不仅纠纷得不到解决，还可能造成违法或犯罪。

家校和谐是孩子健康成长的重要保障，家校良好沟通是关注孩子成长的重要途径。家校纠纷的产生，破坏了这种和谐，危害性非常大。家校纠纷产生后，无论处理结果如何，纠纷发展过程将会对孩子产生严重的心理障碍，而家长也会耗费大量的时间和精力；学校如果处置不当，会承受巨大的压力。而且，引起家校纠纷基础事实的其他当事学生，也会成为受害对象。

家校纠纷不能得到很好的解决，其根本原因是基础事实没有得到很好的解决。比如校园欺凌，目前尚缺乏对校园欺凌行为可操作性认定的规范，因此，可能有的欺凌事件就会不了了之，最后被欺负的孩子可能生活在被欺负的恐惧中，而欺负人则由于没有受到相应的惩戒，可能会继续欺负别人。在学校惩罚功能缺失的现实情况下，任凭孩子这样发展下去，欺负他人的孩子的发展前景也令人担忧。

如何预防家校纠纷

预防家校纠纷的根本途径是防止引起家校纠纷的基础事实的发生。对于教学设施、设备等导致的校园事故，学校可以通过加强检查和排除隐患，防止这方面事故的发生；学校还可以通过与家长积极沟通，完善学生信息，做好管理台账，减少由于学生特异体质而在体育课引起意外事件的发生等。只要预防措施得当，没有发生基础事实，就可以从根本上防止家校纠纷的发生。研究表明，校园欺凌的产生主要是不良的家庭教育和社会不良文化的影响造成的，预防校园欺凌不仅需要学校的教育和管理，同时也离不开家庭教育的配合，还需要对社会的不良文化进行管制。

要建立和完善家校沟通机制。基础事实发生后，学校不仅要以积极的态度应对，做好与家长的沟通工作，保持家校沟通渠道的畅通，避免由于处理方式和处理态度不多而导致纠纷的进一步扩大和恶化。在此基础上，要及时公布事实的真相，让家长和社会知情。只有在态度上积极、程序上公开、沟通渠道畅通，才能更有效地防止家校纠纷的激化。我认为，预防家校纠纷需要各方换位思考，站在对方的角度思考问题，特别是站在受害学生及家长的角度进行思考，受害学生家长不要过分夸大事实，加害学生家长也不要漠不关心，学校不能高高在上，媒体更应该理性报道，考虑每一个孩子的感受。

预防家校纠纷需要成熟的纠纷解决机制作为保障。不仅要预防基础事实的发生，当家校双方产生纠纷时，要有纠纷解决的分流机制。在北京某小学"欺凌事件"中，当家校双方对事件的定性发生分歧时，如果有关于校园欺凌行为概念的界定程序以及校园欺凌行为的界定机构，当家校双方对界定结果不服时有救济途径和渠道，那么家校双方就不会产生纠纷。因此，制度的完善也是预防家校纠纷的一个很重要的途径。

家校纠纷中学校赋权、确权的必要性

由于"教育民主"被哄抬到一个不切实际的高度，绝大多数学校不敢轻易处分一个学生。

在日常的教育教学管理中，由于学校没有相应的惩罚功能，发生校园欺凌时，因为欺凌行为还构不成犯罪，司法无法发挥应有的作用，致使实施欺凌的人得不到任何惩罚。

如果不能对实施校园欺凌的学生给予一定处罚，长此以往必将纵容其更大的欺凌，再发展下去就是犯罪，对社会的危害更大，对个人的成长极为不利。

对受欺凌的学生而言，因为长期受到欺凌而得不到纠正，必将处于心理的亚健康状态，长此以往，要么造成畸形心理，要么成为欺凌更加弱小者的欺凌者，这都是我们不愿意看到的。

因此，预防家校纠纷的发生必须赋予学校相应的权力。家校纠纷发生后，有的家长采取非理性方式如"校闹"等，影响学校正常的教育教学秩序时，对学校的赋权和确权更有必要。

但是，赋权和确权是有前提的，应该以学校已经履行了相关的责任和义务为前提。如果学校没有履行相关的义务，而只谈赋权和确权，这是不符合逻辑关系的。一定要在建立对学生家长知情权的实现渠道以及渠道不畅通时的救济渠道前提下，进一步细化家校纠纷发生时学校的赋权和确权的具体内容。

家校纠纷中应赋什么权、确什么权

良好的家校关系，是孩子健康成长的保障，学校在履行教育、管理和安全保障职责的同时，为了孩子健康成长，为孩子创造良好的学习环境，应该赋予学校在预防和处理家校纠纷过程中的以下权利。

第一，加强中小学生思想道德教育、法治教育和心理健康教育。引导全体中小学生从小知礼仪、明是非、守规矩，做到珍爱生命、尊重他人、团结友善、不恃强凌弱，弘扬公序良俗，传承中华美德。落实《中小学法制教育指导纲要》和《青少年法治教育大纲》，开展"法治进校园"活动，让学生知晓基本的法律边界和行为底线，消除未成年人违法犯罪不需要承担任何责任的错误认识，养成遵规守法的良好行为习惯。落实《中小学心理健康教育指导纲要（2012 年修订）》，培养学生的健全人格和积极心理品质，对有心理困扰或心理问题的学生开展科学有效的心理辅导，提高其心理健康水平。

第二，赋予学校严格日常安全管理权。中小学要制定防治学生欺凌和暴力的工作制度，加强师生联系，密切家校沟通，及时掌握学生思想情绪，对可能的欺凌和暴力行为做到早发现、早预防、早控制。对发现的欺凌和暴力事件的线索与苗头要认真核实、准确研判，对早期发现的轻微欺凌事件，实施必要的教育、惩戒。一旦发现学生遭受欺凌和暴力，学校和家长要及时相互通知，保护遭受欺凌和暴力学生的身心安全，严格保护学生隐私，防止泄露有关学生的个人信息，防止网络传播等因素导致事态蔓延，使学生再次受到伤害。

第三，赋予学校一定的惩戒权。对实施欺凌和暴力的中小学生必须依法依规采取适当的矫治措施予以教育惩戒，既做到真情关爱、真诚帮助，力促学生内心感化、行为转化，又充分发挥教育惩戒措施的威慑作用。对实施欺凌和暴力的学生，学校和家长要进行严肃的批评教育和警示谈话，情节严重的，公安机关应参与警示教育。对屡教不改、多次实施欺凌和暴力的学生，应登记在案并将其表现记入学生综合素质评价，必要时转入专门学校就读。

第四，实施科学有效的追踪辅导。欺凌和暴力事件妥善处置后，学校要持续对当事学生追踪观察和辅导教育。对实施欺凌和暴力的学生，要充分了解其行为动机和深层原因，有针对性地进行引导和帮扶，给予其改过机会，避免歧视性对待。对遭受欺凌和暴力的学生及家长提供帮助，及时开展相应的心理辅导，帮助他们尽快恢复正常的学习生活。对确实难以回归本校本班学习的当事学生，教育部门和学校要做好班级调整和转学工作。

第五，通过立法强化家长的监护责任，保障学校权力的行使。建议启动《反校园欺凌法》的立法工作。国家领导人非常重视校园欺凌治理，李克强总理在2016年6月对校园欺凌频发作出重要批示。2016年11月11日，教育部公布了联合中央综治办、最高人民法院、最高人民检察院、公安部等9部门印发的《关于防治中小学生欺凌和暴力的指导意见》，要求加强教育预防、依法惩戒和综合治理，切实防治学生欺凌和暴力事件的发生，对校园欺凌的预防、依法依规处置以及治理校园欺凌形成合力给出原则性指导。建议在立法中要落实家长的监护责任，因为管教孩子是家长的法定监护职责，要引导家长增强法治意识，切实加强对孩子的管教，特别要做好孩子离校后的监管看护教育工作，避免放任不管、缺教少护、教而不当，落实监护人责任追究制度。

（作者系国家安全监管总局华北科技学院副教授，中国应用法学研究所博士后）

（文章原刊于《人民教育》）2017 年第 08 期）

站在互联网"风口"的家校关系如何处理

林卫民

中小学教育工作者都有这样一种感觉，这是家校关系比较糟糕的时代。

引发关系糟糕的原因很多，互联网时代更是把家校关系推向了"风口"，与教育无关的事，因社会问题引发的恶劣心情，都带进了家长组建的虚拟空间族群，人心浮躁，碎片朵朵，本该宁静的教育事务涌入了太多的"浮云"，而且一不小心，处在"风口"的家校关系，突然会被吹向空中，让正在闲步的人群注目和议论。你所管理的学校，同样也有可能会莫名其妙地被"风口"的某股风带上"云端"。

为此，学校管理者必须小心行事，建立起有效处理公共事务和主动协调家校关系的运作体系，提高学校教职工的沟通能力，防范"风口"的到达，避免"因某个翅膀的扇动"而引来一场风暴。

小事当大事处置，小事就会变成无事；小事当无事搁置，小事可能演变成大事

一次，一个调皮的孩子将餐盘里吃剩的残羹倒在还在吃饭的另一个孩子的餐盘中，引发了尚在就餐的那个孩子当场呕吐和哭闹。生活老师及时批评了生事的孩子，并将受欺负的孩子送到医务室诊疗，同时告知了班主任。班主任分别联系了两个孩子的家长说明原委，那个调皮生事的孩子家

长打电话向受欺负的孩子家长道歉，受欺负的孩子家长大气地说"孩子在学校闹腾点儿事很正常，不要介意"，此事及时得到了化解。到了下午，两个孩子早已忘了中餐的事，又轻轻松松地玩在一起了。

类似的另一件小事，却让学校领导花费了大量精力。一个孩子刚弯下腰，另一个孩子从后面撞了上来，将弯着腰的孩子撞到墙上，虽然被撞的孩子头上有一道明显痕印，但在场的教师看着问题不大，就安抚了一下受伤的孩子，也没多了解情况，更没有告知班主任。待这个孩子回家后，家长发现头上有伤痕，问孩子怎么回事、被谁欺负的，孩子讲不明白，于是家长打电话问班主任，班主任也说不知此事。很自然，家长觉得孩子在学校被欺负了连教师也不知道，人身安全没有保障，就直奔学校，要求查看监控；但学校教室内的监控，上课时间没有启用；后来，事情虽然弄明白了，但家长的情绪一时难以控制，后经多次沟通，总算平息了事态。

假如这位家长将抱怨发到微信群里，如果这个班级的内部管理确实存在某些明显的不足，或者班主任不擅长与家长沟通，一位家长的抱怨会引来更多家长的参与，共同数落教师、学校的不是，激烈的声讨会随即在微信群里展开。如果舆情没有得到及时控制和疏导，第二天可能会有家长联名要求学校领导答复或聚众到学校讨说法。类似的由于"将一件小事当作无事搁置而引发大事"的案例，在学校日常管理中时有出现。

复杂的事要慢处置，习惯于逻辑和求真的思维，会导致某项事情迅速升格为事件，甚至恶化成群体性事件

学校发展过程中，总会出现这样那样的复杂事项，有些是学校内部引发的，有些是社会变革、政策变化或上级某项决策导致的。如果只从逻辑层面讲道理、作"绝不妥协的斗争"，反而会"越理论越混乱""越斗争越深陷其中"。解决这类问题更需要学校管理层有设计感、故事力、共情力等高情感能力，只依靠理性思维是远远不够的。

14年前，我从浙江省教育厅教研室副主任岗位调到某知名中学任书记，第二年转任校长，这所学校被改制为"国有民办"学校。根据省发改

委发布的文件，当年从本校初中升入高中的学生要按民办政策收费，当学校执行这一文件的收费标准时，引发了"地震"。几百名高中新生家长聚集到学校抗议，后经省教育厅协调，学校被迫放弃当年执行收费政策。随后，初中招生时告知家长，初中升入高中时要按民办政策收费，并让每个家长都签了字。即便如此，3年后的收费调整也引发了家长的抗议，幸亏当时有理有据，并与家长作了充分的沟通，终于实现了按民办政策收费，学校也得到了很大的发展。再后来，省教育厅决定，学校不再按民办机制运作，学生恢复公办收费，这本来是一件大好事，但家长还是因怀疑学校经费不足、教师待遇降低、教学质量下降而到省政府上访，也引发了群体性事件。

以上家校冲突的原因是多方面的，有政策解读或宣传不够、某个决策出台过于草率、对未来教育形势变化的判断有误等外部原因，还有一个原因，就是学校很自负地认为这是执行上级文件，有政策依据、法律依据，加上学校自身是名校而"牛气十足"，从而对舆情把握不准、形势判断有误，也没有主动以高情感能力精心构建联络家长、解读政策、逐个沟通等工作机制和预案。因此，处理复杂事务时，放慢节奏，充分与家长沟通，以更加温和的方式推进工作，是在"复杂的政策变化"中维持家校和谐、保证学校稳定的关键要素。

某班级有个孩子总是习惯于以各种意外的方式推搡同学，导致别的孩子受到惊吓。该班全体家长联名向学校反映，认为这是典型的欺凌事件，学校必须让这个孩子离开班级、离开学校，否则要公诸媒体；而这个孩子的家长认为，上学是孩子的基本权利，孩子有行为问题学校要给予特别关照，不能把孩子推到校外了事。

这是一个非常典型的复杂事件，而且每年在新招收的学生中都有类似的孩子，双方家长讲的都在理：上学是孩子的基本权利，不能因为孩子有问题就不让孩子上学；安全是孩子在学校生活的基本保障，绝不允许欺凌行为发生在每个孩子身上。改变那个孩子的行为偏差，不是一件简单的事；但不让那个孩子上学，学校又违法，学校被逼到"两难境地"，别无选择，唯有寻找既让那个孩子上学又不让那个孩子伤害别的孩子的两全办法，同时要对那个孩子采取各种办法进行纠偏。显然，这是一项复杂的工作，靠论理、争议、表决都难以奏效，这就涉及学校管理的全新思维，因为依靠逻辑和求真的常态思维与行为方式是无法化解这一冲突的。

家校关系的"风口"通常在公共事务管理方面，完善学校公共事务管理体系，提升教职工处置公共事务的能力尤为重要

学校管理的日常运营机制，最初级的通常有两层。

第一层是"私人"部分，靠每个人的劳动完成相应的事务，主要有课堂教学和班级管理两个方面。课堂教学由教师在班级进行"独立"操作，完成学科知识传授和学科能力训练任务。班级管理则由班主任主持，对本班级学生在课余时间进行"独立"教育，班主任还要完成学科教育之外的关于活动、生活等方面的管理事务。总体来说，学校在这一层面的设计通常是比较精致的。

第二层是公共部分，需要全体教职工一起完成。防范校园欺凌事件，校园安全意外事故处置，公共卫生管理如"对学生饭前便后洗手"的教育和全面督促，包括到校、请假以及每个学生身体排查的晨检，开关门窗通风和值日，校门口的值班，课外自由活动时操场的管理，卫生间的手纸和洗手液的管理，及时开关走廊及公共场所的路灯，教室、办公室随手关灯、关门一事的落实，教室包括公共教室、办公室、公共区域损坏设备设施的报修，学生餐饮纪律管理和对餐厅工作的援助，急病学生的紧急送医，家校沟通的日常事务和家校冲突事件的信息报送以及解决办法研制和具体实施，周末大扫除和全校消毒事务，校内教师教育的系统安排和教师外出培训活动管理，校园网的管理和新闻发布，阅览室、实验室等教辅部门以及学籍管理、健康档案建立等，需要与教育教学管理部门的对接，学校接待来宾或安排大型会议，外事接待和外教日常工作的监督、沟通和服务，招生工作和学校特别宣传事项，周末家长会加班……相比学科教学和班主任工作，这些公共事务的安排是相当复杂和琐碎的，而这一层面的日常运营机制的设计，恰恰是学校管理的软肋所在。

撇开个别无理取闹的家长以及无法抗拒的突发事件，引发家校关系出

现"风口"的缘由通常是学校内部管理不够精细甚至出现了混乱，关键的事例常常发生在公共事务层面。学校管理中最极端和最纯粹的公共管理事务存在着这样那样的问题，这是当前一些学校管理失误的诱因所在。特别要关注最宽泛的公共管理地带的事务，以及对公共层面和私人层面所创造的不同混合交错的事务的梳理，这是促使学校管理走向成熟的应有行动，也是规避家校关系产生"风口"的关键所在。

建构家校共治体系，在信任基础上建立"患难与共"的谅解机制，这是家校融洽相处的有效手段

杜威曾说过：教育的目的在于能够让人继续教育自己。离开了自我教育，外在的教育做得再多也是低效甚至是无效的，家庭教育只有与学校教育形成"合金"，才能引发教育的内化，激发自我教育的力量。

这就需要引入主动的家校共治体系，用学校的教育价值观抵挡由家长群自发产生的价值主张。家校共治的最大成本在于家长的感知，需要学校借用互联网向家长传播富有教育内涵的教育主张。传播的本质就是沟通，在信息越来越碎片化的时代，学校里每天发生的故事都可以成为家长微信群议论的热点，如果没有把握好学校教育的好故事、好话题，在价值传递中没有坚持学校教育的品质塑造，也没有积极主动引领家庭教育朝着正确方向进步，家校共治体系的建设将成为一句空话。

例如，当几千人规模的学校突然出现学生在某一瞬间暴发呕吐、发烧、腹泻等群发疾病时，学校要及时向食药和防疫部门报告并申请专业部门的援助；当专业判定结果出来时，学校要及时向家长代表报告。只要信息通畅，学校处理措施得力，家长也会很快从抱怨中进入援助行列，从而形成"患难与共"的谅解机制。反之，如果学校躲避家长责问，含糊其辞，推卸责任，很可能会引发家长的抗议，场面会变得不可收拾。

站在互联网"风口"的家校关系，尽管有着随时被吹上云端的风险，但学校管理者如果能够机智地将家长族群当成学校成员的组成部分，而不是作为学校工作的对立面，并懂得与家长合作，关注舆情，剖析风险，并

积极主动应对各种变化，家长和学校的关系一定能够跨越"风口"，创造家校融洽的一个个美丽的故事。

（作者注：本文列举的案例，不都是作者身边发生的事，涉及的细节并未完全核实，并不都符合客观事实，读者请勿对号入座。作者系北京外国语大学校长助理、北京市北外附属外国语学校校长）

（文章原刊于《人民教育》2017 年第 08 期）

网格化管理：提升学校危机事件处置能力

邓加富

浙江省青田县是著名的侨乡，全县近半人口侨居海外，他们的孩子则多半留在国内，跟随祖父母一起生活。这些孩子与自己的父母每年只能见面一两次，有的甚至几年才见一次面。短暂的亲子相处，根本无法满足孩子在成长过程中的亲情需求。

隔代教育的盛行，家庭教育、亲情教育的缺失，引发了学生不安心读书、心态不健康、言行轻率等诸多问题，增加了学校的风险点。校园人群密集，学生年龄又小，自身防护能力差，在校活动时间长，都使学校危机呈频发性可能。破解学校风险危机，需要家长和全社会密切配合，更需要学校运用网格化管理模式——将管理区域和在校学生按照一定的潜在危机程度划分成单元网格，通过加强对单元网格不同程度的跟踪、巡查，形成一整套应对学校危机的管理系统。

预警工作前置，往往会收到意想不到的效果

引发学校危机的原因是多方面的，定向思维下的管理模式，想当然的管理手段，"头痛医头"的管理措施，法治意识淡薄的管理者，都能引发学校危机的滋生、爆发，而缺乏风险预警意识，更是众多危机频发的主要原因。

一天，学生 A 报告班主任张老师，说学生 F 买了一把锋利的水果刀。A

是 F 的同桌，也是 F 唯一的朋友，更是班主任安排的"内线"。为什么要给 F 安排"内线"呢？因为该生在新生报到时就给班主任留下了不一样的感觉：不阳光、不积极、不多言，很忧郁。张老师通过深入家访了解到，F 是独生子，父母对其期望值很高。他在初中时成绩优秀，由于家长盲目"跟风"，将他送到市外"名校"就读。换了几所学校的 F，成绩下滑严重，最后转到青田中学。频繁转学，越来越差的成绩，使 F 对前途失去了信心，对父母有了很大的成见。张老师与 F 进行多次谈心了解到，原来 F 私自购买水果刀，是想通过自残这种极端方式"报复"父母。

如果班主任老师没有敏锐的洞察力，没有细致的家访活动，没有安排得力的"内线"暗中关注 F，其自残行为一旦在校园发生，后果将不堪设想。杜绝这种危机，事前的风险预警是前提，有力的干预是手段。在学校主导危机防范的前提下，发动学生、家长、教师横向到边、纵向到底，大家一起参与防范，学校危机的风险源就能最大限度地减少。

学校通过预警分类，重点关注 7 类学生：经济困难家庭的学生，学习困难的学生，思想、学业上有重大变化的学生，留守学生或单亲家庭学生，随迁子女家庭学生，残疾学生，突发重大变故家庭的学生。并针对不同学生分别制定相应的帮扶政策，力求实行精准帮扶。

收集学生关系网，遏制危机事件扩大

信息时代，学校教育和管理更加开放、透明，学校与家庭、家庭与社会的联系和互动也更加直观。有效地借势、借力形成育人合力，能在处理、应对学校危机时做到得心应手、游刃有余。

上午放学铃声响起，饥肠辘辘的老师和学生赶到学校食堂就餐。因为就餐时间比较集中，食堂窗口前排起了长长的队伍，拥挤的食堂显得闷热。于是，后到的学生 C 顺势到教工餐厅窗口前去打饭，与刚上完课前来打饭的老师发生了口角，一时争执不下。一位老师把这一场景拍下来，发到了微信朋友圈，这位老师有一位微信好友正是该学生家长的朋友。家长知道了，赶到学校询问事发经过，学生的哭诉，让原本心有不快的家长更加生气，认为老师侵犯了孩子的肖像权、隐私权，给孩子带来了巨大的心理压力，要求老师赔礼道歉，否则要上告法院。

家长提出的解决意见，当事老师拒不接受，"皮球"踢到了学校管理层。学校没有急于给事件的是非下结论，而是寻找双方都能接受的妥协点。教师方面，我们要求删除发布在微信朋友圈的消息，正视自己的错误所在。学生方面，找到学生最好的朋友帮助劝解。家长方面，学校联系家长所在村的干部，请他们出面协调。事情最终得到妥善处理。老师、学生、家长都坦承了自己的不足，校园恢复了往日的平静。

这件看似简单、实则棘手的危机，取得了理想的处置效果，得益于学校采用了务实的应急举措。这个举措的核心，是学校抓住大家访、家长会、家长开放日、家长学校等时机，建立健全了学生"关系网档案"。这张关系网能在突发事件的第一时间帮助学校形成合力，内外协调，从而从容应对，顺利解决危机。

积累应变经验，从危机中找到转机

学校危机具有潜伏性、突发性、多发性和反复性的特点。追寻危机产生的规律，不能急于求成，也没有一成不变的办法，需要积累各种应变经验。尤其需要耐心剖析危机产生的根源，选择最佳的危机处置办法。事实上，有些危机经常伴随各种转机，如果处理得当，能够有效预防类似危机的再次发生。

有一段时间，学校的门卫管理比较松懈。门卫过于随意，跟他们熟的人放进来，不熟的人则挡在外面。一个周末，学生家长开车来接孩子，有的家长车开进来了，有的家长被挡在门口。被挡的家长不乐意，大声质问门卫，差点大打出手。学校对双方进行了和风细雨式的调解，向家长介绍了校门管理制度，请家长民主监督。同时，批评了门卫不遵守学校规章的行为。家长道了歉，门卫得到了专门教育。此后，大家日常的进出都自觉遵守相关制度，学校的门卫工作受到家长、学生和教职工的一致认可。

危机一旦出现，学校管理者和教育者都要迅速介入，第一时间掌握处理危机的主导权。要迅速摸清危机的性质，分清危机的责任主次，稳定当事人情绪，遵循"内紧外松、正面引导"的原则，依照法律有针对性地采取相应策略。要善于从危机中寻找契机，变危机为转机。危机处理要以维护学生利益为出发点，着眼学生的身心健康和学校稳定。学校根据各处室的责任分工，给予相应的人力、物力、财力保障。必要时要借助有关部门和社会力量，协助危机事件的处理，最大限度减少危机的负面影响。

此外，我们也真切感受到家校互动的积极意义。有很多突发性小危机，通过家校的积极互动就能轻易解决。在家校互动的诸多活动中，"全员参与、全生覆盖、全程跟踪"的进家入户式大家访活动，已成为我们创设校园良好教育生态的有力推手，促进学校教育和家庭教育良性互动的不竭动力，稳妥处置学校危机的软实力。

（作者系浙江省青田中学校长，青田县教育局副局长）

（文章原刊于《人民教育》2017 年第 08 期）

辑九

教育公平：校长的情怀与担当

尊重文化多样性是教育集团治理的基础

管　杰　李金栋　王志清　黄　京

　　文化是教育集团的核心竞争力，是集团化办学的生命力所在。集团化办学要建立文化实现机制，以文化实现集团治理。但教育集团规模大、成员多，有多种文化因子并存，集团文化建设的能力和策略要求很高，实践操作的艺术性要求也很高。

　　北京市第十八中学教育集团在构建集团化办学的文化实现机制方面进行了积极的探索，秉承"聚·宽教育"理念，坚持集团成员平等参与、各美其美、美美与共的原则，以开放的姿态包容集团文化的多元性，以"自组织"与"他组织"协同发展为保障，以传承、发展多样性文化课程为媒介，在多元文化的生态性碰撞中不断创新，探索出一条集团化办学文化实现机制的全新路径。

建构平等、包容的集团文化

　　目前，集团由 5 个校区组成，每个校区处在城市化发展不同阶段的社区，加上不同的办学历史和学段特性，形成了各具特色的学校文化，包括方庄校区（原北京市第十八中学）的"幸福教育"、左安门校区（原左安门中学）的"进取教育"、西马金润校区（原角门中学）的"全人教育"、附属实验小学（原芳星园一小）的"全星教育"以及嘉泰学校（原北京第一实验小学彩虹分校）的"孝悌教育"。

面对多种文化因子，如果简单地以某个校区的文化作为集团文化进行"单向复制和输出"，显然是一种"摊大饼"的强势兼并式发展，存在较大弊端。首先，不利于文化自信的建设。这种文化同质化的过程会使得"被兼并"学校师生不仅对自身文化失去信心，而且会对外来文化因陌生而感到无所适从，容易产生或明或暗的文化冲突。其次，不利于文化生态的建设。这种发展模式会导致成员校办学特色不鲜明，容易导致集团文化"单一"或"同质化"弊端，导致集团缺乏多元文化的生态性碰撞而失去办学活力。最后，不利于文化边界的扩大。单一的学校文化，视野毕竟有限，难以适应大规模教育集团发展，势必会形成教育集团发展的"天花板"，从而制约集团的深化发展。

基于这样的认识，我们决定建设适应规模化发展的集团文化。首先，对集团成员校的文化进行了全面认真的分析、提炼和整合，吸取各自的精华。其次，从中华传统文化中吸取营养，弘扬《易经》中"君子学以聚之，问以辩之，宽以居之，仁以行之"的精神，吸取了《学记》的"敬业乐群""论学取友""离经辨志"思想。最后，结合北京"四个中心"定位和丰台区集群教育改革实验任务要求，"群贤毕至，少长咸集"，提炼出集团"聚·宽教育"办学理念和"聚学问辩，居宽行仁"的校训，追求"以资源丰富的平台、宽广的锻炼舞台、贯通的学习台阶，聚焦核心素养，为每个孩子在18岁之前打下健康身体的底子、健全人格的底子、宽厚文化的底子、强大精神的底子，使学生毕业走出校门后真正能够利己达人、创造幸福"。

共同生成的集团文化价值成为集团发展的新起点，得到了各个办学主体的认同，成为集团成员密切联系的纽带，有效避免了价值冲突和行为紊乱，增强了集团的凝聚力，为集团的健康发展奠定了坚实的文化基础。

孵育开放的集团自组织文化

一个健康的教育集团，不仅有合理的科层组织，而且有发达的自发性组织。职能处室等科层组织作为一种"他组织"，行使教育的管理职能，保证集团教育教学的有序运行。教职工依据兴趣等形成的多种多样自发性组织，作为一种"自组织"发挥着文化融合、文化创新的作用，不断为集团组织输送新鲜血液，保障着集团组织的健康。"他组织"与"自组织"相互促进，形成"刚柔并济"的集团组织文化，从而保证集团文化实现的效能和效率，成为集团充满活力、创新发展的关键。

因此，在集团文化实现机制建设过程中，我们从文化自觉的高度着力孵育"自组织"文化。在"聚·宽教育"理念中，"聚"的一面强调尊重集团主体文化，以"聚·宽教育"理念引领集团文化建设，以集团代表大会"聚"教职工、学生和家长的"民意"，强化集团多元主体共同治理的力度；"宽"的一面强调尊重各种校园文化，意在为各种各样"自组织"提供宽广的舞台，促进集团文化的广泛创新，以此拓宽集团的文化视野，为学生、教师的成长创造一种和谐的文化环境。

为了培育集团"自组织"文化，近年来，我们变"校本培训"为"校本研修"，打破校区、学段和学科的界限，使教师自主组合形成主题聚焦的合作研修小组。这种小组具有教师专业发展共同体的性质和功能，是一种"自组织"。集团通过引导这种"自组织"性质的研修小组文化建设，激发了教师专业成长的内在诉求，唤醒了教师职业生命中的专业意识、教育意识、生命意识，激发了教师发展的潜能，促进了教师专业的可持续发展。

如 2017 年集团的"校本研修"，以教育教学诊断结果为依据，确定了10 个主题的研修论坛，整个集团 360 多位教师自主选择，网上报名，自助式研修。这种研修方式不仅使教师真正成为研修主体，充分调动了教师研修的积极性、主动性和创造性，提高了教师研修的内在动力，而且使教师依据自身面临的教育教学问题组成了专业性学习组织。这样的自组织活动实现了研修内容与研修需求的灵活对接、协调互动，使历时一个学年的研修过程亮点纷呈，精彩不断。

完善传承性集团课程文化

聚焦学生核心素养发展，集团加强教师专业核心素养和组织核心能力的培育，从三个维度推进集团课程建设。第一个维度是生命个体文化过程的需求，即从学生的发展需求出发；第二个维度是集团的育人目标，即培养"健康的体、温暖的心、智慧的脑、勇敢的行"的青少年为目标；第三个维度为文化传承的要求，即履行民族文化、地域文化和社区文化传承的使命，全面整合国家课程、地方课程，多层次、多角度开发校本课程，即通过横向贯通开发、纵向衔接开发、纵横融通开发以及教育技术推进等方式，形成了集团十二年一贯制、德育体育美育与智育协调发展的"聚·宽教育"课程体系。

为最大限度满足学生全面而有个性化发展的需求，集团创建了"三走制"课程实施模式，即在集团内校区间的走校制、校区内年级间和班级间的走班制、班级内小组间的走位制。这也是"聚·宽"学习模式，即在社会成功人士和教师的指导下，学生"聚焦"于自己的人生理想和职业规划制订学业计划，在集团内外"宽广"的学习天地中，依据自己的学习计划有组织地选择课程学习内容，走校、走班、走位上课。

精心呵护、建设集团文化生态

每个生命主体的自我成长过程就是一个文化传承和创新的过程，既不可替代更不可简单重复。教育以协助每个人文化自觉为使命，从而实现文化的传承与创新。因此，集团化办学的治理艺术标志着文化自觉层次。我们积极营造文化氛围，涵养文化生态。

保护文化的多样性是呵护集团文化生态的根基，更是满足学生个性化需求的基础。以学习者为中心组织教育教学是实现多样性文化传承效能和效率的有效路径。这是历史赋予我们的责任和时代赋予我们的使命，也是我们集团化办学过程中面临的重任。

正是这样的使命感，促使我们积极创造条件，营造整体的、和谐的集团教育生态环境，鼓励良性竞争、互相学习、共同发展，让集团的每个文化因子都能在自己适应的"生态位"上和谐发展、自由生长，呈现百花齐放的状态。

在集团文化建设过程中，我们从内外两个方面对集团文化进行了生态建设。

在集团的内环境建设方面，我们采取了以下两条措施：

一是确立集团成员的平等文化身份。刚融入集团的成员校，由于种种原因，难免缺乏身份上的平等心态。名正才能言顺，集团首先进行了"正名"，成员校称为"校区"，而不称"本部"或"总部"、"分校"或"分部"，确立并强化每所成员校的平等身份。

二是坚持集团的多法人共同治理制。为了充分发挥成员校的办学积极性，我们采取了多法人代表的治理模式，各治理主体共同遵守《北京市第十八中学教育集团章程》，既有集团统一的项目运行机制，又有成员校独立的项目运行团队；既有集团统一的标准、原则、基本要求和愿景追求，同时也允许不同校区、不同项目团队有不同的思想、内容与方略。集团与成员校权责分明，形成了集团集中与成员校分权的辩证统一。

在集团的外环境建设方面，我们的做法是：

一是动员社区力量参与集团事务。不仅社区居民有参与创造优质教育过程的权利，而且是集团"聚·宽"发展的机会——聚力、聚智、聚资，也是拓宽发展空间的机遇。如北京市第十八中学教育集团"人民调解委员会"，由集团所在社区的法庭、派出所、司法所、消防队、律师事务所、居委会、学校等多方面的代表组成，负责集团教育纠纷的调解工作，并提供相应的法制培训工作，有效维持了正常的教学秩序，构建了和谐的教育环境，最大限度地降低了学校治理的失误。

二是建设学习型社区文化圈。我们以方庄书院等为纽带，围绕打造"一刻钟学习圈"，加强集团与社区互动，建设"社区支持教育、教育辐射社区"的生态文化圈，这是优化外部环境的重要措施。集团在向各个居委会开放网络学习资源的基础上，经常派教师到社区学校、老年学校进行社区培训，同时邀请社区内的成功人士和名人到学校开设讲座与校本课程，面向社区举办校园开放周，与社区联合举行文化活动等，形成了社区理解教育、关心教育、终身教育的良好氛围。

积极涵养集团成员校文化基因

集团化办学规模过大，必然会带来一定的弊端，一个教育集团不可能无限制接纳新成员。所以，当一个集团成员校发展起来后，必然要及时重组"新家庭"（教育集团），以带动其他薄弱学校发展。同时，当一所学校在教育集团内的"发展红利"降低到接近零的时候，在集团内继续存在下去已无必要，也要及时退出集团独立发展，以便集团能够吸收、带动其他薄弱学校发展。

如果在集团纳新之初不注意涵养成员校的文化基因，那么成员校退出集团后就会缺乏强劲的发展能力，甚至会出现退不出去的情况，使集团难以及时"瘦身"。所以，教育集团必须涵养成员校的文化基因，保护成员校文化的独特性、文化种类和层次的多样化，保护成员校在集团化发展中的自身特色。

如在接收芳星园小学为北京市第十八中学教育集团附属实验小学的过程中，我们注意到了芳星园小学成熟的"全星教育"文化，即以每个人的身心健康、全面发展为旨归，具体分解为"星之德""星之智""星之体""星之美""星之动"五个方面。在实践中，以"立德星""启智星""健体星""尚美星""欣动星"为形式。芳星园小学在融入教育集团时，我们将"全星教育"文化与集团"聚·宽教育"文化进行了有效的衔接，成为集团文化中的一个校区特色文化。这样就使集团文化更多元、更有层次，更容易激发文化的内在生命力。

当然，我们强调涵养集团成员校的文化基因，尊重、包容多样性，并不意味着推崇价值个体主义。各个利益群体自说自话、冲突对立、毫不妥协，不是我们所追求的。

集团化办学承载着更多的历史责任和时代使命，要力戒"规模不经济"，力争"规模效益"；力戒"众智成愚"，力争"各美其美"。不能单靠行政命令推进，要尊重文化规律和教育规律，更要顺应时代潮流，切实从行政管理转向社会治理。要从教育集团的实际出发，在调查研究的基础上，依据集团发展需要建立能力模型，着力于集团治理能力的建设，探索建立一种适合自己发展的文化实现机制。

（作者单位系北京市第十八中学教育集团）

（文章原刊于《人民教育》2017年第10期）

要鼓励集团内学校个性发展

汪培新

近年来，浙江省杭州市学军小学积极参与政府倡导的"让每一个孩子在家门口享受优质教育"的行动，创办新校区，与农村薄弱学校建立紧密型教育共同体，积极投身区域教育统筹均衡发展，取得了明显成效，形成了"一所学校，三个校区，一个共同体"的架构。

学军小学下属3个校区，一个是老的学军小学，另外两个分别是2008年和2014年开办的新校区，3个校区一个法人。一个共同体是学军小学与农村转塘小学（一个独立的法人单位，目前由我担任法人）的合作，由学军小学派出6—8人管理团队到转塘小学工作，学军小学校长室成员到转塘小学兼任校长，上级行政部门对两所学校实行捆绑式考核，命名为紧密型教育共同体。

这两种形态都是为了借助名校品牌和治校理念解决教育均衡发展问题。第一种形态主要是促进新办学校快速成长；第二种形态是提升薄弱学校的办学品质。这两种办学形态在治理方式和有效突破点上有相同之处，也有不同之处。

学校走向多校区办学以后，办学半径不断扩大，覆盖到杭州市西湖区的城市和农村。经过几年的努力，学军小学实现了校区之间的高位均衡发展，也有力地推动了农村学校的转型升级。转塘地区的老百姓对小学教育的满意度不断提升，原来流出的孩子纷纷回流。当然，集团化背景下的多校区治理与原来一所学校的管理有相同的地方，也存在一定的差异，对学校治理也提出了新的挑战。

学校要主动在区域统筹教育均衡中寻求发展

集团化办学是我国基础教育发展的阶段产物，其目的主要是统筹教育的均衡发展。办好自己的一所学校固然重要，但作为优质学校应该响应政府号召，回应百姓的需求，积极投入推动区域教育高品质发展的战略部署中来。在这个过程中，学校要充分领会上级行政部门的战略意图，要有承担责任和履行使命的担当，实现上下同欲；同时，要在校内统一全体教师的思想，形成更大范围追求教育价值的向往，实现左右同心。

学军小学在多校区办学过程中，形成了"让更多的孩子在家门口接受优质学军教育"的愿景，与转塘小学合作过程中，形成了"互融、共荣"的双品牌发展合作愿景。有了共同愿景的感召，一些管理中的难点就能够有效得以化解。

各地政府都规定义务教育阶段的教师在一所学校任职到一定时间要交流，教师的职称晋升要有校际交流和农村工作经历，这些政策都是为了发挥骨干教师更大的作用，实现资源更加公平的布局，推进教育均衡发展。

在多校区办学过程中，我们利用学校多点布局，开展农村与城市的合作，实现更有计划、更有质量的教师交流，真正发挥骨干教师在交流过程中的团队作用，实现名校资源大家共享。

我们对学校原有的教师结构进行认真分析，对学科组教师的个性特长进行深入研究，制订多校区办学背景下的教师培养规划，充分利用不同教师的特点，对原来一所学校的教师重新安排，尤其是对骨干教师进行分流，让骨干教师到各校区承担更大的责任，发挥骨干教师引领和培养青年教师的作用。

这给学校教师结构的科学化带来调整空间，同时也给广大教师提供了更大的舞台去实践自己的理想。从教师的年龄结构、性别比例、骨干层次、个性专长、支教需求等方面，优化每一个校区内的教师结构，使得整个教师队伍具有更好的生长性。

科学合理优化校区的师资结构是师资队伍成长最重要的基础。如果结构性好，结构本身就会具有生长力。这样，名校在派出师资、输出品牌、输出管理的同时，也有利于促进母体学校的科学发展。

集团化办学并不是简单复制品牌学校的一种办学模式

不论是名校办新校，还是名校与薄弱校建立共同体，都不是一所学校"领导"另一所学校，而是各校区或学校在统一的价值引领下，能够平等而自由地发展。

在办新校过程中，要尊重校区的规模、地理位置、学校文化等。在合作过程中，尤其要尊重学校的历史，尊重学校发展的主体地位。我认为，合作的重要基础是"两情相悦的情感基础"。我们在推动集团化办学过程中，实施的是统一领导下的差异和谐发展。

学校在多校区集团化办学过程中，首先应该有统一标识架构，科学合理地对外定位学校，同时方便学校内部的协调管理，此举还可以强化一所学校的归属感。一个集团或一所学校不论有多少校区，校区之间、学校之间是平等的，没有总校与分校之分，没有本部与分部之别，都应该是享有平等权利的发展主体。同是学军小学的教师，只是在不同地点工作，其他身份都没有变化。在办学过程中，我们贯彻统一的办学理念，执行统一的规章制度，坚持统一的质量标准，执行统一的学校计划。

其次是要培育学校共同的价值观。名校与一般学校之间的根本差别，不是升学率，不是硬件，而是学校的价值追求。有思想和灵魂是学校发展的核心。集团化办学成功的重要因素是要坚持各学校共同的价值追求，这个价值包含了"我们办怎样的教育"和"我们做怎样的教师"两个方面。不论学校地处哪里，不论办学时间长短，有一点始终不会改变，那就是我们要提供适合孩子、满足孩子成长需要的教育，学校应该围绕这个核心培育价值文化。

为此，我们建立了统一的校本培训系统，全校申报统一的核心研究课题。比如，各校区都围绕学校"个性化、现代化、国际化"的办学方向，大力推动基于儿童文化的个性化教育，开展"童心教育"的研究。这样，大家都围绕童心教育在不同校区开展丰富的实践，校内的话语体系是一致的，从而保证各校区价值追求的一致性。

集团化办学要在原来分管校长管好一条线的基础上，进一步强化学校线和面的工作协调，按照每位校级领导"分管一条线，联系一个面"的思路开展工作，实现线和面的统一，强化"线要到底，面要到边"，保证分工负责，实现统一决策。

对于校区内涉及每条线上的工作要向校区领导汇报，校长室统一决策。各校区之间要强调校区合作，不作过多的比较。对于各校区的生均经费情况实行相对独立预算管理，学校统一协调。比如，我们把80%的经费落到校区，由校区内部协调使用，20%的经费由整个学校统筹。这20%的经费主要根据每个阶段校区发展的需要，由学校校务会议研究年度经费投到哪个校区、实施什么项目。这样可以使有限的经费在一个阶段集中起来办大的项目，这对学校的整体发展是有好处的。

为了更好地落实这样的领导和管理，学校要建立完善的制度，要有完善的学校会议系统。比如，每周一次的校务会，每两周一次的校级行政会，每周一次的校区行政会以及全校教职员工会议和校区教职员工会议等，都要有畅通的渠道进行协调。

鼓励集团内学校（校区）个性化发展

在统一领导的基础上，要鼓励集团内学校（校区）个性化发展，允许办学差异。比如，各校区特色项目的设定就需要差异化，不要完全一致。我们在求智校区组建了民乐团，培育民乐特色；紫金港校区组建了管乐团，培育管乐特色。

校区办学时间长短不同，社会对各校区的接受度也不一样。我们用阶段性目标定位引导学校发展，比如2008年开始新办紫金港校区的时候，就对求智校区和紫金港校区分别明确了阶段目标，要求求智校区保持原有的优势发展地位，要求紫金港校区尽快形成自己的社会影响力。

在这样的阶段目标引领下，各校区的阶段工作重点和办学侧重也会有所不同。为此，要落实集团领导层和下属学校（校区）领导层的责权问题，要实施统一领导下多学校（校区）差异和谐发展，就是要把握这个治理结构。

我们认识到，如果集团领导层过于强制会强化统一性，影响各校区的个性化发展；集团领导层过于放手，就会凸显校区间的差异性，但集团的统一价值很难形成。这个过程中，各学校需要互动，大家各有侧重，集团领导层要重点抓教师团队的价值观念；校区管理团队主要抓好学生成长的教育内容，即具体的项目实施和日常管理。

集团化办学过程中要做到资源共享。物质资源做到独立建账，分校管理，统一调度。人力资源则要相对独立，适当流动。时间资源相对统一，灵活机动。同时，要利用校园网等信息化手段实现信息快速传递与共享。

学校最高管理层尤其要重视的是，校区之间一定会存在竞争，校区之间的合作互动需要学校倡导，要从制度层面和氛围层面多举措推进。例如，各校区参加上级比赛，在同一个项目中，如果前面的奖次有自己的校区，后面校区的奖次自然提升一名。举例来说，两个校区一个是第一名，另一个是第二名，作为学校都认定为第一名，如有物质奖励，也都按第一名的标准奖励。这样的制度设计就是为了让集团内部学校团结互助、协同进步、互动共生。又如，校区之间基础设施设备都是一样的，但有些设备添置会有差异，我们利用网络让大家了解对方校区的设施设备，以方便各校区共享借用。再如，在教师培养方面，高端名师引领要涉及各校区，我们在各校区建立了学校名师工作室，以便让所有教师分享名优教师的智慧。

学校的发展是有自身规律的，依赖教师和学生综合素养的协调发展，依赖家长和社区的协同配合。办校过程中，要充分把握这一规律，在推进学校规模发展过程中做到有准备，而且要做到边发展、边培养的统一。学军小学依靠学校原有的 120 名教师团队作为基础，每年增加 6—7 个班级，逐步推动学校规模发展，使得学校教师数量的增加在学校校本培训可控范围之内，保证教师的教育教学水平在原有学军小学标准下不降低，从而实现教育教学质量在规模发展的同时得到进一步的保证与提高。对于一所学校，师资队伍的整体水平直接代表学校的办学水平，而影响师资水平提升的直接因素是管理团队的素质和水平。

管理团队的培育是集团化办学过程中值得研究的问题之一。学校干部的教育领导力强了，学校就强了。必须紧紧抓住学校干部队伍建设不放松，以上率下，带动发展，同时要培养学校各级干部的现场决策力，以便各校区的工作能够及时得以处理，保证有效教育现场发生。

当然，在集团化办学过程中，如何进一步形成与集团化办学相适应的政府管理机制，如经费保障、人事编制、岗位职数以及学校自主办学的空间等，也是我们要进一步深化研究的问题。

（作者系浙江省杭州市学军小学校长）

（文章原刊于《人民教育》2017 年第 11 期）

打破信息不对称

厉佳旭

　　每到招生分班时节，一些家长会千方百计通过各级领导以及同事、亲友等，托请校长给孩子安排一个好班级或好老师。一位资深校长告诉我："每年一次分班，我要瘦掉好几斤肉，得罪好多位领导、亲友啊。"

　　家长的择班择师的确会给学校带来一些压力。但在我看来，择班择师现象并非洪水猛兽，相反，对学校乃至教育、社会发展有着很好的促进作用。

　　首先，家长的择班择师，实际上是基于对教育机会不公和教育资源失衡的忧虑。这种忧虑迫使学校采取更为民主、公开的方式，实现更好的公平和均衡。我校是一所优质初中，一直面临较大的择班压力。近年来，我们每年都依据小升初综合素质评定表，结合学生的毕业学校、户籍、性别等情况实行均衡编班，努力做到各班级学生的综合素养总体均衡。在教师安排方面，也综合考虑年龄、能力、风格、职称、学科等方面的互补情况，实现班班有名优教师、年轻教师和优势学科，做到整体师资均衡。学校还主动把全体教师的职称、特长、风格和主要成就等家长关心的信息，在校园网、宣传栏内予以公布，并在校门口的公示栏内展出名优教师风采。这样既便于家长查询和了解各班级师资，打消不必要的顾虑，又对每位教师进行了积极"推介"和宣传，增强家长对教师和班级的信心。

　　其次，家长的择班和择师，客观上也是对优质教育的一种追求和推动，有利于学校和教师增强服务意识，提高服务标准和质量。许多家长为什么要选择进某个老师的班级，却不愿意进另一个老师的班级？一部分原因是家长不了解情况或者观念有偏差，但更多的是客观存在的教师个体之间的能力和素养上的差异。

我们在学生、家长和教师中举行了"好教师"标准大讨论，拟定了《立人中学好教师标准》，并以此为依据，每学期都在家长和学生中开展评教评师活动，引导每个教师努力做"让学生喜欢、让家长放心的好老师"。每年11月是学校的家长开放月，我们邀请家长到校听课巡课，切身感受自己孩子班级的班风学风以及任课教师的风采。把各部门的工作职责以及学校领导的电话和邮箱在校门口常年公开，欢迎家长多提出意见和建议，帮助学校和教师提高教育服务水平。

有位家长，曾委托一位领导向学校打招呼，学校没有答应他，而是把孩子安排进了一个年轻班主任的班级。他一开始不满意，但一学期后，就对孩子的班级和科任教师赞不绝口。

另外，我想说的是，对于家长的择班择师要求，我们不能一味迎合，以免破坏了教育公平，但也不能简单否定，粗暴拒绝。我们应当换位思考，充分理解家长的心情，在不影响公平的前提下，努力满足家长的合理愿望。比如，有的孩子如果英语较差，家长想要放进英语教师强一点的或者英语教师担任班主任的班级；有的孩子比较调皮，希望放进班主任严格一点的班级；有的孩子比较胆小拘谨，希望放进活泼温和的女教师任班主任的班级……我个人认为不仅是可以的，也是应该的。

在越来越重视教育的今天，家长希望自己的孩子受到最好的教育，无可厚非。某种程度上讲，教育既然是一种消费，那么，家长的择班择师恰恰是教育消费主体意识觉醒的一种标志，这也是社会进步的体现。医疗卫生、交通运输以及各类商品都允许消费者有自己的选择权，为什么教育就不可以呢？

有选择，才会有更适切的教育，才会有真正的以人为本、因材施教的教育。在不损害教育公平的前提下，为每个孩子提供更多的可供选择的优质教育，或许恰恰是教育进步的一个标志，因而是教育努力的一个方向。我以为绝对均衡的师资和班级从来都不存在，即使存在，绝对的平均主义也绝不标志着真正的教育公平，更不代表教育的高水平发展。抹杀学生个体基础和个体需求差异的无差别的教育，不是真正的教育公平。那种以为择班择师就破坏教育公平的观点，也需要修正。

（作者系浙江省宁波市镇海区立人中学校长）

（文章原刊于《人民教育》2015年第01期）

化博弈为双赢

叶翠微

一个时期以来，每逢开学前后总有一部分家长忙碌于为孩子择师择班之中。细察此番情景，家长使尽浑身解数，常常是无果而不心甘；学校疲于应对，常常落得个里外不是人；孩子一会儿东一会儿西，也经常被折腾得一头雾水。长此下去，于家长、于学校、于孩子、于教育都会带来太多的内耗抑或内伤，应该引起我们的警觉。

择师择班是怎么来的呢？我以为原因不外有三。就家长而言，望子成龙，望女成凤，人之常情。也正因为这一常情，一方面家长怎么为孩子忙、为孩子搏似乎都不为过；另一方面，在这一文化心境下，"这山望着那山高"，"有条件"为啥不为孩子争取更好的班级呢？就学校而言，由于师资的资源配置毕竟有限，加上课程的开放度不高，完全由学生自由选师、自由走班尚有一个漫长的过程。由此出现这样一个博弈过程，既是教育的进步，又属教育的无奈，只能以时间换空间。就社会而言，多元价值取向的并存，给了现实很多存在的可能，尤其是功利主义下的"变现"文化、"拼爹"文化、"占坑"文化成为一种潮流，等等。凡此种种，表达的是博弈，折射的是心病，心病还得心药医。

如何共同面对博弈呢？我想有两个关键点。

第一，家长如何办？首先，要回归育儿育女的教育原点，要从谋师谋班走向谋局谋势，"合适的才是最好的"。不盲从，不跟风，不算计，不迷信校园里的"温室效应"，让孩子学会在校园中自然成长，学会成长中自然面对，化真实的校园生活为成长的阶梯。正如"梅花香自苦寒来"一样，每个孩子的成长必须历经人生的春夏秋冬，必须历经生活的酸甜苦辣，必须历经成长的喜怒哀乐，要给孩子打这样的成长底子。其次，要有一个平和的心态，自己天然地担负起"第一教师"的职责，不过于"嫁接"对教育的期许。鼓励孩子尊重并喜爱每一个与自己生命有缘的人，要给孩子这份大气。最后，在家长群体的分享中，多观察有正能量的家长，把不必要的躁动平息于自觉的审视与反思中。

第二，学校如何面对？客观地讲，可以有三方面的作为。一是现代学校转型。把适应学生的选择和尊重学生的选择，始终作为学校办学的出发点和落脚点，让选择成为校园的常态。二是现代课程配套。通过创建丰富多彩的课程资源和课程形态，鼓励学生在共同基础上的差异发展，从"之一"走向"唯一"，从同质化走向差异化。三是现代管理重建。在尊重学生自由选师的时代诉求中，主动摸索学校管理新机制、新套路，鼓励教师契约精神下的自由走校，鼓励教师高学术化的专业发展，鼓励教师幸福导向中的师生共同生活。

不管怎么说，当下中国教育充满挑战，充满博弈，也充满重建。如何是好？唯有理性，唯有沟通，唯有平和，才能去功利为高远，化博弈为双赢，破纷繁为宁静。教育是有自己的意境的，每个个中之人，家长也好，教师也罢，学生也罢，应该服帖于她。苏轼讲"绚烂之极终归平淡"，应是我们把握文化与坚守规律的基点。

（作者系浙江省杭州市第二中学校长）

（文章原刊于《人民教育》2015 年第 01 期）

从"不需选"到"不怕选"

周　婷

从教育资源均衡配置角度看，不需选

很多学校在管理策略中，已尽量做到让学生享用同样的教育资源。一是尽最大可能合理排兵布局。同一班级任课教师互补搭配，以"尺"之长补"寸"之短，努力让同轨班级之间各科教师配备相对均衡。二是统一步调组织相关教育教学活动，校园生活求大同、存小异。如集体备课、互学共研，教学进度统一；如同一年级统一主题、统一流程定期召开家长会，开展亲子活动，开放课堂等。三是畅通沟通渠道。如设置互动平台，让每一位家长都拥有和学校均等的交流机会，以便学校随时关注家长点滴意见，把家长对个别教师的不满消除在萌芽状态；如统一组织上好每学期的"开学前家长第一课"，让家长达成共识：经过多年专业学习和训练的教师各有所长，作为家长要充分信任教师。同时，教育是一种特殊服务，不可能完全按照市场规则来操作，教育要关心自身发展，才能更好地适应孩子发展；家长要尊重学校自身运行规律，寻找有益契合点，在义务教育阶段，共同为孩子的合格教育探索有意义的路径。

从提供多元化教育服务角度看，不怕选

一是引导每一位教师追寻教学风格，有尊严地生存。每所学校都承载着公共使命，必然受公众关注，在同一所学校工作的教师，有人被选，有人被抛，这可以成为引导全体教师践行职业尊严的重要资源。对教师队伍的管理，要强化专业反思。对于那些被冷落的教师，更要引领他们深层剖析工作得失，让不利因素成为判断自己的教育教学是否适应儿童发展的内在尺度。在技术层面，要帮扶他们不断丰富教育内涵，揣摩优秀教师教育教学经验，优化自身实践行为；在交往环节，要提醒他们注意通过各种方式，向家长传递自己的教育理解和教学个性，还有对每一个学生无微不至的关爱……提升教师专业水平，形成各自的教学风格，这种个性或风格是多元的，而不是分层的，那么择班择师就不是好坏的选择，而是选适合学生的教师。

二是丰富课程资源，灵活组建班级。学校教育愿景和无数家庭育儿理想总是相生相伴。从理想角度看，教育是一种服务，服务对象应当拥有选择权，学校教育应该尽量满足家长需求就是一种深度服务。作为教育管理者，可以敞开视域，像北京十一学校一样，不妨给教育发展提供一些可能。比如，努力让每个班级和教师都拥有自己的个性或风格，主动为家长提供适合他们孩子成长的基地。再如，让教师充分发挥专业特长，对国家课程或校本课程进行二度开发，选择自己最擅长的专题，走班教学或学生走班选修，让教师扬长避短，让孩子从不同教师身上汲取多种营养。可以尝试建立传统班级、走班教学基础上的行政班级、与个性发展适应的特色班级三者并存的模式。课程实施方式多元了，不仅不怕家长来选，而且还应该鼓励家长来选。

（作者系江苏省南京市汉口路小学校长）

（文章原刊于《人民教育》2015年第01期）

辑十
管理标准时代，校长如何走向专业化

《义务教育学校管理标准（试行）》怎么用

吴颖惠

　　《义务教育学校管理标准（试行）》（以下简称《管理标准》）颁布以后，引起了教育领域的广泛关注，专家普遍反映其直面义务教育发展中的现实问题，既具有理论引导性，又兼顾了实践的操作性，但同时也对《管理标准》能否科学地实施提出质疑。《管理标准》到底该怎么用，这更是一线校长最关心的话题。我认为，《管理标准》在教育实践中有 4 个方面的应用。

对学校内涵发展进行"全面体检"

　　"以学生全面发展为中心"是《管理标准》的基本理念，起草者采用分类、对比、归纳的方法，总结构建出包括"6 项管理职责、22 条管理任务、92 条管理要求"的框架体系，成为规范、监测、约束和评价义务教育学校办学行为的基本准则。

　　其中，6 项管理职责包括：平等对待每位学生、促进学生全面发展、引领教师专业发展、提升教育教学质量、营造和谐安全环境和建设现代学校制度，几乎涵盖了学校内涵发展的各个方面。每项管理职责由若干条细则化的管理任务组成，每个管理任务又由若干管理要求组成，构成相对完整、逐级细化、可操作、可监测的学校内涵发展指标体系。

从中可以看出，这次《管理标准》没有空洞的教育理念，而是采用国际上通用的、条目式的写作方式，把国家对义务教育学校的管理政策及思想要求，采用关键词分析的方式，层层分解，力图做到对每一项"管理职责"都要用若干"管理任务"来体现，而每一个"管理任务"又要由若干的"管理要求"来实现，最大限度地做到精细化、可操作和可检测。

例如，第 50 条中提出"不拔高教学要求，不加快教学进度"，其中"教学进度"是可以量化检测的；第 60 条中提出"减少考试次数，实行等级加评语的评价方式。考试内容不超出课程标准"，其中"考试次数""等级加评语"都是可以用来检测的"关键词"，以此来检测和评价学校是否"将促进学生健康快乐成长作为学校一切工作的出发点和落脚点"。

当然，《管理标准》是在以往若干规定或禁令的基础上制定的，为了不形成"政出多头"，《管理标准》中所涉及的一些具体数字要求都与以前颁布的文件保持一致，没有另外提出管理要求。比如，第 27 条"科学合理安排学校作息时间，家校配合指导好学生课外活动，保证每天小学生 10 小时、初中生 9 小时睡眠"等，都与教育部以前颁布的减负禁令、课程实施计划等文件保持一致。

正是通过这种对"关键词"层层分解的方法，使得 92 条管理要求构成一个相对完整的检测评价体系，为区域考量和评估学校、学校开展自我诊断和评估提供了具体要求与参照依据。各个区域或学校可以依据这样一个国家级的管理标准，采用"等级赋值"的方法进行数据分析。例如，可以将"考试次数"作为一个可检测的关键词，根据出现的程度进行等级分类，并采用"赋值"的方式采集数据，对学校进行判断和评价，进而对某一个区域义务教育学校发展水平作出判断、评估。

《管理标准》为区域或学校提供了判断评价的依据，让义务教育学校办学有法可依、有章可循。92 条管理要求可以分底线标准、达标标准和引领标准三种类型，每个条目都可以分成若干等级，用来诊断分析学校达到的程度与水平。《管理标准》充分考虑了我国不同地域之间的差异，既适用于农村学校，又适用于城市学校。

走向倚重工具的标准化治理

教育治理是在现代化、国际化、民主化语境下的新型管理范式，已成为现代教育管理的重要理念和价值追求。但是，这种新型的教育治理方式需要"工具"，即教育治理工具体系，完成从依据等级制的文件管理走向倚重工具的标准化治理。当然，教育行政部门的各种文件、制度、规定、章程、要求等本身也是"教育治理工具"，但教育治理工具体系则更加强调标准化、法制化、规范化、约束性、可操作性和可检测性，更加要求划清教育治理主体之间的权力界限，为教育治理结构的良性运转提供工具体系。

《管理标准》就是这样一个由教育部主导制定的教育治理工具。政府依据标准进行规范化管理，在加大投入、加强监督、加强约束等方面都有据可依，从根本上减少管理中的随意性。《管理标准》是教育行政部门对学校进行监督、指导和服务的重要工具，也是教育行政部门转变政府职能的具体体现。

尽管当前对教育管理与教育治理的本质特征，学界还没有统一的认识，但是显而易见，教育治理是针对问题而言的，对教育系统存在的各种问题如果没有一个清晰明确的分析认识，治理就无从下手，更谈不上建立相对完整的教育治理体系。作为现代教育治理工具的《管理标准》，从根本上讲，就是义务教育问题解决策略体系，是对社会关注的热点、难点问题给予的政策回应。

比如针对校园安全问题，《管理标准》提出"落实《中小学幼儿园应急疏散演练指南》，提高师生应对突发事件和自救自护能力""制定突发事件应急预案，预防和应对溺水、交通事故、不法分子入侵、校园暴力、自然灾害和公共卫生事件"等制度措施。针对"择校热"现象，《管理标准》从"坚持免试就近入学，不举办任何形式的入学或升学考试，不以各类竞赛、考级、奖励证书作为学生入学或升学的依据""实行均衡编班，不分重点班与非重点班"等方面提出应对策略。

对于这些现实的热点、难点问题，《管理标准》从"管理职责""管理任务"和"管理要求"等方面提出了解决问题的具体策略，有助于形成长期稳定的制度和机制。

从严格意义上讲，《管理标准》不是从教育宏观理念出发，没有严格地遵从教育管理的逻辑体系，而是从教育现实问题出发，从实践经验中分析提炼教育策略和措施，形成若干教育管理要求，这种实践逻辑更富有生命活力。

促进学校薄弱领域的持续改进

从根本上讲，《管理标准》既是一种教育管理的思想方法，又是一种管理工具体系，也是一种指向学校持续变革的行动依据。各地可以通过自我诊断和检测评估，对学校发展现状进行价值判断，寻找区域或学校发展的优势和劣势领域，依据《管理标准》确定区域或学校改革与发展的领域或方向。

例如，在培养学生的生活技能方面，学校是否增加了学生劳动和社会实践的机会，是否为学生在校园内参加劳动创造了机会，是否组织学生到基地开展学工、学农等综合实践教育活动等，这些方面都可以依据《管理标准》进行诊断检验。如果诊断数据显示不理想，说明这就是学校发展中的薄弱环节，学校需要制订该领域的改进计划。

对于学校薄弱领域的持续改进，需要客观判断学校各个发展阶段的现状，动态调整学校发展的相关策略。依据《管理标准》，学校管理者能够清晰地认识到自身发展的现状，清醒地认识学校发展面临的各种问题与风险，预判学校未来发展趋势，形成一种对学校发展起指导作用的管理思路与举措，进而研究转化成一套可操作、可改进的学校发展计划方案。

例如，学校在培养学生艺术素养方面存在课程资源方面的劣势，则可以设立"如何利用当地文化艺术场地资源开展艺术教学和实践活动"的研究项目，制订具体的研究计划，采用行动研究的方法，来改进学校在这一方面的不足。

在改进薄弱领域方面，学校应该坚持自下而上的原则，渗透民主与科学的办学价值追求。在此基础上，形成对学校办学价值观的广泛认同，依据《管理标准》科学制订改进计划或措施，促进学校内部治理迈上科学化、民主化的轨道。

建立健全规章制度的参照

长期以来，我国教育系统缺乏标准意识和规则意识，有要求、有禁令，无规则、无底线，办学靠社会自觉，靠校长的办学风格与人格魅力。在义务教育阶段，由于受应试教育功利思想的影响，长期存在着学校管理制度不健全、管理模式陈旧、行政管理粗犷等问题。因此，迫切需要建立健全各项规章制度来约束学校的办学行为。

学校要建立符合法律规定、符合自身特点的学校规章制度，就必须明确办学的各项管理任务、管理职责和管理要求，让规章制度成为学校成员之间的共同约定和法则。

《管理标准》是学校制定各种规章制度的基础。其中，对"依法制定学校章程，规范学校治理行为，提升学校治理水平""制定学校发展规划，确定年度实施方案，客观评估办学绩效""健全管理制度，建立便捷规范的办事程序"等方面，都提出了明确要求。学校制定或完善规章制度应与《管理标准》保持高度一致性。

在《管理标准》中，对"定期召开校务会议""健全教职工代表大会制度"和"完善家长委员会"等内容，都作了明确要求，这些都是制定学校规章制度的基础保障。如果学校制定规章制度，不依据《管理标准》的各项要求，那么学校规章制度的统领性作用就难以发挥。

当然，《管理标准》毕竟是一个行政管理文件，如何科学地实施，还需要各地教育行政部门和教育督导部门结合当地义务教育学校的实际状况，创造性地开展实施工作，提出更为具体、更为细化的标准要求，自主生成管理规范。这是改善学校管理、建立内部治理体系的根本路径。

（作者系北京市海淀区教育科学研究所所长）

（文章原刊于《人民教育》2015 年第 05 期）

管理标准时代：从经验式、碎片化迈向规范化、科学化

任国平

2016 年 12 月 15 日，教育部基础教育一司在湖北省宜都市召开义务教育学校管理标准实验工作总结研讨会。据了解，2014 年 8 月，教育部印发《义务教育学校管理标准（试行）》（以下简称《管理标准》），首次全面系统地梳理了我国义务教育学校管理的基本理念、基本内涵、基本框架和基本要求，标志着义务教育学校管理从经验式、碎片化进入了规范化、科学化时代。

《管理标准》印发的同时启动了科学严谨的实验和验证程序。北京市海淀区、江苏省泰州市、山西省孝义市等地成为 8 个《管理标准》实验区，实验时间自 2014 年 8 月至 2016 年 3 月。

此次会议的目的是总结两年多来实验工作的经验、成效和不足，进一步研讨完善义务教育学校管理标准，为下一步在全国部署实施作好准备。

《管理标准》为学校依法办学、科学管理提供了指导和依据

《国家中长期教育改革和发展规划纲要（2010—2020 年）》明确提出了"建立现代学校制度、完善中小学学校管理"的要求。党的十八届三中全会提出"推进国家治理体系和治理能力现代化"。出席会议的教育部基础教育一司司长吕玉刚指出："国家层面的政策和要求，为义务教育学校管理标准

的实验和推进工作指明了方向。"

首先，制定《管理标准》是建立现代学校制度、完善教育治理体系的重要基础。《管理标准》既是学校办学治校的基本遵循和工作目标，又是政府简政放权，减少具体干预，为学校办学提供基本保障、督导评价学校工作的基本依据和衡量标准。

其次，制定管理标准是提高办学水平、提升教育质量、实现内涵发展的重要举措，有利于指导学校遵循教育规律和学生身心发展规律，实施科学管理、民主管理，发挥管理的育人功能，构建健康和谐的校园生态。

最后，制定《管理标准》是规范办学行为、提高管理水平的现实需要，有助于促进解决学校管理"管什么""怎么管"的问题。《管理标准》既提出了"规定动作"，包括必须落实的 77 条"正面清单"和不能触碰的 5 条"负面清单"，还提出了 10 条"倡导性内容"，形成了一个"令行禁止、上不封顶"富有张力的发展体系，为学校依法办学、科学管理提供了指导和依据。

为了验证《管理标准》提出的 92 条管理要求是否符合义务教育学校管理的实际，基础教育一司在《管理标准》印发后的第一时间同步启动了标准实验工作。

在地方主动申请的基础上，确定北京海淀、江苏泰州、江苏淮安、山西孝义、山东威海、四川蒲江、湖北宜都、贵州贵阳 8 个地区为《管理标准》实验区，实验范围涵盖东中西部的城市和农村。既有区县级，又有地市级；既有省会城市，又有一般城市。2015 年 8 月，为了评估各实验区工作开展情况，基础教育一司委托北京市教科院开展了为期一年的《管理标准》实验工作评价课题研究。截至目前，实验工作和课题研究工作均已按期完成。

两年多的《管理标准》实验工作取得了丰硕的成果，基本达到了《管理标准》总体实验方案设定的"印证标准、促进规范、改善治理、引领全国"的实验目标，实验区的义务教育整体面貌变化明显，学校管理水平显著提高，验证了《管理标准》的可推广性，为完善《管理标准》奠定了基础。

会上，8个实验区分享了各自落实《管理标准》的经验和体会。与会的各省（自治区、直辖市）教育行政管理者普遍认为，8个实验区结合地方实际，科学选择样本学校，合理确定实验目标，认真研究实验方法，全力保障实验条件，实验过程严谨细致，实验数据客观真实，实验结果令人满意，为全面推进《管理标准》的实施提供了宝贵经验和工作方法。具体表现在：一是学习标准与对标研判相结合，二是顶层设计与基层落实相结合，三是行政推动与科研引领相结合，四是总体推进与分项目实施相结合，五是全员培训与典型示范相结合。

《管理标准》的推广和实施，各地教育行政部门重点抓什么

两年多的实验工作既取得了突出成效，也存在一定的问题和不足。主要表现在：由于不同地区、不同学校管理水平的差异，实验效果出现了区域及学校间不平衡；《管理标准》本身还存在一些有待改进的地方，需要根据实验情况不断修订、完善；在统筹推进过程中，牵涉面较广泛、较深刻的某些问题还需要进一步加大改革力度。

《管理标准》制定容易落实难，怎么落实不走样、不跑偏、不走过场更难，这是对教育行政部门和教育管理者的勇气与智慧的考验。吕玉刚强调，要努力构建"标准引领、内涵发展、规范管理、特色鲜明"的未来学校发展模式。下一步，基础教育一司将开展以下几项工作：一是修订并颁布标准，二是全面部署标准落实，三是深入开展标准解读，四是推广实验工作经验。

在《管理标准》的推广和实施过程中，各地教育行政部门重点该抓哪些方面的工作？吕玉刚提出了几点希望。

一是出台配套政策。《管理标准》是对学校管理提出的基本要求，适用于全国所有义务教育阶段的学校。鉴于全国各地区的差异，各省级教育行政部门可以依据《管理标准》和本地实际提出实施意见，细化标准要求，完善配套政策。

二是推进实施全覆盖。每所学校都要学习标准，开展办学思想、学校

治理大讨论。要对标研判、体检分析，发现亮点优势，找出自身不足，既增强学校坚定的改革信心，又明确努力方向，充分发挥《管理标准》的示范引领作用，整体提升每所学校的办学水平。

三是开展专题培训。地方各级教育行政部门和教师培训机构要将《管理标准》作为校长和教师培训的重要内容。

四是加强专项督导。教育督导部门应按照《管理标准》修订完善义务教育学校督导评估指标体系和标准，开展督导评估工作，促进学校规范办学、科学管理，提高教育质量和办学水平。要注意与其他专项督导的有机整合，避免过多干扰学校正常办学。

吕玉刚指出，《管理标准》是基本的规范，具有引领作用，其相关内容既不宜过高，又不能偏低，要具有普遍适用性。从未来贯彻落实的具体时限上看，既要立足 2020 年全国义务教育学校均应达到标准的基本要求，又上不封顶，"因为各个学校发展不可能齐头并进，将经历一个螺旋式上升的过程，同时《管理标准》也不会一成不变"。

教育行政部门要根据《管理标准》调整学校评估机制

结合前期实验工作经验，吕玉刚强调，各地在贯彻落实《管理标准》的过程中，需要处理好以下几个关系。

一是处理好统一要求和分类指导的关系。《管理标准》提出的 92 条管理要求是基于全国整体情况提出的，具有一般普适性。但由于我国不同地域之间、城乡之间、不同类别的学校之间，在学校管理、教师队伍、教学质量、学校环境等方面存在着较大的差异，因此推进《管理标准》落实不能"一刀切"，需要在统一要求的基础上注重分类指导、分层要求、分步实施，扎实稳步推进，才能真正把《管理标准》落到实处，促进学校科学治理。

二是处理好"收"和"放"的关系。《管理标准》在落实学校办学自主权方面实现了"一放一收"。所谓"一放"，就是明确了办学主体，把办学自主权还给学校，学校怎么办、怎么管，由学校说了算。所谓"一收"，就是明确了管理标准，学校不能"想怎么办就怎么办、想怎么管就怎么管"，应在《管理标准》的规范和指导下，最大限度地发挥学校的主动性、积极性和创造性，办好每一所学校，教好每一个学生。"一放一收"，实际上为学校搭建了一个平台，也为学校设置了一条底线，在这个平台上，不跨越这条底线，学校可以自由发挥。在贯彻《管理标准》过程中，要注意把握一收和一放的关系，避免"一管就死，一放就乱"，实现义务教育学校在贯彻《管理标准》基础上最大化行使办学自主权。

三是处理好《管理标准》和学校制度的关系。《管理标准》出台之前，各学校都结合本校实际形成了一定的管理制度，有的已形成管理体系。学校贯彻落实《管理标准》，不是要将已有制度全部推倒重来，而是要在贯彻落实《管理标准》的过程中，将标准与学校的办学章程、各项已经运行有效的规章制度进行有机对接与融合。

吕玉刚要求，学校要依据《管理标准》，坚持简洁管用原则，健全完善各项管理制度，推进依法治校、依法治教、依法施教；教育行政部门也要根据管理标准调整学校评估机制，以《管理标准》评价学校办学情况，实现良性互动。

（作者系《人民教育》记者、副编审）

（文章原刊于《人民教育》2017 年第 02 期）

做好高中校长，能力为重

沈玉顺

与 2013 年 2 月 4 日教育部发布的《义务教育学校校长专业标准》相比，今年 1 月 10 日教育部发布的《普通高中校长专业标准》（以下简称《标准》），在基本理念和内容结构与前者保持一致的同时，着力解决普通高中教育发展中存在的突出问题，有针对性地对普通高中校长提出了不少与义务教育学校校长不同的专业要求。

明确普通高中学校的培养目标

普通高中教育作为基础教育的高级阶段，要在九年义务教育的基础上，面向全体学生，进一步提高学生素质，为学生的终身发展奠基。准确把握普通高中教育的特点和培养目标定位，是校长做好学校工作的前提。

《标准》对普通高中学校的培养目标进行了明确定位，即要求校长重视学生社会责任感、创新精神和实践能力的培养；注重学生自主学习、自强自立和适应社会的能力的培养；坚持多样化的成才观，适应学生多样化发展的要求；全面提高普通高中学生的综合素质。上述规定，为校长深入理解普通高中教育的任务，准确把握学校工作的重点提供了具体的管理依据。

治标要有明确的价值取向

《标准》通过对校长"营造育人文化"专业职责的规定，将"立德树人"的学校教育任务转化为对校长的具体专业要求，将德育放在教育工作的首要地位，突出强调了校长在培育和践行社会主义核心价值观、传承中华优秀传统文化以及发掘中华传统优秀文化时代意义和教育价值方面必须承担的责任，为校长办学治校指明了价值方向。

此外，《标准》还通过对教师精神成长的关注，要求校长引导支持教师坚定理想信念、提高道德情操、掌握扎实学识、秉持仁爱之心，不断提升教师的精神境界，进一步强化了对学校教育的价值指导。

上述规定，为校长准确把握办学的社会主义方向，领导教职工实现普通高中的教育使命提供了方向性指导，是校长必须自觉遵循并积极践行的价值规范。

普通高中校长领导管理职责的重点

《标准》要求校长重视学生综合素质的提升，开齐、开足国家规定的各类必修和相关选修课程，确保体育、艺术、技术、综合实践活动等课程的实施。同时，要求校长要适应学生多样化发展的需要，注重学生的个性发展，强化学生学习的选择性，加强对学生职业生涯规划的指导，拓宽学生的成才渠道；加强法治教育，关注学生心理健康和青春期教育。

有关普通高中校长专业行为的上述具体规定，旨在通过明确规定普通高中校长领导管理职责的重点，切实落实国家普通高中教育改革和发展政策，同时为深化招生考试改革创造条件，体现了对普通高中校长的核心专业要求。深刻领会并准确把握上述要求，是普通高中校长有效履行专业职责的必要条件。

指出学校特色发展的具体路径

鼓励普通高中多样化发展是国家教育政策的要求，也是普通高中学校工作的重点。多样化发展是对整个高中教育系统的要求，就具体学校而言，普通高中多样化发展的实质是鼓励学校结合校情办出特色。

《标准》要求校长在落实国家课程方案和标准，统筹国家、地方、学校三级课程的基础上，创建具有本校特色的学校课程体系；在课程建设上，重视课程的多样性和选择性，开设多种形态、适应学生发展需要的选修课，为学生提供丰富多样的学习资源，增强学生学习的自主性，丰富学生的学习经验，营造体现办学理念和学校特色的校园自然环境与人文环境。

上述规定，不仅在内容和形式方面对普通高中校长领导学校实现特色化发展提出了明确要求，而且指出了学校特色发展的具体途径，对校长有效履行专业职责具有很强的指导作用。

建立健全学生体质健康预警机制

针对现实中不少普通高中学校由于片面追求升学率所造成的学生学业负担过重，对学生身心健康造成不良影响，不利于学生全面发展等违背教育规律和国家政策规定的倾向，《标准》在重申学校要"合理安排作业，不得违规补课和增加课时，切实减轻学生过重的课业负担，确保学生每天一小时校园体育活动"的同时，提出"建立健全学生体质健康监测机制"，明确要求校长建立健全学生体质健康预警机制，切实对学生体质健康负起责任。

这项规定是为有效解决长期困扰普通高中的难题，认真落实国家有关全面提高普通高中学生综合素质的要求而采取的重大措施，是校长在管理实践中必须认真履行的重要职责。

对高中校长的多种能力要求

"能力为重"是贯穿在《标准》中的重要理念。《标准》强调校长办学治校要将教育管理理论与学校管理实践相结合，重在实践，勇于创新。

针对普通高中以分科课程设置为主，同时需要为学生提供丰富的选修课程和丰富的学习资源等特点，《标准》提出校长在教师队伍建设方面要重视培育学科骨干，完善教师梯队建设；针对普通高中教师专业化程度高、民主意识强，学生自主意识和能力不断提高，学校与社会（社区）关系更为密切等特点，《标准》对校长提出了民主管理的要求，规定校长要鼓励师生员工参与学校管理，完善家庭和社会（社区）参与学校管理的机制；适应普通高中要重视学生社会责任感、创新精神和实践能力的培养，全面提高学生综合素质的培养目标要求以及普通高中学校与家庭、社会（社区）联系日益紧密的发展趋势，《标准》对校长提出了"掌握开发和利用社会资源的知识与方法""掌握与家庭、社会（社区）、学校、各类媒体等沟通的方法与技巧"等领导管理技能方面的要求；针对普通高中学校作为专业化程度较高的教育机构，在思想道德观念和科学文化知识的传播等方面所具有的独特优势和显著示范作用，《标准》将"积极发挥学校在社区建设中的文化引领作用"作为对校长的重要专业要求；针对普通高中学校管理的复杂性，《标准》对校长提出了加强学校管理队伍建设、优化学校管理机制、重视发挥制度作用的组织建设要求。

可以说，上述规定比较突出地体现了普通高中的管理特色，回应了学校的管理诉求和对校长的能力要求，指明了校长专业发展的方向，应当引起校长的高度重视。

（作者系教育部中学校长培训中心副主任，华东师范大学教授）

（文章原刊于《人民教育》2015 年第 10 期）

专业的校长"专"在哪里

林卫民

2015年年初，教育部颁布了《普通高中校长专业标准》（以下简称《标准》），校长应当依据《标准》对自己进行"全面体检"，寻找自身的不足和努力方向。从领导和管理学校角度分析，这是校长修炼自身领导力的机会。

服务于学生的生命成长

《标准》在"规划学校发展"的职责中提出：校长要"正确理解普通高中的责任与使命，明确学校的办学定位。注重培养学生自主学习、自强自立和适应社会的能力，全面提高学生综合素质"。

学校的责任和使命，是培养学生、促进学生的生命成长。生命的目的是什么？"学生即是生命的目的"！但是很多教师没有做到这一点，甚至漠视学生的存在，一个任教两个班的教师连学生的名字都叫不出，更谈不上了解学生的绰号、家庭背景、性格、人际关系、学习能力和水平，教师只是一厢情愿地推出自己关于知识的那些话语，没有感觉到下课铃声早已响起；只是开发学生对未来某种荣耀的渴求，而没有关注每个学生的现状；只是希望学生的未来应当怎样，而不关注学生自己想要拥有怎样的未来……

为了完成高中教育的责任和使命，校长应当要求每一个教师细致入微地研究自己的学生，只有每一个教师能够深入细致地关注学生而不只是学科知识，"传授知识的教学"才能提升为"提高认识的教育"，教学才能进化为教育、进化为关注学生生命成长的教育。

让学校成为有生命意义的组织

《标准》在"营造育人文化"的职责中提出：校长要"将立德树人作为普通高中的根本任务，把德育工作摆在素质教育的首要位置，全面加强学校德育体系建设"；在"领导课程教学"的职责中提出：校长要"发挥各学科育人作用，促进学生全面发展"。

《标准》还要求校长"营造学校的人文环境，精心设计各类指向教育性的活动，建设积极的校园网络文化，培育社会主义核心价值观""熟悉课程政策，熟知学生成长规律，落实综合素质评价"。这一切表明，校长领导和管理学校，不仅要努力提高学生的学业成绩，还应该思考"再做些什么能够激励学生的生命成长"。

校长应该思考，管理中如何做到：在正式课程中开展课内分层教学、实施分层作业，以使"学业优秀的学生能够到更有知识的地方去""学业困难的学生能够及时得到帮辅并获得成功的成就感"；除正式固定班级的课程外，还应当有按学生兴趣走班的课程，每周要有固定的半天或更多的时间让学生学他们想学的知识，甚至可以让学生走出课堂、走出学校去学他们自己想学的、思考他们自己感兴趣的那些事，还可以安排固定的时间让学生选择到社区、大学、研究院所开展研究性学习活动；通过课余时间的社团活动和参与学校的管理，让学生有发挥自己才华的地方。例如，球赛、游戏、阅读和演讲、科技或美术作品展示……这一切能否形成与正式课程同等严谨的内部管理机制，是一所学校管理是否成熟的标志。

一所成熟的学校不只是会做学科课程、做好课堂教学的那些事，还必须在指向教育性的活动设计和总体安排上，形成自身的学校传统和指向活动的文化氛围，这是成就学生"作为人的一般发展"所必需的学校工作。"指向教育性的活动的全面课程"成熟了，一所学校才能算得上具有"生命意义的学校组织"，领导这所学校的校长才可以称得上"专业的校长"。

从专业角度创造有利于学生和学校发展的各种内部关系

《标准》在"引领教师成长"的职责中提出：校长要"将教师作为学校改革发展最宝贵的人力资源，尊重、信任、团结和赏识每一位教师"；在"领导课程教学"的职责中提出：校长要"自觉接受师生员工和社会的依法监督，以德立校、廉洁奉公、为人表率、处事公正"；在"调适外部环境"的职责中提出：校长要"重视与家庭、社会（社区）的沟通，增强学校对外交流的主动性和创新性"。

领导者创造关系。校长要创造一切良好的关系，"形成学校领导班子的凝聚力""熟悉人事财务、资产后勤、校园网络、安全保卫与卫生健康等管理实务"，并有底气向教职工甚至学生开放自己对于这些工作的思考和管理思路，鼓励师生员工参与学校管理。

校长要创设学校各种良好的关系，包括个体与工作的关系。全校教职工最终是为某个目的而工作，如果要鼓舞士气，这个目的必须是有用的，将一切工作目的聚焦于"学生的生命成长"，使全体教师明白：教师是向学生的未来宣誓的，教师的天职就是"使学生发生对人生有益的变化"。将学校工作、家校关系、社会支持的逻辑起点放在"使学生发生对人生有益的变化"上，个人、工作、学校组织、学生家长和社区之间才能建立健康的、全面的良好关系，并能更有效地鼓舞师生的士气。

很多事例可以证明，作为学校的领导者，从专业角度创造有利于学生获得成就和学校取得成功的各种内部关系，带来的惊喜远不只是良好的人际关系。

（作者系北京外国语大学校长助理、北京市北外附属外国语学校校长）

（文章原刊于《人民教育》2015 年第 10 期）

坚持"标准"，还要超越"标准"

柳袁照

教育部制定了《普通高中校长专业标准》（以下简称《标准》），引发了一些热议。赞同者有之，诟病者有之，各执一词。

我以为，凡事不能绝对化。绝对，乃至片面、高度不够，导致没有全局性观念，是我们处于基层的中学校长常犯的毛病。对《标准》的看法、态度，也是如此。

《标准》的价值，在于能够规范、引领校长的专业发展

我以为，《标准》是一份能作为"标准"的"标准"。标准要具有普适性，要符合国情。要适用于东部，也要适合于西部；先发地区适用，后发地区也能适用；一般高中校长适用，示范性高中校长也能适用。这是一个高中校长最基本的专业发展标准。《标准》的价值，在于它能引领校长的发展，至少"规范"了校长的专业发展，提出了作为高中校长必须做到的"底线"。校长的发展，不能随心所欲，不能成为一棵"疯长"的树。校长不是一种自由职业，他代表国家对学校进行管理。

陶行知曾说："国家把整个的学校交给你，你要做整个的校长。"怎样才是做整个的校长？《标准》告诉我们哪些是校长该做的，哪些是校长不该做的。比如，第一部分"办学理念"的第三条"引领发展"，提出了校长引

领学校发展的具体要求与内容。发展是第一要务，怎么发展？发展什么？从理念到制度、机制以及管理的方式、形式的选择，《标准》都有明确的规定。

校长与学校的关系，是深入其中引领学校按正确的方向与轨道不断发展的关系。校长如何引领？必须依靠"科学"与"民主"。这样的"校长标准"，不是把校长管死，而是管方向，铺设轨道，校长还有自己的发挥空间。科学与民主，这两个概念的内涵非常丰富，校长完全可以创造性地选择与发挥。

对校长而言，什么是该做的？什么是不该做的？自己首先要清楚。否则，做得越多，离校长岗位的本质要求越远。所谓"南辕北辙"，就是这个道理。

《标准》来源于实践，而不是凭空想象的产物

有人认为《标准》缺乏新意，我则认为不能如是简单否定它。有没有新意，不是评价事物好坏的标准。《标准》不是凭空想象的产物，也不是理论家仅凭理性坐在书斋里想出的产物。它是以长期的校长工作实践为基础，再经过科学提炼之后的产物。本来就来自我们的学校日常生活，理所当然都是"似曾相识"的"面孔"。这正说明它的价值所在。规律性的东西，不会是"日新月异"的。事物最本质的东西，具有强大的稳定性的力量。

比如，第二部分的"专业要求"，其中第二点"营造育人文化"，提及"营造体现办学理念和学校特色的校园自然环境和人文环境"。这是对十多年来我国高中学校校园文化建设实践的一个充分肯定。校园，本身就是教育的一部分，校园文化建设本身就是学校发展的一个重要方面，它不是校长可做可不做的工作，而是一项明确的工作职责。《标准》对此提出了高要求，这种校园文化建设，应该与学校的发展特色联系在一起，是学校提倡的教育理念的物质呈现，一草一木、一砖一瓦都是。甚至，仅仅做到这里还不够，还必须与自然环境一起做，两者相呼应、相吻合。《标准》对一线校长多年来校园文化建设的实践加以肯定，并作为约束校长办学的"工作准则"，绝不能以它不"新"而予以否定。我以为，对教育来说，对学校来说，有时"坚守"或许更难、更重要。

一个好校长，不是仅仅按《标准》"操作"就能实现的

话又说回来，一部《标准》，是不是能彻底解决"校长专业发展"的问题呢？在我看来，校长的发展与教师的发展一样，本质上还是"人"的发展。校长的"共性"是寓于每一个校长不同的"个性"之中的。追求学校的个性，其前提条件是校长包括教师都要有个性。鼓励校长做一个有鲜明特色、鲜明个性的校长，首先这个校长是有鲜明个性的"人"。

校长是什么？这个问题，大家想过吗？这是一个十分简单的问题，其实我们可能都没有好好想过。校长首先是"人"，作为"人"的发展，本质上是"生命成长"。校长在教师队伍中又是肩负着特殊使命的一个"特殊"的人，他在教育的岗位上，本质上是一个教师，作为"教师"的校长，应该具备什么特别的素养与能力？《标准》提出了"校长引导教师发展"的专业要求。要能引导别人发展，首先还必须自身发展得好。作为一个"教师"的校长，对其素质与能力要求，绝对不是"教师的素质与能力"加上"校长的素质与能力"就可以了，而是需要两者的融合。如何融合？如何实现最佳的融合状态？这些也都是需要认真思考与研究的。

一个好校长，不是仅仅按《标准》"操作"就能实现的。要让一所学校真正发展得又好又快，在这些"标准"的后面，"情怀""原创性""担当"等品质，或许同样不可缺。尽管这些品质没有被纳入《标准》，算不上"专业素养与能力"，但其作用可能不亚于已被列入《标准》的那些"专业素养与能力"。

尽管如此，我还是坚持认为，有《标准》，一定会比没有《标准》要好——它可以整体提升高中校长的专业水准。但有了《标准》之后，不能仅仅满足于此，在达到一定的层次，特别是专业层次以后，要积极地超越《标准》，以实现校长"自由""自在"的办学境界——所谓学校管理上的"天人合一"的美妙境界。

（作者系江苏省苏州第十中学校长）

（文章原刊于《人民教育》2015年第10期）

图书在版编目（CIP）数据

《人民教育》精品文丛 / 余慧娟主编 . —上海：华东师范大学出版社，2019
（大夏书系）

ISBN 978 - 7 - 5675 - 9737 - 2

Ⅰ.①人 ...　Ⅱ.①余 ...　Ⅲ.①基础教育—中国—文集　Ⅳ.① G639.2-53

中国版本图书馆 CIP 数据核字（2019）第 206314 号

大夏书系·《人民教育》精品文丛

《人民教育》精品文丛

总 主 编	余慧娟
副总主编	赖配根
策划编辑	李永梅　程晓云
封面设计	奇文云海·设计顾问

出版发行	华东师范大学出版社
社　　址	上海市中山北路 3663 号　邮编　200062
网　　址	www.ecnupress.com.cn
电　　话	021 - 60821666　行政传真　021 - 62572105
客服电话	021 - 62865537
邮购电话	021 - 62869887　地址　上海市中山北路 3663 号华东师范大学校内先锋路口
网　　店	http://hdsdcbs.tmall.com

印 刷 者	北京密兴印刷有限公司
开　　本	700×1000　16 开
印　　张	122
字　　数	1 600 千字
版　　次	2020 年 9 月第一版
印　　次	2020 年 9 月第一次
印　　数	1 000
书　　号	ISBN 978 - 7 - 5675 - 9737 - 2
定　　价	397.00 元

出 版 人	王　焰

大夏书系·《人民教育》精品文丛

丛书总主编
余慧娟

本册主编
施久铭

核心素养的中国实践

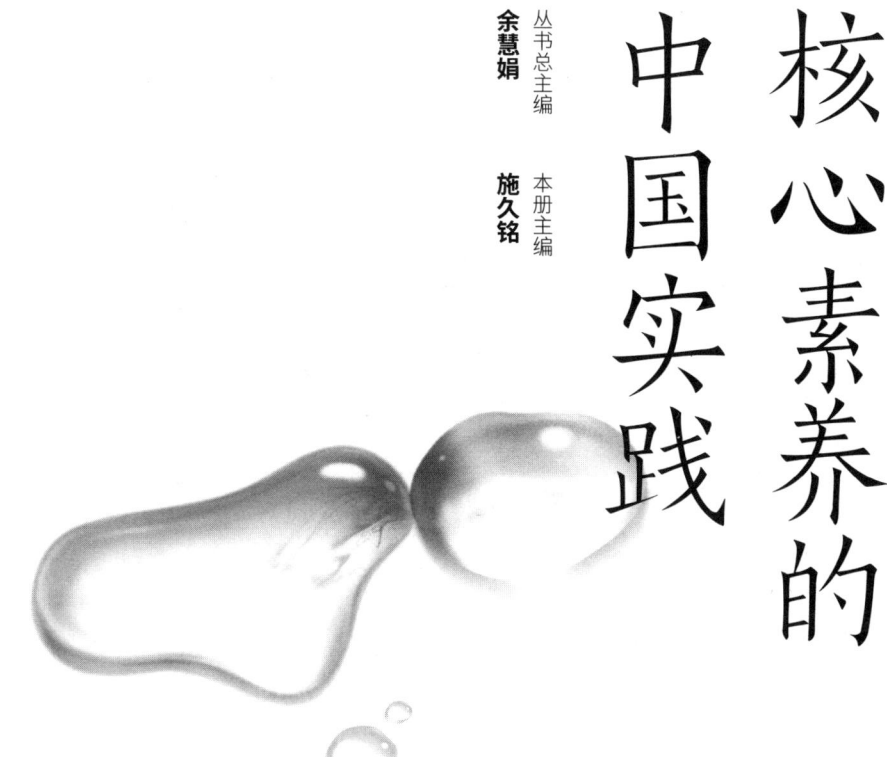

华东师范大学出版社
ECNUP　全国百佳图书出版单位

人民教育

目 录

辑一　核心素养的"核心"关系

辑二　当"核心素养"来敲门，学校准备好了吗？

辑三 核心素养落地的难点与突破

总　序
办伟大的学校，做伟大的校长和教师

翟　博

人民教育编辑部应华东师范大学出版社之邀，出版这套丛书，可喜可贺。

《人民教育》编辑部应华东师范大学出版社之邀，出版这套丛书，可喜可贺。

创刊于 1950 年的《人民教育》杂志，积聚了深厚的历史财富、广博的教育资源、深远的影响力和良好的公信力，被读者亲切地誉为"中国基础教育第一刊"。近几年来，《人民教育》杂志围绕中心，服务大局，坚持"方向性引领、专业化服务"宗旨，着力引领读者深入探讨中国基础教育改革发展的一系列重大课题，并在理论和实践层面作出回应，获得读者高度认可。其中，既有对教育现代化、立德树人、教育公平、教育质量观等重大理论问题的思考，也有校长领导力提升、学校办学的新经验，还有教师发展的新思路，更有最前沿的学习方式的引介，上接天线，下接地气。从《人民教育》近几年发表的文章中，精选、分类结集成册，既充分发挥了文献的长远价值，便于读者系统阅读，也能够更好地扩大传播面。在当前转瞬即逝的刷屏式海量、碎片阅读背景下，高水平的专业文章更能够帮助读者聚焦关注点，提高阅读的获得感，提升专业水平。

具体而言，《人民教育》精品文丛具有如下特点。

第一，丛书立足于新时代中国基础教育的历史使命，对重大教育课题和重点难点问题给出了丰富且可资借鉴的回答，是引领、推动中国基础教育发展的珍贵文献。

党的十八大以来，以习近平同志为核心的党中央高瞻远瞩，提出了一系列重要的教育思想和教育论断，为新时代基础教育发展指明了方向。党的十八大报告首次提出，把立德树人作为教育的根本任务。习近平总书记多次强调，要全面贯彻落实党的教育方针，培养德、智、体、美、劳全面发展的社会主义建设者和接班人；要处理好德与才的关系，解决好德与才相统一的问题；要让学生做到明大德、守公德、严私德；要把立德树人的成效作为检验学校一切工作的根本标准。深刻领会立德树人的丰富内涵，认真探索立德树人的实践路径，深入研究立德树人的理论，是新时代给基础教育提出的重大课题。

在这一背景下，基础教育需要切实承担起一系列重大使命。要把社会主义核心价值观教育融入教育全过程，放在更加突出的位置加以落实，引领学生树立正确的历史观、民族观、国家观、文化观。要植根于中华优秀传统文化的土壤，培育文化自信和中国精神，把中华优秀传统文化融入课堂教学和学校教育全过程，在创造性转化、创新性发展中传承中国人的文化基因。要大力发展素质教育，树立德、智、体、美、劳全面发展的质量观。要重新思考、践行好学校、好校长、好老师的标准。坚持育人为本，转变教育思想观念，认真落实习近平总书记提出的"四有"好老师的要求，进一步提升校长和教师的专业素质。从单纯以学科考试分数为主要评价指标转到全面发展的理念上来；从关注少数尖子生的发展转到关注每一个孩子的发展上来；从过于强调统一步调转到更多关注个性发展上来。

《人民教育》精品文丛，正是站在基础教育改革发展的最前沿，围绕以上重大课题、重要使命，组织国内顶尖专家、优秀校长教师，提供前沿思想理念和脚踏实地的解决方案。《新时代学校使命》一书，由社评和《人民教育》核心议题的前言构成，高度凝练了对当前教育问题的思考，包括教育自信、教育质量观、核心价值观教育、美育、教育活力，等等。《身体教育学》一书，力图借助"身体教育学"这个最新概念，以整体的观念来推动全面发展。《核心素养的中国实践》一书，期待带动整个基础教育质量观的变化，以适应未来对人才和教育的要求。《名校的那些"秘密"》一书，以活生生的案例来展示学校社会主义核心价值观教育、培养文化自信、落实立德树人根本任务的管理、课程、空间设计等诸多实践路径。《还可以怎样学习》一书，聚焦近年来学生发展素养目标的变化，以全球视野介绍更广阔、更多样、更有效的学习方式。《"好校长"是怎样炼成的》一书，专注于校长的价值领导力、课程领导力、教师领导力和沟通领导力等核心要素的实践解读。《老师，你为什么不再进步了》一书，关注教师的成长与高原期突破。《朝向心灵伟大的教师》一书，汇集教育界、文化界及商界名人的成长故事和教育故事，力图为校长教师打开新的窗口，从社会的角度来看教育。

第二，丛书集中展现了中国教育实践经验与智慧，引导读者建立和提升教育自信。

中国教育质量迅速提升的一个重要秘密，就是中小学的每一堂课，都在努力体现国家战略、国家意志，国家顶层设计与一线微观实践高度融通呼应。

对美好生活的渴望，对美好教育的热烈追求，是中国教育成功的重要动力。纵观中国基础教育改革开放 40 年来的历程，对美好教育的追求，成为教育发展、教育工作者改革创造的重要驱动力。这套丛书中提炼的好学校、好校长、好教师的改革经验，无不是在回应广大人民群众对美好教育的殷切期盼。

与时代潮流合拍，创造高品质的教育，是教育改革的重要经验。近年来，中小学涌现了一大批好校长、好教师，就在于他们敏锐地抓住了时代发展的脉搏，大力提升自己的政治素养，养成法治思维，涵养博大的精神世界，从宏观上保障了教育教学改革的正确方向。同时，近年来中国基础教育改革的一个关键突破点，是从主要关注教学方式层面的改进转向学校整体层面的变革，体现了与新时代精神的密切呼应。

从这套丛书中还可以看到如国家认同教育、核心价值观教育、优秀传统文化教育、学校文化、课程构建与优化、选课走班制度等方面的具体操作经验。这些都是我们的中小学扎根中国大地实实在在干出来的智慧结晶，是中国基础教育之所以卓越的重要因素，也是我们教育自信的来源，值得学校校长、教师认真研读、借鉴。

第三，丛书呼吁教育工作者乘着新时代的东风，办伟大的学校，做伟大的校长和教师。

伟大的学校，不是仅仅为升学服务的学校，而是要为学生未来创造美好生活的学校。美好生活，不仅意味着谋生就业能力，也意味着正确的价值观，丰富的精神世界，厚重的家国情怀，强烈的社会责任感，健康的自我调节能力，和谐的人际交往能力。伟大的学校，也不仅仅是学生成长的乐园，还应该是教师的人生幸福所在。教师的幸福与学生的发展密切相关。只有当教师从心底里认同教师职业，才能真正参与到学生的成长之中，也才能获得自身职业价值的实现，收获作为教师的幸福。伟大的学校，善于激发教师的职业热情，帮助教师获得成就感。这也是《名校的那些"秘密"》等书揭示的秘密所在。

伟大的校长，其领导力不仅体现在过硬的政治素质、坚持正确的办学方向上，还体现为优良的道德品质，更要有教育的定力，"习惯于择高处立，寻平处坐，向宽处行，务实，求稳，但内心却向往教育的理想，一切为了民族的未来"。伟大的校长，是善于成就教师的校长。李烈感言："当我哪一天不再做校长时，如果老师们在背后这样说：'李烈当校长的时候，我们是真的在快乐地工作着'，那就是对我最高的褒奖了。"伟大的校长还应是优秀的学习者，善于在繁忙的事务间隙，终身学习，反思完善。在工作中，伟大与平庸的区别往往在于能否不断注入生命的激情，能否不断发现心灵伟大的教师和存在无限发展潜能的孩子。

伟大的教师，首先是一个精神灿烂的人。教师是深度参与学生精神生活的引领者。无论是做"四有"好老师，还是做好"引路人"，教师自身的精神修养是前提，这包括坚定的理想信念、崇高的道德修养、对丰富个性的包容、对人的发展性的充分认识、传递正能量的意识和能力、沟通的艺术、自我情绪管理，等等。善于发现美是他们共同的特质。他们还是一群积极回应环境的人，能够敏锐地发现新问题，通过学习、思考、行动来调整自己，跟着时代一同进步。这些伟大教师的特质，读者可以从《老师，你为什么不再进步了》《朝向心灵伟大的教师》等书中充分感受。

中国社会正处在全面深化改革、实现中华民族伟大复兴中国梦的进程中，社会转型、技术变革等都给基础教育提出了严峻挑战，教育工作者如何看待新情况、解决新问题，考验着我们队伍的素质，更考验我们的学习能力。2013年，习近平总书记在中央党校建校80周年庆祝大会暨2013年春季学期开学典礼上的讲话中指出，"要依靠学习走向未来""只有加强学习，才能增强工作的科学性、预见性、主动性，才能使领导和决策体现时代性、把握规律性、富于创造性"。愿读者在这套丛书中，能够充分感知新时代对我们提出的使命和要求，了解我国基础教育改革发展的基本脉络，把握学校办学的正确方向和科学规律，发展和培育伟大学校、伟大校长、伟大教师成长的"基因"，立志办伟大的学校，做伟大的校长和教师，为伟大的时代贡献自己的价值。

2018 年 7 月

（作者系中国教育报刊社党委书记、社长）

序
核心素养实践的中国智慧

成尚荣

我们对《人民教育》杂志有一种信任感，因为它总是在教育改革的关键时刻，对关键问题给我们以鲜明的方向感，而方向的引领又以专业的方式来呈现。《人民教育》的思想引领、专业引领是准确的、有效的，具有权威性。对学生发展核心素养的讨论与实践正是这样。

2014年，教育部颁发了《关于全面深化课程改革 落实立德树人根本任务的意见》，其中第一次提出一个崭新的概念——核心素养，并将核心素养置于深化课程改革、落实立德树人目标的首要位置。《人民教育》以特有的敏感性关注这一话题，并将这一话题以教育改革主题的方式，组织普遍而深入的讨论。第二年，编辑部就以编者按的形式指出，"这个概念体系正在成为新一轮课程改革深化的方向""国际上长达20多年的研究表明，只有找到人发展的'核心素养体系'，才能解决好有限与无限的矛盾；只有找到对学生终生发展有益的DNA，才能给学生打下坚实知识技能基础的同时，又为未来发展预留足够的空间"，观点鲜明而坚定，文字洗练而极富感召力。校长们、教师们是认同的，是喜欢读的，并作出了积极的应答。紧接着，《人民教育》深入观察，深刻思考，精心策划，持续设计，对核心素养分专题讨论。直至今天，关于核心素养的报道从未停止，表现了编辑部对教育改革的远大的眼光、开阔的视野和坚定的意志，其政策性之强、方向性之明、专业引领性之高，令我们钦佩。

这本集子正是 5 年多来《人民教育》关于核心素养讨论以及实践文章的汇集，是文萃，更是思想的精粹，也是实践的典型案例的荟萃。集子取名为"核心素养的中国实践"，是指思想精粹聚焦于实践，转化为实践，进而引领实践。值得注意的是："中国实践"凸显中国国情，彰显中国特色，其要旨是探索并逐步建构核心素养的中国实现方式，成为具有中国气派的中国模式。书名透出了教育的民族自信与自豪，具有强烈的召唤力和鼓舞性，"核心素养的中国实践"本身就是一种文化符号。

《核心素养的中国实践》有着鲜明的特点，归结起来就是：从"准备好了吗"到"核心素养落地难点的突破"。这是个过程，但告诉我们，只要准确把握、认真实践，就会从"准备"出发，让"准备"成为现实；我们应该用行动让核心素养在课改、教改中落地，并进一步推进课改与教改。它显现了以下具体特点。

其一，真切的提问引发深切的关怀。施久铭先生在文中有个大气的标题："站在为未来而改变的门槛上"。其实，这是个提问，标题的后半句应是：我们看到了什么，想到了什么，准备做什么。显然，核心素养成了走向未来的门槛，我们不能只站在门内瞭望，看到美丽多彩的风景，更为重要的是跨出一步，参与到风景的建设与描绘中来。但是，跨出去必须改变自己，抑或说跨出去便是一种改变，而改变则是开始新的变革旅程。这是一种对课改、对教师的深切关怀。久铭先生说："'核心素养'提醒我们，回到育人原点，思考学校课程的出发点。"没有洞察力、反思力，不可能有这样的判断。"中国实践"需要"中国式的关怀"。

其二，以立德树人为根本任务，探索课程育人、教学育人模式。立德树人是中国践行核心素养的实质，是核心素养的核心旨归。《人民教育》杂志始终把核心素养的讨论聚焦于立德树人的根本任务，从这个视角看，核心素养不是学生发展的最终目的，而是落实立德树人这一根本任务、核心旨归的举措。这是中国实践的又一显著特征，以这样的表达引导中国实践，着力研究、解决三个问题：培养什么样的人，怎样培养这样的人，为谁培养这样的人。三个问题的答案十分明确：培养社会主义事业的建设者与接班人。不过，这一回答还应再提升，那就是党的十九大提出的要培养担当民族复兴大任的时代新人。中国表达、中国实践，具有中国境界。《人民教育》正是在这方面发挥了引领作用。

其三，重构中国课程改革的未来图景，让中国实践成为走向未来的中国教育方案。以立德树人为根本任务，必然要对中国课程改革所引发的未来图景进行思考，在思考中深入，在实践中重构。书中所选用的华东师范大学杨向东教授的文章《核心素养与我国基础教育课程改革的关系》，非常好地回答了这一问题——核心素养是基于中国基础教育课程改革和发展实际的再创造，基于核心素养的课程改革会带来课程改革的突破与超越，具体表现为：解决"三维目标"的割裂问题，促进学习方式和教学模式的变革；改变当前课程标准以内容标准为主线的模式，创建以核心素养为纲的现代课程标准；学科核心素养的提出，是基于中国国情的理论创新；等等。这一图景既是未来的，也是当下的。

其四，《核心素养的中国实践》具有国际视野，与世界教育潮流相融合。核心素养话题具有国际性、全球化的色彩。《人民教育》杂志非常关注国际上课改教改的潮流，书中对美国、日本和新加坡21世纪素养教育实践的介绍，让中国实践打开了大门，回应着世界教改的声音，彰显了中国的实践智慧。这始终是《人民教育》的大视野、大格局，以及理论上的高格调。

总之，《核心素养的中国实践》值得一读，它所表达的中国实践智慧将会影响当下的实践，也会影响世界的课程改革。它将会成为中国教育改革、课程改革的一份重要文献。

（作者系原国家督学，教育部中小学教材国家审查委员会委员）

核心素养的"核心"关系

核心素养：为了培养"全面发展的人"

施久铭

教育部《关于全面深化课程改革　落实立德树人根本任务的意见》（以下简称《意见》）于 2014 年 3 月 30 日正式印发，这份文件中有个词引人关注：核心素养体系——

研究提出各学段学生发展核心素养体系，明确学生应具备的适应终身发展和社会发展需要的必备品格和关键能力，突出强调个人修养、社会关爱、家国情怀，更加注重自主发展、合作参与、创新实践。

核心素养体系被置于深化课程改革、落实立德树人目标的基础地位，成为下一步深化工作的"关键"因素。那么，核心素养到底是什么？为什么会被放在如此重要的位置？它究竟会起到什么具体的作用？

提升人才培养质量的关键环节

核心素养体系的提出，并非我国单独的声音，而是一种世界趋势。

20 世纪初，经济合作与发展组织（OECD）率先提出了"核心素养"结构模型。它要解决的问题是：21 世纪培养的学生应该具备哪些最核心的知识、能力与情感态度，才能成功地融入未来社会，在满足个人自我实现需要的同时推动社会发展?

多年来,不同国家或地区都在作类似的探索。比如,美国对核心素养的关注起源于注重知识创新的高新企业团队,这些企业把用人所遇到的问题反馈到教育中,指出基础教育要注重培养学生的哪些能力和素质,他们称之为"技能"。这些技能不是简单、具体的,而是在 21 世纪里必需的生存技能,是当今社会每个人都应该掌握的内容。再如,从 2009 年起,日本国立教育政策研究所启动了为期 5 年的"教育课程编制基础研究",它关注"社会变化的主要动向以及如何有效地培养学生适应今后社会生活的素质与能力,从而为将来的课程开发与编制提供参考和基础性依据"。从 2005 年开始,我国台湾地区启动了核心素养研究,确立了专题研究计划——"界定与选择核心素养:概念参考架构与理论基础研究"(Definition and Selection of Competencies: Theoretical and Conceptual Foundations,简称 DeSeCo 计划)。

分析核心素养提出的背景,我们可以得到这样的启示:无论是由政府主导还是由民间组织来推动,全世界范围内核心素养研究的兴起和发展与时代发展、社会变革密切联系在一起,它面向教育体系外的社会需求,是教育变革与发展的国际趋势。我国也不例外。随着时代发展,国际竞争日趋激烈,社会对人的综合素养和创新能力提出了更高要求,教育面临着更大挑战。

同时,经过多年教育改革,素质教育成效显著,但"与立德树人的要求还存在一定差距",主要表现在,"重智轻德,单纯追求分数和升学率,学生的社会责任感、创新精神和实践能力较为薄弱"。

具体到课程领域,体现为"高校、中小学课程目标有机衔接不够,部分学科内容交叉重复,课程教材的系统性、适应性不强;与课程改革相适应的考试招生、评价制度不配套,制约着教学改革的全面推进;教师育人意识和能力有待加强,课程资源开发利用不足,支撑保障课程改革的机制不健全"。

教育要回应发展的难题和挑战,必须有新的应对措施。

构建核心素养体系便是试图从顶层设计上解决这些难题。它的构建"使学生发展的素养要求更加系统、更加连贯",重点要解决两个问题:"一是把对学生德、智、体、美全面发展总体要求和社会主义核心价值观的有关内容具体化、细化，转化为具体的品格和能力要求，进而贯穿到各学段，融合到各学科，最后体现在学生身上，深入回答'培养什么人、怎样培养人'的问题。二是为衡量学生全面发展状况提供评判依据，引导教育教学评价从单纯考查学生的基本知识和基本技能转向考查学生的综合素质。"教育部基础教育二司司长郑富芝介绍。

核心素养体系的构建，成为顺应国际教育改革趋势、增强国家核心竞争力、提升我国人才培养质量的关键环节。

强调跨学科，更重视综合素养

何为核心素养？它与过去我们所强调的知识、技能等是什么关系？

核心素养是最关键、最必要的共同素养。杭州师范大学教育科学研究院院长张华教授认为，"核心素养不是只适用于特定情境、特定学科或特定人群的特殊素养，而是适用于一切情境和所有人的普遍素养，这就是'核心'的含义"。

在个体终身发展过程中，每个人都需要许多素养来应对生活的各种情况，所有人都需要的共同素养可以分为核心素养以及由核心素养延伸出来的素养。其中，最关键、最必要、居于核心地位的素养被称为"核心素养"。

义务教育生物课程修订组负责人、北京师范大学生命科学学院刘恩山教授认为，"核心素养是一种跨学科素养，它强调各学科都可以发展的、对学生最有用的东西。比如核心素养中语言素养的概念，已经不是语文学科的概念，也不是外语的概念，这里如果使用'技能'概念定位可能会低一点，但对它的特点可以说得非常清楚，它的特点是有效的表达和交流，其实是一种广义的语言概念，作为有效的表达和交流，远超语文的范畴"。

核心素养也是知识、技能和态度等的综合表现。它是知识、能力、态度或价值观等方面的融合，既包括问题解决、探究能力、批判性思维等"认知性素养"，又包括自我管理、组织能力、人际交往等"非认知性素养"。

并且，"素养"一词的含义比"知识"和"技能"更广。"'技能'更多地从能力角度讲，我们所提'素养'不仅仅包括能力，更多考虑人的综合素养，特别是品德上的要求。这也符合我们的国情，落实起来更好一些。"刘恩山说，"我们如果强调知识的话，大家都会重视知识，强调能力的话也会一窝蜂，这个时候提出这个话题，兼顾了知识和能力，具有导向性。"

用核心素养来梳理培养目标，可以矫正过去"重知识，轻能力，忽略情感、态度、价值观的教育偏失"。

核心素养的获得是后天的、可教可学的，具有发展连续性，也存在发展阶段的敏感性。福建师范大学教师教育学院院长、基础教育课程研究中心主任余文森教授认为，"核心素养是最基础、最具生长性的关键素养，就像房屋的地基，它决定房屋的高度。核心素养的形成具有关键期的特点，错过了关键期就很难弥补"。

核心素养的作用以整合的方式发挥出来。尽管核心素养指标的内涵不同，发挥着不同作用，但彼此作用并非孤立，在实践中表现出一定的整合性。

例如，OECD 指出，核心素养总框架包含了一系列具体指标，它们是整合在一起的，只不过在不同情境下各指标表现的程度不同。

澳大利亚梅尔委员会也提出，任何核心素养指标本身不构成一套独立体系，为了完成某一目标，素养应通过整合的方式发挥作用。

"核心素养的习得与养成必须具有整体性、综合性和系统性，这也决定了对它的测量与评价必须具有综合性和发展性，对课程设计与开发、教育质量评价技术等提出了新挑战。"张华认为。

核心素养体系将对课程、教学产生什么影响

一线教师最为关心的是核心素养与课程标准的关系，具体而言，就是核心素养体系将会对课程、教学产生什么影响？

据《意见》介绍，核心素养体系将成为课标修订的依据。

在张华看来，对核心素养的研究将会对我国课程目标的进一步科学化产生影响。因为"长期以来，我国确定课程目标以及各级各类教育目标的时候，习惯于将国家政策文件中的相关话语直接移植过来。这既导致课程目标或教育目标缺乏科学性且无法检测，沦于空泛与抽象，不能有效指导

教育实践，又导致课程目标或教育目标缺乏针对性，无法适应不同年龄阶段学生的发展需求"。他期待，在适时引入"核心素养"这一体系后，课程目标能够进一步实现科学化。

刘恩山则认为，核心素养提出后，"目标更明确，因为这些要素提得更鲜明，它会把国家的教育方针突出表现在核心素养上，我们就可以在这个框架内更明确地定位学科教育。每个学科把这件事情做好，就可以更好发挥出学科课程的价值"。他进一步解释，"它可以清晰地提示你，生物学或者其他理科，在科学素养之外能做什么，比如，生物学里有没有语言素养或数学素养的问题？过去很多人没有去考虑，今天作为一种核心素养提出，语言素养、表达交流的能力也要落实到生物学习中，所以我们要组织学生去合作学习，去自主探究学习，这个过程中伴随着语言、人际交往的目标"。

"原来的学科任务仍然在课程标准之中，在同样的课程框架里，如果把这个框架比喻为一栋4层的大楼，每层代表不同的学段，我们可以装入新的设备，让大楼变得更加现代化或者功能更加完善。原来的办公系统、上下水系统都在，但加入了电子传感系统，让大楼的信息沟通、时间利用率会变得更高，这些东西可能不是我原有的东西，它们就是核心素养。"

同样，这套系统可以加入生物学科，也可以加入历史学科，各学科都具有这样的功能，整个功能合在一起，就是核心素养。所以，"它不仅仅是单一学科的，还要有一些辅助材料来支撑，彼此都撑起来后，就会变得更好。我觉得学科素养和核心素养是相辅相成的，核心素养的落实会强化学科素养，学科素养又为核心素养的学习提供了一个平台"。刘恩山说。

在核心素养指标体系的总框架完成后，如何基于指标体系确定各学段的核心素养及其表现特点，从学生发展的角度做好不同学段核心素养的纵向衔接，就成为核心素养最终落实和培养的重要环节。

为了实现核心素养与各学科课程的有机结合，教育部将组织研究小学、初中、高中和大学四个学段核心素养具体指标的主要表现及水平特点，实现核心素养指标体系总框架在各学段的垂直贯通。

"下一步需要在总框架的基础上进一步深入到各个学段，从素养发展的角度提出各学段学生在不同核心素养指标上的表现特点和水平，把指标体系具体化到各学段，确定核心素养在不同学段的关键内涵。"教育部基础教育二司副司长申继亮介绍。

（感谢学生发展核心素养研制课题组对本文写作的帮助）

（作者单位系《人民教育》杂志）

（文章原刊于《人民教育》2014年第10期）

核心素养：重构未来教育图景

《人民教育》编辑部

2014年3月，一个崭新的概念——"核心素养"，首次出现在国家文件中。在教育部印发的《关于全面深化课程改革　落实立德树人根本任务的意见》中，"核心素养"被置于深化课程改革、落实立德树人目标的基础地位。今天，这个概念体系正在成为新一轮课程改革深化的方向。

为什么要提出核心素养？

党的十八大提出，要把立德树人作为教育的根本任务。但立德树人靠什么来落小落细落实呢？这是个问题。

曾几何时，知识本位、应试教育填满了学校生活的缝隙，师生争分夺秒，为的是获取更多的知识。然而，当知识以几何级态势增长，这种方式还能奏效吗？

人们意识到，知识教学要"够用"，但不能"过度"，因为知识教学过度会导致学生的想象力和创造力发展受阻。

教育不能填满学生生活的空间，要留有闲暇。因为学校教育绝不是给人生画上句号，而是给人生准备好必要的"桨"。

更新知识观念是一种世界趋势。国际上多数国家、地区与国际组织都认为，以个人发展和终身学习为主体的核心素养模型，应该取代以学科知识结构为核心的传统课程标准体系。

国际上长达20多年的研究表明，只有找到人发展的"核心素养体系"，才能解决好有限与无限的矛盾；只有找到对学生终身发展有益的 DNA，才能在给学生打下坚实知识技能基础的同时，又为未来发展预留足够的空间。

那么，"核心素养"到底是什么？

不同于一般意义的"素养"概念，"核心素养"指学生应具备的适应终身发展和社会发展需要的必备品格和关键能力，突出强调个人修养、社会关爱、家国情怀，更加注重自主发展、合作参与、创新实践。从价值取向上看，它"反映了学生终身学习所必需的素养与国家、社会公认的价值观"。从指标选取上看，它既注重学科基础，又关注个体适应未来社会生活和个人终身发展所必备的素养；不仅反映社会发展的最新动态，同时注重本国历史文化特点和教育现状。在我国，社会主义核心价值观包含了国家、社会、公民三个层面的价值准则。因此，从结构上看，基于中国国情的"核心素养"模型，应该以社会主义核心价值观为圆心来构建。此外，它是可培养、可塑造、可维持的，可以通过学校教育而获得。

落到学校教育上，还须解决一个关键问题：它同学科课程教学是什么关系？

一方面，核心素养指导、引领、辐射学科课程教学，彰显学科教学的育人价值，使之自觉为人的终身发展服务，"教学"升华为"教育"；另一方面，核心素养的达成，也依赖各个学科独特育人功能的发挥、学科本质魅力的发掘，只有乘上富有活力的学科教学之筏，才能顺利抵达核心素养的彼岸。

核心素养还是学科壁垒的"溶化剂"。以核心素养体系为基，各学科教学将实现统筹统整。比如"语言素养"，它并非专属语文一家，体育课也有——有可能只是手势和眼神，一个快球、快攻就发动了。现代社会中，人们有效交流的非文字信号能力也是"语言素养"。

对于教师而言，这是个巨大挑战。首先是观念转型——教师要从"学科教学"转向"学科教育"。学科教师要明白自己首先是教师，其次才是教某个学科的教师；首先要清楚作为"人"的"核心素养"有哪些，学科本质是什么，才会明白教学究竟要把学生带向何方。

这也是从"知识核心时代"走向"核心素养时代"的必然要求。

基于"核心素养"完善学业质量标准，还可能改变中小学评价以知识掌握为中心的局面。一个具备"核心素养"的人与单纯的"考高分"并不能画等号。它还将对学习程度作出刻画，进而解决过去基于课程标准的教学评价操作性不足的问题。

　　当然，它不仅挑战我们现有的课程设计与评价体系，同时也拷问着校长和教师的教育素养，从概念到行动，从"知识至上"转向以核心素养为导向，您准备好了吗？

（文章原刊于《人民教育》2015年第07期）

以社会主义核心价值观为中心构建我国学生核心素养体系

辛　涛　姜　宇

　　人不学，不知义。做什么人，立什么志，具备什么样的道德素养，拥有什么样的世界观、人生观和价值观，教育是关键。《国家中长期教育改革和发展规划纲要（2010—2020年）》把坚持"德育为先，能力为重，全面发展"作为未来教育发展的战略主题，怎样落实社会主义核心价值观是当今教育改革中值得深入讨论的重要话题。

　　我们认为，以社会主义核心价值观为中心构建我国学生核心素养体系，依据学生核心素养进行教育教学改革，用学生核心素养指导课程改革和教育评价，是落实社会主义核心价值观教育的根本途径。

一、构建学生核心素养体系是落实社会主义核心价值观的客观要求

　　培育和践行核心价值观是国民教育的基本任务，而如何将其融入国民教育的全过程，对当前教育改革提出了新要求。构建学生核心素养体系是推进社会主义核心价值观融入国民教育全过程的第一步。

　　（一）国际上核心素养研究的趋势与启示

　　近年来，世界教育改革浪潮中，教育标准的形式逐步发展变化，以个

人发展和终身学习为主体的核心素养模型逐渐代替了以学科知识结构为核心的传统课程标准体系。世界各国（地区）与国际组织相继构建了学生核心素养模型。

总结国际上核心素养研究的经验，我们能得到哪些启示？

首先，以学生核心素养推进教育改革与发展是当今教育领域的趋势。以学科知识为核心的课程标准是从具体学科出发，按照学科教学规律规定了教育过程应该满足的标准，解决的是"教什么"的问题；学生核心素养是从人的全面发展角度出发，体现了"促进人的全面发展、适应社会需要"，解决的是"培养什么样的人"的教育问题。[①]基于这样的目的，核心素养是关于学生知识、技能、情感、态度、价值观等多方面能力的要求，是个体能够适应未来社会、促进终身学习、实现全面发展的基本保障。

其次，价值取向上，核心素养反映了学生终身学习所需的素养与国家、社会公认的价值观。国际上大多数国家认为教育主要有两个目标：培育个体和教育国民。各国的核心素养制定体现了明确的价值取向。一方面，要培育全面发展的人，教育必须承担培养、塑造儿童青少年能力与品行的责任，并最终使每个人发挥自己的才华和潜能，保持身心健康；另一方面，任何人不能离群而居，个人通过各自的贡献找到适当的立足点及保障。个人也肩负对社群的义务和责任，由此获得生命的意义，找到自己的定位。因此，教育必须培养年轻人的爱国情操和社会正义感。世界各国（地区）和国际组织对核心素养的界定都离不开国家、社会这两个视角。例如，经济合作与发展组织（OECD）的"素养的界定与遴选"（Definition and Selection of Competencies: Theoretical and Conceptual Foundations，简称 DeSeCo）项目的核心素养可以分为人与自己、人与工具、人与社会三个方面，而国际上其他核心素养模型分为个人的自我提升、终身学习等方面的素养和社交、沟通等社会技能方面的素养。

再次，内容结构上，学生核心素养体系注重系统性，各具特色。选取

[①] 辛涛、姜宇、王烨辉：《基于学生核心素养的课程体系建构》，《北京师范大学学报（社会科学版）》，2014 年第 1 期。

核心素养是一个系统化的过程，尽管核心素养的指标不尽相同，其目的都是要培养全面发展的人和建立健全的社会。国际上的核心素养模型都有较为严密的体系和完整的结构。OECD 的 DeSeCo 项目所建构的核心素养为并列交互型：共 9 个二级指标，分为人与自己、与工具和与社会三个维度，维度间的关系是相互交融的。许多国家和地区沿用 OECD 核心素养的框架，也为并列交互型。美国的"21 世纪技能"是整体系统型：以核心素养为中轴，包括学习内容的科目与主题、学习结果的指标以及强大的学习支持系统；核心素养辐射影响了教育的各个环节，融入整个教育体系。新加坡学生核心素养模型结构是同心圆型：以核心价值观为核心，发展出与完善自我相关的能力素养和未来社会所需要的素养，共三个维度。此外，日本"21 世纪型能力"的核心素养结构是发散型：内核是基础能力，中层为思维能力，最外层是实践能力。

（二）构建核心素养体系要体现社会主义核心价值观的要求

结合国际经验，我国在学生核心素养的构建中要体现以下几方面要求：

其一，在指导思想和价值取向上，学生核心素养建构要体现社会主义核心价值观的要求。DeSeCo 项目确立的核心素养的功能是实现个体成功的生活和健全的社会。国际上许多国家和地区核心素养的研制也是从这两个方面展开的。成功的个体生活和国家、社会是分不开的，三者在核心素养体系中目标是一致的。所以，核心素养的功能不仅要促进学生的全面发展，还要体现国家与社会对儿童青少年的价值期望。社会主义核心价值观囊括了当前个人、社会、国家的价值要求，以此为学生核心素养的指导思想和价值取向，不仅能落实党和国家的教育目标，也与国际上核心素养的功能定位相一致。

其二，在内容结构上，学生核心素养可以采取同心圆型，核心价值观应居于圆心。核心价值观应成为学生核心素养的重要组成部分，而不仅仅是作为指导思想。在核心素养模型中，新加坡是以核心价值观作为内核构建的。价值观决定一个人的性格特征，并能塑造个人的信仰、态度及行动。根据这一主旨，"核心价值观"维度包含了"尊重、责任、正义、关怀、适应力、和谐"6个一级指标。借鉴新加坡的经验，我国学生核心素养的结构可以采用同心圆型，将社会主义核心价值观居于圆心。

其三，在遴选原则上，学生核心素养要充分体现社会主义核心价值观的要求。在指标选取上，应把握以下三个原则：学生的核心素养应该是可培养、可塑造、可维持的，并且可以通过学校教育获得；核心素养是对每一个个体和整个社会都具有积极意义的重要素养；核心素养遴选应与时代接轨，同时注意我国教育文化背景[①]。

二、课程是培养学生核心素养、落实核心价值观教育的根本途径

将培育和践行核心价值观融入国民教育全过程的关键在课程。核心价值观细化为学生核心素养只是第一步；而将核心素养落实在教育教学过程中，转化为学生自身的基本素质和能力，需要课程作为桥梁。可以说，课程建设是培养学生核心素养、落实社会主义核心价值观的根本途径。

（一）意义：解决价值观教育的现实困境

学生核心素养指导的课程建设为解决价值观教育的现实困境提供了路径。

首先，可以使品德与价值观教育有的放矢。在传统的以课程标准和学科知识为主的德育体系中，德育课程的主要教学内容就是优秀的道德品质本身，内容和形式单一。核心素养体系将"培养社会主义接班人"这一教育目标细化，将德育的目标具体化为每一个年龄段应该达到的较为精细的目标，增强了德育的可操作性。在核心素养体系指导下修订德育课程内容，将道德、价值与未来社会所需要的素养相结合，更有助于促进教师和学校德育课程的具体化。

其次，可以使品德与价值观教育更好地和其他科目融为一体。在传统的德育体系中，德育只与思想品德课一门课程相关。实际上，品德和价值

---

① 辛涛、姜宇、刘霞：《我国义务教育阶段学生核心素养模型的构建》，《北京师范大学学报（社会科学版）》，2013年第1期。

观教育不能也不应该排除在各科学习之外。在语文、数学、科学、艺术等课程的教学过程中，也能够实施德育和美育，从而促进学生全面发展。核心素养体系不以学科知识体系为核心构建，而是以学生终身发展和社会对学生的期望为目标，这样的价值导向能够促成学生知识、技能、情感、态度、价值观的统一，发挥学科育人的合力。

最后，可以促进不同年龄阶段的思想品德课程相互衔接，形成整体。品德和价值观教育是一个循序渐进、一脉相承的过程。在传统的德育体系中，每个学段都有德育目标，而这些目标没有严格的顶层设计将其统一起来。不少学者诟病当前的德育是小学学习热爱祖国，而大学却要重新学习自己的事情自己做。从发展学生核心素养出发进行德育课程建设，就是要统筹品德和价值观教育的目标，将其细化进不同的年龄段。按照儿童青少年的身心发展规律，使每一个年龄段在某一道德品质或素养方面得到应有的发展，并能够一以贯之。

（二）途径：基于核心素养体系进行课程建设

第一，基于核心素养体系修订品德与价值观教育内容框架。在核心素养体系下讨论品德与价值观教育旨在给学生传授价值观和建立国家、社会与情绪素养，使学生发展为一个良好的个体和对社会有用的公民，以应对当今社会变革与全球化进程。例如，新加坡的核心素养模型中，在核心价值观的指导下，品德和公民教育分为三大教学内容以及六大学习领域（如表1所示）：身份、关系和选择三大教学内容，是教学大纲的核心概念，三者之间相互联系且相互影响。学生需要知道它们是谁，以便与他人建立更积极的关系。它们形成的关系塑造着他们的身份，选择的能力又影响着他们理解自身的身份和建立关系。以此为基础的品德和价值教育更加细化，容易落实，贴近学生生活，应用性更强，更适应未来社会的发展。

第二，基于核心素养体系促进学科融合，让各学科发挥育人合力。价值观教育是"润物无声"的过程。核心素养是以人的素养为核心，以此推进课程改革，有助于打破学科界限，促进跨学科能力素养的培养，发挥育人合力。比如，日本国立教育政策研究所2012年发布的教育课程编制基础

表1 新加坡品德与公民教育大纲

核心价值观	三大观念	领 域
尊重	身份认同	自我：我是谁，成为我能成为的人
责任		家庭：加强家庭联系
适应力	关系	学校：培养健康的友谊和团队精神
正义		社群：理解社群，建立一个包容性的社群
关怀	选择	国家：发展国家身份认同感和建设国家
和谐		世界：在全球世界中成为一个积极公民

研究报告指出，基于培养完整的人，要制订以核心素养为支柱的未来教育课程方案。新课程方案融通了智力发展与道德教育，将思考力（知）与道德性（心）关联了起来。在这个框架下，德育和价值观的培养不再是单独的课程内容，而是融合在各个学科的学习中（见图1）。

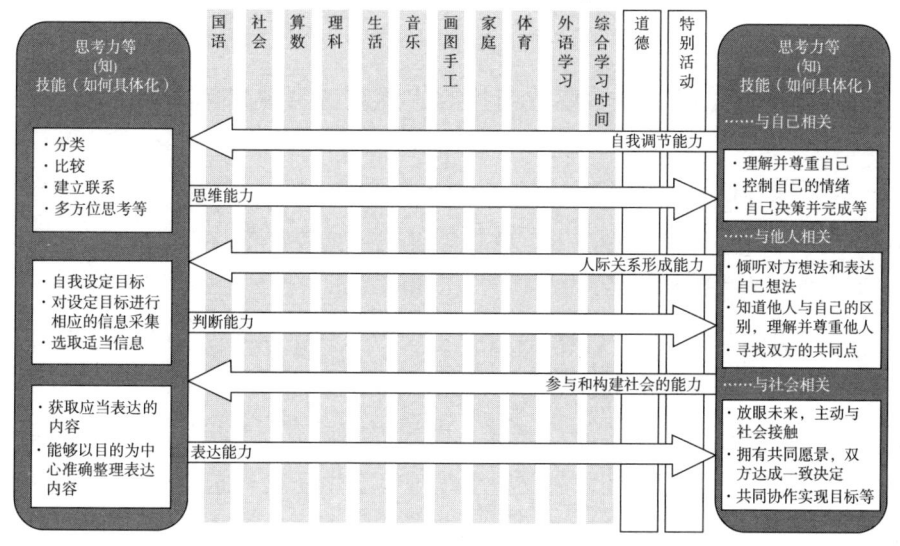

图1 人格的形成，对生命、人类的尊重等

第三，基于核心素养体系指导教学建议和教学关键过程，落实素养和价值观教育。一直以来，特别是新课标颁布之后，各个学科在教学过程中不仅要传授知识和技能、过程与方法，还强调培养学生的情感、态度、价值观。然而，在以学科知识体系为核心的课程标准中，教学内容规定得十分明确，教学过程和教学建议却较为弱化；知识与技能有清楚的规定，而过程性的价值观教育却没有提供明确的指导。

基于核心素养体系的课程建设可以提出较为具体的教学建议和教学关键过程，使教师在教学实践中有章可循。例如，日本基于素养的课程标准配套材料中，将语言沟通能力的教学过程建议确定为"在授课时将教师一齐授课介绍教学内容，改为两人一组相互讨论，或使用便签进行小组讨论，或使用白板进行小组讨论。这样不仅可以让学生产生自己的观点，而且还有助于理解他人观点，发现各种观点的异同"。"需要讲演的教学内容，将仅由教师来说明教学内容，改为由学生来讲授教学内容，或学生制作海报等张贴物报告教学内容，或通过集体讨论来表达教学内容。这样促进学生主动表达自己的立场、结论，促进学生尊重对方的观点和立场。以上建议可以在科学、数学、社会等课上进行。"

三、教育评价是检验核心素养与核心价值观教育成果的重要手段

除了课程设置、课程内容等方面的原因外，当前德育和价值观教育实施效果不好还有一个重要原因，就是评价中"重智轻德"，缺乏行之有效的德育与价值教育评价方法。

构建核心素养体系为探索合理有效的教育评价奠定了基础，它所提出的核心素养可以作为衡量教育质量的关键指标。

学业质量标准应当是核心素养与课程内容的有机结合。根据核心素养体系研制的学业质量标准，主要内容是规定学生完成不同学段、不同年级、不同学科学习内容后应该达到的程度要求，并以此指导教师准确把握教学的深度和广度，指导考试评价更加准确反映人才培养的要求。

使用基于学生核心素养模型的学业质量标准指导教育评价，可以促进评价打破学科内容限制，使跨学科能力评价成为可能。例如，"问题解决能力"是学生重要的素养之一，在科学、数学、社会等学科中都有体现，学业质量标准就是结合各个学科制定这一素养的分级能力表现，以实现素养和能力的评价，而品行、价值观、公民意识、身心健康等重要素养和能力

本身就是跨学科领域的，需要研制学业质量标准才能有效地对这些素养进行测量与评价。

当前，教育质量评价已经不仅仅考查学生学业水平，也纳入了品德、心理健康、兴趣特长以及学业负担等指标，学生的综合素质评价也逐步纳入升学毕业等关键环节。而探索有效的品德评价方法和适宜的评价内容，仍是当前德育评价的重点工作。

基于学生核心素养的教育评价改革可以促进品德评价的展开。一方面，学生核心素养体现的是学生全面发展和社会的核心价值，并且是有结构、有层次、可培养的素养体系，可以指导品德评价的内容；另一方面，学生核心素养重视学生发展的过程，规定了不同阶段儿童青少年品德价值观发展的水平，可以给品德和价值观教育的评价提供依据。

［本文系教育部哲学社会科学重大攻关项目"义务教育阶段学生学业质量标准体系研究"（12JZD040）成果］

（辛涛单位系北京师范大学中国基础教育质量监测协同创新中心；姜宇单位系解放军后勤学院后勤政工教研室）

（文章原刊于《人民教育》2015 年第 07 期）

基础性：学生核心素养之"核心"

成尚荣

　　学生核心素养（以下简称"核心素养"）的研究，关涉许多领域，其复杂性可想而知。和许多重大研究一样，如果能准确把握其中的关键，复杂程度也许会降低一点。那么，核心素养的关键是什么？是对核心素养"核心"的理解和把握。

　　所谓"核心"，指向事物本质，对事物全局起支撑性、引领性和持续促进发展的作用。从这一角度来理解，我以为，核心素养之"核心"应当是基础，是起着奠基作用的品格和能力。是"核心"的基础性决定着核心素养的内涵、重点和发生作用的方式。因此，完全可以说，核心素养就是基础性素养。基础性是核心素养的最根本特性，把握住基础性，才能把握住核心素养研究与发展的命脉。

　　基础性是核心素养的"核心"这一论断，可以从几个方面去认识。

　　这是由基础教育的性质和核心任务决定的。基础教育是为学生发展打基础的教育。基础是不可替代的，也是不可超越的。它的这两种特性，决定了中小学生核心素养应当坚定地着力于基础，着力于基础性素养。把握好这一点，有助于基础教育守住自己的边界，绝不能盲目"抬高"任务、好高骛远。基础教育一旦忽略了基础，哪怕只是一点点的轻慢，都有可能偏离基础教育的性质和任务。这样，核心素养从基础教育的性质和任务中获得依据，反过来又保证了基础教育性质和任务的实现。

这是由基础的特性所决定的。长期以来，基础总是与发展相隔绝，也总是与创新保持着线性的关联。这完全是对基础的误读。其实，基础内蕴着发展，应当认作是发展性基础，打好基础本身就意味着发展。必须重新定义基础，让发展、创新大踏步地走进基础，成为基础的题中应有之义。

目前，研究并明确学生核心素养是国际教育发展和课程改革的共同追求与趋势。从他们的研究来看，核心素养不约而同指向了基础性素养。联合国教科文组织于1996年发布的报告《教育：财富蕴藏其中》，界定21世纪公民必备的素养是学会求知、学会做事、学会共处、学会生存。几年前，加拿大形成的核心素养，他们称之为"九大基本核心技能"，即阅读能力、写作能力、文档应用能力、数学能力、计算机应用能力、思考能力、口语交际能力、与他人共事的能力、持续学习能力。这些素养都是基础性、基本性的。

在认识基础、基础性素养特性时，我们要注意：第一，基础是一个整体性概念，涉及方方面面，不应误以为既然是核心素养，就只能是那么几点或几条，一旦多了，就不是核心素养了，对此不必过虑。第二，基础本身是一种价值形态，坚持核心素养的基础性，抑或坚持核心素养就是基础性素养，正是坚持素养对学生发展价值的认同和追求。第三，基础虽是不可替代、不可超越的，却是可以再生的，可以再生出带得走的知识与能力。第四，我们应当建构这样的认识：基础性素养把学生带向未来，从某个角度看，基础性素养就是学生未来应该具备的素养。

不过，值得注意的是，基础的内涵绝不是一成不变的，而是随着社会的发展、科技的进步，和应着时代的要求，应答着世界的挑战。一如联合国教科文组织在提出"四个学会"以后，于2003年又提出了"学会改变"的基本素养，并将其视为终身学习、终身发展的第五支柱。他们认为，学习不仅可以适应改变，也能创造改变；学习是一种适应的机制，但也具有引发改变的能力。我们可以这么去认识，基础不仅是适应的机制，也应有引发改变的能力。由此，基础性素养的内涵在改变，尤其是创新素养，信息、媒介与技术素养，人际关系、跨文化和社会的素养等，都应成为基础，是核心素养中的有机内容。

这点特别重要。长期以来，我们对基础的认知存有偏差，误认为基础只是基础知识、基本技能，而且常常以基础的稳定性掩盖并否定基础的发展性。当我们在认识、发现基础内蕴着发展、创新元素的时候，千万不能忽略这些内蕴的发展、创新元素还需要开发，需要丰富，否则，它们就会悄然老去以至死去。正因如此，我始终认为，核心素养是一个发展的概念，既可以表述为"学生发展核心素养"，还可以表述为"学生核心素养发展"。总之，"发展"二字不能省略，它应是核心素养的生命力之所在。

当然，还有一个相当重要的问题：怎样打基础，以什么方式打基础？方式常常被称为解决问题的钥匙。合理方式的坚持运用，就会形成文化行为模式，而文化行为模式的改变，会带来新的发展和新的创造。以科学的方式、艺术的方式打基础，这是毋庸置疑的。其实，这些方式说到底是文化的方式，即是吸引人的方式、影响人的方式，而不是强制的方式、简单训练的方式。核心素养是在实践中形成并发展的，以文化的方式去打好基础，核心素养将会朝着理想的方向发展。

（作者系原国家督学，教育部中小学教材国家审查委员会委员）

（文章原刊于《人民教育》2015 年第 07 期）

中国学生发展核心素养：深入回答"立什么德、树什么人"

林崇德

学生发展核心素养，主要是指学生应具备的，能够适应终身发展和社会发展需要的必备品格和关键能力。核心素养是关于学生知识、技能、情感、态度、价值观等多方面要求的综合表现；是每一名学生获得成功生活、适应个人终身发展和社会发展都需要的、不可或缺的共同素养；其发展是一个持续终身的过程，可教可学，最初在家庭和学校中培养，随后在一生中不断完善。

从价值定位而言，学生发展核心素养是对教育方针中所确定的教育培养目标的具体化和细化，是连接宏观教育理念、培养目标与具体教育教学实践的中间环节。党的教育方针可以通过核心素养这一桥梁，转化为教育教学实践可用的、教育工作者易于理解的具体要求，进而贯穿到各学段，体现到各学科，最终落实到学生身上，明确学生应具备的必备品格和关键能力，从中观层面深入回答"立什么德、树什么人"的根本问题，用于指导人才培养具体实践。

核心素养研究如何既关注理论又反映民意

综合各国际组织、主要国家和地区的经验来看，构建核心素养总框架的研究思路主要有三种：自上而下型、自下而上型和整合型。其中，自上而下型主要基于演绎推理范式，先依据理论研究与文献分析，提出理论构想和内容框架，再通过实践加以修改完善；自下而上型主要基于归纳推理范式，先广泛征求民众和专业人士的意见，再在此基础上提炼核心素养框架和指标；整合型则兼具前两种思路的优点，既关注核心素养的理论分析，又反映民众的意见和期望，已逐渐成为各国开展核心素养研究的范式。

基于国际经验，立足我国国情，课题组采取整合型思路，融合演绎与归纳范式，运用文献分析法、个别访谈法、焦点小组访谈法、意见征询法、问卷调查法等定性与定量研究方法，开展核心素养的理论研究与实证调查，最终整合研究成果，形成学生发展核心素养总框架（研究总设计见图1）。

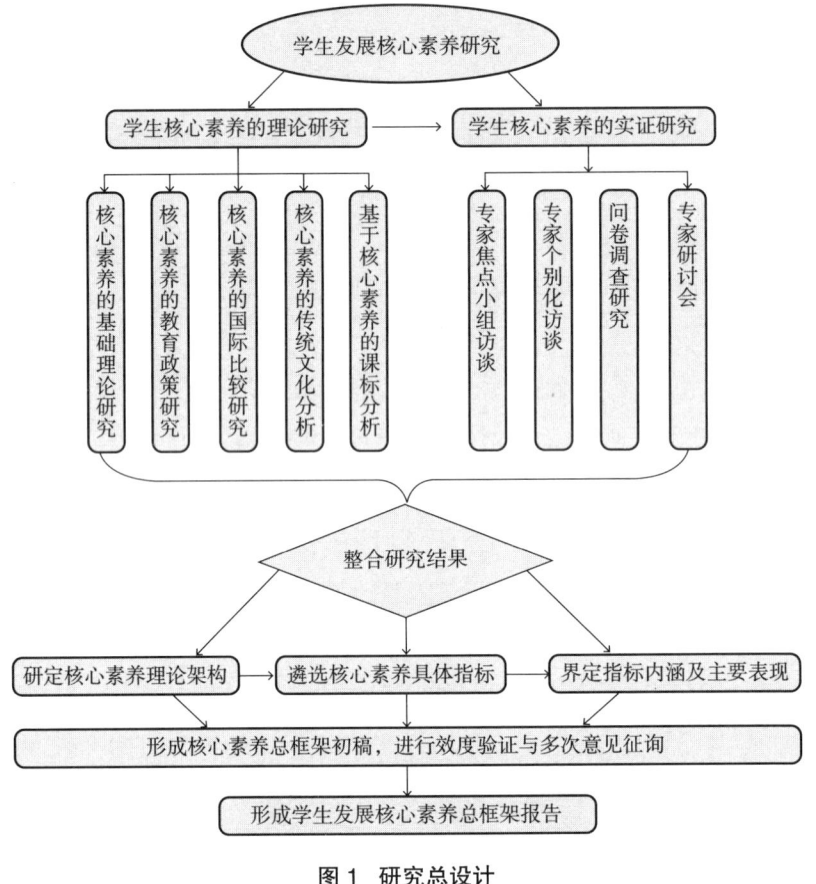

图1 研究总设计

由于此项研究专业性强，必须基于对学生身心发展规律的科学认识，采取科学的程序和方法。研究工作历时 3 年，联合课题组由北京师范大学等多所高校的近百名研究人员组成。

2013 年 5 月，北京师范大学会同多所高校近百位专家，联合开展"学生发展核心素养研究"。课题组成立以来，整体设计研究方案，系统开展研究工作，为总框架的建构提供理论支撑。通过基础理论研究，厘清核心素养的概念内涵与理论结构，准确把握核心素养的价值定位；开展国际比较研究，分析比较 15 个国际组织、国家和地区核心素养研究的程序方法、指标框架和落实情况；通过教育政策研究，梳理不同时期党和国家对人才培养的总体要求；开展传统文化分析，揭示中华优秀传统文化中修身成德的思想和传统教育对人才培养的要求；开展课程标准分析，了解现行课程标准中的核心素养相关表述，明确课标修订任务。同时，通过开展实证调查研究，深入了解社会对人才的需求，准确把握各界对核心素养的期待。课题组访谈了 12 个界别的 608 名代表人物，问卷调查了 566 名专家学者、校长和企业家等，汇总形成约 351 万字的访谈记录和大量调查数据，为建构符合国情特点和现实需要的学生发展核心素养框架提供实证依据。

在此基础上，课题组召开 60 余次专家论证会，结合理论研究和实证调查的主要结论，初步提出了核心素养总框架。此后，又召开 20 余次征求意见会，认真听取专家学者、管理干部、教研人员、一线教师和社会人士的意见建议，对总框架初稿进行修改完善。

经过一年多的努力，课题组提交了核心素养总框架初稿。2014 年 7 月，教育部基础教育课程教材专家工作委员会对核心素养研究阶段性成果进行了审议。为作好核心素养与课程标准修订的衔接工作，2014 年 8 月，呈请教育部基础教育二司委托专家工作委员会，组织课程、教学、评价、教研、管理等方面的研究力量，开展"核心素养与课程标准衔接转化研究"，重点基于核心素养总框架，研究核心素养在课程标准中落实的方式方法。2015 年 1 月，专家工作委员会审议了衔接转化研究成果，赞同研究组提出的核心素养落实方式。

为确保核心素养的科学性和适宜性，2015 年 4 月和 2016 年年初，两次呈请教育部基础教育二司将核心素养初稿及研究报告送教育部有关司局和单位征求意见。同时，正式征求了全国32个省级教育行政部门意见，并委托中国教育学会征求各省市教育学会和相关分支机构意见。此外，召开专题座谈会，听取一线教育实践专家意见。

核心素养是对素质教育内涵的丰富

中国学生发展核心素养以培养"全面发展的人"为核心，分为文化基础、自主发展、社会参与三个方面，综合表现为人文底蕴、科学精神，学会学习、健康生活，责任担当、实践创新六大素养，具体细化为国家认同等18个基本要点。

文化基础、自主发展、社会参与三个方面构成的核心素养总框架，充分体现了马克思主义关于人的社会性等本质属性的观点，与我国治学、修身、济世的文化传统相呼应，有效整合了个人、社会和国家三个层面对学生发展的要求。

责任担当等六大素养均是实证调查和征求意见中各界最为关注和期待的内容，其遴选与界定充分借鉴了世界主要国家、国际组织和地区核心素养的研究成果。六大素养既涵盖了学生适应终身发展和社会发展所需的品格与能力，又体现了核心素养"最关键、最必要"这一重要特征。六大素养之间相互联系、互相补充、相互促进，在不同情境中整体发挥作用。为方便实践应用，将六大素养进一步细化为18个基本要点，并对其主要表现进行了描述。根据这一总体框架，可针对学生年龄特点进一步提出各学段学生的具体表现要求。

中国学生发展核心素养紧紧围绕立德树人的要求，坚持以人为本，遵循学生身心发展规律和教育规律，重视理论支撑和实证依据。具体来看，它主要有以下三个主要特点。

一是彰显了中国特色。与其他国家和地区的核心素养相比，根植于中华民族文化历史的土壤，系统体现中国特色社会主义核心价值观要求，明确把国家认同作为基本要点，突出了宽和待人、孝亲敬长，热爱中国共产党、具有中国特色社会主义共同理想等中国特色鲜明的素养。

二是体现了时代特征。它提出了具有工程思维、适应"互联网＋"趋势、理解人类命运共同体的内涵与价值等时代特色鲜明、反映新时期人才培养要求的素养。

三是强调了整体要求。它系统体现了德、智、体、美诸方面的基本要求，素养内涵界定坚持必备品格与关键能力的有机统一，每种素养既具有品格属性，又具有能力特征。

素质教育作为一种具有宏观指导性质的教育思想，主要是相对于应试教育而言的，重在转变教育目标指向，从单纯强调应试应考转向更加关注培养全面健康发展的人。核心素养是对素质教育内涵的具体阐述，可以使新时期素质教育目标更加清晰，内涵更加丰富，也更加具有指导性和可操作性。此外，核心素养也是对素质教育过程中存在问题的反思与改进。尽管素质教育已深入人心并取得了显著成效，但我国长期存在的以考试成绩为主要评价标准的问题，影响了素质教育的实效。解决这一问题，要从完善评价标准入手。全面系统地凝练和描述学生发展核心素养指标，建立基于核心素养发展情况的评价标准，有助于全面推进素质教育，深化教育领域综合改革。

推动核心素养在教育实践中的具化和落实

学生发展核心素养是一套经过系统设计的育人目标框架，其落实需要从整体上推动各教育环节的变革，最终形成以学生发展为核心的完整育人体系。具体而言，它主要有三个方面的落实途径。

一是通过课程改革落实核心素养。基于学生发展核心素养的顶层设计，指导课程改革，把学生发展核心素养作为课程设计的依据和出发点，进一步明确各学段、各学科具体的育人目标和任务，加强各学段、各学科课程的纵向衔接与横向配合。

二是通过教学实践落实核心素养。学生发展核心素养明确了"21世纪应该培养学生什么样的品格与能力"，可以通过引领和促进教师的专业发展，指导教师在日常教学中更好地贯彻落实党的教育方针，改变当前存在的"学科本位"和"知识本位"现象。此外，通过学生发展核心素养的引领，可以帮助学生明确未来的发展方向，激励学生朝着这一目标不断努力。

三是通过教育评价落实核心素养。学生发展核心素养是检验和评价教育质量的重要依据。建立基于核心素养的学业质量标准，明确学生完成不同学段、不同年级、不同学科学习内容后应该达到的程度要求，把学习的内容要求和质量要求结合起来，可以有力推动核心素养的落实。

中国学生发展核心素养总体框架主要关注通过不同学段的教育后，学生最终能够达成的关键性素养全貌，相对而言比较宏观。在核心素养总体框架的基础上，下一步还需要把总体框架具体化到各学段，作好不同学段核心素养的纵向衔接，这也是实现核心素养最终落实的基础保障。

目前，课题组正在开展这方面的研究。具体而言，课题组将根据各学段学生的年龄特点和发展需求，基于中国学生发展核心素养总体框架中提出的六项素养指标，开展各学段核心素养的基础理论研究和实证调查研究，确定六项核心素养指标在小学、初中、高中、大学等学段中的主要表现和关键内涵，实现核心素养总体框架在各学段的垂直贯通，为核心素养进一步融入各学段具体学科搭建桥梁。

（作者系"中国学生发展核心素养"课题组负责人、北京师范大学资深教授）

（文章原刊于《人民教育》2016年第19期）

学业质量标准：连接核心素养与课程标准、考试、评价的桥梁

辛　涛

近年来，为进一步增强竞争力，提升人才培养质量，世界各主要发达国家和国际组织纷纷开展核心素养的相关研究，并将其研究成果融入课程体系之中。通过研制核心素养，并用来指导教育实践，推动并实现教育和课程标准的转型——从注重学科知识体系完备性向注重学生素养水平转变，从传统的重视教学过程向重视学习结果转变，从注重构建各学科知识体系向跨学科融合、促进学生全面发展转变。

2014年，教育部颁发《关于全面深化课程改革　落实立德树人根本任务的意见》，提出"研究制定学生发展核心素养体系和学业质量标准"。核心素养和学业质量标准都是对学生所要达到的能力和品格的要求，而两者指导的范围不尽相同。核心素养是党的教育方针的具体体现，反映教育目标，用以指导课程和教学改革。学业质量标准是核心素养和课程内容有机结合后制定的，可以直接指导教师课堂教学和教育评价。它是促进核心素养进入学科和课程标准、用以指导教育评价的桥梁。

核心素养是构建学业质量标准的根本遵循。核心素养是党和国家教育方针在新时期的具体体现，反映了党和国家对于教育"培养什么样的人"的期望，是对经历教育之后学生所能拥有的品格和能力的要求。这种期望和要求反映了国家的教育目标。学业质量标准制定的目的是为了结合具体

学科的能力要求，进一步细化教育目标，让它成为指导教学实践和教育评价的具体可操作的质量标准。在这一目的指引下，制定学业质量标准必须依据核心素养，以此为研制依据和根本遵循。

学业质量标准是核心素养融入课程的重要环节。课程标准是教学准备和实施的重要指导。基于核心素养的课程改革，就是要用核心素养指导课程标准的修订，包括制定教学目标——体现学生发展核心素养的要求；规范内容标准——结合核心素养要求来安排学科知识结构；提供机会标准——教学建议要以促进学生形成核心素养为目的；研制质量标准——结合核心素养研制学业质量标准指导教育评价。可见，建构学业质量标准是构建现代课程体系的重要组成部分，是当前促进核心素养融入课程的重要环节。

学业质量标准是核心素养在学业上的具体体现。核心素养是学生适应个人终身发展和未来社会发展所需要的必备品格和关键能力，它必然是相对宏观且宽泛的。学业质量标准则主要界定学生经过一段时间教育后应该或必须达到的基本能力水平和程度要求，是学生核心素养在具体学段、具体学科中的体现，直接反映了学生应达到的学业结果。在研制上，学业质量标准必须是根据核心素养所提出的品格和能力要求，与课程领域所提供的知识内容相结合而制定。所以，在功能上，由于学业质量标准在教育教学实践中更具操作意义，与学科教学连接得更加紧密，它能够更加有效地指导教师教学的深度、广度，更加直接地指导教育评价。

学业质量标准是基于核心素养建立的，是核心素养在教育教学当中的具体体现；核心素养引领学业质量标准的研制方向，为制定学业质量标准提供指导。在这种关系下，核心素养和学业质量标准都能够更好地发挥各自的作用。处理好核心素养与学业质量标准的关系，不仅有助于理解核心素养的实质内涵，发挥核心素养指导教育和课程改革的重要作用，还能够有力地指导学业质量标准的研制，更好地发挥学业质量标准在教育评价中的作用。

首先，处理好核心素养与学业质量标准的关系，能够更好地促进核心素养融入课程和教学，在教育评价领域落地。核心素养明确教育要"培养什么样的人"，是对教育和课程改革的宏观指导，是促进学生全面发展、推进全面深化课程改革的重要手段。作为对学生必备品格和关键能力的规定，核心素养可以用来指导教育教学评价，但如果直接拿核心素养的内容进行教育评价，在操作和实施上将会面临诸多困难。学业质量标准起到了连接核心素养的要求和具体考试评价实施的桥梁作用。有了学业质量标准，教师在教学中能够更加清晰地知道哪些内容要教到什么程度，要在具体学科知识领域培养学生哪些学科能力和素养；有了学业质量标准，考试评价能够更好体现对学生能力素养的考查，促进核心素养在教育评价领域落地。

其次，处理好核心素养与学业质量标准的关系，能够更好地将党和国家的教育方针体现在学业质量标准当中，指导教学评价更加有力。因为有核心素养作为指导，学业质量标准不同于基于学科内容建立的表现标准；后者是在学科内容标准确定后根据大规模测验的结果制定的，而前者是基于细化了的学生核心素养制定的。我国多年的课程改革将学科知识体系构建得非常完备，中国学生发展核心素养业已发布，学业质量标准将学科的内容要求和核心素养的质量要求有机结合在一起，用以指导教师教学和教育评价。这不仅可以促进核心素养融入教学实践和课程改革，而且有助于促进评价打破学科内容限制，实现以学生能力为导向的考试。在这样的学业质量标准指导下，教育评价才能够真正发挥其良性作用，促进学生全面发展。

（作者系"中国学生发展核心素养"课题组核心成员，单位系北京师范大学中国基础教育质量监测协同创新中心）

（文章原刊于《人民教育》2016 年第 19 期）

核心素养与我国基础教育课程改革的关系

杨向东

2014 年 12 月，教育部正式启动我国普通高中课程标准的修订工作。本次修订工作旨在贯彻落实立德树人的根本任务，通过研制我国核心素养体系，将基于核心素养的学业质量标准融入课程标准，引导和促进学习方式和育人模式的根本转型，从而实质性推动和深化我国基础教育课程改革。其中，正确理解核心素养和本次课程改革深化的内在关系，具有极其重要的意义和价值。

核心素养是基于中国基础教育课程改革和发展实际的再创造

本次深化基础教育课程改革，在我国教育历史上首次提出了"核心素养"这一概念。该概念的提出和 OECD1997 年发起的"素养的界定与遴选"（DeSeCo）项目有着深刻的渊源。该项目旨在研究面向 21 世纪的个体应该具备怎样的能力或品质，以应对日益复杂的时代变化和加速度的科技革新给个人生活和社会发展所提出的种种挑战。根据 OECD 的界定，素养（competence）"不只是知识与技能，它还包括个体调动和利用种种心理社会资源（包括各种技能和态度），以满足在特定情境中复杂需要的能力"。它超越了"认知能力"（cognitive ability）的范畴，也不限于传统意义上"能力"（ability）的内涵和外延，而是包含了"各种知识、技能、态度和价值观"。

OECD 对核心素养的界定带有明显的社会适应倾向。随着信息化时代和创新经济模式的到来，越来越多的工作类型要求个体能够应对陌生的挑战性情境，处理复杂多变的任务。在这样的环境中，个体要能够对复杂问题作出灵活反应，实现有效沟通和使用技术，并在团队中工作和创新，持续性地生成新信息、知识或产品。综观澳大利亚、美国、欧盟等西方发达国家或国际组织提出的核心素养框架，无一例外都突出了这一立场。这些框架都强调在数字化、信息化和全球化环境下，在多元异质社会中，创新、批判性思维、沟通交流和团队合作能力的重要性。这些素养反映了个体适应 21 世纪的共同要求。

鉴于上述倾向，有学者认为本次课程改革应该采用"胜任力"，而非"核心素养"这一术语；也有人认为"核心素养"更多地在强调社会适应性，而对个人发展关注不够，以"核心素养"作为本次课程改革的目标不够妥当；还有人认为"核心素养"更多地在强调未来社会个体应该具备的高级技能，不能全面涵盖基础教育育人目标的全部内涵。如果用于分析和理解西方发达国家与国际组织有关核心素养的研究和相关课程改革趋势，这些观点是有道理的。然而，如果用来评判此次以"核心素养"为设计理念的普通高中课程标准修订工作，就有失偏颇了。这是因为，本次基础教育课程改革深化并不是机械照搬西方相关概念和研究结论，而是在借鉴国际经验的基础上，结合我国基础教育课程改革实际情况和现实问题，创造性地运用"核心素养"这一概念。这种理解主要体现在如下几个方面。

第一，核心素养是新的历史时期贯彻落实党的十八大"立德树人"根本任务的理论构想。如果说基础教育阶段的学校课程是落实立德树人根本任务的重要载体，那么对当前和未来一定时期内，我国基础教育阶段学生需要具备的核心素养内涵、构成、彼此关系及其发展水平的论证和阐述，就是将立德树人根本任务转化成具体和系统的基础教育阶段育人目标的根本途径。按照这种定位，确定"核心素养"既要批判性地汲取国际上有关"key competence"研究的合理内涵和学理基础，也要站在 21 世纪的角度合理继承和发扬中华优秀文化传统，还要对我国自 20 世纪二三十年代以来的数次基础教育课程改革，尤其是第八次基础教育课程改革进行深入总结和反思。在这一定位下，"核心素养"的内涵既要涵盖通过学校学习应该掌握的人类文化工具，又要包括适应 21 世纪信息时代所需的创新、批判性思维、沟通交流和团队合作等"胜任力"；既要关注西方文化下科学认识世界和参与社会的传统，又要继承中华文化明德修身、止于至善的精神内核。因此，本次课程改革所采用的"核心素养"及其理论建构，本质上试图回答在当前中国政治、经济、社会状况和发展趋势下"培养什么人"和"怎样培养人"的问题。

第二，"核心素养"的提法是对我国改革开放以来基础教育改革成果和经验的继承与发展。在根本价值取向上，"核心素养"这一提法与我国上世纪 80 年代以来倡导的"素质教育"有着内在的一致性，是对素质教育在新时期的深化。上世纪 80 年代末提出的素质教育旨在改变当时过分强调"智育唯一、分数至上"的"应试教育"弊病，促进育人模式的转型。此次提出"核心素养"，研制基于核心素养的学业质量标准，试图进一步明确基础教育的质量观念，阐明人才培养要求，从而实现育人模式的根本转型。之所以采用"素养"概念，而没有沿用"素质"的提法，有如下几方面的考虑:（1）"素质"通常指的是个体先天禀赋和后天环境（教育）交互作用在个体身上所体现出来的结果。而"素养"更多地指向后天习得的，通过教育可以培养的，可以更加凸显教育的价值。（2）虽然国内已有大量有关"素质"和"素质教育"的讨论，但一直没有形成公认的系统理论体系、课程模式和实施途径。相比之下，"素养"是与国际科研文献一致的科学建构，存在大量相关研究和成果，可以在借鉴国际理论和研究模式的基础上构建我国"核心素养"的理论体系。（3）从推进策略的角度来讲，选择"核心素养"而不沿用"素质"的用法，更加容易赋予其新的含义，引发公众的关注和思考，免除旧有概念可能蕴含的思维定式。

第三，以"核心素养"作为基础教育育人目标，并不意味着基础的读写算能力、具体领域的知识和技能就不需要了。核心素养的突出特征在于个体能否应对现实生活中各种挑战性的复杂真实任务。在这一过程中，离不开个体能否综合运用相关领域的知识技能、思维模式或探究技能以及态度和价值观等在内的动力系统。产生这种认识的原因是，只看到了"核心素养"这一术语的字面意思，而没有理解其培养过程是以学科或跨学科课程的学习为基础的。

基于核心素养的课程改革试图直面的问题与可能的突破

概括来讲，本次基于核心素养的课程改革，试图回应当前存在的如下五个方面的问题，并期望作出实质性的突破。

（一）建立和完善我国基础教育阶段的教育目标体系，真正实现立德树人的根本任务

在我国，虽然形式上存在基础教育阶段的总体目标到各学科教育目标，再到各学科的学段、学期、单元和课时目标这样一个目标体系，实质上却存在严重脱节的现象。我国基础教育总体目标应更多关注学生个性发展与社会适应能力，但表述往往过于抽象，其内涵和外延缺乏明确界定和系统阐述。而实践层面的具体学科教育，因受应试教育和学科教学传统的影响，则更多地将习得具体知识和技能、形成学科知识体系作为最主要的目标。这种现象不仅导致学科教育目标和总体目标之间难以衔接，还造成学科之间壁垒森严，滋生学科本位思想，难以在育人价值上实现真正的统整。

构建系统的核心素养模型，是连接我国基础教育总体目标和学科教育目标的关键环节。核心素养模型作为总体目标的具体化，成为思考和界定不同学科的共同育人价值和独特育人价值的参考框架。它为各学科在课程目标、内容和学习机会上的深度融合提供了目标依据，也为跨学科学习主题（或课程）的确定提供了理论基础。此外，核心素养的发展贯穿整个基础教育阶段。通过揭示在整个基础教育阶段中不同核心素养的内涵、构成与结构、表现特征与发展机制等，可以构建一个以核心素养为主轴的、与基础教育阶段学生身心发展水平密切结合的教育目标理论。这一目标理论是制定课程标准、课程设计和管理、教学、评价以及教师专业发展的重要基础和依据，从而为真正贯彻落实立德树人根本任务提供保障。

（二）解决当前我国基础教育"三维目标"割裂的问题，促进学习方式和教学模式的变革

第八次课程改革以来，为了打破学科教学过分注重学科知识点的传授和操练，全面落实课程改革的总体目标，提出了"知识与技能，过程与方法，情感、态度与价值观"的学科教育目标。然而，由于理论和现实中的种种原因，"三维目标"在实际教学实践中演变成只剩"知识与技能"，"过程与方法"未能充分落实，"情感、态度与价值观"被形式化和虚化。

核心素养有助于重新审视"三维目标"的整合问题。核心素养在本质上是应对和解决复杂的、不确定的现实生活情境的综合性品质。这一过程离不开个体能否综合运用相关的知识技能、思维模式或探究技能以及态度和价值观等在内的动力系统。在这个意义上，核心素养是"三维目标"的整合。这种整合发生在具体的、特定的任务情境中。核心素养是个体在与情境的持续互动，不断解决问题、创生意义的过程中形成的。在这一过程中，个体在情境中通过活动创生知识，形成思维观念和探究技能，发展素养。教育或教学的功能就在于选择或创设合理的情境，通过适当的活动促进学习的发生。所以，核心素养这一概念蕴含了学习方式和教学模式的变革。它要求教师能够创设与现实生活紧密关联的、真实性的问题情境，让学生通过基于问题或项目的活动方式，开展体验式的、合作的、探究的或建构式的学习。

（三）改变当前课程标准以内容标准为主线的模式，创建以核心素养为纲的现代课程标准

我国现有课程标准本质上仍然属于内容标准，编排体例主要遵循学科内容体系的逻辑，过于重视内容标准，学科与跨学科素养没有成为主线，导致核心素养的培养不突出和不系统。

本次普通高中课程标准修订采用了国际上基础教育课程标准的最新研制模式。以立德树人为根本指针，在跨学科核心素养基础上，反思学科本质观和学科育人价值，凝练各学科核心素养，研制基于核心素养的学业质

量标准。以培养核心素养为指向，用（跨）学科大观念统整和重构课程内容，关注学科知识技能的结构化；凸显学科的实践活动，强调学科思维方式和探究模式的渗透。修订后的课程标准，始终以学生核心素养的培养为主轴，真正实现了"育人为本、素养为纲"的设计理念。

（四）改变当前基于学科知识点掌握程度的学业质量标准观，创建基于核心素养的新型学业质量标准观

长期以来，受应试教育和我国学科教学的理智传统的影响，学科教学过分关注知识训练和技能操练，将知识点的掌握作为课堂教学的主要目标。由此形成的学业质量观强调以学科知识点为纲，以知识点的识记、理解和应用水平作为质量水平的划分依据与表述方式。

本次修订后的课程标准，构建了以核心素养为纲的学业质量标准，重塑基础教育阶段的学业质量观。按照这种观点，所谓的学业质量标准，是指基础教育阶段的学生在完成各学段的学习时，应该具备的各种核心素养以及在这些素养上应该达到的具体水平的明确界定和描述。这种学业质量观有利于引导教师关注核心素养如何落在学生身上，可以清晰地了解不同层次学生的素养表现，并根据实际需求，设计教学方法和策略，选择课程资源。将带有明确水平描述的学业质量标准融入课程标准，意味着国家颁布的课程标准可以直接指导教师教学和学生学习，为过程性学业评价、毕业考试命题和高考命题提供依据，为学科教学法的理论更新、实践变革以及高考命题的改革，提供了上位的理论框架和水平依据。

（五）破解评价瓶颈，改变过分关注知识和标准答案的现状，构建基于核心素养的评价体系

我国现有的考试和评价过多拘泥于纸笔形式，强调孤立的确定性学科知识和技能的习得。评价任务脱离学生生活实际情境，过于注重标准解题过程和正确答案。

基于核心素养的评价旨在改变当前考试和评价的不足，通过创设整合性的、情景化的、不良结构的真实任务，直接评估学生的真实性学业成就，

从内涵上变革我国的中高考命题和其他大规模考试。重视不确定性的（跨）学科探究主题和基于现实社会实践的日常评价活动，关注学生在真实任务情境中提出和形成问题，发现、收集和利用信息，权衡不同方案，产生新想法或发现新途径来解决复杂问题，有效表达自己的理解和认识，能够和他人进行有效沟通。通过观察、讨论、展示、同伴或自我评估、成长记录档案袋等多种方式，收集学生不同场合、时间和形式的多方面证据，实现对学生核心素养发展水平的全面而合理的评价。更为重要的是，依托基于核心素养的学业质量标准，可以通过开发合理的核心素养评价体系，构建有实质内涵的质量话语体系，促进指向学生核心素养发展的学生、教师、家长、学校和社区学习共同体的建设。

（作者系华东师范大学教育学部教授、课程与教学研究所副所长）

（文章原刊于《人民教育》2016 年第 19 期）

正确处理核心素养与"双基"的关系

张 华

所谓核心素养，是人们适应 21 世纪信息时代个人和社会的发展需求，解决复杂问题和适应不确定情境的高级能力和道德意识。它有三个最显著的特点：第一，它是一种高层次能力，以批判性思维、创造性思维和复杂交往能力为核心，而不是记忆能力、知识技能熟练等低层次能力；第二，它具有道德感和社会责任感，倡导负责任的创新、创造与批判，不是所有高层次能力都是核心素养；第三，它具有鲜明的时代特征，因应信息文明的召唤，区别于工业文明和农业文明时期的人的发展，尽管三种文明之间不是割裂和对立的。[①]

相同、相加还是无关

我国传统教育素来重视"双基"，即基础知识与基本技能。当核心素养成为新的教育目标之后，核心素养与"双基"是怎样的关系，素养教育与"双基"教育又是怎样的关系？

对这两个紧密联系的问题，有三种典型的观点。第一种观点认为，核心素养的基础是"双基"，只要熟练掌握"双基"，自然生成核心素养，二

---

① 张华：《论核心素养的内涵》，《全球教育展望》，2016 年第 4 期。

者无对立和冲突，本质上是相同的。我国基础教育的特点和优势是重视"双基"，只要继续坚持和强化"双基"教育，必然带来素养教育。这种观点可称为"相同说"，认为核心素养与"双基"没有不同，素养教育与"双基"教育很一致。第二种观点认为，"双基"对发展核心素养的基础地位以及我国教育重视"双基"的特点和优势必须坚持，但是随着时代的发展，"双基"应当与时俱进，在数量上增加，如把"双基"增加为"四基"。这种观点可称为"加法说"，即在"双基"的基础上做加法。第三种观点认为，核心素养与"双基"存在根本区别，二者没有实质性联系，核心素养既不依赖特定知识或技能，又可适用于任何知识、技能或情境。譬如，学习骑自行车，学习时不局限于使用某辆特定的自行车，一旦会骑了，不仅恒久不忘，而且可以骑任何自行车。这种观点可称为"无关说"：核心素养与"双基"无实质关联。

从我国当前的教育理论与实践来看，无论秉持者是否意识到，上述"相同说"与"加法说"相当普遍。持"无关说"的人相对少些，但由于该观点与历史上的"形式教育论"紧密相关，它在我国教育理论与实践界也有一定市场。那怎样看待这三种观点呢？

从本质上说，"相同说"试图用"双基"替代核心素养、"双基"教育替代素养教育。它实际上是"双基说"。在"双基说"看来，"基础知识"，无论是科学技术还是人文经典，是极少数人发明创造、供大多数人掌握运用的有效的"客观规律"或"客观真理"；"基本技能"，无论是心智技能还是动作技能，是供人内化的固定行为规范，以准确性和熟练化为特征，以追求活动效率为目标。在这里，掌握"双基"与发展能力或核心素养之间呈线性关系：前者是基础、前提和第一性的，后者是结果、派生物和第二性的。"双基"决定核心素养。强化"双基"教育，是发展核心素养的不二法门。

诚如前述，核心素养是高层次能力与道德意识、社会责任感的融合。发展核心素养，既需要尊重每一个人的个性自由，因为以创造性为核心的高层次能力本质上是自由个性的自然表现，又需要转变知识观，让一切知识成为人们探究的对象和使用的工具。每一个人都有权对任何知识产生自己的理解，还需要转变知识技能的教学与学习方式，让知识的发明创造过程本身变成教学与学习，因为人只能在创造中学会创造。"双基说"不仅无助于核心素养的发展，而且有可能使知识技能的掌握与核心素养的发展之间形成反比关系或"剪刀差"：知识技能越熟练，核心素养则越低。

西方发达国家，比如美国，在基础教育阶段，学生所掌握的知识技能的数量比中国少、熟练程度比中国低，这能否得出西方国家基础教育低劣甚至失败的结论？针对这一问题，熟悉中美教育的华裔美国教育学教授赵勇曾这样说道："自以为是的教育改革者经常征引一些危机指标，比如，美国学生在数学和科学上的表现要比国际同伴学生差，美国学生数学和科学课程的兴趣在降低、所选课程的数量在减少，而国外大学毕业生的数量在增多。但是，他们却很少提及迄今为止美国经济取得优胜的奥秘——美国人民的冒险精神、创造性和勇往直前的精神。"这些"奥秘"正是人的核心素养。我国基础教育倘若继续沉醉于"'双基'优势"的迷梦中，伴随21世纪信息文明时代的到来，我国教育和社会将因创造性等核心素养的缺失而深陷危机之中。

"加法说"是"双基说"的补充与延伸，是"应试教育"与素质教育、"双基"教育与素养教育之间折中、调和的产物。它首先全盘接受"双基说"，进而补充一些符合素质教育要求的内容，如增加学生的活动等，试图适应应试教育与素质教育的双重要求，既保住中国教育的"传统优势"，又与国际接轨。但因其未质疑"双基说"的根本问题，特别是未改变知识观，增加的所谓素质教育的内容就变成了装饰。

"无关说"看到了"双基"与核心素养的区别，这是其正确的一面。但是离开了高级思维的内容，高级思维过程就成了无源之水、无本之木。"双基说"的错误不在于重视知识，而是扭曲了知识及其学习过程：它把知识仅理解为"客观真理"或一堆"事实"，把学习理解为内化真理或事实。"无关说"本质上是"形式教育论"的翻版：只重教育形式，忽视教育内容。由于脱离了探究对象或内容，探究过程本身就必然日益形式化和机械化，沦为单纯的记忆过程，因而无法解决复杂问题并适应不可预测的情境，无法形成真正的核心素养。

超越"双基"，走向素养

怎样处理核心素养与"双基"的关系；怎样超越"双基说"，确立真正的"核心素养说"；怎样超越"双基"教育，走向素养教育？这至少需要做到如下三点。

第一，转变课程知识观。知识，一如真理，其本质在于探索、揭示世界，而非遮蔽、覆盖世界。课程知识本质上是帮助学生探索、揭示世界，以持续产生并发展自己的思想或理解。要基于核心素养的要求，重建课程知识。

首先，课程内容不是由零散的"知识点"或孤立的事实构成的，而是由核心观念构成。解决复杂问题依靠整体而有力的核心观念，而不是零散的"知识点"。因此，每一门学科都要基于"少而精"的原则选择最有价值的学科知识，都要从零散的"知识点"走向拥有内在联系的学科核心观念。学科核心观念是体现学科本质特性和教育价值的最关键的学科概念、原理、思想与态度。

其次，学科探究与实践是课程内容的有机构成。所谓"学科探究与实践"，是指学科专家（人文科学家、社会科学家、自然科学家、工程师等）探索世界、解决问题和创造学科知识的典型探究方法与实践。倘若承认知识的过程性，就必须将学科探究与实践视为学科知识的有机构成。将学科探究与实践基于学生的年龄和个性特征进行转化，由此成为具有发展连续性的课程内容。学生在真实情境中亲自探究与实践学科核心观念，由此形成学科核心素养。

最后，教师与学生的个人知识是课程内容的有机构成。教师正是基于其个人知识将学科内容转化为学科教学知识。学生正是基于其个人知识探究学科观念，发展核心素养。学生的个人知识与学科知识的对话、互动过程，即是学生核心素养的生成过程。

第二，将知识创造过程变成教学和学习过程。百年以来，人类教育科学取得的伟大成就之一是确立了这样一条原理：人只有改变了世界才能理解世界，教育即帮助学生改变世界。100年前杜威倡导的"做中学"依然闪耀着时代精神的光芒，我们需要根据信息文明的要求赋予其新的内涵。如今，"创中学"的潮流正席卷整个世界。诞生于18世纪启蒙运动及20世纪初的"发现教学""探究教学""问题解决教学""设计教学""协作教学"等，本质上是使教学和学习过程成为真实的知识创造过程。这些教育思潮与实践既未失败，又未过时，日益成为核心素养时代的主要教学方式。诚如美国学者罗宾逊所言："我们并非长大了才有创造性，我们是在创造中成长。抑或说，我们是在创造过程中受教育。"

当前，我国课堂教学改革若不把教学变成真实的知识创造，不让以"问题解决教学"和"协作教学"为核心的新的教学方式成为我国课堂教学的主体，发展学生的核心素养就难以落实。

第三，将"双基"优势转化为核心素养优势。我国学生"双基"熟练本身不是缺陷，通过泯灭学生的个性自由和创造性、以牺牲核心素养发展为代价而达成"双基"，才是致命缺陷。

要将我国基础教育的"双基"优势转化为核心素养优势，需要让教育发生根本转型：通过让学生经历真实的探究、创造、协作与问题解决，发展学生的核心素养；在此过程中，一切基础知识、基本技能均成为学生探究的对象和使用的工具，其目的是产生学生自己的思想和理解。

"双基"优势转化为核心素养优势之时，即是我国基础教育改革成功之日。

［本文系国家社会科学基金教育学2012年度重点课题"高中阶段的教育发展战略研究"（AHA120004）成果］

（作者系杭州师范大学教育科学研究院教授）

（文章原刊于《人民教育》2016年第19期）

核心素养与三维目标：从三维目标走向核心素养是课改深化的标志

余文森

从功能上说，素养是一个人的精神财富，它是人生意义、人生价值、人生幸福的支撑。核心素养决定一个人人生的高度、深度，决定一个人生活的品质、品位。核心素养让人活得有尊严、有意义、有价值、有境界。一个社会的文明，取决于这个社会所有成员的素养。所有的教育都应该指向人，核心素养是素质教育的深化和细化，是当前基础教育改革与发展的方向、引擎。

延伸到学科领域，学科核心素养指的是学生通过该门学科的学习形成的必备品格和关键能力（硬实力和软实力；智力因素和非智力因素；科学素质和人文素质），它是一门学科（教育和学习）留给学生最有价值、最有意义的东西。具体而言，学科核心素养指的就是受过这门学科教育的人的形象、表现、气质、行为、习惯、能力、素质，这些素养构成与未受过这门学科教育的人的差别。反过来说，学科核心素养就是核心素养即必备品格和关键能力的具体化、学科化、情境化。它关心的是一门学科究竟对一个人的必备品格和关键能力的形成有什么样的贡献，而不只是本门学科的具体知识内容。

传统的学科教育过度在学科知识上做文章，学校和教师一直纠结于学科知识的容量（内容的多和少）、难度（内容的深和浅），教师对所教学科的知识点和训练点烂熟于心，而对学科的本质和教育价值却知之甚少，对学生通过本门学科的学习究竟要形成哪些核心素养以及怎样形成这些核心素养也不甚了解。高中学科教育被高考绑架，学科和学科教育严重工具化，这是我们目前高中教育存在的深层次问题。学科核心素养正是破解这一问题的钥匙。它是学科教育的灵魂，只有抓住学科核心素养，才能正确地引领学科教育的深化改革，全面地发挥学科的育人功能。

理解了核心素养的内涵，我们也就明白了为什么要从三维目标走向核心素养。相对于三维目标，核心素养的立意更能体现以人为本的教育思想。

核心素养是从人的视角来界定课程与教学的内容、目标和要求，它体现了对教育内在性、人本性、整体性和终极性的关注。教育的终极任务就是提升人的素养（教育价值所在）。素养让我们真正从人的角度来思考、定位教育。必备品格和关键能力是人终身发展、可持续发展的基因、种子和树根。抓住了核心素养，也就抓住了教育的根本。

如果说从"双基"走向三维目标是新一轮课程改革的一个标志，那么从三维目标走向核心素养则是当前课程改革全面深化的一个标志。当然，核心素养之于三维目标并不是简单的取代，更不是否定，而是继承中发展、传承中创新、整合中突破。从形成机制来讲，核心素养是三维目标的进一步提炼与整合，是通过系统的学科学习之后而获得的。三维目标是核心素养形成的要素和路径。

（作者单位系福建师范大学教师教育学院）

（文章原刊于《人民教育》2016年第19期）

基于核心素养的课程改革之关键问题

王烨晖　辛　涛

我国学生发展核心素养的研制是落实《国家中长期教育改革和发展规划纲要（2010—2020年）》、全面深化课程改革、落实立德树人根本任务的重要举措。但这仅是对我国教育总目标在当前社会背景下的一个具体阐述，仍属于宏观教育目标层面，是我国教育未来发展的顶层设计与架构。

如何把这个顶层设计落实到具体的教育实践之中，渗透到课程的每一个环节，解决当前教育存在的诸多问题，切实有效地提升教育质量，成为全社会关注的热点。开展基于核心素养的课程改革，已成为落实我国学生发展核心素养的迫切需求。

一、教师是落实核心素养、实现素质教育的关键所在，要充分重视教师的转化作用

开展基于核心素养的课程改革，容易将人们的注意力引导到课程标准和教材的改革上，而忽略了教师在整个课程体系中的能动作用。课程标准虽然是对顶层设计的具体化，但仍处于课程体系的顶层，属于中观层面的教育目标，是由学科、课程、评价等领域专家制定的。教材将中观的课程标准细化到各个学科的知识点，对每一节课的教学进行具体的设计。但它

是一个静态的文本化材料，无法主动将课程传递给学生。与课程标准和教材不同，教师是整个课程体系中最具有能动作用的主体。无论核心素养如何落实到课程标准之中，如何在教材中进行科学合理的设计，缺乏教师这个关键角色，基于核心素养的课程改革将流于空谈。因为教师的教育理念、教学方式、已有的知识经验等各方面，会影响其对课程的设计与组织，影响教学过程的每一个环节，影响教师与学生的互动。这直接决定了核心素养能否真正落地，能否传递给学生。

集知识、能力、情感、态度、价值观于一体的三维教学目标，早已在2000 年开始的新课改中得以体现，在课程标准、教材的制定中得以具体化，但处于一线的广大教师由于缺乏相应力度的培训，其领会和理解的深度不够，再加上升学的压力，到目前为止，仍难以有效落实。在教师相关因素中，教育观念的转变与更新对落实核心素养理念、促进基于核心素养的课程改革有着举足轻重的作用。核心素养的最终目标是促进学生德、智、体、美全面发展，培养能够适应未来社会的德才兼备的人，实现素质教育，全面提升我国的教育质量。因此，需要帮助教师改变旧的"应试"观、"升学"观，建立与素质教育相应的新型教育观、质量观和人才观。

二、教学是核心素养落实到课程的具体执行过程，是落实素质教育的根本途径

课堂是核心素养落实到课程中最微观、具体的层面，是核心素养能否真正落地，培养出所需人才的重要环节。基于核心素养设立的课程标准和编写的教材，如果无法通过教学传递给学生，那么核心素养只能流于概念。综观国际组织和世界各国对素养的定义，均强调知识、技能和态度在与现实生活相关联的特定情境中的运用。我国课堂教学的一个重要特点是以抽象知识为主，与现实生活关联较小。虽然新课改之后强调与生活情境相结合，但在具体教学中，这种现实情境的结合主要用于激发求知欲、提升学习兴趣，仅发挥了辅助教学的作用。

以数学为例，长期以来，我们的数学课堂中，教师强调数学知识的教授，注重计算的熟练与准确性，强调解题方法的熟练运用。数学知识本身就相对抽象，重复机械化的练习使得课堂枯燥乏味，学生丧失学习数学的兴趣，最终培养出一大批高分厌学的学生。

PISA（Program for International Student Assessment，国际学生评估项目的缩写）根据与学生生活距离由近及远分为个人、社会、职业和科学四类情境。我国传统的数学教学主要在与学生生活距离最远的科学层面进行，学生在数学世界中能够高质、高效地完成任务，但却不知道如何利用数学知识解决实际生活中的问题，数学与现实是两个平行的世界。PISA 对数学素养的定义是："个体在各类情境中形成、应用和阐释数学，包括数学推理和运用数学概念、过程、事实和工具对现象进行描述、解释和预测。这种数学素养有助于个体认识数学在真实世界中所发挥的作用，作出有理有据的判断与决策，而这是作为一个建设性、积极参与且有反思能力的公民所必需的。"[1] 这个定义为我们提供了开展基于数学素养课堂教学的重要启示——数学教学应当从以下两方面着手。

一方面，数学问题来源于真实生活，如何从现实情境中识别问题，抽象概括出数学问题，从现实世界走向数学世界是数学教学的起点。我们一直强调要用数学知识解决实际问题，但如果无法对现实问题进行抽象、概括，转化为数学问题，学生将无从知晓用什么知识解决这个问题。数学课堂教学应当注重将实际情境中的问题转化为数学问题的过程，培养学生从复杂情境中理解、识别并简化情境，构建具体的问题，并且能够将具体的问题转化为数学问题。

另一方面，数学学习最终要走向生活，回归现实。在数学世界中用数学知识解决相应问题，是我们当前数学教学的优势所在。但获得了相应的数学结论之后，如何解读与阐释这个结果，特别是如何在具体情境中对结果进

---

① OECD（2016），*PISA 2015 Assessment and Analytical Framework: Science, Reading, Mathematic and Financial Literacy*, PISA, OECD Publishing, Paris. http://dx. doi. org/10.1787/9789264255425-en.

行诠释，根据现实生活中的具体情况对结果进行验证、评估并最终作出决策等，这一系列环节都是当前教学所匮乏的。如果数学教学能够同时兼顾上述两个方面，对学生而言，数学知识不再是只停留于课堂中数学世界里的抽象知识，而是来源于生活而最终又回归于现实的鲜活数学。学生不仅掌握了数学知识，形成了如何从生活中识别数学、解决问题并运用于现实的能力，还提升了学习数学的兴趣和信心，最终实现真正意义的素质教育。

三、课程评价是落实核心素养的重要抓手，基于核心素养的课程评价能够充分发挥素质教育的引导作用

从基于标准的课程改革时代起，世界各国便开始着手将质量评价标准融入课程体系之中，在当前基于核心素养的课程改革大潮中，美国、德国等国家借助质量评价标准，实现了核心素养与课程体系的对接。为实现对核心素养落实课程的效果评估，课程评价更是成为各国的重要抓手，采用立法、加大教育投入和借助国际项目等多种方式，自上而下建立起完善的课程评价体系。

评价与课程体系相脱节是我国教育中的一个重要问题，即评价所依据的标准与课程或课程标准相脱离，这给教师的教学带来混乱——应该按照课程标准还是评价标准进行教学？为了获得更高的评价结果，教师往往按照评价标准进行教学，使得评价标准替代了课程标准，教学围绕考试转。这不仅与中高考的高利害性以及过度追求升学率有关，还与我国课程标准缺乏相应质量标准，无法为教师提供客观标准和可操作化指导有关。借当前我国学生发展核心素养出台，并正向课程体系转化与落实之际，应当自上而下建立起配套的课程评价体系，从评价的理念、设计、方法、过程和结果等环节体现素质教育的导向。[1]

我国传统评价重知识，轻能力、情感、态度、价值观；重智育发展，

---

[1] 辛涛、姜宇、王烨晖：《基于学生核心素养的课程体系建构》，《北京师范大学学报（社会科学版）》，2014 年第 1 期。

轻德育培养。随着经济全球化的不断深入，各种思想文化交相融合，学生成长环境正在发生深刻变化。在当前社会形势下提出的我国学生发展核心素养，是集知识、能力、情感、态度、价值观于一体的多维综合发展观，旨在培养德、智、体、美全面发展的社会主义建设者和接班人。基于核心素养的课程评价应以促进学生全面发展为旨归，不仅强调认知性目标的达成，还应重视非认知性目标的发展，同时实现对知识、能力和情感、态度、价值观的评估，在评价中促进智育与德育的有效融合，矫正以往重智轻德、忽略情感态、度价、值观的偏失。

核心素养的人才培养目标从单一的知识、技能转向学生综合素质的发展，关注跨学科培养学生面对未来生活所应具备的综合素养。基于核心素养的课程评价，不应仅局限于分科分领域的传统测试视角，应从学科融合的视角出发，实现对学生综合素质的客观有效评估。

还有，要充分重视教师在课程评价中的重要作用。综观世界各国，在其课程评价体系建立的初期，为有效建立课程评价机制，往往采用集权的方式在国家层面统一推行课程评价，随着课程评价制度的日益成熟与完善，教师在其中的重要作用不断被强调和重视。例如，英国的国家课程考试体系中，国家层面统一的测查成分比例不断降低，把越来越多的评价主动权交给教师。因为教师在教学中，通过评价能够最直接、及时地发现问题，得到反馈，进行调整与改进，实现"从评中学，从学中评"（assessment as learning and teaching）。

四、学校氛围是核心素养落地的重要沃土，对学生发展具有潜移默化的作用，应积极构建与核心素养相适应的学校文化和氛围

学校对学生的发展有重要影响，孩子在学校的时间远超过在家庭中同父母互动的时间。大量心理学与教育学研究表明，积极的学校心理氛围对学业成绩、学习动机与态度、认知能力发展、对学校的归属感和参与度、学生的主观幸福感和亲社会行为均有重要的促进作用，而对抑郁、焦虑、

攻击和违法行为则有明显的抑制作用。[①] 特别是对女生，农村、低收入水平以及低文化水平的家庭或低师资水平等弱势学生群体具有更强的保护作用。良好的学校心理环境，能够在一定程度上削弱各种弱势地位所带来的不良影响。[②]

从学校文化与氛围的角度切入，关注学校"软"环境的建设，与我国学生发展核心素养所倡导的文化基础、自主发展、社会参与等各方面相结合，特别是在公平与公正、鼓励自主与合作、接纳与支持以及安全与秩序等方面为学生、教师营造积极的心理氛围，对于教师教学理念的改变、教学思想的转变、师生关系的建设与提升、学生德育的培养、健康积极人格的塑造、社会责任感的培养等方面，均会产生重要的潜移默化的作用。这种影响对于学生核心素养的形成和培育以及素质教育的真正实现，有着不可估量的潜力。

五、信息技术是实施核心素养的重要技术保障，现代化信息技术与教育教学的深度融合是基于核心素养课程改革的必然趋势

信息技术的突飞猛进对现代社会的各方面都产生了深远影响，也迅速渗透到教育的各个角落，在有些方面甚至已经产生了颠覆性改变。对教师而言，可以更快、更便捷地接触到最新的教育理念、教学方法与策略，为教师转变传统教育理念提供便利。同时，教师培训突破了时空的限制，实现实时互动。就学生而言，接受信息的渠道更加多样化、开放化和个性化，使其思想日益活跃、变通和灵活。翻转课堂、慕课等新的教学形式不断出现，教与学变得越来越个性化、特色化和多样化。信息技术革新了传统的

---

① 周翠敏、陶沙、刘红云、王翠翠、齐雪、董奇：《学校心理环境对小学 4~6 年级学生学业表现的作用及条件》，《心理学报》，2016 年第 2 期。

② 陶沙、刘红云、周翠敏、王翠翠、孙聪颖、徐芬、董奇：《学校心理环境与小学 4~6年级学生认识能力发展的关系：基于全国代表性数据的多水平分析》，《心理科学》，2015 年第 1 期。

教育教学模式，催生了新的教学工具，助力教育内容的创新，营造了全新的学习环境，在教师教育观念转变、教学改革和学校文化与氛围建设的各环节不断推陈出新。[①]

同时，由信息技术带来的教育教学模式的改变，对测评技术提出了新的需求。传统纸笔测试已经无法实现对部分基于信息技术的综合性素养的测评，计算机测试、网络测试、计算机自适应测试等现代化测试技术则能满足这些需求。PISA 2015 借助计算机人工智能技术实现对具有复杂交互作用的协作问题解决能力测评，实现对复杂情境下具有双向动态协作能力的有效测量与评估。相比于纸笔测试，基于计算机、互联网的测评，实施成本更低，数据收集效率更高，人为因素的出错率大大降低，还能收集到比纸笔测试更加全面的诸如反应时间、解题思维等过程性信息。为实现对核心素养的准确测量与评价，体现核心素养德智并重、跨学科领域和集知识、能力、情感、态度、价值观三位一体的综合目标等特色，借助计算机、互联网、云技术等现代化测评将成为主流。根据学生在任务中的具体表现进行评估，生成诊断性评价报告，基于学生个体能力发展的特点生成个性化学习路径。

信息技术与教育的融合需要一个发展变化、逐步深入的过程，我国当前各地各学校的信息化水平参差不齐，具体所处的发展阶段与速度各异，应当根据具体情况逐步推进。除了硬件水平的建设外，在教育领域实现现代化信息技术理念的推广与普及、教师信息技术素养与技能的提升、制度的创新、先进经验的学习与借鉴，都是促进两者深度融合、落实核心素养、实现素质教育的重要手段。

[本文系教育部哲学社会科学重大攻关项目"义务教育阶段学生学业质量标准体系研究"（12JZD040）、教育部人文社会科学青年基金项目"新课程

---

① 杨宗凯、杨浩、吴砥：《论信息技术与当代教育的深度融合》，《教育研究》，2014 年第 3 期。

背景下教材质量的评价研究：以小学数学为例"（13YJC880078）成果，由中央高校基本科研业务费专项资金资助（SKZZX2013013）〕

（作者单位系北京师范大学中国基础教育质量监测协同创新中心）

（文章原刊于《人民教育》2017年第3-4期）

核心素养测评的十大要点

杨向东

核心素养已成为我国基础教育课程改革的"基因"。随着新一轮普通高中课程标准修订工作的展开，普通高中阶段核心素养模型已经初步成型，各学科基于核心素养的学业质量标准也基本完成。目前，围绕学生核心素养的发展和培养，开展课程、教学、评价和教师专业发展等领域系统深入的理论研究和实践探索，是进一步深化我国基础教育课程改革的当务之急。其中，如何破解长期以来基础教育评价领域的瓶颈现象，改变过分专注碎片化知识和标准答案的考试评价窠臼，构建能够促进学生核心素养发展的评价体系，具有至关重要的战略地位和现实意义。

一、核心素养评价面临的挑战

早在 1959 年，美国哈佛大学教授罗伯特·W·怀特在《对动机的再思考：素养的概念》一文中就指出，"素养……是指某个有机体和环境有效互动的能力（capacity）……能够与环境适当的互动是通过长期持续的学习缓慢获得的……绝不是靠着单纯的（生理）成熟就能达到的"[1]（White，1959，

---

[1] White, R. W. (1959): Motivation Reconsidered：The Concept of Competence, *Psychological Review*, 66, 5, 297–333.

P. 297）。因此，在本质上，素养是个体后天习得的、能够适应和改造环境的可能性。随着人类文明的进程，个体所处环境不断改变，所需素养也具有鲜明的时代性。

本次课程改革深化所倡导的核心素养，是指个体在应对 21 世纪各种复杂的、不确定性的现实生活环境时所需的关键品质。知识经济时代的到来，迅猛发展的数字化技术，日益加速的社会变动和全球化进程，都对个体提出了前所未有的挑战。传统教育所关注的固定学科知识和常规性问题解决技能，已经无法让个体成功应对复杂多变的现实世界。取而代之的，教育需要帮助学生能够对各种复杂的现实情境进行审慎的思维和判断，能够在团队中持续沟通和交流，创造性整合已有知识、技能、理解、态度和期望，合理解决现实生活中各种挑战性的真实任务。

显然，这样一种教育指向对既有测评理论和实践提出了严峻的挑战。首先，与碎片化学科知识点相比，核心素养指向的是教育领域中复杂的理论建构（theoretical construct），是学生通过后天学习形成的综合性学习结果。这种综合性体现在它不是在固定情境下的简单应用，而是在现实生活情境下的创造性应用。与识记或应用零碎知识或孤立技能相比，对核心素养具体内涵、表现机制的理解和分析显然更为复杂，也更为困难，相关研究也比较薄弱。此外，无论是批判性思维、创新能力，还是团队协作或沟通交流，都不能通过机械的训练而获得，必须通过学生在解决各种实际任务的过程中才能得以培养。这就意味着，要合理测评核心素养，必须依赖创设合理、真实的任务情境，才有可能实现。

其次，所有的核心素养本质上都是个体的内在品质或特征。例如，创新能力、文化意识、审美观念等都具有潜在性，是无法直接观测的。个体所具备的核心素养及其水平，必须借助他们在具体任务中的实际表现加以推测。而要确保这种推测的合理性，就必须建立所测的核心素养与个体在具体任务上的实际表现间的关联。这种关联可以用图 1 简要表示。

图 1 中，断线方框内的部分是我们要推断的属性或建构，即个体所具有的核心素养以及他们在该素养上所处的水平。不同的水平对应着个体在各种具体任务中的不同反应或表现。正是基于核心素养和任务表现之间的

这种对应关系，我们才有可能借助后者推断前者。然而，不同核心素养与它们在具体任务上的表现特征之间的关系并不是简单明确的。如前所述，诸如批判性思维、科学探究能力等核心素养都是抽象的复杂概念，其确切的内涵、构成和水平特征都很难准确厘清。而且，作为抽象概念，每个素养在不同的具体情境下所对应的实际表现也是千变万化的，并不像图1所显示的那样简洁清晰。这里，第一个挑战是要深刻认识和分析所要测量的每个核心素养的内涵、构成或结构、不同水平的实质特征。第二个挑战是如何明确建立素养水平和任务表现之间的关联。这是制定具体测评任务的评分框架或标准，以及如何运用评分标准对学生具体表现进行评判的依据。虽然修订后的普通高中课程标准明确提出了各学科核心素养及其学业质量标准，可以帮助我们进一步理解所测的核心素养，但要真正解决这两个问题，还有待更多更深入的研究和探索。

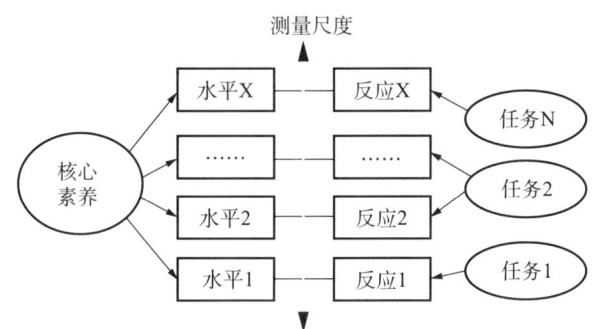

图1 核心素养与任务反应之间的关系

二、促进学生核心素养发展的评价体系构建

在我国当前深化课程改革的形势下，要构建促进学生核心素养发展的评价体系，需要在第八次课程改革成功经验的基础上，倡导和开展如下十个方面的研究和探索。

（一）树立以核心素养发展为本的评价理念，直接评价有价值的学业成就

长期以来，我国的考试评价过于关注碎片化知识和孤立技能的习得，

强调确定性解题过程和标准答案，评价任务过于抽象，脱离学生生活实际。要改变这种现象，就要坚持以核心素养的发展为主线，重点关注学生综合运用（跨）学科思想方法和探究技能、结构化知识和技能以及价值观念，创造性解决复杂的、不确定性现实问题的能力，直接评价那些对个体或社会有价值的学业成就。

具体而言，这意味着在评价关注点上要实现几个转变：（1）从关注碎片化学科知识技能的习得，转变到关注复杂、不确定性现实问题的解决。（2）从关注对他人知识的理解或应用，转变到关注学生综合运用和主动创生知识。（3）从关注学生学什么，转变到关注如何学习和学会学习。（4）从关注学生个体的自我学习，转变到关注学生能否进行团队合作和有效的沟通与交流。

（二）准确把握核心素养内涵和学业质量标准，制定系统明确的评价目标

倡导基于核心素养的评价，需要广大教育研究者和一线教师改变以学科知识点为纲、以知识点掌握水平为质量水平的学业质量观，转而树立核心素养本位的学业质量观。修订后的普通高中课程标准，在我国教育历史上第一次明确凝练了各学科的核心素养，并结合高中阶段的课程内容，研制了基于学科核心素养的学业质量标准。核心素养本位的学业质量标准明确了各学科的育人价值和质量要求，系统阐明了学生在普通高中阶段的素养发展水平及其具体表现特征。因此，在设计和实施具体核心素养评价时，必须深入理解相应的核心素养的准确内涵和表现，准确把握学业质量标准中不同水平描述的具体含义，以此为依据思考和确定各级各类考试和评价的价值方向、理论框架和水平依据。

在依据学业质量标准研制和实施具体的考试或评价时，要注意如下几点：（1）各学科学业质量标准是学生修习了本门课程（或部分课程）之后，综合不同学科核心素养表现所形成的学习结果的整体刻画，不是学生在各学科核心素养所处水平罗列式的简单相加，而是一种有机的整合。从测评的角度讲，这种综合性无疑对命题和评分提出了巨大挑战。如何兼顾学生不同素养的水平和学业质量标准刻画的整体表现，是实际测评时需要思考

和解决的问题。（2）核心素养的发展具有跨越不同时段的连续性，贯穿于学生整个课程学习历程中。而在实际的课程学习过程中，核心素养的这种连续性发展又是以不同学段、模块或主题的课程内容和教学活动为基础的。因此，要深入理解核心素养发展和课程内容学习之间的关系，对学段、模块或主题、单元和课时评价目标进行整体规划、设计。在确定具体评价目标和表现预期时，需要合理处理学业质量标准与不同内容模块学业要求之间的关系。（3）学业质量标准以核心素养发展为主轴，从学生学习结果的角度刻画了学生学业成就的发展水平及表现特征。即便是处于相同的学习阶段，修习相同的课程内容，不同学生也会在学业成就上表现出各种差异。因此，在确定具体的评价目标时，必须充分考虑到同一群体中不同学生在不同核心素养以及学业质量标准表现上的个别差异。

（三）重新思考评价背后的学习理论，构建核心素养本位的评价框架

构建促进学生核心素养发展的评价体系，需要深刻认识常见考试中采用的评价框架，深刻反思双向细目表背后蕴含的教育观和质量观。如表1所示，这种评价框架指向的是一种以学科知识点为纲、以知识点掌握水平（识记、理解、应用）为质量水平的学业质量观。它所适应的是以教师讲解和传授为主要教学方式，以学生掌握和操练孤立、零碎的学科知识和技能，能够在有限情境下识别和运用为主要目标的教育形态。

表 1　简化的双向细目表示例表

	知识点1	知识点2	知识点3	知识点4	知识点5
识记					
理解					
应用					

然而，如前所述，核心素养是指个体在面对复杂的、不确定的现实生活情境时，能够综合运用特定学习方式所孕育出来的（跨）学科观念、思维模式和探究技能，结构化的（跨）学科知识和技能，世界观、人生观和价值观在内的动力系统，分析情境、提出问题、解决问题、交流结果过程

中表现出来的综合性品质。其背后蕴含的学习观，强调核心素养是个体在与各种情境持续互动和不断解决问题、创生意义的过程中形成的。各种不同的结构化和复杂程度的问题情境是学生学习活动开展的载体。而在这种学习展开过程中，学生的知识和技能不断结构化，思维模式和探究技能逐渐形成，情感、态度和价值观不断成熟。其外在表现则是学生核心素养得到不断发展，所能应对的复杂情境和开放程度也不断增加。

按照这种理解，要想合理评价学生核心素养的发展情况，需要重新思考核心素养、情境、课程内容之间的关系，构建如图2所示的多维核心素养评价框架。首先，要深刻认识复杂真实的问题情境在评价核心素养中的重要价值。应对各种复杂开放性的现实情境，不仅是学生核心素养形成和培养的途径与方式，也是评价学生核心素养发展水平的重要依托。学生在学校所"获得"的学科知识或技能，之所以无法迁移到现实生活中，关键在于学校的学习活动所依存的情境被过于人为简化和抽象，丧失了与现实生活的连接。其次，核心素养的形成、培养和评价，也不能脱离具体领域的课程内容。个体只有具备系统、结构化的学科知识和技能、思想方法和探究模式，才能深刻理解特定任务情境，明确问题，形成假设，解决问题。但与此同时，要避免从孤立的、过细的学科知识点角度思考学科内容、罗列清单，要强调学科内容的结构性和关联性，突出思想方法和探究技能的运用，为评价能够关注重要的、整合的现象，创设基于现实情境的复杂或开放性问题奠定基础。

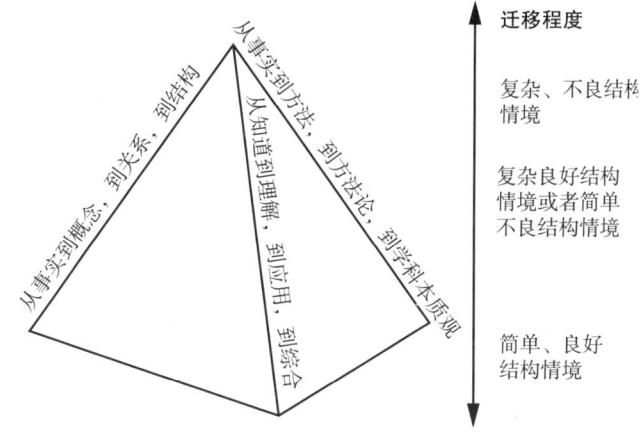

图2 基于核心素养的评价框架

（四）重视不确定性的跨学科探究主题和社会实践活动，创设整合的、情境化的不良结构任务

让学生经历各种复杂开放性的现实情境，解决有意义的真实任务，是评价学生核心素养发展水平的重要依托。在日常评价中，要重视不确定性的跨学科探究主题和社会实践活动的开展，让学生通过经历在现实生活中有实际价值的真实问题解决过程和社会活动，考查学生运用所学解决实际问题的能力，评价学生在自主、合作、探究能力以及社会责任感等方面的发展情况。

在考查学生核心素养发展的终结性和形成性评价中，要强调整合性、情境化、开放性评价任务的创设。综合的、完整的现实性任务，有助于激发学生参与和投入的兴趣，需要学生综合已有所学分析当前情境，明确问题，从而考查学生对相关的知识和技能进行创造性整合的能力。情境化任务蕴含大量的潜在线索和限制，有助于考查学生发现问题、辨析概念、建立关系和验证假设的能力。不良结构问题的不确定性和开放性，则可以提供给学生展示他们分析和解决问题的思考过程和最终结果的机会。

（五）依据素养的学业质量标准，开发参照标准的评价标准

综合性探究活动、社会实践主题和整合的开放性问题，给学生提供了展示各种表现、产品以及背后的思维方式和探究过程的空间，但同时也带来了如何对学生多样化、开放性的表现或反应进行合理评定的问题。这就需要根据具体的测评任务，开发相应的评价框架或评分标准。

在实际测评活动中，要以学业质量标准所刻画的水平特征为依据，结合具体任务和课程内容，制定等级化、描述性评分标准。只有这样，评价结果才能与学业质量标准所倡导的学校教育目标相一致，才能起到引领和改进学校教育和学生学习的目的。一般来讲，开放性问题所对应的评分标准通常是多维度、多指标的。这些维度和指标要能够真实反映不同水平学生在解决问题过程中所展示的各种结果、表现以及背后的思维特征和探究方式。

以这样的评价标准为基础，结合不同水平学生解决任务时的具体表现，可以明确阐述不同分数所对应的实质性表现特征。由此得到的学生得分便具有了标准参照的内涵，能够较为明晰而准确地揭示不同水平的学生能够干什么或知道些什么。这样一来，就可以从学生核心素养表现的实质特征和变化出发，阐明学生的学习结果和进步情况。教师可以利用这种标准或结果制订相应的学生发展计划，而学生则可以用来自我反省和评价，分析差距和不足，明确后续努力方向。

（六）收集不同场合、时间、形式的多方面证据

如前所述，核心素养是非常复杂的建构，包含多个不同的维度，跨越许多不同类型的任务形式。这种复杂性决定了所需收集的证据的多样性。单一指标或孤立的证据，无法支持对学生核心素养准确充分的推断。

这种复杂性决定了必须借助多重的任务情境才能对核心素养进行合理的考查。要采用多种信息收集方法，收集不同场合、时间和形式的证据。收集证据时，既要重视个体在特定任务情境下生成的结果或产品，又要重视在形成这种结果或产品过程中个体的具体思考、认识、反思和调整。此外，可以通过对学生进行重复性、跨时间的测量和证据收集，建立以素养发展为指向的成长记录档案袋。

（七）强调多元评价，重视同伴和自我评价的作用

核心素养的复杂性还决定了多元评价的必要性。核心素养是复杂的多维度建构，所需的测评任务也更开放灵活，需要收集的证据或资料也更为复杂多样。这就需要采用多种形式的评价方式，包括正式或非正式观察、对话分析、作业、团队任务、探究项目、档案袋、发展量表、自我反思等，以确保证据或资料收集的全面性。

此外，对核心素养的评定和推断通常需要评定者整合来自不同来源的多重证据。在这一过程中，评价者需要反复验证已有证据和其解释之间的关系，以形成合理全面的评定。评价者个人的已有知识、价值观和对核心素养的理解等都会影响其结论的形成。因此，多个评价主体（包括被评价

学生）的参与和对话，就显得尤为重要。在这个意义上，要重视同伴评价在核心素养评价中的作用。一方面，同伴评价提供了理解和评判各种证据或资料的不同视角，有助于形成更为全面的结论；另一方面，同伴评价运用恰当，也有助于同伴之间互相促进和激励，有助于学生学习共同体的建立。

自我评价能力是个体学会学习和终身学习的关键构成。通过自我评价，学生可以看到自己的不足，学会如何反思和改进，体验到自己努力所带来的进步。这对激发学生学习动机，形成自主学习能力，学会如何自我学习，无疑有着深刻的意义。

（八）提供学生对表现或产品进行展示、论证或解释的机会

在多数情况下，前文"核心素养与任务反应之间的关系"图中所展示的核心素养和外在任务表现之间的关系是不明确的。在这种情况下，以某种公开的方式，给学生提供对自己的表现或形成的产品进行论证或辩护的机会，就显得尤为重要。被评价学生自己对任务表现的解释和申辩，提供了评价者反省对学生反应的认识和理解是否合理的依据。

此外，公开展示或辩护还有助于学生更为深刻地反省自己的问题解决过程，审视所秉持的观点或方法的合理性，从而将评价过程转变为一种学习机会。不仅如此，公开的展示或者答辩有助于区域性学习共同体的形成和建设。它传递了一种理念，即学生所从事的这些工作以及所形成的各种产品是具有现实价值的，是为学校、社区和社会所关注和重视的。这有助于共同体对什么是有价值的学习目标达成共同认识，对怎样的表现是高水平的学业表现形成质量标准。

（九）提供具有实质内容的反馈结果

向学生提供标准参照、有实质内容的结果反馈，对于构建促进学生核心素养发展的评价体系尤为重要。大量研究表明，提供及时的评价结果反馈，对于激发学生学习动机、提高学习效果有显著影响。

任何评价方式都可以向学生提供结果反馈，但用于评价核心素养的评价任务给学生提供了更为充分的展示机会和空间，包含更为丰富和有意义

的反馈信息。借助核心素养本位的学业质量标准，结合具体测评任务所构建的描述性等级评分标准，可以向学生提供与学科育人价值和质量要求相一致、能够反映学生核心素养表现关键特征的信息，可以让学生和教师进一步澄清对核心素养的理解及表现预期，明确他们的表现如何，不足之处在哪里，下一步的发展方向是什么。

（十）整合日常评价与终结性考试，建立促进学生核心素养发展的评价体系

开展核心素养的评价不仅要关注学生在特定时间点上核心素养的水平，更要关注如何通过测评促进他们核心素养的发展。核心素养的发展贯穿学生在校学习和生活的整个过程。对同一个学生而言，处在不同的课程学习阶段，其核心素养会呈现不同的水平或特征，需要设计不同的适合于当前发展特征的任务加以考查。虽然不同阶段的测评任务在具体主题、内容、类型或复杂程度上有所差异，但在所关注的核心素养层面，可以对这些任务加以统整。

这种整合以素养本位的学业质量标准为纽带，可以跨越同一学段学生所学的不同课程内容主题，也可以跨越各种不同的评价形式，如校本评价或外部评价；各种形式的过程性评价、形成性评价或终结性评价等，形成关注学生核心素养发展过程的系统性评价体系。这种评价体系和课程、学习和教学过程相整合，就构成一个围绕学生素养发展的评价、反馈、反思、改进和提升的持续性过程，真正实现促进学生核心素养发展的育人目的。

［本文系上海市教育科学 2011 年度重点项目（A1117）的阶段性成果］

（作者系华东师范大学教育学部教授、课程与教学研究所副所长）

（文章原刊于《人民教育》2017 年第 3-4 期）

核心素养的"教"与"评"
——以创新素养为例

师保国

核心素养这一概念具备两个基本特性：第一，核心素养是可教的；第二，核心素养是可评的。为什么说核心素养是可教可评的？核心素养从"落地"到一线教育教学实践，又该如何"教"和"评"？

核心素养的"教"与"评"强调完整性

为什么说核心素养是可教可评的？

首先，从其结构成分来看，核心素养是可教可评的。借鉴以往的研究，素养（competencies）的结构模型可看作是 KSAs，其中 K 是知识（knowledge），S 是技能（skills），A 是态度（attitudes）。这个模型表明，素养是知识、能力和态度三个层面的整合，涉及个体的认知因素和非认知因素。如果一个人拥有丰富的知识和高度熟练的技能，那么他的素养水平"可能"会较高。这里强调"可能"是因为素养的最终表现除了与知识和能力相关，还取决于态度的作用。例如，会开车是有"能力"的，但会开车却不礼让行人或救护车，便是有"能力"而欠缺"素养"，因此"能力"不等同于"素养"，"素养"也不能简化为"能力"。学习或教学的最终目标如果只是掌握知识、形成技能，这种教育培养出来的对象并非"全面发展的人"，因为这些知识和能力未经适当的态度、情感和价值观的转化，不能升级为素养。可见，在核心素养中，"A"的存在至关重要，尤其是在"K"和"S"差别不大的情况下：积极的态度能够有效地促进知识和技能的发挥，从整体上提升个体的素养水平，最终促进个人成功与社会发展；而消极的态度则可能会抑制知识和技能的表现，最终带来负面的结果。总之，核心素养强调在个体身上形成完整的素养，它涵盖了知识、技能、态度等多维度、多层面，而这些方面都是可教可评的。

其次，从其形成发展来看，核心素养也是可教可评的。素养的形成源起于个体的特质与个性，它们构成了素养的基础。借助学习与受教育经验，个体会在这些特质的基础上获得相应的知识、技能或能力，但此时还不能称之为"素养"。只有通过进一步的学习经验的整合，这些知识、技能、能力等在相关工作领域与个体的特质相互作用，最终才能形成"素养"。这些素养还会通过言语、行为等方式"展示"给外界，因而可以得到评估。换言之，核心素养是个体在先天遗传的基础上，经由后天的学习与教育训练而获得的，它能够在特定情境下通过一定的方式表现出来，并被有效地评估和测量。

在 2016 年 9 月"中国学生发展核心素养课题组"（以下简称课题组）发布的核心素养框架中，创新素养与实践素养并列其中，合称为"实践创新"素养。对此我们并不感到意外，因为无论是从当代国际人才培养经验的视角出发，还是从国内社会各界对学校育人的相关要求来看，创新素养都应该在核心素养指标体系中占有一席之地。那么，以创新素养为例，素养培育应如何开展教育教学活动和评价呢？

素养培育的四种视角

核心素养的形成和发展需要通过学生的学习和教师的教育教学来完成，在具体工作中需要考虑四种视角。

发展的视角

核心素养是在动态的成长教育过程中，通过学生的自主探究和自我体验逐渐形成并不断丰富起来的。以创新素养为例，从最初婴儿期对新异刺激的关注和自主性行为，幼儿期制造新词的现象，到小学时期想象力丰富的看图说话，再到中学时期灵活、严谨、缜密的动手实验与科技制作活动，创新素养在学生身上逐级提升。正因如此，在不同的学段、面对不同年龄的学生时，教学应注意到发展方面的差异，强调不同的内容和使用不同的方法。

例如，学前教育可更多强调儿童的好奇心和想象力，形式上更多借助游戏、绘画、音乐、舞蹈、手工制作等各种活动；小学教育可更重视儿童独立性、好奇心、发散思维等基础性创新人格和创新能力，形式上更多采用与学科教学相结合的方式（如语文课中的看图说话、造句、作文等，数学课中的一题多解、简便运算、自编应用题等）以及课外活动方式；中学教育可更强调高标准的创新品格和领域性的创新知识与才能，形式上除了学科课程学习之外，可更加倚重科技制作与发明等活动。

跨学科的视角

核心素养是跨学科、跨领域的，创新素养也不例外。各门学科都有培养创新素养的义务和功能，只是优势和特色不同。语文、英语学科通过听说读写等言语活动的训练，能够促进学生发散思维的流畅性、变通性和独特性；数学学科通过思考、推理解决问题的训练，能够提升学生发现问题的能力、聚合思维和逆向思维的能力；科学类学科则可以通过动手做实验，促进学生的批判性思维、提出假设与检验假设的能力。

需要强调的是，创新素养的培育不能仅停留在具体的学科领域，而是应该建立在学科基础之上，在要求学生真正掌握学科的本质和概念之后，"统整"学科知识与能力，在教学中充分考虑各学科知识结构的关联性与整体性、相关学科学习内容呈现的先后次序，强化课程纲要知识结构的整体性。

真实情境的视角

创新素养的培育，应重视真实问题解决能力的形成，这既是对传统课程"去情境化"的反抗，又是核心素养发展的关键所在。原因在于，知识的目的、用途、条件和方法等只有在实际使用过程中才能被学习者掌握，从而推动后续的学习迁移。从"为迁移而教"的观点来看，包括创新素养在内的整个核心素养的教学，都应该高度重视情境学习，将学生置于真正的情境中，基于现实世界的真实任务进行学习，让他们把知识与真实的、现实的情境连接起来，有效解决真实任务。

在这方面，可以参考国际上的一些做法，例如北美的"头脑历险"（Odyssey of the Mind）课程模式和"未来问题解决"大赛项目式学习模式。在这些教学模式中，研究课题（如"名人文化""机器人时代"）、研究方法（探究、调研、数据分析）和研究结果（对利益相关群体作公开汇报）的真实性都得到了高度的强调。这既体现出跨学科、跨领域的特点，又显示了情境的真实性和知识的实践性、工具性。

整体素养的视角

实践创新是中国学生发展核心素养框架中一个相对完整的指标。本文为了在有限篇幅中分析和论述的方便，把创新素养暂时与实践素养分离开来。但是，在实际教学工作中，二者不应被分别对待，人们应基于整体素养的视角全面认识它们之间的关系，认识核心素养之间的关系。

首先，实践是创新的基础与依托，实践中总结出的经验与规律是创新的基本来源，创新成功与否也需要在实践中进行检验。没有实践素养作为基本的前提和基础，创新素养就不能存在，甚至无从谈起。其次，创新是实践的提升，创新的理念和行为应作为实践的目标追求，是高水平实践活动的一个衡量标准。不重视创新素养，实践素养将只能停留在简单、机械的重复劳动所具有的知识、技能和态度上。因此，二者是相互促进、相辅相成、和谐发展的关系。教学中，实践素养与创新素养的培育应该是在各种形式的生产劳动（家务劳动、公益劳动等）中通过解决各类问题同步进行的。

核心素养如何评？

首先，我们需要厘清核心素养的内涵。例如，实践创新素养主要反映学生在日常活动、问题解决、适应挑战等方面所形成的实践能力、创新意识和行为表现。

具体到创新素养，我们会更加关注它作为学生应具备的适应终身发展与社会发展需要的必备品格和关键能力的两种表现：一是创新品格，二是创新能力。这一思路与半个多世纪以来人们对创造性的研究发现密不可分，为创新素养的评价指明了方向。

上世纪 50 年代，吉尔福特发表了以"创造性"为主题的美国心理学会主席就职演讲，之后创造性研究迅速成为人们关注的焦点，并经历了人格取向（关注创造者的人格特点）、认知取向（关注创造的思维加工过程）以及社会文化取向（关注社会文化对创新的影响）三个阶段。这三波浪潮的此起彼伏，显示出人们对创新的不同理解：创新既可能表现为一种人格品质，又可能表现为一种思维能力，还可能表现为一种环境氛围。对此，林崇德教授曾总结提出一个观点："创造性人才 = 创造性思维 + 创造性人格"，强调创造性包含思维能力和人格品质两方面内容，即创新素养至少应涵盖创新能力（创造性思维）与创新品格（创造性人格）。前者是指能够运用已有的知识经验，产出新颖、独特产品的能力，体现在问题解决的全过程之中，不仅包括吉尔福特所主张的发散思维（如发现问题、提出假设），还应该包括促进问题解决的聚合思维、批判性思维（如检验假设、反思总结），甚至还应该包括一定的设计和操作能力，能把心中的创意转化为有形的物品。

当然，仅具备这些能力还不能称得上"创新素养"，因为创新还需要一些相关的人格品质与态度，即创新品格，包括好奇心、开放性和恰当的价值观。如果没有这些品格的引领和转化，再高水平的创新能力也不会成为真正的创新素养。显然，对"尿素豆芽""人造鸡蛋""地沟油油条"等事物，我们并不认为这是真正的创新。学校要培养的创新素养，应该是有利于社会、造福于人类的。

因此，学校和教师评估学生的创新素养时，可从创新能力和创新品格两条主线展开。

从创新能力的角度，可采用测验、作品分析、主观评定、同感评估等方法和技术，对学生的发散思维、聚合思维、批判性思维甚至工程思维进行评价。这里可使用的工具包括托兰斯创造性思维测验、南加利福尼亚大学测验、远距离联想测验、创造性成就问卷等。当然，在借鉴国外相关测量工具时，需注意工具的修订问题，考虑项目是否适合中国国情，克服东西方文化差异的影响。学校和教师也可以根据需要自行设计测验，对此应遵循编制程序，开发出信效度较高的创新素养测验。

从创新品格的角度，可采用自我报告、行为观察等方法，对学生的好奇心、开放性、创新态度和价值观等进行了解。在这方面，常用的评价工具包括威廉姆斯创造性人格量表、高夫形容词检核表等。同样，在这方面，学校也可以根据自身特色和课程需要编制更合适的工具。

［本文系北京市社科基金一般项目"多元文化经验对创造性的促进效应研究"（14JYB015）部分成果］

（作者单位系首都师范大学心理学系、北京市"学习与认知"重点实验室）

（文章原刊于《人民教育》2017 年第 3-4 期）

参考文献：

[1] 蔡清田. 素养：课程改革的 DNA[M]. 台北 : 高教出版社，2011.

[2] Sawyer,R.K. 创造性 : 人类创新的科学 [M]. 师保国，等，译，上海 : 华东师范大学出版社, 2013.

[3] 林崇德 . 创造性人才·创造性教育·创造性学习 [J]. 中国教育学刊，2000（1）.

[4] Cronenwett L, Sherwood G, Barnsteiner J, et al. Quality and Safety Education for Nurses[J]. *Nursing outlook*, 2007, 55(3).

[5] Jones, E.A. & Voorhees, R.A. *Defining and Assessing Learning: Exploring Competency—Based Initiatives*[M]. Washington, DC.2002.

当"核心素养"来敲门，学校准备好了吗？

核心素养命题的提出

当"核心素养"来敲门，学校准备好了吗？

施久铭

2016 年 9 月 13 日，中国学生发展核心素养研究成果正式发布。研究成果公布只是一个开端，教育从"人"出发的顶层设计最终回归到健康发展、幸福生活、成功应对未来挑战的"人"，将是一个长期、复杂的过程。

站在为未来而改变的门槛上

观念改变行为。没有任何时候像今天一样，教育者意识到"立德树人"的至关重要性，意识到朝向未来培养人的核心素养的重要性。

"育人"为首，教书是途径、手段，育人是目的、根本。关注人的核心素养，意味着这个价值理念的回归。

研究和实践"核心素养"，并不意味着抛弃教育传统。从重视"双基"到三维目标，再到核心素养，体现了中国教育对"育人"目标的不断逼近，要求不断升级。随着基础教育改革挺入"深水区"，课程观、教学观、学生观、评价观要随之升级、重构。

反思是前进的动力。十多年来的课程改革，人们日益重视并确立了课程意识，但我们也看到，课程的概念某种程度上正在被泛化，课程领导力被异化，课程不断做加法，导致学校课程体系不断膨胀。

"核心素养"提醒我们，回到育人原点，思考学校课程的出发点，才能解决当下的"课程病"。

教学观上，素养视角所提供的启示在于，教学者不能仅满足于学生为获得分数、成绩以及标准答案而学习，也不能止步于背诵、抄写、重复练习等低级思维能力，我们更需要考虑怎样对课程内容分析、理解、整合、转化，并内化为学生的素养，特别是培养学生在复杂情境中所需要的综合能力和跨学科素养。

人是具体的，人的素养也是具体的，因此不能忽视学生的差异性。

个性心理倾向、个性心理特征和自我意识等诸多差异错综复杂地交织在一起，构成人的个体差异。素养引领的教育质量提升过程中，对人的心理品质、情商、非智力因素的关注，很大程度上是对个体差异的研究与认识。

比如，在有学术潜力的学生身上，会表现出怎样的气质和特征？他们有可能成绩起伏大，也可能有明显的性格缺点……那么，学术能力强，是否也要求十全十美的人格气质？他们的素养应该往何处引导？再如，专注力强的学生，往往给人的感觉很自我，甚至自私，该怎样科学地认识这种多样性？如何能够既保护专注力又在素养上加以健全引导？

这种差异性不能被简单地打上"标签"，教育的科学性正体现在对个体复杂性的认识程度上。学校教育中，很多问题出现井喷式爆发，恰恰折射出教育研究的薄弱和关注的盲点。

如果所有人都过于关注外显的结果，并被焦虑裹挟时，疏于内心世界、心理健康、精神成长规律研究的"副作用"便会被放大。当我们喊出质量提升、素养导向的口号时，有些必修课需要补齐。

教育界如今言必称"核心素养"，确实有混淆、泛滥的危险。但从积极的方面说，关注愈热，愈显示其重要性，说明"素养时代"确实来临，这其中有某种共识——不同群体间关于教育达成的共识。

我更愿意把当下所谓"素养时代"的来临描述为"为核心素养作准备"的阶段。这个阶段可能会很长，但我们不要忘记，"核心素养"其实是教育在回应来自未来社会的挑战。

虽然人们总说未来由现在决定，每个人似乎永远活在当下，但我更相信，在教育的内心深处，"未来和现在孰重孰轻，愿意花多少努力在未来，多少努力在现在，也可以表明一个国家或一个群体未来的前途"。

用自己的学术逻辑去表达与转化

"核心素养"视角下的学校课程建设，是否要推倒重来？

我们知道，原有基础上的对课程修修补补，零散、增量的方式已不可取，但为了标新立异而另起炉灶，也并非良策。

为"核心素养"而准备，需要落地和转化工作。首先，学校需要找到属于自己的学术逻辑。

学术逻辑从哪里来？从学校文化传统中来，每所学校都有自己的办学传统，有课程教学研究基础上形成的学术传统，但这种传统常常处于沉睡的状态。

传统需要唤醒与梳理。

梳理的过程就是唤醒的过程，例如对办学目标的梳理。有所学校参照"中国学生发展核心素养"，结合学生的年段特点和学校文化，提炼出学校理想学子的形象关键词："正行""好学""乐玩""善交"，以此作为学校的育人目标。还有学校诞生了"核心素养"的校本化表达：天下情怀、身心健康、诚志于学、审美情趣、学会改变。这些表达不是另起炉灶，而是在梳理学校文化传统、学术传统基础上的唤醒与创造，具体并且可操作。

找到自己的学术逻辑，需要实践性知识。这种实践性知识存在于每所学校过去或当下的现实土壤里，存在于对学校文化再认识的过程中。

例如，有所学校一直进行课堂教学改革，致力于对教学环节中"问"的研究。在"核心素养"的背景下，学校也在思考如何在传承优良教研传统的同时连接时代方向。

这其实是大多数学校面临的共同情况。"核心素养"提供了新的观照学校改革的视角，他们很快意识到问题意识和问题解决能力是人的素养结构中的核心技能。

结合已有的研究，他们对中外教学传统进行梳理，发现中国古代的教学传统里大量存在关于"问"的精辟论述："学贵有疑，小疑则小进，大疑则大进。疑者，觉悟之机也。一番觉悟一番长进。"具体分析就是，疑问的呈现形式是问题，问题与人的觉悟、思维的长进直接关联；问题是分层次的，"如果将'大疑'理解为关乎事物本质、洞察事物内因的问题，那么它的产生、探究和顿悟过程无疑是同人的认识水平、理解能力、素养积累、心胸气度联系在一起的"。

在比较研究中，他们发现，美国亚利桑那大学琼·梅克教授曾提出以培养学生能力为目标的"问题体系"，这个体系以"问题"为中心，以"方法"为中介，以"答案"为结果，根据学生能力的发展水平构建了五个层次的练习，层次越高，问题越难，越能培养能力。"问题体系"突出了"问题解决"对开发学生潜能、形成素养的作用。

二者结合起来，他们形成了判断：问题与学生的思维品质、能力、素养培养之间有着密切关系。

在此基础上进行凝练，便诞生了学校的学术逻辑：人的"核心素养"形成需要经历撕裂般的阵痛——只有直面问题的复杂性、多元性、真实性，甚至是在复杂问题群的探索中，才能将"提不出问题的学生"变成独立思考、理性思维、实践创新的高素养下一代。

这个学术逻辑既来自学校的教研传统，又创造性地表达了"核心素养"对人的全面发展的诉求。

当然，学校的文化传统自然包括已有的课程结构。

在"核心素养"视角下，对学校优势课程、课程群进一步梳理、优化的过程，实际上也是再认识学校文化传统，梳理、发掘学术逻辑的过程。

用自己的学术逻辑来表达、转化"核心素养"的时代要求，这是学校迫切需要开展的工作。

从一个班级做起，从一个学科做起，大家都这么做，都改变了，整个大环境也就改变了，也就创设了新的大环境，理念渐渐成为信念。

（作者单位系《人民教育》杂志）

（文章原刊于《人民教育》2016 年第 24 期）

向上飞扬　向下沉潜

——核心素养的召唤和我们的应答

成尚荣

学生核心素养是世界教育改革发展的共同主题，成为课程改革、教学改革的重要走向。世界发达国家和重要的国际组织都不约而同研究、制定了学生核心素养，并指导、引领课程改革。我以为，核心素养的核心命意是以人为本，以育人为根本方向和任务。核心素养是知识、能力与态度的综合体现，为此要拓展学生的综合视野，运用综合的方式进行跨界学习。其关键是育德、立德，让道德成为学生终身发展的光源，让道德之光照耀在课程和课堂的上空，让必备品格对关键能力进行道德价值的评判与引领。

向上飞扬：核心素养引领我们追求最高价值，探索并建构育人模式

核心素养是一种价值召唤和价值引领。核心素养的落实，不只是方法论问题，首先是价值论问题。所谓价值，是理想中的事实。价值就是在事实面前树起理想的光幕，让理想照耀实践，让实践生成美好的理想，召唤我们去追求教育的理想和理想的教育。

无论是教育的理想，还是理想的教育，核心是人的问题，是学生发展问题。不言而喻，核心素养是关于人的，是聚焦人的，是为了发展人的；离开人，核心素养就不是真正意义上的核心素养，就没有任何价值和意义。

向上飞扬，就是引导教育要真正回归人。

何为人？康德的基本判断是，"人永远是目的"；马克思的重要判断是，"人是人的最高本质"；苏霍姆林斯基则认为，"人是最高价值"。老子在《道德经》中说得非常深刻："故道大，天大，地大，人亦大。域中有四大，而人居其一焉。"人和道、天、地共同构成域中四大，这是因为人不仅能够承天接地，而且能够体现道。如此，教育之道，实为人之道，人发展之道，人的最高价值实现之道。学生核心素养引导我们回到这一道上去，归根悟道，实践行道，让核心素养真正落实到学生发展中去，真正实现教育的育人之道。

值得注意的是，这一过程是极其艰难的，有许多严峻的挑战，最严峻的挑战是应试教育。应试教育是以分数、升学率为根本追求的教育，只要分数升学率，其他什么都可以抛却，而所谓教育的理想只是当作汇报、展演的道具和形式。"掉泪掉肉不掉分"是应试教育最经典、最残酷的"法则"，"只要学不死，就往死里学"是应试教育最"震撼人心"、最严酷的口号。应试教育是不道德的教育，是违反人性的教育。这些话是"老生常谈"了，可还得谈。之所以没有真正的根本性变化，是因为总是以"应试也是人必不可少的素养"来证明应试教育存在的合理性、合法性。把应试与应试教育混为一谈，显然是荒谬的。核心素养是对应试教育彻底的批判，是教育的重要转向。这是核心素养的最高价值，是核心命意。

如何对待知识也是一个困惑，这似乎是一个无解的难题，顽固地横亘在前行的路上。我们不是反对知识，而是反对长期以来那种产生知识的方式。知识的孤立存在绝不是核心素养，关键是如何让知识转化为能力。课改以来我们已予以回答了，那就是让知识活起来，让知识"活"在实践中，"活"在情境中，"活"在发现问题、研究问题、解决问题中。"活"是知识到能力的转化剂、转化方式和转化关键。而当下教学中的知识常常是"死"的。学生核心素养非常重视文化学习，提倡丰厚的文化基础，以促进知识的活化至转化，这样才会迈向能力，提升为观念，成为文化。

大环境不利于教育理想的实现也是一种严峻的挑战。这是事实。但是，另一个事实是，评价、考试、升学制度、方法也正在变革，大环境会变得越来越好。对此，我们应当坚信。人总是具有"明天性"的，"明天性"需要"今天"的努力来实现。罗曼·罗兰说得好:"只有把抱怨环境的心情化为上进的力量,才是成功的保障。"对于大环境,我们应当确立这样的信念:不能改变大环境,但只要下决心就一定会改变自己所处的小环境。从一所学校做起,从一个班级做起,从一个学科做起。大家都这么做,都改变了,整个大环境也就改变了,也就创设了新的大环境,理念渐渐成为信念。而理念、信念正是在理想的追求中,坚持改革、乐观前行的结果。

以上这一切可以归结为一个主题:以核心素养为引领,探索、建构新的育人模式。这一模式的实质就是立德树人。立德树人回答了四个问题。其一,育人是教育改革的根本目的和根本任务,而不是"育知识",更不是"育分数"。其二,通过立德来树人。因为道德是"人类的最高目的,也是教育的最高目的"。"国无德不兴,人无德不立。"其三,立什么德,主要是培育、践行社会主义核心价值观,弘扬中华民族优秀传统文化,增强法治意识,立社会之公德,也立个人之私德等。其四,培育和发展学生核心素养,让学生具有必备品格和关键能力,成为社会主义事业的建设者和接班人。而这一总的育人模式,在不同学校有不同的建构方式,形成和而不同的育人模式,表现出不同的特色。在核心素养引领下,绝不会造成学校的同质化。

应答核心素养的召唤,我们的思想在向上飞扬,精神在向上,视野在向前。核心素养以人的最高价值唤醒我们,以教育的理想鼓舞我们,以民族振兴的未来激励我们,我们应当有这样的责任感、使命感。

向下沉潜:在实践中探索,在变革中进步,让核心素养找到落脚的地方

任何理想总要有自己落脚的地方,核心素养同样要落地。大家已形成共识,思路是清晰的:落实在课程中,落实在教学中,落实在评价中,落实在学校管理中……总之,要落实在行动中。

落地,落实,就需要向下沉潜,把核心素养落脚的地方夯实。向下沉潜不仅需要实,还需要深,在实中求深,以深促实。无论是实还是深,首先是"变",即改变自己。联合国教科文组织在《教育:财富蕴藏其中》提出四个"学会",2003年又提出第五个"学会":学会改变。社会在改变,中国在改变,世界在改变。我们不改变,就会落后、落伍。学会改变就是

主动适应社会，说到底就是改变自己。课改的历程和经验一次又一次证明，不改变教师，就不能改变课程和教学，课程教学不改变，学生就不能改变，核心素养就会成为一句空洞的口号。我们应当以自己的改变带动以下改变。

关于学校课程的进一步完善——厘清关系，走向综合，防止和克服一些不良倾向。所有课程在学校汇集，拥有一个新概念：学校课程。校本课程只是学校课程的一种形态，是学校课程的一个有机组成部分。学校课程不等同于校本课程，概念使用中的混乱是需要匡正的。

学校课程这一概念本身意味着，课程是可以在学校进行统整的，各自打开边界，加强相互间的联系。课程的综合化是课程改革的趋势，这是因为综合性是核心素养的核心特征，需要综合培养。同时，学生的创新精神常常在课程的交叉地带得到培育和激发，学生的创新行为也常常发生在课程的边缘地带。

当下，我们在课程的综合方面还做得很不够，综合之路还很长，对课程综合的理解还有失偏颇。我以为，对课程综合的理解，一是理念，二是方式，三是过程，四是课程形态。我们把重点只放在课程形态上，而忽略了理念、方式和过程，显然是不全面，也是不准确的。当教师具有综合的理念和方式时，就会自觉经历这一过程，即使是立足于一个学科，也可以实行综合。这样，综合就成为大家的自觉行为，形成一种创造的气象。

加强学校课程建设要防止和克服以下一些不良的现象和倾向。

首先，注重课程的综合和校本课程的开发，不能忽略国家课程的实施。众所周知，国家课程是国家规定和开发的，是国家意志的体现；是专家学者和优秀教师深入研究、反复论证而成，是高标准、高品质的，是学生核心素养培育和发展的最基本又最重要的保证。因此，实施国家课程，能有效实现教学目标和育人目标，必须十分认真地对待。国家课程有着独特的存在价值，需要加强综合，但不能将其"综合"掉，也不能将其弱化。而当前这样的现象是存在的，如不改进、调整，会成为一种倾向，十分危险。

其次，校本课程也有独特的价值，不仅是对国家课程的补充和拓展，而且在培育学生个性方面有着不可替代的地位和作用。但这绝不意味校本课程越多越好，绝不能在数量上比高下，而应在内涵品质上下更大功夫。此外，校本课程的目的也不能定位于发展学校特色，其宗旨仍是与国家课程形成育人合力，育人才是其根本宗旨。

最后，学校课程开发要注重规范化建设。一是没有必要也没有可能将学校所有活动都开发成课程，给学生留下一点自主发展的空间也许比填满学生生活空间的课程更有价值。二是课程有其规定性，尤其是应当满足作为课程的元素要求，这样才具备课程意义，才能真正成为课程。而当下，开发的随意性、盲目性普遍存在，对此也应当加以改进和调整。

关于课堂教学改革——坚持以学为核心的教学法则，在促进学生自主学习和跨界学习中，核心素养得到培育、得以发展。教学与课程有大小之分，却没有主次轻重之别，要将教学改革作为课改深化的重点，用真正的教学、优秀的教学来支撑核心素养的培育和发展，为学生核心素养的培育、发展提供良好的、丰厚的土壤。

我以为，核心素养导向下的教学改革，总的思路应当是：真正确立教学育人的核心理念，以课程整合为背景，以学会学习为中心，以学习活动设计为基本策略，以现代技术为支撑，引导学生在真实、丰富、优化的情境中探究体验。

真正确立教学育人的核心理念。苏霍姆林斯基曾经对一位物理老师这么说："你不是教物理的，你是教人学物理的。"美国教师雷夫也有同样的观点："我不是教课的，我是教人的。"这不是对学科、对课的否定，而是说，如果教学只止于学科，止于教科书，止于课程，那是远远不够的，还没触及教学的本质——教学生学习，让学生在教学中成长起来。的确，人是最高目的。清华大学附属小学校长窦桂梅提出的"让学生站立在教学的正中央"正是这一核心理念的生动表达。这样的核心理念，要求教师研究学生，研究学生是怎么学习的，研究学生是怎么在学习中发展起来的。这样的教学才是超越知识的教学，才是真正的道德课堂，是以学生发展为本的教育。

以课程整合为背景。课程与教学没有主次轻重之分，它们是紧密相连的。课堂教学应当在课程的语境和框架下展开，这样的教学才会有大视野、大格局。而课程应当走向综合，因为课程综合为学生搭建了更宽阔的学习平台，与其他学科、生活、世界发生多种联系，产生丰富的意义。课程背景下的学习，其实质是跨界学习，引导学生思维更活跃，学习方式更多样，心智更丰富。

以学会学习为中心。教学不是教和学，而是学生学会学，这是教学的一条法则，是教学的根本任务；学生创造性学习，是教学的最高境界。学习、学会学习、创造性学习是学生核心素养的内在要求，是学生核心素养的具体体现。遗憾的是，当下的课堂还没有真正落实这一教学的法则，学习还没真正发生。究其原因之一，是教学结构没有发生真正变化。而教学结构改变的原则应当以学定教，即一切从学生的学习出发。由于学习的发端是多样的，教学结构也应是多样的、灵活的。以学为中心，绝不能忽略教师的教，只是教师的教是"不教之教"。我们应谨记，核心素养蕴藏在自主学习之中。

以学习活动设计为基本策略。学习是一种活动，真正的学习发生在学习活动中；教学活动的实质是学习活动，没有学习活动不可能有真正的学习。不言而喻，教学应当由一系列相互联系、相互递进的学习活动组成。因此，教师进行教学设计时，在明确学习目标以后，应当紧紧围绕学习内容，精心设计学习活动，引导学生参与活动，而且要成为活动的发出者、创造者。值得注意的是，这样的学习活动充满思维的含量和思维的挑战性。让学习真正发生，是让学习活动真正发生，让学生的思维真正发生、真正活跃起来。

以现代技术为支撑。现代技术的运用能力是学生核心素养的基本内涵和要求，用现代技术支撑教学、改革教学也是必然趋势。我们应当更加关注，更加重视，更深入研究，更切实运用。现代技术只是工具，不是目的，但是工具可以撬动教学改革。要特别研究工具与教学的关系，让工具退到后面，让学生站到前面，绝不能让工具与学生抢"地盘"、抢"风头"，而是让学生成为工具的主人，使用工具，甚至可以创造工具。在这个过程中，培养学生的工具素养，生长起核心素养。

以上这一切，是一种学习情境。教学就是让学生在这样的情境中探究、体验、发展。教学改革落地了，学生发展核心素养也就有了落脚点。

（作者系国家督学，教育部中小学教材国家审查委员会委员）

（文章原刊于《人民教育》2017年第3-4期）

核心素养的课程转化

核心素养的最终指向是教育的高质量

——浙江省杭州师范大学附属中学的实践探索

周丽婷

普通高中既是基础教育与高等教育之间的桥梁，又承担着育人的功能。然而在现实中，对升学率的片面追求，导致普通高中的育人功能被淡化。

近年来，浙江省杭州师范大学附属中学（以下简称"杭师大附中"）以"培养什么样的人""如何培养这样的人""如何架构课程体系来实现培养途径"的逻辑顺序，对这三个问题进行了深入探讨，并从"核心素养"的视角进行了"草根式"研究。

基于具体课程建设的核心素养体系

为高等教育输送高质量的学生，是普通高中的共同追求。但何为高质量？德、智、体、美全面发展是一个理想目标。人是有差异的，不同学校的学生构成也是有差异的。因而，从理想目标到具体落实，还需要学校结合大的教育方针，从实际出发，对学校的办学理念、育人目标进行合理定位。

随着课改的深化，2012 年我们将办学愿景描述为"办一所令人尊敬的高品质学校"，同时对学校办学理念进行了重新梳理——从"为学生的成才打好基础、为教师的发展搭建平台"转变为"努力寻找适合学生的教育"，突出学生的主体地位。在此基础上，杭师大附中逐步形成"德育提升'三自'（自尊、自信、自强）精神，课程满足选择需求，教学适合学生发展，办学格局融合多元文化"的学校特色发展思路，明晰了"自信个体、成功学习者、负责任公民"的三位一体的理想毕业生形象。

理想毕业生形象勾勒出学校全体教育工作者的育人追求，反映了学校多年教育实践积淀生成的教育理想，是指导学校教育实践的全局性、纲领性育人目标，但缺乏可评价性。2013年，学校从人与自我（自主发展）、人与工具（文化修养）、人与社会（社会参与）三个维度开始了学生发展核心素养的研究和实践。2016年，《中国学生发展核心素养》正式发布。基于此，学校不断调整和完善校本方案，构建了支撑理想毕业生形象、指导具体课程目标建设的杭师大附中学子核心素养。如"自信的个体"即指自主发展，"成功的学习者"即对应文化素养，"负责任的现代化公民"对应社会参与。

而落实到操作层面，具有明确指向性的十大核心素养的落地，需要借助学校课程体系建设、学教方式重构、评价方式转型来实现。

基于核心素养的课程体系建设

我们将国家课程纳入核心素养体系，通过核心素养联结学校育人目标与课程体系，并根据核心素养目标开发校本特色课程群，构建适应学生发展和满足学生选择的课程体系，推进育人模式的转变。

一方面，分级细化学科素养。杭师大附中十大核心素养从整体上设计了学生适应终身发展和社会发展需要的必备品格和关键能力，贯穿各个学段，融合于各个学科与活动。而各学段、各学科在实施时，将核心素养分解转化为学科素养才更具生命力。我们将学科素养目标分成三类：一是贯彻国家和地方课程实施的学科素养目标，通过制定各学科课程建设纲要，明确各学科的具体素养目标；二是全面整合学校德育活动，以"三自精神"为基础构建学校德育课程素养目标；三是指导学校多学科统整，形成特色项目课程的学科素养目标。这部分目标不是第一类素养目标的简单叠加，而是基于项目特色的有机整合。三类目标根据不同类型课程的特点进行分级细化。

以第一类素养目标的细化为例，学校组织骨干教师团队，从学科知识、学科学习方法、学科思维和价值观等层面，自下而上架构金字塔形学科素养，通过编写学科课程纲要规范各学科、各学段的教学目标（将学科素养分段细化）、教学内容选择（选修与必修的有机融合）、教学进度安排、考试节点建议等内容，让国家课程的校本化实施和选修课程的校本化建设有据可依。

此处，分类架构课程体系。学校将核心素养与学科素养关联，建立从知识向能力、从能力向素养不断提升的发展水平等级标准，并借此对学生核心素养的发展进行观察评估，构建具有附中特色的"人"字结构课程体系（见图 1）。

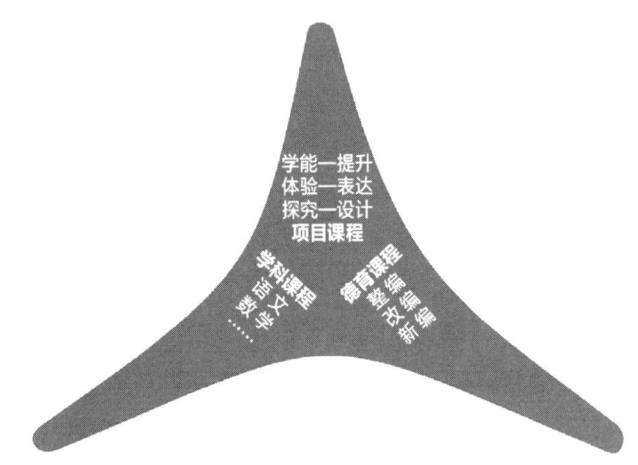

图1 "人"字结构课程体系

其一，学校积极探索深化课改背景下的德育模式，完善基于德育导师制的德育活动课程。以多元的德育课程开发、动态的德育课程实施、有效的德育课程管理为目标，尊重生命个体的独特性，努力构建学生的精神家园，培育提升"三自"健康人格。

其二，在开足开好国家课程的基础上，依据学校"一体两翼"的办学结构特点，根据学生差异与不同选择，制订不同的教学进度方案，以适合不同知识结构的学生差异化学习的需求，让教学适合学生。新疆部学生结合必修课程内容，增加先备知识的教学内容；国际部学生结合必修课程内容，适当拓展与国际课程衔接的教学内容，并互认学分。

依据学生基础知识状况、智力水平、学习动机、学习方法、潜在能力等方面的差异，以"尊重差异与选择、动态反馈与递进"为原则，对语文、数学、英语课程实施分层设计。根据不同学生的兴趣特长与专业倾向，对七选三课程（物理、化学、生物、政治、历史、地理、技术）实施分类设置。遵循学生的兴趣爱好与特长，体育、艺术实施分项适配。体育课程下设篮球、足球、乒乓球等子课程；艺术课程下设声乐、书法、国画等子课程。学生根据自己的兴趣爱好，每学期选择体育、艺术课程中的各一门子课程进行修习，保证杭师大附中学子能掌握一项艺术技能和两项体育技能。

其三，建立彰显学生个性化发展的特色项目课程群。核心素养与课程的关系是复杂而综合的，这就需要通过跨学科课程建设来达成。为此，我们建立了三大特色项目课程群：

"学能—提升"课程群以"认知素养"为核心，在原有的经典阅读、思维课程、英语口语课程、大学选修课程、AP课程的基础上，整合各类课程资源，进一步开发以提高学生学习能力为核心的相关课程，如绘本与哲学等。

"体验—表达"课程群以"跨文化素养"和"自我管理素养"为核心，在原有课程的基础上进行筛选与创新，凸显文化融合。如利用新疆部民族优势开设"大美新疆"课程，利用国际部文化优势开设"西方文化"课程等，对原有的多元文化融合课程群进行改造；开发与开设高中生职业生涯规划、认识自我与认识职业、大学专业介绍等课程，并以"我们的舞台""我们的声音""我们的足迹"等活动课程为载体，对德育课程群进行重构。

"探究—设计"课程群以"生态素养"和"数字化素养"为核心，在原有的西溪湿地课程群六大子课程的基础上进行优化与重组，进一步完善和提升以"生态素养"为核心的西溪湿地系列课程。原有的ICT课程群包括虚拟机器人、flash公益广告设计、Office visio应用制图、电子商务、Visual Basic入门等已有一定的规模，子课程与核心素养的关联度也较高。在此基础上，我们针对各学段学生的课程需求、学习兴趣，围绕数字化素养下的具体化课程目标，对 ICT 课程群进行统整，并帮助学生把所学知识与实际生活联系起来。

基于核心素养的学教方式重构

从教师改变教学方式入手，从优化学生学习方式出发，是教学提质的根本途径。在当下的常态课堂教学中，知识灌输与技能训练仍是最基本的教学方式，我们通过重构以"核心素养的落实与内化"为内核的学教系统，改变以知识为本的教学现状。

首先，建立选课走班制。创新选课走班教学组织形式，建立行政班和教学班并存且相互配合的管理组织体系。行政班的主要功能是增加学生的归属感，增强集体意识，提高集体荣誉感。学生的集体活动如德育活动课程、自修、艺术节、运动会、体育活动等都以行政班为单位完成。教学班的主要功能是满足学生的个性化学习，充分体现适性教育和差异化发展。学生的所有学科课程、项目课程等教学活动，都以教学班的组织形式进行。

为了引导学生学会规划与选择，学校统筹安排选课节点、学考节点、选考节点等，在此基础上编制"学生课程手册"，详细说明各类课程的定位和功能、各学程的课程安排、考试要求、选课程序等，学生根据自己的需求，结合手册说明，在班主任与成长导师的指导下形成合理的课程修习方案。

同时，完善成长导师制，指导学生选课走班。学校有较完善的学生生涯规划指导制度，通过相应的课程和活动，帮助学生认识自己，妥善处理自己的兴趣特长、潜质倾向与未来社会需求的关系，提高学生生涯规划能力和主动发展能力。学校为每一个学生配备成长导师，负责学生的德育、生涯规划、学法指导、选课指导和心理疏导等工作。

构建学生自主发展的管理模式，是选课走班制度下培养学生自我管理能力的必需。学校尊重学生个性，创设一切有利于学生身心发展的活动，建立学生自主发展的管理模式。学校通过制定杭师大附中走班管理制度、成立年级学生自主管理委员会、编写学生手册等形式，逐步构建完善的学生自主发展管理模式。

其次，转变课堂教学形态，提高课堂教学的适切性和有效性。在学教形式上，学校突出了三大特点："三分"设置、自主探究、合作竞争。

学校尊重学生的差异与选择，根据学生学习情况，实施学教"三分"（分层、分类、分项）设置。教师以各学科课程建设纲要为准则，根据各学科素养的分级目标对不同学生进行指导，设置不同层次、类别、项目的作业，让学生都能体验学习成功的快乐，在选择中发展核心素养。

学校引导学生在体验中学习，变"被动、单一、无视学科差异"的方式为"主动、多样、尊重学科性质"的方式。学校倡导教师开展扁平化生源状态下课堂学教新模式的研究，倡导教学过程中关注学生的主动性问题、师生的互动性问题、学生的思维发展问题，关注学生的深度学习与核心素养的内化过程。例如，在西溪湿地课程群的教学设计中，我们带学生到西溪湿地实地考察，设置了西溪湿地水质监测、龙舟文化探寻、西溪双语导游、西溪诗会、西溪湿地建筑艺术等项目课程，让学生完成采样实验、实地访谈、亲身体验、模拟设计等活动，引导学生在活动中学习和思索、认知和行动，让学生在真实情境中提升并内化生态素养。

在教学策略选择上，通过课前导学、小组合作、组际竞争等方法，促进学生对知识的理解、迁移和运用。学校借助互联网技术，将个性化学习分析系统、课后答疑系统、学科难点微课系统等引入教学，丰富学习渠道。

自下而上的全员参与推动核心素养落地

学校提倡基于学生核心素养开展个性化、差异化发展性评价，因而，在学生评价中贯彻了生本性、过程性和发展性。

强调生本性评价。根据不同层次、不同类别、不同特长的学生进行差异化评价，凸显学生在原有基础上的进步。学校各教研组编制的学科课程纲要成为教师课堂教学的行动纲领，我们引导教师将学生各阶段学科素养的落实情况作为学科目标达成的重要依据，并为进一步教学提供诊断信息。

注重过程性评价。坚持过程性评价与终结性评价相结合的原则，完善学生成长记录，全面准确地将课程修习情况、个性特长发展情况记入学生成长档案，并借助电子班牌系统将过程性评价成绩及时向学生反馈，有利于学生针对自己的学习情况调整学习状态，优化学习方式。

实施发展性评价。充分发挥评价的导向和激励功能，不仅关注学生的学业成绩，还注重发现和发展学生多方面的潜能，关注学生的成长过程。

从教到评价，核心素养的真正落地，最终取决于教师的课程领导力，因此提升教师的专业素养和实践智慧显得尤为重要。

从育人目标的确立至核心素养体系的构建，我们采取的是自下而上的"草根式"研究模式。通过教工大会宣讲、组建骨干教师团队、征求各层次教师意见、实施后的反馈论证等形式，让尽可能多的教师参与其中，做到人人知晓学校的培育目标与核心素养体系。

各学科组在组建核心研究团队的基础上，对本学科的课程标准、核心素养的学科转化、学科素养的分级设置等内容都开展了多次主题教研活动。

学校还采取不同形式开展全员培训，引导教师进行学生学习力现状调研，开展课堂教学的课题研究。尤其加强对青年教师的培训，通过设立学术论坛、读书沙龙、学术节、学科节等方式，提升青年教师的业务能力。

（作者单位系浙江省杭州师范大学附属中学）

（文章原刊于《人民教育》2017年第3-4期）

带着思想去实践
——核心素养落地的"123"路线图

李永强

我国学生发展核心素养出台后，如何在教育实践层面找到适合本校的落实途径，是每所学校最关心的问题。学校怎么做，教师怎么教，学生怎么学，所有这些都考验着办学者的智慧。

从历史中寻迹，在经验中发掘，重庆市巴蜀小学在寻找核心素养落地的力量过程中，实现了新的生长。

"两个读懂"

任何教育改革的落脚点都在学校，在课堂，在教师。回望学校80多年的发展历程，课堂教学一直是巴蜀教育改革的主旋律。2013年以来，学校一方面紧跟国家核心素养研制的进程和内容，及时加强教师的学习和理解；另一方面，以课堂落地为抓手，探索核心素养的校本转化途径。在这个过程中，我们深切地认识到，核心素养不仅是专家的事情，更与学校、教师、课堂息息相关。结合巴蜀学校教育改革经验，我们认为，核心素养落地首先要解决"两个读懂"问题。

一是读懂学校。读懂学校就是从学校实际出发，从教师实际出发。每一所学校都是独一无二的。不同的学校，面对不同的学生，有自己的个性发展路径。此外，在核心素养落地的力量中，教师永远都是关键力量之一。读懂学校的一个基本命题就是读懂教师。我们的教师有没有面对改革的勇气和经验？有没有不断学习和自我更新的欲求和能力？只有通过每一位教师的观念和行动转变来优化常态的教育现场，教育改革才有可能真实发生。

二是读懂儿童。如果读懂学校是立足点，那么儿童永远是教育的出发点与归宿点，永远是教育过程中最核心、最根本的元素。儿童是学校教育的主体，是具有能动性的教育对象，他们在一次次的教与学中获得知识与精神成长。读懂儿童，就能够在教育前行的路上，不断地认准和把握住自己的方向。

秉承巴蜀"创造一个新的学校环境，实验一些新的小学教育"的建校宗旨，学校提出并践行"与学生脉搏一起律动"的办学理念。我们主张"因生而动"，强调好的教育就是要把儿童的身心潜能充分地挖掘出来，让每一个儿童的身心优势自然地展现出来，让他们真正成为自己生命的主人、自己成长与发展的主人。

"两个读懂"是指导巴蜀"律动教育"实践的原则：让儿童成为学习的主人，让教师成为课堂的创造者。

历史揭示了答案

我们一直在拷问自己：作为一所基层学校，如何理解国家教育改革战略的要求并落实到位？立足学生发展价值取向的教育改革，与巴蜀历年来的实践研究有什么异同？

站在历史的时间轴中，我们慢慢找到了答案。

84 年前，巴蜀小学诞生了，学校开启了努力探索"趋合时代，适应潮流，发扬文化，扶植思想"的小学教育之路。建校之初到 20 世纪 80 年代改革开放，学校课堂改革的目标是"朴实、落实、扎实"，以达到"基本知识"和"基本技能"的"双基"要求。而后又持续进行了 16 年的创造教育研究。这一时期，课堂是"教师向学生高效传授知识的地方"。

新世纪以来，建构主义、多元智能等学习理论的引入，给教师教学的固有观念带来了极大冲击，新课改的目标开始强调对学生情感、态度、价值观等的培养。学校以"与新课程同成长"为主题，每年举办"互动论坛"展开大讨论，促进教师更新观念，推动课堂三维目标的达成。这一时期，课堂将"学科内容"与"学生发展"作为共同的追求。

2009年，巴蜀提出了"与学生脉搏一起律动"的办学理念，同时正式启动研制"三年行动计划"，分别侧重围绕学生的三大素质，即行为素质、思维素质和情感素质，开展了三年"课堂大练兵"活动，由此进一步推动了学生全面素质发展与提升。更为重要的是，这一时期，课堂展现了教师自身认识和教学方式实实在在的改变。

2012年，学校第二个"三年行动计划"开启，新课程改革也进入了理性反思阶段。学校循着对学科育人目标意识的强化，在多年"综合实践活动"开展的基础上，研究提出了"基于学科的课程综合化实施"巴蜀课改路径。无论是参与式教学研究，还是项目学习实践，都着力从关注每一位教师的课堂，到关注学习方式的变革、让学习成为每一个学生自主展开的过程。这一时期，巴蜀课堂是"让学习真正发生"的地方。

进入第三个"三年行动计划"，巴蜀人注意进一步落实84年前创始人提出的"趋合时代，适应潮流"的办学目标，顺应国家关于教育发展和现代学校制度建设的精神，把课改目标进一步确定为"发展学生核心素养"。

从2014年提出并开始研制"巴蜀儿童核心素养"，到2015年形成征求意见稿，再到2016年研究成果发布，我们以"寻找核心素养落地的力量"为主题，研制并开始了第三个"三年行动计划"的实践探索。我们强调任何学科的内容、任何教育活动以及延伸到校外的亲子教育、社会实践活动等，都是促进人全面发展的载体，都指向学生的基本核心素养。在这一时期，课堂是师生生命共同成长的教育场。

对学校课堂教学改革目标和内容的演进进行梳理，回望巴蜀教育改革的学术逻辑，我们欣喜地发现：学校多年的实践，正暗合了国家对核心素养的研究方向。

我们还发现，对历史的梳理，以及对传统的继承发扬、融会贯通，本身就是核心素养落地的力量。

带着思想去实践，在实践中出思想

中国学生核心素养的发布，是教育顶层设计对"培养什么样的人"的回应。由于各地各校的文化传统不同、教育传统不同，因此要使国家提出的核心素养真正落地，就特别需要每一所学校对顶层设计作出回应，在实践层面寻找核心素养落地的策略和路径。

巴蜀历来信奉"做的哲学"。在"做"的过程中，我们始终以课堂教学改革为"牛鼻子"，将学校自下而上的实践探索和自上而下的顶层设计相结合作为行动策略，带着思想去实践，在实践中出思想。据此，我们形成了推动核心素养落地的"123"路线图。

坚持 1 种方法——问题思维

我们提出的实践方法是坚持问题导向，团队作战。为此，我们组建了一个核心研究团队，成员由学校行政、学科主管、学术委员构成，并成立了 15 个"律动研究室"，以工作坊的形式开展常态教研。通过"头脑风暴"，研究团队梳理出对核心素养落地的诸多问题困惑，形成"问题串"，然后带着"问题串"采用走出去、请进来的办法，与专家、同行反复讨论，明确"问题串"中的主干问题，并最终确立将课堂教学的进一步改革作为撬动的支点。基于学科课堂，通过日常教研活动，循序渐进，开展研究。

强化 2 种意识——目标意识，综合意识

思想是行动的先导。结合课题组、行政部门、教研机构、一线教师等不同层面的意见，我们对教师提出强化两种意识的要求。

一是目标意识。核心素养是指向完整人发展的指标体系，而不是针对某一个学科提出的。但教师在实践中很容易站在学科本位的角度看待学生和课堂，所以要让教师充分理解核心素养的本质属性，以此来对照、反观原有的育人目标系统，并不断追问、审视自己的教育教学行为。

二是综合意识。核心素养以培养"全面发展的人"为核心，就需要教师拥有综合育人的意识，也就是要注意充分发挥各个学科的独特育人价值和各个学科穿透学科的综合育人功能。对巴蜀来讲，就是要用核心素养引领近年来所开展的"基于学科的课程综合化实施"改革，使课程以综合的形式为完整人的终身发展服务。

依托 3 个支点——课程、课堂和评价

课程、课堂、评价，这既是课题组提出的核心素养落实途径，又是巴蜀多年课改实践所证明的重要依托支点。

支点 1：建设"律动课程体系"。

学生发展核心素养是"一套经过系统设计的育人目标框架"，因此，课程的顶层设计尤为重要。巴蜀逐渐由传统的以学科内容为中心转向以学生能力为中心的律动课程体系——包括基础学力课程、生活实践课程和潜能开发三类课程。

支点 2：选点课堂。

核心素养是一个整体，需要通过各学科课堂落地。首先，我们尝试对学科特质进行校本化解读。如语文学科学生发展核心素养为"一爱三会"——爱母语、会读书、会思考、会表达。

其次，选择一个学科特质，如"会表达"，作为研究的切入点，进一步明确其具体指标的主要表现及水平，并通过课堂教学转化这一核心素养的关键点，进行系统建构。这个点是落地的切入点、突破点和成长点，无数的点编织起来形成学生的综合素养。

例如，语文学科通过 A（3+1+N 律动习作）培养学生 B（会表达）的学科特质，即以"会表达"为切入点，进而明确其具体指标：言之有理、言之有趣、言之有物、言之有序、言之有法、言之有情。

再次，制定可以用于表现性评价的质量标准，以推动、诊断、检测核心素养的培养。

例如，二年级语文学科"言之有趣"包括三个水平（具体见表1）。

最后，通过课堂现场进行大练兵。通过专题讨论、研究课等，教师之间相互交流，共同学习并真正转化，从学科教学走向学科教育，从教学技术走向教学艺术，从学科知识走向学科文化。

表 1 二年级语文学科"言之有趣"

水平一	乐于表达、喜欢写话	情感维度
水平二	能围绕一个意思说清楚、写通顺	内容维度
水平三	会写连续、并列、总分等句群	方法维度

支点 3：评价协同。

近年来，我们从一年级开始进行学生综合评价改革，通过过程性、表现性评价，协同课堂教学改革，激发师生的主体自觉意识，找到自我成长的力量，真正推动核心素养落地。当然，这也是我们的一个难题，我们将紧随国家研究步骤，不断总结自身实践经验。

实践证明，学校指向核心素养的教育改革取得了显著的成效——学校的课堂文化变了。今天，"文化"已经成为育人过程中最为重要和最为关键的元素。巴蜀教师站在课程综合的理念下，从学科教学走向学科教育，从关注知识点的落实转向素养的养成，进一步转变教学方式和育人理念。巴蜀的课堂已经变得更加开放、民主、平等。师生互动、生生互动更加频繁，课堂更具有生命的活力和生活的气息，文化的意味更加浓郁、厚实，逐渐形成"生动、互动、灵动"的课堂样态和"尊重、激发、共生"的课堂文化。

（作者单位系重庆市巴蜀小学）

（文章原刊于《人民教育》2017 年第 3-4 期）

是什么决定了教室的尺度？

丁小彦

"核心素养"指向的是人的全面发展，它在特定学科的具体化，是学生在学习一门学科之后所形成的具有学科特点的必备品格和关键能力。因此，学科的育人价值是什么，基于学科特质学生需要发展的核心素养又是什么？对这两个问题的追问，是核心素养落地的关键。

2009 年，重庆市巴蜀小学提出了"爱读书、善思考、会表达"的 9 字语文学科核心价值追求。2015 年，学校开始研究学科核心素养，并对巴蜀小学语文学科的育人特质进行了再次修改和校本化解读。

"一爱三会"的语文学科核心素养

所谓"一爱三会"，是指爱母语、会读书、会思考、会表达。

爱母语：爱历史——热爱祖国悠久的历史；爱文化——热爱祖国灿烂的文化，热爱祖国语言文字，热爱语文课程；爱生活——在生活中学习、运用语文。

会读书：读世界——广泛地阅读各类书籍，在书籍中认知世界丰富的多元文化，主动学习自身未知领域的各类知识，提高认知的广度和深度；读生活——通过文字抵达自身无法经历的生活世界和情感世界，树立良好的人生态度，焕发高昂的生活热情；读自我——以书为鉴，用书中美好的形象和向上向善的思想进行自我灵魂的净化，陶冶高尚情操。在丰富的阅读体验中培养良好的读书习惯，掌握正确的读书方法，达成"能带着脑子读书，读有价值的书，会有价值地读书"的目标。

会思考：具有社会主义核心价值观和勤于动脑的良好习惯，形成"善理解""会质疑""有创新"的思维品质。善理解——在学习和生活中乐于思考，能充分理解他人观点，有思维的广度和深度；会质疑——能主动追求真理，大胆质疑，具有批判精神；有见解——对待事物不人云亦云，有自己的独特观点，能适时提出建设性意见。

会表达：能倾听——有倾听他人讲话的习惯；有自信——在与人交流中，能文明、自信地与人沟通，吸纳他人意见，明白有效地表达自我观点；善交流——练就"一双灵耳朵""一副好口才""一手好文章"。

有了这样的思考和研究后，我们紧紧围绕"一爱三会"对语文学科核心素养展开了系统的课程建构和实践研究。

课程文化决定一间教室的容量

雷夫曾说："一间教室能给孩子们带来什么，取决于教室桌椅之外的空白处流动着什么……是什么东西在决定教室的尺度——教师，尤其是小学教师。"这给我们的启发是，教师以及课程文化决定了教室的内容和教室的容量。

经过长时间的摸索和研究，在认真执行国家课程体系的基础上，我们重新建构起"自主学习文化、主体课堂文化、语文拓展文化"相结合的语文课程文化系统，试图打破传统课堂模式，让语文课程学习活起来，让课堂内容丰富起来。

自主学习文化：一是文本预习。课前自主学习是语文学习的起点，我们推行课前自学"六部曲"：自学生字；朗读课文；联系上下文、查字词典理解词语；说说课文写什么；思考课后练习，在书上作好批注；提出问题。二是资料收集与整理。课前主动收集整理资料，课堂运用好资料辅助学习，课后再整理收藏。三是阅读规划与评价。自主规划自己的课外阅读，做好相关记录，评价自己的阅读情况。

主体课堂文化：一是和谐的课堂氛围文化：课堂生动、互动、灵动。二是发展的课堂学习文化。建立学习共同体，改变课堂教学的学习方式，保证在分层实施的学习活动中，既有面向全体的"合"环节，又有兼顾个体的"分"环节，一般流程为：营造情境（合、分）—主体探究（分）—协作学习（合）—迁移运用（分）—总结拓展（合、分），以保证每一位学生的学习权利。三是多元、个性化的作业文化。

语文拓展文化：一是经典诵读，每天坚持诵读。二是课外阅读，依托校本教材《我是快乐小书虫》引领学生系统阅读、记录、评价，培养学生爱读书、会读书的情感和能力。三是实践作业，开拓课外实践空间，学生在生活、实践中学习。

围绕"一爱三会"，我们还开发出丰富多彩的系列校本课程，如儿童课外阅读课程、综合性学习课程、律动习作课程、律动演讲课程等，满足学生个性化发展需要。

2011年，我们编写了一至六年级《"我是快乐小书虫"巴蜀儿童星级阅读手册》，共计12册，每册（每期）向学生推荐60首经典诵读书目，推荐60～80本课外读物，打通阅读的纵向联系；编写了校本教材《一诗一文一著》，每篇课文链接相关的古诗词和著作（或文章），打通经典诵读、课文学习、课外阅读的横向联系。用崔峦老师的话说，就是把"课外阅读课程化，课外阅读课堂化"。我们还搭建了展示平台，把"读""讲""演""评""写"结合起来，让语文教材"立"起来。巴蜀孩子的语文学习不再局限于一本薄薄的教科书，他们的语文生活也不再局限于40分钟的语文课堂，世界皆是孩子们的课堂，孩子们由此走向丰富多彩的世界。

在开发"快乐小书虫"课程时，我们注意用学生喜爱的方式激励他们，激发学生的阅读兴趣。学生每背诵一首、一段（篇）经典，每阅读一本课外书籍，都会获得相应的小树苗，再将小树苗贴在教室阅读墙上。

快乐小书虫·星级证书

同学：

在二年级上期的星级阅读中，依据学校星级阅读标准，你被评为星级

"快乐小书虫"。希望你不断努力，取得更好的成绩。

重庆市巴蜀小学

我们看到象征着课外阅读书目的"小树"在每个班的墙壁上茁壮地生长，每读完一本书，"小树"就会长一截，这既像一个比赛，又像一个游戏。实践证明这种方式效果明显，很多学生一年的阅读量达到 100 本以上，多的达到 300 本以上。

"会表达"既是核心素养中的重点，又是学习中的难点。据我们观察，大多数学生都不喜或不善表达，进而害怕表达。怎么改变这种情况呢？我们研发了《"3+N+1"律动习作》校本教材，全面建构习作教学体系，明确分层、系统的习作目标，为学生提供丰富的写作素材，教授各种体裁的写作方法。

"3+N+1"有着丰富的内涵：

3——指依据课标和教材内容，每个年级练好写实文、想象文、交际实用文三类习作。

N——一是指拓展教材，开发 N 个配套训练；二是指与 N 个学科开展跨界综合，如二年级语文与美术综合进行绘本写话创作；三是结合教师特点，研发 N 个特色课程，如儿童小说创作、儿童诗歌创作、图文日记、剧本创作等。

1——每学期开展一次以上的语文综合性学习实践活动，引导学生在活动中实践创意写作。如语言情景剧创作、旅游攻略编写、"创意生活我支招"表演剧本创编，以及各项实践活动的方案设计、过程记录、访谈、创意说明书、调查分析、研究报告、建议书等交际实用文。这样的习作真正树立了学生的运用意识和读者意识，做到了真表达、真运用、真作文。

在这套教材中，我们深入研究了各年级的目标体系。

一年级：言之有"理"——把话说清楚，说明白，有礼貌。

二年级：言之有趣——把话说精彩，说生动，说出情趣。

三年级：言之有物——把内容说具体，说形象，说得栩栩如生。

四年级：言之有序——把内容说得有条理，有层次。

五年级：言之有法——灵活运用各种写作技巧，有章法可依。

六年级：言之有情——文字间流淌着丰富的内心情感和对生活的独特感受。

从"教"堂变"学"堂

课程文化和课程体系重构的结果是：打破了传统课堂模式，"教"堂变"学"堂，"教"室变"学"室，无论是课前预习、课后总结，还是课堂教学，真正做到了以学生为中心。

课前预习环节引导学生质疑，鼓励学生在自主学习中提出问题，树立问题意识，教师依据学生疑难问题修改教学方案，组织学生有效地学习。

课堂上强调合作学习，鼓励开展对话交流，引发思维碰撞。整个学习过程以学生"学"为中心，教师与学生一起创造、生成课程。经过不断探索，创生了巴蜀课堂教学的"五方法"。

一是"起"（起问）：课堂用学生问题来开启。问题把课堂教学内容引向学生最想要学习的部分，以激发学生的求知欲、探究欲，让学生充满兴趣地进行学习。

二是"承"（导向）：承接，导向目标。学生提问后怎么办？教师的导向尤为重要，教师应将学生诸多问题综合提炼，与教学核心目标加以统整，引导学生聚焦核心目标，在达成核心目标的同时解开学生心中的疑问。

三是"转"（合作）：课堂教学转向构建学习共同体，合作学习。这是转变学习方式、课堂真正实现"人人律动"的关键点。

四是"结"（辩法）：通过辩论，总结提升学习方法。学生在合作学习中习得的方法、获得的知识，需要在全班进行交流，通过讨论对比达成开放性学习共识。在此过程中，也培养了学生流畅表达、对比辨析、总结提升的能力。该环节是知识、方法构建的重要节点。

五是"拓"（实践）：给予空间让学生自主实践。课堂上一定要让学生动手动口实践，练就语文基本功。拓展实践还包括给学生推荐经典诵读篇目、课外阅读书目、实践活动主题等，将课堂与广阔的阅读、生活空间连接起来。

一堂课结束后，注重方法的总结，引导学生用思维导图方式梳理一节课学习的知识要点、规律方法，有利于知识沉淀和迁移运用。

传统课堂模式被打破后，我们也在试着重新定义课堂，加深课堂内涵，扩展课堂外延，形成基于学科的课程综合化实施的"小中大课堂"（学科小课堂、年级中课堂、社会大课堂）一体化育人模式，使学生从传统教室小课堂生活回归到完整丰富的学校生活，使语文教学走向大教育。

为了让每个学生都能享受到优质的课程和教师资源，我们根据每个教师的特质开辟特色年级中课堂，学生走班上课，同年级学生一起上课，改变课堂结构。

例如，冯栎钧老师的年级中课堂群文阅读课程，根据六年级上每一个单元的不同内容，选择了不同的作家作品，集中选材的是民国时期 10 位大家的作品，每个星期给全年级学生上一次大课。

生活处处是语文。语文其实是一门应用性很强的学科，语文的课堂边界要比教室辽阔得多。在学习完《长城》《赵州桥》《颐和园》等一组课文后，我们带领学生开展了一次探寻重庆市旅游景点的语文综合实践活动。学生通过查阅资料，确定研究走访的地方，制订出行方案，与教师一起完成《洪崖洞徒步游览指南》。活动课堂能够有效地培养学生的语文学科素养，如通过查找资料学会筛选有价值的信息；现场游览后即兴写作导游词，培养了学生应用作文写作能力；几人一组录制视频，锻炼了学生的口语表达能力。

核心素养下的语文教学正在悄然发生变化：教师在变，课堂文化在变，课程体系在变，课堂教学方式在变。所有这些都指向学生主动学习、主动发展，这也是核心素养落地的理想状态。

（作者单位系重庆市巴蜀小学）

（文章原刊于《人民教育》2017 年第 3-4 期）

核心素养与学科素养

核心素养培育要落实到学科教学的四个层次

任学宝

落实：中国学生发展核心素养的难题

随着 2016 年中国学生发展核心素养的提出，中国教育正式从知识时代进入素养时代，学生不再是冷冰冰的分数和知识点的集合，而是具化为兼具文化基础、自主发展、社会参与等必备品格和关键能力的"人"，中国式"毕业生形象"也愈发显得具象清晰。

然而，我们应清醒地认识到，学生发展核心素养的提出仅仅是让中国教育有机会站在世界之林，但能不能站好、站稳则需要看从核心素养提出到学生具备关键能力的转化过程。换言之，只有学生真正具备六大核心素养，这场"素养革命"才宣告成功，这就是学生核心素养的落实问题。

美国当代教育学家古德莱德提出课程的五层次理论，他将课程分为五个层次：第一层次为专家、政府和学术团队提出的"理想的课程"，最后一个层次为学生实实在在体验到的"经验的课程"，这当中还需要经历"正式的课程""领悟的课程"与"运作的课程"，分别对应国家（地方）课程规划、教师对课程标准和教材的理解以及教师在日常教学中真正实施的课程。

这五个层次的课程与核心素养的落实路径极为相似。目前，我们提出的三方面六大素养仅仅是"理想的素养"。我们希望学生能真正形成和具备这些必备品格和关键能力，这就是"经验的素养"，其中，核心素养还需要经历国家和地方的改编与实践、教师对核心素养的领悟以及教师的课堂教学实施等。

古德莱德及后来的研究者提出，每一层次课程的转化有可能存在信息的缺失，从而造成理念设计与学生实践经验之间的"两张皮"现象，导致所教所学非所想的情况。因此，如何避免核心素养在理念设计与学生实践经验之间的"两张皮"现象，成为当前落实核心素养最大的难题。

教研：核心素养落实的关键力量

2009 年、2012 年上海在 PISA 考试中的优异表现吸引了包括英美在内的西方国家对中国教育的好奇，研究者都在探索促进中国基础教育发展的"秘密武器"。香港大学原副校长程介明指出："上海的 PISA 测试成绩之所以独占鳌头，很大程度上归功于上海基础教育的教研体制。教研是一种中国特色，在提高教师专业素养方面起到很大的作用。现在全世界对上海的教研体系都感到很有兴趣。"教研这一颇具中国特色的教育研究互助体系逐渐为世人所知。

在"全国首届教研创新论坛"上，教育部基础教育课程教材发展中心副主任刘月霞将教研员定位为"教师教学的专业指导者、区域教学研究的组织者、国家和地方改革政策的转化者和教师专业发展的促进者"。这些角色充分体现了教研系统在中国基础教育改革发展中的重要性。其中，"国家和地方改革政策的转化者和教师专业发展的促进者"的角色定位，更是明确了教研系统在"正式的课程""领悟的课程"及"运作的课程"三者之间的协调转化功能，而这也恰恰是学生核心素养从理念落实到学生个体品格和关键能力的最重要环节，是攻克"两张皮"现象的"主战场"。因此，我们认为，教研系统在核心素养落实中扮演着极为重要的角色，甚至可能成为核心素养能否顺利转化的关键力量。

上述角色定位凸显了教研系统的重要性，也赋予了教研系统巨大的责任。如何促进核心素养落地成为每个教研人都必须思考和实践的问题。

我们曾提出实现学生核心素养具体化、易操作化的三条途径，即基于学科核心素养的课程体系建构、基于核心素养的课堂教学以及基于核心素养的评价。其中，借助学科课程教学落实学生核心素养是最直接、最有效的途径，也是教研系统支持核心素养落地的最主要抓手。

学科教学研究一直是教研系统的主要任务之一。作为与学生最接近的媒介，日常的学科教学除了承担学科知识、学科方法的传递外，还承载着立德树人教育理念的渗透。学生核心素养的提出为中国教育的培养目标提供了指导，但同时也带来了困惑，那就是如何将这一素养培养落实到具体的日常教学中。

最近，浙江省各学科教研人员组织了一系列基于核心素养的教研活动，活动内容从知识体系的建构到学习方法的变革，从评价目标的科学化到学科文化的形成等。随着教研的不断深入，我们发现，学科教学发展的最后即是学生的核心素养，因此，我们提出通过学科教学落实学生发展核心素养，从而真正为培养中国特色的"毕业生"提供实践支撑。

学科：基于教研支持核心素养落实

从学生核心素养到学生的必备品格和关键能力，必须借助学科教学这一媒介。完整的学科教学不仅是知识点的集合，也不仅是一种方法或能力，学科教学具有系统性。我们认为，一门学科的教学涉及四个层面：知识层面教学、方法层面教学、思维层面教学以及文化／价值层面教学。四个层面由表及里，层层递进，代表学科教学的不同层次，形成学科教学四大维度。学生核心素养通过学科落实到学生个体，可能需要经历这四个层次。

第一层次：构建国家、地方、学校三级学科知识体系

知识层面的教学是最清晰、最容易被人感知的，但借助知识教学落实学科核心素养也是最困难、最复杂的。知识点往往是琐碎的、无序的，而核心素养是系统的、多维度的能力和品格，所以将知识点形成体系是落实核心素养的重要途径。

目前，知识体系的建构在国家层面有学科课程标准，但课程标准的描述尚较为泛化，无法直接指导一线教学，而地方和学校则缺乏对国家课程标准的再阐述，未建立起区域学科课程体系，这给教师基于核心素养开展教学带来一定的困难。而我国实行的国家、地方、学校三级课程体系给不同层级赋予了相应的权利，因此，地方和学校应该积极探索，构建符合本地区区域属性、学生特质及培养目标的学科课程体系。

在区域层面，浙江省教研室在 2006 年就结合智库资源，研制了《浙江省普通高中新课程实验第一阶段学科教学指导意见》，对各学科、各模块的教学内容、难度、进度提出本土化实施的具体要求，并于 2009 年、2012 年和 2014 年进行了三次修订，形成《浙江省普通高中学科教学指导意见》，以适应各阶段改革的需要。随着学生核心素养的公布以及学科核心素养的不断明确，浙江省也在积极谋划对学科教学指导意见进行再修订，从而为落实核心素养的本土实践提供支持。

在学校层面，浙江省借助普通高中学科基地学校的培育工作，鼓励和指导学校根据地区、学校、学生的特点建构符合本校实际的学科课程体系。目前，第一批 50 所普通高中学科基地学校和第二批 49 所普通高中学科基地培育学校均完成了本学科课程体系建构，并从某一学科出发，梳理和建构了本校的课程体系。学校课程体系已成为浙江省普通高中的"标配"，也成为学校开展日常教学活动的重要参考和依据。

例如，作为浙江省第一批普通高中语文学科基地，温州市瑞安中学提出建设以"我语文"为主题的语文学科课程体系，将教学主体、教学内容和教学目标三方面有机结合，形成必修课程、选修课程和研究课程三级语文课程体系。为满足不同学生的需求，瑞安中学还围绕语文学科核心素养完善了三层次的阅读和写作学习框架，将核心素养落实在具体的语文教学模块中。

第二层次：以学为中心的课堂教学范式变革促进方法论渗透

从知识点教学上升为方法论教学，体现的是学生对知识的内化和总结，方法论是学生通过探究、整合、总结后对现有知识的一次梳理，更接近核心素养的表征。事实上，我国基础教育一直十分重视方法论教学，但一线教学关注的方法论往往被狭隘地理解为解题方法，缺乏对实践问题的解决，而后者也正是学生核心素养最为重要的内涵之一。

具体到学科教学，由于每门学科都有其特殊性，我们无法为每门学科实施基于核心素养的方法论教学提供支持。但综合各学科的实践，学生核心素养通过学科方法论教学进行渗透需要强调两个维度，即学生个体性和学生主体性。

一是通过学生个性化发展促进学生方法论的提升。对于同一学科，不同学生有不同的学习方法，关注学生个体的教学是促进学生形成个人方法论体系的有效手段。浙江省从深化课程改革开始建议学校根据本校实际探索走班教学，高中阶段推进必修分层、选修分类、体艺分项的走班教学；初中探索分层走班教学可行性；小学进一步推进小班化教学，关注小规模学校建设和微班教学。随着个性化教育的不断加强，学生的主体意识也随之强化，学生开始从"大锅饭"的教育模式逐渐走向关注个人实际的教学新样态，学生有足够多的时间和精力形成个人方法论体系，为核心素养的落实提供保障。

二是以课堂教学变革为核心改革中小学教育。浙江省自 2011 年开展省中小学教学改革试点项目，出现了诸如"学为中心"课堂建设、学习力发展教改项目、以小组合作制为代表的教学模式变革等教学新样态。这些教学改革试点的共同点是转变以往教师主导的课堂教学，强调学生在教学中的主体性。以"学为中心"的课堂建设为例，该教改项目提出"学为中心"不是一种教学理念，也不是一种模式，而是以学生为中心、以学习为中心，是建立在"以生为本"基础上的一种教与学关系的共识。强调"学为中心"是希望通过重视学生主体性促进学生自我学习能力的提升，从而关注学生内在方法论的形成。

对于核心素养来说，在学科教学中渗透方法论教学是从点到面的一次飞跃，学生核心素养的基本特征需要学生更多地关注综合性、复杂性的情境。因此，落实核心素养必须关注学科方法论的教学，并以此为基础不断向上、向内深入。

第三层次：以综合课程和科学评价促进学生思维水平提升

学科思维与学科方法不同，如果把学科方法教学比作技法教学，那么学科思维的形成则是习惯养成，两者是工艺技术与工匠精神的区别。因此，与学科思维相比，学科方法更符合学科核心素养关于必备品格和关键能力的定义。形成学科思维意味着学科教学不再局限于学科知识传授，不再局限于解决本学科难题，而应逐渐成为学生的一种本能，逐渐成为学生思考解决其他问题的一种思考路径。

如同习惯养成是一个漫长而困难的过程一样，学科思维的形成也需要日常教学的不断渗透。因此，核心素养借助学科思维教学落实到学生则更难却更有效。学科教学在促进学科思维完善方面有何作用？教研系统该如何促进学生学科思维的形成和完善？这些问题成为教研人员必须面对和思考的难题。为此，浙江省教研系统在丰富自我内涵的同时积极引进外部资源，以先进经验和评价改革推进学科思维对核心素养落实的作用。

一是借助国外先进经验促进师生形成学科思维。浙江省与美国国际教育荣誉学会（KDP）共同主办了中美 STEM 教育论坛，中美双方通过课程、报告及小组交流方式分享两国在 STEM 课程理论与实践中的探索，极大地促进了省内教师课程整合及解决真实情境任务的教学等跨学科思维的形成。这次论坛对教师重构学科观、树立跨学科整合思维提供了很好的平台，也为教师在课堂教学中渗透相关学科思维提供了良好的样板。

二是借助评价助推学科教学走向思维习得。STEM 课程给教师带来了学科思维的前沿成果，参与 PISA 及新课程标准评价测试给学生带来了学科思维的新视角。浙江与甘肃作为新课程标准评价的实验省份，我们提前体验到未来评价变革的方向，那就是基于真实情境的问题解决能力。为此，浙江省教研系统通过做好教育部中小学教育质量综合评价改革实验工作，逐渐转变传统的知识点评价，转向考查学生学科思维水平和综合能力应用等方面，以评价倒推学生学科思维的形成。

第四层次：走向核心素养的学科文化

学科教学的终极目标是帮助学生形成本学科特有的文化。这种文化有时是以价值观的形式呈现，如历史学科的学习目的之一是希望学生通过对国内外历史的梳理，形成新时代的爱国主义价值观；有时是以基本能力呈现，如学习数学学科中的推理，有利于学生形成大胆假设、小心求证的科学能力。学科文化比学科思维更进一步，相比于学科思维，学科文化已不局限在解决问题或者思考问题方面，而是将学科特质融入学生日常的生活或活动，形成学生为人处世的基本态度和必要手段，这就是学生的必备品格和关键能力。因此，当学科教学上升为学科文化教学时，与学生核心素养的距离就无比接近，甚至可以认为学科文化就是学科核心素养的另一种表达方式。

如何提升学科文化教学尚未形成具体的路径或方法，浙江省教研人员通过大力深化以选择性教育思想为指导的中小学课程改革，以提高育人质量为中心，深耕常规教学研究，尝试探索教研方式改革，以综合教研和学科教研协同发展的方式，期望能促进学科文化在课堂教学的不断渗入与实现。

我们期望以学科核心素养对学生核心素养进行具化，从而为学科教学提供方向和目标。而通过教研促进学科文化的进一步提升，也是下阶段浙江省教研系统需要着重攻克的难题之一。

从知识到方法、到思维，再到价值观的形成，我们不难看出，学科教学的深入其实就是学科不断走向核心素养的过程。因此，学生核心素养不再是高高在上的空中楼阁，它在教育教学中有着最为重要的媒介，那就是学科。做好学科教学的改进和完善，便是对中国学生核心素养落实的有力贡献。

（作者系浙江省教育厅教研室主任）

（文章原刊于《人民教育》2017 年第 3-4 期）

口述历史教学：人性化达成学科核心素养

张雪亚　倪　仲

专家认为，历史学科核心素养包含唯物史观、时空观念、史料实证、历史解释和家国情怀五大内容。口述历史教学是达成历史学科核心素养的一个有效途径。

口述历史教学大致可以分为两类：一是引用口述史料进行历史课堂教学；二是运用口述历史的研究方法进行探究性学习。

在历史教学中如何运用口述史料

英国学者路易斯·斯塔尔认为："口述历史是通过有准备、以录音机为工具的采访，记述人们口述所得的具有保存价值和迄今尚未得到的原始史料。"[①] 口述史料与其他类型的史料相比，更为有血有肉，亲历者的现身说法能生动叙述过去，还原历史现场，让学生身临其境，较之冷冰冰的文献记载多了几分温情，拉近了学生与历史的距离，也提升了课堂的实效性。

我们在历史课堂教学中可以围绕课程标准，明确素养目标，精选口述史料，建构历史情境，探究历史问题，从而解释历史，有助于学生形成正

---

① Louis Starr, "Oral History", in David K. Dunaway and Willa K. Baum eds. *Oral History: An Interdisciplinary Anthology*, p40.

确的价值观。

我在进行"抗日战争"内容的教学时，运用了崔永元《我的抗战》一书中的诸多口述史料，包括共产党员、国民党员、普通民众等亲历者的口述资料，让学生探究抗战胜利的根本原因——全民族抗战使我们取得了第一次反对帝国主义的完全胜利，从中体会团结一心的民族精神，形成国家历史认同。

在历史课堂，教师还可以运用口述史料和其他类型的史料进行互证，通过对多种史料的辨析，判断史料的真伪和价值，逐渐养成"孤证不立、多重印证"的实证精神，并提取有效信息，获得可靠证据，据此解释历史，提出自己的历史认识。

我在进行"西安事变"内容的教学时，运用了唐德刚《张学良口述历史》一书中的口述凭证、张学良《西安事变忏悔录》以及《中国近代史纲》中的文献记载等多种类型的史料，让学生归纳不同史料对西安事变的不同表述，并引导学生从材料出现的背景、史料作者的意图等方面分析成因，进而分析影响史料真实性的主客观因素，从而培养学生的历史实证意识。

如何运用口述历史的研究方法进行探究性学习

运用口述历史的研究方法进行探究性学习，学生能全程参与课题的确立、背景资料的收集、口述访谈的执行、口述资料的整理以及后期的应用评估。学生可以在深刻探究过程中收获学科基本知识，习得学科关键技能，养成学科思维品质。更重要的是，这是一门"人性化"课程，学生作为探究活动的主体，会在潜移默化中达成历史学科核心素养。

我依托锡山高中人文课程基地平台，得以突破历史课堂的时空限制，专门开设了"大家来做口述史"校本课程，使得口述历史研究方法有了真正的用武之地。介绍下吴雨琪同学所做的"我家的户口簿"口述历史课题。

吴同学是一位90后，对"户口"这个词挺陌生。在一次村里的外来租户问当老师的妈妈能不能上当地小学时，才听说了户口与上学之间的关系，引发了她对户口的兴趣。于是，她以"我家的户口簿"为主题，采访了老中青三代家庭成员，从自家的户口变迁（身边的历史）追寻近半个世纪苏南农村的变革。

针对这个课题，吴同学自主收集了大量的背景资料，包括"户口"的来源、功能，"户口"在新中国发展的历史等。在此基础上，选择了三个典型时期的样本：上世纪六七十年代爷爷奶奶的户口、八九十年代爸爸妈妈的户口、21世纪堂哥的户口，将其置于历史的时空背景中，折射当时农村的社会生活。作为认识历史的"两只眼睛"，我们可以通过"特别的时间"和"特定的空间"认识特定历史事件的历史意义，培养学生的时空观念。

奶奶说："一年到头，去掉雨雪天，冬天闲里头（方言，意指不用干农活的时间段），年收入不足200元……你大姑婆是城里的工人，在无锡市绣品厂做清洁工，每天工作8小时，星期天可以休息，每个月有四十几元工资，还发粮票布票，不知比我写意（方言，适意、舒服）多少呢！"

妈妈说："当时洛社师范的录取分数线是638分，我们班里居民户口的600分都不到。想想都不公平！这不是又一次证明农村户口要比居民户口低一个档次吗？"

爸爸说："当我们的恋爱关系明朗化时，户口问题就成了阻碍！周围人都认为你妈妈是鬼迷心窍，吃错了药，居然要嫁给农村户口的男人……1995年年初，我们家门前要建沪宁高速公路，征用了一些土地，每家有一个名额可以花3000元买居民户口。我毫不犹豫地买了，这样我也成了'非农户'，你外公外婆面上也有了光彩，你妈妈在亲戚朋友和同事面前也挣回了点面子。"

吴同学通过这些口述史料理解了为什么那个时代大家都拼命要争取"居民户口"，也深切感受到城乡户口的差异，心里颇为"愤懑"，这促使她进一步去追寻深层次的原因。

妈妈说："我们国家工业化起步晚，程度低，就业机会少，农业人口规模巨大。所以，要优先解决城市户口的年轻人的就业问题。农村人没有工作可以种田养活自己，而城市人唯有工作才可以生存下去。"

……

听完妈妈的话，吴同学有些释然，她继续收集资料，进一步了解到"二元制"户口管理制度背后的特殊国情，继而理解了这一制度存在的合理性。这个过程其实就是一个史料实证和历史解释的过程，学生从历史表象中发现问题，通过史料的收集和分析，对历史事物之间的因果关系作出解释，从而得出与历史研究相近的结论。

爸爸说："你堂哥考上了大学，户口可迁可不迁，自愿。你伯父伯母很纠结：万一迁出去了，户口性质变了，就回不到农村，将来拆迁就享受不到赔偿及补贴……"

堂哥说："我想把户口迁到学校所在地，以后在南京找工作，具有大学本科以上学历或中级以上职称，可在城市落户和就业。"

爸爸说："我们村里的外来租户，他们的身份信息在电脑里都有登记，已等同于本地人，只不过户籍不在这里，政府也对他们平等关注，在城市稳定就业和居住的外来务工者，他们的子女到政府指定的公办学校读书，缴费与本地学生一视同仁……"

吴同学从堂哥迁户的争议和外来人员落户政策中发现，城乡附着在"户口"上的身份、地位、福利等差异正在逐渐缩小，从中体会到社会的发展和进步，同时也看到这种"不平等"并未完全消除。她在理解的基础上提出了自己的愿景："我们期待在同一片大地上的两种人，能看到同样的蓝天——'城里人''乡下人'不再意味着等级差别，'中国公民'将是我们唯一的称呼。户口，这一中国特殊的人口管理模式，一定会退出历史舞台……"这是家国情怀的体现，是公民意识和历史责任感的体现。

"访谈让我了解身边的历史，而且感受特别真切：对于普通群众而言，以前的户口实质是一种身份的认同、地位的体现，爷爷的'户主'承认了其在现实生活中的地位，奶奶的'户别'反映了在当年那个时代的经济地位、社会差异；妈妈改变'户别'，就是改变命运；最富戏剧性的是我父亲和堂兄，一个是需要交钱才能改户口，一个是自主选择迁与不迁。这不能不说是一段特殊的历史，我家户口变迁从一个很小的角度反映了近半个世纪苏南农村的户口变革史。"吴同学切身体会到社会发展的规律性，这是唯物史观的最好例证。

吴同学在完成自己的口述历史课题的同时，通过历史与现实的对话，找寻历史发展的逻辑，透过表象看到历史发展的本质，形成认识历史的思维方法和正确的历史价值观，在不知不觉中提升了上文述及的历史学科的五大核心素养：唯物史观、时空观念、史料实证、历史解释和家国情怀。

诚然，基础教育阶段核心素养的达成要依托各个学科，但核心素养本身是具有跨学科性的，而口述历史本身也具有"跨学科性"的特点，它几乎包含了全部的社会科学。比如，口述历史的完成需要多个角色的分工合作；口述历史的访谈需要新闻学的采访技巧；受访者的选择需要社会学的社会调查和统计方法；口述历史的转录和编辑需要语言学的表达方式；口述历史的解释需要哲学的诠释学理论和心理学理论；口述历史的收藏需要图书馆和档案馆的编目与保存知识；口述历史的传播需要掌握各种新媒体操作方法等。因此，学生在做口述历史的过程中，能获得各项能力的全方位训练，包括语言能力、交际能力、合作能力、组织能力、调查能力、技术能力等，这些都指向"全面发展的人"这个目标。

中学口述历史教学的实践反思

不管是口述历史教学的哪一种类型，在收集和运用口述史料时都需要注意，口述史料既有原始性和生动性的优点，又具有一定的主观性，这是由亲历者自身年龄、记忆、素养和立场等因素所决定的，所以要精选口述史料，看其是否符合史学的基本原则，是否与文献史料相互佐证等，这样才能使得有声有色、生动形象的口述史料在历史教学中发挥其应有的作用。

即便是有校本课程这样一个很好的平台，中学生做口述史还是会受到一定的时空限制。因此，一方面要尽可能寻求学校、家庭、社会的支持，比如可以与学校的社区活动和社会实践相结合，学生可以采访养老院的老人等；另一方面，在选题时，以家族史、校史、地方史、社区史等为主题较容易找到受访人，所受的时空限制也较小，更有利于研究的展开。

最后要做到"教学评的统一"。基于素养目标的教学也一定要有基于素养目标的评价，以评价促进学习。我们在口述历史校本课程的评价设计中尤其要重视这一点。

（作者单位系江苏省锡山高级中学）

（文章原刊于《人民教育》2017年第3-4期）

创客课程：让学生形成"带得走的能力"

胡晓军

2014 年，江苏省锡山高级中学的"想象·创造"课程基地被江苏省教育厅批准立项。基地开发了以探究、实践为主要学习方式，以科技孵化器机制实施的创客课程，并以专业社群的形式建成多元化师资队伍，努力让学生的想象力"落地"。课程基地以"融技术与艺术，在想象中创造"为目标，让学生体验造物的快乐，激发想象力，提升创造力，使通用技术、信息技术、艺术、物理等学科知识在身体力行中成为"带得走的能力"。

它不是精英学生的俱乐部

我们理解的创客课程不是精英学生的俱乐部，而是面向全体学生的一门常态化实施的课程。创客课程是"想象·创造"课程基地的 30 多门选修课程之一，每一个学生都可以自主选修。

开设这门课程的目标，是让每一个学习过创客课程的学生都会用一种工具语言，制作一件物化作品，完成一本工程日志，撰写一篇研究论文。

会用一种工具语言，需要学生能够使用图形化或者代码编程界面，编制一段控制开源硬件的程序，指向"创新设计（通用技术）和计算思维（信息技术）"。

制作一件物化作品，学生使用车、钳、铣、刨、磨等工具以及激光切割机、3D 打印机等设备，制作一件可以触摸到的创新作品或互动媒体作品，指向"物化能力（通用技术）和艺术表达创意（艺术）"。

完成一本工程日志，学生要绘制图纸、记录过程，像工程师一样设计和工作，指向"图样表达能力（通用技术）和工程思维（通用技术）"。

撰写一篇研究论文，要用学术的语言表达思考，用规范的图表和文字呈现研究，指向"科学的态度与责任（物理）"。

创客课程内容要解决现实世界中的真实问题，而不是书本知识和范例模仿；课程的学习方式是学生"做中学""创中学"，而不是接受式学习。创客课程综合了信息技术学科的编程，通用技术学科的机器人、电子、材料，物理学科的结构、力学，艺术学科的设计等学科元素，用研究性学习方法组织教学。

课程实施与评价：几近真实世界的科技孵化器机制

我们在创客课程实施和评价中引入以色列科技企业孵化器的运行机制，主要包括四个环节。

项目先导期。学生面对、关注现实世界的真实问题，尤其要聚焦社会热点问题和特殊群体，提出解决方案。于是，就有了学生提出、设计的"危化品仓库管理火灾预警及自动灭火系统""帮助老人寻找物体的追踪器"等项目。

项目论证期。学生酝酿的项目在教师指导下不断完善，依次经过孵化器经理（教师）、孵化器项目筛选委员会（教师小组）的审查，才能进入下一个周期。

项目孵化期。学生在创客空间学习必备知识，提高实践能力，在此期间，教师为项目提供所需的硬件设备和学术指导。当学生作品需要资金时，还可以申请"校园风险投资""学生创业银行"的资金支持，直至完成项目，形成物化作品。

市场培育期。这个环节也是学生的课程评价阶段。通过创客作品、工程日志、研究论文三个维度对学习进行评价，对于特别优秀的项目，提供专利申报、产品研发、联系工厂等服务。

科技孵化器运行机制下的创客课程实施与评价，接近于真实世界，学生获得的体验丰富、支持充足。运行两年来，我校"创客"课程班学生孵化项目 40 余个，先后获得全国科技创新类比赛一等奖 10 余项，获专利 20 多人次，在 2016 年澳门国际创新发明展中获金牌 4 枚。

创客师资从哪里来

创客课程从无到有不过是近两年的事，缺乏专门师资。尤其是这门课程融合了多门学科的元素，对教师的知识面提出了较高的要求。创客师资从哪里来？这是亟待解决的问题。

为此，我校组建了 STEAM 专业社群，来自信息技术、通用技术、艺术等学科的教师自发地组成一个学术性研究团体，承担创客课程的教学任务。专业社群有相对固定的教学研讨、交流活动时间和地点。每学期还有专门的"晒课"活动，教师把自己的课录下来进行深入解析。实践中我们认识到，仅有校内教师的参与还不足以解决日常创客教学中的问题，于是又邀请了来自高校专门从事萃智（TRIZ）研究的教师加入社群，帮助学生解决项目设计中遇到的创新难题。

在创客课程实施中，有一位教师负责编程和项目设计教学及孵化器运行。在项目实践中，有的项目小组需要用到设计的知识，艺术学科教师会进行个别指导；有的小组要研究单片机，通用技术学科教师会给予专题指导；有的小组是做发明创新，就可以咨询高校的专业教师；工业设计方向的学生，则可以与新南威尔士大学驻我校的外籍教师商量。

创客教师队伍里还有一个"高校学长团"。我校学生谢超是江苏省科技创新"省长奖"的获得者，他用先后在南京和香港获得的 4000 元奖金建立了学校的"Bull B"奖。他每周都会从上海返回母校，对创客班里自己擅长的项目指导 3 个小时。"高校学长团"是在校学生的同龄人，他们交流起来更顺畅，还可以将高校里最新的信息传递给在校学生。

我校的创客课程形成了"STEAM 专业社群＋外聘高校教师＋高校学

长团＋外籍专家"的多元化师资队伍。

在锡山高中的开放式校史馆中，有一幅于右任先生在 1932 年为学校题写的"双手万能，力求实用"的字。创客课程就是要让万能的双手成为智慧、高明的教师，让学生在真实的项目实践中对知识保持浓厚的兴趣。

（作者单位系江苏省锡山高级中学）

（文章原刊于《人民教育》2017 年第 3-4 期）

如何实现普通高中"每天一节体育课"

秦洪敏

"锻炼健康强壮之体魄",是江苏省锡山高级中学"十大训育标准"之首,也是学校始终恪守的教育哲学。

校长唐江澎认为:"如果能在操场上看到一张张笑脸,看到一个个锻炼的矫健身影,看到孩子们走出游泳池时有点疲倦的幸福感,体育教育的目标也就实现了。"学校在与百年历史、当下使命和世界潮流的对话中,确立了"教育成全人"的终极价值追求,凝练出"生命旺盛、精神高贵、智慧卓越、情感丰满"的人才培养规格。

做终身体育的践行人和健康生活的拥有者

"生命旺盛"的基础是人的终身健康。对于体育学科来说,核心是要锻炼学生健康强壮的体魄,掌握终身体育的技能,锤炼坚毅奋进的品质,培养团队合作的精神,养成良好生活的习惯。这要求教育者立足学生的当下,着眼于学生的未来。

为此,学校在体育与健康课程标准精神与要求的指引下,提出了"做终身体育的践行人,做健康生活的拥有者"的体育学科宣言。它体现了体育学科的价值追求,为学生的发展和体育教师的工作追求指明了方向;这也与体育与健康课程标准提出的学科核心素养"运动能力、健康行为、体育品德"不谋而合。其中,"做终身体育的践行人"指向"运动能力","做健康生活的拥有者"指向"健康行为"与"体育品德"。

基于以上认识,在国内顶尖专家团队的指导与论证下,学校根据自身人才培养规格中关键词的英文首字母,即 B——Beauty 美感、E——Energetic 旺盛、T——Teamwork 团队合作、O——Outstanding 卓越、P——Passion 激情,提出"巅峰"(BETOP)体育课程,并以"天天一节体育,每天锻炼一小时,健康工作五十年,幸福生活一辈子"为理念,构建与实施"巅峰"体育课程,旨在让学生通过系统化、系列化、个性化的体育课程学习,增强体质,增进健康,提升终身体育的意识与能力,促进学生"生命旺盛",推进学校特色建设。

建设课内外一体化体育课程体系

为全面贯彻《中共中央国务院关于加强青少年体育增强青少年体质的意见》等文件精神,我们有效落实体育教学、课外体育活动和大课间活动一体化的阳光体育运动,确保学生每天锻炼一小时的要求。

学校基于课堂教学、课外活动以及大课间活动在核心目标上的一致性,同时为拓展体育课堂的时间和空间,整合并有效利用校内外体育资源,将体育教学、课外体育锻炼、课余训练与竞赛等活动纳入课程,整合每周 2 节体育课、2 节体育课外活动和 1 节班会课,形成"4+1"的课程实施方式,并以整个年级为单位的选项分层教学为基本组织形式,以课内外体育活动目标对接、内容衔接、组织连接、评价链接为要求,构建与实施"巅峰"体育课程。

"4+1"是指在坚持早操与大课间活动的基础上,每周进行 4 节体育课和 1 节体育拓展活动课,全部列入学校课程表,从制度上保障了学生每天锻炼时间在 80 分钟以上,让"天天一节体育课,每天锻炼一小时"的理念成为普通高中的生动现实。

全体学生每周4节体育课，主要以选项分层教学完成两方面内容的学习。一是国家规定和学校自定的必学与选学内容，如学校规定田径、游泳、体操、击剑与跆拳道为必学内容，游泳、田径、健美操、形体与舞蹈、足球、篮球、排球、乒乓球、羽毛球、击剑、跆拳道、瑜伽、太极拳等项目为选学内容（部分必学内容与选学内容的交叉重合，是为了让学生能更深入地学习相关运动项目，以形成爱好、特长及实现课程目标）。二是以选学内容的改进与提高为核心，以多样性、小型性、趣味性、考核性为原则，设计与开发各类校园体育竞赛活动以及发展体能的内容。对于选项分层中提高班的学生，则要增加裁判学习与课余训练的内容。每周一节体育拓展课，以行政班教学为组织形式，其中一半时间由体育教师和相关学科教师负责，以研究性学习方式开展健康教育模块学习，以有效落实国家规定的健康教育专题学习内容，促进学生对健康知识、技能的掌握和健康行为的培养；另一半时间由班主任老师负责，以体育拓展活动为内容，开展培养学生锻炼习惯和增强班级凝聚力的班会活动。

"巅峰"体育课程内容的丰富性和可选择性，满足了学生的学习需求，为学生的个性发展提供了空间，课程的制度化保障、课程化推进、校本化实施，使教学、锻炼、竞赛、训练等活动产生了良性互动，形成了有机整体，学生的体育学习更加规范、更具质量、更有特色。

对学生体育学习与锻炼的全过程作出评价

为促进学生的体育学习，培养终身体育的意识、能力和习惯，学校逐步完善了"巅峰"体育课程的学习评价体系。

一是在坚持课堂教学评价的基础上，通过设计和运用一体化评价内容与方法，综合课堂学习、课外体育锻炼、运动训练与竞赛等情况，对学生体育学习与锻炼的全过程作出评价，构建融诊断性评价、形成性评价、总结性评价于一体的学习评价体系，如图1所示。

教师可以在教学的不同阶段，通过表现性评价、技评与达标、课堂观察、问卷调查、量表评价、纸笔测试等手段，收集学生体能、知识与技能、学习态度、情意表现与合作精神、健康行为等方面的信息，为教师改进教学、学生改进学习以及综合评定学生学习成绩提供依据。

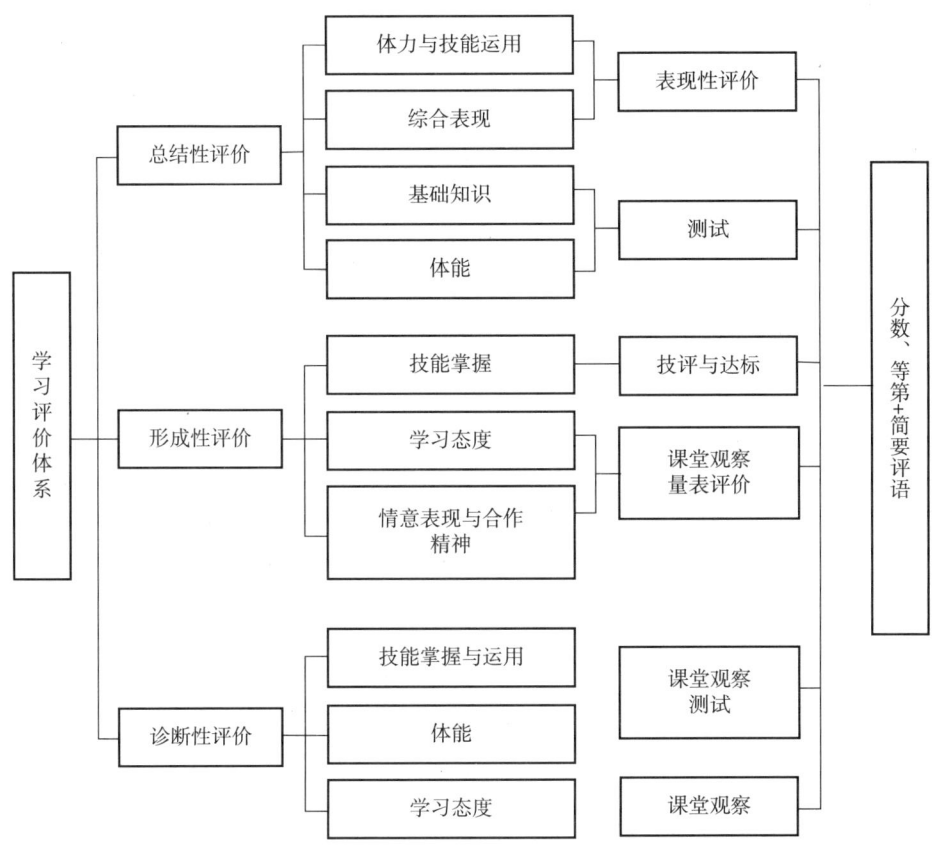

图1 "巅峰"体育课程学习评价体系

二是实施学生运动水平与裁判等级制度。教师通过文献、专家访谈、教学实验、数据统计等方法，研制了学生运动水平与裁判等级评分标准，并将部分测试内容与教学内容融合，通过每个学期末的达级测试周展开评定活动，在每年的巅峰体育节开幕式上颁发证书。这项评价和学分制评价一起，成为学生高中毕业的必要条件。如学生通过高中3年的体育学习需要获得"游泳蓝海豚级"及以上的等级证书，且修满"巅峰"体育课程的

12 个学分才能获得高中毕业证书。这对学生终身体育意识、能力、习惯的培养起到了积极的促进作用。

（作者单位系江苏省锡山高级中学）

（文章原刊于《人民教育》2017 年第 3-4 期）

高中化学课渗透核心素养的思路

占慧军

结合本学科的内容和特点，提出化学核心素养的具体目标

核心素养是基于学生终身发展和适应未来社会的基本素养建立的，而非基于学科知识体系而建立。学生的问题解决能力、创新精神、社会责任感等方面的素养不是仅靠某一个学科就能够培养的，而是需要借助多学科、多种知识和多种能力的共同作用。

学科的核心素养目标是学生发展专业素养的具体化，是在充分考虑本学科对发展学生核心素养贡献的基础上制定的。不同的学科有不同的知识体系，承载着不同的能力要求和文化内涵，化学学科需要根据国家培养目标，结合本校学生核心素养的主要内容与表现形式、本学科的内容与特点，提出该学科的具体目标，同时要体现本学科特色。

浙江省杭州师范大学附属中学化学组全体人员研究讨论后认为，化学学科的核心素养应包括三个方面。

实验探究与逻辑推理素养：能依据探究目的设计并优化实验方案，能对观察记录的实验信息进行加工并获得结论；尊重事实，能对观察到的实验"异常现象"进行质疑和逻辑推理，判断可能的原因，甚至发现新的问题。

信息素养：能从大量化学数据与信息中筛选、获取关键信息，并能对

信息进行独立分析、加工、评价。

动静结合的辩证素养：能认识物质是在不断运动的，物质的变化是有条件的；能用对立统一、联系发展和动态平衡的观点考察、分析化学反应，预测在一定条件下某种物质可能发生的化学变化。

化学课堂渗透核心素养的策略

首先是教师理念的转变。教师是教学的具体实施者，在学生核心素养的发展过程中扮演着转化者的重要角色。一线教师只有认识到落实学生核心素养的重要性，充分理解学生发展的核心素养和本学科的核心素养以及两者之间的关系，才能在各类教学活动中有意识地渗透和落实。这其中涉及教师理念的两个转变：

由"知识中心"转向"能力（素养）中心"，促进学生形成高于学科知识的学科素养。完成这个转变的重要起点是改进课堂教学目标的编写方式。

由"教师中心"转向"学生中心"，实施以"学"为中心的教学。充分发挥发展学生的"主体性"地位，需要教师敏锐地发现学生的需求并调动他们的积极性。在以学生为中心的教学中，教师的精力集中在深入观察每个学生，用心倾听学生话语中渗透而又没有说明白的想法，提出具体的学习任务以诱发学习，多样化互动交流各种意见或发现，让学习活动更丰富，让学生的经验更深刻。

其次是教学内容与核心素养的匹配。具体而言，可从以下几方面着力。

在实验教学中，渗透实验探究与逻辑推理素养。化学是以实验为基础的科学，化学实验是学生最感兴趣的化学学习方式，也是化学独有的魅力。通过教师的演示实验、学生的分组实验和独立动手实验，"正常现象"可以有效巩固所学理论知识，加深学生对化学理论的理解，而"异常现象"可以激发学生的质疑和思辨能力。基于学生对"异常现象"的"特殊爱好"，教师可以有意识设计一些"失败实验"，以激发学生的探究欲望，提升学生的逻辑推理能力，加深"尊重事实"的科学态度。

化学实验是学生掌握物质性质和一些基本原理的有效载体，为了将化学实验的作用发挥到极致，教师要在教材的基础上开发实验资源。某些演示实验也无须照本宣科，只是为了实验而实验，而应该承载核心素养的渗透功能。

但高中学生进实验室的机会并不多，而且绝大多数实验是课堂上教师演示过的，学生进了实验室也是照方抓药，尽管起到提高学生动手能力的作用，但学生不太动脑筋，因为实验前教师一般会交代实验的注意事项，学生只要"不越雷池半步"，都能顺利地完成实验。走出实验室后，学生很快就忘了刚才所做的实验，没有起到提高其质疑能力、实验探究能力、科学素养等作用。教师在学生实验前，除了交代安全方面的问题，对实验本身不应作过多的交代，甚至可以在保证安全的前提下故意"引导"学生出错，这也是真正把学生放在学习的"主体性"地位的体现。面临错误，才会激发学生探究的欲望和解决问题的尝试，在学生自己解决问题的过程中，提升实验探究能力和创新意识。

物质的性质承载着学生学习能力、联系实际解决问题的能力、信息处理能力和辩证看待问题的能力。物质的性质是化学教学中的重要内容，也是很多学生感觉困惑的内容：上课听得懂，下课全忘记，题目不会做。因此，教师需要确立"通过知识获得教育"而不是"为了知识的教育"的教育思想。

一方面，要联系社会生活生产实际，营造学习情境的真实性。OECD在 DeSeCo 项目中指出，核心素养着力解决的是提高学生面对复杂情境下的问题解决能力，使之能够适应飞速发展的信息时代和复杂多变的未来社会。在物质性质的课堂教学中，教师要尽量为学生创设能够利用所学知识解决真实问题的机会，这就需要教师在平时注意素材的积累，关注科技的发展和有关化学的新闻报道。

另一方面，要设置问题流，由浅入深，触及学生思维深处。学习元素化合物的性质阶段，许多学生疲于化学方程式的记忆，课堂上听写方程式也是一些教师的常用教学手段，但效果往往不佳。究其原因，师生都只停留在"知识"的层面，而没有深究知识背后"能力"的层面。为了避免这样的情况，课堂教学中设置问题流是一种不错的手段。

例如，"金属镁的性质"教学中演示了镁在二氧化碳中的燃烧，写出化学方程式后，设置如下问题：（1）金属钠能在二氧化碳中燃烧吗？为什么？（2）铁有可能与二氧化碳反应吗？为什么？（3）金属钠和三氧化二铁能反应吗？如果能，请写出化学方程式。

通过这样的问题，在教师的引导下，学生才能真正理解化学反应的本质，同时渗透辩证思维素养，帮助学生预测在一定条件下某种物质可能发生的化学变化。设置问题流的时候，应该注意两个方面：第一，问题要由浅入深，由表及里，逐渐指向问题的本质；第二，以调动学生思维、渗透核心素养为指导。

再就是学会真正"倾听学生"，把"学"置于教学的中心。随着教育改革的深入，许多教师开始心中有了"学生"，把学生放在主体性地位，但很多都是"假主体性"。常见的情况有两种：第一种，课堂上布置学习任务给学生，让学生分组合作，自主完成学习任务，然后汇报交流，课堂上轰轰烈烈、热闹非凡，殊不知学习只有在与教师、教材、学生、环境的相互关系中才能够得以生成和发展。第二种，教师课前设置了很多问题，课堂上一一让学生回答，教师忙于评价学生的回答是"正确"或"错误"，或者等待自己想要的正确答案，或者思考学生答错了"我接下来该怎么办"。踊跃发言的学生经常有发言的机会，而"善于倾听"的学生看着师生的表演，不善于表达或回答模糊的学生会被教师不客气地命令坐下，学生想表达或没有表达出来的东西直接被教师忽视掉，而这被忽视的东西恰恰是最有价值的。

上述两种"假主体性"都不利于核心素养的渗透。因此，教师首先要提高倾听的意识，学会倾听的正确方式；其次要善于挖掘学生没有表达清楚的"想法"。对不同思路的学生回答要敏感，无论什么样的学生发言，都有学生自身的"逻辑世界"，教师要尊重每一个学生，真正看到这个世界，才能产生情感共鸣，才会有核心素养渗透的基石。

将核心素养的渗透通过"互联网 +"延伸到课后

今天，学生获取知识和信息的渠道是多元的，教师不再是知识的权威，教师智能也随之发生变化：主要是为学生的学习营造适合的环境；指导学生正确获取信息、处理信息的策略和方法；为学生设计个性化的学习计划；帮助学生解决一些疑难问题。学校和教师要充分利用现代信息技术，融合教学教研，将课堂教学通过"互联网+"延伸到课后。

我校师生正在进行这方面的尝试。借助云教学，利用信息技术，开展"平板教学"正在成为课堂和课后的一个重要补充，这种补充有以下好处：针对学生的共性问题，教师将录制好的微课上传到平台，学生可以利用碎片化时间进行学习；给全体学生或个别学生发送有针对性的练习或资料；便于师生及时地交流和沟通，学生可以将不清楚的问题上传到平台，教师在适合的时间进行解答，解决了学生不善于当面问问题的难题，真正做到资源共享。

需要注意的是，无论采取何种措施，时刻激发学生的热情是保证核心素养有效落地的根本条件。教师要深入研究学生发展核心素养的落实路径，不断研究学生，让自己的课堂成为师生愉悦交流的场所，为核心素养找到基石和归宿，促进学生全面而有个性地成长。

（作者单位系浙江省杭州师范大学附属中学）

（文章原刊于《人民教育》2017 年第 3-4 期）

参考文献：

[1] 任学宝．使核心素养落地是校长课程领导力的重要标志 [J]．人民教育，2016（12）．

[2] 姜宇，辛涛，刘霞，林崇德．基于核心素养的教育改革实践途径与策略 [J]．中国教育学刊，2016（06）．

[3] 佐藤学．静悄悄的革命 [M]．李秀湄，译．北京：教育科学出版社，2014．

[4] 雷夫·艾斯奎斯．第 56 号教师的奇迹 [M]．北京：中国城市出版社，2010．

实验是生物课培养科学素养的基础环节

孟 蕾

生物学是一门以实验为基础的学科，因此从实验角度研究"如何提高生物科学素养"就显得尤为重要。但目前这方面的研究很少。以往常规的实验教学模式是：教师先讲授实验原理，再让学生按照步骤逐项完成，目的只是熟悉实验步骤，以应付考试。在实验过程中，学生只是"验证者"，而非"探究者"。久而久之，学生主动参与的积极性受挫。此外，传统的实验课重知识讲授，轻学生活动，往往忽视课本上涉及的模型构建类和调查研究类实验。这种做法同样不利于学生生物学素养的培养。

基于以上问题，我认为非常有必要从实际的课本实验出发，尝试总结不同实验类型的教学模式。

什么是生物科学素养

现行的生物课程标准明确指出：生物科学素养是指公民参加社会生活、经济活动、生产实践和个人决策所需的生物科学知识、探究能力以及相关的情感、态度、价值观，它反映了一个人对生物科学领域中核心的基础内容的掌握和应用水平，以及在已有基础上不断提高自身科学素养的能力。

关于达成生物科学素养所要求的核心基础内容，目前业内专家已达成共识，即包括以下五个方面：能理解生物学基本现象和规律，理解生物学原理如何应用于生物技术领域；能解释身边的生物学现象；应掌握一系列技能，如操作技能，科学探究技能，比较、判断、分析和推理等思维技能，以及创造性和批判性思维方式；形成正确的情感、态度、价值观，并以此指导自身行为；形成终身学习的基本能力。

因此，生物科学素养是科学知识、科学能力和方法、科学意识和品质的总和。其中，科学知识是基础，科学能力和方法是核心，科学意识和品质是灵魂。

就课本要求的实验类型来说，大致可分为三类：动手验证类（即通常实验室进行的课本实验）、模拟和模型构建类、调查研究类。不同实验类型所要求达成的具体科学素养如下：

动手验证类实验有利于达成生物科学素养的能力要素。能力目标是整个科学素养的核心。在现行课程标准中，对能力维度有如下表述：能够正确使用一般的实验器具；掌握采集和处理实验材料、进行生物学实验的操作、生物绘图等技能；发展科学探究能力。其中，科学探究能力包括：能客观观察和描述现象，提出问题，分析问题，设计实验方案，解释数据，得出结论等。

模拟和模型构建类实验有利于达成生物科学素养中的知识要素。在课程标准中，对知识维度的要求有以下表述：学生能获得生物学基本事实、概念、原理、规律和模型等方面的基础知识；知道生物科学和技术的发展方向与成就；知道生物科学史上的重要事件等。

调查研究类实验有利于达成生物科学素养中的意识和品质要素。在课程标准中，对科学意识和品质的要求如下：认识生物科学的价值，乐于学习生物科学，养成质疑、求实、创新及勇于实践的科学精神和科学态度；确立积极的生活态度和健康的生活方式等。

改造生物课本实验，凸显科学素养教育实效

三类实验要从课本走进实验室，从知识的记忆回归到学生的动手、观察乃至素养，许多实际问题还有待解决。在问题的解决中，提高学生实验科学素养的有效教学模式也初具雏形。

第一，基于高中学生的学情，让学生独立设计实验是有困难的。教师可依据课本实验，在教学环节的设计上增加探究的意味，在教师引导以及学生自主学习、同伴互助的过程中，达成上述能力目标。

以色素的提取和分离为例，基于往届学生实验中出现的色素带不整齐、有重叠和色素颜色不明显等情况，我提前进行了预实验并发现了课本中诸多值得商榷的问题：（1）课本上层析时用试管，但由于试管很细，而且常常沾有层析液，所以色素带很容易溶解到层析液中，导致实验失败，应换为在烧杯中层析更好。（2）课本上要求用尼龙布过滤，但实际研磨得到的色素溶液很少，很容易全部粘在尼龙布上，应改为把滤液直接倒入试管，静置片刻，取上清即色素滤液继续实验。（3）课本上要求用毛细吸管吸取少量滤液画线，但实际操作中很难画出细而直的滤液细线，改为用直尺蘸取色素提取液进行色素画线，简单易行且效果较好。（4）研磨不充分，会导致色素带不清晰；层析时间太短，会导致色素带重叠。只有注意实验细节，才能得出理想的结果。有了教师预实验和优化实验体系，学生的"动手验证类"实验才能变得可操作、好验证。

第二，课本上绝大多数实验都提供了方法步骤，如果教师直接讲授实验原理和方法，或者学生直接照方下单，不利于学生能力的培养。相反，通过一系列具有启发性的问题串，引导学生积极思考，师生共同设计实验，可有效提高学生的生物科学素养。

关于色素提取和分离实验，可以设计以下问题串：色素在哪？用何种试剂溶解提取？采用何种措施防止叶绿素被破坏？如何将各种在有机溶剂中溶解度不同的色素分开，等等。实践表明，以上问题情境能够增强学生的主体意识，充分激发兴趣，从而使学生以积极的心态投入后续的实验操作。

第三，能力目标中明确指出，"学生要能利用证据和逻辑对自己的实验结果进行反思"。在第一个平行班上课时，我原本想让学生反思实验失败的原因，但多数学生无从下手。因此，在后面的班级上课时，我尝试进行改进：在师生共同分析完实验原理后，不具体分析实验步骤，而是直接呈现一张自我监控表，让学生以小组为单位进行实验操作，并随时记录。

第四，请实验操作理想的学生到讲台上分享经验，课后制作展板，对全部学生的实验结果进行集中展示。这个环节除了能达成"用准确的术语、图表介绍研究方法和结果，阐明观点；并听取同伴建议"的能力目标外，还能提高汇报人的自信和语言表达能力，而来自同伴的分享，更能引起倾听者的共鸣，促使学生深入反思。

第五，在实验课堂渗透STS（科学、技术、社会）教育，即尝试用实验原理和方法解决日常生活与生产中的实际问题。这样一方面能提高学生的兴趣，另一方面使他们意识到科学知识的重要性。

在色素的提取和分离课前，我已布置学生收集校园里的叶片，除了收集要求的菠菜叶片，学生还可以尝试探究其他感兴趣的叶片，并比较两者的色素颜色和条带位置有何不同。绝大多数学生都带来了各色叶子：枫叶、银杏叶、红牛皮菜叶等。实验前，学生自行提出假设，设计实验方案，通过实验证实或否定最初假设。学生是"主角"，教师只是"引导者"。

第六，与实践周相联系，开展植物色素提取比赛。实践周是我们的特色活动，其间可以对很多课本实验进行深入挖掘。比如："物质鉴定——对食堂提供的酸奶、豆浆等食物进行还原糖、蛋白质、脂质等的测定，从而为科学饮食提供依据"；"对自身的口腔上皮细胞进行染色，做染色体组型分析，寻找男女生的差异"等。

动手验证类实验主要集中在《分子与细胞》分册中，而在《遗传与进化》分册中，由于实验条件有限，该册实验多以模拟实验或模型构建的形式出现。通过模型的构建，不仅使抽象的东西简单明了，而且锻炼了学生的动手能力，能有效地提高其生物科学素养。

在模型的构建过程中，可穿插生物科学史的教学。将科学家的发现史融合在问题串中，从而再现知识发生过程，在师生共同讨论中体验科学家的思维方式，体会合作和跨学科融合的重要性。

调查研究类课题也是提高生物科学素养必不可少的环节。癌症防治、转基因安全性、艾滋病病毒等问题，与每个人的健康息息相关，学生很感兴趣。通过完成相关调查研究课题，不仅能提高学生文献检索和信息收集处理能力，还能拓宽视野，确立积极的生活态度和健康的生活方式，形成良好的科学意识和品质。

（作者单位系浙江省杭州师范大学附属中学）

（文章原刊于《人民教育》2017 年第 3-4 期）

参考文献：

[1] 生物课程标准研制组 . 普通高中生物课程标准（实验）解读 [M]. 南京：
江苏教育出版社，2004.

[2] 余自强 . 生物课程论 [M]. 北京：教育科学出版社，2006.

[3] 潘立晶，贾鲁娜 . 新教材实验中的生物科学素养体现 [J] . 中学生物学，
2009，25（2）.

[4] 钱洋 . 对提高学生生物科学素养的一些思考 [J] . 生物学教学，2004，
29（9）.

核心素养的校本化表达

培养终身阅读者，培养负责任的表达者

唐江澎

2016 年年底，我有机会详细了解到研制"中国学生发展核心素养"的过程与方法。专家团队通过实证化社科研究，采用思辨分析的方法，收集了大量的符合性描述证据支撑观点；他们进行过国际比较，梳理了历史文化，还展开了大样本的实证调查；一个个关键词一次次被聚焦、被审视、被筛选、被排列组合、被定义内涵，这才建构了三个维度的整体框架和六个方面的指标体系；接下来，"各年段各学科学生核心素养表现水平"的研究更是工程庞大，但都已构筑起"四梁八柱"。

留给我们实践者的，一是确认方向，二是探索前行，用我们的实践智慧切实把核心素养落在学生身上。

学科宣言，坚定我们的教育信念

目前，研究者达成一个共识，应从"语言建构与运用、思维发展与提升、审美鉴赏与创造、文化传承与理解"四个维度建构语文学科核心素养，这涉及交流能力、思维品质、审美品位、文化视野等多个方面，也全面精细地刻画了语文核心素养的样貌特征、行为表现，以此统摄语文课程设计，促进教学过程转变，引导评价方式改革。我认为，语文教学可以期待一个更美好的未来。

但是，这种体系化的表述方式面面俱到，似乎问题指向不明，学理严谨但行动引导力稍显不足。高中语文教学现状与语文学科核心素养培养的尖锐冲突在哪里？我以为就是"做题多，读书少""听讲多，实践少"，无尽的"刷题"成为语文教育的标准"品相"，知识碎片的短时记忆成为学科教学的基本样态。这样的语文教育无法培植学生对母语的热爱，无法形成终身发展的核心素养，无法夯实言语功底，无法厚植人文底蕴，只能让学生远离阅读感悟、语言实践，在一次次急功近利的目标达成中蹉跎应付，导致能力荒废、精神荒漠。

转向核心素养发展就要从解决这些问题入手。这也是在各学科核心素养已然公布的背景下，我们仍然要针对问题解决，追问终极追求，指向核心素养，以简明的语言表达教育理解、表述学科宣言的原因。

"培养终身阅读者，培养负责任的表达者"，是我校历经多年锤炼并在2012年最终确立的语文学科宣言，是我们坚定的学科信念、行动指针。今天，这也是用我们自己的句子表述的语文核心素养。

（一）培养终身阅读者

语文课程致力于培养有终身阅读习惯的阅读者，这是一个教育常识。在我们看来，建设学习型社会，实现人口大国到人力资源强国的转变，要从改变国民的阅读习惯开始；优化学校的教育生态，培养人格健全、精神优秀的学生，要从使这所学校的阅读氛围浓厚开始；突破语文课程的困境，促进学生智慧发展、精神成长，要从为学生提供大量亲近文本的阅读机会开始。一个人的阅读史，串联起他的语文学习历程；一个人的精神发育史，就是他的阅读史。

应该在核心素养的体系中理解培养终身阅读者的地位。语言能力在阅读优秀的母语范式中建构，良好语感在语言材料的积累中养成，感受力与理解力在亲近文本中提升，审美意识与能力、审美情趣与品位在阅读鉴赏、品味感悟中熏染，传承文化、增进理解在经典阅读中实现。离开阅读，语文核心素养的培养无从谈起。比较欧盟、经合组织、英国、澳大利亚的核心素养，他们也都在关注阅读理解能力。可见，阅读并非语文学科独有，应该是每个人终身学习、发展的必备品格和关键能力。

应该从时代发展的特征角度认识培养终身阅读者的价值。一方面，视觉文化的兴盛，使文本阅读遭遇了前所未有的冷落。一位著名的小说家悲观地感慨："对书的需求如同高台跳水，一代严肃的读者消失了！"精神消费的多样选择，使阅读在精神生活中被严重边缘化。另一方面，视觉文化产品所达致的精神高度，在当下还不足以成为提升人类精神品级的主要支撑。而"世界的智慧在用语言创作的杰作中保留下来"[1]，因此，"若要增广我们的精神领域，就必须研读独具创见的思想家所呕心沥血写作成的充满智慧火花的著作"[2]。

还应该从人生哲学的高度审视培养终身阅读者的意义。在世界级语文学大师、维也纳大学教授 Ernst Steinkellner 看来，语文学的宗旨是正确理解文本的本来意义。而今天我们这个世界赖以继续生存下去的条件，就是需要人们正确理解个人、社会、国家互相发出的各种文本和信息。因此，语文学不仅是处理文本的一种学术方法，而且还是一种世界观，是指导我们如何理解他人、处理与他人关系的一种人生哲学。[3]从 Steinkellner 教授的观点中，我们应该得到一种醍醐灌顶的启悟，阅读不仅是方法，是能力，更是关乎人类幸福的世界观和人生哲学。

（二）培养负责任的表达者

说与写是信息表达的基本手段，也是参与公众交流的基本形式。联合国教科文组织对于"读写能力"曾有过一个定义，认为它是"能够辨识、理解、解释、创造、交流、计算和使用与不同情形有关的印刷和手写材料的能力"，而这种能力的学习和获得"使得个人可以实现自己的目标，发展自己的知识和潜力，充分参与到一个更广泛的社会当中"。

培养负责任的表达者，首先要关注表达的明晰性。明晰表达属于逻辑

---

① 怀特海著，徐汝舟译：《教育的目的》，生活·读书·新知三联书店，2002 年。
② 雅斯贝尔斯著，邹进译：《什么是教育》，生活·读书·新知三联书店，1991 年。
③ 沈卫荣：《寻找香格里拉》，中国人民大学出版社，2010 年。

学范畴，它的背后应该是思维的严密与清晰。无论说或写的训练，都应关注明晰话题的边界，概念的确指，努力使言说表达合乎逻辑；都应遵循判断、推理的基本规则，学会用严密的思考获取令人信服的论断力量；也都应重视表达的顺序、层次与重点，努力在表达中呈现清晰的思路。

其次，要强化表达的对象意识。参与交流的表达，总要针对特定的对象，总要有一定的目的，不能罔顾读者与听众。表达与交流应引导学生不断强化对象意识，关注表达的场合与目的，从而找到合适的表达方式，收到良好的表达效果。对象意识越强，也就越能找到合适的表达方式，越能征服对象。一个负责任的表达者，不会不动声色地照本宣科一个小时。将表达建立在对倾听者的观照上，这是一种核心素养。

最后，要重视表达的伦理。我们的信息传播方式已进入"自媒体时代"，个体参与公众交流的自由度与影响力空前提高。每一个表达者应该成为自我表达的"全面把关人"，关注个体表达的立场、观点、价值取向以至表达品位。一个负责任的表达者不仅能够清晰、规范地表达，显示表达者的技术与能力、智慧与力量，更能坚守表达的伦理，显示出表达者的立场与追求、教养与风度。

课程基地，创设支持核心素养发展的学习环境

2011 年启动的课程基地建设，是江苏基础教育独有的创新探索，旨在创设新型学习环境，以促进学习方式转变，支持学生核心素养的发展。我校申报的语文课程基地获准立项 5 年多来，从顶层设计到基地建设，始终坚持价值选择，努力把"培养终身阅读者，培养负责任的表达者"的追求落实、落地。

第一，以学科宣言统摄基地建设。博尔赫斯曾说，天堂应该是图书馆的模样。语文课程基地一期建设的任务，是将天堂搬到距学生最近的地方，为学生终身阅读习惯的养成创设基础条件。把新华书店开进校园，要求有关新书品种与市内门店同步更新，使书香清流源源不断；雅致的"匡园书屋"店堂内，读者自主阅览的区域数倍于图书展售的面积，即使不买书，

也可以选一本倚着落地大窗静静阅读。图书馆底层设置浅阅读大厅，随意取阅。每一间教室的后面，配置一个班级书房，摆上师生选择的五六百种图书，定期更换。戏剧、微电影等专用教室内，学生发展中心的大学专业长廊上，专业图书随手可取。二期建设中，又建设了典藏馆、百年母语教材展藏馆、国学馆、西学馆等阅读研究场馆，让学生涵泳于书的世界。我们在做这样的努力：创设随处可见、随手可取、随时可读的优雅阅读环境，让学生在阅读中形成终身阅读的习惯，打下厚实的精神底色。

第二，以环境变革促进学习方式转变。演讲厅教学环境按照提升表达自信与交流沟通能力的要求设计，用追光正面照射演讲者强化心理素质历练，将听众区设置在讲坛两侧，演讲者只有环顾左右才能"目中有人"，引导表达者在视线交流中强化对象意识。辩论厅在辩手席的后方设置两片立场席，在前方设置无立场席或观察席，要求参与论辩进程的学生按照观点、立场选席就座，防止辩论练习不注重表达伦理、只发展诡辩滔滔的表达技能，从而切实培养负责任的表达者。基地是具有专业品质的教学环境，在小剧场上戏剧课，舞台、音响、服装、道具、录播设备等都有效提升了课程实施的质量。更重要的是，在这样的学习环境中，学生的学习方式发生了根本性转变，他们必须开口讲演、诘难论辩、角色扮演，在活动体验中提升全面的语文素养。

第三，以丰富的课程提升核心素养。课程是基地的载体，基地因丰富的课程避免空壳闲置。我们将语文必修课与选修课整合，设定"自主阅读"的课时配比，保证阅读时量；从研究叙事类文本、论述类文本、非连续性文本阅读笔记的写法入手，开设阅读方法指导课，有效促进读写结合；探讨整本书的阅读方式，以读书征文、阅读交流加以促进，实现每个学生高中 3 年阅读总量达 600 万字的目标。"名家讲书"是语文基地的品牌课程，周国平、王开岭、曹文轩每次讲座都会引发阅读旋风；"美文金声"被誉为"最豪华的语文课"，每年都有一批著名艺术家走进校园举办专场朗诵会，诵读高中语文名篇。依托语文课程基地，语文学科开发的"诵读课""倾听声音文本""问答之间""领导者演说""经典话剧"等课程，英语学科开发的"哈佛演讲与辩论""英美经典戏剧"课程，政治学科开发的"模拟联合国""高端法务"课程，历史学科开发的"触摸历史典籍""口述史研究"课程，都以"培养终身阅读者，培养负责任的表达者"为核心追求，全面提升学生的人文核心素养。

体验感悟，探寻指向核心素养的教学变革路径

高中语文课程标准强调语文课程的综合性、实践性特征，应该准确把握母语学习规律，也指出了语文核心素养发展的基本路径。指向核心素养发展的语文学习活动要以学习任务串起言语实践活动，在亲历中体验，在活动中感悟。为了深入探讨语文课堂教学变革的常态化技术路径，实践中我们总结了"体验感悟"学习活动的三种类型。

一是"研习思悟"式学习活动。语文学习最常态的形式是"阅读"与"倾听"。不论是通常意义上以文字构成的连续文本阅读，还是 CECD 主持的 PISA 中常见的以表格、图形、图表等构成的"非连续文本"阅读；不论是纸质文本、电子文本的阅读，还是以声音为载体的文本倾听，"阅读就是从课文中提取意义的过程"。而提出这一经典定义的心理学家吉布森和利文，早在 1975 年就在专著《阅读心理学》中对"课文"的定义有了明确的界说，既包括印刷的文字，也包括图画、图解、图表、插图等其他阅读材料。因此，"研习思悟"是指学习者经由对不同类型作品的阅读、观赏和倾听而获取信息，通过思悟而理解作品、建构意义，并在表达呈现与分享交流中提升"悟得"的学习过程，一般由"提出问题—研读理解—分享对话—总结归纳"等环节组成。

二是"活动体悟"式学习活动。怀特海坚持认为教育有这样一条原则："在教学中，你一旦忘记了你的学生有躯体，那么你将遭到失败。"而支持他的论断的基础是，"感觉和思维之间有一种协调，大脑活动与身体的创造性活动之间也有一种交互作用"；他还指出，"虽然智力活动与人体的种种联系是分布在人体的各种感觉中，但这种联系主要集中在眼、耳、口和

手"。[①] 因此，在指向"顿悟"这一人的高级理智活动的学习过程中，就不能局限于单一的大脑思维活动，而要将身体学习与智慧学习相结合，调动各种感觉参与活动、丰富体验。"活动体悟"是指在具体教学情境中，通过丰富的语言实践活动，如开口说、动手写、参与演、亲自做等活动，经由亲历的体验感悟意义与方法。我校高一年级每年都以"接龙式"演出全本话剧《雷雨》，学生通过角色的扮演、体验，更深切地体悟出角色一言一语下的情感波澜。他们的实践提供了"活动体悟"式学习的过程范例："明确任务"阶段是领取角色，"活动体验"阶段是记台词、揣摩角色，"呈现展示"阶段是话剧表演，"反思总结"阶段是撰写感悟文章。

三是"探讨启悟"式学习活动。它是指围绕特定话题，经由反复思考，在讨论、追问、辩驳中不断深化思悟，从而有所感悟或者引发新的思考的学习过程，一般由"确定话题—思考酝酿—讨论追问—引发深思"等环节组成。"探讨启悟"式学习，不同于课堂教学中一般意义上的对话、讨论，不适合有定论的知识教学，鼓励见仁见智。常见的形式像辩论会、读书主题交流探讨、作文互评探讨等，一般不能围绕一个有明确或唯一答案的话题展开，因为其重要的目标不是问题寻解，而是通过对话、讨论、辩驳，发展学习者思维的严密性、清晰性与深刻性，提高学生对方法的切实领会。雅斯贝尔斯指出，"通过教育从而获得反思和辩驳能力，而这种能力也是具有高尚人生境界的一种标记"。

需要说明的是，这三种类型的学习活动，不是课型的概念，应该没有明晰的时间界限，可长（数节课）可短（一个教学对话片段），可大（总的内容）可小（小的问题），而一节课也常常可以组合多种学习类型。

（作者系江苏省锡山高级中学校长）

（文章原刊于《人民教育》2017年第3-4期）

---

① 怀特海著，徐汝舟译：《教育的目的》，生活·读书·新知三联书店，2002年。

核心素养落地必备的"二维动作"

郭　涵

　　学校是核心素养培育的终极落脚地。故此，学校必须展开双翼共振"二维动作"：一是学校顶层设计，制订清晰可行的课程方案，优化育人模式；二是教师积极参与，形成集体性、科学性跟进的生态教育教学环境。两者缺一不可。

设计校本化课程体系，优化育人模式

　　核心素养的落地，离不开育人模式的创新。一零一中学试行"年级＋书院"的经纬式教学管理模式。这种模式继承以年级、班级为核心的横向管理方式，同时建立纵向跨年级的学术一体化管理。在此基础上，创立以"科学素养""人文素养""领军素养"和"国际视野"为主题的学森书院、圆明书院、六韬书院和国际书院，成立课程研发中心，由校长直接负责，分管校长、教学处负责设计和实施。为保证设计和实施的科学性、学术性与可行性，学校特别注重整合优质资源，邀请高校和科研院所的专家学者组成导师团队，切实参与书院课程的研发和实施，逐步建构了书院主题课程群（如表1所示）。

表 1 书院主题课程群

书院	学森书院				圆明书院				六韬书院				国际书院			
主题	科学素养				人文素养				领军素养				国际视野			
系列	新知	文明	实践	创新	经典	方法	实践	情怀	战略思维	创新思维	国情认知	影响力	家国情怀	国际理解	国际交流	SDP课程

为创设开放、自主、多元的学习氛围，学校将书院课程分为三层级：学术拓展、个性实践和学习创新课程（如图 1 所示）。学生可根据自身学习需要，自由选择书院和课程种类。书院教学以"方法引领、自主研修、精思善疑、提倡论辩"为特点，而主题课程则给了学生打开通往新知的大门。这些课程的实施，可让学生在历史和现实之间瞬时对话，产生个体与社会的精神碰撞，生成理论与实践的交锋，真正实现人文与科学的有机融合，进而促进学生核心素养的丰富与发展。尤其重要的是，这种开放性、自主选择性的课程群和优化的育人模式，很好地生成宽松严谨、民主开放的教学环境，为激发学生学习自觉性和自我管理能动性，提供了广阔的平台。

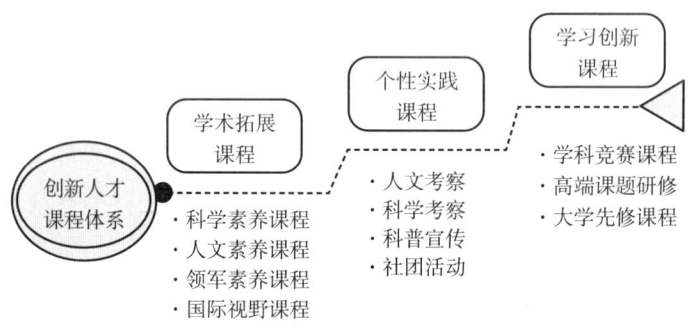

图 1 书院课程

校内外资源深度整合，为核心素养"培根"

一方面，学校不断开发校内教育资源，建立了分子与组培实验室、物理探索实验室、生态科学园、天文台、气象站等；另一方面，充分利用高校、中科院、博物馆、航天城及高新企业资源，推进中学与大学、科研机构的有机衔接，加强学科交叉融合，优化学生知识结构，夯实科学实践基础，营造浓厚的学术氛围，为学生的核心素养发展提供丰厚的土壤。

大师领航：让大师与学生零距离，给学生以生命的高度和宽度

大师领航课程关注资源环境、生命科学、航天科技、互联网及信息安全、高新技术等领域的最新进展（如表2所示），让学生在高中阶段就广泛了解科学发展的趋势和未来。专家与学生面对面交流，更直观生动地拓宽学生视野，并对其未来研究方向的选择、人生观价值观的形成起着重要的领航作用。

表2　大师领航课程

课程系列	题　目	主讲人
航天系列课程	中国航天发展现状及未来	空间技术研究　庞之浩
	探索宇宙的边疆	国家天文台　李然
	航天员与航天医学	航天员训练中心　吴萍
	火星之旅	航天员训练中心　王跃
科技前沿系列课程	电影《国际穿越》与相对论	北师大物理系　梁灿彬
	引力波-触摸时空的涟漪	国家天文台　苟利军
	纳米世界	国家纳米中心
	液态金属：全新工业的崛起	中科院理化所　何志祝
	探秘新型人机交互	中科院计算机所　田丰

课程系列	题 目	主讲人
互联网系列课程	互联网新兴安全威胁与应对	360 Web网安攻防实验室 林伟
	"互联网+"时代的金融安全	国家银行卡安全中心 孙茂增
	互联网和驾驶能化	北京邮电大学 杨放春

该课程讲究科学素养与人文精神、家国情怀与国际视野的并重。学校每学期举办 2 ～ 3 次高端讲座，给学生以丰厚的人文滋养。厉以宁的《当前中国经济的热点问题》、姚景源的《金融危机与中国经济的前景》、金一南的《苦难辉煌：对国家和民族命运的思考》、前外交部长李肇星的《祖国至上，人民至上》、作家王蒙的《智慧的五个层次》、莫言的《我的文学之路》等，均受到学生的热烈欢迎。

学术论坛与科普活动：润物细无声，核心素养的因子时时浸润学生生命

2010 年年初，学校成立"硕博导师团"（硕士以上青年教师导师团），从诞生之日起便受到学生的普遍欢迎。每天中午一点，学校报告厅座无虚席。化学博士、青年教师王昱翔的《舌尖上的食品添加剂》、生物学博士崔旭东的《探秘 DNA》、地理学博士金梓乔的《科学与工程》等都在学生中引起强烈反响。物理学博士相新蕾还带领学生拜访其导师、国家科学技术最高奖获得者、核物理学家谢家麟先生。92 岁高龄的谢先生殷切嘱托："世界上那么多美好的事物，要有自己的兴趣爱好，选定方向还要耐得住寂寞，坚持自己的选择，科学研究的道路上不会一帆风顺，要有持之以恒的精神。"而谢老 1951 年回国受阻时写下的绝句"峭壁夹江一怒流，小舟浮水似奔牛，黄河横渡浑相似，故国山河入梦游"，更让学生切身感受到老一辈科学家的家国情怀。

学校一直倡导：今日中学生，要在适合自己的一切领域，最充分地表现自我。浓厚学术氛围的熏陶与浸润，激发起学生自我表现的巨大热情。学生会自主开设"学生学术论坛"，一拨又一拨青年才俊视之为展示青春与激情、变革与创意的生动舞台，他们潇洒地把自己的学习与研究成果向同

伴展示。有学生还在教师的指导下编写校本教材，在班内开设选修课。学生会还举办了物理节、科学嘉年华、中秋赏月、天文观测、航天育种等活动。在物理节之后的科学实验大挑战中，他们用熟练的专业语言为前来参观的全校师生讲解实验原理和操作步骤。

学校常年组织科学考察活动。寒假去云贵地区，五一去内蒙古，暑假去吉林长白山，已成为学生活动的规定动作。此外，还组织学生到南疆喀什沙漠地区进行生态科考，到福建厦门、山东东营等地进行海洋生态科考，到海南岛国家水稻培育基地进行现代农业科考，到北极、美国、澳大利亚等地开展科学考察与交流活动。2016年端午节期间，学校组织了气势宏大的"科考八路军"，近500名学生报名。他们分赴海南、青海、丽江、桂林、张家界、成都、杭州、青岛8地科考，受到学生和家长的普遍赞誉。

学生在活动中学习和体验，回校后继续开展相关研究。生命科学探究小组的学生从内蒙古额济纳旗考察归来，马上开始"胡杨泪抑菌作用研究及应用"和"额济纳旗胡杨异形叶及根系对干旱的适应"课题研究。这两个课题分获2015年北京市青少年科技创新大赛一等奖、北京市中小学生金鹏科技论坛一等奖。

教师要有核心素养培育的行为自觉

应该承认，只有得到办学实体——每一所学校的广泛认同和积极参与，核心素养才能落地。同理，学校的核心素养培育，也只有获得一线教师的广泛认同和积极参与，才能生根开花结果。

但是，核心素养是一个新鲜事物，部分教师认为它是国家教育行政部门和相关专家学者口中的"高大上"，距离一线教师常态的课堂教学甚远。如何扭转教师的观念？我们主要做了两件事。

举办专题讲座。通过讲座，让学校教师团队清晰地认识以下五点。一是核心素养的丰富内涵。与传统教育的"能力本位"相比，核心素养的内涵更丰富，更切合学生生命成长，更关注人的发展，关注学生当下和未来发展。二是核心素养培育具有全球化特征。世界各国尤其是发达国家，无不十分重视核心素养培育。三是核心素养培育，是人类教育发展到今天的一脉相承和必然选择——农业化社会的道德教育、工业化社会的能力培养，全球化、信息化、网络化社会的核心素养教育，反映的是人类教育改革与发展永远在路上这样一种事物发展规律。四是我们今天的教育如果不能及时跟进核心素养培育，必将影响一代人的成长，放缓国家前行的步伐。五是要加强教师自身课程领导力建设。在今天，课程领导力不仅仅是校长和学校管理部门的事，与每一位教师紧密相连。

倡导读书学习。在一零一中学，教师的读书与学习、思考与创新是常态。关于核心素养，林崇德教授主编的《21世纪学生发展核心素养研究》是目前我们所看到的最具学术性与普及性的著作。学校全体教师人手一册，要求人人必读，并根据自己的理解与思考及教育教学实践，写出心得体会，在学校教育教学年会上交流。

在一零一中学，教师写心得体会，不是做表面文章，不是为了完成任务。他们写得真，写得深，写得生动，写得有思想、有情感。一零一中学的常态文化现象是：教师通过读书学习，再回归教育教学实践，其教育情怀、专业素养、课程领导力必然会得到充分发展。

观念的转变，让一些教师开始大胆改革课堂教学，使课堂教学成为培育学生核心素养的自觉行为和主阵地。

案例1：地理组教师充分挖掘身边的教育资源，通过具体的地理知识、地理技能的教学，帮助学生逐步形成地理核心素养，以落实"立德树人"的教育目标。其思路如图2所示。

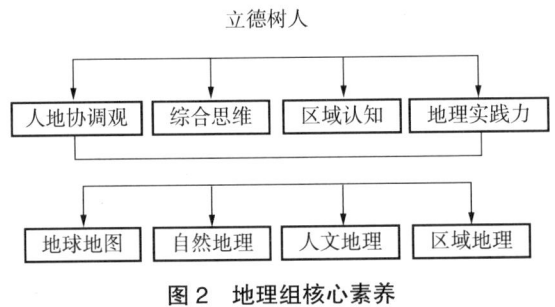

图2　地理组核心素养

在这一思路引导下，他们开发了以城市为主题的人文地理实践课。实践课以家乡资源——北京城为载体，为学生搭建了在真实的情境中运用所学的地理知识和技能，感悟、分析地理现象的平台。实践活动以任务为驱动，经过北京不同的城市功能区，沿途设计 20 个考察点，学生在考察过程中用眼看、用耳听、用笔记、用脑思，考察活动结束后对获取的第一手资料进行分析、整理，结合讨论题目，从时间、空间等多个维度对所观察到的城市景观和现象进行分析，认识不同社会经济要素之间的相互作用及其对北京城市发展的影响，锻炼学生的综合思维能力。

学生考察的对象包括金融街、国贸等高楼林立的中央商务区、人流如织的商业区、绿地低密度的高档住宅区、整齐划一的老式住宅区、厂房连片的工业区。不同的景观，反映了不同的影响因素、历史沿革，既是对北京内部区域分异的认知，又是对传统文化与现代文化的追寻。实践课立足乡土，让学生从生活中的感性认识入手，了解、体验自己家乡的发展、变化，唤起其对家乡的热爱；观察不同地区的生活环境，感受家乡发展中产生的环境问题，激发其对家乡建设的责任感；穿梭于不同的功能区之间，感受传统文化、民族文化、国际文化在这座古城的交织，提升其多元文化意识。这些以知识为载体的情感目标，会慢慢内化成学生自身的人文底蕴、责任与担当意识，实现从学科核心素养到全面发展的人的核心素养的转化。

案例 2："追寻失落的夏宫"和"团扇计划"。

2015 年秋，学校历史教师孙淑松以圆明园建筑、历史和文化为背景，开展"追寻失落的夏宫"主题实践活动。孙淑松带领学生整理汇总圆明园的相关资料，研究圆明园的文化内涵、建筑格局、政治功能和历史变迁，再到各处遗址考察拍照。学生们用文字记录真实感受，实践成果以图文并茂的展板和画册呈现，供全校师生观赏。

"追寻失落的夏宫"专题实践活动具有多元价值。展板和画册都由学生自行拍摄、创作、设计和印刷。学生不仅直接感受侵略者的暴行，痛惜近代中国的屈辱，接受深刻的爱国主义教育，而且展示内容非常丰富：摄影、诗词创作、书法绘画、古籍检索、画册设计装帧等。尤其值得肯定的是，这项活动涵盖历史、地理、语文和美术 4 个学科，提高了学生的实践能力，渗透了核心素养培育，学生受益匪浅。

2016年是学校建校70华诞。孙淑松老师所在班的学生精心制作了画册《北京一零一中三十景图咏》。学生精心挑选30张校园美景照片，写诗作词，汇集成册，最后由一位学生绘成扇面。很多校友看到团扇照片，纷纷询问是否能制作销售。这提醒了孙淑松：此举既可圆校友思校之情，又可让学生得到锻炼。

资金从哪儿来？孙淑松决定开展一项投资计划，任命4名学生组成财务委员会，全权负责财务收支。宣传营销最有亮点也最锻炼学生。学生制订完善的营销方案，涉及产品定位、前期宣传、销售途径、营销策略等，条分缕析，巨细靡遗。学生在社团活动中学到的商业营销知识，在这套方案中得到了充分应用。很快，团扇全部售罄，财务团队制作了非常详细的财务收支表格，每一笔钱的流向、经手人和时间等，整理得井井有条。财务报告堪称完美，学生理财能力得到充分锻炼。

针对青少年缺乏理性理财观的问题，孙淑松召开主题班会，并请一位在银行工作的专家以"金钱观"为主题，引导学生理性认识财富，最后分组讨论如何用好这笔钱。大家决定：除留下一部分用作班级活动外，其他则用于给打工子弟小学购置图书。

案例3：语文专题教学"文学的北平"。

语文教师赵海蓉印发了9篇相关文章：《动人的北平》（林语堂）、《故都的秋》（郁达夫）、《荷塘月色》（朱自清）、《北平的春天》（周作人）、《五月的北平》（张恨水）、《囚绿记》（陆蠡）、《未名湖冰》（邓云乡）、《苦念北平》（林海音）、《想北平》（老舍），让学生阅读后完成两项任务：其一，为每一篇文章设计思考题；其二，完成教师设计的主干型思考题：在读了这9篇写于上世纪三四十年代关于北平的文章之后，到作者所提及的地方进行实地考察，然后写一篇文章。主要内容包括：你觉得今日北京与历史北平在城市生态、城市建设、城市整体面貌方面有什么不同？为什么有这些不同？你对此有何感想或建议？

在读了《苦念北平》之后，有学生质疑：列举"牙碜"的多种意思有什么作用？能否删去？林海音如此爱北平，为什么还去台湾？在读了《想北平》之后，有学生问道：为什么他觉得像写了很多废话？为什么要用大篇幅描写旧时故乡的春游？这与北平的春天并无太大关联。为什么作者说"北平几乎没有春天"，要"以冬读代春游之乐"？

赵海蓉老师的设计至少有两大价值。一是她设计的主干性问题，有效激发了学生的家国情怀。今天的北京和历史上的北平相比较，其发展进步与过去不可同日而语，但在生态环境、城市布局与建设等方面的问题也显而易见。二是能有效培育学生的批判性思维。上述学生的质疑虽显稚嫩，但也有一定的思考价值。由此我想到经济合作与发展组织（OECD）项目组于2016年12月发布的对于2018年国际学生评估项目（PISA）阅读测试的前瞻性设计方案。这个方案剖析了国际阅读价值观的变化脉络及其实质，阐述了阅读新概念的主要特征。这对重新审视中国阅读教育的目的和功能，创新语文阅读教学的价值观，具有启发意义。因为它的核心价值在于：未来阅读，将聚焦批判性思考与创造性表达。赵海蓉老师的设计，与此方案可谓不谋而合。

（作者系北京市一零一中学校长）

（文章原刊于《人民教育》2017年第3-4期）

成志教育视野下的学生核心素养校本表达

窦桂梅

引　子

　　每天清晨，孩子们陆陆续续迈过数字"1915"，走进清华大学附属小学的校园，就意味着走入了这所最初叫成志学校的百年老校。每天清晨，在门口迎接他们的时候，我常想，从这里走出的校友千千万万，这些来自不同家庭、不同社会背景的孩子们，都走进了同一所学校，6年后，他们将获得怎样的素养，带走哪些能力，又拥有哪些能影响其一生的品格？而这最终会不会成为他们生命的核心？我也常想，对于一所学校来说，这么多来自不同家庭的孩子、不同特点的孩子，学校将遇到哪些新的挑战呢？

　　就拿其中的一个班来说。有一个孩子轻度自闭，刚入学时，只吃爷爷做的饭菜，生活自理能力相对比较差，入学后很不适应，每天上学都需要爸爸陪读。但这个孩子最突出的特点是记忆力超群，竟然可以记住圆周率后2000位！这让我们既惊奇又困惑，学校教育有能力的边界，可义务教育不能选择。那么，这样的孩子我们该给他什么？我们或许可以帮助他提高生活自理能力，但学校该怎样呵护好孩子的天赋呢？另一个孩子，他十分热爱踢足球，参加了学校自主选修课，每天下午都在操场上奔跑。姥姥给他买了5套足球服，一天换一套，晚上还要当睡衣穿。可他爸爸很不情愿，觉得踢足球太影响孩子学习，三番五次地找班主任，希望配合他阻止儿子踢足球。我们又该如何面对这种矛盾？还有一个孩子，课堂上肯定找不到他积极发言的声音，下课躲在角落里，甚至吃饭也总是最后一个。在学校年度戏剧展演中，要求"班班有戏剧，人人有角色"，但他就是不参加，求也不行。这又该怎么办？

瞧，当一所学校的理念与一个个活生生的生命个体相遇的时候，我们如何由个到类，由类到群，既达到共性要求，又满足个性需求？

成志教育：核心素养的校本指南针

把历史当作最深沉的教育资源。第一任校长周怡春创办"成志学校"时就提出"培养完整人格之教育"，百年来，清华附小走出 6 位诺贝尔物理奖获得者、6 位共和国将军、6 位奥运冠军，还有文学家、著名导演以及默默无闻的大批在国内外奉献个人价值的校友。人无志则不立，百年立人，"非学无以广才，非志无以成学"，校训"立人为本，成志于学"，实现了清华附小"从成志学校走向成志教育"的超越。因此，百年华诞之际，我们郑重提出了"成志教育，照耀一生"，传承和发展从成志学校建校时就已明确的成志教育思想内涵和教育价值，使学生能够有"为天地立心，为生民立命，为往圣继绝学，为万世开太平"的宏愿，更有脚踏实地的"立德、立功、立言"的躬身省行。继承和发展百年清华附小成志教育发展史的思想精髓和文化价值，成为我们新百年前进的航标和远方的灯塔。

然而，历史总是那么巧合。"成志教育"遇到了"中国学生发展核心素养"。

2016 年 9 月，中国学生核心素养研究成果发布，其中有"三个方面、六大素养、十八个基本要点"，这是共性的普遍要求，还需要不同地区、不同学校因地制宜，进行二度转化，具体落地。于是，成志教育内涵的确定，就有了基于学校教育发展历史、中国学生核心素养以及所处地域教育资源三个维度的参照。

"成志教育"的"志"，首先意味着人要拥有理想和抱负，"有志者，事竟成"。反观当今中国教育，无论硕士生还是博士生的学习危机，大多是因为缺乏学习志趣，更谈不上有什么志向。志趣要从兴趣、乐趣开始，今天培养怎样的儿童，未来他们将还给我们一个怎样的社会。"三岁看大，七岁看老"，一个把自己和国家、民族的命运联系在一起的高远理想和志向，要从小在心中播下种子。其次，"志"需要意志和品质，这个品质就是核心素养所需要的关键能力和必备品格。人成人、成才、成功、成仁的关键因素是持久的好奇心与创造力、勇气与坚持不懈等，进而形成向内慎独、向外仁爱的人格品质。最后，"志"要付诸实践和行动。作为个人、公民和生产者，除了具备言行得体、协商互让、自律自强、诚实守信、勇于担当、尊重感恩等必备品格，还要落在儿童的关键能力的践行中，形成知行合一的素养。

成志教育的"成"呢？就是教育的进行时直至完成时的过程。成志教育首先要做到"承志"——传承中华民族优秀文化传统，培养和谐共处的家庭与社会伦理道德，服务祖国、社会。其次，要"立志"——从小学会立志，把人生最重要的志向同祖国和民族的伟大复兴联系在一起，使之成为人生的脊梁。最后，要"弘志"——弘扬中华民族优秀文化，践行社会主义核心价值观，努力成为未来的榜样，引领社会，引领时代。

看来，成志教育就是儿童心灵的指南针，就是以社会主义核心价值观为引领，始终不变对"人"的关怀，以"成志教育"实现基础教育的"立人"功能，实现对"人"的价值观塑造和道德修养的锤炼。

百年成志，无论岁月怎样更迭，让"儿童站立在学校正中央"的哲学命题没有变。中华民族"格物、致知、诚意、正心、修身、齐家、治国、平天下"的八条古代修为描绘出的人生路径，就是成人、成仁的过程，同时也是我们所说的成为聪慧与高尚之人——成志的过程。

一句话，成志教育的使命是：为聪慧与高尚的人生奠基！

综上，核心素养的落地一定要关注学校的历史。中国学生发展核心素养出台之后，如何在学校落地生根，我们不能一拍脑袋，另起炉灶，甚至忘记学校历史和那些优秀精神文化基因的传承。核心素养的落实，没有校本化的价值追求和表达是不能扎根和生长的。

五大素养：核心素养的校本表达

清华附小成志教育儿童核心价值追求的办学使命的确立让我明白，基于一所学校，不管是中学还是小学，都必须建立一个核心素养落地的框架。要了解这所学校原来有什么，现在有什么，将来要向哪里去，然后一并优化、整合，形成适合学校实际情况的核心素养校本表达体系。

正是基于这样的逻辑，在百年成志教育思想的凝聚下，清华附小找到了校本核心素养的历史文脉，参照三个现实的维度——"清华风格、中华文化、全球视野"，并拥有一种指向未来的教育考量方式：未来世界需要怎样的人，要为今天6岁的小朋友考虑到12岁、18岁、38岁甚至58岁时所处时代的需要。我们在中国学生发展核心素养中整合提炼，历经两年过程，8个多月的讨论推敲，通过问卷调查、采访与座谈等方式，从家长、教师、儿童、专家等多方视角，把成志教育"聪慧与高尚"的核心素养校本化的价值追求，分解为校本化表达的学生五大核心素养：身心健康、善于学习、学会改变、审美雅趣、天下情怀。

以首要的"身心健康"为例："身心健康"源于原清华附小校董马约翰先生身体力行、清华大学老校长蒋南翔倡导的"每天锻炼一小时，为祖国健康工作五十年"的体育精神。倡导"健康中国"，珍爱自己的身体与生命，懂得身心健康是一切发展的前提，把身心当作最好的教育对象（包括心理、身体、生活习惯三方面内容）。其一，清华附小学生要学会微笑、感谢与赞美，热爱生活、自信向上；尊敬师长，友善乐群，乐于助人，学会情绪管理。其二，至少有一项自己喜欢的体育运动，有较强的身体活动及协调能力，努力达到身体发育良好、视力达标、体态匀称、体质强健。其三，要养成良好的生活习惯，讲究卫生、守时守规、合理饮食。其四，学会自我保护，面对危险学会逃生及自救，面临困难拥有顽强的抗挫折意志与毅力，具有朝气蓬勃的"精气神"。

再以最后的"天下情怀"为例："天下情怀"源于清华大学"中西合璧"办世界一流大学的办学思想。清华附小百年来也一直坚持公益引领

（这包括家国情怀、国际视野、责任担当等内涵）。其一，清华附小的学生应有远大的理想和抱负，扎中华根、铸民族魂，拥有爱家人、爱家乡、爱集体、爱人民、爱祖国等思想感情。其二，有较开阔的国际视野，能够理解、尊重、包容多元文化，能与不同文化背景的人进行平等交流、友善相处。其三，天下兴亡，匹夫有责。要有为社会服务和奉献的公益精神，有振兴中华的社会责任感、使命感，进而拥有成志少年的"实践与行动"。

五大校本化核心素养表达，立足完整人的发展，立足学生需求、学科本质、社会需求，从人一生的长度来思考。但作为"儿童站立在学校正中央"的教育哲学，其核心素养的外显样态，可概括为儿童易懂、家长易明的"健康、阳光、乐学"。"健康"是指身体素养，身体是立人之根；"阳光"是指心理、精神素养，精神是立人之魂；"乐学"是指学生学习达到五大核心素养的境界，是立人之径。为此，每周的升旗仪式上，成志少年们庄严宣誓："我是清华少年，努力成为健康、阳光、乐学，拥有清华风格、中国灵魂、国际视野的现代人。"

课程整合：核心素养的校本实施

有了理念和方向，需要设计课程逻辑，进行课程构建与实施。基于成志教育的五大核心素养校本表达，如何外化为可测可量、基于学科和日常养成的目标体系？我们制定了"6+"育人课程总目标，细分为两个"6+"具体目标。具体量化如下。

首先，明晰"6+"育人目标，即课程与日常养成教育是育人目标的两个主要维度。课程内容是学生发展的核心供给力。同时，通过课程以外的六大养成教育内容，使核心素养落实落地，将五大核心素养具化为"6+"育人目标：一流好品格，一个好兴趣，一生好习惯，一项好本领，一种好思维，一品好审美……

学生"6+"学科的具体目标：儿童核心素养的达成要依据学科教学完成。依据以上"6+"育人目标，制定出六大学科目标：一身好体魄，一手好汉字，一副好口才，一篇好文章，一项好技艺，一门好外语……

学生"6+"养成教育具体目标：让学生的每一天，过一种新常态的生活！根据儿童的年龄特点以及小学6年的成长样态，确定"6+"养成教育目标，即六大主题养成教育：言行得体、协商互让、诚实守信、自律自强、勇于担当、尊重感恩……

以上根据一至六年级儿童的年龄特点及教育规律，按照"低、中、高"三个年段，设置划分为三个年段个性课程，并由此提出整合要求：启程课程为低年段，一二年级，强调基础牢；知行课程为中年段，三四年级，强调腰杆硬；修远课程为高年段，五六年级，强调起点高。

其次，确定"1+X"课程结构。"1"指优化整合的国家基础课程，其内容与形式是相对稳定的，这是源头与起点，也是重要底线，必须把牢。"X"指由基础课程衍生出的个性化发展的校本特色课程，包括学校个性课程、年段个性课程、学生个性课程三种类型。即"X"课程在学校整体设置中，有全校必修的"X"课程和年段必修的"X"课程，也有儿童自主选修的多种"X"课程。1和X之间是结构而不是加法，如果1只是"完成"国家课程的1，再去做这个X，就是负担，就是头上长犄角。这其中有一个非常重要的安排，就是1和X是按黄金分割的比例，1占黄金分割的0.618部分，X占剩下的部分，中间留有一定的裕度。

"1"与"X"不断融合，构成一个有机的整体，最终实现大写的、完整的基础"一"，为形成学生核心素养打下坚实底子。

再次，探索课堂实施路径。一方面，我们既强调学科本质属性的独立性，又强调学科之间的交叉边界"整合"，更强调小学阶段"顶灯"照耀的基础性，防止"探照灯"的单一局限。基于"意义"建构实现更高层次的课程创生过程，以主题统领的方式实现学科内外相关知识、能力的有机融合，进而用以下三种方式整合成体现学生核心素养的课程群。

（1）学科内——渗透式整合。强调学科的独特属性和学科价值，充分挖掘学科内在的逻辑、关联，使之更好地发挥学科核心素养的育人功能。该整合方式占总课时的60%～70%。

（2）学科间——融合式整合。跨越学科边界，在学科属性相通、学习规律及学习方式相融的情况下，将不同学科的概念、内容和活动等整合在一起，在学科融合中形成核心素养，如数学、科学等学科主题阅读课。该整合方式占总课时的 20%～30%。

（3）超学科——消弭式整合。超越学科边界，将学生的学习与其社会生活、实践打通，在实际生活情境中提升儿童发现问题、解决问题的综合实践创新能力，如戏剧课程、主题实践课程、专题学习研究等。该整合方式占总课时的 10%～20%。

以上三种实施类型可以在一种学科里整体实施，进而形成课程群。以"纪念鲁迅 135 年诞辰"为例，我们以"与鲁迅童年相遇"为主题，用几个实践样态形成课群，撬动学习的发生：把课文《少年闰土》《阿长与〈山海经〉》《风筝》做经典单篇，打包不同版本的课文，如《我的伯父鲁迅先生》《一面》及拓展文本《父亲那么老了，我还那么小》，展开群文教学；补充了整本书阅读《朝花夕拾》；开展了亲近鲁迅主题实践活动……上述三种整合路径在这个课群中都有表现：

学科内渗透式整合。单篇经典《阿长与〈山海经〉》名篇教学，从经典文本的原生价值，挖掘儿童的学习价值。学习过程中，运用心理学"情感坐标"工具、对鲁迅版画成就的了解与赏析、音乐的铺陈等手段，在尊重语文学科独特属性和学科价值的前提下进行渗透式整合，体会作者"丰富的情感，复杂的表达"，最终达成"与鲁迅童年相遇"的主题。

学科间的融合式整合。学习《少年闰土》，闰土历险般的刺猹经历，给学生留下了深刻印象，他们用画笔再现了"深蓝的天空中挂着一轮金黄的圆月……"的美好画面，甚至有学生在群文学习之后，用水墨画画出了心中仰望的"大先生"。我们欣喜地看到，在儿童那里，因学习的需要，语文和美术学科无缝地融合。

超学科的消弭式整合。学生从鲁迅的文本世界走向自己的生活世界，将戏剧当作第二重生活。他们将课本剧《少年闰土》搬上了舞台，甚至有学生在阅读《朝花夕拾》的过程中自主地完成了"鲁迅喜欢什么颜色""鲁迅最喜欢的零食""鲁迅笔下的小动物"等小课题研究，在这种深度的完整情境体验中，寻找与儿童生活的生长点、儿童生命需求的契合点。

"与鲁迅童年相遇"的课程群，通过一系列深度、持续、完整的课程链条发生连锁反应产生核心素养效能，提升了学生丰富的实际获得，使他们从丰富而立体的文本世界，走向宽阔而光明的精神世界。

最后，探索核心素养评价方式。如何考核评价？我们以外化的"6+"课程育人目标为出发点，量化以下几个考量途径。

课堂教学中，考查兴趣值、容量值、方法值、意义值，突出课堂的动力价值、方法迁移、纵横捭阖和意义创生。例如，把"一流好品格"目标通过"6+"主题教育及日常养成落实编成"三字口诀歌"，并确定了金、银、铜三种奖项以及三枚金奖可兑换成"校长奖"等奖励制度……这种跟踪性、过程性的评价，可有效地激励学生的品格养成。

在学科学业质量评价中，通过"6+"质量目标量化考查。努力在教育价值取向上与学生核心素养培养相衔接，考试命题兼顾题目的基础性、开放性、时代性，突出在综合情境中运用各学科的知识、能力和态度解决实际问题。而在低年段更是淡化纸笔测试，将评价融入游戏、实践、探究等活动，开发成学生喜闻乐见的"乐考嘉年华"。毕业年级则将社会实践、小课题研究、毕业小论文（设计）紧密结合。

在评价过程中，首先体现年段衔接综合考查，以"启程、知行、修远"等6本护照作过程记录与印证，对学生由低年段到高年段的阶段目标效果进行过程与结果相结合的评价。其次，注重线上与线下结合。线上建立儿童数字化三平台：互联网在线学习、6年学业质量监测、个体发展计划；线下搭建三位一体儿童学习道德社区：打通学校、社区、社会的资源共享平台，整合真实生活世界，突出真实情境下的综合运用、大数据下的学生成长档案、学生未来发展指南等。

几年的探索，我们形成了基于儿童适才扬性、全面发展的典型课程形态，例如"全学科的主题阅读课程""马约翰体育健康课程""振宁童创课程""丁香戏剧课程"以及"成志种子课程"。就"马约翰体育健康课程"来说，我们超越国家规定的每周三至四节体育课，而是每天体育三个一，即每天一节体育课，每天一个体育大课间，每天一个体育项目可供选择。

追求"有趣、出汗、技能、安全"的原则，5年来，清华附小学生在海淀学生体质测试过程中，5项总分成绩全区第一名。近视率和肥胖率分别下降20个百分点，优秀率上升十几个百分点……

就"成志种子课程"来说，在国家"品德与社会"教材的基础上，融入"积极心理学"内容，为个性儿童提供适切的服务。比如，对极富特长、有着未来发展关键能力，或有一项劳技、一项发明、某种才艺的学生提供展示舞台——每周三面向全校学生的"水木秀场"；对特需矫正帮扶的学生，私人订制，做感统训练等专门呵护……

尾 声

让我们一起回到同一个班的那3个孩子身上。对"圆周率小子"，我们采取游学方式，安排孩子到五年级某班学数学，到图书馆学英语和语文，其他时间跟着同学们一起生活、游戏。在学校速算达人比赛中，孩子竟然获得第一名。而那个属于"沉默大多数的孩子"，教师则制造了"关键事件"，与爸爸一起巧妙设计一个用纸糊成的"大石头"并剪开一个三角口，让孩子带着马扎坐在里面"随心所欲"，高兴了可以透过三角口看外面同伴的演出。待到节目演出结束后，特意安排为他进行隆重的谢幕仪式……那个"足球王子"呢，因为他超额完成了每天的体育运动量，老师允许他在大课间的时候，在班里补充落下的读书、吟诵、小练笔等，结果一篇篇足球日记诞生了，还练就了一手好字。家长被弹性而又科学的安排心悦诚服，竟然成了班级足球队的教练，带着儿子连续两年拿下同年级的年度足球联赛冠军……

其实，任何时候，学校也不可能满足全部学生以及每一个学生的全部。经常地，我会翻看孩子刚入校和六年级毕业时的照片，每当这时都感慨万千：我们日渐老去，孩子在茁壮成长，怎么让好的故事发生？我们的能力和精力往往会变成压力，任重而道远，我们依然有诸多难题，也依然存在诸多的缺点和问题。

困惑与收获同在，但太阳照常升起，学生已然不同。能否尽最大可能把遗憾降至最小，让学生的核心素养成为未来发展的芯片？好在，理念让我们明确方向，理性帮我们优化思路和路径，理想让我们能走得更远！

（作者系清华大学附属小学校长）
（文章原刊于《人民教育》2017 年第 3-4 期）

核心素养落地必须与学校发展相契合

——来自广东省广州市东风东路小学的探索与实践

陈 晓

信息社会的来临，加速了学校教育"知识无限增长"与"学生学习时间有限"这一矛盾的激化，与此同时，新世纪人才培养目标也随之发生变革。为应对这一时代挑战，广州市东风东路小学确立了"适应时代，面向未来"的办学理念，找到了以核心素养总框架为引领的育人路径，对推进和落实核心素养为本的学校教育改革作了大量有益的探索与实践，目前已初步形成了以核心素养为目标，由学校环境、教师群体、教学过程和课程内容四个层次构成的"多维立体课程"，探索出一条以核心素养为本的学校教育改革新思路。

一、"多维立体课程"的内涵及其原则

核心素养能否落实，最终取决于学校的课程。换言之，课程是学校育人的载体。从学生的视角出发，可以说，学校课程就是学生进入学校场域后所获得的一切经验，它包含隐性课程和显性课程。因此，我们倡导围绕核心素养为本的育人目标体系，建构起多层次经验课程，即我们的"多维立体课程"，包含学校环境、教师、教学过程以及课程内容四个层次（见图1）。

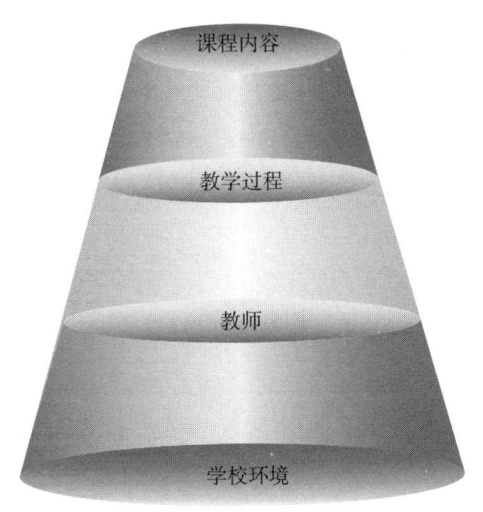

图1　多维立体课程的四层次模型

　　如图1所示，所谓的"多维立体课程"首先超越了现有的学科课程与活动课程之争，而是在已有"学习内容"的基础上，更强调学生的学习过程，也就是"教学过程"。事实上，学生在经历不同学习过程后所形成的核心素养是截然不同的。同样是学习汉字，跟读、背诵加抄写默写的学习方式所发展的核心素养与采用合作、探究学习方式研读汉字所形成的核心素养肯定是有所区别的。因此，"教学过程"成了核心素养为本学校课程的第二维度。"多维立体课程"的第三维度指的是我们的教师。"教师即课程"意味着教师本身就是课程的有机构成部分。毕竟，教师自身的人格、行为习惯、思维方式等对学生而言，就是一种隐性课程。基于这样的认识，欧盟在推行核心素养为本的教育改革过程时，提出了与学生核心素养基本一致的教师核心素养指标体系。这意味着，要想培养学生什么样的核心素养，教师本身也要具备和发展该核心素养。因此，我们的"多维立体课程"，特别强调"教师"这一维度的课程建设。最后一个维度，自然也是十分重要的一类课程，就是学校自身。作为影响学生发展的特殊场域，学校所内含的文化与价值体系，也是促进学生核心素养养成的重要课程资源，不可忽视。

　　与传统平面课程的"学科本位、知识本位"相比，"多维立体课程"凸显以人为本的原则，具有自主、多元、动态、信息化的鲜明特征。可以说，

"多维立体课程"的出现适应了时代发展需要，从平面逐步走向立体，这是由教育与时俱进的本性所决定的。

如前所述，我们所主张的"多维立体课程"体系包含了学校整体价值取向与环境建设、教师专业发展、教学过程以及学习内容四大方面，而这正是学校教育的四大支柱。

二、核心素养为本的课程目标建构

学生核心素养的落实，离不开学校的校本化理解与表达。东风东路小学（以下简称"东风东"）是一所建校近70年，拥有3300多名在校师生的大校。结合自身的办学理念、培养目标，通过学校领导、教师和学生的共同参与和协商，形成了东风东"多维立体课程"的目标体系。我们把核心素养中"全面发展的人"这一育人目标具体化为"做一名优秀的东风东人"，把"自主发展"具体化为"善学活用，身心健康"，把"社会参与"具体化为"爱国笃行，胸怀天下"，把"文化基础"具体化为"求真善思，至美尚文"。

"优秀东风东人"目标的内涵是有国际竞争力的多元化人才，他们是具备批判思维与问题解决能力、正确的认知与自我发展能力、灵活的协作与创新能力、良好的信息素养和开拓国际化视野与多元文化理解能力的人。

自主发展：善学活用、身心健康。通过学生在校6年的学习，使学生不仅学到知识，而且会将所学运用自如。同时，在培养学生健康快乐成长的基础上，培养学生拥有正确、积极的人生观、价值观和世界观。

社会参与：爱国笃行、胸怀天下。这是立德树人教育方针的基本要求。从小培养学生热爱祖国，增强国家认同感，懂得社会责任担当，以及拥有国际视野，对于学生的未来发展至关重要，也是未来社会的需求。

文化基础：求真善思、至美尚文。旨在培养学生的人文积淀、人文情怀和审美情趣，促使学生无论是学生时代，还是未来人生，不断追求真善美，善于思考，拥有浓烈的人文情怀。

三大目标领域内含六大培养目标，是东风东人的具体表达，更是东风东路小学改革的目标与方向。因此，根据这一目标体系，东风东路小学展开了"多维立体课程"体系的建设。

三、"多维立体课程"建设的四大路径

紧紧围绕以核心素养为核心构建的课程目标体系，东风东路小学在新世纪以来展开了一系列变革与实践，探索出学校教育的三大改革路径。

（一）整体构建，尊重学生个性特征，推动学校教育走向更公平

核心素养为本的教育改革，一方面强调对人的基于共性的基本要求，另一方面也蕴含着由培养"标准人"向"完整人"转变的个性化要求，因为个体的差异性和发展不平衡性是必然存在的。基于此，要想真正实现核心素养为本的育人目标，我们认为，必须尊重学生的禀赋，充分发掘学生的个性差异，发展多元课程，以满足每个学生发展的需求。唯有如此，以核心素养为基础的育人目标才有可能真正得以落实。而这也才是真正意义上的教育公平。为此，学校在近年来探索和形成了两大特色。

1. 课程超市。

课程多样化满足学生的个性需求。2014年8月，学校将课程改革聚焦于"如何满足学生个性化学习，实现其多元发展的需求"上，经过科学广泛的论证，确立了以"课程超市"重构课程体系的工作思路。

2015年2月，4～6年级开设了音乐、美术"艺术课程超市"。当年9月，又增加了"体育课程超市"。"艺术课程超市"的美术课程、音乐课程各设置了6门。音乐课程有：影视动漫音乐欣赏、音乐知识、演唱、小乐器（小吉他）演奏等。美术课程有国画、电脑绘画等。

课程超市的开发以学生为本，通过学生自选学习内容、自找学习伙伴等个性化学习模式开展。多样化平台充分尊重和照顾个性特征的差异，激发了学生的兴趣与特长，使学生乐于学习，善于学习。

2. 基于学科核心素养的多元评价。

教育评价具有重要的导向性，是教育综合改革的关键环节，而基于学

科核心素养的多元评价，无疑对学校教育质量的全面提升起着引领作用。面对未成年学生的教育评价，不宜采用指标性、非 A 即 B 式的精准评价，而应当针对学生的学科核心素养进行综合考查。

基于学科核心素养评价，分为学习成效评价和学习力评价。前者主要评价学生学习目标的达成程度，但作用有限；后者主要考查学生的学习力，重点在学生的学习取得了成效但决定因素在哪里。

学生的学科学习力评价，分为三部分：（1）学习动力评价，主要考查和评价学生的学习兴趣、态度和毅力。（2）学习能力评价，主要考查学生的学习技能、基本认识和风格。（3）学习习惯评价，主要考查学生的时间管理、反思习惯和运行习惯。

经过几年的摸索，学校尝试在学生的学科评价方面建立具有鲜明特色的基于学科核心素养的多元评价体系，但仍有一些不完善的地方，需要在实践中不断完善。

学校在探索中实现评价体系的改革创新，由起初的概括性评价改革为由班主任和每一学科任课教师，对学生每学期在各学科学习过程中的学习状态、习惯、能力等学习品质进行综合评价，更全面、更有效地考查学生的核心素养。

（二）善学活用，依托信息技术平台，推动学校教育走向现代化

"善学活用"是在"自主发展"这一核心素养下提出的具体目标。我们认为，在学习中能够"善学活用"的孩子，他们的自主学习能力必然会很强。如何促进学生"善学活用"素养的发展呢？

1. 元认知提升教学品质。

课堂以元认知为支点，依托信息化平台，在学习过程中培养学生对自我的感知能力。元认知是指个体对认知过程的认知能力，主要表现为自我察觉、自我反省和自我调节。

在学科课堂学习实践中，元认知的内容是多维度的，指向知识、方法、情绪等方面；元认知的方式是多元化的，有内隐和外显之分；元认知的过程是全方位的，包括课前、课中和课后三个阶段（见图 2）。

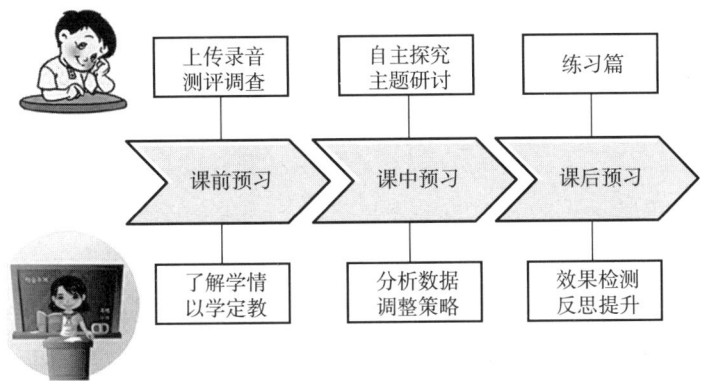

图2　元认知课堂教学应用流程

　　每个学生都拥有一份实名制电子学习档案，答题率、错题点、学习困惑等将及时反馈记录，自动形成日、周、月诊断单，方便教师进行分层教学和个性化指导。而这种错题集，也方便了学生有针对性地找到自己的差距。通过信息化管理平台，实现对学生学习过程的实时监控、科学评价。

　　以英语课为例，教师将元认知评价有机融入英语教学，围绕教学内容设计相关的评价量规，通过课前、课中和课后对学生的英语学习进行多维度学习评价。这些评价内容和数据分析都能及时地反馈给学生，帮助学生进行反思和自我调节，从而提升学生对学习的把控能力，并最终形成自己的学习力。

　　2."泛在学习"使学生按需、自主学习成为可能。

　　随着大数据时代的到来，学校对教育信息化应用有了更多的思考，信息技术模糊了学校、课堂的边界，使线上线下学习融为一体，也使随时、随地、随需的"泛在学习"模式成为可能。

　　"泛在学习"对于解决课堂上教授的知识与时间固定的矛盾，实践知识学习的自主化有着不可替代的作用。

　　"泛在学习"突破了时间的限制（随时）："云空间"中的大量学习资源及学习软件都可随时备用，学生在家里甚至在上学的公交车上，都能随时学习。教师也可以随时利用"云空间"向学生推送新的学习资源。由此，教师的教与学生的学更紧密地关联起来，真正做到以学定教，让学习更及时、开放和个性。

（三）胸怀天下，秉持教育责任担当，推动学校教育走向更广阔

"胸怀天下"是"社会参与"核心素养在我校的具体化，它既是学生的发展目标，更是学校教育改革的发展方向。当前的学校教育，常常囿于自身的小文化圈展开设计、规划和变革，长此以往，将会使学校教育逐渐远离社会，难以承担起引领社会发展的职责。学校必须主动承担起教育的社会责任，真正实现通过学校教育影响家庭、社区和社会，继而促进所有社会人素养得以提升的教育目标。

1. 小手牵大手，家校同步走。

培养学生的社会责任，一直是学校积极倡导的素质教育担当。几年来，学校以"小手牵大手"的务实宣传推广行动实践模式，全面推动校内校外学生养成垃圾分类的习惯，并逐步影响家庭、社区乃至社会，构建出一条新颖的垃圾分类宣传体系和行为习惯形成体系。

学校大胆地推出一项新型的活动——考家长，由学校统一印发"考考您，垃圾分类知多少"试卷，以连线题目的形式，要求找出物品究竟属于哪一类的垃圾，由学生监督家长独立完成，再由学生批改打分。通过这项双赢创新宣传活动，为家庭参与垃圾分类搭建平台，极大地调动了家庭参与的热情，而垃圾分类的相关知识也真正得到了推广。最重要的是，整个家庭都知道了垃圾应该如何正确分类，通过活动，3000多名孩子直接影响了3000多个家庭，收到了良好的效果。

2. 胸怀天下，增强国际理解。

一直以来，学校都在秉承传统，开拓创新，集聚各类教育资源，不断提升合作交流层次，推进教育国际化，进而让师生拓宽国际视野，领略世界文化。

为了培养具有国际视野的人才，早在10年前，学校就重视开展跨国文化交流，从文化同源的日本学校到具有西方文化特点的英国学校进行点对点交流，再拓展到点对面的多国交流的CISV国际和平儿童夏令营活动，践行了"走出校门，了解社会；走出国门，认识多元文化；走向世界，加

强国际交流，做民族文化传播使者"的理念。学校还组织学生代表团远赴美国、加拿大、日本、挪威等国家了解世界多元文化。正是通过搭建多种平台，实施无缝隙国际教育，学生得以与世界紧紧相连。这既开阔了学生的国际视野，又让他们也成为民族文化的传播者，大大提升了学生的国家认同感和民族自豪感。

"多维立体课程"体系的建构与发展，是我们在推进和落实中国学生发展核心素养这一育人目标的学校教育改革中作出的有益探索。虽然还不尽完美，但我们始终相信，它必定是未来学校教育改革的新思路。与此同时，在建构"多维立体课程"中所发掘和彰显出来的教育价值追求，也必然会成为未来学校教育发展的新路向。

（作者单位系广东省广州市东风东路小学）

（文章原刊于《人民教育》2017 年第 3-4 期）

核心素养在学校落地需要"整体视野"

刘希娅

　　课程是影响学生核心素养的关键因素，课程建设是学校建设的核心。以课程建设为核心的学校建设，要在学校教育哲学的指引下进行，并把学生核心素养融入课程实施、教师课程力提升中，构建适合学校文化特质的学校课程体系，促进学生核心素养不断生成，实现学生全面而有个性地发展。

核心素养与学校教育哲学的对接点是学生

　　学校教育哲学是学校作为一个组织或者共同体整体看待自身的一种方式，主要包括对待学校共同体成员的方式、对待学校工作的态度以及学校的使命与愿景，其目的是为了寻求学校教育的幸福。简言之，学校教育哲学即学校共同体的教育信仰①，主要包括办学理念、培养目标等。

　　谢家湾小学创建于 1957 年，是重庆市首批示范小学。2004 年，学校提出"六年影响一生"的办学理念，挖掘重庆红岩文化并结合素质教育核心要义，创造性实施"红梅花儿开，朵朵放光彩"主题学校文化建设，在管理文化、教师文化、学生文化、课程文化、环境文化五个方面进行系统

---

① 陈建华：《论学校教育哲学及其提炼策略》，《教育研究》，2015 年第 10 期。

建构与实践，使师生获得主动的个性化发展。"六年影响一生"的办学理念成为全校干部教师认可并践行的教育信仰，体现了学校办学的追求、态度和决心。

学校教育哲学往往具有内生性、公共性、稳定性等特征，核心素养在学校落地首先要与学校教育哲学对接，对接点就是学生。

谢家湾小学坚持学生是学校的灵魂，把学生的立场、体验、收获作为一切工作的出发点和落脚点。为了更好地促进学生全体、全面、全过程发展，学校从学生身心发展和未来社会发展的深层诉求出发，提出了谢家湾小学学生应具备的十大素养：热爱生活、独立思考、主动学习、沟通表达、环保健康、自律自强、跨界合作、创新实践、有情有趣、责任担当。

素养指向全面发展的人。我们提出的十大素养从学习、面对、担当、改变四个维度出发，指向学生文化学习、自我发展和社会参与三大领域素养。它具体包括：

1. 学习。培养学生的思辨、逻辑思维、应变、创新、沟通等能力；提升学识涵养、培养风度气质、修炼胆略修为。

2. 面对。具备健康的身心素养，坦然面对现实生活中的挫折和磨难，不抱怨、不气馁、不逃避，具备阳光自信、从容不迫的谢小特质。

3. 担当。直面不良现象，勇担责任，用学过的知识、方法尝试解决，成为一个在家庭、社会、国家、世界中有责任、有态度的人。

4. 改变。明辨是非，选择取道。具备中国责任、世界眼光、人类情怀，用行动去改变。

文化学习是适应未来社会的根本动力，自我发展是实现自我与推动社会健全发展的重要基础，社会参与则是个体实现自我价值与推动社会发展的根本保障。[①] "做改良世界的中国人"的校本化培养目标，将学生实现全面而有个性发展的个人价值与推动社会进步、世界发展的社会价值有机融合，让学生具备独特的存在感，明确的方向感，不断超越自我的使命感。

---

① 黄四林、左璜、莫雷等：《学生发展核心素养研究的国际分析》，《中国教育学刊》，2016年第6期。

学校要在课程层面落实核心素养

基于核心素养的课程实施，不是目标和内容的小修小补……而是系统意义上的整体设计。[1]

这种"整体设计"应该包括哪些方面？

首先要挖掘核心素养与学校教育哲学对接形成的课程建设思想共识。谢家湾小学研究课程文化，理性分析原有课程存在的问题，确立建构基于中国学生发展核心素养的"小梅花"课程。学校秉承"凡是对学生有积极影响的元素都是课程"的课程视野，形成"校园是师生共同生活、彼此影响的地方""教育教学是两个世界的相遇""整合是策略，更是思想"等课程建设思想共识。

具体到课程实施层面，谢家湾小学通盘考虑校情、教情、学情，制定五年规划，分步推进，从确立课程保障机制、国家课程校本化、改革课堂教学、改良校园生活状态等方面进行"小梅花"课程建设。

课程实施需要进一步落实到学科层面。谢家湾小学成立课程建设研究中心，由学科主任带领教师们研读国家课程标准，深刻剖析十几个学科的教学内容，梳理各学科的教学目标，将国家课程标准与学校文化、学生核心素养相融合，关注学生的思维品质和情感体验，强调教学情境与现实生活连接，注重学生的参与、体验和收获；提炼学科精神，明确学生在六大学科内应知应会的知识和技能。另外，编写《教学建议》，指导和帮助教师理解、运用课程资源和教学方法，促进学生核心素养的培养。

什么样的课程体系才能培养学生的核心素养

学科课程——真正减轻学生课业负担。

---

[1] 陈铭凯、勒玉乐：《基于核心素养的课程创新动因、本质与路向》，《中国教育学刊》，2016年第5期。

学科课程是保障和内核。学校通过学科内部知识纵向整合、学科间知识横向整合，加强学科之间的联系，打破学科界限。学科课程集中在上午以合作学习方式实施，同时结合教师的学科背景、个性优势，鼓励教师跨学科教学，由一份教案教多年、教多个班级变为在一个班级教学，教师有充足的时间与学生相处，研究、指导学生全面而有个性地发展，多角度、立体化培养学生的核心素养。

社团课程——让每个学生按自己的优势去发展。

社团课程是选择和补充。社团课程设置灵活多样，每个年级每天下午都开设社团课程和以实践性、操作性、交互性为主要特点的专题活动。社团课程包含生活实践、体育锻炼、艺术创作、语言表达、思维拓展五大类100余项项目，由本校教师、家长、社会各界志愿者共同担任导师，通过"走班选课"打破班级、年级界限，学生因共同兴趣而成为学习共同体。社团课程的选择充分尊重学生的主体意识和自主权利，最大限度地满足学生的自主性、选择性学习需求，让每个学生按照自己的优势去发展。各学科进行专题活动时，师生走出教室、校园，通过辩论、演讲、表演、测量、购物等方式开展，学生从他律到自律，品行、思维、合作、表达、实践、创新等综合素质和能力都得到明显提升。

环境课程——校园即课堂，一切皆课程。

环境课程是前提和基础。环境课程是一种无声的教育语言，一个隐性的课堂，一本鲜活的教材，"是对学生精神世界施加影响的手段，是培养他们的观点、信念和良好习惯的手段"。学校通过建设环境文化、营造人文氛围、开展实践活动、凝结教育合力等举措，构建了校园物理环境课程、学校人文环境课程、家庭生活环境课程、社区实践环境课程四个维度的环境课程，润物无声地影响学生核心素养的形成与发展。

学校课程实施的三个关键

一是基于核心素养，改善教与学的方式。

基于核心素养的学习总是要求与具体情境结合起来，通过具体任务获得必要的素养①。因此，学校着力引导教师的教育教学从关注单一的学科学习转向关注学生作为人的综合成长和核心素养的发展。

学校鼓励教师在一个班级跨学科教学，解决"跑班"带来的师生关系薄弱问题，让师生相处时间更多、层次更深，进而使因材施教成为可能。学校取消讲台，推行"半圆桌"围坐，拉近师生距离，由教师中心转向学生中心，关注学生学习的生成、实践、操作、思维转化、问题解决的全过程，而不是单一的学习内容，更利于培养学生合作交流、独立思考、实践运用等能力。这样的形式更适合专题教学。六大学科专题活动每周一次，每次两个小时，活动内容打破学科间界限，根据小学生学习特点和身心发展规律，统一安排在下午，约占教学总课时的30%，为学生提供更多的情境以运用所学知识解决真实问题，使学生跨学科、超学科综合素养得以培养。

教师逐渐从讲授传统知识的"学科为中心"转向营造具体情境的"学习为中心"，在真实的学习情境中培养学生的核心素养。"在这样的学校，学习过程是真正以学生为主体的对话过程，是学生人格发展、心灵世界建构的过程。"②

二是基于核心素养，改良校园生活状态。

为更好地促进学生核心素养的形成，学校优化作息时间：取消了统一的上下课铃声和大课间活动，将"大一统"的40分钟课时调整为30～60分钟，有机协调不同科目的课堂教学时间分配。比如，每天上午的3节学科课程每节课50分钟，由教师安排学习、活动；30分钟的英语课程保障学生英语表达的机会和水平。另外，通过午餐课程化，师生达成"会吃饭"的约定：均衡营养不挑食、光盘行动不浪费、文明就餐讲礼仪、次序排队守规则……午餐自助养成了习惯，提升了素养，形成了文化。

自然、自主、个性化校园生活状态使得学生的学习与生活互相融合，从他律走向自律，从静态、单一的被动接受到自在放松、主动参与、深度

---

① 张紫屏：《基于核心素养的教学变革——源自英国的经验与启示》，《全球教育展望》，2016 年第 7 期。
② 陈树生、李建军：《课程文化：学校文化建设的核心》，《教育发展研究》，2010 年第 2 期。

实践。学生们正在逐步接近"无须提醒的自觉，以约束为前提的自由，为别人着想的善良"的理想生活愿景。

落实核心素养亟须加强教师专业引领

教师是教学的具体实施者，在学生核心素养发展过程中扮演着转化者的重要角色。[①] 在基于核心素养的学校课程建设中，教师的专业引领贯穿始终。谢家湾小学注重通过培训、科研和引进优秀人才等措施提升教师团队素养，促进学生核心素养的落地生根。

学校始终把教师培训作为最优先、最有投入价值的工作，实施"多层面、多因素"的培训。比如，邀请雷夫·艾斯奎斯、南洋理工大学教授张延明等30余位专家到校帮助教师理解核心素养与教育教学；学校搭建平台，鼓励教师外出培训学习、分享教育教学经验；针对核心素养开展阅读行动，近5年为教师累计发放《课程的逻辑》《56号教室的奇迹》等经典书籍60余本……这有助于提升教师队伍素养，为核心素养融入教学保驾护航。

科研是提升教师专业素养的有效途径。10年来，学校借助全国教育科学规划课题"学校文化促进学生全面而有个性发展的实践探索"和中国教育学会规划课题"学校主题文化的实践探索"，展开8项市级以上专项课题研究，成立38个教师工作室，全校教师以小课题形式深度研究"核心素养生成"在课堂建设、教师培训等重点领域的落实，极大地提升了教师研究核心素养的理论水平和实践反思能力。

落实中国学生发展核心素养，既要汲取有效经验，也要开创性探索，因此迫切需要将更多优秀人才引进教师队伍。2011年以来，谢家湾小学从香港大学、英国南安普顿大学、北京师范大学等高等学府引进了大批本科生、研究生，为学校带来多样文化的交流与生成，让团队充满创新活力，在新技术运用、资源整合、跨学科教学等关键环节提升教师素养，进而促

---

① 姜宇、辛涛、刘霞、林崇德：《基于核心素养的教育改革实践途径与策略》，《中国教育学刊》，2016年第6期。

进学生核心素养的转化与落实。2015 年 10 月，学校与芬兰芬中教育协会共同成立"课程联合开发实践基地"，在课程开发、师资培训、课堂教学等方面纵深推进培养学生核心素养的研究，让核心素养在学校落地生根。

〔本文系全国教育科学"十二五"规划 2011 年度单位资助教育部规划课题"学校文化建设促进学生全面发展与个性发展的实践研究"（FHB110163）研究成果〕

（作者单位系重庆市谢家湾小学）

（文章原刊于《人民教育》2017 年第 8 期）

核心素养与学习方式变革

数字化背景下的核心素养培育
——基于极富空间的混合式学习模型构建

范太峰

数字化背景下，人们接收各种信息的渠道从相对单一到无限多样，从相对确定到无穷变化，学生也是如此。00后学生思想日益活跃，其独立性、选择性、多变性、差异性明显增强，学习方式更加开放、多样、个性化，这成为推动学校课程、教材与教学创新的最直接诉求。经过多年的探索实践，我校构建了指向学生核心素养的"混合式学习模型"——可同时集纳"数字化"与"素养追求"的学习模型新类型。

通往深度学习的一个入口

"极富空间"不是对具体的、现实的物理学习空间的表述，而是迈克·富兰描述新教育学未来前景的一个展望。他提出的新教育学可以简单地定义为：基于普遍使用的数字资源，以深度学习为目标的学生和教师的学习伙伴关系的新模式。基于数字化背景下的深度学习再次提出一场重要的讨论——关于我们能够做些什么，以及怎样快速达到让学校的每个学生都能够获得在21世纪生存下去所需要的教育。其方法未必全是新的，但是它所推崇的与学生达成学习伙伴关系，正是叶圣陶先生倡导了至少半个世纪的教学方法——"教是为了不教"的实践应用。可以说，数字化背景下的"混合式学习模型"构建直指"学生发展核心素养"的目标靶心,同时让叶圣陶先生的教育思想再次焕发生机,开新花结新果。所以,"混合式学习模型"那些可定义的特征是通往深度学习之极富空间的一个入口,也成为我校探索实践"最具影响力"课堂的加速器,让其成为现实。

我校混合式学习模型——e+c+a—Learning(e 网络学习 +c 传统教室学习 +a 行动或体验学习)的构建,很好地体现了数字化背景下,学校教师多年普遍认同的某种价值追求和教育思想。

e+c+a—Learning 学 习 模 型, 设 计"学 习"(learning)与"行 动"(action)的混合,修正了通常理解的混合式学习模型"e—learning+ c—learning"(网络学习 + 传统教室学习),这应是更有效的混合式学习模型。e+c+a—Learning 学习模型更强化了"学习体验"的作用,即学生"参与"学习过程,创造新知识,运用新知识解决问题的作用。无论线上、线下或课前、课中、课后,都强调行动或体验学习(action—learning),强调学习过程中学生生成新想法、新知识,并能够利用数字工具的力量将新想法、新知识与现实世界相连,即学生参与、知识生成、"知识工作"的技能。它可以是 e+c+a—Learning,也可以是 e+a—Learning,还可以是 c+a—Learning。这种多样化、风格化、个性化的模型,有利于发展学生的核心素养(见图 1)。

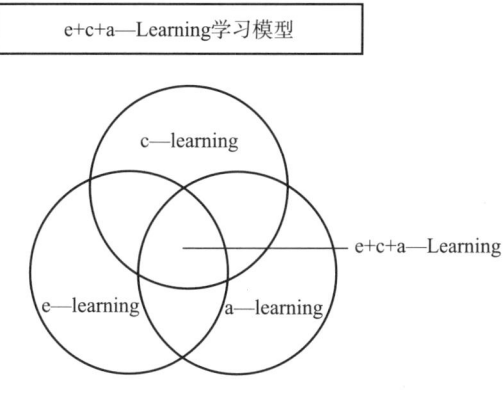

图 1 e+c+a—Learning 学习模型

提出构建"混合式学习模型",其一,扬弃国际上成熟的混合式学习模型理论。我们把抽象的理论具体化、本土化、特色化、校本化。其二，提炼本校多年教育教学改革的实践和理论研究成果。总结近两年数字化背景下的"未来教室""微活动""山塘课程"等一系列创新学习模型的试验、论证、研究结果，提倡学生实实在在地做能够改变学习生活、学习环境的事情，营造行动文化，初步探索出适切本校风格、适于发展学生核心素养的"混合式学习模型"。其三，立足本校学情的创新学习范式。一是分析学校合并后学生学习需求的多层次化和学习背景多样化问题，了解学生的学习起点、学习风格和学习需求；二是分析新课改背景下学习目标和学习内容；三是集合核心素养要素，发扬民主，试验、探讨、论证新的学习范式。其四，体现"个性飞扬"的学校教育目标。学校近两年致力于研究分析用数字技术介入整个学习过程的设计，让教学成果不仅仅局限于成绩分数，还将体现在问题解决、合作、创造力、思维等多方面。

不同的教育教学目标和价值追求塑造不同的学习模型。比如，"知识中心化"的教育目标自然构建"灌输式"绝对延长学习时间的学习模型，追求"成绩"唯分数论。而核心素养体系下的学习模型构建应该是开放、灵动、多元的，其核心发展方向是让学生和教师都成为优秀的终身学习者。比如新"小组合作学习"，教师与学生构建学习伙伴关系，通过彼此的相互学习提升同伴教学效果，把学习与学生的兴趣和心愿联系起来。

学习模型的构建影响了学校课程、教材和教学创新的性质与方向。混合式学习模型不仅需要学生去体验学习、创造新知识，还要他们把新知识与现实世界相联系，运用数字工具从事学校之外的工作，比如"山塘课程"构建。只有通过运用知识去"做事情"，才能在以知识为基础、以数字技术为导向的社会中创造价值。

通过"一组一品"回归学科核心素养培育

学校用 3 年时间摸索出以"一组一品"课堂教学模式为抓手的学习模型，"一组一品"是指提炼学科教学校本特色。不教之教，首先还是要立足于研究"教"。为更准确把握学科课堂教学规律，找准本校学科教学的优缺点和特质塑造的着力点，学校立足于教研组、备课组，借助专家团队的指导，历经专家调研和组内讨论、提炼、论证之后，在把握各学科性质特点的基础上，逐步建立了各学科"教为不教"的课堂范式，进而形成各教研组的教学特色——"一组一品"。通过"一组一品"回归学科核心素养培育，回归学科教学"本色"价值。转变教师原有观念，引领教师既要埋头拉车、辛勤耕耘，更要抬头看路、反思提高，创设更加和谐、高效的教学氛围，优化教学过程。

"一组一品"引领下的科研活动，旨在探索让教学回归自身价值，即回归学科核心素养。结合学校实际、学科特征、学生特点，对学科的知识和技能进行拓展、延伸和补充，培养学生的核心素养，开发校本课程，编写校本教材。

在历经 3 年的"小组合作学习"模型构建及"校本化"课程建设之后，我们摒弃了以教师为中心的教学设计、活动设计和评价方式，在理念和实践层面进行创新调整，打破原有以教师为主体的教学目标、教学内容和教学任务的设定，帮助学生成为学习的主人。

借力技术工具，实现核心素养转化

将"核心素养体系"置于深化学校课程改革、落实立德树人目标的基础地位，成为下一步深化工作的"关键因素"，也是基层学校未来教育教学改革的灵魂。因此，未来学校的工作任务是用核心素养目标梳理学校育人目标，并引领教育教学创新。以"核心素养体系"重新梳理、提炼、提升学校的教育思想，形成校本特色的教育创新理论。

核心素养目标决定了学校教育新模式构建的性质和方向。"混合式学习模型"的构建，超越以往任何单一、暂时的教学项目的创新。它创建了积极的学习环境和良好的学习型、研究性、合作性学校发展文化，推进学校各项工作沿着"核心素养"的轨道行进。它集合了核心素养的要素，将"数字化"空间、"素养化"目标、"体验化"创造性学习渗透在一节课、一本教材、一个课题、一门课程、一次活动的创新实践中，让学生获得未来社会所需要的各种技能和智慧，是非常有益的探索和实验（见表1）。

表1　混合式学习模型的运用

语文	导入新课——寻疑解惑——拓展活用——学评小结
数学	情境创设——新知探索——精讲精练——拓展延伸
英语	新课导入——教学互动——作业巩固——当场小结
物理	新课导入——实验探究——课堂练习——课堂小结
化学	记忆搜索——活动探究——精讲精练——梳理评价
政治	热点评析——自主探究——习题训练——课堂小结
历史	知识梳理——问题探究——当堂巩固——知识建构
体育	热身运动——启发学练——拓展合作——恢复身心
生物	情景导入——小组活动——点拨提升——课堂小结
地理	复习导入——自主探究——习题训练——梳理评价
美术	新课导入——新课讲解——课堂实践——学评小结
音乐	课标理念——诱发兴趣——发现探究——情感体验
信息	知识回顾——探究解析——实践创新——点评总结

其一，"素养化"与混合式学习模型的结合体——"乐学"模型。

经典模型："乐学"模型 ＝ "乐学"课程 ＋ "乐学"课堂 ＋ "乐学"评价

"乐学"课程 ＝ 国家课程 ＋ 地方课程 ＋ 国家课程校本化（校本必修）＋ 综合实践辅助课程（校本选修）。其构建方向是国家课程校本化、地方特色校本化、校本课程草桥化；构建目的是在面向全体中突出个体发展，在差别发展中实现全面发展。

"乐学"课堂 ＝ "乐学"模式 ＋ "四会"素养 ＋ "三力"标准。

"乐学"课堂，为混合式学习模型提供最直接的实践空间。以"全面发展人"的目标培养会计划、会自学（理解、提炼、整理、提问）、会反思、会落实（检测自己的学习效果）的草桥学生，凸显素养的核心。"乐学"课堂的标准是吸引力、生长力和影响力；在"三力"标准下的课堂是变化的课堂、深入的课堂、让师生有成就感的课堂。它是创新与超越的课堂，发展路径即"乐学"课堂＝生本课堂＋"苏式"课堂＋"自主学习"课堂＋有效课堂＋"教为不教"课堂＋……遵循学生认知发展、符合教育教学规律的课堂。

"乐学"评价＝生主考评＋学科测评＋监控评价＋过程评价。

"乐学"评价凸显评价的多元、开放和灵动性。比如生主考评的"初一跨学科'智识'大拼盘""初二主科'兵考兵'""初三全科'才力大比拼'"，又如兼顾不同学情的"学科测评"改革——学生参与试卷评析，参与考试评价末端环节，再如运用信息技术手段（极课系统的引入、推广）助力构建学校学业过程评价体系。总之，"乐学"评价是动态生成性评价，是关注学生成长、教师发展的混合式评价。

"乐学课程""乐学课堂"和"乐学评价"系列，是实现"素养化"层级目标的有效路径，也是最终成型"乐学"模型的根本保证。"乐学"模型的构建目标，是让每个教师拥有自己的教学范式，形成自己的教育主张及教育风格，从"一组一品"发展到"一师一式"，而学生也因为个性化教育范式获得了自己独有的学习体验，即"一生一本"，每个人在课堂学习中获益不同。

其二，数字化与混合式学习模型的结合。

"数字移民"（教师）应对"数字土著"（学生），不再简单地用"双板""PPT"辅助教学，而是主动尝试创建极富空间下的教学新范式。比如，初二数学备课组的"微视频"数学实验学习；语文备课组的"微信"作文实验教学等，初一、初二年级"基于 starC 平台的混合式学习模型"，更是在热火朝天地全面推进。

"混合式学习模型"能帮助学生逐步发展成为独立自主的学习者，能够有效设计、追求并达到他们的学习目标和个人期望，同时也完成课程的学习目标。教师的最终目标，是帮助学生成为他们自己的教师，真正实现"学习无处不在"的教育理想。

其三，极富空间与混合式学习模型的结合。

极富空间理论与"素养化"教育目标和我校创新实践非常契合。极富空间理论不仅需要学生创造新知识，还要他们把新知识与世界相联系，运用数字工具从事学校之外的工作。只有通过运用知识去"做事情",才能让学生获得经验、自信、毅力和前瞻性,从而在以知识为基础、以技术为导向的社会中创造价值。比如,我校"山塘课程基地"的建设,直接把学生引导到知识创新的路径。同时,集中了历史、政治、语文、数学、英语、音乐、美术、信息、心理等多门学科教师,初一、初二、初三学生和家长、专家、社会志愿者等多种力量,共同帮助学生完成学习构建。

其他的创新学习方法和项目,如课程研究、伙伴教学、班级组例会、班级管理路线图和专业学习团队,都能够培养支持混合式学习模型所期待的合作与学习伙伴关系。

其四,基于混合式学习模型的评估机制。

混合式学习模型的评估机制主要包含学习互动评价、过程性评价和终结性评价等方面,形成对混合式学习模型的多元化学习评估机制。混合式学习模型的评价守正"三力"标准:创造力为先,生成力为本,影响力为出发点和归宿。

可以这样概述评价的总体思路:要有效创设学习活动(情境),并针对该活动(情境)引申出来的有意义、指向素养的问题,要求学生综合运用知识和技能、思想和方法完成某(几)项任务,从而引发预期的行为表现,证实核心素养水平。

这样的评价方法朝着评价"混合式学习模型"构建的关键要素转型并发展:掌控学习过程、知识构建,以及我们已经描述的积极"做"的倾向。同时,果断终止那种学习掌握课程知识只为了准备考试而不是为了学生的行为。

混合式学习模型的构建在实践中还有不足,需要完善。一是宏观领域的扩展性,如何给学生思维的发散性和多元选择性留出极大空间。二是微观层次的深化,如何有效提升学生的思维张力。三是过程变化的推移性。创新活动既要有长远性和全局性,还要有及时性、紧迫性,如何调动师生情感,激活思维,主动参与教育创新的欲望和行动等。

诚然,高质量完成"混合式学习模型"构建需要教师有丰富的专业素养,具有敏锐的洞察力和丰富的建模经验。所以,正如学生的核心素养一样，教师的专业核心素养也是教育、实践与反思的结果，是教师终身发展的结果。

同样，我们看到了创新构建学习模型的前景，在现实中察觉到数字化背景下构建"最具影响力"学校的先机。这是一个在不久的将来就要实现的未来，会开启许多人（包括教师、家长）学习的创造性，也是一个值得开拓的极富空间。

（作者系江苏省苏州市草桥中学校校长）

（文章原刊于《人民教育》2017年第3-4期）

核心素养落地的难点与突破

全球视域下学生核心素养模型的构建

辛 涛 姜 宇

　　当今社会，科学技术和人力资源成为社会经济发展和全球竞争的重要资源，越来越多的国家从发展战略的高度来看待教育。进入 21 世纪以来，在世界经济竞争的强烈冲击下，世界各国纷纷思考如何结合时代要求对教育进行调整，提高教育质量，增强国民素质，以适应未来急剧变化的人力需求。

　　全球化和信息化的趋势对人的能力素质要求增多。人与人之间合作互助机会的增多，文化和经济的多元化，都要求增强人的文化理解和文化包容能力，同时也需要增强获取与利用信息的能力、解决复杂现实问题的能力、创新精神与创新能力等。对个人而言，获取这些能力是适应未来社会的重要条件；对国家而言，培养出全面发展、适应未来社会生活的公民是形成和谐稳定的社会、建设人力资源强国的重要保证。

　　与此同时，在教育改革与发展的浪潮中，教育质量观发生了巨大转变。在传统的教育质量观里，质量评判的依据主要是"入学率""毕业率""教学资源和设施"等，然而，衡量教育质量不仅应依靠学生考试成绩，也应涵盖学生全面发展的诸多能力。在"素质教育""全民教育"质量观的带动下，对教育输出结果的相关信息需求也不断增长，尤其需要一个权威的参照框架，即一个学业质量标准体系，用以指导各学科开展对教育输出结果信息的收集和报告，这更有利于地区间教育结果的比较和相互借鉴。核心素养是学业质量标准的主要内容，各个国家都试图建立符合本国国情的核心素养框架或指标体系，以指导教育实践。

国际组织和世界主要国家（地区）学生核心素养模型的内容和结构

学生的核心素养涉及知识、技能、情感、态度、价值观等多方面能力的要求，是个体能够适应未来社会、促进终身学习、实现全面发展的基本保障。这些素养不仅能够促进个体发展，同时有助于形成运行良好的社会。为了实现这一目标，国际组织和各国都建立了结构完整的核心素养体系，以此来推动基于核心素养的教育改革。由于世界各国的教育实践各不相同，核心素养的结构以及其对教育改革的影响和促进作用也不尽相同。

（一）以 DeSeCo 项目为代表的并列交互型

OECD 的 DeSeCo 项目所建构的核心素养为并列交互型。它的核心素养模型如图 1 所示。

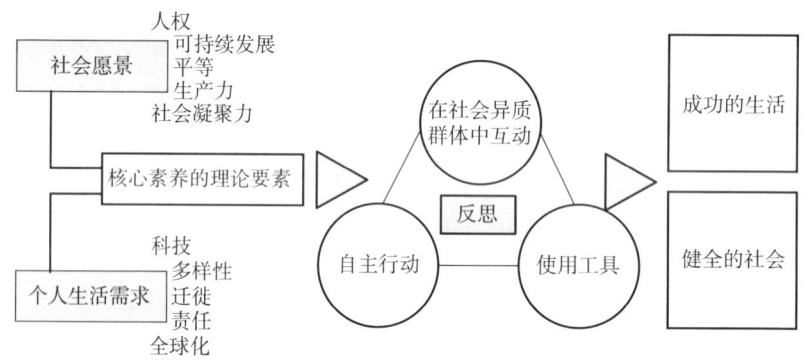

图 1　以 DeSeCo 项目为代表的并列交互型

DeSeCo 是早期建立学生核心素养模型的项目之一，影响很广泛。OECD 大部分成员国，包括一些非 OECD 国家和地区也采用了这一理论模型来建构本土化的核心素养，如澳大利亚、新西兰等国以及我国的台湾地区。此外，许多国家和地区即使与 OECD 核心素养的框架完全不同，但其内容大多可以分为人与自己、人与工具和人与社会三个维度，彼此之间的关系也为并列交互型。

（二）以美国"21世纪技能"为代表的整体系统型

美国"21世纪技能"是整体系统型，核心素养辐射影响教育的各个环节，融入整个教育体系。21世纪技能体系主要包含三个部分，形成一个"彩虹"形状（见图2）。

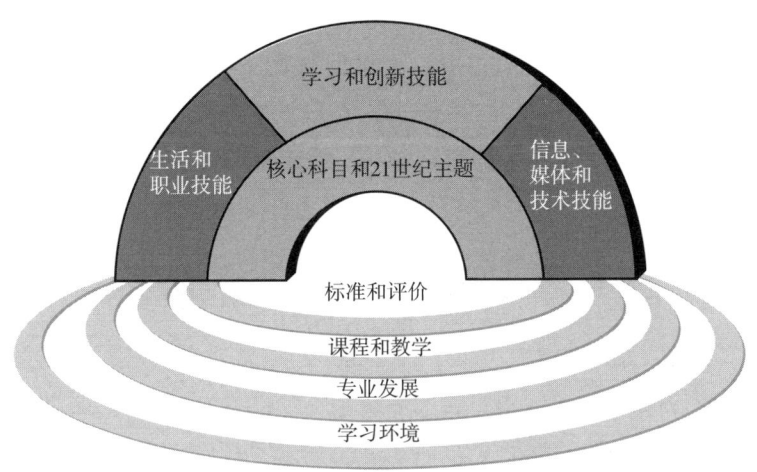

图2　以美国"21世纪技能"为代表的整体系统型

同时，每一项21世纪核心素养的落实都依赖核心学科知识的发展和学生理解，因为批判地思考与有效地交流都必须建构在核心学科知识的基础之上。它阐释的是培养核心素养的内容，包括"核心科目与21世纪议题"。核心科目主要包括英语、阅读和语言艺术、外语、艺术、数学、经济、科学、地理、历史、政府与公民等。同时，在保留传统核心课程的基础上，还增加了5个21世纪议题，其目的在于帮助学生进一步学会应对现实生活中的具体问题，但是教学活动并不以独立学科存在，而是融入核心科目。21世纪议题是跨学科的，其内容包括：全球意识；理财素养；公民素养；健康素养；环保素养。

不仅如此，一系列支持系统帮助将核心素养融入核心学科的教学中。

这一支持系统包括标准和评价、课程和教学、专业发展、学习环境，它们构成"彩虹"的基座部分。

（三）以日本"21世纪型能力"为代表的同心圆型

日本"21世纪型能力"的核心素养结构是同心圆型：内核是基础能力，中层为思维能力，最外层是实践能力。"21世纪型能力"用三个圆表示三种能力的关系，基础能力支撑着思维能力，而实践能力则引导着思维能力。同时，这三个圆是重叠的，意味着基础能力、思维能力和实践能力不是孤立存在，而是相互依存的，无论何种课程，都要共同体现这三方面的能力。

"思维能力"居于"21世纪型能力"的核心地位，它由解决和发现问题、创造力、逻辑思维能力、批判思维能力、元认知、适应力等构成。支撑"思维能力"的是"基础能力"，即"通过熟练使用语言、数字、信息等来实现目标的技能"。在"21世纪型能力"的最外层是"实践能力"，它限定了思维能力的使用方法。所谓"实践能力"，就是指"在日常生活、社会和环境中发现问题，并运用自己掌握的知识找到对自己、社会共同体和社会有价值的解决方法，然后将这种解决方法告诉社会，与他人共同协商讨论这种解决方法，通过这种方式认识到他人与社会的重要性"。这里包含着调整自我行动和自主选择生活方式的生涯规划能力、与他人进行有效交流的能力、与他人共同参与策划构建社会的能力、伦理道德意识和市民责任感等各项能力。

学生核心素养模型推进教育改革的国际经验

建构核心素养指标体系的目的是要将核心素养落实与推行到具体的教育、社会活动中去。核心素养模型逐渐渗透进各国教育改革的诸多领域，最主要体现在两个方面：一是基于学生核心素养推进课程改革；二是基于学生核心素养推进教育质量评估。

（一）启动基于学生核心素养的课程改革

学生核心素养模型对教育改革与发展的影响，首先体现在以核心素养推进"关注学生发展，培养学生核心能力"的课程改革中。目前，许多国家和地区结合本国（地区）的实际，启动或正在启动基于学生核心素养的课程改革。具体来看，有如下几种方式。

第一，通过立法的形式正式颁布包含学生核心素养的新课程。受OECD、欧盟等国际组织的影响，新西兰、法国、芬兰等国较早地启动了以核心素养为基础的课程改革。法国在 2006 年 7 月 11 日正式通过并颁布了《共同基础法令》，以教育法的形式将核心素养指标融入课程目标之中。与之类似，匈牙利教育文化部于 2007 年颁布了《国家核心课程》。新西兰也在 2007 年正式颁布了《新西兰课程》，在其中正式提出了五种核心素养，并建构了相应的发展核心素养的网络。芬兰在具有法律效应的《国家核心课程》中明确规定了学生的核心素养，根据当代以及未来社会和欧洲国家对公民的要求，将素养划分为七大不同的主题，在每个主题下又细分了小目标和核心内容，然后再将这些内容具体到各门学科。

第二，通过修订课程标准的具体内容设置体现学生核心素养的要求。一些国家虽未采用立法的形式将核心素养纳入国家课程，但重新修订课程标准，在许多方面都体现了培养学生核心素养的要求。日本将核心素养的培养渗透在新修订的国家课程标准——《学习指导要领》中，新《学习指导要领》将培养学生的"生存能力"定为日本义务教育的基本目标，即"知、德、体"，具体是指"扎实掌握基础知识和基本技能以及在复杂变化的社会环境中独立发现问题、主观判断、自主行动、妥善解决问题的素质和能力；自律、协作、爱心、感动等丰富的内心世界；能够坚强生活于世的健康的心理和体魄"。同时，在课程内容、教育建议以及相关配套材料当中都将落实学生核心素养作为重要内容。

第三，一些国家由于没有国家层面的课程标准，其核心素养框架本身就是课程改革的重要环节，推动课程改革的发展，最典型的是美国。美国的 21 世纪技能通过《共同核心州立标准》（Common Core State

Standards, 简称 CCSS）发挥着国家课程标准的作用，而其研制机构"美国国家管理者协会（National Governors Associate, NGA）"和"州立学校首席管理会"（Councic of Chief State School officers, Ccsso）都是 21 世纪技能的合作伙伴，CCSS 的修订体现了美国 21 世纪技能的要求。比如，英语学科标准不单单涉及英语一个学科标准，而是由跨学科的三个部分组成：K-5跨学科综合标准；6-12 英语语言艺术标准；6-12 历史、社会、科学、技术学科中的读写素养标准。可以说，21 世纪技能是核心课程和素养的结合；而配合其指导课程的"共同核心州立标准"是以规定学生学业能力为主要内容的质量标准，并不是以学科内容为导向的课程标准。它通过规定学生要达成的基本能力保证课程和教学能够促进学生核心素养的形成。

（二）基于学生核心素养开展教育质量评估

学生核心素养模型推进了教育结果导向的教育改革。"关注学生全面发展"的教育质量观给教育质量评估领域带来了机遇和挑战。可以说，学生核心素养模型不仅催生教育评价理念的改革，还为教育评价内容和指标提供重要依据，其中 PISA 是推进基于学生核心素养的教育质量评价最典型的例子。

PISA 是 OECD 举办的大型国际性教育成果比较、监测项目，目标是回答义务教育结束后的青少年（15 岁）是否为迎接未来社会的挑战作好了准备。在学生素养模型的指导下，PISA 不同于一般的纸笔测验。从测试的指导思想来看，PISA 并不是关于学校学习内容的考试，它关注的是学生充分参与社会、经济活动并使之成为终身学习者的能力和素养，旨在测量学生在实际生活中创造性地运用学校教授的知识、技能的能力。从测试的内容来看，PISA 测验的主领域是阅读、数学和科学，它不局限于学校和书本教授的内容，而是从适应未来生活的角度重新定义测验内容。比如，PISA 所测试的阅读素养不仅强调阅读者能够理解所读文章的内容意义，还强调阅读者通过阅读获取知识信息，以此满足自身需求，并有效参与社会。此外，PISA 对素养的测试还纳入了情感、动机、价值观等非认知内容以及问题解决、学习策略等元认知内容。从测验结果的影响范围来看，几乎所有的

OECD 国家和一些非合作国家都参与了 PISA 测试。测验之初（2000 年）有 43 个国家和地区参与，而到 2012 年已增加到 65 个国家和地区。PISA 测试的结果反馈给各参与国（地区）丰富的教育信息，使政府能针对教育现状进行及时调整。PISA 的成功充分体现了基于核心素养的教育质量评估对教育改革与发展的促进作用。

国际经验对我国学生核心素养构建的启示

第一，我国学生核心素养模型的构建可以借鉴国际经验，同时也要关注我国国情和教育实践。"关注学生全面发展"的教育改革和发展浪潮催生学生核心素养模型的建构。我国学生核心素养模型的构建还处在起步阶段，而多数国家及国际组织已有较为成熟的经验可供借鉴。结合国际经验，在构建我国学生核心素养模型时，要注重科学性、民族性、时代性。学生核心素养模型的建构必须从人成长发展的一般规律出发，符合学生身心发展与教育教学活动实践的客观规律，保证其科学性。同时，学生核心素养模型要反映新时期社会对人才的新要求，跟随全球化、信息化发展的大趋势，体现知识和科技的迅猛发展，这样才能使学生适应未来社会生活，拥有终身学习的能力。此外，根据国际经验，各国或地区在遴选学生发展核心素养指标的过程中，不仅表现出适应时代发展需求的共同趋势，也都根据本国的国情和教育文化环境特点提出具有国家和民族特色的素养指标。我国在建立学生核心素养模型时应充分考虑中华民族的传统文化和教育实际，体现民族性。

第二，注重学生核心素养模型对教育实践的指导作用，促进学生核心素养与课程结合，推动课程改革。学生核心素养是关于学生能力的模型，以促进学生全面发展和终身学习为目标。我国现行的教学和课程体系重视对学科知识内容的诠释。这种以学科知识为导向的课程，知识结构科学、完整，能够使中小学生打下良好的知识基础。然而，以学科知识为中心的课程侧重学科知识的科学性和完备性，往往将现实生活的知识抽象成学科教学的科学内容教授。学生在学习过程中，面临的常常是抽象的知识世界，形成的是"碎片化"的知识，而难以将书本的知识和现实世界发生联系，无法运用学过的知识解决现实生活中出现的问题，缺乏问题解决能力、创造性思维等。以培养学生核心能力和素养为主线，安排学科知识内容，则能有效地解决学生现实世界和知识世界的冲突，让其面临真实而复杂的现实问题，提高学生的综合能力，使其得到全面发展。

结合国际经验，将核心素养融入课程的工作重点可以放在以下几个方面。其一，通过核心素养模型指导学科目标的设置。在学生核心素养的指导下，每一个学科需要根据各学段学生核心素养的主要内容与表现形式，结合本学科的学科内容与特点，提出该学科实现学生本学段核心素养的具体目标，要体现本学科特色。同时，也应该注意跨学科素养如何在本学科中进行培养。其二，通过核心素养模型改善内容标准呈现的方式。基于核心素养的课程体系要打破传统课程标准以学科知识体系为中心的编撰思路，要以促进学生该学科核心素养的形成为导向，设计时需要结合本学科本学段学生需要形成哪些核心素养来安排学科知识。其三，通过核心素养模型丰富教学建议的内容。教学建议不可泛泛而谈，要根据培养的素养和学科内容的特点给予有针对性的教学建议，以促进学生核心素养的形成。其四，根据核心素养模型在课程标准中建立学业质量标准。质量标准不同于核心素养，它与学科能力紧密相关，是学生核心素养在某个学科中的具体体现。建立学业质量标准可以指导教师在教学中把握难度深度，也可作为学生学业能力评价的依据。

第三，增强学生核心素养模型对教育质量评价的指导作用，促进考试与教育评价的改革。核心素养是衡量教育质量、促进教育评价改革的重要依据。采用学生核心素养模型推进教育质量评价是当前的国际趋势。核心素养对学生经过一段时间教育之后所需要达到的能力和素养作出了规定，也就是对教育结果进行了规定。在学生核心素养模型的指导下，考查学生是否达到所规定的能力或素养，可以用以检验和评价教学效果与学习结果，同时也可以用以衡量教育质量，优化教育评价模式。

基于学生核心素养的考试与评价有别于传统测验。首先，基于学生核心素养的教育评价不仅关注单一学科的学科能力，还注重跨学科的能力，增加了考试灵活性，能够更加全面地考查学生综合运用知识解决问题的能力。其次，基于学生核心素养的教育评价在学生的学业方面不仅关注学科能力，还关注情感、态度、价值观以及问题解决与学习策略等方面的能力素养，使测验能够更加全面地掌握学生能力与素养的状况。最后，核心素养对学生学习结果定义更加宽泛，不仅关注学生学业水平，还将道德和公民素养、品行、沟通、文化交流等内容纳入其中，是对一个全面发展的人的综合性评价。当然，推进学生核心素养模型指导下的考试与教育评价，要转变教育评价理念，探索多元的评估内容和评价方式，这样才能更加有效地反映学生的能力素养，更加准确地体现教育质量，为教育提供正确的信息反馈。

（辛涛单位系北京师范大学中国基础教育质量监测协同创新中心；姜宇单位系解放军后勤学院后勤政工教研室）

（文章原刊于《人民教育》2015 年第 09 期）

核心素养如何落地

——来自全球的教育实践案例及启示

刘 晟 魏 锐 周平艳 师 曼 刘 坚

在我国公布《中国学生发展核心素养》之前，世界上多个国际组织和经济体已提出了各自的 21 世纪素养框架，有些甚至展开了一段时日的实践尝试。虽然他们围绕核心素养展开教育实践的时间不长，其效果也尚需时日方能在学生身上得以体现和检验——对其核心素养教育的实践成效展开述评可能还为时尚早，但这些实践案例可以反映出全球教育从业者对核心素养教育推进方式与落实途径的思考和认识。

呈现与分享这些国际组织和经济体的案例，既不是为了照搬和模仿，也不是因为我国完全没有类似的尝试，而是要通过这些案例及其背后所反映的思想，归纳对核心素养落实途径的思考和认识，借鉴全球教育从业者的集体智慧。

案例及启示 1：落实核心素养需要系统化解决方案

澳大利亚在 2009 年设计国家课程时，提出要在课程中培养学生的七项通用能力（general capabilities），并于 2010 年和 2011 年陆续发布了一系列课程文件，从各学段的课程设计上将这些通用能力融入学科课程，构建了一套系统化的解决方案。例如，在其公布的课程文件中，"批判性 / 创造性学习"这一项通用能力被拆解为"调查—识别、探索和组织信息及想法""归纳想法、可能性和行为"等四个方面的能力，而其中的"调查—识别、探索和组织信息及想法"又被进一步拆解为"提出问题""识别和区分信息及想法""组织和处理信息"等六个方面的能力。表1呈现的就是"组织和处理信息"这一能力是如何系统化落实在各学段的教学实践中的。

表1　澳大利亚关于"批判性／创造性学习能力"的系统解决方案
——以"组织和处理信息"能力为例（摘录）

水平 1	水平 2	……	水平 6
在初级学段结束时，学生通常能：	在两年级结束时，学生通常能：	……	在10年级结束时，学生通常能：
从给定的信息源中收集相似的信息叙述 示例： ·收集某一特定行为的多种表现	从多个信息源中，依据相似或相关的想法，组织信息 示例： ·从多个来源找出善意行为的例子	…… ……	批评性地分析来自独立渠道的信息，判断其偏见度与可信度 示例： ·评判来自已知和未知渠道的数据
英文ACELA1430 科学ACSSU005 历史ACHHS019	英文ACELA1469 数学ACMMG037 科学ACISIS040 历史ACHHK050	……	英文ACELT1639 数学ACMSP253 科学ACSIS199 历史ACCHS189

资料来源：General capabilities in the Australian curriculum.

表1中的第一行，代表的是各学段及所预期的学生能力水平，第二行展示的是"组织和处理信息"能力在各学段的体现和具体示例，第三横行展示的是这些能力在英文、数学、科学、历史等各学科课程标准中所对应的标准代码。由此可以看出，学生的"批判性／创造性学习能力"会在各个学段的多个学科课程中得到逐渐深入培养和发展，形成一套完整的系统化解决方案。

与此相似，美国在公布了其全美《共同核心州立标准》和《K-12年级科学教育框架：实践、跨学科概念和核心概念》（A Framework for K-12

Science Education: Practices, Crosscutting Concepts, and Core Ideas）之后，21 世纪学习联盟（Partnership for 21st Century Skills，简称 P21，2011）和美国国家研究理事会（National Research Council，简称 NRC，2012）先后发布研究报告，分析和论述了 21 世纪技能框架是怎样融入这两份课程标准中，以帮助教育从业者及社会各界人士更好地理解 21 世纪技能与新课程的关系的。此外，P21（2007）在提出 21 世纪技能框架时，还明确提出须通过标准和评价、课程和教学、专业发展以及学习环境等指向同一学习目标——21 世纪技能（学习和创新技能，生活和职业技能，信息、媒体和技术技能），从而开展和落实指向 21 世纪技能的教育实践（见图 1）。

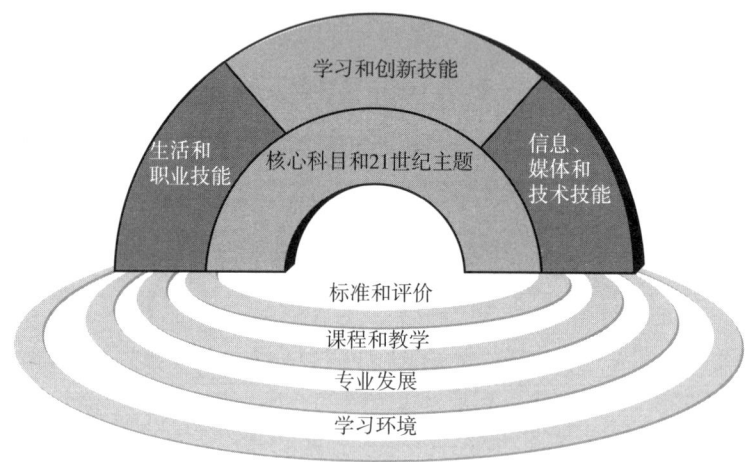

图 1　美国 P21 提出的系统化解决方案

资料来源：译自 Framework for 21st Century Learning.

　　与澳大利亚和美国相似，已提出完整素养框架的经济体都在尝试通过将核心素养融入各学段的各学科课程，从整体上给出 K-12 教育的解决方案，以尽可能地将发展学生的核心素养这一育人目标通过复杂的教育系统落实在学生身上。这正如 NRC（2006）在《州科学教学评价体系》（System for State Science Assessment）报告中提到的，一个有效的基于标准的科学教学评价体系应具备三个维度的连贯一致性：（1）水平一致性，即课程、教学和评价等都要向课程标准看齐，都指向相同的学习目标，共同支持学生的发展；（2）垂直一致性，即教育系统内的各个层级——班级、学校、学区、省/州——享有共同的教育目标、评价目的和方法；(3)发展的连贯性，即必须考虑学生从进入幼儿园直至高中毕业，其各项素养是如何发展的，以及学生在各学段应分别获取哪些素养。

案例及启示2：落实核心素养需要基于真实情境

基于对5个国际组织和24个经济体素养框架的分析，《面向未来：21世纪核心素养教育的全球经验》的研究报告共提取出18项核心素养，其中既包括语言素养、数学素养、科技素养、人文与社会素养、艺术素养、运动与健康素养等领域的素养，也包括批判性思维、创造性与问题解决、学会学习与终身学习等通用素养（师曼等，2016）。目前已有的案例显示，在这两类素养教育的实践过程中，虽然各自所依赖的学科领域会有所不同，但都强调要基于真实情境。

（一）在真实情境中培养特定的领域素养

南非教育部（基础教育）在其最近的一轮课程改革中，颁布了《数学素养课程与评价政策声明》(Curriculum and Assessment Policy Statement, Mathematical Literacy，简称CAPS-ML)。作为教育部正式颁布的面向全国的数学课程文件，CAPS-ML最为显著的特点是，提出要以实际生活为背景展开对最基本的数学知识的学习，通过紧密融合数学知识、生活情境和问题解决能力，提高学生的数学素养。例如，CAPS-ML中给出了一个具体实例（见表2）。

表2　南非《数学素养课程与评价政策声明（简称CAPS－ML）》中的一个实例

诺基亚E63（手机本身免费）100元/月的套餐须连续使用24个月，包括：·每月任意时段100分钟通话	诺基亚E2730（手机本身免费）50元/月的套餐须连续使用24个月，包括：·每月50分钟漫游通话时间、25条短信

手机特性：	手机特性：
·诺基亚手机邮件	·MP3播放，3.5mm耳机插口
·MP3播放，3.5mm耳机插口	·2MP摄像头
·2MP摄像头	·高速浏览器及下载体验

资料来源：Curriculum and Assessment Policy Statement, Mathematical Literacy.

表2显示，学生会面对一则来自真实生活情境的手机广告，需要根据个人手机使用频率、通话时长等，运用相应的数学素养从两份套餐中计算出最为经济实惠的一款。通过这一情境的学习，可以让学生体验和发展依据数学计算作出个人决策的过程及能力。此外，在面对这一情境进行个人决策时，还会包含其他一些非数学因素的考虑，例如手机外观、手机性能等，而这些因素的考虑会涉及与同辈人交流、社会和文化价值等社会科学方面相关领域的学习。这有助于学生理解和认识到具有数学素养的人在面对类似情境时，可依据对经济价值的计算及其他非数学因素的综合考虑，作出更为明智的个人决策。

（二）在真实情境中开展跨学科学习

教育的首要目标不仅是为了让学生在学校中表现出色，而是为了帮助他们在走出校园后可以生活得更好，即培养学生形成伴随其一生的能力，这是提出21世纪核心素养的根本所在。这些素养的形成，需要学生在真实生活情境中学习并运用相关的知识、技能，而不仅仅是聚焦于单一的某个学科主题内容中（Iowa Department of Education，2010）。这说明，在课程内容选取和设计时，既要有某一学科的视角，又要积累跨学科的经验，即需要开展有效的跨学科内容主题的学习。因此，结合真实生活情境，尝试选取并构建跨学科的内容主题进行课程设计，已逐渐成为各经济体普遍采纳的实践方式，而开展基于项目的学习 / 基于问题的学习（Project Based Learning / Problem Based Learning，二者可合写为PBLs）则是这一方式中最受全球关注的跨学科学习策略。

在自然科学教育中，备受关注的STEM（科学、技术、工程与数学）

或 STEAM（科学、技术、工程、艺术与数学）尤其适合运用 PBLs。在基于项目的 STEM 学习中，学生要经常进行聚焦于现实世界中真实问题的跨学科探究活动。研究表明，将数学与科学结合进行教学可能会带来学校成绩的提高，使学生对所学科目更加感兴趣，而参与 STEM 项目学习的经历可以帮助他们更好地理解身边的世界。（转引自卡普拉罗、摩根，2016）

例如，图 2 显示的是由科学、数学、社会科以及语言教师通过合作备课，共同设计的以火箭为主题的 STEM 项目学习。学生将以小组合作方式，在"火箭"这一跨学科真实情境下，发展和达成数学、科学、社会科以及语言艺术等各学科课程标准的要求。在项目学习结束时，学生通过自己的手工制作向同伴和教师展示所学到的东西。

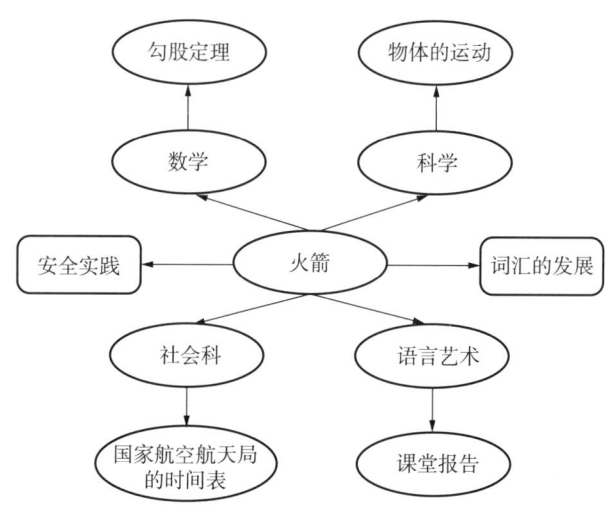

图 2　以火箭为主题的 STEM 项目学习示意图

资料来源：改编自《基于项目的 STEM 学习：一种整合科学、技术、工程和数学的学习方式》。

在社会科学领域，PBLs 也有助于学生在真实生活情境中获取跨学科的学习体验和理解。例如，在高中分别开设"国内经济"和"商业入门"选修课的两名教师，连同一位科学教师一起，共同开发出一个联合授课项目（如表 3 所示），为学生提供了跨学科学习的机会，发展其财商、创业及科学类的相关素养。

表 3　社会科学领域中基于 PBLs 的跨学科案例（摘录）

　　两位在高中开设选修课的教师，一位主讲"国内经济"，另一位主讲"商业入门"。他们共同开发出一个联合授课项目，让学生经营一个售卖烘焙食物和三明治的学生商店。学生轮流执行经理、销售、会计、发货和维修等任务；在商业入门课上，学生用这些经费和资金规划菜谱、购买原料和生产要销售的食物。学生返回国内经济课堂时，就应用不同的学习技能来数钱、存钱、完成员工的工作时间表、挣"工资"和对利润进行分红。学生把存货卖给教师，并对额外的送货服务收取额外的费用。菜谱内容的增加由销售情况决定，而基于数据的决策则作为"国内经济"和"商业入门"两门课的结果。

　　教师每个月腾出几天时间来开展连续性"分段"授课，以便让学生以小组的形式进行学习活动。当进入学期中后期时，在演讲课堂上让学生参与关于薪水和关联风格方面的公仲裁和辩论。科学课教师则用这个机会收集不新鲜的鸡肉沙拉的细菌样本。

资料来源：《基于项目的 STEM 学习：一种整合科学、技术、工程和数学的学习方式》。

　　研究表明，跨学科学习可以帮助学生建立高阶思维技能，也可以帮助学生在不同学科领域之间形成有意义的联系（转引自卡普拉罗、摩根，2016）。在 STEM 等跨学科主题的学习过程中，学生需要在真实情境中运用科学推理、批判性思考和信息分析等能力，创造性地解决实际生活中的问题或制作出相应的项目产品，其创新素养也会得到相应的发展（Feldon, Hurst, Rates, & Elliott, 2013）。各国际组织和经济体的实践案例及相关研究似乎都表明，批判性思维、创造性与问题解决、学会学习与终身学习等通用素养，离不开各学科领域的相关知识和能力作为基础，但同时也需要通过基于真实情境的跨学科主题学习予以提升和发展。

（三）选用真实情境考查核心素养

　　当指向 21 世纪素养的教育强调真实情境对帮助学生发展核心素养的重要作用时，为保持课程、教学与评价三者间水平的一致性，尽可能地选用真实情境对这些素养进行测评就成为必然。例如，OECD 的 PISA 计划就在测试时尽量选用真实情境命制题目考查学生相应的能力，表 4 呈现的是一道对科学素养的测试题。

表 4　PISA 科学试题（摘录）

阅读下文并回答问题。

温室效应：事实还是幻想？

　　生物需要能量才能生存，而维持地球生命的能量来自太阳。太阳非常炽热，将能量辐射到天空中，但只有一小部分能量会达到地球……*

　　报纸杂志上常说，二氧化碳排放量增加，是20世纪气温上升的主要原因。

　　一位名为小德的学生有兴趣研究地球大气层的平均温度和地球上二氧化碳排放量之间的关系。他在图书馆找到下面两幅曲线图。

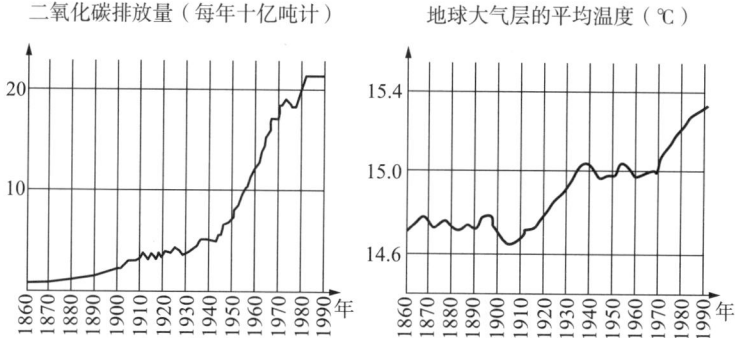

　　小德从曲线图中得出结论，认为地球大气层平均温度的上升，显然是由二氧化碳排放增加而引起的。

　　（1）曲线图中有什么资料支持小德的结论？

　　（2）小德的同学小妮不同意他的结论。她比较两幅曲线图，指出其中有些资料并不符合小德的结论。请从曲线图中举出一项不符合小德结论的资料，并解释答案。

*PISA 测试中此题的主干部分给出了关于"温室效应"的背景资料供学生阅读，此处受限于字数，略去。表格中的内容摘录《PISA 测评的理论和实践》。

　　近年来，PISA 还逐步加入了基于真实情境的跨学科通用素养测试。例如，2015 年公开的试测样题中就包括对合作式问题解决（Collaborative Problem Solving，简称 CPS）能力的测试（OECD，2015）。图 3 呈现的就是 PISA 2015 框架中对"合作式问题解决能力"的测试题情境和计算机作答界面。

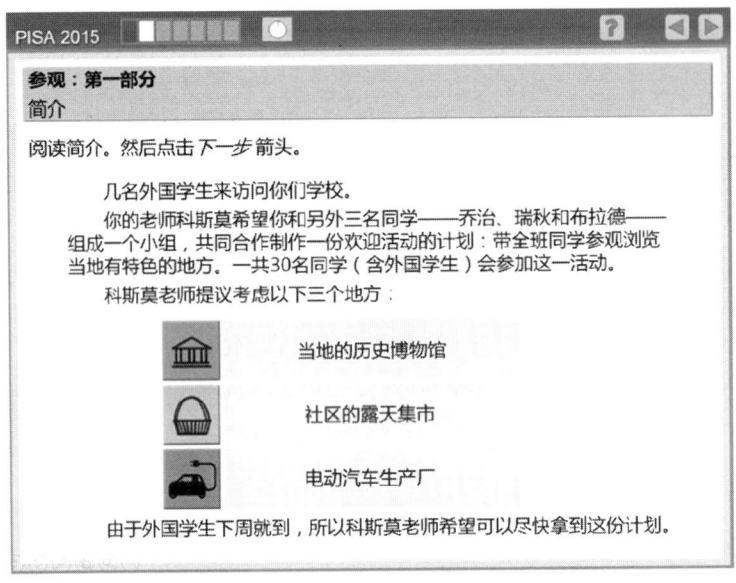

图 3　PISA 2015 年公布的对"合作式问题解决能力"的试测样题

资料来源：PISA 2015 Released Field Cognitive ltems.

　　这是一道基于计算机模拟界面的测试题，学生在阅读每个环节的简介后点击下一步按钮，就会出现模拟对话界面。例如，在点击图 3 右上角的下一步箭头后，首先会出现乔治的提问界面"我们从哪儿开始讨论？"以及可以选择的四个回应——"A）让我们问问科斯莫老师该怎么办；B）我们已经有了 3 个选择，让我们来投票决定吧；C）也许我们应该先花点儿时间想一想，一会儿再回来思考这个问题；D）我们来讨论一下什么（要素）是一次好的参观活动所必需的？"——当学生选择了 D 选项时，表明其可能具备了"识别并描述出所要完成的任务"的能力。计算机会根据学生的不同选择，调用预先设定好的乔治、瑞秋和布拉德等角色的多种潜在可能的反应或提供不同程度的帮助，以保证每位参加测试学生都可以完成整个参观计划的制订。此外，在谈及相关话题时，界面还会呈现出题干中提及的三个地方的相关信息（如开放时间、距离学校的远近等）。最终，计算机通过学生在各个环节的反应，基于预设的评分标准，对学生"合作式问题解决能力"进行评分。

案例及启示 3：落实核心素养需要多样化测评

已有的实践案例显示，指向 21 世纪素养的教育需要多样化测评，从多种途径以不同方式收集学生素养发展的情况，进而为开展 21 世纪素养教学提供反馈、建议与引导。

（一）发挥形成性评价对反馈和促进核心素养教育的重要价值

形成性评价在及时、全面地了解与诊断学生 21 世纪素养的发展状态，进而为教学提供反馈与建议方面具有十分重要的作用。此外，一些重要的 21 世纪素养，也很难仅通过标准化纸笔测验进行评价。

法国就尝试通过建立学生成长档案，对其表现进行及时、持续、完整的记录，为教学提供反馈，按需调整教学以促进素养的形成。2008 年，法国首次在小学阶段给每名学生配备一份"个人能力手册"，对其从基础教育阶段的表现进行完整的记录，同时对评价的分类、方法和评分标准等都给出了详细的规定。对于每个学生来说，能力手册证明了他们对国家所规定的 21 世纪素养的掌握程度。能力手册考查的内容为：第一阶段（小学二年级），只考查法语、数学、社会及公民素养；第二阶段（小学五年级），七大素养全部考查；第三阶段（小学六年级到初中毕业）的能力手册是在整个初中阶段逐步填写完成的，所有教师都会参加学生在这七大素养上的考核。能力手册的使用让教师得以跟踪学生的进步，同时还兼具与家长进行交流沟通的作用，定期向家长通知学生的状况，以随时了解学生的进步。如果某个学生有困难，教师团队会给他提供相应的帮助，例如改变教学方法、补充教学活动，或由某个特定的教师来负责。毕业时，手册会交由法定监护人保管。（Ministry of Education, France，2011）

与此相似的是，在保加利亚，自 2009 年以来，在小学和中学教育阶段，每到年底班主任都会完善学生的个人资料，以评估他们参与的课外活动（如项目、会议、竞赛等）。而在完成小学和初中后，这些全面的个人档

案则是学校毕业证书中不可分割的一部分。（EACEA，2012）

（二）在国家或地区的统一考试中，融入对 21 世纪素养的教育监测

除形成性评价外，致力于培养公民 21 世纪素养而展开相应教育变革的经济体，也须了解其毕业生在完成各学段学业时是否达成了相应的素养要求。因而，开展面向全体学生、指向 21 世纪素养的国家或地区层面的统一考试，也成为 21 世纪素养教育实践过程中的重要环节。

新西兰就将对 21 世纪素养的监测融入其每年一次的学生学业成就国家监测研究中。它对核心素养的监测并非独立于各学科领域之外，而是将其融入现有各学科的不同类型的题目中，针对不同素养在各学科中的具体表现给出明确的操作性定义，从而实现对核心素养的年度测评，并随当年度的学科测评结果一同公布。（Educational Assessment Research Unit，2014）

澳大利亚在发布《墨尔本宣言》后，也致力于通过国家考试项目探查特定学段的学生在读写、计算能力、信息交流技术等方面的通用能力。这主要包括两大测试项目：一是国家读写与计算能力评估项目（The National Assessment Program-Literacy and Numeracy，简称 NAPLAN），自 2008 年起对三、五、七、九年级学生读写和计算能力展开测评；二是针对六和十年级开展的信息交流技术素养（ICT literacy）测验。（ACARA，2008，2015）

（三）行业资格证书：与职业密切相关的技能

许多 21 世纪素养都与相应的职业和行业技能紧密关联，通过行业资格证书评价与职业密切相关的技能，亦是评价 21 世纪素养教育成就的重要途径之一。例如，针对数字能力的标准化评估工具在欧洲得到了较为普遍的运用。欧洲计算机执照（European Computer Driving Licence，简称 ECDL）在大约一半的欧洲国家得到了定期或不定期的使用。而要获得这些证书，须掌握七大类计算机操作技能或素养。此外，还有一些国家会颁发关于信息交流素养（ICT）的多个级别证书，所测查的素养与 ECDL 非常相似。此外，比利时（法国社区）提供初级和中级教育的非强制性 ICT 证书。而德国、立陶宛、罗马尼亚和英国也提供受认可资格的 ICT 技能证书。

（EACEA，2011）

案例及启示 4：落实核心素养需要政府引导和社会参与

由于教育的复杂性，在推进和落实 21 世纪核心素养教育的过程中，需要各级政府相关部门、研究机构与组织、社区和社会机构等多方面协调合作，提供支持和服务。许多经济体和国际组织都在思考并尝试通过多种途径在教育系统的不同层面构建 21 世纪核心素养教育的支持体系。

（一）政府的政策引导

政府的支持引导是众多支持途径中最有力度的方式之一。一些经济体都由政府相关部门发布文件，借助政策推动并指引面向 21 世纪核心素养的教育实践。

俄罗斯于 2007 年通过联邦第 309 号法令《关于在俄罗斯联邦法律中贯彻国家教育标准的概念和结构部分的改变》，确定必须在所有的教育水平以各种形式发展学生的核心素养，由此推动基础教育和高等教育标准的修订都以核心素养为基础。例如，2010 年俄罗斯联邦教育与科学部指定的《国家基础普通教育标准》从三个方面规定了对学生在基础教育阶段学习成果的要求：个性修养，例如自我认识与规划、学习动机、社会交往、国家认同等情意方面的发展；通用的学习能力，例如掌握跨学科知识和一般学习的能力、应用跨学科知识进行问题解决、合作学习等方面的能力；学科学习成果，例如各学科的知识与技能、学科学习的活动、方法、思维模式以及应用等。

西班牙在其《教育组织法 2/2006》（Ley Orgánica de Educación，LOE）中指出，课程应看作由目标、基本素养、学习内容、教学方法和评价标准等组成，这是在教育法规中首次使用基本素养一词。LOE 要求全国义务教育开设基于基本素养的共同核心课程，并出台相应的规范对八种基本素养给出定义，描述各个领域或学科如何支持基本素养的发展。同时，制定了落实母语阅读、外语、科学、数字素养、创新与创业精神教育的具体措施。

基本素养是义务教育阶段最重要的学习目标，在义务教育结束时都必须掌握。（EACEA，2012）

（二）引导社会资源参与

在教育系统外，充分发挥研究机构、民间组织、社会资源的力量和作用，有效地调动社会各界力量的积极性与创造性，为教育服务，共同推动21世纪核心素养的落实。例如，英国在实施21世纪核心素养时十分注重寻求行业雇主对教育的支持和意见。英国实施核心素养的政策框架涉及三个主要角色：个人、雇主和国家。其中，雇主角色对核心素养框架的提出、形成和评价具有重要作用。（Department for Education and Skills，2003）

与美国 P21 结构类似，加拿大的 C21 Canada（Canadians for 21st Century Learning & Innovation）组织也参与了加拿大核心技能框架的设计，并于 2012 年推出一个完整的 21 世纪素养框架。此外，在推进落实核心素养时，加拿大还积极寻求家长和社区参与到这一过程中，因为社区参与能够给学生的校内和校外学习提供真实学习的机会，以便能够在真实的环境中习得和巩固核心素养。（C21 Canada，2012）

此外，许多博物馆、科技馆、科研单位、基金会等也在面向 21 世纪素养的教育实践中发挥着越来越重要的作用。例如，美国匹兹堡儿童博物馆与卡内基梅隆大学娱乐技术中心（ETC）、匹兹堡大学校外环境学习中心（UPCLOSE）合作，在博物馆中创建了约 167 平方米的"创作工坊"（MakeShop）空间，提供了有利于孩子和家庭的丰富的非正式学习环境，以确保孩子们能用"真材实料"，如材料、工具、工序及理念，参与到真实的制作过程中。这一创作工坊为儿童提供想象、发展及设计创作体验，同时通过家庭参与模式加强家庭成员间的关系，从而最终培养和发展儿童的多方面素养。（转引自卡普拉罗、摩根，2016）

在引导社会资源积极参与核心教育实践的过程中，须特别注重引导社会力量对教师的支持。在教师培养中，除教育部门主持的教师培训项目外，还可通过引导社会力量服务于教师专业化发展。比如，高新技术企业在教师培训中发挥着越来越重要的作用。英特尔教育项目（Intel Teach

Program）是信息技术教育领域颇具规模和影响力的项目，旨在帮助全球K-12教师将技术有效地整合到教学中并开展以学生为中心的教学，促进学生学习以及培养他们在数字时代获得成功的重要技能。已有来自70个国家的1500万名教师参与这一项目的学习（Intel, 2015）。再如，伴随着互联网技术的发展，教师也会有越来越多的机会接触与核心素养教育相关的教师教育类课程资源，如基于大型开放式网络课程（Massive Open Online Courses，缩写为MOOC）的Coursera（https://www.coursera.org/learn/atc21s）平台，就提供了墨尔本大学的一门"面向21世纪技能的评估与教学"（Assessment and Teaching of 21st Century Skills）教师教育类课程。

（刘晟单位系北京师范大学生命科学学院、北京师范大学中国教育创新研究院；魏锐单位系北京师范大学化学学院、北京师范大学中国教育创新研究院；周平艳单位系北京师范大学中国基础教育质量监测协同创新中心；师曼单位系北京师范大学外国语言文学学院、北京师范大学中国教育创新研究院；刘坚单位系北京师范大学中国基础教育质量监测协同创新中心、北京师范大学中国教育创新研究院。刘坚为本文通讯作者）

（文章原刊于《人民教育》2016年第20期）

新加坡 21 世纪素养教育的学校实践

师　曼　周平艳　陈有义　刘　晟　魏　锐　刘　坚

为应对知识经济、全球化、人口变化与技术进步带来的挑战，新加坡政府于 1997 年提出了建设"思考型学校与学习型民族"的愿景，并提出了"四个理想的教育成果"目标。据此，新加坡教育部于 2010 年提出了"21世纪素养框架"（见图 1）。该框架由内到外共包含三层，核心价值处于框架图的中心，包括尊重、诚信、关爱、抗逆、和谐、负责，是素养框架中的核心与决定性因素；第二层是社交及情商能力，包括自我意识、自我管理、自我决策、社会意识和人际关系管理等，是个体认识与管理自己的情绪、关爱他人、承担责任、建立积极的人际关系以及有效处理挑战的必备能力；第三层是 21 世纪素养，包括公民素养、全球意识、跨文化素养，批判性与创新性思维以及交流、合作与信息素养。其中，公民素养、全球意识、跨文化素养包括：积极的社区生活、国家与文化认同、全球意识、社会文化敏感与意识；批判性与创新性思维包括：合理的推理与决策、反思性思维、好奇心与创造力、应对复杂与模糊问题的能力；交流、合作与信息素养包括：开放的心态、信息处理能力、负责任使用信息、有效交流。

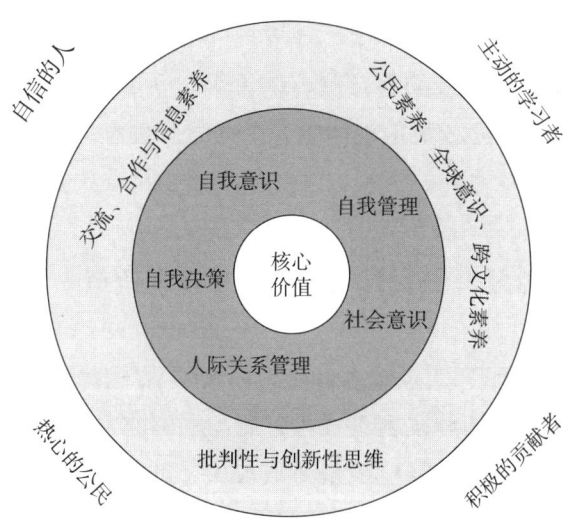

图1 新加坡21世纪素养与学生学习成果框架

新加坡21世纪素养框架的特色是以核心价值观为核心，同时将"四个理想的教育成果"与语言、数学、科学、人文、体育、艺术与音乐、品格与公民教育（CCE）、课外辅助课程（CCAs）、校本项目等课程连接起来，为上层教育目标在各类课程实践中的落实搭建了桥梁（见图2）。

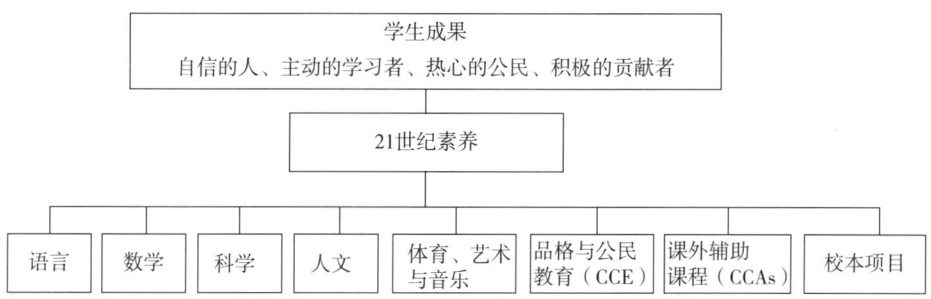

图2 新加坡21世纪素养教育的落实

资料来源：MOE Singapore.(2015). Singapore's Curriculum Reform for Developing 21st Century Competencies. 18th OECD/Japan Seminar.

随着对21世纪核心素养研究的不断深入，各国纷纷开展21世纪素养教育的实践。这些实践呈现出一些共同点，如：将21世纪核心素养融入各类课程、选取基于真实生活情境的跨学科内容主题、开发相应课程资源、以学生为中心、促进学生主动学习、设计并开展基于问题或基于项目的学习、强调形成性评价并推动教育测评改革等。新加坡也不例外。同时，由于秉承"以学生为中心，价值观为核心"的教育理念，新加坡的 21 世纪素养教育又呈现出独特之处。

价值观教育引领品格与公民教育（CCE）课程改革

新加坡政府颁布的 21 世纪素养框架以价值观为核心，这是由于新加坡文化、民族、宗教信仰和语言多样性，容易引起种族间的文化认同危机及冲突。于是，新加坡政府将"我是新加坡人"的民族精神和国家意识作为核心价值观教育的首要目标，以实现新加坡的多样统一。

在这种教育价值取向的引领下，新加坡启动了新一轮教育课程改革，此次改革以品格与公民教育（Character and Citizen Education，简称 CCE）课程为代表。该课程改革的推进主要包含三个方面[①]：第一，重构课程内容。根据 21 世纪核心素养确定品德与公民教育课程的核心观念，使课程的核心观念与核心价值观意义对应。例如，根据 21 世纪核心素养体系，确定品格与公民教育课程的三大核心观念，即身份认同、关系和选择，这三个观念分别对应新加坡核心价值观的某一个或某几个成分。第二，实施"德育在行动计划"。（1）优化品格与公民教育课程结构，配套设置各年级教师辅导课程、校本课程及单元课程，各类课程之间以价值观为基础协调建设。（2）课程资源多元化，更新教师所用的教学资源、教材和其他材料，保持课程资源的时效性，让家庭、社群参与到学校的品德与公民教育中。（3）重视关键问题在教学中的引导作用，积极的讨论也有利于培养学生主动思考的习惯，通过对生活实践的反思，最终形成不同生活经历所需的价值观、态度等。（4）以学生为中心的教学策略，强调学生理解学习的原因，重视学生在现实情境中应用所学知识，强化教师的课程设计和辅导技能，培

---

① 左璜、陈甜甜、郑海燕：《核心价值观引领的新加坡品德课程改革最新进展及其启示》，《中小学德育》，2016 年第 7 期。

养学生的自我学习能力，强调教师少教一些，学生多学一些。第三，课程评估多元化。品格与公民教育的评估方式包括学生自我评估、同伴评估和教师评估。学生自我评估以提高学生的自我反思能力和独立自主的意识为目的；同伴评估让学生学会给予他人反馈，学会考虑他人感受；教师评估多以集体合作与讨论方式进行，为学生提供更全面的反馈。此外，新加坡还于2012年调整"教育储蓄奖学金"制度，加大对那些以实际行动展示优良价值观、品格和社会责任感的学生的奖励力度，同时加大对学生非学术领域成就的奖励力度，如领导能力、课外辅助课程中取得的成就、参与学校和社区服务取得的成就等，如在学校增设品德奖（Edusave Character Award），以奖励具有责任感、诚信和韧性等良好品行的学生；将教育储蓄"成就、良好领导和服务奖"奖励人数增加一倍，提高奖金额度等。[①]

2014年，中小学引入新的品格与公民教育课程，强调与现实结合，并增加具体操作案例，重视融入学生的日常生活经验。新加坡的一些学校采用多种教学策略，如讲故事、角色扮演、从实践经验中学习、课堂讨论和真实情境问题解决等对学生进行价值观教育。有的学校与星巴克合作，让学生用使用过的咖啡豆作为肥料在花园种植农作物，帮助他们了解农民的辛勤劳动，进行社会情感能力教育。有的学校开展"体验残疾人生活"的活动，培养学生的同情心并鼓励他们采取行动帮助残疾人。新加坡教育部认为，体育、艺术、音乐等课程可以增强学生体格，增加他们的创造力和表达能力，塑造他们的个人文化修养，增强国家认同感。因此，教育部增加了中小学生体育课程实践，通过健身、增加知识与技能、改变态度等方式，促使学生追求积极、健康的生活方式。有的学校开设了户外教育课程，学生通过团队建设、攀岩等活动树立了自信心和自律精神。还有的学校开发了在线网络，与家长委员会合作开展体育活动，增加家长参与，增强亲

---

① Heng, S. K. (2012). Student-centric, Values-driven Education: Nurturing an Inclusive and Stronger Singapore. MOE FY 2012 Committee of Supply Debate 1st Reply by Minister for Education Mr Heng Swee Keat. Retrieved from: http://www.straitstimes.com/sites/straitstimes.com/files/mar8-HengSweeKeat.pdf.

子关系。①

基于问题和项目的学习方式变革

新加坡教育部提出将 21 世纪素养全面融入国家课程，要求在各类课程中显性地教授这些素养，强调为学生的学习创设有意义的情境，形象化再现问题，强调培养学生主动学习和探究的能力等，强调发展学生的"思维能力"。例如，修订后的课程大纲与教材融合了"思维能力"，并引入项目式学习。通过课堂学习，学生将学会如何学习，掌握元认知和思考的技巧，学会在团队中共同协作，探索与创造新的知识，应对模糊的环境以及无法预测的问题，实现创新。数学课程尤其关注问题解决的教与学，引导学生在现实情境中运用数学模型与数学思维模式；人文学科课程则加强培养学生的探究思维，要求学生提供证据，论证自己的观点。②

基于问题的学习方式在新加坡得到推广。新加坡博文中学的教师通过基于问题的学习与教学方法讲授环境问题，如全球变暖、能源消耗与环境污染。教师让学生辨别事实，构建可能的想法，识别可能的学习问题和行为计划以便解决问题，学生通过非同步的在线学习入口向同学呈现自己的观点并相互讨论。该方法强调批判性思维与探索过程的重要性，教师鼓励学生提出问题，提供可能的解释，并反思问题和概念。

在低年级，以问题解决为基础的教学以跨学科的方式进行，英语、数学、科学、社会学习、母语学习、ICT、国民教育、服务学习等课程被整合为一个整体。跨学科教学需要将教师重新分组，来自不同但相关学科的教师，共同负责规划并实施课程。学校需要制定新的时间表，以实现课程、课堂教学和学习实践的创新；学校为教师提供合理的时间保障，让他们准备教学主题。同时，课堂教学的创新还需要重新配置教室内的物理布局和

---

① 程晴晴、滕志妍：《新加坡新品格与公民教育述评》，《外国教育研究》，2014 年第 4 期。
② Ridzuan, A. R. (2013). Pedagogy for Thinking and Creativity: The Singapore Context. Presentation at OECD-CCE-MOE "Educating for Innovation" Workshop. Retrieved from : https://www.oecd.org/edu/ceri/04%20Ridzuan_Singapore.pdf.

空间使用，教室内可移动的座椅、家具，能够灵活实现教师的班级教学、小组讨论或者辅导个别学生等需求。例如，将教师的讲桌从具有主导位置的讲台移开，更能体现以学生为中心的学习方式；配置计算机的可移动课桌，更方便小组或个体学生在网络中学习。上述类型的教室配置，在新加坡主要用于学生数学和科学的教学与学习。[①]

21世纪素养最适宜与课外辅助课程（CCA）相融合

新加坡的课外辅助课程（Co-Curricular Activities，简称 CCA）于 1998 年开始实施，并于 2000 年得以系统、可量化以及可操作地纳入中学教育，成为其重要组成部分。该课程由四大部分组成：体育活动、制服团体（童子军类社团）、表演艺术团体与协会和社团等。课外辅助课程被纳入初级学院（高中）及理工学院升学的"入学扣分优待"政策，那些表现良好的学生，在进入初级学院和理工学院时，可获得 1 至 2 分或最多 4 分的入学扣分优待。课外辅助课程分成"核心"与"任选"两大类别，只有属于"核心"的项目得分才可换算成"入学扣分优待"，学生可以凭兴趣参加"任选"项目。学生在中学 4 年只需要从 60 个核心项目中任选一个参加即可，校方不可强制学生选择某个特定的项目。项目分数将在第四或第五年结束时计算，主要评估学生的领导才能、素质提升、活动参与和服务等方面。

21世纪素养框架提出后，新加坡教育部更加重视 CCA，将其视为学校学习经验的核心组成部分。显而易见，CCA 的理念为发展 21 世纪素养提供了重要引领。

21世纪素养最适宜与 CCA 相融合，因为它为学习的发生提供了真实平台；有意义、有趣味，可以帮助学生发现终身的兴趣爱好，为不同背景、不同民族的学生提供体验式学习机会；还可以发展学生的硬技能、软技能

[①] Dimmock, C., & Goh, J. W. P. (2011). Transformative Pedagogy, Leadership and School Organisation for the Twenty-first-century Knowledge-based Economy: The Case of Singapore. *School Leadership & Management*, 31(3), 215.

与价值观，培养学生的品格，发展他们的领导力。为了将 21 世纪素养与 CCA 相融合，首先要创造学生喜爱的文化，例如回应以奖励为导向的社会文化，在 CCA 中创设反思文化，鼓励个人的优秀表现。其次，明确学校领导者、教师与其他利益相关者的角色——领导者负责构建 CCA 的共同理念，为每一门课程提供支持，并且为教师提供必要培训；教师则应在课程中对学生进行价值观教育，引领文化创设，确定每一门 CCA 的培养目标；同时，教育服务部门应与学校通力合作，探索融合 21 世纪素养的途径，在项目层面与学校合作，为学校提供更多的 CCA 活动案例等。

以初中阶段的表演艺术团体（舞蹈）课程为例。该课程目标设置为：采用以前课堂学过的创造性舞蹈动作或其他舞蹈形式，创作一个舞蹈，以描绘一个环境问题。具体活动包括：教师用视频、图片或报纸等展示一个环境问题；学生探讨这一问题；学生选择舞蹈主题；学生编排舞蹈动作以及舞蹈表演的结构；学生展示自己的舞蹈并评价他人的舞蹈。该课程很好地融合了 21 世纪素养：教师引导学生关注环境问题，体现了对学生全球意识的培养；学生采用创造性的舞蹈动作描绘环境问题，并对他人的舞蹈进行评价，则可以发展学生的批判性与创新性思维。[1]

尝试用跨学科项目学习（PW）方式测评素养

如何测评 21 世纪素养，是许多国家实施素养教育面临的挑战。

除了在各科目教学中大力推广形成性评价，新加坡还尝试采用跨学科项目学习（Project Work，简称 PW）评价学生的思维、交流与合作以及学习能力等素养。该项目旨在为学生提供整合不同领域知识的机会，并在真实情境中批判性、创造性地运用这些知识，让他们能够获得合作、交流以及独立思考的能力，为终身学习与应对未来作好准备。项目学习以基于问

---

[1] Chong-Mok, W. Y. (2010). Teaching and Learning of 21st Century Competencies in Schools. Retrieved from: https://www.nie.edu.sg/docs/default-source/te21_docs/epd-presentation-@-te21-summit_(final).pdf?sfvrsn=2.

题的学习与创造性解决问题为途径，涉及知识运用、合作、交流与独立学习等领域。实施项目学习的中小学享有设定项目任务的自由。

在新加坡，所有学生在大学入学前均须完成一个小组项目。各个科目可以使用表现任务培养并评价学生的批判性与创造性思维能力。学生在项目学习中取得的成绩将成为国内高校录取的标准。项目学习的具体做法为：教师将学生随机分组，学生自由选择项目学习话题，并围绕话题进行为期数周的准备，最终完成一份书面报告、一个口头展示以及一份小组项目档案。书面报告与口头展示旨在评价学生对核心学术内容的应用以及交流、合作与学习能力等21世纪素养；小组项目档案旨在评价学生的学习能力，反映学生进步的轨迹以及他们面临的挑战和取得的成功。由于项目学习还处于实施的初级阶段，因此尚无相关测评的技术信息。然而，新加坡教育部严格控制项目学习的测评要求、条件、标准与评分过程，并确保评价者之间的一致性。新加坡教育部还组织教师参加评价标准及有效评分的培训。此外，在项目学习中，教师采用形成性评价方法发现学生的学习困难，给予指导，然而教师并不能直接代替学生完成项目任务，以此促进学生自主学习能力的发展。[①]

此外，新加坡还积极推动国家级考试系统改革，以加强对学生思维能力的测评。这包括将不同层次的思维能力与不同科目的教学大纲相融合，增强对高中结业考试（O-level）与高校入学考试（A-level）的监控，采用多样化题型（即多项选择、结构化试题、开放式问题、基于资料的试题、文本问题、作业、口语及听力），以便更好地测评学生的思维能力。例如，在人文科目考试中增加基于资料的问题以及结构化论文试题；科学科目考试以测评学生理解性运用知识的能力、运用信息解决问题的能力以及实验技能与观察能力等。同时，科学科目考试还采用校本科学实践测试，以评价学生实验操作、观察、分析与计划的能力。

---

① Soland, J., Hamilton, L. S., Stecher, B.M. (2014). Measuring 21st Century Competencies: Guidance for Educators. A Global Cities Education Network Report. Retrieved from: http://asiasociety.org/files/gcen-measuring21cskills.pdf.

为教师教授 21 世纪素养提供必要支持

教师是 21 世纪素养教育的重要资源与直接实施者，要加强培养 21 世纪素养，必须提高教师教授 21 世纪素养的能力。

2012 年，新加坡教育部研发了教师成长模型（The Teacher Growth Model，简写为 TGM）（见图 3），并与 21 世纪素养框架对接，提出 21 世纪新加坡的教师应具备五种素养，即高度的职业道德感、综合能力出色的专业人才、善于合作的学习者、变革引领者以及社区建设者。教师成长模型是鼓励教师终身学习，促进他们专业成长与个人幸福的专业发展模型。应用这一模型，教师可以根据自己的专业需要与兴趣，灵活自主地规划学习，获得与发展学生 21 世纪素养直接相关的知识与技能。该模型为教师学习提供多种模式，包括基于信息技术的面对面学习课程、学术会议、教学指导与基于研究的教学实践、网络学习、反思实践以及体验式学习。教师可自由选择不同的学习模式与平台。

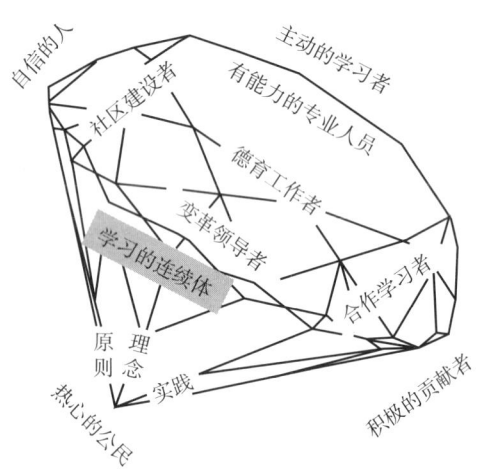

图 3　教师成长模型（TGM）

资料来源：编译自 MOE Singapore. (2012). The Fact Sheet of Teacher Growth Model.

为促进对 21 世纪素养的培养，新加坡教育部提高了教师专业标准。

2011年成立的新加坡教师学院，建立了300多个学习中心，让教师的校内学习以及跨校相互学习成为可能，同时鼓励教师与家长相互学习。教育部进一步将自治权"下放"给教师，以提高教师的反思能力和自我掌控能力，从而获得更优质的学习效果，亦可为学生树立"自主型学习者"的典范形象。许多学校为教师建设以同侪指导和互助式学习为基础的校内社区（school-embedded teacher learning communities，简称TLCs）。有研究表明，相较于以往的1～2天的短期工作坊，这种校内学习社区是发展教师形成性评价能力的最优机制。它可以缩短一般教师与经验丰富的教师之间的距离，便于交流；可以让教师持续就实施形成性评价过程中发生的状况等进行研讨；最终形成学习、实践、反思与修正的日常机制等。

21世纪学习设计（21st Century Learning Design，简称21CLD）是提高教师教授21世纪素养能力的另一种有效尝试，为教师提供了必要的教学方法支持。它从合作、真实世界问题解决与创新、知识建构、使用信息交流技术学习、有技巧的沟通以及自我管理六个方面，为教师提供与每个素养相关的评价准则、定义与示例。

新加坡的新月女子学校早在2007年就开始了针对21世纪素养培养的理论与实践探索。2011年，该校在全校范围内开展了这一项目，以便在学习活动设计中融入素养教育。在为期3天的工作坊中，全校各年级、各科目教师通力合作，探索活动设计中有关21世纪素养的问题，包括:（1）合作方面：学生是否被要求与他人分担责任并作出实质性决策？他们的工作是否独立？（2）知识建构方面：学生是否被要求建构与运用知识？这些知识是否为跨学科知识？（3）真实世界问题解决与创新：学习活动是否要求学生解决真实世界的实际问题？学生的解决方案能否在现实中实施？（4）使用信息交流技术学习：学生是否是信息交流技术的被动消费者？他们是拥有真实观众的信息交流技术产品的主动使用者还是设计者？在21世纪学习设计项目中，教师须经过四个阶段的探索，即学习大概念（每个维度的主要建构）、运用评价准则评判不同质量的课堂教学、增加活动中学生的学习机会以及考虑教学策略的选择。

落实 21 世纪素养的其他教育计划

新加坡除了在课程、评价、教师发展等方面落实 21 世纪素养教育外，还推出了许多指向 21 世纪素养的教育计划。2015 年 10 月，新加坡政府正式启动"创新学习 2020"计划，目的是推动学习方式的变革。在连续 3 年内，"创新学习 2020"计划的总预算约为 2700 万美元。该计划将提高个人创新学习能力，同时鼓励成人教育和培训机构改善继续教育与培训领域的设计、开发和运行。这将改变当前传统课堂环境下的培训形式，以课外和工作场所为主的自主在线学习或混合式学习将成为主流。新加坡劳动发展局表示，到 2020 年，所有劳动力技能资格培训机构将通过混合式学习提供至少 75% 的认证资格。新加坡国会希望开发一种新的继续教育与培训领域的生态系统。"创新学习 2020"计划将从人、思维、协作、技术、智慧五个方面入手创建新的生态系统，通过学习创新和技术来促进继续教育与培训行业的转变。

为应对全球竞争和知识经济的挑战，新加坡教育部通过制定综合规划项目（Integrated Programme）促进个体 21 世纪核心素养的发展。实行综合规划项目的学校成为 IP 学校，这类学校根据项目需要重新定义现有的教育结构，重新设计教与学过程，重新塑造班级氛围。IP 旨在实现从教育的有效性向教育的多样性转变，从掌握内容到学习技能的转变，实现从获得知识到学会思考的转变，使学生成为领导者、创新者和未来的合格公民。IP 学校的课程革新涉及九个不同的维度：平台、目标、学生入学行为、评估工具和程序、教材、学习者的经验、教学策略、教学内容和时间。圣淘沙岛学校是新加坡一所较好的中学，多年来，该校的教学过程和教学成果都非常优秀。该校注重学生的全面发展，除学业成就外，还重视学生的人格成长和领导力的提高。圣淘沙岛学校认为，学生的培养应该根据他们的能力和热情区别对待，他们只在优秀的学生中开展综合项目，根据时间分为两类：一类是 6 年制项目，另一类是 4 年制项目。IP 课程分为三个水平：水平一为基础模块，水平二为兴趣驱动模块，水平三为独立的学习模块；6

年制项目包括所有三个水平，4 年制项目包括第一个水平，6 年制项目对学生的能力提高效果更为明显。[1]

从以上实践可以看出，新加坡政府正在有步骤地层层落实与推进 21 世纪素养教育。新加坡的学生在 2009 年与 2012 年的 PISA 测试中表现优异，尤其是在 2012 年的创造性问题解决方面获得最高分数。这表明，新加坡的 21 世纪素养教育实施卓有成效，新加坡政府提出的在 21 世纪素养中重点培养学生的"思维能力"这一主张取得了成功。

然而，与其他国家一样，新加坡的素养教育也面临一些挑战。例如，有学者指出，一些学校仍然过度强调学生的学业成绩而非全面发展；新加坡的 PISA 高分仍建立在传统的教学模式和关注基础学科知识内容之上；针对某些素养的测评工具仍有待开发；通过提升教师素养发展学生 21 世纪素养的有效方法也有待探索；等等。尽管如此，新加坡 21 世纪素养教育的实践经验仍然值得我们借鉴。

[本项目获得 2015 年度北京师范大学青年教师基金项目（310422102）资助。师曼单位系北京师范大学外国语言文学学院、北京师范大学中国教育创新研究院；周平艳单位系北京师范大学中国基础教育质量监测协同创新中心；陈有义单位系北京师范大学中国教育创新研究院；刘晟单位系北京师范大学生命科学学院、北京师范大学中国教育创新研究院；魏锐单位系北京师范大学化学学院、北京师范大学中国教育创新研究院；刘坚单位系北京师范大学中国基础教育质量监测协同创新中心、北京师范大学中国教育创新研究院。魏锐为本文通讯作者]

（文章原刊于《人民教育》2016 年第 20 期）

---

[1] Koh, E., Ponnusamy, L. D., Tan, L. S., Lee, S.-s., & Ramos, M. E. (2014). A Singapore Case Study of Curriculum Innovation in the Twenty-First Century: Demands, Tensions and Deliberations. *The Asia-Pacific Education Researcher*, 23(4), 851-860. doi: http://dx.doi.org/10.1007/s40299-014-0216-z.

核心素养落地的国际视角

杨德军　余发碧　王禹苏　郭玉婷　李　静

核心素养是关于"培养什么样的人"的探讨，是教育目标的具体化。[①]明确的核心素养体系将会对整个教育起着引领和指导的作用，既规定教育的结果，又直接影响着教育的实施路径，而核心素养作为教育目标的具体化，如何落实关系到核心素养最终的产出效果。为此，国际上已有的成果和措施可以作为我们的重要参考。

核心素养提出后，如何落实成为所有国家和地区一直在探索的重要问题。我们从落实范围、落实层面及课程教学改革等方面进行分析。

核心素养的落实是社会的事还是教育的事？

虽然大家公认核心素养的培养不应只在学校，还应包括家庭、社会，然而大多数国家和地区只在教育领域落实。

但也有例外。如美国 21 世纪核心素养是由 P21 组织研制，该联盟是美国国家教育部联合美国在线时代华纳基金会、苹果、思科、戴尔、微软等大型企业公司以及国家教育协会组成，统整了教育界、商界、政界等多方

[①] 辛涛、姜宇、王烨辉：《基于学生核心素养的课程体系建构》，《北京师范大学学报（社会科学版）》，2014 年第 1 期。

面的资源。在落实核心素养时，也沿着企业、普通民众、学校教育三条路径同时进行。在企业，主要通过更新企业的人才遴选标准以及人力资源管理目标，推进 21 世纪核心素养的社会性应用。对于普通民众，主要是通过广播、杂志、视频等多种方式宣传 21 世纪核心素养，更新普通民众的人才观，从而为学校教育推进 21 世纪核心素养提供良好的社会环境。

当然，无论是哪个国家或地区，核心素养在学校教育中的落实都是最为重要的方面。在学校教育中，不同国家或地区落实的学段、学科范围也有一定的差异，可以将其分为三种[①]：（1）绝大部分国家或地区的落实范围是从小学到中学的整个教育系统，包括欧盟的大部分成员国，以及美国、日本、新加坡和我国的台湾地区等。（2）只在基础教育阶段或特定的通识课程中落实，包括法国、比利时（FR）、卢森堡。（3）只在特定阶段落实，如小学和低中年级中学或小学和高年级中学，包括英国、德国、爱尔兰、荷兰、葡萄牙、西班牙等。目前，还没有将核心素养较好地落实到从学前到高等教育整个教育体系的国家或地区。

从教育目标到教育质量评估等均有涉及

各国、各地区在研制出核心素养后，普遍对核心素养的落实极为重视，上至教育法，下至实际的课堂教学，评价均有涉及。

调整宏观教育目标以匹配核心素养。通过在国家层面调整教育目标以匹配核心素养的内容，从而引导教育各个环节均以核心素养为目标开展。

将核心素养与课程相融合。将核心素养融入国家课程标准、课程领域是各国或各地区普遍采用的方式，也是重点落实的层面。由于核心素养的综合性、跨领域性，各国、各地区在落实时普遍采用"跨学科"方式进行，也有的选择通过特定学科、单独学科或一组学科落实等。

比如，新加坡的"21 世纪核心素养"是在课程改革之后提出来的，为

[①] Hilary Grayson.（2014）. KeyCoNet's 2014 review of the literature: A Summary. from http: // keyconet.eun.org.

了将核心素养融入已有的课程体系，新加坡主要采取了以下策略。①

（1）开展具有综合实践活动性质的专题学习和跨课程活动。专题学习旨在为学生提供将各个领域获得的知识进行综合应用的机会，批判性、创造性地将知识运用于真实生活情境中。该项目可以帮助学生巩固知识，也可以帮助他们获得合作、交流、独立学习的技能。通过俱乐部和社团、体育运动、正式团体、视觉和表演艺术团体等形成，学生会与不同背景的同伴一起学习、玩耍、成长，这也会增进他们的友谊，促进社会融合，加深学生的归属感以及对学校、团体和国家的责任感。

（2）增设新的教学模块——社会情绪学习。社会情绪学习（Social and Emotional Learning，简称 SEL）指获得识别和管理情绪、关爱、作出负责任的决定、建立积极的关系、有效处理具有挑战性情境的能力，简单来讲就是管理自己、与他人积极联系和作出负责任决定的能力。SEL 在"品质及公民教育"课程中开展，与核心价值观一起构成新加坡 21 世纪素养的重要内容。

（3）课程整合——全人健康纲要。全人健康纲要（Holistic Health Framework，简称 HHF）可以帮助学校整合培养学生健康（包括身体、心理和社会适应等全方面的良好状态）的关键领域、方案和过程。学校通过提供相关、综合的正式和非正式课程，实现全人健康纲要。

与新加坡的模式不同，美国的核心素养先于课程改革，并对其产生了指导作用。早在 2002 年，美国就制定了《21 世纪技能框架》。2010 年，美国才颁布首部全国统一的课程标准——《共同核心州立标准》，以规定学生学业能力为主要内容，保证学生核心素养的形成。② 它不是以学科内容为导向的课程标准。

基于核心素养的教育质量评估。核心素养研究起源于 OECD 的 DeSeCo 项目，该项目主要针对教育产出的相关学生素养一直没有统一的认

---

① 新加坡教育部：21st Century Competencies 9, 2015, http://www.moe.gov.sg/education/21cc/。
② 辛涛、姜宇、王烨辉：《基于学生核心素养的课程体系建构》，《北京师范大学学报（社会科学版）》，2014 年第 1 期。

识这一问题而产生。随后，PISA 测试又使得核心素养这一概念及 DeSeCo 项目研究成果得以推广。而基于核心素养进行教育质量评估，必然会将核心素养研究推进到可操作层面，通过教育质量评估推动核心素养的落实几乎是每个国家或地区所采用的方式。

促进教师专业发展。教师是教育教学的实际实践者，为了确保核心素养教育真正落实到学生身上，必须保证教师能够理解核心素养，知道如何在实际的教育教学中落实核心素养。因此，基于核心素养的教师专业发展是核心素养落实的基本保障。

转变课堂教学评价方式。如美国、日本、欧盟部分国家都为教师提供了相关的课堂教学评价工具，用以评价学生或教师在课堂的核心素养获得或实施的情况。另外，美国还专门设立了"21 世纪学习典范项目"，通过搭建平台，将学校或地区渗透核心素养的教育教学的有效做法和经验在更大范围进行分享交流。

总结新加坡和美国在课程教学中落实核心素养的方式可以发现，在课程改革前以核心素养指导课程教学的一系列改革，能够保证核心素养落实的系统性、全面性。然而，这种方式的不足在于，作为一个较新的概念，人们对核心素养的接受和理解本就需要一定的时间，当教育系统内所有环节都围绕这个新概念而产生变革时，容易导致各环节出现手足无措甚至混乱的局面，因此非常需要提供专业工具及成功案例等给予支持。核心素养在课程改革之后并与之融通的方式，在落实的系统性、全面性上不如前种方式，而且各个环节已经相对成型，核心素养的融入也会遇到较多阻碍。然而，这是一个循序渐进的过程，人们会更容易接受，也更能保证工作的稳定性。

我国核心素养落实的路径及北京的初步探索

总结各国和各地区对核心素养的落实，根据我国实际，我们认为从核心素养落实的领域而言，核心素养的形成和发展是终身性的，不应只在基础教育阶段落实，必须落实到学生的整个成长阶段，在教育系统内须涵盖从学前教育到高等教育的所有阶段。另外，核心素养的情境性决定了核心素养的形成和发展不局限于学校教育，更应拓展到家庭和社会。

而课程不仅仅表现为课程标准，近年来关于课程的讨论已经慢慢打破了之前的禁锢，课程不再被简单地认定为教育周期里的学习计划和学习方案，有人认为课程是一种学习进程的总和，它以社会在"内容"上的对话为开始，最终又在学习成果和执行成果中得以体现。[①] 因此，在教育系统内，应系统、多层次落实核心素养，包括教育目标或法案、课程、教学、教育质量评价、基础设施建设等。

如何在课改现状中以核心素养体系为基础，真正推动学科中心向学生中心转变、学科育人向课程整体育人转变？基于以上思考，北京市提出了一些探索思路。

1. 在核心素养的整体框架下重构学科核心素养，整体推进课程改革。

学科素养需要在核心素养的整体框架下重新构建。首先，突出育人目标的达成，各学科均要以核心素养为具体目标，体现其核心性、普遍性、融合性和发展性，变追求知识体系完整的学科取向为以培育学生核心素养为目标的素养取向；其次，处理好学科素养与核心素养的关系，学科素养既要关注核心素养框架下的学科特长，重点梳理、建立本学科对核心素养具有"特别支撑"的学科主要素养，同时还要关注本学科支持核心素养培养的学科辅助素养。

例如，物理、化学学科对学生科学素养培养的"特别支撑"，但物理学科还要关注阅读、人文、合作等素养的培养，支持学科联系和学科外联系，形成横向联合、纵向衔接的学科素养层次结构。

2. 加强基于核心素养的区域、学校课程顶层设计与结构创新。

我们要进一步扩大学校课程建设自主权，着力推动国家、地方、校本三级课程整体优化和协调发展。学校课程的整体设计应以课程结构创新为突破口，优化课程结构，协调课程门类，提升课程品质，增强课程适应性，以综合实践活动为支撑点，推动学科、课程整合和校内外教育一体化。

---

① International Bureau of Education.（2015）. The Curriculum in Debates and in Educational Reforms to 2030. https://en.unesco.org/themes/education-21st-century.

在改革目标上，逐步实现课改边界的超越，努力实现由知识指向向核心素养指向的转变，关注学生生命的质量，关注育人文化、课程文化的建设。在构建路径上，逐步实现课程边界的超越，更加关注课程整体化学习，关注"创造与个性"式课程。

在教与学的方式上，逐步实现课堂边界的超越。结合线上线下教育，努力实现课堂的静态固定时空向动态生成时空转变，尝试走组、走班等教学形式，强化家校协同，突出课程的选择性、多元性和丰富性。在资源供给上，逐步实现资源边界的超越。树立教育服务资源观，丰富资源类型，扩大优质资源覆盖面，并结合实际，构建教育资源供给的统一战线，努力将校内外丰富的教育资源整合融入学生的学习生活。在评价体系上，逐步实现考试评价边界的超越。关注考试与课改的一体化，明确以考试招生评价制度改革服务课改。考试要关注学生的全面发展，建立学考一致的系统机制。

3. 提供多方面具体的工具支持。

核心素养的具体落实，会涉及地方教育决策者、政策制定者、实际教育实践者、教育评价者等，而他们并不一定完全理解核心素养，最终可能使核心素养的落实成为口号，或者简单地从学科出发，只关注学科素养，最终仍然以学科为中心。错误理解将导致错误落实。为此，一方面，可以从国家层面提供专业的、科学有效的核心素养落实工具，从地方到学校再到具体的课堂；另一方面，可以设立核心素养落实交流平台，收集学校中优秀的核心素养案例，供全国的学校、教师参考使用。

（作者单位系北京教育科学研究院基础教育课程教材发展研究中心）

（文章原刊于《人民教育》2017 年第 3-4 期 ）

图书在版编目（CIP）数据

《人民教育》精品文丛 / 余慧娟主编 . —上海：华东师范大学出版社，2019
（大夏书系）

ISBN 978 - 7 - 5675 - 9737 - 2

Ⅰ.①人 ...　Ⅱ.①余 ...　Ⅲ.①基础教育—中国—文集　Ⅳ.① G639.2-53

中国版本图书馆 CIP 数据核字（2019）第 206314 号

大夏书系 ·《人民教育》精品文丛

《人民教育》精品文丛

总 主 编	余慧娟
副总主编	赖配根
策划编辑	李永梅　程晓云
封面设计	奇文云海·设计顾问

出版发行	华东师范大学出版社
社　　址	上海市中山北路 3663 号　邮编　200062
网　　址	www.ecnupress.com.cn
电　　话	021 - 60821666　行政传真　021 - 62572105
客服电话	021 - 62865537
邮购电话	021 - 62869887　地址　上海市中山北路 3663 号华东师范大学校内先锋路口
网　　店	http：//hdsdcbs.tmall.com

印 刷 者	北京密兴印刷有限公司
开　　本	700×1000　16 开
印　　张	122
字　　数	1 600 千字
版　　次	2020 年 9 月第一版
印　　次	2020 年 9 月第一次
印　　数	1 000
书　　号	ISBN 978 - 7 - 5675 - 9737 - 2
定　　价	397.00 元

出 版 人	王 焰

（如发现本版图书有印订质量问题，请寄回本社市场部调换或电话 021-62865537 联系）

还可以
怎样学习

丛书总主编　余慧娟

本册主编　邢星

大夏书系·《人民教育》精品文丛

华东师范大学出版社
全国百佳图书出版单位

人民教育

《人民教育》精品文丛编委会

第四辑　人在技术之上

总　序
办伟大的学校，做伟大的校长和教师

翟　博

《人民教育》编辑部应华东师范大学出版社之邀，出版这套丛书，可喜可贺。

创刊于 1950 年的《人民教育》杂志，积聚了深厚的历史财富、广博的教育资源、深远的影响力和良好的公信力，被读者亲切地誉为"中国基础教育第一刊"。近几年来，《人民教育》杂志围绕中心，服务大局，坚持"方向性引领、专业化服务"宗旨，着力引领读者深入探讨中国基础教育改革发展的一系列重大课题，并在理论和实践层面作出回应，获得读者高度认可。其中，既有对教育现代化、立德树人、教育公平、教育质量观等重大理论问题的思考，也有校长领导力提升、学校办学的新经验，还有教师发展的新思路，更有最前沿的学习方式的引介，上接天线，下接地气。从《人民教育》近几年发表的文章中，精选、分类结集成册，既充分发挥了文献的长远价值，便于读者系统阅读，也能够更好地扩大传播面。在当前转瞬即逝的刷屏式海量、碎片阅读背景下，高水平的专业文章更能够帮助读者聚焦关注点，提高阅读的获得感，提升专业水平。

具体而言，《人民教育》精品文丛具有如下特点。

第一，丛书立足于新时代中国基础教育的历史使命，对重大教育课题和重点难点问题给出了丰富且可资借鉴的回答，是引领、推动中国基础教育发展的珍贵文献。

党的十八大以来，以习近平同志为核心的党中央高瞻远瞩，提出了一系列重要的教育思想和教育论断，为新时代基础教育发展指明了方向。党的十八大报告首次提出，把立德树人作为教育的根本任务。习近平总书记多次强调，要全面贯彻落实党的教育方针，培养德、智、体、美、劳全面发展的社会主义建设者和接班人；要处理好德与才的关系，解决好德与才相统一的问题；要让学生做到明大德、守公德、严私德；要把立德树人的成效作为检验学校一切工作的根本标准。深刻领会立德树人的丰富内涵，认真探索立德树人的实践路径，深入研究立德树人的理论，是新时代给基础教育提出的重大课题。

在这一背景下，基础教育需要切实承担起一系列重大使命。要把社会主义核心价值观教育融入教育全过程，放在更加突出的位置加以落实，引领学生树立正确的历史观、民族观、国家观、文化观。要植根于中华优秀传统文化的土壤，培育文化自信和中国精神，把中华优秀传统文化融入课堂教学和学校教育全过程，在创造性转化、创新性发展中传承中国人的文化基因。要大力发展素质教育，树立德、智、体、美、劳全面发展的质量观。要重新思考、践行好学校、好校长、好老师的标准。坚持育人为本，转变教育思想观念，认真落实习近平总书记提出的"四有"好老师的要求，进一步提升校长和教师的专业素质。从单纯以学科考试分数为主要评价指标转到全面发展的理念上来；从关注少数尖子生的发展转到关注每一个孩子的发展上来；从过于强调统一步调转到更多关注个性发展上来。

《人民教育》精品文丛，正是站在基础教育改革发展的最前沿，围绕以上重大课题、重要使命，组织国内顶尖专家、优秀校长教师，提供前沿思想理念和脚踏实地的解决方案。《新时代学校使命》一书，由社评和《人民教育》核心议题的前言构成，高度凝练了对当前教育问题的思考，包括教育自信、教育质量观、核心价值观教育、美育、教育活力，等等。《身体教育学》一书，力图借助"身体教育学"这个最新概念，以整体的观念来推动全面发展。《核心素养的中国实践》一书，期待带动整个基础教育质量观的变化，以适应未来对人才和教育的要求。《名校的那些"秘密"》一书，以活生生的案例来展示学校社会主义核心价值观教育、培养文化自信、落实立德树人根本任务的管理、课程、空间设计等诸多实践路径。《还可以怎样学习》一书，聚焦近年来学生发展素养目标的变化，以全球视野介绍更广阔、更多样、更有效的学习方式。《"好校长"是怎样炼成的》一书，专注于校长的价值领导力、课程领导力、教师领导力和沟通领导力等核心要素的实践解读。《老师，你为什么不再进步了》一书，关注教师的成长与高原期突破。《朝向心灵伟大的教师》一书，汇集教育界、文化界及商界名人的成长故事和教育故事，力图为校长教师打开新的窗口，从社会的角度来看教育。

第二，丛书集中展现了中国教育实践经验与智慧，引导读者建立和提升教育自信。

中国教育质量迅速提升的一个重要秘密，就是中小学的每一堂课，都在努力体现国家战略、国家意志，国家顶层设计与一线微观实践高度融通呼应。

对美好生活的渴望，对美好教育的热烈追求，是中国教育成功的重要动力。纵观中国基础教育改革开放 40 年来的历程，对美好教育的追求，成为教育发展、教育工作者改革创造的重要驱动力。这套丛书中提炼的好学校、好校长、好教师的改革经验，无不是在回应广大人民群众对美好教育的殷切期盼。

与时代潮流合拍，创造高品质的教育，是教育改革的重要经验。近年来，中小学涌现了一大批好校长、好教师，就在于他们敏锐地抓住了时代发展的脉搏，大力提升自己的政治素养，养成法治思维，涵养博大的精神世界，从宏观上保障了教育教学改革的正确方向。同时，近年来中国基础教育改革的一个关键突破点，是从主要关注教学方式层面的改进转向学校整体层面的变革，体现了与新时代精神的密切呼应。

从这套丛书中还可以看到如国家认同教育、核心价值观教育、优秀传统文化教育、学校文化、课程构建与优化、选课走班制度等方面的具体操作经验。这些都是我们的中小学扎根中国大地实实在在干出来的智慧结晶，是中国基础教育之所以卓越的重要因素，也是我们教育自信的来源，值得学校校长、教师认真研读、借鉴。

第三，丛书呼吁教育工作者乘着新时代的东风，办伟大的学校，做伟大的校长和教师。

伟大的学校，不是仅仅为升学服务的学校，而是要为学生未来创造美好生活的学校。美好生活，不仅意味着谋生就业能力，也意味着正确的价值观，丰富的精神世界，厚重的家国情怀，强烈的社会责任感，健康的自我调节能力，和谐的人际交往能力。伟大的学校，也不仅仅是学生成长的乐园，还应该是教师的人生幸福所在。教师的幸福与学生的发展密切相关。只有当教师从心底里认同教师职业，才能真正参与到学生的成长之中，也才能获得自身职业价值的实现，收获作为教师的幸福。伟大的学校，善于激发教师的职业热情，帮助教师获得成就感。这也是《名校的那些"秘密"》等书揭示的秘密所在。

伟大的校长，其领导力不仅体现在过硬的政治素质、坚持正确的办学方向上，还体现为优良的道德品质，更要有教育的定力，"习惯于择高处立，寻平处坐，向宽处行，务实，求稳，但内心却向往教育的理想，一切为了民族的未来"。伟大的校长，是善于成就教师的校长。李烈感言："当我哪一天不再做校长时，如果老师们在背后这样说：'李烈当校长的时候，我们是真的在快乐地工作着'，那就是对我最高的褒奖了。"伟大的校长还应是优秀的学习者，善于在繁忙的事务间隙，终身学习，反思完善。在工作中，伟大与平庸的区别往往在于能否不断注入生命的激情，能否不断发现心灵伟大的教师和存在无限发展潜能的孩子。

伟大的教师，首先是一个精神灿烂的人。教师是深度参与学生精神生活的引领者。无论是做"四有"好老师，还是做好"引路人"，教师自身的精神修养是前提，这包括坚定的理想信念、崇高的道德修养、对丰富个性的包容、对人的发展性的充分认识、传递正能量的意识和能力、沟通的艺术、自我情绪管理，等等。善于发现美是他们共同的特质。他们还是一群积极回应环境的人，能够敏锐地发现新问题，通过学习、思考、行动来调整自己，跟着时代一同进步。这些伟大教师的特质，读者可以从《老师，你为什么不再进步了》《朝向心灵伟大的教师》等书中充分感受。

中国社会正处在全面深化改革、实现中华民族伟大复兴中国梦的进程中，社会转型、技术变革等都给基础教育提出了严峻挑战，教育工作者如何看待新情况、解决新问题，考验着我们队伍的素质，更考验我们的学习能力。2013年，习近平总书记在中央党校建校80周年庆祝大会暨2013年春季学期开学典礼上的讲话中指出，"要依靠学习走向未来""只有加强学习，才能增强工作的科学性、预见性、主动性，才能使领导和决策体现时代性、把握规律性、富于创造性"。愿读者在这套丛书中，能够充分感知新时代对我们提出的使命和要求，了解我国基础教育改革发展的基本脉络，把握学校办学的正确方向和科学规律，发展和培育伟大学校、伟大校长、伟大教师成长的"基因"，立志办伟大的学校，做伟大的校长和教师，为伟大的时代贡献自己的价值。

2018年7月

（作者系中国教育报刊社党委书记、社长）

序
勾勒未来人类学习的地图

李政涛

当我们谈到"学习"时，可以谈些什么？对于这个老生常谈且人人皆可谈的话题，在此"未来已来，将至已至"的新时代，会有什么不一样的新视角、新内涵和新图景？《还可以怎样学习》一书，对此进行了聚焦整合式的应答，并借此勾勒出了一幅面向未来的人类学习的地图。

在我看来，这一人类学习地图勾勒的过程，并不全然是一种脱离当下语境的纯粹想象和预测，而是一种基于过往、直面现实与朝向未来交融共生的探究，是对昨天的学习、今天的学习和明天的学习交汇点的驻足——三个时空之间的联结从未像今天这样，如此迅捷、紧密、自然和不可阻挡。

一切都在这样的联结中改变。被改变的首先是时代本身。这是一场由"信息技术""媒介"催生的时代革命，人类已经步入了以"信息化""数字化""互联网+"和"云计算"等命名的新时代。被人类自身改变后的时代，推动了人类学习的诸多变革。

最基础的变革是"学习内容"和"学习目标"的变革。这个时代的教育，什么学习内容和学习目标最重要？换言之，什么教育最重要？书中至少提供了六种答案：

一是媒介素养教育。它着眼于增强学生对于媒介信息和媒介的独立自主的批判能力。媒介素养教育的重点不是信息技术知识、使用媒介的方法，而是要学习如何感知、看待媒介和媒介信息，帮助这个时代的儿童分辨媒介世界里社交和游戏的情感体验是否真实安全，助益他们从娱乐、浅社交等"低水平满足"的媒介使用行为过渡到深度学习、有效互动的媒介使用行为以获得"高水平满足"，让他们明晰媒介世界和真实世界的关系与区别是什么，该如何通过媒介实现终身学习并更好地应对未来。

二是财经素养教育。财经素养是指"一种关于财经概念和风险的知识与理解能力，以及运用这些知识与能力的技能、动机和信心，它可以帮助人们在日渐广泛的财经背景中作出有效决策，在经济生活参与中提高个人和社会经济利益"。它包括人们对"倾向与交易""规划与理财""风险与回报""金融视野"等与个人生活息息相关的概念的认知、理解、分析、推理、评估及运用的能力，涉及人们解决财经问题的整个过程，其核心是个人理财。培养学生正确的金钱价值观、适当的个人消费计划及较强的管理能力、充足的理财知识和较高的理财技能等财经素养，可以帮助学生形成更强的生存本领及更好的生活技能，促进学生身心的全面发展。

三是生态环境教育。生态环境教育包含环境知识、生态伦理、生态美学、环境文化等方面，其本质是价值观教育，即通过教育让人们认识到环境的多元价值，重构生态价值体系。生态环境教育的宗旨在于注重环境保护的价值观、态度、参与意识向人与自然和谐共存、社会经济发展与自然环境保护并重、资源环境和人类社会可持续发展的方向转轨。其大背景就是一系列全球性的现实问题，如"雾霾中国"和"食品安全"等主题。

四是健康与幸福教育。它教给学生"十项生活技能"，都是与健康及幸福生活有关的基本技能，包括：制定健康目标，运用沟通技能，运用拒绝技能，作负责任的决定，分析影响健康的因素，管理压力，解决冲突，实践健康行为，获取有效的健康信息、产品和服务，以及做健康的倡导者。

五是艺术教育。分为音乐与戏剧艺术、造型与绘画艺术，以及世界艺术与文化等，共同目标是发掘学生的艺术感知能力，激发学生的艺术创造力。

六是哲学教育。它事关人性的思考、价值观的思考、批判的思考和创造性的思考。它力图解决这样的问题："今天的时代充满着划不划算、有何成就、过度劳动等问题，哲学的作用在于可以消解焦虑，保留一个不求回报的空间，让年轻人去思考一些人生重要的问题。谁不曾在一生中遇到诸如'什么是幸福''人生有意义吗''正义是否存在'这样的问题，而哲学课的意义就恰恰是避免这些问题被湮没在一件又一件日常的焦虑中，避免人生活得消极、机械、虚浮。"让我们重申哲学教育，通过哲学教育去发现个体、社会和国家最持久发展与最深层的力量。

无论是什么样的教育及其学习内容，都蕴含着共同的培养目标，例如，培养有"新思维能力"的人，包括：自主性思维能力、实践性思维能力、交往性思维能力、情绪性思维能力、审美性思维能力、价值性思维能力等。

最明显的变革是"学习方式"和"学习场所"的变化。对于学习方式而言，生成了所谓"第三种学习方式"，即网络学习和面对面学习相融合，也就是线上线下学习融合的混合学习方式，它着眼于用技术支持学习的个性化和泛在性，深化并拓展了基于课堂的接受式教学和探究发现式教学，并因此会彻底改变"老师教、学生被动听，老师有答案和统一的教学大纲"的传统课堂模式。对于学习场所而言，传统的学习地点往往与校园、教室、教师等关联在一起，信息技术的革命使任何人得以在任何地点、任何时间学习任何内容，网络就是校园，移动终端就是课堂，能者即为教师。因此，学习场所不可避免地从课堂走向"社区""博物馆"，以及"自然天地"之中的任何一个角落，传统教室因而与它们在连接中产生了奇妙的"化学反应"……

最根本的变革是"知识内涵"和"学习意义"的改变。信息技术催生的新时代引发知识概念内涵的变迁："知识不再是客观独立的，而是一种社会概念，是在学习社区内所有成员达成的共识。知识观念的转变对学习方式提出挑战：学习不再是每个学生个人的经历，而是多人之间的共同经历——我们一起思考……原本'分工'的世界正在变得更加'合作'，'一起思考'也许会变得比'独立思考'更接近社会现实，成为更适合组织与当下和未来世界关系的方法。"这样的知识观，从狭义走向广义，它意味着：所谓"知识"，不再拘泥于概念性的原理知识，事实、方法和价值也可被视为知识。如此改变后的知识概念及其学习，因为有了与事实、价值、思维等更多的联系，因而将会让知识的学习变得更"有意义"，有助于使师生头脑中的多重世界变成真正的精神世界，让师生过上真正的精神生活，有利于师生共同发展自己的意义世界，从而实现自我发展和行为的改变。

如上种种改变，既昭示了当下人类学习新的现实图景，也预示着未来人类学习新的可能，这些如此丰富、多变的可能性，绝不仅仅是学习自身的可能性，而且是人类发展的可能性。在这个意义上，人类还可以怎样学习，其实是在说：人类还可以怎样发展……因此，本书既是人类学习的创新实验之汇总，更是人类自身生命实践的创新实验之集大成。

2018 年 7 月

（作者系教育部长江学者，华东师范大学教育学部副主任）

第一辑

还可以怎样学习？

场馆学习：和整个世界站在一起

卢志文

浙江温州翔宇中学，规划在校园里建设博物馆——不是一个馆，而是一群馆。目前已相继建成开放了"翔宇昆虫博物馆""翔宇贝壳博物馆""王羲之书法教育馆""翔宇中华灯谜馆"和"科学体验馆"，很多课程依托博物馆开设。至今，翔宇校园博物馆接待以学生为主的参观者已逾两万人次，好评如潮。除了最先建成开放的，还有"生命教育馆""灵舒创意馆"等正在建设中。

在筹建翔宇校园博物馆的过程中，我们坚持"藏品是基础，展示是手段，课程是载体，学习是中心，教育是目的"的理念，强化博物馆的教育功能，尊重学习主体——学生的发展需求，保证博物馆的内容和形式符合学校课程体系对教育资源拓展的需要，符合互联网时代学生的"胃口"，并且有针对性地对当下教育普遍存在的弊端进行矫正，将博物馆办成青少年与历史对话、与文明携手、与科学亲近的文化客厅、课程基地和探究场所。

很多人问，翔宇博物馆那么多的展品来自哪里？这么专业的博物馆又是怎样设计出来的？当然，也有人不解地问，翔宇为什么要投入巨大的人力、物力、财力在校园里建博物馆？校园博物馆和传统意义上的博物馆有何不同？

做"应然的教育"

这是一个知识空前集结的时代，孩子需要掌握的知识总量急剧膨胀。人们需要通过不断提高教育教学的效率，才能把更多的知识快速传递给孩子。于是，人们把知识做成"压缩饼干"，用最快的速度、最高的效率，塞给最多的孩子。

这样的教育带来很大的问题——我们可以快速灌输给孩子既有的知识，却使孩子失去了直接面对真实世界探究新知的过程。于是，教育只面对文本，远离了真实的自然和社会。"有知而失智""高分却低能"的学生就必然成为这种教育下的牺牲品。学校培养"高分"的学生，社会需要的却是"会做事"的人。

如何走出这种困境？教育需要作出改变。叔本华在他的《论教育》中强调，人类的智慧是在人探索真实的世界中形成的。同时，他也指出"高效教育"易把人的思想引入歧途。为了弥补、修正"高效教育"的缺陷，我们就必须把接触真实世界的机会还给孩子。

但是，在现实的办学环境中，带孩子到真实的自然和社会中去还真不是一件容易的事，交通、安全、经费、时间（把时间放在这个地方，那个地方的时间就不够）……怎么办？我们当然可以简单化地略去这一切，甚至完全听从规定连春游都取消，只要把知识灌进去，分数提上来就行了……真正爱孩子的学校，有教育情怀的学校，不会这么做！于是，我们想办法在学校里解决这个问题——做博物馆成为一个选择。

我们保持现代博物馆的收藏与研究功能，又特别强化了它的教育功能。在知识爆炸、碎片阅读、虚拟便捷的今天，博物馆的教育功能具有特别的优势。

博物馆在其专业领域里，通常具有世界视野的收藏。如我们的翔宇贝壳博物馆，收藏了来自71个国家和地区的2000多种贝壳标本及相关化石，在这里，参观者和学习者几乎可以看到全世界最具代表性的真实标本。他们瞬间就能了解软体动物在全世界的丰富性和多样性，获得有关这一生命群的世界性见识。而这种见识是真实的，它与从书本、屏幕上获得的感受完全不同！

今天，我们常说"多媒体"。教材图例上的一粒贝壳，显然比文字描述中的贝壳形象具体；电脑屏幕上的一粒贝壳，可能是"多媒体"，但至多也仅是动态图像而已，孩子们只能用视觉去感受它。真正的"多媒体"，应该是孩子面前触手可及的一粒真实的贝壳——可以调动所有的感官去感受它，视觉、听觉、触觉、嗅觉……

博物馆，是课堂的有效延伸，是课程的复合载体，是学习的理想场域，对于学校教育，不可或缺。它为孩子的学习和成长，触发动机，创造可能，提供服务。尤其是博物馆课程是跨学科的。比如，在贝壳博物馆上的课不仅有生物课、地理课，还有语文课、美术课，甚至数学课、历史课、英语课……

无论是宏观见识还是直观感觉，博物馆提供了一种传统学校无法企及和难以实现的教育形态——这，才是真正的教育，是"应然的教育"。

从变革课堂，到改革课程体系开发卓越课程，再到以学习者为中心建构学习资源，我们一路探索前行，步伐执着坚定。

让校园成为汇聚美好事物的中心

从教育出发，回归教育本身，校园博物馆建设应该满足以下要求。

1. 博物馆应是快乐好玩的迷宫

玩是人的本性，是生活本身，也是生命的本真。动物世界没有不喜欢玩的，玩先于人类存在，是生命的重要组成部分。

孩子们去博物馆，首先是觉得博物馆好玩，能提供一种有文化内涵的愉快经历，而不是去听说教。既然人天生就有玩的需求和欲望，博物馆就应当创设一种富有趣味性的寓教于乐的环境，让孩子们玩得有文化，玩出学问来。

在翔宇博物馆建设中，我们顺应人的天性，本着以学生为本的思想，运用声光科技等多种现代科技手段链接过去与现在，尽可能提供互动式展览、动手活动，以及与感觉相关的经历和背景，将目的性隐含在达成目的的手段之中，让充满趣味性、创新性的展览魅力成就孩子们有价值的人生。以昆虫博物馆为例，我们有很多其他昆虫博物馆没有的创新之作，如《珍稀蝴蝶分布图》《蝶翅时装画》《昆虫编年史》《甲虫帝国沙盘模型》《469个虫字部汉字中国地图》《昆虫成语摆件》《名虫名言》《308首昆虫诗歌挂饰》……还拥有昆虫艺术区，展出艺术家受昆虫启发而创作的与昆虫相关的各类艺术品。灯谜馆，可以玩猜谜；灵舒创意馆，可以玩各种航模、车模；科学体验馆，可以玩几十种科学游戏；翔宇棋院，可以玩各种棋类竞技游戏……在一个个有趣而好玩的环境中，孩子们通过天马行空的想象力能够产生对活动内容的持久理解。

2. 博物馆应是生活体验的社区

科技改变着人类生活，生活中处处都有科学。翔宇博物馆的设计，强调立足学生熟悉的日常生活，创设以体验为中心的活动平台，营造能够调动已有经验的互动环境，在学习和生活之间架起一座学生能自由行走的桥梁。

温州，地处东海之滨，孩子们虽然每天吃海鲜，但他们对海洋却并不了解。我们选取贝壳作为窗口，让他们见证海洋的博大。温州的孩子们参观贝壳博物馆，面对数千种贝壳标本产生的惊奇，比内陆的孩子更加强烈！

3. 博物馆应成为艺术享受的圣殿

艺术是人类精神的营养品，生命之花离不开艺术的滋养。一个没有艺术的民族和社会是不可思议的。同样，没有艺术的教育是不健全的教育。

校园博物馆，不仅要规划艺术类的博物馆类型，而且要把所有博物馆建出艺术性。

我们依托温州永嘉深厚的书法文化底蕴，开辟了王羲之书法教育馆，展馆面积约1200平方米，由八大展区（商周秦汉书法展览区、三国魏晋南北朝书法展览区、隋唐五代书法展览区、宋元书法展览区、明清书法展览区、近代书法展览区、当代书法展览区、书道雅集区）、三大工作室（藏品室、创作室、书法教室）组成。书法教育馆以"品高、学实、心静、眼宽"为馆风，"润心、养心、立志、正身"为馆训，充分展示了中华民族一脉相承的文字历程、璀璨的书法文化和博大的艺术世界，有助于青少年情感的陶冶与提升，精神的愉快与满足，审美能力的养成与提高。

贝壳馆黑白极简风格的确立、灯谜馆的谜字墙设计、创客中心工具墙的创意、昆虫馆昆虫艺术展区的增设等等，都是一种艺术品位的展现与熏陶。

4. 博物馆是研究探索的工场

校园博物馆提供的探究环境，与传统课堂教学的不同就在于它拥有的教学资源的丰富性。种类繁多的展品，不仅为孩子们提供了可以直接观察和操作的学习对象，更像一个窗口，打开了另一个世界的大门。

在已建成和即将建成的专题博物馆中，都有动手做的"实验与发现"区，让参观者通过观察、提问、测量、推理等多种形式的探求和创造性活动，亲历科学研究过程，训练科学思维方法，获得科学解释和结论，进而在这种个性化和充满乐趣的难忘经历中，拉近与科技的距离，理解科技的本质，培养科学精神，提高科学素养。这种让孩子探索真实世界的体验才是真正"应然的教育"。

5. 博物馆还应成为建构学习的课堂

翔宇博物馆不同于一般博物馆之处在于：一切资源建设和活动设计都是以学生为中心、以学生知识建构为旨归展开的，包括为方便学生自主学习，博物馆设置了很多凳子、软椅，提供了大量的手工作品、影视经典、图书资料、课程介绍等。同时，博物馆还配合学校课程，提前发布主题式活动，补充课堂教学的不足，使博物馆成为名副其实的第二课堂。

昆虫博物馆，展出来自全球各地的昆虫1500多种。是不是只有生物老师才能带孩子们在昆虫馆学习，抑或孩子们在昆虫馆只能学习生物知识？当然不是。语文老师可以带孩子们观察蝴蝶破茧成蝶的过程，以开展作文教学；美术老师可以带孩子们素描写生讲色彩搭配……更多情况下，各种兴趣小组、社团、选修课程的研修者可以在博物馆开展各种各样的自主学习。

博物馆作为课程资源，是立体、多元、丰富的。一个博物馆，就是一个课程群。

比如"昆虫视界"课程群："蝴蝶传奇""昆虫星球""甲虫帝国""神奇的昆虫生态""昆虫的近亲""昆虫编年史""昆虫标本的采集""昆虫标本的制作""珍稀昆虫的保护""昆虫与人类文化""昆虫与创新发明""昆虫艺术无极限"……

6. 博物馆更应成为灵魂洗礼的殿堂

有人说，文化是博物馆的灵魂。博物馆不是冷藏知识的冰窖，而是充满活力的人文精神的交流广场。因此，博物馆应当是人与物的统一。在博物馆中，不能见物不见人，即使在自然博物馆中，也要看到人的存在，否则展品就是一堆僵死的标本。博物馆凸显的应是人文关怀的时代精神，这种精神是社会主义精神文明在博物馆的具体化，它能在博物馆中产生强大的凝聚力和向心力，使博物馆时刻充满生机和活力，我们的博物馆建设所遵循并表现的正是这样的文化自觉和普遍的人文关怀。

以"学生"和"学习"为中心整合资源

博物馆，不是谁都可以做，关键在人。专业的人，做专业的事。

翔宇校园博物馆，每一个馆都有一个关键人物负全责。博物馆既是学校具体育人目标和课程体系的规划，也是每一个建馆老师呕心沥血的作品。

中华灯谜馆，我们请来谜坛高手郭少敏担任馆长并负责筹建。

吴坚老师，是翔宇贝壳馆和昆虫馆的馆长，也是这两个馆的建设负责人。他既是一位"追求卓越的理想主义者"，更是一位"坚韧执着的行动主义者"，具有深刻的思考力和超强的行动力。

负责书法馆的赵明，负责创意馆的金彬圣，负责生命教育馆的卢锋博士……他们都是因为在相关专业领域有精深的研究，才成为建馆负责人的。

以昆虫馆和贝壳馆为例，吴坚在展品收藏上追求丰富的同时注重了系统性。

贝壳博物馆，71个国家和地区170多个科的2000多种贝壳标本及相关化石，囊括了双壳纲、腹足纲、多板纲、头足纲和掘足纲，覆盖软体动物门进化树上所有重要分支上的代表种类，以及海生、淡水和陆生贝壳在各生境下的优势种和特有种。

也就是说，这些贝壳标本种类已经形成了一个完整的"现代软体动物学"研究参照系统，这对学习者来说具有巨大的冲击力。

在展品设计上，我们也特别注重给学习者留下长久的记忆和深刻的印象。

自然界的贝壳颜色多以灰色为主，并具一定的拟环境化特征，这使设计一个亮丽而具有持久审美效果的贝壳馆变得困难，如果运用色彩和拟环境化设计，就不可避免地因喧宾夺主而使作为核心展品的贝壳标本失色与遁形。多数贝壳博物馆通常用降低展厅的亮度，再用单灯照射展品来实现突出贝壳标本的视觉效果，但昏暗的展馆却会压抑人的心情……

为此，吴坚在设计中突破贝壳博物馆要遵循环境化设计的传统，颠覆性地选用黑白两色、几何造型、极简主义，糅合少许古希腊建筑元素，概念化展示贝壳标本，进而使参观者能够更多地关注贝壳本身的细节，留存更深刻的印象。同时，明亮的展馆设计也给学习者以轻松美好的展馆体验。

学校博物馆不同于一般博物馆。学校博物馆以学生为中心，以学习为中心，以课程为中心，而不是以领导为中心，以观赏为中心，以展品为中心。

博物馆，成了课堂的延伸、课程的载体、学习的场域和探究的空间。

我们就是这样做校园博物馆的。

（作者系翔宇教育集团总校长、浙江省温州翔宇中学校长）

（本文原载于《人民教育》2016年第10期）

博物馆课程 ABC

夏海萍

博物馆 + 教育

华东师范大学附属外国语实验学校以"培养有修养、会思考、善沟通、能创新的具有本土情怀、国际视野的现代公民"为育人目标，设置了多元课程。其中，博物馆课程，与学科教学内容紧密结合，充分利用博物馆丰富的教育资源，将博物馆课程融入中小学的学科教学。在这一过程中，教师对博物馆资源进行梳理和整合，对社会实践活动进行多元化和整合性的课程设计。

目前，初中的语文、数学、英语、音乐、体育、美术、地理、生物等 11 门学科与上海的博物馆资源进行了学科对接，每学期每门学科进行 1 ～ 2 次博物馆课程，每次安排"准备课""现场课""评价课"等 3 课时完成教学。

经过一年多的探索，学校已在打字机博物馆、电影博物馆、火花博物馆、消防博物馆、纺织博物馆、国歌博物馆、上海博物馆等 11 个博物馆开展了教学。学生在老师的指导下来到博物馆这一社会学校，深化了课本知识，拓展了课外见闻，提升了自主探究能力。

例如，数学课与光启公园对接，通过参观光启公园，让学生了解徐光启的生平事迹，体会几何的趣味性和生活中的几何，学习徐光启孜孜不倦的求知精神。通过开展数学解谜游戏、探索勾股定理及其逆定理、充当小小数学家等活动，让学生感受数学的魅力，锻炼学生探究数学的能力。

六年级的英语课与上海博物馆中的中国古代陶瓷馆进行了对接，通过教学，让学生了解中西方餐具的差异，以及如何用英语表达这种差异，初步了解古代陶瓷馆的历史及与陶瓷相关的英文表达，完成了英语短剧的表演，激发了学生对英语的学习兴趣，提高了学生的日常英语表达能力，拓展了学生对中西方文化的理解。

一次完整的博物馆教学

以下是牛津英语六年级第一学期 Unit 8 The food we eat 的具体教学案例。

博物馆遴选。六年级学生的英语学习中涉及比较多的是西方文化和语言，对于中国本土文化的涉猎并不多。为了进一步加深学生对中国文化的理解，以六年级英语课程 Unit 8 讲食物为契机，拓展至盛放食物的器皿，对中西方餐具文化及餐具文化背后的饮食文化、餐桌文化进行比较。一方面加深其对于中国陶瓷文化的理解与感情，另一方面也从饮食及餐具的角度，了解中西方文化的差异。

中国古代陶瓷馆是上海博物馆的收藏特色之一，在 1300 平方米的展馆中陈列了 500 余件陶瓷精品，展品从新石器时代的彩陶和灰陶至清代各个时期的陶瓷器，全面、生动地再现了中国陶瓷的发展史，可以让学生深刻感受到中国瓷器的博大精深，领略中国劳动人民的勤劳和智慧，同时还从另一个侧面看到中国各个时期社会政治、经济的发展和变革。这是六年级学生了解陶瓷文化的一个窗口。

课标总目标。在帮助六年级学生了解外国的饮食文化的同时，也了解中国古代陶瓷文化的博大精深，并对陶瓷文化产生深深的认同感，进而从不同角度认识中外文化的差异，从差异中追根溯源，了解语言产生的文化背景，从而辅助学生进行语言学习。

1. 准备课

课程目标：了解中西方现代餐具的差异并对其进行比较，让学生对中国悠久的陶瓷历史和中外饮食文化有基本的了解。

首先，通过学习中西方餐具的相关单词，了解中西方的餐具差异，从而对中西方现代饮食文化进行就自己认知层面上的浅层次的比较，并寻找背后的原因。

其次，让学生对中国古代悠久的陶瓷历史有深刻的认同感和归属感。

教学重点及难点：了解中西方餐具的差异，以及如何用英语表达这种差异；分析差异产生的原因。

准备课流程：（1）课题引入——用英文表达盛放食品的器皿；（2）通过餐具简要介绍中西方现代饮食文化差异；（3）介绍中国古代使用的餐具，引入上海博物馆内的古代陶瓷馆，并对其进行简要介绍；（4）强调现场课大致流程及秩序。

学习资料准备：让学生查阅中国古代陶瓷的相关知识，为现场课的竞赛作准备。

2. 现场课

课程目标：让学生现场感受中国古代陶瓷的魅力，了解不同种类的陶瓷如何用英文表达，并能够总结出陶瓷的英文翻译规律，尝试进行翻译。让学生了解陶瓷的历史，并根据老师给出的题目，加深学生对中国古代陶瓷历史的了解。

教学重点及难点：初步了解上海博物馆中古代陶瓷馆的历史及陶瓷的英文表达。利用工具看懂英文的任务卡，并根据潜在的规律进行一定程度的陶瓷名称翻译。

教学过程：上海博物馆古代陶瓷馆只有一个场馆。本次现场课主要分为参观、竞赛、评价课任务布置等三个部分。参观部分为 25 分钟，竞赛部分为 55 分钟。

首先，对学生进行分组，考虑到人数问题，33 人一共分为 5 组，其中两个组为 6 人，3 个组为 7 人。各组采取竞赛方式，最先完成任务、积分最多的小组获胜。

（1）根据图片（每组 3 张）找到对应的英文表达，之后向老师汇报，全组人员通过朗读可进入下一关。（10 分钟）

（2）根据英文提示语，找出图片，拍照后迅速至老师处，通过即可进行下一项任务。（7分钟）

（3）给出一组问答题（根据陶瓷馆中已有的资料设置7道题目，顺序打乱），最先完成并回答正确的小组可优先进行下一项任务，先到的小组可优先选择下一关卡的任务条。（15分钟）

（4）根据所选择的任务条以及上面的要求，找出3种陶瓷，拍照后附上所找陶瓷的英文及其用途。（10分钟）

（5）总结所找陶瓷名称的英文翻译规律，根据给出的关键词，翻译陶瓷名称。（8分钟）

（6）按照排名先后，抽取评价课的任务。（5分钟）

所有活动完成后，积分第一的小组得5个章，积分第二的小组得4个章，依此递减，最后完成的小组得1个章。此章可并列至班级章内，用于学期积章换礼品。另外，此次积章最多的组可优先选择评价课任务。

学习资料准备：每组准备一部手机用于拍照（在遵守博物馆规定的前提下）和查阅单词，准备一支笔用于书写任务单上的任务。

3. 评价课

课程目标：对现场课进行一定程度上的拓展。通过这节课，加深学生对中外陶瓷历史的理解，并根据自己已有的理解，通过话剧或者画画的形式展现出来，拓展其查找资料的能力以及证明自己观点的能力。

教学重点及难点：培养学生查询有效资料及资料分析、比较的能力，从而了解中西方饮食文化的差异。培养学生的团队合作能力，进行任务分工，出色完成任务。

教学过程：

（1）进行英语剧排练，用英语排练古代的餐桌礼仪。可任意挑选一个时代，可参考有关电视剧中的情节。

（2）中国古代人民如何使用陶瓷或者餐具——中国古代人民如何保存食物？

（3）外国人如何使用陶瓷或者餐具——西方饮食文化是怎样的？

（4）中外现代餐桌礼仪有何差异？

（5）收集信息，根据博物馆的陶瓷，制作一张中国历史长河的美食图。可以就某一菜系的发展过程进行研究。

评价形式：小组竞赛、小组 PPT 展示、话剧展演等。

博物馆课程该如何落地？

博物馆课程实施的过程中，我们也曾遇到这样或那样的问题，经过不断的探索、实践、改进，从中积累了一些初步的经验。

1. 博物馆课程要充分与教学内容相结合

博物馆课程不是噱头，不能脱离课本内容空谈如何利用博物馆，关键是做到博物馆为课程所用，这是基础。在课程设计的过程中，教师要着重考虑三方面因素：一是学生现有的知识水平和理解能力是否能够消化新的教学内容，二是所教授的内容能否引起学生的兴趣或求知欲，三是教学内容对学生的学科学习能否有所帮助。

在设计博物馆课程的过程中，教师要充分考虑学生年龄和学习程度等方面的差异，不同阶段课程分别专注于不同的目标，在设置活动以及评价展示时所采取的方式也要有差异性，让学生在教师的引领下充分发挥自身的主观能动性，从而达到不断拓展其能力的目的。

2. 博物馆要精挑细选

上海的博物馆资源十分丰富，但并不是说任何一个博物馆都能拿来使用。除了要考虑博物馆与所教内容能否完美契合，博物馆与学校的距离是否合适，博物馆的设施能否配合教师完成教学任务这三个要素外，教师对博物馆的位置、开放时间、内部陈设方式等要有确切的把握。在此基础上，教师对符合要求的博物馆进行综合评定，选出最适宜的博物馆，努力做到博物馆为课程、为学生最大化使用。

3. 课程设计要充分考虑学科特征

在课程设计的过程中，教师要充分考虑学科特征，要基于学科需要开发博物馆资源。即使选择同一个博物馆，物理老师和英语老师所开发的博物馆课程一定是不一样的。只有建立在学科基础上的博物馆课程才能最充分体现博物馆的教育优势。

在备课过程中，教师要尽量站在学生的角度理解知识点，将知识点做到小且细，整个教学过程要由易到难、由浅入深，使学生易于理解。

4. 不要强迫学生做他们不喜欢做的事

"教师主导，学生主体"是博物馆课程设计的基本理念。无论是事前分组还是活动中的任务安排，教师都不应强制学生去做他们不喜欢做的事情。现在的学生已经有自己初步的价值观，也十分渴望得到教师的尊重，那么如何在尊重学生的前提下完成教学任务呢？这就需要教师优化教学设计，充分考虑学生的需求，多站在学生的角度去思考问题。

走进博物馆的中小学学科教学改变了教师在课堂教学中单一的讲述方式。将博物馆作为第二课堂，让课堂不再局限于教室内，丰富了课堂教学资源。课本中相对枯燥的文字与博物馆巧妙结合之后，学生对学科知识有了更生动的体验，更加乐于与同伴在合作学习中分享探究学习的愉悦。通过博物馆课程开展多元教学，真正让学生思考"是什么、为什么、该怎么样做"，激发了学生的自主探究欲望，提升了学生的自主探究能力。

（作者单位系华东师范大学附属外国语实验学校）

（本文原载于《人民教育》2016 年第 10 期）

创客教育，柔软地改变学习

谢作如

《地平线报告》（2015 年基础教育版）将"创客空间"列为一年以内影响基础教育的两项关键技术之一。目前，创客教育从边缘的技术学科做起，逐步结合科学、艺术和数学等学科，选择学生最感兴趣的"造物"来展开，让学生在学以致用的造物过程中不仅提高实践能力，还可以加深对学科知识的理解，激发学习兴趣……教育正在悄然改变。

创客教育的关键是找到以学生为中心、跨学科和基于真实情境的课程内容

创客与教育的"碰撞"改变的不仅仅是学习方式，更重要的价值在于教学内容的改变。真正的创客教育的课程内容应该是什么样的？美国非营利组织 Maker Ed（Maker Education Initiative，创客教育倡议）提出，创客教育的任务是给年轻人创造更多制造的机会，使其通过动手制造，建立自信，培养创造力，点燃对科学、技术、工程、数学、艺术以及综合学习的兴趣。深入解读可以发现，创客教育的课程内容设计包含着以学生为中心、跨学科和基于真实情境下的学习等关键因素。

创客教育课程内容设计应该基于一个源于真实世界的问题。源于真实世界的问题往往是复杂而需要综合应用各学科知识才可以解决的，天然具有跨学科的优势；这个问题应该是学生感兴趣的，最好由学生自己发现和

提出，最终也由学生在真实情景下解决。比如，我的学生提出想要研究人的睡眠质量，他们用加速度传感器来记录人的翻身次数，需要编程和制作实验器材，在整个过程中不仅要运用计算机和数学知识来统计分析，还得在生物学中找到相关研究用来衡量人的睡眠质量是否良好。教师在其中最大的任务是帮助学生找到这个相对复杂又力所能及的真实问题，然后在学生的研究过程中提供各种帮助，并不断提出新的要求，促使学生在"设计—实现—评价"的循环中螺旋上升。

温州中学先后开发了一系列以学生为中心、基于真实问题的创客类选修课程，注重培养学生综合运用知识的能力。比如，"Arduino 创意机器人"课程运用开源机器人平台 Arduino 开发，结合 3D 打印、打孔器、激光切割等技术和工具，进行机器人的个性化设计。"App Inventor 手机编程"课程结合 App Inventor 软件展开教学，引导学生充分掌握利用手机上的各种传感器，通过编程对这些数据进行建模、应用。"物联网和大数据实验"课程关注的是物联网技术，学生根据各自实际需求，搭建硬件，编写程序，体验物物相连给生活带来的便利。"互动媒体技术"课程则是一门涵盖计算机、智能手机、传感器技术和人工智能技术相关教学内容的课程，学生通过研究互动媒体作品中"有趣"的人机互动技术，最终能够动手设计、制作互动媒体作品，体验技术在生活中的应用。

清华大学创客教育实验室和现代教育技术杂志社联合发布的《中国创客教育蓝皮书 2015》提出，创客课程不是一门课程，而是一系列课程的组合。温州中学参照 STEAM（科学、技术、工程、艺术和数学）课程体系进行开发，目前已经形成一个相对完整的创客教育课程群（详见图 1），能很好地培养学生综合运用学科知识理解并改造物理世界的能力，使其具备对技术工程设计与开发过程的理解能力。

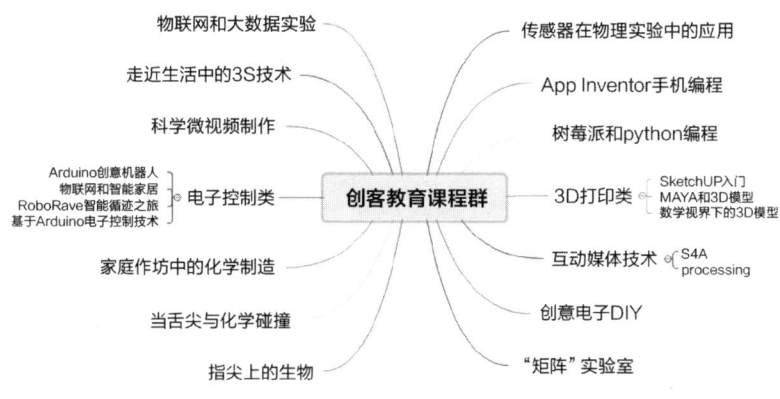

图 1　温州中学创客教育课程群

创客课程建设还存在两大挑战。其一是需要更多低成本的课程实施方案。比如温州中学设计的"Arduino 创意机器人"教学套件，不仅可以用来上机器人课程，还可以用于"互动媒体技术"和"物联网和大数据实验"课程，甚至还能用于"基于 Arduino 电子控制技术"课程，这大大节省了课程开设的成本。其二是需要建立开源课程的分享平台。目前，温州中学的"Arduino 创意机器人"课程是国内应用范围较广的开源课程，提供了教学套件设计方案、电子教材、教学设计、课件、微课等一系列完整的课程资源，依靠创客教育小圈子流传。如果建立起开源课程分享平台，就能够让更多的老师将课程分享出去，并且形成一个"创客课程书架"，自然而然地构成一个和而不同的教学体系，教师和学生都可以在这一平台选择课程教学或者自学。

创客教育需要并将培养出具有技术应用能力、跨学科学习经验和课程开发能力的复合型教师

创客是一项高度复杂的、综合性极强的创造性活动，学生在创客学习的过程中，必然会遇到诸多困难，需要在学科知识、技术工具、灵感启发、心灵安慰等方面得到专业的指导和及时的反馈。因而，创客教育要进入中小学校园，肯定需要大批能够开设创客课程、指导学生创客活动的创客教师。

对于要做创客教育的学校领导来说，最头疼的是不知道应该让什么学科的教师去指导创客活动。回顾国内创客教育的发展历程，最早进入创客教育的是信息技术教师，随后，通用技术、小学科学和艺术学科的教师相继介入，创客教育的跨学科学习特征越发明显。正因如此，其实学科背景并不重要，创客教师的首要条件是"自己就是一名创客"，热爱创造，热爱学生，喜欢挑战自我并具有一定的动手能力。以我自己为例，就是因为对技术的热爱，才从语文转行到信息技术，再到现在的创客。最早引导我走向创客之路的其实是我的几位学生，其中包括2008年建立温州中学科技制作社的徐持衡同学和教我开源硬件知识的王盛业同学。当然，创客运动崇尚开源和分享精神，使我和与我一样对创客感兴趣的教师可以站在他人的肩膀上快速"专业"起来，最终成为合格的创客教师。

合格的创客教师应该是复合型人才，并具备一些核心素质，具体包括：对新事物的好奇心和主动学习能力；一定的技术应用能力，掌握各种软硬件技术和常见加工设备的操作能力；文理兼修，具有跨学科学习经验；人际宽广，尤其在创客圈子有一定的人脉，能借助外力更好地指导学生创造；具备良好的课程开发能力。

在满足这些核心素质要求的基础之上，温州中学的创客教师团队逐渐壮大。团队教师来自不同的学科，包括数学、物理、化学、通用技术、信息技术和艺术等，"爱创新、勇实践、做课程、乐分享"是他们的共同特质。如"数学视界下的3D模型"课程由数学老师开发，"传感器在物理实验中的应用"课程是物理老师执教，"走近生活中的3S技术"课程则是地理和信息技术老师合作的，不同学科教师之间的"碰撞"，能够迅速让他们成长起来。当然，对于创客教师而言，执行力非常重要，创客空间的从无到有，创客课程的从无到有，都需要教师的执行力。

就目前而言，中小学应当鼓励以信息技术、通用技术和中小学综合实践活动的教师为核心，汇聚科学、艺术、数学等学科教师以及校外专家组成指导团队，对学校创客活动进行全面指导。在推进创客教师社群建设的过程中，技术应用和学习能力突出的创客教师尤其善于运用先进的通讯技术沟通合作，这有利于推进创客教师异地教研和协作活动。比如著名的

"猫友汇"QQ群、微信群中汇聚了来自不同地区的创客教师，他们通过网络社区相互学习，以异地教研形式开展本地推进工作。

创客教育实施中需要注意的问题

作为一个新事物，创客教育在实施过程中难免会出现一些偏差，这需要引起我们的注意。

1. 创客教育关注的重点是"造"而不是"创"

其实，我们对青少年科技创新一直很重视，全国青少年科技创新大赛从1982年开始举办，但是为什么长久以来没有形成人人动手、人人创新的局面？其根源可能就在于"发明""创新"的门槛较高。科技创新活动提倡从无到有的"创"，并不鼓励模仿制作，这和创客运动理念完全不同。被称为"创客教父"的戴尔·多尔蒂（Dale Dougherty）多次强调，创客教育最重要的当然是教他们如何起步。清华大学高云峰教授提出，将"Maker"翻译为"创客"并不确切，因为英文的"Maker"描述的是起点，中文的"创客"描述的则是终点。

"创"是精英化的，而"造"是大众化的。只有关注"造"的创客教育，才是可以复制和普及的大众教育。当然，关注"造"并不等于忽视了"创"。"创"是最终目标，创客教育是立足于"造"，追求自然而然地达到这一目标。

2. 创客教育不等同于建高大上的创客空间

创客教育是一项系统工程，应该以整体性的视角去规划推进路线，要从"课程、场地和活动"三个方面出发。有些学校却将大笔资金集中投入在建设上千平方米的创客空间，这不得不让人担忧。创客空间的真正价值在哪里？

我国的普通家庭缺少如欧美家庭的车库等创客空间，因此中小学校建创客空间尤为重要。如果深入了解国内最早做创客教育的几所学校，我们不难发现这些学校在创客空间建设方面的投入其实很少。比如，温州中学的创客空间就是一间二三十平方米的房间，加上3D打印机、焊台、投影仪等设备，前期投入不过数万元。美国学校的创客空间也同样讲究简便、实用。因为只有这样，创客教育的门槛才会降低到可复制、可普及，创客空间最根本的价值正在于推动创客教育。

同时我们需要注意的是，创客空间和学校体育场所、图书馆一样，它最核心的价值在于使用。创客空间要向学生开放，运营是需要经费的，活动组织是需要经费的，学生"造物"更要消耗材料，常用的如开源的电子模块等都是易耗品，一不小心就会烧毁，设备损耗也是创客空间的使用成本。建创客空间不宜做一次性巨资投入，而要将有限的经费用于创客空间的后期运营和活动组织，实现创客空间真正的价值。同时，创客教育经费也不能仅仅用于创客空间的建设和运营，师资培养、课程开发和活动组织要多管齐下。

3. 创客教育要用"无用"的学习培养真正的创新能力

在创客活动中曾经举办过一个"无用设计"竞赛，要求所有参赛作品必须符合三个条件：无用、有趣、有创意。为什么？国内知名创客田波感慨地表示："这个比赛的意义在于当我们抛弃功利的心态，单纯从有趣着手，创意更能得到自由的发挥，而很多改变我们生活的创意，最初正是产生于这些看似无用的设计。"

创客教育应该关注"无用"的学习，关注个性化的造物过程，关注学生的"创意"是否源自生活、是否有趣并能打动人。也许"无用"才更易培养出单纯的、真正的创新能力。

温州中学创客教育鼓励"无用之用"。学生们做过可以远程养金鱼的系统，做过可以用凌空手势解开的锁，做过可以和人比赛划拳的机器人，做过可以孵出小鸡的恒温箱，等等。从科技创新的角度，这些项目都不具备太大的实用性，但是这些项目中却蕴含着学生天马行空的想象力和基于实践的创造力，是真正"有用"的创客教育。比如，恒温孵化箱其实已经是很成熟的技术，网上一百多元就能买到，但是马肃爽和潘艺文两位女生就是想做一个。一开始，她们面对型号繁多的加热片，根本不知道该买哪一款，后来经指导老师提醒，运用物理和数学知识计算温度并最终确定需要多大功率的加热器，才意识到原来物理知识是有用的。她们经历几次失败才终于孵出一只瘸腿的小鸡，但是在这个过程中，两位小女生对科学、技术、工程、数学以及综合学习的兴趣提高了，她们平时最不喜欢的物理科目的成绩自然也上去了。

有宽松的和自由的环境，才有创造力的自然生长。保护好学生那份自由创造、尽情探索的初心，创客教育应为此努力。

（作者单位系浙江省温州中学）

（本文原载于《人民教育》2016 年第 10 期）

项目学习，让学习自然生长

周振宇

项目为学习提供"知识的全部复杂性"

哈佛大学教授、教学论专家达克沃斯说过："如果知识领域对学习者是可获得的，它们必须以其全部复杂性呈现出来。当我们过于简化了课程，我们也就消除了学习者与之建立联系的具体方面。"

项目学习的魅力恰恰在于为学生的学习提供了知识的全部复杂性，让学习基于项目自然生长。

究竟什么是项目学习呢？

顾名思义，项目学习是一种通过项目、任务或课题来帮助学习者学习的方式。这些项目是包含着富有挑战性的问题或议题的任务，需要学习者进行设计、问题解决、决策或是参与探究活动；教师给予学习者较长一段时间的自主学习机会；最终学习者将创作出实际成果或是进行报告展示。知识内容、知识的组织形式、知识储存和提取方式、知识应用等方面的复杂性都体现在这些项目之中。

例如，我们把数学中关于"物体长度的测量"知识的学习融入到"桥"的项目研究中。学生要简介一座桥，却没有现成的资料可查，就需要测量出它的长度、高度等信息。这时，长度测量知识在真实的问题情境中出现了，它混合着高度测量、较大物体长度测量、长度单位、尺的应用等一系列相关联的知识，这些知识彼此交错，呈现为复杂的网状。而在学科教学中，知识呈现则相对简单，通常按照"先学习长度单位，再学习测量"的线性逻辑或者是"分单元学习长度测量和高度测量"，把知识割裂开来分块学习。同时，在项目学习中，知识的深度和广度都有进一步扩展。学生会特别深入到与测量桥相关的知识中去，甚至会碰到一些与数学课上测量无关却必须解决的问题。比如，桥的长度和跨度的区别是什么？如何根据测量目标选择合适的测量工具？当站在桥上使软尺下垂测量桥的高度时，遇到风，影响尺的自然下垂怎么办？这些问题既有对测量知识的深化，也有跨学科知识的扩展。

知识的全部复杂性尤其存在于知识的实际应用中。从知识学习的可应用性来看，项目学习一开始就是以问题解决为动机，建构合作小组，寻找解决方案，积累研究成果。项目学习的内容和方式更贴近生活实际、更接近科学研究的真实情境，学生在参与项目学习的过程中形成和积累的知识与核心素养不是人为训练出来的，而是基于知识的全部复杂性自主建构生长出来的，孩子们长大以后，面对与项目学习情境相似的真实的生活和研究情境的时候，更容易被唤醒，更容易参与到研究中去。

如何设计出一个好的学习项目？

一个完整的项目学习活动常常包括问题设计、项目推进和成果展示三个部分。也就是说，项目学习必须以问题为驱动。项目学习的驱动问题一般不是单一学科领域内、知识性的、可以直接得出答案的具体问题，而是需要长时间进行思考和探索的大问题。

例如，江苏省海安县实验小学已经连续三年在五年级开展"桥"项目研究，提出的第一个问题都是：关于桥，你们最想研究的是什么？学生小组在这个大问题框架下进一步讨论提出各种设想，例如：研究桥的种类，研究某一座具体的桥，研究人类造桥的历史发展过程，等等。这些设想往往会成为接下来的研究主题。学习小组确定了研究主题后，组织者需要和他们一起继续追问，例如，如果选择研究一座具体的桥，需要研究这座桥的哪些方面？可能包括要研究桥的长度、高度，桥的外形、力学结构，桥的交通流量，桥的历史、传说，等等。这就把研究主题具体化为几个支撑性的研究领域。接下来，还要进一步将问题引向操作层面，例如：我们是通过查资料还是实际测量的方式得知桥的长度？如果需要实际测量，适宜用什么工具？需要几个人参与？测量时要注意哪些问题？

由此可以看出，项目学习的问题是由一个大问题开始，逐步分解、层层推进，最终形成一个倒树形的结构化问题链。学习者就是在这样不断提出和解决一个个小问题的过程中使自己的认识得到深化，理解变得深刻。在整个过程中，只要哪一个问题还没有具体化到可以研究的程度，老师就需要适时介入，追问学生，引发思考。还有一些问题，完全超出了学生的最近发展区，无法解决，则需要及时删除。

需要说明的是，项目学习最初的大问题应该由学校或老师来确定，这个项目（问题）的水平取决于组织者的教育视野以及对于学生年龄特点、学习水平层次的把握能力。例如，感觉到了西方文化的冲击，我们设计了中国传统文化的研究项目"元旦狂欢节"，以期引导学生文化价值的回归；发现了学生的家乡观念淡薄，我们设计了"舌尖上的海安"项目学习；我们还挖掘出南通是"全国四大风筝产地之一"这一特色，设计了"风筝"项目学习。

在最初的大问题确定后，我们需要对项目的难度作出预评估，目的是使项目与学生相匹配。例如，"飞行物"项目的研究必然会涉及空气阻力、反冲力、重力等诸多力学知识背景，探究难度较大，所以安排在六年级进行；"元旦狂欢节"项目中的"帽子节"活动是从世界各地不同风格的帽子中挖掘不同民族、地域的服饰文化，重点需要学生具备信息检索能力、审美意识、动手制作能力等，与其他项目难度比照后考虑放在四年级实施。如果一些项目需要在全校同时开展，则要根据学生的年龄特点和认知结构、各学科学习水平状况等，针对不同年级提出不同的要求，制定不同的评价标准。

需要注意的是，对于项目学习开展以后会涉及哪些学科领域，每个领域中会涉及哪些知识点，会锻炼和培养学生哪些方面的能力，某一个具体的问题学生最终会研究到什么样的深度，这些方面在项目学习活动设计之初组织者可以有所期待，却绝不应该事先设定。孩子们会往哪里走，能走多远，应该是基于项目本身自然生长出来的。

推进项目学习主要靠"协作"

项目学习的推进既是基于问题的，也一定是协作共生的。项目学习鼓励学生以团队形式应对复杂的问题，并且在问题逐步深入的过程中，可以随时调整和增补学习团队的成员，包括老师、家长、社区志愿者、有关专家都有可能被邀请加入到相关的学习团队中，共同解决问题。

学生进行项目学习主要有两种方式——尝试、交流。生生协作进行尝试、交流的过程是不断循环往复的，每次交流和尝试的时间并无限制，而以项目解决或确认项目在能力范围内已无法进一步深入为终止依据。因此，项目学习活动时间带有不确定性，根据研究的进程，一天、一周或者一个月、一学期都有可能。学生有可能打破班级的限制，重新构建合作学习小组，甚至可能有不同年级的学生加入同一小组。

为了实现学生之间顺畅协作，项目学习的组织形式就需要打破传统班级、课时等限制。海安县实验小学常常用两种方式来组织项目学习：一种是以"项目活动周"的方式，学校集中拿出几天时间，不按课表、班级上课，让孩子们自由组成学习小组，学习进程究竟推进到哪里，由各个学习小组自行把控；另一种贯穿学期始终，每个星期拿出两节课或半天的时间，作为项目学习的集中研讨时间，具体的研究和实践则由各个学习小组自行安排在课余时间进行。

在项目学习当中，师生协作重点在于老师的"收"。项目学习中的一切都带有不确定性，项目的推进是在讨论、思考和实施中不断生长、不断修正的。教师团队和学生通过商讨确定了大的项目内容，接下来研究的方向、需要的时间和支持、可能遇到的困难等都不在老师的掌控之下。老师只是一个学习的同行者，一个敏锐的旁观者，在学生学习进程陷入泥沼的时候及时给予鼓励，根据需要给予学生一些解决问题的参考思路。

在项目学习实际推进过程中，师生协作容易出现两个方面的问题。一方面，有的老师在初步确定研究问题后，代替学生规划最终项目成果展示的方案，主导项目学习进程。这种简单粗暴的处理方式消解了原本应该由学生自由讨论、确定研究方向、经历研究历程的自主生长式学习过程，使项目学习演变成一种另类的表演。另一方面，很多学生更喜欢通过老师或者网络搜索提供的间接经验进行项目研究，不愿意从事开创性的劳动，通过亲身的实践和体验获得第一手资料。这两方面问题都是项目学习的组织者在项目实施过程中应该重点关注和及时指导的。

基于项目的开放性，项目学习有时需要借助更为专业的力量协作深入推进。例如，在"桥"的项目学习中，有的学习小组为了测量桥的载重量，最终和全国有名的桥梁专家进行了视频通话；有的小组为了对比不同时段的车流量，到交警大队调用了桥头的监控视频，和交通局的技术人员一起反复测算不同时段的车流量。这些跨年龄、跨领域、跨地界的协作，拓宽了学生们的思路，增强了他们的合作意识和能力。

项目学习评价的两个维度

项目学习一般以成果的展示作为活动的结束。在项目结束时，学习者以团队的方式展示他们的活动，展示的方式因项目活动的内容而异，由项目组织者和学习者讨论商定，展示的对象可以是其他小组的学习伙伴，也可以是家长、社会人士等学校以外的人员。学习小组的研究成果是否可信，是否得到大家的认可，是衡量其项目学习效果的重要标志。

例如，"桥"项目学习的成果展示是多种形式的。我们在学校的主干道两侧搭起近百个展位，学生可以向老师、同学展示自己的研究成果，包括关于桥的书法、诗歌、歌曲、模型，甚至有的小组拍出了关于桥的微电影。每个展位设置了一个评价板，看展的来宾每人发 20 张"点赞卡"，可以选贴在自己认为最好的展位评价板上，这是一种评价。学生们把项目学习成果上传到互联网，有的小组制作的某座桥的简介通过了百度百科的审核，可供所有人阅读下载，这也可以作为评价依据。

当然，除了对于学习成果的评价，项目学习还需要对每一个参与者的表现作出精细化的评价，关键考查学生在学习过程中的参与程度、在团队中的贡献程度、有没有独特的精彩观点和重要的贡献等。

例如，针对"飞行物"项目，我们设计了《介绍飞行物评价量表》，包括研究和介绍设计、交流、协作、项目管理四个指标。对于每个指标都要明确告诉学习者什么是"需要避免的错误或行为"，什么是小组学习应该达到的"基本要求"，什么是可以获得加分的"优秀水平"。比如在"协作"方面，"没有为所有成员创造分享想法的机会""没有公平地分配工作""没能充分利用委派任务的机会"是需要避免的错误或行为；"倾听并尊重每个人的观点""相对公平地分配工作""根据成员各自的强项委派任务"是基本要求；"整个过程中保持富有成效的合作关系""在合适的情况下，考虑到每个人的需求""团队协作所创造的成果远远超过任何个人所创造的成果"被视为优秀水平。

学习者将带着评价量表开始学习，学习过程中根据量表的要求随时调整自己的研究态度和努力方向，最终评价结果将结合自评、组内他评和成果展示的情况综合确定。

（作者单位系江苏省海安县实验小学）

（本文原载于《人民教育》2016 年第 11 期）

集成式 STEM 教育：破解综合能力培养难题

叶兆宁　杨元魁

20 世纪末，以美国为首的西方国家在高校发起了一场重点围绕 STEM（即 Science，Technology，Engineering，Mathematics）的教育改革，后来逐渐拓展到 K-12 阶段，旨在通过加强科学、工程、技术和数学教育中创新人才培养的力度，提升国家的综合国力。

STEM 教育综合了科学、技术、工程与数学等学科，具有跨学科、跨领域的特点。科学研究在于认识世界、解释自然界的客观规律，主要解决自然现象"是什么""为什么"的问题；工程与技术则是在尊重自然规律的基础上，改造世界，满足人类社会发展需求，回答社会实践中"做什么""怎么做"的问题；数学则是科学、工程和技术发展必不可少的工具。

随着 STEM 教育的发展，"集成式 STEM"的概念逐渐明晰。"集成"强调四个领域之间的关联及有目的、有方法、有系统的融合。科学与工程问题是课程的主线，通过其创造出一个多维的空间，从而为学生提供一系列具有一定程度关联性的学习经历。学习的目的在于通过探究科学现象和解决实际问题达成认识和技能的发展。数学和技术既是研究中必不可少的工具，也是重要的学习内容，恰当的教学设计可以使四个领域的学习相互促进、协调发展。在 K-12 阶段，由于工程教育并不完全独立，科学教育就成为实践 STEM 的重要阵地。

"集成"，强调知识和技能的融会贯通

"集成式STEM"课程目标强调五个方面，包括STEM素养、21世纪技能、STEM的工作愿景、兴趣和参与性，以及连接STEM学科的能力。

其中，STEM素养和21世纪技能是两个高层次的目标。人们大多将STEM素养看成科学素养、技术素养、工程素养和数学素养的统称，这四方面素养是密切联系的，通过STEM素养和21世纪技能两项目标的达成，学生应该做到：理解科学、技术、工程和数学对当代社会的重要意义；至少熟悉每个领域涉及的基本概念，并能较为熟练地运用这些概念与原理；发展学生在认知（批判思维、创造性）、人际交往（沟通、合作）和个性特征（灵活性、主动性、元认知）等三个方面的基本素养。

"连接STEM学科的能力"，是学生跨学科的基本能力，具体包括：识别和运用一些在不同学科领域中具有不同含义和用处的概念；在STEM实践中使用不同学科的知识；通过在两个或更多学科间实践的连接来解决一个问题或完成一个项目；当一个概念或实践以综合的方式展现时，能够识别各个领域的内容；利用学科知识来支持关联的学习经验，并知道在何时使用。这一目标尤其突出"集成"的特点，不仅要求学生学习每个领域的知识和技能，也学习如何将这些知识和技能融会贯通到其他领域中，或将一个领域的方法和技能用于解决另一个领域的问题，从而实现跨学科、跨领域人才的培养。

基于问题、基于设计和基于项目的学习

在STEM教育的课堂上，教师可能提出一个问题，然后要求学生组成探究小组开展原创性研究。在研究过程中，学生要使用各种技术和方法搜集信息、证据和数据，分析数据，设计、测试和改进一个问题的解决方案，然后与其他同伴交流研究成果、分享信息。这样的教学情境，强调对学生的设计能力与问题解决能力的培养。

STEM 教育的本质是在众多孤立的学科中搭建一座新的桥梁，从而为学生提供整体认识世界的机会，通过把这四个领域学科知识和技能的教学整合到一种教学范例中，使学生学习的零碎知识变成一个相互联系、相互统一的整体，这样就消除了传统教学中各学科知识割裂、不利于学生综合解决实际问题的障碍，形成一种跨学科的学习方法。

因此，与传统教学不同，"集成式 STEM"的教学方式更强调以学生为中心、强调学习经历和结果的开放性，经常使用多种方式的基于问题、基于设计和基于项目的学习。

1. 基于问题研究的教学

将实际生活中的实例引入课堂，在科学探究的过程中通过问题引发科学、工程和技术的实践是值得借鉴的一种教学方式。"基于太阳能电池的探究性活动"的教学案例，将工程引入常规的科学课，进行为期一周的用于支持数学、科学和工程课程学习的太阳能主题活动。

（1）活动准备。

教师通过访谈了解学生对太阳能电池的理解情况，如询问学生："太阳能电池产生的电量是否依赖太阳光的照射量？""如果你要使用太阳能电池作为电源，你要做些什么才能使太阳能电池产生尽可能多的电量？""气温的不同是否会影响产生的电量？"……通过访谈，教师了解到学生对太阳能电池并不陌生，他们能观察到周围有很多地方安装了太阳能电池，很多学生知道太阳能电池是依靠光线产生能量，但大多数学生将太阳光照射产生的热量作为太阳能电池产生电能的条件，而且错误地认为在炎热的天气中太阳能电池能产生更多的电能。

（2）太阳能小车装配。

在正式的探究活动开始前，教师对学生以小组为单位装配太阳能小车的活动进行了观察，发现学生在运行和使用小车时暴露出不少问题：他们会拿着小车站在背光的地方，或是围着小车研究为什么马达不转而不知道这样做其实挡住了光；他们会把小车拿到有坡度或不平整的地方，然后解决不了小车突然停下来的问题。在遇到这些问题时，教师并不急于指导，因为基于问题的 STEM 教育的优势就在于让学生自己想办法，寻找帮助，最终解决遇到的实际问题。

（3）太阳能电池的活动。

接下来，教师设计了两个基于问题的活动来帮助学生。一是使学生形成对阳光入射角与太阳能电池关系的概念，"当你减小光线入射角度时，电流如何变化？""哪个角度产生的电流最大？""电流与太阳能电池上光线入射角的关系如何？"学生思考这些问题，再通过实验测量不同光源照射角度时太阳能电池产生的电流值来了解阳光入射角与电池电量的关系。第二个活动是帮助学生建立不同温度下太阳能电池电量产生情况的概念，通过使用电吹风、冰袋、暖手宝等材料，在保持光源垂直照射太阳能电池的条件下测量产生的电流大小。这个活动中，学生经历了对比实验设计、实验操作、数据收集与记录、讨论等探究过程，教师促使学生思考"在哪种条件下产生电流最大？""加热或降温状态下，电流如何变化？""太阳能电池产生电能依赖于温度吗？""支持你的回答的证据是什么？"等。

（4）太阳能小车的改进与比赛。

对太阳能电池的探究活动支持着学生对实际问题的思考，他们很快将实验探究的结果运用于实际，包括对太阳能小车外形的改进和对测试场地的研究。在课程的最后，教师带领学生进行了一场赛车活动来展示学生的研究成果，并通过交流活动来了解彼此的经验和想法。

2. 基于设计的教学

工程设计是工程师解决问题的基本方法，涉及许多不同的实践过程，如问题界定，模型开发和使用，数据的研究、分析和解释，数学和计算思维运用，确定解决方案等。这些都与解决实际工程技术问题密切相关。

基于设计的课堂活动可以综合科学、技术、工程和数学四个领域，在学生学习科学与数学内容和实践的同时开展技术和工程的学习。通过计划、创造、检测、分享等环节，帮助中小学生理解工程设计的基本步骤和要点。这里介绍一个面向三年级学生，讲关于灾害天气和科学内容与工程设计流程相结合的教学内容。在学生已经学习了有关天气基本知识的前提下，教师利用当地正在遭遇的一次强暴雨天气，结合对灾害天气的了解和预防，设计了为期一周的 STEM 活动。

（1）计划。

这一环节是让学生获得完成设计任务所必需的背景知识。因此，学生在笔记本上写出他们曾经经历过的灾害天气，相互交流自己的感受，再通过观看有关视频资料，总结包括龙卷风、暴雨、飓风等天气的特点，了解测量天气的工具以及不同的数据图表。接着，教师给出一个设计挑战：设计和创造一个建筑物，让它承受一种给定形式的灾害天气（雷暴、飓风或龙卷风），要求利用能循环使用的材料，建筑物宽度小于 40cm，高度小于 30cm，有底座、侧面和顶。

学生以小组为单位讨论：选用哪种材料、做成什么形状等，教师要求学生把小组设计的建筑物画出来，并在图上标注出计划使用的材料和工具。

（2）创造。

通过两天的设计和讨论，第三天学生开始搜集材料，并着手搭建他们的建筑物。教师通过天气警报的方式将有关信息发给每个小组，学生据此判断他们的建筑物可能遭遇哪种灾害天气，并搜集更多的材料改进他们的建筑物。教师要求学生回顾设计的要求和标准，以及灾害天气的类型和特征，让学生思考建筑物可能遇到的危险，在学生操作时，教师可给予适当的帮助。

（3）测试。

在这一环节，各种各样的工具被用于测试建筑物的稳定性。吹叶机被用于模拟飓风和龙卷风，冰用于模拟冰雹，水龙带用于模拟暴雨。在测试过程中，教师继续询问学生他们预计会发生什么、能观察到什么，教师鼓励学生记录他们的建筑物出现的问题，并将这些问题和灾害天气的强度联系起来。

（4）分享。

在这个环节，小组讨论他们的结果以及他们还可以进行哪些改进来保护他们的建筑物。教师帮助学生在交流时组织自己的思维，并为其他小组提出积极的建议。

可见，基于问题的学习主要呈现科学探究的环节与特点，以问题为导向；基于设计的学习则着重以工程设计环节为线索，以设计为导向。两者都围绕一个具体的科学概念的建构和运用来展开，以其为主线，将与之关联的科学、技术、工程和数学部分联系到一起。基于项目的学习则是前两者的综合，以项目研究为切入点，根据研究的需求选择科学探究或工程设计的学习方式，也可二者兼有。

如何在"集成式 STEM"教育中实现创新人才培养？

以上两个案例是在 K-12 阶段将 STEM 教育与科学教育融合的典型实例，也充分证明，要实现"集成式 STEM 教育"关于解决问题和创新技能培养的目标，融合的教学方法有着一定的优势，这也是创新人才培养落实在 K-12 阶段的有效途径。

1. 建构跨领域概念和技能之间的连接，让学生持续地学习

认知神经科学对人类学习过程的研究发现，儿童具有强大的学习能力，儿童的科学、技术、工程和数学素养的基本认知与技能发展可从小开始培养。然而，要对关于世界的科学解释形成透彻的理解，学生需要有数年而不是几个星期或几个月的时间，来持续地接触和发展基本概念以及体会那些概念的相互联系。这就需要我们在激发学生的学习兴趣和动机的基础上，让学生持续地学习。

而且，学习是建立在学生已有经验的基础上的，"集成式 STEM"课程与教学的重要任务即帮助学生进行跨领域概念和技能关联的建构，实现知识与方法在不同领域情境间的运用。如在太阳能电池的案例中，只有学生将光线入射角度的科学概念与工程中电池板安装角度的设计建立起关联，才能解决如何让小车获得最佳电能的实际问题，加深学生对光能和热能转化条件的理解。

同时，不同领域间概念的关联也激发了学生进一步学习的动机。在学生的知识水平或技能不足时促使其形成下一步学习的目标，将以往书本上

或教师给定的学习任务转化成为解决某个问题而必须完成的任务，可以有效提升学生学习的兴趣和主动性。

2. 有效实现知识间的迁移

学生的迁移能力是学习的一个重要标志。从一个情境到另一个情境、从一组概念到另一组概念、从一个主题到另一个主题、从一个学年到下一个学年、从学校课程到日常生活，初始学习的质量、情境、问题的表征、元认知等都是影响迁移的因素。

"集成式 STEM"对学生知识迁移能力的培养是显而易见的，跨领域的实践为其提供了良好的契机。学生要想解决工程实践中遇到的实际问题或任务，需要用到科学原理、数学和一定的技术。在这样的情境下，在问题或任务的驱动下，原理、工具、技术的使用变得有目的、有需求，学生也能将具体学科的情境与工程实践情境相联系，实现跨领域间知识的迁移。同时，学生对各个领域过程与方法的理解在"集成式 STEM"的活动过程中得到统一，诸如模型的使用、数据的收集与分析、图表的选择与绘制、总结交流与讨论等。

3. 在真实和开放的情境中学习，促进学生创造能力的提升

关注现实问题是工程与技术教育的特征，也是"集成式 STEM"的必然特征。从真实情境中学习，来自实际生产生活的问题使得学生的学习路径是开放的，其探索结果也是开放的，不存在唯一正确的答案。评判结果的标准来源于实践，来源于问题解决的程度，如所设计的建筑物是否能通过检测、太阳能小车是否能达到规定的运动距离等。因此，教师的关注点从学生回答问题的正确性转移到解决学生遇到的困难上，而学生学习的关注点也从是否能给老师一个满意的回答转移到实际任务的完成上。此外，解决问题方法的多样性促进学生批判性思维和创造性思维的发展，促进了学生对所学知识与生活实践关联的理解，这也是工程技术素养的重要指标。

4. 实践是主要的学习途径

培养学生综合解决问题能力是 STEM 教育最重要的目标，无论是科学问题，还是工程与技术问题，抑或如何运用数学的问题。在 STEM 教育的课程中这些问题都被一个或一组具体的、与学生日常生活相关的情境或问题连贯起来呈现在学生面前，再通过学生的科学和工程实践发现解决问题的方法、实践解决问题的途径、分析解决问题的结果、评价解决问题的方案。因此，在"动手做"和"动脑思考"中才能实现 STEM 素养的培养，实践是其主要的学习途径。

（本文由教育部人文社会科学研究专项任务项目——"基础教育阶段加强工程技术教育的国际科学教育比较研究与实践"资助，项目号：14JDGC021。）

（作者单位系东南大学学习科学研究中心、
儿童发展与学习科学教育部重点实验室）
（本文原载于《人民教育》2015 年第 17 期）

创新实验室"新"在哪儿?

——上海市格致中学 FabLab 创智空间建设实践

何　刚

实验教学的新理念：跨界融合

随着课程改革的不断推进和深化，物理、化学、生物等学科的实验教学也在与时俱进。上海市格致中学在保持传统的基础上，通过组建跨学科的创新教研组，以"格致 FabLab 创智空间"这一创新实验室为载体，突破单一学科的限制，整合资源，跨界融合，不断寻求实验教学的创新与突破。

FabLab 创新实验室是一项源自美国麻省理工学院的教育实践研究项目，在美国有"创新梦工场"之称。格致 FabLab 创智空间是麻省理工学院与中国大陆学校合作创设的第一家创新实验室。实验室建设以为学生提供创意设计、实体加工、项目学习、个性制造、专题研究之空间为主要目的，凸显集创意、设计、加工、制造、展示等环节于一体的总体设计理念。同时，以课程开发与课程实践提升学生的问题解决能力、沟通协作能力、创新素养、媒介素养和数字素养为主要目标。

与传统实验教学相比，FabLab 创智空间的实验教学呈现出一体化特色。首先，实验室具有系统、成套的硬件设备配置，配备了 3D 桌面机和 3D 扫描仪、激光切割机、精密雕刻机、3D 打印机等各类数字制造设备，可充分满足一个教学班的教学和实践活动，充分满足学生从创意到设计实施的全过程。其次，基于 FabLab 创智空间开发了层次分明的"格致创意课程"体系，既面向全体学生开设劳动技术基础型课程，又面向有选修意向的学生开设"3D 打印创意制作"拓展型课程，还面向资优生开展科技创意类专题研究指导。再次，为激发学生对创意设计的兴趣与钻研，采取了任务驱动、校内作品选拔、校外参赛展示等系列举措，全方位磨炼学生的刻苦钻研精神、问题意识、协作能力与表达素养，初步树立了学生追求完美、精益求精的"工匠精神"。

创新实验室里的学习有什么不一样？

格致 FabLab 创智空间建设，从校本课程开发、实验室环境与设备建设、教学实施等三个方面入手，整合资源，实现实验教学的突破与创新。

在课程开发方面，以开放、多元内容的整合实现多维目标。

学校传统实验教学基本以单一学科为知识基础，强调实验的规范性、程序性及可预见的实验结果。FabLab 创智空间的实验教学，在原有的物理、化学、生物、地理等学科创新实验室建设的基础上，尝试基于一门或几门核心学科，开展跨界、多领域的实验教学实践。

以格致创意课程体系中拓展型课程"3D 打印创意制作"课程为例。课程内容可分为基础理论、软件应用与实体制造三大类（参见表 1），知识涵盖广泛，循序渐进、衔接紧凑，自成体系。课程内容的多元和开放有助于实现实验教学的多维目标。知识与技能维度：了解 3D 打印技术的发展历程、应用范围与发展前景；运用 3D Design 和 Meshmixer 设计软件进行创意设计；熟练运用数字切割机对木板、有机玻璃等材料实现创意图样的切割。过程与方法维度：在观察 3D 打印的过程中，思考归纳 3D 打印技术的基本原理；通过对比制造出的实体与设计图样，总结一些有助于改善实体制造美感的图样设计经验。情感态度价值观维度：培养观察与实际动手能力，开拓视野前沿科技；产生对 3D 打印技术的钻研兴趣，形成热爱创意设计的心理体验。

表 1 "3D 打印创意制作"课程内容

核心内容	内容分类
PLA、ABS 耗材的选择	创意制作的基础理论与基本认识
Makerbot Replicator 打印机常见问题及解决方法	
3D 打印技术的历史与现状、3D 扫描仪的使用	
3D Design 软件的基本使用及建模实例 6 则	创意制作软件的基本应用
Meshmixer 软件的基本操作与实际应用	
Creo 软件的基本操作与实体建模	
生活实物小模型制作：小椅子、眼镜、花盆、家具	创意设计的实体制造
学习工具小模型制作：艺术笔、笔筒、台灯、风扇	
娱乐工具小模型制作：溜溜球、飞机、小车、充电器	

在实验室环境与设备建设方面，创设适宜创造的学习环境。

格致 FabLab 创智空间由一楼和地下层两大区域组成，面积约 200 平方米。在空间功能设置上，一方面强调传统实验教学的动手操作，设置了组装制作区、3D 打印区以及由数控机械、激光切割机、电子制作、传统机械等组成的制造加工区。另一方面强调创造过程中的交流与展示，设置了教学区，可满足 45 名学生的常规教学需求，教师和学生在该区域以基础知识的传授和学习为主，通过投影等多媒体设备也可进行展示和交流；讨论区配备了环形会议桌椅和 30 余台装备了各类创意设计软件的台式计算机，便于学生进行设计前的交流讨论和借助计算机软件的创意设计；此外，两个楼面还根据教室的空间布置了学生作品展示区，可将学生制作的优秀创意作品及各类获奖作品进行展示。

在教学实施方面，突出以学生为中心的学习。

基于创新实验室开设的课程，作为限定性选修课纳入课表，面向学校高一、高二年级全体学生，而不是只为少数学生开设的课程。这种课程的突出特征是坚持学生在课程实施进程中的"自由选题、自主探究和自由创造"。比如，与以往课程相比，研究型课程在教学模式上具有独特性。研究型课程"创意设计"主要通过学生自主研究项目的形式开展，学生在课程开始前提交研究主题与研究方案，得到教师认可后即可带着各自的研究主题进入 FabLab 创智空间。教师主要是在项目研究遇到瓶颈时对学生进行点拨与指导。因此，研究型课程"创意设计"的课程内容之外延较为宽泛，现已完成的研究型成果案例包括学生团队自发研究制造 3D 版的学校微信平台二维码、学生团队自制的"格致跑鞋"纪念挂件等。

课程的实施类型按照内容可分为课题研究和活动设计两类。课题研究类包括调查研究、实验研究、文献研究等，重点在于认识世界。活动设计类包括社会性活动设计和科技类项目设计，重点在于操作实践。以上两类课程的组织形式包括小组合作研究和个人独立研究两种。小组合作研究通常以 1～2 名学生为项目负责人，召集核心成员，组成课题组。这是我校最常见的形式。个人独立研究对学生的能力要求较高，对于中学生而言难度较大，通常不推荐这种形式。

创新发展的实验室管理机制建设

格致 FabLab 创智空间沿用了 FabLab 标准的团队化管理模式与运行机制。团队由实验室主任、技术主管、运营主管及专家指导团队组成。实验室主任由我校科技总辅导员兼任，技术主管由创意课程的授课教师担任，运营主管由实验员担当。团队主要由 6 位教师组成，其中，专职授课教师 4 名（黄浦校区、奉贤校区各 2 名），专职实验员 2 名（黄浦校区、奉贤校区各 1 名）。

课程由学校专门成立的创新教研组负责日常课程实施和管理。我校的创新教研组成员由物理、化学、地理、生物、艺术、体育等多学科教师组成，这些教师干劲足、能力强，善于组织和指导学生开展形式多样的研究性学习，是我校创新性实验教学的骨干力量。创新教研组教师对学生进行课题研究辅导，包括选题、方法、实施、结题方面的具体指导等。创新教研组是课题研究类课程的具体负责人，是学生开展相关课题研究及学习的执行者、组织者和评价者，负责学习活动的方案制定、考核评定及活动过程管理。

教科研室负责课题研究类和活动设计类课程的顶层设计及实施指导，

对相关教师进行培训、咨询和指导，负责校内外协调工作。在其组织下，我校课程实施团队的骨干教师先后赴美国麻省理工学院实地学习 FabLab 创新实验室的基础建设、设备使用、课程开发与学生指导，不断提高创意课程实践的教学能力与素养。

教导处负责制订课题研究类课程的教学计划，统一布置各阶段的教学工作。制定有关研究型课程的教师管理方案，具体布置、落实、检查教师履行研究型课程管理职责的情况，做好与研究型课程实施情况有关的档案管理工作。

德育处负责活动设计类课程的方案制定、人员安排、活动实施、考核评定及活动资料的收集与整理。通过年级组长和班主任进行研究性学习的班级组织管理工作。

学生自主选择校内外指导教师。学生可以邀请校内教师担任研究性学习的指导教师，参与课题研究过程，对研究性课题进行全程指导，为学生提供帮助、建议和鼓励，并具体指导学生最终整理、撰写出论文或形成其他研究成果，对本课题成员作出学分评定的初步意见。学生也可以通过学校聘请校外专家给予高端指导。FabLab 创智空间落成之初，我校便成立了专家指导团队，团队成员包括 FabLab 创始人尼尔·哥申菲尔德（Neil Gershenfeld）教授、美国麻省理工学院张曙光教授等国际知名专家，以及市、区教育主管部门与高校、科协等专家团队。在 FabLab 创智空间投入使用后，专家指导团队成员多次来我校实地指导学生的创意实践活动。

学生组长负责课题研究类和活动设计类课程的具体实施。组织成员进行课题研讨、任务分工、组织协调、报告撰写、项目展示等。对参与的社会实践活动和社区服务活动进行人员联络、场地安排、任务实施等具体管理。

在建设格致 FabLab 创智空间的同时，我校还积极推动创新实验室的推广与科技教师的协作教研，于 2014 年 11 月牵头成立了中国 FabLab 校际联盟，成员单位队伍不断壮大，并且在 FabLab 实验室建立同步视频互动系统，可同时与联盟学校实现异地同步授课与沟通互动，搭建了成员学校科技创意课程教师的交流平台，有助于课程实施教师之间的教研沟通与协作支持。

此外，我校积极组织各类校内、校外科技创意比赛，鼓励学生在任务驱动下开展创意设计实践，为学生科技创意作品的展示交流搭建舞台，同时也以此机会发现优秀的学生创意作品。比如，2016年，我校再次组织了面向两个校区全体学生、以"城市交通"为主题的校内科技创意作品征集活动，共收到作品58件。大部分作品制作精良，且运用到跨学科知识与方法，将现代信息技术与工程制造紧密结合。我校选派了两支参赛队作为代表，参加2016年5月在中国FabLab校际联盟成员学校——福建省泉州市第五中学举行的"第二届国际青少年（中国泉州）科技创意大赛"，在更高规格的比赛中交流学习国际青少年科技创意作品的先进经验，锻炼学生队伍的创意表达与沟通交流能力。最终，在来自全国11个省市的28支参赛队中，我校学生团队的参赛作品《城市交通地下化》获特等奖，参赛作品《基于App智慧云端中枢交通系统》获一等奖。

（作者单位系上海市格致中学）

（本文原载于《人民教育》2017年第7期）

第二辑

还应该学习什么？

全球化时代，我们如何进行国家认同教育？

马文琴

国家认同指个人确认自己属于哪一个国家以及对这个国家产生归属感、依恋感的心理过程，是一个国家的成员对所属国家的文化传统、历史、国家主权、国家制度、政治主张、价值观念、理想信念等的认可而产生的归属感。

概括起来，国家认同的维度主要包括：政治认同、文化认同、历史认同、语言认同。对于中国这样一个有着悠久历史的大一统多民族国家而言，政治认同是国家认同的关键，文化认同是国家认同的核心，历史认同是国家认同的根基，语言认同是国家认同的基础。

国家认同不是与生俱来的感情，需要构建

国家认同不是与生俱来并且一劳永逸的感情，教育是构建国家认同的重要途径和有效方式。世界各国无不重视对公民的国家认同教育，希望通过学校教育培养一种凝聚的国家意识。正如德国著名教育家凯兴斯泰纳所言："国民教育的最后目标，就是教育人们获得某种国家意识。"

然而，当世界步入全球化时代后，国家认同教育面临新的任务和挑战。英国著名学者安东尼·吉登斯曾言："我们有更充分更客观的理由认为，我们正在经历一个历史变迁的重要时期。而且，这些对我们产生影响的变迁并不局限于世界的某个地区，而几乎延伸到了世界的每一个角落。"吉登斯

所指的"重要时期"就是全球化时代。全球化时代在推动人类社会发生巨大变革的同时，也在改变、瓦解和重塑着人们的认同。

在这个时代，为了吸引中国优秀人才，各国不断出台利好政策（如赴美签证条件放宽、设置奖学金项目、赴澳读高中可免雅思成绩、难度降低的初中版托福为越来越多的学校所认可等），以吸引中国学生去国外留学。

目前，中国已经成为世界第一大留学生输出国。随着出国留学人数的快速增长，近年来本科及以下留学人数增长，留学低龄化趋势日益明显。据 2012 年中国国际教育展期间的调查报告显示，在计划出国留学的学生学历层次方面，本科生占 51%，高中生占 38%。高中生已经成为一个较大的出国留学人群。从留学国家来看，中国学生留学的主要国家分别是美国、英国、澳大利亚、加拿大，四国的留学人数约占总留学人数的 70%。

21 世纪，科技进步日新月异，知识更新步伐加快，各国综合国力的竞争归根结底是人才的竞争。西方国家大量招收中国优秀留学生的主要目的，就是在新一轮的国际人才竞争中取得先机。他们意欲通过吸引低龄留学生提前储备人才，先以优质的基础教育和高等教育吸引其留学，并潜移默化地影响其世界观、人生观和价值观，学成后再以高薪和良好的科研条件"诱"其留在本地就业。

一些学者呼吁，低龄留学日益增多，对我国长远发展并非好事。低龄留学生观念不成熟，缺乏是非分辨能力，很容易被西方文化同化，对国家和本民族的认同感可能会减少，难以找到归属感。因此，我们更需要在中小学阶段加强对学生的国家认同教育，培养他们的政治认同、文化认同、历史认同感，让他们成为不论走到哪里都保留有中华文化之"根"的有用之材。

同时，在全球化条件下，一方面，以美国为首的西方国家对我国从来就没有放松过政治渗透，他们凭借着经济、科技和军事领域的优势，传播西方资产阶级思潮，肆意歪曲社会主义意识形态，加紧对我国实施西化、分化的战略。另一方面，我国正处于社会转型时期，民族关系复杂，社会阶层分化，利益多元分化，价值呈现多元化。面对多重挑战，如何维护国家文化安全、巩固意识形态统一，如何促进公民对国家的认同、维护社会统一团结显得十分迫切。

"要防止产生社会离心力，促进社会的整合和团结，不仅要有一套解决社会冲突的整合机制，还要通过一套有效的教育方式来培植公民共同的国家认同感。通过加强国家认同教育来增强公民的民族自信和国家自信，在当今时代有着重要意义。"①

国家认同教育渗透在多个领域之中

中小学阶段，可以通过哪些渠道去培养和增进学生的国家认同意识？我以为，至少可以包括以下渠道：

1. 通过思想政治教育增强政治认同

"政治认同作为国家认同的核心内容，在形塑强烈的国家认同感方面起着十分重要的作用。国家的稳定有赖于公民的政治认同，政治认同也因此构成国家政权系统合法性的源泉。"②

中小学思想政治教育是增强学生政治认知、提升学生政治认同感的重要途径。当前我国中小学的思想政治教育由于受到应试教育等因素的影响，教育内容空洞乏味，教育形式呆板，实效性不强。2013 年的一项调查表明，有部分中学生在我国国体——社会主义基本制度，以及我国政体——人民代表大会制度的认同上存在困惑，53.1% 的中学生认同社会主义制度比资本主义制度好，8.5% 的中学生表示不赞同或者很不赞同，38.4% 的中学生表示说不清楚。超过半数的被调查中学生不了解社会主义核心价值。③

中小学生是未来国家政治生活的参与者，他们现在对国家政治生活的理解将直接影响其未来参与国家政治生活的态度和行为。在全球化背景下，西方外来文化、价值观念、生活方式对我国中小学生的政治认同感形成了

---

① 曾水兵，檀传宝．国家认同教育的若干问题反思 [J]．中国教育学刊，2013（10）．

② 冯建军．公民身份的国家认同：时代挑战与教育应答 [J]．社会科学战线，2012（07）．

③ 曾水兵，班建武，张志华．中学生国家认同现状的调查研究 [J]．上海教育科研，2013（08）．

较大冲击。一些学生丧失了政治信仰，对政治认同产生了怀疑。要改变这一现状，必须进一步加强和改进中小学思想政治教育，不断完善教学方式，不断提高中小学生学习政治的兴趣，增强他们的政治认同，提高他们的思想政治素质。

2. 通过传统文化教育增强文化认同

文化认同是国家认同的心理基础。然而纵观当下，我们忧心忡忡地发现，外来文化从精神到躯体，已经渗透到孩子生活的方方面面。孩子们过的是圣诞节、愚人节，吃的是肯德基、比萨饼，穿的是耐克、阿迪达斯，看的是米老鼠、奥特曼，崇拜的明星是乔布斯、科比，一心一意想着出国留学、海外定居。一项关于中学生文化认同现状的调查表明，25% 的中学生认为学习《论语》是没有价值的。与传统节日相比，48% 的中学生表示自己更喜欢过西方节日。与国产剧相比，58.1% 的学生表示更喜欢看国外影视剧。[①]

在全球化时代，要抵制文化帝国主义入侵，最好的办法就是将本国的传统文化价值观念深深地根植于广大人民，特别是尚未形成完整牢靠的价值体系的青少年的心中，使他们不断接触、理解、牢记，进而尊重、欣赏它们。[②] 由此，中小学必须认识到中华优秀传统文化教育的重要价值，进一步完善中小学优秀传统文化教育，通过全面系统和深入细致的学习，继承传统文化精华，促进其在当代有所更新、有所发展，以绵延中华数千年文明之精粹。

3. 通过历史教育增强历史认同

"对一个国家的历史的了解是建立历史认同的基础。历史是集体记忆的一种形式，没有这种形式，一种集体的认同感是不可能的。"没有历史，一

---

① 曾水兵，班建武，张志华. 中学生国家认同现状的调查研究 [J]. 上海教育科研，2013（08）.

② 石中英. 学校教育与国家文化安全 [J]. 教育理论与实践，2000（11）.

个社会就不会对自己的历史起点、它的核心价值观以及过去的决定对当前的影响有共同的记忆；没有历史，就不能对社会中政治的、社会的或道德的问题进行合理的判断。只有营造共同的民族记忆，分享共同的喜庆，分担共同的苦难，才能树立国家认同。

当今世界，各个国家无论采取哪种途径，首先是在知的层面告诉学生国家的历史和现实状况，在了解国家历史的基础上，再培养学生的民族自豪感和归属感，进而培养学生热爱祖国的情感。韩国十分重视对学生进行历史教育。韩国政府以法律的形式规定，历史教科书应在内容上强调本民族的主体意识，培养民族自豪感和责任感。不论是初中还是高中的历史教科书，都紧紧围绕"高丽民族诞生、发展和朝鲜半岛政治版图的变迁"这一主题，向学生反复灌输"韩国国家观"，让学生了解本民族历史，激发学生的民族感、国家自豪感。[1]

美国政府和教育部门也十分重视对青少年的历史教育。凡是为民族、国家在政治、经济、军事、科技文化教育方面作出贡献的人物，政府都很重视对他们的宣传，并将其作为一个民族、一个国家重要的精神财富加以珍惜，为他们建纪念馆、树纪念碑，出版著作或拍电影、电视，让青少年一代以英雄人物为榜样，学习英雄们为国奉献的精神。在全球化时代，中小学历史教育不但不能削减，反而应当大大加强，从而使学生增强历史使命感，自觉去捍卫国家利益。

4. 通过母语教育增强语言认同

国家认同的基础是文化认同，语言尤其是母语无疑是一个国家最重要的文化标志。母语是民族文化的根基和纽带，正是母语在被使用过程中滋生了文化，创造了文化。母语是民族文化认同的载体，认同母语就是认同民族、认同文化。

全球化背景下，很多国家都深刻认识到母语教育在传承民族文化中所

---

[1] 陈辉. 强调国家历史认同是历史教育的常识 [EB/OL]. http：//www.snedu.gov.cn/sxjy/234/201307/10/2066.html.

起的重要作用，对母语教育倍加重视。法国非常重视母语教育，通过采取各种措施推广法语来捍卫法兰西文化。在法国许多中小学，法语学科所占的比重甚至超过半数。在法国初小一年级，法语每周为9～10课时，占每周学时总数的35%～38%，比数学多出4～4.5课时。

美国中小学对母语教育也十分重视。学生从进入 K 年级（幼儿园）开始一直到高中毕业，每天至少要有一个小时的母语学习时间。小学生母语教学的时间一周是950分钟。小学英语从音标开始，逐渐掌握读音和拼写规律，不断扩大词汇量；在高年级则着重训练阅读和口头表达，还会进行大量的英语写作训练，确保学生读得懂莎士比亚，写得出观点明晰的文章，还能在公共场合清楚地表达自己的观点和意见。

如何增强国家认同教育的感染力？

对于国家认同教育，许多国家和学校都有较为成熟的做法，如开设相关课程、举办各种仪式活动、利用大众传播媒体尤其是新媒体等。但到了全球化时代，要增强国家认同教育的说服力和感染力，还需要我们创新教育方式。

1. 使用说服教育法、问题讨论法，增强理论的说服力

知识是人们国家认同感形成的基础，有了认知才能有认同。要增强中小学生的国家认同感，教师必须使用说服教学法，给学生讲清楚道理。教师要善于给学生讲故事，尤其要讲好中国故事。教师要把改革开放以来中国所取得的成就向学生讲明白、说透彻，以增强理论的说服力。唯有这样，才能使学生有正确的判断力，才能使学生树立中国特色社会主义理想信念，自觉成为中国特色社会主义事业的建设者和接班人。

需要指出的是，教师在进行说服教学时，要深入浅出，用简洁、规范、生活化的语言把复杂的问题讲透、讲明白。同时，还必须改变传统的说教式、灌输式教育方法。纯抽象的说服式教学方法与今天思想活跃的"00后"学生已不相适应。在讲解中，教师不能搞一言堂，要紧密结合社会现

实，结合学生感兴趣的问题展开课堂讨论，为学生答疑解惑，引导学生明白道理，澄清认识，形成正确的认知，学会用正确的立场、观点和方法去分析问题。

2. 运用榜样示范法、案例教学法，唤醒国民精神

知识只是形成国家认同感的基础，要真正培育出学生的国家认同感，在国家认同教育中还需融入学生的情感体验。榜样是无声的语言，而这种无声的语言往往比有声的语言更有力量。

要有效实施国家认同教育，教师要善于用榜样示范法激励学生。重要历史人物是中华民族的精英，他们的精神品格和道德情操对学生具有极强的感染力和号召力。我国古代历史上涌现出屈原、岳飞、文天祥、郑成功等一大批杰出的爱国者。近现代中国历史更是一部无数仁人志士为了实现国家独立和挽救民族危亡而抛头颅、洒热血的壮丽爱国主义史诗。当代社会也有许多可歌可泣的模范人物。要唤起青少年的"国民精神"，培育学生的国家责任感，就需融入对民族、对国家有杰出贡献的英雄人物事迹的学习，通过人性的感动来增强他们对共同理念的认同感。同时，教师要做好教书育人的工作，自身也要言传身教，要凭借自己的信仰、品德、才能、情感等人格魅力对学生进行积极影响。

3. 运用实践锻炼法，通过切身感受形成国家认同

社会实践是增强学生国家认同感的重要途径。通过组织学生参与社会实践活动，不仅可以使学生深切地了解国情、体验生活，充分感受改革开放后祖国日新月异的变化，从中学到许多书本上学不到的知识，还可以使他们树立忧患意识，增强责任意识，培养他们的爱国情怀，激发他们报效祖国的热情。

许多国家通过组织学生参与社会实践活动进行国家认同感的培养。新加坡教育部曾主办历史学习营，组织学生参观樟宜等战争遗迹、国家博物院，模拟新加坡在1942年沦陷以后的生活情节，让学生亲身体验日本侵略军统治时期的苦难生活，教育学生勿忘国耻。美国学校经常组织学生参

观法院、市长办公室、市政厅，鼓励学生"政治参与"。法国学校则常常把学校、班级模拟成社会，组织"市长竞选""议会辩论"等活动。英国学校成立"学校议会"，推崇"开放和均衡的讨论"，推进校政民主化，使学生借此了解民主选举的程序并掌握相关技能。日本近年来在一些中小学推行"上山下乡""土留学"活动，让学生到生活条件差的岛屿、农村和边远山寨去进行劳动锻炼，接受集体主义教育。

从这些国家的举措来看，全球化时代中小学国家认同教育想要有效开展，既需要紧密联系学生实际，又需要密切结合时代特点，在多方力量的共同作用下才能真正让国家认同意识走进学生的内心深处，从而培植学生的国家认同感和责任意识。

（作者单位系贵州师范大学教育科学学院）

（本文原载于《人民教育》2015年第20期）

创造力培养的理解误区和实践方向

师保国

对个体而言，创造性有利于学习、生活和工作中的问题得到解决；对社会而言，创造性能够带来新的科学发现、产品发明和艺术审美，从而推动社会的重大进步。伴随着知识经济时代、信息时代和全球化时代的到来，当今社会环境愈发呈现出复杂多变、快速变迁的特点。在此条件下，人们更加需要创造性作为灵活、有效地应对这些变化的"利器"。

众所周知，教育的根本目的是促进学生文化基础、自主发展、社会参与等素养在内的全面发展，这其中当然也包括创新素养的培养。考虑到对学生身心发展的了解是教育教学取得成功的前提条件，要在教育实践中促进创新素养形成，必须以一定的理论为依据，必须理解创造性的本质，研究创造性发展的基本规律。然而在具体教育实践过程中，人们对创造性的基本理解并不完全到位，有些认识停留于主观经验的感受，还有些认识则可能属于误解。从而导致相关的教育和教学工作重心不够明确，创新型人才培养缺乏针对性和实效性。

创造性内隐理论（Sternberg,1985）告诉我们，人们在日常生活中所形成的关于创造性的看法非常重要，它们会直接影响个体对创造活动的判断和行为。因此，在当前实施创新教育的大背景下，关注并厘清教育管理者、教师乃至家长对创造性的看法具有重要意义。结合国内外相关研究的发现与实践碰到的问题，接下来我们将对创造性理解方面的常见误区进行总结，并据此提出相应的教育启示。

对创造性理解的五个常见误区

1. 创造性就是灵光乍现的顿悟

心理学家索耶指出，人们习惯于把创造性理解为瞬间的灵感乍现，这一灵感的产生比较神秘，它源于无意识并需要通过顿悟得以实现。在我们针对 443 名中小学教师的一次问卷调查中，当被要求根据赞同程度对"创造性的想法是从无意识中神秘出现的"和"创造性来自灵光乍现的顿悟"这两个观点进行 1 ～ 5 分的评定时，全体教师分别给出了 3.01（标准差为 1.14）和 3.52（标准差为 1.00）的分数，说明他们也相对比较认可创造的神秘性。

幸运的是，当代心理学、认知神经科学和脑科学等领域的研究已经对无意识、酝酿、顿悟等现象开展了深入的研究。结果告诉我们，创造过程虽然有其神秘性，但总体而言是可以被认知的。例如，我们可以将其总结归纳为 8 个阶段，从发现问题、获得知识、收集相关信息、酝酿，到产生想法、组合想法、选择最优想法、外化想法（Sawyer，2013）。从这一观点可以看出，创造并非一种不可解释、一蹴而就的神秘过程，而是一种包含了大量的日常认知加工过程的更为复杂的过程。看似是顷刻降临的顿悟，其实是创造者经年累月所掌握的领域知识中点点滴滴的组合，是一个从量变到质变的跨越，它基于个体长期的辛勤付出，有赖于前人的工作，并得益于团队的合作，而非神秘不可知的灵光乍现（师保国，王黎静，2015）。

2. 创造性就是发散思维

一般而言，创造性指的是个体产生新颖奇特而具有实用价值的观点或产品的能力（Sternberg,1999)。在当代创造性研究的开创者吉尔福特（1967）看来，其核心是创造性思维，而它又主要表现为发散思维，是"从给定的信息中产生信息，从同一来源中产生各种各样、许许多多的输出"。这一观点被"创造性研究之父"托兰斯接受，在他所编制的著名创造性思维测验（TTCT）中，托兰斯重点测量学生的发散思维表现和水平。诚然，发散思维在一定程度上反映了个体的创造潜力，但如果把创造性等同于发散思维，则会走入对创造性理解的片面化误区，从而把创造性只理解为发散思维或者是一种能力，而忽略聚合思维以及创新品格。

早在 20 世纪 60 年代，研究者就提出了一个对创造性全面、多元理解的 4P 框架（Rhodes，1961），认为"创造性"一词至少包含以下四个方面的含义：（1）创造性过程（Process），强调从思维或认知过程的角度看待创造性，突出创造性思维，与吉尔福特等人的观点一致；（2）创造性个人（Person），强调从人格特质的角度看待创造性，突出创造性人格品质，显然这是对能力取向定义的扩充，提示对创造性的关注还应扩展到品格方面；（3）创造性产品（Product），强调从产品的角度看待创造性，它们不仅可能是有形的物质产品，也可能是创新观念、思想等精神产品；（4）创造性环境（Place），强调从环境的角度看待创造性，提示良好的物理、社会环境本身也是创造活动的组成部分。从这些方面可以看到，对创造性的理解不应是片面化的，其内涵应包括创新能力与创新品格等多个方面。

3. 创造性越高，越容易精神变态

在传统观念里，创造性往往与反叛和标新立异联系在一起。在人们的理解中，高水平的创造者大都外表古怪，性格奇葩，独来独往，甚至在精神上存在异常，我们把这些印象称之为对创造性理解的变态化误区。正如索耶所说，在日常生活中我们通常认为精神异常能带来某种特殊的智慧，大家很容易就能想出一些患有心理疾病的作家、艺术家和科学家的例子，如荷兰画家文森特·凡·高、英国作家弗吉尼亚·伍尔芙等，而大量的以心理疾病患者为主人公并将他们描绘成极具创造性个体的好莱坞电影（如《雨人》《闪亮的风采》等）则更是对这些观念的推波助澜。一些人甚至进一步认为，除了精神疾病有助于创造性更加自由地发挥，反过来后者的提升也可能带来心理方面的异常。

事实上，已经有大量的科学研究表明，创造性与精神变态之间并没有实质性关联。例如，埃利斯和伯尔曼对 1030 位知名人物的研究发现，这些

人出现精神障碍的比例并不比普通人群高，换言之，天才和心理疾病之间没有关系；盖策尔等人对 400 位杰出人物的研究也表明，在这些人中患有心理疾病的人数比例不到 2%，比普通人的患病率还要低，同时他们的父母、兄弟姐妹患有精神病的概率也低于常人；伯克利人格评估和研究中心（IPAR）的麦金农在经过 20 多年的研究之后也发现，传统上对创造者所持的"书呆子……知识分子……沉默寡言的人"的观念几乎是完全错误的，正相反，创造性个体是快乐的、成功的，而且具有平衡的人格，他们不会比普通人更容易患有心理疾病。

4. 创造性是遗传的

人们往往把具有极高创造性水平的人称为天才，这意味着他们的创造性才能更多是天生就具备而不是经过后天培养和训练而获得的。这种观念的进一步推论就是认为创造性源自遗传，一些人天生就富有创造能力，并在任何时候、任何场合都会显得创意满满；而另外一些人则自始至终没有什么创造成就，后天的教育训练提升的效果也微乎其微。在前述我们针对中小学教师的问卷调查中，当被要求根据赞同程度对"创造性是遗传而来的，一些人天生就更富创造性"的观点进行 1～5 分的评定时，全体教师给出了 3.24 分的平均分，说明他们在相当程度上认可创造的遗传性。

实际上，尽管有其遗传基础，创造性并不像智力或内外向人格那样稳定，它在很大程度上受环境的影响，是可培养的（Pfenninger & Shubik，2001）。更有研究进一步提出，创造性并不是一种跨时间、跨情境的高度稳定的特质，而是个体在特定情境下采取的策略（Kaufman & Baer，2005）。以上观点都表明，创造性的发展离不开后天环境的教育、培养。

5. 创造性会带来破坏性后果

在以往的研究中，人们大多默认和关注创造性的积极含义，比如创造性会促进个人成长，有助于我们对幸福的积极追求，是人类文明和社会经济发展的主要推动力。然而随着认识的深入，也有人提出了一个新问题：作为人类认识世界、改造世界的一种重要工具，创造性在带给我们诸多福利、展现出"高大上"形象的同时，是否也伴随一些潜在的问题？换言之，对创造性的理解不能只看到其灿烂的一面，也应注意到它晕轮之下的另一面。近期有研究表明，创造性可用于或好或坏的目的，从本质上说它存在阴暗面，甚至表现为只考虑一己私利，蓄意伤害他人（或社会）的恶意创造力（Cropley 等，2014）。例如，有研究（Wang，2011）指出，创造性可能会导致创造者在道德标准尺度方面的放松，特别是当人们发现可以利用规则漏洞去回避道德底线的时候，它会引发不诚信的行为；再如，创造性与攻击性、破坏性也存在着微妙的联系，从破坏市场秩序的山寨产品的出现，到"人造鸡蛋""地沟油油条""毒豆芽"等损害人民健康的产品，甚至是网络上出现的针对社会权威的各种妙语连珠的"吐槽"，无不显示出其"高大上"之外的另一面。在很大程度上，创造意味着"打破常规"。这里的"规"如果是陈规陋习，那么创造性就显得恰到好处；但如果是已经稳定形成的道德规则遭到破坏，则可能带来负面的后果。

我们认为，之所以会出现对创造性阴暗面的争论，很大程度上与人们对创新标准的把握有关。一般而言，创造性应符合两个基本标准，即新颖性和价值性（或适当性）。对新颖性的把握相对比较客观，只要是前所未有、他人没有做出的就符合标准；但对价值性的把握则相对比较复杂。事实上，这里的价值性兼顾了个人价值与社会价值两个层面，并且强调创造活动带来的个人价值也必须以实现社会价值为前提，即创造不能脱离社会，更不能损人利己。要避免在教育过程中过分重视创造性光明的一面而忽略其阴暗的一面的倾向，就必须充分重视创新标准中的价值性。

创新教育的实践方向

列举对创造性的理解误区，厘清创造性的基本概念与原理，有助于从实践层面开展创新教育，促进创新型人才的成长。具体而言，这些工作对教育的启示包括以下几点：

1. 提高创造性离不开后天勤奋的学习和工作

研究发现，创造性很少来自灵光乍现的突然顿悟（Sawyer，2013）。相反，无论在科学还是艺术领域，创新需要意志坚定的勤奋学习和努力工作。不可预知、突如其来的顿悟往往只是创造过程中一次小小的前进，真正的创造需要很多次这样随时间推移而不断产生的"迷你"顿悟，而它们则是源于个体毕生的辛勤付出、与人合作和专业积累。从这一意义而言，创造性并不神秘，也并非天生的。

消除神秘化和天生化的理解误区意味着：（1）帮助学生找到自己的爱好，进行刻意练习。来自国际象棋、作曲、绘画、写诗、演奏等多个领域的大量研究发现，创造性个体对某个特定领域深入参与十年后，才会产生重大突破，这一现象被称为"十年定律"。那么，在这么长的时间里个体究竟应该做什么？按照心理学家埃里克森（Ericsson等，1993）的观点，个体必须进行刻意练习（deliberate practice）。埃里克森和其他人在对各种领域的研究中发现，只有投入多于一万小时用来刻意或专门的练习，个体才能在该领域有世界顶尖水平的表现。因此可以说，创造天才的产生真的是离不开汗水的积淀，但前提是发自内心地喜欢做这件事。（2）结合特定领域。创造性有领域一般性（domain-general）和领域特定性（domain-specific）之分，中小学生身上的日常创造性表现更多是领域一般性的，如开放性、自信心、好奇心、冒险性等人格特征以及发散思维、远距离联想、聚合思维等能力特征；但随着学段的提升，高水平的创造性表现为具有鲜明的领域特定性。举例而言，科学、艺术和经营管理领域的创造性表现就差异很大，因而需要结合特定专业领域进行学习、思考和探究，精通该领域的知识，充分了解该领域选择评价创新产品的标准和规则。（3）重视坚毅品格的养成。高创造性个体一般都具有坚韧性、自觉性、果断性、自制性等良好的意志品质，这些有助于他们数十年如一日地勤奋学习和工作。创新型人才培养应渗透对学生毅力、心理弹性的教育，通过学科教学和开展各类实践活动，把坚毅品格的锻炼落实到丰富的意志行动中。

2. 提高创造性需要关注包括能力与品格在内的创新素养

对创造性的理解应该持全面的视角，关注创新能力与品格等多个方面，即创新素养。根据前述的4P框架审视当前中小学创新教育现状不难发现，教育者们重视了对学生认知（能力）成分的培养与训练，但对创造性人格的培养则显得不够，同时对创造性环境的培育也比较欠缺。

在此局面下，消除创造性理解的片面化误区意味着：（1）在课程开发、教学、评价等各个环节都同时关注创新能力与创新品格。其中，创新品格是与创新相关的人格品质，如强烈的好奇心，对事物运动机理有深究的动机，高度的创新自信水平，对自己的创新创造能力持有积极的信念，其有理性的冒险精神，敢于挑战权威和打破常规尝试新事物，等等。创新能力是指个体在已有的知识、经验和实践基础上，产生新颖且有价值的产品的心理特征，既包括传统上人们所重视的发散思维，也包括批判性思维和聚合思维。在教育的整个过程中，应同时关注这些方面，全面培养和评价学生的创新素养。（2）发挥人格对创新的催化剂作用。以往研究发现，以开放性特质为代表的人格因素在创造性表现中扮演了"催化剂"角色（许晶晶，师保国，2008）。这意味着如果没有积极的创新人格，个体的创造能力也可以发挥，但是效率低下，如同没有催化剂时，化学反应也可以发生但速率较低；反之如果有积极的创新人格，则创造能力的发挥就会像有催化剂的化学反应一样效率大增。在学校环境中，教师肩负着学生创造性"把关者"的角色，他们所制定或者默许的标准将成为儿童、青少年在发展创造素养时必须参考的依据。为了培养效果良好的人格催化剂，"把关者"应该对学生的新颖观念和行为提供更多的鼓励、支持、表扬和容忍。（3）营造创造性环境。"酒香也怕巷子深"，创意产品的产生和推广都离不开创造性环境。从教育者的角度而言，一方面是营造多元、活泼的校园物理环境和民主、平等的课堂氛围，另一方面还需要帮助学生发展说服别人的能力，鼓励他们分享并推销自己的想法和行为。具体来说，应鼓励学生在感兴趣的领域形成自己的人际网络（如科技发明小组、创意协会等），积极参与该网络的各项活动，邀请资深人士提供指导意见，分享并宣传自己的想法。

3. 提高创造性与心智健全相伴随

尽管在强调创造性的少数领域（主要是小说写作和美术绘画）确实有部分证据表明与较缺乏创造性的个体相比，高水平创造性个体的得分更接近精神疾患的临床表现，但他们都并未达到真正精神病的诊断标准（Sawyer，2013）。截至目前，没有可靠的证据表明在富有创造性的人群中比一般人群中精神病患者的比例更高。正常且神智健全的人更可能作出具有创造性的贡献。但是，有点儿反常也并无大碍。

消除创造性理解中的病态化误区意味着：（1）平衡自身的人格。很多具有创造性的人都具有看起来似乎相矛盾的人格，他们能够表现出人格范围的两个极端。例如，他们既有男性的阳刚也有女性的温柔；他们既内向又外向；他们的人格非常多变，甚至可以依据情境自由地变换个性表现。因此，扩展自己的个性范围将有助于提升个体的创造能力（Sawyer，2013）。举例而言，如果某个学生很外向，那么可以努力培养他人格中内向的一面。如果另外一个学生善于抽象推理，则可以多训练他的实践动手能力。（2）把创新教育与心理健康教育有机整合起来。一方面，心智健全是创造性得以顺利发挥的基本心理条件，心理健康的个体更可能将创造性的潜能发挥出来，正因如此，有学者曾明确提出以心理健康教育为突破口，全面培养和提高儿童、青少年的创新素质；另一方面，创造性的实现又有利于提高个体的心理健康水平，从事创造性活动使得个体对自身经验有更充分的领悟、表达与释放，体验到更多的心理自由，进而提升其存在感与价值感。因此，学校可以将心理健康教育与创新教育有机地结合起来，让心理健康教育为创新型人才培养提供优质土壤，使创新教育为心理健康的提升提供良好契机（师保国，王黎静，2015）。

4. 提高创造性应重视道德、法制教育

创造性能够使人们产生新想法、新思维，促进新事物的产生，但在一定程度上也会破坏原有稳定的环境以及一些已成型的规则。如果不考虑其社会价值，创造所带来的就有可能是自私自利等一些不道德甚至是违法的行为。

真正的创造，不仅要有利于个人，同时也应该是有利于他人、有利于社会的。

消除对创造性理解的晕轮化误区意味着：（1）培养创造性应以道德伦理为前提。学校对学生创造力的培养应遵守道德伦理，在创新型人才的选拔、评估、培养等各个环节重视品德素养，引导学生在产生新想法、做出新产品的同时考虑它们的社会价值。力求真正体现"立德树人"的要求，把"德育为先、能力为重、全面发展"的教育方针落到实处，培养出有志于心怀国家、奉献社会的高水平创新型人才。（2）发挥创造性应以法律法规为底线。创造意味着要打破常规，但并非完全没有章法的约束。超越现行法律法规的底线，所谓的"创造"可能就只是牟取个人私利的违法犯罪，而不是对他人、对社会有价值的行为。例如当前时常发生的网络犯罪，高智能嫌疑人常常以私利为目标"创造"出一些损害他人利益的软件以骗取、窃取钱财，但这样的"创造力"显然是不为人们所接受的，更不是创新教育和创新型人才培养要实现的目标。在如何发挥创造力这一问题上，必须坚持以法律法规为底线，把创造关在"法律的笼子"里。这样做看似与创造的本意相悖，实际上却是保障创造力得以合理发挥作用的基本条件。

参考文献：

［1］Sawyer,R.K. 创造性：人类创新的科学［M］. 师保国，等译. 上海：华东师范大学出版社，2013.

［2］Sternberg,R.J.*Handbook of creativity*［M］. Cambridge University Press, 1999.

〔本文系北京市社科基金一般项目"多元文化经验对创造性的促进效应研究"（编号 14JYB015）项目成果〕

（作者单位系首都师范大学首都教育发展协同创新中心、
北京市"学习与认知"重点实验室）

（本文原载于《人民教育》2016 年第 21 期）

便捷支付面前，中学生的财经素养准备好了吗？

陶　莹　刘云滔

关注学生的财经素养教育，是当今时代对教育的要求。在经济增长的大背景下，中学生手里可支配的金钱不断增长，加上互联网支付极大提高了消费的便捷性，所以非常有必要基于中学生的消费特征进行财经素养的培养和提升。

什么是财经素养？

按照国际学生评估项目（PISA）的定义，财经素养是指"一种关于财经概念和风险的知识和理解能力，以及运用这些知识和能力的技能、动机和信心，它可以帮助人们在日渐广泛的财经背景中作出有效决策，在经济生活参与中提高个人和社会经济利益"。它是一个比较综合的概念，包括人们对"倾向与交易""规划与理财""风险与回报""金融视野"等与个人生活息息相关的概念的认知、理解、分析、推理、评估与运用的能力，涉及人们解决财经问题的整个过程。

财经素养是理财的智慧，其核心是个人理财。培养学生正确的金钱价值观、适当的个人消费计划及较强的管理能力、充足的理财知识和较高的理财技能等财经素养，帮助学生形成更强的生存本领及更好的生活技能，促进学生身心的全面发展，不仅对学生个人的人生发展意义重大，其整体水平的高低还将影响社会的可持续发展能力和国家的核心竞争力。

广义的理财不仅包括投资理财，钱生钱，增加收入，也包括节省支出、合理消费。随着经济发展和教育水平的持续提高，我国中学生基本上都有了可以自己支配的零花钱和压岁钱，自主消费已成为学生生活中不可或缺的部分。中学特别是高中时期又是人生进入成年的准备阶段，是理财认知和理财能力形成的重要阶段。因而，加强对中学生理财特点的研究并加以引导，具有十分重要的现实意义。

近几年，我国政府在这方面虽也有所行动，但还需要进一步加强。2013 年 12 月，《国务院办公厅关于进一步加强资本市场中小投资者合法权益保护工作的意见》明确提出要"加大普及证券期货知识力度。将投资者教育逐步纳入国民教育体系，有条件的地区可以先行试点"。由此，根据广东省的部署和要求，广州市 36 所中小学已在 2015 年 9 月新学年开学时正式试点开设金融理财知识教育地方课程。2015 年 11 月，国务院发布的国办发〔2015〕81 号《关于加强金融消费者权益保护工作的指导意见》提出，教育部要将金融知识普及教育纳入国民教育体系，切实提高国民金融素养。

在课程方面，自 2015 年 9 月起，广州已有 36 所中小学开设金融理财课程，至此，广州成为我国首个将金融理财知识教育纳入国民教育地方课程体系之中的试点地区。该课程以金融证券基础知识的学习为核心，以培养学生金融理财意识和基本理财能力、财经素养为基本目标，塑造学生正确的财富观、理财观。上海也是全国较早开设财经素养教育试点课程的地区，财经素养在上海部分学校是一门必修课。

高中生有哪些消费特征？

当前，国内还没有针对中学生消费特征的全国性调查。但近些年一些高校学者和中学研究部门已在本地开展了相关的抽样调查，可以拿到的样本涵盖了东部、中部、西部地区，具有一定的参考价值。根据各样本的数据分析，高中生消费特征如下：

（1）高中生具有一定的经济能力和经济自主性。计划生育政策下，孩子多被疼爱，加之现在家庭经济状况越来越好，家长往往都会力所能及地满足孩子的消费需求。调查显示，在城市中，半数高中生的压岁钱可以达到 2000 元，且半数学生对其能自由支配。平时，大多数父母还会根据孩子的需要，不定时地给零花钱，为孩子开立个人银行账户。

（2）高中生有节约用钱与适度用钱的思想，但在用钱过程中缺少规划，消费行为不够成熟，人情消费和攀比消费较为普遍。大多数被调查的高中生坚决反对"月光"，购物主要考虑商品的用途与价格，在与朋友聚餐时会选择 AA 制付款，在送同学礼物时也会选择一些具有实用性的物品。这说明，高中生具有节约用钱与适度用钱的消费行为。

但家长给孩子压岁钱的时间和金额比较随意，使他们养成了需要什么买什么的消费习惯，缺少消费计划和安排。调查表明，绝大多数学生不会详细记账；不了解家里的经济收支状况，无法对自己的用度是否合理进行评价。并且，一些不良社会风气也在影响着高中生，因为"好面子"或虚荣心进行的人情消费或攀比消费也不少见。

此外，随着信息技术的发展及网络的普及，网络购物逐渐走入人们的生活，特别是青少年的日常生活中。欧阳润的调查也显示，多数学生对这种新型购物方式进行了尝试，有 83.2% 的学生有网购经历，其中 28.4% 的学生表示经常网购。但是，网络购物普及而学生又不了解家里的收支状况，这就派生出一些消极影响。

比如，福建省厦门市某中学学生杨某为了与同学攀比电脑品牌和性能上的优越性，多次网购电脑，最终花费达 4 万多元，严重地超出家庭所能承受的消费水准。网络购物足不出户就可以选购到自己喜欢的物品，还可以通过支付宝、微信以及货到付款等多种方式完成支付，购买到的物品也是通过快递方式送货上门，具有省时、省钱、支付方便等特点。正是这些方便之处往往造成涉世未深的中学生在外在因素影响下不顾自身的消费水平和消费能力盲目攀比，导致过度消费、不理性消费，甚至上当受骗。

（3）高中生具有理财意愿，但缺乏相应的理财知识与理财能力。调查显示，学生的理财体验主要来自家庭氛围的渲染，缺乏学校教育以及社会实践。在现行高考制度下，多数学生和家长都认为学习是第一要务。一些家长也不希望孩子了解家庭的收支状况并参与家庭的理财计划。知识的局限与实践的缺乏都使得高中生不具备相应的理财能力。但调查显示，大多数高中生产生了理财意愿，且认为理财并不会影响他们的学习。

财经素养教育的四个着力点

一个人面临的财经事项、财经问题及其决策和行为，与其"教育与工作""居家与家庭""个人活动""社会活动"情境或背景有关。西方国家十分注重学生的财经素养培养，已形成了政府主导的社会教育、学校教育、家庭教育三位一体的教育系统。借鉴国外经验，本文建议从以下几方面注重和加强我国学生的财经素养教育。

政府层面，将学生的财经素养教育纳入国家教育体系，列为教育发展战略性目标，尽早制定与实施加强我国青少年财经素养教育的总体规划与具体指导文件。

社会层面，相关科研院所、高校、企业、金融机构、社会公益组织等多方力量应通力合作，积极开展财经素养教育的理论研究与实践活动，并协助政府制定适合我国青少年财经素养教育的总体规划和具体指导文件，切实提升我国青少年的财经素养水平。目前国内一些机构已对此做了一些有益的工作，值得借鉴。

助力孩子成长，为社会培养更加优秀和全面的人才也是金融机构应该履行的社会责任。因此，金融机构可以尝试在假期吸纳高中生做一些简单的金融服务，给他们提供理财实践机会。由于高中生已具有一定的经济能力和自主能力，金融机构还可以为他们开发一些相对稳健的、适合他们的理财产品。

学校层面，首先，应明确财经素养教育的目标，不同年龄段的学生具有不同的心智特点，其财经素养教育目标也应有所区别。其次，科学设置相关财经课程，积极开发符合学校和学生特点的财经课程校本教材。再次，加强财经素养教育师资的培养。最后，注意将财经素养教育融入学校日常的教学和管理中。

值得注意的是，财经素养是多学科教育结果的综合表现。有研究表明，数学素养与阅读能力是财经素养的基础。因此，培养学生的财经素养，可以是独立的课程，可以是综合的课程，也可以渗透到数学、语文、思想品德等各个学科中，需要具体问题具体分析，结合当地现实，结合教师队伍的情况，采取有效的培养方式和课程体系。

学校是学生的另一个家。在日常教学和管理中，针对当前高中生的不良消费观念、消费行为及其理财能力不足的特点，学校首先要为学生营造良好的校园风气。教师要对学生进行正确消费观念的传达，让学生学会拒绝拜金主义、攀比消费、享乐消费与超前消费。除了要求在校穿校服，也要树立一些勤俭的榜样让大家学习，推崇"俭以养德"的美德，禁止学生携带名贵的与学习无关的奢侈品进入校园。

家庭层面，要从小关注孩子财经素养的培养。美国家长把财经素养教育称为"从 3 岁开始的幸福人生计划"。大家普遍认为，财经素养教育是家庭教育的重要内容，家庭是学生接受财经素养教育的起点，是学校财经教育的助手与补充。美国家庭普遍采取的财经素养教育方式有：让孩子从小参加力所能及的劳动，使其明白财富来之不易；在真实生活情境中指导孩子合理消费，学会计划，学会自我控制；给孩子介绍投资理财产品和金融产品，帮助他们形成投资意识，掌握初步的投资知识与技能。

调查表明，高中生的理财知识主要来自家庭氛围的渲染，所以家庭理财教育显得尤为重要。应注意以下几点：

一是应从小教给孩子金钱的概念，使其知道钱的正确来源和用途。在非特殊情况下，家长向孩子支付零花钱应固定时间和金额，适时制定一些奖惩制度，教会孩子记账，让他们养成制定消费预算和合理消费的好习惯。定期和定额的零花钱，是对大部分高中生长大工作之后定期定额领取工资的预演。在限额内，他们会对自己的支出按重要性和紧迫性进行安排。同时，要教导孩子对自己的零花钱进行规划和养成记账的好习惯。最开始可以要求他们每月交一份消费规划和记账单，慢慢形成一种习惯。结合规划和记账单，家长和孩子一起评价其消费的合理性。

二是让孩子知晓家庭的收支状况，并参与到家庭的理财计划中来。实际参与过程中，一方面可以促进孩子对父母的体恤和合理消费，另一方面也能帮助孩子尽早增进对理财的理解，加深孩子对储蓄和投资的认知。

三是在生活中家长要以身作则，为孩子树立榜样，合理消费，不攀比消费，不奢侈浪费，教育孩子正确认识社会上的送礼风气与人情消费，帮助孩子形成正确的消费观念和良好的消费行为。

四是不要过分强调分数的重要性，不给孩子过大的学习压力，多帮助孩子开阔视野，增长见识。时代在发展，我们对高中生的教育不能只是停留在文化课和艺体方面的培养上，涉及德育方面的理财理念、能力和技能的培育同样关乎他们的未来。

参考文献：

[1] 庄舒涵，何善亮.基础教育阶段学校理财教育的价值、问题与对策［J］.中国教育学刊，2015（12）.

[2] 陆茜.深圳高中生消费习惯和理财观念调查报告［J］.市场周刊（理论研究），2014（04）.

[3] 欧阳润堃.中学生理财认知水平和理财能力调查［J］.金融经济，2014（10）.

[4] 高欣秀.兰州市高中生理财教育调查研究［J］.黑龙江教育学院学报，2010（08）.

[5] 陈勇，季夏莹，郑欢.国外青少年财商教育研究梳要及其启示［J］.外国中小学教育，2015（02）.

[6] 阴祖宝，倪胜利.PISA财经素养教育的美国实践及启示［J］.上海教育科研，2013（06）.

[7] Davis, Kimberlee, Durband, Dorothy Bagwell. Valuing the Implementation of Financial Literacy Education［J］.*Journal of Financial Counseling and Planning*，2008（19）.

[8] 张琴，陈旭东，宋旭璞.探索高中财经素养教育的可行路径——以上海财大附中为例［J］.上海教育，2014（19）.

[9] 王国华，夏义勇，胡勤涌.《影响中学生财商的26堂课》的开发与实施［J］.中学政治教学参考，2014（10）.

（陶莹系西南交通大学经济管理学院副教授，

刘云滔系四川省绵阳中学实验学校学生）

（本文原载于《人民教育》2017年第10期）

教育"触屏"

——让我们重新谈谈媒介素养教育

邢　星

媒介素养教育应从何时开始？

他们被称为"触屏一代"：还没学会说话，就开始与各种触摸屏进行"拇指交流"；自 2007 年智能触控手机和平板电脑相继问世之后，"触网"时间越来越早，幼儿园时期就开始玩简单的网络游戏、看网络视频，小学三年级学会了拼音和写字，开始上信息技术课，较为复杂的媒介使用行为进入第一个爆发期。

这正是当下和未来基础教育要面对的一代人。由于触屏易操作，他们几乎从一出生就一直处于"媒介化生存"之中，那么，应该从什么时候开始给予他们媒介素养教育呢？

广东省社会科学院青少年成长教育研究中心进行的"广州市儿童（中小学生）媒介素养系列调研"结果显示，学生的媒介使用行为具有阶段性特征：初识媒介阶段主要用于娱乐；使用媒介阶段主要用于获取信息、学习，其次是交流和娱乐；迷恋媒介阶段，一部分学生变成"小专家"，主动开发和研究媒介使用，另一部分学生变成"小网虫"，沉迷于网络社交和游戏。从媒介初识者成长为普通使用者，城市中心校和家庭经济条件较好的学生可在小学三年级至五年级完成；家庭条件较差和城郊或农村校的小学生进程相对迟缓，甚至停滞不前。

小学三年级至五年级正是媒介素养教育的第一个关键期，学校和家庭教育需要把孩子的媒介使用行为从"娱乐"引导到"学习"上。

与国内较多关注大学生媒介素养教育不同，国外的媒介素养教育关注的主体往往是"儿童"。其实，媒介素养教育从源起就主张一种儿童视角。1986 年，英国教育和科学部与英国电影学院合作成立了全国初级媒介素养教育工作小组委员会（National Working Party for Primary Media Education）。1988 年，该委员会先是"面向 5 岁至 11 岁学生的英语教学"强调了媒介素养教育；1990 年，媒介素养教育扩展进"11 岁至 16 岁学生的英语课程设置"。

相比于媒介素养教育主张诞生时的媒介环境，"触屏一代"接触媒介更"低龄化"，他们的成长和学习也几乎一直伴随着媒介，而且是更多的媒介。因此，我们的倾向是，媒介素养教育应该是终身教育，它发生、发展的时间最好与学习发生、发展的时间相适应。

媒介如何改变了孩子们的学习——一种新的知识概念

现在的学生怎样做作业？

用手机给习题拍照，上传到学习辅助类手机 APP，以秒计算的时间内即可得到详尽的解答过程和多种解题思路。当然，他们也可通过应用平台与全国同龄学生一起交流讨论，帮助他人答题以获取积分或晋级。

这不是个别现象。市场份额最高的一款学习辅助类在线教育产品——百度"作业帮"公布，截至 2015 年 8 月，其累计激活用户达 5000 万，覆盖了全国 37 万所中小学，累计解决问题 40 亿次。

以传统教育鼓励"独立完成作业"的眼光来看，这种做作业的方式几乎就是"抄袭"（当然，现在仍有许多家长和教师这么认为）。未来学家杰里米·里夫金却在其著作《第三次工业革命》中提出了一种新的知识概念：知识不再是客观独立的，而是一种社会概念，是在学习社区内所有成员达成的共识。知识观念的转变对学习方式提出挑战：学习不再是每个学生个人的经历，而是多人之间的共同经历——我们一起思考。

"一起思考"意味着学习与社交的融合，这恰恰是屏幕背后的逻辑，智能手机最能体现这一点：在同一块触摸屏上，人们交流，人们学习，人们一边交流一边学习。当我们需要合作解决现实问题时，不常常是这样吗？

里夫金说，我们习惯于传统的学习环境，很少好好想想，如何就学习的本质提出问题。"我们真正学习的是构建现实和组织与周围世界关系的方法。"原本"分工"的世界正在变得更加"合作"，"一起思考"也许会变得比"独立思考"更接近社会现实，成为更适合组织与当下和未来世界关系的方法。

媒介素养教育要注重培养"情感、态度和价值观"

究竟什么是媒介素养教育？

英国学者莱恩·马斯特曼认为，媒介素养教育的核心概念是"再现（representation）"，即媒介不是简单地反射（reflect）现实而是再现现实；因此媒介素养教育应当着眼于增强学生对于媒介信息和媒介的独立自主的批判能力。

媒介素养教育的重点不是信息技术知识、使用媒介的方法，而是要学习如何感知、看待媒介和媒介信息。

这正是我国中小学生媒介素养的短板。

2015 年 2 月，中国互联网络信息中心（CNNIC）发布的《2014 年中国青少年上网行为研究报告》显示，小学生和中学生网民认为网络环境"非常安全"的比例分别为 11.2% 和 4.4%，比网民总体水平分别高 7.7% 和 0.9%；小学生和中学生认为网络环境"比较安全"的比例分别高达 60.1% 和 53.9%，比网民总体水平分别高 15.0% 和 8.8%。《"儿童与媒介"——2014—2015 年度广州儿童媒介素养状况专项调研报告》显示，82.6% 的儿童会允许陌生人添加网络好友，甚至有些孩子会瞒着家长与网友见面；13.5% 的"00 后"会选择在网上填写自己的真实资料。

孩子们太把媒介世界当真了，这与他们过早触屏、触网、与媒介共成长的现实相关。在这样的媒介环境背景下，媒介素养教育更需要帮他们分辨媒介世界里社交和游戏的情感体验是否真实安全，帮助他们从娱乐、浅社交等"低水平满足"的媒介使用行为过渡到深度学习、有效互动的媒介使用行为以获得"高水平满足"，让他们明晰媒介世界和真实世界的关系与区别是什么，该如何通过媒介实现终身学习并更好地应对未来。

（作者单位系中国教育报刊社《人民教育》杂志）

（本文原载于《人民教育》2015 年第 24 期）

生态教育：面向现实与未来的学习

陈基伟

生态教育是问题导向学习

生态教育是基于问题的学习，其大背景就是一系列全球性的现实问题。

伴随着世界各国工业化的发展，"反自然"倾向的生产与生活方式使自然环境遭到空前破坏，人类社会面临着全球气候变暖、环境质量恶化、自然灾害频发、生态平衡失调与资源短缺等一系列问题。

人类在失去自然家园的同时，也在失去精神家园。"信仰缺失""看客心态""社会焦虑症"等人类生存焦虑感和危机感产生的一个重要原因就在于自然生态与文化生态的割裂与失衡。

2003年，浙江省三门中学时任校长冯如希提出将生态文化作为学校办学的核心理念，融入到学校课程开发与建设之中，就是要直面这些现实问题。

学校生态课程开发与建设团队设计出"基于社会议题的研究性学习"项目。比如，围绕"雾霾中国"和"食品安全"两个主题，学生以小组协作方式，通过实地调查、阅读专业文献、搜集网络资料等方式获取研究资料，学习相关专业知识。国内频繁出现的雾霾事件、伦敦大雾事件、洛杉矶光化学事件和"大头娃娃""瘦肉精""地沟油"等现实问题就是现成的学习情境，可以有效激发学生的学习兴趣，同时，引导学生围绕这些问题进行理性分析与思考，对提升学生公民素养与社会责任感具有重要的现实意义。

我们以这些事件为起点，选择与教学主题密切相关的问题作为学习的中心内容。这些问题本身是真实的、包含冲突的或者有争议的，问题的进一步创设注重开放性与互斥性，为学生提供一个可以自主选题、自主探究和自由创造的研究性学习环境。以"雾霾中国"的问题创设为例（参见表1），问题设计非常讲究，需要从问题的高度、深度、广度、热度及其与学生生活的接近性等方面综合考虑。

表1 "雾霾中国"研究性学习活动问题设计

主题	一级问题	二级问题
雾霾中国	全球合作与雾霾治理	在全球范围内，雾霾与哪些因素有关？如何通过国际间的合作有效防治雾霾？
	我与雾霾	反思个人生活方式对环境产生哪些影响？如何培养个人绿色环保的生活方式与习惯？
	信息技术与雾霾防治	大数据与物联网技术如何应用在雾霾监测、企业污染防治等领域中？
	工业革命与雾霾治理	工业生产模式与雾霾的关系是什么？将"第三次工业革命"概念引入到学习之中，培养学生的可持续发展观。
	清洁能源与雾霾	联系本地三门核电、三门风电和三门火电，探讨能源生产方式与雾霾防治的关系。

未来的教育可能会更少地为学生提供答案，而更多地提供问题。生态教育正是提供问题的学习。在学习过程中，教师不直接告知学生如何去解决这些问题，而是通过为学生提供文献资料、指导学生使用网络资源、联系校外专业人士进行指导、提供校外实践场所等方式搭建"脚手架"，为学生提供解决问题的线索与路径，注重学生在拟现实社会环境中自主学习能力的培养。

在生态教育中深入学习技术

技术的发展是生态环境问题的根源之一，同时技术的发展又是解决生态环境问题的可行途径。在生态教育实践中，技术为学生提供了认识与改造环境的手段与方法，学生更需要深入理解和处理好技术与生态的关系。

学校生态课程开发与建设团队将物联网、智能移动终端、开源软硬件平台等前沿技术引入到生态教育过程之中，把现代信息技术作为学生认知、信息加工和知识体系建构与共享的工具，挖掘互联网、校园环境和三门县域丰富、独特的教育资源。通过开设选修课程、开展学生社团活动和社会综合实践等方式，开展了校园植物辨识、动植物数字影像采集与加工、物联网与现代农业等形式多样的生态学习活动。在生态学习项目的设计与开发过程中，力求实现技术、人文、生态相融合（参见表2）。

表2　技术支持下生态学习项目的设计与开发

项目名称	相关学科	设计意图
校园植物辨识	信息技术、生物、地理	基于瑞云山自然保护区丰富的植物资源，借助智能移动终端、网络选修课程和网络专业数据库、地理信息技术，开展校园植物辨识与标识学习活动，探讨人与自然的关系。
动植物数字影像采集与加工	信息技术、语文、美术、音乐	通过数字记录设备采集校园各个时期的动植物影像，通过制作视频（数字图像）短片、电子相册等形式，开展可视化学习活动，引导学生走进自然、亲近自然，培养学生发现美与展现美的能力。
物联网与现代农业	信息技术、通用技术、生物、化学、物理	通过实地参观考察农业示范基地和网络学习，了解学习物联网、大数据等技术在改造传统农业中的作用；借助农业物联网系统，学习物联网技术在农业领域中的应用方式；通过设计制作智慧鱼缸等形式为学生创造一个"做中学、学中做"的综合实践平台。

技术学习如何在生态教育过程中步步深入呢？以"物联网与现代农业"项目学习为例：

第一环节是参观考察。学校所在的三门县是国家级现代农业建设示范区，在农业领域引入了物联网、云计算、大数据、移动互联网等新一代信息技术。在项目学习过程中，学生通过实地参观三门农业产业示范园，身临其境体验物联网、云计算、移动互联网等现代信息技术给农业带来的经济、社会和生态效益。尤其是在生态效益方面，学生认识到我国虽然是农业大国，但是在农业生产过程中大部分化肥和水资源没有被有效利用，农业污染是水污染的重要污染源之一。现代农业利用实时、动态的农业物联网信息采集系统，实现快速、多维、多尺度的信息实时监测，配合农业植保专家系统，实现农田的智能灌溉、智能施肥与智能喷药等自动控制，降低土壤板结和水污染等状况的发生概率，有效改善了农业生态环境。现代技术对农业的影响在学生直观的感受下更为鲜明、更具冲击力。

第二环节是原理学习。学生在参观访问的基础上，通过实验室里的智慧农业实验装置和物联网演示系统，深入学习物联网技术在获取植物生长所需土壤水分、土壤温度、空气温度、空气湿度、光照强度等数据信息的原理与实现过程；借助物联网演示系统中的云计算平台，学习传感器采集到的各项数据的存储、处理、管理与利用。原理学习使学生对物联网与大数据技术在现代农业中的应用有了更为深入的了解。

第三环节是实践体验。学生在学习物联网相关技术原理的基础上，利用 Arduino 传感器实验套件，动手组装土壤温湿度数据采集实验装置，对各种传感器的工作原理和数据采集过程进行基于实践的学习研究。

第四环节是作品制创。在项目学习活动后期，学校将蕴含创新创造意识的创客教育引入到学习活动之中。学生综合运用物理、信息、通用、化学等各个学科知识，从模型设计到系统实现完成智慧生态鱼缸等项目作品制作，整个过程涉及硬件采购、代码编写、系统调试及作品说明文案写作等，从技术学习走向技术创新。这一环节需注重校外学习资源的引入与应用，我们将 Arduino、Python 等开源软硬件网络社区资源引入到学习过程之中，学生可以通过社群去寻找专业人士帮助，同时借助嘉兴学院、浙江大学等高校师生的专业技术力量，共同解决项目实现过程中的难题。整个作品制创过程促进学生问题解决思维方式的发展，激发了学生对信息技术、通用技术等学科的学习兴趣，为学生深度学习的发生创设了条件。

"物联网与现代农业"项目学习过程为学生创设一个实地与网络、理论与实践相结合的技术学习环境。在四个环节的学习中，学生认识到现代农业不再是单纯依靠经验进行农业生产经营的模式，彻底转变了传统观念中农业落后、科技含量低的观念；对现代农业在改善农业生态环境、挖掘自然资源潜力、发展农业观光旅游产业等方面有了全新的体验认识，对学生而言，这也是一次职业启蒙教育。

如何把"亲自然情结"教给学生？

美国未来学家杰里米·里夫金在《第三次工业革命》中写道："生活中没有哪一部分能像自然界那样提供那么多应用判断力、自主探寻、解决问题和智力发展的机会。"他认为，在第三次工业革命时期，教育重在培养学生的亲自然情结与生物圈保护意识，以便使学生更好地在未来管理人类赖以生存的生物圈，经受住未来世界的考验，为谋求社会与自然的和谐发展作出实质性贡献。

什么是亲自然情结？即学生能够沉浸其中，将"自我"延伸到自然生态中去，意在使学生重新发现自身与自然界的相互依赖关系，重新融入自然，唤醒人类潜意识中亲近自然的本能，增强学生对自然界的认同感与归属感。

"亲自然情结"能"教"吗？如果能，应该怎么教？

"一个人对自己看到的东西了解得越多，就会越发满足。"对于自然的"喜爱"与"满足"要从"了解"教起，并且不是一般的了解，而是一种"专家视角"的了解。

三门中学校园被崇山峻岭环绕，浙江省自然保护区瑞云山就处于校园之中，是一个极富生命活力的天然动、植物园。项目团队据此开展了校园植物辨识与分类学习活动，基于校园丰富的植物资源和"瑞云百木"网络选修课程，对校园植物资源种类、用途、分布、习性等进行了详细调查研究，追求"专家视角"的深度与广度：生物老师指导学生学习植物的形态术语、不同的科属类群和植物鉴定方法等专业知识，对校内分布的植物的名称、生物学特征进行标记与整理；地理老师指导学生将 GPS、天地图等地理信息技术应用到校园植物分布图的绘制之中，通过团队协作完成植物基本地理信息要素的采集和整理，并运用 3S 技术处理和建立该区域植物分布状况模型图，绘制校内植物资源分布图。学习过程也是一种专家式的问题研究过程。针对无法辨识的植物，学生首先通过询问生物老师、家长、林业局专家等方式寻求解决。对于通过上述方式还难以辨识的植物，则利用智能手机等移动终端采集植物图像，通过百度搜图等图像搜索技术、中国植物物种信息数据库和中国数字植物园等网上专业数据库进行辨识。最终的学习成果通过制作电子相册、微视频、微信公众号等形式进行发布；通过深入地探讨瑞云山丰富的动植物资源的成因，引导学生开展了生物多样性与人类关系的研究性学习活动。

在真实情境下基于专家视角的学习，不但给学生提供了生物学知识实践场所，更给他们一种强烈的生命智慧和生命意识。从强烈的生命智慧和生命意识到强烈的情感体验还需要另一个视角：诗人的视角——在细节中发现美、感受美。

在浮躁的时代氛围中，在高压的学习环境中，学生远离了自然和生命最本真的东西。诗人的视角是慢下来，找回本真。项目团队开发了"放慢的是脚步，收获的是风景——动植物影像采集与加工制作"微课程，基于校园环境但不限于校园环境，拍摄采集生活中动植物影像，走进自然，亲近自然，培养学生发现美与展现美的能力。活动过程涉及影像拍摄的画面美、解说词写作的语言美、背景音乐选取与制作的艺术美等多方面的美学素养，将培养学生发现美与展现美的能力渗透于每一个环节。

在植物拍摄技巧的学习中，通过街头巷尾的盆花、雨后世界的花蕾、春光明媚之季怒放的樱花、瑞云山上多彩的四季、阳台世界肆意盛开的鲜花 5 个案例，向学生展示生活中的花花草草姿态各异的美，"惊鸿一瞥"间，便是一场完美的邂逅，让学生做生活的有心人，把对美好事物的向往和追求融入人生。在昆虫拍摄技巧的学习中，让学生静下心观察和思考山顶栈道上慢悠悠的蜗牛和石榴树上忙碌的蚂蚁等小生命，或静或动，展示出生命的不同内涵。在作品配乐环节的学习中，通过对《迁徙的鸟》纪录片配乐的讲解，展示音乐中诉说的鸟群迁徙过程中怀着希望的前行和路途中的重重危机，它们一年两次迁徙，终生如此，只为了一个目的：生存。这种诗意的学习在传授专业知识的同时，又向学生传递了生命的美好与生存的不易，唤起学生内心深处对生命的敬畏之情，培养学生的亲自然情结。

为应对当前人类社会的挑战，适应社会形态的转型，培养能够适应未来社会生活的学生，学校应该从生态文明视角重新审视教育，发挥教育的生态功能，在教育和学习方面，重新定义人与自然、人与技术、人与社会的关系，将关乎人类社会未来生存与发展的生态文明理念渗透到日常教学之中，为学生个体与社会的可持续发展奠定基础。

（作者注：感谢邵华国、漆思佳、林宝菊、罗芳等老师在生态学习项目设计与实施中付出的劳动和作出的贡献。）

（作者单位系北京师范大学台州附属高级中学）

（本文原载于《人民教育》2016 年第 19 期）

健康与幸福可以教吗？

苗 杰

上海市闵行区中小学有一门"健康与幸福"课程，是闵行区教育局原局长、现任嘉定区副区长的王浩于 2012 年引进的，至今已有 36 所中小学自愿加入这门课程的探索实践。第三方评估显示：闵行区实施的"健康与幸福"课程"对于学生在健康知识的掌握、健康行为和态度变化方面有积极影响"——健康与幸福，我们可以教。

健康与幸福课教什么？

"健康与幸福"这门国际课程教给学生"十项生活技能"，这是健康与幸福生活的基本技能，包括：制定健康目标，沟通技能，拒绝技能，作负责任的决定，分析影响健康的因素，管理压力，解决冲突，实践健康行为，获取有效的健康信息、产品和服务，以及做健康的倡导者。

课程内容基本围绕这十项技能展开。这些技能的内容不仅包括问题解决的详细步骤，还包括丰富实用的活动建议，帮助学生评估周围的信息并作出负责任的决定。例如，放学后，你的同学要与你一起骑一辆自行车，你知道这很危险，此时，你需要运用什么生活技能呢？首先，你可以使用"作负责任的决定"技能来决定怎么做；如果他仍坚持让你和他一起骑，你可以运用"拒绝技能"，帮助你正确地说"不"；然后，你可以运用"沟通技能"解释你说"不"的理由。

这十项生活技能的内容融合进幼儿园、小学直至高中的课程教材，每个年级的主题基本相似，包括 5 个单元 10 个模块。5 个单元即心理、情绪、家庭和社交健康，成长和营养，个人健康和安全，药品和疾病预防，社区和环境健康。10 个模块即心理健康和情绪健康、家庭和社交健康、生长和发育、营养、个人健康和体育运动、预防暴力与伤害、酒精烟草和药品、传染病和慢性病、消费者健康和社区健康、环境健康。

课程的核心知识概念、生活技能的习得、思维品质的养成、问题情境和解决方式，都是基于学生的身心发展规律逐渐加深的。例如，"冲突"的概念在不同年级的内容表述不同，小学三年级讲"争议就是冲突"，四年级讲"冲突是激烈的争吵或打架（口头或身体）"，六年级讲"冲突，也叫分歧，常发生在两个人或多个人之间"。可见，"冲突"的概念呈螺旋式上升，相应的解决冲突的能力培养也呈螺旋式上升。

健康与幸福课怎么教？

从课程内容看，"健康与幸福"课程是知识技能、过程方法、情感态度价值观的养育课程。其中，思维方式和情感态度价值观的培养是主线。思维主线侧重于批判性思考，自始至终引导学生在解决生活问题时，学会分析比较、推断预测、描述说明、反思评价等等。这也正是 21 世纪倡导的"认知技能"的范畴，即：创造性解决问题能力、批判思维和系统思维。它的价值观主线就是尊重，诠释了联合国教科文组织可持续发展教育四个尊重的价值观，即尊重当代人和后代人、尊重差异性和多样性、尊重环境、尊重地球资源。

从实施方式看，"健康与幸福"课程是全员、全程、全方位育人的综合课程。课程内容融合了生理学、医学、心理学、社会学、教育学、伦理学和环境科学等多学科知识，囊括了身体健康、心理健康、社区和环境健康、疾病预防、预防暴力与伤害等不同主题，详细介绍了青少年在成长过程中可能会遇到的各种问题及应对策略，弥补了我们现有课程在生活技能培育方面的不足够、不系统、不完整。

从课程目标看，"健康与幸福"课程是解决学生成长问题的生活课程。

学生所有问题的解决既源于他们生活的体验又回归生活本身，师生在真实的体验中领悟成长的烦恼并收获成功的快乐。它重新定义了课程的内容，那就是——关注学生的健康、情绪、心智、思维远远胜过关注学科知识本身，它开启了今天我们定位"什么才是真正重要的学习内容"的新思路。同时，重新定义了教师的专业成长，教师在这门课程教学中会懂得什么才是尊重，学习如何尊重学生的多样性和差异性。

闵行的实施策略是什么？

随着我国基础教育课程改革的不断推进，越来越多的国际课程将"以我为主，为我所用"。比如：美国的 Brain POP 课程、STEM 科学技术工程数学课程等。闵行区教育局局长恽敏霞说："国际课程的本土化实施必须有所思考，有所预设。比如，课程的'国际味'在哪？会不会'水土不服'？教师如何'驾驭'？遇'文化冲突'该如何解决？价值明晰和问题追问既是基础性工作，也要贯穿实施的全过程。"为此，闵行区本土化实施"健康与幸福"课程基于"四个着眼点"落实。

课程观念着眼于"变"。我们清醒地看到，当代课程改革理念的三大变化，一是由学生适应课程到课程适应学生；二是由组织学习内容到创设学习经历；三是由只为升学奠基到为了终身发展服务。我们鼓励学校变革课程观念，引导教师转变教学观念，创新教与学的方式和评价方式，从而进行适切性选择取舍。

课程管理着眼于"活"。我们本着"引方向在区域，生智慧在学校"的策略，尊重学校的自主选择，制定了区域课程实施方案和指导意见，为课程校本化推进提供四种模式菜单，学校可自主选择：一是整体架构，内容统整；二是学科重组，分层推进；三是元素拆分，资源整合；四是原版引进，双语设计。我们在调研的基础上，按照"有需求、有基础"的原则双向选择，自下而上、自上而下先试点再推广，实施前再对教师、学生进行调查问卷前测。我们创新了区、片、校三级管理机制和培训机制。在区、片培训基础上，学校同时进行校本培训，比如，第一批加入的平南小学聘请美国专家进行课程系统化校本培训，并与第三批加入的世博小学结对，指导其教材解读、课例研究等，用活校本化实践的多元智慧。

课程实施着眼于"融"。我们将现有的课程教材与"健康与幸福"课程比较。明晰现行课程有什么，现行课程缺什么，从而进行适切性选择取舍，资源共享。我们根据原版课程标准、21世纪三大技能标准、国内相关课程标准对"健康与幸福"课程目标进行了本土化定位，从核心目标、分解目标、年段目标、年级目标进行了重构。比如，核心目标概括为：培养健康素养，学会健康生活；掌握健康技能，学会终身学习；关注问题解决，养成批判思维；具有全球意识，形成尊重价值。

我们让课程活起来，让课堂大起来。进行课程统整、学科融合、教学创新，包括与拓展型课程整合、与探究型课程整合、与校本课程整合、与项目研究融合、与德育课程整合；与基础性课程相互融合渗透，如数学、语文、音乐、体育、美术、心理等。比如，浦江三小、华坪小学等梳理出"健康与幸福"课程与"品德与社会"课程内容关联点进行整合融通，优化了教学时空；浦江一小、君莲学校等与家庭、社区合作开发互动游戏课程和体验课程。

课程评价着眼于"放"。我们创新评价机制，创设第三方评价的"大"育人环境。2013年，我们引入了第三方"美国麦格希教育评测中心"对12所学校进行了第一轮实施效能评估；2015年，我们引入"北京盈德科技教育测评中心"对30所试点中小学进行了第二轮实施效能评估。

作为教育工作者，我们需要预见可能的未来，有责任用更开阔的视野走出教育看教育。今天的教育，我们引以为豪的是什么？是学生的成绩？是升学率？是学校的荣誉？是学生成事成人？用杜威的一句话回答，那就是"我们所需要的是儿童以整个的身体和整个的心灵来到学校，并以更圆满发展的心灵和更健全的身体离开学校"。教育的本质是尊重孩子的成长，为孩子一生健康幸福奠基。这对教师的挑战是什么？我们该怎么面对？评价的最终指向是什么？学校将如何被重新定义？这是"健康与幸福"课程提出的更深远的问题，是挑战，更是机遇。

（作者单位系上海市闵行区教育学院）

（本文原载于《人民教育》2017年第5期）

第三辑

变革世界中的学习

核心素养如何落地？

——全球教育实践案例及启示

刘　晟　魏　锐　周平艳　师　曼　刘　坚

在我国公布《中国学生发展核心素养》之前，世界上多个国际组织和经济体已提出了各自的 21 世纪素养框架，有些甚至展开了一段时日的实践尝试。虽然他们围绕核心素养展开教育实践的时间不长，其效果也尚需一段时日方能在学生身上得以体现和检验——对其核心素养教育的实践成效展开述评可能还为时尚早，但这些实践案例可以反映出全球教育从业者对核心素养教育推进方式与落实途径的思考和认识。

呈现与分享这些国际组织和经济体的案例，既不是为了要照搬和模仿，也不是因为我国完全没有类似的尝试，而是要通过这些案例及其反映的思想，归纳对核心素养落实途径的思考和认识，以借鉴全球教育从业者的集体智慧。

案例及启示 1：落实核心素养需要系统化解决方案

澳大利亚在 2009 年设计国家课程时，提出要在课程中培养学生的七项通用能力（general capabilities），随后于 2010 年和 2011 年陆续发布了一系列课程文件，从各学段的课程设计上将这些通用能力融入其学科课程，构建了一套系统化解决方案。例如，在其公布的课程文件中，"批判性 / 创造性学习"这一项通用能力被拆解为"调查 - 识别、探索和组织信息及想法""归纳想法、可能性和行为"等 4 个方面的能力，而其中的"调查 - 识别、探索和组织信息及想法"又被进一步拆解为"提出问题""识别和区分信息及想法""组织和处理信息"等 6 个方面的能力。表 1 呈现的就是"组织和处理信息"这一能力是如何系统化落实在各学段的教学实践中的。

表 1　澳大利亚关于"批判性 / 创造性学习"能力的系统化
解决方案——"组织和处理信息"能力为例（摘录）

水平 1	水平 2	……	水平 6
在初级学段结束时，学生通常能： 从给定的信息源中收集相似的信息或叙述。 示例： 收集某一特定行为的多种表现。	在二年级结束时，学生通常能： 从多个信息源中，依据相似或相关的想法，组织信息。 示例： 从多个来源找出善意行为的例子。	…… …… ……	在十年级结束时，学生通常能： 批评性地分析来自独立渠道的信息，判断其偏见度与可信度。 示例： 评判来自已知和未知渠道的数据。
英文 ACELA1430 科学 ACSSU005 历史 ACHHS019	英文 ACELA1469 数学 ACMMG037 科学 ACISIS040 历史 ACHHK050	……	英文 ACELT1639 数学 ACMSP253 科学 ACSIS199 历史 ACCHS189

（表中内容译自 General capabilities in the Australian curriculum）

　　上表中的第一横行，代表的是各学段及所预期的学生能力水平，第二横行展示的是"组织和处理信息"能力在各学段的体现和具体示例，第三横行展示的是这些能力在英文、数学、科学、历史等各学科课程标准中所对应的标准代码。由此表可以看出，学生的"批判性 / 创造性学习"能力会在其各个学段的多个学科课程中得到逐渐深入培养和发展，形成一套完整的系统化解决方案。

　　与此相似的是，美国在公布了其全美共同核心州立标准（Common Core State Standards，简称 CCSS）和全美新一代科学课程标准框架（A

Framework for K-12 Science Education: Practices, Crosscutting Concepts, and Core Ideas）之后，也由 21 世纪学习联盟（Partnership for 21st Century Learning，简称 P21，2011）和美国国家研究理事会（National Research Council，缩写为 NRC，2012）先后发布研究报告，分析和论述了 21 世纪技能框架是怎样融入这两份课程标准中的，以帮助教育从业者及社会各界人士更好地理解 21 世纪技能与新课程的关系。此外，P21（2007）在提出 21 世纪素养框架时，还明确提出需通过标准与评价、课程与教学、教师专业发展以及学习环境等均指向同一学习目标——21 世纪技能（学习与创新技能、生活与职业技能、信息媒体与技术技能），从而开展和落实指向 21 世纪技能的教育实践（如图 1 所示）。

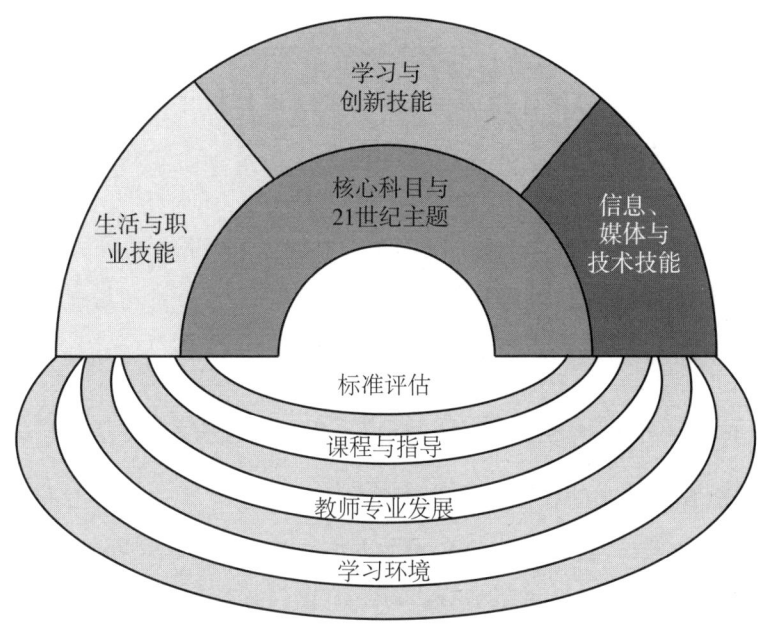

图 1 美国 P21 提出的系统化解决方案

（译自 Framework for 21st Century Learning）

与澳大利亚和美国相似，P21 已提出完整素养框架的经济体，尝试通过将核心素养融入各学段的各学科课程中，从整体上给出 K-12 教育的解决方案，以尽可能地将发展学生的核心素养这一育人目标通过复杂的教育系统落实在学生身上。这正如 NRC（2006）在《州科学教学评价体系》（System for state science assessment）报告中提到的，一个有效的基于标准的科学教学评价体系应具备三个维度的连贯一致性：（1）水平一致性，即课程、教学和评价等都要向课程标准看齐、指向相同的学习目标，共同支撑学生的发展；（2）垂直一致性，即教育系统内的各个层级——班级、学校、学区、省/州——享有共同的教育目标、评价目的和方法；（3）发展的连贯性，即必须考虑学生从进入幼儿园直至高中毕业，其各项素养是如何发展的，在各学段应分别获取哪些素养。

案例及启示 2：落实核心素养需要基于真实情境

《面向未来：21 世纪核心素养教育的全球经验》研究报告，基于对 5 个国际组织和 24 个经济体素养框架的分析，共提取出 18 项核心素养，其中既包括语言素养、数学素养、科技素养、人文与社会素养、艺术素养、运动与健康素养等领域素养，也包括批判性思维、创造性与问题解决、学会学习与终身学习等通用素养（师曼等，2016）。目前已有的案例显示，在这两类素养教育的实践过程中，虽然各自所依赖的学科领域会有所不同，但都强调要基于真实情境。

1. 在真实情境中培养特定的领域素养

南非教育部（基础教育）在其最近的一轮课程改革过程中，颁布了《数学素养课程与评价政策声明》（Curriculum and Assessment Policy Statement, Mathematical Literacy，简称 CAPS-ML）。作为其教育部官方正式颁布的面向全国的数学课程文件，CAPS-ML 最为显著的特点就是提出要以实际生活为背景展开对最基本数学知识的学习，通过数学内容知识、生活情境和问题解决能力培养的紧密融合，提高学生的数学素养。例如，CAPS-ML 中给出的一个具体实例（见表 2）。

表 2 南非《数学素养课程与评价政策声明》中的一个实例

诺基亚 E63（手机本身免费）	诺基亚 2730（手机本身免费）
100 元 / 月的套餐 需连续使用 24 个月，包括： ●每月任意时段 100 分钟通话  手机特性： ●诺基亚手机邮件 ● MP3 播放，3.5mm 耳机插口 ● 2MP 摄像头	50 元 / 月的套餐 需连续使用 24 个月，包括： ●每月 50 分钟漫游通话时间、 25 条短信  手机特性： ● MP3 播放，3.5mm 耳机插口 ● 2MP 摄像头 ●高速浏览器及下载体验

（表中内容译自 Curriculum and Assessment Policy Statement, Mathematical Literacy）

上表显示，学生会面对一则来自真实生活情境的手机广告，需要其根据个人手机使用频率、通话时长等，运用相应的数学素养从两份套餐中计算出最为经济实惠的一款。通过这一情境的学习，可以让学生体验和发展依据数学计算作出个人决策的过程及能力。此外，在面对这一情境进行个人决策时，还会包含其他一些非数学因素的考虑，例如手机外观、手机性能等，而这些因素的考虑会涉及与同辈人交流、社会和文化价值等社会科学方面相关领域的学习。这也有助于学生理解和认识到具有数学素养的人在面对类似情境时，可依据对经济价值的计算及其他非数学因素的综合考虑，作出更为明智的个人决策。

2. 在真实情境中开展跨学科学习

教育的首要目标不是仅仅为了让学生在学校中表现出色，而是为了帮助他们在走出校园后可以生活得更好，即培养学生形成伴随其一生的能力，这是提出 21 世纪核心素养的根本所在。这些素养的形成，需要学生在真实生活情境中学习并运用相关的知识、技能，而不仅仅是聚焦于单一的某个学科主题内容中（Iowa Department of Education，2010）。这说明，在课程内容选取和设计时，既要有某一学科的视角，又要积累跨学科的经验，即需要开展有效的跨学科内容主题的学习。因此，结合真实生活情境、尝试选取并构建跨学科的内容主题进行课程设计，已逐渐成为各经济体普遍采纳的实践方式，而开展基于项目的学习/基于问题的学习（Project Based Learning / Problem Based Learning，二者可合写为 PBLs）则是这一方式中最受全球关注的跨学科学习策略。

在自然科学教育中，备受关注的 STEM（科学、技术、工程与数学）或 STEAM（科学、技术、工程、艺术与数学）尤其适合运用 PBLs。在基于项目的 STEM 学习中，学生要经常进行聚焦于现实世界中真实问题的跨学科探究活动。有研究表明，将数学与科学融为一体进行教学可能会带来学生成绩的提高，使学生对所学科目更加感兴趣，而参与 STEM 项目学习的经历可以帮助他们更好地理解身边的世界。（转引自卡普拉罗、摩根，2016）

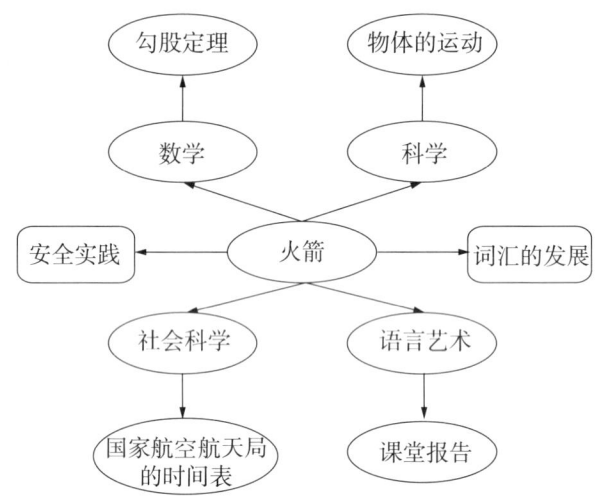

图2 以火箭为主题的 STEM 项目学习示意图

（改编自《基于项目的 STEM 学习：一种整合科学、技术、工程和数学的学习方式》）

例如，上图显示的是由科学、数学、社会科学以及语言艺术教师通过合作备课，共同设计的以火箭为主题的 STEM 项目学习。学生将以小组合作方式，在"火箭"这一跨学科真实情境下，发展和达成数学、科学、社会科学以及语言艺术等各学科课程标准的要求。在项目学习结束时，学生通过自己的手工制作向同伴和教师展示自己学到的东西。

在社会科学领域，PBLs 也有助于学生在真实生活情境中获取跨学科的学习体验和理解。例如，在高中分别开设"国内经济"和"商业入门"选修课的两位教师，连同一位科学教师一起，共同开发出一个联合授课项目（如表 3 所示），为学生提供了跨学科学习机会，发展其财商、创业及科学类的相关素养。

表 3　社会科学领域中基于 PBLs 的跨学科案例（摘录）

> 两位在高中开设选修课的教师，一位主讲"国内经济"，另一位主讲"商业入门"。他们共同开发出一个联合授课项目，让学生经营一个售卖烘焙食物和三明治的学生商店。学生轮流执行经理、销售、会计、发货和维修等任务；在"商业入门"课上，学生用这些经费和资金计划菜谱、购买原料和生产要销售的食物。学生返回"国内经济"课堂时，就应用不同的数学技能来数钱、存钱、完成员工的工作时间表、挣"工资"和对利润进行分红。学生把存货卖给教师，并对额外的送货服务收取额外的费用。菜谱内容的增加由销售情况决定，而基于数据的决策则作为"国内经济"和"商业入门"两门课的结果。
>
> 教师每个月腾出几天时间来开展连续性"分段"授课，以便让学生以小组的形式进行学习活动。当进入学期中后期时，演讲课堂让学生参与关于薪水和关联风格方面的公断冲裁和辩论。科学课教师则用这个机会收集不新鲜的鸡肉沙拉中的细菌样本。

研究表明，跨学科学习可以帮助学生建立高阶思维技能，也可以帮助学生在不同学科领域之间形成有意义的联系（转引自卡普拉罗、摩根，2016）。在 STEM 等跨学科主题的学习过程中，学生需要在真实情境中运用科学推理、批判性思考和信息分析等能力，创造性地解决实际生活中的问题或制作出相应的项目产品，其创新素养也会得到相应的发展（Feldon, Hurst, Rates, & Elliott, 2013）。各国际组织和经济体的实践案例及相关研究似乎都表明，批判性思维、创造性与问题解决、学会学习与终身学习等通用素养，离不开各学科领域的相关知识和能力作为基础，但同时也需要通过基于真实情境的跨学科主题学习，予以提升和发展。

3. 选用真实情境考查核心素养

当指向 21 世纪素养的教育强调真实情境对帮助学生发展核心素养的重要作用时，为保持课程、教学与评价三者间的水平一致性，尽可能地选用真实情境对这些素养进行测评就成为必然。例如，经济合作与发展组织（OECD）的国际学生评估项目（PISA）就在测试中尽量选用真实情境命制题目来考查相应的能力，表 4 呈现的是一道对科学素养的测试题。

表 4　PISA 科学试题（摘录）

阅读下文并回答问题。

温室效应：事实还是幻想?

生物需要能量才能生存，而维持地球生命的能量来自太阳。太阳非常炽热，将能量辐射到太空中，但只有一小部分能量会到达地球……*

报纸杂志上常说，二氧化碳排放量增加，是 20 世纪气温上升的主要原因。

一位名为小德的学生有兴趣研究地球大气层的平均温度和地球上二氧化碳排放量之间的关系。他在图书馆找到下面两幅曲线图。

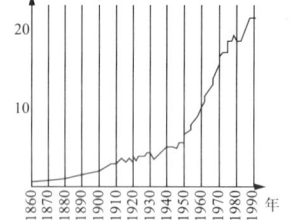

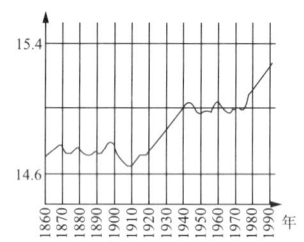

小德从曲线图中得出结论，认为地球大气层平均温度的上升，显然是由二氧化碳排放增加而引起的。

（1）曲线图中有什么资料支持小德的结论？

（2）小德的同学小妮不同意他的结论。她比较两幅曲线图，指出其中有些资料并不符合小德的结论。请从曲线图中举出一项不符合小德结论的资料，并解释答案。

*PISA 测试中此题的题干部分给出了关于"温室效应"的背景资料供学生阅读，此处受限于字数，略去。

表格中的内容摘录自《PISA 测评的理论和实践》。

近年来，PISA 还逐步加入了基于真实情境的跨学科通用素养测试。例如，2015 年公开的试测样题中就包括对合作式问题解决（Collaborative Problem Solving，简称 CPS）能力的测试（OECD，2015）。图 3 呈现的就是 PISA 2015 框架中对"合作式问题解决能力"的测试题情境和计算机作答界面。

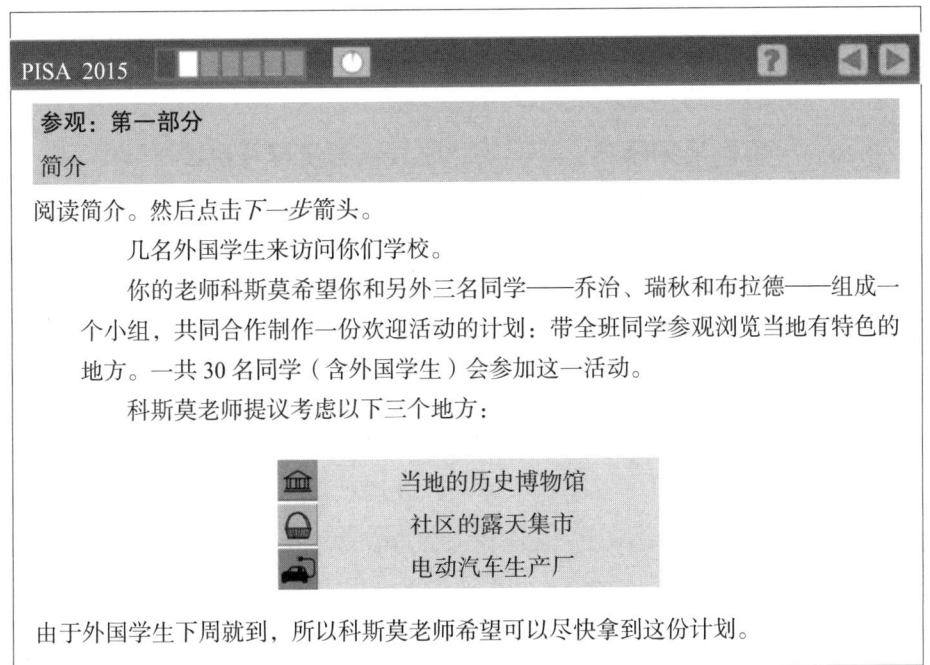

图 3　PISA 2015 年公布的对"合作式问题解决能力"的试测样题

（译自 PISA 2015 Released Field Trial Cognitive Items）

这是一道基于计算机模拟界面的测试题，学生在阅读每个环节的简介后点击"下一步"按钮，就会出现模拟对话界面。例如，在点击上图右上角的"下一步"箭头后，首先会出现乔治的提问界面"我们从哪儿开始讨论？"以及可以选择的四个回应——A）让我们问问科斯莫老师该怎么办；B）我们已经有了 3 个选择，让我们来投票决定吧；C）也许我们应该先花点儿时间想一想，一会儿再回来思考这个问题；D）我们来讨论一下什么（要素）是一次好的参观活动所必需的？——当学生选择 D 选项时，表明其可能具备了"识别并描述出所要完成的任务"的能力。计算机会根据学生的不同选择，调用预先设定好的乔治、瑞秋和布拉德等角色的多种潜在可能的反应或提供不同程度的帮助，以保证每位参加测试的学生都可以完成整个参观计划的制订。此外，在谈及相关话题时，界面还会呈现出题干中提及的三个地方的相关信息（如开放时间、距离学校的远近等）。最终，计算机通过学生在各个环节的反应，基于预设的评分标准，对学生"合作式问题解决能力"进行评分。

案例及启示 3：落实核心素养需要多样化测评

已有的实践案例显示，指向 21 世纪素养的教育需要多样化测评，从多种途径以不同方式收集学生素养发展的情况，进而为开展 21 世纪素养教学提供反馈、建议与引导。

1. 发挥形成性评价对反馈和促进核心素养教育的重要价值

形成性评价在及时、全面地了解与诊断学生 21 世纪素养的发展状态，进而为教学提供反馈与建议方面具有十分重要的作用。此外，一些重要的 21 世纪素养，也很难仅通过标准化纸笔测验进行评价。

法国就尝试通过建立学生成长档案，对其表现进行及时、持续、完整的记录，为教学提供反馈，按需调整教学以促进素养的形成。2008 年时，法国首次在小学阶段给每名学生配备一份《个人能力手册》，对其从基础教育阶段的表现进行完整的记录。同时，对评价的分类、方法和评分标准等都给出了详细的规定。对于每个学生来说，《个人能力手册》证明了他们对国家所规定的 21 世纪素养的掌握程度。《个人能力手册》考查的内容为：第一阶段（小学二年级），只考查法语、数学、社会及公民素养；第二阶段（小学五年级），七大素养全部考查；第三阶段（小学六年级到初中毕业），能力手册是在整个初中阶段逐步填写完成的，所有教师都会参加学生在这七大素养上的考核。能力手册的使用让教师得以跟踪学生的进步，同时还兼具与家长进行交流沟通的作用，定期向家长通知学生的状况，以随时了解学生的进步。如果某个学生有困难，教师团队会给他提供相应的帮助，例如改变教学方法、补充教学活动或由某个特定的教师来负责。毕业时，能力手册会交由法定监护人保管。（Ministry of Education, France，2011）

与此相似的是，在保加利亚，自 2009 年以来，在小学和中学教育阶段，每到年底班主任都会完善学生的个人资料，以评估他们参与的课外活动（如项目、会议、竞赛等）。而在完成小学和初中后，这些全面的个人档案则是学校毕业证书中不可分割的一部分。（EACEA，2012）

2. 在国家或地区的统一考试中，融入对 21 世纪素养的教育监测

除形成性评价外，致力于培养公民 21 世纪素养而展开相应教育变革的经济体，也需了解其毕业生在完成各学段学业时是否达到了相应的素养要求。因而，开展面向全体学生、指向 21 世纪素养的国家或地区层面的统一考试，也成为 21 世纪素养教育实践过程中的重要环节。

新西兰就将对 21 世纪素养的监测融入其每年一次的学生学业成就国家监测研究中。其对核心素养的监测并非独立于各学科领域之外，而是将其融入现有各学科的不同类型题目中，针对不同素养在各学科中的具体表现给出了明确的操作性定义，从而实现对核心素养的年度测评，并随当年度的学科测评结果一同公布。（Educational Assessment Research Unit，2014）

澳大利亚在发布《墨尔本宣言》后，也致力于通过国家考试项目探查特定学段的学生在读写、计算能力、信息交流技术等方面的通用能力。这主要包括两大测试项目：一是国家读写与计算能力评估项目（The National Assessment Program - Literacy and Numeracy，缩写为 NAPLAN），自 2008 年起对三、五、七、九年级学生读写和计算能力展开测评；二是针对六年级和十年级开展的信息交流技术素养（ICT literacy）测验。（ACARA，2008，2015）

3. 行业资格证书：与职业密切相关的技能

许多 21 世纪素养都与相应的职业和行业技能紧密关联，通过行业资格证书评价与职业密切相关的技能，亦是评价 21 世纪素养教育成就的重

要途径之一。例如，针对数字能力的标准化评估工具在欧洲得到了较为普遍的运用。欧洲计算机执照（European Computer Driving Licence，缩写为ECDL）在大约一半的欧洲国家得到了定期或不定期的使用。而要获得这些证书，需掌握七大类计算机操作技能或素养。此外，还有一些国家会颁发关于信息交流素养（ICT）的多个级别证书，所测查的素养与 ECDL 也是非常相似的。此外，比利时（法国社区）提供初级和中级教育的非强制性ICT 证书。而德国、立陶宛、罗马尼亚和英国也提供受认可资格的 ICT 技能证书。（EACEA，2011）

案例及启示 4：落实核心素养需要政府引导和社会参与

由于教育的复杂性，在推进和落实 21 世纪核心素养教育的过程中，需要各级政府相关部门、研究机构与组织、社区和社会机构等多方面协调合作，提供支持和服务。许多经济体和国际组织都在思考并尝试，通过多种途径在教育系统的不同层面构建 21 世纪核心素养教育的支持体系。

1. 政府的政策引导

政府的支持引导是众多支持途径中最有力度的方式之一。一些经济体都由政府相关部门发布文件，借助政策推动并指引面向 21 世纪核心素养的教育实践。

俄罗斯于 2007 年通过联邦第 309 号法令《关于在俄罗斯联邦法律中贯彻国家教育标准的概念和结构部分的改变》，确定必须在所有的教育水平以各种形式发展学生的核心素养，由此推动基础教育和高等教育标准的修订都以核心素养为基础。例如，2010 年《国家基础普通教育标准》（俄罗斯联邦教育与科学部，2010）从 3 个方面规定了对学生在基础教育阶段学习成果的要求：个性修养，例如自我认识与规划、学习动机、社会交往、国家认同等情意方面的发展；通用的学习能力，例如掌握跨学科知识和一般学习的能力、应用跨学科知识进行问题解决、合作学习等方面的能力；学科学习成果，例如各学科的知识与技能，学科学习的活动、方法、思维模式以及应用等。

西班牙在其《教育组织法 2/2006》（Ley Orgánica de Educación, LOE）中指出，课程应看作是由目标、基本素养、学习内容、教学方法和评价标准等组成的，这是在教育法规中首次使用基本素养一词。LOE 要求全国义务教育开设基于基本素养的共同核心课程，并出台相应的规范对 8 种基本素养给出定义，描述各个领域或学科如何支持基本素养的发展。同时制定了落实母语阅读、外语、科学、数字素养、创新与创业精神教育的具体措施。基本素养是义务教育阶段最重要的学习目标，在义务教育结束时都必须掌握。（EACEA，2012）

2. 引导社会资源参与

在教育系统外，充分发挥研究机构、民间组织、社会资源的力量和作用，有效地调动社会各界力量的积极性与创造性，为教育服务，共同推动 21 世纪核心素养的落实。例如英国在实施 21 世纪核心素养时十分注重寻求行业雇主对于教育的支持和意见。英国实施核心素养的政策框架涉及 3 个主要角色：个人、雇主和国家。其中，雇主角色对于核心素养框架的提出、形成和评价都具有重要作用。（Department for Education and Skills, 2003）

与美国 P21 结构类似，加拿大的 C21 Canada（Canadians for 21st Century Learning & Innovation）组织也参与了加拿大核心技能框架的设计，并于 2012 年推出一个完整的 21 世纪素养框架。此外，在推进落实核心素养时，加拿大还积极寻求家长和社区参与到这一过程中，因为社区参与能够给学生的校内和校外学习提供真实学习的机会，以便核心素养能够在真实的环境中被习得和巩固。（C21 Canada，2012）

此外，许多博物馆、科技馆、科研单位、基金会等机构也在面向 21 世纪素养的教育实践中发挥着越来越重要的作用。例如，美国匹兹堡儿童博物馆就与卡内基梅隆大学娱乐技术中心（ETC）、匹兹堡大学校外环境学习中心（UPCLOSE）合作，在博物馆中创建了约 167 平方米的"创作工坊（MakeShop）"空间，提供了有利于孩子和家庭的丰富的非正式学习环境，以确保孩子们能用"真材实料",如材料、工具、工序及理念,参与到真实的制作过程中。这一创作工坊为儿童提供想象、发展及设计创作体验,同时通过家庭参与模式加强家庭成员间的关系,从而最终培养和发展儿童的多方面素养。(转引自卡普拉罗、摩根,2016)

在引导社会资源积极参与核心教育实践的过程中,需特别注重引导社会力量对教师的支持。在教师培养中,除教育部门主持的教师培训项目外,还可通过引导社会力量服务于教师专业化发展。比如,高新技术企业就在教师培训中发挥着越来越大的作用。英特尔教育项目(Intel Teach Program)是信息技术教育领域颇具规模和影响力的项目,旨在帮助全球K-12教师将技术有效地整合到教学中并开展以学生为中心的教学,促进学生学习以及培养他们在数字时代获得成功的重要技能。已有来自70个国家的1500万名教师参与这一项目的学习(Intel, 2015)。再如,伴随互联网技术的发展,教师也会有越来越多的机会接触与核心素养教育相关的教师教育类课程资源,如基于大型开放式网络课程(Massive Open Online Courses,缩写为MOOC)的Coursera平台(https://www.coursera.org/course/atc21s),就提供了墨尔本大学的一门"面向21世纪技能的评估与教学(Assessment and Teaching of 21st Century Skills)"教师教育类课程。

(刘晟单位系北京师范大学生命科学学院、北京师范大学中国教育创新研究院;魏锐单位系北京师范大学化学学院、北京师范大学中国教育创新研究院;周平艳单位系北京师范大学中国基础教育质量监测协同创新中心;师曼单位系北京师范大学外国语言文学学院、北京师范大学中国教育创新研究院;刘坚单位系北京师范大学中国基础教育质量监测协同创新中心、北京师范大学中国教育创新研究院)

(本文原载于《人民教育》2016年第20期)

培养具有艺术精神和艺术诗性的人

——俄罗斯艺术教育及其启示

刘月兰　周玉梅

俄罗斯因其卓越的艺术作品和独特的历史内涵在世界艺术发展史上占有重要的地位。高尔基曾说过，俄罗斯人民在艺术领域和心灵创作中展现了惊人的力量，在极其恶劣的环境中创造了优秀的文学、杰出的绘画和独树一帜的音乐，使得整个世界为之赞叹。这些成就与艺术创作史为俄罗斯艺术教育奠定了丰富的理论基础，成为世界优秀的艺术文化遗产。

艺术教育的内容远不止于美术与音乐

一直以来，俄罗斯将中小学作为学生学习艺术、发掘学生的艺术感知能力、激发学生艺术创造力的最佳阶段。当前，俄罗斯中小学实施的艺术课程大致分为音乐与戏剧艺术、绘画与造型艺术，以及世界文化与艺术等。

1. 音乐与戏剧艺术

俄罗斯音乐与戏剧教育的目的是在让学生掌握技巧的同时提高学生对音乐与戏剧作品的鉴赏力和自身的音乐素养。俄罗斯著名音乐教育家卡巴列夫斯基也强调："音乐教育不是培养音乐家，而是培养人，所有音乐戏剧教育的最终目标都应旨在发展学生的艺术精神。"

俄罗斯音乐与戏剧教育的一个显著特征是强制性，即所有人必须接受音乐与戏剧艺术教育。音乐戏剧课在俄罗斯普通教育的 11 年期间——小学四年、初中五年、高中两年是免费教育的必修课。

课程的基本内容是关于音乐与戏剧的通识知识，课程设置丰富多样，包括俄罗斯古典音乐戏剧的发展历史、国内外不同时期的音乐艺术流派、传统优秀艺术作品鉴赏、乐曲的识谱训练、纯正的发声练习、戏剧的表现形式、音乐表现的手段和形式、音乐的体裁、音乐戏剧活动的基本要素、乐队的组成和声音的类别等。

俄罗斯古典音乐和戏剧是中小学音乐与戏剧艺术教材的主要内容。为了体现民族特色和艺术精神，大量俄罗斯杰出艺术家的作品被编入教材中，如肖斯塔科维奇的弦乐四重奏和协奏曲、柴可夫斯基的芭蕾舞剧《天鹅湖》《胡桃夹子》和歌剧《黑桃皇后》、格林卡的《为沙皇献身》、达尔戈梅斯基的歌剧《爱斯梅拉尔达》和《水仙女》等。柴可夫斯基作品强烈的戏剧冲突和炽热悲怆的色彩、肖斯塔科维奇乐曲后浪漫主义和新古典主义风格的结合、达尔戈梅斯基对讽刺歌剧和诙谐戏剧的尝试、斯克里亚宾对无调性音乐的悉心探究，以及拉赫玛尼诺夫对世纪之交社会现实的关注……都满足了青少年对于古典音乐与戏剧艺术的向往。

除了音乐与戏剧艺术知识的学习，学校还注重音乐与戏剧的体验和创作，鼓励学生在体验经典艺术的过程中创造出属于学生、体现学生个人艺术情感、彰显学生个性的作品。学校定期为学生提供个人或者集体创作、表演、鉴赏、讨论的艺术课程和活动，每个学期学校会联合文化部门组织主题晚会、专题表演和节假日演出等活动，为学生提供设计、交流、体验和发展自己的平台。学校支持、鼓励学生体验和创造艺术，这也使得俄罗斯音乐与戏剧艺术能够在新的历史时期持续大放异彩，保持传统艺术的永恒张力。

2. 绘画与造型艺术

俄罗斯中小学绘画与造型艺术教育的内容包括：俄罗斯造型艺术的萌芽及其发展的历史，造型艺术为世界艺术史所作出的贡献，绘画造型艺术基础知识的学习，如色彩与线条的组合、视觉与空间的对比、材料的运用等；不同绘画艺术流派的体裁特征，如历史画、为俄罗斯造像、战争题材、风景画等；大师作品欣赏，如色彩运用、画面布局、创作背景、构造形式的学习等；临摹名作，领略建筑风格，如哥特式、文艺复兴式、巴洛克式等，学生可以到美术博物馆参观学习。

另外，19世纪中叶学院派的代表画家谢米拉茨基的《罗马酒神节》和《耶稣与女囚》，以及巡回画派不同题材的画作都被编入中小学绘画艺术教育的教材中。而保存完好的古典建筑则是学生感受经典艺术气息，激发学生投身艺术事业的最好教材，如巴洛克式建筑风格的典型代表彼得堡马林剧院，运用哥特式风格装饰的教堂和冬宫，运用俄罗斯风格设计的莫斯科救世大教堂和正在发展中的"新俄罗斯风格"，以及著名雕塑家安托科利斯基的《伊凡雷帝》《彼得一世》和《垂死的苏格拉底》等都成为俄罗斯中小学学生在公共艺术活动中体验艺术的经典范式。

3. 世界文化与艺术

世界文化与艺术的教育主要包括世界文化与艺术的类型与特点；世界文化艺术的发展历程以及与俄罗斯文化艺术的相互交融和影响；新时期本民族和世界文化艺术发展的新动向等。

艺术对每个人都是重要的

1. 艺术教育是"强制教育"

俄罗斯中小学艺术教育能够得以普及与政府的大力扶持密不可分。俄罗斯政府不同时期出台的关于规范和发展艺术教育的文件法案，充分体现了其长期以来对民族经典艺术遗产的继承与对国民艺术素养提升的高度重视。

即使在政治经济形势动荡时期，俄罗斯政府也从未中断对艺术教育的普及实施。如1997年7月俄罗斯职业教育部（后因政府体制改革在2003年后已不存在）专门颁布《艺术教育大纲》，规定艺术教育课程为中小学校必修课程，要求丰富艺术课程的设置，鼓励学校和社会开办各种艺术教育形式的组织。

《艺术教育大纲》指出，中小学艺术教育的目的在于学生艺术理论技巧和艺术素养，以及艺术创造力的整体培养，艺术教育不是"艺术家"的培养而是培养具有艺术精神和艺术诗性的人。

除了强制规定艺术教育课程在中小学开设外，俄罗斯政府对学校自行组织各类艺术教育活动持开放政策，并给予地方学校因地制宜开设艺术课程的自主权。同时，政府出资开设青少年艺术教育学校，学生可根据个人兴趣选择课程，免费接受艺术教育。

2. 浓郁的艺术文化

除学校教育外，家庭和社会也是学生接受艺术教育的重要途径。正如苏霍姆林斯基所说："对所见所闻的观察、倾听和体验，犹如通向美的世界的窗口。所以，我们一项重要的任务，就是教会孩子看到和感受到美，而待他们有了这些能力之后，则要教会他们如何感知艺术的诗性魅力。"俄罗斯家庭普遍注重孩子艺术审美力和感受力的培养。周末和节假日，父母会陪同孩子一起听歌剧、参观艺术展览，一起到郊外读书写生，感受大自然的魅力，并将这种对美的感受内化为体验生活、热爱生活的一种心灵源泉。让艺术成为认识生活、理解生活的一种手段，是俄罗斯人普遍追求的理想状态。

在俄罗斯，艺术教育已渗透到国家的各个层面，大众公共艺术设施成为中小学生接受社会艺术教育的重要阵地。画廊、歌剧院以及马戏场中各类形式的表演和展出从未间断，无论是社区还是小城镇，作为社会艺术教育的补充机构都得到了基本的普及，如伏尔加河沿岸的小城市弗拉基米尔、罗斯托夫、喀山、下洛夫哥德罗，都建有自己的博物馆、音乐厅等。而诸如美术馆、剧院、宫殿、公园、广场等公共艺术设施在莫斯科和圣彼得堡这样的大城市更是不胜枚举。

3. 基于"人"的艺术教育

一直以来，艺术教育的技艺化和工具化是许多国家艺术教育刻意回避但又在实施中会不自觉导致的两种倾向。

技艺化的艺术教育过于重视艺术的技巧，忽视对于艺术本身的感受和启发，使艺术教育的人文性大大削弱。而过分强调工具化的艺术教育又无视艺术本身的东西，使其丧失在发展学生艺术能力上的独特价值。因此，俄罗斯在认识到技艺化和工具化在一定历史时期对艺术教育发展有促进作用的同时，更注重和强调基于"人"的艺术教育。

俄罗斯《艺术教育方案》指出，艺术教育是人们掌握本民族和人类艺术文化的过程，是发展和形成艺术价值观、精神世界、情感智力财富的一种最重要的方式。俄罗斯人不视艺术为娱乐消遣或是单纯的技艺，而强调艺术教育的人文性和情感功能。对于儿童的艺术教育，不论是学校还是家庭都认为不只是艺术知识和技能的习得，更多的是使他们由此获得对于艺术的热爱、对于人生的感悟以及充满诗性的心境。

我们应该学什么？

通过对俄罗斯中小学艺术教育状况的研究，对比我国中小学艺术教育的实际，可以发现，我国中小学艺术教育还有许多方面有待改进和提高。

1. 音乐和美术课不能替代艺术教育

当前我国中小学开设的艺术课程大多为音乐课和美术课，而教学资源的配置以及师资队伍的建设都以音乐课和美术课为主。加德纳的"多元智能理论"认为，人的能力由语言、数理、空间、音乐、运动、社交、自知等七种智能元素整合而成。而完全将"音乐和美术教育"等同于艺术教育显然是对艺术教育内涵的误读。

艺术教育不能仅仅局限于音乐和美术，而应包括文学、戏剧和舞蹈等更多的门类。例如俄罗斯中小学艺术课程除美术和音乐之外还包括文学、形象艺术、建筑审美，影视剧和音乐会、歌剧中的音乐所表现的不同功能，除此之外，社会艺术氛围对于学生艺术精神和艺术情感的熏陶也是艺术教育的重要组成部分。

我国中小学校应着眼于艺术教育视野的扩展。正如教育部颁布的《学校艺术教育工作规程》及《进一步加强中小学艺术教育的意见》所规定的：要开足开齐艺术课程，保证艺术教育的质量。艺术教育对于教育经费的投入要求很高，政府应在财政上给予中小学艺术教育大力支持，相关部门应加快公共艺术设施的完善，同时加大对名胜古迹以及古典建筑艺术的保护力度，为学生诗性智慧的启发提供良好的社会艺术氛围，进而促进学生整体素质的提升。

2. 艺术教育应面向全体学生

我国艺术教育起步晚，发展慢，城乡之间存在明显的差距。农村中小学校在教育资源的配置、教育观念及管理方式等方面明显滞后于城市中小学校，不少农村中小学校的艺术教育的开展更是一片空白。我国是农业大国，如果农村艺术教育长期得不到足够的重视和普及，农村中小学生无法接受艺术教育、感受艺术魅力的现状得不到根本性改变，无疑会加剧我国中小学艺术教育整体水平的持续下降，也将使得全面推动素质教育的改革成为一纸空文。

在普及城乡艺术教育，促进学生个性化教育方面，俄罗斯有很多值得我们借鉴的经验，如大力开发地方民俗艺术，因地制宜开设艺术课程，融艺术于民族文化，既有利于经典艺术文化的传承，又有助于农村中小学生心灵的滋养和艺术情感的陶冶。因此，我国农村中小学艺术教育的出路即充分挖掘当地传统文化资源，开发乡土文化。如拥有世界"文化、自然、记忆"三大遗产桂冠的云南省丽江市就是农村艺术教育改革涌现出的一个优秀典型，东巴文化、民族舞蹈服饰等都为开展艺术教育提供了得天独厚的条件。在传承优秀民俗艺术的同时，我们也应意识到艺术教育应关注每个学生的个性特点，鼓励他们体验个性化艺术活动，以形成个人独特的艺术情感，进而发展个性化的审美体系，为农村中小学素质教育的普及创造可能。

3. 中小学艺术教育要去工具化和技艺化

当前，在工具理性和功利主义的社会环境影响下，我国中小学艺术教育专业化倾向严重，已逐渐成为服务于升学、择校、考试等外在目的的工具。一方面，因为没有升学的压力，很多学校不重视艺术课的实践教学，本就不多的艺术课课时被语文、数学、英语占据；另一方面，家长为了孩子今后在激烈的择校竞争中能够脱颖而出，给孩子报各类音乐、舞蹈、乐器等艺术辅导班。这都体现了学校和家庭对待艺术教育的态度带有很重的功利主义倾向，将艺术视为一种纯粹的工具，而忽略了艺术之于儿童心灵的诗性的启发，学生也逐渐丧失了对艺术的诗性和情感的感受能力。

此外，艺术教育原有的人文和情感特色被忽视，将知识和技能的传授视为艺术教育的唯一目的，导致艺术教育逐渐变成纯粹的技艺教育，使得艺术教育丧失激发学生艺术诗性的作用而仅仅成为一项生存技能，形成了以"技艺"为核心而非以"人"为核心的艺术教育体系。因此，中小学阶段的艺术教育应该注重青少年艺术诗性的启发。

总之，我国中小学艺术教育的目标应定位于学生全面素质的发展，激发学生艺术潜能，形成以"人"为核心的中小学艺术教育思想。实现这样的目标，要依靠政府、社会、家庭以及广大艺术工作者的力量，在借鉴他国经验的同时，努力挖掘本民族的艺术作品，为青少年艺术精神和艺术情感的培养创造机会，从而进一步推动我国教育质量的全面提升。

参考文献：

［1］Дробицкий Э,РомашкоЕ.Современноеискусство России[M].Творческий союзхудожников России. 2006.

［2］Савенкова Л.Г.Интеграция в современном художественном образовании детей:педагогические основы междисциплинарного взаимодействия[J/OL].Русское слово.http://yandex.ru/clck/jsredir，2010-11-02.

［3］Фомина Н.Н. Искусство детей в культуре России первой трети XX века[J].Детство Отрочество. Юность，2010（02）.

［4］李莉.农村中小学如何面对现实开展艺术教育 [J]. 美与时代，2007（02）.

［5］Красильников И.М.Педагогические технологии в дополнительном художественном образовании детей: Пособие для педагогов дополнительного образования[J]. Просвещение，2008（10）.

（作者单位系新疆石河子大学师范学院）

（本文原载于《人民教育》2014 年第 10 期）

触及根本的教育

——从法国基础教育的哲学课谈起

刘　敏

　　每年 6 月是法国高中毕业会考的时间，考核合格者即可获得升入高等教育的资格。哲学是法国高中毕业会考的第一门，考试时长为 4 小时，学生要在三个哲学题目中选择其一完成一篇申论。普通高中和技术高中的学生都要参加哲学考试，考题按照文科、理科、社会与经济科、技术科而有所差异，且加权系数不同。与我国语文高考试题类似，法国哲学科目的考试题一直以来都是各大媒体报道的头条，事实上，在考试之前，网络上就会出现各类有关哲学试题的预测和押宝，有的学生也会选择补习班集中练习解题技巧。

　　法国的哲学科目的考试题颇具挑战性。2015 年，法国高中会考文科哲学试题为"尊重所有生命是否是道德义务""我是否是由过去所塑造而成的"以及评论法国哲学家、社会学家托克维尔的一段选文。社会与经济学科的试题为"个人意识是否会反映在其所属的社会上""艺术家是否需要学习"以及评论哲学家斯宾诺莎的一段选文。理科题目为"艺术作品是否永远有意义""政治是否可以脱离现实"以及论述哲学家西塞罗的一段选文。还有让人印象深刻的题目，2012 年的"工作的价值是否只在于'有用'"，2013 年的"我们对国家有什么责任"，2014 年的"人们是否可以穷尽一切以追求幸福"。

为什么要有哲学课?

　　法国的高中毕业会考是法兰西第一任皇帝拿破仑于 1808 年借鉴了中国的科举制度创立的学历考试。哲学在会考创立之初即为必考科目,哲学课被确定为高中第三年的必修课程。国家赋予哲学教育以公民教育的功能,希望能够培养出不囿于传统和偏见,具有理性判断能力的公民。1840 年,哲学教授出身的时任教育部长库赞强化了哲学教育在中学教育中的地位,并引入作文的形式来培养学生的哲学思考分析能力和书面表达能力。第三共和国时期,法国确立了自由、平等、博爱的国家宗旨,成为法兰西精神的标志,而哲学教育在这种精神的塑造中扮演了重要的角色。

　　即使在功利主义盛行的今天,哲学教育虽然备受争议,但其重要性始终未被消解。2011 年法国教育部鼓励各学区除了高三年级的哲学必修课之外,在高一高二年级也尝试开设哲学课。这一建议得到了学区层面的积极响应,目前法国所有学区都有高中在一年级即设立哲学课。正如法国凡尔赛学区副市长贝勒米所说的"今天的时代充满着划不划算、有何成就、过度劳动等问题,哲学的作用在于可以消解焦虑,保留一个不求回报的空间,让年轻人去思考一些人生重要的问题。谁不曾在一生中遇到诸如'什么是幸福''人生有意义吗''正义是否存在'这样的问题,而哲学课的意义就恰恰是避免这些问题被湮没在一件又一件日常的焦虑中,避免人生活得消极、机械、虚浮"。

　　正如法国历史学家布罗代尔所言"法兰西是奇迹般的历史积累的产物",其物质文明和精神文明的丰富性和独特性,使其在各大产业及文化学术领域的世界地位都不容小觑。法国是世界第五大经济体,是全球第二大农业出口国,其汽车制造、航空航天、核电、铁路、医学与制药都位于世界前列。同时,法国的精神与文化生活更是西方文化多元与创新的典范。"从中世纪空灵诡秘的哥特式建筑到玉洁冰清的骑士文学,到近代美轮美奂的古典主义和振聋发聩的启蒙运动,再到当今标新立异的后现代艺术和结构主义",历史成就了法兰西自由、批判、创新、多元的气质,同时法兰西的气质又成就了民族国家丰厚的文化；恰如哲学教育促成了法兰西这种民族气质的形成，同时哲学教育本身也是法兰西精神文明的历史遗产。

启蒙时代对于人们思想的洗礼激发了法国人对哲学的钟爱，也在那个时候，哲学问题的辩论在沙龙和咖啡馆文化中盛行起来，并逐渐融入法国日常的生活。时至今日，法国街头仍有不少以哲学词汇命名的咖啡厅，不少学术机构和媒体也常常组织哲学沙龙和哲学对话，而法国文化台每周一到周五一小时的哲学节目也有着不错的收视率。罗素所描述的哲学对于那些迄今认为确切的知识所不能肯定的事物的思考，以及诉诸人类理性而不是诉诸权威的批判意识和怀疑精神较好地描述了法兰西人的气质。

法国国家教育部颁布的哲学教育大纲明确指出，哲学教育旨在让学生关注和思考有关人生、社会、政治的本质性的问题，让他们通过这种方式去感知人生的价值、意义和个体的角色，学会提出问题并且探索问题的答案。哲学课的教学"避免出现百科全书式的或艰深的内容"的灌输，不强制要求学生熟记哲学流派或者哲学家的生平，更多的是能够在教师的引导下围绕一些哲学的基本概念进行自主思考。

法国中学的哲学课主要按照概念和主题来组织教学

法国哲学课教师在授课内容和方式上也享有很大的自主权，国家颁布的教学大纲只作了较为宽泛的规定，教师可以在大纲列出的哲学家和概念中选择授课内容，也可以拓展到大纲外的人物或读本，特别是教师可以自己决定授课的模式和学习的进度。

法国中学的哲学课主要按照概念和主题来组织教学，根据法国国家教育部大纲，哲学教育分为逻辑分析、表达能力、文学艺术、科学知识及历史知识几大部分。哲学课的日常学习和考试不设填空选择题，学生需要在思考和批判的基础上完成逻辑性的论述，并合理地表达。表1是法国国家教育部颁布的高中哲学概念范围。

表 1 法国国家教育部颁布的高中哲学概念范围

		参考标准：相对/绝对，抽象/具体，契约/权力，分析/综合，原因/结果，偶然性/必要性/可能性，信仰/了解，本质性/偶然性，解释/理解，事实上/法律上，形式/实体，性别/族群/个体，理想/现实，身份/公正/差异，直觉/推论，合法的/合理的，间接/直接，客体/主体，责任/限制，根源/根本，劝说/说明，相似/一致，原则/结果，规律/推论，理论/实践，超越/内在，普世/总体/个别/特殊
文科	主题：意识、感觉、潜意识、他者、欲望、存在与时间	
	文化：语言、艺术、工作与技术、宗教、历史	
	理性与现实：理论与经验、推理、阐释、生存、物质与精神、真理	
	政治：社会、正义与法律、国家	
	道德：自由、责任、幸福	
社会与经济科	主题：意识、潜意识、他者、欲望	
	文化：语言、艺术、工作与技术、宗教、历史	
	理性与现实：推理、阐释、物质与精神、真理	
	政治：社会与交流、公正与法律、国家	
	道德：自由、责任、幸福	
理科	主题：意识、潜意识、欲望	
	文化：艺术、工作与技术、宗教	
	理性与现实：推理、生存、物质与精神、真理	
	政治：社会与国家、公正与法律	
	道德：自由、责任、幸福	

十几年前，法国部分学者开始尝试在初中、小学甚至幼儿园开设哲学课，这些课程体现了法国哲学教育培养公民批判、创新、自由等法兰西民族特质的宗旨。在课上，老师会让孩子来阐释什么是"自由"、什么是"死亡"、什么是"不同"、什么是"正义"；老师会让孩子思考"死亡""美"这类关乎个人幸福的问题，也会让孩子思考关于"平等""工作""爱情"

之类关系自我与他者、自我与社会的问题。授课教师在经验分享的时候发现，有些"落后"的孩子在这类课程上会投入更多，"因为这样的课程没有任何价值判断，也没有错误或失败的概念，小朋友不需要担心评价或者他人的眼光，所以也愿意参与""小朋友们语言掌握能力进步很快，与同学们一起组织语言，而并非只是跟着老师学习。他们的语言整合能力越来越能够表述复杂的情况，从而可以让对方更加理解自己的意思，他们的遣词造句也越来越贴切"。

当然，法国哲学教育的道路并非一帆风顺，特别是考试方式和教学方法更是多方争议的焦点。反对者认为，哲学考试虽强调自由地思考和逻辑地表达，但"申论"体的要求却使学生往往更偏重于解题而非思考，与我国语文作文面临的同样尴尬在于，学生在接受过起承转合的结构训练作出的"八股"文却常常符合阅卷人的审美标准。每年哲学题目公布之后，法国也常常有各路专家教授对题目进行一番庖丁解牛似的演绎和论证。另外，哲学教育对于教师的哲学素养有很高的要求，而教师的教学方法对于学生的学业成绩也有重要影响。虽然法国中学的哲学教师都具有研究生学历并身经百战，然而有些教师过于死板的教学方法实则难以让学生对哲学感兴趣。

哲学与传统文化：触及根本的教育

1945 年，联合国教科文组织指出哲学的任务之一就是向人类阐明和传播诸如正义、人权、自由及和平的思想，"战争起源于人之思想，故务需于人之思想中筑起保卫和平之屏障"。1946 年教科文组织制订了一项哲学计划，旨在"向公民灌输那些视为基本知识的哲学和道德观念，因为这个概念也促进对人的个性的尊重，对和平的热爱，对狭隘民族主义和暴力传统的憎恶，促进团结及对文化思想的信奉"。

1995 年，哲学家们在巴黎通过《哲学问题宣言》，倡议各国开展或扩大哲学教育，让"哲学思考在教学和文化生活中发展，通过发挥公民的判断力——一切民主的基本要素——促进公民的塑造"。2005 年教科文组织发布关于哲学的跨部门战略，指出"哲学是一所'自由的学校'，它发展一些智力工具来理解和分析正义、尊严和自由之类的核心概念；它建立独立思考与判断的能力；它促进辩证技巧的发展从而理解和质疑世界及其挑战；它培养对价值和原则的思考"。2006 年，教科文组织公开支持小小孩哲学教育，将此类教育定义为自由与民主精神的教育。美国人利普曼在 20 世纪 90 年代开创了小小孩哲学课，这类课程不在于传授哲学思想，而在于启发幼儿思考，练习其表达、分析、判断、逻辑思维能力。2007 年教科文组织出版了一本世界哲学教学艺术的参考书《哲学，自由的学校》，自此世界众多国家和地区开始讨论并实施有关哲学的教育。除了法国之外，西欧不少国家，如德国、葡萄牙都在中等教育阶段开设哲学必修课。近些年，东欧、拉美地区也有不少国家在高中开设哲学课，以增强青年一代的公民意识。

事实上，西方的哲学教育与我们提倡的社会主义核心价值观教育殊途同归，正如习近平总书记在 2014 年北京大学师生座谈会上的讲话中所说的，"富强、民主、文明、和谐是国家层面的价值要求，自由、平等、公正、法治是社会层面的价值要求，爱国、敬业、诚信、友善是公民层面的价值要求"。不管是哲学教育还是核心价值观教育，都关乎最为根本的问题，即关于个体、关于社会、关于国家的根本问题。这种教育不是极权主义的价值灌输，而是基于内生的、反思的、行动的、批判的、创造性的教育。

今天，我们讨论阅读素养、科学素养，我们做美育、体育、媒体素养教育、金融素养教育，然而所有这些在没有关于人性的思考、价值观的思考、批判的思考和创造性思考的前提下，都可能归于零。今天，我们看到社会上太多现象，诸如对于公共事务的冷漠、对于侮辱行为的容忍、对于贪婪与腐败的妥协，这些无疑都是社会和国家发展的毒瘤。

在我交稿之际，传来巴黎爆恐事件的新闻，焦虑、震惊、悲愤各种情绪涌上心头的同时，我再次提笔修改这个结尾。正如法国学者扎卡在对巴黎恐怖危机和"9·11事件"的对比分析中所说的，西方社会在关注物质幸福、社会权利、社会保护的同时，却没有给出"生存"的理由。道德和文化脆弱的欧洲，其传统历史上的宽容和多元的理想，在全球化的今天，受到了移民大潮和极端主义的强烈冲击。美国政治哲学家沃尔泽指出，用苦难和不平等来解释恐怖主义是行不通的，恐怖分子永远不应该成为某些人眼中的自由战士。今天，让我们重申哲学教育，通过哲学教育去发现个体、社会和国家最持久发展和最深层的力量，重新唤回"对人类个体的尊重，对和平的热爱，对狭隘民族主义和强权政治的憎恶以及对于文化理想的忠诚"。

（作者系北京师范大学国际与比较教育研究院副教授）

（本文原载于《人民教育》2015 年第 23 期）

韩国：环境教育的本质是环境价值观教育

张雷生

到韩国旅游的人，常常会对其干净整洁的街道、碧空如洗的蓝天以及人们自觉进行垃圾分类的行为留下深刻的印象。这些都得益于韩国广大市民环境保护意识的增强和广泛深入的自然环境保护教育的有效开展。韩国环境教育的开展始于1972年，当时是韩国工业化阶段的巅峰时期，一度创造了"汉江奇迹"，成为"亚洲四小龙"之一。然而也就是在那时，出现了过于重视经济发展而忽略甚至忽视环境保护和环境教育的问题，从而导致了严重的环境污染现象，极端恶劣天气出现的频率越来越高，严重地影响了人们的正常生活和身心健康。广大民众认识到不能再以牺牲环境的昂贵代价来换取经济的发展，加强环境保护和环境教育的呼声越来越高，环境教育开始得到发展。其中，幼儿园和中小学是环境教育开展的主要阵地。

环境教育不同于环保教育

环境教育不等同于环保教育，环境教育包含环境知识、生态伦理、生态美学、环境文化等方面，其本质是环境价值观教育。通过教育让人们认识到环境的多元价值，重构生态价值体系。环境教育的宗旨在于注重环境保护的价值观、态度、参与意识，人与自然和谐共存、社会经济发展与自然环境保护并重，向资源环境和人类社会可持续发展的方向转轨。

几十年间，韩国学校开设的环境教育课程经历了诸多改变，如今已发展成为一个"体系健全、内容丰富、形式多样"的有机整体。环境教育部分涵盖了幼儿园、小学、初中、高中、大学等各个阶段，在正规教育课程中开设环境教育选修科目。

学校环境教育课程主要包括以下几个方面：首先是环境保护概念认知，把环境分为自然环境和人工环境两个方面；其次是环境保护相关内容，涉及生物多样性保护、湿地保护、有害废弃物的国际间流动和有效处理、濒临灭绝的鸟类保护、人口问题、粮食安全问题及合理利用和开发、可持续性的农业及农村开发等议题；再次是环境污染相关教育，内容涉及环境保护教育的各个方面。随着年级的增高，课程逐渐由浅入深，由易到难。

环境教育的目标及领域包括环境保护的相关知识及意识、技能、价值和态度、行动和参与实践等四个层面。

环境教育的内容分布在"生活、社会、自然、道德、劳动实践"等科目中，尤其在"社会"和"自然"两门科目中出现的频次较高。其中，"社会"科目主要从国土开发使用和保护层面上，对资源、人口、环境及由于产业化、城镇化、现代化等带来的环境污染问题与相关处理应对措施等为主线展开。这些都可以为国内学校环境教育的开展提供宝贵的参考借鉴。

环境教育的创新举措

在韩国环境教育的开展过程中，先后遭遇到了包括师资不足、教育内容和环境教育设施匮乏等在内的诸多现实问题。为了解决这些问题，韩国教育部教育开发院、环境与国土海洋资源部，以及青少年儿童发展研究院等相关机构采取了一系列创新举措。

首先，为了提高环境教师的专业水准，韩国教育部教育开发院、环境与国土海洋资源部，以及青少年儿童发展研究院，以学校校长、副校长（教导主任）及环境教师为对象，制订实施了环境教师在职培训提高方案。该方案也包括从 2010 年开始新设的面向校长和副校长（教导主任）开展的学校环境教育政策特别课程。同时，国立首尔大学等高等教育机构专门开设了委培和定向培养课程，对于环境教师开展在职培训。这些在职培训和委托培养的开展与实施，从数量上或者人才的储量上解决了环境教师人员供给不足的问题。

另外，为了提升环境教育的实际效果，韩国教育部教育开发院、环境与国土海洋资源部，以及青少年儿童发展研究院，以幼儿园学生和小学学生为对象，从 2004 年开始实施并在全国范围内推广"跟我来移动环境教室"项目。这种教室是将大型集装箱卡车或公交车进行改装，配备上相关的环境教育器材之后形成的环境教育空间。接到学校的预约后，这种教室将会开进幼儿园和小学校园内，按照不同的环境教育领域和难易水准，分门别类地提供内容和形式多样化的体验式环境教育。众多韩国学校都愿意借助这种现代化的环境教育手段来开展学校环境教育，"跟我来移动环境教室"项目每年的申请量高达 1200 件，但该项目只能满足 150 所学校的教育教学要求，形成了供不应求的局面。

韩国学校环境教育的持续深入开展，为儿童、青少年形成正确的环境价值观和环境保护态度，增强环境保护自觉意识，珍惜和爱护生存的生活环境空间，身体力行地做好自然环境保护起到了不容忽视的重要作用。

对国内环境教育的启示

韩国的环境教育已经开展了 30 余年，积累了成功的经验，从环境教育立法、制度保障、课程内容体系完整、参与主体多元化等方面为环境教育提供了有力保障，从中可以得到如下启示：

首先，从国家法律和制度建设保障层面上，建议相关部门协力合作，推进环境教育立法工作，将环境教育写进《教育法》及其相关法律条款中，从法律制度层面上确保环境教育的深入开展实施；建议相关部门联合中央及省地市县电视台等媒体，通过环境教育公益广告等形式加大环境教育宣传，提高全民环境责任意识，营造环境教育的良好舆论氛围；利用立法手段，通过税收减免等形式号召和鼓励国有及民营大中型企业、大学科研院所、民间团体等机构，从资金、技术、人力、智力等多方面积极参与到学校环境教育中来。

其次，学校的教学大纲以及教育课程体系设置上，应在保证不加重学习压力的同时，充分利用课外学习时间，结合青少年儿童认知发展的个性心理特征，开展富有科学性、趣味性、知识性的环境教育活动，做到书本理论知识和生活实践相结合，校内理论学习和校外实践探究相结合，学校教育和社会及家庭教育相结合。通过电影、教学片、照片等形式，注重和生活中的环境现象紧密结合，将雾霾、酸雨、沙尘暴、地下水污染、植被破坏等引入课堂教学，使环境教育课堂开放化，使环境教育学习内容涵盖环境概念、环境保护意识、环境和自然灾害预防等方面，使青少年儿童在环境保护方面进行主动的学习和探究，形成正确的环境伦理意识。同时，从师资力量配备、培训以及教育教学设备器材、场地和空间、校外实习基地建设等方面给予支持和扶持，确保环境教育有效开展。

再次，环境教育的教学模式方面，考虑到学校教育教学的实际，今后的环境教育可考虑"多学科融合渗透"，通过语文、数学、科学、品德、物理等学科化整为零地实施，将环境领域各方面内容分门别类地呈现，使广大青少年儿童在各学科的学习中获得相应的知识、技能和情感，减少因为专门配备师资和教育教学时间所带来的教育成本。

（作者系吉林大学高等教育研究所教师，韩国延世大学教育科学研究院博士、研究员）

（本文原载于《人民教育》2014 年第 20 期）

美国中学如何开展社会与情感学习？

王 俊

当今时代，传统以知识为导向的教育已经不能适应经济社会发展的需求，培养学生对未来环境的适应能力成为各国教育改革的重点。2016 年 3 月，世界经济论坛在《教育新视野——以科技促进社会与情感学习》这份报告中，从如何运用核心技能、如何应对复杂挑战、如何适应环境变化三个方面，提出了 21 世纪的教育应当如何培养学生的综合能力。这份报告还特别指出，与过去只重视学术能力培养的教育相比，兼具社会与情感学习的教育不仅能改善学生的学业表现，更能为学生未来深造、就业或取得成功产生长远的影响。

早在 1995 年，哈佛大学心理学家丹尼尔·戈尔曼（Daniel Goleman）就凭借《情感智商》一书，让美国社会特别是教育工作者开始认识到培养学生情感智商的重要性。后来，戈尔曼与多位教育学者联手创建了名为"学业、社会与情感学习协作"（Collaborative for Academic, Social and Emotional Learning, CASEL）的组织，通过为教育实践者、研究者和决策者调查提供有关社会与情感学习的经验和指南，提高学前教育至中等教育阶段学生的社会与情感技能。在 CASEL 看来，强化社会与情感学习，能够帮助学生掌握五大核心技能——自我意识、自我管理、社会意识、交往技能以及负责任地作决定。

考虑到学生在不同教育阶段呈现不同的心理与成长特征，社会与情感学习的侧重点也相应地有所区分。在小学，教师通过教导学生学习与情感有关的词汇，让他们认识和描述诸如"我很开心""我觉得很激动"等积极情感和"我好失望""我特别难过"等消极情感，进而启发学生的自我意识，帮助他们辨识和调整自己的情感。在中学，青少年学生开始步入人生发展的青春期，他们在这个阶段会经历生理、认知和情感的重要变化。随着独立性的增强，他们会逐渐面临课业负担、同伴影响、考试焦虑、社会媒体等带来的挑战，与处在小学阶段的低龄学生相比，也更容易接触危险行为。

美国疾病控制与预防中心会定期面向14～17岁学生开展"青少年风险行为调查"（Youth Risk Behavior Survey），而2013年发布的调查结果也引发了美国教育界的担忧。数据显示，在该调查开始前的12个月中，有29.9%的学生曾经在连续两周或者更长时间段中每天都感到悲伤或绝望，甚至有17.0%的学生想到了自杀。同时，在该调查开始前的30天内，有7.1%的学生因为担心安全问题而没有去学校上学，甚至有6.9%的学生曾在校园被人手持武器威胁或伤害。因为对校园暴力、欺凌以及青少年自杀现象的忧虑，美国一些中学正在探索如何通过社会与情感学习帮助学生更好地认识自己，采用更恰当的方式抒发内心情感，尤其是当他们面对学习和生活中的挫折时，能够将负面情感转化为正面成长力量。

校园文化：积极环境和情感支持并行

纽约的东区中学在校园提出"百分百尊重"的口号，努力在学生之间，以及学生与教师之间营造相互信任、相互支持的氛围。面对那些存在欺凌同学、课堂违纪、拉帮结派等问题行为的学生，学校采用"图书疗法"，引导他们有针对性地阅读相关主题的优秀青少年读物。教师在与学生畅谈阅读心得时，帮助他们慢慢地纠正和避免问题行为。为了让学生在犯错后可以重新被同学认可和接受，避免孤立感，东区中学倡导"行为修复"原则，例如要求学生如果对他人造成了伤害就必须进行公开道歉。

在一些学校，管理部门会安排专门的教师帮助纪律不良的学生理解和管理自己的情感，为他们提供持续的关注与辅导，逐步改善其行为方式。

这样的做法不仅能让公平与正义的行为理念渗透到校园文化中，更重要的是让学生感受到安全、安心的环境氛围。

在中学阶段，尽管学生的独立意识和推理能力都有所增强，但是往往会出现考虑问题不成熟、作出决定太草率的情况。如何教导学生在学习和生活中更全面地考虑社会准则、道德标准、安全因素、相互尊重以及各种行为可能造成的后果，从而负责任地作出决定，也是学校在开展社会与情感学习时应当关注的。克利夫兰的大都会中学采用了一款叫作"涟漪效应"的软件，让学生在电脑上模拟可能遭遇的问题与冲突，通过预见和评判不同反应行为可能产生的影响后果，引导学生在学校、家庭和社区负责任地作出决定。

情感容易波动是中学生青春期的普遍体验，所以引导学生更好地调整和平复情感波动，也是让他们有充分的时间与精力用于课业学习的前提之一。对于在芝加哥芬格中学工作的教师而言，"倾听学生的声音"是这所学校最强有力的教育信念。在这里，学生可以在学校安排的正式环节中畅谈自己的想法，还可以在非正式的场合与教师谈谈自己的困惑。面对冲突和挑衅行为频发的学生，学校要求他们参加名为"先思后行"的情感管理课程。学生在每次课程的小组恳谈中扮演不同的角色并分享体会，在教师的指导下每周设定新的行为改进目标并进行自我监督，逐渐提高面临情感波动时的行为处理能力。与此同时，芬格中学为那些遭遇家庭变故、至亲离世等情感创伤的学生安排心理辅导课程，缓解他们可能出现的情感压力紊乱情况。可以看到，学校和教师以学生为中心聚集了丰富的社会与情感学习资源，让他们清楚地知道面临社会与情感问题时如何寻求帮助，共同构建具有社会与情感支持的校园文化。

课堂教学：专门课程和教学方法并重

美国的一些教育组织会开发社会与情感学习课程并向学校推广使用，CASEL 在经过评估后也会在其发布的社会与情感学习指南中进行推荐，其中"狮友探路"和"面对历史与自我"则是影响较广的课程。为了帮助学生全面掌握和运用社会与情感学习的技能，"狮友探路"会采用一系列的教学方式，例如团队合作、分组讨论、同学互教、小组反思、问题解决等。当教师在"狮友探路"课程中提出讨论主题时，会首先鼓励学生进行独立思考，然后让学生之间进行分组讨论，最后由每组的代表与所有学生分享心得体会。"面对历史与自我"课程则是在传统的历史学科教学基础上开展社会与情感学习。这门课程以重大历史事件为主线，引导学生结合自己在现实生活中的个人选择，思考尊严、道德、法律和责任在人类社会发展中发挥了怎样的意义。随着教师不断带领学生追问历史与人类行为的因果关系，学生也开始反思自己的思维方式，逐渐意识到应当如何作出负责任的决定，能够为自己、他人以及所在社区带来积极的变化。

除了专门课程，教师在学科教学中也会注意采用恰当的教学方法，在帮助学生提高学业表现的同时，让他们在社会与情感学习方面有所收获。在芬格中学，负责英语文学课程的教师为讲授莎士比亚的《奥赛罗》与当地剧院合作，以剧本结合表演的形式开展英语读写教学。为了表演好剧中角色，学生们开始认真阅读剧本，遇到阅读和理解障碍时，他们更愿意向同学和教师请教，这进一步激发了学生的学习热情与乐趣。教师们发现，原本有的学生因为学习压力和考试焦虑而产生厌学情绪或学习障碍，但在这门课的学习中非常投入，出现了积极的变化。

同时，文学作品对人物性格的描写也成为很好的社会与情感学习资源。教师让学生从现实生活的角度思考自己对剧中人物有着怎样的共鸣和体会，并尝试用文字描述出来，比如学生在读完《奥赛罗》后，会在作业中描述自己是怎么理解"嫉妒心"的。当学生在课堂上分享各自对不同情感的体会时，他们能够对"什么是好的行为"和"什么是不好的行为"形成相对一致的看法，这反过来能够改善他们的行为方式。在芬格中学的一些教室里，就张贴着学生在对一些情感和行为问题进行讨论后达成一致的行为守则海报，甚至每一位学生还在上面签字以表示自觉遵守。

外部支持：家庭参与和社区联合并济

学校在开展社会与情感学习时，同样离不开家庭和社区的广泛参与。斯普林菲尔德的复兴中学给每个学生安排了一名指导教师，他们在多年的指导关系中建立起相互信任的亲密关系，让他们时刻感受到在学校也有一个像家人和朋友的角色。当他们遇到问题时，知道谁是他们的倾诉对象，谁能给予他们相应的帮助。学校每年举行 3 次由学生自己主导的学习恳谈会，学生在指导教师的陪同下，向父母展现自己过去几个月的学业成果与进步情况。在恳谈会上，学生不仅与指导教师和父母一起回顾自己的成长历程，也要共同确定下一个阶段的学习目标。学生通过这样的机会观察自己的学习情况，并且在指导教师和父母的共同帮助下确定新的目标，这能让他们逐渐养成调整与规范、反省与规划的习惯。与此同时，随着指导教师更多地了解学生的家庭情况，他们能够在学生因为遭遇例如至亲离世、课程压力、考试焦虑等情况而出现社会与情感问题时，寻求更恰当的方式为学生提供指导支持。

社会与情感学习倡导让学生走出校园，把社区变成一本教科书，在课堂之外培养学生的社会意识。以问题解决为导向的探究式学习是常见的形式，它强调学习内容均应来自社会与生活现实。教师从社区发掘教学主题，带领学生一同探究答案。格林维尔的费舍尔中学在 STEM（科学、技术、工程与数学）课程中普遍采用探究式学习，鼓励学生在一定时间范围内发现和分析社区存在的问题与面临的挑战，并提出解决方案。学生们也经常会将社区的垃圾回收、能源供应、清洁水源等问题作为探究式学习的主题，在设计解决方案的过程中获得知识与技能。学习报告是展现探究式学习最终成果的方式，学生们往往要开展多次的小组讨论，付出很多的时间和精力才能呈现一份优秀的作品。这对于学生发挥社会与情感技能，表达自己的观点想法并且听取他人的合理意见，都是很好的锻炼。同时，教师也不是学习报告的唯一评价者，学生们还要在公共场合面向社区民众宣讲他们的学习报告，听取不同人群从不同角度提出的看法。在这个过程中，学生的批判思维、团队协作、问题解决、自我管理能力都能得到提高。

应当说，与美国联邦及各州教育部门推出的很多教育举措仅关注单一的教育问题相比，社会与情感学习能够使学生具备更为深层次的社会与情感技能。它在有效促进学生中学学业发展的同时，也能为他们毕业后进入大学接受高等教育或者就业从事专门工作打下更为坚实的发展基础。

（作者系北京教育科学研究院高等教育科学研究所助理研究员，

中国人民大学教育学院博士研究生）

（本文原载于《人民教育》2017 年第 8 期）

美国社区学校：社区参与学校改进的"试验田"

王　铄

美国学校和社区的互动非常频繁

美国学校和社区的良性互动由来已久。20世纪初，随着大量移民的涌入，社区成了跨文化教育的关键。以此为契机，学校和社区的合作开始启动。社会逐渐形成一种共识：教育不仅是家庭、教会的责任，也是政府、社会乃至社区的责任。到20世纪80年代末90年代初，美国政府启动了许多鼓励学校和社区互动的政府项目，州政府也开始鼓励公立学校参与社区服务，以至从联邦到各个州政府，再到各个学区，基本都设有组织学校与社区合作的机构，以确保学校与社区合作的有效实施。

美国学校和社区的互动非常频繁，并呈现出多样化的特点。从形式上说既有学校和其他社区机构的正式合作，也有学生参与社区建设的实践活动。社区在学校办学活动中的参与既可以是独立的社区成员，也可以是社区内的企业、政府机构和宗教组织等。学校在社区中的作用也不尽相同，有的被视为社区的中心，有的则作为社区的发展机构。

长久以来，美国社区为家庭、学生和学校协调并提供各种资源和服务，在学校发展中扮演重要角色。那么，美国社区和学校之间到底是如何互动的？社区是如何推动学校发展的？本文以社区学校为例，探究美国中小学校和社区之间的互动实践。

社区的枢纽，综合的学校

20世纪初，受杜威主导的进步主义教育运动的影响，社区学校运动在美国逐渐兴起，将学校建设成为社区社会生活和社会服务中心的观念以及改革实践一直延续至今。关于社区学校（Community School）的定义，我们可以从属性和功能两个角度来界定。从属性上讲，社区学校既是社区的公共场所，又是学校和其他社区资源的一种战略合作。从功能上看，社区学校不仅是一种整合了社区所有优质资源的教育机构，还是整个社区的社会生活和社会服务中心。简单地说，通过社区学校，社区参与到学校教育中，同时社区学校也为学生、家长和社区居民提供多种服务，希望借此改进整个社区的状况，但是社区学校的根本目的是提高学生的学业成就。

社区学校的核心理念可以通过"发展三角形"充分展现出来（见图1）。所谓"发展三角形"的三条边分别指社区学校发展的三个关键因素：有效整合的核心课程、丰富的学习机会和综合支持服务。这三个关键因素通过社区和家庭共同为处于核心位置的儿童和学生服务，从而实现社区学校的发展目标。

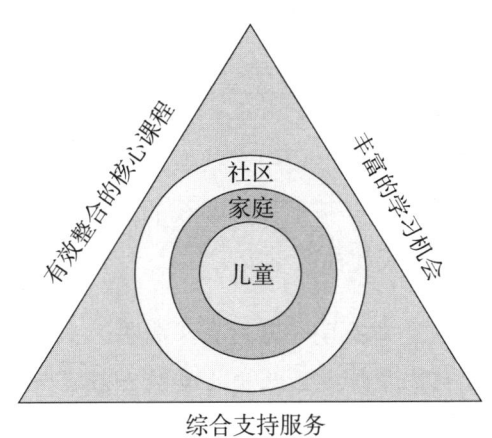

图1　社区学校的"发展三角形"理念

社区学校本质上是一所公立学校，是学校与社区互动制度化的体现，与普通学校具有诸多共性，但由于社区和家庭的深度参与，社区学校也具有不同于普通学校的独特优势。

社区学校与普通学校的共性体现在教育教学是社区学校的核心职能。作为社区枢纽的社区学校，教育是其诸多职能中的根本，其他社区支持服务是为了移除学生接受教育的障碍，保证教师可以将更多精力投入课程和教学上，为学生提供更多时间和更多的学习途径。

社区学校的独特优势体现在两个方面：一是社区学校体现了学校、家庭和社区的共同参与与充分合作。社区学校运动的兴起和诸多公立学校向社区学校转型的根本原因在于学校无法满足学生和家长（尤其是来自贫困和农村地区的学生与家长）提出的多样化的需求，因此需要社区通过借助和整合来自社区、社会、政府机构等不同渠道的可用资源，帮助学生和家长解决学生学习过程中面临的挑战与威胁。

二是相对于普通的公立学校，社区学校能够为学生提供更多学习时间和学习机会。大多数社区学校建立在学术表现不佳的公立学校的基础上，这些学校一般位于经济发展欠佳的贫困和农村社区。如果没有社区和其他社会组织的帮助，在这些学校就读的学生无法从家庭中获得像中产阶级家庭出身的学生一样丰富的学习机会。为了改善这些学生的学业状况，社区学校充分利用课后、周末和假期的时间为学生提供丰富的课程资源来补充学生的学习机会，同时将学生课堂所学知识融入到课外课程和实践活动当中，帮助学生强化学习效果。

在学校和社区的诸多互动形式中，社区学校已经成为学校和社区深度融合、积极互动的典型模式。基于社区学校的独特优势，美国教育部部长呼吁将每一所学校都打造成为社区学校。

本杰明·富兰克林高中

本杰明·富兰克林高中是美国历史上学校和社区互动的典型代表，该校一直保持着这一特色。富兰克林高中与社区的互动首先体现在学校领导团队的人员构成上。具体而言，其领导团队包括行政管理者、社区学校协调员、教职员工、家长、当地居民和学生，该团队共同评估学校的发展需要并一起出谋划策，也共同决定如何开展项目满足社区的实际需求。例如，为了帮助该校修建运动场，当地一家国际运输公司资助了 100 万美金，此外巴尔的摩市政府、当地的一家基金会和一些企业也参与了该项目。

为了帮助学生学习和发展各项技能，该校的合作伙伴为学生提供了许多机会。例如，当地一家公司为学生成立了理财素养工作坊，并为学生参与环保活动提供交通服务。类似的活动还有志愿服务和科研项目等。值得一提的是，该校的学生组织"自由发声"与一个反贫困草根组织"工人联盟"合作，成功阻止了一个垃圾焚烧厂在学校附近的设立。

作为社区学校，本杰明·富兰克林高中还为社区的稳定作出了积极的贡献。为了帮助学校所在社区解决高人口流动率的问题，该校与非政府组织、大学和教会合作开展"稳定家庭项目"，帮助 60 个家庭留了下来，学生的流动率也从 61% 下降到 41%。

社区学校的主要模式

社区学校的起源可以追溯到 19 世纪末 20 世纪初的城市社会服务中心。时至今日，美国社区学校已经形成了多种典型模式：儿童援助协会社区学校、灯塔学校、校中社区、大学支持的社区学校。

作为美国历史最长、规模最大的社会福利机构，儿童援助协会（CAS）早在 1992 年就开办了第一家 CAS 社区学校。如今 CAS 已经与纽约教育局合作建立了 20 余所社区学校。CAS 社区学校的一大特点是课后项目。学校教师、大学生、专业人员、青年工作者和社区居民等共同合作开展课后项目，由教师和 CAS 的专业人员担任协调员，将课后项目的教学内容与学校的课程结合起来。CAS 社区学校的另一个特点是为居民提供医疗和健康服务，在一些社区学校设有医疗中心。作为社区学校，其建筑和设施在课后和假期仍然对社区居民开放。

灯塔学校最先出现在纽约市，并发展到丹佛、明尼阿波里斯、费城等其他城市。这种模式的社区学校主要是一些在青年和社区发展方面具有专业资质的社区组织利用教育相关部门提供的经费和学校的场地，向社区儿童、青年和社区居民提供多样化的课程和活动项目。由于灯塔学校根据学校需求提供支持和服务，所以在组织形式和项目内容方面存在较大差别，它们的项目涉及青年发展、家庭和文化建设、创新创业、扫盲教育等不同主题。

校中社区创始于20世纪70年代的纽约，如今已经发展成为拥有近200个地方分支机构的全国性组织。其创始者比尔·美利肯（Bill Milliken）认为："当年轻人能感受到成年人的关怀和社区归属感的时候，他们就会茁壮成长。"校中社区的目标是把学生留在学校继续学习知识和技能。为了实现这一目标，校中社区已经形成了一套规范化的五步工作程序：第一，评估学校和学生个体的需求；第二，根据学校和学生的学术与非学术需求，制定支持方案；第三，为学校、学生和家长提供综合性的支持与帮助；第四，持续监督学生和学校的综合表现，不断调整支持方案；第五，效果评估。

宾夕法尼亚大学内特社区合作中心是大学支持的社区学校的典型代表。从1985年发展至今，该中心已经在宾夕法尼亚大学所在的区域启动了13个社区学校项目。在宾夕法尼亚大学内特社区合作中心的努力下，该校共开设了150门社区服务课程，这些课程由大学教师和中小学教师共同开发。在讲授环节，大学生担任任课教师和中小学生的学习导师。此外，波士顿学院、佛罗里达大学、俄克拉荷马大学塔尔萨分校和新墨西哥大学等大学及学院，也都通过教师培训、课程开发和评估等积极参与到学校建设项目当中。

社区学校发展的成功经验

第一，寻求共同的发展愿景和价值追求。社区学校的发展需要学校、家庭、社区、企业和其他社会机构的多方合作与共同努力，相同的信念和目标是社区学校良性发展的不竭动力。加利福尼亚州萨克拉门托的家长-教师家访项目的建立缘于家长对学校的不信任，所以在项目启动之初，该项目的重要参与方（学区、萨克拉门托市教师联合会和萨克拉门托市的一家社会组织团体）专门就信念和态度问题进行会谈，并最终达成共识：（1）家长和教师是同等重要的教育者，家长是孩子成长方面的专家，教师则是课程和教学方面的专家；（2）为保证教师能够高效地传递关于学生学习的重要信息，教师和家长应提前建立积极的沟通机制；（3）教师必须对所有学生进行家访，因为只锁定学习困难的学生将加剧不信任的恶性循环；（4）所有家长都可以帮助学生获得学业成就，有效的家长参与能够在每个家庭进行。

第二，从数据出发聚焦发展重点。提升学生的学业成就是社区学校的根本办学宗旨，也是判断社区学校发展的关键指标。为此，社区学校发展重点的制定需要以学生学业成就的相关数据为基础，判断学生学习过程中取得的进步，更重要的是发现现存的不足，进而采取相应的改进措施。在各种社区学校模式中，校中社区模式最为关注数据。校中社区模式工作流程中的每一步都与数据息息相关，例如，项目开始前开展需求调查和现状评估，项目开展过程中跟踪学校和学生的表现，项目结束后针对项目效果进行终结性评价。

第三，深入开展多方合作。学生学业表现的改善不仅需要学生个人的努力，更需要社区内外的组织和个人的积极参与。在宾夕法尼亚州东部城市伯利恒，为了保证学生的健康，政府部门、大学、医院、医学院、非营利组织和企业以社区学校为中心，开展了多方面的合作。例如，宾夕法尼亚州利哈伊大学的学生研究发现，当地布劳夫中学的学生可能会由于长期步行上学而受到铁路运输造成的空气污染的影响，政府部门立刻对铁路线路进行了调整；圣卢克医院和天普大学圣卢克分校分别派遣医生和医学专业学生为该校学生提供专业的健康医疗服务与课后活动。此外，这些组织和机构还合作在该校开设了多种课余活动。通过这些努力，布劳夫中学的学生出勤率和参与课后活动的积极性得到显著提高。

第四，优先锁定急需帮助的学校和学生。尽管美国拥有多种社区学校模式，而且不同类型的社区学校也在不同地区经历了十几年至几十年不等的发展过程，但面对数量庞大的基层社区和学校，社区学校的建立和发展优先考虑最需要外部支持的学校与学生，并针对这些学生、学校和社区的特定需求以适合当地文化的方式给予帮助。以儿童援助协会社区学校为例，纽约市的全部社区学校（21 所）均分布在低收入和教育资源匮乏的地区。

第五，将学生与社区充分联系起来。社区学校不仅强调为学生提供良好的学习环境和充足的学习资源，同时也鼓励学生参与社区事务，这不仅是检验学生学习成果的有效手段，也可以培养学生服务社区的意识和社区归属感。俄亥俄州哥伦布市的"将学习融入生活"项目的初衷是帮助教师培养学生学以致用的意识。作为该项目的一部分，林登 - 麦金莱 STEM 学院的师生开展了一项名为"水，水，到处都是"的项目，学生们想要了解不恰当地处理危险品对水质的影响。他们通过研究社区用水的供给，与致力于减少污染和改善水质的社区组织合作，获得研究结论，并将他们的研究发现和建议向林登社区相关人士进行汇报。学生在研究过程中获得了多方面资源的支持，增强了社区参与感和归属感。

（作者系北京师范大学国际与比较教育研究院博士生、

美国匹兹堡大学教育学院访问学者）

（本文原载于《人民教育》2016 年第 10 期）

探究式学习是如何发生的？

——以加拿大阿尔伯塔省中小学探究式学习模式为例

郭　燕　刘晓莉

近 30 年来，探究式学习一直是中外教育领域研究的热点话题。探究式学习基于这样一种认知：人们对事物的理解是在共同合作与交流过程中构建起来的，即通过协作，人们提出问题、解决问题、发现规律、检验真知。[①] 加拿大是联邦制国家，教育由省级政府负责。2014 年，阿尔伯塔省教育部宣布中小学课程设计采用探究式学习模式，这种学习模式被证明卓有成效。本文以阿尔伯塔省中小学为例，深入研究探究式学习是如何发生并实施的。

为什么要进行探究式学习？

观察、提问、探索，一直是人类了解世界最基本的方法。人们在尝试做既感兴趣又有挑战性的事情时，学习效果最好，这反映了情感与认知能力发展的密切联系。虽然有人认为探究式学习耗时太多，不如直接给到学生信息效率更高，但是大量研究表明，学生在进行探究式学习时，他们的学习兴趣、学习投入、学习质量和成果都会大幅度提高。

---

① 　Galileo Educational Network. (2013). What is inquiry.

采用探究式学习方法的六年级学生，比同学校沿用传统方法的十一年级和十二年级学生，对物理基本原理掌握得更好[①]。在低年龄阶段，用探究式方法帮助二年级孩子学习几何中的三维概念，结果孩子们对三维概念的理解甚至超过了对比组一流大学的本科生[②]。

另外，掌握事实和信息已不再被看作当今世界最重要的技能。事实会发生变化，信息越来越容易获得，而如何获得信息以及如何分析理解大量的信息变得越来越重要。因而，教育的目的不再是单纯的知识积累，而是如何获得有用的知识。这正需要探究式学习。探究的前提是"需要或想知道"。探究不以寻求正确的答案为目的，而是寻求适当解决问题的方法。探究式学习强调探究技能的发展和培养探究的态度或习惯，使个人能够实现终身学习。

对于探究式主题由谁来确定存在一种误区，即认为如果教师为学生选择一个主题，就不是以学生为中心的教学。但实际上，一个好的选题更重要，好选题能让教师和学生积极参与。教师可以通过思考下列问题明确主题：

学生会觉得问题有趣吗？他们能够结合自己的经验找到进入探究问题的方法吗？探究问题能保证每个学生都可以参与其中吗？问题有足够的挑战性吗？为什么这个主题很重要？最近的研究发现揭示了什么？什么让你感到惊讶？可以收集到什么相关资料？你在这些领域的知识水平怎么样？你需要解释哪些概念？你是自己教学还是与别人合作？你希望学生在完成这项研究后真正理解什么？学生必须了解的核心概念是什么？

探究式学习模型

研究者和教育工作者进行了大量的理论与实践研究，形成了很多探究

[①]　Willms, J. D., Friesen, S., & Milton, P. (2009). What did you do in school today? *Transforming classrooms through social, academic and intellectual engagement.* Toronto, ON: Canadian Education Association.

[②]　Lehrer, R., & Chazan, D. (Eds.). (2012). *Designing learning environments for developing understanding of geometry and space.* Routledge.

式学习模型推进探究式学习。弗里森[①] 将这些模型归纳为三种类型：

一是普遍探究式。普遍探究式模型关注过程，包括一系列固定步骤，可以普遍应用到各类学科和各种教学内容。这种模式的关键假设是学生需要一个高度结构化的循序渐进的框架保证独立自主的探究活动。2004 年阿尔伯塔省教育部[②] 为教师提供的探究式教学设计框架即普遍探究式模式。

二是非指导式。非指导式探究模型强调以学生为主导，重视学生的经历。在此模型下，整个探究过程由学生自主完成，学生自行搜集并整理资料，最终解决问题。教师在整个过程中只提供材料和提出一些问题，给予学生充分的鼓励。该模式的关键假设是学习的最佳途径是发现，而不是被告知。在整个过程中教师作为指导者要避免高水平的或直接的指导。

研究表明，并非所有的学生皆适合使用非指导式探究教学法。卡恩和森德[③] 认为，学生从事非指导式探究学习时，必须能够自己发掘问题，提出问题。罗伯莱尔、爱德华和哈弗路克[④] 发现，非指导式探究教学法只有在学生具备充分的相关知识，有过多次探究式学习活动的经验，具备独立分析问题、解决问题的能力时，探究式学习才有效。基尔申尔、斯威勒尔和克拉克[⑤] 甚至指出，无引导的教学法不仅效率低，而且当学生的知识储备不够时，容易产生负面效果，比如对基本概念的误解。因而，在实际教学中这种模型需要谨慎使用。

三是基于学科式。基于学科的探究为学生提供了"了解整个过程"的

---

① Friesen, Sharon. (2015 August). Focus on Inquiry. *Galileo Educational Network and Werklund School of Education,* University of Calgary.

② Alberta. Alberta Learning, & Alberta. Learning and Teaching Resources Branch. (2004). *Focus on inquiry: A teacher's guide to implementing inquiry-based learning.* Alberta Learning.

③ Carin, A. A., & Sund, R. B. (1985). *Teaching Modern Science.* 4th edn. Columbus: Charles E.

④ Roblyer, M. D., Edwards, J., & Havriluk, M. A. (1997). Learning theories and integration models. *Integrating educational technology into teaching,* 55-72.

⑤ Kirschner, P. A., Sweller, J., & Clark, R. E. (2006). Why minimal guidance during instruction does not work: An analysis of the failure of constructivist, discovery, problem-based, experiential, and inquiry-based teaching. *Educational psychologist,* 41(2), 75-86.

机会，学生可以体验到在特定的学科内知识的创造与验证[1]。其关键假设是探究的方式要与学科相适应。学生需要学习学科特有的思维方式，教师需要使用与学科内容相适应的教学法，并采取以学生为中心和直接指导相结合的方式设计教学活动、进行评测[2]。

2014 年阿尔伯塔省教育部为教师提供的探究式教学设计框架

步骤 1：计划开始。

如果探究式学习是全校性计划，需要考虑学科与年级不同，并确保学生的学习是循序渐进的。如果学校尚未实施全校性计划，教师则可从探究活动的结果出发，寻找教师和学生都感兴趣的主题。

步骤 2：与他人合作。

理想的探究式教学活动是教学团队合作设计完成的。同年级同学科的任课教师是团队合作的最佳人选。团队合作不仅可以利用每个教师的专长，还能减轻工作量。团队合作计划之后，每个教师要根据自己的需要调整活动计划。

步骤 3：学生参与。

选择适合探究式学习的单元；决定哪些单元适合采用探究式学习活动；与年度教学计划相结合；寻找既能引起学生兴趣又能引出问题的突破口；在教学大纲的基础上，选择的主题应该是学生熟悉或者可以通过自行搜集资料了解到的；考虑主题是否适合所有学生，比如积极主动的学生以及需要鼓励的学生；复杂的主题可能需要额外的指导；有些主题会受学生能力的影响，比如学生的阅读水平。

步骤 4：确定主题。

确定探究活动的主题和具体内容。如果是初次开展探究式学习，通过

---

① Perkins, D. (2009). *Making Learning Whole: How Seven Principles of Teaching Can Transform Education.* San Francisco, CA: Jossey-Bass.

② Friesen, S., & Scott, D. (2013, June). *Inquiry-based learning literature review.*

控制时间、主题和活动的难度，确保探究活动的成功。为学生设计一种简单或熟悉的交流方式。

步骤 5：选择资源。

选择适当的资源并有计划使用。此时可能需要根据可利用资源，重新设计探究活动；根据不同的阅读知识水平，选择不同格式的资源（例如，打印、非打印、数字、多媒体）；如果资源非常有限，尽量使用可以在课堂或图书馆能够让学生接触到的。

步骤 6：时间安排。

确定授课单元和探究活动的顺序。将探究活动设计在单元中间，给学生时间了解相关主题的背景知识，并有机会考虑他们感兴趣的问题；提前告知学生将进行探究活动。允许学生与朋友、家人谈论该主题，并提前收集资料，还可以帮助选择和缩小主题，以及找出有争议的问题。

步骤 7：选择信息搜索技能。

确定在整个探究过程中将强调哪些信息搜索技能，并在探究活动之前教授这些技能。

步骤 8：设计监督和评估。

提前设计如何在探究过程进行监督和如何对探究结果进行评估。评估设计需要考虑学生已经掌握的知识，他们需要了解什么，教学重点是什么，以及预期学生将会通过探究活动学到什么。需要设计如何持续监督和评估学生在内容和过程中的进度，如何让学生了解监测和评估要求，如何让学生自我评估，如何让学生进行反思，如何进行修正，如何判断探究过程是否成功。

步骤 9：开始查询。

将课堂探究活动作为课堂研究的一个组成部分。将学习中出现的问题总结列表，以便进一步探究。提前告知学生探究活动，以便学生有时间思考感兴趣的话题，与朋友或家庭成员交谈，并找到自己关注的焦点。

步骤 10：确定有效活动。

在探究活动过程中以及之后，记录有效和无效的策略。

探究式学习特点

探究式学习并不像"第一步发现问题，第二步寻找答案，第三步……"那样可以按照固定程序按部就班进行的教学法。相反，探究鼓励提出真实问题，更重要的是，在探究过程中所有可能的答案都需要得到认真对待，并深入探究[1]。虽然探究式学习没有唯一固定的模式可依，但也有自己固有的特点[2]：

第一，真实性。

探究源于对学生有意义的问题，有一个真实的主题。探究问题往往是成人在现实社会或者是具体专业领域实际遇到或可能发生的。探究问题允许学生贡献个人知识，并对社会有所影响。

第二，学术专业性。

探究引导学生建立对知识的深刻理解，为学生提供灵活的方式处理问题，鼓励学生提出问题，培养思维习惯。比如，为什么这个主题重要？谁的观点？需要了解什么依据？如何了解那些依据？依据 A 与依据 B 有什么关系？

第三，评估。

将形成性评估融入探究的设计，为探究活动提供详细及时的反馈。评估包括自我评价和同伴评价。评估既指导学生的学习，又帮助教师进行教学规划。主张让学生参与制定评估标准。学生利用评价反馈设置学习目标，制定有效的学习策略。

第四，走出学校。

学生需要解决的问题，既与课程相关，又与学校以外的社会相联系。要求学生发展组织和自我管理技能，以完成研究。引导学生获得和使用高

---

① Gardner, H. (2006). *Five Minds for the Future.* Boston, Mass. Harvard Business School Publishing.

② Galileo Educational Network Association. (2016). *Rubric for Discipline-Based and Inter-Disciplinary Inquiry Studies.*

效的工作技能，例如，团队工作、解决问题、沟通、决策和项目管理的技能。

第五，使用数字技术。

使用数字技术展示新的思维方式和做事方式。技术是完成任务的关键，学生需要确定哪种技术最适合该任务，学习使用复杂的科技手段，如多媒体／超媒体软件、视频、模拟、数据库、编程等。

第六，主动性。

学生需要花大量时间做现场工作，如设计、实验、访谈、建筑等。学生会利用各种信息来源进行真实的探究。学生会通过演讲、展览、网站、wiki、博客等展示学习内容。

第七，专业性。

探究任务与专业知识直接或间接相关，有成年人参与探究过程（教师、专业人士、家长等），他们与学生一起进行探究活动的设计和评估。

第八，交流性。

学生在讨论相关概念的理解时，能支持、回应或挑战彼此的想法。学生有机会参与小型和大型的集体讨论。学生可以选择多样的方式表达他们的理解。为学生提供与不同人交流沟通的机会。

探究式学习课堂实例

下面通过两个实例分别说明探究式学习如何应用于加拿大阿尔伯塔省中小学的科学和语文课堂。

实例1：一二年级科学课——拯救蝙蝠

（1）探究的开始。

学生先开展了一场关于冬眠动物的讨论，并将问题引向了蝙蝠。学生从老师那里得到了这样的信息：在卡尔加里当地，受寒冬威胁，蝙蝠濒临灭绝。学生们对这个话题很感兴趣，老师开始引导孩子探索更多关于蝙蝠的知识，比如让他们从网络上查找图片和视频资料。随后，老师邀请了一名卡尔加里动物园的饲养员来到教室，他给大家带来了一只蝙蝠，给学生们讲解蝙蝠的不同类别以及蝙蝠面临的各种威胁。老师又邀请了一名野生动物、生物学家来到学校，给学生们进一步讲解蝙蝠的重要性、数量下降的原因，以及保护措施。

（2）将探究问题与课程大纲联系在一起。

这个话题与一二年级科学课程大纲的两项内容密切相关：学生能够识别和描述动物在不同季节发生的变化，如位置、活动和数量的变化；学生能够选择合适的材料，设计和构建一个手工建筑作品。

（3）探究任务：为蝙蝠搭建一座温暖的冬眠房子。

首先，学生讨论并设计组成蝙蝠的家的各个部分。他们需要描述每个部分的设计目的，尤其是这些设计应如何适应当地环境。然后，学生以小组合作方式动手建房子。这个过程是分任务分阶段完成的。学生们会停下来讨论、思考、改进设计。最后，全班共造了四座房子，帮助蝙蝠安全过冬。

（4）深入探究。

学生们还想让学校和社会也意识到蝙蝠面临的威胁。于是他们将研究结果制作成海报，展示给学校的其他学生。在父母的帮助下，他们开始了一个"拯救蝙蝠"的运动，呼吁对蝙蝠的保护。

实例2：九年级英文课——激昂式演说"困扰我的事"

（1）与教学大纲结合的主题。

九年级的英语教学大纲要求学生能够通过写作组织语言、表达思想；还要求学生能够通过演讲构建意义、阐述联系。以大纲要求为出发点，老师设计了探究主题——"困扰我的事"。

（2）探究活动设计。

老师首先选择与主题相关的视频，让学生观看并自由讨论。通过讨论，学生发现有的视频谈论困扰自己的事情只是单纯的抱怨，而有的视频却能引起观众的共鸣。在老师的引导下，学生讨论确定了学习任务，以电视新闻评论人里克默瑟的"激昂式"演说为模板，录制一段内容为"困扰我的事"的视频。为了确保每个学生参与以及任务的挑战性，老师将视频长度要求设为 45～90 秒，让学生有选择的空间，自行确定视频长度。

（3）协作探究。

首先，通过头脑风暴、集体讨论、独立构思等方式，每个学生确定自己视频的具体内容，并完成初稿写作。然后，每两人组成搭档互相拍摄视频，并对文稿和视频表现提供反馈意见（反馈意见表由老师设计，老师指导学生进行反馈）。学生通过协作完成视频初稿，老师对视频初稿进行评价反馈。根据老师的反馈意见，学生与搭档再次讨论修改。完成终稿后，学生在课堂上进行演说，同时搭档为其录制视频。

（4）探究反思与评价。

学生讨论找出需要反思的三个问题：① 在演说视频中，你有什么特殊习惯（比如肢体语言、视线、手势等）？② 在整个过程中（包括选题、计划、准备、练习、协作、修改以及演讲），你的表现如何？③ 哪些方面需要改进？针对这三个问题进行自我评价。老师将自我评价汇总并在课堂上展示。

探究式学习面临的挑战

多里尔和加西亚[①] 研究了探究式学习在 12 个欧洲国家实施的现状，总结了应用探究式学习面临以下挑战：

传统模式的惯性。尽管各国都在鼓励并积极推行探究式学习，但在实施过程中，很多教师和家长拒绝改变，仍然倾向于采用传统的教学模式。研究数据表明，在多数国家，传统模式仍然占主导地位。探究模式挑战了教师知识的权威性，因此教师即使意识到探究式学习的益处，也不愿作出改变。尤其是对于那些刚开始实施探究式学习国家的教师和家长来说，他们自身并没有接受过探究式教育，因而对探究式教学法的抵触很大。

---

① Dorier, J. L., & García, F. J. (2013). Challenges and opportunities for the implementation of inquiry-based learning in day-to-day teaching. *ZDM*, 45(6), 837-849.

缺乏专门教师培训。一方面，教师入职前的教育培训缺少探究式学习的相关内容。另一方面，教师就职后也没有获得相应的在职培训。探究式学习的相关培训一般是由个别老师自发组织的，几乎没有国家或地方政府组织官方培训。

评价体系不对应。评价方式对探究式教学的实施很重要。很多国家虽然鼓励探究式学习，但相关的教育评价政策变化缓慢，没有达成形成性评价体系，因此，并不足以鼓励教学实践发生真正的变化。

教学资源匮乏。另外一个与实践相关的重要问题是教学资源的缺乏，如网络资源、教学文献等，特别是教科书。大多数教师（特别是小学和初中）非常依赖教科书。此外，在一些国家，学校或教师缺乏自主选择教材的权利，官方指定教材滞后，无从选择满足新课程要求的教科书。

〔郭燕系加拿大卡尔加里大学教育学院终身教授、博士生导师；
刘晓莉系哈尔滨工业大学（威海）语言文学学院讲师、
加拿大卡尔加里大学教育学院在读博士生〕

（本文原载于《人民教育》2017 年第 6 期）

第四辑

人在技术之上

第三种学习方式来临？

蒋鸣和

近年来，以移动互联网、智能终端、云计算等为代表的新一代信息技术对教育的影响已初见端倪。新一代信息技术带动教学变革的一个显著标志是不再局限于某种单项技术在教学中的应用，而是集结多种技术构建新型学习方式的生态环境，从而推进教育结构的整体变革。

据估计，目前全国开展数字化移动学习实验的中小学已超过 1000 所，"移动学习""微课程""慕课"（MOOC）和"翻转课堂"也成为网上的热门词。当然，在这股潮流中，质疑的声音也始终不断，从"慕课"之争到关于技术在教学中的作用的讨论，都表明我们对于信息技术在教育变革中的作用还未达成共识，信息技术与教学过程融合的规律还有待进一步的探索。

抽象地讨论泛在的"融合"模式对实践的指导意义不大

信息技术与教育教学过程的融合是从发达国家引进的概念，其本来意思是把信息技术融入教和学的过程之中。由于教学过程表现在具体实践中，既有教学目标和教学方式的不同，也有学生、教师、教学内容和教学环境等基本要素及其组合方式的不同，所以，抽象地讨论泛在的"融合"模式对实践的指导意义不大。

基于课堂的教学方式大致可分为接受式和探究发现式两类。接受式教学中，学习目标常局限于基本知识和基本能力，学生往往不需要进行独立发现，他们的任务是把教师呈现出的材料全部接受并内化到自己已有的认知结构之中。探究发现式教学中，学生通过自己的努力再发现知识形成的步骤，以获取知识并发展探究性思维。在这种教学方式中，教学内容一般以问题方式间接呈现，提出问题、分析问题、解决问题作为主线贯穿始终。

当信息技术融入这两种教学方式时，它所起的作用是不一样的。在接受式教学中，信息技术的作用在于帮助学生突破知识的重点和难点，从而达到掌握基本知识和基本技能的目标。此时，技术的作用基本上是"辅助"功能。而探究发现式教学运用信息技术时，主要是利用信息技术构建起分析问题和解决问题的环境与工具，让学生在情境中体验、学习、理解和运用知识，积累课程经验，发展基本学科思想。此时，技术起到了引领的作用。

近几年来，随着互联网技术的迅速发展和移动终端的全社会普及，形成了"第三种学习方式"，即网络学习和面对面学习相融合（也称之为线上线下学习融合）的混合学习方式。这种学习方式着眼于用技术支持学习的个性化和泛在性，是对基于课堂的接受式教学和探究发现式教学的深化与拓展，代表了教育信息化的未来发展趋势。

近三四年间，对这种混合学习方式的探索，如微课程和翻转课堂都还处于实验阶段，争议也较大，难点在于如何实现网络学习和面对面学习之间的转换。目前看来，还没有形成规律性的模式。当前，相对形成普遍共识的是：

第一，从学习分析和课程标准分析着手，提出不同学业水平学生的差异性学习目标、提供差异性的学习内容和差异性的学习途径。

第二，学习从课内延伸到课外，用多种学习方式释放学生差异化学习的时间与空间。

第三，强调面对面对话和交流对于促进知识内化的关键作用。

在从知识传授为主向能力培养为主的转变过程中，以上三种教学方式在教学中不是替代而是兼容的关系。但在理论和实践中，我们对三种教学方式转换过程中技术应用规律的认识还远没有达到"自由王国"的高度，技术和教学"两张皮"的现象确实存在。正因为如此，信息技术与教育教学的融合是教育信息化的核心理念和"重中之重"。

关于"微课程"：有其适用范围、优势和弱点

"微课程"的概念最早于 2008 年由美国圣胡安学院的高级教学设计师戴维·彭罗斯（David Penrose）提出。他实施了一项"逆向工程"实验，把长达 1 小时的课程视频浓缩成仅为"1 分钟"的音频或视频材料。他认为微型的知识脉冲（Knowledge Burst）只要在相应的作业与讨论的支持下，就能够与传统的长时间授课取得相同的效果。

可汗和他创建的可汗学院（Khan Academy），对于微课程在基础教育领域应用的探索具有全球性的开创意义。可汗学院构建了以微课程视频为核心资源的完整的在线学习系统，覆盖学科全部内容，包括了视频、在线练习和模拟的课程资源以及基于知识地图的学习导航系统和学习分析系统。

2011 年，著名的 TED 网站推出了 TED Ed 频道。（编者注：TED 是 technology、entertainment、design 的缩写，即技术、娱乐与设计。）该频道的创新在于动画短视频的运用，丰富了视频内容的呈现方式，强化了学生学习的体验特征；为解决微课程满足不同层次学生多样化的学习问题，允许教师对课程资源进行二次加工。

微课程在很大程度上满足了现代快节奏社会的泛在学习需求，为自主学习提供了一种可操作的学习模式。但是微课程也有其适用范围、优势和弱点。

第一，以可汗学院的数学课程为例，基于美国中小学数学基础比较薄弱的现状，它重点要解决的是美国学生的"两基"问题。通过深入浅出的讲解和配套的基础练习，可汗学院让学生把教师呈现出的材料全部接受并内化到自己已有的认知结构之中，尽管学习场所从课堂转向网络，实质上还是接受式教学方式。

第二，如果把学生学习的认知水平分为记忆性学习、概念与原理的理解和问题解决三个层次，那么基于讲授式的微课程学习在概念与原理的理解和问题解决学习中是有局限性的。可汗学院也深知这一缺陷，其专家团队完成课程标准核心要素分析后，正在设计用于测试深层次数学思维能力的新练习系统，力图以此为起点，发展学生的高阶数学思维能力。

第三，对于网络学习和面对面学习之间的转换，可汗认为：微课程在线学习仅仅是课堂教学的补充，应用的重点要由在家学习转型成为一种重要的课程教学资源。2011年，可汗学院在加州Los Altos学校里的4个五年级和七年级班级试点，2013年在23个公立学校实验。不过值得注意的是，微课程进入课堂的方式主要是把微课程作为一种课程资源嵌入到课堂教学活动中，并非全盘采用翻转课堂模式。由于实验处于起步阶段，网络学习和面对面学习之间的转换还没有形成规律性的模式。

关于翻转课堂：如果你不是一个好教师，翻转课堂不会真正确保有更好的学习成效

翻转课堂起源于美国一所山区学校——"林地公园高中"两位化学教师的实验。他们把课堂讲解的内容录制成视频，以学生在家看视频、听讲解为基础，把课堂时间用在面对面交互中完成作业和动手做实验。这种教学方式把传统的课堂上学习和课后做作业的顺序翻转过来了，其更为深远的变革意义在于赋予了学生学习更多的自主性和选择性，而在课堂内则强化了师生之间的沟通和交流。翻转课堂模式的核心思想是学习的个性化和知识内化的交互性，在我国的实验中归纳为"先学后教、以学定教"。这在教学结构变革中具有普适意义。

翻转课堂的实验和推广要因时、因地、因人和因课程制宜。从我国的国情和学情分析，以下几点是不可能回避的：

第一，我国中小学每学年的学习日在180天左右，课外学习花费的时间比其他国家更多。在课业负担繁重的现实下，把课堂学习全部转移到课外是不现实的。

第二，学生自主学习习惯是随着年龄增长逐渐养成的。在小学中低段，课外看视频进行学习，会受到可控性等因素干扰，学习效果未必会达到预期效果。

第三，更为重要的是，知识的学习与知识内化一样，同样需要在体验中建构，也需要交互的环境，单靠讲授式的视频学习显然不能适应这样的

学习要求。

第四，不同学科的学习方式是不一样的。我多次参与或评价翻转课堂实验，发现在中学语文学习中，把阅读移到课前，让学生带着问题自主阅读，课内则在交互环境下深化学生与文本的对话和解读，收到了较好的效果；而在中学数学学习中，教师针对数学概念和原理设计问题，课前让学生用几何画板作为工具进行以问题解决为导向的自主学习，课中则把重点放在进一步深化数学概念和原理的理解与应用上。这两个案例恰恰课前都没有用讲授式的视频学习。

需要特别指出的是，有关翻转课堂的实验假设至今没有得到有说服力的实证。轻易地全盘肯定或全盘否定，都不是科学的态度。下面介绍的国际最新研究或许能佐证这一判断。

2012—2013学年，美国加州哈维穆德学院的专家团队在中学的科学课堂开展了一项关于翻转课堂模式成效的研究。由同一位教授用相同的课程及相同的学习材料，分别应用翻转课堂模式和传统模式执教两个班级。实验设计了学生多方面学习成效的测试，例如学生解决问题的知识迁移能力、他们的学习态度以及学习考试成绩。专家团队成员Lape教授认为，在大多数测试类别中，两种教育模式没有明显区别。"我想说的是，事实上没有统计学意义的差异。人们同心协力推动翻转课堂，但是没有真正的结果。"专家团队对评价结果进行了分析，学生在匿名调查中说，他们有的喜欢而有的讨厌新模式，一部分学生说他们感到翻转课堂的学习负担较重，因为它要求学生留出更多时间看冗长的讲座视频。教授们也不得不花更多的时间制作和编辑视频以吸引学生。Lape教授认为，考虑到这些缺点以及实际的学习效果，可能不值得如此麻烦。

当然也有相反的实证材料，美国翻转课堂网络提供了教师实验报告，其结果是80%的学生学习态度有所改善，标准化考试成绩上升了67%。美国一位在线学习教育顾问Andrew Miller教授对此评论说："如果你不是一个好教师，翻转课堂不会真正确保有更好的学习成效。如果你不做一些补救措施，它不会给你带来任何好处。"

关于慕课：那种认为"学生只需坐在家里，通过网络就能及时解决学习问题"的看法，违背了学习的基本规律

慕课在高等教育变革中的作用举世公认，但要克隆到中小学却引起很大的争议，形成了所谓"挺慕"和"慎慕"两种观点。

"挺慕派"认为，慕课首先能使学生只需坐在家里，通过网络就能及时解决学习问题，而且又是免费的。其次，慕课还能促进基础教育的均衡与公平，因为它是由优质学校的优秀教师上课，师资绝对有保障，供学生自主选择。最重要的是，通过慕课的手段，改变了传统教学模式，将学生在线学习与学校学习结合起来，提升了学习效率。

关于慕课的争论其实包含了大家对微课程和翻转课堂的反思，争论的实质又回到了一个古老的命题：人们是怎样学习的？重温一下学习理论的基本原理，"慎慕"是有道理的。

第一，众所周知，不同地区、不同学校的教学是有差异的，这在中国这样一个基础教育发展极不平衡的大国中尤其如此。教无定法、因材施教是教学的基本原则，认为"学生只需坐在家里，通过网络就能及时解决学习问题"的看法，违背了学习的基本规律。对于教学而言，合适才是有效的，认为优质学校的优秀教师的教学经验能适用于全国所有学校教学的见解也是绝对的看法，历史教训值得吸取。21 世纪初，有一项在农村实施的远程教育工程，就试图用发达地区优秀教师的 20 分钟短课视频播放去代替农村地区的教学，实践证明是失败的。共享优质的微课程对于促进农村地区教学是有益的，但它应该是起到借鉴的作用，而不是取代当地教学。

第二，知识是在情境中建构的，同时知识也是在互动过程中建构的。这是苏联心理学家维果斯基 90 年前提出的著名论断。同时，基于脑科学的现代学习理论进一步提出，情绪能促进认知。网上交互不能取代面对面交流，正因为如此，我们要特别强调课堂变革不是用在线学习取代课堂教学。

第三，基础教育的课程具有规范性和选择性的双重特点，课程标准规定的基本教育目标是每个学生都要达成的，目前在线教育全球平均通过率约为 7%，对还没有养成自主学习习惯的小学生和初中生而言，通过率可能

更低。这也是在基础教育中不宜大规模推广的一个原因。

如何融合线上线下学习是需要长期探讨的问题

开展网络学习和面对面学习相融合的混合学习是教育信息化的发展方向。但如何融合，只能通过教学实验来加以检验和完善。要鼓励试验，轻易否定不是科学的态度。《人民日报》2013年曾刊载《基础教育要警惕过度信息化》一文，提出信息技术在教学运用实践过程中存在诸多问题，如只是将纸质内容电子化，使得教学过程中本应具备的灵活性、生成性因素很难体现出来等，这些问题确实存在。但究其原因，症结在于"新瓶装旧酒"，即技术的应用仍局限于知识传授和机械解题。此时，我们只是用传统的知识传授思维定式来看问题，从而得出"过度信息化"的结论也是不符合实际的。

微课程、翻转课堂和任何一种教学实验一样，都有其优势、弱点和适用范围。在实验中，我们要进行实事求是的分析。我认为，微课程在教学内容和方式上要多样化，除讲授式视频教学外，还需增加体验和探究的微型学习活动，这些从广义上讲都属于微课程范畴。微课程作为一种新型的课程资源，教学应用方式要因时、因地制宜，在课前、课中、课后都能应用，不能固化为翻转课堂的一种模式。

科学实验不是全盘模仿，对发达国家提出的线上线下学习融合的混合学习方式必须从中国教育实际出发，本着"正视现实、承认差距、密切跟踪、迎头赶上，走自主创新道路"的原则，有选择地借鉴。单靠技术不能解决中国基础教育的改革问题，需要教育综合改革配套，更需要切实提升教师专业能力，这都需要时间。不顾条件、用浮躁的心态"扩风"和"跟风"，搞"群众运动"，或将其推向极致，视之为破解教育变革难题的无所不包的灵丹妙药，都不是历史唯物主义的态度。

（作者单位系上海市教育科学研究院）

（本文原载于《人民教育》2014年第23期）

人在技术之上

陈 平

当下，几乎所有的教育媒体、教育论坛都在谈论"互联网＋"及信息化对教育的影响。未来教室、智慧学校、慕课、翻转课堂、在线学习、移动学习等让很多学校跃跃欲试，许多学校迫切地想去拥抱、实验它们。一些地区已经制订了未来两三年建成几十个"未来教室"的计划。我们似乎看到了新时期的学校改造运动开始了，正如有人呐喊的一样——新的教育革命到来了！

面对汹涌而来的新技术、新事物浪潮，面对即将到来的"新学校"建设，我觉得有一些问题值得探讨。

建设的兴奋点在哪里？

在新技术、新事物面前，我们都会怦然心动，但是在动心之前需要考虑一下，我们拥有它的兴奋点在哪里？

追求"新"，是有价值、有意义的事，但要在自身条件许可的范围之内。作为学校组织，需要审慎考虑，学校组织并非一个真实的"生命体"，无法感知"新"给它带来的快感，也就是说从"快感"层面上讲，对学校无意义。所以，对学校来讲，建设的兴奋点主要体现在"实用"及"有效"上。技术本身无好坏，只要能适用学校教学，能促进教学发展就是好技术。技术的新与旧不是学校建设的主要标准。

在教育现代化过程中，类似 20 世纪 90 年代的多媒体教室的建设是必需的，因为这时候的多媒体，对于大部分教师来讲是"奢侈品"，它让教师们了解了这一新事物。但在建设中也确实存在着"赶潮流""凑热闹"的现象。20 世纪八九十年代建的学校几乎都要有一个天文馆，而天文馆建成后，大多只是空壳；新世纪以后的学校开始时兴微格教室，设备越来越先进，教室环境却越来越封闭、昏暗，进教室上课的老师也寥寥无几。其实很多学校的多媒体教室使用次数也并不多，其设备最后不是用坏的，而是自然淘汰的。很多时候，学校对于新技术、新事物的追求，其兴奋点在于"拥有"而不是"使用"。

如今，学校发展到"互联网+"时代，与教育有关的新技术越来越多，课堂 3.0、慕课、微课、翻转课堂等等，足以让我们兴奋不已。新一轮建设已经在很多地方展开，人们生怕一步落后，步步落后。

追求新技术与赶潮流式的建设和生活中人们追求时尚品是一个道理，需要花很多经费。我购买过一款 55 英寸的 4K 海信电视，2014 年 4 月售价为 7700 多元，6 个月后已经降到了 5000 元。2014 年 9 月，苹果公司宣布 iPhone 6 在香港上市，一个"果粉"愿意出上万元托人在香港购买，但一个月后，在内地发售价格为 5288 元起。这就是时尚的代价。购买时尚品你付出的是远远高于产品本身的价值。时尚品很大一部分价值在"时尚"上，"时尚"的价值在于满足人们精神的需求。王尔德百年前吐槽时髦："时尚是一种让人难以忍受的丑陋，以至于我们不得不每六个月就更改一次。"追求时尚是一件"烧钱"的事儿。

追求时尚的消费心理应用到教育领域是不太合适的，因为教育不是私有品，公立学校的教育资源是公共品，动用的是公共经费。公共经费只能购买能惠及大部分人的产品，一般不会购买"时尚品"或者"奢侈品"。在这方面拥有更多财富的私立学校却反而变得更加谨慎。多年来教育技术的浪费，是一个不被人关注却不可小视的问题。

教育"弄潮"的代价不但很高，而且可能会发生方向性的偏差。

谁是未来？

因为向往，我们喜欢预测未来，但预测是一件十分困难的事。杰出人士也不例外：

比空气重的飞行器是不可能的。
——开尔文爵士，英国数学家、物理学家，英国皇家学会会长，1895 年
没有理由要每个人家里有一台电脑。
——肯·奥尔森，数字设备公司总裁，国际未来社会大会上的发言，1977 年
640K 对任何人来讲都足够了。
——比尔·盖茨，1981 年

要建设"未来"，首先涉及的问题是：未来是什么？谁来定义未来？

具有很好市场潜力的新能源汽车，现在遇到了很大的困难，这里有技术问题，有成本问题，但更主要的是方向问题。目前市场上比较成熟的新能源汽车主要有两种：以特斯拉为代表的纯电动汽车和以丰田为代表的用燃料电池作为动力源的汽车。市场面对这两种新能源汽车显得犹豫不决，难以决断。因为这两款汽车都需要配备无数充电基础设施，一个是充电，一个是充氢。面对巨大的资金投入，市场很有可能做单选题，最后能选谁呢？这就是一个方向问题，在没有选择之前，很少人会贸然行动。

建设"未来教室""未来学校"同样会遇到这样的问题。你能判断选择的这些技术就是被未来选择的技术？你能判断砸下重金建设的东西能使用几年？2000 年国内电视行业面临着方向性的选择，当时有三种选择：等离子、液晶和背投电视。当时的长虹投巨资豪赌背投电视，结果市场无情地淘汰了长虹。原想抢占先机，再次领导电视业，但没有成功。如今，我们到一些学校还能看到这些笨重的、弃之可惜却不再使用的背投电视。

未来是一种诱惑，但盲目拥抱也隐含着某种风险。2014 年 10 月 26

日，被称为"地平线之父"的莱瑞·约翰逊博士来到上海，看到上海一些学校的"电子书包"探索后，讲了这样一件事：洛杉矶的经验和你们正在做的"电子书包"有类似的地方，早先他们投入 100 万美元购买了 30 万台 iPad 给学生，很多人都看好项目启动，却没有成功。因为项目片面强调了技术，没有考虑到师生、学校、家长、社区的想法，没有注意互动，也没有平衡政府、公司、学校、市场的关系……

所以，技术方向尚未明朗之前，我们略微等一等，不然"先驱"很可能会变成"先烈"。

是否所有的技术都要拥有？

一些学校已经在进行微课、翻转课堂的探索，但从展示的课例及家长反映来看，还是值得推敲的。课堂中播放着其他教师的"微课"，而教室里的老师却傻傻地站在一旁陪着学生看，这场面总让人觉得有些怪异。

因为要"课堂翻转"，学校把老师的课先拍成视频，让学生在家里观看。但这样一来家长有意见了，不是所有的家庭都装有宽带不说，本来孩子的课后作业就多，很辛苦，现在还要求在网上看视频，无形中增加了孩子的负担。家长为了保护孩子的视力对上网时间有严格规定，但要"翻转学习"，孩子正好就有了长时间上网的理由。

对于新技术的追捧程度，国内教育界要比国外来得高。2013 年 9 月，我参加了南京某中学组织的国际教育论坛，该论坛邀请了国内外著名教育人士畅谈教育。我观察到，国内学者、校长谈的基本是数字化时代的责任、慕课的意义等，国外学者、校长们谈的是"如何将增加教师工资与提高成绩结合起来""新教育改革与学生成绩不佳的关系""思维如何促进学生成长"等。

谈到"慕课"问题时，美国斯坦福大学本科招生与财务资助办公室主任讲道：斯坦福大学也有很多"慕课"，但只是课堂教学的补充，全球化发展、技术引领世界，但创新精神最重要，学校是创新的"孵化器"。

我不否认慕课、微课、翻转课堂等对于未来教育可能会产生的影响，但是不是一定要引入当下的中小学教学？这些技术和学习模式放在更有空间、更有选择性的大学教学中，是否更为恰当？

任何事物都有两面性，新技术、新事物也是如此，它们给学习带来的不全是积极、有利的影响。移动技术可以让学生实现随时随地学习，但移动设备未必只可以用来学习。设备在学生手中，他们可以随时随地学习，也可以随时随地不学习。互联网学习的一个特点是"碎片化"，碎片化带来的问题是学习没有系统性，缺乏深度思考，这无助于孩子思考能力的提高。

如今进入了大数据时代，大家习惯用数据说话。大数据确实可以导入教育领域，如每次考试后可以进行数据统计及分析；对学生作业通过数据采集后进行学习分析，再给学生提出个性化的学习建议；学生的日常管理也可以进行量化考核等。但教育领域能够采集到的往往都是一些外化的、可量化的东西，教育是复杂的，它的绝大部分内容是不能被量化的、难于用数据来表达的，比如教学评价。在学生评价中，数据仅仅是一个方面，我们更多还应采用质性评价和描述性评价，这对学生的成长更有帮助。使用大数据，但不能迷信大数据。

我们所获取的对未来教育可能产生影响的技术，基本来自由地平线项目顾问委员会选定、由新媒体联盟每年发表的《地平线报告》。但《地平线报告》讲，他们发布的只是对教育领域有"潜在"影响、"可能"会被应用的"新兴技术"，其主要意义是供研究者研究及分析。这些技术及技术的实践模型都不是很清楚，远没有达到实践的层面。

如果对所有的新技术都表现出极大热诚，那么学校很有可能成为新技术的试验场。

美国纽约州立大学的哲学教授唐·伊德在《技术与生活世界》一书中提出：我们生活在"由技术构造的生态体系"，"在如今生活世界的高科技结构中，可能性的激增是多种多样的、多元稳定的，通常既眼花缭乱，也危险重重"。我们正享受着最新技术带来的喜悦，但如果沉迷其中，就可能成为新技术的"囚徒"。

因此，不是所有的技术都能走向未来，不是所有的技术都有明天，也不是所有的技术都能为教育所用。

技术能改变教育什么？

技术改变生活，技术也改变教育，但改变的是什么呢？能在多大程度上改变？

科技再怎么发展，人类的关键问题，有关人类自身的问题最终还需要人去解决。

2011 年，日本东部海域发生 9.0 级大地震，引发了大海啸，海啸导致了日本福岛核电站大规模核泄漏。这次核泄漏事故等级被认为与苏联切尔诺贝利核电站核泄漏事故等级相同。

技术是一把双刃剑，核电作为新型能源，被认为是节能环保，凝聚最新科技的能源，但在自然的力量面前，暴露出了它的脆弱，问题还不止于此。随着反应堆的爆炸，核泄漏越加严重，为了防止事态进一步扩大，需要进入厂区摸清情况并供水冷却。日本作为智能机器人研究及应用最先进的国家，当然首先想到了使用机器人进入厂区，但让人没有想到的是，这些先进的机器人进入核泄漏严重的厂区活动不久就"罢工"了。最后东电公司不得不招募 50 位年纪稍大的志愿者参与抢险工作。科技再怎么发展，人类最核心的问题还是需要人去解决。而教育就是人类核心问题，是有关人与人的问题，人的合作精神、交流能力与学习体验需要在一个类似于学校的组织中完成。

技术确能让教育发生变化，也能在一定程度上推动教育发展，如让教育手段变得更加多样，学习资源更加丰富，媒体形式更加多维，交往范围更加广泛等。这些变化确实可以在一定程度上提高学生学习的积极性，提高教师的教学质量。

但就目前而言，这些技术远没有能让教育发生本质变化。

所谓的"慕课"学习，也就是把原本在课上的预习提前到家里完成。到学校后，师生在教室里依然需要重新学习，从教学效率来讲不是提高，反而是降低了，因为学生的学习时间更长了。学习程序的翻转，依然不能缺少师生之间面对面的交流。

呼声很高的在线学习，事实上是雷声大雨点小，难以成为学习的主流。由斯坦福大学的计算机科学教授吴恩达和达芙妮·科勒联合创建的教育科技公司 Coursera 与大学合作，开通在线免费教学。截至 2014 年，有 200 个国家超过 400 多万人注册，但最终完成率仅是 7% ~ 9%。

有人说"慕课"中上课的老师都是水平最高的老师，但这里有一个问题，生活中人们可能愿意花几千元到现场听二流歌手的演唱会，而不愿意花几十元看一流歌手的演唱视频。在教学中不也是这样吗？听合格教师在教室中上课，要远比听一流教师在视频中讲课来得有效。因为影响教学的因素很多。因此，不要迷信在线教育真的能消灭学校。

就当下的技术而言，技术对于教育的影响只能是改善或丰富教育形式、教育方法及教学资源，不能从根本上改变教育的本质。

教育技术再先进，只要还存在物理意义上的学校，只要还有教师这个职业，师与生、教与学的关系就不可能改变，师生面对面的学习交流永远是最好的方式。当整个教育生态没有发生变化，单纯的技术改变难以推动教育的变革。所以，目前的教育改革还是要慎提"革命"。

在教育奔向未来的热潮中，我似乎像一个刚出土的"秦俑"。一些学校在谈及新技术对他们教学的影响时会感慨万分，但如果真正走进学校，走进常态的课堂，你会发现其实也没多少变化。

我们身边有许多科技"潮人"，能在第一时间拥有最新的科技成果，如谷歌眼镜（Google Project Glass）、苹果手环（Apple Watch）、可弯曲触摸屏手机等等，仔细观察他们的举止行为、生活方式并没有太多改变，依然按点吃饭、照旧上下班、周末与朋友聚会……纵然装备了各种标示未来的东西，但他们本质上还是人，还过着人的生活。我于是觉得自己没有落后多少，也自信在关于类似人的生活与发展的基本问题上彼此还可以对话。技术对教育的影响大概也如此。

教育是一种文化，某种技术的变化难以改变其文化的本质。技术与教育没有人们想象的那么近。给人带来无限遐想的"未来"技术，极有可能只是你心中的"都教授"。

教育如何拥抱未来？

技术难以从本质上改变教育，并不意味着教育不需要技术，并不是说教育可以漠视技术。教育需要技术，教育也需要面向未来。那么教育应如何对待技术？教育应如何拥抱未来呢？

1. 学校发展重点应该放在基础建设上

巴黎是一个多雨的城市，因此我们看到老电影中的巴黎人往往要带上一把伞。据报道，巴黎从未因暴雨成灾，也从未因暴雨而影响城市的交通。究其原因，巴黎地下有宏大的、密如蛛网的下水道。自 19 世纪中叶开始，巴黎花了 20 年时间修建了 2300 公里的下水道。修建下水道所消耗的时间、财力和物力，并不输于巴黎城的建设。这样的建设，很难被一般人理解。但它恰恰保护了巴黎，保护了巴黎的民众，让巴黎有了未来，让巴黎民众有了未来。这就是城市发展的基础。学校建设及学校发展也需要这样的基础。

学校发展应把重点放在基础建设上。教育技术的基础应该具有前瞻性及可拓展性，如学校服务器、机房、网线、班班通、无线网络等的建设，要有超前眼光，保证日后能可持续发展。重视基础建筑，要围绕"学习"与"教室"展开，配备让师生能用、愿意用的技术与设备。

一些学校斥巨资购买高端产品后，种种困惑也随之而来：一是因为高端，怕用坏，大家都不舍得用；二是有些产品华而不实，缺少实用价值。结果这些"好"东西反而被束之高阁，几年以后也就自然淘汰了。有学校舍得花大钱建"高大上"的样板课堂，却不舍得花小钱更新教室里老旧不堪的设备。有教师讲：花上百万建一个教师们并不怎么去用的"样板教室"，不如给每间教室投入两三万元，这样一来可以提高所有班级的现代化水平。科学的建设应该是能让好技术走进教室，为一线教学服务，为常态课堂服务。

基础性建设不必是最高端、最先进的。学校建设不必"赶潮流"，潮流跟上了这一波，也未必会跟得上下一波，技术投入稍微落伍一点不是坏事。

《微软的秘密》（迈克尔·科索马罗等著）一书中有这样一段话：微软有一个法宝，就是用于开发产品的计算机不是市场上"带着许多 RAM 和硬盘存储空间的高性能机型"，而往往是普通客户所使用的机子，这样开发出的产品，一出厂就能适应千家万户。他们有一个经验，"只要哪一项目中开发员用的硬件设备比客户要优越，产品推出后准保会出现问题"。

越是给孩子最好的技术与条件，那么孩子适应未来的能力可能会越差。这就是基础教育的意义。

2. 教育技术要引入相对成熟的产品

我们这个时代每天都会有新技术、新产品诞生，但大多数产品会昙花一现，新技术也面临迅速被淘汰的危险。真正好的产品需要时间检验。多年前，随着 QQ 聊天技术的发展，视频聊天也被高度重视，有的教育行政部门要求每一所学校都建视频会议室，开了几次会议后，再也没有人想起它了，这些设备也就被自然淘汰了。

投入巨大不说，新技术还可能存在漏洞和不确定因素。北京儿童医院推出了挂号 APP，原本想方便百姓挂号，没想到这个新技术让票贩子更容易抢到票了，成了票贩子牟利的"利器"。教育技术也会出现类似的问题，需要时间去完善。

技术需要市场来检验，但学校与企业不同，它是非营利组织，并不被允许成为新技术的试验场。每个学生在学校受教育的机会只有一次，没有人希望自己成为并不成熟技术的试验品。因此，学校建设没有必要追赶潮流，没有必要成为第一个吃螃蟹者，首先要考虑的是产品的成熟度及可靠性。

3. 教育要培养的是具有未来意识，而不是急于拥有"未来技术"的人

被国内一些媒体称为"美国最难进的大学"——美国幽泉学院，坐落在美国加利福尼亚州与内华达州交界沙漠深处的一片小绿洲。这所学校并

不是一所现代化学校，学校并不提倡学生看电视，网络及电话也会经常因天气原因中断。学校把整个校园建成了一个自给自足的牧场，学生要放牛、挤奶、种地、养鸡、盖房子以供给自己的日常生活。学院学制为两年，两年后大部分学生会转入耶鲁、哈佛、康奈尔等常青藤名校。这所学校有着自己鲜明的办学理念："劳动·学术·自治"，而这些恰恰是现代人需要的基本素养。

办学条件的好坏，教学技术的先进与否，与能否培养未来所需要的人才没有必然的关系。2014年，《大数据时代》一书的作者舍恩伯格来到上海，他讲了这样一件事：在欧洲的一所大学里，老师曾经让一群学建筑的学生设计出2050年学校的样子。这些年轻人在25岁至30岁之间，他们设计的学校都包括教室、黑板、图书馆、实验室，甚至还有一间专门的电脑室，却没有平板电脑。社会再怎么变，学校的一些基本特征不会变；教室再怎么变，师生之间的角色关系不会变。人们大可不必担心，因为教育技术落后了一步，而在以后的发展中会步步落后。教育是否有未来，重要的是学校是否能培养出具有现代素养、未来意识及创新能力的人。

"互联网＋"时代，重要的不是要拥有互联网技术，而是要有"互联网思维"。最早提出互联网思维的百度公司创始人李彦宏说：可能你做的事情不是互联网，但你要逐渐用互联网的思维方式去想问题。马云说自己不懂IT技术，不懂互联网，但他成为互联网时代的领袖。这些都说明思想比技术更重要。

最好的教育可以诞生在"未来教室"中，也可以诞生在只有一位教师和几个学生的村小中。最好的教育可以依靠最先进的技术，也可以依靠一本书、一支粉笔。

因为这也是教育。

（作者单位系江苏省无锡市锡东高级中学）

（本文原载于《人民教育》2016年第1期）

技术革命与教育改革

吴国盛

《人民教育》：我们如何判断技术？人工智能、虚拟现实（VR）、互联网（包括移动互联网、物联网等）、大数据等技术飞速发展更迭，究竟哪些新技术会真正影响人类未来？这些新技术最终会给人类文明带来哪些颠覆性影响，尤其是在人性、生活、工作、学习等方面？

吴国盛：人类历史上从未有过这样一个时期，技术发明如此之多、出现的速度频率如此之快、对我们的生活影响如此之大。面对日新月异的技术创新，我们难免有些眼花缭乱、不知所措。不过，有些技术暂时看来似乎新奇，但从长远来看也可能并不重要；有些技术暂时不起眼，却有可能改变历史。所以，严格说来，我们没有办法说出哪些新技术会真正影响人类未来。尽管如此，我们还是可以从历史的经验之中作出一些有限的判断。

从技术史上看，动力的运用和新动力的开发，曾经是改变历史的一大动力。从畜力（牛马）、风力水力的运用，到蒸汽动力、电力的开发，最后到核能的开发和运用，可以说达到了动力开发的极致。当然，核能安全且高效的运用还是问题，电能的存储也还有很大的技术空间。

信息的存储、加工和传播，是改变历史的另一大动力。从文字的发明、书写工具的改进到印刷术的发明，是一次革命性变化；电讯技术的发明是另一次革命性变化；目前，方兴未艾的电子信息技术是第三次革命性变化，因此的确值得重视。

目前，方兴未艾的另一项重要技术是生物技术，特别是基于基因技术的生物技术，可能会成为改变历史的重要动力。生物技术会影响每个人的日常生活，也会影响社会生活的结构，还会影响对人性的理解，因此特别需要引起重视。人的存在，一方面是社会学意义上的，一方面是生物学意义上的。信息技术改变了人类的交往方式，因而影响人类的社会学存在方式；生物技术改变了人类的生物学存在方式。如果这两类技术结合起来，就必定会从整体上改变我们人类的自我认同方式，因此，它们的未来发展是最有可能给人类文明带来颠覆性影响的。事实上，这两类技术的确已经在结盟，它们在数字技术的基础上联合起来。

你提到的人工智能、虚拟现实、互联网、大数据，都是数字信息技术的各种突出表现，它们的进一步发展已经形成了一套世界观和方法论。比如，有人认为思想的本质就是计算，并不神秘。大脑不过就是一种特殊的计算机，不是基于硅元素的芯片，而是基于碳元素的人类肉身，因此，如果我们称现在每天使用的计算机是硅基电脑，那么人脑就是一种碳基电脑。这些观念，已经是很有颠覆性的思想。

《人民教育》：目前，许多学校在积极探索"互联网＋教育"、教育数据挖掘、智慧校园建设等，也有的学校对技术有困惑甚至有恐惧。学校该如何看待、选择、运用新技术？新技术将给学校教育带来哪些重大改变？

吴国盛：学校作为传承文明的场所，应该是相对保守的地方。当然，高等学校特别是研究性大学，要走在时代前列，引领时代的前进方向，不能太保守，但初等教育和中等教育不能太过激进，不能被新技术扰乱。学校的基本功能还是传承人类的价值、完善人性、学习知识。比较成熟的新技术可以逐步引进中小学教育教学作为辅助手段，但是对新技术的运用不要过分热衷，以致忘记了教育的本分。

比如，多媒体PPT的运用可在一定程度上提高学生兴趣、提高教师授课效率（减少板书时间），但是也不必夸大它的神奇作用，它也有负面作用。从教师方面讲，使用PPT降低了对教师演讲能力和临场发挥能力的要求。从学生方面讲，PPT强化了"看"而弱化了"听"，特别是弱化了现场感：有的学生课堂上不认真听讲，把 PPT 拍下来或者拷贝回去，以为就是"听"了课。PPT 等视觉技术的运用，减弱了学生课堂上动脑筋思考的动力。有些学校强制性要求教师上课必须使用 PPT，那恐怕是错误的管理方式。

网络技术一定程度上改变了优质教育资源的空间局限性，使得优质教育资源跨区域共享成为可能。但是，教育的目标不只是向学生传递知识，教育过程从根本上讲是一种润物无声的过程，因此网络上优质资源的普遍共享，并不能代替课堂教学。中小学使用新的教育技术是必要的，可以根据自身经济条件适当引进，不必唯高技术主义。要根据具体教育环节的实际需要来决定使用，既不要不切实际地热衷引进新技术，也不必恐惧和拒绝。

由于网络的普及，海量知识可以很轻易地通过网络获得，弱化了传统教育中教师"传授知识"的角色。一个教师如果在今天不会使用搜索引擎，那很有可能会遭到学生的鄙视。但网络技术的进一步发展，会更加要求教师传授所谓的"隐性知识"（tacit knowledge）。隐性知识是不可能从网络上获得的，相反，"显性知识"，即可以通过语言、文字、概念、公式表达出来的东西，都很容易在网络上搜索到。"隐性知识"，就是"只可意会不可言传"的知识，需要教师在情境之中"亲授"。网络教育的发达，不能代替现场的课堂教学。随着网络交往的普遍化，"现场感"越来越成为一种稀缺资源。正如唱片业的发达并没有使音乐会变得萧条一样，网上名师视频仍然不能代替课堂教学。当然，网上名师名课的流行，必然会给学校的课堂教学带来压力，促使教师改进教学方法，引进新鲜的教学内容。

《人民教育》：技术时代，教育发展的速度常常赶不上技术发展的速度，学校教育内容在学生毕业后可能就过时了。在这种情况下，学校该教什么、怎么教，尤其是学校该如何进行科学教育？现在小学一年级就开设科学课，您认为不同阶段的科学教育重点是什么？

吴国盛：教育的内容是人类数千年来知识的积淀，具有相当的稳定性，不可能轻易过时。所谓在新技术条件下的"知识爆炸"，其实是"信息爆炸"，而信息爆炸中指数增长的信息，多数是无效信息、垃圾信息，不值得关注，因此也不必恐惧。

学生学习的过程也是成长过程，不同年龄段的学生有不同的学习能力，因此不存在教育内容过时一说。以科学教育为例，尽管随着科学的职业化，研究成果呈海量增长，但科学的基本范式并未有根本改变：我们仍然秉承着牛顿所开辟的科学范式。

科学教育的内容大概满足某种"重演律"，即每个个体的受教育过程，基本重演整个人类科学发展的过程。小学生大体学习的是四大文明古国所取得的科学知识，初中开始学习古希腊人的几何学，高中开始学习牛顿力学，大学学习微积分和四大力学。

这里有一个问题我愿意多谈一下，就是小学科学课程内容的设置。初中开始，科学学习就进入了现代科学的模式之中。我们需要准确地掌握现代科学的概念、范畴、公式、方程，以便能够以现代科学所要求的方式方法解决实际问题。但是在小学阶段，应该学习什么呢？是直接学习现代科学理论的通俗版、低幼版，还是学习前现代科学时期的人类自然知识？我倾向于后者，即按照"重演律"，学习古文明所积累的自然知识。对于我们中国人而言，就是学习中华古文明所积累的自然知识。我们的祖先有一套关于天地人的看法，这些看法，有些在今天看来是奇怪的，有些仍然具有合理性。无论是合理的还是不合理的，我们都不应该回避。在前现代科学时期，博物学是主流形态。小学的科学教育应该把博物学作为重点，以便让孩子们从小就懂得认识自然、亲近自然，从而热爱自然。

《人民教育》：目前，创客教育、机器人课程、编程等科技类活动和课程非常火热，您认为在这些课程中应该重点培养学生哪些科学技术素养？科技与创造力密不可分，对于创造力培养您有哪些建议？

吴国盛：机器人编程本来就具有很强的娱乐色彩，是需要一定数学能力和智力水平的游戏，因此自然会受到学生的喜爱。那些有天赋的学生，自然会开动脑筋，搞出与众不同的东西来，那些没有天赋的学生，也未必会喜欢这类课程。不过，编程毕竟是技术性、应用性、娱乐性的，不能作为主业，不能代替数学学习。要引导学生从对机器人编程的喜爱，延伸到对数学的喜爱、对其他科学的喜爱，如果只是停留在玩玩机器人，那是不够的。

关于创造力，我觉得教育工作者、管理者、研究者首先要搞清楚一件事情，创造性本来属于天赋，不是培养出来的，教育的目的只是呵护、维系这种所有人都或多或少会拥有的东西。想培养某种创造性，那是把事情说反了。我们的教育需要思考的倒是，如何能够少扼杀一点孩子的创造性。

创造性与多样性相伴相生，因此"标准答案"是创造性的天敌。我们的教育传统是应试性的，因此通常偏爱"标准答案"、偏爱"整齐划一"，创造性所表现出来的"与众不同""异想天开""特立独行"，并不为我们的教育文化传统所喜爱。我想，这是创造力培养的一个致命问题。那些有点"古怪"的学生往往是创造力很强的，我们首先要"宽容"他们，然后是懂得"爱护"他们。如果教师根本不懂得宽容和珍惜孩子的独特天性，而是想尽一切办法扼杀他们的创造天性，那所谓的"创造性人才"培养完全就是痴人说梦了。

现在的语文教学中，"标准答案"问题最为严重。多年来，家长、学生和某些教师都说出了问题，但是如何改，好像还没有很好的办法。可以说，语文教学中的"标准答案"模式，已经且仍然在扼杀我们民族的语言创造性、文学创造性。

语文不应该有"标准答案"，那科学科目是不是就不存在这个问题呢？也不是。相比语文而言，科学教育中的标准答案比较多，但也不绝对。有创造能力的学生，可以提出不同的解题思路和解题方法，如果教师只允许一种思路和一种解法，就是在扼杀学生的创造性。对于那些有能力提出新思路的学生，应该给予高度鼓励和奖赏。另外，与语文教育一样，我们的科学教育也基本上是尽量以精确、系统、正确的知识加于学生，并不重视学生在学习过程中的主动参与环节。提问是主动学习的一个重要标志，中国学生通常默默地听课，没有问题，或者有问题不敢问，这都与中国传统的教育文化有关。据说，儿童读经不需要理解经书的内容，只需要机械地背下来就行。这就是一种典型的被动学习、被动灌输，与我们提倡的创造性教育思想几乎是背道而驰的。

创造性是人类自由的自然表现。如果说创造性可以培养的话，那就是培养自由的心灵。自由的心灵有三大要义。其一，自己做主、自己决定、自己负责；其二，遵从内心的召唤，不由外部环境所左右；其三，理性是通往自由之路。"听话教育"有违"自主原则"，通常培养的是"顺民"，而不是独立自主的现代"公民"。"功利化教育"有违"内在原则"，学生通常不能选择自己喜爱的专业发展，而是根据社会认可的热门专业或者据说就业容易的专业标准来决定自己的专业，久而久之，会有越来越多"混口饭吃"的混世者，对自己的本职工作缺乏热情。国家之所以发达，不仅在于有发达的科技、先进的社会制度，更重要的是有自由的人民。自由的人民是负责任的人民，对公共事务充满热情，对自己的本职工作亦充满热情。如果你不喜欢目前的工作，可以自由地选择自己喜爱的。我们看到在一些国家，无论是售票员、超市收银员、出租车行收车员，还是导游、司机、讲解员，对自己的工作都充满热情。相反，在我们国家却有很多人厌恶工作，他们工作只是出于生存的需要，而没有将其看作是有意义的生活本身。

科学研究中的创造力并不是特殊的创造力，而是像一切创造性一样，均基于自由的心灵。过分功利的人，不可能有真正的创造性。这就是为什么希腊科学特别强调真正的科学是无功利的。创造性还基于自由的批判和发问，不敢发问、不愿意发问，当然不可能培养出创造的心灵。中国的教育要鼓励学生大胆提问、主动提问，把提问作为学习的基本方式。提问题、提好问题，是培养创造性的不二法门。没有问题意识，被动记忆、被动学习，只能束缚思想，只能培养思想僵化的新一代。中国教育的危机，主要在这里。

《人民教育》：您创作了"吴国盛科学博物馆图志"丛书，还计划筹办清华科学博物馆，可以看出您对科学博物馆特别重视，为什么？目前我国博物馆教育还在探索中，您对此有哪些建议？

吴国盛：与学校教育比起来，博物馆教育只起辅助作用。科学教育的主战场仍然是学校，而不是科学博物馆这样的科学传播场所。只是目前学校教育理念往往比较落后，又受制于高考指挥棒，所以科学博物馆这样的非正式科学教育场所，可以起一点纠偏作用。在单调的学校科学教育之余，给少年儿童一个调剂的空间。

科学博物馆是一种来自西方的文化景观，西方发达国家发展科学博物馆有很悠久的历史和很成熟的传统。办科学博物馆，可以学习西方发达国家的先进经验。但是，我们的学习经常会走样，所以需要经常纠正。

比如，西方的科学博物馆有三种类型：自然博物馆、科学工业博物馆、科学中心，分别展陈动植矿标本、科技文物和工业遗产、互动体验展品。我们的自然博物馆非常少，以前只有北京自然博物馆、上海自然博物馆两家，最近几年，浙江、重庆两家自然博物馆才开张。自然博物馆受制于标本条件，不容易建起来，这是一个根本的限制。科学工业博物馆这个类型中国也非常缺乏，目前只有沈阳建了一个中国工业博物馆，其余有像汽车、铁道、航空、航天这样的专业博物馆，但缺乏综合性的科学博物馆。目前，我们最多的是由科协系统建设经营的所谓"科技馆"。这些"科技馆"没有收藏，相当于西方国家的"科学中心"。科学中心适合低幼儿童玩，在动手中学习，其用意很好，吸引了许多年龄小的观众。但是，科学中心没有收藏，这就使得它缺乏深度和底蕴，不能吸引青年和成人。西方国家是三种类型兼而有之。我们国家因为缺乏科学工业博物馆这个类型，就会给人一种印象，以为科学博物馆都是给小孩子准备的。清华大学正在创办的科学博物馆将改变这个局面，使科学博物馆更像是博物馆，而不是游乐场。我们将为有一定知识底蕴的青年人（首先是清华学生），提供深度学习和思考的场所。

《人民教育》：在社会领域、教育领域，我们需要格外注意哪些技术发展带来的问题？比如，数字鸿沟对教育公平和均衡的影响，大数据预测对人的可能性的局限等。

吴国盛：数字技术建立了现代人类新的交往平台和信息流通方式，不能熟悉掌握和运用这种技术，意味着丧失了社会学意义上的优势地位，就像是文字时代的文盲一样，必定会错失大量的有用信息。我们的政府要尽量让所有的公民有机会有能力上网，让人民能够运用网络增进知识、扩大社会交往面、了解天下大势、参与公民社会的建设。

数字化的信息技术当然也有许多问题。由于信息海量、容易获得、良莠不分，对于涉世不深的少年儿童在多大程度上鼓励他们上网，是一个尚未解决的问题。总的来看，学校教育应该取保守一点的态度，不要让少年儿童过多上网。传统的书本阅读不能被取代，哪怕是读电子书，也比一般上网乱看要好。

总的来说，今日中国的教育问题，不在于教育技术的使用不够，而在于教育理念的偏差。技术革命固然会带来人类文明的一些根本性改变，但这种改变在教育中应该是相对滞后的。教育界不必对技术的任何一点进展都过分敏感。从根本意义上讲，教育本身就是一种社会技术，这种技术与狭义的技术即科学化的技术之间担负的角色完全不同。科学化的物质技术起前瞻、引领和拉动作用，社会技术（教育）起积淀、传承和稳定作用。它们之间应该有一个张力，而不是完全顺应狭义的高新技术的路数。

《人民教育》：您理想中的未来教育什么样？比如，10 年后什么样？50 年后什么样？更远的未来，教育什么样？

吴国盛：哲学家不谈未来。"密涅瓦的猫头鹰只是在黄昏之际才开始飞翔。"我没有办法谈那么远的未来，但是，理想的教育还是可以说一说。过去有一句话叫作"教育要培养全面发展的人"，这个理想就很好。理想的教育就是，一能因材施教，顾及每个孩子的区别，量身定制教育方案；二能全面发展，不致成为"利手"和"近视眼"；三是最要紧的，我们是在培养"人"，而不只是作为"有用工具"的"人才"。

（作者系清华大学科学史系创系主任、博士生导师）

（本文原载于《人民教育》2018 年第 1 期）

"互联网+"给教育带来五大革命性影响

张杰夫

2015 年 5 月 23 日在青岛召开的国际教育信息化大会开幕式上，时任国务院副总理刘延东在致辞中明确指出："信息技术在教育领域的广泛应用，对教育理念、模式和走向都产生了革命性影响。"如何认识这种影响，需要跳出哺育我们成长的印刷文化的局限，从人类媒介变迁、教育范式转换的视角，来审视、认识这场革命的意义价值。目前，信息技术给教育带来的"革命性影响"初露端倪，主要体现在以下五个方面。

新技术是革命的动因，教育范式由工业化时代转向信息化时代

一个时代教育的性质和水平，不仅在于它传播了什么，还在于它选择什么样的技术、媒介，以什么样的方式传播。国际著名传播学理论家、被誉为信息社会"代言人"的马歇尔·麦克卢汉提出"媒介即讯息"的思想，认为技术对社会产生的影响和对人的存在方式的改变远远大于技术所负载、传递给人们的具体信息内容。他认为，"新技术是一种革命的动因"。

回溯人类教育历史，我们可以看到，教育小的变化看内容，大的变迁看媒介。每当技术（媒介）出现重大发明，都将引发人类教育革命。6000多年前，人类采用书写作为教育工具引发了教育革命，不仅改变了信息记录方式，而且颠覆了教育"口耳相传"的单一知识传授方式；970 多年前，我国北宋时期发明家毕昇在世界上首先发明了活字印刷术，又一次引发教

育革命，借助印刷媒介，知识第一次走出书院，来到寻常百姓家，极大地推动了教育的普及。信息时代的到来，以互联网、云计算、大数据为核心的现代信息技术，实现了人与人、人与机器之间信息的瞬间沟通和传递，人类又一次站在了重塑教育未来的重要关口。美国赖格卢斯教授认为："如今，我们正在由工业时代进入信息时代，同样需要一次系统的范式转变。"范式的转换将重构一个时代教育所共享的信仰、价值、技术等，决定了教育培养人的方向、传播内容的性质和传播方式。

在人类教育面临重大转型之时，我国政府准确地把握了世界教育发展趋势，从战略高度作出全面部署，将我国教育引入信息化发展轨道。比如确定了教育信息化的战略地位、开展了大规模的以"三通两平台"为核心的信息化基础设施与资源建设等。

信息化教育是人类社会主动适应新科技革命和信息时代要求而建立的新型教育。目前，我国教育正在发生转变。（1）教育从功利化、标准化、同质化人才培养模式转向促进学生个性发展、培养创新人才模式。这是教育对人的幸福和发展本原价值的尊重与回归。（2）学习方式和教学方式发生"双重变革"，探究学习、合作学习、个性化学习、翻转课堂、混合式学习、移动学习等新型学习方式逐渐成为教学常态。教学正从以课本、教师、课堂、考试为中心转向以学生个性发展为中心。（3）数字设备、资源和服务融入学生的学习过程中，丰富多彩的世界"走进"课堂，学习内容由分科教学走向综合化的主题单元教学。（4）几千年来，人类文化知识都是由教师传授给学生的，而如今，这一状况正在改变，教师从知识的"搬运工"变成课堂教学活动的设计者、组织者、指导者与参与者；学生从知识的背诵者、接受者变为知识的实践者、探索者和创造者。（5）教学评价从过度注重学科知识成绩、分数排队，转向综合素质的大数据分析。（6）教育管理从单纯依靠文件、行政命令管理，转向大数据支持下的现代教育治理体系。（7）学习空间从封闭走向开放，从以学校教育为中心转向学习无处不在的学习型社会。

学生过上数字化学习生活，网络塑造一代新人

21世纪的中国教育正出现40多年前联合国教科文组织在《学会生存》报告中预测的现象："教育在历史上第一次为一个尚未存在的社会培养着新人。"为未来培养人，这是人类教育的一个重大转折。从这个意义上说，让2.6亿名学生、1600多万名教师过上数字化生活，其本身就是一场革命。

为未来培养人首先就需要改变教育环境。在相对薄弱的基础上，近年来，我国加速了信息化基础设施和资源建设。2015年，我国高中阶段学校和高等教育阶段学校已经基本实现网络全覆盖。义务教育阶段学校的互联网接入率从2011年的不足25%上升到74%，35.5%的学校实现全部班级应用数字资源开展教学，100%的学校开展信息技术教育，全国6.4万个教学点的400多万名偏远地区的孩子享受了与城里孩子一样的教育资源。全国中小学学籍管理信息系统实现了1.77亿入库，学生学籍管理实现便捷化和精确化。我国教育由此从黑板加粉笔时代跨入信息化教育时代。

学生过上数字化学习生活到底有何意义？俗话说，"一方水土养一方人"，说明环境对于人的成长的重要意义。那么，信息化这方"水土"对人有何影响，又将会滋养出一代什么样的新人呢？

对媒介技术有着深刻洞察力的麦克卢汉认为："媒介是人的延伸。"电子媒介是大脑的延伸，其余的一切媒介是肢体的延伸。也就是说，这两种媒介对人有着截然不同的影响。一般媒介延伸的是我们耳、鼻、眼、肢体的功能，而电子媒介延伸的是我们的智力。媒介延伸加强或扩展了人的某种感觉和感官，重建了人的感觉方式，从而改变了我们认识和分析周围事物的能力与对待世界的态度。在印刷文化时代（包括工业化时代），由于印刷媒介只注重使用人的一种感官，文字（尤其是西方拼音文字）使人的思维方式变成分析的、抽象的、线性的，因此，培养的是一代"被分割肢解、残缺不全的畸形人"；而在信息时代，电子媒介延伸了人的中枢神经系统，形式上再一次整合了人的主要感知器官，培养的是更高层次的全面发展的人。其实，早在20世纪80年代初，著名未来学家阿尔文·托夫勒在《第

三次浪潮》中，通过提示未来社会将产生"影像文化文盲"的方式，预言了信息时代（也称视觉文化时代）一代新人的产生。

当20世纪90年代，著名的未来学家尼葛洛庞帝教授喊出"计算不再只和计算有关，它决定着我们的生存"的时候，人们还有些诧异。而如今，我们目睹那些从出生开始，就伴随着电脑、iPad、手机、游戏机等数字媒介一起成长的"数字原住民"，其认知、态度及行为习惯受到媒介深远影响的时候，不得不承认与其父辈不同的一代新人诞生了。

不同的环境与经历会塑造不同的一代人，对"数字原住民"而言，网络就是生活、虚拟就是世界。这代新人有其典型的视觉文化时代特征，"其心灵世界携带着一种神话式的精神特质，感性的、直觉的、幻想的、浪漫的，充满激情与活力"[①]。而这些特征正是我们这个时代所急需的。美国著名未来学家丹尼尔·平克认为，当前，我们正进入概念时代（又称为"创感时代"），这是一个由右脑主导、更加注重创造性和感性（情商）的时代，是一个需要培养六大全新思维能力（设计感、故事感、交响感、共情感、娱乐感和意义感）的一代新人的时代。教育应如何倾听"数字原住民"的心声、满足他们的诉求，提供适合他们心理特征的学习方式和环境，是时代赋予教育的新的历史使命。

放大优秀教师的智慧，促进教育公平

教育公平是社会公平的重要基础。我国是一个发展中国家，教育发展不均衡。据教育部公布的数据，我国有400多万儿童在教学点上学，由于缺少教师，这些教学点连国家规定的课程还开不齐。如何让这些孩子就近接受良好的教育，与城里孩子一样共享优质教育资源，是党和政府最为关心，并直接影响我国到2020年能否实现全面建成小康社会目标的重大现实问题。

---

① 张杰夫. 视觉文化时代动漫的育人价值研究——基于小学生动漫活动现状调查 [J]. 教育研究，2014（10）.

目前，我国政府启动的"教学点数字教育资源全覆盖"项目以及各地名校开展的远程教学等，通过"同步课堂"将城市优秀教师的智慧送到贫困地区、教学点，开启了贫困地区孩子健康成长、实现梦想的幸福之门。

千百年来，人类教育基本上都是小规模的传播过程，几名、几十名、上百名学生跟随一名老师学习，而信息时代这一状况正在发生改变。卫星、网络技术可以让优秀教师的智慧跨越时空，到最需要教育的地方，从而成百倍、千倍甚至万倍地放大优秀教师的智慧，极大扩大了优质教育资源的覆盖面，以有效解决贫困地区学校开不齐课和教学质量低下的问题。

像我国独创的全日制远程教学，采用"同时授课、同时备课、同时作业、同时考试"的教学模式，通过卫星或网络可以将名校课堂教学实况直播、录播和植入到成百上千公里之外的 400 多所学校，创造出高中同时在线学生近 3 万人，初中录播受益学生 5 万余人，小学植入教学学生 3 万多人的"西部最大的学校"。十多年来，全日制远程教学已经让远端学校 95 万多名学生、6 万多名教师受益。这种模式受到贫困地区学生、教师、学生家长和当地政府的普遍欢迎，被外国专家称为"中国教育奇迹"。

依托大数据技术，教育治理体系和治理能力走向现代化

有学者认为，我国进入了信息时代，但没有进入信息社会。主要原因是虽然我们在日常学习、工作和生活中已经广泛使用了计算机、手机、网络等信息技术，但并没有建立起与信息社会相匹配的信息意识、信息自由交换与共享规则、信息化标准与发展模式等，美国社会为此花费了近百年时间。

我国教育领域亦是如此。不过，这种状况正在发生改变。党的十八届三中全会将下一阶段全面深化改革的总目标确定为："完善和发展中国特色社会主义制度，推进国家治理体系和治理能力现代化。"现代教育治理是教育管理的一种高级形态，集中体现了管理的科学化、民主性、数据化、多方参与等特性，教育信息化是推动教育治理体系和治理能力现代化的强大动力。近年来，国家在教育管理公共服务平台建设上取得突破性进展，初

步实现了数据准确采集、信息共享、流程优化再造、科学决策等功能，成效初步显现。

按照教育部的部署，全国中小学生学籍信息管理系统已实现全国联网并稳定运行，国家平台在考试招生、校舍管理、学历认证、学籍管理等方面实现了大数据管理，仅 2014 年该系统为 577.1 万学生办理异地转学，节省了学生、家长大量的时间和约 32 亿元办理费用。

信息时代教育教学的所有问题都可以从大数据的分析、判断中探寻教育规律、寻找问题解决办法和策略。电子学籍的建立，不仅为每名中小学生建立了一个永久性数据库，还可以扩展记录他们个性化的数据，比如利用电脑、手机、传感器等终端与设备，记录下学生身体与心理健康状况、学业成绩、学习过程中的"数据脚印"等。这些数据汇集到一起，会形成一个巨大的知识宝库，通过数据整合、分析，会反映出学生的基本状况、成长轨迹和群体面貌。这些大数据将从根本上颠覆我们认识和改变教育的方式，构建更加符合人类未来发展需要的信息化教育。

不仅如此，电子学籍是教育底层基础数据，为未来继续扩大数据记录范围、测量范围和分析范围，解决传统办法长期以来难以解决的像课业负担过重、教育不均衡、粗放管理等顽疾创造了条件，从而推动我国教育治理体系和治理能力走向科学化、数据化和现代化。

移动互联让学习无处不在，学习型社会正在形成

国家主席习近平在给国际教育信息化大会的贺信中强调，要建设"人人皆学、处处能学、时时可学"的学习型社会。

2009 年美国知名的摩根士丹利公司发布的《全球移动互联网研究报告》指出，目前计算机正处于过去 50 年来的第 5 个发展周期——移动互联网周期的早期阶段。这一阶段的主要特征是移动终端的普及。据工信部统计，截至 2014 年 1 月底，我国移动通信用户达 12.35 亿，其中 8.38 亿（67.80%）为移动互联网接入用户。我国移动终端已经基本普及，为学习型社会打下了坚实的物质基础。

技术的迅猛发展，带来教育内容供给的社会化。在过去的一年里平均每天有 2.6 家互联网教育公司诞生，各重量级互联网企业纷纷进入互联网教育领域，海量教育资源的供给正由政府逐渐走向社会，不同地域、民族、群体和年龄的人都能便捷地获取适合自己需要的教育资源。

技术革命将学习者从计算机键盘和显示器中解放出来，人们可以随身携带并与之"交谈"，地球变成地球村，构筑起几十亿地球人的虚拟学习家园，教育冲破学校围墙和国门，正在形成一个覆盖全球的网络化、数字化、智能化、个性化的教育体系，为每个中国人实现教育梦想开辟了新天地。

（作者单位系中国教育科学研究院）

（本文原载于《人民教育》2015 年第 13 期）

数字化时代的变革与教育工作者的使命

陈玉琨

时代的挑战

在当今的数字化时代，人们赖以生存的社会已经发生了巨大的变化，无论是社会各行各业的业态，还是人们的生活方式都大大不同于以往的时代。

鲁伯特·默多克（Rupert Murdoch），美国著名的新闻和媒体经营大亨，曾经在"教育：最后需要开垦的地方"的演讲中细数了近50年来社会的变化："不知道大家有没有想过，当今科技发展是如此迅速。如果有一个50年前的人从沉睡中醒来，他将完全不能相信今天他身边发生的事情：

"医学领域，以前用着听诊器的医生绝对想不到今天的同行们正在使用CT扫描和核磁共振。

"金融领域，股票经纪曾经靠发放纸制的股票本票进行交易，这在今天已经被网上交易取代。

"就拿我自己的行业来说，曾经只靠纸制报纸出版的编辑们，也会对读者用平板电脑和智能电话来接受新闻信息的行为而感到惊讶。"①

除了鲁伯特·默多克列举的这些领域之外，如果有人再仔细地扫描一

---

① 鲁伯特·默多克.教育：最后需要开垦的地方［J］.世界教育信息，2012（Z1）.

下数字化社会的变化，他会发现更多令人震撼的事实：智能手机与平板电脑的兴起，已经培养出了"低头一族"，即使在亲友相聚时也忙着发短信、刷微博。以至天津一家餐馆为了让食客"好好吃饭"，推出每周一吃饭不玩手机，账单即打对折的举措。

而中国少先队事业发展中心发布的《第七次中国未成年人互联网运用状况调查报告》（2013）显示：六成以上未成年人在 10 岁前开始接触网络，其中 23.8% 的未成年人在 6 岁前开始接触网络。2012 年时的数据却是：在 6 岁前开始接触网络的儿童为 17.5%。短短一年间，这一比例就大幅提升。

数字化悄无声息地入侵我们生活的方方面面。然而，令鲁伯特·默多克感到遗憾的是，教育界似乎还是这一时代的例外。"我们的学校是这场科技革命风暴没能席卷的最后一个角落。"他特别强调，"50 年前沉睡然后醒来的那个人，他将看到今天的教室和 50 年前维多利亚时代的仍然一模一样：一位教师站在一群孩子面前，拿着一本书和一支粉笔，背对着一块黑板。"

为此，他大声疾呼："在座的朋友们，这是我们一个巨大的失败。这是我们对下一代甚至下下一代的不负责任，对我们未来的不负责任。"①

教育工作者的使命

2011 年 9 月，美国联邦教育部部长邓肯重复提出著名的"乔布斯之问"：为什么在教育领域信息技术的投入很大，却没有产生像在生产和流通领域那样的效果呢？邓肯认为，原因在于"教育没有发生结构性的改变"。

时任国务院副总理刘延东在 2012 年 9 月《全国教育信息化工作电视电话会议上的讲话》中更为深刻地指出："教育信息化正是在全球信息化的大背景下产生的，信息技术的全面渗透深刻影响着教育理念、模式和走向，教育发展必须适应信息化时代的特征。在教育大国向教育强国迈进的进程中，加快教育信息化既是事关教育全局的战略选择，也是破解教育热点难

---

① 鲁伯特·默多克. 教育：最后需要开垦的地方［J］. 世界教育信息，2012（Z1）.

点问题的紧迫任务。""中国曾数次与科技革命失之交臂，今天面对信息化的战略机遇，我们再也不能坐失良机！"

"'慕课'是一场输不起的革命"，2013 年 12 月 12 日在"2013 年中国教育家年会暨中国好教育颁奖典礼"上，国务院参事汤敏先生以此为题进行了演讲。他认为，慕课不仅在推进教育公平方面效果明显，在提升教育质量上也有良好表现。但是，"到目前为止，最近一个统计，现在巴基斯坦和埃及上慕课、到慕课网上上学的人数都远远超过了中国"。他问道：这个对于我们是很大的压力，"我们能不能走出自己的一条路呢？"

C20 的应答

正是在这一背景下，2013 年 7 月 9 日，在线教育发展国际论坛在上海交通大学举行。会上，上海交通大学、北京大学、清华大学、复旦大学、浙江大学、南京大学、中国科学技术大学、哈尔滨工业大学、西安交通大学等"C9"高校及同济大学、大连理工大学、重庆大学等宣布：将在"在线开放课程"标准与共享机制建设、课程建设、开展高水平大学间在校生跨校选课、探索基于"在线开放课程"共享的跨校联合辅修专业培养模式、实施"在线开放课程"资源向社会开放等方面进一步加强合作，在实现和不断完善"在线开放课程"共享的基础上，逐步将平台课程资源向国内外开放，扩大享受优质教学资源的群体范围，致力于引领中国慕课发展潮流。①

与此同时，慕课在我国中小学也蓬勃兴起。2013 年 8 月 12 日，由华东师范大学慕课中心牵头，中国 20 余所知名高中共同发起成立了 C20 慕课联盟（高中）。此后，9 月 7 日，华东师范大学慕课中心再次牵头，会同全国 20 余所初中与小学共同发起成立了 C20 慕课联盟（初中）与 C20 慕课联盟（小学）。

---

① 姜澎 .C9 高校将共享在线开放课程　探索跨校联合辅修专业培养模式［N］.文汇报，2013-07-10.

华东师范大学慕课中心与 C20 慕课联盟于 2013 年 11 月和 12 月分别在广东省深圳南山实验教育集团、上海市七宝中学、浙江省杭州市学军中学、江苏省镇江外国语学校、江苏省苏州国际外国语学校等地先后召开了 19 场"慕课与翻转课堂现场观摩与研讨会",逾 6000 名中小学教师与会。这些活动受到盟校教师极大的欢迎。

2014 年 6 月,鉴于更多的学校有志于从事慕课与翻转课堂的教学改革实践,上海市静安区教育局、广州市教育局、苏州市教育局与华东师范大学慕课中心协商,联合发起成立 C20 慕课联盟(地市教育局)。该联盟旨在共同探讨"慕课 + 翻转课堂"的教学模式,以实现我国基础教育从知识本位向综合素质本位的转化,推动教育公平,实现优质教育资源的共享,全面提升我国基础教育质量。该倡议很快得到了众多地区教育部门的响应。目前已有近 20 家地市教育局加盟,共同参与"慕课 + 翻转课堂"教学模式的改革实验。

C20 的追求

C20 的功能定位:

C20 慕课联盟以"孩子身边的名师"与"教师交流的平台"为己任,服务孩子的成长,满足教师实现自身价值的需要。

C20 的价值追求有以下几个方面:

1. 优质教育资源的全民共享

在今天没有人会怀疑,与古代的个别教学相比,产生于近代资本主义的班级授课制是世界教育史上的巨大革命。

班级授课制无疑是对分散的小农经济和封建隔绝状态下长期实行的混杂教学组织形式的否定。它顺应了当时社会要求,把教育从少数特权阶级的手中解放出来,向国民大众开放。

同时,班级授课制之所以能发展,还得益于那个时代给它提供了包括技术在内的各种支持。雕版印刷术的推广和活字印刷术的发明,使读书不再是少数人的专利，从而有可能把教育从少数特权阶级的手中解放出来。

如今信息技术的发展和普及，对教育产生着不可小觑的影响。"审视今日，慕课带来的是超时空的变革。不仅在全球各个角落我们都能获取优质的教育资源，而且还是移动的，可以走到哪学到哪，甚至可以反复学，十年二十年后再学。这就是一个巨大的变革，是'继班级授课制以后最大的一次革命'，它使教育超越了时空的界限，使得优质教育资源全球共享、全民共享。"[①]

2. 助推教育公平

在我国基础教育领域，再也没有比"公平"更让政府犯难，更受老百姓关注的了。教育公平，最困难的在于教师资源的公平。实践表明，优秀教师在区域内小范围流动尚且十分困难，要在全国流动则几乎是不可能完成的任务。慕课的出现将使这一"不可能"成为"可能"。华东师范大学慕课中心和 C20 慕课联盟，正在组织联盟学校优秀教师，录制覆盖基础教育各学科知识点的慕课资源库，供全体学生共享。这对促进我国基础教育公平，提升中西部地区的教育质量，将会有重要的推动作用。

3. 推进学习型社会的形成

慕课往往以碎片式的知识呈现方式，出现在人们的移动终端上。它适应了工作在现代城市里白领们的生活节奏，无论是在地铁里，还是在大巴上，无论是在机场的候机厅，还是在休闲的咖啡吧，有 10 分钟、20 分钟，人们就能轻松地看上一段微视频，学习一堂微课程，更新自己的知识，开阔自己的眼界，而不必劳心费神地赶往遥远的大学。

有人质疑，即使在顶尖大学注册慕课的学生最终修习课程通过率也只有 3%～4%。为此，他们追问："慕课有用吗？"如果仅从通过率来看，慕课似乎是失败的。但是，学习的目的就在于获得一份课程证书吗？如果人们都能把零星的时间花费在前沿、高深知识的学习上，追求自身素质与能

---

① 陈玉琨. 慕课：一场正在到来的教育变革［J］. 上海教育，2013（10）.

力的提升，这难道不是我们最想追求的"学习型社会"吗？事实上，一开始就有很多人并没有以获得证书为目的，即使有的人由于时间或能力等多种原因而未能获得证书，但他毕竟经历了这一学习的过程，在一定程度上提升了自己，这不正证明慕课对学习型社会形成的作用吗？

学习型社会是大多数人有愿望学并有机会学的社会。没有多少人愿意学或者有愿望但没有机会学的社会（比如跨入校园有很高的门槛或较高的费用）绝不是学习型社会。学习型社会是尽可能地开启人们的学习愿望，并尽可能地为想学习的人提供机会的社会。它不以多少人获得证书为标准。学习型社会≠学历社会。慕课要推进的是学习型社会而不是学历社会！

上海交通大学张杰校长也认为："这将是一场学习的革命，其影响绝不限于大学，对推动继续教育发展，打造灵活开放的终身教育体系，构建人人皆学、处处可学、时时能学的学习型社会，也将具有积极意义。""中国大学应以在线教育发展为契机，重新思考自身的使命与责任。"①

4. 让学生远离家教

在中国，或许还包括韩国等地，慕课还有着特殊的重要意义：让学生远离家教。网上或者下载下来的视频材料，可以方便地将世界上最优秀教师最生动的课程带回家给学生学习。在有便捷网络的家庭里，学生学习或者做作业遇到困难时，可以随时请教老师或者寻求其他同学的帮助。如此，则可以免去家教带来的高昂成本和由各种原因（比如遥远的路途、滥竽充数的教师，甚至还有商业欺诈）产生的低效学习，切实减轻学生的学业负担，促进学生身心的健康发展。

5. 让教育从知识本位走向综合素质本位

有不少人一直在质疑：慕课是否适合中小学教育。在他们看来，中小学是孩子们世界观、人生观与价值观形成的主要阶段，虚拟的网络世界阻断了师生之间，甚至阻断了生生之间面对面的交往，这种交往的缺失，必

---

① 曹继军，颜维琦."慕课"来了，中国大学怎么办？［N］.光明日报，2013-07-16.

然会导致学生在情感态度价值观方面教育的缺失。

事实上，在中小学，慕课一开始就是以"微视频＋翻转课堂"为基本模式，这一模式为师生之间、生生之间进行更深入的交流提供了充分时间，为他们相互之间更深刻的影响提供了难得的机会。在这种模式中，可以促进教育从知识本位走向综合素质本位，此时教育从以往只注重知识的掌握，走向既注重学生知识的掌握，也注重学生能力的养成，其中主要是学生高级思维能力的发展。同时还可以更注重学生情感态度价值观的养成以及学生身体与心理的健康。

信息化和大数据已经改变了人们的工作、生活和交流方式，改变了商业运营模式，改变了知识生产方式。教育成了最后一块待开垦的领地。我们不能忘记，教育的首要目的是要让孩子适应当今和未来生活的要求，能在社会竞争中立足和生存。在信息化时代，培养孩子的信息技术素养，在繁杂的信息中有效选择信息、分析信息和应用信息，本身就是教育应有的职责。如果在教育学生的过程中，拒绝学生接触信息技术，是对孩子未来生活不负责任的表现。

在这样的时代背景下，如果教育工作者拒绝信息技术对教育的影响，不充分利用信息技术的优势来变革当今教育中的不当之处，是注定要被时代淘汰的。

慕课与翻转课堂是机遇，更是挑战。

（作者系华东师范大学考试与评价研究院院长、慕课中心主任）

（本文原载于《人民教育》2014 年第 21 期）

云时代的教学变革

朱 哲

100 年后，一个冷冻人从"睡梦"中苏醒。在他沉睡期间，科技的发展已经让原有的世界发生了翻天覆地的变化，不再有他熟悉的汽车、电脑、手机，100 年后的一切对于他是完全陌生的。但是当来到一个地方时，他突然激动地喊起来："我认识这个地方！这是学校……"

在广州举行的第二届科技与教育变革峰会上，陶西平先生讲的这个"科幻"故事让与会人员发出阵阵笑声。随着第三次工业革命浪潮的来临，科学技术转化为直接生产力的速度越来越快。相对于科技在金融、交通等领域产生的巨大变化，教育领域的改变虽然缓慢，却是不可逆的。时至今日，一场依托云计算、大数据而开展的科技革命正席卷全球，信息技术对教育发展的"革命性影响"初见端倪。

"云端"上的学校

云时代、云平台是当下时髦的词汇，而说起其真正的含义，相信许多人会有"云里雾里"的感觉。其实，云时代的准确说法应该是"云计算时代"。"云计算"中的"云"是由互联网连接的巨大计算机群，其本质是将基于互联服务的大规模数据处理能力和存储能力整合形成易于获取的服务与应用。当用户登录这朵"云"，就可以随时、随地、按需地通过网络访问共享其中巨大的软硬件虚拟资源。

在生活中，"云"并非虚无缥缈，我们已经时刻在使用"云"服务：发微博、逛淘宝、"百度"信息、地图导航，这些应用在后台都是由云计算平台来实现的。云时代打开了一扇大门，改变了我们对于计算机、软件和数据资源的理解。只要有能接入网络的终端，人们可以随时、随地完成绝大多数以前依赖计算机才能完成的事情，而且无需购买软件和存储设备。

美国新媒体联盟发布的《地平线报告》，连续几年将"云计算"列为即将在基础教育领域产生重要影响的技术。当"云计算"应用于教育领域，就形成了功能强大的"教育云"。

"我这次报告的 PPT 就存储在学校云平台上。"说完这句话，广州一中的吴海洋校长操作了一下手中的无线终端，《变革适应未来》的 PPT 便呈现在大屏幕上。从最初笨重的 Apple Ⅱ 到如今随处可见的平板电脑，吴校长所展示的广州一中教育信息化的历程体现了中国教育信息化不同发展阶段对信息技术的不同诉求。

基础教育信息化起步于 20 世纪 90 年代，随着计算机软、硬件设备的更新和推广，越来越多的学校配备了计算机，建立了校园网。进入 21 世纪，基础教育信息化的春天到来了，教育部先后实施了"校校通"工程和"农村中小学现代远程教育工程"。此时的广州一中已建立了以光纤为主干的校园网，从行政管理、教育教学、住宿生活全面实现了校园数字化管理。

现如今，随着移动互联网的普及和平板电脑等移动终端的广泛使用，学校利用云计算技术将教学、学习、管理等系统推向"云端"，建设了"广州一中云平台"，创造了一种无所不在的泛在学习、工作环境。

不管是在办公室、家中，还是在公共汽车上，只要有网络和一个终端，教师便可登录"广州一中云平台"进行备课、批改作业、疑难解答等各种教学活动。即使所处的环境没有网络，也不是问题。学生可以使用离线学习和作业功能进行个性化的自主移动学习，在能够连接网络的时候，预习、作业等学习成果会自动提交、同步到"云端"。

将教育资源存储在"云端"，可以跨平台、跨校区为所有师生提供服务，而不需要在不同地点分布建设，让学校之间的交流更加紧密。在今后的规划中，广州一中的初、高中两个校区将利用云平台进行协同办公、远程教学互动、云端资源建设和共享的实践，使学生不受时间、地点限制自由选课，实现个性化、自主的学习。

这种"教育云"可以将孤立、分散的教育资源打通，消除信息孤岛，实现系统互联、资源共享及应用互通，以此推动教育信息化的进一步发展。教育部制定的《教育信息化十年发展规划（2011—2020 年）》中明确提出要建设国家教育云基础平台，充分整合和利用各级各类教育机构的信息基础设施，建设覆盖全国、分布合理、开放开源的基础云环境，支撑形成云基础平台、云资源平台和云教育管理服务平台的层级架构。

然而不可忽视的问题是，虽然教育信息化的推进过程轰轰烈烈，但这种热度往往只维系在政府和学术层面，学校和教师的热情则相对冷淡。"教育行政部门开这类会议，都是上面讲得火热，下面不冷不热。"一位校长无奈地说。吴海洋也遇到过教师的质疑："传统的课堂一支粉笔一张嘴，照样上得很精彩，参加了你的项目后，搞得我的课堂效率都下降了。"但吴海洋很坚定：只有变革才能适应未来教育的需求。虽然有人抱怨，但同时也有一大批愿意先学先试的教师支持他，语文老师何瑾就是其中一位。

穿上钢铁侠的盔甲

在好莱坞电影中，男主角穿上特制的盔甲就变身成为无所不知、无坚不摧的钢铁侠。智能头盔实时提供各种数据、分析和预测，为钢铁侠的下一步行动提供决策依据。拥有这样的盔甲是许多人梦寐以求的事情。

对于何瑾来说，除了熟悉的粉笔和黑板，她上课还有一件必备的工具——"睿易派"（教师端）。这台小小的带有好用的手写电磁笔的平板电脑，就相当于何瑾的"智能盔甲"。平板电脑本身并没有什么特别，但是只要连上"云端"，使用学校研发的系统平台，便拥有了意想不到的"智慧"。

何瑾很重视课前预习，因为从中可以测查学生已有知识的"深浅"，发现学生理解中的难点，从而根据学生的情况调整教案。对于学生的预习情况，以往要到课上进行检查、提问后才能掌握。前期的备课只能根据教材要求和自己的教学经验确定重点和难点问题，上课时一旦发现自己预设的教学设计与学生的实际情况不符的时候，只能临时调整教学方案，有时难免会顾此失彼，影响教学效果。

现在这种困扰不存在了。学生在预习结束后，用电脑将预习答题情况和相关疑问发送给何瑾，何瑾实时接收这些信息并进行分析。这样一来，她就可以根据"真实"的学生，设计真正符合他们需求的教案。

无疑，技术的发展带来了变革教育的机会，但正如与会的中央电教馆馆长王珠珠所言，"技术再好，平台再好，没有以学生为中心的理念都是白费"，除非做到信息技术与教育教学实际的深度融合！

如果说何瑾手中的平板就能让老师做到"以学生为中心"，多数人一定不相信。虽然这是一句常用的口号，但不得不承认，传统教育中，教师对学生个体差异和学习过程的了解一直是靠经验，因此经验丰富的教师能更好地把握学生的实际需要，而新手型教师只能通过"试误"的方式一点点积累相关经验。技术的发展让普通的平板变得更加智能，可以识别学生在学习能力、学习偏好等方面的差异，并对收集的真实的课堂数据进行深入分析，发现潜在的问题，帮助教师更透彻地了解学生，更好地掌控教学。

何瑾的学生属于"数字原住民"，相对于传统的学习方式，他们更喜欢用平板电脑上课。教师端平板电脑中的云备课系统支持视频、音频、图片和文字等不同格式资料的导入，避免了传统课堂的单调和乏味。课堂上，通过平板生成的报表，何瑾能够即时、准确得知回答问题的正确率及作答时间，并将回答错误的学生组成小组，讨论错误的原因。

在小组合作中，学生可以把讨论的结果写成文字，拍照上传，何瑾据此评估学生对问题的理解程度和分析能力，并对相应的学生提供思维与探索的指导和支持。此外，她布置的作业也会因人而异，根据课堂中学生的表现，推送不同的学习任务或知识要素，帮助学生巩固并反思自身学习。

使用这台平板，教师的整个授课过程，包括声音、在每个环节的讲解动作和用电磁笔书写的痕迹，会自动录制保存，并存储在云平台上。如果何瑾觉得某一部分讲得特别好，可以直接截取，做成微课。学生如果对课堂知识有存在疑问的地方，可以在课后随时调阅，重复听讲。对于这些功能，王珠珠馆长非常认可。

是不是使用了先进的技术就一定能促进学生的学习？答案当然是否定的。在教育信息化的过程中，被人诟病最多的就是"洗衣机盛大米"现象：花费巨额资金购买的设备要么闲置在机房"睡大觉"，要么设备的设计脱离教学实践，让使用者苦不堪言。针对这些情况，陶西平先生讲了他在瑞士考察的见闻。

瑞士教育信息化推进过程中，四分之一的投入用于软件和资源开发，四分之一用于购买硬件设备，二分之一的资金用来培训教师。瑞士人说了一个最朴素的道理："如果不用一半的资金和精力来培训教师的话，另一半的钱就白花了。"

新媒体联盟 2014 年发布的《地平线报告》（高等教育版）也指出，数字媒介素养已成为教师必须具备的一项日益重要的关键技能，因为数字媒介素养不仅仅在于掌握数字化工具的操作，更为重要的是养成一种思维方式。获得数字化思维能力比掌握特定工具技能更为重要和持久。

教育信息化进步的实质不在于我们用了多么炫、多么先进的软件和硬件，而在于所使用的这些东西是不是实用，是不是能帮助教师改进教学，帮助学生更好地实现个性化学习。

对于未来的教育，我们准备好了吗？

日新月异的变化累积到未来，将产生颠覆性的革命。"教育变革的发生有两条线索，一条是科学技术的发展，另一条是学习科学对人类学习的分析和研究。通过基于信息技术的环境设计，促进每个有差异学生的个性化学习，充分提高其学习效能和心智品质，是未来教育的根本取向。而何瑾和她的学生所使用的平板中的系统，正是借助学习分析学的框架，通过大幅提升每个学生学习过程中数据采集、积累和分析的效率，创生'智慧教育'的变革。"华东师范大学的吴刚教授这样告诉与会的教育工作者。

通过对近几年 PISA 测试的分析，吴刚认为，中国教育中"学而时习之""博闻强记"等传统文化有利于记忆、理解和应用等低阶思维发展，长期、反复的这类练习可以提高答题效率，因此上海及深受儒家文化影响的国家和地区的学生在PISA考试中取得了较好的成绩。但是仅有答题效率显然培养不出未来所需要的人才。

2012年，美国提出"21世纪能力"的概念，指出21世纪的人才应该具备认知的、内省的和人际的三大胜任力领域。认知领域包括认知过程及认知策略、知识、创造力，内省领域包括理智的开放性、职业道德、责任心和积极的核心自我评价，人际领域则包括团队合作与领导两种能力。

由此可见，在未来的发展中，除了价值观、合作意识等能力之外，分析、评价、创造等高阶思维能力是21世纪必备的素养。而这也正是我国基础教育的欠缺之处，因此教育需要深度变革。

"未来的教育改革离不开学习分析学的支持。"吴刚之所以如此断言，是因为学习分析学是一个全新的研究领域，被称为"教育技术大规模发展的第三次浪潮"。具体来讲，学习分析是以理解和优化学习及其发生的环境为目的，对学习者及其所处情景的数据进行预测、收集、分析与报告。

在教育实践中，学习分析技术可以让教育云更加敏锐地"感知"学习情境、学习者特征等因素，也能让何瑾及其学生使用的平板更加智能。

当众多学生的数据汇聚成海量"大数据"的时候，利用不同的分析方法可以对学习者的行为、经历等要素建模，描绘群体的学习规律。对何瑾的学生而言，根据建立的模型，可以预测他（她）未来的学习表现；也可以为其具体的学习过程提供个性化的报告、推荐、建议等，从而促进其更加有效地学习。对何瑾而言，基于系统提供的实时学生状态报告和干预建议等信息，使她能更准确把握学生的学习认知风格、思维方法、学习策略等内容，从而优化教学，制定出能够满足学生需要的教学方案。

在不远的将来，技术将最终改变教育的生态环境：教师不再是知识的传播者，而变成学习的组织者和促进者，学生也由被动接受知识转变为信息加工的主体和知识的创造者。当"智慧地球"的思想渗透到不同的领域时，"智慧教育"呼之欲出。

（作者单位系中国教育报刊社《人民教育》杂志）

（本文原载于《人民教育》2014年第17期）

新一轮信息技术潮会颠覆教育形态吗？

尚俊杰

在人类发展历史上，技术一直是社会变革的推动者，但是还从来没有哪一种技术，像信息技术一样如此深刻地影响我们的学习、工作和生活方式。为此，《国家中长期教育改革和发展规划纲要（2010—2020 年）》指出："信息技术对教育发展具有革命性影响，必须予以高度重视。"信息技术的作用被提到了前所未有的高度。

但是长期以来，我们一直认为信息技术只是一个工具、一个手段，它真的能够对教育产生革命性影响吗？许多人也怀疑：当年电影未能改变教育，电视也未能改变教育，信息技术就能改变教育吗？

信息技术对教育会有革命性影响吗？

想到这个命题，就经常想起自己的童年，想起我自己 20 世纪 80 年代初用过的老课本。在我的课本中，只有第一页是彩色的，上面是一幅图《我爱北京天安门》，其他页全是黑白的，那时候没有电视，偶尔看看电影，也没有各种画报。像长江、黄河、长城等，基本上是靠老师的描述来学习的。但在今天，即使是边远山区的孩子，老师也可以利用电脑或电视，给他们播放一些视频和图片，让孩子有更直观的感受。

更进一步的是，美国人萨尔曼·可汗自 2004 年起开始利用在线视频教亲戚孩子学习数学，后来不断发展，创办了可汗学院，利用一种简单的手写黑板技术，录制了许多教学视频，受到了微软创始人盖茨及社会各界的广泛好评和追捧，并先后获得微软教育奖和谷歌的资助。与此相关的是，翻转课堂自2007年开始在美国及世界各地流行起来。传统的教学模式是老师在课堂上讲课，学生回家做作业；在翻转课堂教学模式下，学生在家通过看视频完成知识的学习，来到课堂上做作业并和大家讨论。

可汗学院和翻转课堂对我们有什么启示呢？有许多人相信，尽管翻转课堂还存在许多问题，但是这可能是解决传统班级式教学很难解决的"个性化教学"问题的一种方法。尽管我们一直在强调因材施教，但是在传统班级制教学中，教师很难照顾到每一个学生。在翻转课堂模式下，课下看视频的时候，看得懂的学生可以快点看，看不懂的学生可以慢点看、反复看，一定程度上实现了个别化教学，在课堂上老师也有更多的时间和每一个学生互动。很多人认为，农业时代是私塾式教学，工业时代是班级制教学，信息时代一定会产生一种新的教学形态。可汗学院和翻转课堂不一定就是最终的答案，但或许是有益的探索。

谈到和视频有关的可汗学院和翻转课堂，实际上还有一件更令人深思的事情：对于一个病人，如果有条件，他一定希望请中国乃至世界上最好的医生给他看病。那么对于一个学习者，如果有条件，他是否可以跟着中国乃至世界上最好的老师进行学习呢？事实上，现在已经有中小学在做实验研究，比如有人提出"专递课堂"，一个好学校的优秀老师讲课，其他几个薄弱学校的学生利用网络同步上课，本校老师只是进行辅导。由此联想，理论上是否全中国中小学生都可以只听几位最优秀的老师讲课呢？如果真的这样，对于广大教师会产生什么影响呢？

当然，这在基础教育领域基本上还只是实验，并没有大规模普及。但是在高等教育领域则走得更远。2010年前后，一批原来翻译欧美影视剧字幕的志愿者转而去翻译欧美公开课字幕，没想到这些公开课加上中文字幕以后在中国迅速开始流行，很多白领和大学生在网上"淘课"，甚至有学生逃课在宿舍看欧美公开课。

一个巨大的突变是在2011年秋，来自世界各地的16万余人注册了斯坦福大学 Sebastian Thrun 与 Peter Norvig 两位教授联合开出的"人工智能导论"免费课程，最后有 2 万余人通过考试。这引发了大规模多人在线课程的流行，比如美国斯坦福大学教授创办了 Coursera，同斯坦福、普林斯顿等大学合作，在线提供免费的网络公开课程。任何人都可以免费学习，如果通过测试并愿意缴纳少许费用，还可以获得学分证书。该项目成立第一年便吸引了来自全球 190 多个国家和地区的 130 万名学生。哈佛大学和麻省理工学院也宣布推出慕课网站 edx，北大、清华均宣布加入 edx。

泰普斯科特在著作《维基经济学》中曾指出"大规模协作改变一切"。慕课学习方式与以往不同的是，可能是几万人一起学习一门课程。这样任何人提的问题都可以在以往问题中查到，或者会在很短时间内得到回答，而一个普通班级的网络课程则比较难做到这一点。

当然，以上主要还是技术层面的改变，最重要的是 21 世纪的青少年发生了什么变化？当看到孩子迫不及待地拥抱电脑，当看到刚刚牙牙学语的幼儿抱着平板电脑不松手的时候，我们就知道：不管这种趋势是好是坏，信息技术改变一切已经是不可逆转的了。

看了以上的例子，我们基本上可以相信：信息技术对教育确实是有革命性影响的！但是看看目前军事、金融、企业信息化的程度，我们就会得出这样的结论：信息技术在教育领域还不够太革命。

让我们来看企业，先不提苹果、三星等大企业，就看一个专门生产文化衫的小企业。这个企业虽然只生产文化衫，但是企业负责人一直声称他们是做 IT 的，什么原因呢？他解释说：传统企业靠手工管理订单，如果排列组合（尺寸、颜色、样式、印刷字体等）多过 10 种，就可能会出错误，而他们利用 IT 系统来管理订单，理论上可以一件都不错。这个例子可以看作"从 IT 到传统"的典型代表。近几年，一批搞 IT 的人转而投向传统行业，但他们不是简单的养猪养鸡，而是利用 IT 思维和 IT 技术重新打造了传统行业。所以芬卡特拉曼曾提出信息技术引导企业转变的 5 个层次："局部应用、系统集成、业务流程重新设计、经营网络重新设计、经营范围重新设计。"而目前的基础教育和高等教育，基本上都刚刚处于局部应用向系统集成过渡的过程中。教育信息化与企业信息化的差距由此可见一斑。

还有一个与教育比较相似的行业，就是医院。医院信息化虽然发力较晚，但是近几年发展确实非常迅速。医院信息化有两个特点，一方面实现了流程信息化，从挂号到取药，全部利用信息技术完成；另一方面在核心业务方面，采用核磁、CT、微创手术等高新技术，有些以前检查不出来的病现在能检查出来了，有些以前治不了的病现在可以治了。有一个特殊案例，就是北京大学第三医院，他们依靠优化流程和采用新技术，实现了平均住院日全国最短，2000年平均住院15.31天，到了2010年则减少到了6.57天。缩短平均住院日自然意味着社会效益和经济效益都提高了。

这个例子值得教育领域深思。医院找到了一个可以量化的指标"平均住院日"，优化流程和采用新技术可以直接改变这个指标，而改变这个指标则意味着社会效益和经济效益的提高。在教育领域，我们能找到一个这样的指标吗？我们是否可以将"平均在校日"作为这个指标呢？采用网络课程等新技术缩短平均在校日，缩短平均在校日意味着可以招更多的学生，应该也意味着社会效益和经济效益的提高，这一切看起来很美！

当然，学制是否可以改变，是否可以缩短，需要严格的论证。我自己也认为学制确实不能简单地缩短。举这个例子只是引发我们思考：随着信息时代的到来，随着外部环境的变化，有一些约定俗成的规范是否需要重新考虑？是否可以真的改变？教育流程是否可以优化、再造？

教育流程再造

德鲁克在1992年曾说过：作为规律，对某一知识主体影响最大的变化往往并非出自本领域内。学校自从300年前以印刷品为核心重新组织以来，从未改变过自己的形态，但未来将发生越来越激烈的变化。这一变化的动力，一部分来自新技术的发展，如计算机、录像和卫星技术，一部分来自知识工作者终身学习的需要，还有一部分则来自人类学习机制的新理论。

目前颇受推崇的里夫金所著的《第三次工业革命》一书中有专门章节论述教育变革。其中提到，目前的教学模式是适应第二次工业革命对大批量标准化人才的需要的，但是第三次工业革命需要大批创新型人才，所以需要打造一批全新的教育机构。

美国政府于2010年11月颁布了《国家教育技术计划》（简称 NETP），其中第七部分"生产力：重新设计和改造"指出：教育部门可以从企业部门学习的经验是，如果想要看到教育生产力的显著提高，就需要进行由技术支持的重大结构性变革，而不是进化式的修修补补。

阿兰·柯林斯和理查德·哈尔弗森在发表的著作《技术时代重新思考教育》中也认为，目前大多数学者努力研究如何将信息技术融合进学校教育中，殊不知信息技术的快速发展，已使教育的内涵不再仅仅局限于学校之中，移动学习、泛在学习、虚拟学习、游戏化学习、工作场所学习、个性化学习、翻转学习等新型教育模式，使得学习的控制权逐渐从教师、管理者手中转移到了学习者手中，从而动摇了诞生于大工业时代，以标准化、教导主义和教师控制来批量培养人才的现行教育体系。所以，他们认为技术时代需要重新思考学习（学习不等于学校教育）、动机、学习内容（课程），需要重新思考职业及学习与工作之间的过渡，需要重新思考政府在教育中的作用。

确实，我们仔细思考当前教育中的很多做法，再联想企业、金融、医院等其他行业的做法，可以看到有一些做法似乎确实应该改革。

比如基础教育中的课程，像生命教育、环境教育、法治教育、安全教育、职业规划教育等对一个人的发展来说，应该是非常重要的，可是我们的传统课程体系非常严密，这些课程基本处于边缘化的地位。再如信息技术课程，如果说物理化学课程对于第一次、第二次工业革命至关重要的话，信息技术课程对于第三次工业革命是否很重要呢？如今是否应该获得和物理、化学等课程一样的发展地位呢？可是现状呢？如果我们真的拿出学数学、物理、化学和英语的精力来学习信息技术，或许一个高中毕业生就可以找到编程、美工等工作了。

目前慕课的影响越来越大，美国《时代周刊》2012年10月发表了一篇《大学已死，大学永存！》的文章，其中提到：这场从硅谷、MIT 发端的在线学习浪潮，理想是将世界上最优质的教育资源，传播到地球最偏远的角落。免费获得全球顶尖高校明星教师的课程，甚至取得学位，并非不可能。而对于学校官员来说，变化带来的恐慌随处可见。也有很多人认为，慕课将颠覆高等教育，会使很多高校消失。

实话实说，我个人绝对不相信慕课会使许多高校消失，但是我认为慕课对高等教育来说确实是一个巨大的挑战，确实会产生深刻的影响。不过我更愿意认为慕课对高等教育是一个机遇，可以促使高等教育进行新一轮变革。如果慕课延伸到基础教育领域，难道不是可以实现我们一直在追求的教育公平、教育均衡发展的目标吗？

其实，信息技术对教育的改变还不止这些，云计算、物联网、三网融合、虚拟现实、游戏、3D 打印等技术将继续产生让我们难以置信的变化。教育将是继经济学之后，不再是一门靠理念和经验传承的社会科学，而变成一门实实在在的实证科学。随着计算能力、存储能力的无限提高，随着人工智能、自然语言理解等技术的发展，利用大数据技术，对于每一个学习者的各种学习数据进行智能的、全方位的分析，然后给予其智能的、自适应式帮助，学习者是否可以学得更快，学得更好呢？比如，有一种扫描仪，学生考试完毕以后可以自动扫描试卷，并切分题目，进行分析，提供报告。尽管目前的报告还比较简单，但是已经能够对师生有所帮助。教师不再只是凭经验来判断学生存在的问题，而是靠数据说话。

未来的教育

大数据、云计算、3D 打印等新技术虽然看起来很美，但是目前确实还存在很多问题，比如许多企业力推的"云存储"，就有人担心，将资料保存在"云"中，这朵"云"会飘走吗？事实上，今天的各种信息技术尽管已经深刻改变了整个社会，但是还存在着安全性、稳定性等诸多问题，本质上我们现在还处于"Internet 的原始时代"。但是随着时间推移，随着信息技术的不断发展，我们总有一天会步入"Internet 的信息时代"。

如果到了那一天，我们的教育该是什么样子呢？首先看基础教育：高速有线网和无线网应该覆盖了每一个学校，班班通进入了每一间教室；传统教材应该还会有，但是每位学生应该有一个平板电脑，这个平板电脑功能非常强大，其中不仅有图文并茂、形象生动的数字教材，而且可以直接在线完成作业并提交，在做作业的过程中如果碰到问题，可以在线查看讲解视频，或者咨询老师和其他同学，也可以利用其中丰富的应用软件进行虚拟实验并和其他人交流；学习者的所有学习过程数据都会被记录下来并保存在"云"中，这一方面可以作为电子档案袋，在升学等需要的时候作为客观的评估资料，另一方面系统也会自动分析这些海量数据，发现该学习者存在的问题，并给予智能化的帮助。

再看高等教育：传统大学依然会存在，但是一定会发生剧烈的变革；大学将会变成一个智慧校园，给学生提供一个无所不在的学习环境；学生可以在传统教室中上课，也可以选择通过网络学习；学生可以选修本校老师开设的课程，也可以选修其他学校老师开设的课程，甚至是商业公司提供的课程；学生可以到一些慕课课程平台上修课，但是需要到指定地方考试，并获取学分，从而真正实现教考分离。

随着技术的发展，未来的教育或许会更加智能。事实上，大约 100 年前的人们曾经画了一幅画，他们幻想 2000 年的教育应该是这样子的：教师将教材扔进一个类似于搅拌机的机器中，助教摇着机器手柄，知识通过电流就传输到了每一个学生的脑袋里。当然，对这张图，不同的人有不同的解读，有人说，这是典型的灌输式教学思想。但是反过来想想，如果知识真的可以这样灌输，难道不也是一件好事吗？事实上，有许多研究者也在不懈地追求让计算机和大脑直接相连。随着脑科学和人工智能技术的发展，或许真有一天，这样的教学方式就可以实现了呢！当然，这一天可能会很遥远很遥远，但是联想到人们一步步从大型机到台式机，到笔记本，到平板电脑，再到眼镜、手表等可穿戴式设备，可能终有一天，IT 设备会进入人的大脑，到那个时候，教育又该会变成什么样子呢？

（作者系北京大学教育学院副院长、教育技术系系主任）

（本文原载于《人民教育》2014 年第 1 期）

第五辑

未来学习图景

未来教育的挑战和抉择

李　帆

在中国教育史上，过去十年是一座重大的里程碑。短短十年里，大规模的教育投入、各种思潮的激荡与冲击、观念的改变与飞跃，深刻地影响了中国教育的面貌。

可是，改革越深入，我们面对的问题就越复杂：新观念的普及，并没有必然带来教育教学方式的革新；寄望于通过课堂的改变来重塑学校文化，目的却远未达到；创新土壤的培养，仍然是举步维艰……

如何才能蹚过改革的"深水区"？只用"摸着石头过河"的老思路吗？答案是否定的。在"深水区"，我们需要学会搭梁架桥，用新的、科学的思路，去找到教育改革的新出路。

缺乏了科学性，教育就不太像教育了

我多次参加教育研讨会，感受到一个强烈的对比：西方教育工作者发言，或是国内专家介绍国外经验时，他们除了理念，更多谈的是数据、做法和实证。有个事例给我留下深刻印象：美国刚开发出一款游戏软件，可帮助小学生学习四则运算。设计者在谈及自己为什么出这些题时，他说，根据脑科学研究，一个孩子完成异母通分时，大脑里要经过四个步骤……他所出的题便是按照这一研究成果而设计的。

与他们相比，中国教育工作者更喜欢表达观念，"以学生为中心""自主学习""合作探究"，几乎在每个发言人口中反复出现。听得多了，不免使人昏昏欲睡。即便谈到做法和措施，在回答"为什么这样做"时，也往往是拿出"因为我们要以学生为中心"来解答。

这岂不怪哉？观念指导实践，然后再用这一观念来证明实践。这种"自证"，未免太缺乏说服力和科学性了！这也让我们倡导的各种观念，总是高高飘在天上，不容易落地生根。

一年多前，有单位发起"教师对新课改的评价"的网络调查。结果显示，教师对新课改的总体评价表示"很满意"的仅为 3.3%，"满意"的为 21.3%，即只有约 1/4 的教师表示满意。

原因可能很多，但新课程的可操作性差是原因之一。看看我们的各学科课程标准，薄薄的小册子，便涵盖了三年甚至六年的学习目标和标准。表述的简单，意味着标准的笼统、简化和不全面。

首都师范大学的邢红军教授曾指出，科学方法至今没有被纳入各学科课程标准，而且各学科课程标准还普遍存在以"科学探究能力"代替学科能力的做法。诸如"提出问题""猜想与假设""制订计划与设计实验""进行实验与收集证据""分析与论证""评估""交流与合作"等广为流传的"科学探究要素"，其实只是科学探究的步骤罢了，并没有涉及能力的本质。

与我们简单的课程标准相比，西方发达国家的课程标准十分详细，注重课程标准的可测性、严谨性、清晰性和精确性。据统计，美国基础教育阶段各门主要学科的课程标准累计达 200 多个，它们包含的次标准更是多达 3093 个。比如，公民和历史学科的次标准分别为 427 个和 407 个。

丰富而具体的标准的缺失，是教育缺乏科学性的另一个表现。缺乏了科学性，教育就不太像教育了，教育也就无法赢得其他人的专业尊重。

我们的教育为什么会缺乏科学性？

20 世纪初，英国学者李约瑟提出了著名的"李约瑟难题"：尽管中国古代对人类科技发展作出了很多重要贡献，但为什么近代科学和工业革命没有在近代的中国发生？

对这个问题的争论一直非常激烈。但是我想，一个重要原因在于中国人所惯有的东方思维方式：中国古代有深刻的辩证思想，却未产生辩证逻辑；有判断，但没有系统论证，更没有由概念和推理组成的文本。简而言之，东方思维中缺少逻辑和实证的精神，而讲究逻辑和实证，正是当代科学思维的主要特征。

缺少了科学思维，近代科学没有在近代中国发生，导致了近代中国的落后；没有科学思维，也使我们的教育陷入感性的经验主义的泥淖：在各种观点和口号"贴标签"式的指挥下，有多少人知晓学习究竟是如何在大脑中发生的？有多少人分析过知识的类型？又有多少人研究过不同类型的知识是否需要不同的教学方式……

这些问题回答不好，教育改革的花样再翻新，口号再嘹亮，也不会触及教育的核心，只能是"雨过地皮湿"而已。

说到底，教育改革不仅需要一种形上芬芳的呵护，也需要晶莹剔透的科学理智主义的灯光。

所幸的是，一小部分先行者已经意识到了这个问题。在清华附小，他们研制出了自己的语文、数学、英语《学科质量目标指南》。清华附小的校长窦桂梅说，研制《学科质量目标指南》的目的，就是对国家课程标准进行细化，不仅有知识标准，而且有能力标准，以此"在国家课程标准和教学实践之间，搭建一级级的上升台阶"。

对知识标准和能力标准的补充和细化，并非易事。清华附小在窦桂梅的带领下，整整花了十年时间！

我钦佩于他们用科学思维办教育的勇气，更希望能由国家层面做这件事情。从课程标准的科学性出发，让科学思维慢慢扎根在所有教育者心中，让教育回归"既是一门艺术，也是一门科学"的本真状态。

"综合改革"是一个方法论问题

教育改革需要思想的力量。

思想的力量从何而来呢？除了思想的深度和密度外，同时也来自方法。然而，我们这样一个大规模的教育改革，却没有一个可以起指导作用的基本方法。很多时候，改革是"头痛医头，脚痛医脚"式的，从而导致十年改革呈现出"局部有效，整体出问题；短期有效，长期出问题"的状态。

用什么样的基本方法来指导改革？十八届三中全会有关决议在教育部分的第一段里，提到"教育领域综合改革"。其实，"综合改革"不只是一个政策要求，更是一个方法论的问题。

这是由教育本身的特点决定的。教育是一个复杂系统，它无法预设学生的未来，只是提供可能性。教育在实质上是不可计算的，全国上亿名中小学生，就有上亿种可能。教育的各个部分是不可分割的，它们相互浸透，构成一种独特的生活，一句话、一首歌、一个活动，都可能影响到受教育者的未来。所以，教育改革不可能是一个阶段或一个环节的改革，它需要的是各个方面、各个环节的协同推进。

教育领域综合改革至少可以分成三个层次：

第一个层次是宏观的，是教育与社会、社区、家庭的协同。在很多西方发达国家，都有把社会视作"一个伟大无比的学校"的传统。

在国外，常常可见博物馆前聚集着学生，他们是到那里上课的；有时候，课堂是图书馆，师生席地而坐，读书，交流；有时候，课堂又是社区，教育可以完全融入社区之中。

苹果公司横空出世后，许多中国人羡慕美国出了个乔布斯。但究竟是什么造就了乔布斯？

一个小小的例子也许可以说明一些问题：从小在硅谷长大的乔布斯，12岁时从黄页上查到惠普创始人休利特的电话。他给休利特打电话，向他要制造频率记录仪的电子元件。早已功成名就的休利特，不但没有不耐烦地挂掉电话，还让他暑假到惠普实习。

此时，社会、企业、高校甚至个人，都自觉地把自己看作教育资源的一部分。在这个"伟大的学校"里，孩子们可以尝试各种可能，可以放飞自己天马行空的梦想。事实上，是整个社会，而不仅仅是学校，给了孩子一个最能促进其生长的宽松条件。

与国外学校相比，如今我们很多学校的硬件比他们的好得多。有的国外校长看了中国的学校后，连连惊叹：在一些名校里，有几百万元一台的最先进的实验仪器，有几百门的选修课程……但一所学校能给孩子提供多少种可能性？能够穷尽所有孩子的可能性吗？不能。所以，陶行知才会把"不运用社会的力量"的教育称为"无能的教育"。

这种"无能"，还表现在我们总是抱怨社会和家庭，抱怨他们不理解教育，抱怨他们总是向教育传递压力。但我们忽略了教育自身，我们在教育与社会、社区和家庭之间竖起了一道无形的大门，从而将教育改革圈定在了一个小小的圈子里，无法突破，无法生长。

改革走到今天，如果我们再不进行宏观层面的综合改革，那么，这次改革所倡导的"适合的、可选择的、多元化的"教育理想，必定受阻。

第二个层次是中观的，是教育各个环节、各个阶段改革的协同推进。如今，大家注重课程、教材、教学、评价和考试改革等五个环节改革的同步推进，尤其把招生考试改革作为综合改革的突破口。这是非常正确的。

但是，中观层次改革还有一个重点，就是管办评的分离和政校关系的调整。这是多年呼吁，却一直没有得到解决的问题。学校缺少办学自主权，人、财、物受制于各个行政部门，责、权、利无法统一，学校成为行政部门的附庸。曾有局长坦言，自己那里每天都有校长去汇报工作、申请支出，人太多，只好让办公室编号排队。

当学校无法独立办学的时候，我们怎么能期待课程、教材、教学等各个环节个性化？如果课程、教材、教学是缺乏个性的，有个性的教育、有创造力的教育又从何而来？

近些年来，美国著名的教育哲学家诺丁斯和索尔蒂斯写了不少有关教育改革的书。他们思考的一个中心问题就是：为什么自1958年以来的美国教育改革总是不成功？思考的一个基本结论是：教育改革之所以不成功，是因为每一次改革最后都忽视了校长和教师的主体性，都把他们当成改革的对象，而不是改革可以依靠且必须依靠的力量。

事实上，任何一场教育改革，如果不能赢得校长和教师的积极支持与主动参与，只是靠行政命令是很难见效的。就目前的情况来看，我们教育改革带有明显的自上而下的特征，如一些地方推动全体学校进行统一的教学模式改革，对教材、课程和课时的统一把控等。

要激发学校和教师的主动参与，教育行政部门的放权，厘清政校之间的关系势在必行。

第三个层次是微观的，是学校和教师层面的综合改革。学校层面的改革需用综合改革的方法和思路，比较容易理解。那教师呢？

2010年，时任国务院总理温家宝同志在全国教育工作会议上指出："德育、智育、体育、美育是一个有机整体。"但在实践中，很多教师仍然习惯于把自己的眼界局限于专业界限之中，也无法把专业置于更为广阔的精神背景之下。这样的教师，永远无法发挥出教育最大的力量。

因为一个卓越的教师，必定是综合性的，他本身就是一本多姿多彩的教科书：对世界、对人生有自己的看法，对知识有自己独到的理解，对培养什么样的人有坚定的信念，从而使他呈现出一种个性风采。正如学生评价自己的老师、知名文化人顾随时，说他"有时站在讲台上，一语不发，也是无言的诗"。

优秀教师的魅力，正来源于此。

在山东省潍坊北海双语学校，我遇见了一位这样的语文教师，她叫李虹霞。她会用整整一学年的时间对孩子进行写字教学。为什么花这么长时间？她说："我不是仅仅让孩子写一手好字，还要让他们爱上我们的汉字，感受汉字的美。"她请美术老师开书法讲座，上书法课，还和这些一年级的孩子们，一起学习美学家蒋勋的《汉字书法之美》。

在她的课堂上，语文、数学、美术、音乐被巧妙地整合在一起。像她开设以"月亮"为主题的课，整整两周时间里，孩子们唱的是关于月亮的歌；用古筝弹奏《春江花月夜》；从《诗经》开始寻找有关月亮的古诗；笔下画的也是月亮……孩子们沉浸在中华传统文化的优美意象之中，也对这样的课堂产生了深深的眷恋。他们称自己的教室是"幸福教室"。

此时，综合改革的方法论背后，应对的是这样一个道理：只有当我们把人作为一个整体来加以研究时，"人"才会出现在我们的眼前。过去，我们教育出了太多的具有碎片化知识的学生，在成为杰出人才的道路上，这是一种"天然缺陷"。今天的改革，我们不能不重视它，反省它，也许，当综合改革的方法论深入每个人心里时，教育会达成预想不到的超越。

完备的制度必然改变教育的面貌吗？

教育领域综合改革的目的之一，是要形成一整套更加成熟、更加稳定的制度。

可是，一套完备的制度就必然能彻底改变教育的面貌吗？

中国政法大学教授王人博曾参与特长生加分考试评审工作。

考生里，一个来自山西的孩子让他印象深刻。当时，有教授问了他一个有关强拆的案例，让他谈谈看法。结果男孩讲道：之所以闹这么大，就说明政府还不够强硬，太软弱。

当时，王人博忍不住开导他："孩子啊，你不能这样看，咱们都是普通人，但政府是强者……"没等他说完，男孩子抢话道："老师，能允许我用另一套话来说吗？"

"我觉得特别悲哀，年轻人完全没有原则，老师认同哪一套就讲哪一套，只要能加上那 20 分。"大致算来，让王人博感到"悲哀"的这位学生，应该是比较完整地接受了十年课改的那一批学生之一。

为什么在这些学生身上，我们看不到教育改革梦寐以求的独立个性、自由思想？过去十年，有关课改的各项制度（如选修课制、学分制、综合评价制）不断建立，我们以为，通过制度带动教学方式、学校文化、师生关系等方面的改变，就能培养出一代新型人才。

十年里，小组合作、多元评价渐渐蔚然成风，选修课让学生有了选择的权利，知识的传递逐步高效，学生的表达、合作能力逐步提升。但是，为什么离理想的教育还是有差距？

关键是教育的精神内核并没有随着制度的改变而改变。

教育的精神内核从何而来？从局长、校长、教师的教育理念而来。

也许有人会说，自主合作探究不是教育理念吗？但我以为，它们更多是一种教育教学的原则或程序。就逻辑关系而言，教育教学技术（如导学案、小组学习）是根据原则设计的，原则是根据原理或理念提出的。事实上，在自主合作探究的背后，有更上位的教育理念，而理念的核心，则是

"那些终极的、最高贵的价值"（马克斯·韦伯语）。

在我看来，我们的教育正是缺少了"那些终极的、最高贵的价值"追求。其中两点最重要：一是挑战权威，二是宽容。

即便到了现代，中国仍然承载着"等级社会"所赋予的丰富性和沉重性，到处浸透着对权威的尊重和服从。校长、教师所做的一切，不是为了教育的长远，而是为了让"领导放心"；学生所做的一切，不是为了追求真理和自身的发展，而是为了得到校长和教师的认可、获得更好的分数和成绩。在这种风气之下，给学生再多的选择自由、再多的学习自主，最终得到的也只能是"划一"和"整齐"。

在国际 PISA 测试中，美国学生的成绩并不靠前，但当代许多大的创新都出自美国。原因何在？就在于美国教育中深藏着"挑战权威"的基因。

台湾历史学家许倬云有一位印度朋友在美国任教。有一次，这位印度朋友被学生问得无言以对，情急之下说："我是印度人，印度的事我当然比你们知道得多。"此言一出，举座哗然。有学生站起来说："老师，我们佩服你的勇气。但请你注意，我们只接受理论和证据，不接受任何人的权威判断。"

不屈服权威，正是美国教育甚至美国文化的精髓所在。

与他们相比，我们对权威的尊重，尽管可以很好地维持秩序，但同时也瘫痪掉了那些对旧规则、老观点的质疑。试想，如果一个孩子因为从众和融入群体而得到了奖励，他怎么会再去与众不同地冒险、探索新天地？我们培养创新人才、杰出人才的教育理想，又怎么可能实现？

和挑战权威相伴的是宽容。

学者胡适曾说，宽容比自由更重要。我们说自由的时候，我们说的是一种制度。当我们说宽容的时候，我们说的是一种文化，或者是价值追求。制度不建立在相应的文化基础和价值理念上，那再好的制度也"不过是一件借来的外套，一种暂时的伪装"。

应该说，目前教育改革所构建的一系列制度，目的之一就是让学生能够自由发展，但缺少宽容的基础，这种自由就是一种"浅自由"，或者说是"伪自由"：形式上是自由的，但精神上是不自由的；过程看似是自由的，但结果是不自由的。

2013 年，上海市中考的作文题是"今天，我想说说心里话"。考试当天，有记者在考场外采访，一位学生说："如果真说心里话，一定考不好。"为什么会有这样的担忧？因为一旦真说心里话，就很可能是与评卷标准不符的"异质思维"，而对"异质思维"，我们向来缺乏宽容。

记得几年前，耶鲁大学前校长理查德·莱文在英国皇家学会高等教育政策研究所发表讲话时曾谈到，到目前为止，印度至少在一个方面比中国具有优势，这就是教师和学生在选择研究课题、表达和检验一些比较异端想法的自由度上更大。他强调，这种自由度是创建当今世界一流大学所不可或缺的重要元素。

其实，从更广泛的意义上讲，自由度及其背后的宽容，又何尝不是整个教育事业发展的衡量标尺呢？只有在宽容的文化氛围里，我们才可能形成充满活力的"思想市场"：师生可以大胆挑战权威，可以从容表达自己的思考，各种观点、价值相互冲撞，相互融合，从而让整个教育呈现出一种泼辣辣的生机。

我们希望，从事教育的人和教育培养出来的人可以不完美，但一定不要唯唯诺诺，而是有棱有角，有独立之精神和自由之思想——这，是推动现代社会发展的最基本的动力。

（作者单位系人民教育报刊社《人民教育》杂志）

（本文原载于《人民教育》2014 年第 2 期）

未来属于拥有新思维能力的人

郅庭瑾　蒿　楠

纵观人类社会的发展历程，我们已走过以农耕和畜牧为主要物质来源的农业时代、以机器大规模生产极大提升效率和产量的工业时代，且正在经历以现代电子信息技术推动社会经济飞跃的信息时代。那么，下一个阶段是什么？

美国学者丹尼尔·平克认为：人类社会正在向一个全新的概念时代迈进。在已走过的农业、工业和信息时代，以逻辑思考和理性分析为主导的左脑思维起着决定性作用；而在即将到来的概念时代，人类的生存与发展需要的是右脑起主导作用的全新思维，即高概念与高感性能力。具体来讲，它包括实用价值以外的"设计感"、事实论据以外的"故事力"、能够化零为整并系统性思维的"交响力"、察觉自我感知他人的"共情力"、拥有快乐的竞争力的"娱乐感"和探寻人生终极幸福的"意义感"。[①] 平克认为，"未来需要的是更感性、更富创意的右脑人，而不是理性的左脑人"。

这一论断提出之后，在世界范围内产生了很大影响，人们开始对照"右脑思维"重新审视自己的思维方式与所处的时代变革。然而另一方面，我们也必须认识到，平克论述的 6 大能力及其所提出的概念时代是以北美发达资本主义国家为出发点的。在他看来，这些国家知识工作者的当务之

---

① 丹尼尔·平克.全新思维：决胜未来的 6 大能力 [M].高芳，译.杭州：浙江人民出版社，2013：68-69.

急是要掌握"不能外包的技能"，才能在概念时代依然保持引领世界发展的角色，而中国、印度等新兴国家则被其视为迅速崛起且抢占发达国家劳动力市场的群体。

结合中国的历史传统、教育现实及未来发展，我们需要怎样的"全新思维"？学校教育该如何培养受教育者的思维能力？平克提出的"6大能力"虽然不能呈现一份完美的答案，但依然可以在诸多方面为我们提供前瞻性启示与借鉴。

我们需要怎样的思维能力？

对于"思维"的研究历来存在多元的学科视界，哲学、心理学、思维科学、脑科学等学科对于"思维"现象的认知有着不同的侧重点。认识论哲学为有关思维的研究构建了世界观框架，其后心理学在对人如何进行认知、如何发展思维有着更深关切的基础上，揭示了思维活动在个体身上的发生过程和逻辑规律，从而为教育学研究如何培养学生的思维能力奠定了基础。目前采用较多的定义是"思维，是人脑对客观事物概括的、间接的反映，是人脑对客观事物的本质和事物内在规律性关系的概括与间接的反映"[1]，简而言之就是一种理性的、高级的认知过程。由此，我们可以把"思维能力"界定为人脑通过对客观事物的认知，把握其本质与内在规律性关系的能力。青少年要能够在未来保持良好的竞争力并最终实现个体的生命价值，至少应该拥有以下几个方面的思维能力：

自主性思维能力。在许多国家，培养自主性思维能力已是普适性的教育理念。法国哲学家米歇尔·福柯曾指出，"在西方的教育与教学中几乎形成的共识是，自我决定、自我独立及自我的人生规划都可以说是个人自主，同时它也是教育的一种理想境界"[2]。对于我国的教育来说，自主性思维能

---

① 朱智贤，林崇德.思维发展心理学 [M].北京：北京师范大学出版社，1986：7.

② 詹姆斯·D·马歇尔.米歇尔·福柯：个人自主与教育 [M].于伟，李珊珊，等译.北京：北京师范大学出版社，2008：75.

力的培养对青年人的当下和未来都有着显著的现实意义。现实中，我们经常看到，当孩子面临生活、学习中或大或小的选择时，下意识的第一反应是望向父母或老师，而不是主动地独立思考。长此以往，孩子缺乏独立思考能力，创造性思维也就无从谈起。如何加强对学生自主性思维的意识和能力的培养，尤为重要。

实践性思维能力。强调实践性思维能力的重要性，也是针对我国人才培养现状提出的。所谓实践性思维能力，其本质是通过思维对实践活动的干预以达到预期的目的。"在实践之前，个体在自己的意识中构筑对象活动的图像，它是实践的过程及其结果的观念模型，不仅观念地包含着外部事务的客观尺度，而且要把人们自己内在的尺度观念地运用到对象上去，因此表现为外部事务的客观尺度和人们自己内在尺度的观念的统一。"[①] 所以，实践活动最终呈现的是内在思维与外部事务共同作用的结果，在外部因素客观恒定的情况下，思维活动，也就是内在尺度的作用对实践活动的影响将会是决定性的。

近年来，中小学不断在课程体系中增加实践性课程的比重，培养学生的动手能力。然而，实践性思维的培养远远不是几门课程就可以实现的。实践性思维能力，唯有在真正的实践活动中方能体悟和逐渐积累。这也启示我们，学校不能是远离社会和真实生活场景的象牙之塔，学校的教育教学唯有在与学生的真实生活世界保持恰当平衡与良好互动的情况下，才有可能为学生实践性思维能力的培养创造适宜的环境。

交往性思维能力。不管是"共情力""故事感""娱乐感"或是"情商"，在根本上发生作用的是个体在把握交往活动中多重作用因素的前提下、促进交往活动顺利进行从而达成活动目的的思维能力。例如，共情力就是直接阐述与人交往中情商的重要性，而凸显描述能力的故事感和强调快乐竞争力的娱乐感，均可视为交往中的技巧或实现顺畅沟通的必备素养。

诸多研究已证实，青少年在成长过程中人际关系的质量对其学业成就和身心健康都有着重要影响。尤其当青少年进入中学阶段，自我意识上升，

---

① 夏甄陶.认识论引论[M].北京：人民出版社，1986：421.

与家庭和教师的关系逐渐弱化、依赖感减少，与同学、同伴、朋友之间的关系对他们的生活产生更大的影响。现实中，很多青少年出现心理问题、沟通障碍等，都与其人际关系状况不佳有关。从长远来看，人际沟通和交往活动伴随个体终身，良好的人际交往和沟通能力不仅关乎其身心健康、生活品质，甚至还影响和决定着其事业发展、人生际遇等。

情绪性思维能力。"情绪性思维能力"即情绪管理能力，从情绪性思维能力的学术研究角度看，是情绪智力理论的一个维度，是指根据所获得的信息，判断并恰当地进入或脱离某种情绪的能力，换言之就是指能正确认识自己和他人的情绪，并进行有目的的引导、调整、控制，从而让自己健康发展的能力。[①]

现代社会的一大显著特点是生活和工作节奏加快、竞争日趋激烈，人们面临越来越大的生存压力。我们都有这样的体验，情绪好、心情愉悦的时候，工作或学习的效率也会较高，反之亦然。对于青少年来讲，情绪管理的能力不只是人际沟通能力的延伸，更是其心理健康水平的重要影响因素。课业学习的压力、周遭环境的变化、人际关系的影响都会导致青少年情绪上的各种波动，如何调控、引导自己的情绪，使正在面临的各种问题都朝着正确的方向发展，需要具备良好的情绪管理能力。进入社会后，工作生活中所面临的各种各样的场景、突如其来的棘手问题，都要求个体具备良好的情绪管理能力去调节和应对。

审美性思维能力。审美可以说是人类特有的属性，是人的主观心理活动，贯穿于个体思维活动始终。个体拥有审美能力的前提是要有审美的意识与审美的情趣，从本质上讲就是要具备审美性思维能力。平克所讲的"6大能力"中的设计感及娱乐感，都与审美性思维能力密切相关。审美是一种以个人的学养、情操、阅历、品德等因素为基础的更高层次的能力，人类虽然生来就能感知美好的事物，但后天审美性思维能力的培养能够帮助个体更加积极、更具品质地感知世界。在平克的观点中，设计感是物质财

---

① Mayer J D, Caruso D R, Salovey P. Emotional intelligence meets traditional standards for an intelligence [J].*Intelligence*, 1999(27)：267-298.

富创造的重要影响因素之一，因为我们即将面临的是"物质财富极大充裕的时代"，人们对商品的设计感、美感有了更高的要求，而不是仅仅关注商品的实用价值。这也启示我们，审美性思维能力的另一个重要功用是提升人的美学素养，培养创造美的能力。创造美，亦即创造价值。

从现实来看，我国中小学不乏各种艺术类课程，如培养学生的音乐技能、美术技能等。然而这类课程往往更多地凸显其工具价值，用于"培养一技之长"，而非提升审美修养或培养审美性思维能力。未来社会人类对人生意义及生命质量的追求将会更高，当物质需求不再是问题，精神上的享受就尤为重要。作为个体思维活动的重要意涵，审美性思维能力培养的价值在学校教育中将愈加得到凸显。

价值性思维能力。价值性思维能力对个体来说是一种内在的伦理或道德指引，是在面临各种选择之时，如何作出合乎伦理的价值判断的思维过程。平克所论述的最后一种能力是意义感，也就是对人生终极幸福的探寻。

什么是人生的意义？什么是人生的终极幸福？这一点对任何人价值观念的形成都极为重要，因为它决定了人的行为的根本准则。亚里士多德说"人生最终的价值在于觉醒和思考的能力""吾爱吾师，吾更爱真理"；爱因斯坦认为"一个人的价值，应当看他贡献什么，而不应当看他取得什么"；革命年代也有不少人把保卫国家、奉献社会、服务他人作为人生的最高价值。然而，现实中更常见的是为金钱的累积和物质享受穷尽毕生精力的人，有些更是不惜违背伦理道德甚至冲破法律的底线。所谓价值性思维能力，并不是一味地赞美追求真理不求名利的人生观，而是每个人在自身所处的具体环境中，可以在不触及伦理准则和法律规范的前提下，作出适宜自身发展的选择。

在价值思维的培养方面，中小学教育存在诸多值得改进之处。比如多年来对德育的反思已经不断提醒我们，空洞、生硬、单薄的道德说教远远不能达到培养学生道德品质的目的，需要顺应社会的发展和时代的变迁，以培养学生的价值思维和道德判断能力为根本。

学校教育如何培养"新的思维能力"？

未来社会的发展需要年轻一代拥有新的思维能力，作为人才培养主要场所的学校教育必须有所作为。

学校首先要做到的，就是坚守教育价值。在中国近 20 年来如火如荼的基础教育改革进程中，在一线校长和教师已经被铺天盖地地灌输了古今中外各种"好的""正确的"教育理念之后，学校教育尤其需要回归教育的基本价值，回归人才培养的常识。

归结为一句话，就是要在制度束缚下依然保有对教育现实的清醒意识和对教育价值的坚守。从现状来看，办学成绩对于大多数学校依然是决定性指标，不少学校无奈地把有限的资源和精力尽数投入到提高学生学业成绩和升学指标上。但越是在这种情况下，越是需要有对教育价值的认同和坚守。就学生思维能力的培养而言，学校应该首先将其内化到人才培养目标之中，形成相应的文化追求，从而带动教育者进行积极探索和实践。

课程教学是学校教育的核心环节，也是学生思维能力培养的主要途径。在思维可教、可训练已得到广泛认同的前提下，思维能力的培养必须逐步走向课程。这里主要有两层内涵：一方面，学校在有条件的情况下，要尽可能调动可利用的教学资源，开设专门的思维发展类课程；另一方面，教师在各门学科知识传授的过程中，应有意识地融入对学生思维能力的训练和启发。只有进入课程和教学，学生思维能力的培养才能得到系统、规范的发展。从已有的实践来看，不少学校和教师已经积累了成功的经验，比如上海一些中小学多年实践的儿童哲学课，不仅有效实现了学生思维能力培养和开发的目的，而且开发建设了成熟规范的课程教材体系，更重要的是，对教师的传统认识和授课方式带来了根本性触动和变革，真正形成了以培养学生思维能力为核心的教学行为和教师文化。

学生的思维能力如何测量，是目前制约学校思维能力培养的一大难题。若要使学生思维能力的培养不流于形式，就必须将其纳入学业评价指标体系之中。已有的研究有不少针对批判性思维、创造性思维等能力进行测评的量表，但在学校教育实践中尚无法得到良好的运用。究其原因，一方面是这些测量方法并未得到广泛认同，另一方面也是因为以标准化考试为主的人才选拔方式与思维能力的测量往往不能兼容，从而使得思维能力即使可以被测评，也只能独立于学科考试之外，最终沦为摆设。因此，把思维能力的测量融入学业评价指标中，需要从课程标准的制定、思维课程的类别到具体的教学活动等，提供一系列制度支持与保障。欧美国家早在多年前就把对学生思维能力的培养上升到教育政策的层面，通过政策和制度的强制作用推动中小学思维教学的研究与实践发展。例如，20世纪80年代，美国国家教育委员会等组织就强烈呼吁把思维能力的培养作为学校改革的重要措施，英国在2000年也将思维技能的培养纳入国家课程体系之中。唯有如此，学校对学生思维能力的培养才能真正落到实处。

（郅庭瑾系华东师范大学国家教育宏观政策研究院教授、博导、副院长，蒿楠系华东师范大学教育学部博士生）

（本文原载于《人民教育》2016年第22期）

系统思考与未来教育

——深圳南山外国语学校师生与彼得·圣吉的对话

朱　哲　董筱婷

2017年4月16日—17日，学习型组织之父、美国麻省理工大学斯隆管理学院资深教授、《第五项修炼》作者彼得·圣吉先生受邀参加了在深圳南山外国语学校举行的"系统思考与未来教育"高端对话活动。

未来教育是一幅什么样的场景？美国的系统思考实验学校如何培养学生的系统思维？系统教育如何影响学生的行为模式？围绕这些话题，彼得·圣吉与南外师生进行了现场对话。

学校在未来会被取代吗？

教师一：您对当今中西方文化的交汇有怎样的理解？中国的文化智慧对您提出的管理理论又有怎样的影响呢？

彼得·圣吉：首先，管理都是关于人的，当我们作为管理者或者领导者的时候，我们很容易忘记这一点，而更多地聚焦于事情本身或者目标。但实际上，所有的工作都是通过人去做的，所以我觉得某种意义上，做管理者与做老师非常相似。

只是管理者"教"的对象是成年人。做成年人的老师，我们不仅要思考对方看中的是什么、他们的动力是什么、他们想做什么，还要思考他们如何成长，看到有哪些东西在制约他们。这里暗含了儒家传统中的思想精髓。

南怀瑾老师跟我说，现在所说的教育多是西方的概念，其实中国有更古老的提法——教化，即通过"教"去"转化"。我想这不仅是老师，也是政府官员以及所有成功的领导者都要做的——通过管理助力他人的成长。一开始听到南怀瑾老师跟我讲"教化"这个概念时，我就非常有共鸣，因为我所观察到的所有优秀的领导者都是这样做的，他们能让共事的伙伴成长。帮助对方成长比告诉、命令他们去做什么更好，这是东西方管理之间一致的地方。

教师二：对于班级、年级和学校的三级管理，我们应该如何设立目标，建立共同愿景，进行持续、长期的团队学习？我们应该如何激励他们？有没有什么模式可以供我们借鉴呢？

彼得·圣吉：我觉得没有模式可言。实际上，创建共同愿景是很自然的一个过程，作为老师应该思考如何帮助每一个学生建立他们自己的愿景，同时辅以良好的互动氛围。当群体之间有共同的话语，自然就会有共同的愿景从这个群体当中生发出来。所以我个人觉得，共同愿景实际上是一个副产品。老师要做的有两点：一是帮助学生把共同愿景与个人愿景联结起来，二是在群体中营造健康、积极向上的氛围，使他们之间有共同对话的空间。

所以在《第五项修炼》中，个人愿景的自我超越发生在共同愿景建立之前。很多时候无论是作为领导者、管理者还是老师，我们有一个误区，似乎想自上而下地去帮助别人建立共同愿景，但其实我们要做的是让他们找到自己的愿景，否则就好像我们在种植物，却没有关注土壤的环境一样。

教师三：在未来教育中，学校这种学习系统会发生哪些改变呢？甚至学校作为一种集体学习的场所，是否会被取代？

彼得·圣吉：我的观点是这样的：传统的西方式学校很有可能会被取代，比如说老师教、学生被动听，老师有答案和统一的教学大纲这种模式。我觉得更有可能的状况是学校的某些作用会消失。但这个问题的根本在于我们如何思考学校的本质。

比如说，有人认为互联网大潮之后学校会消失，因为大家会在网上听课，教学的内容、老师的讲授都可以从网上获得，不需要再去学校。这种论调背后的假设是：所有的学习只是在学习一种知识。但是，学校在传授知识之外还能做些什么？那就是，学校还是一种社交场域。在学校里，孩子们能和大人在一起共同学习，孩子们能在操场上奔跑，一起参加运动俱乐部，一起参加演出……所以，学校是一个集体社交概念，而不是单纯的个体。我个人觉得，对于真正的学习，社交非常重要。网络是建立不了这种社交场景的，我觉得在这些方面学校可以做得更好。

学校要创建一个什么环境呢？那就是在这个环境里，每一个学习者、每一个学生能够在一起共同取得一些成果。所以，如果想要学校在未来真正有持续的意义，我们必须关注真正的学习。对于真正的学习，上述两点很重要：一是清楚一起学习意味着什么；二是群体如何共同达成学习的目标，并且这个成果对于学习者本身是有意义的。这与工业化时代下的教育，即像生产线一样把人从点 A 输送到点 B 是不一样的，在那种形态下只要知识传递出去就可以了，所以学校未来的发展取决于学校做了什么。

如何培养学生的系统思维能力？

教师四：学校可以运用哪些有效的途径帮助学生培养系统思维能力？

彼得·圣吉：在过去的 25 年，我与老师群体有一些互动，见证了他们如何在学生中培养系统思考，所以我可以分享一下我的心得。

孩子们是天然的系统思考者，因为他们在家庭中成长起来，而家庭是最基础的一种系统，家庭成员无时无刻不在互动；他们在自然中玩耍，与自然生态系统也有非常直观的互动，孩子总是置身于各种系统当中。

现在的问题是，工业化时代的现代学校不去关注这些层面，他们无论在意图、结构设计还是各个方面的运作上，都没有考虑学生这种与生俱来的系统能力。从这个角度讲，我觉得一些更为古老的教育体系在这方面做得更好。

我了解一些中国的传统教育。南怀瑾老师去世前创设了太湖大学堂，这个学堂是对5～12岁的孩子开展教育。学堂引入了中国传统教育思想中很多好的实践，比如诵读经典。

然而，这种诵读经典的教育方式被误解了，有些人尤其是一些西方教育工作者觉得诵读没有意义，认为这不就是把书籍背诵一遍吗，而且孩子们并不理解书里到底在说什么。在我看来，西方教育强调个人学习，他们忽略了在经典诵读过程中集体场域所发生的事情。如果你看到孩子们一起诵读经典的时候，马上就能明白其实这是一种唱诵。

南怀瑾老师曾经告诉我，这样的唱诵其实是社会和谐的重要基石。也就是说，当我们谈社会和谐的时候，它不仅仅是存在于一个理念层面，当诵读经典时，我们在身体层面、情感层面很自然地把自己放到了一个集体的、和谐的场域当中，这种实际的体验对于社交的和谐是至关重要的。所以，诵读经典对孩子意味着什么呢？意味着他将意识到他与每个人之间的联结，意识到他所做的事情能够联结到更大的集体，所以这种训练对于我们与生俱来的那种系统认知是有帮助的。

另外，西方对诵读不认同还有一个原因，西方更强调头脑层面的教育，较少关注身体层面和情感层面，所以西方教育工作者对经典诵读背后的那种智慧和价值视而不见。当西方教育方式被引进中国的时候，这种非常好的教育实践就被彻底抹杀了。

在太湖大学堂，每天吃完晚饭的时候，你就会看到孩子们在一起诵读孔孟学说，他们很喜欢，因为诵读就如大家在一起合唱一样。孩子们在诵读的时候是不是理解内容呢？可能他们理解那么一丁点，但是没关系，他们可能30年后的某一天突然间就悟到了。

如果你在美国参观一些系统学校，会发现他们的小学生每天放学之前都会做一件事情：在一张图上描绘一天的学习状况，图上的横轴代表时间，纵轴是每天学习的程度。可能早上开始学习的时候兴致比较高，纵轴上的点就高一些，10点钟的时候感觉累了，纵轴上的点就下来一点，到了快放学的时候兴致又比较高涨，纵轴上的点又高一些。

每个孩子都会向其他小朋友讲解自己的那张图。他们用身体动作演示学习程度，如果他们学了很多就站得很高，表演学得不太积极的时候就蹲在地上。这张图让每个小朋友都有机会讲述自己这一天的小故事，说明为什么我今天是这样一个曲线。这既给了孩子们自己反思的时间和空间，也让他们分享了这个体验，同时了解了其他孩子的状态。孩子们都喜欢这个很简单但很有意思的活动。这就是系统学习的练习。作为老师，最重要的挑战是如何设计这些活动，开发学生与生俱来的系统能力。

教师五：如何在课程中运用系统思考，您有哪些具体的建议？

彼得·圣吉：我以食品为例。在美国，特别是在城市里，很多孩子认为所有吃的东西是从超市里来的，不知道有土壤，不知道食物是在自然界中长出来的，因为他们没有种过任何东西。所以，当孩子们了解到一些食物是被种出来的时候，其实他们就了解到自己和农民之间是有关联的，自己的行为与生态系统之间也是有关联的，这就给他们提供了一个很好的进行系统观察的机会。

当孩子们年龄更大的时候，我们可以对他们进行更加成熟的系统思考训练。比如，可以带孩子们深入了解全球所面临的食品危机：当食品变成生意时，与食品相关的所有决定只取决于短期的利益。对于年龄更大的一些学生来说，他们的思考不能只基于利润去看待食品，而更应该关注土壤和生态环境的可持续性，农民是不是获得了应有的回报，以及我们是不是有健康的饮食习惯等，这些都是系统问题。

另外，年龄再大一些的孩子可以思考这个问题：当社会更加富有的时候，对食品的需求也会改变，这种需求的转变对全球的食品生产体系也会产生影响。

系统思考如何帮助学生与他人相处

学生一：在日常生活中或者是在学校生活中，当我们的人生观与他人的人生观产生冲突的时候，我们应该怎么做到理解自己、同理他人呢？

彼得·圣吉： 在生命中的任何时候，这都是一个很重要的问题。当我们非常诚实地面对自己是谁的时候，会意识到每一个人都是如此的不同，思考方式不同、感受方式不同、三观不同，教育非常核心的一个目标就在于让我们学会如何与这些不同共处。

我觉得首先从学习聆听开始，当别人说了一些你不认可的事情时，你会很自然地因为不认可而把自己的内心之门关上，有的时候内在的声音如此巨大以至于你完全听不到其他人的意见。我觉得，聆听的第一层次是如何既听到自己内在的声音，又不被另一个声音遮盖，同时听到其他人的声音。

第二层次是聆听的时候不仅仅是用头脑去听，还要用心去听，并不是只去听他的话语，而是去感受话语背后的那个人，所以这是一种同理式聆听，这是我们必须学习修炼的过程。

第三层次的聆听与同理式聆听有一些类似，但更准确的翻译是慈悲。慈悲跟同理有一个细微的不同，"同理"是我考虑了对方的感受和想法，而"慈悲"是我不仅考虑了对方的感受和想法，而且我在这当中还有一份善意，这份善意是我希望对方能更好，这是一生的修炼。

虽然说是一生的修炼，但是我们可以从当下的每个对话开始，就像你提到的，当对方的观点与你不同的时候，就可以进行这样的练习。

学生二： 作为中学生，我们应该如何应用您的理论去看待自己的失误，去改变自己固有的思维模式呢？

彼得·圣吉： 当你能够直面错误的时候，固有的心智模式自然就会转化了，因为那种错误之所以会发生，就是因为你的思维方式存在问题。所以，当你正视一个错误的时候，自然就会去思考，当时是什么样的想法造成了这样的错误。

错误有两种，一种是你没有完成想要做的事，但不是因为你的想法有问题，你仅仅是没有完成你想要达到的目标；第二种是你有这个意图，也已经很努力，但结果还是错误。第二种情况下你就要去反思当时是什么样的想法。比如，有时候我们说了一些让别人觉得不太舒服的话，但我们当时根本就没有意识到自己其实伤害了别人。这可能是因为我们没有考虑到对方的感受，可能是太关注自己，所以当意识到这种错误的时候，我们就会反思自己是什么样的心智模式。

刚才说的两种错误，第一种在执行层面，第二种在思考层面，当思考层面的错误发生时我们去反思，这会促进心智模式的转化。但是第二种错误不容易被察觉，所以有时候需要一些好朋友给我们指出来。友谊很重要的一个点就是你的朋友能够告诉你一些你不想听的事情，这样的朋友才是真正的朋友。

〔本文由《人民教育》杂志记者根据彼得·圣吉先生在深圳南山
外国语学校（集团）与师生的对话整理而成，由系统变革学院
中国负责人倪韵岚女士现场翻译〕
（本文原载于《人民教育》2017年第10期）

涌动的潮流

——关注当代世界教育教学改革新动向

陶西平

新一轮科技革命和产业变革的到来是我们所处时代的重要特征，也是世界许多国家教育改革的基本动力。

我们现在正生活在危机与机遇并存的时代。一方面，很多危机威胁着人类的持续发展，比如，人与自然之间的生态危机，人与社会之间的人文危机，人与人之间的道德危机，人与自己的心理危机，国家与国家之间的安全危机，文化与文化之间的价值观危机等；但另一方面，新一轮科技革命和产业变革又给我们提供了很多发展机遇。

2000 年人类刚跨入新世纪的门槛，美国国家科学基金会和美国商务部共同资助了一个研究计划，目的是要弄清楚哪些学科是新世纪的带头学科，70 多位一流科学家的研究结果是一份 480 页的研究报告——《聚合四大科技，提高人类能力》。报告认为，纳米技术、生物技术、信息技术、认知科学四个领域是被世界公认的 21 世纪最前沿技术，每个领域都蕴藏着巨大潜力，而其中任何几项技术的两两融合、三种会聚或四者集成，都将产生难以估量的效能。

美国经济学家杰里米·里夫金的著作《第三次工业革命》的出版，引起人们对以信息控制技术革命为核心的产业变革的高度关注。在新一轮产业变革中，科学技术将在推动生产力的发展方面起到越来越重要的作用，科学技术转化为直接生产力的速度加快，科研探索领域不断拓展，科学技术各个领域之间相互渗透，科学、技术、生产三者之间的联系大为加强。在这种背景下，知识型员工将成为核心竞争资源。

抓住机遇，应对挑战，教育是重要的武器。联合国教科文组织认为，人类可持续发展最终要依靠教育，要教育出新一代的人，他们具有可持续发展的理念和可持续发展的能力。而公平与质量是全球教育的永恒主题。顺应时代的发展，当代世界基础教育改革形成了一股涌动的潮流，关注点相对聚焦。

从"全民教育"到"全民学习"

世界银行在"2020 年教育战略"中提出，面对全球教育面临的挑战，未来教育的目标应从促进"全民教育"转变为促进"全民学习"。"全民学习"目标的提出是在获得入学机会的基础上更强调受教育的结果，有利于在促进教育机会公平的基础上进一步促进教育结果的公平。

20 世纪后半期，世界各国关注全民教育，努力扩大教育规模，增加入学机会，取得了重大进展。从 21 世纪初开始，关注点已从规模扩展向质量提升转变。联合国教科文组织在关于制定质量监测与评估体系的概念性文件中曾指出：增加入学机会方面所取得的巨大成功并未带来教育质量和教育针对性的提高，对于发展中国家尤其如此。大多数发展中国家正面临教育质量危机，大部分发达国家也并没有为所有学习者提供有质量的教育。

经济合作与发展组织（OECD）举行的"2013 年论坛"也认为：当前，来自贫困家庭的年轻人在高等教育领域的代表严重不足，那些不能在义务教育阶段减少社会经济背景对学生成绩影响的国家，也不可能在高等教育阶段解决这一问题。

因此，当代世界各国教育改革几乎都指向提高教育质量。

从以课程为中心到以学生为中心

以学生为中心正在成为很多国家提升教育质量的核心导向。以学生为中心，一是全员化发展，即每个学生都是重要的；二是个性化发展，即每个学生都是不同的。与此相适应的是学校的多元化发展。

美国联邦教育部曾邀请学生代表共同讨论教育改革问题。联邦教育部部长邓肯说："如果我们不倾听学生的声音，我们的教育将难以进步。"在座谈中，不少学生提出，学生应该有更多发言权来评价教师，考试应该更符合社会生活的需要等。俄联邦教育与科学部部长安德烈·富尔先科宣布，新的联邦高中教育标准草案规定，学生不仅可根据自己的意愿来选择学习不同的科目，而且还可自行选择学习不同的课程水平。法国 2010 年秋季进入高一的学生已经在按改革后的"新高中"的学业组织模式接受法国的高中教育。用新的"探索课程"取代"定向课程"，对所有学生进行"个性化陪护"，为困难学生开办"学业水平补习班"，学生可以更换"学业道路"，所有学生都可以享受个别辅导，提高学习的自主性。

自 2013 年 6 月开始，韩国首尔定期对全市中小学生的快乐指数作调查。调查内容分四大领域：对学校生活满意度、对家庭生活满意度、对自己满意度及综合满意度。第一次调查的满意度是 62% 左右。首尔官方认为，虽然现在满意度较低，但这将引导教育行政部门和学校更多地考虑学生在学习过程中的感受。

从以能力为导向到以价值观为导向

世界各国教育出现的另一个引人瞩目的新动向是，从能力导向朝着价值观导向转变。价值观导向，归根结底就是教育学生如何对待自己、对待他人，以及对待社会、国家和世界。

新加坡的教育导向一直随着时代要求不断更新：从 1959 年起的"生存导向"，到 1979 年以后的"效率导向"，再到 1997 年以后的"能力导向"。

2011 年 9 月 22 日，新加坡教育部部长提出让教育系统变得更加以学生为中心，更加关注全面教育，更加强调价值观和品格发展，并将之概括为"学生中心、价值观导向的教育"。

法国政府则公布了《共和国学校重建导向规划法》，目的就是建立公正、严格、富有包容精神的学校，使教师在新的德育和公平教育的框架下，在各级各类教育中贯彻共和国的价值观。

新西兰从 2007 年开始实施新课程标准，特别强调价值观教育的重要性，提出必须将基础价值观教育融入到学校各门课程的教学当中，并明确指出，新西兰的学校应教育学生具有追求卓越、创新与好奇、多样化、尊重他人等八种价值观。

尽管各国倡导的价值观的取向并不一定相同，但将价值观教育作为教育的首要功能则越来越趋于一致。

从知识授受到创新精神培养

学习型组织倡导者彼得·圣吉说："婴儿学走路，是在跌倒、爬起、再跌倒、再爬起的过程中学会的。"学生思维能力的发展就像婴儿学走路一样，要经过一个想错—再想—再错—再想的过程。学生的每一个错误都意味着成长，教师要有"祝贺失败"的修养。

各国教学模式的改变几乎都朝着通过探究式学习、实践式学习和合作式学习来培养学生的创新精神与创新能力的方向发展。

联合国教科文组织 2012 年可持续发展教育报告《塑造明天的教育》指出，"学习"是指：学习以批判的方式提出问题；学习阐述本人的价值观；学习设想更加光明和可持续的未来；学习有条理地思考问题；学习如何通过实践知识来作出应对；学习如何探索传统和创新之间的辩证关系。

部分美国教育专家列出以下五种美国未来的教育趋势：一是智慧型的教学方法。很多一线教育工作者会根据专家们的研究成果，寻找出学生最佳的学习方式作为实际教学时的方针。比如教师应以学生努力的程度为奖励目标而非学习成果，要把传授学习策略、帮助学生找出最有效率的学习方式作为主要教学任务等。二是以游戏为基础的学习。哈佛大学、麻省理工学院和威斯康星大学的一些专家提出了游戏可帮助学生学习并增进学习成效的研究成果。三是磨炼不屈不挠、努力不懈的精神。认为失败是儿童成长的最佳机会，让他们学习从失败中得到教训并改进，这项能力会让儿童终身受用。四是家庭作业被质疑。是否真的有必要为了完成这些作业而剥夺儿童游戏玩耍和家庭欢聚的时间？家庭社交活动和情绪发展与在学校的课堂学习，对儿童来说同等重要。全美已有许多教师及校长支持"没有作业的晚上"（no homework nights），或以某项目标取代家庭作业。五是培养创造能力。应该通过科学、科技、工程、数学学科与人文设计学科的整合，来激发儿童的好奇心和创意。很多学校开始尝试以"项目"为基础的学习。

印度提出将"高级思维技能"培养贯穿在中学所有学科中，包括理解技能和批判性思维。强调以应用为基础的问题解决，反对机械学习，目标是使学生能够建构知识体系，并且在真实的情境中运用所学知识。

2013 年 8 月，新加坡教育部在勾勒该国未来所面对的挑战时强调，面对科技和经济形势的改变，下一代不但要拥有良好的知识基础和技能，还要懂得创造新的知识，并以创新的手法寻找问题的解决方案。

从信息工具的使用到教学模式的改变

2011 年 9 月，美国联邦教育部部长邓肯重复提出著名的"乔布斯之问"：为什么在教育领域信息技术的投入很大，却没有产生像在生产和流通领域那样的效果呢？邓肯认为，原因在于"教育没有发生结构性的改变"。信息技术在教育领域的应用可分为三个阶段：工具与技术的改变、教学模式的改变、学校形态的改变。

2013 年《地平线报告》认为，在近期发展阶段，"云计算"和"移动学习"技术将进入基础教育的主流应用；在中期发展阶段，"学习分析"和"开放内容"预期将会在 20% 以上的教育机构得到应用；在远期发展阶段，"3D 打印"和"虚拟远程实验室"将应用于基础教育。

最近，经济合作与发展组织（OECD）公布了一项针对 15 岁学生数字化阅读技能的调查报告，这篇报告测试了 15 岁的学生在互联网上寻找信息、解读信息、理解及评估电脑图表等能力。16 个 OECD 成员国以及 3 个非成员经济体的学生参加测试，结果显示：韩国学生在这方面名列第一。这说明 OECD 国家十分关注学生的信息素养。

法国特别提出，让教师、学生和家长能够轻松在网络上找到自己需要的教育资源，真正掌握多媒体。2013 年新学期开始，法国的学校为学生提供 11 项必要的数字化服务。

为了让 iPad 走进学校，印度发布了一款 7 英寸的平板电脑，出售给学生的政府补贴价仅为 120 元人民币左右，这让更多人可以应用它。目前，印度在 250 所大学已有 1.5 万名教师接受了这种平板电脑应用于教学的培训。

信息技术应用于教育可能产生的教学模式甚至学校形态的改变，将会成为本世纪教育的最大变革，这一动向已经为许多国家所关注。

从单一测评到综合评价

OECD 发布的报告《为促进更好学习：评价与评估的国际视角》中称，全球教育系统正将对教师和学校绩效的评估作为帮助学生更好学习以及提高成绩的重要推动力。

教育质量评估关注评估标准、评估体系和评估政策的建设。报告指出，OECD 各成员国在学校是否以及如何测试"成绩"两个方面的看法均存在巨大差异。但报告建议，评估要采取全面综合的方法，使其与教育目标保持一致。评估的重点应放在改进课堂实践，确保所有利益相关者尽早参与以及将学生置于核心。

OECD 目前已开发出新的测试工具，被称作"OECD 面向学校的测试"，是基于国际学生评估项目（PISA）测评开发而不同于 PISA 的面向学校的测试，旨在测评学校 15 岁学生的阅读、数学和科学能力的情况，以帮助学校改进教育教学工作。

综观世界各国，美国联邦政府已投资 3.5 亿美元支持各州创立更加综合复杂的评估体系，不仅用于发现问题，更用于为教师提供及时准确的信息，帮助他们改善教学，提高学生学业成就。英国从 2011 年 3 月 31 日开始，每所中学的学业水平考试（GCSE 考试）结果要向社会公布，让家长了解学校的总体学科表现和学校教学状况，同时也为孩子选择更适合的学校提供参考。

综上所述，提高质量是全球教育共同的话题，而关注点相对聚焦：以全民学习为重点——教育质量，以学生为中心——教育理念，以价值观为导向——教育目标，培养创新精神——教育方法，信息技术的应用——教育模式，教育质量的评估——教育结果。这些都对我们实现国家《教育规划纲要》提出的"树立以提高质量为核心的教育发展观，注重教育内涵发展，鼓励学校办出特色、办出水平，出名师，育英才"的目标提供了借鉴。

（作者系国家教育咨询委员会委员、教育部总督学顾问、联合国教科文组织协会世界联合会副会长、亚太地区联合国教科文组织协会联合会名誉主席、中国联合国教科文组织协会联合会主席、中国民办教育协会名誉会长、中国教育学会顾问）

（本文原载于《人民教育》2014 年第 7 期）

让知识的学习变得"有意义"

季　苹

　　曾到一所初中了解学生厌学的原因。没想到，他们吐露的心声是，不知道学习这些知识有什么用。不少学生说，在飞快的"水过地皮湿"的学习中，他们感受不到收获。很多学生告诉我，学习成了"应试的需要"，但他们渴望的是能够感受到自己成长的学习，他们希望了解知识的形成过程而不仅仅是知识的结论，渴望自己能经历探究的过程，在学习知识的同时能力也能得到发展。

　　当然，也有学生从更实用的层面认为学习知识无用。我曾经在一个集市上遇到一些学生兜售东西，上前询问他们为什么不上学，学生的回答是学习的知识对生活没有用。

　　还有的学生说，在现在的学习中他们看不到未来。他们不知道自己的理想是什么，不知道现在的知识学习与未来的理想有什么关系。换句话说，知识学习没有在帮助学生构建自我的理想上发挥真正的作用。

　　这可能与我们的知识教学缺乏对知识的意义和价值的挖掘有关。一方面，我们的知识教学主要是概念和原理的教学，而学生更关心的是知识的意义和价值。另一方面，我们的教育教学过于强调"有效"和"高效"，为了追求效率，天长日久，环节成了重要的，关于环节的意义却没有了追问。这种站在完成教学任务和教学进度立场上对"量"的追求，因为将形式置于意义之上、将"量"置于"质"之上，从而成为一种教育教学的"GDP"模式。

学生的呼声告诉我们，应该从"GDP"模式走向内涵模式，走向对知识意义和价值的追问。因为只有意义和价值才能使得知识与自我之间建立起生命的联系，才能转化为自我的需要、自我的理想。

"有意义学习"并不是一件新鲜事

教育家对"有意义学习"已有不少论述。其中，较有代表性的有美国教育心理学家奥苏贝尔、美国人本主义心理学家罗杰斯和美国心理学家、教育学家布鲁纳。

奥苏贝尔的"有意义学习"与我们日常生活中所理解的"有意义"是不一样的。在日常生活中，"有意义"可能指对生活有意义或者对自我有意义，其含义可能指向"有用"，基本含义至少与主观感受有关。但奥苏贝尔的"有意义"则是学习者能够在知识之间建立起"非任意的""本质的"联系。"本质的"联系就是知识间客观存在的关系，"非任意的"就是非主观的，即客观的。也就是说，奥苏贝尔的"有意义学习"是学习者能够在知识之间建立起客观的而非主观的联系。如果学生能够建立起这样的联系，外在动机对学生的意义就不大了（我们知道，机械学习常常需要外在动机的推动）。简要地说，奥苏贝尔是以"认知"作为意义的内涵。

布鲁纳提出了"发现学习"。表面上看，"发现学习"是在问题解决中获得知识，使知识成为自己的，并由此而发展智力，但布鲁纳更关注的是，在发现过程中学生形成"态度"。布鲁纳始终将态度放在第一位，那么他所说的态度是什么呢？表面上是学生发现的兴奋感，本质则是对自我的信心，是自我的态度。他说："'发现教学'所包含的，与其说是引导学生去发现'那里发生'的事情的过程，不如说是他们发现自己头脑里的想法的过程。它包含鼓励他们去说，'让我停一停再考虑那个''让我运用自己的头脑想想看''让我设身处地试试'。"也就是说，"发现学习"的意义不仅在于学生可以发现事情或者知识，更重要的是学生发现自己能够独立思考，能够解决问题。

而在罗杰斯看来，"有意义学习"是指能够使人的态度、个性以及行为都发生重大变化的学习。因此，他认为"有意义学习"要有这样几个特征：（1）学习是自我发起的。（2）学习是整个人的投入，既有认知也有情感。（3）学习的效果是渗透性的，它会使学生的态度、个性乃至行为都产生变化，也就是整个人的变化。（4）最后，学习效果是由学生自我评价的，学生最清楚这种学习是否引起了自身真正的变化。

我从总体上同意罗杰斯的看法，应该从人的整体发展理解和把握意义。但罗杰斯的"人的整体的发展"主要是从心理学的角度赋予内涵的：人整体发展的方式是自我发起和知、情、意、行的整体投入。但是，自我是怎样发起的呢？或者说，学生何以能够自我发起呢？自我发起的基础和动力是什么？其中涉及人的本质和根本诉求是什么的理解，这是关于人的哲学问题。

知识学习中，知、情、意、行之间的相互转化应该是以学习材料即知识为媒介的。那么，知识与知、情、意、行的转化有着怎样的关系？从理论上说，只有当我们对知识的理解与对人的理解形成一种相对应的契合的有机的关系时，知识才能成为促进人发展的媒介。更上一层，知识总体上对人的发展有怎样的意义？怎么理解用教材教？这些是知识论的问题。

因此，我试图从哲学、知识论和心理学的综合视角，联系学生知识学习状态，进一步解释如何实现有意义的学习。

对"有意义学习"的再理解

美国哲学家杜威提出"教育即经验的不断生长"。这是因为经验是意义的唯一载体。知识学习对于人的发展有没有意义，最终要看知识能否转化为经验。只有当知识转化为个人经验的一部分，知识才算是融入了生命，才真正实现了内化。

在杜威看来，知识就是总结概括出来的理论，而对于经验的界定则是"在主动的方面，经验就是尝试——这个意义，用实验这个术语来表达就清楚了。在被动的方面，经验就是承受结果。我们对事物有所作为，然后它回过头来对我们有所影响，这就是一种特殊的结合"。也就是说，经验就是一种身心投入的尝试错误，其中特别强调身和心的同时投入，这与罗杰斯的整个人的投入是一致的。因此在知识与经验的关系上，杜威旗帜鲜明地认为经验是更有意义的，知识只有在经验中才能产生意义。

不过，自从杜威针对知识教学的弊端提出"教育即经验的不断生长"之后，一个基本的两难选择就摆在了教育工作者面前。一方面，如果坚持"经验的生长"，面对的问题就是，知识转化为经验需要很长的过程，短时间内看不出显在的成效。但另一方面，如果直接进行知识的教学，而不将知识转化为经验，知识学习又处于隔离的、没有生命意义的状态。

在这个两难选择中，西方国家更多考虑了"经验生长"并逐渐形成一套相应的课程和教学模式，其中的代表即"做中学"。在这种学习方式中，学生有足够的时间让知识转化为经验，从而在知识世界与经验世界之间进行沟通，并通过这两个世界的沟通而获得学习的意义。

与西方相比，我们国家主要选择的是"直接传授知识"，同样也形成了一套课程和教学模式。随着国际间教育的广泛交流，中国教育工作者逐渐意识到"做中学"的价值，并不断向西方学习。但是，我们已经习惯的对学习效率的追求总是阻碍着我们的学习，尽管新课程开始强调学生经验的获得，开设综合实践活动课程等，但毋庸置疑，中国的课程总体上还是直接传授知识的课程，与西方整个采用"做中学"的课程还是不一样的。

要实现从直接获取知识到经验生长的变革，这个过程可以是革命性的，也可以是渐变的、改良的。对于我们来说，实现这种转变要注意以下方面。

1. 努力使师生头脑中的多重世界变成真正的精神世界，让师生过上真正的精神生活

师生头脑中是有四重世界的：（1）每个人都有一个生活世界；（2）在知识学习时，直接面对具体知识的世界；（3）要理解这些具体知识需要进行思维，从而进入思维的世界；（4）还有一个意义的世界，意义的世界也就是经验的世界。

事实上，学生的经历、知识和思维要转化为经验，成为生命的内容，需要一个条件，就是意义。没有意义，具体知识就是一堆没有生气的符号

材料；没有意义，思维的运行就是被迫的、干枯的。过去，在知识教学中教师直接关注知识，现在越来越多的老师关注学生的思维。但是关注思维还不够，还需要关注学生意义感的获得。意义和情感是思维的推动力，认知是在情感的推动下发生的。从事没有意义感、没有情感的思维活动的人，只是一部思维机器。这样的学生是无法过上真正的精神生活的。

2. 要让师生共同发展自己的意义世界，从而实现自我发展和行为的改变

学生是否具有意义世界及其意义世界的大小，决定着学生的意义感和生命的质量，也决定着"有意义学习"能否最终成立。

"有意义学习"的根本任务是拓展学生的意义世界，其实质是要引发他们的各种精神需要。小学生最初可能只有兴趣的需要，教师要让他们在学校和家庭中发展情感和爱的需要以及理想的需要等。有了这些需要，学生的精神世界将更加丰富。引发、丰富和发展自我的需要还不够，还需要发展满足需要的方法或者机制。只有机制与需要同步发展，学生才能实现自我发展，并进而形成行为的改变。

改变知识观是实现有意义学习的前提

前面提到，从理论上说，只有当我们对知识的理解与对人的理解形成一种相对应的契合的有机的关系时，知识才能成为促进人发展的媒介。那么，我们需要怎样的知识观与有意义学习相匹配呢？

1. 改变狭义的知识观

通常，我们认为"知识"主要是指概念和原理，乍看上去没有什么问题。但从形式上说，概念和原理都是一些语言符号，如果它们不和生活世界的事实相对应，就成了没有指称的符号；如果不知道它们是怎么提出来的以及经过了一个怎样的思维过程，学生也就不能真的理解这些知识。所以，如果教师仅仅讲概念和原理，而不涉及其他，或偶尔涉及其他，这位

教师所持的知识观就是狭义的知识观。这种狭义知识观下的学习，让学生没有意义感，让他们感到痛苦。

要使知识学习有意义，就要自觉地将知识与事实、价值、思维相联系。可是，这种联系不是随意的。课程改革提出的三维目标实际上已经明确了教学应该建立这种联系，但在实践中，这种联系并不让人满意，常常是随意的甚至贴标签式的。其根本原因在于，我们没有清楚地认识到具体知识所蕴含的价值和思维方法是特定的。也就是说，概念原理与价值、方法和事实之间的联系是有机的。这种有机性说明概念原理只是知识点的一部分而已，即概念原理是知识，相应的事实、方法和价值也应该被视为知识。所以我们有必要扩大知识的范畴，让狭义的知识变成广义的知识。

为此，我提出了知识的四个层面：任何具体的知识点在客观上都存在事实性知识、概念性知识、方法性知识和价值性知识四个层面，而且这四个层面之间是有机互动的。没有事实、方法和价值，概念只是一种臆断的符号，没有任何意义。没有概念、方法和价值的支撑，事实就不存在了，我们只能停留在现象上，而现象不是事实。事实、概念、方法、价值都是一个知识点在不同层面的存在形式，它们之间存在着被决定和决定的有机关系，但并不是水平或层次关系。例如，学习函数，如果仅仅学习函数的定义和表达式，而不清楚函数是怎样提出来的、具有什么意义，不和生活相联系，这些定义和表达式就只是符号。定义、表达式、函数的提出、生活中的函数问题，缺一不可，这就是知识四个层面的有机性。

知识的四个层面与师生头脑中的四重世界对应：概念原理对应的是具体知识世界，也就是语言符号的世界；事实对应的是经验的世界，也就是生活的世界；方法性知识对应的是思维的世界；知识的价值对应的是意义的世界。知识四个层面的有机性在客观上使得师生在知识学习中能够实现头脑中四重世界的沟通和意义世界的整体的形成。

2. 改变知识教学观，强调知识的启示意义，非匀速地安排教学进度

也许有人会问，要讲清楚知识的四个层面，这要花费多少时间？如果这样的话，是不是选择一个重要的知识点来学习更好？但哪个知识点更重

要呢？这涉及知识教学观的问题。

随着知识的爆炸，我们知道不能把所有知识教给学生。于是，我们开始不断权衡什么知识更有用，但这种权衡仍然无法使我们从知识的汪洋大海中解脱出来。此时，我们必须进一步改变知识教学观，建立"任何知识都具有启示意义"的观念。"启示"中的"启"是开导启发的意思，是为学生打开一扇门，"示"是把东西给人看的意思。在知识教学中给学生看的是知识中的价值、思维、知识与经验世界的关系以及四个层面之间的关系。学生学会了对知识的整体理解，就学会了如何学习知识，其中形成的学习方式即整体理解知识的方式就能够迁移到其他知识的学习上。知识的启示意义就在于学习了一个知识点后就会学习其他知识点了。"启示"对应的是"领悟"。任何人都不会需要有人将所有的知识都教给自己，需要的是深刻的领悟。

深刻领悟就是要将知识教学的"质感"置于"效率"的量的感觉之上。过去，老师们习惯于匀速运动的教学安排，也就是将时间平均分配给所有的知识点，但深刻的理解需要花费更多时间，要求的是非匀速运动。就像一位语文教师带着学生深入理解一首诗歌，花了几节课的时间，但在学习后面诗歌的时候，学生就有了自学的能力，能够很快完成学习任务。

那么，到底在哪个知识点上花费更多时间才更值得呢？实际上，任何学科都是一个整体，无论从哪个具体知识点入手都可能触及整体。因此，选择任何一个知识点都可以。这就可以把老师从选择中解放出来，将更多的时间放在知识的启示意义上。

如何实现有意义的学习？

1. 了解学生的"第一意义"，甚至允许学生无关的自我卷入，让学生自我建构，获得自我的意义

"意义对于每个生命是不同的。"这里的意义指的是自我的需要。有的学生需要从意义开始学习，不清楚意义就无法开始自己的学习。这样的学

生往往智力水平不低，但他们对情感和意义的要求高于认知和智力的要求。我见过这样的学生，他们一直在问学习有什么用，也一直抱怨学习无用，并真的停止了学习。有的学生则不同，他们可以不清楚意义，就可以在认知的兴趣中徜徉，觉得有兴趣就是有意义的。有的学生认为学习就是读书，而有的学生觉得学习就是要行动。有的学生会关注生活的丰富性，觉得丰富性就是意义……我们要尊重学生的"第一意义"，而不是说"你不要管这些，先学吧"，这样说常常是无效的。尊重要从了解开始，我们可以设计一些开放性的问题询问学生：你的问题是什么？兴趣在哪里？最触动你的是什么？等等。通过这些询问，也可以带着这些问题去观察、了解学生的"第一意义"。

现在，我们的课堂常常环环相扣，非常严谨，从而大大减少了学生自我发展的空间。自我发展需要学生自我卷入。这里的自我卷入有两方面内涵：一是罗杰斯所说的整个人的投入，投入到对当下知识的理解中；二是要允许学生有一些看似与当下具体知识无关的经验或体验的表达。教师要善于从这些表达中找到与具体知识的内在关系，从而帮助学生建立起知识与生命世界的意义联系。具体来说，如果课堂上有的学生激动起来，教师可以放下知识进度而将时间用在倾听学生的内心世界上。这才是在根本上尊重生命，将生命置于知识之上。

既然每个学生对同一个知识内容的意义的理解是不同的，知识的学习过程就应该是每个学生自己建构知识意义的过程，而不是教师理解和建构了知识的意义之后再教给学生。正是在这个意义上，布鲁纳认为发现学习才是最有意义的。"意义对于每个生命是不同的"意味着学习是学生每个人自己的事情，谁也无法取代谁。所以我们要学会尊重学生在学习同一知识时可能出现的不同的兴趣点，并允许他们从自己的兴趣点出发探索知识和构建知识。

2. 通过情节连续剧的创设，在整体中讲述、理解部分，帮助学生建构意义

教学至少要在知识世界与经验世界之间进行沟通，很多教师接受了这

种观点，于是在讲知识的时候会举很多例子。但是，这些例子是零散的，只能说明知识的某一个局部，不能说明知识的结构，而知识结构的理解是最难的。因此，我们不能停留在"举例教学"上，而要创设"情节连续剧"，让学生在任务驱动中嵌入式地学习知识。这是受到了布鲁纳的"学习情节"的启发："一个学习情节，时间可长可短，包含的观念可多可少。学习者愿意一个情节持续多久，这取决于此人期望从他的努力中获得什么，是为了获取像等第这样的外部事物，还是为了提高理解能力。"情节就像是电视连续剧的情节，里面有矛盾冲突及其化解。在环环相扣的问题解决中，学生嵌入式地获得的知识就能够转化为经验，获得意义。创设情节连续剧是教师教学设计的难点，也是教师专业知识成果的重要内容。

很多教师在教学时，习惯于采取"分—总"模式，即先讲知识点，再进行总结。但我们认为，这样的做法不尽合理。知识教学需要在整体中讲述和理解部分，才能更有意义。布鲁纳曾批评当时的美国教材"详细而正确"却"缺乏足够深入的理解"，认为教材上的正确主要是"部分正确"。那什么才是整体的正确呢？就是从基本概念出发，在整个知识结构中讲述部分，才是整体的正确，才可能有深入的理解。没有知识结构，学生学习了详细的内容却不知道这些内容应该附着在什么地方，所拥有的知识是零散的，在整体上的意义几乎"等于零"。

所以，要实现"有意义学习"，就要在整体中理解局部、在局部中理解整体，而且整体最终面向的是经验，因为只有经验的整体才是真正有机的整体。

（作者单位系北京教育学院）

（本文原载于《人民教育》2014 年第 12 期）

变革时代的教育创新

——先进教室、数字教师、未来教育

杨宗凯

　　人类进入 21 世纪后，信息化、国际化、知识经济、可持续发展等均对教育提出更高的要求，教育因此面临着空前挑战。我国把信息化作为重大发展战略，党的十八大提出了"新四化"，即中国特色新型工业化、信息化、城镇化和农业现代化。按理说，不管农业现代化、工业现代化还是城镇化，都离不开信息技术，都包含了信息化，把信息化专门列出来，充分表明其重要性——它是整个社会转型中一个必然的进程。

　　如今，信息总量呈指数级增长态势，与之相随的就是知识爆炸时代的来临。现在的学生，从小就浸染在数字世界里，他们被称为"数字原生代"。学生在学校——无论中小学还是大学学到的知识远远无法满足知识爆炸时代的需求。今天所学的知识可能三年后就没有用了，这就是现实。

　　那么，我们应该教给学生什么？应该怎么培养学生？是传授知识还是培养能力？二者应怎么结合？这些问题非常现实而紧迫地摆在教育者面前。

信息时代呼唤教育变革

　　美国非常有影响力的《地平线报告》，由全球 300 多个机构的专家在网上合作完成，每年介绍信息和通信技术的发展趋势及其对教育产生的影响。他们 2009 年的报告提出，云计算、移动技术、电子书、平板电脑可能对教育产生重大影响；2013 年又提出，MOOC 课程、3D 打印机以及物联网将对我们的生活包括教育产生巨大影响。下面举例说明。

——云计算。云计算将带来新的 IT 变革，特别是它与互联网、物联网、移动互联网相结合以后，会加快整个信息化的进程，使我们能够在任何时间、任何地点对任何人的感知和知识获取产生积极作用。

云是一个什么概念呢？它最早只是一种商业计算模型，将大量分散的存储资源、计算资源、通信资源通过管理协议整合在一起，用户可按照需要获取计算存储空间和信息服务，而这一切都是廉价的。

计算机发展已经历三次革命——第一次从主机到微机，第二次从微机到互联网，第三次从互联网到云计算。云计算对信息化的影响非常大。比如，大大提高了利用率。在信息化建设初期，每个学校都要建计算机网络中心，要投入设备、人员、场地，但数据中心的 CPU 利用率一般只有 5%左右，95% 都浪费了，效率很低。云计算有效避免了这种浪费。又比如节约了成本。以往各学校网络中心的资源是一个个"信息孤岛"，无法实现资源整合。云计算可实现无 IT 基础设施的信息化，学校不需要建任何信息基础设施，只要购买服务就可以。如今的信息化都在"往云端走"。另外，云计算技术降低了信息化的门槛，使更多学校充分享受信息化的便利成为可能。

——电子课本。电子课本依赖于移动计算技术提供的高计算能力、存储能力和网络访问能力。如今的电子课本集成度很高，可以按照教育规律将各种文字、声音、图像组织在一起，还可以跟"云"结合在一起来实现内容自动更新。电子课本的特点是富媒体形式的内容呈现，不仅可以看，还可以非常灵活地互动，而且具备教学所需的一系列必要功能，如笔记、作业、评价、管理等功能。

电子课本应用非常广泛。韩国宣布于 2015 年在全国中小学中淘汰纸质课本，全部使用电子课本。最近去了美国加州的学校，我们也看到他们对于电子课本的使用非常普遍，学生几乎人手一本。

——3D 打印。3D 打印带来的革命是，人类将彻底从工业标准化生产、批量生产时代进入个性化时代，而当今整个时代的重要特征就是尊重人的个性化。

第二次工业革命最重要的特征是标准化、流水线，一个流水线上生产出来的是同样的产品。与此相适应，我们的教育也呈现"标准化"特征，统一上课、统一做作业，答案统一、标准统一、教材统一，最后考试统一，这样培养出来的人才，同质化问题非常严重。但21世纪最需要的是个性化的创新人才，流水线式的人才培养模式显然已不能适应新形势的需要。

3D打印对我们还有一个很大的挑战——很多的人才将会失去工作机会。比如，美国已经试图将其40%以上的产业从中国"拿回去"。这一行为的潜台词就是：尽管你劳动力便宜，但当打印不同的东西跟打印相同的东西是一样时间、一样成本的时候，我就不需要你的廉价劳动力了。

——MOOC课程。MOOC课程跟视频公开课最大的区别在于，它涵盖所有的教学课程，而且从学习、作业提交、讨论到考试，整个过程都在网上进行，最后还能发课程认证证书。MOOC课程现在在美国比较风行，如今我国清华大学、北京大学等知名高校也加入MOOC课程行列。

这对于教育教学无疑是一场革命。学生在网上学习MOOC课程，一个个课程证书拿到手后，积累到一定程度就有可能在将来修到学位。因此，教育者一定要清醒：并不是学生身处你的校园中，仅仅学习校园里的课程，他们有更多的选择。现在，中国教育科研计算机网相当一部分流量都是由访问公开课和MOOC课程产生的，可见它对我们的高等教育及其他类教育的影响非常大。

面对时代和技术的挑战，我们的教育显得很滞后。IT技术无论对政治、经济、军事还是文化，影响都很大，比如我们看的大片跟IT紧密结合。在教育领域，却大多限于使用投影仪，或者建一个计算机室，把技术当成工具开展浅层次的表面应用，停滞于这样的水平。

面对这一形势，各国都非常重视教育信息化的发展，都在制定自己的战略规划。特别是美国在这方面比较领先。美国每4～5年就会制定一个"国家教育技术发展规划"。起初，只是用信息技术"辅助教学"，后来做在线教育、远程教育等等。2010年，美国提出"以信息化驱动美国教育的变革"计划（NETP2010），主要包含学习方式变革、评价方式变革、教学方式变革以及基础设施升级，最终目标是整个教育体系的变革。日本、韩国也出台了相应计划，都值得我们认真研究，积极应对。

总之，"教育信息化"的关键在于"化"。"化"就是重组和流程再造，就是要打破工业社会中标准化、流水线的生产方式，更重要的是要进行个性化和差异化的教学，培养 21 世纪所需要的创新型人才。

我国教育信息化存在的问题及对策

我国的教育信息化在 20 世纪 90 年代中期以前是以电化教育为主，随着中国教育和科研计算机网组建、高校现代远程教育试点启动，到国家实施一系列工程推进教育信息化，历经十多年时间，信息化建设已经初见成效。在基础教育领域，我们先后实施了校校通、农村远程教育工程、教师教育技术能力培训等一系列重大项目，成效显著，但面临的问题也比较明显。主要存在如下问题。

一是认识问题。我们对教育信息化的核心作用和革命性影响认识不足，这是一个总的判断。现在有所改观。2012 年，教育部出台《教育信息化十年发展规划（2011—2020 年）》，这是对我国教育信息化发展具有里程碑意义的一份重要文件，并召开了首次全国教育信息化电视电话工作会议。这表明我们已经开始重视教育信息化，并将教育信息化提到了战略的高度。

二是机制问题。主要表现为多头管理。多个机构都涉及教育信息化的职能范围，部门职能相互交叉，但又互不隶属，造成一定程度上的发展困难。应该整合管理职能，逐步统一机构，理顺机制。

三是经费问题。最大的问题不是投入少，而在于采取"脉冲式、运动式、工程式"的投入方式，缺乏可持续投入的机制。信息化投入不是一次性的，前期投入之后，后续还要维护、更新、运营，但很多地方只投资建设，后续没有投入或很少投入，中小学没有这笔钱，导致设备一旦出现故障往往得不到及时维护，特别是边远贫困地区学校，一旦发生问题就很难及时处理，造成很多设备坏了，就扔在那里，成了摆设。

四是队伍问题。我国的教育信息化专职人员队伍建设力度不够。我们到国外大学考察时了解到，原来"学校计算机信息中心"只是一个辅助部门，现在成为重要部门，多则几百人，少则上百人。其职能包括设备维护、业务指导、教学设计指导，还包括培训、教学资源制作等，都需要专职化队伍。而我们现在基本上还停留在工业化的传统教学模式阶段，信息化专职人员严重不足。

教育信息化本身就是一个过程。联合国教科文组织把教育信息化分为四个阶段。最早是起步阶段（即建设阶段），第二是应用阶段，第三是融合阶段，最后是创新阶段。在建设阶段，只要有钱，多媒体教室、网络以及信息中心等，三个月到一年就可以建成。应用阶段，从"不会用"到"会用"，再到"用好"，需要一年至三年时间。融合阶段，至少要五年时间才能取得一定成效。而要达到创新阶段，至少需要五年至十年时间。在创新阶段，信息技术的"革命性影响"才能够真正发挥出来，我们的教学会变成"另外一种全新的教学"。

《教育信息化十年发展规划（2011—2020 年）》指出，信息技术对教育发展具有"革命性影响"，必须予以高度重视。什么是"革命性影响"？就是要变革传统的、工业时代的教育教学方法、教育教学组织方式，包括教师发展模式。规划提出用十年时间初步建成具有中国特色的教育信息化体系，整体接近国际先进水平。

国家实施"五大行动计划"推进规划的落实。其中包括基础设施、基础能力的建设，包括信息资源共享平台、信息管理系统的建设，包括在此基础上实施学校信息化能力提升的行动。另外还有可持续能力的发展计划，包括能力培训、标准、研究支持和后备人才等等。该行动一期试点已经部署，全国范围内共吸纳 1600 所试点学校、100 个实验区来推动。

全国教育信息化工作会议中提出"一个核心""两个抓手"的推进思路。"一个核心"是怎么让信息技术与教育进行深度融合。并不是会用多媒体，会用 PPT、PDF、WORD，你就信息化了，而是要进行"深度融合"。"两个抓手"就是应用驱动和机制创新。

信息化如何改变教育？一定要应用驱动，一定要创新体制机制。不能再像过去那样，政府做预算，这个学校花多少钱建一个数据中心，那个学校花多少钱买白板，不能再延续这样的思路。

具体有七项工作重点，即"三通两平台"、教师培训以及教学点数字资源全覆盖。所谓"三通"，一是宽带校校通，对外百兆、千兆宽带要连到学校；对内要全覆盖到桌面，要连到教室里，这跟过去的概念大不一样；而且还要将资源、工具配备到位，确保教师能够拥有基本的信息化教学条件。

二是资源班班通，资源可以到每个班级，深入到教学的每个过程，师生可以按需获取资源。比如语文教师，可以在"云"上找到、用到他需要的资源。三是网络学习空间人人通，教师有教师的空间，学生有学生的空间，每个空间可以打通，管理、服务、教学、学习、教研、交流都可以依托网络空间进行。所谓"两平台"，一个是以资源为核心的教学平台，一个是管理平台。对学校而言，最重要的是教学和管理，而且信息化能够真正发挥作用。

信息化的领导力、教师信息技术应用能力、专业人员的支持力，以及师生和家长对信息化应用的满意度，是衡量教育信息化应用水平的几个重要评估指标。值得强调的是，教育信息化的根本目标，是个性化学习和差异化教学，而不是同质化的教学。

以信息化促进教育创新

这主要包含了五个方面的创新。

第一，教育环境创新。环境创新就是搭建信息化环境，包含电子书包、电子课本、互动显示设备、交互学习终端、网络服务、云资源等要素的新型课堂教学环境建设和应用。今后的教室是一种"三通两平台"实现后、基于"云"的学习环境，而不再是传统意义上的教室。它支持个性化学习、差异化教学，支持以学为主的互动式、研讨式教学。

比如我们主导研发的"电子双板"就是一种典型的信息化教学终端。现在很多的解决方案就是把黑板变成白板和投影，这是应用的初级阶段。我们知道，投影、PPT 本身不是为教育而研发的，但我们把它们搬到了教育中来。教师为什么有使用的积极性呢？因为 PPT 可以重复使用，而且图文并茂，这是它的好处；其坏处在于，讲授的知识没有时间滞留，数学等学科的推导过程难以呈现，而且 PPT 一旦做好可以反复使用，给教师提供了"偷懒"的便利。我们现在要改造它，把它真正变成"教育的 PPT"，让它跟"云"连在一起。

未来的教室不仅仅是空间环境，不仅仅是我们的双板、我们的"云"、我们的基础设施，更重要的是要跟资源连在一起，跟学习空间连在一起，跟教室的教学空间连在一起，还要跟户外的很多学习环境连在一起。所以教室、课堂的概念已经突破了传统的课桌、黑板、粉笔、教材的局限性。

第二，教育模式创新。未来的教学模式，我们称为 SOF 模式，S 表示学校，O 表示户外，F 就是家庭或宿舍，我们通过"云"将三者连起来，形成更大的课堂，促进连接教育，形成泛在学习环境。

"户外"最重要的是博物馆、图书馆、植物园等各种教育基地和资源。通过物联网，我们可将户外大量的实景资源连到学校来。在美国，这种情境教学用得非常多。

在"云"上，我们将课前、课中、课后全过程的活动整合在一起。教师端有控制器，教师端的内容可按照教师的控制自动进入个人空间。信息化的本质是个性化，不仅对学生要个性化，对教师也要个性化。教师的板书乃至整个教学过程，都会进入学生的空间中去；学生在老师讲义上所做的笔记直接进入学生的空间中去。课后提交作业、复习，都在这个空间中完成。另外空间跟空间会产生互动——除了跟老师学，还有同学之间的学习，可以成立各种小组进行协作学习——这将是产生重要变革的学习方式。

第三，教育内容创新。我国的教育信息化现在基本处于应用阶段，教师要么拍个视频，要么在网上获取一些资源，或自己制作一些资源。而教育与信息化的融合，强调信息技术跟教学法、学科内容本身的融合，它不是看你会不会用 PPT、WORD，而更看重你怎么利用信息技术手段改变教育教学方法，提高学生的学习效果和效率。我们现有的资源有一种结构性短缺，大量的资源都是授课视频、说课视频等，为教师提供的小粒度、易重构的、专门服务于教学的资源不足。过去我们总认为一位名师的精品课程、课堂录像就是最好的资源，其实未必。我们提倡个性化，这意味着对于不同类型、不同层面学生的最适用的资源就是最好的资源。现在的一些"名师资源"对高水平的学生适用，对基础弱的学生未必适用。所以，我们需要聚集大量资源，所有教师要参与整个资源的组合、建设和应用。资源的服务对象是多样化的，资源的来源渠道也必须是多元化的。

这里的"资源"有两个特点：它是一个一个模块化的"知识点"，而不是整堂课的教学视频录像；它是按学科规律生成的资源，是活的资源，而不是静态资源。它后面有学科的工具和强大的云计算作支撑。因此，资源建设的主体应该是所有教师，每个教师都是资源的开发者，人人要参与资源建设。出版社可以做电子课本，教师也可以做电子课本（生成性资源）。我们需要成千上万个版本的"电子课本"，这样才能突出差异化、个性化。而且，电子课本一定是能够互动的，有文字，有图片，可视化程度非常高，互动性非常强，与学科内容和知识点的结合非常紧密。其优势非常明显，比如讲原理，教师过去讲40分钟学生都未必能听懂，现在5分钟就可以学得清清楚楚。

第四，教育方法创新。以教师为中心的，标准化、流程化的传统教学模式，不可能培养出21世纪所需的个性化、创新型人才。所以，教材、课标都必须从"一刀切"的传统教学模式走出来，以教师为中心的教学也要逐步转到以学生为主体，以教师为主导的个性化、数字化学习。

在过去，这些都难以做到，现在有了信息技术，有了"云"，我们拥有了实现变革的技术力量。互联网上，人类所有的知识都在上面，如何组织起来进行个性化和差异化的教学，这是未来老师面临的挑战。所以，未来教师更应该是一个组织者、协调者、参与者、导学者，因为学生很可能比教师知道得还多——知识就在指尖上，学生一点鼠标就无所不知。

在传统的面对面教学、在线学习、混合式学习三者之中，最有效的就是混合式学习。在中小学中我不太提倡在线学习，即便要做，也大多在预习、复习中使用，因为学生毕竟不是成人。师生面对面时，进行问题为导向的教学——主要解决学生的疑惑，而不再是知识传授。知识传授部分可以拍成视频课件，在网上进行。现在发达国家包括国内一些学校已开始"翻转课堂"——把传统意义上教师要传授的知识放到课堂之外，把课外的拿到课堂之内。知识内化的过程放在课堂上完成，这就是方法的创新。

第五，教育评价创新。学生个体能力有差异，每个学生都有自己的优点，也有不足。不足是什么？能不能诊断出来，然后给他必要的帮助？信息化为更有针对性的个性评价提供了可能。时下，高考改革成为比较热门的话题。没有信息化就不可能实现一年多考，因为组织一次高考，成本非常高。但信息化可以大大降低成本，且便于组织。

素质教育不能总是停留于"抱怨"的阶段，一定要有方法。说到底它离不开评价体系的变革。现行评价的弊端在于"只看分数而不看能力"。美国早就在看能力了，他们最新的评价方法是：建立电子学习档案。从幼儿园到大学，要记录学生整个学习过程和培养过程。这个过程不只是记录学生中考多少分、高考多少分、大学考试多少分，而是记录学生整个的学习和成长过程。

21世纪的人才最重要的是什么？能力。合作能力、协同能力、团队精神等等，这些能力怎么评价？关键在于建立完整有效的评价体系，离开信息化显然不可能做到。比如美国非常著名的21世纪之桥——彩虹桥，比较清晰地说明21世纪的学习者应具备什么样的知识和能力。主要有四点：一是基础课程，其蕴含的价值观是最重要、最核心的内容；二是生活与就业的能力；三是学习与创新的技能，世界变化太快，知识爆炸，学生必须有终身学习的能力；四是信息素养，21世纪的新文盲，就是缺乏信息素养的人。

教育要达成这样的育人目标，需要建立新的学习环境，教师要专业发展，要有个性化的课程与教学，要建立新的课程标准与评估体系。这些是支撑体系，也是教育改革亟待解决的问题。

教育信息化的未来

先进教室、数字教师、未来教育，代表着教育发展的大趋势，我相信也将是不太遥远的现实。

——先进教室。这指的不是传统意义上的教室，而是一种环境，即云教育环境。建设信息化的课堂，提供泛在学习支持，支撑"连接教育"和个性化学习的云教育环境，是我们努力的方向。

——数字教师。这意味着教师要从传统的"传道、授业、解惑者"变成学习活动的组织引导者、课程开发者、教育创新者以及终身学习者。"连接教育"不再以教师为中心，教师要把有效的教育资源组合、整合在一起，组织学生进行差异化的学习。教师是学习的引导者——你并不是"标准"，不是"知识的固守者"，不能再让学生什么都遵从你。教师是学习的引导者、课程的开发者——要为不同的学生开发更加个性化的资源。教师更是研究者、创新者——这是一个变革的时代，很多东西都是空白的，你要研究。令人担心的是，很多教师如果不学习、不培训、不注重专业发展，很难在新的环境下继续当教师。

美国教育技术协会建立了新的教育技术能力标准（简称"数字教师标准"），来促进新教师的培养。教师要具备五大能力。第一是引发学生学习与创意的能力；第二是设计开发信息时代的学习经验和评估准则；第三是工作模式；第四是学习模式；第五是培养学生信息化公民责任和意识的能力。我们国家前期也出台了试行的教育技术能力标准，但离新的形势需求还有距离。

今后，信息技术应用能力培训是我国教师专业发展的"重中之重"。目前，针对中小学教师的信息技术培训模式正在研究之中，从内容、方法到自主性等方面都要加强。特别是要制定教师专业能力发展的进阶培训标准——不是培训一次就完了，要从"会用"到"融合"，直到成为一名真正的"数字教师"。

——未来教育。要致力于建立一个开放的、云教育时代的生态系统。建立适应21世纪人才培养要求的、开放的教育生态系统，仅靠单个的实体单位很困难，需要政府、企业、高校/研究机构和中小学校四者间协同合作，建立"企业搭平台、政府买服务、人人都参与"的机制。高等院校和研究机构要进行学科建设、理论研究、战略研究、人才培养，提供研究服务和智力支持；中小学校是"运动员"、实践者，要践行教学模式和管理机制的改革创新，要将重点放在"育人"上；政府要进行宏观指导、经费投入、绩效评估，做好"裁判员"；企业要积极参与教育信息化事业，提供技术产品、内容服务、运营服务等，为学校做好产品和服务支撑。只有各方协同创新，推进专业化协作，才有可能构建起未来的教育。

〔作者系华中师范大学教授、博士生导师、校长，国家数字化学习工程技术研究中心主任，教育部教育信息化战略研究基地（华中）主任，教育部教育技术学科教学指导委员会主任委员，教育部《教育信息化十年发展规划（2011—2020年）》编制专家组组长〕

（本文原载于《人民教育》2014年第12期）

图书在版编目（CIP）数据

《人民教育》精品文丛/余慧娟主编.—上海：华东师范大学出版社，2019
（大夏书系）
ISBN 978 - 7 - 5675 - 9737 - 2

Ⅰ.①人 ... Ⅱ.①余 ... Ⅲ.①基础教育—中国—文集 Ⅳ.① G639.2-53

中国版本图书馆 CIP 数据核字（2019）第 206314 号

大夏书系 ·《人民教育》精品文丛

《人民教育》精品文丛

总 主 编	余慧娟
副总主编	赖配根
策划编辑	李永梅　程晓云
封面设计	奇文云海·设计顾问

出版发行	华东师范大学出版社
社　　址	上海市中山北路 3663 号　邮编　200062
网　　址	www.ecnupress.com.cn
电　　话	021 - 60821666　行政传真　021 - 62572105
客服电话	021 - 62865537
邮购电话	021 - 62869887　地址　上海市中山北路 3663 号华东师范大学校内先锋路口
网　　店	http://hdsdcbs.tmall.com

印 刷 者	北京密兴印刷有限公司
开　　本	700×1000　16 开
印　　张	122
字　　数	1 600 千字
版　　次	2020 年 9 月第一版
印　　次	2020 年 9 月第一次
印　　数	1 000
书　　号	ISBN 978 - 7 - 5675 - 9737 - 2
定　　价	397.00 元

出 版 人	王　焰

（如发现本版图书有印订质量问题，请寄回本社市场部调换或电话 021-62865537 联系）

朝向心灵
伟大的教师

丛书总主编 余慧娟

本册主编 冀晓萍

华东师范大学出版社
ECNUP
全国百佳图书出版单位

人民教育

《人民教育》精品文丛编委会

目　录

第二辑　把教育当作兴趣事

第三辑　每一个苦难都是向上的台阶

第四辑　给学生带得走的美好

总序 办伟大的学校，做伟大的校长和教师

翟 博

　　《人民教育》编辑部应华东师范大学出版社之邀，出版这套丛书，可喜可贺。

　　创刊于 1950 年的《人民教育》杂志，积聚了深厚的历史财富、广博的教育资源、深远的影响力和良好的公信力，被读者亲切地誉为"中国基础教育第一刊"。近几年来，《人民教育》杂志围绕中心，服务大局，坚持"方向性引领、专业化服务"宗旨，着力引领读者深入探讨中国基础教育改革发展的一系列重大课题，并在理论和实践层面作出回应，获得读者高度认可。其中，既有对教育现代化、立德树人、教育公平、教育质量观等重大理论问题的思考，也有校长领导力提升、学校办学的新经验，还有教师发展的新思路，更有最前沿的学习方式的引介，上接天线，下接地气。从《人民教育》近几年发表的文章中，精选、分类结集成册，既充分发挥了文献的长远价值，便于读者系统阅读，也能够更好地扩大传播面。在当前转瞬即逝的刷屏式海量、碎片阅读背景下，高水平的专业文章更能够帮助读者聚焦关注点，提高阅读的获得感，提升专业水平。

　　具体而言，《人民教育》精品文丛具有如下特点。

　　第一，丛书立足于新时代中国基础教育的历史使命，对重大教育课题和重点难点问题给出了丰富且可资借鉴的回答，是引领、推动中国基础教育发展的珍贵文献。

　　党的十八大以来，以习近平同志为核心的党中央高瞻远瞩，提出了一系列重要的教育思想和教育论断，为新时代基础教育发展指明了方向。党的

十八大报告首次提出，把立德树人作为教育的根本任务。习近平总书记多次强调，要全面贯彻落实党的教育方针，培养德、智、体、美、劳全面发展的社会主义建设者和接班人；要处理好德与才的关系，解决好德与才相统一的问题；要让学生做到明大德、守公德、严私德；要把立德树人的成效作为检验学校一切工作的根本标准。深刻领会立德树人的丰富内涵，认真探索立德树人的实践路径，深入研究立德树人的理论，是新时代给基础教育提出的重大课题。

在这一背景下，基础教育需要切实承担起一系列重大使命。要把社会主义核心价值观教育融入教育全过程，放在更加突出的位置加以落实，引领学生树立正确的历史观、民族观、国家观、文化观。要植根于中华优秀传统文化的土壤，培育文化自信和中国精神，把中华优秀传统文化融入课堂教学和学校教育全过程，在创造性转化、创新性发展中传承中国人的文化基因。要大力发展素质教育，树立德、智、体、美、劳全面发展的质量观。要重新思考、践行好学校、好校长、好老师的标准。坚持育人为本，转变教育思想观念，认真落实习近平总书记提出的"四有"好老师的要求，进一步提升校长和教师的专业素质。从单纯以学科考试分数为主要评价指标转到全面发展的理念上来；从关注少数尖子生的发展转到关注每一个孩子的发展上来；从过于强调统一步调转到更多关注个性发展上来。

《人民教育》精品文丛，正是站在基础教育改革发展的最前沿，围绕以上重大课题、重要使命，组织国内顶尖专家、优秀校长教师，提供前沿思想理念和脚踏实地的解决方案。《新时代学校使命》一书，由社评和《人民教育》核心议题的前言构成，高度凝练了对当前教育问题的思考，包括教育自信、教育质量观、核心价值观教育、美育、教育活力，等等。《身体教育学》一书，力图借助"身体教育学"这个最新概念，以整体的观念来推动全面发展。《核心素养的中国实践》一书，期待带动整个基础教育质量观的变化，以适应未来对人才和教育的要求。《名校的那些"秘密"》一书，以活生生的案例来展示学校社会主义核心价值观教育、培养文化自信、落实立德树人根本任务的管理、课程、空间设计等诸多实践路径。《还可以怎样学习》一书，聚焦近年来学生发展素养目标的变化，以全球视野介绍更广阔、更多样、更有效的学习方式。《"好校长"是怎样炼成的》一书，专注于校长的价值领导力、课程领导力、教师领导力和沟通领导力等核心要素的实践解读。《老师，你为什么不再进步了》一书，关注教师的成长与高原期突破。《朝向心灵伟大的教师》一书，汇集教育界、文化界及商界名人的成长故事和教育故事，力图为校长教师打开新的窗口，从社会的角度来看教育。

第二，丛书集中展现了中国教育实践经验与智慧，引导读者建立和提升教育自信。

中国教育质量迅速提升的一个重要秘密，就是中小学的每一堂课，都在努力体现国家战略、国家意志，国家顶层设计与一线微观实践高度融通呼应。

对美好生活的渴望，对美好教育的热烈追求，是中国教育成功的重要动力。纵观中国基础教育改革开放40年来的历程，对美好教育的追求，成为教育发展、教育工作者改革创造的重要驱动力。这套丛书中提炼的好学校、好校长、好教师的改革经验，无不是在回应广大人民群众对美好教育的殷切期盼。

与时代潮流合拍，创造高品质的教育，是教育改革的重要经验。近年来，中小学涌现了一大批好校长、好教师，就在于他们敏锐地抓住了时代发展的脉搏，大力提升自己的政治素养，养成法治思维，涵养博大的精神世界，从宏观上保障了教育教学改革的正确方向。同时，近年来中国基础教育改革的一个关键突破点，是从主要关注教学方式层面的改进转向学校整体层面的变革，体现了与新时代精神的密切呼应。

从这套丛书中还可以看到如国家认同教育、核心价值观教育、优秀传统文化教育、学校文化、课程构建与优化、选课走班制度等方面的具体操作经验。这些都是我们的中小学扎根中国大地实实在在干出来的智慧结晶，是中国基础教育之所以卓越的重要因素，也是我们教育自信的来源，值得学校校长、教师认真研读、借鉴。

第三，丛书呼吁教育工作者乘着新时代的东风，办伟大的学校，做伟大的校长和教师。

伟大的学校，不是仅仅为升学服务的学校，而是要为学生未来创造美好生活的学校。美好生活，不仅意味着谋生就业能力，也意味着正确的价值观，丰富的精神世界，厚重的家国情怀，强烈的社会责任感，健康的自我调节能力，和谐的人际交往能力。伟大的学校，也不仅仅是学生成长的乐园，还应该是教师的人生幸福所在。教师的幸福与学生的发展密切相关。只有当教师从心底里认同教师职业，才能真正参与到学生的成长之中，也才能获得自身职业价值的实现，收获作为教师的幸福。伟大的学校，善于激发教师的职业热情，帮助教师获得成就感。这也是《名校的那些"秘密"》等书揭示的秘密所在。

伟大的校长，其领导力不仅体现在过硬的政治素质、坚持正确的办学方向上，还体现为优良的道德品质，更要有教育的定力，"习惯于择高处立，寻平处坐，向宽处行，务实，求稳，但内心却向往教育的理想，一切为了民族的未来"。伟大的校长，是善于成就教师的校长。李烈感言："当我哪一天不再做校长时，如果老师们在背后这样说：'李烈当校长的时候，我们是真的在快乐地工作着'，那就是对我最高的褒奖了。"伟大的校长还应是优秀的学习者，善于在繁忙的事务间隙，终身学习，反思完善。在工作中，伟大与平庸的区别往往在于能否不断注入生命的激情，能否不断发现心灵伟大的教师和存在无限发展潜能的孩子。

伟大的教师，首先是一个精神灿烂的人。教师是深度参与学生精神生活的引领者。无论是做"四有"好老师，还是做好"引路人"，教师自身的精神修养是前提，这包括坚定的理想信念、崇高的道德修养、对丰富个性的包容、对人的发展性的充分认识、传递正能量的意识和能力、沟通的艺术、自我情绪管理，等等。善于发现美是他们共同的特质。他们还是一群积极回应环境的人，能够敏锐地发现新问题，通过学习、思考、行动来调整自己，跟着时代一同进步。这些伟大教师的特质，读者可以从《老师，你为什么不再进步了》《朝向心灵伟大的教师》等书中充分感受。

中国社会正处在全面深化改革、实现中华民族伟大复兴中国梦的进程中，社会转型、技术变革等都给基础教育提出了严峻挑战，教育工作者如何看待新情况、解决新问题，考验着我们队伍的素质，更考验我们的学习能力。2013年，习近平总书记在中央党校建校80周年庆祝大会暨2013年春季学期开学典礼上的讲话中指出，"要依靠学习走向未来""只有加强学习，才能增强工作的科学性、预见性、主动性，才能使领导和决策体现时代性、把握规律性、富于创造性"。愿读者在这套丛书中，能够充分感知新时代对我们提出的使命和要求，了解我国基础教育改革发展的基本脉络，把握学校办学的正确方向和科学规律，发展和培育伟大学校、伟大校长、伟大教师成长的"基因"，立志办伟大的学校，做伟大的校长和教师，为伟大的时代贡献自己的价值。

2018 年 7 月

（作者系中国教育报刊社党委书记、社长）

序 技艺之上是道德与精神

赖配根

"志不立，天下无可成之事。"

这里所说的"志"，不是简单地定下一个职业目标，而是超越庸常、世俗的"大志"。

有"大志"，为稻粱谋的"职业"才能转化为"事业"，进而升华为"志业"。

好老师的成长之路亦是如此。

用思想丰厚课堂的中学语文老师黄厚江说："我不止一次与学生说过，等黄老师走了，请你们记得在我的墓碑上刻下一句话：这里躺着一个热爱语文的人。"这不禁让人想起法国作家司汤达的墓志铭："米兰人亨利·贝尔安眠于此。他曾经生存、写作、恋爱。"

这是一位学科老师伟大的志向，把语文当作精神的圣殿，把语文教育当作生命意义的全部。

多年兢兢业业当好校长的沈茂德以作家刘墉的话激励自己："你可以一辈子不登山，但你心中一定要有座山，它使你总往高处爬，它使你总有个奋斗的方向，它使你任何一刻抬起头都能看到自己的希望。"他就这样带着敬畏之心，全身心地投入工作，不敢有丝毫懈怠，朝向心中的教育高山攀登。

有了这样的志向，有了心中的"人生高山"，就没有什么困难可以阻挡一个人，包括教师走向卓越。

如今叱咤风云的马云，当年高考落榜，去蹬三轮挣钱，不承想在火车站捡到一本路遥的《人生》，读罢，为书中的主人公高加林的坚强所感动，决定重新参加高考。他的命运由此改变。

以语文教育为志业的黄厚江，谈起自己的职业生涯时说："从1980年走进语文课堂起，我从未停止过自己的修炼。我常常晚上和学生一起上晚自习，读书写作，提高自己的专业素养；我读刊大读函大，弥补自己没有真正进过大学的缺陷；为了填补古诗文素养的匮乏，星期天我在学校附近的田野里诵读《离骚》，背诵'大江东去'……"临近退休，他还一遍一遍地读《论语》……

年轻的沈茂德初为人师时，也有过类似的修炼：告别一切娱乐活动，利用一切业余时间读书学习、求教名家。

所有作出一流成绩的人莫不如此。

著名作家苏童有一个观点：有没有"读好"，对能不能"写好"的影响是巨大的。"如果只是普通的文学爱好者，怎样阅读都无可厚非。但如果希望通过阅读对写作有一定的益处，系统合理地读书就显得格外重要了。""每一个初涉写作的人都要耐着性子大量地阅读伟大作品，珍视每一个与伟大作家精神相通的机会。那些让自己记忆深刻的作家作品会影响自己一生的写作。"

为什么有"大志"的人才能作出大的业绩？

每一门职业都需要技艺，但技艺之上是道德、精神。一流的技艺需要一流的道德为基石。

著名的中国古典文学专家叶嘉莹先生说："一个伟大的作者是用生命来写作作品的，是用生活来实践作品的。诗的高下优劣，就看诗人思想品格修养志意的高下优劣。教古诗词，最该教给小孩子的就是，诗歌里诗人的美好心灵和品格。"

国学大家楼宇烈倡导"以道统艺，由艺臻道"。比如唱曲，"不是为别人唱，而是为自己唱，并不是去比较唱得好不好。从本质上讲，不是为了表演，是为了陶冶心情，是自我修养过程中的一个环节""现在很多人把艺术当作一种资本去追名逐利，从根本上违背了艺术自身的本质"。

正是在对"道"的不懈追求中，才成就惊人的技艺。

问题是，一个人的"大志"从何而来？

古今中外的贤哲们已经昭示，只有把有限的个体向更广大的精神世界敞开乃至融入其中，一个人的生命意义才会敞亮，乃至长存。

东京大审判中的中国大法官梅汝璈之所以在艰难的困局中为国家争得了

尊严，就是因为他虽然是一名学者，但有强烈的家国情怀。他曾赴美留学，并游历英、法、德、苏等国，回国后，他选择到山西大学任教，后来辗转多所大学。他常常用"耻不如人"勉励学生："清华大学和山西大学都是外国人利用中国的'庚子赔款'兴办的，其用意在于培养崇洋的人。因此我们必须'明耻'，耻中国的科技文化不如西方国家，耻我们的大学现在还不如西方的大学，我们要发奋图强以雪耻。"

著名科学家师昌绪说："我们这代人为什么爱国情结根深蒂固，因为中国受国外欺辱太深。我想，每个人都有自己的梦，但我们应该有一个共同的梦，就是'中国强'。我的梦想就是祖国的强盛！"

中学数学老师张思明之所以在业界知名，一个关键因素，就是他不是为自己而教，而是为中华之崛起而教。他说："如果说以前的我努力地学习与工作是希望得到别人的承认，那么留日回来的我对自己有了一个更高的要求和追求，现在所做的一切努力，就是为了尽早地完成让我们的民族、我们的国家、我们的学生'站起来'的历史使命。"

一个人怎样才能自觉融入这样的伟大精神洪流之中？

核心就是要热爱自己的国家，热爱自己的民族文化。上海复旦附中的语文老师黄荣华说得好："我有时在语文组开玩笑说：没有到过北京的人不能教语文，不知道杜甫身葬何处的人不能教语文。这句玩笑话的背后，其实是我对教育意义的一种思考与诠释。"

愿您翻开此书，遇见伟大的心灵，找到让您怦然心动的"志业"。

2018 年 7 月

（作者系《人民教育》副总编辑、编审）

第一辑

孩子是伟大教师的启蒙者

儿童文学作家杨红樱："孩子离真相最近"

邢　星

采访一开始，杨红樱就先这样表明立场："我小时候读到安徒生的童话《皇帝的新装》，感到震撼，直到现在仍然反复看。两个骗子骗了皇帝、大臣和围观的百姓，却被一个孩子揭穿了真相：'皇帝什么衣服也没穿呀。'所以后来我一直觉得，你骗不了孩子，孩子是离真相最近的。"

谈执教："教育应该把人性关怀放在首位"

杨红樱当过语文老师，从小学一年级教到六年级。班里的孩子是一帮淘气包，"给我代课的老师没有哪个能招架得住"。但是这些"全校闻名"的淘气包，一到杨红樱的阅读课上都变得安安静静，这是怎么回事呢？

"我刚开始做语文老师的时候，满脑子想的就是：我怎么把课讲得精彩，能够让小朋友40分钟不捣蛋。于是我在班里作调查，让孩子们在语文课本里挑出自己喜欢的课文。直到现在我还记得，孩子们最喜欢《小蝌蚪找妈妈》《小公鸡和小鸭子》这种科学童话。可是这样的课文很少，那时候课外的儿童读物也很少，我就开始自己写，阅读课就给孩子们念我写的故事。"

杨红樱回忆起来："有时候孩子们听得聚精会神，有人还流下眼泪，我就知道这一段写得特别到位。如果他们在下面交头接耳，做小动作，虽然这一段可能是我自己最得意的，但是马上就能知道孩子们不喜欢。我一开始写作，接受的就是这种直接的考验。为什么我对小孩子的阅读心理把握得这么好？就是因为有这段当语文老师的经历。"

当时有学生夸杨红樱的故事"写得跟书上一样好"，杨红樱听了心里一动，开始整理这些科学童话，准备投稿。她一投即中，19岁发表处女作

《穿救生衣的种子》，从此走上儿童文学之路，"并且一路走到现在"。

杨红樱说："我写得乐此不疲，沙漠、森林、海洋全都写了。到学生们六年级毕业的时候，我已经写了几百篇。今天能够在书店看到的'杨红樱科学童话'（8 本），基本上都是我当年为我的学生们写的。"

"我一直是很有个性的人，我当老师也是一个非常有个性的老师。"杨红樱颇为自豪地说，轻快有力的声音里带着笑。

"学生喜欢的课文我就增加课时，思想、结构、表达……把所有的语文知识都放在这一篇课文里来完成。所以我觉得语文改革的第一步，首先要解决教材问题，在语言文字运用规范的基础上，多选一些孩子喜欢的课文。"杨红樱深有体会地说，"其实在孩子喜欢的文章中，我们能够更好地达到语文教学的目的。那么选语文教材的时候，我们为什么不尊重一下孩子的兴趣呢？对于孩子来说，兴趣格外重要，不管是阅读还是学习，如果所有的事情都能够在兴趣中完成，教学真的会省很多力气。"

杨红樱创作出很多经典的教师形象，她心目中的理想老师究竟是什么样子呢？

"我觉得学龄前和小学的老师，最看重的真的不应该是学习成绩，而是要保护孩子的个性，培养学生的性格。"杨红樱举例说明，"我当老师的时候，从来不向家长告状。每次见到家长，我说的都是'你的孩子对色彩的感觉特别好''你的孩子性格敏感善良'。我总能在孩子身上看到甚至他们家长都没有发现的东西，这就是孩子的个性。老师——尤其是幼儿园、小学阶段的老师，要根据孩子的个性健全他们的人格，这才是最重要的。"

杨红樱总结说："教育应该把人性关怀放在首位，这也是我所有作品一个基本的观点。"

谈育儿："把自主权给孩子"

生了女儿以后，杨红樱开始写《亲爱的笨笨猪》等性情童话，"初衷就是对女儿进行性情培养"。她十分看重这种教育，性情童话写了一个系列。但是对于女儿的学习成绩，杨红樱却总有些"漫不经心"。

"女儿小学六年级快毕业的时候，我第一次知道她在班上的排名。"杨红樱把这当作一件平常事在讲。

"马上就要毕业考试，老师在家长会上公布了班级排名，我不得不听。我女儿班级排名18，而整个学校只有7个名额可以上重点中学。我就是在这么严峻的情况下，第一次知道女儿的成绩排名。这之前我从来不问，因为根本没把排名看得很重要。"杨红樱说完，甩出一串清脆的笑声。

开完家长会回到家，杨红樱心平气和地问女儿："全校4个毕业班只有7个重点名额，怎么办？"女儿有自己的想法："没事儿，我考不上重点就上离家最近的中学。"杨红樱也认同："离家最近的学校就是好学校，因为可以节约特别多时间去做你想做的事。"

当时补课风正劲，可是杨红樱和女儿心里打定了"不强求上重点"的主意，所以她从来不让女儿去上补习班。

"我是酷爱旅行的人。就在女儿毕业考试前的那个寒假，我还带她自驾游，一走就是十几天。回来开学后，她作业没写完，我就帮她去跟老师解释。"杨红樱笑声朗朗，继续说道，"结果，她毕业考试居然是全校第三名。这说明什么？她没有学习压力，始终保持着'我要学'的积极状态，所以在考试中恰恰得到了最好的发挥。"

可是这种超常的临场发挥会不会是偶然呢？杨红樱介绍说，从成都外国语学校入学考试、高中考试，到出国留学的托福考试、雅思考试，女儿都是"优哉游哉"但考得很好。

"因为这些都是她自己的选择，所以她对学习、对生活永远有热情。"杨红樱说，"其实我们把更多的自主权给孩子，让他自己对自己负责，教育效果可能会好很多。"

杨红樱说着，起身拿来一张卡片，骄傲地展示："这是女儿给我手工制作的生日卡，昨天刚寄来。上面一只小鹿是她，旁边一棵樱桃树是我，樱桃树上还有好多小樱桃，代表我的粉丝。我觉得她特别热爱生活，充分地享受每一天，所以她会花很多时间去做一份手工礼物，辛勤地打工挣钱交一堂芭蕾舞课的学费。"

现在，女儿业余担当杨红樱作品的英文翻译，是出版社在国内外数位翻译当中选择了她。

"她很有语言天赋，从小又是读着我的故事长大，我作品的那个'味道'

她把握得特别好。这些都不说，我非常欣赏她做事情的态度——认真，对每一件事情都认真。比如她在翻译的过程中，自己改了又改，再反反复复请母语是英语的人阅读把关。这样就已经非常好了吧？可她还不满意，最后又拿到英语国家孩子们中间去读，回来又作了很多调整。"

杨红樱话锋一转，强调说："很多媒体采访我：你希望女儿像你一样吗？其实，她上学、出国或者将来工作都是她自己在作决定，我从来没有操心过。因为我觉得，这是她的生活。"

谈写作："我是以老师和母亲的情怀在写作"

"我是一个老师，也是一个母亲。一个老师希望自己学生读到的东西，一定是好东西；一个母亲希望自己孩子读到的东西，一定是好东西。我是以老师和母亲的情怀在写作。"杨红樱说。

杨红樱的作品长时间畅销，也由此引发社会对"杨红樱现象"长时间的争议。曾经有作家当面向杨红樱感慨："小孩子都好骗，早知道童书这么好卖，我就做儿童文学作家了。"杨红樱却认为，写能够受到小孩子由衷喜爱的作品，其实是非常高难度的一种写作。

"小朋友最爱问我的问题是：《淘气包马小跳》里的家、学校跟我们的生活一模一样，就连马小跳心里想的都跟我们一样，你是怎么写得那么好看的？其实，我为孩子写的文字都非常考究，一个句子反反复复去推敲：不能太长，怕孩子读起来有障碍；尽量有节奏感，总要在吸引孩子阅读兴趣上下功夫——其实这是最难的。"杨红樱认真地说。

秉持着这样的写作追求，杨红樱至今已经出版童话、儿童小说 80 余种，几乎每部作品都经久畅销。

最早读"马小跳"的孩子都长大了，开始向杨红樱提要求："马小跳你要写到大学！"杨红樱却对自己的写作定位非常明确："每个人、每个作家志向不一样，我的志向可能比较低：只要我的书陪伴孩子走过童年的这段时光，能够给他们求知欲、想象力，给他们成长的力量，我的使命就算完成了。"

在签书会上，杨红樱看到个子高的小朋友都忍不住问上一句："你多大了？"如果读者已经不再是小学生，她会劝人家："不要再读我的书了，你可以去读其他的书了。"

为什么孩子们这么喜爱杨红樱的书？

杨红樱停顿下来，思考了一会儿："我为孩子写作，我就永远忠诚于孩子。我从来不去想我的作品要得什么奖，只想着孩子爱不爱读我的书。有人以为孩子好骗，那是因为他们根本不了解孩子，孩子其实是最不好骗的。有个孩子写信告诉我：我们蒙上封面，读两三行字，就知道这本书是不是你写的，字里行间好像有一条暗暗的通道，你能通到我们这儿，我们能通到你那儿。"

这条联通着杨红樱和孩子们的通道究竟是什么？

"很简单，第一是故事性，就是故事好看；第二是人物形象具有艺术典型性，要鲜活。这就是孩子喜欢的，说起来非常简单，但是要真的写出来非常不容易。"杨红樱说。

杨红樱作品中的主人公往往不是大人心中的完美小孩，却深得孩子们喜爱，这是为什么？

杨红樱想了想，回答说："其实我书中也写了榜样形象，但是孩子们不喜欢，因为他们身上没有'孩子味儿'。笨笨猪不聪明也不漂亮，马小跳有优点也有缺点，真实的孩子就应该是这样，成长的过程就应该是不断地犯错误、不断地改正错误。我希望所有的孩子跟笨笨猪和马小跳一起成长，希望孩子们找到成长的自信，这也正是文学作品的力量。"

谈阅读："我们不能绑架儿童阅读"

"现在的儿童阅读有一个很大的误区，人们总觉得孩子喜欢的就是可乐和汉堡，是没有营养的、不好的东西；凡是好的、经典的东西，孩子都不喜欢。我觉得这种观点是错误的，他们真的太小看孩子了。"杨红樱态度鲜明地说起儿童阅读。

"我的作品最早出来的时候，有很多所谓的专家批判我，很多老师和家长受了影响，不让孩子读我的书。"杨红樱举例说明，"有一个小孩就是这样，家长逼他读专家推荐的书，结果这个孩子现在长大了，特别不爱读书。家长问他：'给你买了那么多书，你怎么还是不喜欢读书呢？'孩子却反问说：'我小时候喜欢读杨红樱的书，你怎么不让我读呢？'"

杨红樱很形象地继续阐述："童书就像玩具一样，孩子长大了自然不会再整天抱着玩具玩儿，但他会记得这个玩具给他小时候带来的快乐和温暖。儿童阅读应该是孩子最愉快的童年记忆，让孩子从中体会到阅读的乐趣，将来能够成为爱读书的人。"

"现在那些'暑期推荐书目''人生必读经典'，其实都属于'绑架阅读'，它给童年留不下任何的阅读记忆。"杨红樱痛心疾首地说，"有好多孩子悄悄地给我写信，说老师要求他们读的书他们根本读不下去。"

杨红樱小时候，也有过一段阅读名著的经历。

"我大概七八岁开始读《红楼梦》，它的写作背景、家族兴衰、人物纠葛都读不太懂，但是我非常喜欢它的细节描写，专挑里面吃喝玩乐的细节来看。比如贾母给黛玉换窗纱，用银红的霞影纱配窗外的绿竹，这种颜色的搭配我特别喜欢。

《水浒传》里招安的情节充满矛盾纠葛，我不喜欢，只看一百单八将每一个人物怎么出场。

《西游记》的想象力对我的影响最大，这部我读了全文。但是它里面包含的佛教文化精髓和人生哲理非常深刻，小时候你也读不懂。"

杨红樱深有感触地说："我一直觉得我的童年很美好，因为没有大人管我。如果家长和老师总是问我：你读懂了吗？我肯定说不出来，可能还会产生挫败感。我的家长也不像现在有些家长炫耀自己的孩子：我们孩子现在就读英文原著、世界名著了。我有这样一个自由的童年，所以直到现在，我是一个心灵很自由的人。"

"无论写作还是阅读，都是很个性的。"杨红樱强调说。

"我曾经在一个班级里作过调查，问孩子们：你们最喜欢我的哪一部作品？全班 40 多个小朋友，说出 30 多种不同的答案，即使答案相同，每个人喜欢的理由也不一样。阅读体验跟他们的个性、成长环境等一系列复杂的因素相关，所以，我们真的不能绑架儿童阅读。"

杨红樱反对绑架阅读，轻易不肯推荐阅读书目，即使推荐也要是"个性"的。

"前几天，我刚刚表扬了一个爸爸。他先告诉我女儿几岁，读几年级，什么样的性格，目前已经读过哪些书……这样，我就会非常具体地针对他的女儿推荐。"

杨红樱推荐阅读书目的标准是什么呢？

"最主要的是兴趣。因为我觉得，在孩子童年期，我们大人要做的最主要的事情就是保护和培养他们的兴趣。"杨红樱说得掷地有声。

孩子离这个世界的真相最近，罗曼·罗兰就曾经这样说过："谁要能看透孩子的生命，就能看到掩埋在阴影中的世界，看到正在组织中的星云，方在酝酿的宇宙。儿童的生命是无限的，它是一切……"

作者系《人民教育》记者

原载于《人民教育》2014 年 08 期

好妈妈尹建莉：发现教育的真相

冀晓萍

她凭借一本《好妈妈胜过好老师》，让许许多多的中国妈妈认识了她：尹建莉。

无数妈妈把这本书视为"育儿宝典"。

然而，她更希望每一个读者能透过这些文字看到背后的教育真相。

动动脑筋一定能找到更好的办法

上世纪 60 年代，尹建莉出生在一个健康、幸福的家庭，父母慈爱，滋润了她善良的天性。然而，他们在教育子女上也像其他家长一样犯了很多错误。

"小时候，我特别喜欢唱歌。但我们家孩子多，母亲嫌吵，每次都制止我们唱。慢慢地，我唱歌的兴趣就萎缩了，现在想唱却不会唱了。"

"我 6 周岁的时候特别想上学，但当时大家都是 7 周岁上学，父母不让我去。"

"那时候，粮食短缺，吃饭的时候盛多了，吃不了，他们要求我必须吃完。"

……

多年后，尹建莉依然能感受到"父母的不理解"带来的刺痛。童年的痛苦回忆，引发了她成人后的很多思考。

尹建莉说："我一定要给自己的孩子最大的关爱，决不去盲目地爱孩子。"

如果说这种意念的萌发还只是感性的，那么 12 年的教书经历以各种方式给了她很多教育的启示。

1984 年，20 岁出头的尹建莉成为一名中学教师。面对调皮捣蛋的中学生，她也曾模仿别的老教师去"打"学生。善良的尹建莉下不了狠手，只是拿书轻轻地拍一下学生的脑袋和肩膀。

"那时候，对比之下，还自以为很文明。但后来反思，觉得真的很恶劣。虽然没有给孩子造成身体上的伤害，但在精神上对孩子是一种羞辱。"30年后，尹建莉说起这件事，还深深地自责。

有的孩子上课说话，尹建莉罚他们到教室外站了一节课。内蒙古的春天很冷，第二天有个孩子感冒了。孩子妈妈来到学校，劈头盖脸地训了她一顿。

家长的责问，让她惭愧，也让她庆幸。她反思自己：孩子上课说话，肯定是有原因的，我为什么就不能换一种方式去了解、解决？

习惯性地沿用旧有的教育方法，看上去简便，却让尹建莉尝尽了苦涩。为了改变，她不停地反思用什么样的方法最能帮到学生，不停地琢磨、尝试、考虑。

"我做了12年教师，有12年的进步，甚至完成了别人20年的成长。"但在尹建莉的印象中，很多教师不是这样的，"有的教师是在把同一种工作经验重复12年。"

"有的老师天天骂学生，他也发现学生进步不了，但明天还是骂。"

"动动脑筋一定能找到更好的办法，一定能跟孩子学会很多。你对孩子的每一点关爱，都会收获孩子的回应。"

"有了尊重，互动才是有效的"

有人认为，带一个班比带一个孩子经验多。

尹建莉不赞同这种观点："天底下所有的孩子都是一样的，看到一个儿童完整的成长历程，就能看到所有的儿童。"

农民知道，春天播种，种子什么时候发芽，要经历多长时间才能结果，什么时候收获。所以，农民会耐心等待，不会拔苗助长。

"它4个月才能正常成熟，你要求它两个月就收获，这是反自然、反天性的！"尹建莉说。

她认为，耐心等待不是克制自己，而是要懂得，孩子的成长是需要一个过程的。教育者要做的是，照顾到孩子的需要，而不是家长的需要。

但是，家长的需要不是孩子的需要。"现在，一些家长把两三岁的孩子送进各种辅导班，这是家长的需要，不是儿童的需要。"

"这是急功近利的教育心理，家长不了解教育的真相，把自己对教育的焦虑感和对分数的追求强加到孩子身上。都说，教育的眼光要长远，可是这些家长连5年的眼光都没有，一开始就破坏了孩子的学习兴趣。"

"我也希望我的女儿学习好，上名校，但我从不向孩子要分数。"

"上小学的时候，很多孩子得300分，但我女儿从没得过，她很粗心、马虎，但我竭力呵护她的学习兴趣，关注她学习习惯的养成。"

她很重视女儿的意见，是个"听话"的妈妈，但她坦言，自己也曾经"不听话"。

"女儿小时候特别喜欢公主裙，可我觉得穿着整洁大方就可以了。她每次提出买裙子，我都回绝了。直到我的一个同学送了她一条裙子，她是那么的快乐！那一刻，我忽然意识到自己是个多么'不听话'的妈妈。"此后，女儿买衣服，即便选中的衣服特别难看，她也尊重女儿的意见。如此，女儿反而不固执，很愿意听取妈妈的意见。

"为什么你的孩子听不进你的话，因为他有一个不听话的家长。有了尊重，互动才是有效的。"

现在，尹建莉的女儿成长得很好，高考时以高于清华录取线22分的成绩被内地和香港两所高校同时录取，后来去美国一所常青藤盟校读硕士，毕业后在香港工作。

有的家长说：我的孩子跟你的孩子不一样，你的孩子犯错，批评就行，我的孩子犯了错，必须得打。

尹建莉说，"教育要照顾到表面差异，更要看到背后的教育原理。"

"表面上，孩子和孩子是不一样的，长相、爱好等天差地别，但是人与人之间对爱的需要、对美的向往等这些根本的需要，相似之处远远大于差异之处。"

不要放弃阅读

在采访中，尹建莉多次提到、强调阅读在一个人成长中的重要性。

"我当老师那会儿，学校生活比较简单，教师经常搞自主阅读。那时候，教师真的是有文化的群体。但今天的教师阅读贫乏，已经称不上知识的代表。哪怕是孩子高考，教师的孩子都没有优势了。"

她告诫教师和家长，千万不要以工作忙为借口放弃阅读。

但阅读不能急功近利，"有的家长，为了教育孩子，就买一本书，那样理解起来是很肤浅的。多读 10 本书，教育思想就会上一个新台阶。"

"教育不是一个专业能解决的问题，也不是一本书能解决的问题，它要面对的是人，是整个世界，甚至宇宙的问题。想要理解教育，光读教育类的书籍还不足以成长。要读得多，读得杂，反过来再看教育时，就豁然开朗了。"

她希望，学校能给教师和学生多一些闲暇去读书："学校往往忙于各种检查，把师生的时间都占满了，这对学生、教师的成长都非常不利。"

同时，她鼓励家长也要积极地参与到学校教育中来，帮助教师成长："发现教师存在问题时，要站出来，反映出来，一般的老师都会有足够的善意去接纳、反思。"

"一些家长一边抱怨，一边旁观，无助于教育的改进和家校关系的和解。"

作者系《人民教育》记者

原载于《人民教育》2015 年 05 期

李希贵：不让一个个孩子消失在概念中

李镇西

由潍坊到北京，再由教育部到十一学校，他快乐而执着地缔造着教育传奇

知道李希贵，来自早年的一篇题为《一个教育局长的听课手记》的长篇报道。真正见面是在潍坊的一个饭馆。那次去潍坊讲学，晚上校方请我吃饭。巧的是，当时"李局长"正在隔壁屋吃饭，听说我来了便过来打招呼。他向我伸出手："欢迎你，李老师！"

但见他集小伙子的英俊与中年人的沉稳于一身，笑容真诚而富有节制："欢迎你来潍坊'传经送宝'！"口吻俨然是会见外宾的国务院总理，但接下来是一句大白话："我还有事儿，不陪你了。吃好，喝好！"

再次见到李局长，是几年后在北京。当时，教育部有关部门打算出一套"当代教育家丛书"，我忝列其中。当晚，打开酒店的房间门，只见一位中年男子斜卧在床上看书。四目相对，彼此都乐了："李局长！""李老师！"

据说这是新中国成立后第一次组织所谓"当代教育家"写书，每人一本。面对如此殊荣，跟李吉林、魏书生等大家坐在一起，我多少有些自豪，更多的是不安、心虚。但我也看到个别"教育家"言谈骄慢，好像给他出版著作是在央求他。形成鲜明对比的是，李希贵坐在一个不起眼的角落，音调不高，语速不疾，从容不迫，娓娓道来，他说他所做的"还仅仅是探索""远不成熟"云云，低调得毫不做作，谦卑而又内敛。

那几天，大家忙着开会，研究写作提纲。一回到房间，我便放松了，可希贵依然手不释卷，时而蹙眉细看，时而仰头凝望，若有所思，念念有词，如此痴迷！我忍不住问是什么书，他给我看——《新概念英语》第一册！我大惊失色："你看这个作甚？"他眼睛也不抬一下，对着书回答我："随便看看，随便看看。"

几年后，他出访美国，居然能够比画着和人家简单交流，拿着英文读物也能知道个大概。回国后写下《36天，我的美国教育之旅》。我才恍然大悟：这家伙，原来如此！

后来，我和希贵见面渐渐少了。我偏居一隅，在西南一所涉农学校快乐而执着地编织着我的教育故事；他则由潍坊到北京，再由教育部到十一学校，同样快乐而执着地缔造着他的教育传奇。

他心中装的学生不是抽象的，而是一个个鲜活的"个体"

十多年来，虽不常见，但关于希贵和北京十一学校的正面报道、负面评价和中性传闻不绝于耳。这大概是所有改革者必然会有的"宿命"吧！

他一直心系校园，准确地说，是他心里一直装着学生。我认为这正是他后来一切作为的根源。在我看来，他在十一学校所做的一切，已经不只是"教育改革"，而是"教育革命"了。它让我们的教育眼光回到了教育的起点，让我们思考一个朴素但又被许多教育人忘记了的问题：我们的教育究竟为了谁？

其实，我们似乎从未停止过对诸如"办学目标""教育目的"之类话题的讨论，而且答案好像越来越"明确"了——"办人民满意的学校"呀，"为了一切学生"呀，等等。但我总觉得这些写在许多学校墙上的醒目标语似是而非，"人民满意"中的"人民"又是谁？大家约定俗成或心照不宣地认定是家长，还有各级领导，还有含混无比的"社会"，所以"办人民满意的学校"其实是"办家长满意的学校""办局长满意的学校"。

"为了一切学生"好像指向很明确，但实际上也很模糊甚至空洞，因为"一切学生"还是一个集合概念。但李希贵心中装的学生不是抽象的，而是一个个鲜活的"个体"。希贵认为，我们不应该让一个个孩子消失在"人民"和"一切学生"的概念中，我们应该追求"面向个体的教育"！

有一句话流传很广："我们走了很远，却忘记了为何出发。"如果问教育最早的出发点是什么，答案不正是一个个具体的学生吗？但是，这么多年来，我们的教育越来越让人眼花缭乱，越来越高瞻远瞩，"人"却没有得到足够的重视。谈到办学，不少校长首先想到的是一些宏大词汇："理念""规模""模式""打造名校""国际理解""走向世界"……唯独忽略了每天要面对的一个又一个具体的孩子。李希贵所倡导并践行的"面向个体的教育"，正是要把"这一个""每一位"重新置于教育目的和办学目标的首位。

这个主张并非李希贵原创。我们的老祖宗不早就说过"因材施教"吗？所以他所呼吁的"面对个体的教育"似乎并不新。但我赞同一种看法：当一些理念渐被遗忘，复又提起的时候，它就是新的；当一些理念只被人说，今天被人做的时候，它就是新的；当一些理念由模糊走向清晰，由贫乏走向丰富的时候，它就是新的；当一些理念由旧时的背景迁移到现在的背景去继承、去发扬、去创新的时候，它就是新的……因此，针对当今中国教育无视个体的现实而提出"面向个体的教育"，便显示出了它的改革新意。

希贵对每一个学生的尊重，不仅仅体现在课程改革、走班制等"宏观层面"；在一些微观的细节处，他也充分体现出几乎本能的对孩子的"在乎"。

去年我陪地方教育局局长去十一学校，大家聊得很欢，可不知什么时候坐我旁边的希贵不见了。我以为他打电话去了。谁知，二三十分钟后他才回来。

我正纳闷这个电话打得也太长了。他一坐下便抱歉："刚才我陪学生吃饭去了。今天星期一，该我陪学生吃饭。"原来十一学校有个制度，每天中午都有一位校级干部轮流陪学生吃饭。当然，校长和学生吃饭似乎已不新鲜，我看到过媒体宣传某些学校的校长和学生"共进午餐"，但这些校长是把这当作对优生的"奖赏"：经过选拔的品学兼优的学生才有"资格"与校长同桌吃饭。

我试探着问他："是不是你以这种方式和学生交流，了解他们的想法？"他解释道："不是不是。他们是来找我帮忙的。"这更让我不解了。他继续解释："今天有一个学生说他打算组队去参加一个比赛，但凑不齐队员，想让我在全校范围内给他推荐合适人选。"我恍然大悟。

他从衣服口袋里掏出一张纸给我看："这是学生对全校空调使用情况的调查数据，他们认为学校空调的使用率不高，有些资源浪费，想让我给他们出出主意，怎么才能使空调的使用更合理。"他诚恳而自然，令人动容。

我想起十一学校教学楼过道里张贴着一张手写的"校长道歉卡"——

亲爱的同学们：

你们好！

因国际部大楼改建工程延期至明年暑期，原定 2014 年十实事之"学生影院建设工程"作为改建工程的一部分，顺延至明年进行。为此我向全体同学致歉！

李希贵

聊起此事，他笑了："今天还贴了一张新的道歉卡呢！有同学抱怨有时来参观的老师在教学区大声说笑，影响他们上课。"我说："这是参观者的错呀！你是代他们道歉的。"他笑了笑，什么也没说。但我从他的表情上读到某种不屑回答的意味："你这都不懂呀？我是校长嘛！"

希贵的同事告诉我，李校长把手机号向全校学生公开。每当收到学生的各种诉求短信，他总是及时转给相关部门。这样的校长恐怕也不多。

在当今中国，几乎每一位校长都爱说"以人为本"，却不是每一位校长都能够把这四个字化作自然而然的日常生活。李希贵做到了。

当许多人还在憧憬某些崇高的教育理念时，他已经在行动上远远地走在了前面

我听到的对希贵及十一学校的批评和质疑主要有三点：一是十一学校集中了全国许多学校不可能拥有的"资源"，尤其是高素质的教师队伍；二是李希贵搞的是"西化"；三是十一学校的做法不可复制。

十一学校的做法可以被批评和质疑，但我认为，这几点却是经不起推敲的。

中国不是所有学校都拥有那么丰厚的物质资源和优秀的教师队伍，但拥有相当条件的学校绝不只十一学校一家。为什么有的事儿十一学校做到了，其他同样重量级的学校却没做到？

说十一学校"西化"，但只要我们坚持社会主义核心价值观不动摇，面

对西方的一些有效的做法，难道就不能适当地借鉴和学习？

说十一学校的做法"不可复制"，这正是多年来一些学校的教育改革和创新被否定的"理由"。可是，为什么一定要"复制"呢？不能"复制"就没有意义吗？十一学校为中国教育提供了一种可能，为素质教育提供了一条富有成效的路径，为中国至少是北京的孩子及其家长多提供了一种选择，这不挺好吗？

谈起这些，他淡淡一笑："有争议是好事，能让我们更加完善。何况我们的确还在探索中，也不成熟。"依然满脸真诚。

"我们的教育必须改变。"这是李希贵论著中流露出的一句分量很重的话，表明他想改变教育的决心。今天再读，我实在惭愧。十多年过去了，不能说我一点都没有将这些理念付诸实践，但和希贵相比，我做的实在有限。

马克思曾说："哲学家们只是用不同的方式解释世界，而问题在于改变世界。"这说的是实践的力量。希贵之可贵，就在于他不仅以民主的教育理念来解释"世界"（教育），而且已经并将继续"改变"十一学校，他将"面向个体"的教育观实实在在地化作了学校常态的教育生活。当我们许多人还在憧憬某些崇高的教育理念时，希贵已经在行动了，而且远远地走在了前面。

作者单位系四川省成都市武侯区教育科学发展研究院
原载于《人民教育》2015 年 24 期

叶澜：教育要先读懂"人"

庞庆举

从教 50 余年，叶澜的自我定位是"一位甘心以教育学为志业的学人"。

"我为什么愿意做教育学人？"叶澜说，"因为教育的丰富复杂，需要以研究者个体生命的全部丰富性去体悟、理解和表达，做教育学研究令人永远有学习的冲动。教育学人的生命会因此越发丰富、美丽和幸福。"

把教育中的"人"找回来

1958 年，叶澜怀着"培养老师"的憧憬，报考了华东师范大学教育学系。1962 年毕业留校任教。从此，叶澜走上了教育学研究的轨道。当时，教育学属于"综合 / 复杂"学科，相对晚熟，在学科之林中处于弱势地位，要"以教育学为志业"，注定充满挑战，任重道远。

1980 年，叶澜远赴南斯拉夫访学。中外对比下，叶澜意识到当时的中国教育学中缺了"人"。本是围绕"人的成长"开展的教育学研究，却偏偏看不到"人"，这是多么大的失误啊！没有"人"的教育学是机械的，若以此指导教育实践则是可怕的。她认定，教育学要发展，必须把教育学中的"人"找回来。

为了全身心地投入研究，叶澜主动辞去了华东师范大学副校长的职务。2006 年 8 月的那次总理座谈中，她说：我是"教育学"教授，对教育学研究的热情和心甘情愿，几十年不减分毫。

为了找到更多围绕"人"的研究启发，她走进学校，然而越是寻找，越是失望：在学校教育中，她看到了教材，看到了刚性的管理，却丝毫看不到"人"。越是缺乏，就越是坚定了她完善教育学研究、改进教育实践的决心。

从此，教育学研究和教育实践中共同的漏洞，成为叶澜走进教育深处的门。尔后，"生命·实践"教育学和"新基础教育"成为叶澜志业的"天""地"双螺旋。

先读懂学校，再诊断、重建

为了读懂学校、校长和老师，叶老师坚持每学期进学校，进学校必进课堂，与校长、教师深入接触和交流。她最喜欢坐在门口第一排，与黑板和学生呈 45° 角，师生交互的全景悉收眼底。她说，这能让她有根据地作出判断，给出切中肯綮的建议。课后必研讨；若时间允许，研讨后还和学校领导、教师开座谈会。

在每一个"新基础教育"现场研讨会上，如果叶老师在场，她一定是记录最投入、对话最切中要害的人。她笔记本上的记录工整而又繁密，各种特殊符号、旁注、圈联、归纳，不同色笔的标识，活像"鬼画符"。

研讨的内容多针对现实问题，大量时间是在诊断哪里有问题，怎样可以更好（"新基础人"称之为"捉虫"和"喔效应"），如何"二度"反思—重建，"发现问题就是发现发展空间"是"新基础教育"的教研文化。

这种文化的形成非朝夕之事，它是在叶老师的表率、引领下，以"相约星期二"合作研究制度、"长程策划与阶段推进"等研究策略为保障，在大学专业人员"深度介入"中小学教育教学的日常研究性变革实践中，逐渐养成的新行为习惯。

有一次在外地研讨，叶老师听到一节九年级语文课《唐雎不辱使命》，其中一个环节是通过诵读、表演等体会唐雎和秦王的人物性格。现场，学生有各种读法和表演风格。评课时，大家主要围绕如何借助文本提升学生的语文素养研讨。

叶老师评课时首先肯定了这样的研讨很好，关注到用语文的因素提升对人物内在精神的理解。接着，她话头一转：

"这让我想到，教师要善于在课堂教学过程中研究学生。研究学生不是说要通过问卷、座谈，学生其实在课堂上在不断向教师呈现自我。孩子对于唐雎和秦王对话的理解，说明他们善于体会，摸透了人物的内在精神世界，唐雎说'未尝闻'天子之怒，不是不知天子之怒，而是虽然知道，但是含蓄，让秦王的张狂进一步表现出来，这是弱国使者与强国国君对话的智慧和策略。初中生容易叛逆，是个让教育头痛的难题，但孩子对文中人物的理解、揣摩，说明孩子能够且善于体会他人，这对教育研究、实践和青少年成长来说是很有价值的。

"现在，大多数老师研究学科内容的意识远远强于研究学生的意识，但是恰恰只有研究透学生，把握住学生的成长状态，才能做'人师'，才能真正对儿童的发展产生积极的推动作用。让我们一起学做人师，学着在课堂里、在日常生活中，观察、研究学生现有的问题和可能达到的高度，从现有的问题走出，让更多的学生从现有的高度走向可能达到的高度。我们在这方面再下功夫，研究教材、研究学生、研究课堂，再来设计，这样不可能有倦怠！教育世界如此丰富！充满了需要思考、创造的事情，我们哪里有空倦怠？！只有无所事事、不做研究，才会倦怠。"

这样的打开式、提升式评课，不仅没有脱离具体文本、真实教学，而且贴近学生的成长需要和成长阶段的关键期，贴近教师的生存方式，对教师反思、重建，对学生发展，对课堂本身的生命成长，都有启迪价值。这种形式的研讨会很受教师的欢迎，每逢研讨，大家都争先恐后地往前坐。

叶老师不仅在研讨现场善于倾听、捕捉、互动、提升，而且在研讨之前的"备课"和研讨之后的"课后作业"上都下大功夫。每次研讨前，她都会仔细阅读手头收到的材料，哪怕只是一张安排表或目录，从中读出安排背后的思路、策略及人员的分布与成长。

同时，叶老师要求自己：凡是要求学校提交的材料，无论多忙，都要抽空提前阅读、梳理，从中诊断价值取向与思维方式，发现新的创造、阶段问题与发展空间。叶老师说，有了"行与知""事与人""创造与问题"交互解读的"深度备课"，现场努力倾听、捕捉、判断、提炼，相互之间才能进行既读懂又促进的重建式对话，促进合作者更加明晰"自我"的发展状态与可能，在原有基础上更上一层楼。

事实上，许多访谈者也谈到：之所以能在合作共生中创造教育新天地，是基于日常持续的"深度"介入，基于日常积淀的相互"读懂"。

研讨之后，凡是对方提交的材料，叶老师依然要及时梳理，及时反馈；

没有"课后作业"时，叶老师则在头脑中对研讨现场进行"回放""重播"。把学校发展揣在心里，殚精竭虑，反复思量，这背后是怎样的热爱和甘心！

2014年，福建教育出版社出版了《深度访谈：读懂创造教育新天地的人们——叶澜与"生命·实践"教育学合作校部分校长访谈录》，书中叶老师为所有"生命·实践"教育学合作校校长，逐一"画像"。既有访谈前拿到基本情况表的"素描"，也有访谈现场即时的"速写"，还有访谈后的"工笔写意"。校长、老师们的形象，从执行者变成了实践创造者，从方法的操作工变成有信念的教育者。

唤醒人更好的自我

其志即其行，其业即其人。对生命的尊重、热爱和"读懂"，与生命间的"互动生成"，不仅是叶老师的研究常态，也是她待人接物的习惯作风。

有一次外出作报告，叶老师在进报告厅前上楼时不慎摔伤，无法站立。邀请方劝她暂停报告，先去医院。但叶老师听说报告厅已坐满，过道也站得水泄不通，有的听众为了听这场报告还提前4小时就来占座，她不能辜负听众。叶老师当时已无法站立，在涂抹药膏、作简易包扎处理后，我们抬她到讲台，一路上她不停地对我们说"谢谢"。说谢谢的时候，她望着我们每一个人。是的，她的眼里看到的是每一个具体、丰富的人。

她坚持作完了近两小时的报告。邀请方说："她完全可以只讲一半啊！"

叶老师住院期间，请了一位中年女护工，跟叶老师交流后，护工说，"我们配合很默契""我好久没有听到这样暖心的话了"。

叶老师不仅说暖心的话，还从护工的故事里读到了淳朴、勤劳等与土地相连的精神气息，反思城里人的精神缺氧，思考民工过年回乡潮、儿童精神成长中的大山、城乡差距等问题。"城市化的过程不只是改变农村的经济和教育贫困落后，也要改变城市的浮华和狂妄自大。这需要两类人之间相互尊重、欣赏、学习，从对方身上吸取精神能量，改变自己的不足。人逐渐变了，我们才会有新型的农村与城市。永远不要把别人只当作你的工具，你才会看懂每一个具体和丰富的人。"这是被缚在病床上的叶老师说给我们听的话……

她常感叹："我的身边都是好人，我经常遇到好人！好福气吧！"其实，人不同程度地既有好的一面，也有不好的一面。教育者的伟大就在于能在不经意间唤醒人好的、向更好的那一面，不断激发出人渴望变得更好、追求自我完善的内在发展需要。"经常遇到好人"，其实是她善于焕发人更好的那个自我。

作者单位系华东师范大学教育学系
原载于《人民教育》2016 年 10 期

"知心姐姐"卢勤话"知心"

邢 星

卢勤当"知心姐姐"30余年,曾长期主持《中国少年报》"知心姐姐"栏目,发起"知心姐姐"报告会、开设"知心家庭学校",并于2002年创办《知心姐姐》杂志,其间接触过无数的少年儿童——她了解孩子。

卢勤是中国家庭教育学会常务理事、中国关心下一代工作委员会专家委员会委员,获得过"中国内藤国际育儿奖""中国保护未成年人杰出公民""全国优秀少年儿童工作者"等诸多奖项和荣誉称号——她深谙教育。

卢勤曾任中国少年儿童新闻出版总社总编辑,是中国新闻工作者最高奖"韬奋新闻奖"获得者;其所著《写给年轻妈妈》《做人与做事》等教育类图书累积销量逾千万册,多次荣获"五个一工程奖""中国图书奖"等——她善于表达。

了解孩子、做教育、著书立言,卢勤说这三件事在本质上一样:都是在"进行心灵的沟通"。这一次,我们就聊聊"知心"这件事。

"我相信梦想成真,而且始终不放弃追梦"

"1960年,《中国少年报》成立了'知心姐姐'栏目。我看到好多小朋友给'知心姐姐'写信,于是有一天,我也悄悄地写了一封。大意是:我看到《中国少年报》刊登了许多学校的少先队活动,我们班的活动也搞得很好,怎样才能见报呢?

"不久,我就收到了'知心姐姐'的回信。她在信中亲切地称我为'卢勤小友',回复说:报上没有刊登过的活动,如果你写就有可能发表;就算一时没有发表,你也不用灰心,总有一天会成功。

"后来我按'知心姐姐'说的办法投了稿，我们中队的活动果然上了《中国少年报》。

"小小的成功，能够激发大大的梦想。第一次写信就收到了报社的回信，我们班的活动又真的见报了，我心里有一种从未有过的成就感。从此，我立下人生第一个志向：长大到《中国少年报》当'知心姐姐'。那一年，我11岁。"

卢勤的话是"流"出来的，没有多余的字句，没有不必要的停顿，故事情节连贯，起承转合顺畅，节奏并不快，却让人听得心里一阵痛快。

从立志起，卢勤就开始将梦想付诸行动。

"小时候，我一直梳短发，为了像报上'知心姐姐'的样子，悄悄留了长发，也梳起了两条小辫子，又特意去北京照相馆照了一张'标准像'，姿势都跟'知心姐姐'一样。但是后来取回照片一看，总觉得少点什么，仔细对比才发现，我缺少'知心姐姐'那可信可亲的微笑。于是，我开始见人就笑，时间长了，就有了'亲和力'，微笑也成了我与人交往的'见面礼'。"说这话的时候，卢勤就正微笑着，眼睛、嘴角都弯成好看的弧。

"上中学后，我是第一批共青团员，当了三年班级团支部书记和校团委会委员。下午放学经常到后海边与同学谈心，聊人生、聊学习、聊烦恼，你说我听，我说你听。当时就觉得别人信任你，把心里话都告诉你，你理解别人，走进别人的心里，这种'知心'的感觉真好！"

梦想与现实渐渐靠近，卢勤初三毕业时目标更加明确："高中毕业报考人大新闻系，大学毕业去《中国少年报》当记者，当'知心姐姐'。"

可是，追梦的路向来不平坦。

1966年，"文化大革命"开始了。

1968年，卢勤高三毕业时，大学的校门都关闭了，《中国少年报》也停刊了。

1969年，卢勤成为上山下乡的千万知识青年中的一员，来到吉林省白城地区插队，在这里一待就是整整10年。

"我下乡3年没回家，组织青年农民和下乡知青共30个人办了一个剧团，春节期间去各村演出，很受欢迎。4年后我调到白城知青办工作，又成了知青的'知心姐姐'，他们找对象都要让我给看看合适不合适。"卢勤笑着说，"在那里，我学会了群众工作，既可以跟老人沟通，也可以跟年轻人沟通，跟孩子沟通。"

上山下乡的"岔路"仿佛将卢勤的人生轨迹引向了未知的方向，可她的梦想故事突然峰回路转。

"1978年11月的一天，我正在做晚饭，偶然听到《星星火炬》节目里正在广播《中国少年报》复刊的消息。当时我无法按捺内心的激动，连夜给《中国少年报》写信，诉说我童年的梦想，表达我这些年来的心声。"卢勤说得动情，"1979年6月，我的愿望终于实现了。我踏入了朝思暮想的中国少年报社，成了一名记者。那一天，我流泪了。我没有想到一个孩子的梦想，一个知青的梦想，真的能实现。我下决心要为孩子工作一辈子。那时我30岁。"

为什么卢勤的梦想能够实现？

"因为我相信梦想能成真。一路走来，我心中始终怀抱这个梦想，而且在追梦的过程中始终不放弃。"此时，卢勤的笑容里又多了一份坚定。

"为了孩子，我什么都能够做到"

孩子的心田，你种下什么，就会收获什么。

如果你听过卢勤的讲座，或者读过她的书，你一定能感受到卢勤心里有对孩子满满的爱，并由这爱生出满满的力量。那么，爱的力量源自哪里呢？

"我上小学五年级的时候，有一次，《中国少年报》登出盲童李学美姐姐刻苦学习的故事。我们班决定请她来作报告，这个任务就交给我了。我也不知道盲童学校在哪儿，于是买了一份地图，一大早就上了公共汽车，中间倒了三次车，一边打听一边找，最后终于找到了校长室。"

卢勤走进去一看，校长室里坐满了人，他们都是来请李学美的。她赶紧跑到校长面前，一口气讲明来历。校长说了一句话，让卢勤至今记忆深刻："孩子的事儿优先！"

那一天，校长不仅优先安排李学美到卢勤的学校，还专门派车把卢勤送了回去。

卢勤回忆说："当时有一种'英雄归来'的感觉，我就觉得社会对孩子很尊重。后来我当了'知心姐姐'，也常常想着'孩子优先'，只要孩子出面邀请我去他们学校作报告，我都尽量答应。"

"这次成功的体验对我还有一个影响，就是收获了信心。让我觉得你只要很真诚地跟人沟通，一往无前地去做，大多数人理解了你的意图后都会支持你。"

卢勤说，满满的爱心与信心都是"一件一件的小事"积聚而成的，从小到大，她这样的经历太多了。

"1986年，我们报社要组织'全国好队长夏令营'活动，想请一位省委领导或者市委领导来参加我们的开营仪式。"很多人都觉得这件事"不可能"，卢勤却说："先别说'不可能'。"她找到领导参加其他活动集体拍照的空隙，直接走上前去介绍："我们有一个'全国好队长'的活动，要举行夏令营……"领导拍完照径直往前走，根本没理她，但卢勤仍然一路跟着领导，边走边说明情况。最后，省委领导竟然真的被她说服了。

"我自己也欣赏那股勇气，就好像为了孩子，我什么都能够做到。只要是为了孩子，我会非常执着地做一件事，有困难也绝对可以克服。"

卢勤话锋一转，继续说道："其实沟通不光靠语言，心灵的沟通依靠一种心理能量。如果你沟通有障碍，那么这个障碍在你的心里，你可能觉得正在沟通的这件事情不是很重要。我始终认为孩子的事很重要。"

"沟通能力建立在自信的基础上，因为沟通需要主动。"卢勤说。

"我不是从小想当'知心姐姐'嘛，所以总想主动帮助别人。我记得小学五年级学一篇课文《海边青松》，讲的是英雄安业民爱国爱民的故事。我非常感动，放学后便和同年级的两位女同学一起，秘密成立了一个做好事的'安业民小组'。除了打扫卫生、修理厕所这样的事情之外，我每天都在默默地观察：'谁需要我的帮助呢？'如果发现哪个同学情绪不高，我就写一张纸条，上面是一句能让他心里高兴的话，然后趁着他走进教室不注意的时候，迅速塞进他的手里，自己再若无其事地走开。"

"这个经历让我感受到，心灵的帮助是一件很快乐的事情。我开始搜集名言警句，因为帮助人的时候需要用。也是从那时起，我养成了爱记录的习惯，遇到书上看的、别人说得好的语句随时记在笔记本上，这些都是滋润心灵的营养。"

在寻求"知心"的路上，卢勤既找到了沟通的快乐，也找到了帮助别人的快乐。

"3年前，我们小学同学聚会。阔别50多年，有一个男生一见面就说：'卢勤，你还记得我吗？小时候，你天天送我过马路！'我才想起来了，徐耀荣，这个淘气包！他总疯跑，把肋骨摔断了，穿着铁背心，我每天把他送过马路再回家。他说完这句话就哭了，我也哭了。我感到50多年过去了，岁月抹去了许多记忆，留下的却都是别人对自己的好。"卢勤笑着，眼睛闪亮。

"现在回想起来，我的爱心和信心正是在做一件一件的小事中形成的。在这个过程中，我的人生观也得到发展，认为'人活着之所以快乐，是因为能够让别人更快乐'。后来我做'知心姐姐'，发起'知心姐姐'报告会，开设'知心家庭学校'，最终，我成了一个热心社会公益事业的人。"卢勤总结说。

"家长、老师要学会倾听孩子"

卢勤少有地收起笑容，不无担忧地说："现在，家长在'教育'孩子，老师也在'教育'孩子，没有人在'倾听'孩子。其实教育最重要的是'知心'，'知心'最重要的是倾听。只有听懂了再说，教育才有的放矢，所以家长、老师要学会倾听孩子。"

"我在上幼儿园时，遇到一位特别好的老师。这位老师好在哪儿呢？就是她懂得倾听孩子。记得上幼儿园第一天，老师给每个小朋友发了6支彩色铅笔和一张白纸，让大家随便画。我当时可高兴了，因为从来没有用过这种彩色铅笔，于是每一种颜色拿出来，分别在纸上画了一条像弹簧一样螺旋形的彩条。其实，我主要是看看哪个颜色好看。"卢勤说着，笑得很生动。

老师看了看卢勤的"画"，问道："你画的是什么呀？"

卢勤一愣，她根本没想画的是什么，可是看到老师期待的目光，她脑子里灵光一闪："是烟。"

"是吗？你回家再去观察一下，看看烟筒里冒的烟是什么颜色的。"老师笑眯眯地说。

放学了，卢勤在回家的路上就开始观察，结果让她很失望：所有的烟都是灰灰的，只是有的深些，有的浅些，太难看了！

第二天到了幼儿园，这位老师又问卢勤："你画的是什么呀？"

这一次，卢勤想了想，回答说："烟。我画的是'明天的烟'。"

"你很有想象力！"老师拍拍卢勤的肩膀，满意地说。

"童年的这种记忆非常美好，老师的倾听和肯定激发了我的想象力，从此画画成为我一生的爱好。"卢勤回忆说。

"我觉得，我的妈妈也是一位了不起的教育家，她为我们营造了一个宽松的、倾听的家庭环境。"卢勤举例说明，"小时候，最让我得意的一件事是为自己改名字。父母给我起名叫卢桂华，5岁时上幼儿园报名，我觉得自己的名字不好听，提出要改成当时开始时兴的两个字的名字。我妈很赞成，她召集全家人开了'家庭会议'，给我起名：卢迪、卢芳、卢琴……最后，我选了'琴'音，但改成了'勤劳'的'勤'。几天后，幼儿园门口贴出报名名单大红榜，我一眼就看到'卢勤'两个字，高兴得马上回家报告：'妈！我起的名字贴出来啦！'妈妈放下手里的活儿跑去看，连连说：'这名字好，简单，好记，又勤快！'"

"我很感谢我的爸爸妈妈。童年，他们没有给我压力，倾听、尊重我的意见。对于一个5岁的孩子来说，自己的主见被大人采纳，是最令人感到幸福的事。"卢勤深有体悟地说。

但为了全身心地投入"知心姐姐"工作，身为母亲的卢勤却曾经忽略了倾听自己的孩子。

"我总觉得听孩子说话浪费了我写稿子或思考的时间。所以，每次孩子和我说话，我总是作出很忙的样子，眼睛左顾右盼，手里还不停地翻动着书报。没想到，我的'忙碌'给孩子的语言表达带来了障碍。为了在有限的时间里把话说完，他就讲得很快，当嘴巴跟不上思维，他说话就变得结巴起来。我对他说：'你别结巴！'他结巴得更厉害了。"

这时，卢勤的妈妈支了一招："你儿子和你说话，你好好听着就行。"

卢勤开始注意"认真倾听"儿子讲话，慢慢地，他竟然不结巴了，说话很精彩，甚至渐渐有了幽默感……

"倾听真是具有一种神奇的力量！它可以让人获得智慧和尊重，赢得真情和信任，也可以让一个'口吃'的孩子，变成语言的天才。"卢勤反思而得，"大人会听，孩子才会说。好说、会说的孩子身后，一定会有爱听、会听的倾听者。"

"其实做'知心姐姐'很多时候也是在倾听。"卢勤说。

"我到了报社以后，负责回复'知心姐姐'信箱的来信，每一封都很认真，抬头写'某某小友'，落款写'知心姐姐'。这种回复对我来说是基本功，就是学会用孩子的语言跟他们沟通。

"1987年，孩子们呼唤'知心姐姐'从报上'走下来'。孩子的需要就是我们的使命，结果孩子们排着长队啊，一个会议室里满满地挤了600人。孩子当着那么多人的面就诉说自己的心里话，我才知道，孩子有很多心声没有地方说。

"于是我们开始'知心姐姐'进校园，然后又开通了'知心热线电话'。后来，'知心姐姐'报告会、'知心家庭学校'、《知心姐姐》杂志、'知心姐姐'网站一步一步发展起来……

"倾听孩子的心声，是'知心姐姐'一辈子的工作。"

一口气说到这里，卢勤如释重负却又余意未尽地戛然而止。

卢勤说，做了几十年"知心姐姐"，沟通的媒介改变了，孩子和大人都在改变，但是"人性是无法改变的"——"人性最根本的东西是需要沟通，心灵的沟通"。

原载于《人民教育》2014 年 04 期

曹文轩：我喜欢用孩子的眼光看世界

邢　星

曹文轩在中国作协七届六次全委会的间隙抽出时间接受我们的采访。他迎出来站在门口，一身黑色休闲款西装，远远看去挺拔、精干。越走近，他的眼睛就越吸引我的注意，我一直想找一个准确的词来形容那双眼睛：清亮。当我重新整理这些文字的时候才终于明白，这位北京大学中文系教授、博士生导师，这位有《草房子》《青铜葵花》等诸多畅销佳作的中国作家协会全国委员会委员、北京市作家协会副主席，这个成功演绎着学者与作家双重身份的成熟男人，依然拥有孩子一样对这个世界含着善意的、微笑着的目光。

"想象力让我富有"

采访的时候正值北京的初春，可曹文轩却说："我最不喜欢的季节是春季。"因为他记忆中的春季是与苏北农村的贫穷和饥饿紧紧联系在一起的。

"我小时候生活在一个非常贫困的土地上，说来你可能都不相信，那个时候我吃过糠、吃过青草。"曹文轩微微眯起眼睛，一边回忆一边平静地讲述，他所说的我只能想象却无法体会，但若是那个年代经历过的人恐怕都感同身受。"春季是青黄不接之季，头年的粮食吃完了，这一年的庄稼还在地里生长着。而春天的白天也特别长，太阳又特别暖和，人身体里能量的耗费要比冬天大得多了，可是没粮食。所以我现在还记得，到了春天的时候，就希望天早一点儿黑下来，黑下来你没办法就得上床了，不然你对饥饿的感觉会更加的强烈。"

关于饥饿，曹文轩曾讲起这样一段往事。那正是春天的时候，一个暖暖的中午，小文轩的肚子饿极了，趁人不注意，他偷偷溜进了学校给教师做饭的厨房。揭开锅盖的瞬间，一股热气伴着米香扑面而来，一看到锅中那白花花的米饭，小文轩竟然不顾烫，抓起一把米饭就往嘴里塞去。就在这时，语文老师出现在厨房门口，正漠然地看着他！而此刻，小文轩一手拿着锅盖，一手捂在嘴上，手上还沾满了米粒……

"苦和幸福很难说，因为它有一个转化的问题。"此时回望那段贫苦的岁月，曹文轩有着更深刻的理解，"我想造物主还是公平的，它给你贫穷的时候又给了你一笔财富，这个财富只是你当时不知道。"那段生活给予他的人生财富就是想象力："正是我小时候的那种贫穷，使我的想象力得到了发挥，甚至发挥到了极致。"没有吃的，曹文轩就想象出各种各样的珍馐美味，他想着自己长大了"做一个屠夫"的样子："能顿顿吃大肥肉，嘴上整天油光光的"。没有书包，"我就想象着我有一个书包，而且是一个非常漂亮的书包"。没有一支好笔，"我就想象我有不止一支笔，而且还是各种颜色的笔"。在那段物质极其匮乏的岁月，曹文轩用想象填满了自己心中的世界，"那种能力的培养，那个时候当然不知道它会成为我以后一笔非常重要的财富。这就像一笔钱已经存在你的存折里了，若干年后才知道你原来有一个存折，打开来有一笔数目巨大的存款"。

想象力"是高质量生命的一个标志"，可如何将贫穷和苦难转化成想象力呢？

"一个是天生的。我们能看出来，说这个小孩想象力很丰富。"曹文轩一边总结，一边回忆，"我想，我天生的想象力还是不错的。"曹文轩儿时一直生活在水边："你望着它，无法不产生遐想。水培养了我日后写作所需要的想象力。回想起来，小时候我的一个基本姿态就是坐在河边上，望着流水与天空，痴痴呆呆地遐想。"

另一个"是跟人生经验有关"。"在想象力里有一个重要的东西，就是人生的遭遇要非常不平坦"，就如曹文轩切身经历的贫穷，"那就说明你'没有'，你'没有'的时候就会希望自己'有'，那么这个'有'哪里来的呢？只能通过想象"，"通过想象来弥补空缺，无形之中就触发对一个人想象力的培养和锻炼"。

"还有一个很重要的就是知识。"曹文轩将知识放在最重要的位置。"想象力是一个火箭，推动这个火箭的就是知识。如果没有知识，我不能想象它升空能有多高、有多远，这个抛物线的弧度有多大。有多少知识，就有多少想象力；有多么丰富的知识，就有多么丰厚的想象力。"曹文轩说他给小孩子们作讲座也常常说起，要"通过读书来增长自己的知识，知识帮助人，让人有了一种想象力，有了想象力就有了一种创造，然后就会变成一个非常富有的人"。

"文学改变了我的人生轨迹"

曹文轩小时候，每天放学就和小伙伴们在田野、河边、稻地、麦地、芦苇丛各处玩闹，"空闲时间非常多，就是书少"。但和其他孩子相比，"我有一个得天独厚的地方"："我小时候阅读的条件，可能比我周围普通农民家庭的孩子好很多"。因为父亲是"乡村知识分子"，在小学当校长，"虽然书不多，但是毕竟我是有一些书看"。从小学到初中，父亲学校里的两大架子书就成了曹文轩珍贵的精神食粮。他看了鲁迅的书，看了《三国演义》《水浒传》，甚至看了《红楼梦》。

"现在想起来非常有意思，"曹文轩说起自己独特的文学学习之路，"当时有个叫浩然的作家，如果现在我们用纯文学的眼光看，会觉得他的作品意识形态色彩很重、很浓。可他虽然是写阶级斗争的，但是他也写刮风下雨，有风景描写，所以我从当中学会了风景描写。他虽然可能把人物错误地理解了，可他毕竟刻画了人的肖像，说这个人是个胖子，胖到什么程度？裤子穿得马上就要开裂了。"聊到生动的文字记忆，曹文轩禁不住笑出声来，"他教会了我几乎所有的文学写作的技巧、文学写作的方法。"他甚至这样评价："浩然这个作家在中国文学史上起到的作用，恰恰是后来我们认定的那些非常伟大的作家、了不起的作家都没给予的，因为他的作品培养了一代人的文学的能力。"

曹文轩发表的第一篇作品有个颇富象征意味又很好听的名字，叫《紧弦》。那还是在他上高中的时候，当时公社文化馆"有一些老师专门下乡来辅导业余创作"。老师看了曹文轩的作品，很郑重地说了句："基础不错。""那个时候的文学创作是非常认真的"，曹文轩回忆说，"大家坐在一起开会"，"一篇作品好多人提意见、打磨啊"，"一次一次修改、一次一次修改"，慢慢终于"熬出头了"，作品发表了！"当然，那个时候是没稿费的，可自己的东西发表了，当时是非常非常兴奋的。"

因为业余创作的突出表现，1974年，曹文轩经老师推荐进入北京大学中文系读书，那对他而言是一个"特别大的转折"，竟也是一段"极其压抑的"时光。

"实在是因为在那块土地上是有一点点，就……"曹文轩犹豫了一下，挑拣着词语，"受不了了。因为太贫穷了，总是想着要离开那块土地，去一个可能好一点儿的世界，想象中的世界。"当时曹文轩就暗下决心："要尽一切可能，通过我个人的奋斗离开那块土地。"文学正是曹文轩找到的出路："果然文学帮了我忙，如果不是因为它，我也不会到北大；如果不到北大，我也不可能有今天这个人生轨迹。"

曹文轩带着一个农村孩子朴素的想法来到北大："我到大学来是读书的。"可那个"文革"时期的北大也并不是曹文轩想象中的美好世界。他一进校门，立刻被纠正想法："你怎么是来读书的呢？你是来革命的！"因为理想和现实激烈的矛盾，曹文轩十分失望和无助，"我在北大的那个时间是极其压抑的"。

可是还好有文字。曹文轩是一个把文字当作"家"的人，他说"文字构建的屋子，是我的庇护所——精神上的庇护所"。"无论是幸福还是痛苦，我都需要文字。无论是抒发，还是安抚，文字永远是我无法离开的。"过往的经历通过文学得到升华，在曹文轩的文字里，苦痛都消散，世界仿佛又回到童年那些纯净的想象里。

他坦陈："我写东西在语言上是很认真的，比较考究的。我不会去用那些没有质地的语言进行表述、描写。""我作品的主人公常常是孩子，更准确地说，我是寻找了一个儿童视角，我用孩子的眼光去看待这个世界。"什么是孩子的眼光呢？曹文轩的解释让我恍然，"当用一个孩子的眼光去看待这个世界的时候，这个世界会发生变形，这个世界会得到过滤。因为孩子一般看到的都是相对美好的东西。"

我终于明白为什么在经历了苦难和压抑之后，曹文轩的文字世界依然一片纯净："我喜欢用这样一个目光去看待这个世界，即使我不写儿童文学，我在日常生活中看社会、看人也是这么看，所以写那样一个东西很适合我。"

《草房子》出版 10 多年，印刷了 130 多次；《青铜葵花》现在每个月仍在印刷。冰心文学大奖、国家图书奖……曹文轩的作品有市场也有口碑。因为这片难得的纯净，曹文轩的书一直为儿童读者所喜爱，可曹文轩却说："我不是一个十分典型的儿童文学家"，因为"我在写东西的时候，较少考虑到我的阅读对象是儿童，更难考虑他是我唯一的阅读对象；因为我创作时想到的是我在写一个文学作品，我考虑更多的是艺术。那个时候我可能会想到契诃夫的一句话：当一部戏的第一幕把宝剑挂在上面的时候，最后一幕应该把宝剑拔出剑鞘；我可能想到卡夫卡的一句话：小说，是能够敲开冰冻的海面的一把斧头；我可能会想到哈默克的一句话：小说就是用针挖井"。

面对成功，曹文轩说："我可能是一个非常走运的人，就是说我的作品无意中吸引了千千万万的读者。"

最幸福的是"我的事业和职业是统一的"

曹文轩有作家和教师两个身份，在他看来这二者"是没有矛盾的"。虽然"一个是要求理性程度很高的，一个是要求情感程度很高的"，但"这两样事情总能结合到一个人身上"。

说起在北大留校任教的经历，曹文轩讲起一段有趣的事，"可能是绝无仅有的了"。刚毕业，曹文轩就接到了北大的橄榄枝，但"因为北大给我留下的印象并不好，所以那个时候我并不想在北大留下"。曹文轩收拾好行李，作出了可能连他自己也不曾料想到的决定：回老家！整整一年的时间，曹文轩就待在家乡，"什么也没干，就在那儿晃悠了一年多"。可怪就怪在，这一年间，北大每月按时给曹文轩发"工资"，直发到曹文轩"不好意思"了，他终于重新"回到了北大，走上了讲台，从此就踏踏实实地做一个大学老师"。在北大的这方讲台，一站就是 20 多年。

"北大选择了我，我也选择了北大，我们是一个互相的选择。这个选择从现在来看效果还是很不错的。在北大，我的事业和我的职业是统一的，我的事业就是我的工作，我的工作就是我的事业，这是我最幸福的地方。"曹文轩解释说，"我站在北京大学的讲堂，它可以让我自由发挥，让我的想象力、我的思想得到充分的展示，让我把这些东西给我的学生，我觉得这是一件非常幸福的事。"

采访中，曹文轩老师的语言是节制而有逻辑的，始终在一个温和的调子上，但一说到课堂，他的语速明显地快了："我曾经给学生讲小说，讲一个作家的观察。比如汶川大地震你关心什么，观察的角度是什么？军队来了、飞机来了、水车来了，但这是报告文学的东西。我是写小说的，我注意的是什么？我注意的可能是别人根本不注意的。比如有一个镜头，一个老太太从山沟里撤出来的时候沿途已经走了好几十公里了，可她背后一直背着一个背篓，那个背篓里有一只小狗。那这个对我来说太重要了，这才应该是一个写小说的人应该注意的材料。可能是老太太压在那个地方，是一条狗救了她，用舌头舔舔老太太，那么这就是我说的小说。小说就在这儿呢！"

师从曹文轩这样知识渊博的教授，他的学生肯定获益多多。我猜想要拜他为师也会很不容易。对于挑选学生注重什么素质？曹文轩回答："我挑选学生，首先一点，他要勤奋。第二点，要聪慧。第三点，他要有教养。这个是我选择学生的基本条件。"

语文课本应该是"非常完美的一个文本"

常常到中小学作讲座、与中小学师生交流，曹文轩这位大学教授更关心整个的教育链条。"现在我们这个链条上出现了问题，原因就是在这几十年间大学教育与下面的中小学教育脱节，两方面的人员没来往、没渗透，这两年有所改变。就说语文教材的编写，原来语文教材编写，大学老师是不介入的，但这几年编教材的人员反而是大学老师作为主导性的部分，再集合教学第一线的老师们一起完成。这样从某种程度上讲，多多少少弥补了大学与中小学之间的一个断裂。"

曹文轩上高中也正赶上"文革"，但他却说："我的高中恰恰是受到了非常好的教育。"原来，正是因为"文革"，当时一批无锡和苏州城里名校的名师"就下放在我们那个穷乡僻壤"，在曹文轩所在的学校——一个非常普通的乡村中学任教——"教数学的、教物理的、教化学的，哪怕是教我们打篮球、跳绳的体育老师都是名师"。而当时语文老师的教学方法让他记忆犹新："虽然教材里头的所有文章都充满了政治色彩，但她把它按照语文来讲，讲文法、讲章法。"

"现在语文教材的编写和语文教学都有问题可以探讨的。"曹文轩的语气里有担忧，"其中有一点是特别要注意的，就是在近 10 年的语文教学里，我们过于强调语文的人文性，忘记了它的工具性，而好多问题都是和轻视语文的工具性联系在一起的。"他认为语文课本应该是"非常完美的一个文本"，应该"在写作上有可以说道之处"。这些看法来自他对中小学语文教学的感受，他听过许多老师分析课文，"重心基本压在对这个文本的人文价值的分析上，很少听到一个老师去讲它的篇章结构，去讲它的文法、笔法、技巧，去讲它的文章之道"。所以他觉得"这就是一个偏颇的地方"。

曹文轩说："我们现在编的是一个语文课本，而不是一个人文读本。我们不是拿语文来给小孩进行一个简单的思想教育，重心应该是在文章上，因为学校各个课有各个课的功能，要思想教育你还有思想品德课嘛。"那什么才是好的语文教材呢？"过去叶圣陶他们编语文课本的时候根本没有别的想法，就是适合孩子念的、非常好的，文质——无论是文还是质——都是非常地道的文章。"

对于当下的中学教育，曹文轩觉得还是存在一些问题的。如果把学校比作一条完整的生产线的话，他认为"从中学接过来的产品没有完成应该完成的工序"。他举了一个简单的例子——写作。"按理说，高中把学生交到大学时，他应该已经完成了基本的写作能力的训练，已经知道了文章大致上是怎么回事，有个基本的文章的章法，知道了篇章结构，起承转合，字通句顺。"进入大学这道工序的时候，学生的语法不应该存在这些问题了。然而"很多学生都没过关，文章篇章结构不会安排，语言不通顺。结果事实上，我们今天的大学老师面对的一个非常尴尬的情况，那些已经念了博士的学生，老师在看他论文的时候还面临着一个一个病句，而且文章的篇章结构、逻辑安排都有问题，这些问题本来都应该是读高中时解决的。"曹文轩说，这也不能怪高中老师，"因为这是一个教育体制的问题"。

"我喜欢看一些非常有智慧的书。"曹文轩老师也跟我们分享他的读书经验，"比如角度刁钻、出人意料的。有一本《黑夜史》对我的启发很大，它教会我怎么用另样的眼光看待被我们忽略的非常重要的事情，我们谁会想到黑夜和人类文明史之间的关系呢？黑夜是人类生活里头极其重要的一个方面，人类的第一部《法典》就是跟黑夜有关系的。这种书，不光是书里的内容我非常喜欢，同时它的思路提醒了我们常常放弃了的、非常重要的观察这个世界的角度。其实这个道理跟文学创作一样，是需要一个别出心裁的视角。"

但另一方面，曹文轩也说无论读什么书，都要有自己的方法："我看书就像一个猎狗在追一个猎物。追不到这个猎物我是不甘心的，哪怕是很臭的书，我也要明白它臭在哪儿。"曹文轩总结自己的读书方法叫"雁过留毛"，"一辈子生命很宝贵的，就这么看看扔掉了不行。只要一本书从我眼皮底下经过，你必须留下一些东西再走，不然你就别从我这儿过"。

曹文轩曾经说过，《草房子》里的桑桑有他童年的影子。可采访的时候我一直觉得奇怪，为什么即使坐在曹文轩的面前，听他讲着成长的经历，我仍然无法想象桑桑长大的样子？后来我突然想起彼得·潘，那个永远也不会长大的孩子。于是我想，也许桑桑从来就没有长大，也许曹文轩还一直是桑桑，也许我们每个人在心里的某个角落都仍然想要自己变回那个还没长大的孩子。

原载于《人民教育》2011 年 09 期

金近：儿童文学作家，应当是一个教育家

何夏寿

《小猫钓鱼》《小鲤鱼跳龙门》《狐狸打猎人》等，这些脍炙人口的儿童文学作品皆出自金近先生之手。

他的童年充满了泪水，却用一颗童心给儿童读者奉上那么多脍炙人口的童话。

他的人格转化为作品中的光辉，在孩子们心中闪亮

金近 1915 年出生在浙江省上虞县四埠乡前庄村，这是浙东沿海一个偏僻的小渔村。金近出生时，家境贫寒，兄弟姐妹众多。12 岁时，为了活命，亲戚介绍他去上海一家布行做学徒。身体瘦弱，语言不通，加上乡下孩子见识太少，当学徒期间，他经常遭受店老板的打骂。

金近儿时只上过 3 年私塾。他的成才，完全依靠刻苦自学。离开布行后，他在上海一家儿童报刊社做小发行员，生活艰辛，但他嗜书如命，一有空就找书报来读，古今中外的，儿童的、成人的，只要是字，他都如饥似渴地读。读得多了，自己的文学素养和文字表达能力在不知不觉中提高了，他觉得自己有故事要写、可写。于是，他尝试着投稿，写了一篇又一篇，也被退了一篇又一篇。他不气馁，还是不停地写。1937 年 4 月，金近终于在《小朋友》杂志上发表了第一篇童话《老鹰鹞的升沉》，他捧着杂志，高兴得几夜都睡不着。

从此以后，他对创作的热爱一发而不可收，文章越写越好。在以后 50 年里，他为小读者写了大量题材丰富、体裁广泛的作品，但写得最多、影响最大的还是童话。

上世纪 50 年代初，中国儿童文学园地还一片荒芜，他全力为孩子们写作，他的童话《谢谢小花猫》被拍成动画片，那是新中国为孩子们拍的第一部美术电影，以后他陆续有《小猫钓鱼》《布谷鸟叫迟了》《小鲤鱼跳龙门》《狐狸打猎人》《狐狸送葡萄》《看门的大黑狗》等 8 部童话被拍成动画片，至今家喻户晓。其中《小鲤鱼跳龙门》在国际电影节中获奖，动画片《小猫钓鱼》的主题歌《劳动最光荣》直到现在还是传唱不息的优秀儿童歌曲。还有一部分童话被翻译成日、俄、英等国文字，在国际大舞台上广为传唱。

他的作品与人品，获得了众多文学前辈的称道与赞誉。冯亦代说："金近是个内秀的人，平时显得木讷，但写的小诗和童话，常常抓住我们的心。他的淳朴完全来自他的童心。"严文井说："金近的朴素、诚恳、埋头苦干的奉献精神转化为他作品中的光辉，在孩子们的心中闪亮。"

金近一生关心儿童、了解儿童，新中国成立后他先是担任中国作家协会儿童文学组副组长，"文革"后担任中国作家协会儿童文学委员会副主任。后又先后协助张天翼、严文井做了大量的组织工作，为我国儿童文学创作的发展与繁荣立下大功。

"老师，一定要教给孩子正确的文字"

1983 年，我在家乡小学当语文代课老师。有一次，同事告诉我，《小猫钓鱼》的作者金近是我们前庄村人，我兴奋极了，从一本儿童刊物上找到金近供职的单位，给金近先生写去一信。现在想来，那是一封什么信啊？！简直就是一份考题。除了开头的自我介绍外，接下来是 3 道问答题：一问金近老师是不是前庄人，如果是，记得村里哪些人，哪些地方。好像我是派出所调查户籍的。二问他有没有回家乡看看的想法。唉，想不想回家，纯属个人行为，人家根本没有必要向你报告。三问我也喜欢写故事，可就是写得不动人，能否帮助指导。人家那么忙，凭什么拿出时间和精力来辅导你？

那时，我还没完全相信金近就是家乡人，甚至从心底里怀疑这个默默无闻的小村庄真能走出如此名人。

大约一个星期后，我正在校门口值班，邮差交给了我一个牛皮信封。我一看，寄信人的地址是一行印刷好的红色楷体"中国少年儿童出版社"，后面用蓝色墨水署着"金近"两字。

啊！难道真是金近给我回信了？！我的心激动得跳到了嗓子眼，整个身子轻得就要飘起来。我冲进办公室，像中了大奖似的，扬着手里的信："金近给我回信了，回信了！"

办公室里的老师以为我中了邪，纷纷起身，用异样的目光看着我。我像进了角色的演员，不管别人怎样想，大声地念起信来："夏寿老师：您好，来信收到。我是金近，是浙江省上虞县四埠乡前庄村人……"

我读得响亮，读得旁若无人。

在这封两千多字的回信里，金近不但十分具体地回答了我的"提问"，而且还扩充了好多他对家乡的记忆，让我确信他是彻头彻尾的家乡人。他说："小时候我跟父亲到海里去捉黄泥螺。这黄泥螺可以鲜吃，也可以腌着吃，那种口味，真的称得上是人间美味。虽然我身居遥远的北方，偶尔见到商场有黄泥螺出售，我都会毫不犹豫地买来吃。我吃着家乡的味道，思念着遥远的家乡。夏寿老师，感谢您在我家乡教书，我向您深表敬意！如果您有创作上的需要，尽管向我提出，我一定尽力而为。"

有一个细节是让我记住一辈子的。那次我给金近先生写信，没写我这里的地址，金近先生在信的最后说："也许您工作太忙，您给我的来信中忘了写上寄信人地址。这对我来说没什么，我是永远记得家乡是浙江省上虞县前庄村的，但如果您以后给人家投稿，请检查有否写上自己的地址，否则人家就找不到您了。当然，这是小事，顺便提一下。"

我为自己的冒失而羞愧，更为金近先生对家乡的深情而感动。那天晚上，我无论如何也睡不着，望着宁静的星空，我似乎看到一个清清瘦瘦的老人，正伫立在北京的书房里，遥望着南方的夜空，叨念着"露从今夜白，月是故乡明"。

自那以后，我和金近先生开始了不间断的书信往来。我阅读了他寄给我的一批又一批儿童文学作品。大都是他的作品，也有他朋友的著作，诸如张天翼、严文井、陈伯吹等，每个名字都能在中国儿童文学界这面大锣上敲出震耳欲聋的响声。这些阅读，为我日后开始童话教育奠定了坚实的基础。

1986 年春，我们前庄小学新盖了一排两层的校舍，还新建了校门。校长说，学校的校门要搞得有文化一点，有教育意味一些，非常希望能请金近先生为我们题字。他知道我和金近先生有书信往来，让我写信跟老人家说一说，还说他征求了乡领导的意见，可以付酬金。

我立刻给金近先生写信求字。金近先生很快复信了。首先是祝贺学校盖了新楼，为表示自己的心意，他说通过邮局给学校寄去了一包图书，请我收到后转交学校图书室，给孩子们阅读。还希望学校能否在校园里种些树，净化空气，对孩子身体有好处。最后说到题词的事，他说自己从小写不好毛笔字，允许他练练后，过段时间完成"作业"。至于酬金，哪有自己向自己家收取礼金的规矩，这个"创新"要不得。

大约过了半个月，我收到了金近先生寄给我的挂号信。信封很大，里面装的是三幅大小不等的条幅，上面写着大小不同的"前庄完小"四个字，还有金近先生的签名。字迹清秀庄重、干净利落，像是微风中挺立的劲草，工整不失活泼，三幅字都适合做学校门牌。可美中不足的是，三幅题词中前庄完小的"庄"字都多加了一点，成了不折不扣的错字。尽管校长说，在做学校门牌时，我们可以通过技术处理，把这个"庄"字改过来，但我还是把情况如实告诉了金近先生，并且多余地说，如果不改，孩子们肯定会说"金近爷爷写字也这么粗心"。

当我把这事说给老师们听后，校长担心地说金近先生怕是再也不会跟学校有任何往来了。

但没过多少天，我意外地收到了金近先生寄给我的挂号信。打开一看，是一张书写无误的"前庄完小"宣纸，还给我附上一封简短但令我终生难忘的信："何老师，我非常感谢您帮我修正了一个错字。我这个'庄'字的写法，是过去我们前庄村人的写法，现在看来完全是个错字。作为一名小学老师，一定要教给孩子正确的文字。从您的来信中，我完全相信您是一个十分严谨负责的老师。家乡的孩子会因为有您这样的老师而受益的，我为家乡有您这样的老师而自豪。"信的落款是：粗心的金近。

事后，我问过村里的老人，"庄"字加点，是我们前庄人特有的写法，那是人们出海打鱼时讨的彩头，希望鱼多一点，虾肥一点。我听后，又羞又愧，对先生的敬意越来越深。

自此以后，我和金近先生的通信更趋频繁。先生来信，必问村里变化，问到那条路，问到那条河，问到那棵老樟树，问到那些人等，当然问得最多的是孩子们读些什么书，老师是怎样教孩子读书的。1988年12月，他在信中对我说，明年春天，他尽量回家乡一趟，一定要去家乡看看。我们都期待啊！

可是，天不假寿，接连两次脑溢血，金近终于没有回来。

童话的教育性是靠形象和故事说话的

上个世纪50年代，儿童文学界普遍盛行"儿童文学就是教育儿童的文学"，只强调教育意义，过分交代思想，忽略了艺术趣味，认为写作目的就是为了告诉小读者应该怎样，不应该怎样，把童话当作一张药方，导致了"思想概念化、情节公式化、人物干巴巴"的作品泛滥。

金近认为这是对儿童文学的曲解。他提出，童话要有教育性，但不要忘了童话是艺术，艺术是靠形象和故事说话的。忽视了艺术性，写出来的东西不生动、无趣，反而起不到应有的教育作用。童话是儿童文学中特有的形式，幻想、夸张、神奇、故事性强，我们要利用好这些特点，来塑造好鲜活的童话形象。

与单纯说教相反，当时的儿童文学界还有另一类现象，以为童话就是让小孩子玩玩、乐乐，过于强调趣味性甚至到了庸俗低级的程度。这些作品不是从爱护儿童出发加以引导，而是故意夸大孩子的缺点，以"出洋相"为快。

针对这一现象，金近在各种场合多次提出，"儿童文学作家，应当是一个教育家""如果还承认儿童文学作家就是儿童灵魂的工程师，那么就应该抱着严肃的工作态度，怀着热情关怀的心情，写出真正既有教育性又有儿童情趣的童话作品来，通过故事、通过形象，使儿童明确辨识善与恶，是与非，美与丑"。

1956年，金近身体力行创作了传世之作《小鲤鱼跳龙门》。当时国家正处于前两个五年计划的交替时期，各条战线掀起了建设社会主义的高潮。金近在参观水库时得到启发，通过几条小鲤鱼找龙门、话龙门、跳龙门的情节，写出了当时人们建设社会主义的饱满热情。在创作过程中，金近始终把握童话的特性，把幻想性、现实性和小鲤鱼的生活习性自然地结合起来，突出了童话有趣、夸张、浪漫的色彩，故事一登出来便受到广大孩子的热烈欢迎。

金近描绘了横跨河面的大桥、新建铁路上飞驰的火车、插满红旗的水库，然而在小鲤鱼眼里却成了龙门、大龙……小鲤鱼们天真的想法，使人读起来流畅、自然、贴切。

冰心先生读了金近的童话，这样说："金近所用的话都是最通俗的儿童语言""可以说我们写儿童文学的，最成功的就是金近"。

1989年7月9日，金近在北京逝世。冰心含泪为其墓碑题词：你为小苗洒上泉水。

作者单位系浙江省绍兴市上虞区金近小学

原载于《人民教育》2016年18期

第二辑

把教育当作兴趣事

马云：一个"差生"的成长记录

冀晓萍

他缔造了一个电商帝国，帮助成千上万的小企业主和数亿客户找到彼此。他开拓出崭新的市场，创造了前所未有的工作机会。他在中国富豪排行榜上名列前茅，也是"2014 大中华区最慷慨的慈善家"。

在杭州的一所中学校园里，一个学生被通知：因为打架记过太多，必须转学。为了上高中，这个学生考了两年。他踌躇满志地想考上北京大学，但高考数学只考了 1 分，考了 3 次才考上一所不起眼儿的大学。

这两个人，实际上是同一个人：马云。在这个曾经的"差生"身上，我看到了一种无法阻挡的力量，然而，这种力量却是教育不曾看见的。

他的"倔强"和"自我"足够强大

马云出生在 1964 年的杭州。爷爷抗战时做过保长，解放后被划为"黑五类"，这个阴影笼罩着家庭。为这个新生儿取名"马云"，就是希望他以后乖巧懂事，少惹是非。然而，众望愈重，似乎儿时马云的叛逆和倔强就愈加张扬。加上他识字早，打小就爱读金庸的武侠小说，他崇拜那些除暴安良、打抱不平的英雄人物，并在青少年时期伺机践行。

因为身体瘦小，别人总想欺负他、挑衅他，马云从不惧怕："打得赢要打，打不赢也要打。"这种一往无前的强悍气势，让那些高大威猛的孩子也对他避让几分。

但他解释说："我常打架，但是不爱打架。"他很少为自己打架，频频出手是为了保护朋友免受欺负。此时，马云重情重义的性格逐渐显露，这成为他日后凝聚团队的重要力量。

提起今日的成功，马云说："是童年的那段时光造就了今天的我。"未来在昨天就已经撒下种子，但幼时马云的精神世界并没有进入教育者的视野。

家长和老师们看到的马云是这样的：头破血流是常有的事，甚至警察找上了门；学习成绩差，数学往往不及格，有一次甚至考了1分；因为打架记过太多，马云被迫转学，但转学后的马云继续践行他的"英雄路"，毫无"悔改"之意……他们得出一个结论：他的人生不再有希望。

试想，如果他当时屈从于大人的期待，或许家长能满意，老师能高兴，只是不知道，还有没有今天的马云。所幸，他的"倔强"和"自我"足够强大。

上大学后，已经不需要通过打架来解决问题了。马云把那份情义倾注到学生会工作中，尽其所能地帮助同学解决各种困难。

有一次，有个同学学习成绩很好，却犯了小错被取消考研资格，面临分回农村的命运。马云花了两天时间找班主任、系领导甚至院领导，最终说服他们恢复了那位同学的考研资格。事情过去了，马云也就忘了。想不到，十年之后，当他正处于艰难之时，这位同学主动找到他并"涌泉相报"。

他以英雄的标准要求自己，正义感、勇敢、善意、坚毅……这些人性美也在塑造着他的人格，并为他聚集了一群肝胆相照的追随者，其中很多是了解他的同事和学生，如韩敏、周悦红等，他们组成了创立阿里巴巴的"十八罗汉"。

因而，20多年后，当马云在多个场合声称："天下没有人能挖走我的团队。"客观地说，这不是狂妄，而是对事实的陈述。

与其说命运想再给他机会，不如说他善于汲取隐含在环境中的正能量

少年马云考了两年才考上一所极其普通的高中，其中一次数学得了31分；第一次高考，数学只得了1分，第二次考了19分……这三份大考成绩单，能准确反映他的学业水平：学习成绩差，偏科严重，数学差得一塌糊涂。

他的数学老师曾绝望地说："马云，你的数学真是无可救药，如果你能考过60分，我的余字倒着写！"

在第一次高考成绩面前，马云充满了挫败感。他跟表弟到一家酒店应聘服务生，结果表弟被录用，自己惨遭拒绝，老板给出的理由很简单："我们酒店需要的是相貌端正、身材高挑的服务员，可你又瘦又矮，长相嘛，我也不说了。"

说起马云的长相，美国《福布斯》杂志曾经这样描述他："颧骨深凹、头发扭曲、露齿欢笑、顽童模样、5英尺高、100磅（约91斤）重。"

马云无语：难道长得难看也是我的错？在马云的求职生涯中，因为长相被拒，至少有两次。后来他做过秘书、搬运工人，再后来，不得不通过父亲的关系，蹬三轮送书。

如今，马云已经成为中国首富，被年轻人膜拜为"创业教父""电子商务之父"。在"2004CCTV年度经济风云人物"颁奖典礼中，马云笑称："男人的长相往往和他的才华成反比。"应该说，是长相带来的挫折，成就了今天的马云。

命运在马云最需要的时候指引了他。在蹬三轮的某一天，马云在火车站捡到一本路遥的《人生》。书中的主人公高加林有才华、有理想，屡次被命运捉弄却不屈服，始终坚强而勇敢地活着。

书中有一段话：人生的道路虽然漫长，但紧要处常常只有几步，特别是当人年轻的时候。没有一个人的生活道路是笔直的、没有岔道的。有些岔道口……你走错一步，就会影响人生的一个时期，甚至会影响一生。

这段话激活了马云深埋在心里的理想和勇气，他决定重新参加高考，抓住人生中重要的这一步。

1983年，19岁的马云在第二次高考中再次失败。尽管数学成绩从1分提到了19分，但录取线还是高不可及。这让本还抱有一丝希望的父母都觉得：马云实在不是读书的料。他们一再劝马云："你就彻底死了上大学的心吧，好好学门手艺，饿不着自己就可以了。"于是，马云又开始骑着那辆破旧的自行车，穿梭于杭城的大街小巷。

与其说命运想再给马云机会，不如说马云善于汲取隐含在环境中的正能量。上世纪80年代初，日本励志电视剧《排球女将》热播，主角小鹿纯子"永不放弃"的精神，又一次激励了马云。他不顾家人的极力反对，开始复习准备迎接自己人生中的第三次高考。因为家人不支持，马云只能白天上班，晚上念夜校。每周日，他早起赶一个小时路程到浙江大学图书馆读书。

1984 年，20 岁的马云走出考场。这次，他的数学考了 89 分。他考前用了最笨的办法，把每种题型都背了一遍。可即便如此，他的总分离本科线还差 5 分。这时候，命运垂青，由于英语专业招生指标未满，部分英语优异者获得升本机会，马云被杭州师范学院破格升入外语本科专业。

经历了 3 次高考之后，马云承受得起后来一次次创业的失败。

回想起那个时候的自己，马云感慨万千："一个人一定要有理想考上大学，一定要有理想在大学里待 4 年。一个人最需要学习的其实不是知识，而是学习的能力。"

这种"永不放弃"的信念，成为后来阿里巴巴成功的核心理念，也一次次让马云的事业绝处逢生。人们请他谈创业的秘诀，他经常说的话是：

"我永远相信，只要永不放弃，我们还是有机会的。"

"永远不要跟别人比幸运，我从没想过我比别人幸运，我也许比他们更有毅力，在最困难的时候，他们熬不住了，我可以多熬一秒钟、两秒钟。"

如果我能成功，80% 的人都能成功

2015 年 3 月 15 日，有一段视频在微信上疯传，在德国汉诺威消费电子、信息及通信博览会的开幕式上，马云作为全球唯一受邀企业家代表用英语作主旨演讲。随即，国内多个热门英语学习网站将其演讲作为视频和语音资料供网友学习。而此前，面对 BBC 等世界各大媒体采访时，马云都能应对自如。

马云的英语怎么会那么好？

上世纪 80 年代，体罚在家庭教育中很普遍，脾气火暴的父亲，恨铁不成钢，常对马云拳脚相加。英语给了马云宣泄和反击的武器："爸爸骂我，我就用英语还口，他听不懂，挺过瘾，就学上了，越学越带劲儿。"

马云英语学得好，还跟他一位地理老师密切相关。这位女老师长得漂亮，大大的眼睛、白皙的脸庞。她教学方式独特，讲课让人如沐春风，大家都喜欢她。不爱学地理的马云也开始认真听课，学习成绩突飞猛进。

有一次，这位老师强调地理的重要性时讲了一个故事：她在西湖边遇到

几个外国人问她关于中国地理的问题，她用英语流利作答。老师总结说：如果地理学不好，外国人问你中国地理知识，你答不上来，岂不给中国人丢脸？谁料，这句话竟意外地触发了马云学好英语的决心：如果英语都不会说，岂不更给中国人丢脸？

那一天，12岁的马云兴冲冲地买了台袖珍收音机，从此每天听英文广播。外语学习最难的就是张口说，马云就跑到外国人聚集的西湖边，有外国人经过时，就"厚着脸皮"主动上前交流，有时还免费给外国游客当导游。无意中马云还结识了一对来自澳大利亚的中年夫妇。他们对马云讲述了国外经济的迅猛发展。这向马云打开了一扇门，使他学到了课堂上学不到的知识，一些经济意识和创业理念开始在他头脑里萌发。

一段时间后，马云的英语进步神速，老师和同学们甚至赞他是英语奇才，一些外国游客误以为他是海外归来的小华侨。

马云自嘲说："我从小是一个傻孩子，大愚若智，其实很笨，脑子这么小，只能一个一个想问题，如果谁连提三个问题，我就消化不了。"但从他学英语这件事来看，他有方法，有智慧，有勇气，实乃"大智若愚"。

进入大学后，马云不再是那个"无药可救"的"差生"，变成了品学兼优的好学生。

他凭借出色的英语稳坐外语系前五名。轻松的学习之外，他在各种社团中相当活跃，顺利当选学生会主席，他在任时，杭州师范学院的学生会工作被打理得井井有条。学生会每年的活动经费只有150元，马云用有限的这点钱举办了很多精彩的活动，无形中锻炼了他的领导、协调能力。后来还担任了两届杭州市学联主席，附近学校的人都认识他。

英语就像一根魔法棒，牵引着马云实现了一次又一次跳跃：因为英语好，他才进入了杭州师范学院外语系，才能在毕业后来到杭州电子科技大学担任英语及国际贸易专业的讲师，才能创办海博翻译，才有机会去美国接触internet，也才有了后来的阿里巴巴。

他不只英语学得好，而且也教得好。当教师时，马云提倡与学生之间互动，他的课轻松愉快，常常引得别班的学生来蹭课。同事们开课都不得不避开马云上课的时间。更可贵的是，马云特别关心"差生"，在他的班里，原来英语薄弱的学生最终都能用英语流利表达。

许多年后，马云说："我自己觉得，算，算不过人家；说，说不过人家。但是我大学过得很成功，创业也成功了——如果马云能够成功，我相信80%的人都能成功。"

原载于《人民教育》2015年10期

看到心灵伟大的教师和值得崇拜的孩子

沈茂德

作家刘墉说："你可以一辈子不登山，但你心中一定要有座山，它使你总往高处爬，它使你总有个奋斗的方向，它使你任何一刻抬起头都能看到自己的希望。"

这些年，我带着敬畏之心，全身心投入工作，不敢有丝毫懈怠，朝向的就是我心中的高山：做前人未做的事情，把前人做过的事情做得更好，把江苏省天一中学办成人民满意的学校。

向平凡而又伟大的教师"学艺"

1975 年，我高中毕业。因为"家庭成分高"，虽然从小学到高中我都是班长，成绩、表现都不错，但终与"推荐上大学"无缘。

临毕业，班主任善意地对我说："沈茂德，你就安心在农村工作吧，争取做个农技员。"

于是，在广阔蓝天下，头向地、背朝天，我安心务农，一干就是 3 年。其间，被推荐上大学的"贫下中农子女"，常常临时抱佛脚请我辅导。无非"老三篇"怎么划分段落，怎么归纳中心思想，写几篇口号连天的读后感，我内心酸涩不已。

幸运的是，邓小平同志复出。田头广播中听到恢复高考的消息时，我怦然心动。更幸运的是，高中时的"老夫子"（我们同学间对恩师的称呼）吕进人老师还牵挂着我们。他原为当时江苏师范学院哲学系的主任，上世纪 50 年代被划为"右派"后发配回老家教书，虽满腹经纶，但因时有"怪言奇语"，终不得重用。但在学生们眼中，他是"百事通"，常见他叼着烟，一杯茶，一部厚厚的书，念念有词，颇有仙风道骨之风。正是这位蹲过"牛棚"、几十年依然孤身一人的师者在得知高考恢复后，慨然兴起，招来他认可的"可教之材"，不收分文，在简陋的宿舍里办起了"高考辅导班"。文、史、地、政，他一人包揽，采用"孔子讲学"与"苏格拉底思辨"相结合的方式讲授。

没有一本教科书或辅导书，更没有成套的讲义，就在简简单单的"对话"式教学辅导后，我们匆匆走进了考场。他的"私塾"教学很成功，十多位"农民"走进了大学。后来聚会，我们这些徒儿常赞其"办学"有方，他仰天大笑，其乐融融。至今，谈起已仙逝的吕老，众多徒儿常泪眼汪汪。

在当时的南京师范学院，授课的教授名单里有毕业于剑桥大学的地理学家李旭旦先生，还有陆濑芬、单树膜等教育名家。

我始终记得李旭旦先生的教诲："你们是师范大学地理系，不要去渴求成为地理学家，但要努力成为地理教学家。"这样的教育在今天仍是极为深刻的。

1982年，我毕业后到江苏省梅村高级中学担任教职。今天，我还时常会想起那些平凡而伟大的教师。

那时，梅村实验小学与梅村中学只有一墙之隔，有位特级教师叫滕宇翔，我多次聆听他的讲座。儒雅而精于研究，读写功夫了得，这种学者型教师独有的行为特征为我树立了成长的标杆。

梅村中学特级教师郑志远是教务主任，后任校长。常见他巡视校园、深入课堂听课，永远那么精力充沛。他上课那么洒脱、从容，一节课的板书从左写起，写到右下角时下课铃声会精准地响起。今天的教师习惯于敲键盘，难见那样的板书大师了。看他的备课笔记，清清楚楚，每个图标都尽显敬业和精致。

梅村中学是寄宿学校，学生每月回家一次，班主任没有周末，没有加班费，陪伴学生好像天经地义；在学科组长看来，组织教研活动，编制讲义，辅导青年教师，是职责。那时候，没电脑，没打印机，编写讲义靠的是钢板、蜡纸、手推的油印机，刻一张讲义至少得一个小时。有位语文老师叫华章，刻得一手好字，好多学科的老师都请他做"义工"。他从不推辞，还把它视作幸福的"艺术创作"，会在讲义的边角上缀上几朵小花装饰。

他们，在今天的好多人看来"真傻"，但这是那个时代教师的真实缩影。多年后，梅中同学聚会，大家都说："那个年代的教师没有钱，但那个年代的教师不讲钱。"

学校安排我教高一。两周后，学校组织"拜师结对"，师父叫张宇平，人瘦且极为精神，他见到我也很瘦，喜称"师徒匹配"。

张宇平老师并非地理科班出身，但其通过函授、自学，不仅熟悉高中地理教材，还在教学实践中形成了自己的教学风格。他治学严谨，常为一两个问题查阅大量资料。自从收下我这个南师地理系的本科徒弟后，他把我视作可以共同研究的同事。他多次对我说："教学经验你肯定不如我，但专业上，特别是自然地理你肯定比我强，咱俩多交流，相互帮助。"说得我心头热乎乎的。那时的张老师已50多岁，每天晚饭后总早早地坐到办公室，戴着一副老花镜，认真地批改作业、精心备课。师父的谦虚、严谨、投入，深深地感染了我，我暗下决心：好好向张老师学习，做个好老师。

谁知，工作才两个月，张老师严重的颈椎炎发作，几次昏倒在高三讲台上。他还想坚持，但终究力不从心。学校让我转教高三。面对如此重担，我心虚：毕竟我才上岗两个月啊。满怀忐忑，我硬着头皮走进了高三教室。

那时，我比学生大不了几岁，教学几乎零经验，几堂课下来，学生们议论纷纷。我连跑几次新华书店，寻找复习指导书，但资料极少。张宇平老师把他积累的所有资料都毫无保留地给了我，但我尚未教过一轮高中，对高中教材不熟，怎么指导高三复习，真是一筹莫展。但学校的高中地理教师仅我和张老师两人，怎么办？

听到学生们的意见，教务处分管副主任连续听了我一周课，并与我长谈。他态度和蔼，但我完全听懂了他对我的教学设计、教学方法、作业安排等方面的诸多不满意。当时的我，真是寝食不安……

幸运的是，无锡县高三地理教学工作会议召开，我一下认识了好几位县内各中学的地理教研组长。此后的两年多，我骑自行车穿梭于几所学校之间"学艺"。这些学校，最近的要1小时车程，远的将近3小时。但决心给了我动力。我一直心怀感激，这几位长辈收下了我这位"编外徒弟"，向我敞开教室，无私地送我资料，一次次地回答我的教学疑问。

我自己也暗下决心，一定要胜任高三教学，绝不能因我而让一些学生失去深造的机会。从此，我告别了一切娱乐活动，利用业余时间跑遍市内的书店，想方设法邮购、征订、租借各种教学指导书、理论书籍和杂志，认真阅读并做好摘记。每天夜里我都在 11 点后休息。我常外出求教听课、索要资料，市县范围内优秀地理教师的课我几乎都听过，得到了他们大量的帮助。同时，我也常虚心听取学生意见，改进教法，调整教学内容。

渐渐地，大家开始认可我的教学效果，我的教学风格被省评课组誉为"讲授形象生动，分析通俗易懂，推理严谨清晰，课堂教学效益较高"，学生喜欢听我的课，也听我的话。我用行动和教学效果证明了自己：连续 12 年高考成绩领先；县、市、省评课获得一等奖；发表 10 多篇教学论文；记不清多少次来人来信索要资料、讲义、听课或邀请我作讲座。

责任感和敬业态度是"从心里长出来的"

转眼之间，我在天一中学的校长岗位上已有 20 年。

从新上任的激情校长到总有困惑的反思型校长，从忙碌的行政型校长逐渐走向理性的思考型校长，这大约能概括我的成长过程。

刚上任时，我问自己：作为校长，我能为天一中学做什么？

我把课程建设看作最重要的工作之一，因为丰富的课程资源关系着孩子的个性发展。在我的极力推动下，学校创办了"资优教育中心""AP 课程教育中心"，在江苏率先为科技特长生专门配置了 16 个创新实验室。设立了"名人课堂"，诺贝尔医学奖获得者布鲁斯·博伊特勒教授、搜狐张朝阳、神六副总指挥秦文波等近百位知名人士都走进过天一中学。我设法为学生联系高校、高新企业，开设了 10 多门大学先修课程（在全国属第一批）、创建社会实践基地。

从"学生社团"到"天一科学院"，从中学选修课到北大先修课，从"聚焦课堂"到"拔尖学生培养"，慢慢地，天一中学的超常教育、国际教育在全国乃至国际都形成影响。其中，创新人才早期培养项目获省基础教育改革成果特等奖，天一科学院——自主学习模式获首届国家基础教育改革成果一等奖。

今天，天一中学兼具北京大学"中学校长实名推荐"、清华大学"新百年领军计划"校长推荐、多伦多大学"绿色通道"校长推荐资格，每年要接待几百批次、上万人次的教育代表团，每年有 30 多位校长来校挂职……

常常有人问我：你怎么做到的？

也许可以这样回答：你若真爱孩子们，你若痴迷般地挚爱校园生活，你就会看到校园生活的美丽，看到心灵伟大的教师和值得崇拜的孩子，还会看到理想教育与现实之间的矛盾和距离，就会自觉去改革，去探索，去创新。

对学生的爱，要关注细节，做好关乎"爱"的冷暖之事。

长期以来，我坚持每周批阅一个年级的学生周记，孩子们在给我的来信中都是以"您的一个孩子"落款的。

这么多年的教育跋涉中，越来越多的光环围绕着我：享受国务院政府特殊津贴、全国劳动模范、江苏省 333 工程培养对象、教授级高级教师、江苏省特级教师、江苏省突出贡献中青年专家……但我常常告诫自己：校长之特，不在于位高权重，而在于其职业特性。一个优秀的校长必须超越物质和名利的羁绊，坚定信仰和对孩子的爱。否则，如何能对别人的孩子滋生无限热爱，如何对淡泊的校园生活产生无限眷恋并全身心投入？

我对自己的要求是：只要孩子们在校，我就必须在校，一起出早操，一起吃食堂，一起夜办公。我定期召集不同类型的孩子交流，为他们的失落和迷茫点灯，鼓励优秀学生积极进取，帮助贫困学生走出困境；我经常与家长交流，和他们一起探讨孩子成长过程中出现的问题。孩子们的心是真诚而敏感的，校长做了什么，他们都看在眼里，记在心里。

但只有爱和关心是不够的，提升专业能力和自我成长能力，我才能给学校、给孩子们更有价值的指导。外出学习考察，无论走到哪所学校，无论参加哪种会议，每一次市、省、国家级校长培训，我总是虔诚地听记，笔记本、手机、相机、电脑等都成了我即时即地的"记事本"。过后拿出来，面对某句话或某张照片，常会"恍然大悟"。读写学研是我的生活方式。

想得越多，写得也就越多。这些年，我参与了《给校长的 101 条建议》、"超常人才教育丛书"等书籍的编写，出版了《播种者的期盼与困惑》《窗内窗外》《教育，真的不能简单》《家庭教育是什么？》等书。在各种报刊发表的稿件以几十万字计。

有人关心地劝我休息："你这副排骨还要不要了？"还有很多人称我为

"工作狂"。我常常有健康透支的感觉，也渴望能松懈一下。但一投入工作，就忘了一切。我每天工作 14 小时成为常规，没有节假日，在校园内转上几圈是我最大的休闲。

但我的工作热情不受制于外部规约，而是确确实实心中有梦，责任感和敬业态度是"从心里长出来的"。

然而，要办好一所学校，又岂是我一个人的力量能做到的？

学校畅通了教代会、学校理事会、家长委员会、行政干部周报表、校长小助理、校园网咨询平台、校长信箱等多种沟通渠道。2012 年，我主持制定《绩效工资方案》时，与全校 100 多名教师面谈，反复酝酿，在正式实施时矛盾很小。每天，我都会到各办公室转一圈，了解一些情况，解决一些问题；每周，会有计划地找十几位教师谈心。

专业上，每学期我至少邀请 10 多名知名专家学者来校作讲座，创造机会让教师"重回大学"。生活上，我想方设法帮助教师解决就医、婚姻、子女上学、家属工作等问题。教师遇到困难，都愿意来找我。

英国赫特福郡教育代表团的校长们来了，他们感叹："中国的学校真漂亮！"

是啊，美的不仅是经过长期建设的校园，还有勤奋好学的 3000 名学子，300 名真心关爱学生的教职工。

把学校设计成一本立体的书

2001 年，为设计新校区，我去浙江考察。几所投资数亿的学校给了我强烈的感官刺激。我惊叹于浙江的经济繁荣，更感佩当地发展教育的战略眼光和投入的大气魄。但回校后，我心里挥之不去的却是浙江省上虞春晖中学的老校区。一片波光粼粼的湖泊，一座葱绿的小山，青瓦白墙，天井小院，一排朴实甚至土气的民居白底黑字写着：李叔同故居、丰子恺故居、夏丏尊故居……一箪食、一瓢饮，居陋巷，纵论文化，田园诗般的精神生活，文化气息扑面而来。

在中国，许多校园有绵长的历史。有祖荫的学校令人羡慕，但年轻学校同样应该重视校园设计中的文化创造，这样才会有后人的福荫。

2003 年，天一中学准备易地重建新校区。在规划和设计阶段，经过多次研讨，我们明确提出了新校区的建设梦：把"生态公园""温馨家园""文化圣园""数字校园"融进了校园设计、建设和渐进渐行中。

10 多年来，我们不断"柔化"校园。"天一"校名源自"天一生水"，我们挖湖蓄水，30 多亩的映天湖像一条彩带蜿蜒于校园之中，湖上架桥三座，湖中养殖锦鲤、鲤、草、鲫等地方鱼类，湖畔放养天鹅、野鸭等水禽。临湖早读、沉思，赏心悦目。

我们与无锡多所公园及省内高校合作开启建设"江南植物园"。10 多年后，今天的天一校园郁郁葱葱，300 多种树木竞相生长，柑橘、枇杷、梨、石榴、枣、杨梅等果林硕果累累，牡丹、玫瑰、山茶、月季、菊花等花卉园争奇斗艳，林地下，板蓝、三七等近百种中草药渐成规模。

"柔化"的校园融入孩子们的每日生活和学习中。学生社团创立了春天樱花节、夏季收获节、秋天菊花节三大校园主题活动。学校发展为省生态校园课程基地。

校园还应该充满书香。我们努力打造"天一书院"。在营造书院物化环境的基础上，我们建设了 N 个开放式图书馆，让书籍遍布每栋教学楼的大厅、走廊。每逢课余周末，展卷而读，怡然自得。

我们的所有努力都是要让校园回归本真：学校应该是一本立体的书，在常态浸润中，孩子们自然、自由、自主地幸福成长。

新生入学，我们会组织学生参观校史馆，让学生了解学校的底蕴与文化，以代代名校友为现实榜样；参观学长自习课，感受什么是投入与专注；参观校园、欣赏优美校园环境，体会自己对美丽校园的责任……

有一年高考结束后的第二天早上，我一如既往地巡视校园。走到天一湖的木桥边，看见一位女学生静静地伫立在桥上，我走近一看，这孩子双眼饱含泪水。我一惊，急问："孩子，怎么回事？"这位女学生泪珠滚滚而下，抽泣着说："校长，没事，我是高三的，就要离校了，我只想再多看一眼学校。"

作者单位系江苏省天一中学

原载于《人民教育》2017 年 06 期

钟秉林：把教育当作兴趣事

冀晓萍　薄文婷（实习生）

电梯门徐徐打开，钟秉林先生已立于眼前微笑迎接，入室让座倒水，耐心倾听……

没有教育学会会长的"威"，也没有大学校长的"严"。使人隐隐觉得，他有些不一样。

一番对话之后，我们渐渐明了：若真心热爱教育，骨子里自会多几分真诚。

对农村孩子进行高考政策补偿，是天经地义的事

针对现在中央出台的重点大学单招农村学子计划，有些人不理解，认为会造成新的教育不公平。钟秉林认为："农村孩子不是不刻苦、不努力，也不是不聪明，是受地区经济社会发展水平和文化教育水平所限，他们没能从小接受到和城里孩子一样的教育。"

"在高考中对农村孩子进行政策补偿，是天经地义的事，要促进教育公平、社会公正，必须那么去做。"

钟秉林生于北京，是地地道道的"市民"，如果没有那四年的插队生活，或许他对农村教育就不会如此深情。

1969 年，少年钟秉林初中毕业后，响应国家号召，奔赴陕北延安插队。钟秉林说："插队其实就是就业。当时的想法非常纯朴，就是要到农村接受贫下中农再教育，然后在农村安家落户。"

他插队的村子叫武家源，站在黄土高原上，他看到了城乡的差距："那个地方实在是太苦了，每天天刚亮就得起来干活，晚上得干，冬天也得干。我们住在山上的窑洞里，吃水要到山下的河沟里去挑，山高坡陡，两满桶水回

来时只剩下两个半桶。遇上雨天路滑，还得带把铁锹，先刨坑，再往前挪。"

那里的"苦"成为钟秉林后来一生的财富："现在工作，再苦再累，熬夜加班，和那时候比只是九牛一毛，根本算不了什么。"

高强度的体力劳动能磨炼一个人吃苦耐劳的品质，但极度的疲惫也能消磨一个人的抱负。"当地百姓没有文化，每天就过着面朝黄土背朝天，日出而作日落而息的生活"，钟秉林回忆，很多曾经立志要在农村大天地大有作为的人，也渐渐淡忘了最初的梦想。

虽然不知道未来在哪里，但钟秉林觉得："将来国家还是要发展建设的，还是需要知识的。"到了夜晚，已是鼾声阵阵，钟秉林在疲惫中挑起昏暗的煤油灯复习功课，这段积累为他后来考上南京工学院继而留校任教以及后面一系列的人生改变埋下了伏笔。

"当温饱、生存问题成为人的第一需要时，人与人之间的矛盾、名利都成为身外之物，反而更容易相互理解、相互宽容、相互支持。"这种刻骨铭心的感受对钟秉林的影响是深远的，后来到学校，到教育部，到学会，他首先想的是"怎么样把人凝聚在一起，把大家的积极性调动起来，能够开心地去工作"。

在武家塬的四年间，钟秉林第一次与教师工作结缘：村小缺老师，他就半天劳作、半天上课地当起了代课老师。"那时是复式教育，四个年级在一个窑洞里上课，那一双双眼睛，真的是'求知若渴'。"站在简陋的教室里，钟秉林明白，教育是这些孩子改变命运的唯一途径，然而当时的乡村教育能给予他们的并不多。

"即便到了今天，先不谈师资，中西部农村地区的硬件条件的确有改善，但跟国家的标准和要求相比还差得很远。如果教育决策看不到城乡差距，谈何教育公平？"

学校品质是在长期办学过程中，在一代代校长的努力下形成的

钟秉林看重教育公平，但他反对以教育公平的名义搞教育的"一刀切"："公平不等于平均，而应该是尊重差异，尽量让每个学生接受适合自己的教育。"

钟秉林初中是在北京四中读的，回忆那段时光，钟秉林眼带笑意："那三

年学得开心、玩得也很开心。"

"那时候，学校考虑的是学生的兴趣，是学生的全面发展，没有什么功利性。我们没有考试压力，该考试了就考，没觉得有什么大不了的，更没有考虑到将来还要中考。我看高二、高三的学长也很轻松。"

"学校组织的课外活动特别多，各种兴趣小组、俱乐部。非学科类活动非常丰富，诗社、演讲、体育等，每个人都能找到自己喜欢的活动。每周末还有半天的社会活动，步行到郊区农村去干农活、砌猪圈，什么都干。"

反观今天，钟秉林说："一些学校不在乎学生差异、区域差异，采用大批培养、'一刀切'的教育模式；一些家长不考虑孩子的兴趣、个性和特长，盲目攀比，为了所谓的未来竞争优势，实行高压训练模式，这是教育的本末倒置。"

"听说某大学为了让足球进学校，把搞了多年的大学生篮球联赛取消了，这违背了足球进校园的初衷。"

"这些现象的背后是教育的功利主义，并不能真正调动学生对健身的积极性。"

钟秉林认为，40多年前的这些做法，留给今天教育人的不仅仅是办学理念、具体的经验和做法，学校发展轨迹和教师水平都能给今天的办学带来启发：

"那时候，一所学校要得到社会的认可，不是靠行政力量给你专门组织生源、增加投入，而是在长期办学过程中，在一代代校长的努力之下，形成良好的校园文化和社会声誉。"

"那时候有一批非常优秀的教师在中学勤奋地耕耘，有一批数理化老师水平很高，完全可以跟大学教授媲美。"

培养研究型教师，去做一些其他学校做不了的事

钟秉林的名字后面有一大串头衔，但他最在乎的是"教师"。

1977年，钟秉林于南京工学院（现东南大学）机械系毕业后留校任教，因为成绩突出，两次被学校派赴英国留学。1994年，钟秉林不仅拿到了威尔士大学的博士学位，还在国际刊物上发表了高质量的学术文章。

他回想:"那时候就想搞学术,搞业务,不想做管理。"孰料,回国后,钟秉林即被任命为东南大学副校长,两年后又奉调进原国家教委任高教司司长,成为当时最年轻的司长。

做司长5年,钟秉林正赶上高校改革的关键期,高校管理体制改革、扩大招生规模、教育教学改革等轰轰烈烈。大量的调查研究让他对高等教育有了既系统又宏观的认识:"如果没有这5年,从理工大学出身到北京师范大学这所文理综合大学,我是不敢去的。"

2001年,来到北师大,钟秉林形容这一转型是教师职业的"归位"。那时候,北师大正处在发展的十字路口:师范性、学术性、综合性路线,哪一条更适合学校发展,众说纷纭。

钟秉林认为,北师大要在保持自身优势和特色的基础上实现时代转型,就必须明确未来教师发展的方向。他带领师大团队走上了一条"培养研究型、探究型教师,满足社会对教师的高端需求"的新路。

钟秉林主张:"其他师范院校、综合大学都能做到的,北师大就不做了,去做一些别的学校做不了而市场又需要的事。"

从今天来看,十几年前的这个选择是有先见之明的。而北师大的学生今天也的确成为各地各校的"高端需求"。

当北师大校长时,钟秉林喜欢"逛"校园招聘会,他不担心本校学生的就业,而是想从这些招聘对话中捕捉教育一线对教师能力需求的最新信息:"学校招聘人员很有经验,他们不一定非得从师范大学选择教师。只要毕业生素质好,有发展潜力,配合职后教育,很快就能成为合格教师。"

"高中应试教育直接过渡到师范教育,是有待商榷的,"钟秉林主张,教师在培养时要尊重学生的选择和兴趣特长,"在北师大,除了国家定向的免费师范生外,不再区分师范、非师范,所有学生一起上课。如果愿意当老师,就去选修教育教学课程,将来参加职业培训考试,谋取教师职位;如果想在学术上发展,可以考硕、考博、出国留学等,进行多样化选择。"

在教育教学课程的建设中,"我们注意引进中小学名师、名校长担任兼职教授,对学生进行职业道德教育,带来鲜活的教育实践经验。"

人生的每一次转向,都给钟秉林带来了更宽广的天地。2012年,由于年龄原因,钟秉林离开北师大,担任中国教育学会会长一职。此时,他面对的，不再是高等教育，而是整个中国教育系统。

"现在教育改革进入深水区，涉及的群体多、利益诉求多，相互间有差异甚至相互冲突。当前，必须强调顶层设计和系统研究，高教和基教、学前教育必须协同改革。"

为此，钟秉林和他的教育学会团队站出来，通过校长论坛或教育沙龙等多种形式把大中小学聚到一起，共同谋划教育改革。

"要正视问题，综合改革、系统改革需要每个人的努力。"钟秉林认为，未来任重而道远。

原载于《人民教育》2016 年 09 期

朝拜母语教育的圣殿

黄厚江

去西藏，去宁夏，去川西，常常看到这样的情景：一个个信徒，一步一磕首，一个一个长头"走"向心中的圣地，每一个动作都十分虔诚。

每当看到这样的情景，我就心生敬畏，也常常觉得自己和他们有几分相似。近40年来，在母语教育这条路上，我一步一磕首地前行，盼望着有一天能登临母语教育的圣殿。

把自己的心献给母语教育

尽管当初是由于命运并不精心的安排，我做了语文教师。但我既然接受了这个角色，就从未懈怠，毫无保留地把自己的心献给了母语教育。

我不止一次在公开发言中说："让我们热爱语文吧！"我说：语文是一项很值得我们热爱的事业。母语是我们民族精神、民族文化最主要的载体，母语还是我们每个人的精神家园。语文让我们的生活美好、精神高贵、人生精彩。

正是由于对语文的热爱，我才能几十年心无旁骛，潜心耕种于这块土地，才能在命运给我一次次机会让我离开课堂的每一个路口时，最后选择了坚守。年轻教师问我如何能在语文教学中有所建树，我都是说：热爱语文。只有真正热爱语文，你才能沉下心来研究语文；只有真正热爱语文，你才能抵制住种种诱惑，不离不弃；只有真正热爱语文，你的学科研究才不是仅仅为了那些虚浮的功利；只有真正热爱语文，你才能发现语文的美丽，享受语文的幸福。

正是由于对母语教育的无比热爱，我才能几十年来始终不断修炼自己。

我深知自己的起点太低，深知自己远远不能满足教学的需要和学生的需要。所以从1980年走进语文课堂起，我从未停止过自己的修炼。我常常晚上和学生一起上晚自习，读书写作，提高自己的专业素养；我读刊大读函大，弥补自己没有真正进过大学的缺陷；为了填补古诗文素养的匮乏，星期天我在学校附近的田野里诵读《离骚》，背诵"大江东去"，就在临近退休的这几年，我一遍一遍地读《论语》，前年出版了专著《论语读人》，今年刚刚出版了长篇小说《红茅草》。我知道我的专著功底很浅，我知道我的创作非常幼稚，但我并不是为了做学问，也不是为了当作家，我是在做一个语文教师该修炼的功课。

我不止一次与学生说过：等黄老师走了，请你们记得在我的墓碑上刻下一句话——这里躺着一个热爱语文的人。我不知道自己是否当得起这句话，但这句话发自我的内心。我努力去做一个语文教师该做的一切，我努力做好一个语文教师能做的一切。

让学生爱上我们的母语

一个语文教师应该毫无保留地热爱母语，但这是远远不够的；一个称职的语文教师，应该让自己的学生深深爱上我们的母语。

很多年轻语文教师会拿着我的书让我写几句话，我写得最多的一句话是：让学生热爱语文是语文教师最大的责任和幸福。

我常常对语文教师们说：让学生考出好成绩是我们应该做的事，但如果你的学生从此不喜欢语文了，不喜欢读书了，不管学生的考试成绩有多好，你都是语文的罪人，甚至是民族的罪人。

刚刚工作的时候，我就为自己确定了一个并不远大的职业理想：做一个学生喜欢、领导信任、家长放心的语文教师。在三个要求中，学生喜欢是根本的要求。如何让学生喜欢呢？首先是让学生喜欢自己的语文课。所以在没有什么课改，没有行政要求，也没有什么功利诱惑的情况下，我就开始了自发的课堂研究。我多次向年轻教师介绍我教学研究的做法：一是常常"听听"自己的课，二是找几个志同道合者一起研究课堂，三是每学期精心琢磨几节课。正是这种朴素而且单纯的做法，使我很快在课堂中找到了感觉，也使我凭借自己的课堂形成了一定的影响。早在上世纪80年代，我就提出了优化语文课堂教学的四项审美原则：和谐原则、整体原则、适度原则和节奏原则。这是我语文教学研究最早的成果，它使我的课堂教学品质得到了显著提升。

要让学生喜欢母语，首先要让学生爱上语文课；要让学生爱上语文课，就要把语文课上到学生心中；要把语文课上到学生心中，就要满足学生的需要；要能满足学生的需要，就要发现学生的需求和问题。所以，前几年我提出了语文课堂教学的学生立场，就是要求语文教学的内容选择、目标确定、方法运用、活动组织等等一切的一切都要从学生出发，而不是教师的一厢情愿。

我在和教师们作学科研究的讲座时，常常通过两个小故事提醒教师们，在安排教学内容的时候，在运用教学方法的时候，一定要想两个问题：为什么是这样而不是那样呢？这样做有意思吗？只有当你能说得清为什么的时候，只有学生觉得有意思的时候，你的做法才是有意义的。

只要我们的教学能够立足于学生，只要我们的语文课展示出母语的魅力，我们的学生就一定会爱上语文课，就一定会热爱我们的母语。

一个语文教师，千万不能损害母语在孩子心中的形象和地位！

让语文教学不再漂泊

我们必须承认语文教学存在着令人担忧的种种问题，而最大的问题是"语文"被放逐了，语文课不教学语文了。

有的语文课只剩下语文试卷，老师出题目，学生找答案，老师报答案，学生记答案；有的语文课只有让人眼花缭乱的形式和手段，却看不到语文的内容；有的语文课则是满天飞的理念和概念，就是没有踏踏实实的阅读，就是没有地地道道的写作；有的语文课打着种种炫目的旗号，什么"生命"、什么"文化"、什么"对话"，就是看不到语文的影子。语文去哪儿了？语文被放逐了，语文在语文课堂外面漂泊。

于是，我深感有责任呼吁：让语文回家吧！于是我提出了"语文本色教学"的主张：把语文课上成语文课，用语文的方法教语文。什么是"把语文课上成语文课"，就是语文课要以语言为核心，以语文学习活动为主体，以语文素养提高为目的；什么是"用语文的方法教语文"，就是遵循母语的学习规律教语文，就是教会学生用语文的知识和语文的思维认识问题、解决问题，就是让非语言的手段为学生的语文学习服务。在提出这一核心主张的同时，我又提出了阅读教学的基本定位和基本策略，提出了写作教学的基本定位和基本策略，总结了语文课堂活动的基本形式和操作要领，试图从几个不同的主要方面告诉教师们"把语文课上成语文课，用语文的方法教语文"这个核心主张如何落实。令人欣慰的是，我的主张得到了很多专家和许许多多一线教师的认可，尤其是在我提供了大量的教学案例之后。

最近几年来，各种语文教学主张林立，动不动就冒出一个"××语文"。有人以为，这体现了语文教学的繁荣，体现了语文教学百花齐放；有人以为，这造成了语文的混乱，语文只有一个，哪来的这么多"语文"。持后者意见的人中，有人以为始作俑者似乎是我。这实在冤枉了我的初衷。所以《中国教育报》约我著文谈谈这个问题时，我写道："本色语文就是一个不提倡主张的主张。因为本色语文最核心的主张是：语文就是语文。这句话其实已表明了我的态度。我之所以提出本色语文这个主张，其实就是要否定种种自以为是的主张。"

我们一再说：提出本色语文的主张，目的就是呼吁赶快让语文回家，让语文不再漂泊，让语文教学回到原点。

让语文课堂看得见成长

前面说过，要让学生喜欢语文课，就要把语文课上到学生心中，就是要解决学生的问题，就是要看到学生的成长。

可是我们看到，教师们总是展示学生已经会的，常常对学生的问题视而不见、听而不闻，更不解决，总是说一些正确的但毫无价值的话，做一些很热闹但没有意义的事。而更多的教师以考试的名义把语文课变成"教师提问题学生找答案，找不到答案就是教师报答案学生记答案"，其结果是考试时学生还是找不到答案，甚至许多教师天天报答案讲答案，不看答案也找不到答案。

这些都是我们坚决反对的，我们追求的是在语文课上看得见学生的成长。所以在课堂上，我从来不讨好学生，从来不廉价地表扬，从来不动不动就掌声鼓励，而更多的是指出学生的问题，发现学生的差异，挑起学生的（或师生的）"矛盾"，形成课堂的冲突，让学生获得学习的成长。我们一再说：没有错误的课堂，是没有价值的；没有差异的课堂，是僵死的。

在基本完成语文本色教学的主张和理论构建之后，我们便不再纠缠于概念的阐发和理论的丰富，而是集中精力研究"语文共生教学"的教学方法，因为我们认为"与其人人提出一个主张，不如大家多多研究做法。语文只有一个，方法可以各有不同"。"语文共生教学"就是致力于改善教学行为和改变研究学生的学习方式，就是致力于让学生获得探索语文学习的成长。

在介绍共生教学这个核心概念时，我们指出：共生教学的"生"，即"生成"，即体验，即感受，即发现，即创造。有教师之"生"和学生之"生"，教师之"生"是基础，学生之"生"是目的。"长"，即成长，即提高，即发展，即丰富，即实现。有教师之"长"和学生之"长"，教师之"长"是前提，学生之"长"是根本。在"生"和"长"之间，"生"是手段，"长"是目的；"生"是过程，"长"是结果；"生"是"长"的基础，"长"是"生"的宗旨。"共生共长"在教学中有着丰富的内涵：既有资源共生，也有情境共生；既有言语共生，也有情感共生；既有思想共生，也有精神共生。

在语文本色教学的主张中，我们提出：阅读教学的基本定位就是让学生在阅读中学会阅读，在阅读中获得丰富积累，在阅读中提高语文综合素养，阅读教学的基本策略是以文本理解为基础，以问题讨论为引领，以语言活动为主要形式；写作教学的基本定位就是培养学生写作的基本能力，训练学生掌握常见文体的写作方法，让学生能够写好平常文章，写作教学的基本策略是自由作文和指令作文互补，营造学生写作的立体空间，散点训练和系统训练相结合，作文教学要能作用于写作过程。为了让这些策略能通过具体的教学体现出来，我们研究了共生阅读教学和共生写作教学的操作要领和多种不同的课型。我们为一线教师提供了共生阅读教学和共生写作教学的大量案例。

朝拜的路总是漫长的，没有一个朝拜者肯定自己一定能够踏进圣殿；他们只是在一个个长头中表达着自己对信仰的追求和坚贞，享受这种虔诚的向往和灵魂升华的幸福。我想，我也应该是如此。

作者系江苏省语文特级教师
原载于《人民教育》2016 年 09 期

严歌苓：要抛弃杂念才能真正掌控文字

封文慧

第一次知道严歌苓的名字，源于《金陵十三钗》。

电影《金陵十三钗》上映的时候，我还在上海的医学院里磕磕绊绊地读着最后一年书。阴冷潮湿的十一月里，倒数第二次测验刚刚结束，混居着各校实习生和住院医生的宿舍被疲惫笼罩。教学主任老师拿出最后的学生活动经费，在楼下的小黑板上歪歪扭扭地贴了张通知，要包场请全部的学生看电影。

这是我离开实习医院前参加的最后一次集体活动。巨大的电影屏幕上，玉墨绝望而又坚定的笑容在我的脑海中久久萦绕。回到宿舍后，熬夜读完原著小说，情节不尽相同，震撼却丝毫不减。看着小说标题下的作者名字"严歌苓"，我想要写字的愿望更加强烈。去年秋天，我终于来到北京师范大学中文系读研究生。巧的是，我竟成为歌苓老师的学生。

导师聘用仪式上，她带着微笑走进来。那时北京已经入冬，我穿得像棉花包子，老师却穿着干练的衬衣和青花夹克，背挺得笔直，精神抖擞。

第一次与严老师约谈，刚踏出电梯，抬头就望见歌苓老师在走廊里笑着等待，依旧是衬衫加外套的干练装扮，却非常亲切随和。其时，歌苓老师刚刚完成两个讲座，应该十分疲惫，大概是迟迟不见我这个学生主动联系，所以特地来与我见面。

对于我这个半路出家的研究生，歌苓老师关切地询问我选择文学院、选择写作的原因。

我断断续续地讲了很多，中间夹带着理想主义式的杂乱无章：偏离固有的轨道重新选择，并不是一时的心血来潮，只是潜意识里被文字吸引。进入中文系是我多年的理想，年少时因为很多原因放弃了，心中多有遗憾。上了大学，自主时间多了，写字就成为本能的冲动，写作呼唤着我讲述新的故事，揭露人心和世界的真相……

老师认真地听着，并没有像其他人一样质疑这种选择到底值不值得，只是慎重地提醒我将来可能面临的困难："既然选择了，就要作好独自面对的准备，持之以恒地付出努力。"只靠着对文字的热情走到这里，我其实还是写作上的无头苍蝇，老师能认真地听我稚嫩的高谈阔论，是一种鼓励，让我心里踏实了很多。

对于读书，歌苓老师有成熟的看法。她问我平时读书的题材种类。我认为写作的核心还是在于实践，读书只是为了开拓视野，因此只选自己喜欢的题材来读，但的确有点心虚。歌苓老师立刻提出反对，她提醒我："只靠本能的写作，到达一定程度后就会遭遇瓶颈，语言和结构的琢磨要靠潜移默化的阅读来学习，读书不能只靠兴趣，必须有计划地大量阅读经典，才能真正打开写作世界的大门。"

我的写作兴趣经常变化，尝试过的题材领域也很多，总难定型，既想尝试，又很想明确自己写作的定位。对此，我向歌苓老师求教。她说："如果现在想不明白这个问题，可以暂时搁置，放开手脚去写作，等到作品积累得更多，自然就会找到自己心目中的那个答案。每个人的情况不同，不要勉强自己在早期就去定型。"我豁然开朗：有些路是必须走的，急不得。

那天，老师与我讨论了很多问题，她既是温暖和善的聆听者，又是思维敏捷的引导者。她像一位智者，对入道尚浅的我亲切地指出写作者应该具备的素质和努力的方向。我为遇到这样的老师而庆幸。

以后的很多日子，纵然相聚的时刻短暂，但歌苓老师总不忘从大洋彼岸传来电邮。她始终教导我，要观察、沉淀和坚持。她说："要抛弃杂念才能真正掌控文字。"

虽然我发给她的作品还很不成熟，但她总会细心阅读并列出自己的建议，使我获益良多。严歌苓这个名字，在我的生活中变得亲近、丰富起来：亲切无私的师长，热情独立的作家，写作道路上同行的友人。

作者系北京师范大学中文系硕士研究生

原载于《人民教育》2015 年 17 期

苏童：有没有"读好"，对能不能"写好"影响巨大

何 向

作家李洱曾笑称苏童是作家堆里的贾宝玉。的确，童老师不仅气度非凡，人长得很潇洒，言谈之间还总带着一丝孩童般的烂漫与羞涩。

童年记忆保留到现在还能散发亮光的，是有价值的东西

成为苏童的学生之后，他曾跟我们约谈。在京师大厦的房间里，老师给我们三个初出茅庐的"孩子"泡茶，耐心地说起每个人之前上交的习作。

聊到我们都应该写些什么时，苏童感触很多。"每个人的经历不同，所以脑子里的记忆、可以提炼成小说的东西也不一样。""应该写自己熟悉的，在成长的浪水里反复洗涤而没有被冲刷的不见踪影的那些。"他写《城北地带》，写《少年血》《刺青时代》，整个"香椿树街"系列都有着自己童年的记忆。

大概是年少时多病的缘故（9 岁时得了严重的肾炎和并发性败血症），造成了苏童内心的孤独和压抑。这段经历在散文《九岁的病榻》中有过描写："我恨室外的雨，更恨自己的出了毛病的肾脏，我恨煤炉上那只飘着苦腥味的药锅，也恨身子底下咯吱咯吱乱响的藤条躺椅，生病的感觉就这样一天坏于一天。"这种对童年、病痛的压抑与折磨寻找的突破口，就是在作品中对死亡、暴力和心灵病态的描写。

正是这种独特的童年视角写作手法，使苏童的作品尽管内容是灰暗的，却凭着孩童意识形态的干净而使得其文字澄净、利落，既带着南方雨季的梅潮，又透露出江南水乡的诗意。

"童年视角是我小说里一直运用的，是我最原始的小说创作的契机，是

碎片式的东西，对我来说是感知生活的途径或角度。不是通过社会学的意识，不是通过成年人的世界观，更不是刻意模仿孩子的眼睛，我是比较相信童年记忆保留到现在还能在脑子里一亮的，是有价值的东西，更接近我所理解的小说生产方式的真谛。"

炊烟下面总有人类，苏童对于普通人的细枝末节的观察无疑是出色的。除了描写童年、少年，他也热衷于对女性心理、市井小民的剖析："我一直想在小说中尽情地描写我所目睹的平民生活，我一直为那种生活中人们所展示的质量唏嘘感叹，我一直觉得有一类人将苦难与不幸看作他们的命运，就是这些人且爱且恨地生活在这个嘈杂的世界上，他们唾弃旁人，也被旁人唾弃，我一直想表现这一种孤独，平民的孤独。"

对于历史的书写，苏童说："世界有两个世界，一个平静的，一个血腥的；历史也有两个历史，一个看起来真也许是假的，一个看起来假但是真的。我们看历史，是墙外笙歌雨夜惊梦；历史看我们，或许就是默默蝼蚁井底之蛙了。"

珍视每一个与伟大作家精神相通的机会

"阅读是一件美好的事情。对于一部你喜欢的书，你会记得某些极其烦琐的细节，拗口的人名、地名，一个小小的场景，几句人物对话，甚至书中写到的花的名字，女孩裙子的颜色，房间的摆设和气味。"

"现在写不好不要紧，不知道写什么的时候就多看看老作家们是怎么写的。"他还提到，每个作家灵魂深处都有一个"精神导师"，一位也许已经逝去多年的、时代久远的作家，他激起写作的兴趣、陪伴孤苦的练笔，也带来思想的碰撞。

对于我们来说，现在读书几乎是不加选择的，没有计划性、目的性：或者读名著，或者读别人大加赞誉的"好书"，或者只喜欢看某一种文体或风格的作品，又或者只因为一个美丽的名字。

苏童认为有没有"读好"，对能不能"写好"的影响是巨大的："如果只是普通的文学爱好者，怎样阅读都无可厚非。但如果希望通过阅读对写作有一定的益处，系统合理地读书就显得格外重要了。"

"每一个初涉写作的人都要耐着性子大量地阅读伟大作品，珍视每一个与伟大作家精神相通的机会。那些让自己记忆深刻的作家作品会影响自己一生的写作。"苏老师提到，他最初喜欢的作家塞林格至今对他的创作有着或好或坏的"插足"："我的一些短篇小说中可以看到那种柔弱的、水一样的风格和语言。"还有博尔赫斯、麦卡勒斯，这些优秀作家们照亮了太多幽暗的未曾开辟的文学空间，启发着一批又一批心有灵犀的青年作家，对于这些作家的作品，我们怎能弃之不阅呢？"可以将同一时期的不同地区的几个作家的几部作品作为一个板块进行阅读，也可以专门地学习某个作家的写作方法。"

"阅读还要讲究质量，讲究体悟。要能够从书中有所得、有所思。在读书时应当适当地做笔记，不光是优美的词句，还有作家对文字、情节的某种处理方法。"苏童老师告诉我们，"什么叫人物，什么叫底蕴和内涵，去读读《伤心咖啡馆之歌》就明白了。"

抓住属于当下的特质，去写双眼看到的世界

上世纪八九十年代是先锋文学的黄金时代，苏童老师无疑是先锋小说家的杰出代表。

然而，我们如何接过时代的使命，建立属于我们的文学王国？相比上一代，我们的童年经历平淡无奇。对此苏童老师建议我们："静下心来观察身边的生活，寻找这代人与先代的差别，抓住属于当下的特质。不管写什么故事，也不管如何动用虚构的技巧，情感的真实是永恒的，而这种情感应该源自体验的真实。"

他鼓励我们大胆地去写双眼看见的世界，他说："这应当是一个很不一样的世界。"

我想起苏童老师在《河流的秘密》里写过的那些关于他人生前20年的片段：屋顶上在细雨中叮咚作响的青瓦、后窗下终日默默流淌的河水、缝制兄弟俩衬衣的母亲和骑着永久牌自行车的父亲……那些我可以一一想象又无法真正触摸到的属于他那代作家的生活。说是混乱也好、温情也罢，也许正是太平年代不太平的市井生活和沉默的平民不甘沉默的内心话语，触动了每

一个先锋作家敏感又倔强的心，促使他们下笔，促使他们用一种完全不同于先代的言说方式传递着这个世界活着的和正在死去的一切。

是的，如今我们这代人的成长经历显得过于幸福和单调，我们的记忆最深处缺少对苦难的理解和对动荡、罪恶、残忍的认知，但我们也自有特异之处。如何抓住这种时代特质，也许就是我们这代人写作的最大命题。

作者单位系北京师范大学文学院

原载于《人民教育》2016 年 11 期

迟子建：培养学生独立思考能力，是对他们最大的爱护

贺嘉钰

迟子建曾三次获鲁迅文学奖，还有冰心散文奖、庄重文学奖、茅盾文学奖：《雾月牛栏》《清水洗尘》《世界上所有的夜晚》《北极村童话》。读她的文字，充满了理智的快乐。

2015 年，她成为北京师范大学驻校作家，由于工作原因，我能有更多的机会看她束起高高的马尾，笑起来脸蛋儿上漾出深深的一对括号，看她如何对待身边的事物，讲述她如何理解文学，看她如何进行文学教育，感受到她的温情、朴素甚至柔软。

只有体味过人生寒冷，才能真正用文字生出火来

1985 年的夏天，迟子建作为最年轻的写作者，参加了黑龙江作家协会在小城呼兰举办的小说创作研讨班。就是那一次，她犹豫着，最终鼓起勇气将中篇小说《北极村童话》的退稿递给时任《人民文学》编辑的朱伟，"结果他用离开前的一段时间飞快看完，然后找到我，第一句话就说：你为什么不早点寄给《人民文学》？这篇小说后来发表在 1986 年 2 月号的《人民文学》上"。这是迟子建初登文坛的第一部中篇。她身上有股子"倔"劲儿，认准的并会一直打下去，直到打出水来。

迟子建用中篇小说耐心地织出了一片绵密锦绣。在她看来，中篇小说有"优雅的姿态"和"傲然的风骨"，约束着写作者不放纵。她告诉年轻的写作者："如果你们是未来的文学的伟大的海洋，请一定记得从溪流开始一生的事业。慢慢地，慢慢地。"的确，莫言、贾平凹、苏童、余华莫不如此。

她说："莫言是个大天才，他的短篇不是特别多，但他有非常多优秀的中

篇，例如《红高粱》系列，为他的文学作了非常结实的铺垫，因此他的长篇小说几乎没有废笔，每一篇都与众不同。"

只有体味过人生寒冷，才能真正用文字生出火来。经历过与亲人生离死别最深切的痛，而人生遭遇裹挟着她，使她的文本完成了从"忧伤"向"荒凉"的"渡过"，这会让作品长出一点皱纹。当伤痛和死亡不再只是意象和背景，而成为真实客观的存在，迟子建感到自己"真正沉潜下去了，早期写《北极村童话》时的忧伤已然化作苍凉。在写作《世界上所有的夜晚》时，我确实感受到一个人的伤痛和众生的伤痛比起来，很轻很轻。我愿意以自己很轻的东西，像大海上的一个鱼线的浮漂，钓到更沉重的伤痛"。

"因为经历了太多寒流，所以当寒流再袭来的时候，我没有恐惧感，我身体里已经因这寒流集聚了足够的热量和能量。"很多时候，她不是用一支笔去温暖谁，而是给自己一种信心、一种不太相信世界永远是漆黑一团的感觉。迟子建的文字定格了数不清的"美"和"暖"，迟子建文字里的暖，来自生命内部深切的渴望，那是天寒地冻的雪地里父亲递给她的一颗腾着热气的"亲亲土豆"，是内心里以柔软的力量给人决心的抚慰。

而写作本身，也给予了她丰盛。例如，在写作《额尔古纳河右岸》时，"我感到自己进入了特别松弛又特别迷人的境界，所以我不忍心把它写完，写完之后特别失落。我要和这样一群人告别了，而我塑造的这样一群人，可能是我最想相处的人，我不忍告别"。

培养学生独立思考的能力，是对他们最大的爱护

迟子建，这个名字对于很多中小学师生来说并不陌生，她的文章曾多次被中高考现代文阅读考题选用。但很多人不知道，她曾经也是一位中学教师。

直到今天，迟子建依然记得 17 岁那年考取大兴安岭师专，乘上慢行列车独自离开北极村那晚，一个女孩对外面世界的最初渴望。1984 年从大兴安岭师专毕业后，她曾做过两年语文教师，先是在童年生活的学校教初中语文，然后调到县高中教高考辅导班。到大学给同学们上写作课、作讲座，对她来说，是"教师"身份的回归。

两年教师职业经历让迟子建对语文教学有了一些自己的看法："语文最

接近我们的日常生活，所以好学，很少会有学生语文不及格。可也正因为好学，许多学生对语文是忽视的。其实，良好的语文基础是学习的阳光，可以照耀其他学科。当然，有的学生忽视语文，与我们匠气的教育方式有关。"

近年来，有的考生高考遇到了她的文字，考后就在她的微博或贴吧留言，问她写那篇文章的本意，这让迟子建感慨颇多。她说："我不主张给课文做整齐划一的'中心思想'，这样遏制学生对一篇文章感性和丰富的理解，是伤害语文的。"她认为，对培养学生文学素养来说，"培养学生独立思考的能力，就是对他们最大的爱护"。

课堂里，当年轻的写作者讨教起有关写作的种种，无论问题是否已经回答过多次，她总是非常耐心。谁提问，那个望过去的眼神就专属于谁。从"写什么""为什么写"到"怎样写"，如果说写作是一门手艺，迟子建乐意摊开那些被时光磨洗得发亮的金刚钻，围着火光讲述每一样的用处和由来。

她说，一位好老师不必和学生表面上"打成一片"，但一定要在精神上"息息相通"。

与晚辈交往，她也从来都是亲和的。第一次给她发短信，粗心如我，将"子建"之"建"篡改为"健"，短信递出，一万个懊恼在胸中奔突。对于将对方名字打错这件事我无法忍受，连忙道歉，她旋即复信："别在意，小姑娘，你是在祝福我健康呢！"离开学校的最后一个晚上，与她在学校门口一家小面馆吃面。我们都点了阳春面，坐在面馆的小角落里，我忍不住从淡淡的氤氲而起的雾气里望向她，她忽然掏出两包台湾小零食，递给我，我装进口袋，说，留着。不吃掉，就会一直保有她送给我的一种甜。

"你背后那片天空和土地，就是你文学的童年"

谈起文学教育，她不认为小说必须承载使命，也反对作者将自己的光明强加给笔下人物，她鼓励初写者放开来去写熟悉的、喜欢的生活。

她说每个人的经历都是文学的富矿："你们每个人身后都有自己的天空和土地，它或许蔚蓝或许阴霾，你一定要记住，它就像你文学的童年，会一直跟着你走下去。你要从生长的土地和童年建立起的经验世界里，去发现你文学的东西。"

迟子建有一个"作家导演"理论，一些写作者甚至将其奉为圭臬。"作家不要做演员，要做导演。你要去调动所有的场景、人物、灯光、布景，安排情节的推动，照顾到所有细节。作家写作时，往往容易把自己放在作品中一个主要人物身上，跟着他走而忘了其他人。你写某个心有所动的人物，他会带着你走向人物想去的地方，但那不是人物应该走向的地方。他只是你小说中的一分子，你要按照小说的逻辑去发展他，而不能按照你个人性情的逻辑，纵容他无限地走，因为他也许走向的是一个人物的深渊呢。"

她说，故事是需要唤醒的。在北师大的文学创作讨论课上，同学们一齐精读过迟子建的《一坛猪油》，张清华教授分析这篇小说时说它无一个废字。语言精练之外，《一坛猪油》的出彩在于迟子建有意识地给故事放进一个"核"。"我只不过在一坛猪油里放进一枚戒指，但放进这枚戒指，就放进了一个情感的故事，它是小说的核。"找到唤醒记忆的那个点，你的整个故事将被唤醒，将会动人。就故事而言，古今中外的经典名著似乎已将能写的故事基本穷尽，"我们的新意在于情感的微妙上，要写出细节和微妙的差异。没有意蕴，很多时候是缺乏对生活细节的把握，而每个细节的闪光，将造成你小说的气韵"。

2015年亚洲周刊评选年度十大小说时，对《群山之巅》的点评迟子建很认同，"把当代中国放在一个镇子上来看，以小见大，这恰恰体现了小说的'小'字"。"小"之于迟子建，还表现在她的笔触总是着落于小人物，从她对小人物天然的亲近、悲悯和热爱上，我们看得到她对人性之光的捕捉。迟子建喜欢伊朗电影《小鞋子》，"小兄妹俩在街道上换了鞋奔跑的画面，就如同辛酸的生活里穷人的眼泪在滴滴答答地流啊"，唯美的表达方式带来的是震撼，那种亲情，那种暖，在里面。

毫无疑问，阅读作品与文学素养的建构是正相关的。要从小培养文学素养，应读什么，如何读？迟子建说："就从童话、诗歌、散文这些读物读起，循序渐进走入小说。因为前者是青青的草地，后者是骏马。先把草地铺好，骏马才好驰骋。"

作者单位系北京师范大学国际写作中心
原载于《人民教育》2017年01期

阅读，最幸福的生活方式

马向阳

癸巳已去，甲午新至。东方欲晓，晨光熹微。此刻，轰鸣了一夜的爆竹渐渐消歇，而新年带来的兴奋却让我本该平静的心情多了几许情感的涌动。于是，闭目静思，盘点人生，当 50 年的人生历程如蒙太奇镜头一般在脑海里被回溯编辑一遍之后，猛然间一个非常明晰的词语——阅读，跳跃了出来，犹如阳光一般地照彻了自己的心房。

正是阅读，充实了我的灵魂，丰盈了我的思想，支撑了我的事业，提升了我的人生境界与生命质量。

阅读，提升生命质量

1963 年 2 月，一个春寒料峭的早晨，我出生在豫东平原一座三面环水的偏僻乡村里。当时，三年自然灾害刚刚过去，大地尚未完全恢复生机，身体羸弱的母亲，难以用自己的乳汁养活我幼小的生命，村庄里的婶婶大娘们便成了我生命中最早的贵人；就是在这年的夏季，连绵的暴雨又将地势低洼的村庄变成了恣肆的汪洋，是爷爷紧急制作的一叶木舟，把我们母子二人及时地送到了村边的河堤上，避免了葬身鱼腹的厄运。周岁之前发生的这一切，如同命运的谶语，影响了我的一生——由于饥饿感，我始终处于一种汲取营养的生命状态，不仅是物质的营养，更重要的是精神的营养；而漂泊与行走，则构成了我的独特的人生历程。

中小学阶段，适逢"文革"，当全国的大人们都紧跟革命形势忙着"抓革命"的时候，一代青少年的求学求知就成了一种奢望。于是，在我的履历表中，小学 1 年半、初中 2 年、高中 8 个月，这就断断续续地连接成了我全部的青少年时代的求学经历。这不够完整的基础教育恰使我求学向上的欲望时时膨胀，且随着年龄的增长逐渐放大。于是，阅读就成为我渴求知识、汲取生命营养的唯一途径。

从父亲的书箱里，我曾经悄悄地拿走了《水浒传》《呐喊》《鲁迅杂文选》；从同学的家里，我借阅了《林海雪原》《青春之歌》《烈火金钢》《平原枪声》《闪闪的红星》《红日》等那一时期可能见到的经典；在学校逼仄的图书室里，我读完了《钢铁是怎样炼成的》《卓娅和舒拉的故事》《马雅可夫斯基诗选》等一批苏联文学精品；而一位酷爱戏曲的语文老师偷偷借给我的《窦娥冤》《牡丹亭》等剧本，则给我打开了另外一扇视窗，让我晓得了文学作品中除了颂扬英武刚烈之外，还有幽怨悱恻，正如同自然界中的雄雌阳阴一样，豪放与婉约、俊朗与纤弱、明快与幽暗、刚劲与柔韧等，相克相生，和谐共处，才构成了物质世界与精神世界的多元与丰富。

年齿日增，当借书已不能满足自己的阅读需求时，"拥有属于自己的图书"这个强烈的愿望，则陡然间填满了我的心房。当时社会积贫积弱，物质匮乏，果腹尚非易事，焉有余资置书以观？于是我便开始有计划地实施勤工俭学活动：炎炎夏日，便捡拾麦穗；深秋霜天，则刨挖红薯；萧瑟冬日，即寻找药材；春寒料峭之时，就约上几个伙伴，跳进村边的河里，选择一段水面，两头用泥块一堵，水盆水桶一齐上阵，硬是凭着力气，将被围堵的河水弄干，藏匿在水中的鱼鳖也暴露无遗，于是满载而归，次日携至集市，换些钱币，大家均分。劳动所得，一半交给父母，贴补家用，一半留作私房，寻机踱进镇上的书店，将心仪已久的图书购买回家。就这样，在不到两年的时间里，我购置并阅读了数十种文学经典，巴尔扎克、托尔斯泰、普希金、巴金、张乐平等大文豪的作品以及上百册经典连环画，都成了我的珍存。现在想来，正是有了这些文化典籍的浸润，才使我度过了那段精神饥荒的岁月，使当时在社会最为底层的空间里打拼的我，不气馁，不堕落，不庸碌，不彷徨，对生活与未来始终充满着希望和信心。

大学四年，是我人生中最为惬意的时光。当时，许多年高德劭的教授除了给研究生们开课之外，也经常为我们这些本科生开设专题讲座，且全国大学之间学术交流频繁，各种研讨活动常有机会参加。于是，王季思先生、霍松林先生、任访秋先生、钱仲联先生、华仲彦先生、于安澜先生、牛庸懋先生、宋景昌先生、刘增杰先生、白本松先生等一批学术大师，都曾经给我们以耳提面命般的指导。亲睹硕儒慈颜，聆听大师宏论，弦歌一堂，切磋砥砺，眼界大开，学业精进。尽管30多年过去了，著名诗人、古典文学专家华仲彦先生的谆谆教诲仍时时闪烁在心头："学问无穷，书籍充栋，而生命有限，时间宝贵。两难之间，须有抉择。我以为，作为中文专业的学生，要充分利用有限的学习时间，多多诵读传统经典；尤其是古典名著名篇，要熟读成诵，烂熟于胸，则可做到警句名言、典故成语、诗词意境、文脉意趣等如同己出，在自己今后写作时，隽词妙语，汩汩而泻，涉笔成趣，文气贯通，典雅华贵，美文天成。"当时，先生此言一出，自己如醍醐灌顶，困惑于胸中数年的迷雾尽皆散去，头脑一片清朗，心里格外澄澈，脚跟也踏实了许多。于是，在先生的指导下，利用课余时间，仅古典文献方面我就通读了《诗经》《楚辞》《国策》《史记》《三曹诗选》《陶渊明集》《李太白集注》《读杜心解》《苏轼全集》《漱玉词注》《剑南诗稿》《唐宋传奇》等名著；而著名学者朱东润教授主编的六卷本大学中文系通用教材《中国历代文学作品选》，更是我手头常备的读物，经过反复诵读，其中三分之二的名篇基本成诵。含英咀华，受益良多。

　　参加工作之后，备课授课之余，购书与阅读，便也成了生活中不可或缺的内容。后来，因为工作的需要，除了文学专业书籍之外，还集中精力阅读了大量的教育学、心理学、政策法规、教育科学与教学方法论、课程建设、人事与资源管理等方面的书籍。无论在海口市教科所担任所长职务，还是调任海口市第一中学和海南中学校长，自信所在单位在文化建设、课程管理、教育科研、教师专业发展等方面，均在区域内起着引领示范作用。吾人并非天才，有些开创性的工作也无经验可循，只能边学边做，及时反思，不断总结，适时调整，逐步提升。在这一过程中，阅读为我不断前行提供了重要保障。白天庶务紫身，就利用夜晚时光，20多年，我的夜晚大都是从黎明开始的。后来，应著名学者白本松先生、贾传棠先生等邀约，参与编著《乐府诗鉴赏词典》《中国古代文学作品多解大辞典》《万家宝典》等辞书，接受任务之多，撰述质量之高，学界已有定评；自己所撰写并出版的散文随笔集《遥远的啸声》《渐远的风雅》以及文学作品集《传诵千秋是著书》等，被评论家们誉为"端肃板正，用典浑成""含蕴丰富，文笔清丽"，具有"凝重而安详"的气质和文风，窃以为并非完全溢美。

数十年的阅读体验，让我真切地感受到，为了学业和工作需求进行的功利性阅读，是人生中必不可少的项目，它能够极大地改善一个人的生存和工作状态；而为了丰富与满足自己精神生活所进行的闲适性阅读，则像阳光与水分一样，时时滋养着心灵，提升着生活的乃至生命的质量。功利性阅读与闲适性阅读常常又是交织融汇在一起的，它们共同促进着人的成长与发展，培育着人性向善良仁慈、宽厚包容、感恩担当的方向迈进。而这些，则正是一个教育工作者所应该具备的情怀。

引领，建设书香校园

作为一位优秀教师和教育管理者，仅仅满足于自身的阅读愉悦是远远不够的，只有将自己的阅读体验与自己的学生、同事分享，引领他们参与阅读、享受阅读时，才能够给自己的阅读体验赋予更多的价值和更大的意义。于是，推荐作品、撰写书话、开设讲座、指导阅读，就成了我授课之余的额外工作。其中，有辛苦，也有甘甜，有付出，也有获得，有喜悦，也有遗憾……更有着说不尽的故事。

上世纪80年代中期，我在河南师大附中任高中语文教师，从海量阅读中筛选出精品推荐给自己的学生，已经成了习惯。一天，我在《散文选刊》上看到一篇文章，篇名是《没有叫出声的呼唤》，写的是一位儿媳对公公的印象与观感，事情甚为平常琐屑，但视角独特，真情贯注，文笔流畅，感人至深。次日，我就把文章复印了100多份，发给所任教的两个班级的学生。我跟同学们说：请你们记住，文章就应该这样写——要写出自己的生活与生命的体验，要写出自己的真诚与真情，因为你向读者剖开自己心扉的同时，你也一定能赢得读者的心。10多年之后，我从河南来到了海南工作，有一年春节，当年曾担任过学习委员的王君给我拜年时说："老师，还记得你复印给我们的那篇文章吗？《没有叫出声的呼唤》，它不仅启发了我们怎样作文，更重要的是从文章中我们懂得了如何做人！"我听了之后，很长一段时间，心情难以平静。我想：在追逐时尚生活的当下，物欲的渴求和情绪的宣泄正在取代深邃的思考和理性的表达，弥漫在所谓的"文化作品"中，对此，我们更应该积极地引导和提升读者的阅读兴趣与阅读品位，要以承载着人类良知的由衷表达的优秀作品，去影响孩子们的人生观和价值观，使其向着真善美的人生境界迈进！

记得在 10 年前，海南省作为首批省级实验区进入高中课改时，构建国家、地方和学校三级课程体系，特别是将开发和建设好基于学生兴趣与学校资源的校本课程提到了重要议事日程上来。作为教师出身的校长，我认为要想使教师们在此次课改中大显身手，首先自己要真正起到示范和引领作用。于是，经过充分调研、准备、论证、修订等，新学年里我们拿出了供学生们选课的"菜单"，仅校本课程就有 30 多门。其中"中国古代诗歌鉴赏"就是我率先向全校学生推出的选修课程，在校内外均产生了积极而广泛的影响。3 年之后，我又面向全校学生开设了"红楼梦导读"选修课程，分设《红楼梦》的思想内容、《红楼梦》的绘人艺术、《红楼梦》的语言艺术、《红楼梦》的美学价值等 9 个专题，多方面多角度地向学生们介绍了古典名著《红楼梦》的伟大艺术成就，听课者中不仅有参加选修的学生，还有学校里的青年教师，就连附近学校的同行也屡次慕名而来，尽兴而归。

积极营造良好的阅读环境与氛围，引领全体师生——特别是教师们深入开展读书活动，建设书香校园，是校长的职责所在。为此，我带领学校班子成员，积极筹措资金，协调有关单位和部门，获得他们的理解与支持，为全体教师购置了手提电脑，帮助教师们下载与安装电子书籍，让每一部手提电脑都成为一座会移动的图书馆；为全体教工发放购书卡，保证每位教工每学期都有购置十本以上图书的激励性资金；改造并装修好了温馨可人的咖啡书屋，从空间上为教工们提供品茗品书的良好环境；同时，学校还设立了"读书节"，制定了《关于新课程背景下教师读书研修活动的实施方案》，由校长室和教研室定期向全体教师推荐阅读书目，举办读书沙龙和读书报告会，在校园网上增设读书专栏，为教工们提供交流与分享的机会和平台。所有这一切，都是为了培育教师们的人文素养，为教师的生命发展打造亮丽的精神底色。现在，每天晚餐前后的一段休闲时间里，走在我们的校园里，总会看到有一些师生坐在长椅上或树荫下，专注阅读，完全不为周围嘈杂的环境所影响。望着这些阅读者，我的心里充满着敬佩与感动！阅读，应该是一项贯穿人生始终的生命化实验活动，它的价值不仅在于增进智识，还在于提升人的精神境界以及生活乃至生命的品质！我常想，大千世界，众生芸芸，尽管说术业有专攻，行业不尽同，但是在庸碌而繁忙的一生中，能够挤出一定的时间而坐拥书城的人是最为幸福的。因为他能够用心灵去沟通人类的昨天与今天，去感悟人类的痛苦与欢乐；他能够用智慧去铺设通向未来的桥梁，享受到人生的大安详！

行走，拓展阅读空间

陆游曾说："纸上得来终觉浅，绝知此事要躬行。""读万卷书，行万里路"，是我国传统知识分子所追寻的人生境界。行走就是倡导人们走向社会，走向大地，走向自然，用心灵去阅读和体悟"天地万物"这部没有经过装订的"百科全书"。无论是在海口市第一中学还是在海南中学任职期间，我都是"旅行修学"的积极倡导者和践行者。

作为一名优秀教师，无论他教什么课，做什么工作，都要具有深厚的文化底蕴、高雅的文化品位与鉴赏水平。而这些也只能通过阅读"社会大学"这部百科全书来加以逐步培养。在旅行修学的过程中，我们号召教师们要善于捕捉细节与瞬间，用眼睛发现美，用镜头记录美，用心智诠释美——这本身就是一件很愉快也很有意义的事情。10多年来，我们利用暑假时间，先后组织教师们参加了中原文化之旅、徽派文化之旅、江浙文化之旅、湖湘文化之旅、三国文化之旅等，引领教师们徜徉白山黑水、感受厚重长安、漫步云贵高原、深入山西大院、走进北京胡同、品赏长城文化、体验丝绸之路、考察古镇民居、比较琼台文明。我们号召教师们返回学校之后，都要将所见所闻、所思所感、所摄所绘详加整理，提交至学校的网络平台上，充分展示，交流分享。其结果不仅愉悦了身心，而且进一步拓展了阅读空间，提升了文化素养，促进了教育教学和教研工作，最终引领与促进着学生们的发展。现在随时打开校园网络，我们都能看到教师们及时提交的图文并茂的美文。

教师们的行动就是无声的语言，身教的作用有时较之于言传更为重要。于是，学校里所开设的综合实践活动和研究性学习课程，也成为广受学生欢迎的课程之一。为了培养学生们"致知力行"的实践能力，在老师的指导和带领下，每年我们都要抽出一周的专题学习时间，以课题组或学习班级为单位，走进工厂、农村、矿区、军营、商场、科研院所、苗黎山寨、希望小学等单位或场所，深入调研，亲身体验，针对存在的相关问题，加以研究，提出解决问题的思路和对策，然后撰写报告，相互交流，分享研究成果。课程改革实施以来，仅以学生提交到学校综合实践活动网页上的报告为基础进行统计，海南中学就有 5126 篇之多，涉及社会经济发展与人们生产和生活的方方面面，内容极为广博，具有一定的思想高度、人文与科学价值。我想，从这样的"行走"中收获的关于理想价值、人生目标、科学精神、人文关怀与学术品格的深度的领悟与思考，是任何文本阅读以及课堂教学都无法取代的，它将会渗透到学生们的心灵之中，伴随着学生们的成长而不断充盈，不断光大，并将影响他们的一生。

将阅读经典与阅读社会人生有机结合起来，既行走在书本中，也行走在大地上；既行走在时间里，也行走在空间里。这样，我们所获得的实际知识与人生体验才是丰富而完整的。一切学习都是为了学会学习，而阅读就是使人们获得自主学习能力的最为有效的方式与手段。

阅读，是最为幸福的生活方式！

作者系海南省海南中学党委书记、校长
原载于《人民教育》2014 年 07 期

第三辑

每一个苦难都是向上的台阶

每个困难都是向上的台阶

张思明

生活磨砺出我的坚强

我出生于一个教师家庭，我的小学和初中都是在"文革"中度过的，在那个把知识分子称为"臭老九"的年代，我随全家被下放到江西鲤鱼洲农场。在此期间，父亲因公牺牲，当时我的班主任老师用力抱着我的肩膀，告诉我："孩子，你必须长大，你一定要坚强，从今天开始你成人了。"在寒风冷夜中，我把班主任的话和自己的泪一起深深地埋在了心底，那年，我13岁。之后的几年里，舅舅在岗位上心脏病突发，意外身亡，姥姥因肝癌去世，母亲和我遭受了一个又一个打击，经历了难以想象的痛苦。然而，母亲却表现出特有的坚强，拼尽她的所能拉扯着我和妹妹长大。

有母亲的关爱与坚强，有老师的帮助与理解，我好像一下子长大了，变得与同龄人那样的"不同"。13岁的我开始当家，掌握了许多生活的本领。用榆树钱、槐树花和着玉米面，蒸成香喷喷的窝头；把枫树的种子炒熟来招待客人；还学会了纳鞋底、绱鞋、做衣裤、缝被子、搪炉子、装烟囱、挖菜窖、骑三轮、劈劈柴、捡煤核，生活的磨炼使我白发早生，可我童心依旧。我家从来就没给我和妹妹买过一样玩具，要想玩只能自己去做。有一次，我在商店的橱窗里看到了跳棋，就想自己做出来，但在画棋盘时却发现很难，于是就一次一次地到商店里隔着玻璃看，记不清看了多少遍，终于弄明白了棋盘画法，然后我又把大风吹掉的柳树枝剪成一段一段的，把柳树皮脱掉做成了棋子。后来当了老师，"做跳棋"成了我的数学保留作业。当我穿着自己缝的衣服、自己改的裤子、自己用旧毯子边拆出的毛线织成的毛衣、自己纳的鞋底、自己绱的鞋，盖着自己缝的被子的时候，那种快乐远不是今天买一件新衣服能比的；当我拿到自己值夜班挣来的 3 毛钱夜班费，拿到自己勤工俭学挣来的课本去学习，拿着自己装订出来的本子去做作业的时候，所得到的快乐也是现在很容易得到的享受所不能比的。

我感谢所有教过我的老师。从江西回京后，我插班在北京大学附属中学的初二年级学习，是一个所有功课都不及格的学生，最高成绩只有 35 分，连体育都不及格。很多时候，老师常常会为我一个人补课，节假日我求到的每一个老师都会在学校等着我。就这样，我用两个假期的时间把落下的功课一门一门补了上来，终于在初三毕业的时候，以优异的中考成绩考进了北大附中的高中。

1974 年我高中毕业了。学校希望我留校当老师，我很不愿意，因为当时有一个以反对"师道尊严"而出名的"小闯将"升学到了北大附中，成了全校的风云人物，报纸上也在连篇累牍地批判师道尊严。学生们给老师起了一个个绰号：年龄大的叫"老毒蛇"，戴眼镜的叫"四眼狗"，嗓门大的叫"疯子"，腿有病的叫"马拉松冠军"……我已经作好了去插队的思想准备，我害怕当老师，甚至感觉教师是天下最痛苦的职业。所以，当校长找我谈话，问我愿不愿意当老师时，我不加任何思考，斩钉截铁地说："一百个不愿意。"没等校长的话说完，我转身就冲出了校长办公室。后来，当时我的班主任给我做了很多思想工作："你是共青团员，现在学校需要你，你必须服从组织的安排。"那是一个"组织"叫干啥就得干啥的年代，即使我十分不情愿，也被迫从学生变成了老师。

初为人师的我，没有任何教师资质，也没有任何教师岗位培训。我因为"无知"而"无畏"，我用自己的方式诠释着数学教育，认为数学教师就是做题、讲题、改题的人。然而，事实并非想象的那样简单。课堂内，被"挂"在黑板上（讲不下去课）；课堂外，面对学生提出的问题也时常不知所措，我心里有一种说不出的焦急和愧疚。虽说是高中毕业，但在那样的年代，许多应学的知识都没有学。作为数学教师，我没学过立体几何，没学过排列组合、二项式定理、复数、三角函数和解析几何，更不用说微积分了。我坚持参加海淀区教师进修学校的进修，在学习的同时还有一项重要的事情，就是快速地从那里"趸"来知识，然后及时批发给学生。我当时就像一个知识的"二道贩子"。

忙忙碌碌的我，并没有得到学生的认可。一个学生在自己作业本的封面上画了一只老鼠，手里拿着麦克风，下面写了一句话："你是哪个庙里来的和尚，自己都不会念经，怎么能来教我？"后来，我还听到了充满敌意的辱骂，收到过夹着刀子的恐吓信，甚至我的自行车也被"放了炮"。我深感自己专业知识的欠缺，承接不了学生们的期盼和要求，更坚定了我要读大学的决心。

用志气、毅力和恒心跟命运较量

1977年，全国恢复高考的消息使我异常兴奋，能上大学是我多年的夙愿。可是看看一生坎坷、体弱多病的母亲，再看看穿着"再生布"衣服、小小年纪就要不停喝下一罐罐苦药的妹妹，我感到了自己的责任。我提醒自己：不能向母亲提出上大学的要求，我必须尽力把母亲和妹妹的病治好，将来让妹妹上大学，我自己就自学大学的课程吧。

1981年，北京率先实施了"高等教育自学考试"，我毫不犹豫报名参加了数学专业的自学考试，开始了学习路上的"长征"。没有教材，我就骑着自行车跑遍京城的新华书店，四处去买、去借；工作繁忙，我就放弃所有的节假日，把时间献给了图书馆和考场；家务负担繁重，我就运筹安排每天插缝或每周固定时间集中去做。

尽管如此，学习征程仍然十分坎坷：第一次参加"大学语文"这门自学考试中的公共基础课时就没有通过，成绩是56分，经过一年的努力，再次冲进考场去考这门课，没想到当时的作文是要求考生在理解古文名家名段的基础上来写，由于我阅读理解出了问题，作文写得不知所云，考试再次没有过关，成绩还是56分。

自学考试的当头两棒，给我的打击很大，我不明白自己的路为什么走得这样坎坷？挫折给我带来了不少痛苦和烦恼，我能怎么办？心中的伤只能自己去治疗，我不能把自己的痛苦向母亲诉说，不能再让她操心我的事了，我要求自己在母亲和妹妹面前要装得"幸福得像花儿一样"，"我是家里的男子汉，没有克服不了的困难"。可我心里真的憋屈、难受，记得那天早晨四点多钟我就起了床，心事重重地在白颐路上跑，一千米、两千米、三千米……

眼前一根根路灯杆的投影，一会儿在我眼前，一会儿又被我跨过，跑着，跑着，我忽然觉得这些不断跨过的灯杆影子，就像我生活中面对的一个个困难。我觉得身体之外的一个我在对自己说：人不能只听命运的摆布，你给学生讲过许多动人的道理，可为什么自己不先身体力行呢？我再次下决心，要用志气、毅力和恒心跟命运作一番较量。

从此，我养成了一个坚持到今天的习惯，每天凌晨四点起床学习。我把自己学习中的问题记在本上，利用在图书馆学习和早晨跑步的时间向北大的学生和老师请教。自学考试的 5 年里，我写下了厚厚的 40 多册笔记和习题本，做过几千道习题和 30 多本专业作业。这些笔记和作业本堆起来有一米多高。我把过期的挂历纸裁好，在背面密密麻麻地写下每一门课上万字的压缩笔记，然后折成像扇子一样的小折子装在兜里，一有空就拿出来看，拿出来琢磨。经过 5 年艰苦的学习，我终于把数学专业的 20 多门基础课、专业课一门门"啃"了下来。还考出了数学专业自学考试的突出成绩：线性代数 96 分；抽象代数三个小时的考试，一个小时就做完了，成绩是 98 分；数学分析是满分 100 分，这样的成绩在自学考试中比较罕见。1985 年我成功完成了自学考试，国家领导人在中南海怀仁堂为我颁发了毕业证书，中央电视台等多家媒体也进行了报道。

我是自学考试的毕业生，没有接受过全日制大学的教育，所以我对自己的学习基础和实际学习水平感到心里没有底。于是，1989 年我报考了首都师范大学数学系的硕士研究生，同时也参加了日本文部省在中国招收教师研修留学生的考试。也正是由于刚经历过自学考试的艰苦拼搏，我再一次取得了这两个考试的成功。两个机会的同时来到，使我在兴奋之余犯起难来：作为中学老师能在繁杂的工作中考上研究生实属不易，而能出国留学，机会更加难得。在二者本不可兼得的情况下，我即将师从的硕士生导师、首都师范大学数学系杨守廉教授积极争取，保留了我的研究生学籍，使我可以先到日本冈山大学研修计算机辅助数学教育，学完后再到首师大完成研究生课程和毕业论文。带着学校和导师的嘱托与期待，我走出国门，踏上了赴日本留学之路。

一个民族要让人看得起，靠的是实力

初到日本冈山大学，让我没有想到的是来自其他国家的老师——我的那些"新同学"的误解和歧视：开学典礼上，中国国旗被放在了主席台的最边上，我是最后一个出场的学生。与我一起学习的"新同学"——那些来自亚洲其他国家的教师们时常会问我一些奇怪的问题：你们中国的妇女是不是还有很多人缠小脚？你知道什么是牙膏，什么是肥皂，什么是电梯吗？这样奇怪的问题表现出他们对中国的隔膜和无知。

在与新同学一起学习的过程中，我以在中国当学生的习惯，每天第一个到教室，把教室打扫干净，为其他同学点好取暖的油炉。下课后，会主动擦黑板，给老师端来热茶，中午常常主动帮助大家去买饭，对我所做的一切，我的"同学们"并没有表现出特别感谢，倒好像觉得这些事情我出来干是应该的。一段时间后，有个来自马来西亚的教师悄悄对我说：你为什么做这些事情？这些事情在我们国家都是下人做的。

一天，我参加一位泰国老师的生日聚会。大家聚在一起，拿出了自己民族的土特产互相赠送。我就把从北京带去的印有熊猫图案的T恤衫送给了他。这位泰国老师拿到我的礼品，用英语对其他人说：中国人送给我们东西了，到他过生日时我们拿什么回赠给他呢？这些外国同学在一起讨论，最后他们就发出一阵阵坏笑，其中的另一个泰国老师说：中国人最好对付了，只要送给他一个"condom"就行了。我当时没有听懂这个单词是什么意思，一位菲律宾同学走过来，把这个单词写在纸上，对我说：回家查一查字典吧。回到家里，我在字典上查出了这个单词的意思——避孕套。我愤怒了，真想找那个出坏主意的同学打一架。为什么我真心对待他们，他们却要这样对待我呢？我的这些同行们虽然来自东南亚不同的国家，但是在和他们的聊天中，我了解到他们都有着二分之一、四分之一，最少八分之一不等的华人血统。为什么他们会用这样的眼光、口吻和态度去对待一个与自己有共同血缘的民族呢？经过与他们长时间的交往，我终于明白了其中的道理：其实他们不只是看不起我，而且是对一个民族有看法，要想真正让人看得起，关键就是两个字：实力。从那时起，我就开始跟他们"较量"，我要用自己的行动告诉他们，什么是今天的中国人。

当时我学的项目是计算机辅助教学，在完成导师留下的编制计算机程序的作业时，几个日本同学看着我发笑，觉得这个来自中国的学生，根本不知道计算机是怎么回事，日文的操作系统也将让他寸步难行。我没有理会他们，专心编制程序，决心要与他们一拼高低。我利用研究室里唯一的一台计算机，仅凭日文说明书上的几个汉字以及以前自学的计算机操作和编程技术，很快把这个程序编出来了。不仅如此，我的程序比那几个日本同学编得都好，而且还提出了导师编的程序有问题，导师一下发现了这些，当着我的面就批评那几个日本学生：人家编出来了，你们怎么编不出来？后来大家轮着用程序讲日本的奥林匹克竞赛题，跟我一起的一个日本硕士生讲不下去了，我就告诉他们应该怎么做，并顺便说他们做的这个题中国小学五年级的奥校里就有学生会做，他们当时完全惊呆了。

在日本学习期间，为了增强自己的实力，我用尽可能多的时间来学习、钻研我选的课程。每个周末，其他国家的同学们可以去唱卡拉 OK，可以去逛超市，可以去打保龄，也可以利用假期回国，但我丝毫不敢放松，抓紧时间搜集了有关日本学校计算机教育、数学课程、学生课题学习、青少年青春期教育、科技教育和残疾儿童教育的很多资料。在毕业的时候，我所有的测试项目、论文都是第一个完成的，总的评价成绩比第二名的老师高出了 28 分。所以毕业典礼的时候，日本人反过来设计入场顺序，我的导师是大会的执行主席，第一个入场的是我，中国的国旗挂在最中间，然后让我代表所有的留学生致毕业答词。之后，我的导师站起来说："我为我有这样一位来自中国的老师做我的学生而感到非常自豪，他学得很不错，他是北京大学的毕业生，而北京大学跟我们东京大学一样都是非常著名的学府，她的学生都很有竞争力。"我替导师作了更正："老师，您说得基本都对，但有一点不准确，我是自学考试的毕业生，没有上过大学。我的大学毕业证书上确实盖着北京大学的图章，但我是参加中国的自学考试得到的这张文凭。在中国，有20多万像我这样的自学考试毕业生，我只是他们中间非常普通的一员。"讲完这些以后，我的同学们都向我表示祝贺和佩服。

导师问我愿意不愿意继续留在日本完成硕士的学业，我回答："我是学数学教育的，我的教育对象在中国，我会按时回国，做我的基础教育事业。"

老师说他非常理解我的选择，还郑重地推荐我成为日本数学教育学会的国外会员，在我眼里，我的导师很像鲁迅笔下的"藤野先生"。

回国后的第一次班会，我给学生们讲了这样的事情：

"在我将要离开日本的时候，去了日本距离中国最近的海岸城市——下关市，在海边走的时候看到路标是李鸿章路，我奇怪日本怎么会设李鸿章路，顺着路走下去就看到一个院落，有金色的琉璃瓦、红色的墙，完全是中国式建筑，上面挂着一个匾牌，写的是：清政府与日本国政府签订下关条约国家纪念公园。下关条约意味着什么？我们的国耻是人家的国家纪念公园。在那个建筑面前，我真的立下志愿，我希望每一个学生也都立下这个志愿，就是让这样的事情永远不会发生，这是我们肩上的责任。"

"毛主席在1949年新中国成立时，站在天安门城楼上说出的最响亮的话就是：中国人民从此站起来了！我们同学想过没想过，什么是站起来的标志？真正的标志是中国的强大。看现在，我们有许多人出国留学，有30万人在美国，有12万人在日本，还有在其他国家的，那么得有更多的留学生来我们国家留学，才可以认为我们站起来了。"

"如果说以前的我努力地学习与工作是希望得到别人的承认，那么留日回来的我对自己有了一个更高的要求和追求，现在所做的一切努力，就是为了尽早地完成让我们的民族、我们的国家、我们的学生'站起来'的历史使命。'站起来'是一个艰苦的过程，它并不是一瞬间能够完成的，必须靠组成这个民族的每一个成员不断努力，才有可能尽早实现，我和同学们都有这个责任。"这是发自我心底的声音。

回国后，我在首都师范大学师从杨守廉、王尚志教授，攻读数学教学论的硕士课程。在满负荷工作的情况下，用两年半时间以全优的成绩完成了硕士学位课程。后来又在职考上了博士，获得博士学位。

多年来，我坚持边工作边学习，始终保持着学生和老师的双重身份，完成了从高中生向自考生、留学生、硕士生、博士生的多次跨越。其实，一开始我是希望通过学习、考试得到一张文凭，得到大家的承认。自学考试，几乎占用了我全部的业余时间和精力，确实很艰苦，但它给我更多的是怎样战胜困难，怎样激发自己的潜力，怎样面对挫折。后来，当学习变成一种惯性的时候，我学会了合理运筹时间，培养了自己克服困难的毅力和勇气，明白了做教师必须终身学习的道理，这是比文凭更宝贵的东西。这也驱使我后来去钻研数学教学，在中学开展数学建模的教学实践与探索。

硕士研究生毕业后，我选择了回学校工作。我希望自己做一个基础教育岗位上平凡但不平庸的老师。

我曾在自己的班里作过一项调查，题目是"在你们心目中数学是什么？"，一个学生写道："数学是一些居心叵测的成年人为学生挖的陷阱！"另一个学生也有同感："数学是一些仅仅出现在课本和试卷上的，让某些老师看着学生崴脚而感到窃喜的东西。"学生的"黑色幽默"令我感到震惊、悲哀，原来我们这些尽心力教学的老师在学生心目中，无非是一些挖坑布雷的高手，而数学竟被视为老师惩治学生的工具。从那时起，我开始重新审视自己的数学教学，不再满足于自己数学专业知识的娴熟，也不再满足于学生能安静地听数学课，而是思考我们要给学生怎样的数学和数学教育。

跟我学数学，孩子们觉得数学"好玩儿"

我国的数学教育具有基础扎实、训练严格的传统优势。但知识面窄、形式刻板、重理论轻应用的倾向也是现实问题。很多数学教师常常把主要精力放在知识点的传授上，然后让学生进行大量的反复训练，以为这样就能让学生掌握数学。但忽视了告诉学生这些数学知识的来源、应用，知识点没有了"源"和"流"，没有了生命力。实际上，数学不仅仅是"思维的体操、皇冠上的明珠、理工科的基础"，还是表达和交流的语言，它承载着思想和文化，是现代文明的重要组成部分，是文明人的标志性素养，成为人才必备的核心竞争力。

作为数学教师，如何让学生通过高中数学课程的学习，学会用数学眼光观察世界，感悟数学与现实之间的关联；用数学思维分析世界，学会用数学解决实际问题，积累数学实践的经验；用数学语言表达世界，学会交流与合作，加深对数学内容的理解，提升应用能力，增强创新意识和科学精神？这是我们的努力方向。只有让学生感受到数学与生活的密切联系，让他们学会自己提出问题，逐步学会解决问题，让他们了解数学的源和流，感觉数学可亲、可用，他们才能产生学习的兴趣，这才是学习的内动力。

在课堂上，我让学生接触并解决一些有真实感的应用问题，使学生觉得数学有用。比如：结合函数的学习，调查银行现行利率，计算若干年后可能的存款收益；等差数列求和与实物堆垛；排列组合与自行车变速原理；购买"平安保险"到底是亏还是赚；电视塔的高度与覆盖面的问题；足球射门问题；等等。在课外，我经常组织学生到大自然中去"玩"。我把学生带到北京近郊的关沟山谷，让他们测量一块叫"仙枕"的大石头的体积；每人采集一味中草药；判断一棵银杏树的雌雄并找到它的配偶，以此推算银杏树的传粉半径；用相机拍下古迹并判断它们的年代；用曾经讲过的分形知识，找出具有"生物全息现象"的植物……学生们体验了游玩的快乐，也培养了解决实际问题的能力。

在我的引领下，学生们在"玩"中感受了从生活中发现数学问题的乐趣，开始在学数学、用数学方面表现出空前的主动性与热情，尝试着提出和解决生活中的数学问题。一个学生说：当我们凭自己的知识和智慧成功地解决了一个实际问题时，我们的喜悦心情绝对不亚于得第一、拿满分。张老师让我们体会到数学的魅力与学以致用的乐趣。

"数学好玩"，这是国际数学大师陈省身老先生致中国少年数学论坛开幕的题词。简单的四个字折射出他的数学情怀。不愧是大师，望百之人，在参悟了人生百味后，又回复了童心童语——好玩儿；与科学相伴终身的他老人家，竟把最复杂、应用最广泛的科学，用最简单的语言向垂髫幼童介绍——好玩儿！

玩也是我们的"问题源"，"实验"也是我们的研究手段，比如用数学实验的方法探索计算器的"不动点"，学生的好奇心被充分调动起来。其实这里面蕴含着"极限"的思想。因此，这是介绍极限知识时很适合的引入材料。在我的鼓励下，所教的两个班中，有四位学生经过自己的探索写出了"不动之数"等多篇数学小论文。实际上，学生的这些发现还可以在学习极限、用递推关系求解超越方程、了解不动点和混沌理论时发挥很好的作用。这些发现有很好的数学背景，教师可以利用它们引导学生更快地走近现代数学。

跟着我学数学，学生们真的感受到了数学的"好玩"。其实，只要学生觉得数学好玩，他们就会玩好数学。数学也在期望着，在它的宫殿里，不要只是愁眉不展的苦修者，更多的应该是快乐的、幸福的，觉得数学真正好玩的研究者。

尊重每一个学生，是我做建模教学的核心理念

从 1992 年起，我又开始尝试在中学开展数学建模的教学实践与探索。

我在中学开展数学建模，起步阶段是从国外引入了一些数学建模的教材，把它们翻译过来，加工后逐步引入中学数学教育。有了应用国外建模案例的经验，我对数学建模的认识不断提高，同时也深深感到，在我们的数学教育中应开发出适合学生使用的本土化建模问题。20 多年来，我与我的研究团队一起，与我的学生一起，花费大量的时间和精力，寻求、开发了应用数学问题，积累了几十万字的资料和求解报告，其中多项案例被国家《高中数学课程标准》和高中数学教材选用。我把数学建模引入中学数学教学的做法，在全国数学教育界产生了广泛影响，我的学生 200 多人次在美国西屋"inter"大赛、全国创新大赛和北京市数学知识应用竞赛中获奖。

做建模，"问题意识"是关键。课堂上，都是老师给问题，学生被动地做教师提供的问题。而我特别在意把学习的机会、权利和责任还给学生。做建模的开始，老师和学生都提不出可做的问题，我就采取现场激发的办法。一组组问题在相互激发的状态下，很快就被提出来了，不少问题成为学生实际进行数学建模学习的素材。

小李同学通过观察分析发现：人在一个规则的铺满地板砖的地面上，蒙上眼睛行走，踩线（地砖缝）的可能性大小，与行人所穿鞋的几何尺寸以及地砖相对尺寸有关，通过几何概率模型他找到了两者之间的关系。论文的第一稿已经不错了，但我还是希望他进一步挖掘造成理论计算和实际统计结果之间误差的原因，小李同学经过进一步细致观察和查阅文献，发现"人在全盲状态，在一块开阔地上，在朝一个方向走的意念下，实际行走的轨迹不是直线，而是一个大圆"，从而较好地解释了论文中误差产生的原因，论文的第二稿又进了一步。但我还是对他说：你的工作做得不错，但到现在还停留在"解释世界"的层面，能不能提高到"改造世界"的层面呢？小李同学带着这样的要求又继续观察，他在动物园的儿童乐园里，看孩子们玩碰碰车，

车带着一个像无轨电车一样的长导电杆与顶棚相触，车的动力电源靠全金属的顶棚供应。这时小李同学联想到自己的研究结果，如果把顶棚换成金属网格，导电杆与顶棚接触部分的尺度超过网格的宽度，就像一只大鞋踩在小的地板砖上，不管碰碰车在什么位置，导电杆都会与金属网格接触，从而导电，这样既节省金属材料，降低造价，还能改善采光、通透和视觉效果。他把这种想法写进了小论文，这个结果在北京市当年的某项论文竞赛中获得一等奖。

尊重每一个学生，给他们提供更多的发展机会，是我做建模教学的核心理念，特别是一些学业成绩不出色的学生。学生在课堂学习中由于各种原因，如基础知识、个人兴趣、教师水平、家庭环境等，造成了他们的成绩分化。但考试成绩中有不少是"应试能力"的表现，不一定是学生能力的全面体现。有的人"急中生智"，有的人"慢工出细活"，建模学习常常可以为不同能力结构的学生提供展示才能的机会。建模学习中适当分组，将有各种特长（或短处）的学生放在一起，有时常常会使学生产生意外的收获。在数学建模活动中，提倡两三位学生一起做一个课题，一位学生可能擅长计算机，另一位学生擅长实验，还有一位学生可能擅长与人打交道，这样在作调查时就可以承担"公关"的任务。

记得有一次，3位初一的学生组成一个课题小组完成了一篇小论文，在发表前找到了我，问谁的名字应该署第一作者，这种问题在以前的学生中不太会遇到。一是很少有这样的机会，二是很少去考虑这样的问题。面对这个"与时俱进"的问题，我先和学生们座谈，请大家谈一谈各自在论文中的贡献，自己的发现及别人的长处。然后给学生们提议：谁对这项研究的贡献大，起主要作用，做出关键结果，谁就可以署第一作者，这篇文章谁做第一作者，相信你们能统一认识。作为老师，我的建议是，你们这个研究小组是一个非常好的研究集体，希望你们再继续做第二个、第三个小课题，我想你们每一个人都可以做一次"第一作者"。一年过去了，"三人小组"已经做完了三个小课题，在正式出版物上发表了两篇文章，"第一作者"流动着。

小光同学是我班的体育特长生，学习上有些吃力，在我们的探究发现交流课上，颇不自信地介绍自己的"发现"："我假期观察各种年历，发现平年时，1、10月，2、3、11月，4、7月，9、12月的月历表一致；而闰年时，

1、4、7月，2、8月，3、11月，9、12月的月历表一致。"

同学们听到小光的介绍，表情颇有几分不屑。我马上心里一动，一个体育特长生能抓住身边的小事，观察发现，还会分类讨论，实属不易，应该鼓励。我接过小光同学的话茬儿，说：

"你们就没体会小光同学发现的'伟大的现实意义'和'深远的历史意义'。比如，有一种计算机病毒叫'黑色星期五'，如果当天是13日，又恰好是星期五，它就发作。请你找出距今天较近的3个使'黑色星期五'发作的年、月、日。

"再如，有人说，最好的'办喜事'的日子应该是'6月6日，又是星期六'，可这样的日子是千载难逢的。你同意这种说法吗？你能找出几个'6月6日，又是星期六'的具体年、月、日？

"还有，印刷厂为了印刷每年的整张年历，需要制作'年历模板'。如果标题的年号和农历不写的年历称为年历模板，不同的年历模板只要有多少种？ 2016年的年历模板，下一次哪年能用？"

说到这里，小光眼里放光，露出得意的笑容。同学们被带进了新的思考和讨论。同学们用计算机发现"6月6日是星期六"的日子有2009年、2015年、2020年。因此"千载难逢"的说法不对。经过建模学习的学生们还发现了更简单的规律。之后的讨论被小光"顺理成章"了。半年后，小光成为班里数学建模的骨干，他的论文《澳门网球单打公开赛奖金分配的分析和揭秘》，在北京市获奖。我真为他高兴，重拾自信对于一个成长中的孩子多么重要！

去年假期，我在学校值班。一位19年前毕业的学生专程来看我，进门后她就赠给我一本680页厚的心理学经典的中文译著，这是她完成的作品。这我不吃惊，因为她曾是我教过的班级的英语课代表，后来她选择了文科，考上了北京外国语大学。她和我谈了19年来的成长和变化，特别感谢我在她中学时带她做的数学建模，使她在后来的英国华威大学做博士，在德国马克斯·普朗克研究所以及美国哥伦比亚大学做博士后工作时，能够有勇气选择研究有关心理测量和评估的数学模型，并取得了成就。这次回国创业，她成功地被清华大学聘为教授。我想，她的成就是她的努力和正确选择的结果，我们的作用非常有限，唯一欣慰的是，我的学生们走出我的课堂时知道了，数学可用、有用、能用，从而进一步完成了想用、会用、善用数学的旅程。

我并不期盼每个学生都成为数学家，但如果通过我的教学，能使学生有一种在生活和学习中应用数学的思维观念和习惯，使他们有追求卓越、不断探索的创新精神和追求真理、勤奋求实、一丝不苟的理性精神，他们自身和我们的国家都将受益无穷。

作者系正高级教师，特级教师，享受国务院政府特殊津贴专家

原载于《人民教育》2017 年 09 期

叶嘉莹：最穷苦的时候想到的是《论语》

冀晓萍

她是国内外著名的古典文化学者，退休后当选为加拿大皇家学会院士。美好的晚年生活就在眼前，她却把自己托付给国内，奔波讲诗。

"中国古典诗词的根在中国，我们的青年走进这座珍宝山，却空手而归。"叶嘉莹对古诗词的传承充满忧虑。

"我已经91岁了。如果我不把自己从古诗词中看到的好处讲出来，上对不起古人，下对不起来者。"

内心有很好的品格持守，就不会被别人左右

有人说，叶嘉莹是诗词的女儿。在古诗词的熏陶下，她像一朵兰花，即便处于空谷，也散发着淡淡的幽香。

抗战时期，物资缺乏。叶嘉莹每天骑自行车上学，衣服后面很容易磨破。她找来同颜色的布补上，直到她大学毕业去中学教书，衣服上还打着补丁。

在最穷苦的时候，叶嘉莹想到的是《论语》上的话："士志于道，而耻恶衣恶食者，未足与议也。"她说："我从来没有因衣饰不如人而觉得害羞，也不怕别人笑话。内心有很好的品格持守，就不会被别人左右。"

叶嘉莹的婚姻中没有诗意的柔情，甚至可以形容为"悲苦"：没有自主的婚姻，丈夫经常性地无端暴怒，等等。有人问叶嘉莹："你为什么不从痛苦的婚姻中解脱出来？"

她用王安石的一首诗回应：

"风吹瓦堕屋，正打破我头。瓦亦自破碎，匪独我血流。众生选众业，各有一机抽。切莫嗔此瓦，此瓦不自由。"

"这么想，你就会原谅世界上一切的人，他之所以成为他，有很多他不得已的原因。"古诗词中蕴含的人生哲学，深深地影响着她如何看待世界，如何看待人。她将之称为"弱德"，历经磨难，却以德报怨。

拿到不列颠哥伦比亚大学的终身聘书后，在海外漂泊多年的叶嘉莹以为自此能安稳度日了。不料1976年，大女儿和女婿遭遇车祸，双双亡故。她强忍悲痛为女儿女婿料理完后事，把自己关在家里，拒绝接触外面的一切友人。其间，她写下了10首哭女诗。

"最好的一件事情，就是我选择了诗词作为终身的伴侣。"叶嘉莹觉得。在她最需要精神支撑的时候，诗词帮助她排解悲痛，给了她走出这种生死劫难的力量。

于丹评价叶嘉莹："一个女人可以活得如此优雅自信，生命里面有一种可以拯救自己的力量。"

这种力量，源于古诗词，源于中国古典文化。

所以当现代人远离古诗词，把古诗词当作"古董"束之高阁时，叶嘉莹坐不住了。退休后，她不远万里，频繁往返于中加之间，就是想通过讲诗，告诉青年人，要把中华民族的"根"留住。

最该教给孩子的是诗人的美好心灵和品格

1924年，叶嘉莹出生在北京一个古老的家族，本姓叶赫那拉或作"纳兰"，祖上与纳兰性德都是满族人。在大四合院里，父亲、伯父、母亲、伯母都喜欢吟诗。平日里，男士们大声吟唱，女人们拿着诗集小声吟诵。古诗词，就像吃饭喝水一样，自然而然地进入了她的生命。

在这样的环境里，叶嘉莹两三岁时，就辨别了读音的平、上、去、入，四五岁时开始"像唱儿歌一样"背诵古诗词："我从小自然而然地听，也自然而然地体会，我发觉，吟诵就是读者通过声音表示出来她对这一首诗的感受。"

"一个伟大的作者是用生命来写作作品的，是用生活来实践作品的。"叶嘉莹说，"诗的高下优劣，就看诗人思想品格修养志意的高下优劣。教古诗词，最该教给小孩子的就是，诗歌里诗人的美好心灵和品格。"

这些美好心灵和品格是中国文化的 DNA，是中华民族之所以走到今天，并走向未来的精神力量。

在辅仁大学读书时，叶嘉莹遇到了她诗词生命中的"重要他人"——老师顾随。"他让我认识到了诗词中的灵性、生命。"

"顾老师的讲授是跑野马似的，每次上课，他一开始不说话，先在黑板上写一首诗或者几个字，就此讲起，他讲诗歌里面真正感发的生命。"

多年后，在《纪念我的老师清河顾随羡季先生》一文中，叶嘉莹这样回忆："从来未曾聆听过像先生这样生动而深入的讲解，因此自上过先生之课以后，恍如一只被困在暗室之内的飞蝇，蓦见门窗之开启，始脱然得睹明朗之天光，辨万物之形态。"

从那时起，顾随开设的课程，叶嘉莹都会选修，毕业后她仍经常旁听顾随先生的课，一直到 1948 年春离开北平南下结婚。期间，叶嘉莹记了八大本随堂笔记。即使深陷白色恐怖、流离失所，这些笔记也被她精心保留了下来。

给叶嘉莹深刻印象的是，顾随不仅会讲诗，还会写诗，会将自己的感情倾注到诗歌中。

叶嘉莹读大学时，正值沦陷期。顾随在深沉的忧患中写下了《鹧鸪天》："不是新来怯凭栏 / 小红楼外万重山 / 自添沈水烧心篆 / 一任罗衣透体寒 / 凝泪眼，画眉弯 / 更翻旧谱待君看 / 黄河尚有澄清日 / 不信相逢尔许难"。

"我为什么近来爱靠在栏杆上，因为我可以看到远山，那都是祖国江山的土地。现在是国破山河在。我满眼的泪水凝望远方，盼望祖国回来。"顾随把诗歌美好的生命通过讲课、写作传达过来，深深地感动、濡染着叶嘉莹。

1993 年，叶嘉莹捐献出一半的退休金——约十万美元设立"驼庵奖学金"和"永言学术基金"奖掖后学。其中"驼庵"正是顾随的号。可见，顾随对叶嘉莹的影响之大。

叶嘉莹教了 70 年古典诗词，前半生都是教中学。对于古诗词的教学，她深有感触。"几十年前，教材按照文学史的顺序编选，很有系统：诗经、书经，一步一步到唐宋，直到后来。那时的教师文化水平比较高，从头到尾都能讲得很好，真正讲出了精髓。"

但是现在，"老师自己都不懂，怎么能教得懂孩子们？现在学诗词的评价标准是功利的，就是会考了吗，大家猜猜题目，填充或是问答。"

说到这里，叶嘉莹直率而又哀伤，"小孩子的接受能力强，古诗词教育要从小开始，但首先要培养老师"。

"现在的年轻人不能分辨诗的好坏，以为花花草草就是诗。"叶嘉莹认为，这其中有社会环境的影响，但跟个人的读书学习也分不开。"当代人要了解古诗词，就要了解整个中华传统文化。诗词里面的东西是非常丰富的，你如果了解了整个历史文化背景，读诗的感受才不会局限在表面那一点。"

她主张，既要读古诗词，也要读古人和今人的解说，"但不能迷信某个解说，要看这个解说与你有没有共鸣。多看几个人，哪个对，哪个错，就自然有了审判辨别的能力。你要找好的诗词解说，把你的眼界打开"。

为此，她笔耕不辍，2014 年，出版了《人间词话七讲》，随即八卷本的《迦陵著作集》精装再版。据不完全统计，叶嘉莹这些年出版的诗词集说有 40 多部。

"我希望，古诗词中蕴含的生命与智慧，将获得更好的继承和发扬。"叶嘉莹说。

即便已过 90 岁，如果有人邀请她去讲诗，她还是会去："我就是想把古诗词之门打开，让中国人认得里面有这么多好东西。"

原载于《人民教育》2015 年 02 期

梅汝璈：忘记过去的苦难可能招致未来的灾祸

冀晓萍

在梅小璈的印象里，父亲梅汝璈"平和、散淡，不会随便发怒，也没有忘形的高兴，不管遇见什么事情，都能冷静、客观地对待"，却从不谈论自己的工作是什么。但梅小璈隐隐觉得，自己家跟别人家有点不一样：

"我家的房子住得要比别人家的大一点。"

"三年困难时期，很多邻居家饿得患了浮肿，但我们家好像从没挨过饿。"

"学校常组织自费活动，很多同学拿不出那五分、一毛，但父母从未为此为难过。"

"'文革'期间，父亲被打压，但相比别人的遭遇来说，好像也受了保护，无非打扫卫生、清理厕所。"

"1969 年，父亲本来被安排去干校，行李准备好了，突然通知他不用去了。"

……

似乎总有一种神秘的力量在保护着梅汝璈。直到父亲去世，当天的《人民日报》上刊发了一则讣告，梅小璈才知道自己的父亲就是当年东京大审判中的中国法官。

"断不使那些扰乱世界、残害中国的战争元凶逃脱法网"

梅小璈从母亲断断续续的叙述中得知，父亲 12 岁便入读清华留学预备班，20 岁时留学美国，后获芝加哥大学法学博士学位，归国后先后在山西大学、南开大学、复旦大学和武汉大学担任法学教授。

"父亲是教书先生，尽管他的学历符合国际社会及盟军总部的要求，但毕竟没有真正上过法庭。这么重大的审判怎么会派父亲代表中国呢？"梅小璈心中充满了疑问。

原来，远东国际军事法庭审判程序参照英美法系施行。而审判之前，美国国务院就给各受降国的大使馆送了一份秘密照会，明确表示：在提出选派人选时，最好是各自推荐一位能操英语的法律专家。

尽管当时国内法学界人才济济，但多数精通的是大陆法系，精通英美法系的人凤毛麟角。而梅汝璈在美国留过学，英语地道，又长期研究英美法学。他的经历和学识使他成为这一职位的不二人选。

但年仅 42 岁的梅汝璈为了让自己增加几分威严和老成，特意蓄起了上唇胡须。临行前，他向采访他的记者吐露心迹："审判日本战犯是人道正义的胜利，我有幸受国人之托，作为庄严国际法庭的法官，决勉力依法行事，断不使那些扰乱世界、残害中国的战争元凶逃脱法网。"

"多数人都会觉得，战胜国去审判战败国不是特别困难的事，但国际形势在变化，特别是中国大陆的形势变化，当时蒋政权眼看不行了，美国从它的全球战略考虑亚洲的地位、利益如何维持，它一定要有一个强有力的支撑点，舍日本无他。还有法庭本身没有量刑标准，各国法官秉持的法律理念不一样等许多法律内外的因素造成了东京审判出现了意想不到的困难。"梅小璈说。

去时满头黑发，返时发已花白。审判持续了两年半，波折不断。

正式开庭前，各国召开预备会议，讨论法官的座次安排。按照惯例，庭长韦伯居中坐首位，大家对此都毫无异议。但庭长右手边的第一把交椅和左手边的第二把交椅，该由谁坐？大家产生了争执。

大家都明白，座次代表了该国在东京审判中的地位，均要求坐靠近中央的重要位置。"父亲提出，中国的抗日战场是东方反法西斯主战场，中国人民 14 年英勇斗争极大消耗了日本的军事、经济实力，阻滞了日本侵略扩张的步伐。应按各受降国的签字顺序安排座次，中国应坐左手边的位置。多个国家也纷纷赞成。"

"但开庭预演时，庭长宣布的入场顺序是美、英、苏、中、法、加……父亲愤然脱下黑丝法袍，并义正辞严地提出强烈抗议，加拿大、新西兰、菲律宾等国当即也表示支持。韦伯只好召开紧急磋商会议，并对提议进行表决。最终，入场顺序和法官座次均按照日本投降书中受降国的签字顺序

（美、中、英、苏、加······）排定。"

消息一出，国人振奋。国内新闻媒体纷纷插发了这一重大新闻，有的报纸甚至刊出了套红"号外"。

在量刑上，美国法官坚持只对发动太平洋战争或虐待美军俘虏的战犯判处死刑。梅汝璈引用大量证据证实并指出：为了掠夺别国的资源、扩张自己的领土，日本人杀害了各国无数的无辜平民，如果法律不给日本战犯以最严厉的死刑惩罚，谁敢保证日本军国主义的幽灵不会再次复活？最终，法庭通过了死刑处罚，终于将东条英机、土肥原贤二等 7 名罪恶累累的日本首犯送上了绞刑架。

梅汝璈接受采访时说自己当时的心情，就像伍子胥过昭关，一夜急白了头："要是对那些罪孽深重、残害中国和世界各国人民的战犯们连死刑都判不了，我还有什么脸面回去见江东父老。"

审判进入最后环节——书写审判书。有人主张，判决书统一书写，但梅汝璈坚持：中国人受害最深，最具发言权，日本侵华罪行那部分应由中国人书写。法庭接受了梅汝璈的建议，决定由梅汝璈来负责判决书第四章"日本对华侵略"的起草工作。

梅汝璈在日记中写道："那些日子，我就像钻进成千上万件证据和国际法典的虫子，每天在里面爬来爬去，生怕遗漏了重要的东西。"他和助手把堆积如山的证据写到判决书里，获得了法官会议的认可。十余万字，字字控诉，成为今天的现世警钟。

"势成骑虎，就必须战下去。"梅小璈总结说，"之所以大家现在还能经常想到我的父亲，也正是这些困难成全了他。"

梅汝璈尽了自己最大的努力，但令他愤恨的是，蒋介石政府仰美国之鼻息，非但不向同盟总部提出引渡日本战犯之要求，反而在 1949 年 1 月上海解放前夕，宣告在中国提出并推行穷凶极恶的"三光政策"的日本战犯冈村宁次无罪释放。

"我读父亲的日记，印象最深的是，他痛苦于一些不争气的祖国同胞。他不止一次地提到，国人若不能团结一致，国际地位就会没落，一想到这些事，'几乎有两三个钟头不能闭眼'。"梅小璈说。

虽然对日本恨之入骨，但作为法官，他始终坚守法律界限不越位

"文革"结束后，媒体开始回顾梅汝璈的世功。东京审判也成为一些文学、影视作品关注的题材。"可惜有些作品的水准不高，描述上增加了很多法律外的臆想，出现了致命差错，非但不能还原历史真相，还给日本右翼提供了口实。"

"父亲曾在日记中写道，刚开庭的一段时间，中方在提供证据方面比较薄弱，他坐在审判席上干着急，却不能插手。"梅小璈说，"但有些作品里出现了法官和检察官私下交流案情的行为，这在法庭上是绝不允许出现的。"

"还有的作品把父亲和倪征燠先生写成天天在一起研讨如何给战犯定罪。但实际上，法官和检察官相互独立，是不能私下见面讨论案情的。"

"日本的右翼看了哈哈大笑，原来你们的法庭就这么个水平，判决怎么能是公平的？他们从法理上对这场历史大审判提出质疑。"梅小璈说。

梅汝璈虽然对日本恨之入骨，但作为法官，他始终坚守法律界限不越位。谈到东京审判，他曾在日记中写道："戏文里有'尚方宝剑，先斩后奏'，可现在是法治时代，必须先审后斩，否则我真要先斩他几个，方可雪我心头之恨！"这从另一个侧面反映出，法治精神是梅汝璈在东京审判中秉承的底线。

常年从事法学教育，梅汝璈有感于民国时法律教育的种种弊端，常常直言抨击而不讳。他在文章中多次写道：现在的法律教育只是造出了一些律师和讼棍，造就了很多饭碗，但是公平正义、按法律办事的精神并没有得到真正的弘扬。他提出，法学教育要学法治之实质，而不能止步于学技术。

但梅汝璈当年被打为"右派"，也是与他的法治主张有关。"在一次公开会议上，父亲提出，防贪官光靠个人自觉不行，还得靠制度。这句话被视作父亲'旧法观念'未除的证据。"梅小璈说。梅汝璈因此成了"靠边站"的一类人。

我们必须"明耻"，耻我们的科技文化不如西方国家，耻我们的大学不如西方大学

梅小璈出生的时候，父亲已经 48 岁。1973 年，69 岁的梅汝璈去世。

"我儿时不记事，大点了就上山下乡了，我回来的那年，父亲去世了。"梅小璈回过头来看，此生好像与父亲错过了，但父亲对姐弟俩的影响又是深远的，让他们在人生的困难阶段，始终积极向上。

1966年，梅小璈上初一，姐姐梅小侃上初三，学校停课了，姐弟俩有些不知所措。"父亲对教育、文化科学知识的信念是坚定的，他很无奈，但他对我们说的是：学校教育停了，那就在实际工作中学些也可以的。你们要坚持自学，××也没上过大学，靠自学也一样成大器。"

1969年，梅小璈下乡了，一待就是5年。每次见面，父亲都会鼓励他："到乡下可以增长生活技能，可以学习的东西有很多，这些习得总有一天会发挥作用的。"

后来，在各自的人生路上，姐弟俩都靠自己的努力找到了自己的位置：梅小侃师从北京大学著名法学家王铁崖，是新中国第一位法学女博士，后进入雀巢公司担任高管；梅小璈自学考入北京师范学院，后进入中国青年报社任职。

梅小璈还清楚地记得，在上世纪60年代初的一个傍晚，停电了，家里一片黑暗。父亲坐在藤椅上轻轻哼起了清华早年的校歌："西山苍苍，东海茫茫。吾校庄严，岿立中央。东西文化，荟萃一堂……"

梅汝璈有浓重的清华情结，这源于8年清华的学习生活感情，更重要的是他对教育深深的忧虑。

从美国留学回来后，梅汝璈选择到山西大学任教，后来辗转于多所大学任教。他常常用"耻不如人"勉励学生："清华大学和山西大学都是外国人利用中国的'庚子赔款'兴办的，其用意在于培养崇洋的人。因此我们必须'明耻'，耻中国的科技文化不如西方国家，耻我们的大学现在还不如西方的大学，我们要发奋图强以雪耻。"

他说："我不是复仇主义者。但是，我相信，忘记过去的苦难可能招致未来的灾祸。"

原载于《人民教育》2015年18期

成功是一条少有人走的路

——访中国青少年研究中心副主任孙云晓

邢　星

2013 年 12 月 22 日，北京一零一中学"家长课堂"特邀孙云晓作了一场家庭教育讲座。这是一个周末，又恰逢冬至，可是在这个寒冷的休息日的早晨，数百名学生家长仍然早早会聚到学校大礼堂。他们凝神倾听 1 个小时，争相提问 40 分钟，直到讲座结束，仍有很多人簇拥在讲台前讨教。大家最热切的关注永远是：如何把孩子培养成人、成才、成功？

孙云晓是中国青少年研究中心研究员、副主任，中国家庭教育学会常务理事，《少年儿童研究》杂志总编辑。他所著的《孙云晓教育作品集》（8 卷）、《习惯决定孩子一生》等数十部教育论著拥有千万数量级的读者。教育孩子通往成功的路径是什么？这个问题孙云晓做过广泛的研究，得出了具有普适性的答案，通过讲座、著书等多种形式向大众普及强调——成功之路就是培养良好习惯，缔造健康人格。

但是，这条人人渴慕，甚至广为人知的成功之路却少有人抵达其终点。为什么？因为它往往又是"一条有风险的路，一条自讨苦吃的路，一条非常独特的路"——孙云晓如此"现身说法"。

"读书习惯影响了我一生"

"1966 年冬天，'文化大革命造反派'正在'扫除一切大毒草'。我哥哥在一个工厂技校读书，工厂图书馆的文学名著被扔了一地，准备烧掉。他见现场没人，就装了一书包，大概有十几本，都是长篇小说。《三国演义》《水浒传》《林海雪原》《青春之歌》……我们小哥俩看了几个月。父母怕我们看坏眼睛，到时间就关灯，我们看上瘾了哪能关灯就不看了呢！我哥哥懂一点电的知识，拿电池、灯泡做个'手电'，我们俩就把被子蒙起来，继续照着看。"孙云晓至今讲起这段读书体验仍然很兴奋，眼睛闪亮。

"那个时候我才上小学四年级，谁也没有想到，这一书包的书从此改变了我的命运。我不仅养成了阅读的习惯，还开始了40多年的文学梦。"

2001年到2010年的10年间，孙云晓一直在主持少年儿童习惯研究课题。但是，以研究的视角分析自己读书习惯的养成，孙云晓说这是"第一次"："习惯养成的过程，其实就是暗示、惯常行为和奖赏的因果关系。我哥哥背一书包书回来看，他非常着迷，对我构成暗示：书是好东西啊！我开始看书之后一下子迷上了，然后迫不及待地天天看、熬夜看，逐渐成为惯常行为。奖赏是什么呢？内心得到极大的满足。文学世界如此波澜壮阔，人物命运一波三折，这种文学的震撼、美的体验是最高的奖赏。"

但是为什么学校没能培养出这种阅读习惯呢？

孙云晓说："关键是强度不够。我也很喜欢小学语文课文，印象最深的是《小猫钓鱼》《寒号鸟》《红鼻子哥哥和蓝鼻子弟弟》等。但是从'量'和'质'上，阅读如果仅限于学校课堂上的几篇课文，不足以对心灵构成高频率的强刺激。"

孙云晓转而说道："其实学校完全可以发挥作用。养成阅读习惯，环境很重要，学校可以提供比家庭、社会更系统的阅读环境。"

在哥哥的"带领"下，孙云晓养成了阅读习惯，之后，他开始自己到亲戚朋友家"找书读"。孙云晓选择图书的标准是什么呢？

"那个年纪喜欢看童话故事类的书，但是因为那个年代书特别少，我又不得不碰到什么就看什么。"孙云晓说。

"有一次，我不知从什么地方搞到一本《蛇岛的秘密》，是一部科普作品，讲一个科技工作者去大连蛇岛考察的经过。比如鹰从高空俯冲下来叼住了蛇，蛇也不甘示弱和它搏斗，突然，鹰和蛇一起哗地从天上掉下来，鹰被蛇毒死了，蛇却逃之夭夭。哎呀，我看得惊心动魄，一下子对这个蛇的世界充满了好奇。"孙云晓回忆说，"好多年之后我到大连，唯一的愿望就是想上蛇岛看看，登上去之后那个兴奋、那个恐惧，一看这儿一条蛇、那儿一条蛇，再一看自己胸前的树枝上好几条蛇。当地一个工作人员拿着蛇，让我摸一摸蝮蛇冰凉的肚皮，哎哟，很满足。"

孙云晓总结说：

"所以我们可以看到，童年时代的阅读非常重要。儿童不是'读'书，而像'吃'书，吃进去长成他的血肉，长成他的骨骼。但另一方面，童年时代的阅读很少怀疑，儿童往往是不加分辨地全盘接受，所以童年时代更要读好书。

"所谓好书，首先，它的价值观应该符合真善美原则，能够对人生产生积极向上的影响。第二，它的内容和表达应该符合儿童的认知水平，包括符合儿童直观形象、富有想象力这样的思维特点。"

一说到阅读对人的影响，孙云晓总是很感慨："读书习惯影响了我一生。因为有了读书的习惯，我初一、初二看完了《毛泽东选集》四卷，相信了毛泽东老师徐特立的'不动笔墨不读书'，从那个时候开始写日记，一写就写到现在，44 年。"

"写作和读书有一种特别的联系。书读得多了，总有东西要写；写下来之后'抓铁有痕'，阅读才有了你自己的力度和感悟。这是一个匆匆而过的时代，但如果你写下来，就会'往事并不如烟'。"孙云晓总是说得很流畅，仿佛不假思索，不过也许这些话他早已写下来，思考过多次。

"再忙碌的父亲都可以成为好父亲"

1993 年，孙云晓写作发表报告文学作品《夏令营中的较量》，引发中国一场教育大讨论。从那以后，他开始"真正研究教育"。那时，孙云晓的女儿 11 岁，她自然而然成为父亲教育研究的受益人。

"孩子 10 岁之后，教育的核心原则就是尊重。知道这个原则以后，我就变得对女儿非常理解和尊重。"孙云晓说。

有一次，一个机构邀请孙云晓到南非和肯尼亚访问。机会难得，孙云晓"特别想去"。但是那时女儿正准备高考，情绪不特别稳定。孙云晓找女儿商量："你觉得我去好呢，还是不去好？"女儿想了想，说："我希望你不出差。"

"女儿表态之后，我就回绝了这次出访，到现在我也没去过那两个国家。"孙云晓说完哈哈一笑，继续总结道，"我认为，再忙碌的父亲都可以成为好父亲。因为'好父亲'不是一定要天天陪着孩子，而是心里一定要很重视孩子，当你有选择余地的时候，选择尊重孩子。"

"'好父亲'的另一个标准是看你能不能在孩子最关心、最需要解决的问题上帮助孩子。如果你对孩子的成长没有帮助，那么将来孩子对你也没有感情。"孙云晓说。

女儿小学升初中时，提出想要学习日语，报考非重点的日语特色学校北京市月坛中学。她的日语专业出身的母亲坚决反对："学日语发展空间太窄了！"但女儿很喜欢看日本动画片，也受到母亲学习日语潜移默化的影响，坚持己见。"那么我这一票就很关键，我选择赞同女儿的选择。"孙云晓笑眯眯地说，"我觉得这是她人生中一个重大的转折。她后来担任《中国新闻周刊》记者，又出任中国新闻社日本分社社长，事实证明，她当时选择学习日语也是不错的。"

2011年3月，日本东北海域发生强烈地震和海啸，福岛核电站发生核泄漏，孙云晓的女儿赶赴第一线采访。最危急的时刻，中国驻日本大使馆和中国新闻社都已发出撤离通知，孙云晓的女儿却在这时与国内失去了联系。"我的天啊，太着急了！"孙云晓没有别的办法，最后在微博上"明码呼叫"：女儿在福岛失去联系，如果有人能见到她，请转告她马上撤离，并与家人联系。孙云晓也没有想到，这条信息竟然通过中国国际救援队传递到了女儿那里。终于，女儿发回了短信："一切安全，放心。但是我现在不能撤离，因为中国新闻社只有我一个记者在福岛，我撤离就没有人进行报道了。"

"当时我一方面非常担心，女儿回国以后马上逼着她去做核辐射检查，结果，她的核辐射量已经到了安全范围边缘。但是另一方面我也非常自豪，女儿这种时候能够勇敢地在一线采访，这才是记者。"孙云晓说到这儿，才长舒了一口气，"哎呀，所以说孩子长大了，父母的'教育'只能是'建议'。"

讲完亲身经历，孙云晓又从教育研究视角分析：

"人有两大发展方向：一个是亲密性，母亲具有天然的教育优势；一个是独立性，父亲具有天然的教育优势。中国存在着父教缺失问题，很多父亲不管孩子，或者跟孩子关系不好，这会影响孩子独立性的养成，尤其会使男孩失去自己成为男性的榜样，所以父教缺失是我们民族一个很大的隐患。"

"父教缺失的原因，一是受中国传统思想'男主外、女主内'的影响，人们往往认为家庭教育只是母亲的事情；二是现在'严母慈父'型家庭偏多，母亲在教育孩子上更具有权威性，甚至很多母亲对于父亲教育孩子有一定的排斥。总之，教育孩子是一件很难的事，父母仅靠老经验是不对的。我就相信一条：父母需要学习，比任何时代的父母更需要学习！"孙云晓强调说。

"贫困是对孩子巨大的伤害"

"我以前很自卑，因为家里很贫穷。"孙云晓如今平静地说着。

"首先是物质上的贫穷。印象最深的是，为了饲养长毛兔卖些兔毛贴补家用，寒冬里兔子没有草吃了，我和哥哥就要到处找垃圾站，捡人家扔的白菜帮、白菜根。你想想看，当你在捡垃圾的时候，同龄的孩子穿得漂漂亮亮地在玩耍，他们投来惊讶和鄙夷的目光，那个时候你还有自尊吗？另外，精神上也很贫穷。家里没有任何课外书可以看，连报纸都没有，你精神上不可能强大，面对贫穷只会觉得自惭形秽。"

文学"拯救"了困于贫穷的孙云晓。

他回忆说："我读了一回《水浒传》，第二天就可以给小伙伴们讲故事。他们没听过，都非常喜欢。我讲完《水浒传》讲《三国演义》，讲了几个月还'且听下回分解'。我第一次在同伴当中有了成功体验，这很重要。另一方面，文学给了我巨大的精神滋养和支撑。自从读了这些文学作品，我才知道什么是人、什么是强大，觉得我的世界不一样了。"

孙云晓循着这一线光亮，走上文学之路。这条路，用他自己的话来形容："其实我走了一条非常独特的路。"

1978年，写得一手好文章的孙云晓被选派到中央团校学习。"结业后，大部分同学都当官去了，我毅然决然地拒绝了去某中央机关的工作机会，选择去中国少年报社做记者。理由很简单：我喜欢孩子，喜欢写作，喜欢文学。这条路，第一，告别了官场；第二，又告别了学校。也有人说我写的是'次亚流文学'，因为儿童文学是亚流文学，在儿童文学当中我又是写报告文学，这不是'次亚流文学'嘛。"孙云晓一笑而过，简单地总结，"所以说，我走了一条有风险的路，一条自讨苦吃的路。"

"进入官场走仕途，或者在学校完成完整学历，这两条路都很好走。但是我坚信：作家是写出来的。"孙云晓坦言，"有时候，我也会感到一些遗憾，没有接受完整的学校教育，知识结构是不系统、不严密的。但是，鱼与熊掌不可兼得吧。"

　　采访前不久，孙云晓刚刚参加中国作家协会儿童文学委员会的会议。作家们在会上探讨文学与贫穷的关系，有人说："穷孩子里边出作家。"

　　"后来我想想，穷孩子艰难、深刻的生活体验更容易被文学之火点燃。但是，一流文学大师当中穷孩子并不多，童年的物质贫困和精神贫乏是对人一生的制约。"孙云晓声音沉重地说，"贫困是对孩子巨大的伤害！"

　　全国教育经费投入占 GDP 比重已经进入超 4% 阶段。国务院总理李克强在部署全面改善贫困地区义务教育薄弱学校基本办学条件等工作时指出，治贫先重教，发展教育是减贫脱贫的根本之举。要切实把宝贵资金用在"刀刃"上，真正造福贫困地区 4000 多万孩子，托起他们创造未来美好人生的希望。

　　教育经费投入的"刀刃"在哪些方面？

　　孙云晓认为："首先是营养午餐，第二就是图书，保障孩子最基本的物质需求和精神需求。第三是体育器材，第四是科普设施，这是目前中国贫困地区教育的短板。当然还有一个重要方面就是教师培训，我有一个观点：好老师比好学校更重要。"

　　成功之路往往并非坦途：也许要冲破贫困的命运枷锁，也许要面对艰难的人生选择，孤独地向未知走去，只靠着微弱的理想之光。孙云晓走通了这条路，为什么？他回答说："因为有一个梦想，因为从 11 岁走到现在 59 岁，因为会一直走下去。就是这样。"

　　（感谢北京一零一中学对本次采访的支持。）

原载于《人民教育》2014 年 06 期

音乐点亮人生

——访美籍华人指挥家胡咏言

邢 星 于 东

罗恩菲德在其美术教育经典著作《创造与心智的成长》中写道:"艺术教育对我们的教育系统和社会的主要贡献,在于强调个人和自我创造的潜能,尤其在于艺术能和谐地统整成长过程中的一切,造就出身心健康的人。"

艺术教育如此重要而根本,但是当下,"艺术教育依然是学校教育中的薄弱环节,存在诸多困难和问题,艺术课程开课率不足、艺术活动参与面小、艺术师资短缺的状况没有得到根本改善,农村学校缺乏基本的艺术教育,艺术教育的评价制度尚未建立"——教育部今年发布《关于推进学校艺术教育发展的若干意见》,指出以上种种问题。

我们带着这些问题,联系采访指挥家胡咏言先生,他是这样回复的:"你们要采访我,我也很愿意来帮助你们,因为我知道我们讲的都是音乐,而且是艺术教育,这很重要。"

家传小提琴:"音乐教育应该与语言教育一样"

胡咏言出身于上海一个音乐世家。

"那时候外祖父教琴,我就一天到晚地听。有一次,他的一个学生拉错了,我突然指出来说:'刚刚那个错了!'他们很惊奇,因为我那时才5岁,而且从来没有'学'过琴。"

"外祖父觉得我有音乐天赋,就自己做了一把儿童小提琴给我,开始教我拉琴。我不识谱,他拉一句,我就跟着拉一句,像游戏一样。"

是胡咏言天赋异禀,还是音乐启蒙本该这样水到渠成?

胡咏言说："其实音乐教育应该与语言教育一样，都是学习辨别声音，它也有规律。只是音乐比我们讲话的声音丰富得多，所以熏陶很重要，确实早一点接触比较好。但是现在的家长有点疯狂，从胎教就开始，恨不得孩子今天学第二天就学成什么，逼孩子逼得挺厉害。我们学说话，有的孩子开口早，有的孩子开口晚，倒也没有家长着急，逼小孩学语言。"

"一旦进入所谓的音乐'学习'，又是另外一回事。拉小提琴的姿势就是一个违反自然的姿势，"胡咏言一边歪头曲肘示范夹琴和持琴动作，一边拉着空气"琴弦"继续说道，"练琴是件很枯燥的事，就是一遍又一遍，一遍又一遍。这是一个过程，到一定阶段开始喜欢，过一阵子又不喜欢了，循环往复，跟学中文、学英文、学做任何事情都一样。"

1977 年"恢复高考"，拉小提琴出身的胡咏言却报考了中央音乐学院作曲系，第二年又转入指挥系，这是怎么回事呢？

"我父母都是上海交响乐团演奏员。我很小时，他们排练我就一直坐在旁边听，从小就对交响乐很好奇。那个声音非常有魔力，我一直喜欢。1972 年我中学毕业到上海歌剧院乐队拉小提琴。与乐团合作 5 年，开阔了视野，我逐渐发现自己对作曲、对指挥感兴趣。"

从启蒙教育、基础训练、专业学习到继续深造，每个人的音乐学习过程或长或短，伴随着各种可能性。其中大多数人最终不会走上音乐专业道路，就像胡咏言的女儿一样。

"我外祖父做的那把小提琴后来给了我女儿，她小时候也学过琴，现在在纽约大学阿布扎比分校读语言类专业，写作特别好。"女儿没有学习音乐专业，胡咏言也不觉得有什么大不了，"但是她爱好音乐，这是一辈子的事情。"

音乐教育是不是与家庭教育关系尤为密切呢？

胡咏言想了想，说道："在古典音乐的发源地欧洲，谁来教音乐呢？是家长。但是现在的家长也慢慢出现了断层，或者有些地区和国家的家长不具备这个素质，那么音乐教育的责任谁来担？就是学校。"

Peer Pressure（同侪压力）:"什么是好学校？好同学、好同伴最重要"

1977 年，胡咏言进入中央音乐学院开始专业学习，师从新中国第一位女指挥家郑小瑛。

"郑老师教会我很多东西，但是我常常想起的是她说过的一句话:'小胡，你应该要求上进'。"胡咏言回忆说，"那时候我头发留得很长，但是郑老师从来不会直接批评你说:'这头发是怎么回事？'她只说:'小胡，你应该要求上进啊！'"

作为"文革"后恢复高考的第一届大学生，胡咏言怎么可能不"要求上进"，只是同学中总有人比你更上进，那究竟是一个什么样的学习氛围？

"我们学校那一届考上 3 个贵州人，大家叫他们'贵州三雄'。那时候，中央音乐学院入学考试考和声，全贵州只有一本教材，他们就轮流着，每人看一个星期。这么难，三个人同时考上了。"

"其中有一个人叫马剑平，刚开学没多久就抱了一本总谱跟我说:'胡咏言，这个有机会帮我指挥一下。'那本总谱这么厚，"胡咏言抬起右手，用拇指和食指比出近两寸的厚度，哈哈笑着，继续说道，"我们那时候顶多写个 5 分钟的小曲儿，这个总谱要演一个小时，吓坏我们了。那部交响乐到现在我还记得，叫《呐喊》。"

胡咏言感慨地说:"我们这一届，很多都是工作几年后考的大学，有的人孩子都上小学四年级了。对于他们来说，读书真的是一次改变命运的机会，而且几乎是人生中最后的机会。那种迫切感，那种渴求，形成了一种氛围。我是班里年纪小的，之前生活和工作的环境都比较舒适，本身对上学读书没有那么强烈的感受，但是我时时刻刻感觉得到周围的环境。"

"什么是好学校？好同学、好同伴最重要，这个学习环境比好老师、好校园对你的促进更大。"胡咏言由衷地说。

1985 年，胡咏言赴耶鲁大学深造，随后作为布鲁诺·瓦尔特奖学金获得者进入茱莉亚音乐学院攻读指挥专业，1989 年取得硕士学位。

美国的学习氛围与国内相比，有多大区别呢？

"那时候，美国学校的开放自由程度根本无法用国内的尺度来衡量，早就'爆表'了。几百门公共课可以任意选，老师上课根本不点名，考试没有标准答案，中国学生都不知道该怎么念书了。"胡咏言的普通话带着点上海口音，偶尔还掺杂些英文，"这个时候，Peer Pressure——就是同学、同屋、同伴之间的压力开始发挥作用了。"

"美国大学最受欢迎的公共课，几百人在一个大的阶梯教室里一起上课，教授根本不可能给每个人批改作业、试卷，所有课程的评价主要是依据同学之间分组讨论的情况。除了课堂上的讨论，跟这些同学一起吃饭，一起泡吧聊天，时时刻刻有比较。我在美国大学结识的最好的朋友，都是通过公共课。"

回忆到这里，胡咏言忽然停下来思考了一会儿，转而说道：

"好的美国大学都有'学业顾问'，就是把学校老师全部组织起来，每人负责十几个学生。在我们报名的第一天就约好时间见面，学业顾问通过聊天了解学生的兴趣、志向、英语水平等等，然后针对每个学生的特点建议我们选修哪些课程。

"教师列出的参考书在学校的教材图书馆都有；有些'书'根本没有出版，就是这门课的老师专门编写的教材，也统一用白书皮装订好供学生借阅。这座教材图书馆，当年真是解决了好多穷学生没钱买教材的难题。

"美国学校就是好在这种服务，它是为学生读书而服务。"

马勒交响曲："音乐是心灵的分享"

"人耳能感受到的声音频率范围是多少？ 20 ～ 20000 赫兹。我们正常说话的声音频率范围是多少？大概在 200 ～ 700 赫兹，是其中非常窄的一段频率范围。音乐的频率范围宽广得多：大贝司的声音可以低到 40 赫兹，钢琴最高的音可以达到 4000 赫兹。你想想看，在一个交响乐队里，长笛、黑管、提琴、圆号……这么多种乐器都有不同的声音频率，再加上它们的 overtone——泛音，就像一个声音'石子'扔到水里后泛开的层层'水波'——如果这些音波我们能够看到的话，那简直是一幅太美妙的画了！"

胡咏言跟我们互动着，于轻松的、生动的言谈间普及着音乐知识，在他担任指挥的音乐会上，胡咏言也常常这样讲给听众。听音乐是一种享受，听胡咏言讲音乐也是一种享受。

"欣赏音乐需不需要条件？需要。有人说，这个条件是'懂音乐'。不是的。我们希望来听音乐会的人具备的第一个条件是：敏感。"胡咏言解释说，"大多数时候，我们的情感系统是关闭的，尤其在当今社会的各种压力下，人们渐渐变得麻木、冷漠。但是欣赏音乐，要把这些关闭的情感之门一扇一扇地打开：爱、恨、情、愁、快乐、悲伤……如果一个人能够拥有这样开放的情感系统，他会更多地体验到世界的美好。"

"情感之门有的一次就可以打开——有些音乐，你一听就喜欢，甚至'听懂了'；有的情感之门很难打开——有些音乐，你听一次觉得不好听，再听还是不喜欢，可是一直听下去，也许慢慢地就喜欢了。这就是欣赏音乐的第二个条件：要有一个认知过程。"

胡咏言讲起他与马勒交响曲的故事，那是一个令人印象深刻的音乐认知过程。

1978年，胡咏言在中央音乐学院学习指挥的时候，曾借来一本《马勒第一交响曲》的乐谱，"只看了3页就还回去了，完全不知道该怎么入手"。

20世纪90年代，胡咏言第一次与中国国家交响乐团合作，演出曲目是《马勒第五交响曲》。"马勒的音乐，突然'狂风暴雨'，然后突然'晴空万里'，张力特别大，乐曲特别长，所以越是年轻的指挥家越喜欢去表现马勒。但是在年轻的时候，与其说我们是要表现马勒，还不如说是要表现我们自己的能干。"胡咏言坦言。

"后来，越来越多地了解了马勒的身世背景，自己的阅历也慢慢加深，现在再指挥马勒，不是表现自己或者表演马勒，更像是我们在与马勒进行一场心灵的沟通。"胡咏言斟酌着遣词造句，尽力用语言阐释着这种难以言表的"心灵沟通"，"有人说马勒的音乐就像一部血淋淋的电影，听着很不好受，又这么长，可是为什么马勒的音乐当今突然特别'火'？马勒生活在第二次工业革命时期，那是一个社会变迁的时代，与我们今天所处的数字化革命时代一样，每个人对于社会的剧烈变化都有自己的不理解。马勒的音乐就是写这种'不理解'，你听到这样的音乐，最起码是听到另外一个声音，他理解你的'不理解'。"

胡咏言转而感慨道："音乐的这种沟通多么奇妙啊！马勒出生于 1860 年，他连一句中文都不会说，你跟马勒素不相识，但是通过音乐，你们互相理解。所以听交响乐不需要你用智慧去认知它，而需要你用心去感受它，因为音乐最主要是心灵的分享。"

小学生音乐会：音乐教育在追求"公平的高尚"

"我希望，我们的教育主管部门最起码能够保证让每个孩子，在小学毕业以前，听上一次现场音乐会。"对于音乐教育，胡咏言想必早有思考，话题刚转到这儿，他就提出了具体的建议。

胡咏言深思熟虑地说："这'一次'音乐会要普及到中国所有小学生，数量很惊人，其中会牵涉到很多问题。美国公共学校在音乐教育方面有一些经验，也许可以给我们提供参考。"

接下来的访谈时间里，胡咏言知无不言，言无不尽，我们可以从中感受到一位艺术家的担当：他以音乐教育为己任。

"美国学生从小学四年级开始学音乐，这是美国许多州的法律规定。所以在三年级的时候，学生就要开始选择他们想要学习的乐器。州教育主管部门和这个州的交响乐团有责任给孩子们办音乐会，让他们亲身体验音乐。音乐会一般在春季举办，通常持续两个礼拜。"

在美国工作期间，胡咏言曾先后担任内布拉斯加州林肯交响乐团、明尼苏达州德鲁斯交响乐团的艺术总监，十几年过去了，他至今对这为期两周的小学生音乐会印象深刻：

"这个季节正是下雨、下雪的时候，许多警察加班来维持交通，还有很多志愿者帮忙指挥校车，在外面一站两个小时。仔细一看，我们交响乐团董事会的老头、老太也在做志愿者，我很感动。

"我们一天要演四五场。更有意思的是，美国工会规定一场音乐会不能超过 3 小时。小学生音乐会是国家埋单，政府为了省钱，要我们 3 小时之内演两场算一场的钱。怎么办呢？我们就一个小时演一场，中间半个小时上半场学生出，半个小时下半场学生进。学生一出一进的时间和顺序都演习过，精准得像机器运转一样。

"音乐会曲目由交响乐团选择，我们通常会选一些美国动画片里格调比较高的配乐，比如《星球大战》的 *The Imperial March*（《帝国进行曲》），但是还是以古典音乐为主，比如贝多芬。

"有时候，我们会请小孩上台互动，一个一个地展示乐器，我也教他们指挥。也许再过 15 年，有人成为音乐家或者指挥家，他会回忆说：小学三年级的时候，学校组织我们听了一场音乐会……

"这场音乐会之后，孩子们回到学校就开始选择自己喜欢的乐器。美国的音乐教育也存在师资短缺问题，他们怎么解决呢？比如一名弦乐老师，他一个人大概要教一个学区的弦乐学员，早上 9 点在这所学校，11 点又赶去另外一所学校，很忙。"

胡咏言事无巨细地一口气说下来，这其中又蕴含了多少对中国音乐教育的担忧与期盼呢？

"我们的音乐教育，精英部分做得非常好，但是教育资源如何分配才更合理？应该让更多人能够拥有接受音乐教育的机会，最起码让我们的孩子都能够听到一次这么美好的音乐。音乐是高尚的，音乐是公平的，我们追求的音乐教育也应该体现出这种'公平的高尚'。"

采访结束的时候，我们请胡咏言寄语《人民教育》。

"学习音乐是一辈子的事情，推进音乐教育也要一步一步地来。"胡咏言一边说，一边郑重写下：音乐点亮人生。

作者邢星系《人民教育》记者，于东系法制日报社记者
原载于《人民教育》2014 年 18 期

欧阳中石先生的学校情结

欧阳启名

父亲从 5 岁开始进泰安府衙门小学读书，至今他已经在学校中度过了 82 个春秋。

从　学

在那个战乱的年代，逃难中，他时而进私塾，时而辗转于山东各地，博山的考院小学、济南的制锦市小学，从农村到城市，他终于在战争中念完了小学，考入了山东省立中学。抗日战争胜利那一年，他在考高中时，未能如愿继续进入山东省立中学，只得到济南市立高中读书，但第二年他又考回山东省立中学。因此，他小学念了 3 个，中学念了 2 个，与他同窗的学友也自然很多。

1950 年，已在济南穆光回民小学工作了 2 年的父亲考入了北京的辅仁大学，第二年又并入北京大学哲学系。由是，大学又是 2 个，同学又不少。

为　师

1954 年父亲大学毕业，本可以留校或留在研究部门的父亲却"莫名其妙"地被分配到了河北省教育局。于是，他去了河北省当时的省会保定报到，却被告知来晚了。怎么办？没关系，这一天晚上，他"票戏"去了。第二天，他在地图上找离北京最近的地方，看到了通县女子师范学校，但女师只需要体育教师。父亲在大学时已经获得了跳高二级运动员的身份，又是北京大学篮球队的主力队员，就这样，他在通县女子师范学校做了一名体育教师。

后来通县女子师范学校被改为男女合校，更名为通县师范学校。在这所师范学校中，父亲度过了他的青壮年时代，他经历了"反右""四清"等政治运动，更经历了无产阶级"文化大革命"的洗礼。在这里，他欢笑过，成功过；在这里，他挨过整，也劳改过；在这里，他患上了美尼尔氏综合征，却被造反派称为"装病"，甚至他多少次摔倒在造反派的面前，也没有得到休息。

"文革"中，通县师范学校被撤销，父亲被分配到通县二中。在这里，他为了救一名年龄与我相仿的女孩子，右脚被汽车碾过，拄上了一根拐杖；在这里的课堂上，同学们看着正在上课的老师的嘴巴歪到了一边，他在课堂上得了脑血栓。

20世纪70年代，父亲的老领导鲁桐校长把他调到了北京171中学，在这所中学里，他实现了语文教学改革的愿望。

20世纪50年代，父亲曾参与编写中等师范必修课教材《语文基础知识》，在文学、汉语、文字、修辞以外，他特别加入了语言逻辑的内容，这也为他在北京171中学的语文教改打下了基础。

在171中学语文组任教时，父亲对学生学习语文课的时间过长进行思考。他常说，一个人从小学、初中到高中，12年的时间都要学习语文，如果大学念中文系，还要再加上4年的时间，相对于一个人的生命来说，太浪费时间了。

171中学的语文教改实验在初中一年级试点，全部教材由父亲一人统筹，他采用了包括字法、词法、句法、章法、修辞法和思维逻辑法的"六法"教育。从字法入手，讲造字之法，讲偏旁部首，分类归纳，学生不但很快掌握，并且能熟练运用，让学生在解决阅读问题的同时，逐步掌握书写文章的规律。父亲认为，一个人掌握字词规律只需要三年的时间。3年学习之后，他的实验班的学生参加全国统一高考的语文考试，那年东城区语文考试的平均成绩是52分，而父亲的初中三年级学生的平均成绩为58分。

这个没有被推广的语文教育改革是父亲综合运用文字、语文、逻辑的知识取得的成绩，虽然这个改革渐渐被人淡忘，却为父亲30年后承担的国家重大科研项目"汉字的认知与表现"奠定了坚实的基础。

教改的成功令多少老师获奖、提级，而他这个主持人却什么也没有得到。然而，他觉得这个付出是值得的。虽然他的教改被当时的一位教育管理机构的领导一言以"毙"之："初中就学完了高中的课程，高中3年干什么？"好荒唐的论点，但父亲毕竟因此调入了北京师范学院，也就是现在的首都师范大学。

在这所大学里，父亲回归了正业，在教育科学研究所讲授逻辑课程。同时他还承担着逻辑与语言函授大学、书画函授大学的教材编写工作，也同时承担着人民大学一分校、财贸学院和北京市财贸职工学校的逻辑课程。那是1985年的暑假，他带领人大一分校的老师们考察了西安、洛阳、泰山一带的书法遗迹，发现了基层文物保护工作中的一系列问题，决意在北京师范学院创立书法专业大专班。于是，才有了首师大从专科到本科，到硕士生、博士生，再到博士后的完整的书法专业教育体系的逐步完善，才有了全国各高校书法专业的遍地开花。为了书法教育事业，他87岁还坚持为学生授课；为了书法教育体系的逐步完善，他两度患上了脑溢血。

在这所大学里，因为他引领中国书法教育事业，他几乎走遍了全国各地，在北大、清华、人大、北师大、中央党校……，在中学、小学的课堂上，在全国各类职工工会的书法讲堂上，在校外书法兴趣班上，甚至在监狱里，他都根据各层次的人员实际，以书法弘扬中华文化。

书法教育事业的起点

对于父亲来说，书法教育的起点并非80年代的北京师范学院，而是在60年代的通县师范学校。60年代初，父亲就参加了北京市教育局组织的书法教材编写工作，为学生书写过仿影。

那时的通县师范学校招收的是北京郊区的学生，学生们大多来自农村，他们十分珍惜在学校学习的宝贵时光。

在通县师范学校，全体学生每周都有2节习字课，虽然是自习，但没有人懈怠。父亲负责各班查堂，学生根据爱好选择临习的字帖。每当查堂时，同学们都争取临座指导，他会用手指着字帖上的某字，又转而点点学生所临的字，不直接指出不像之处，而是问："你看出什么了？"最后才讲出自己的看法，指出失误的地方。他总说：临什么要"像什么"，由像什么再到"是什么"，要先求"像"，要动脑子，分析帖，读帖。不读帖，只求遍数，那就很可能与帖上的字不一样。

在父亲的倡议下，通县师范学校在南院设立了一个习字室，为师生提供学习交流的场地。室内四周课桌围绕，桌上摆放着字帖和砚台，还有大块的城砖。蘸水在城砖上写字，随写随干，可反复写，练字方便。习字室白天开放，直到晚自习下课才上锁，为全校师生练字提供了太多的方便。上课前、课间十分钟、饭前、饭后，写一写，翻翻字帖，既是读帖，也是欣赏。不仅如此，父亲还组织了习字活动小组，在习字室举办通师人习字展览，校长李一农伯伯带头参展，各位老师意兴十足，学生们的作品则从大仿作业中选出。师生联展，满室墨香。因此，通师的毕业生都写得一手好字。在"文革"的"牛棚"中，父亲少去了许多折磨，因为"红卫兵"们都想得到一份父亲抄写的37首毛主席诗词，找个缘由就"揪"他出来写"揭发材料"，几乎人手一册呀。这才有了今天他们可以炫耀的那几十本父亲用小楷抄写的《毛主席诗词》，直到今天父亲还在感谢他的那些学生们。

父亲总说做学问犹如垒金字塔，下底不宽就支撑不了它的高度。父亲对于书法教育的追求又何尝不是如此，没有前边的铺垫，就没有后来的成就。习字不是一件简单的事，研究书写的学问就更非易事。

对学生的宽容

父亲于学生时代，受到过很多大师级老师的教诲，也享受过他们的宽容。他对于自己的学生，也给予了无限的宽容。他爱护自己的学生，包容自己的学生，也宽容所有的朋友。然而山东人骨子里就有一股"倔劲儿"，对一些事情，父亲也有绝不姑息之时，也就会得罪人。被他"得罪"的人，往往会恼羞成怒地讥讽、斥责，甚至诽谤于他，而他也总是一笑了之。他把这一切都看作是晚辈人的任性而搁置一旁，因为他坦然，他所做的一切事情都对得起良心，对得起学生，对得起社会。

父亲的这份宽容，曾经令我羡慕，曾经令我"气愤"，也曾经令我"妒忌"。然而当我也桃李成行之时，我很自然地理解了他，我以他为骄傲，以他为榜样。

世界真小，循环往复得也太快。21 世纪，恢复于"文革"之后的通县师范学校，竟然并入了首都师范大学，而我也成为了首都师范大学初等教育学院的一名教师，也承担着中小学书法教育的研究与培养工作。陪同父亲来到了他半个世纪前工作的校园，来到我童年时曾经与大哥哥、大姐姐们一同玩耍过的操场，通师的面貌大变，只有那古旧的阅览室依旧是当年的风貌。

在举国上下重视中国传统文化的今天，在教育部重视中小学生书法教育的今天，我盼望在首都师范大学初等教育学院的校园里再建起一间习字室，延续父亲开创的习字基地，让书法艺术在师范院校得以更好地承传。因为这里不仅是父亲从事书法教育的起点，也是我国师范院校书法教育的开始，是现代中国书法教育的开端，更是我国书法教育的未来。

父亲的学校情结，说明了一个道理：一个人所取得的成就不是偶然的，它需要铺垫，通师的习字室、习字课，北京 171 中学的语文、识字教育的改革，逻辑与语言函授大学、书画函授大学的远程教育，都为父亲开创的中国书法教育事业奠定了坚实的基础，使他一步一步、踏踏实实地成就了书法教育的今天。

作者系首都师范大学初等教育学院教授、艺术考古学博士研究生导师、中小学书法教育研究中心主任、中国书画鉴定研究中心主任

原载于《人民教育》2015 年 09 期

崔晓东：从传统内部找到通往现代之路

葛　娜　邓文卿

第一次见面时崔晓东给人的感觉像是一位普通得不能再普通的老者，完全颠覆了我们印象中动辄长发及肩、双鬓胡髭的艺术家形象。

格子衬衫、休闲裤、老式布鞋，低调得质朴。与他交谈，平静得几乎没有起伏，却时刻能感受到他的博学、坦诚和谦逊。

既要保护孩子的天性，也要适当加以引导

在40多年的绘画人生中，崔晓东始终认为，"兴趣是最好的老师"。

崔晓东的绘画之路始于小学，当时正值"文化大革命"时期，学校教学秩序失常，文化匮乏。有一次，他偶然地在同学家发现了几本介绍绘画技法的书。

"在那个年代，比起单一的样板戏，绘画是新鲜事物，那几本书给我打开了一个全新的世界，我一下就被吸引住了。"回忆起当时的情景，崔晓东眼睛里不经意闪过一丝兴奋的光芒。

没有专业老师，没有专业工具，他只能比着书用铅笔写写画画。他还到处搜集各种跟绘画有关的资料，杂志封面、封底成为他描摹的对象。那时候，杂志还属于稀缺资源，搜集起来难度非常大，但"书非借不能读也"，正是因为稀缺而倍感珍惜，每找到一本画册，崔晓东都会认真地临摹、研究。资料虽然少，但都物尽其用。

崔晓东说："这种'少'，反而增强了我对绘画的认识和理解。"

经过一段时间的自学后，崔晓东有了一些基本的绘画技能，绘画水平显现出来。他经常被安排去办板报、刻钢板、画毛主席像等。没事的时候他依然热衷于到处收集绘画材料，贴在一个大本子上，以便经常翻看和临摹。这

种热爱至今持续了 40 多年。

到了今天，当资料书籍铺天盖地，校外课程眼花缭乱，孩子要怎么学画画，美术教育又该如何开展？"保护天性"和"干预引导"两种观点争论不休。

崔晓东的观点初听起来有点中庸：既要保护孩子的天性，也要适当地加以引导。但细究之下，是有现实依据的。

崔晓东说："现在的儿童绘画存在两方面问题，一方面是孩子的绘画过于随便、随意，漫不经心；另一方面是大人过多地干预，儿童学大人，丧失了儿童绘画应有的灵性。"

为此，崔晓东认为，既要小心翼翼地保护孩子的天性，给他们无限的想象力和创造性留足空间，又要把观察事物的方法、基本的绘画方法、工具材料的使用等教给孩子们，因为技巧技法的学习不会影响孩子对事物的个性化表达，只会增加绘画的表现力。

他认为，不同的年龄阶段，美术教育的内容和方式方法应有所不同：

"四五岁的孩子画画，告诉孩子画的过程要注意什么，引导他，这个时期重点是保护孩子的天性和想象力。"

"稍大一些，到了七八岁，就要向他讲绘画的各方面知识，比如如何观察、构思、构图，怎样使用工具材料，还有一些绘画形式的特点和表现手法。"

"再大一点到小学高年级，就可以进行一些正规的基础学习了。"

这对学校、家庭都提出了要求。

虽然没有执教过中小学，但在炎黄艺术馆承办的多项儿童美术教育活动中，崔晓东对中小学美术教育存在的问题表示忧虑：

"一是学校重视不够。大多数学校还是强调升学率，强调语文、数学等考试科目的分数，像美术、音乐这样的课程还是没有引起足够的重视。"

"二是教育方法不科学。有一次，一群小学生在炎黄艺术馆看画展，孩子们手里都拿着一个本子，我还以为他们是在临摹，走近一看才发现他们是在记录画和作者的名字，因为老师布置了作业，回去要考查。而正确的方式应该是，老师给学生讲作品，启发学生怎样解读和欣赏作品。"

对于家长，他建议："经常带孩子逛逛博物馆、美术馆，多看一些优秀的艺术作品，从小耳濡目染，培养孩子对艺术的热爱，培养孩子审美的眼睛和持之以恒的学习精神。"

"我喜欢这种状态，既是画家，又是教师"

兴趣给了崔晓东想当画家的梦想，推动着他 40 多年来一直朝这个方向努力。但他坦言，有了兴趣之后，"老师就是最重要的了"。

少年崔晓东把全部心思都用在画画上了，上课时画速写，有时候被老师发现，挨过批评，也受过表扬。

一次语文课上，崔晓东在下面偷偷画老师，被这位老师发现。老师拿起他的画看了一会儿，然后说："画得不错，还挺像，有点儿天分。"老师的话让他信心倍增。

在中央美院，第一位给崔晓东上素描课的老师是靳尚谊先生，他当时还是一名普通教师，后来担任了 14 年中央美院院长，也担任过中国美术家协会主席。

崔晓东回忆说："靳先生上课非常认真，讲课通俗易懂，简洁明了。他们那一代老师讲课没有玄虚之说，直截了当，言简意赅。"

有一年，放寒假之前课程就要结束了，崔晓东正在画一幅素描，总觉得画不好，情绪很低落。崔晓东到食堂吃饭，偶然与靳先生坐到了同一张桌子上，崔晓东把自己的苦恼告诉了他。靳先生马上说："不，你画得很好。"

只短短的一句话，崔晓东的沉闷一扫而光，顿觉信心大增。"这就是老师的力量！"崔晓东说。

后来，崔晓东在中央美院国画系教学也是以鼓励为主，这大概是受了靳先生的影响。崔晓东说："还有很多老师，李可染先生、蒋兆和先生、李琦先生、李行简先生等，这些大师无论做人还是作画都对我影响至深。"

崔晓东说，他喜欢教师职业。1999 年，他曾获得中央美术学院优秀教师奖，在这些年积累的许多奖项中，他最珍视这一个。在写画家的艺术简历时，总不忘把这个奖写上去。有人非得问他："你是喜欢当画家，还是教师？"他回答："我喜欢这种状态，既是画家，又是教师。"

我们问他："美术教师的核心素养是什么？"他说："一个合格的美术教师，要有非常好的艺术修养，同时还必须研究教育规律，研究学生的个性特点和差异，进行有针对性的教学。"

他说，作为教师就要全身心地投入教学。"你为学生讲课，讲些什么？"这是他做教师问自己的第一个问题，他每次都作充分的准备，看很多书。

"我们这代人社会阅历丰富，说'饱经风霜'也不为过。但我们有一个缺陷就是没有系统地读书。"为此，他给自己的定位依然是一个学生，每天都要拿出时间读书。指导学生临摹之前，他还会自己先临一遍。两小时的课，准备下来常常花费几周时间。

他笑着说："我们的很多学生都是大学教师，你讲的内容必须有深度和高度，否则你指导人家什么？"

艺术要有根，离开了自己的文化传统，就是无根之木

崔晓东说，父亲用"东方红"为几个兄弟取名，作为长子的他，便叫"晓东"，这似乎冥冥中为他结下了与中国文化、与传统艺术的不解之缘。

然而，从最初学画到研究生毕业，崔晓东一直画的是人物画，算算也有十几年了。这十几年中，几乎没有画过山水、花鸟。也许是心境到了，偶然夹带着必然，又一次改变了他的人生。

研究生毕业那年，崔晓东回老家过暑假，在一本小画册中看到了几幅黄宾虹的山水画，觉得很有意思，就照着画。工作之后，他就忙里偷闲画些小山小水，意在消遣。

上世纪 80 年代末 90 年代初，是传统文化最倒霉的时候。看到崔晓东画中国山水，很多朋友言语中带着不可思议："还画这个呢？"

那时候，"破坏"的风气很盛，都认为中国的东西不行，拼命吸收西方的东西来改造东方的东西。

但是，画着画着，崔晓东吃惊地发觉：生长在这片土地上的这代中国人，对中国艺术的了解非常有限，甚至不如对西方艺术了解得多。他发现，中国画的很多形式因素和规律性的东西都隐藏在山水画之中。这让他对山水画产生了研究的兴趣。

虽然还很模糊，但他隐隐约约地觉得：艺术要有根，离开了自己的文化传统，就是无根之木。于是，他更加好奇，想更多地了解传统绘画艺术。

崔晓东最初的想法是画一段时间山水，学学传统，然后再回来画人物，

毕竟人物画花费了他多年的心血，该到开花结果的时候了。没想到，他对画山水的兴趣越来越浓，无法自拔。

"中国画博大精深，是中华民族优秀的艺术传统和艺术形式，它凝聚着中华民族的智慧、性格、心理和气质。比如徐悲鸿画的马，表现出一种奋勇向前的精神和力量，画面中透露出一种悲壮的东西；齐白石的花鸟画，表现出一种对田园、对生活的热爱；中国的山水画表现出山河之壮美，天人合一的和谐……"

崔晓东认为，了解和学习中国优秀传统文化，于个人可修心，于国家可富强。

于个人，当他起笔作画，就会觉得心非常静：平时的烦恼、忙乱的心绪都没有了，仿佛走进林泉丘壑、云烟风物之中。

于国家，他强调"强大的国家必须要有强大的文化来支撑"，"建立中小学生的文化自信，我们的优秀文化才能薪火相传"。

他曾经去过一些历史文化比较悠久的国家，"在这些国家，我时刻都能够感受到浓郁的无处不在的本土文化和历史痕迹，可以说是渗透到了人的一举一动和每一个角落"。

"相比较而言，我们的文化丢失得太多了。"他沉痛但也欣喜于国人近些年对传统文化的再重视。如何将这种文化自信传达到孩子们心中？

崔晓东说："可以让孩子们读读诗文，写写书法，学学中国画，让学生多感受、多接触、多学习、多体验，让学生真正感受到优秀传统文化的美丽。"

"还需要我们将传统文化与社会环境、生活环境、文化环境相融合，让优秀的传统文化渗透到生活中的每个细节、每个角落，陪伴孩子的成长。"

而崔晓东自己走的也正是一条继承与发展的路。著名肖像画家李琦曾这样评价他："他的山水画，继承了中国正统的山水画传统"，又"将现代人的学识、修养融合在传统的山水画之中，不显露痕迹"，"他试图在传统内部找到一条通往现代之路"。

这条路艰辛而充满希望！

作者单位系中国传媒大学

原载于《人民教育》2016 年 23 期

第四辑

给学生带得走的美好

西川：教学生做当代人

冀晓萍

穿过中央美术学院错落有致的现代校园，我想：当代著名诗人西川是否像这些现代建筑一样，冷峻而不可接近？

走廊那头，他从教务中抽身，匆匆赶来，一身谦和。走进只标着房间号的办公室，我在堆满了书的沙发上找了个角落坐下来，他递给我一瓶水。进入话题，没有过多的寒暄，竟像多年的老朋友一样放松地聊起来。

每个人的转变都有契机，并不都是死去活来的大事，也可能就是一件小事

早在上世纪80年代那个"诗歌黄金时代"，还在读书的西川就凭《秋声》和《人说……》闻名校园，与海子、骆一禾并称"北大三剑客"。

著名诗歌评论家唐晓渡评价西川是一个"一开始就成熟的诗人"。每个孩子如果有主动性的话，都会经历一个自我教育的过程。而西川的成熟，是在阅读中实现的。

30多年前，西川就读于北京外国语学院附属外国语学校，归当时的外交部管。该校已于1988年停办，许戈辉、孔东梅就在最后一届学生当中。

"文革"期间，别的学校焚书、禁书，这所学校却为学生守住了图书馆的大门，尽管所有书前面都插入了一段毛主席语录或者鲁迅的话。西川从那时起，接受到了一些"真正的知识"。

高中与当时的北京外语学院对门，西川还跟同学混到外语学院的图书馆里去跟大学生们一起看书。他看到一本《外国文学》杂志，封二、封三、封四上刊登着大幅图片，说的是法国哲学家萨特去世了，巴黎成千上万的人为

他送葬，路边挤得水泄不通，有的人甚至爬到树上、屋顶上。

"那时候，我不知道谁是萨特，我就想，为什么大家要为这个人送葬？"为了找到答案，西川遍查资料发现，萨特是法国的存在主义哲学家，对20世纪全世界的思想都有很大影响。"由此，我开始接触萨特的存在主义，然后对整个存在主义都产生了兴趣，存在主义与尼采的关系，海德格尔的存在主义，克尔凯郭尔的存在主义，全涌过来。"

"我又赶上了80年代，是一个思想解放、思想启蒙的时代。'文化大革命'已经结束，要努力反思前头的时代，还对现有的、主流的意识形态进行反抗。"

"每个人的转变都有契机，并不都是死去活来的大事，也可能就是一件小事。""文革"后期，大家都在批《水浒传》。西川读《水浒传》时，发现里面常常出现"有诗为证"，觉得太有意思了，从此开始写诗，并为诗歌所塑造。

在阅读和思考中，少年西川安稳、自然地完成了自我教育的历程，也为后来的一切抹好了底色。

如今，西川被诗界称为"中国最有学养的诗人"和"中国最国际化的诗人"。

传统文化教育必须从"当代性"出发

在西川的办公室里，环壁悬挂的都是五代北宋山水名迹的复制品，这似乎与"当代诗人"的角色不大相称。

西川在中央美院教授古代文学。"我自己非常热爱传统。"他话锋一转，"但传统对我来讲，绝不是为了把我变成一个古代中国人，而是让我获得加持之力，成为一个响当当的当代中国人。"

"当代性是理解古人的必要条件。"他认为，传统文化教育必须从"当代性"出发。

"学习传统，就必须搞清楚传统是什么。中国传统不仅是戏曲和杂耍，中国的大传统是儒家传统。要了解中国传统，必须去读'四书五经'，读《大学》，读《中庸》，里面最基本的东西是'格物、致知、诚意、正心、修身、齐家、治国、平天下'，到宋代这被总结为'为天地立心，为生民立命，为往圣继绝学，为万世开太平'。"

"这套'形而上学'不存在于'古代'这个符号里，而是存在于古代的场景中。古人也生活在自己的当代，跟今天一样内部充满了辩驳，我不同意你，你不同意我。要去研究他们是如何从中建立繁荣的，他们的创造力在哪里。"

"比如，'天时'之说，是古代农业社会的产物。农业社会要耕种、打猎，什么时候下种，什么时候收获，都必须遵从时令。春天不准上山打动物，因为动物要交配繁殖。如果不去了解中国古代的狩猎、中国的耕作，你就不理解传统，也就学不到精髓。"

"只有从他们的场景来联想我们的场景，才能建立起传统和今天的关系。从这个角度看，中国的传统文化就不再是死的，而是有生命力的。"传统文化教育也就建立了内在的逻辑。

"当代"立场的缺失，不只存在于诗歌教育，而且贯穿于教育的始终。

西川在一次读者调查中发现，一说到现代诗人，普通读者一下子反应出来的，不外乎国内的徐志摩、戴望舒，国外的雪莱、拜伦、普希金，充满了浪漫主义的诗歌趣味。"今天的读者诗歌趣味还停留在一百年前，而这一百年间，诗歌已经历了浪漫主义、现代主义、后现代主义的探索。"

"这不能怪读者不进步、不关心，归根究底是教育的问题。国外的课本里会用当代诗人的作品，但中国当代诗人的创造性劳动根本进不了课本。绝大多数语文老师并不追踪当代诗歌的发展，对诗歌的解读严重滞后，还在把多年前的诗歌意识教给孩子们。"

"我们培养出来的孩子缺乏人文情怀。我们有那么多学生进入大学，我们对学生进行的早期人文教育却是失败的。"

"跟外国孩子比起来，我们的孩子数学题做得特溜儿，但一讨论社会问题、历史问题、国家问题、民族问题，他们就显得特别傻。这个时代最需要的思想能力，他们不具备。"

......

"我们的教育在培养高尚的人，有点浪漫。却没有意识到，要让孩子成为一个当代的人。"

教育要改变的是教师

西川说："一所学校好不好，首先看这所学校的图书馆好不好，再看教师好不好，还要看学校里过来过去的人。"他庆幸自己在成长的关键期"赶上了"一些好老师。

将近40年过去了，他依然清楚地记得中学的那些老师、那些事。"邢立生、陆强……他们学识广博、视野开阔，水平不逊于教授。还记得邢立生老师，每天晚自习前都给我们读外国小说。这样的老师让我特别受益。"后来，果真很多老师都去外语学院做了教授。

1981年，西川进入北京大学。"那时，很多老先生还在。在学校里溜达，能遇到朱光潜等老先生。他们不需要跟我说什么，他们的存在对我就是一种影响。他们的举止、谈吐、衣着，他们的博学、关怀，我能感受到中国新文化运动的气氛。"

"给我们上课的赵萝蕤老师，上世纪30年代翻译了托马斯·艾略特的《荒原》，是此诗最早的中国译者。"《荒原》是现代英美诗歌的里程碑。

"我听过杨周翰先生的讲座，他是当时中国比较文学学会的会长。后来，耶鲁大学的一位教授跟我说'你问杨先生问题，天底下没有他不知道的'。"

……

而今，西川认为，老师们值得去想一想：自己的教育思想与这个时代是否对称？自己头脑里的教育观念、教学方法、教育理想是否滞后于时代对他的请求？

在中央美术学院的人文课堂上，西川讲《桃花源记》。学生一上来就说："陶渊明揭露了当时政治的黑暗，反映了劳动人民的心声。"

"这些话对不对呢？有没有道理呢？有点道理，又没那么多的道理。"他认为，这值得中小学老师们反思，"诗词的解读不应该是套话的解读，而是要有自己的发现。"

西川把"桃花源"放在世界上四类乌托邦序列中来看（古罗马维吉尔的阿卡迪亚、基督教千年王国、英国托马斯·莫尔的"乌托邦"和中国古代的"大同世界"），向学生展开了一个世界。学生们由此得以在陶渊明的《桃花源记》与人类文明的发展之间建立起联想。

考试前，西川对学生说："你不能用过去学来的陈词滥调来打发一首诗，我会给你及格，但你永远拿不到高分。我不关心一个作家生在哪年死在哪年，我关心的是你真正的思想能力，你怎样处理你面前的文本。"

但在一些老师那里，"你已经拿到很好的分数，但依然不了解诗歌。讲解诗歌的老师如果不能带动一个孩子内心真正的诗情，只是把诗歌作为一个文本总结中心思想，就把诗歌杀死了"。

"教育要改变的是教师，教师必须有自己的思想能力，有自己的视角、视野，自己的联想能力，他才能向学生呈现一个吸引人的课堂。"

他认为，教师要培养这些能力，只能通过阅读和各种形式的文化熏陶。现在，文化活动多，讲座多，网络资源丰富，为各种形式的学习提供了诸多便利。

"如果说每所学校的老师是固定的，水平是有限的，那么，学校过来过往的人是可以变化的、丰富的。"人请来了，讲什么很重要。西川建议，"请成功人士讲座，多讲一点他们真正的工作，告诉孩子们做成一件事不是那么容易的。还要讲一些不成功的、失败的教训。比如请一个流浪汉讲一讲，他是怎么成为流浪汉的。这同样有益。"

原载于《人民教育》2015 年 08 期

楼宇烈：现代人不应抛弃自然合理的思维方式

孙国柱　　谭　惟

燕园有一老，执教已逾半个世纪，桃李遍寰宇。尤为令人钦佩的是，先生虽已八十高龄，却自然而行，常不休息，为昌明国学奔波呼吁。他就是楼宇烈先生，人们称他为"中国传统文化真诚的倡导者和实践者"。亲近楼宇烈先生的人们，大都为先生圆融的智慧、慈悲的胸怀所打动。忝列先生门墙，我们亦深得其益。

自然给人以最大的自由，人要有更大的自觉

先生自 1960 年起就留校任教，对三尺讲台有着特殊感情，直到现在仍旧坚持每周一讲，鲜有间歇。据说，在新千年伊始 SARS 病毒肆虐的时候，先生亦未尝废学，课程照常进行，其尽职尽责、笑看生死的精神感动和激励了很多人。

第一次听先生讲课，他穿着一身唐装，桌子上摆着自己带来的茶水，微笑着面对济济一堂来自天南地北的听众，轻轻地说一句："看看大家有什么问题。"于是乎，早有准备的听众就会站起来发言。想提问的人太多了，大家就用写小纸条的方式依次排队，这样一来，那些腼腆的人也踊跃起来。这些问题，有的是博士论文写作的疑难，有的是生命成长的烦恼，有的是对社会现实的思考，还有的是关于中西文化的对比。严肃的有，令人莞尔的也有，问题的范围可以用"其大无外，其小无内"来概括。而先生总是慈祥地看着"你"，不徐不疾地娓娓道来，使问者释然，听者欢喜。

先生平时讲课，喜欢穿插些小故事。这些小故事，或来自生活，或来自典籍。有一次课堂上，楼先生讲解"仁"这个观念，特意引用《荀子》中

的一则小故事：有一天，孔子在屋子里休息。子路进来了，孔子就想考考自己的学生是怎么理解"智"和"仁"这两个概念的。子路回答说："知者使人知己，仁者使人爱己。"孔子听了非常高兴，评价说他能够称为"士"了。随后，子贡回答说："知者知人，仁者爱人。"孔子称赞他能够称为"士君子"了。最后，颜渊进来了，回答说："知者自知，仁者自爱。"孔子听了，给了一个最高的肯定，说他可以称为"明君子"了。这则小故事很容易让人明白"仁"的多重意义，并能够懂得"古之学者为己"的真义所在。楼先生的讲课风格，就是这般简洁明了，几乎没有自造的概念，大都是古人的成语，一般人听了能够有所受用，有所体悟，学者听了也有反思的空间，回味的余地。

有"述而不作"之风的楼宇烈先生，在引用古人语句时，也是精挑细选，力求雅俗共赏，古为今用。后来，楼先生还特意挑选古人语句，用《古训今读》的书法年历形式与亲朋好友结缘，从2011年起，迄今为止已出版了4册，内容涵盖了儒释道三家的经典和古典诗词。

楼先生的课程，给人许多教益。听楼先生的课，最大的收获是训练"自然合理"的思维方式。楼宇烈先生在课堂上一直强调"自然合理"与"科学合理"这两种思维方式的差异。什么是"自然合理"呢？这是相对于西方社会追求普遍适用的"科学合理"思维来讲的。所谓"自然"就是"本然"的意思，做事要顺应自然，因势利导，妄图以私志去改造公道，会出问题。"自然合理"与"科学合理"，这两种思维方式的差异，实际上也是中西文化类型的差异。对不同文化类型的差异是不应当强求一致的，事实上也不可能强求一致。然而，当下的中国，由于盲目的现代化，人们逐渐抛弃了"自然合理"的思维方式。

行文至此，不由得想起前不久楼宇烈先生对于某矿泉水广告的批判。楼先生说，该公司完全忘掉了古人"一方水土养育一方人"的教训，其实，很多疾病就来源于水土不服。《中庸》里有句不起眼的话语——"上律天时，下袭水土"。可见，"自然合理"的基本意思就是说不要与自然作对。然而，现代人崇尚科技，不加克制，对此，楼先生谆谆告诫：自然给人以最大的自由，人要有更大的自觉。为了使人们更容易把握"自然合理"的思维方式，楼宇烈先生总结了一些有意思的话头，可供人们详参。比如说，中华文化的特征是"整体关联，动态平衡"，又比如说"法无定法，因人而异；理有常理，顺其自然"，等等。

"自然合理"的思维方式，让人发现很多事情，其实一切现成，"向来枉费推移力，此日中流自在行"。人生在世，有本来的幸福，也有后得的幸福。懂得"自然合理"思维方式的人，才会受到本来幸福的庇佑。

"对于传统艺术来讲，轰轰烈烈并不一定是好事，我更希望它能不绝如缕"

先生是学者，然而，了解楼先生的人都知道他还有唱昆曲的雅好，甚至自费筹办了"国艺苑"。成立于2002年的国艺苑，是北京大学国学研究院的下属机构，12年来，先后开设了二三十个古琴班，每班六位学员，每班学制三到四年，以老师教学生、学生当老师的形式，薪火相传，加深了大家对昆曲的了解和热爱。迄今为止，国艺苑学员已有几百人，几乎每年末在北大都有不同主题的汇报演出。

关于国艺苑的活动内容，楼先生曾经写了几句话："弹拨最古老的乐器——古琴；吟唱最经典的戏剧——昆曲；品尝最普通的饮料——香茶；体悟最平和的人生——本我。"

为什么要这么推崇艺术呢？究其原因，楼先生认为，中国文化是"艺术的文化"，古代有所谓六艺——礼、乐、射、御、书、数，涵盖了我们日常生活中方方面面的知识和技能。"艺术的视野，给人以旷达与平静；艺术的幽默，给人以智慧与轻松。多一点艺术修养，多一点艺术精神，将给人生增添无尽的生气活力，将给社会带来普遍人格的提升和生活秩序的和谐。"

楼宇烈先生说，唱唱昆曲，自然会上下通气。看来，唱昆曲也能养生。事实正是如此。先生开唱，其声音仿佛从深渊中发出来，自然浑厚，空旷悠远。先生平日讲课，有时长达七八小时，其功夫实得力于此。现在，按照惯例，每周三的下午，楼宇烈先生都会带领大家唱昆曲。至于怎么来唱？楼先生更希望原汁原味地保存昆曲这一"人类口头和非物质文化遗产代表作"，学习的素材则是北京昆曲研习社所编的《谷音曲谱》。每次上课会温习学过的曲子，如果要学习新曲子了，楼先生会亲自示范一下，然后大家一起唱，唱得熟练了，会再配上笛子，声音更加动听。学习的曲子虽然有所变化，然而每堂课的结束曲是雷打不动的——

"天淡云闲，列长空数行新雁。御园中，秋色斓斑：柳添黄，苹减绿，红莲脱瓣。一抹雕栏，喷清香桂花初绽。"

这是《长生殿》中的经典片段。至于为什么会选择它，我们也不知道。不过，有一年深秋时节到了，楼先生微笑地对大家说，如果现在去北大勺园看看，大概就是这样的景色。或许，这个问题的答案，就在秋天里吧。

一开始学习昆曲的时候，学习者会有点压力。不过楼先生的话，常常很快打消学习者的疑虑："我们唱曲也是快乐，不是为别人唱，而是为自己唱，并不是去比较唱得好不好。从本质上讲，不是为了表演，是为了陶冶心情，是自我修养过程中的一个环节。至于把它当作一种竞技，更是误导。现在很多人把艺术当作一种资本去追名逐利，从根本上违背了艺术自身的本质。"不仅学唱昆曲是这样，国艺苑的培养模式也是如此。楼宇烈先生说："我并不是要培养专业的古琴家和昆曲艺术家，不会在技艺上做过于严格的要求，而是使人们有机会通过艺术来了解传统文化，进而修身养性，道提升了，艺才能提升，所以我说'以道统艺，由艺臻道'。对于传统艺术来讲，轰轰烈烈并不一定是好事，我更希望它能不绝如缕。"

还有楼宇烈先生创设了"无我感恩茶礼"。在这个茶礼中，每人各自沏茶，分酌两杯，敬左右同座，当你敬给别人的时候，别人也会给你回报，这一来一去的过程，使人想起"天堂和地狱筷子"的故事。在进行"无我感恩茶礼"的时候，还要齐诵、默念《感恩词》各一次。楼先生建议在喝茶中间去体会"净、静、敬"的深层含义："我们在喝茶的时候，就要想到向茶的品德去学习。我们在喝茶中体悟人生，我们通过喝茶来体会茶的清淡或者香浓，这些都是茶的本色，因此做人也应当本色。""无我感恩茶礼"可以说简单易行，却能提醒我们不要时时刻刻总想着自己，要更多地想着别人。

无论贵贱好差，只要经手的东西，使用都小心翼翼，物尽其用，绝不大手大脚，暴殄天物

在日常生活中，楼先生的许多细节，也让我们终身受益。

"一粥一饭,当思来处不易;半丝半缕,恒念物力维艰"这句古训,先生在课堂上引用的次数并不多。没想到在生活中,先生就是这样做的。不经意间低头看到先生脚上穿的那双布鞋,不过10元左右而已。穿在先生脚上板板正正,仿佛新买的一样,这一下子使我们这些"穷学生"们感觉生活没有任何压力了。现在想想,楼先生很多物品,都是用了再用的,比如那个米黄色的挎包,就是一个电脑包而已。这个电脑包,不知用多久了,但楼先生似乎很喜欢它,平时出行经常挎着它。下课了,会把水杯收起,装上布套,轻轻放进挎包。

为什么这么节俭呢?有一次上课学生问先生怎么看待"敬惜字纸"现象。楼先生说,以前老辈的人,看过的报纸,页边空白部分也会剪下来另作他用,为什么会敬惜字纸,就是养成习惯了呗。一句习惯了,看似不是理由,却解释了所有的问题。人生总应有些习惯,让我们记住过往,在时间中刻下永恒。

事实上,生活中的楼先生,不乏这样的事例。有一次到了先生家,先生拿了一根木棍,让大家看看,美其名曰"狼牙棒"。原来这是先生从云南带来的荆棘棒,长期把玩,上面的刺已经圆润了,通身光滑油腻,已经成了养生锻炼的好物件,不知道的人还以为是什么养生新发明呢。一块带刺的木头,在先生的手中也有了这种化腐朽为神奇之妙。现在生活水平提高了,物不如新,东西"升级换代"很快,实际上人们是搭上了物欲的快车,身不由己。好多人千方百计拥有了一个东西,不会想着怎么充分利用它,只是为了满足占有欲和虚荣心,获得一种快感。在楼先生这儿,我们看到的是,无论是贵的贱的,好的差的,只要是经手的东西,一件东西就是一件东西,使用时小心翼翼,物尽其用,绝不毛毛糙糙,大手大脚,暴殄天物。现在想想,这实际上就是楼先生平日所讲的"善用者无弃物,善学者无弃学"。在楼先生"物尽其用"的外在行迹下面,我们看到了一颗"善待一切"的温柔之心。

作者单位系北京大学
原载于《人民教育》2015年20期

马未都说教育

邢　星

陈丹青说起木心，曾有这样一段话，大意是说：私下，我完全不是可以和他对话的人，但他要说话，不得已，乃将我们权且当作可以聆听的人。采访马未都的时候，我一直有这样的感觉。马未都自己也说："采访，是我没兴趣的事儿，我喜欢对教育说话。"

"对于教育来说，让人知道知识的结构很重要"

在马未都眼中，知识是结构性的，有层次高低，"对于教育来说呢，让人知道知识的结构很重要"。

什么知识最"高级"？

是科学吗？

1966 年，"文化大革命"开始了，那时马未都 11 岁，上小学四年级，"从此以后就没有机会再到学校读书"。回想这段短暂的"上学生涯"，马未都说："和现在一样，都是先学算术，'加减乘除'四则运算。为什么我们从小学数理化，这是因为科学是所有学问里最基础、最简单、最具体的，可以'教'给你。比如说水烧到 100℃就开了，就汽化了，这是非常容易观察到也容易听懂并记住的知识。我们曾经认为科学可以救国，后来发现科学最不可以救国，因为它没有阶级性。从理论上讲，一个专利谁都可以应用。"

是文学，或是收藏所属的美学吗？

马未都也曾一路被时代裹挟着，"随父母去五七干校劳动，回家待业，然后去农村插队，最后回城当工人"，他是用文学进行了第一次命运突围。在工厂的时候，"小时候喜欢文学"的马未都搞起了业余创作。1981 年 8 月

20 日，只有 4 个版的《中国青年报》用一个整版刊登了他的小说《今夜月儿圆》，马未都一夜成名。两个月后，他被调入中国青年出版社，成为社里最年轻的编辑。那一年，马未都 26 岁。

"年轻的时候，人很容易喜欢文学，喜欢文学以后就会让人觉得生活很美好。因为文学有个好处——理解度因人而异，有的人看得深一点，有的人看得浅一点，起码自己都觉得看懂了，所以文学也是一个很垫底儿的东西。"马未都的评论有时听起来格外扎耳，倒不是因为他的言语里带有什么情感上的强烈倾向，而是因为他的分析里透着一股子冷冽的理性。他如此"看透了文学界"，所以"就离开文学，走到文物这一级"。

收藏，帮助马未都又一次突破了命运的"圈套"。

马未都眯起他标志性的小眼睛，回忆起来："收藏，我要是仔细想，大概从小学就开始喜欢了。我记得六几年的时候，'文化大革命'查抄，抄完人就走了，扔下来好多不知道是什么的物件儿，我拿着看，就喜欢这种旧东西，但那时候没意识。我真正开始收藏是在工作以后，20 世纪 80 年代初吧，到现在有 30 年了。我总觉得，人生总是得有一点儿喜好，我只是喜欢破解很多历史的谜题，收藏就是慢慢地把历史搞明白。"马未都爱收藏，这从言谈间能感觉出来，但他话锋一转，说道："很多人认为收藏是个不得了的技术，我认为是个'小技'，就是你对一个物的敏感程度，多是天生的。有人对音乐敏感，有人对绘画敏感，我就是对中国传统文化敏感呗。"

"第二个社会层面是文学，再往上走就是美学，美学就开始变得比较深奥，比较理性。"可属于美学层面的收藏仍是"小技"，到底什么是"大技"呢？

马未都说："再往上走是哲学，哲学就包括了政治，我年轻的时候觉得政治高级。再往上是玄学，《易经》啊、宗教啊，它已经不是常规的'学'可以解释的。"

人为什么要知道知识的结构？

"一个人啊，你只有站在高处，才能看明白。"马未都意味深长地说。

"比如过去写陶瓷的书，一般卖个几千本就不得了了，我写《瓷之色》一卖几万本，这是很难的。是因为我可以从科学、文学、美学、哲学、玄学五个层面向你表述这个杯子。"马未都拿起桌上的青釉杯子，啜了口茶，继续说道，"这个杯子，科学的表述，它是以金属铁作为主要着色元素，含量大约是 3%，如果超过 6%，它就呈现黑色，如果低于 1.5%，它就呈现白色。用文学表述呢，它'青如天，明如镜，薄如纸，声如磬'。从美学角度说它这个青色，这是冷色系中可以让大部分人很容易接受的一个颜色。从哲学层面去表达，青釉是主观色，相对的，中国还有一种绿釉，是客观色，就是自然界中有的颜色。再到玄学层面，道家跟上天沟通写的祝文就叫'青辞'，他认为这种颜色是能够跟上天沟通的。"

"你看，它可以从各个层面去表述，每个人根据自己的层次去看，深者看深、浅者看浅。"马未都说，"我们现在都是隔空对话，站山上的人说'一览众山小'，站山底就是'悠然见南山'，你不能说哪句话对、哪句话错，只是看他站在哪儿。"所谓"站在高处"呢，"只是我能够准确地知道，哪个层面最容易受到大众的关注，哪个层面又有所提高。"

至于如何提高自己的知识层次，马未都说："这个就需要你悟出来。"

"家庭教育很重要的东西就是以身作则"

"我平生背下来的最后一首诗是跟我儿子背的。"马未都一说起儿子，整个人都不太一样，那种变化很难形容，却分明就是因为父爱。

"那时候我都 40 多岁了，儿子上中学了吧。当时他在家里念一首诗，我回屋一听，说：'这是什么诗啊？我怎么不知道啊。'他说：'我可倒霉了，我今天在班上抽了一道题，明天要第一个背这首诗。'我也不知道这首诗，我说：'行，你爹都这岁数了，我跟你一块儿背吧。'是杜甫的一首诗，写在安史之乱之后，说'白帝城中云出门，白帝城下雨翻盆。高江急峡雷霆斗，古木苍藤日月昏。戎马不如归马逸，千家今有百家存。哀哀寡妇诛求尽，恸哭秋原何处村？'"马未都一边回忆，一边流畅地诵出这首杜甫的《白帝》，他笑说，"我当时背完，这隔了多少年了。我儿子他比我背得快，但现在我问他，人家根本就不记得。"

马未都对儿子的教育方式就是"我跟你一块儿背"，因为"家庭教育很重要的就是以身作则，这是肯定的"。

至于如何才能背而不忘，马未都也认同"从小诵读"的观点。他说："古人就是诵读，不要求你懂，只要求你背，你背了一辈子忘不了。我们才能背多少，乾隆皇帝12岁'四书五经'全背得下来。"

因为有了儿子，马未都对教育的关注更具体。

"我记得我儿子，好像是小学三年级吧，开始学作文。老师出了个命题作文叫《铅笔盒》，他在那儿胡编乱造半天。最后在结尾的时候，他说了一句心里话：'我最喜欢铅笔盒里的小尺子，它能帮我把等号画直。'这是多好的内心真实的表达，而且极富个人情感。"马未都感叹着，转而感慨，"我觉得作文里有这样一句话，作文该打满分，然后在这句话下画一条红线，告诉他，是因为这句话你得的满分。那么每个学生就知道该怎么去获得这个分。他知道什么是'对'就可以了，不需要知道那么多'错'，也没有必要知道什么中心思想、段落大意，你只要准确地表达出来你想表达的内容或者情感就可以了。现在小学生最怕的是作文，按理说，一个人在学科里最怕的不应该是作文，因为作文就是把说话变成文字嘛，这有什么难呢？是我们人为地设置了很多障碍，让小学生去获得一个高标准的得分。我们今天就是要求的太多，所以把小学生全给毁了。"

儿子16岁留学英国，马未都说："把儿子送出去，第一是基于他自己愿意出去，第二呢，我愿意让他离开父母去生存。儿子尽管不为钱发愁，但是他一个人独立地在海外生活，尤其当时英语又不行，他能够在英国自己上7年学，自己选专业、自己考大学，什么都是自己弄，挺好，这是一个锻炼啊！孩子一定要有一个离开父母的时候，如果没有这个时候，我觉着孩子都不能进步。"

说到现在的孩子，马未都格外地担忧："过去呢，学校、家庭、社会三大教育体系指向一致，老师和家长都是这么教育的：'我是一颗螺丝钉，党把我拧在哪儿，我就在哪儿发光。'所以我们小时候都是有理想的，我们的理想都是'把红旗插遍世界每一个角落'。今天呢，学校、家庭、社会都变得非常功利，其实功利不可怕，可怕的是三个体系功利的方向不一致，这孩子就不知道该怎么办了。现在的孩子是没有理想的，孩子是一个不停地转换角色的孩子。所以，今天的教育确实是一个难题。"

"社会应该有些美学教育"

1996 年，马未都创办了中国第一家私立博物馆——观复古典艺术博物馆；2002 年，观复杭州分馆开馆；2005 年，厦门再开新馆；2007 年，观复古典艺术博物馆更名为"观复博物馆"，正式实行理事会制，开始了私立博物馆的社会化之路。马未都说："这个馆最终会成为社会之物，不是我的。"

当初创办博物馆，用马未都的话说，"是一个无心插柳的事儿"。

"我一开始就是喜欢收藏，当收藏的东西多的时候呢，我希望它公诸于世，希望它有一个教化作用。西方，尤其是欧洲，这方面的教育比重比较大。你到欧洲去看那些国家，都非常艺术，所以说它对环境的影响非常大。我觉得我们今天的这个社会，应该有一些美学的教育。"

"我 1992 年申请注册，1996 年批下来，这样说起来都 20 年了。那年我才 30 多岁，也不知道这事儿后面有多麻烦。让我老婆说就是：'你摆着个好日子不过，非做这苦差事。'"博物馆做起来"辛苦"，马未都却不改初衷："但人生总是需要一个精神支柱嘛。我不认为一个人背负这么多东西有什么好处，而我认为所有事业有成的人吧，最终都应该为社会不唱高调地做一些事儿。"

马未都畅想着未来的"观复"："当博物馆能够完整地、有效地、跟我无关地运营的时候，那就是我最大的愉悦。我老说，最佳状态应该是我偷偷地来，到门口买张票，进来以后觉得哪儿都特好，这就够了。"

"而且我不喜欢居高临下地做事儿。"马未都说，"我老想着有一个好地方，地上都是博物馆赞助人的雕像。我自个儿先做一个，一张桌子、两把椅子，我坐一把椅子，空着一把，谁来了谁在这儿照个相——人生也就做到这事儿了，你死后就是这样了。美国有一个企业家叫盖蒂，他在美国做了最著名的盖蒂博物馆。我找盖蒂的像，想象那一定是一个大铜像，坐或者站在一个大墩上面，结果找了半天没有找到。我请别人给我指，其实就在大厅里站在平地上，一个 1:1 的雕像，比我还矮，旁边写着'盖蒂，××年生，××年死'，别的什么都没有。我觉得很震撼，远比把他举到天上还舒服，我就喜欢那样的。"

马未都也一针见血地指明："我们现在整个社会教育环境非常差，美学教育单靠社会环境浸染效果太慢。"这就需要学校美学教育来补充。"至少，"马未都强调着，"至少啊，应该从高中以后加强美学和哲学的教育。"

但现实却是："我们今天的教育过度地重视科技的教育，轻视甚至缺少文学、美学、哲学这些人文学科的教育，所以今天的社会就变得越来越寡味。"

马未都理想中的美学教育形式应该是什么样子呢？

"美学教育得有人会讲，不能它美在哪里都说不清楚。比如杜甫的'两个黄鹂鸣翠柳，一行白鹭上青天。窗含西岭千秋雪，门泊东吴万里船'。这首诗完全可以讲一课，就讲它究竟好在哪里。"马未都一旦聊开某个话题，语速极快，但似乎仍跟不上他思维的速度，他几乎是紧赶着才来得及述说这些想法："'两个黄鹂鸣翠柳，一行白鹭上青天'，在这么短的一句话14个字里，很自然地写出了4个颜色；'鸣'翠柳满足了你的听觉，'一行白鹭上青天'满足了你的视觉，而且听'黄鹂鸣'是倾听，看'上青天'是仰视，这调整了你的角度；它从技巧上又这么自然贴切，你很难做到。下面一句呢，'窗含西岭千秋雪，门泊东吴万里船'，'千秋'雪这个时间长度就有了，'万里'船有一个可以供你遐想的地理长度，这是一个时空的跨度；同时呢，这个'千秋雪'和'万里船'不是孤零零的，有一个窗、一个门作为它审美的参照，这是一个三维空间，一直延伸到我这个屋子里。你想想，用四七二十八个字要描绘这么多的内容，我们谁有这个本事？"

"阅读是找到教育突破口的途径"

马未都说："人应该接受系统教育，然后是不系统地学习，就是要打破这个系统。打破它肯定有一个口，你要找到那个口子，阅读是途径。"

"我觉得，我们现在的孩子读书都太窄。"马未都讲起自己的读书经历，"我十几岁、二十岁的时候，拿起来看着特别过瘾的书是大部头的医学书，看解剖、看人体，就是喜欢。这些书跟专业无关，我可能终身都用不上，但是不代表它不会在某一个地方有潜在的好处。"

马未都切切地叮嘱："多看书，多看各种书，同时要多想。我有一句话老跟年轻人说，特别管用，叫'凡事多想一步'。就像下棋，你只要能多想一步，就能赢很多人。怎么'多想一步'呢，就是不要停留在已形成的一个局面，要把它冲出去。"

书究竟应该怎么读？

"我觉得，人在读书中最好的状态是一个既冷静又能够设身处地地深入一点儿的状态。"马未都说起自己当年读《红楼梦》的情景："我当时对曹雪芹崇拜得五体投地，看书的时候就想，曹雪芹写得有什么好。比如我去看他怎么描述这个贾宝玉，他说：'面如中秋之月，色如春晓之花。鬓若刀裁，眉如墨画，鼻如悬胆，睛若秋波，虽怒时而似笑，即瞋视而有情。项上金螭璎珞，又有一根五色绦，系着一块美玉。'他一开始说脸色，'鬓若刀裁，眉如墨画'说毛发，下面形容的都是五官，你看他最简单的文学描写这种罗列啊；他下面两个动态描写，我觉得一般人写不出来，'虽怒时而似笑，即瞋视而有情'。曹雪芹这一段描写都非常精炼，我当时就说，'哦，他是这么写'，就明白了，这是我十几岁的事儿。"

马未都自学成才，但他同时强调："现在很多成功的人没有很好的学历，这会让人觉得好像我们的教育体制中出不了这样的人，他成功就是因为冲出教育的框架。但是你要知道，大部分人是不能获得所谓'成功人士'意义上的成功的，而一个受过良好教育的人，他基本能获得一般意义上的成功，所以各有各的好处，各有各的坏处。我们认为啊，像清华、北大这样的一类大学，毕业生成功率至少95%以上。"

因为仍将教育主要诉诸学校系统，马未都对于学校教育的现状也格外关注："我喜欢对教育说话，因为我觉得我们今天的教育确实有问题。"

"过去教育人是把德育融进知识里面去，比如《三字经》把中国简史说一遍，《千字文》告诉你很多科学道理，同时也告诉你很多做人的准则。我们现在，知识是知识，道德是道德，分开教授，这就麻烦了。学生认为道德只在思想品德课上管用，这就是最坏的事。"马未都越分析，眉头皱得越紧，"我们今天的教育注重知识和技巧，但这个知识呢，是不停地更新的，你也要不停地去学习。所以我觉得，教育主要是教学习的方法和做人的准则，这两条恰恰是中国教育中最弱的。"

世事洞明皆学问，马未都就是这样一个要把事儿"看透"的人。"对，所以就特痛苦。"他比谁都明白。正是这份"明白"加上这份"痛苦"，在马未都这儿转化为一种社会担当——"我是一个愿意做传播的人，而且是一个有能力做传播的人，对吧？"马未都在问，却并不需要别人给他一个答案，他自己早有答案。

"观复"语出老子《道德经》第十六章："致虚极，守静笃。万物并作，吾以观复。夫物芸芸，各复归其根。归根曰静，是曰复命"。"观"为看，"复"即反复，意思是世间万物的规律要静下心来反复观察才能洞明——难得明白人，更难得马未都这般敢说的明白人。

原载于《人民教育》2013 年 21 期

王笃年：科学界派往课堂的代表

李　斌

50 岁的王笃年被学生们亲昵地称为"笃爷"。他说自己可能更适合做一名工程师，因为和机器打交道更符合他的性格。但他"误打误撞"成了教师，而且表现出色，颇受学生喜爱。

2013 年 6 月 5 日，王笃年像往常一样大步流星地走进教室，脸上还是那副不苟言笑的表情。他穿着随意，短袖衬衫松松垮垮地搭在微微凸起的肚皮上。身为化学教师和班主任，他今天要给北京十一学校首届科学实验班上"最后一课"。

他先用投影仪打出课题：化学告诉你。然后他说："在你们中的大多数人即将永远告别化学学习的时候，我来带大家重温化学的意义。"他用了 30 多分钟举出自然界和生活中一个个与化学有关的有趣的事例——为何有的动物的血是蓝色的，年轻人多吃肥肉有何好处，为何说没有食品添加剂就没有食品安全……他不时调侃几句，惹得同学们哈哈大笑。在课的结尾，他以凝重的语气向学生们强调：化学是理解物质世界的手段，是创造美好生活的工具。至于后天就要开始的高考，他只是在 PPT 的末尾打出一行字：祝大家旗开得胜。

这句祝福很快成为现实：这个 30 人的班级，除 7 人选择出国深造，另有 17 人被北大、清华录取，学生的高考平均分达到 680 分。

但王笃年要的不只是这些。他向来就反感"那些拿高考做抓手"的人，认为他们是不懂教育才那么干。

王老师在"最后一课"嘱咐学生：请大家日后不要做俗人做的事，给我发过节短信，但我希望随时分享到各位学业进步、事业成功的消息。在王笃年看来，学生的成就是他生命的重要意义之一。他将永远以自己的学生为自豪！

从骨子里希望学生不要太听话

与面对学生时表现出的丰富性相比，王笃年的生活比较单调，他每天的作息几乎一成不变，即便学生们高考完离校了，他也还是每天早上六点半左右来到教室，直到晚上十点半离开。

他有一大乐趣，就是在课间与几位同事一起从高中楼踱步而出，在校园里闲庭信步，顺便伺候一番"自留地"里的西红柿、辣椒等植物。

他喜欢看生命活泼健康的成长，喜欢走进学生中间，却不喜欢亲临旅游景点，认为电视画面比实景更美观。他的性格有点木讷，对那种呼朋唤友的生活总是退避三舍。有人说他"不懂生活""缺少情趣"，他不以为然，反唇相讥："我觉得，把所谓'生活'与'工作'截然分开，甚至视工作为负担是有些悲哀的。"

在科学实验班随便找几位同学了解，他们会告诉你王笃年"霸气""认死理"或者"刀子嘴豆腐心"，也有的说他其实"挺逗的"。这位身高一米八三的山东汉子，不怒自威，连他的"徒弟"、一位年轻的女同事，最初"也很怕他"。

王笃年曾在高一开学之初，带着电脑一连十来天像一尊金刚似的坐在教室的角落里，盯着那些连十分钟都难安静的孩子们上自习，"谁要是抬一下头，都可能被他点名"。还好，这种"像犯人一样被看管"的生活很快就过去了，当学生们能够管住他们的四肢和嘴巴时，外表严厉的王老师展现出了他的另一面。

"己所不欲，勿施于人"，王笃年从骨子里就希望学生们不要太听话。他甚至"提醒"一位同事："你别把女儿教育得那么听话。"并"怂恿"那位小女孩：老师布置的作业不要都做完。

首届科学实验班招收的学生，大都不是传统意义上的好学生，但都学有所长，个性突出。有些人的表现在其他老师看来，简直不能容忍。

比如苏启舟，一个顶着大脑袋，被同学们称为"天才"的男生，就经常占用教室里的电脑玩游戏。在化学课上，还被王老师用粉笔头"提醒"过，或直接被"赶出了教室"。他嘟嘟囔囔地表达对王笃年的不满，说他"有的时候比较固执，可能思想有点保守"。

"如果我去上课的话，一般都是睡觉。"他漫不经心地说。有一次他还眯着惺忪的睡眼，对"笃爷"嚷道："你拎我干吗，我什么都知道。""笃爷"也不生气，就给他出几道题，他果然都会。"那你可以不听了。"王笃年大手一挥，很高兴的样子。他其实并不强求每个学生都来上他的课，"请假睡觉都行"，但在课堂里不能影响他人。

苏启舟如果正常参加高考，估计会无缘好大学。好在他的数学天赋很高，获得了保送北京大学的资格。席睿远同学说，苏启舟对于应试"基本上是一窍不通"，古诗全能读得懂，就是不知道怎么答题；英语的单选题至少要错一半，有时只能碰对四分之一，但听力全对。这样一位同学，要是搁在别人班里，肯定会被认为是一个非常差的学生。但有一次王笃年召集几位获得保送资格的同学谈话时却说："我从不认为苏启舟是'差生'，相反，他是一位非常好的同学。"理由是，他有自己的特长，比较有个性，"可能就是不太喜欢应试，不太适合高考制度"。这让席睿远感到很惊讶。

同学们评价王笃年：对待学生既一视同仁又区别对待。他的脾气并不算好，说话也不会拐弯抹角，常常高声批评人，有时候还会用"苏大脑袋"之类的话调侃学生，但很少有人介意。学生知道，这位老师从没恶意。王笃年偶尔会反省："我这脾气会不会不知不觉中伤到一些孩子？"

张羽辉日后想必会对这位老师心存感念。在孙文利老师看来这是个"坐在教室的墙角，能折腾出洞来"的孩子，对于他惹出的一些问题，王老师的解释总是三个字："他还小"。张羽辉出生于1997年的最后一天，是班上年龄最小的，上课"老是站起来晃荡"，而且"门门都考四五十分"。高一学年结束时，其他任课老师的意见一致：科学实验班不适合他，留级。连家长也有点信心不够了。但王笃年却对他母亲说："让他先跟着，我多费点功夫，到高三的时候，实在不成，咱就让他复读一年。"他还说"把这么优秀的孩子弄下去，我担心孩子心理上不接受，逆反起来反而坏事，于心不忍"。回头他就鼓励张羽辉：你千万别丢人，计算机竞赛不管你喜欢不喜欢，你必须给我拿下来。

这小子就是拿着自己编的几个游戏软件，进的十一学校。王老师发现，他也有坐得住的时候，拿着厚厚一本英文原版的 C++ 语言的书，趴在电脑上，一坐一上午。王笃年说："那是真用功。"

张羽辉最喜欢的人工智能与虚拟现实技术，王笃年可以说是一窍不通，但他相信这个学生"早晚会做成事"，虽然他的高中三年，没学什么课程，只是做了三个"很厉害的项目"：在清华大学教授的指导下，模拟汽车撞车事故；做多米诺骨牌，花了一个多月时间推倒了第一块，又花了一个多月时间推倒第二块；与一名高一学生合作开发无地图找路系统。

"我从他身上看到了科学探索需要的兴趣与毫不气馁的精神。"王笃年说，还不忘替他辩解一句：他能看原版的英文教材，英语水平就够了，还要他怎么样？而对数学"天才"苏启舟，他的看法是，其语文绝对不差，"会表达，有学生还辩论不过他，能理解，题目也能看懂"，只是考分差，但"抠字眼，这个字怎么念，那个词是什么意思的考法，有什么意义？"

修养不是一天炼成的

王笃年从表面上看，是一个办事火急火燎的人，但在学生们面前表现从容。

他总是轻描淡写，劝告一些心急的老师，"那是孩子们成长过程当中不可避免的问题，不用急"。他还对一些抱怨孩子爱玩的家长说："孩子爱玩是天性，他又没干违法乱纪的事情，你着急什么？"

王笃年有时表现出的细腻会让人大吃一惊，因为这与他的块头相比反差太大了。有一次，化学教师董素英把学生们参加竞赛的准考证一张张撕了下来。王笃年望着那些准考证上的毛边，不太满意："你怎么能这么做呢？你应该拿裁纸刀整整齐齐地裁下来给学生。"董素英后来观察她的这位师父，发现他果然经常用到小刀，"怕弄坏给学生的东西"。

说到王笃年坚守的教育规则，第一是尊重，"你得尊重个性，尊重人格"，然后就是信任。"我相信人都是向好的，我完全信任你们。"他对学生们称，人人皆可为尧舜。

当然，王笃年的修养也不是一天炼成的。年轻的时候，他急起来有时忍不住一巴掌就上去了。25年前的一件事，让他现在想起来还心有余悸。那时王笃年是一位"说一不二"的班主任，连孩子们在课间扔粉笔头的行为都无法容忍，声称要罚款、请家长。一次，他真抓到了一个学生，小家伙死活不肯服从老师的处分，于是逃离了学校，跑得不知踪影。第二天一早，校长收到了这孩子的信，其中写道："校长，当您看到这封信的时候，我已经不在人世了，请您把对我的处理结果烧成灰让我知道。"王笃年赶到他家，看到大门外果然烧了一堆纸，"吓得脸都白了"。原来是家长迷信，找人算了算，说要找到孩子，得"叫魂烧纸"。这事最终虽然有惊无险，却给了王老师"太大的教训"，此后他处理学生的问题时就特别慎重。

在十一学校，他难得发的一次火是因为某次评教活动，多数同学急于上后面的体育活动课，对那张调查问卷表应付了事。结果王笃年发了脾气，他对学生说，"对老师的尊重是最起码的品德问题。在物欲横流的时代里，老师们之所以坚定地选择做老师，就全靠赢得学生的赞美支撑着""你为了打球，连半年才有一次的赞美老师一句话的机会都放弃，太过自私、无情了"。

科学实验班的这些孩子要被当成未来的社会精英来培养。王笃年可以容许他们犯错，但不允许出现品行方面的问题。他不认为那种开高尔夫球课、学什么上层社会课程的教育就是精英教育。"越是精英人士，越要多承担责任，要多承担就得有更多的能耐和见识，既要敢于突破，又要踏踏实实。"

他免不了要苦口婆心向学生们"灌输"正确的人生观。一次，他请学生赵一明谈谈自己的想法：你认为人生的意义是什么，人生应该追求什么？这孩子表现出的对金钱的欲望，一直让王笃年耿耿于怀。"人生的意义在于赚很多钱，买好车，买大房子。"赵一明如实作答。王笃年从鼻子里"哼"了一声，拿起一只白色的粉笔，也不说话，只是用力在桌上写下"拼搏"二字。"我当时就深受启发。"赵一明说，"他不认可那种挣大钱、做大官的价值观，觉得人生就是一个奋斗的过程，在奋斗中收获快乐和意义。"

看看他的班会，就知道他希望传达什么样的价值观。他会找来《伤仲永》之类的古文，让学生们一人一句翻译，然后听他们讲其中的道理。或者找一篇关于杨振宁学习经历的文章，请大家谈阅读收获。他希望学生们胸怀大志，别把眼睛盯着那点可怜的分数和找个好工作上。一次大考前，他给一位勤奋的学生布置了这样一个作业——"明天上午先睡个懒觉，然后让你爸妈带你去郊区溜达几十公里"。有的家长要给孩子报课外辅导班，他唱反调："别理他们，你回去告诉父母，要是有闲钱就捐点给王老师，他正愁没钱买房呢。"

当有的家长真的要对王老师表达心意的时候，孙文利只听到这位同事拿着手机说："十一的校规是不准老师收受家长的任何礼品，你要是能帮我找到一个比十一学校更好的工作，让我愿意从这里辞职，那你就过来。"

不会提问，把书背下来也没用

王笃年是成功的班主任，但归根结底是一位化学教师。这是他的立身之本。他在这方面表现出的自信和他高大的身材倒是很匹配。

在科学实验班高一的首次家长会上，有一位家长自恃是大学教授，有点不把中学教师放在眼里，不客气地对王笃年说："你让学生自学这个方式，我们家孩子不太适应，还是希望你多讲。"王老师的语气有点生硬，他说："要解决这个问题，只有两个办法，一是把孩子调出这个班，二是让孩子作出积极的改变。"他还说："我上课的这个风格，自认为是没有问题的，不会因为你一个孩子改变。"后来证明，王笃年没错。

80岁高龄的刘道玉在一次会上说，"自学、课堂讨论、独立研究"，才是未来大学创造教育的模式。如果武汉大学的这位老校长来十一学校听听王笃年的课，或许他会欣慰地发现，自己的大部分希望在一位中学教师的课堂里实现了。

王笃年是根据学生的问题组织课堂教学的，"学生如果没有问题，那我就没什么好讲的"。他近十年来坚持"四环节教学"：自学自研、问难讨论、精讲点拨、应用评价。"归根结底，没有主体的建构就没有学习。"王笃年说，建构的一个基本特征就是主动。

他每接手一个新班，都会在第一堂课上明确地告诉大家："上我的课不用记笔记。"他也不会一板一眼地"板书"，字写得斗大。一位老先生提醒他：有条理地板书，便于让学生做笔记，有助于课后的学习。他却不以为然，在课堂上都学不会，课下能学会吗？他还批评许多中学教师把教学过程看成是"给学生解释教材"的过程，"这很害人，耽误了学生的前途，也影响了教师的专业成长"。

科学实验班的毕业生、就读北大元培计划的董馨阳说："王老师特别厉害，能够告诉我们很多书本上没有的东西。"他基本不讲教科书上的内容，也不检查作业。在高一高二，他也绝对不会为了分数而教，"而是让我们从本质上理解化学学科"，只在进入高三后才传授一点应试技巧。

"好多看上去重要得不得了的知识点，我可能根本就不讲，因为学生能看懂，没有问题。"该怎么学习，王老师已经说得很清楚：拿一张纸，写上阅读中出现的问题，看着看着，问题解决了，就把它画掉。"最后学生交给我的问题，可能由最初的七八十个减少到十来个或三五个"。这种自学不会无的放矢，王笃年和同事们合作编写的导学读本，字数大概是教材的 5 倍以上，汇集了多年的教学心得和问题思考。

他积累了来自学生的许多问题，名曰"中学化学的 N 个问题"，"有的到目前还没有答案"。但是那种"这类问题中考、高考不会考，你不需要知道"的限制性回答，或者"这个问题我也不知道，你自己查查吧"，然后就再没有下文的回答，不会出现在王笃年的教室里。因为他认为这样会妨碍教师履行作为教师的主要任务："跟孩子交流对知识的看法，交流问题解决的思路，尽管我们自己的看法有时并不一定正确。"

在他的课堂上，会有学生跳出来说：老师，我不这么看。或者告诉他：我在哪个资料上看到的和您讲的不一样。这时，王笃年会眯着他的小眼睛，鼓励学生说下去。

王笃年相信问题的力量，认为一个不会提问的学生即使把书背下来也没有用。有一个阶段，他还买了一大袋棒棒糖，谁提出好的问题就奖励谁一个。

做科学界派往课堂的代表

十一学校的人力资源部请王笃年给新教师们谈谈师德建设。他微微弓着腰，山东口音通过扩音器变得更加明显。"我想，师德无非就是爱学生、爱教育事业、爱教学工作，进而干好本职工作，我觉得没什么好说的。"他说，"估计说些套话大家也未必爱听，听了也未必有用，还不如谈谈自己的职业成长经历。"他毫不谦虚地自称其教学特点是"居高临下，旁征博引"。也正是凭着这种自信，他敲开了十一学校的大门。

2003 年 7 月 26 日，他从山东诸城来到这所名校试讲，主管人事的老师请他抽到题目后准备一天再来。"我没有那么多的时间。"王笃年的霸气外露，"在北京也没有住处，抽到题目就讲吧，不用准备。"

但在 33 年前，王笃年还没想过要做教师。当年高考填报志愿，他首选的是山东大学，在填第四志愿时实在想不出什么学校，便填报了山东师范大学。结果，1981 年山东省师范类院校突然提前录取，把本来超过第一志愿录取线 17.5 分的王笃年招至门下。大三时，他在同学的推荐下阅读了苏霍姆林斯基的《给教师的 100 条建议》，这部书成为他一生的最爱，才坚定了他做教师的信念，再也没有想过要离开这个行当。

王笃年的自信有时会被理解成傲气。这个农家子弟在上世纪 90 年代曾被国家公派到日本学习了一年半。回国后，正在大力发展经济的地方政府领导想让王老师改行做翻译，服务对日贸易，还请一位市领导找他谈话："咱们这么大个市，找个化学老师很容易，找个懂日语的太难了。"王笃年脑袋一热说："其实找我这样的化学老师也是很难的，您的孩子就是我的学生，请您回家问问，他见没见过第二个像我这样教课的化学老师。"

王笃年的"徒弟"、中国科学院年轻的化学博士董素英，最初带着自信走进师父的课堂，结果很惊讶，竟然听到了很多她不知道也没想过的东西。她回家对丈夫感叹：这个老师真是太厉害了。

王笃年的"厉害"是有原因的。他的阅读虽然不广泛，对长篇文学作品就不太感兴趣，但在从教的最初几年，读过的一些经典"丰富了自己作为教师的心灵，对教育、教学的认识更加深入"。他后来偶尔会引用的名言，譬如"教师要慷慨地给予事实而吝啬地给予概括""教育者，首先是模范""培养人，乃是培养他对前途的希望。要尽可能多地尊重一个人，也要尽可能多地要求一个人"——实际上，他正是那样做的——就来自他所阅读的苏霍姆林斯基、马卡连柯、布鲁纳等教育家的著作。

他有备课前坚持阅读大学教材相应章节的习惯，几乎借阅了学校图书馆里所有与化学有关的书籍，常年从自费订阅的专业期刊上获取有关化学最新发展的信息。而且，他习惯"用化学家的眼光"看世界，设身处地从学生角度出发思考教学。

"我很喜欢美国《国家科学教育课程标准》中的一句话：科学学科的教师，就是科学界派往课堂的代表。"他说，"这意味着我这位化学教师必须具有足够的科学素养。"

即使在看报纸、听广播、看电视新闻时，他也要把其中与化学有关的信息与中学教材"拼命"联系起来，从中寻求使学生产生兴趣的途径。比如，他要弄清楚染头发用的颜料，为什么粘在皮肤上可以洗掉，而染在头发上却不易洗掉；在苹果成熟后期，去掉套袋后用于给苹果"上色"的反光塑料薄膜表面的金属铝是如何弄上去的；为什么会有那么多人迷信张悟本的"绿豆"；日本海啸后的核泄漏事件为何会引起抢购碘盐事件。所以，偶尔他会和学生们开玩笑：学好了化学，你就不会被骗，当然，你也可以去骗人。

他相信，只要化学学科与学生的生活实际发生了联系，很少有人会对它不感兴趣。当然，谁又会把路上遇到的一块红砖和化学扯到一块？王老师捡起半块红砖，一副得意的样子，对同事孙文利说："这就是咱讲课的素材。"

同学们认为"笃爷"霸气，还因为他不迷信权威。"吾爱吾师，吾更爱真理"，他希望学生会独立思考。"他不会在意哪个科学家是怎么想的，他有自己的看法，并且敢于说出自己的思维，可能不完全对。"冯伯阳同学说，"他带我们做题，也不会看答案，多次出现我们的结论是正确的，而答案是错的情况"。

一位叫于超凡的同学，显然受了王笃年的影响。他的书看完第一遍后基本没法再看第二遍，其中写满了各种批注。"像王老师一样，他不会轻易地接受一些东西，不会因为你的身份和地位，你说什么我就信什么。"张翼同学说，于超凡不停地质疑、查证、钻研，牵出了好多知识，有时到了废寝忘食的地步。

王笃年并不善言辞，但喜欢为学生们创造争论的环境。譬如做实验，他会把全班分成几组，同一个实验不同的人做，或者在不同的条件下做。"在他的带领下去讨论，感觉非常有意思"。

一次实验后，有学生提问：为什么食盐水蒸发的时候，水分跑掉了，氯化钠却不跑？"你提的问题非常好，我也没想到。"王笃年说。学生就七嘴八舌地议论这事儿，有人说：在海边会闻到腥味，是不是说明氯化钠也挥发？"其实那是错觉，氯化钠不会挥发是事实，但道理何在呢？"

实际上，在传统的教学中，学生们只要记住这个答案就可以了，不必寻找为什么。"那样的话，学生等于什么也没学。"王笃年说，化学既是实验科学，也是在原子分子水平上研究物质世界的学问，作为学生化学的启蒙者，必须引导学生深入微观世界中去。

这时，有学生异想天开，说："会不会是这样，海水里的氯化钠是以氯离子和钠离子的形式存在的，当带负电荷的氯离子试图离开水面时，则会受到带正电荷的钠离子牵扯，钠离子再受到别的氯离子牵扯，形成了一个离子链，最终结果是谁也逃脱不了？"

王笃年听到这种观点，不但不觉得荒谬，还有点激动，他大声说："这种思考问题的角度真是太妙了！"

作者系中国青年报社记者

原载于《人民教育》2014 年 05 期

真正的科学家：师昌绪

邢　星

2013 年 3 月 23 日，可容纳 500 人的中国科技馆一层报告厅座无虚席，甚至过道、门口也挤满了人。大家热切的目光聚焦在讲台中央，一位老先生正缓缓地开口："今天讲这个《材料与社会》，实际上没人请我来，我是'自告奋勇'。因为科学家的责任，不光是搞科学，还要搞科普，科普是提高我们人民幸福的最主要的手段之一。所以我虽然今年 95 岁，老态龙钟，但是还没有糊涂，我想我还是有责任来向公众讲一讲《材料与社会》……"

这就是师昌绪，他的姓名前可冠以诸多响亮的称号：中国"高温合金之父"，两院院士，第三、五、六届全国人大代表，2010 年度国家最高科学技术奖获得者……

可是你越深入地聆听师昌绪，越会发觉这些熠熠生辉的名号哪怕合在一起仍不足以概括老先生。反而，一个最简单的词汇渐渐凸显，那亦是一个最厚重的称谓——科学家：师昌绪。

"我的梦想就是中国的强盛"

"在近一个世纪里，我和同时代的科学家一样，走了一条救国、报国、强国的道路，这与我的成长经历息息相关。"师昌绪徐徐讲述起他的耄耋人生，也同时在我们眼前铺展开中华民族近现代的百年抗争史。

"我在'旧社会'长大，那时候中国受日本的欺负，受帝国主义列强的欺负。1931 年'九一八事变'时，我刚上高小一年级，日本侵占沈阳的消息传来，我们班包括教师在内，全堂痛哭。所以我从小建立了这样的人生观——中国必须强盛，否则民不聊生。"

高小毕业后，师昌绪考入保定师范学校。"本来从保定师范出来要教小学，社会地位高，每月30块大洋，足够养家糊口"，可如此简单的人生梦想却因战火而彻底改变。

1937年，日本悍然发动"七七事变"，全面侵华。很快日军逼近保定，师昌绪不得不踏上逃亡路。这一年，他19岁。"大家争相逃命，草木皆兵，天空偶尔飞起一只老鹰，都会被误认为是日本飞机。"隔着漫长的岁月师老陷入回忆，虽然当年的场景必是惊心动魄，可如今他说起来却已波澜不惊。

国家这样的经历撼动了一代青年的人生梦想。师昌绪在选择大学专业时，毫不犹豫地报考国立西北工学院矿冶系："因为我毕业后要实业救国，采矿、炼钢最直接。"

1945年，师昌绪以全班第一名的成绩大学毕业，经推荐到四川綦江电化冶炼厂从事炼铜工作。1947年，他"参与敌占区工厂接收"，调到鞍山钢铁公司。1948年，师昌绪利用两年前考取的出国资格赴美留学，先后就读于密苏里大学矿冶学院和圣母大学，学习"冶金与材料"，并获得了硕士学位与博士学位——"实业救国"的梦想近在眼前，师昌绪万万没有想到，他的梦想要再一次与祖国共渡难关。

"我读完学位以后本打算立即回国，无奈朝鲜战争爆发，美国政府阻挠我们回国，吊销了5000名中国留学生的护照。1952年我在麻省理工学院做了一名研究助理（research associate），主持'军用飞机起落架用超高强度钢'的研究课题，从此便被列入了禁止回国的35名中国留学生黑名单。"

"在麻省理工学院的三年，我一半时间做研究工作，一半时间进行回国斗争。"师昌绪正是这场"回国斗争"的主力。

中国留学生联名写信给周恩来总理，报告他们被美国扣留的事实，并提供确切的证据。这封信就是由师昌绪和另一名中国留学生一起，秘密送往印度驻美大使馆转交国内。1954年5月在日内瓦国际会议上，周恩来总理向美国提出严正抗议，这封信就成为中国抗议美国政府无理扣压中国留学生回国的重要证据。

后来，他们又决定写一封致当时美国总统艾森豪威尔的公开信，要求他撤销对中国留学生回国的禁令。师昌绪花50美元买了一台滚筒式油印机放在宿舍，他白天在实验室工作，晚上油印信件，"好几千封信都是在我宿舍印的，我还带着两大皮箱的信，到纽约去发"。很快，这封公开信在美国产生了很大反响。

祖国，和这些一心向国的留学生一直在共同努力。终于，他们可以回国了！

此时，师昌绪在美国的研究工作已经卓有成效。他在著名金属学家科恩（Morris Cohen）的团队从事"硅在超高强度钢中作用的研究"，在他们的研究基础上开发出来的300M高强度钢，成为20世纪60年代到80年代世界上飞机起落架最常用的钢材。该材料在上世纪80年代也推广到我国。

科恩曾想挽留师昌绪："你要回国？如果是因为嫌工资少、地位低，我可以帮忙。"

师昌绪回答："在美国我无关紧要，但我的祖国需要我！我是中国人，中国需要我！"

1955年6月，37岁的师昌绪怀揣着"实业救国"的梦想，终于再次踏上祖国的土地。可是，"接待我的是穿孝的嫂子和三个侄子。原来就在我登上回国的客轮那天，我妈妈去世了"。

"我们这代人为什么爱国情结根深蒂固，因为中国受国外欺辱太深。我想，每个人都有自己的梦，但我们应该有一个共同的梦，就是'中国强'。我的梦想就是祖国的强盛！"说起个人经历，再大的事，师老也是轻描淡写，但一提起祖国，老先生就激动起来，声音越来越响亮。

"材料是人类文明发展的基础"

什么样的人是真正的"专家"？

他在某个领域深入下去，进而擅长，却并不局限于个人专业，而是借深刻的专业视角更透彻地认识整个世界。

师昌绪就是这样一位由精专而博远的"战略科学家"。《三联生活周刊》曾刊登《师昌绪：从材料学走向整个科学界》一文，这样评价老先生："他的成就远远超越了他所研究的领域本身。"这话的意思到了师老口中，就变成了浅浅的一句："我自己最大的特点，就是好管闲事。"

1964年10月的一天，晚上8点多，师昌绪家响起一阵急促的敲门声。

"空心叶片，你能不能做？我已经拿脑袋担保了。"门一打开，时任航空研究院副总工程师的荣科就急匆匆地冲进来说。

师昌绪回国后，作为中国科学院金属研究所高温合金研究组的负责人，从 1957 年起领衔由冶金部主持的航空发动机的关键材料——高温合金的攻关研究。听到荣科的话，师昌绪愣了一下，马上明白过来：荣科是让他研制航空发动机用的"高温合金空心叶片"。

空心叶片铸造技术，"当时只有美国有，高度保密，英国人试了多年，因为性能不稳定而裹足不前"。师昌绪更是"没见过空心叶片，也根本不知道怎么做"。以上种种，师昌绪都没有过多去考虑，"我当时就想，美国人能做出来，我们怎么做不出来？中国人不比美国人笨，只要努力，肯定能做出来"！

中国第一代航空发动机空心涡轮叶片从实验室到试飞，直至进工厂批量生产，师昌绪带领项目组攻克了造型、浇注、脱芯等一道道难关，仅用不到两年时间即完成，而英国走完这段路，却整整用了 15 年……

"明白人活着为什么，这是人生第一要义。我活着为的就是中华民族的振兴。中国遇到什么问题，我们就应该想办法把它解决。"师昌绪管的"闲事"，正是一件件以国家利益为重的"大事"。

2000 年春天，82 岁的师昌绪找到国家自然科学基金委员会工程与材料科学部原常务副主任李克健，提出想和他一起"抓一下碳纤维"。李克健一听，立马反过来劝老先生："这个事您可别管！谁抓谁麻烦！"

原来，此时碳纤维研发正处于最困难时期。我国从 1975 年开始攻关，却一直拿不出合格稳定的产品，很多研发单位退出了这一领域，大家都避之唯恐不及。师昌绪却在这个时候站出来说："我们的国防太需要碳纤维了，不能总靠进口。如果碳纤维搞不上去，拖了国防的后腿，我死不瞑目。"

碳纤维研发，师昌绪一抓到底。他召集专家会议，争取各方支持，为研究单位申请经费，到生产厂家现场调研……现在，国产碳纤维已在我国航空航天领域的应用中占有一席之地，完全依赖进口成为历史。

这样的例子还有很多。

20 世纪五六十年代，国家在全国典型大气、海洋、土壤环境中陆续建立了 36 个材料环境腐蚀试验站。可是到了 20 世纪 80 年代，许多试验站曾一度成为"被遗忘的角落"。1986 年，师昌绪出任国家自然科学基金委员会副主任，他力排众议，把"腐蚀试验站的数据监测分析建设"列为基金委重大项目，常年给予支持。后来，三峡大坝、杭州湾跨海大桥等国家建设工程上马，这时大家才明白：材料环境腐蚀数据资料太重要了！

直到现在，师昌绪仍然在以材料专业视角为国家看全局、看长远：

"我们国家的芯片，80%从美国、日本、韩国进口。我也正在向中央反映，要加快发展我们的芯片制造业。因为现在是信息时代，芯片将影响我们整个高端制造业的发展，影响国防、民生。"

"医用材料将来非常关键。当前我国医用材料大部分都是进口，尤其我们在心理上不敢用中国的医用材料。中国将要面临人口老龄化，医用材料现在应该大力发展。"

……

什么样的人是真正的"专家"？

师昌绪下面的这段自我总结就是极好的答案：

"首先，要有正确的世界观和人生观。我心里考虑的是国家整个全局，不是某个部门的利益，更不是我个人。第二，具备前瞻性和胆略。这是一种基于知识、经验、预测的判断能力，而且我坚信一条，只要外国人能搞成，我们中国人肯定也能成。第三，负责到底。对于那些不是我专业的提议，我从来不是倡导一下而已，而是真的都要参与进去，深入下去。"

让科学落地生根、枝繁叶茂

1992年4月21日，师昌绪与张光斗、王大珩、张维、侯祥麟、罗沛霖等6位中国科学院学部委员（1993年10月改称中国科学院院士）联名，向党中央、国务院又一次提出"成立中国工程技术科学院"的建议。这项建议早在1982年时就已经提出，当时未能实施。

师昌绪在一篇自述中写道："倡议成立中国工程院，早在1982年我就参与了。而后，每年人大会、政协会以及个人不断提出成立中国工程院或扩大中国科学院技术科学部的建议。"

这一次，他们终于成功了！

"5月11日，江泽民总书记作出了肯定的批示。不久，成立了一个以宋健国务委员为组长、由 45 个科学家和部门代表组成的筹备组，我被指定为筹备小组副组长之一。在整个筹备期间，自然花费了很大精力，特别是有些难以解决的问题，作为发起者的'老科学家'起到一些作用。"师昌绪对于难题和自己所发挥的作用都一句带过，却强调了其做领导工作的"团结"初衷，"在首届院士大会上，被选为副院长之一，像我这样偌大年纪还担任这样的职务，主要是希望新成立的工程院与中国科学院建立更密切的联系，共同发挥作用。"

师昌绪说："我这个人没什么本事，就在于能团结大家。"

无论是当年组织中国留学生为回国作斗争，还是这一次筹备建立中国工程院，或者是之前带领一个个项目组搞科研，师昌绪总能凝聚起方方面面的力量团结协作。他究竟有着怎样的人格魅力？

2011 年 1 月 14 日，师昌绪荣获 2010 年度国家最高科学技术奖。有记者问："您获得的国家最高科技奖 500 万奖金怎么分配呢？"师昌绪淡然地回答："都交给金属所。这个钱政府有规定，其中 450 万用来搞研究，50 万归个人。这次得奖说得最多的叫'空心涡轮叶片'，这是集体的工作，所以干脆都给所里，设一个奖学金。"

1991 年 5 月 16 日，中国材料研究学会在北京正式成立。这之前，师昌绪做了大量工作，其中包括在 1986 年国际材料联合会举行会议期间，妥善处理了与台湾相关的议题。因此，中国材料研究学会成立之时，很多人认为师昌绪是理所当然的理事长。结果，他主动让贤，只肯做顾问。

"师先生就是这样，以事业为重，以把大家的积极性调动起来为重，从不考虑自己的位子、自己的利益。"国家自然科学基金委原秘书长袁海波曾这样评价。

师昌绪身上所具备的，与其说是一种"团结"的人格力量，不如说是一种"团队"的科学精神。

"材料是科学技术与社会紧密结合的研究领域，涉及面广，相关人员必须团结合作、协同创新。我们现在缺乏这个，科技部门管一段，产业部门管一段。我国材料科学发表的论文数全世界第一，但是我们的研究成果不能只停留在文章上，要转化成材料，落实到国民经济上，这是我们必须解决的问题。"师昌绪处处说的是专业，却时时体现出专业背后的科学精神。

"迟暮夕阳余热暖，情真意切育英才。"这是师老与夫人郭蕴宜合写长诗《寻梦》的最后两句。当年，师昌绪一回国就参加研究生培养工作，1981年开始担任"金属材料"和"金属腐蚀与防护"两个专业的博士生导师，带出的博士、硕士近百人。同时，在他的指导下，一大批中青年科技人才茁壮成长，其中晋升为高级职称的有百余人。

"我希望今生能为祖国科技事业作更多的贡献。"直到现在，师昌绪仍然在通过团结人才、培养人才和科普大众，让科学落地生根、枝繁叶茂。

2011年10月13日，在人民大会堂举行的"科学道德和学风建设"报告会上，师昌绪向在场的数千名大学生作了题为《试谈做人、做事、做学问》的报告。他在报告中说了这样一段话：

"在现实社会中，一个人不可能独立存在，人际关系表现在科学道德和科学精神方面，有以下几个方面要考虑：第一是诚信，第二是平等待人，第三是要正确认识自己，第四是不要妒忌。丰衣足食，有一个美满的家庭，在工作上取得成就都会使人快乐，但是最根本的是如何做人。"

真正的梦想，是脚踏实地在生命中印刻出一件一件的事迹；
真正的专家，是借由深刻的专业视角更透彻地认识整个世界；
真正的领袖，是具有强大的精神生命力树立自我、扶植他人；
真正的科学家，怀真梦想，做真学问，有真人格。
科学家者，师昌绪。

原载于《人民教育》2014年02期

斯霞：给学生带得走的美好

胡金波

上世纪 20 年代，斯霞怀着"虔诚之心"，立下了把自己"终身许给少年儿童"的志向。她 70 年如一日，创造了"童心母爱"这一美丽的思想花朵，在基础教育战线散发着醉人芬芳。

童心母爱的实质就是心灵与心灵的沟通、灵魂与灵魂的交融、人格与人格的对话

在斯霞构建的儿童教育世界里，她视童心为经线、母爱为纬线。

她视童心为教育的"本色"，就如同"绿者叶之本色"，质朴自然，不加矫饰；而母爱为教育"着色"，浓墨重彩，呕心沥血。"本色"既是儿童教育的基础和条件，也是儿童教育的起点和切点。"着色"既要让儿童教育色彩斑斓，富有趣味性，又要让儿童教育精彩纷呈，体现有效性。基于童心之"本色"，善用母爱之"着色"，斯霞创造出"字不离词、词不离句、句不离文"的教学法，她觉得和天真活泼的孩子们生活在一起其乐无穷。

斯霞的以虔诚之心赋予"童心"就是"与儿童打成一片"。与儿童打成一片就是自觉主动地走近儿童、满怀深情地亲近儿童、润物无声地融入儿童。在课余时间里，斯霞和孩子们一起跳、一起唱；节日庆祝活动，她和孩子们一样登台表演。郊游、野营、参观、访问……只要是孩子们喜爱的活动，她都精心组织。孩子们亲她，爱她，听她的话。而她丰富的教学经验就是从接近、观察、关心儿童中得到启示，通过教学实践的探索而提炼出来的。

斯霞认为大凡童心必具以下三个特点：一是童心无瑕。这与明代著名

思想家李贽所倡导的"童心"就是"绝假纯真最初一念之本心"具有异曲同工之妙。这"本心"是最纯洁的、未受污染的，故是最完美的，蕴含创造一切美好的可能性。二是童心可昭。儿童教育要遵循儿童身心发展的阶段性、顺序性和不平衡性等特点，做到既不临渴掘井，也不揠苗助长，更不"凌节而施"，只有自觉"顺其自然"、遵循规律，坚持"理所当然"、初衷不变，才能"果不其然"、事半功倍。三是童心未泯。斯霞从儿童的姐姐到儿童的母亲再到儿童的祖母，鹤发童颜，童心不灭。当她批改学生在作文中写下的"一位漂亮的女阿姨来到我们班级"这句话时，未用成人的眼光将"女"字去掉，这就是对儿童本真而可爱的认识。斯霞强调作为一名好的教师，只有保持童心，才能自觉呵护童心，进而视童心无错，行童心勿欺，助童心雀跃。

斯霞以虔诚之心对"母爱"作出独具匠心的解读。古往今来，讴歌母爱是"大真至纯、大善无私、大美无言"，但斯霞将这些归结为"自然母爱"，而教师所具有的母爱应是"自然母爱"的升华，体现在"把学生当作自己的孩子一样看待"。斯霞认为：从"自然母爱"走向"超然母爱"是以理解为核心、尊重为前提、亲近为手段、智慧为燃料、宽容为载体、行动为基石。"教师的母爱不是万能的，但教师缺少母爱是万万不能的。"缺少母爱的教育，无论教材编写得多么科学，教学环节设计得多么完整，方法应用得多么精妙，实验仪器配置得多么先进，其效果"像星光一样璀璨却很遥远"。教师的母爱正是将学生导向事物本源的桥梁，正是这桥梁让"爱在彼此存在中实现"。

斯霞的"童心母爱"思想始于问题、基于实践、发于内心、源于理性、成于实验，她以自己的创造性实践和不间断的求索诠释了"童心母爱"的实质就是心灵与心灵的沟通、灵魂与灵魂的交融、人格与人格的对话。

"童心母爱"是教育改革的灿烂底色

当社会变革之时，教育也要随之而变，而每次变革的尝试都要立足于对教育本质问题的追寻。市场经济、对外开放、媒介多元，使教育外部环境发生诸多变化。破解社会对人才的多样化需求与人才培养单一化、人民群众日益增长的对优质教育资源需求和其供给相对不足、提高办学活力与现有体制机制约束等矛盾，使教育内部发生深刻变革。面对上述诸多变化与深刻变革，"童心母爱"思想越发灿烂夺目、光彩启人。

"童心母爱"的立足点就是培养和造就"活活泼泼的人""野性而又高贵的人""精于学习、善于沟通、乐于奉献的人""具有社会责任感、创新精神和实践能力的德智体美全面发展的中国特色社会主义建设者和接班人"，出发点就是强调"好学"比"学好"更为重要、"育人"比"育才"更根本。坚持立德树人、德育为先，全面贯彻党的教育方针；坚持能力为重、体美俱进，全面实施素质教育，"让儿童尽兴地自由玩耍，使其身体得到和谐而健康的成长；让儿童充分地感受艺术，使其心灵得到和谐而健康的成长"，关键点就是强化学会学习是学会生存的基础，学会自立是学会生存的支柱，学会合作是学会生存的环境，学会创造是学会生存的超越，从而回到基础——"一个人都不能落后"；回到生活——"把学习作为信仰"；回到实践——"不给他人添麻烦"；回到以人为本——"培养童心，造就童星"。

教育手段变了，但"童心母爱"的方法价值没有变。信息化在儿童教育中的应用，带来了儿童"学习的革命"，颠覆了传统的儿童学习概念和学习手段。但信息化无法代替"童心母爱"，网络化条件下更需"童心母爱"。因为教育是在现实中创造未来，好的教育一定是有血有肉、具有灵性、富有德性、适合儿童发展的教育，教师的有效教学体现在儿童学习兴趣的增强和学习效率提高之中。"童心母爱"的思想强调用提供适合学生的教育代替提供适合教育的学生、用关注能力代替关注分数、用注重"会学"代替注重"学会"，从而进入"教是为了不教、学是为了会学"的崇高境界；强调"教育的艺术，是唤醒孩子们天生好奇心并在未来满足它的艺术；而好奇心本身的鲜活及益处，与内心的满足及快乐成正比"。

教育要求变了，但"童心母爱"的人文关怀没有变。教育是人文化的过程，满足儿童的全面、充分、快乐、健康的发展是教育的出发点和归宿。进入新阶段，人民期盼更高质量、更加公平、更可持续、更具特色、更为可爱的教育，"让每个孩子都能成为有用之才"，这就需要给孩子更多的人文关怀。而"童心母爱"的思想正是始于"关怀人文"，终于"人文关怀"。

"童心母爱"思想超越功利。紧紧围绕以学生发展为本而敞开，以童心让学生感受教育的可爱与快乐，以母爱让学生感受教育的意义和力量，既让儿童活在成人世界中，更让儿童活在自己的世界中，使其成为自己的自己、更高大的自己、对国家民族和人类作出更大贡献的自己。

"童心母爱"思想超越当下。引领儿童教育走出对记忆的过分强调、对标准答案的过分重视、对分数的过分计较，走出"不要让孩子输在起跑线上""流血流汗不流泪，掉皮掉肉不掉队""只要学不死，就往死里学"的片面励志阴影，将服务学生的发展与服务社会发展的要求统一在全面贯彻党的教育方针的过程之中。

"童心母爱"思想超越传统。强调人文关怀是基于"真正的素质教育是有灵魂的"的认识，让童心唤起学生的主体意识，发展学生的主动精神，形成学生的主体力量，让母爱最大限度地促进学生的快乐发展，最大限度地帮助学生在原有基础上有新的发展，最大限度地激励学生在天赋允许的范围内充分发展，帮助学生创造自信兼爱和朝气蓬勃的人生。

用"活的教育"诠释"母爱童心"

"童心母爱"凝聚着丰富理论与扎实实践、蓬勃生命和多彩生活的智慧，呈现奉献美与崇高美、自然美与人文美的历史统一。

母爱激发童心，童心滋润母爱。感悟童心的前提是畅通与学生打成一片的渠道，关键是创造学生悦纳接受的心理氛围，重点是实施有针对性的"活的教育"。斯霞从了解学生生活入手，每天仔细观察每个学生的气色、精神状态、举止行为。谁的乳牙动了，谁的情绪异常，谁的穿戴不整洁……她都能及时掌握，给予关心、指导、帮助。

斯霞认为："只有了解儿童心理，认识儿童成长规律，才能谈到如何教育儿童。"因此，她每接手一个新班，都会拿着花名册挨家挨户走访，力求把握每一个孩子的个性特点、兴趣爱好，这一"家访式备课"在她从教的70余年里从未间断。为何我们时常叹息所培养的学生普遍缺乏"激情般的好奇"，喜欢问"学这个有什么用"而导致"短期功利主义"大行其道呢？这是因为我们没有像斯霞那样，真正地走进孩子、读懂孩子，"童心母爱"的缺失必然导致教育针对性、有效性的丧失。思学生所思，想学生所想，办学生所求，成学生之盼，陪伴学生一起成长，正是"童心母爱"的深层价值所在。

呵护童心，既要呵护学生的童心，坚持有教无类、尊重差异，又要呵护教师的童心，即精心呵护教师发现儿童的好奇心、读懂儿童的探索心、尊重儿童的关爱心、发展儿童的事业心、赢得儿童的自信心。童心并非不可捉摸，它是实实在在的；母爱并非虚无缥缈，它是简简单单的。母爱的付出往往是对学生一个善意的微笑、一个鼓励的眼神、一句赞美的语言、一个具体关怀的举动，却收到"四两拨千斤"之效，引领学生春风化雨般地自觉成长。

南京师范大学附属小学的校门口原先比较低洼，一到下雨天便成了一个大水塘。这对于七八岁的小学生来说，是个不小的障碍。每当此时，斯霞总是带领老师们早早地站在校门口，把学生一个个背过来；放学了，又把他们一个个背过去，看着他们安全离去。母爱的付出正是医治"童年为升学战斗，升学后回归童年；百般呵护身体，漠视精神成长；忽视解决问题能力，着重解答试题能力"的良药。

斯霞善于根据儿童的年龄特征，从实际出发，恰到好处地运用多种手段，如实物、模型、演示实验、幻灯等，教学语言的通俗、生动、流利，并且尽量让学生动口、动手、动脑，以创造自觉主动、活泼生动、师生互动的课堂气氛，提高学生的学习成效。母爱的付出关键是教育孩子养成好的习惯。好习惯的养成要以儿童为中心、兴趣为中心、活动为中心。斯霞严格训练学生，特别注意学生的学习卫生。凡是她教过的班级，学生不仅学习成绩好，读写姿势正确，而且患近视眼的也很少。

提升母爱就是既要教学生如何与别人相处，还要教学生如何与自己相处；既要教学生善接地气，还要教学生坚守理想；不是要给学生背不动的书包，而是要给学生带得走的美好。斯霞很不赞成一些教师把公开课上成表演课，她认为课要上得朴实、扎实，讲究实效，"弄虚作假的教学思想应当制止，哗众取宠的教学手段应当摒弃，可有可无的教学步骤应当删减，要把精力集中到教会学生学习上来"。斯霞认为："没有生命的生长与生成渗透其中，儿童教育就是没有灵魂的实践。""童心母爱"就是让当下的孩子找到自我生命的尊严与作为儿童存在的幸福感。她批评有的教师上课过于严肃，搞得学生精神紧张。她认为，"在严肃紧张的环境里学习，效果远不如在活泼愉快的环境里好"，"如果师生关系形同'猫鼠关系'，那是教育的最大失败"。

作者系中国教育学会副会长、国家督学、江苏省委组织部副部长

原载于《人民教育》2016 年 06 期

为师如“顾”

滕 珺

常和人说，有幸能成为顾先生的门生已是上天眷顾，毕业后又能留在先生身边，协助先生做些有意义的事情，更是福慧双修。掐指一算，从第一眼遥望先生到如今，已有十一载，每日能耳濡目染先生的言行举止，虽不能至，心向往之。

还记得大三那年，校园内贴了一张大海报《我为什么呼吁取消三好生》，犀利的标题旁却配着一张和善的脸，“顾明远”三个大字赫然映入眼帘。我虽不在当时的教育系就读，但作为师大人，也晓得这个名字的分量。于是，像很多年轻人一样，“追星”挤进了演讲大厅，虽然只能在后排遥望，但先生慷慨激昂又有条不紊的论证、坚定而睿智的眼神以及那份对儿童发自内心的真切关怀，让我这个哲学专业的学生对教育产生了莫名的冲动……后来我如愿以偿地进入了比较所，也就是现在的国际与比较教育研究院。每次在英东七层的楼道中遇到先生，他总是慈祥地向我们这些学生微微一笑。2005年我协助所里筹备第二届世界比较教育论坛，会议结束时先生对我说：“做会务工作辛苦了，我们合个影吧。”我受宠若惊地不知所措，迷糊了一会儿后连连点头，那是我和先生第一次合影。

先生是个十分有原则的人，当时学校有政策允许优秀的硕士生直博，也适逢先生那年有意招收博士生，我有意申请，但去办理申请手续时才发现截止日期已过。与先生商量，能否向学校提出申请额外考核，先生答复：“既然截止日期已过，那你就自己考吧。”我也只好来年再战。此后，我又多次见识了先生如何坚守自己的“原则”。先生喜好书法，闲来愿意写上几笔，又因为先生在教育界有重要影响，自然少不了有人登门求字，先生都欣然答应。不少校长为表达感激之情，想留下“润笔费”，先生概不接受，并笑言：

"我也不是书法家，写就写吧。"如果校长坚持要给，先生便说"那这个字你就不要拿走了"。校长们也只好作罢。

先生教学有方。放假前夕，先生把我叫到办公室，递给我一把办公室的钥匙说："有空就来这里多看看书，假期就先读这套白寿彝先生主编的《中国通史》吧，开学我们再交流交流。"面对这12卷22册的史诗巨作，我的第一反应是，怎么可能读完？但无论如何，还是硬着头皮去读。假期结束后，先生真的考我读后感，我惴惴不安，只好如实汇报："读了第一卷，似懂非懂，但却为书中翔实的举证和严谨的逻辑所折服。"先生笑了笑说："好了，你可以换别的你感兴趣的书看了。"那一刻，我才悟出先生的良苦用心，做学问首先要端正学术态度，研究必须严谨认真。

先生对学生采用"放养"的教育方式，入门时与先生讨论博士论文的选题，先生笑道："做什么题目都可以，只要是教育问题就行。"停顿了一会儿，又说："不是教育问题，有教育意义，能做好也行。"这其实是充分尊重学生的研究兴趣。记得每周二的上午，先生总是耐心地听我漫无边际、天马行空地东拉西扯。后来我选定方向，在大洋彼岸质疑自己选题的价值时，先生启发我要批判地思考他人的观点；当论文撰写进入攻坚阶段时，先生又轻描淡写地说"我觉得挺好，先写起来再看看"，还不忘适时地提醒我注意身体，可先生自己却在家中谨慎地字斟句酌，一天夜里十点多钟，我接到了先生的电话："我想你的论文还可以如此这般处理……"先生这种看似宽松的教育方式其实最锻炼学生。一次与先生的弟子谢军闲聊，她也有同感，她说她刚入门时很高兴，因为以前她念书时，老师总是给她很多改进意见，让她很有压力。后来到先生门下，先生总是说"很好"，给她很多鼓励，所以她很高兴，原本以为轻松了，但到下一步怎么办还得靠自己思考。

见过先生的人都说，先生有颗佛心，提携后生，有求必应。先生倡导"爱的教育"，自己也身体力行。做学生那会儿，我们就时常"厚颜无耻"地"啃老"，先生却安静地在一旁看着我们狼吞虎咽，脸上挂着满足的笑容。后来，我挣了第一份工资，要请先生吃顿饭，先生和师母就把我带到了大排档，两人点了一份馄饨，说他们就要吃这个……先生的爱不仅仅体现在对自己的学生上，对素未谋面的孩子也是如此。他经常亲笔给乡村的孩子回信，关切之心溢于字里行间。有时，他的爱更是一份"责任"。记得一次在机场，一个小孩用嘴含着直饮机出水口喝水，妈妈在旁边视而不见，先生三步并作两步，上前阻拦，并告诉那个孩子这样使用公共直饮水不当，应该如何使用，一旁的妈妈羞愧不已。

先生有一颗"年轻"之心，什么时髦玩什么，微博、微信、iPad 一个都不落下，有一回还突然问我"比特币是什么？"我很是诧异，先生却戏称自己是"80后"，跟我们没有代沟。先生还有一颗"谦和"之心，不论对谁总是彬彬有礼，每次司机接送后都要道谢。一次，司机走得着急，先生饭后特意找到司机餐厅，就为道一声感谢。先生更有一颗"公允"之心，从不计较个人得失，宽厚待人，团结同仁，成为教育界内毫无争议的人物。

先生的节俭是出了名的，现在用的围巾还是当年前往苏联留学时国家发的，一戴就是60年。我和他开玩笑说可以进入"博物馆"了；出去开会矿泉水喝不完，他就带回家接着喝；有时工作紧张，来不及去食堂吃饭，我们就订盒饭在办公室吃，先生吃不完的盒饭也打包带回家，说是从小养成的习惯，见不得浪费。可先生的慷慨同时也是出了名的，每次学校组织捐款，先生总是头一个，而且还不留姓名。先生个人获得的奖金不论多少，他都捐出去了，这也是今天"明远教育基金"得以建立和发展的源头。虽然先生坚持不同意用自己的名字作为基金的名称，但无奈于我们这拨儿弟子的百般纠缠，同时又取"明远"二字"淡泊明志，宁静致远"的意义，先生才勉强同意。如今基金在帮助弱势群体，鼓励教育创新方面都在作有益的探索，希望能以此践行先生的理念、"教育是天底下最幸福的事业，教育就是将人类的爱传递下去"。

有关先生的故事还有很多很多，但再写多少也无法全面反映先生的精神风貌。最近，先生荣获了第三届吴玉章人文社会科学终身成就奖，就以该基金会的颁奖词结束这篇小文，并献给我最尊敬的老师——

从教逾一甲子，历任小学、中学及大学教师，奉行"没有爱就没有教育，没有兴趣就没有学习，教师育人在细微处，学生成长在活动中"之信条，桃李满天下，实为教育大家，却自号"教育老兵"……开创新中国比较教育学，惟心系于中国，参与国家重大决策，指导全国教育实践，实为爱国心切，却云"无非报恩而已"。领导与支持建立特殊教育学、课程与教学论、教育技术学等诸多教育学科，编撰《教育大辞典》《世界教育大事典》《中国教育大百科全书》等教育学各科之必备工具书，实为大教育学者，却云"原本一书生"……学术无愧人师，德行堪为世范，乃新中国当之无愧的人民教育家！

作者系北京师范大学教育学部国际与比较教育研究院副教授

原载于《人民教育》2015 年 06 期

我的导师于漪先生

程红兵

"导师"，这个词现在说得多了，似乎就显得不那么庄重了，但我这里要郑重其事地用"导师"一词，因为若不如此，就不足以表达我对于漪先生的敬重。

"三会"于漪先生

1991年，在江西上饶任教时，我曾忐忑地给于老师写了一封求教信。信发出去后，想想有些贸贸然：于老师是全国著名的语文特级教师，还任校长，教学、管理工作繁重，我怎好打搅？但信已寄出，也只好随它去了。不承想，没多久我就接到了于老师的回信。我激动不已，至今还珍藏着这封信，那些勉励之语还历历在目。这是与于老师的初次交往，虽然并未谋面。

第一次见面是在1994年夏天。在山东泰安举办的"全国青年语文教师联谊会"成立大会上，先生作为老一辈语文教育家的代表到会祝贺。先生受青年教师景仰，会前、会后被大家团团围住，合影留念、签名、讨教。我生性腼腆，不大敢主动与人攀谈，更何况是大名鼎鼎的人物。这一回，我与于老师擦肩而过。回来后好生后悔，说不出的遗憾。

1994年9月，我从老区上饶调到国际化大都市上海，"乡下人"进大城市总有些"水土不服"，不太适应新学校的新生活、新的人际关系。先生不知怎么知道了，托人捎信请我到她家坐坐。我高兴，又因自己不善交谈而心生压力。恰逢先生在《语文学习》发表《弘扬人文，改革弊端》一文，便以此出发准备了许多问题，以防自己到时过分紧张，无话尴尬。

先生和蔼可亲，精神矍铄。已经不记得开头说了什么，单记得没说几句，我的拘束就无影无踪了。我就语文教育的人文性向她请教，她不紧不慢，耐心细致地回答，不时插几句："你看呢？你怎么想？"把我作为平等的谈话对象。先生又跟我谈起她走过的路：1951年从复旦大学教育系毕业，先任中学历史老师，后改行当语文老师，半路出家，用尽心血，凭自己的刻苦钻研成为名师。她的名师称号是一堂课一堂课磨出来的，是几千堂公开课上出来的。后来"文化大革命"来了，她遭受冲击，备受折磨。"文革"结束，她重新走上语文教师岗位，从班主任到年级组长，从教研组长到学校校长，克服种种困难，硬是把一个烂摊子发展成一所名校。听她娓娓动情的叙述，我悟出了先生的良苦用心：树立自信，勇敢地走出困境。

末了，我就语文教育人文性提出整理一个"于漪答问"，她欣然同意，但执意把标题定为《关于语文教育人文性的对话》。"答问"与"对话"的区别，我当然知道，先生的长者风范令我感佩。后来浦东新区教育学院和建平中学都聘请先生做我的导师，我成了先生的弟子。这以后，凡是重要的语文教研活动，她都主动招呼我，并提供很多机会，让我登台亮相。

年轻人尤其要学习

1996年上海市教委出台决定，破格评选特级教师，每个区县上报一名候选人。浦东新区把机会给了建平中学，给了我。听课、评课、评论文、答辩，一路过来，我各项总分名列前茅，送到市级评审的最后一关。有人以年纪轻、资历浅、江西老区调来的等诸多理由提出异议。先生在会上力排异议，慷慨陈词："此次评选既然是破格，就不能考虑年纪轻，虽然程红兵刚评上高级教师，但之后他有专著出版。我们评的是教师中的优秀分子，不论他来自哪里，只要合乎条件，就应该评上。"评委们都被她打动了。

当我从其他渠道得知这些"内幕消息"后，惭愧不安：我与先生非亲非故，我何德何能让先生如此出力提携？

后来，于老师深情地告诉我："推你上去，绝不是为了你个人，而是为了事业的需要。我们已经老了，语文教育事业应该后继有人，新世纪需要你们这代人支撑。"我的心里涌起一股热流：这是怎样的一种境界和胸怀！1996年8月，我成为当时上海市最年轻的特级教师，只有35岁。

在先生身上，我领悟到了做一个语文教师的平凡和神圣。

我的第一本著作《语文教学的人文思考与实践》校样出来时，我想请先生作序。其时她正住院卧床，我在病房看到她面容消瘦，顿时打消了念头。但她似乎看出了我的心思，笑着说："你把校样放在这，我抽空为你作序。"好半天我都说不出话。几天后我就看到了先生的序言，题目叫作《看新竹展枝》。先生在序言中对我和语文教育界晚辈寄语：

"看到新竹展枝，生机勃发，喜悦之情充盈胸际，深切感到中学语文教育充满希望之光。"

"年轻人尤其要学习，不仅读语文专业书，而且读国内外教育著作、心理学著作以及与语文有关的学科著作，腹笥充实，论述道理就板眼分明，减少主观臆断。"

"研究教材，更要研究学生，做到因文而异，因人而异，创造多姿多彩的方法，求得最佳的教学效果。"

这些诚挚而热情的话语，鞭策着我在前进的路上不敢懈怠。

此后，我常向于老师请教教育教学问题，讨教学校管理经验，先生总是不厌其烦地指导点拨。

不拒绝新思想，不空谈理论

2013年，我离开生活工作了20年的上海，南下创办深圳明德实验学校。临行前我向先生辞别，先生赞赏我年过半百再创业的勇气，嘱咐我要花时间熟悉和研究小学、初中段的教学和管理，花时间研磨儿童心理。

意外的是，先生还特地为我准备了两件白色的短袖衬衫。她说："南方天气热，校长着装要正式一些，这个你用得着。"

9月1日开学典礼上，我穿着先生给我的白衬衫，迎来"明德"首批新生，也迎来自己教育生涯的新航程。那白色，仿佛出发的航船上鼓动扬起的帆。

而今，先生已80多岁高龄，但从不拒绝接受新思想，也从不空谈理论。

她的讲座报告依然精彩而有余韵，因为她始终倾听来自教育教学第一线的声音。

她的话语方式一直都是草根式的，带着青草的芳香，带着校园的露珠，自然而质朴，深情而动人。

她依然文思敏捷，著述不断，为我们作出了不断探索、不断耕耘的典范。

我很幸运，这 20 多年来，能够领教先生的学术经验、实践感悟和人生体会，能够享有作为学生的荣幸与荣耀，我唯有以此自勉——

秉承先生求真务实、兼容并蓄的治学风格，谦逊、宽容、和睦的为人准则，矢志不渝的理想追求，让真理、真情的光芒照耀自己、感召他人，努力成就教育的人生、智慧的人生！

作者系广东省深圳明德实验学校校长

原载于《人民教育》2015 年 01 期

做中华文化的燃灯人

黄荣华

"大"就是站立在天地间的"人"

小时候跟父亲挖红薯，挖到一个很大很大的，看了半天，突然问："爹，'大'字为什么是'人'字上面加一横？"

父亲愣了一下，缓缓地伸直腰，站定，张开双臂，说："看我，这就是'大'。'大'就是站立在天地间的'人'。'大'就是'人'，'人'就是'大'。"

至今想不起来，为什么看到大红薯，会追问父亲"大"的写法。但追问这件事我记下了，"'大'就是站立在天地间的'人'"这句话我记下来了。

应当是长大一点了，哥哥不知从哪里弄来一本翻破了的书。我跑过去抢在手里，一看叫《四角号码新词典》。这是我第一次见到词典。随手一翻，竟翻到这个词语——"伸手不见五指"。我激动得不行，因为头天晚上要跑到山上去与小伙伴野，母亲说：不能去，伸手不见五指。没有想到，这词典里会有母亲说的话！哥哥告诉我：这个词典里不仅有母亲说的话，还有父亲说的话，还有很多人说的话。你读了，就会说很多很多以前不会说的话。

不用说，我很快爱上了这本词典，通过自学也很快学会了四角号码查字法，经常很神气地对小伙伴说，报出你想查的字，我马上可以翻到它在哪一页。百发百中，让小伙伴羡慕不已。在根本没书可读的年代，在连得到任何一张字纸也要从头看到尾的年代，这本词典无疑将我带进了另一个天地。后来我得到的第一个有点"学术"含量的奖，就是1981年读师专时查字典比赛获得的二等奖。再后来，买辞书成了习惯，现在书柜里这类图书已是满满两大排。

说起字典词典，就必定想起哥哥。他不只带来了那本翻破了的《四角号码新词典》。1978 年的冬天，我正准备跟大伯父去山里采药，出发时哥哥过来问我：现在征订新出版的《辞源》，你要不要？我点点头。第二年冬天，哥哥给我拿来了《辞源》第一册。我捧着它，不知说什么好。等哥哥走了，看到定价是 5.7 元，我哭了！哥哥那时是民办教师，一个月挣 300 多工分，1 个工分约值 2 分钱。这是哥哥将近一个月的工资啊！而哥哥这时已是两个孩子的父亲了。1984 年，我买齐了全部四册《辞源》。让我遗恨终生的是，1985 年暑假，也就是我当教师一年后，小偷钻到我的寝室，偷走了我的大部分图书，其中就有哥哥送的那本《辞源》。现在书橱里的两部《辞源》，一部是 1989 年夏天在开封禹王台附近的一个小书店买到的新版，一部是岳父赠送的民国四年出版的由郑孝胥署检的老版。

与汉字相关的书，现在最让我不忍释手的，是在北京王府井新华书店买到的裘锡圭先生的《文字学概要》和臧克和先生的《说文解字的文化说解》。那是 1997 年暑假，和妻子一起带孩子去北京医眼，抽空跑了几家大书店，买了一大堆书。临回时，还恋恋不舍，又跑了一趟王府井书店，竟一下就撞上这两本大著。正是这两本大著，将我对汉字的喜爱一下子激发出来，回到家里，我就冒昧地给上海的臧克和先生写了求学信。臧先生很快复信，并寄赠了大著《汉字单位观念史考述》。这年冬天，我赴上海拜访了臧先生，臧先生对我已开始写作的"汉字与民族美意识" 100 题给予了肯定、支持与指导。至 2004 年，我完成了 100 题的写作，结集为《穿行在汉字中》，作为复旦附中校本教材"大视野教育书系"的一本于 2008 年出版。在书的后记中我写道：

汉字对我们的影响，超过了任何别的力量。为什么？……我们每个以汉语为母语的人，就生活在这样的汉字文化中。我们的言行，我们的生存方式，我们的一切，都注释着汉字；也可以反过来说，汉字在注释着我们的一切……汉字是我们的命根！

正是有了对汉字的这种认识与理解，我不仅有意识地将汉字文化融进日常的教学，还开设"汉字单元文化"选修课，于 2000 年完成了对自己来说非常重要的三篇文章——《语文学习的第一要素是生命体验》《中学语文建立"汉字单元文化"概念的探讨》和《全球化时代汉语诗性特征的价值想象》；作为复旦附中人文实验班的学习汇报成果，于 2003 年编辑了《复旦附中学报》专辑《穿行在汉字中》；于 2005 年完成了《"中学语文建立'汉字单元文化'概念"研究报告》并获区级科研成果奖；2015 年完成了"上海市民健康与人文系列读本"之《汉字的故事》。现在回头检视 2000 年以来 10 多年的语文教育实践，我确实是以汉字及其文化的认知、理解与欣赏为核心展开的。

生活言语中的先祖气韵与生活古意

"谁能歌祖诗章？"是我们黄家正月初一聚集祠堂祭祖时齐诵祭文的最后一句。

我第一次参加祭祖是 1979 年正月初一。也是那年春节，第一次参加了玩龙灯、唱菩萨戏。这些第一次也应当都是"文革"结束后的第一次。现在，老家的龙灯和菩萨戏都早已淡下去了，祭祖却还一直保持着。

起初我不明白祭文为什么这样结尾，后来慢慢明白了，它是对先祖黄庭坚的深切缅怀，是对黄氏家族后无来者的无限痛惜，是对黄氏家族中兴的拳拳期盼。

据家谱，我们属黄庭坚长孙黄黔后代，所居地古藤源，自黄黔迁居至此至今已有 800 多年了。也就是说，我们居住的村子可上溯至南宋后期。不知经历了多少天灾与变乱，除了明末重修的祠堂，这里现在已找不到什么历史遗痕，只是从老人讲述的故事和他们的生活言语中还能约略感知到些许先祖气韵与生活古意。

夏天乘凉或冬天烤火，许多人聚在一起时，老人们总会津津乐道黄庭坚"一石二井""知难发愤""涤亲溺器""苏黄讥书""十日诵春秋""举进士修实录"等故事。应当是受到这些故事的影响，后来我爱上了黄庭坚，走访了他当年读书的一些地方，也买了不少相关的图书。随着阅读的加深，我也慢慢感到近几十年的文学史和文化史研究对黄庭坚有很大的偏见。宋明清三代，学习黄庭坚的诗与书是全社会的文化风尚。这里当然有很复杂的因素，但一定是与他诗书的高品质紧密相连的。而今天，能识得黄庭坚的人却极少极少。

2011 年我带学生游学台湾，站在黄庭坚最负盛名的《松风阁》前久久不愿离开，待到再也不能忍受一批又一批无知的台湾或大陆导游与游客的无知评说才悲伤地离去。2013 年，美国大都会博物馆收藏的黄庭坚自己最得意、对现代印象派多有启发的草书巨卷《廉颇蔺相如列传》在上海博物馆展出，我带学生去观瞻发现，除了我的学生，愿意在此作前较多停留的参观者真的很少，这幅草书巨卷显得那样的高冷与孤寂。

倒是家里老人的生活言语更给我一些安慰。如看到我和哥哥到山上去祭拜祖坟时，他们会说："昆弟俩清敬祖茔，慎终追远，善也。"如老人看到哪个小孩特别捣蛋时，他们会感叹："性相近，习相远，莫怪莫怪。"起初我并不明白这些话的全部意思，后来读了点书，知道这些话来自几千年前的《论语》。来自《论语》的话，还有我一字不识的母亲常说的话："前半夜帮自己想，后半夜帮别人想。己所不欲，莫加于人。"母亲这话，《论语》的原句是"己欲立而立人，己欲达而达人""己所不欲，勿施于人"。母亲还有两句常说的话："走路莫急，欲速不济""过桥莫挤，小舟不济"。因此，我在读书时，常常会不期然与村里的日常言语相遇，心中总会生出无限感慨。

但母亲是我至今还想不明白的人。她 3 岁没有了母亲，7 岁做了童养媳，新中国成立后废除了童养媳，她回到自己家，那年 12 岁，17 岁嫁给我父亲，1977 年时已在重病中挣扎了 4 年，那年端午后 4 天扔下我们走了。母亲 38 年人生完全浸泡在苦水中，却没有听到过她一声叹气；她目不识丁，却坚信读书的价值。

我们村有位私塾先生，"文化大革命"中常被拉去批斗。记得有一次是大热天，哥哥负责解押他。母亲悄悄对哥哥说：系得松一点，系活扣。待大队五六个"四类分子"都被反手捆绑着解押到舞台上低头跪着后，母亲悄悄对我说：从舞台后面爬过去，把他的活扣拉掉。那年我 5 岁。这是我能想得起来的第一次清晰的记忆。按一种说法，人生是从第一次记忆开始的，那我的人生就是从这次拉活扣开始的。

就是这次批斗会后不久，大队组织民兵到我们家抄家，抄出了两箱古书。这些书多数都是曾祖父留下的，曾祖父是前清秀才。大家都知道我们家有古书，就藏在二伯父的床顶上。当民兵打开箱子一本一本将这些书烧掉时，二伯父抢出了一个罗盘，母亲抢出了两册书。这两册书我在 1979 年还读过，已烧掉了一个很大的角，记得其中有晁错的《论贵粟疏》和贾谊的《治安策》。这两册书和那本《四角号码新词典》连同我自己买的一些不太常用的书，1988 年我从江西调到河南工作时，都交给父亲保管，1996 年暑假有人趁父亲不在家时取走了这三本书，也没有留下借条，继母也说不清是谁取走了。这已是我丢的第三批书了。

1974 年 9 月，我还不满 12 岁，到石坳街上读初中，寄宿。去了三天，怎么也不愿去了。此时母亲已病倒，但母亲一定要我读书，想尽各种办法劝我。最后我提出一个条件，除非买一副象棋。母亲当即就在大伯母家借了 1 角钱，让姐姐买回来了一副 7 分钱的象棋。虽然是最小的象棋，但看到母亲的样子，我没有了退路，就又去学校了。现在回过头看一看，我们村子里只有我这一字不识的母亲的三个孩子在那个生活极其艰难的年代，在那个根本不要读书的年代，在湘鄂赣三省交界的那个穷乡僻壤，全读了书：哥哥是村子里第二个高中毕业生，姐姐是村里第一个初中毕业生，我是村里第一个大学生。

我不知道母亲是不是因一字不识受到过什么大的打击或羞辱，反正她敬惜字纸，非常虔诚；敬爱他人，极其真诚。或许是因此，她勉力做自己能做的一切。她从来不许我在祖母未落座动筷子前动筷子，她对我说的每一句假话都很认真地纠正，她总是将家里最好的东西用在招待客人和其他人情世故上。1976 年毛主席逝世时她重病在床，开追悼会那天，父亲、哥哥、姐姐都去了大队部现场，留我在家照顾母亲，母亲流着泪说：你也去开追悼会吧，毛主席没有了啊。后来每当读《论语》读到"贤贤易色，事父母能竭其力，事君能致其身，与朋友交言而有信，虽曰未学，吾必谓之学矣"时，就会涌出泪水。我觉得这句几千年前子夏说的话，就是写给母亲这一类人的碑文。

如果一定要问我为什么对中华古代文明如此依恋，我想说，家族的先祖崇拜，村里老人们的生活与言语方式，家里特别是母亲对（读）书的信仰，一定在我的心灵深处撒下了能发芽生根的种子。

有子司马牛牧之东坡黄山谷

1980 年春节，到三伯父家拜年，做大队支书（现在叫村支书）的堂兄说县里年前配送了一批书，允我先借。我挑了《朝花夕拾》《呐喊》《中国小说史略》《家》《春》《骆驼祥子》《红楼梦》《李白诗选注》《诗词格律》《钢铁是怎样炼成的》《巴黎圣母院》《复活》和《中国历代文学作品选》（前三册）等。那年我 17 岁，此前从没有见到过这么多书，也没有读到过任何一部名著。

这次能借到这么多好书，是托上海知青的福。我老家来过多批上海知青，堂兄所在的村是模范知青点，设有文化站，图书由上面配送。堂兄说这是所有配送图书中最好的一批图书。1979 年上海知青陆续返城，所以这也是文化站接到的最后一批图书。大概是 1980 年底文化站撤销，所有的书又被运走了。据说现在农村又开始建类似的文化站了。如果从 1980 年撤消文化站算起，老家已近 40 年没有类似的文化建设了。写下这句话时，我感觉有一种非常沉重的东西在心中搅动。我借的这些书，《中国历代文学作品选》没能读完，其他我都至少读过一遍。现在想来，真的是非常感谢这一次不寻常的阅读，一直领着我走到今天。

1981 年，几经折腾后我考入九江师专中文系，教我们古代文学和写作的是周萍迅老师。遇到周老师是我们的幸运。周老师是 1948 年随军入川的复旦大学中文系毕业生。周老师的课堂内容丰富、信息量大，对我最有触动的是他随时带入课堂的有关文字、对联和他自己创作的古体诗方面的内容。那次讲骆宾王的《为徐敬业讨武曌檄》，他插入少年才子，随即带进了他的乡贤余心乐先生。他说余先生 6 岁时拜塾师，塾师一见很开心，脱口而出上联"余见余心乐余心乐"。6 岁的余心乐迅即对以"史载史可法史可法"。那次讲到黄山谷的《登快阁》，他就带入"有子司马牛牧之东坡黄山谷"这个没有下联的绝句。开始同学们不能完全明白，周老师说：这全是名人啊。大家一下子明白了：有子、司马牛是孔子的高足，有子还位列孔门十哲；牧之、东坡、黄山谷，都是文学史上的大家。这些名字巧妙地联系在一起，即是说：有个小孩子在东坡上牧牛马。有多少牛马？整个山谷都黄了，就是说漫山遍野。这确实是很难对出下联的。但它一直激励着我们许多同学于此永不疲惫、永不停歇地在汉语这种特有的文学样式中徜徉。且于个人而言，我一直以为，这个没有下联的绝句，其实就是中华几千年古代文明的某种象征：天人合一，人与自然的完美统一；或者说是自然的人化，人化的自然。

其实，九江师专的三年，一大批老师的济世大情至今对我们有着强力牵引的意义。班主任王珂鲁先生、现代文学李彪先生、古代汉语刘琪先生、文学概论申家仁先生、历史方良先生、逻辑学于德礼先生……无不让我们常常在回望中幸福如沐春阳，产生永远的光合作用。

"因为我抗拒黄老师"

斗转星移。1999 年，我从河南调入上海，来到浦东香山中学。上海是一个令人向往的现代大都市，这里有着人们想象得到和想象不到的自己可以用心去经营的空间。2000 年，我以自荐的方式进入陈文高语文教师培养基地学习；2002 年，黄玉峰先生将我领进复旦附中；2006 年，我进入于漪语文名师培养基地学习。

复旦附中是一块神奇的土地。这里曾涌现了一批声誉卓著的特级教师，语文组就先后产生了卢元老师、过传忠老师、张大文老师、黄玉峰老师等上海语文界的旗帜性人物。来到这样一个传统深厚、久负盛誉的语文组，我始终是"战战兢兢，如临深渊，如履薄冰"。我真的害怕在这里求学的英才被我给掐没了！因此，我始终在思考：怎样才能最大可能实现作为语文教师的教育意义？怎样才能真正实现教育的本质意义——长善救失？

2005 年，于漪老师主持的上海"两纲教育"（民族精神教育纲要和生命教育纲要）课题进入课堂实践阶段。市教委教研室谭轶斌老师推荐我去上一节课，我上了柳宗元的《愚溪诗序》。观课后，于漪老师觉得我可以打磨打磨，第二年就破格录取我到她主持的名师培养基地。在近距离学习于漪老师的十多年中，我收获非常多。尤其是她提出的"培育具有中国心的现代文明人"的教育主张，我以为具有极强的现实意义和深远的历史意义，所以不仅一直奉为自己努力的教育目标，而且只要有可能就尽力宣讲这一教育主张。

什么是"具有中国心的现代文明人"？我认为是一个基座和三个支点：

一个基座是"中国立场";三个支点是"世界眼光""宇宙意识"和"人类情怀"。倘若没有"中国立场"这个基座,作为一个中国人,他的三个支点就都无处可立。而"中国立场"的坚定与稳定,一定根植于几千年中华文化的深处。但现实的情况却是,对中华文化特别是中华文化的深处,我们缺乏认识、理解,以至于忽视、漠视,甚至于仇视。

如果说以前隐隐约约感觉到学生缺失优秀传统文化的教育,那么到上海生活几年后,我就更清晰地看到了全社会的这种缺失是多么可怕。如一些教师和学生以朝拜的姿态奔赴海外,去过港澳台,去过日韩美英法德意,但他们可能没有到过中国的中西部,甚至没有到过北京,没有到过其他任何一个省份,更极少有人会以朝圣的虔心去泰山、去孔庙、去黄帝陵、去壶口瀑布。再放眼看现今的中国人,有多少人知道杜甫死在何地,身葬何处?恐怕更极少有人去这位中国文学史上极忧国忧民的诗圣墓前祭拜吧。我有时在语文组开玩笑说:没有到过北京的人不能教语文,不知道杜甫身葬何处的人不能教语文。这句玩笑话的背后,其实是我对教育意义的一种思考与诠释。

一方面,我对优秀传统文化有着极大的热爱,另一方面我所处的教育环境对此又异常隔膜。这无论是对语文学习的当下成效而言,还是对语文教育的终极意义而言,都不能很好地落实。于是,根据"长善救失"的教育原则,我从 2002 年开始就将含有"儒家的理想人""道家的理想人""墨家的理想人""魏晋觉醒的人"等内容的"中国人"课程与《论语》《古文观止》《诗经》和"李白""杜甫"等引入课堂。2006 年我主持学校语文教研组工作后,就将全组教师逐步引向"中国人"概念的理解与落实之中。于是,就有了语文组集体编写的《中国人》(由《穿行在汉字中》第一节"中国'人'"扩展而成)、《中华古诗文阅读》和《中华根文化·中学生读本》等校本教材。这也是复旦附中 2014 年荣获国家级教学成果奖一等奖的教材部分的基本组成内容。

于是,在我设计的游学课程中,探访、拜谒中华古代文明自然就成了重要的主题,如 2014 届同学的 4 次游学分别为:江西"唐宋明文化寻踪"、"中华元文化齐鲁寻根"、"徽文化徽杭古道探访"、陕西内蒙古"追远·拜谒"。

我是新时期中国改革开放的受惠者、见证者,我从来都认为我们必须以开放的胸怀拥抱整个世界,但我也一直认为,失去了来自传统的力量,我们将无法真正继续向前。所以，我在推进课堂教学时总是将"中国人"与"外国人"并置，只因为别人没有将几千年生生不息的"中国人"及其文化精神与"外国人"并置，我的做法也就凸显了我对传统文化教育的重视。

毋庸讳言，在探究、落实中华优秀传统文化教育的进程中，确实也是阻力重重的。学生、家长，甚至教师，都会有一些不能理解，不能接受，甚至拒绝。我曾两次收到过家长的"忠告"信，无数次回答学生的质疑，许多次回答校内外教师的质疑。几年前还有一位其他学科的老教师在我前脚走出教室时后脚走进教室，对班里的学生说：你们可以把《论语》扔掉了！《论语》有什么好学的？！

"我抗拒黄老师"，这是复旦附中2017届的一名学生在2015年寒假作业中反省语文学习时的直陈。在每届学生进入高二第一学期的寒假时，我都会布置一篇反省高中一年半语文学习的文章，给2017届布置的题目是"谈谈语文学习中的'先见'之蔽"。这个学生还用了"论我知识吸收的选择"这个副题。这里不妨摘录这篇文章中的几句："为什么我抗拒语文课的部分内容？因为我抗拒黄老师……我知道他是个脚踏实地的理想主义者，一个正统的儒家学问人，一个传统中国农村社会成长起来的中国人。他爱孔子，他爱鲁迅，中国传统儒家伦理对于他有种不可抗拒的魅力。然而，正是这些特质，令我对他的语文课堂有所抗拒。""我从心底里不认同中国传统儒家伦理……黄老师认为我太西方了，太不像中国人了，而我认为我的价值观恰到好处。相反地，我认为黄老师太东方了，太儒家了，而他认为他的价值观恰到好处。这就不可避免地导致了在语文课上我选择性听所有不太涉及中国传统的内容。"

像这样与我的课堂如此尖锐对立的学生当然是极少见的，但或多或少有他这种想法的还是不少的，我估计在一半以上。窥一斑而知全豹。因此，在回答媒体问及今春全民古诗词热的看法时，我多次表达，这说明我们在这一块有极大的缺失，也表明我们对古诗词的认知与理解的深度缺失。

是什么使我们能在重重阻力中前行？除了我们对优秀传统文化的热爱，更有我们对教育本质的热爱。如果我们看到了受教育者的缺失而不去尽力补救，那我们是有罪的。我很幸福，在复旦附中这块土地上，治校者始终保有对教育本质的清醒认知与热爱。如现任校长吴坚老师，十多年来他从教导主任到副校长到校长，不仅始终强力支持我和语文组有关传统文化教育课程的开发与实施，而且很多时候是深度参与，出主意，出思想。这样，我们作为语文老师的教育意义才可能在应试教育的夹缝中有所实现。

在《穿行在汉字中》的"再版前言"中我写下了这样几句话，想放在这篇文章的结尾，表达我作为一名语文教师的心愿：

在天地之间，在日月之下，在四季之中，行走着几千年生生不息的中国人，他们穿行在汉字中，他们修仁德之美，彰歌舞之美，享吉福之美，抒玄妙之美，绘雅韵之美，铸就着一个从远古走进现代、从现代走向未来的长长的中国梦。

作者系特级教师，复旦大学附属中学语文教研组长，国家级教学成果奖一等奖获得者，国家"万人计划"领军人才

原载于《人民教育》2017 年 07 期

篆刻艺术家骆芃芃：给孩子心田种下"中国人"的种子

邢 星

骆芃芃引我来到她的办公室，门一推开，古色古香扑面而来。原木色的书柜和桌椅，弥漫着的书墨香气，着一袭中式黑衣的骆芃芃置身其间，让我蓦然想起她首个个人篆刻书法艺术展前言中的几句话："我的专业是从事篆刻书法创作，生活中我常常会着中式的服装，后来，我又研习了茶文化。朋友们都说我很'中国'，我自己也感到很骄傲……"

采访很"中国"的骆芃芃，我心里一直暗自追寻着这条更形而上的问题线索：一个无根无极的生命，要经历怎样的矩篾砥砺，才能学以成人，进而树立成一个意蕴丰满的"中国人"？

中国印——"篆刻是我生命的一部分，永远是"

2600 多年前，中国文学史上第一位女诗人许穆夫人正经历亡国之痛。她奔走救国，却多遭险阻，望着故乡田野上茂盛的麦子因丧乱无人收割，忧愤生责：求告大国相助，可到底能依靠谁呢？！许穆夫人遂作爱国诗篇《载驰》，后被辑录于《诗经·鄘风》："……我行其野，芃芃其麦。控于大邦，谁因谁极！"

"芃芃，草木茂盛貌。父亲是个文人，我一生下来，他就给我起了这么一个好听的名字，我很喜欢。"骆芃芃的表述方式平实中透着一种说不出的雅致。

"我 7 岁时父亲带着我刻了第一方印，'芃子'，小时候家里人都这么叫我。诗书画印，是父亲那一代文人修德修为的基本，对于当时的我来说，那不叫'篆刻'，它在小孩子心里就是一个玩具，只是基于父亲的文化修为，使得我童年的玩耍不单单是一种玩耍。"

"不幸的是，我9岁时父亲受到'文化大革命'的冲击入狱，一去13年。父亲被抓的同时我们还被抄了家，他毕生的财产就是藏书，抄走了整整3卡车的书。上世纪70年代中期，政策改变，抄走的书先还了回来，虽然还不到原来的三分之一，但是当时我如获至宝。"骆芃芃说，"那个时候我比较痛苦，看不到任何希望。翻阅着父亲收藏的《故宫周刊》和一些印谱，勾起了我对父亲很强烈的儿时记忆，我开始没日没夜地仿刻那些印章，可痴迷了，那是一种寄托着回忆的个人爱好。"

1980年，荣宝斋招收一名篆刻创作员。前后有30多人应试，骆芃芃于其中脱颖而出。

考题是"傲雪"，骆芃芃刻了一上午，只刻出一个"傲"字。考官跟她说："我们知道你的水平了，该吃饭了，你回去吧。"骆芃芃却很坚持："我想把它刻完。"

"下午五点钟，我刻完了第二个字，交了。"骆芃芃进一步说明她当时的想法，那也是她一贯的行事作风，"做事情，不仅仅是'完成'，必须尽自己最大努力做到最好——'做好'才叫做完。"

"考上荣宝斋以后，我就认定了把篆刻当作自己的专业，在这条专业道路上一走几十年。"骆芃芃说，"职业可以更换，但是人一生应该只有一个专业。什么叫专业？它是我们生命的一部分，永远是。"

1984年，骆芃芃夺得北京市振兴中华书法大赛全国邀请赛篆刻头等奖；1988年，获文化部优秀青年成果奖；1992年，被授予"国宝级篆刻家"称号；2006年，出任中国篆刻艺术院常务副院长，后又升任院长；2008年，获评"文化部优秀专家"……

骆芃芃这样自我总结：

"回过头来仔细想想，我能够取得这些成绩，第一，有机遇。我出生的家庭可以给我文化的滋养，考入荣宝斋让我走上了专业的道路。

"第二，比较勤奋。我对时间从来抓得特别紧，办公桌上永远放着每天行事计划。浪费时间就是浪费生命，更加不能浪费的是什么？是有意义的生命！

"第三，有好的环境。荣宝斋、中国艺术研究院，我认为这都是做艺术最好的环境。

"第四，我相对有点天赋。喜欢却不擅长，那只能是爱好而已；专业，一定是一个人既喜欢又擅长的。

"最后，是坚持。人生这么漫长，会经历各种诱惑，如果随波逐流，最后只能一事无成。要有一颗坚定的心，我得益于此。"

骆芃芃突然停下来，垂目静思片刻，继续说道："坚持是个挺痛苦的过程。人生最重要的就是做减法，因为生命有限、时间有限、精力有限。尽管社会事务很多，但是我能不参加的活动就不参加，基本保证每周日刻印，到现在近两万方，这个积累很慢。什么是真正的坚持？它不会因为客观环境改变而动摇你的意志和信念，也不一定是'天天做'，而是'只要有条件就做'，永远不放弃，这才叫坚持。"

"如果说机会是给那些准备好的人，那么成功就是给那些坚持下来的人。"骆芃芃如此诠释"成功"。

中国魂——"传统文化，我心中最深的情结"

2008年9月，中国艺术研究院中国篆刻艺术院联合西泠印社，将"中国篆刻艺术"作为世界"人类非物质文化遗产代表作"向联合国提出申报，骆芃芃就是篆刻申遗项目的主持人。

撰写申报材料、摄制申报片、通联全国各地篆刻团体和艺术家签署篆刻申遗的认同书……"几乎所有最重要的申报工作都集中在2008年9月14日至23日这10天之内完成。"骆芃芃几乎不眠不休，"最后一天做完所有工作后，我开着车在同一条环路上转了四个多小时都没开到家，因为累得找不到回家的路了。"

2009年9月，联合国教科文组织批准将中国篆刻艺术列入《人类非物质文化遗产代表作名录》，申遗成功了！

"篆刻艺术申遗是我这辈子做过的最艰难的工作，但也是最有意义的。它使一个中国古老的艺术，在世界层面上得到更高一级的推广，反过来又促进篆刻艺术在国家层面、在教育内部得到更进一步的保护和传承。"骆芃芃言及之而情至，"在这个中国传统文化传承过程当中，我是不遗余力地在做着努力。艰难也好，势单力薄也好，老子《道德经》讲：'道生一，一生二，二生三，三生万物。'星星之火，可以燎原。"

刻印、办展，骆芃芃无时无处不在善用一物一事，展示和推广着中国传统文化。

"平时我自己常会刻一些儒家、道家警句和古典诗词的印章，就是喜欢。因为中国传统文化博大精深，令人感到自身的渺小，从而激励自己不断地精进。"

骆芃芃简单地讲起一个刻印小例，其中却透着深深的文化韵味。

"前几年我刻'上善若水'，是《道德经》里面的文字，'上善若水，水善利万物而不争'。水柔软无形，能够根据你的需要而相适应。我把它放到碗里，它就是碗的形状；放到盆里，它就是盆的形状。水是不是就这么柔弱呢？不是。山洪暴发排山倒海，水是最大的力量。它不是以技取胜、以术取胜，而是以势取胜。所以创作的时候，不宜刻成软的线，不宜曲曲折折以小技解决问题，线条要有一些硬——'势'最重要。"

2008 年 4 月 6 日，骆芃芃策划的"金石永寿——中国第一届寿山石篆刻艺术展"在中华世纪坛开展。主题展厅展示了中国篆刻艺术院 33 位顾问及研究员锲刻的老子《道德经》，100 名全国最优秀的老中青艺术家刻制的孔子《论语》。"儒、释、道，是中国传统文化的思想核心。以如此强大的艺术家阵容来诠释《论语》和《道德经》这样两套国学经典，当时在中国尚属首创。这两套寿山石篆刻，从内容到形式都是集中国传统文化艺术之大成的经典之作。"

北京 2008 年奥运会会徽"中国印""火"了，中国篆刻艺术一下子吸引了全世界的目光。

2008 年 8 月 10 日，作为国家重点奥运外宣工程之一，"金石永寿——中国寿山石篆刻艺术展"在国家大剧院再次揭幕。展览历时 40 天，参观人数创纪录地达到 12 万人次。

在"金石永寿"系列展中，骆芃芃还创新设计了"书斋式开放展厅"。

"我们以中国传统书斋的格局来布置。中式的书柜和多宝格是开放式的，上面放着印泥、印材、历代印章精选书籍和文房四宝等，全都可以自由取阅把玩。放置古琴台和茶席，特定时间段有古琴演奏，茶艺师为大家奉茶。整个展厅充满了浓郁的中华传统文化的气息。观众来到这里，不只是来参观印章，大家可以听琴品茗，感受中国的传统文化。"

谁能说清楚中国传统文化到底是什么呢？

骆芃芃这样讲起：

"记得小时候，我跑进父亲的书房，一股幽幽的清香沁人肺腑，一层层用藏蓝色的布包裹着的线装书，整整齐齐地码在书架上。那香气至今还萦绕在脑海。后来知道了，那就是文章里老提到的'书香'。而这'香'的意蕴，远不在香气本身。所谓'书香'，就是深厚的文化产生出的魅力，同时也是文人对文化表达敬爱之意的尊称。"

"每每在锲刻先贤们警句时，常常会有一种亲切感，似乎先贤与我有着怎么样的血缘关系。我非常庆幸我是一个中国人。因为是中国人，我才能从事篆刻书法专业；因为是中国人，我才会对中国传统文化有着血脉相承的爱。中国传统文化是我心中最深的情结，我为此感谢上苍——让我生长在中国！让我接受着中国传统文化的熏陶和滋养！感谢我是一个中国人！"

中国梦——"无论什么时候，树人最重要"

"一个国家，不能没有人才；一个人，不能没有文化。无论什么时候，树人最重要。教育的根本在于树人，树人最重要的是育心，这是最难的一件事。"骆芃芃如此看重教育。

2006 年 6 月 16 日，中国篆刻艺术院创立，这是篆刻艺术独立学科建设的唯一的国家级单位。2007 年 9 月，在中国艺术研究院的支持下，骆芃芃申请设立了第一个中国篆刻艺术硕士点，她也成为中国首位篆刻艺术学硕士研究生导师。

这些标志性事件，无论对于骆芃芃个人，还是对于中国篆刻艺术而言，都具有划时代的意义。

"篆刻，从我的玩具、爱好、专业，到现在我已经把它作为一种责任。中国篆刻艺术院冠之以'中国'，它就不是某个派别、某种风格或者某位艺术家的篆刻艺术院，我们主持工作就不能凭个人喜好做事情，甚至常常要抑制个人的偏好和欲望，不问艰苦困难，只问能不能把事做好，这就是责任。"

"中国篆刻艺术迄今已有 3700 多年历史，之前从来没有独立学科建设。

没有学科就很难传承和普及，没有传承就很难发展，没有发展就不能久远。古代匠人的可悲就在于手艺失传、失真，我们绝对不能做一个匠人，我们要做一个有文化的艺术家。"

中国篆刻艺术院如何培养"有文化的艺术家"呢?

"真正的大师的艺术，一定是一个人综合能力的表现。所以篆刻专业不能只教刻印，我们的课程设置非常丰富。中国传统文化系列讲座，都是请故宫的专家们给学生讲中国玉文化、中国茶文化、中国古代建筑等;书法课，真、草、隶、篆四种书体都开课;西方美学、东方美学、篆刻美学，这属于哲学的范畴……"

"转益多师。我在荣宝斋的时候，有很多老前辈可以指点你、传授你，现在，这也是中国篆刻艺术院艺术教育的一个特点。"骆芃芃以切身体会诠释着艺术教育，进而诠释教师，"实际上，艺术教育是素质教育。教师，不能把学生放在你自己的井里，而要给他一片蓝天。因为教师的天职，是给国家培养人才。"

抱持这样的教师情怀，骆芃芃对篆刻艺术教育有着更高的期待:

"第一，我当前的展望是设立篆刻艺术学博士点，把这个学科的顶层设计架构完整。这是我的希望，也是需要国家和教育部门支持、多方共同努力的一件事。

"第二，我希望篆刻也能够从中小学开始进课堂。篆刻，是最'见精微'的中国传统文化艺术典范，集金石学、训诂学、文学、设计、书法……于方寸之间。从中小学开始学起，不是让每个孩子将来都成为篆刻家，而是要在他们幼小的心田种下一颗中国传统文化的种子，一颗'中国人'的种子! 以'中国'种子育童心，伴随着孩子成长，他将从此与众不同，这就是他作为一个'中国人'的素质!"

"深入开展社会主义核心价值体系教育，积极培育和践行社会主义核心价值观"已被写入《教育部2014年工作要点》;近日，教育部印发《完善中华优秀传统文化教育指导纲要》;更早一些，2011年以来，教育部接连出台《关于中小学开展书法教育的意见》和《中小学书法教育指导纲要》……这一切旨在探索:教育何以培养出名副其实的"中国人"?

以社会熏陶，师承家教？以一缕琴音，一脉茶香？以一名一姓，甚或以一笔一画？骆芃芃说："教育孩子，尚不需要给他森林、大树，给他一颗种子让它发芽就够了。"

原载于《人民教育》2014 年 12 期

朱永新：着眼于"最好"，着手于"可行"

李镇西

我从他动情的面庞看到了教育真情

第一次听说"朱永新"这个名字时，我有点"恐惧"。

1999 年夏，我去张家港讲学。要离开时，高万祥兄告诉我："明天到苏州吧，朱市长想请你讲学。"我问哪个"朱市长"，他说："就是我们苏州市分管教育的朱永新副市长啊！"说实话，我这个人见到"官"便会手足无措。高万祥见我有点犹豫，解释说："朱市长本人也是搞教育的，他现在还是苏州大学教授，主攻教育心理学、教育哲学等。他搞了一个名师名校长培训班，想请你去作场报告。"随即又劝我："你就当成是跟苏州的老师们进行的一次面对面交流吧！"我想，也是，日理万机的"朱市长"哪会到场呢！我便去了。

没想到，报告那天，我刚到会议厅，一位身材魁伟的大汉就迎上前来，不由分说握住我的手："你好！我是朱永新！"握着他的手，看着他老朋友般的笑容，我怎么也不能把他和市长联系到一块。恐惧当然没有了，取而代之的是茫然：居然有这样的市长，一点架子没有？

按我的"经验"判断，朱市长要么在报告前"接见"一下我，然后就"百忙"去了；要么坐在主席台上，陪我作报告。谁知，我又"失算"了：朱市长既没有陪我坐主席台，也没有快闪。报告一开始，他就在最后一排的角落里坐了下来！整整三个小时"爱心与教育"的报告中，我看到角落里，朱市长双眼潮湿。

报告一结束他就走上来再次握住我的手："讲得太好了！我被你和学生的

故事感动了。我正在主持出版一套大型丛书'新世纪教育文库',我想把你的报告收进去!"

我真的很感动,绝不是因为市长听了我的报告,我就多么"受宠若惊",而是我从他动情的面庞上,看到了教育真情。

其实,我的所谓"报告"毫无学术性可言,不过是讲讲我与学生之间的故事,平常而琐碎。所体现的教育理念也不时髦、不前卫,无非就是说"教育不能没有爱",但这些故事所蕴含的感情却很自然、很真诚。在这之前,也有一些我非常敬重的教育专家听过这个报告,但我从他们严峻、稳重的表情中知道,我的这些故事是"浅薄"的,没有上升到"理论层面",没有站在这个"主义"或那个"主义"的高度"建构体系"。对此我很坦然:本来嘛,我就只是一个普通的中学班主任和语文教师!

但是,他能为一个中学教师和他学生的故事所感动,至少能说明,他赤子之心未泯,他对教育、对"人"的一颗爱心依然素净而本色。这是难能可贵的。

我看到的,不是"教授",更不是"市长",而是一位爱教育、爱孩子的人!在这一点上,我感到了我和他在精神上的相通之处。

把美好的教育憧憬变为现实

后来,我考取了朱老师的博士研究生。

常常有人问我:"朱永新现在真的给你们上课吗?"我说:"那当然!"朋友们往往还不太相信:"他当市长那么忙,怎么能保证开足课时?"我说:"他有时的确不能按时上课,但他一定会提前通知我们,并利用晚上或周末把课补上。可以说,他从没缺过课!"

别说外人,我们这些学生有时也难以想象,正给我们上课的朱老师,几分钟前可能还在市政府办公室"总揽全局"。

我也曾经认为,学者与官员之间的关系是天然冲突的,犹如思想家和政治家:前者是理想主义者,后者是现实主义者;前者多批判,后者多建设;前者往往以"前卫"自居,后者常常以"保守"著称;前者总考虑什么是"最好的",后者总考虑如何才是"可行的"。说得再直率些,学者需要一颗纯净的童心，而官员于世俗中难免染污蒙尘。如兼任两角色，很难同时有成。熊掌和鱼果能兼得乎？

刚到苏州大学，我读到了朱老师刚出版的《我的教育理想》。一篇篇文采飞扬的演说词憧憬的是"理想的教育与教育的理想"。同时，他对中国教育过去的回顾、现在的分析和未来的展望又客观、冷静、科学，既着眼于"最好"，更着手于"可行"。这把作者同象牙塔里坐而论道的"学者"区别开来，也同某些缺乏思想而只想把官当官做的"官员"区别开来。

我问朱老师："你是教授，又兼任副市长，两种角色会不会冲突？"

他坦率地说："做市长和做学问不能说一点冲突都没有，至少我自由支配的时间就比过去少多了，但二者在本质上有一个共同的指向，就是'教育'。作为教授，我研究的是教育哲学；作为副市长，我分管教育。做副市长，我可以做我以前想做而做不到的事，把过去的对教育理想的美好憧憬，在我职权范围内把它变成现实。"

"同时，我过去只是一个人在思考研究教育，现在，我可以组织更多的人一起来思考研究、探索。你看，'新世纪教育文库'在全国产生了强烈反响，我邀请李政道、于光远等国内外著名科学家、学者推荐，这是一项浩大工程，如果我不是副市长，是做不到的。副市长是我做教育的有利条件。对我来说，副市长是暂时的，学者和教育理想是永远的。"

以平易朴素的语言表述出深刻的哲理，才是真正的大家

有一次我跟随朱老师出席一个全市教育科研大会。朱老师一句官话都没有，他针对教育科研的发言尖锐犀利——

"现在，有的所谓'教育科研'简直成了'伪科学'！有的'伪科研'是'假教育'，一般还不会对学生造成直接危害。而有的'教育科研'甚至'反教育'！'反教育'的教育科研与教育的初衷背道而驰。举个例子，有些地方通过测评、计算、统计、分析等方式'研究'学生的'智商'，然后将这个'科研'结果反馈给教师甚至家长，它向教育者'科学'地宣布：某某学生智商低。这样的'科研'是典型的'反教育'，不但误导教师，也极大地伤害了学生的自尊心、自信心，戕害一生。教育科研要实事求是，讲究真正

的科学性，让教育科研真正姓‘科’。"

朱永新的实事求是不只体现在官风上，还体现在学风上。有一段时间，我正在读某著名专家的著作，该著作晦涩难懂。我苦恼地对他说："朱老师，我读不懂××的书。"

原以为朱老师会给我一些指导，谁知他竟坦然地说："读不懂你就不要读嘛！你完全用不着自责。有些'教育理论'我也读不懂，我看多半是因为作者本人也没有把他的'理论'搞懂。"他拿自己当年的博士论文举例，"我的博士论文10万余字，也十分难读，至今还有2000多本无人问津。这能怪读者水平低吗？我看只能怪我没能深入浅出地表述。你完全没有必要被一些貌似高深的'理论'唬住，更不要迷信它们。以极为平易朴素的语言来表述深刻的哲理，这才是真正的大家！"

他对学生不吝付出，却对学生的付出极为尊重。有一次，他写一篇长文，作为学生我按他的要求搜集整理了一些资料。结果，文章发表后，我看见文章结尾的括号里居然有一行字："本文在写作过程中承蒙李镇西博士帮助搜集整理资料，特致谢意！"我说："朱老师，你怎么这么客气呢？"他说："不是客气。我真是很感谢你！"他居然要把稿费分一部分给我！他说："我从来就是把大家看成是合作的伙伴，没有大家，我也会一事无成。"

做学问首先要学会做人

我们称朱永新为"老师"，在我们学生心中，视他为更亲近些的"朋友"。

师兄陶新华读本科时，就追随朱老师。他与朱老师处的时间最长，也最了解他："我读本科时，朱老师当时不到30岁，是苏州大学最年轻的副教授，和我们很合得来。我们常到他宿舍玩，到他家改善生活。混熟后，到他家很随便的。有一次他不在，我们就把他放在走廊里烧饭的锅和煤炉拿到宿舍改善生活，用完后不知怎么锅破了，可我们当时不知道，用完了就还到他家的厨房——宿舍走廊里去了。朱老师回来做饭时，发现锅莫名其妙地漏了，他知道实情后哈哈一笑了之。"

生活中的朱老师，也处处于朴素平易中自然流露出真诚。他的豁达大度在学校里是出了名的。他做教务处长时，苏州大学教务处受到教育部表彰，但有人不理解、不支持，甚至还打击他，可他从不与这些人发生冲突，反而与他们成为好朋友。朱老师常常告诫我们："做学问，首先要学会做人，要学会与人相处、与人为善，要豁达大度，要以德报怨，你最终才能有所成就。"

新年前夕，朱老师总会自费为我们搞一次迎新聚会。在这样的场合，"朱市长"就更"有失身份"了！同学们常常通过游戏拿他"寻开心"。一次酒席上，主持人陶新华设计了一个"照镜子"游戏，要求朱老师把在场所有人都当作镜子，他有什么表情我们就做出什么表情，他有什么动作我们就做什么动作，他说什么话我们就说什么话……朱老师真的乖乖地站了起来面对大家，可他不知所措，嘴里情不自禁地小声说："要我做什么呀？"大家立即学他说："要我做什么呀？"他好像猛然被大家的声音吓了一跳，又忍不住说："你们在干什么？"大伙儿又齐声说："你们在干什么？"他又一愣，下意识地用手理了理头发，全场的人也学着他理了一下头发。他好像终于明白了什么，憨态可掬地笑了："嘿嘿嘿嘿……"大伙儿也笑了："嘿嘿嘿嘿……"

看着朱老师那么纯真的笑容，我想到第一次听到"朱市长"时的"恐惧"，不禁笑了：这样的朋友，哪会让人"恐惧"？

作者系四川省成都市武侯实验中学校长

原载于《人民教育》2015 年 07 期

欧阳江河：为"诗"与为"师"

于文舲

建立与生命的联系，可以超越任何门类的界限，直达根源

与欧阳江河老师第一次见面是在学校周边的咖啡馆，他优雅地举杯啜饮，徐徐说着，文学创作就是"命换命"。

"如果你不把真实生命放进去，你就很难深入到文学那个黑暗的深处。"他坚信，文学创作不是要获得亮光，而是要获得更黑的黑暗。"我们经常以为我们是在文学中追逐光亮，其实我们是用文学来获得黑暗，然后让我们自己的生命显得光辉。我们内心自以为是黑暗的东西其实是光亮，我们一定要这样来认识文学、认识诗歌。"建立了文学与生命的联系，让他得以超越任何门类的界限，直达根源。

他喜欢谈论"元诗"中包含的世界观及其写作的格局，将诗歌还原到本质去认识。得知我同时在尝试小说和剧本写作，他说："也很好，争取往深处一点写，同时触及文学本心和存在感。"

作为诗人的学生，我常常"不务正业"。小说家老师揶揄他："你的学生说她主要写小说呢。"他不以为意，反而炫耀着回答："是啊，我的学生什么都能写，诗只是她创作的一小部分。"

他欣赏这种多样性。对于他而言，与所有文学门类一同抵达生命本身的，至少还应包括他狂热地爱着的书法和音乐。尽管他曾旅居美国，现在也不时飞到世界各地参加诗会，是一位国际化程度很高的诗人，但骨子里却非常中国、非常古典。

欧阳老师从小练习书法，也因书法结识了古诗词。他将古汉语视作"古

人留下的一种活生生的、被手焐热过的东西，那是古人留给我们最好的生命的礼物。"他说，"我们不能拒绝这份礼物，否则我们的生命就只从有现代性开始，从有现代汉语开始，这个生命太短了。"

他总是注目着我们种族中最优秀、最伟大的心灵和头脑，企望看到好多个世纪同时活在人们身上。他的书法带有古诗词的气派，古诗词在他笔下也沾染了书法的灵动。在工作中稍得一刻闲暇，来了兴致，他便挥笔而就，全是记忆中的李白、李商隐、黄山谷……大篇大篇地默写下来，几乎没出过错。

欧阳老师爱古典、讲古典，身上自然濡染着古典文化的那份气度。课堂上，他用略带川味的普通话吟诵"谢公文章如虎豹，至今斑斑在儿孙"，渴望追溯那种堂堂皇皇的、庄严崇高的面貌。讲到古典意象中多雾的南山、山中的雾豹以及儿时随父驻扎军营亲眼所见之豹，他双眼圆瞪，神采飞扬，声调忽而微弱，一下子又高亢起来，轻重缓急地交错，仿佛诗歌般自然流畅，而他自己也多半陶醉其中了。说到着重强调的地方，他会用指节迅速敲一下桌子，有力而有节。

关于音乐，由于我的浅陋，欧阳老师对我谈及不多。可我至少了解，他是个音乐发烧友，他说："最高级的音响、最好的声音不是多么响，而是多么没有声音，多么微妙，像电灯的钨丝一闪的那个东西，你要把它捕捉住。"这其实也就是文学的精妙所在，他以触类旁通的方式传达给我。

文学的丰厚、书法的气度、音乐的灵敏，竟如此这般奇妙地在他身上浑然一体。

读书的重点不是"读什么"，而是"不读什么"

当老师、带学生，对诗人欧阳江河来说是陌生的。究竟什么样的方式最有效，他也在不断摸索。

欧阳老师的课很有特点。课前，他会仔细询问同学们的学习背景和创作情况，了解学生的整体水平，以此确定他讲解的深度、广度，甚至调整内容本身。

他非常看重同学们的反馈和收获，课间休息时也不断询问：速度是不是太快了？内容会不会显得杂乱？大家听得累不累？理解起来有什么困难？……他不厌其烦地与同学们沟通、磨合，对课堂的有效性进行确认。他说："如果我的讲解让大家感到枯燥或者难以理解，我内心会过意不去。"

欧阳老师学问广博，生活经历丰富，这使他得以在旁征博引和生动的事实例证之间游刃有余。他的课堂往往采用先发散后收束的方式，先头脑风暴激发大家的思考，再通过具体的文本分析，将散乱的思绪梳理清晰，最终落实到文学本体。

课程的前半部分涉及的话题非常广泛，比如西方现代艺术、新闻传媒、历史事件、电子技术，甚至量子力学。尤其是量子力学，他花了整整一节课，恨不得一口气讲完半部物理史，因为在他看来，文学创作是需要融入世界观的，而量子力学作为一门科学，正提供了一种非常独特的认知世界的方式。那里既有亿万个宇宙同时存在于一身，也有类似"薛定谔的猫"那样不死不生有待发现和阐释的状态，在本质上都与文学契合。

有时讲到一半，欧阳老师跳跃性地想到另一个有趣的话题，会突然笑一笑说："好，接下来我还要再讲讲那个，我讲开啦，忍不住啦。"同学们便一起跟随他思维的健步兜兜转转，难免云遮雾罩，但也正是在这云遮雾罩之中，诸多奇妙才渐渐显露真容。

课堂的后半部分相对简明，基本围绕文本展开，处理更加具体的文学问题。分析的对象有翟永明、张枣等比较成熟的诗人诗作，也有学生的作品。他曾以我的两首诗为例，分析其中的现代性内涵，指出："不管创作者是否自觉，只要他真诚地面对和书写当下，他就一定会受到现代要素的影响，从而透露出现代性的种种特质。"

他喜欢以学生的作品为例，是在倡导同辈创作者之间的交流。因为同辈创作者程度相近、问题相近，互相之间容易理解。欧阳老师希望创作方向的同学多读彼此的作品，共同探讨，他认为这样的切磋有时甚至比老师指导更有效。

记得第一次见面时，欧阳老师问我喜欢读什么诗。我勉强罗列出几个算不上高端的名字，然后只好硬着头皮承认，自己写诗是因为迷恋诗歌发现世界、处理词语的方式，大半源于自发，启蒙比较晚，积累也不够多。

欧阳老师并没表现出不满，反而讲了一句让我到现在还不敢说完全参透的话，他说："你的很多东西并不取决于你读什么，而取决于你不读什么。"这当然不代表他默许了我的孤陋寡闻，他自己是一个在"读什么"上下足了功夫的人，才可能反过来意识到"不读什么"的重要性。

后来谈及当下的诗歌，特别是那些用欧阳老师的话来说是当下那些"完成度不高的诗歌"，他也并不反对我们去读。他以他独特的经验告诉我们，那些完成度不高的作品或者更贴近当下的作品，让你迅速发现问题，去思考并寻求超越，这个过程会激发出很多东西。

他对世界抱有极大的兴趣，总把那句"太有意思了"挂在嘴边。这种对待生活的态度，又是与他的诗歌创作紧密相关的。他给学生讲"如何从日常经历中提炼诗意"，讲"故事性如何被挤压出来"，首先是为了解决年轻人写作的现实问题，也许更重要的是，他希冀年轻的创作者们永远保持初心，善于从看似平淡中见新奇。

作者单位系北京师范大学文学院
原载于《人民教育》2015 年 11 期

图书在版编目（CIP）数据

《人民教育》精品文丛/余慧娟主编．—上海：华东师范大学出版社，2019
（大夏书系）
ISBN 978 - 7 - 5675 - 9737 - 2

Ⅰ.①人 ... Ⅱ.①余 ... Ⅲ.①基础教育—中国—文集 Ⅳ.① G639.2-53

中国版本图书馆 CIP 数据核字（2019）第 206314 号

大夏书系·《人民教育》精品文丛

《人民教育》精品文丛

总 主 编　余慧娟
副总主编　赖配根
策划编辑　李永梅　程晓云
封面设计　奇文云海·设计顾问

出版发行　华东师范大学出版社
社　　址　上海市中山北路 3663 号　邮编　200062
网　　址　www.ecnupress.com.cn
电　　话　021 - 60821666　行政传真　021 - 62572105
客服电话　021 - 62865537
邮购电话　021 - 62869887　地址　上海市中山北路 3663 号华东师范大学校内先锋路口
网　　店　http://hdsdcbs.tmall.com

印 刷 者　北京密兴印刷有限公司
开　　本　700×1000　16 开
印　　张　122
字　　数　1 600 千字
版　　次　2020 年 9 月第一版
印　　次　2020 年 9 月第一次
印　　数　1 000
书　　号　ISBN 978 - 7 - 5675 - 9737 - 2
定　　价　397.00 元

出 版 人　王　焰

（如发现本版图书有印订质量问题，请寄回本社市场部调换或电话 021-62865537 联系）

大夏书系·《人民教育》精品文丛

名校的
那些"秘密"

丛书总主编 余慧娟　　**本册主编** 朱哲 李帆

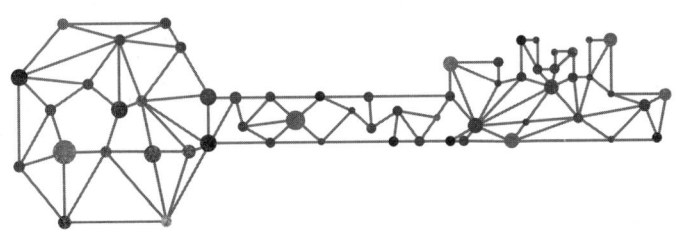

华东师范大学出版社
全国百佳图书出版单位
人民教育

《人民教育》精品文丛编委会

目 录

辑二　学校转型：如何调整组织架构和课程设置

辑三　课程整合：一场艰难却意义非凡的变革

辑四　空间设计教育学：让学校空间容纳更多样态的学习形式

总　序
办伟大的学校，做伟大的校长和教师

翟　博

人民教育编辑部应华东师范大学出版社之邀，出版这套丛书，可喜可贺。

创刊于1950年的《人民教育》杂志，积聚了深厚的历史财富、广博的教育资源、深远的影响力和良好的公信力，被读者亲切地誉为"中国基础教育第一刊"。近几年来，《人民教育》杂志围绕中心，服务大局，坚持"方向性引领、专业化服务"宗旨，着力引领读者深入探讨中国基础教育改革发展的一系列重大课题，并在理论和实践层面作出回应，获得读者高度认可。其中，既有对教育现代化、立德树人、教育公平、教育质量观等重大理论问题的思考，也有校长领导力提升、学校办学的新经验，还有教师发展的新思路，更有最前沿的学习方式的引介，上接天线，下接地气。从《人民教育》近几年发表的文章中，精选、分类结集成册，既充分发挥了文献的长远价值，便于读者系统阅读，也能够更好地扩大传播面，在当前转瞬即逝的刷屏式海量、碎片阅读背景下，高水平的专业文章更能够帮助读者聚焦关注点，提高阅读的获得感、提升专业水平。

具体而言，《人民教育》精品文丛具有如下特点。

第一，丛书立足于新时代中国基础教育的历史使命，对重大教育课题和重点难点问题给出了丰富且可资借鉴的回答，是引领、推动中国基础教育发展的珍贵文献。

党的十八大以来，以习近平同志为核心的党中央高瞻远瞩，提出了一系列重要的教育思想和教育论断，为新时代基础教育发展指明了方向。十八大报告首次提出，把立德树人作为教育的根本任务。习近平总书记多次强调，要全面贯彻落实党的教育方针，培养德智体美全面发展的社会主义建设者和接班人。要处理好德与才的关系，解决好德与才相统一的问题。要让学生做到明大德、守公德、严私德。要把立德树人的成效作为检验学校一切工作的根本标准。深刻领会立德树人的丰富内涵、认真探索立德树人的实践路径、深入研究立德树人的理论，是新时代给基础教育提出的重大课题。

在这一背景下，基础教育需要切实承担起一系列重大使命。要把社会主义核心价值观教育融入教育全过程，放在更加突出位置加以落实，引领学生树立正确的历史观、民族观、国家观、文化观。要植根中华优秀传统文化土壤，培育文化自信和中国精神，把中华优秀传统文化融入课堂教学和学校教育全过程，在创造性转化、创新性发展中传承中国人的文化基因。要大力发展素质教育，树立德智体美劳全面发展的质量观。要重新思考、践行好学校、好校长、好老师的标准。坚持育人为本，转变教育思想观念，认真落实习近平总书记提出来的“四有”好老师的要求，进一步提升校长和教师专业素质。从单纯以学科考试分数作为主要评价指标转到全面发展的理念上来；从关注少数尖子生的发展，转到关注每一个孩子的发展上来；从过于强调统一步调，转到更多关注个性发展上来。

《人民教育》精品文丛，正是站在基础教育改革发展的最前沿，围绕以上重大课题、重要使命，组织国内顶尖专家、优秀校长教师，提供前沿思想理念和脚踏实地的解决方案。《新时代学校使命》一书，由社评和《人民教育》核心议题的前言构成，高度凝练了对当前教育问题的思考，包括教育自信、教育质量观、核心价值观教育、美育、教育活力，等等。《身体教育学》一书，力图借助“身体教育学”这个最新概念，以整体的观念来推动全面发展。《核心素养的中国实践》一书，期待带动整个基础教育教育质量观的变化，以适应未来对人才和教育的要求；《名校的那些“秘密”》一书，以活生生的案例来展示学校社会主义核心价值观教育、培养文化自信、落实立德树人根本任务的管理、课程、空间设计等诸多实践路径。《还可以怎样学习》一书，聚焦近年来学生发展素养目标的变化，以全球视野介绍更广阔、更多样、更有效的学习方式。《好校长是如何炼成的》一书，专注于校长的价值领导力、课程领导力、教师领导力和沟通领导力等核心要素的实践解读。《老师，你为什么不再进步了》一书，关注教师的成长与高原期突破。《朝向心灵伟大的教师》一书，汇集教育界、文化界及商界名人的成长故事和教育故事，力图为校长教师打开新的窗口，从社会的角度来看教育。

第二，丛书集中展现了中国教育实践经验与智慧，引导读者建立和提升教育自信。

中国教育质量迅速提升的一个重要秘密，就是中小学的每一堂课，都在努力体现国家战略、国家意志，国家顶层设计与一线微观实践高度融通呼应。

对美好生活的渴望，对美好教育的热烈追求，是中国教育成功的重要动力。纵观中国基础教育改革开放 40 年来的历程，对美好教育的追求，成为教育发展、教育工作者改革创造的重要驱动力。这套丛书中提炼的好学校、好校长、好教师的改革经验，无不是在回应广大人民群众对美好教育的殷切期盼。

与时代潮流合拍，创造高品质的教育，是教育改革的重要经验。近年来中小学涌现了一大批好校长、好教师，就在于他们敏锐地抓住了时代发展的脉搏，大力提升自己的政治素养、养成法治思维、涵养博大的精神世界，从宏观上保障了教育教学改革的正确方向。同时，近年来中国基础教育改革的一个关键突破点，是从主要关注教学方式层面的改进转向学校整体层面的变革，体现了与新时代精神的密切呼应。

从这套丛书中还可以看到如国家认同教育、核心价值观教育、优秀传统文化教育、学校文化、课程构建与优化、选课走班制度等方面的具体操作经验。这些都是我们的中小学扎根中国大地实实在在干出来的智慧结晶，是中国基础教育之所以卓越的重要因素，也是我们教育自信的来源，值得学校校长、老师们认真研读、借鉴。

第三，丛书呼吁教育工作者乘着新时代的东风，办伟大的学校，做伟大的校长和教师。

伟大的学校，不是仅仅为升学服务的学校，而是要为学生未来创造美好生活的学校。美好生活，就不仅意味着谋生就业能力，也意味着正确的价值观，丰富的精神世界，宽阔的家国情怀，强烈的社会责任感，健康的自我调节能力，和谐的人际交往能力。伟大的学校，也不仅仅是学生成长的乐园，还应该是教师的人生幸福所在。教师的幸福与学生的发展密切相关。只有当教师从心底里认同教师职业，才能真正参与到学生的成长之中，教师也才能获得自身职业价值的实现，收获作为教师的幸福。伟大的学校，善于激发教师的职业热情，帮助教师获得成就感。这也是《名校的那些"秘密"》等丛书揭示的秘密所在。

伟大的校长，其领导力不仅体现在过硬的政治素质、坚持正确办学方向上，还体现为优良的道德品质，更要有教育的定力，"习惯于择高处立，寻平处坐，向宽处行，务实，求稳，但内心却向往教育的理想，一切为了民族的未来。"伟大的校长，是善于成就教师的校长。李烈感言：当我哪一天不再做校长时，如果老师们在背后这样说："李烈当校长的时候，我们是真的在快乐地工作着"，那就是对我最高的褒奖了。伟大的校长还应是优秀的学习者，善于在繁忙事务间隙，终身学习，反思完善。在工作中，伟大与平庸的区别往往在于能否不断注入生命的激情，能否不断发现心灵伟大的教师和存在无限发展潜能的孩子。

伟大的教师，首先是一个精神灿烂的人。教师是深度参与学生精神生活的引领者。无论是做"四有"好老师，还是做好"引路人"，教师自身的精神修养是前提，这包括坚定的理想信念、崇高的道德修养、对丰富个性的包容、对人的发展性的充分认识、传递正能量的意识和能力、沟通的艺术、自我情绪管理，等等。善于发现美是他们共同的特质。他们还是一群积极回应环境的人，能够敏锐地发现新问题，通过学习、思考、行动来调整自己，跟着时代一同进步。这些伟大教师的特质，读者都可以从《老师，你为什么不再进步了》《朝向心灵伟大的教师》等丛书中有充分感受。

中国社会正处在全面深化改革、实现中华民族伟大复兴中国梦的进程中，社会转型、技术变革等都给基础教育提出了严峻挑战，教育工作者如何看待新情况，解决新问题，考验着我们队伍的素质，更考验我们的学习能力。2013 年习近平总书记在中央党校建校八十周年庆祝大会暨 2013 年春季学期开学典礼上的讲话中指出，"要依靠学习走向未来"，"只有加强学习，才能增强工作的科学性、预见性、主动性，才能使领导和决策体现时代性、把握规律性、富于创造性"。愿读者在人民教育编辑部的这套丛书中，能够充分感知新时代对我们提出的使命和要求，了解我国基础教育改革发展的基本脉络，把握学校办学的正确方向和科学规律，发展和培育伟大学校、伟大校长、伟大教师成长的"基因"，立志办伟大的学校，做伟大的校长和教师，为伟大的时代贡献自己的价值。

2018 年 7 月

（作者系中国教育报刊社党委书记、社长）

序
好学校的模样

褚宏启

　　俗话说：不幸的家庭各有各的不幸，而幸福的家庭都是相似的。

　　套用这个句式，则可以说：薄弱学校各有各的短板，而好学校的模样都是相似的。

　　本书的名字是《名校的那些"秘密"》，我认为，这里的"名校"被称作"好学校"更为恰当，有些学校高考升学率名声远扬，也是"名校"，但是争议很大，远不能称为"好学校"。好学校好在何处？好学校之所以好，秘密何在？问题看似玄妙深奥，实则很好回答，好学校没有什么秘密，也从不保守所谓的"商业秘密"，好学校很朴素、很透明，好学校是遵守教育常识的学校，不故弄玄虚，也不遮遮掩掩。

　　我把本书中的所有文章读了几遍，受益匪浅。越读越觉得好学校不神秘，好学校的模样都是相似的。

　　好学校真正以学生为中心，学校的一切工作都围绕学生展开，为学生的全面发展、个性发展、主动发展、可持续发展服务。好学校立足学生的长远利益与根本利益，而不只是急功近利地给学生一个"高分"，好学校站得更高、看得更远，致力于培养能适应社会发展、能促进终身发展的关键能力或核心素养，尤其重视创新能力、批判性思维、合作能力、交流能力的培养，聚焦于培养学生具有"聪明的脑"与"温暖的心"。好学校知道真正的"聪明"不是以"记忆能力"为核心的应试技能，而是善于解决复杂疑难问题的创新能力和批判性思维；好学校知道真正的"温暖"不是服从和盲从，而是基于尊重宽容、能够换位思考的合作能力与交流能力；好学校知道只有让学生拥有"聪明的脑"和"温暖的心"，才能适应复杂多变的不确定的21世纪。

好学校不仅促进学生的全面发展和可持续发展，还积极促进学生的个性发展与主动发展。好学校倾听学生的呼声，尊重学生的需求，激发学生的兴趣、爱好，调动学生学习的积极性、主动性，让每一位学生成为自主发展的主体，让学习过程充满乐趣，让学生具有内在动力，不用扬鞭自奋蹄。好学校强调教育是发现和唤醒，发现每位学生的不同特点和个性差异，唤醒沉睡的潜能，并搭建平台，提供自主自由的空间，帮学生找到自我、认识自我、发展自我，让学生自知、自信、自强。好学校注重培养学生的独立人格、独立思想，而不是培养唯唯诺诺、毫无主见的人。好学校不把学生看作学校获取功利的工具，学生是目的，不是工具。

总之，好学校对于"教育目标"即"培养什么人"有清醒的认识，有正确与明确的培养目标，不满足于培养"分高""听话"的人，而是培养适应21世纪社会发展，我国现代化建设所需要的具有创新能力、科学精神、民主精神、法治精神的现代人；好学校对于"教育过程"即"怎么培养人"也有清醒的认识，不是靠外在的威胁与利诱、约束与激励，而是靠激发学生的内在动机，去调动学生学习的积极性、主动性和创造性，不是"要我学"，而是"我要学"，不是为考试"不得不学"，而是为满足个人兴趣、实现个人理想"主动去学"。

好学校的课程建设、教学方式改革、学习方式转变、管理方式改进，都是围绕上述对于教育目标和教育过程的追求展开的，诸多好学校在课程内容、教学方式、学习方式、管理方式上不可能完全一样，学校特色也各有不同，但是其精神实质是一样的，那就是：学校的一切工作都围绕学生展开，为学生的全面发展、个性发展、主动发展、可持续发展服务。众多好学校不论有多么不同，但是它们的"本质的模样"是一样的，即好学校的"灵魂"是一致的。

　　一些学校去好学校考察取经，往往学其皮毛，认为这些表面的具体做法就是好学校的经验甚至精髓，实则不然，结果画虎不成反类犬，不是水土不服，就是南辕北辙。学习好学校的经验，不要局限于"表面的模样"，而要把握好学校的本质与灵魂，真正看清"好学校的模样"，找到"好学校的秘密"。

　　　　　　　　（作者系北京开放大学校长，北京师范大学教授、博士生导师，
　　　　　　　　　　　　原教育部小学校长培训中心主任）

辑一

教育思想：

把学校打开，教育会怎样

要改变别人，先要改变自己

——访国务院参事、北京实验二小教育集团总校长李烈

余慧娟　邢　星

不喜欢被采访的李烈，仍然是一袭裙装，在实验二小古朴的四合院内，笑声朗朗。举手投足透着不声张的优雅，言笑晏晏间却有着极严肃的思考、极认真的坚持和惊人的坦率："我愿意做一个不包装、不宣传的校长，因为做教育绝对不能浮躁；但是我愿意说说我们的老师，为老师们做事我都愿意。"

李烈有名气，那还是上个世纪的事儿了。

1993年首届全国小学数学课堂教学大赛，代表北京参赛的李烈如一匹黑马，以绝对的优势荣获了一等奖第一名，因为她的课实在太出众了。此后，评上特级，再到40岁出头就担任北京第二实验小学校长，李烈的人生步入巅峰。"以爱育爱""双主体育人"等办学理念在教育界的影响力经久不衰。身兼中国教育学会副会长、小学教育专业委员会理事长、国家督学、教育部基础教育课程教材专家工作委员会副主任委员等角色……2011年2月，她成为小学教育工作者中第一位国务院参事；2011年12月，在由国务院参事室等主办的、诸多部级领导和业内大家参加的"为了孩子健康快乐成长"教育论坛上，她作为唯一的小学教育工作者受邀作大会发言，台下掌声雷动。发言中一撇一捺的人字诠释，成为她的标志性理念。

如今，已被评为正高级教师的她，所领导的北京第二实验小学已实现了增值发展，成为一个拥有35所学校的教育集团。2014年北京基础教育改革中，她又接受了合并两所小学的任务……

作为北京第二实验小学教育集团的总校长，她是怎么把这么一个大摊子理得井井有条的呢？怀着好奇，我们一聊就是 4 个小时，开心的李烈依然意犹未尽。

校长对自身的定位非常关键

《人民教育》：您当校长整整 20 年，现在管理着涵括 35 所学校的北京第二实验小学教育集团。作为校长，您觉得学校管理最重要的是什么？

李烈：我 1996 年主持学校工作，当初对做“校长”有一个很朴素的定位：我当校长不是去“管”老师，而是为他们的自主发展创造条件，为他们的快乐工作营造环境。我觉得学校管理最重要的是教师内驱力的唤醒以及创造力的激发。校长主要的工作不是学校发展的顶层设计，不是学校课程的具体设置，不是学校教育的实施途径，而是带好教师队伍。因为学校的目标、课程、教育最终落到学生身上靠的是教师队伍而不是校长。

怎样带队伍？这就有层次了。第一个层次是校长勤勤恳恳、辛辛苦苦，队伍却怎么也带不动，这是一种失职。第二个层次是能带得动，但是这种带动更多依靠的是外在的东西，比如制度的管、卡、压等。这种刚性的带动有效果，甚至一段时间内有很好的效果，产生很高的效率，但终究不是最好的办法。我们怎么对待教师，教师就会怎么对待孩子。制度可以“管”住人，但某种程度上讲，那也是一种目中无人的管理，不仅限制了人的创造性，更忽视了人的独立性和主体性，将教师作为纯粹的技术工具，必然丧失教师作为“人”的价值追求和多重体验，违背了人性最基本的全面性和复杂性。因此，只有制度管理的地方，不是在面对完整的人，不是学校，没有教育。第三个层次是不但带得动，而且大家愿意跟你一块儿干，开心地跟着你一块儿干，进而在你的带动下不断自我激发智慧，在工作中体验“自我”成功的人生，实现事业价值、生命价值的内在统一。我觉得我是在追求第三个层次。

我常想，当我哪一天不再做校长时，如果老师们在背后这样说——

"李烈当校长的时候，我们是真的在快乐地工作着"，那就是对我最高的褒奖了。

《人民教育》：对"校长"定位不一样，在具体工作中会产生哪些不一样的做法和效果呢？

李烈：我想先讲个故事。有一天，一位青年男教师来到我的办公室，支支吾吾了半天，不好意思地说道："校长，我来辞职。"我当时一愣，因为很突然，第一反应是问他："为什么啊？出什么事儿了？"

原来，这位多才多艺的美术教师在业余时间与几个朋友一起组成了一个四人合作小乐队，他在其中担任作曲与弹唱。一个月前，一个队友提出四人组合去参加电视台的擂台选秀节目，本来大家还在犹豫中，但那位做音乐教师的队友却非常坚持。终于有一天，她向学校提出了申请，结果，被校长狠狠地批评为"不务正业""不负责任"，盛怒之下女孩辞职了。这位美术教师跟我说："事已至此，我们只能背水一战了。我知道这样对不住学校，也思想斗争了好几个晚上，可是实在想不出别的办法，我也只好辞职。我知道这个时候学校没办法进老师，所以我已经找了一个代课老师，而且我保证他一定能教好。"

我没有对他的去留表态，接着问了他另外一个问题："你们去参赛一定是两个结果。一个是成为冠军，目标实现了，之后你打算怎么办？另一个是中途被淘汰，你又作何打算？"他说："如果成为冠军，就会有公司来签约，我们就可以走专业演出之路。如果被淘汰了，我就彻底死心，再也不参加这种比赛了，然后重新去找工作，当老师。我知道我再也找不到像实验二小这么好的学校了，但是我既然做了对不住学校的事，就要自己承担后果。"

他一口气说下来，我与此同时也有了判断，并且有了几分感动。第一，他对学校有感情，对教师工作是喜爱的，大学毕业后来到学校工作了 6 年，总体表现不错。第二，他没有因为辞职就把自己在工作上造成的问题和损失留给学校，而是主动想办法补救，找好了代课老师，是有责任感的。第三，他做人很仗义，在同伴已辞职这个关键时刻，他选择共进退，是他的大气使然。第四，他分析到了事情的两种结局，而且愿意承担后果，这是很难得的一种担当。

于是，我很平静地对他说：“明天你通知代课老师来见我一下，然后交接安排好工作。下周一你可以不来了，但是不用辞职。我祝愿你们比赛取得好成绩，走上专业道路，你的档案该放哪儿就放到哪儿；如果中途被淘汰，我欢迎你回来，回来就好好地当老师吧。”“校长，您的意思是给我留着档案？您说的是真的吗？”他看着我，好像不敢相信。我说：“是真的！因为……”我将四点看法说给他，他哭了：“校长，我回来一定好好干！”回来后的表现自然无须我再介绍了。

《人民教育》：您处理问题的方式的确很不一样。

李烈：现今时代不同于我们年轻时，对待工作必须“安于其业，从一而终”，否则就是不守本分，“好高骛远”。年轻人有自己的选择和追求是好事，即使是动摇，是所谓的一段弯路，也未必是坏事，不同的经历可以是更为丰富的学习资源，不同的体验可以是促进一个人发展成熟的关键。我们学校现在的教师队伍中，就有好几位是出了口，转了行，干了一年甚至几年后又回到教育岗位上来的，对于这样的应聘者，我更关注的是他们“为什么走又为什么回”，这当中大多是通过不同行业的对比，或深刻地感受到了教师职业的神圣，或清楚地知道了自己真正喜欢的职业是什么，或如梦醒般意识到了自己最适合的还是做老师。这样的感悟是付出代价后最珍贵的收获，甚至可以说是最另类的一种职业培训。每个人都有其天生的长项与短处，当一个人所从事的工作适合他，也就是正好发挥其天赋优势时，成功体验就多；反之，主观的愿望与客观的效果、付出的努力与工作的绩效常常不相匹配。因此，理解和关注教师的需求，运用“适合学说”，发现和帮助每位教师自我发现各自的长项，并在工作中充分发挥其长项，是我“为教师自主发展、快乐工作创造条件、营造环境”的定位中一个重要的构成。

"爱"是可以培养的吗?

《人民教育》：您提出"以爱育爱"的办学理念，并用 20 年的实践让它在实验二小落地、生根、开花、结果。不了解它的人可能会觉得：爱不是一种天然的情感吗？有就是有，没有就是没有。有爱的教育最好，没有爱学校又能做些什么呢？

李烈：爱不仅是一种情感，更是一种能力，一种智慧。在教育实践中，爱的能力远比爱的情感重要得多。我举个小例子。

20 年前，一位美术老师在全校"以爱育爱我来谈"大会上发言：

"作为低年级美术老师，过去我最没有办法解决的问题就是有些孩子上课不带彩笔。为此我气得要批评甚至训斥他们，还时常无助地向班主任'告状'，可效果甚微。

"'以爱育爱'的理念使我发生了改变，想着'对学生要遵循无错原则''效果不佳应该提升自我爱的能力''遇到问题，先从改变自己做起'，我开始站在孩子的角度思考问题。我发现，孩子们不带彩笔主要有两个原因：一是简单的'说教和要求'没有使他们理解带彩笔的意义，二是他们缺少可以记住带彩笔的具体方法。于是，我想出了一'招儿'，给他们讲解放军叔叔的故事，我告诉他们：上美术课带彩笔，就像解放军叔叔上战场要带枪一样重要。我教他们像解放军叔叔一样学会整理：枪要分门别类整齐摆放，每天都要擦洗检查装备；可以准备一个盒子，分成 5 个格，按照课表把每天的学习用具放在不同的格子里，每天完成作业后或每晚睡觉前将相应格子里的'装备'装进书包。这样，大家就像真正的解放军了。

"孩子们听得特别高兴。让我意想不到的是，从那以后，孩子们真的很少忘带彩笔了。偶尔出现这种情况，孩子们会提前在班级门口等我，不好意思地说'报告团长！我今天忘带枪了，下次一定带！'他下次真的会带来。困扰我 10 年的难题竟然就这么容易地解决了。"

举这个例子，是想说，敏锐地发现孩子的变化是爱的能力，艺术地解决孩子出现的问题是爱的能力，出色的教学水平是爱的能力……爱的能力需要开发，可以培养，爱的能力更来自教师深刻理解学校"以爱育爱"理念后自动自发的思考与实践。教师爱的能力使爱成为教育手段的同时，更作为教育目标并得以实现。而学生回馈给教师和社会的爱，又会进一步激发教师爱的情感和能力。教师和学生的爱是互动发展的，爱的情感和能力也是互动提升的。

《人民教育》：从理念的提出，到达成共识，其实很难。很多校长有很好的理念，但是难以在学校每一项工作中落实，难以在每一位老师身上得到共鸣和进一步的诠释、提升，实验二小是怎么做到让"以爱育爱"理念深入人心的呢？

李烈：1997 年我任校长的第一年，正式提出了以"以爱育爱"为主旋律的双主体育人办学理念，强调教师和学生在不同层面各自的主体地位，提出以教师"爱的四有"即爱的情感、行为、能力、智慧去培育学生"爱的四有"等。我把相关理念细化为 66 条实施要术，写成一本薄薄的小册子——《"双主体育人"办学思路实施手册》，成为大家的案头书，并用各种方式与大家一起学习、实践。8 年之后，我们全校老师共同参与整理提炼，完成了已有十余万字的《"双主体育人"办学思路实施手册（修订本）》。

的确，理念的转变不是一蹴而就的，达成共识和内化为自觉行为更是不容易，它需要一个脚踏实地、实事求是、反复实践和累加的过程。这中间会有不同的声音，甚至是反对的声音，这很正常。正是因为有不同，才使我们有更多的思考、更完善的补充以及更有针对性的引领与实践。就这样一步一步地走过来。理念理解了，共识达成了，有了共同愿景，建设形成了学校"九大文化"。然而，教师爱的能力的提升是永远难以画上句号的，因为我们永远在不断地面对新的时代、新的孩子、新的期望、新的问题。"研究"成了我们的工作常态，"归零"成了我们的发展心态。多年来，任何新的研究课题及实践成果我们都毫无保留随时无偿分享给来自全国各地的教育同仁，正所谓"分享"走得远！给出去了就不再是我们的独有，我们就又站在了新的出发点上，这正是实验二小人的气度与站位。现在，我们正在对《"双主体育人"办学思路实施手册》进行第三次修改，很快，集合了我们的核心理念及 20 年探索实践的实施手册将再次面世，我想此时的它已经不仅仅是一本"手册"了。

建立一个真正"以人为核心"的自治管理系统

《人民教育》：我们刚刚更多的是在谈情感管理，其实制度管理也是管理的重要组成部分，您如何处理教师管理中情感和原则的关系？

李烈：学校管理是个系统工程，不以制度为主的管理绝不意味着不要制度。有些方面如财会管理，我们不但有制度，还有详细具体的实施流程、严肃规范的议事章程及"一单到底"的问责清单。在学校其他方面的管理中，我们也有相应的机制或制度，只是这些制度与文化联姻，形成的是制度文化，其中有不可触碰的底线，也就是刚性处罚的规定，如师德问题；也有重在明示作用、权力下放、弹性实施的规章制度，如考勤制度；更多的则是激励为主的绩效奖励制度。比如 20 年前设立的"团队和谐奖"，突出强调的是分享，分享经验、分享荣誉，同时也分享问题、分享责任。我们常常看到的景象是，团队中有老师上公开课，课前你看不出是哪位老师执教，因为有太多老师在帮忙。团队成员偶尔出现问题，同组没有抱怨，不去指责，而是第一时间共同研究解决、共同承担和补救。人生来是有差异的，更何况年龄不一，阅历不同，经验不等，因此，对教师的评价同样不可用同一尺度，当一个组中每个人都能够最积极地践行学校的理念，最努力地对待自己的工作，呈现出来的是一种最佳状态，那么这个团队就实现了"和谐"。在《"双主体育人"办学思路实施手册》中，"团队和谐奖"评选条件中有一条：学校行政领导成员只有在全校各组都获得"团队和谐奖"时，才能获得此项奖的奖金。

在这种和谐的团队氛围和学校文化中，每位教师都与所在的团队形成了一种积极的相互依赖关系。老师常常会被感动，他们特别乐意与所有人一起努力，他们特别害怕因为个人的问题给团队带来影响，这种情感常常会变成一种力量，对不当行为的约束力量，对尽全力奉献的驱动力量。

我以为"扬人长，念人功，谅人难，帮人过"是充满情感的人文管理，敢于旗帜鲜明地坚持原则使正气成为文化主流，也是一种充满情感的人文管理。试想，丧失了爱与憎、是与非的原则，何来管理中的情感？因此，管理中的情感和原则本就是相辅相成的一个问题的两个方面。

如今，我们将"治理理念"引入学校，"法治＋元治＋自治＝善治"成了我们变革行政结构、淡化行政管理的目标追求；学校元治："减少管理层级"，突出核心层对理念、原则的引领与把关，强调各项工作先整合再下达，成了我们深化扁平化管理的实施模式；年级自治："更多地放权给年级"，以年级为主出方案，成了我们实现多元主体、民主管理的新探索；"长板＋团队"将教师成长目标分解，成了我们队伍建设减负增效的新尝试；"以学生为目标组团"成了我们为学生全人发展而加大综合研究力度的新举措。我们正在努力进一步解放教师，建立一个真正以人为核心的自治管理体系，以鼓励每位教师成为"最好的我"，即实现"职业价值与生命价值的内在统一"。

《人民教育》：如果有校长请您给他几条管理建议，您会建议什么？

李烈：第一，做校长要以"成就教师"为己任。要舍得个人的名与利。

第二，做教师管理要"心中有爱，目中有人"。尤其要努力提升"感受他人感受"的能力。

第三，要尊重人的差异与教育的规律。万不可追风浮躁，更不能急功近利。

第四，要学会改变。我们无权、无能、无责去改变他人，只能改变自己。校长作为管理者、领导者，并不一定是问题出在我们身上才改变。有时候我们是对的，但是管理效果不好，这是我们爱的能力不够，还是要内归因，改变我们自己，找到适合"他"的方法。有很多问题的解决以及自我领导力的提升，不是靠我们去改变别人，而是靠我们改变自己。改变习惯，改变角度，改变站位，改变思维，改变方式方法，改变行事为人。如此才能由己及人、再及人，一圈一圈地放大影响。这种改变，就如我们的"以爱育爱"，就是这样一个不断互动、生生不息、无限扩大影响的过程。

《人民教育》：今天聊得非常深入，也让我们看到了另一个"李烈"，谢谢您接受我们的采访！

（本文作者单位系《人民教育》杂志社）

（文章原刊于《人民教育》2016 年第 05 期）

把社会打开，让孩子进来

程红兵

我曾在《人民教育》2015 年 17 期刊发过《把学校打开》一文，呼吁学生应该走向社会；作为问题的另一面，社会也应该向学生打开。

社会向孩子们打开，应该是全方位的打开，包括政治领域、科技领域、军事领域、文化领域、工业领域、农业领域等。

凡是有益于学生成长的社会资源，都应该成为学生成长的教育资源。

世界是学生的教科书，学生应该面向生活、面向社会、面向世界

杜威认为，教育是儿童现在生活的过程，而不是将来生活的预备。最好的教育就是"从生活中学习""从经验中学习"。他主张"学校即社会"，有两层含义：一是学校本身必须是一种社会生活，具有社会生活的全部含义；二是校内学习应该与校外学习连接起来，两者之间应有自由的相互影响。

陶行知在杜威的基础上进一步发展，他主张"社会即学校"。在陶行知看来，教育和生活是同一过程，教育包含于生活之中，教育必须与生活结合才能发生作用，他主张把教育与生活完全熔于一炉。

陶行知认为，在"学校即社会"的主张下，学校里的东西太少，不如反过来主张"社会即学校"。这样，教育的材料、方法、工具以及环境，都可以大大地增加，学生、先生也可以多起来。"整个社会的运动，就是教育

的范围，不消谈什么联络而它的血脉是自然相通的。"

"社会即学校"的根本思想是反对脱离生活、脱离人民大众的"小众教育"，主张用社会各方面的力量，打通学校和社会的联系，创办人民所需要的学校，培养社会所需要的人才。真正把学校放到社会里去办，使学校与社会息息相关。

过去我们说教科书就是学生的世界，在这个意义上看，学生是读书的，读来读去就是读教科书；今天我们说世界是学生的教科书，学生应该面向生活、面向社会、面向世界。一方面学校应该带着孩子走向社会，走向生活，另一方面社会应该向学生打开，接纳孩子，积极主动地为学生成长服务。

教育的真谛在于人的个性化与社会化的和谐统一。无论是学生的个性化成长，还是社会化过程，都离不开学校教育，同时更离不开社会教育。让学生走向社会，参与社会实践活动，理解社会生活，让他们找到自己的人生坐标，让他们作好职业生涯规划，以适应未来社会对人才的基本要求，这是成人世界为孩子们应尽的职责。

要允许、鼓励学生参与真实的政治生活，这是绝好的教育资源

我曾经担任过人大代表，也担任过政协委员，曾提交了一份关于"把社会打开，让孩子进来"的提案，如果将我国各级人大、政协的会议及相关活动向中小学生开放，那么就可以带动社会各界向中小学生开放，让社会向学生敞开。

各级人大、政协会议既是人大代表、政协委员参政议政的场所，也是绝好的教育资源。与会者都能充分感受到从各级政府到人大代表、政协委员身上洋溢的积极、热情、向上的力量，大家群策群力、集思广益，为新一轮的发展贡献智慧，涌现出了很多真知灼见。这对教育学生热爱祖国，积极关心国家大事和社会发展，具有非常重要的意义。国内许多地方的人大、政协会议都没有邀请中小学生列席参加的做法，这对孩子们来讲是浪费了很好的学习机会，浪费了让学生走进人大、政协关注政治并养成参政

议政习惯的教育资源。

有的地方人大、政协有很好的开放传统。比如有的设置了"人大代表议事厅""政协委员议事厅",这是关注政情、社情,汇集民智、民意的好办法,也是开放人大、政协的好办法。深圳明德实验学校的学生就曾经参加过"关于保护红树林"的"政协委员议事厅"活动。活动之后,孩子们纷纷表示"这样的参与很新鲜,很有意思",让他们"直接感受到参政议政的氛围和自己作为国家主人的责任意识"。

许多国家的议会都有向市民开放、向中小学生开放的例子,比如澳大利亚、英国、挪威、芬兰等国,均产生了很好的教育效果。如果社会生活是开放的,象征着国家各个层面最高级别的政治会议向学生开放,不仅仅是教育本身的意义,而且具有造就开明政治生态的意义。

我建议我国各地的人大、政协可以开展诸如"人大代表议事厅""政协委员议事厅",每次议事都特邀中小学生参加。根据每次议事主题内容的不同,邀请不同的学生参加,以活动的适切性和关联度为基本原则,适合高中生的就请高中生参加,适合职校生的就请职校生参加,适合小学生的就请小学生参加。

人大代表、政协委员下基层、作调研的活动,也可以特邀中小学生参与。中小学生原本就不能整天关在学校内,两耳不闻窗外事,一心只读圣贤书。特别是中学生,必须走进社会、调查社会、了解社会,实际承担这种对他们来讲是必需的学习任务。如果人大代表、政协委员能够带领孩子们作调研,则更有一种正式感、庄严感、严肃感,孩子们能实际感受到自己的责任。

除涉及国家机密之外,人大、政协会议的相关环节基本上都可以向学生开放。人大常委会主任、政协主席的报告可以向中小学生开放,让学生了解我们国家、地方政府的基本宗旨、基本目标、基本活动方式。省长、市长、县长的报告可以向中小学生开放,让学生了解他们在想什么、做什么,了解整个城市的发展成就以及今后的基本发展思路。人大、政协的大会发言可以向中小学生开放,可以让学生感受到他们的祖辈、父辈们是怎样以积极的热情参政议政,并了解到各个行业、各个领域的最新发展动态。

人大、政协的小组讨论向中小学生开放，可以让学生感受长辈们是怎样分析问题、积极建言献策的，这是最好的爱国教育。

人大、政协带头向孩子打开，将带动政府向孩子打开。比如政府机关面向孩子打开，让有兴趣了解政府治理方式的孩子走进机关、街道，了解政府机关的运作方式。

封闭的空间将使学生孤陋寡闻、眼界狭隘；开放的空间将促使学生耳聪目明、眼界大开

除了政治领域应该向学生打开之外，科技、工农业生产、文化、商业领域等，都应该向孩子打开。

学校教育应培养未来科技人才，但科技人才的培养单靠学校教育是远远不够的。基础教育学校受到各种客观条件的限制，比如一般不具备一流的科学家，不可能真实、完全地再现科技实验的现场，不可能让学生参加真实的、前沿的科学实验研究。

我曾经到过美国加州理工学院、美国宇航空气动力研究所，我十分惊讶地发现他们以项目为单位的研究团队居然吸纳了高中生参与，他们的团队负责人告诉我们："吸纳对相关项目有浓厚兴趣的优秀高中生参与研究，这是最好的培养未来科学家的方法。这些高中生整天和科学家在一起，面对问题，参与讨论，学习科学家的思维方式、研究方式，虽然他们的知识还有许多不足，但同时他们也少了许多束缚，或许在参与讨论研究的过程中，他们的一个想法就成了点燃创意的一个火花，对整个团队的研究也会产生积极的作用。"

深圳明德实验学校依托腾讯资源，一方面带领学生参观考察腾讯最先进的动漫设计工作现场，一方面邀请相关工程师为学生开设了"编程的艺术""游戏策划""Unity 3D编程"课程，由一线有着十分丰富经验的创意设计师亲自指导明德学生实际操作。学校有一系列的科技活动，例如带领学生走进万科学习建筑设计；带领学生走进大疆公司考察无人机研制，进而开设航模课程，邀请中国航空动力技术专家刘大响院士给学生作相关报

告；带领学生走进联通、微软、深圳电力调度大厦、大亚湾核电站、深圳气象台，参观考察，学习探究。这么做，至少为学生开阔了眼界，让他们了解了科技前沿的发展概况。

当然，我们期待更多的科技团队向孩子打开，向孩子深度打开，不仅是接纳孩子们走马观花式的参观考察，作一个报告，还应该让孩子们走进实验现场，实际参与相关的研究实验，深度介入。这将对学生产生深度的影响和更加积极的作用。

如今，城市的孩子越来越城市化，他们远离农村、土地、自然和农作物。虽然现在高中学校也有学农的要求，但由于种种原因导致城市学生很难走进农村，他们更多的是在专供学生学农劳动的专用场地进行所谓的劳动，象征意义大于实际意义。因为集约化地接待一批又一批的学生学农劳动，导致专用农场常常根本无农活可干，甚至连草都无处可锄，这与其说是学农劳动，不如说是换一个地方的集体活动。而且这种"伪学农"劳动最大的弊端是根本没有走进真实的农村，真实的农家，真实的农民，不知道农民的甘苦，不知道农民的生活，不知道农民与土地深深的情感联系。

我们利用暑假带领学生走进贵州山区的侗乡侗寨，到海南中部大山深处参与劳动、感受生活，与农家的孩子谈论彼此的生活，畅想未来的生活，向农家大嫂学习织布，向农家大爷学唱侗歌，向橡胶农工学习割橡胶，到稻田里学习插秧，体验农民的生活，孩子们收获了满满的感动。

现在学校一般都有军训活动，但基本上不是在军营里进行的。或许是因为军队有军队的规范，或许军事重地还有保密的要求，总而言之，军营不向学生开放。这就导致学生的学军活动更多的是走过场，隔靴搔痒，因为学生不在军营就无法感受军营的氛围，就无法真正体会到军人的生活，就无法完全理解军人的气质，因此无法产生较好的学军效果。

中华民族历来都有重视教育的传统，但不能只是重视学校教育作用而忽视社会教育作用，如果社会的许多部门因各种客观原因、主观理由和借口对孩子关闭，结果将直接影响孩子的成长。封闭的空间将导致学生孤陋寡闻、眼界狭隘；开放的空间将促使学生耳聪目明、眼界大开。封闭将导致封闭的个性，开放将造就开放的人格。

（作者系广东省深圳明德实验学校校长）

（文章原刊于《人民教育》2017 年第 01 期）

CAP 将让中国更优秀

王殿军

去年 3 月，中国大学先修课程（Chinese Advanced Placement，简称 CAP）试点项目启动。它旨在让学有余力的高中生及早接触到大学课程内容，接受大学思维方式、学习方法的训练，让学生真正享受到最符合其能力和兴趣水平的教育，帮助其为大学学习乃至未来的职业生涯作好准备；同时也为深化我国高中教育教学改革，推进我国人才培养模式改革起到积极的促进作用。

对于学有余力的中学生，一定要让他把自己的能力全部释放出来

开设中国大学先修课程，迫在眉睫。

第一，我国高中课程设置和人才培养模式存在不足。

我们为什么培养不出杰出人才？这可能与我国普通高中课程的层次性、丰富性不够有关。中国所有的高中生，如果要考大学，所学的东西基本上是一样的。这好比举杠铃，一个标准重量的杠铃，全国的同学都去举，有些同学根本举不动，还在拼命举；有些同学则能轻松地举起来，也在不停地举。结果造成后进学生跟不上，程度高的学生又吃不饱，杰出人才的培养难以实现。

首先，课程领域偏窄。新一轮课程改革之后，一些高中也采用了类似大学的学分制，学生只有修够了一定数量的学分才能顺利毕业。但实际上

还是在现有的几门学科内进行选择，把学科分成了必修和选修，学生要学习的内容还是局限在语数外、理化生、政史地的范围之内。教材选修系列的难度确实有所提高，但在实际教学中，很多学校并没有开设选修部分，选修教材形同虚设。学生还是不能选择自己感兴趣的课程，缺乏学习和思考的动力，更难以形成自己的见解。久而久之，学生的创新意识就逐渐被消磨殆尽。

其次，课程深度不科学。新课程之后，高中教材分成了必修和选修系列，必修部分主要包括基础知识、基本技能、基本学科思想和基本的教学活动经验，并无大的改观。选修增加了大量有难度、有深度的知识，但是有的改编幅度太大。"就以（数学）选修教材4—9为例，里面太多的知识超过了高中生实际认知能力的极限，很多任课老师自己恐怕都不熟悉，主要介绍了风险与决策，所包含的风险性决策、决策树、最优化问题、灵敏度分析以及马尔科夫型决策都是运筹学里的重要内容。"虽然这些运筹学知识在生活中的用途十分广泛，但是以高中生的数学基础来学习这些知识，未免难度太大。

最后，中学与大学之间断层。高中没有设置和大学课程相互衔接的课程，致使高中教育和大学教育之间出现断层，大学老师认为高中应该学的知识学生却不知道。这也导致部分学生在选择大学相关专业时很迷茫：知道自己的兴趣点却不了解大学的专业。一些学校为了提升学生的学习兴趣，开阔视野，增长知识，开设了和大学教育相衔接的课程，但缺乏统一的规范和管理，教材内容和师资力量没有很好的保证，不利于学生进步提升。

我国现有的高中课程体系的不足给大学的录取招生带来了一定的影响。清华大学教务处副处长白峰杉教授说，清华大学招进来的学生同质化严重，从高考成绩650分以上的学生中随机抽取300人，都差不多，学生没有自己的特色，千人一面。"选拔学术型人才，其实只需要学生某些文化课成绩不差就可以。"白峰杉说，"我们的教育讲究'一步一个脚印'，这种要求不是创新人才的培养方式，如果只会按部就班走，很难有创新思维。"

一个好的高中课程体系，要能满足不同层次学生的学习需求。我们不能耽误学生在中学期间的时间和精力。尤其是对于学习能力强的学生，一定要让他把自己的能力全部释放出来。因为这个年龄段的孩子充满了好奇心、想象力和求知的欲望。这个时候让他重复做一件容易的事情，对他的创造性是一种极大的伤害。

CAP 课程体系的建立有助于改变这一现状。其多元化的课程、自由的选课机制可以确保学生接受到最大限度的个性化的分层教育；统一标准化的课程体系、考核标准、教师资源可以确保为学生建立个性化学习和发展的平台。

第二，我国的人才选拔模式不完善。

改革开放 30 多年来，我国考试招生制度不断改进完善，初步形成了相对完整的考试招生体系，其中作为大学入学选拔性考试的高考本身已经非常成熟，但也存在一些社会反映强烈的问题。现行的选拔制度除了能为大学提供高考分数之外，无法提供其他具有公信力、权威性、科学性的选拔和评价指标。长此以往将严重影响中学的人才培养和大学的人才选拔。要想为高考减压，拒绝让高考成为独木桥、单行道，促进学生全面发展、健康发展、个性发展，高校招生制度的改革势在必行，着手建立尽可能全面、多维度的评价选拔指标体系迫在眉睫。

CAP 课程的出现，无疑将对丰富人才选拔渠道大有裨益。CAP 课程成绩可以作为大学评价和选拔学生的重要依据，成为人才评价的重要维度之一，推动多途径、多元化选拔制度的形成。

其一，本项目 CAP 课程由全国大学先修课程中心统一制定课程标准、统一编写教材、统一进行考试评价，并对开设大学先修课程的中学进行资质认定，对讲授大学先修课程的教师进行培训、考核和资格认定。这些基础条件都是 CAP 课程成绩评定过程中公平性的有力保障。

其二，选拔性工作应该坚持目标导向性原则，应该由选什么人来决定如何选人。高校特别希望中学能培养出基础扎实、素质全面、富有创造精神的优秀毕业生，特别希望能选拔出真正优秀而富有培养潜质的拔尖人才苗子。CAP 课程的学习内容超越高中学科知识，具有一定的专业深度和知识面广度，而其学习者又是高中生中的佼佼者，符合高校选才的预期。

第三，国际上有比较成熟的大学先修课程的开设范例。

大学先修课程作为一种卓有成效的教育模式，最早出现于美国，现已在多个国家推广。美国大学先修课程，简称 AP 课程，是美国在培养人才方面中学教育体系中的一个重要环节。美国在上世纪 50 年代初就注意到，如何关注学有余力的高中生，如何解决大学与中学教育之间的断层问题。其结果，就是创建 AP 课程。它是由美国大学理事会（The College Board）提供、高中开设的大学水平的课程。美国高中生可以选修这些课程，在完成课业后参加每年 5 月举行的 AP 考试，得到一定的成绩后可以获得大学学分。经过 60 多年的发展，AP 课程已涉及 22 个门类 37 个学科，体系完备。

AP 课程在美国的大学招生中占据重要地位，尤其是一流大学，特别注重学生在高中学了多少 AP 课程、学得如何。进入大学后，如果该大学设有同样的课程，学生的成绩达到 5 分或者 4 分（AP 考试实行 5 分制），那么这门课就可以免修。美国大学先修课程密切连接了中等教育与高等教育的关系，使二者有效衔接，同时也促进了美国中、高等教育的迅速发展。AP 课程自开设以来，得到了社会、学校、家长、学生各方面的认可。

我们曾对美国各大学所需申请材料的清单进行研究，结果发现：哈佛、耶鲁、MIT、斯坦福、普林斯顿、加州伯克利等大学均明确建议学生提交 AP 课程的成绩；学分认定时各校标准不一，例如哈佛大学要求 AP 课程达到顶级（5 分），而加州伯克利只要求达到 3 分即可（但是要求提供 15 门 AP 或 IB 先修课程成绩）；各校还将 AP 课程用于入学后的分级（for placement）。

AP 课程的作用和价值非常广泛，远不止拓宽知识面这么简单。它是一个育人和选人的过程，是美国培养人才的重要组成部分。它体现了对学生个性的尊重，引领了基础教育的健康发展。美国大学升学顾问委员会（NACAC）提供的关于 2006—2012 年美国大学某项因素非常重要的比例变化情况显示：美国高校在选拔学生时，更看重 AP 成绩，而且 AP 成绩的影响力越来越大，从 2006 年的 76% 上升到 2012 年的 82%。这对我们有很大的借鉴意义。

第四，我国教育资源分布不均衡。

如果能够在接受同样考核标准的情况下让学生自主选择课程，如果对执行 CAP 课程教学的教师有统一的标准，如果对于申报进入 CAP 项目的学校有着同样的要求，那么有着同样标准和"下线"的 CAP 课程，将会成为不仅能满足学生需求，而且能让他们享受到最大公平的"选修"课程。

按照这一精神建立起相对完善的 CAP 课程体系，就可以从一定程度上打破教育资源不均衡的问题。同时，CAP 后期开发的慕课系统，可以使其得到广泛普及，地域、收入差异所带来的教育不均衡问题就会得到一定程度的解决。

我们希望，有朝一日 CAP 课程能走向世界

AP 课程为美国创新人才的培养、高校多元化选拔人才作出了不可磨灭的贡献，正如美国大学理事会所说的——"我们的下一个使命就是进一步完善教育制度，使美国成为全世界最优秀的国家。这个，只有 AP 能够做到。"

中国的 CAP 发展历史很短，其组织机构、课程建设、教材研发、教师培训、考试评价等都需要严谨细致的筹划，需要一定的周期去实验。我们面临的挑战是无法回避的。

首先，如何在不加重负担的前提下，科学合理地引导学生选修 CAP 课程？

CAP 课程是针对那些"吃不饱"——学有余力、学有志趣、学有专长的拔尖学生开设的，不是针对所有学生，建议各校前 10% 的学生有资质参加学习（个别学校可以适当考虑前 15% 的学生选修）。这部分学生，往往对自己有更高的要求，且愿望比较强烈。为这部分学生提供平台，用课程作支撑，可提高其进一步学习、研究的能力，为学生进入大学作好衔接。当我们提供的课程匹配他们的学习需求时，他们身上过剩的能量得到激发，而不是无处施展。这就不存在增加学习负担的问题。

从课程开设的时间上看，我们项目组建议 CAP 课程一般每周安排一次，一次两个课时，而且作为高中校本课程选修时间段授课，不占用学生

额外的时间。

相对而言，美国学生高中期间可以修十几门 AP 课程，中国大多数国际部学生一般选修 3—5 门 AP 课程。为此，我们建议那些能够把现有高中课程知识轻松学习扎实的学生，利用剩余精力去学习一两门 CAP 课程，但不主张选修科目偏多。

另外，最近一次在全国 10 所试点高中作的调查表明，86% 以上的学生认为 CAP 不但没有增加负担，反而提高了自己的学习兴趣，增长了见闻，并为未来学术研究指明了方向。

其次，高考改革热火朝天，然而高招录取却遭遇严峻"烤"验，CAP 课程能否成功救"火"？

浙江、上海高考改革方案已经公布：文理不分科、外语一年两考、理科向文科倾斜等。这将给未来高校录取带来严峻的"烤"验：高考区分度不足——选考科目按等级赋分，各省单科顶级（满分）的学生数量约 3000 人，优秀人才如何选拔？理化生等科目被削弱，甚至出现断档期——入学学生的理化生等科目的基础整体下降，同专业学生选考科目不一，理化生等科目基础不一，高中教育和大学教育如何衔接？

在此背景下，CAP 课程成绩呼之欲出，未来可能成为除高考成绩、高中学业水平测试、综合素质评价外，高校招生时争相采用的重要参考依据。此外，如果 CAP 课程成绩达到大学的规定标准，学生进入大学之后，大学还可以承认其所获得的学分，免修大学开设的同样内容的课程。

目前，个别高中还在纠结于高校今后招生用不用 CAP 成绩。中学只有先行一步，先把体系做出来，让大学知道你干了什么，它才可能参考运用。退一步讲，即使大学最后没有运用，这至少也是选修课，对学生将来的发展有好处。

再次，CAP 如何避免成为某些高校"掐尖"的工具？

CAP 课程在一定程度上就是让最好的大学与中学联合培养人才，这不会造成新形式的"掐尖"；即便大学录取时作为参考，也是在高考成绩达到要求的前提下使用。很多选修 CAP 课程的同学表示，他们并没有很功利的想法，更多的是觉得自己在学完高中课程的基础上，有能力学习一些更深入的知识。此外，CAP 课程的内容不是把大学完整的课程体系下放到中学，而是让学生能够尽早地了解某一个学科的本质、思维方法及该学科最前沿的知识，引发学生对某一个学科产生浓厚的兴趣，方便高校录取时选拔适合自己的学生。考试成绩是为了创新人才的选拔，而不是方便高校"掐尖"。

又次，如何打造卓越的 CAP 师资团队？

打造卓越的 CAP 师资团队是保证拔尖创新人才培养的基石。本项目所有开设 CAP 课程的教师都应获得由中国大学先修试点项目管理委员会颁发的教师培训结业证书。全国 CAP 教师培训一般在清华附中举行，一年两次，寒暑假各一次，每次时间为期四至六天。

CAP 课程对任课老师的要求比较高，一般要求硕士毕业任教三年以上的高中现任教师，或是高级教师；需要具有在所任教学科或专业领域从事科学研究的经历，并持有 CAP 教师培训结业证。

在教师培训中，着重引导教师秉持现代教学理念，熟练组织和有效引导学生开展实验研究、问题探究、项目学习、小组研讨、合作学习等注重学生参与的学习活动；能够根据 CAP 课程内容、学科领域发展和学生发展的需要，主动学习新知识，不断提升自己的知识基础、研究能力、教学设计与创新实践能力。

最后，如何扶持西部贫困地区，促进教育资源均衡？

为解决西部偏远农村高中师资缺乏，无法开设 CAP 问题，我们将利用慕课系统，免费为他们提供 CAP 课程，安排在线学习、答疑、考试、咨询等服务系统。即使某一贫困学校有一名学有余力的优秀学生要求参与，我们也将竭尽全力予以支持。另外，针对贫困生，我们将引进慈善基金、奖学金等资助政策进行帮扶，确保学有余力的拔尖学生，"一个都不能少"，顺利完成 CAP 全国统一考试。

在未来，我们希望：通过 CAP 课程体系的建立，能为我们国家的优秀人才培养作出一定的贡献，尤其不耽误高中学有余力的学生的发展。

我们希望：能够建立起大学和中学衔接培养人才的合作，成为国家基础教育改革的一个亮点。

我们希望：有朝一日美国在中国招留学生不是看 AP 课程，而是看 CAP 课程；改变目前我们只是美国 AP 国际课程消费者的局面，让中国高中课程体系走向国际，让 CAP 走向世界。

（作者系清华大学附属中学校长、中国大学先修课程项目负责人）

（文章原刊于《人民教育》2015 年第 12 期）

教育家办学，需要一点孤独的理想主义情怀

陈立群

10多年来，各地的"教育家发展共同体""未来教育家高级研究班""教育家型校长班"等纷纷出炉。校长被认为是最有希望成为教育家的群体，描绘教育家校长基本素养及其成长规律的文章也时常见诸报端。

但无论是社会大环境还是教育的内在环境，促进教育家校长成长的土壤、气候、水分、养料甚至种子都十分欠缺。

地方政府教育政绩观扭曲不利于校长按教育规律办学

当下的教育，更多的时候是在政府的行政主导之下，按照"长官意志"办学，而没有真正按照教育的规律来办学。

每年高考后，地方政府看重的是上一本线的"绝对人数""万人比"以及"清华北大的上线人数"等，接着就是名目各异的"高考奖"。倘若没有考好，政府领导或许会召集局长、校长开会批评问责，甚或直接撤换校长。于是，学校教育围绕长官意志办学，将考试成绩作为唯一追求。总之，从上到下，高考成绩已构成政府领导的一个重要政绩，而政府领导又掌握着校长的"生杀大权"，于是不少校长开始投情于圈子、人脉，想方设法护住自己的"乌纱帽"。不少校长渐渐地往权术家靠拢，而与教育家渐行渐远。

人的智商呈正态分布，特别聪明和特别愚笨的总是极少数。整体而言，我们的高中毕业生基础知识的掌握不输美国，但拔尖创新人才的培养，我

们还落后较多。

谁赢得高中谁就赢得人才。"钱学森之问"深深地刺痛了每一个有良知的教育人。我曾就学校与中国科学院大学合作培养创新人才一事专门向领导请示。我说：在创新人才培养问题上，现在的高中学生一年半上新课，一年半围绕考纲复习"炒冷饭"，师生合力制作一块"敲门砖"。一个人在接受新事物能力超强的黄金年龄阶段，新内容的学习戛然而止，每天在机械、简单的问题上重复，还有什么创新的冲动可言。获得保送资格的学生，都是某一学科竞赛进入国内前 50 名的人才，对于这些学生，我们高中已然是"教不动"了，而国内一流大学往往只顾抢占人头，没有相应的跟进措施。应该探索一条高中与大学合作培养的路径，而不是像现在这样只是等着上大学而在高中磨蹭一两年时间。在这些方面，我和中国科学院大学副校长高鸿钧院士具有高度共识，准备在创新人才培养上开展合作，具有创新潜质的拔尖人才，由中国科学院大学实行院士导师制提前介入培养……

没等我说完，这位领导打断了我的话，说："你们两个书呆子碰在一起。别的不用说，如果增挂 × × 大学附中的牌子，在招生时，可以给你们几个降分录取的名额？降多少分？"教育急功近利到如此地步，真是令人揪心，让人无语。也许领导对现实的教育看得比我清楚，也许他们承担的压力比我更大。但教育成为博取政绩的工具，这样的教育令人窒息。

在我们执迷于"灌输式"教育的时候，是否应该想一想，学生的感觉是什么，他们究竟需要什么？在我们执着于分数，为了优异的成绩欢呼雀跃的时候，是否需要问一问自己，教育真正的价值究竟在哪里，我们是否被功利麻木了？在我们匆匆赶路的时候，是否需要停下脚步，看一看前进的方向是否有问题？

中国经历了太长的封建社会。其特点之一就是人与人之间等级森严，不同等第的人掌控不同的社会资源，由此也导致了人人都急着往上一个等第攀爬，而读书似乎是往上攀升的门槛。"万般皆下品，唯有读书高。""吃得苦中苦，方为人上人。"

如今我们已经进入了现代民主社会，每个人的智能倾向不同，人与人应该是分类的，而不是分等的。在社会的求学目的出现偏差时，政府应该有更长远的眼光，应该站出来引领社会，作出正确导向。当国人追名逐利一路狂奔的时候，也许该停下来想想自己究竟想要的是什么，我们是否逐末忘本了，还有什么比孩子的教育更重要的呢？当经济飞速发展、外汇储备全球第一的时候，我们的社会是否也要考虑一下，这样的快速发展是可持续的吗？我们的外汇储备是靠什么换回来的？淡忘了尊师重教的祖训是要付出沉重代价的。

校长的办学理念，需要在办学过程中进行实践。这需要有一个相对宽松的社会大环境。作为校长无论权力受到多少限制和影响，可以按照教育理想和教育规律一心一意办学校也是乐意的，但事实上眼下校长无法做到。在甚嚣尘上的现代化鼓噪中，我们不知不觉地失去了许多美好的东西。大众生活秩序的功利化和情绪化导致了人的精神荒芜。

德国哲学家、教育家雅斯贝尔斯认为："教育首先是精神成长，其次才成为科学获知的一部分。"当下的现实是，社会首先是经济增长，领导首先是政绩增长，家长首先是分数增长，学校首先是升学增长，教育的追求与现实的取向已经产生了严重的冲突。大多数学校只重知识传授，只重分数成绩，而轻人格形成，轻精神成长，缺乏对生命意义的本真追求。

改革开放之初，生产力低下，在经济建设领域奉行"发展是硬道理"无可厚非。时至今日，我国的 GDP 总量位列全球第二，而盲目追求发展的各种弊端一一显现。在教育领域，在高等教育基本普及的前提下，基础教育大多还停留于"不管你是应试教育还是素质教育，只要考得好，就是好教育"的低级阶段。教育充满功利色彩，只着眼于分，而不是着眼于人的全面、完整发展。

过度的功利主义必然导致灵魂危机

在功利、浮躁的环境下，很难产生教育家。社会不同领域的发展目标、方法、手段不同。政治崇尚清明，经济强调效率，军事讲究实力，而教育首先是精神成长。教育是"慢活儿"，人的成长是一个缓慢的过程，如果教育过度奉行功利主义，效率至上，就会出现"灵魂危机"。

当下，在不少地方，政府的政绩需要，学校的功利意识，家长的现实考量，多方利益契合于极度的"应试教育"。在我近期的教育考察中，场面上听到的都是课程建设、特色创设，而内在看到的还是极度的应试模式。某优质高中的一间高三教室正前方黑板上方贴着八个大字："罢黜百事，独尊高考。"另一所优质高中一间高三教室门口的墙面上写着班训："只要学不死，就往死里学。"凡此种种，不一而足。青少年要刻苦学习自是没错，但现实的时间、体力上的竞争让人感到心疼，而且这不是一种健康的竞争方式。在学校，我总希望孩子们能够濡染、浸润在文化里，而不希望看到他们搏击、拼命在高考中。

在西南地区的几所高中，我看到教室的课表上排着上午 5 节课，下午 4 节课，晚上 2 节课。每天要上 11 节课，师生疲惫不堪。为了防止成人过度劳累，有《劳动法》作保障，每周工作 5 天，每天工作时间不超过 8 小时。而处在生长发育阶段的孩子，日复一日地以每天十四五个小时的时间超负荷地坐着学习，身心承受着巨大的压力，绝大部分孩子睡眠严重不足，身体的生长发育受到很大的影响甚至摧残。从某种程度上讲，越是所谓的好学校，生物性一面的压制可能越是严重。学校组织的所谓活动，不是为了应付检查，而是一种点缀。而且双休日往往都有兴趣班、辅导班的安排，起码也有大量的作业要完成，初高中学生几乎没有能享受完整的双休日的。

学校教育，人是目的。但在一些学校，什么精神成长、思维发展，可能连想都没有想过。只要是"出成绩"的学校，参观取经者总是络绎不绝，他们钟情于能够快速提高考试成绩的应试技巧。不少学校都有所谓的日习、周清、月考、期结，各种应试办法无所不用其极。只顾眼下中考、高考一阵子，不顾孩子成长发展的一辈子。学生每天在思想、学习、身体、生活、心理等多个维度上同时生存。学生以学为主，固然有其道理，但倘若我们只关注学生的学习，为考而教，过于重视知识灌输，就会出现精神真空。

校长缺了什么

对照教育家型校长的要求，我以为当下校长还存在以下问题。

一是少了一点使命意识。一个人能否被称为“知识分子”，与其所拥有的知识并无直接关系。一个富于道德情怀、致力于社会进步的精英分子，必然会对社会与权力保持一定的审视距离。一般来说，知识分子当然有自己的专业知识，但是他所从事的职业与“更大的问题”有关系。宇宙是什么样的？人类是什么样的？人生是什么样的？你的工作涉及这些大问题才能算知识分子，所以知识分子都有家国天下的大情怀，首先与他的职业是有一定关系的。正因此，知识分子成为了文化的托命之人。

改革开放几十年来，我们在物质层面取得了巨大成功。但问题也非常突出，科技用于“钻营”，追求利益的最大化，心灵的提升赶不上技术的进步。这就是我们在社会转型时期所面临的挑战，也是我们这一代人的独特使命。校长作为知识分子的一部分，应该有一种知识分子的使命意识，不应该每天只琢磨那点升学指标、分数成绩。校长作为知识分子中的精英，在当下的特殊历史阶段，要有“爱与责任”的践行，要有道德底线的坚守，要有民族复兴的担当，要有促进人类进步的责任。

教育存在一些矛盾，诸如教育事业的无限性与学校教育的有限性，教育目的的伦理性与教育手段的功利性等。作为一名教育家型的校长，应该思考教育发展的本原性问题，思索人类发展的方向性问题。这样的思考探索，是信仰追问，是图腾设计，也一定是精神苦旅。

二是少了一点傲骨清风。徐悲鸿说过：“人不可有傲气，但不可无傲骨。”他旅欧 8 年学成回国，开始投身于美术教育工作，发展自己的艺术事业。他参与了田汉、欧阳予倩组织的“南国社”，积极倡导“求美、求善之前先得求真”的“南国精神”。

一个国家、一个正常的社会需要有“傲骨”的知识分子；一个国家要强盛，自己的人民必须活得有尊严；一个国家要获得别人的尊重，必须有自己的文化根脉、人文精神。

　　所谓傲骨，就是不对上级阿谀奉承，不为升官发财而攀枝；得到自己应该得到的，讲自己应该讲的话；如果领导的意见与自己不合，不说违心的话。

　　朱熹有言："人面无真实诚心，则所言皆妄。"校长是一校之精神领袖，其言行举止常被师生引为楷模。我以为，校长的傲骨清风首先应该体现一个"真"字，按教育本原的规律办事。规律是求真的结果，价值是求善的追求，教育是求真、求善、求美的事业。

　　一些校长趋炎附势，取得了一些成绩，拿到了一些荣誉，便傲气十足，不思进取，认为自己已经掌握了教育的真谛，什么话都听不进，慢慢地就整体生活在自满自足的小圈子里，与真正的教育渐行渐远。因为总是"听不进"，慢慢地就会"听不到"，总是"听不到"不同的声音，就会孤陋寡闻，而孤陋寡闻者不是自卑就是自大。

　　三是少了一点人文情怀。联合国教科文组织发布了关于教育的第三份报告《反思教育：向"全球共同利益"的理念转变》，倡导教育应该以人文主义为基础，以尊重生命和人类尊严、权利平等、社会正义、文化多样性、国际团结和为可持续的未来承担共同责任；采取开放、灵活、全方位的学习方法，为所有人提供发挥自身潜能的机会，以实现可持续的未来，过上有尊严的生活。

　　学校教育，以文化人。如果用一幅油画来描绘学校的人物事态，那么作品的底色如何确定呢？诚然，不同的学校有各自的基调，但恐怕都离不开其中的一位主人公——校长。深刻理解"有什么样的校长就有什么样的学校"这句话，我们将领悟到校长对学校文化景观的底色渲染甚至主色调功能。

　　办学思想是学校的核心，是学校的价值取向、独立品格，是学校之魂，是学校持续健康发展的动力。校长管理学校，做到极致就是一种文化引领。学校文化是学校的宝贵财富，是师生成长的阳光雨露，健康的学校文化是师生健康发展的重要保障和坚实基础，建设优秀的学校文化应当成为校长心中的重任。

　　人文情怀体现在校长的办学行为上，首先表现为校长对师生生命质量的关怀。这不仅是提高他们的衣食住行等物质生活质量，更重要的是让他们享受到工作的成就感，从而产生更强烈的职业自豪感和幸福感。教育应该有灵魂安顿的设计和精神居所的创生。学校要成为教师的心灵栖所，校长就要成为教师心灵的阳光使者。其次，表现为校长的"人文管理"，即以师生为本的学校管理机制，让师生作为主人翁参与学校决策，让自主管理成为学校的行为准则。再次，表现为校长高远的教育理想，即着眼于学校的可持续发展，摒弃那种将办学成绩作为"仕途"台阶的私利行为，摒弃那种以牺牲师生身心健康为代价的短视行为。

四是少了一点"道"的坚守。校长应该对人的身心发展规律和教育教学规律抱持敬畏之心，并在实践中一以贯之。之所以要对教育之道进行坚定的守护，是因为这种守护有难度、不容易。这种难度来源于"长官意志"下的行政命令瞎指挥的干扰，来源于社会片面追求升学率倾向的侵袭，来源于自身内部功利意识的诱惑。

我以为，关于中小学教育种种问题的探索，大学教授可以在理论层面研究得很透彻，但由于他们没有进入过中小学课堂，因而这种理论往往难以与实践有机衔接，我把这种现象称为"下不来"；而长期在实践一线的中小学校长、教师具有大量的实践智慧，但对于种种问题的理论背景和源头在哪里不甚明了，这叫作"上不去"。谁能够更多地找到其中理论与实践的结合点，谁就是"草根教育家"。中小学校长有实践优势，又有着比一般教师更多的培训学习机会，理应成为"草根教育家"的最有利人选。

当然，"草根教育家"必须有自己的教育思想，这来源于自己对教育问题的独特理解与感悟。如果观点是一个点，理念是一条线、一个面，那么思想就是成体系的立体的几何体。社会意识有两个层次，较低层次的叫社会心理，较高层次的就是思想体系。所谓一些校长有思有想而没有思想，就是还没有构建起自己的思想体系。

我以为，校长有时必须是一个孤独的理想主义者。因为一个学生、一个教师、一所学校的发展存在着很多种可能性，而我们总梦想着能够往最好的方面发展，这其中带有一定的理想主义色彩是必然的。很多时候，校长所思考的问题，都是教师还没有想到或者教师不会去想的，因而有时校长是孤独的。譬如对教师的引领如何展开？学生思想工作如何进行？办学质量提升的根本在哪里？校园文化如何营造？以上归纳有什么共同之处？支撑这些行为背后的理念是什么？这些理念的共性何在？这中间层层递进的过程，也就是校长独特教育思想的产生过程。

（作者单位系浙江省杭州市学军中学）

（文章原刊于《人民教育》2016 年第 19 期）

别拿校长当"官"做

厉佳旭

放眼四周，校长真像个官员

校长是不是官员？显然不是。在一些教育行政部门领导眼里，校长是一个官员，和其他的科长、股长没什么区别。在有的局长看来，校长只是一个可以随意摆布的棋子，谁当都一样。有的局长，根本不理解一个好校长对一所学校意味着什么，对一群孩子和家长意味着什么，甚至对一个区域的教育意味着什么。凡是有点个性的校长，他就会感觉有些"碍眼"，就不舒服，总要找理由，想办法"拿下"。有的局长不明白什么是文化，也不知道学校文化的形成需要一个较为稳定而持续的良性发展环境，热衷于频繁的人事调动。

某地一所学校 5 年内换了三任校长。这些校长没有做过多少事情，一律是到这所学校"镀金"来了。教育局领导呢，也认为这是一所"黄埔军校"，想要重用某个人，就先把他放到这所学校当一两年校长。

上海一位教授痛心疾首地说，当地有位局长，一上任就推行校长大轮岗，全区校长"大洗牌"。全不顾这所学校是否刚有起色，那所学校的班子是否为"黄金搭档"。在局长看来，校长一轮岗，人就"活"了，他的工作就"顺"了。他不知道，校长们一旦感受到自己的位置和命运是"朝不虑夕"的时候，他们的功利之心就被唤醒了，而同时做教育的宁静之心和淡泊之心也开始"枯死"。当然，那些有骨气、有定力、有追求的校长则更容易因此变得让人感到"碍眼"。

一些校长常把自己当官看，开口闭口谈自己的级别，比如正科、副处、正处或副厅等。他们认为自己和其他官员一样，是专门"管"人的，所以一方面在权力上竭力"一手抓"，另一方面在工作上努力"往下推"，还美其名曰"懂得放手""善于用人"。说到治人用人，刘邦出类拔萃，带兵打仗不如韩信，运筹帷幄不如张良，治理天下不如萧何，却能够君临天下，足见异乎常人。校长如果一味学刘邦，只精于权术，却不长于学术，只谙于驭人，却不善于育人，充其量只是一个行政型或管理型校长，甚至只能算是一个政客，断难成为一个教育家，甚至不能成为一个真正的校长。

尽管校长同时应该是一个社会活动家，需要处理好和上级部门、社区以及家长等方方面面的关系，这点和行政官员有相似之处，但就最重要的特质而言，校长首先应该是一个学者，是教育方面深有研究的专家。一些校长把自己当作官员看，盲目尊崇那些官场作风，凡事不求做好，只求"搞定"，搞定就是能力；对人，不求引领，只求"摆平"，摆平就是水平。殊不知，学校毕竟不是机关，学校以学生为主体，以学生的健康成长为首要目标和任务。

学校工作远不仅仅是管理，它更是"教育"

管理，总体上以约束和规范为主要特征，是按照社会的规则或者管理者的意志进行的，它的用力更多是向内的，是约束性和制约性的。而教育，则是以发现、唤醒和引领为主要特征，用力更多是向上的，甚至是向四周的，是解放性和支持性的，它让人顺着自己的特点，向着美好的方向去发展生长。

一所只有管理而无教育的学校，不管升学率看起来多么炫目，也很难令人信服这是一所以成就师生为己任的好学校。现在许多学校，成了"高考工厂"和"中考工厂"，学生成了考试的机器，教师则成了操作工人，毫无教育味可言。而众多领导对其赞美有加，众多同行和家长依然趋之若鹜，惑矣。

校长是专业岗位，应当有自己的专业理想、专业信仰和专业追求，当然更要有专业能力和专业操守。他所有的决策、行为和意志，都必须符合教育规律、师生实际和学校特点。他更追求教育良心，对每一个师生负责，而不是追逐教育政绩和自己的仕途。他的一切工作的出发点，只能是学生的成长。

校长把自己当官看，就会心浮气躁，失去内心的平衡。校长这官太小了，不必说在科长、局长和县长、市长眼里，多数校长只是个“虾兵蟹将”而已，就是在校长队伍中间，也因为等级分明，而让众多民工子弟学校、薄弱学校、农村学校、特殊教育学校和小学校的校长们时时感到自己的卑微和弱小。

校长躁动不安，自然就眼睛向上，心思向外。一心琢磨如何尽快做出些“政绩”来，一心研究如何结交更多的“达官贵人”。于是，无视教育的“慢”规律，大搞“形象工程”，大搞宣传战役；于是，一个劲儿往外跑，上班看不到一点人影，下班看不了一页书刊，整日里和一些“重要他人”一起喝酒、打牌。最后，拍拍屁股，顺利高升。留下一屁股“半拉子工程”——看见的和看不见的；还有一群和他一样一心向上、一心向外的“后备”干部——有名分的和没名分的。

一些教师也习惯于把校长当官看，甚至把所有的学校管理人员，比如主任甚至组长们当官看。他们更擅长在领导面前表现自我，而不是在学生面前展示自己。他们更热衷于研究领导的爱好和人际圈，而不是学生的兴趣和亲友圈。他们更希望能够一步登天，而不是让自己的教育能力和教育贡献更上一层楼。他们不把心思放在工作上，而是放在研究人事与人际上。他们研究哪个领导何时“转正”，哪个领导何时“调走”，哪个领导何时会“高升”，哪个领导和哪个领导又是什么关系。即便不是自己学校的领导，他们也异常关心和关注。在他们看来，获得一官半职，远比教育出彩来得耀眼。每逢暑假，他们就会对这个校长说“你下半年要高升了吧”，对那个校长说“你前途无量”。在他们看来，校长就是官。而且，不同学校的校长官阶不一。中心学校校长比附属学校校长大，初中校长比小学校长大，高中校长比初中校长大，城区中学校长比农村中学校长大，一中校长比二中、三中校长大。所以，从农村到城区当校长就是升官，从二中校长变一中校长就是升官，至于从职高到普高当校长更是高升，而从校长到科长或者副局长，则更是"飞黄腾达"了。

学校里官气太浓，学校就单纯不起来，教育也就沉潜不下去

以上种种，也难怪老师们。每年的教育局会议上，许多校长们也是凭着会议安排的座位来精确判断各所学校及校长的地位的，局工作人员早把每个校长和每所学校在他们心中的位置排好了。

据我所知，目前各地中小学校长会议，鲜有按照校长的年龄、资历或者姓氏笔画等来排位的，更少有不讲位置顺序，随性而坐的。如果哪个地区的校长们都被一视同仁，真正实现了一律平等，我想此地的教育一定会多一些与众不同的新鲜空气，校长们一定会更加安心于办好一所学校，老师们也一定安心于教好一群学生。

把校长当官看，时日一久，便会习以为常。学校里的官僚气太浓，学校就单纯不起来，教育也就沉潜不下去，学生的成长自然也就缺乏底气与厚度。最糟糕的是，当校长成了官员，学校就成了"官场"，本已经高度功利化的教育将会变得更加势利，本已经高度工具化的学生将会更被异化。那时候，恐怕更多的教育怪象和乱象会纷至沓来——那将是真正的教育灾难。

我非常赞赏有省份出台了这样一份选配学校书记、校长的新规：学校书记、校长须从教师队伍中产生。在我看来，这样的规定显然迟了些，甚至显得多余。但为何在"取消校长行政级别""大力推行校长职级制"呼吁了多年后，依然成为引人关注的"新闻"，足以令人沉思。

（作者系浙江省宁波市立人中学校长）

（文章原刊于《人民教育》2015 年第 24 期）

在全社会的尊重与自重中，教育再出发

叶翠微

　　教育人从未放弃过自己的梦想、使命与担当。但是，几番奋进与阵痛下来，我们在新的历史坐标方位上对办教育有了更理智的认识："教育的全社会尊重"与"教育人的自重"，恰如生命体 DNA 的双螺旋体，支撑着教育事业的成长。未来，要办"具有中国特色世界水平的现代教育"，离不开这一双螺旋体。

"教育的全社会尊重"是教育最重大的供给侧改革

　　"教育的全社会尊重"在我们的传统文化里是有群众基础的，尊师重教一直是中国老百姓心目中的基本共识。党的十八大后党中央更加重视教育，提出国之兴衰系于教育，教之兴衰系于社会。习近平总书记指出："基础教育是全社会的事业。"

　　从这一论断出发，我们看到教育事业的社会性，没有全社会对教育的尊重，教育只会是一场自娱自乐的"乌托邦"。我们看到教育事业的发展性，中国的现代物质文明给了我们一份从容，而这份从容如不能内注于教育之中，它存在的价值与意义让我们情何以堪？我们看到教育事业的文明性，工业文明和后工业文明存在一个基本的逻辑：谁拥有一流的教育谁就拥有一流的文明。

由此，"教育的全社会尊重"不应是割裂的、非线性的，而应该是整体的、长效的。因为没有中国教育的崛起，就不可能有中国的崛起。没有中国教育的现代化就不可能有中国人的现代化。"教育的全社会尊重"不应是外加的，而应该是内生的并沁入人性的，因为内生而基于人性的教育才是真的教育，才是有希望的教育，才是自洽于时代并引领时代的教育。"教育的全社会尊重"不应是只为当下的，而应该是今天与明天的互动，当下与未来的对接。

"教育的全社会尊重"说到底是教育最重大的供给侧改革。现代教育一刻也离不开绿色的非功利的人本的社会供给。如果没有超 GDP 4% 的教育供给，没有"不低于公务员的待遇"，没有全社会发乎于心的"关心关注关爱"，"教育是天底下最受人尊敬的事业""再穷不能穷孩子，再苦不能苦教育"这些主张呼吁都将是苍白无力的口号。

英国诺贝尔奖获得者詹姆斯·莫里斯在中国教育三十人论坛上提出："我建议社会应该给人才培养更多支持，以便培养更多具有创造力的人才。"他认为，"这会对社会更有利，而且我们的生活会更加丰富多彩"。清华大学钱颖一教授也喊出了"教育是中国的核心问题"。因此"教育的全社会尊重"是中国最富有时代性的呼唤。

教育人也要觉醒、自重、自强

"教育人的自重"，首先是我国优秀传统文化的一份自托，所谓君子"自强不息""任重而道远"就是这个意思。其次是基于中国大发展大进步的今日，教育人又面临着空前的选择。

然而，具体来说，教育人如何自重？

第一，必须敬畏常识。这些年我们的教育的确太热闹了，口号太多，自己忽悠自己的事也太多。一时间，我们成了世界教育科研课题最多的国家，成了世界教育论文发表最多的国家，成了世界教辅练习资料最多的国家，而这一切并不是因为我们的教育有多先进，有多高的世界水准，恰恰是因为我们的无知，我们无知的“无畏”。何言“无畏”？因为我们对“常识”缺乏敬畏。

美国作家托马斯·潘恩有一篇名著《常识》，曾经深刻地影响美国的建国之父们。他认为，常识是人们所有见识中最珍贵的“真相”，它往往令人蓦然惊醒：啊，原来是这样的啊！

习近平总书记说“爱是教育的灵魂，没有爱就没有教育”。遗憾的是，我们常常无视这一常识，教育的冷暖没有了，彼此关切没有了，自然人性也渐行渐远了。

教育的常识告诉我们，“育人”是教育的根本，只育分不育人是对教育的最大反动。问题是我们恰恰视“分”为神明，不惜人力，不计成本，习惯于用这样的“皇帝新装”吸引眼球、赚取银子，低俗至极。

教育的常识还告诉我们，“游戏”是教育的天趣，席勒讲“只有当人充分是人的时候，他才游戏；只有当人游戏的时候，他才是完整的人”。但我们教育的现实却尴尬地告诉我们：我们的学生时常只能在电脑上想象大川名山的历游，时常是在足球场上臆想奔跑的快乐，时常是在从早到晚不断重复操练的课堂上异想“游耍的明天”。我们怎么了？！我们需要回归常识，从觉醒走向自重。

第二，必须矢志改革。改革是开放以来最大的民生红利，背后是三个字：第一个字是“镜”，它是一面镜子，让我们知道“我是谁”“为了谁”。第二个字是“劲”，它是一种力量，“取法乎上，仅得其中”，靠的就是劲道。第三个字是“进”，它是一种行动，马克思讲“一个行动胜过一打纲领”。基础教育改革的魅力就在于行动。

我认为，“矢志改革”可以做好四篇大文章。一是信守“方针思想”。党的十八大提出“坚持教育为社会主义现代化建设服务，为人民服务，把立德树人作为教育的根本任务，全面实施素质教育，培养德智体美全面发展的社会主义建设者和接班人”。这既是我们的最高纲领，也是我们的行动指南。我们要守中抱一，一以贯之。

二是深化课程改革。课程改革有三个攻坚战：其一，如何将立德树人内化于学校课程建构及实施之中；其二，如何将核心素养内化于学校的价值引领和追求之中；其三，如何将创新创造内化于学校内涵发展及成就之中。

三是浸养教育自信。自信离不开根，我们是一个有"根"的民族。源于这份根性，我们在教育的现代转型中必须表现出一份进取，一份超然，一份唯一。由这样的"进取"，我们可一览众山小；由这样的"超然"，我们可"胜似闲庭信步"；由这样的"唯一"，我们可"少谈第一，但求唯一"。

四是坚持技术创新。科技的高端化、日常化，给教育带来极大的资源和便利，我们要与时俱进，既"利于器"又"善其事"，为每一位学生"自由而全面的发展"提供平台。

为此，我们期待：

新的一年，我们像蔡元培先生那样，独具一双慧眼，做一个虔诚的美育倡导者。先生认为"美感者，合美丽与尊严而言之，介乎现象世界与实体世界之间，而为津梁"。让美育大放时代光芒。

新的一年，我们像陶行知先生那样，"捧着一颗心来，不带半根草去""解放儿童的双眼，解放儿童的大脑，解放儿童的双手，解放儿童的嘴，解放儿童的空间，解放儿童的时间"。教学合一，知行统一。

新的一年，我们像苏霍姆林斯基那样，静心呵护着帕夫雷什中学 32 年，不事官位，不图名利，只求育"真正的人"。时至今日，他的《把整个心灵献给孩子》仍然闪烁着跨文化、跨时空的风采。

新的一年，我们像杜威先生那样，信奉"教育即生长""教育即生活""教育即经验的继续不断的改造"。学校在理性的操持中引领学生不断发展。

新的一年，我们像平凡人马小平那样潜心教学，"最具世界眼光"，虽死犹生，让一个个活着的马小平似的人物谱写出中国当代教育的世界版。

……

新的一年，不论我们如何觉醒，如何自重，如何自强，教育的伟大时代已悄然走来，不如现在就出发！

（作者系浙江省杭州第二中学校长）

（文章原刊于《人民教育》2017 年第 01 期）

史家教育集团：构建"动力群"，激发"群动力"

王　欢

推动教育均衡发展：优质校的责任与使命

均衡发展是义务教育的战略性任务。在这项任务中，每一所学校都有自己的责任和使命。作为北京市东城区"朝阳门—东四—建国门"学区的一所优质教育资源校，史家小学有责任和义务发挥学校优质教育资源的辐射作用，为学区内其他学校的校本课程开发提供资源支持，从而推动东城区"学区化管理"实践，促进教育均衡发展。

2008 年 4 月，史家小学携手七条小学共建深度联盟校。2011 年 2 月，深度联盟建设实施"一长执两校"制度，提升了两校发展的紧密度。2014 年，在北京市推进义务教育优质均衡发展的政策引领下，史家人光荣地承担了多项改革任务。一是史家小学与遂安伯小学实施一体化管理，共建跨校区的优质资源带；二是将原曙光小学升级为九年一贯制的史家实验学校，与史家小学实现紧密型发展；三是西总布小学、史家小学分校作为保留法人代表的深度联盟校，与史家小学实现相对紧密型发展。2015 年 1 月，群聚 6 所学校的史家教育集团正式成立，为促进教育公平、推动区域均衡打造了一个新载体。

激发群动力是集团化建设的重要挑战

集团成立后，为了把优质均衡效应拓展至各校区，史家人孜孜探求如何突破各种教育要素的固有边界，使其按照集团化办学的现实需求，以更加灵活的方式发生聚变，进而在一个全新的教育公平联合体与教育质量共同体中，创造性地生发改革与发展的内动力，让更多的教师更加融合地专业成长，让更多的孩子享受更加优质的教育供给。

相对于过去的办学模式，史家集团化建设主要面临育人价值、学校运行、教师队伍等一体化发展的挑战。对此，史家人形成的改革共识是：构建改革的"动力群"，激活发展的"群动力"，使各种教育要素在和谐"群动"中持续促进集团的一体化建设与均衡化发展。

在史家人看来，"群动"是推进集团化办学的力矩所在。在校区层面，各个教师专业共同体是"动力群"，骨干教师及其同研者是"群动力"；在集团层面，各校区是"动力群"，各校区干部教师是"群动力"；在区域层面，各集团是"动力群"，各集团干部教师是"群动力"。

五大措施促进集团从管理走向治理

集团"群动"的实质是以理念创新带动、战略创新驱动、架构创新促动、机制创新联动、队伍创新推动等方式多向促进集团从管理走向治理，进而形成干部自觉引领、教师主动谋变、团队内在聚合的整体推进态势，让每一个史家人都积极地拥抱变化、激活发展。

理念创新带动。集团发展过程中，我们既注重学校发展的历史性，又强调区域发展的现实性，以"和而不同、共同发展"即"和谐+"为建设理念，让教育质量在均衡拓展中提升，让教育均衡在优质提升中拓展。

"和谐"是集团龙头校史家小学长期秉持的育人理念。史家和谐教育观的要义是：着眼全体学生的成长，关注基础教育的基础，优化并协调各种教育因素，使之在辩证统一中不断创造教育的整体效应，持续推动学生全面和谐发展。

在义务教育综合改革中，为充分发挥和谐教育的辐射带动作用，兼顾各集团校的既有文化，集团提出"和谐＋"的建设理念。在集团理念的创新带动下，各集团校提出"和谐＋生态""和谐＋七巧""和谐＋适合""和谐＋同行"等校区理念，形成了一个价值融合、逻辑自洽的和谐理念群。

战略创新驱动。集团丰富了史家小学"种子计划"的主体内容，使其成为核心发展战略。史家人既把一个个学生视为一颗颗种子，又把优质教育看作一粒鲜活饱满的种子，在有质量的均衡发展中促公平、增活力。

孩子成长永远是史家教育的出发点和归宿。史家教育强调用和谐的方法培养"全面和谐发展"的人，并把和谐育人具体化为"人与人的和谐""人与知识的和谐""人与自身的和谐""人与社会的和谐""人与自然的和谐"五个方面。在五个和谐关系的基础上逐步生成了史家的"种子计划"，即以培养"和谐的人"为目标，凸显五大和谐支柱、强化五大基本意识、培养五大核心能力、完善五大特色课程、打造五大金牌项目、建设五大资源基地，成就一个"和谐的人"。史家和谐育人体系犹如一粒鲜活饱满的种子，深深植根于每个孩子的幼小心灵，伴其一生，惠其一生。

从外部环境而言，我们致力于形成包括优质的课程、优质的项目、优质的教师、优质的资源、优质的机制在内的"五大优质"，并在集团内共享，为每一粒"种子"的生长内蕴优质的教育生态（见下页图1）。

"种子计划"的创新建构，使集团建设理念"和谐＋"得以丰厚，形成了深化改革的驱动内核，并使集团办学有了具体明确的思考与实践路径。

架构创新促动。集团确立了"条块并举、纵横贯通、统分结合"的组织架构。各集团校校长在对分管条脉负第一责任的同时，也要服务并引领分管校区发展，内化集团标准，外化集团品质；各集团校校长牵头的纵向管理层级在年级层面打破条块分割，实现横向协同，强化一线服务；集团在全局布划方面有"统"率力，各校区"分"别保留教育特色及其执行的灵活性，合力形成一幅集团主题鲜明、校区特色显著的史家教育地图。

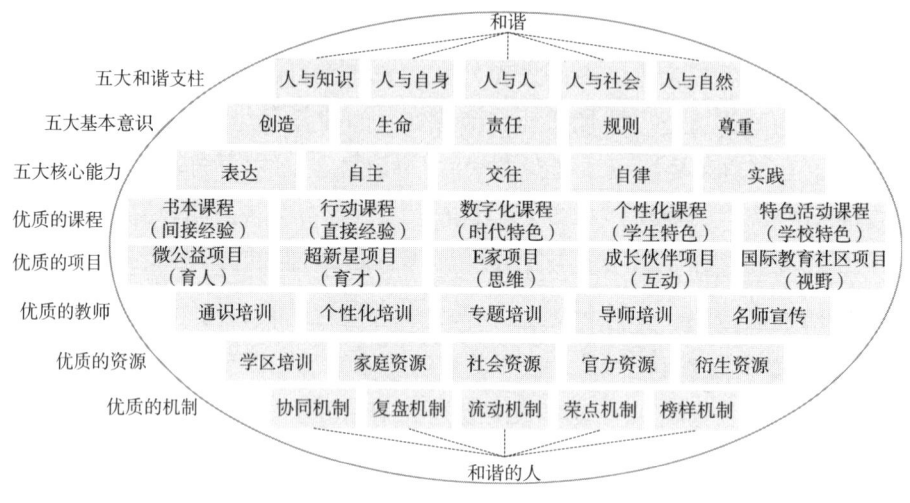

图 1 "种子计划"示意图

为了让组织架构创新有效促动集团各项工作,集团首先成立了管理委员会,由校长、书记牵头,6 位校级领导共同构成集团决策管理中心,其职能是讨论与决策集团整体发展与规划、管理与协调等相关工作,从机构设置上强化史家教育集团的概念和史家人的概念。

每位集团校长负责一个校区,各校区设一名执行校长。集团校长与校区校长密切联系,各校区落实集团整体发展规划,并将落实情况及时反馈给集团管委会,以便集团及时改善、服务校区。

我们成立了六个集团大年级组,校长、书记带领集团各校长,每人直接下沉到一个集团年级组,服务一线工作,优化部门配合,有效化解年级组工作层级上报、无人统筹的实际困难。基于此,史家人进一步消融了各科、各班、各部门、各校区的固有边界,促进扁平化层级管理,确立了一种收放有度的管理新生态。其中,战略规划、重大决策、教育督导、人事管理、基础建设、财务总控等核心职能"收"在集团,教务管理、总务协调、电教支持等辅助职能"放"在校区。

机制创新联动。集团以"协同机制"协调校区工作,以"流动机制"统筹内部资源,以"复盘机制"强化效果监督,以"荣点机制"和"榜样机制"提升干部教师的专业化水平。五大机制共同推进集团发展中的"理念互联、运行互动；课程互联、课堂互动；活动互联、师生互动；科研互联、管理互动；校区互联、品牌互动"。

协同机制旨在促进全体教师形成集团整体归属感，保证工作有序、沟通有效、合作主动，包括集团统一制定标准或计划、集团下发给各校区、校区配合执行、校区及时反馈上报给集团等四个首尾相接的环节。基于集团协调、校区执行，管理和沟通两个子机制共同支撑起集团内的组织、制度、教育特色、管理队伍、重大活动等五大协同。

流动机制秉持有利于集团内资源均衡配置、有利于教师队伍和干部队伍的专业成长、有利于调动学生和教师的积极性的原则，推动基于干部、教师、学生的基础流动和基于思想、资源、项目的深度流动。

复盘机制包括计划安排、信息收集、评估反馈、调整或发表等四个首尾相接的环节，旨在通过日常小复盘和重点大复盘，着重在教育、教学、教科研、行政、后勤、党务、工会、少先队、金牌项目、教师培训等方面沉淀精品。

荣点机制旨在通过授予荣誉奖项、奖励学习机制、建立发表体系等方式，使教师体会到作为史家教育集团的教师是非常荣耀、十分幸福的，从而更有效地激励教师不断进步。基于集团优势共享和校区分层激励，对应该机制的具体措施是工作室 / 工作坊培训、导师制培训、人文培训、信息化教研平台日常工作认定、重点论文推荐等。

榜样机制指集团选拔日常工作中表现突出的教师，将其树立为榜样，通过对其进行宣传，激励教师向典范学习。基于集团优中选优、校区全面筛选，对应该机制的具体措施是市区骨干教师带徒弟、名师主持工作室 / 工作坊等。

队伍创新推动。集团强化"领袖教师"的专业影响力与学术领导力，依托其带动遍及各个领域的专业共同体在科研融合中定方向、定标准、定重点，深层促进思想、资源、项目的持续流动。在给"领袖教师"赋权的同时，集团以多种方式为全体教师增能，不仅成立了干部教师的专业精修学堂和职业成长基地——史家学院，还通过"史家讲坛"、国博人文培训、家庭教育指导师培训、北师大脱产培训等深度引导教师专业发展。

史家学院以"日常性育人即专业化研究"为价值取向，把日常教育教学视为研修的主题、内容、形式与路径。研修全程源于实践、依于实践、用于实践。学院秉持"任务驱动、项目推进、伙伴学习、平台集成"的发展思路，为每一位学员提供体验实践的综合研修情境，进而在职业价值的建构、专业方向的引领、成长条件的创设等多个层面持续推动师德发展、师能提升和师情畅达。同时，学院以项目研究为核心进行课程设置，并在通识课程、伙伴学习课程、学员自主开发课程的融合实施中完成资源生态链与成长生态链的深层交织。特别是"互联网＋研修"的实践取向，汇聚国内外众多专家和名师的教育智慧，即时性地交互课内外众多导师和学员的思想火花。

当前，一种"动力群"多样、"群动力"丰富的教师领导型治理结构正在史家教育中全面生发。这种平行式、分布式、参与式的治理结构，在集团建设层面激活了每一个校区、每一个部门、每一个学科的内在动力；在教师发展层面开辟了职务擢升、职称晋级之外的第三条道路，即依托学术启导、专业话语、文化引领的自我实现之路；在学生成长层面确立了由更为贴近学生的一线教师，而不是行政领导来决定和供给的更加适合的教育新模式。

（作者系北京市史家教育集团校长）

（文章原刊于《人民教育》2016 年第 16 期）

发现教师：揭开学校发展的密码

孙双金

在校长心中，教师永远是第一位。学校发展最根本的是教师发展，唯有教师发展了，成长了，学生才能得到真正的成长。我当了近 20 年的校长，有一个坚定的信念：教师是学校最宝贵的财富，人是学校的第一生产力，抓住了人的发展就抓住了学校发展的根本和关键。而发现教师，是我校领导、管理教师的共识，正如哲人所说："生活中不是缺少美，而是缺少发现美的眼睛。"江苏省南京市北京东路小学（以下简称"北小"）是如何发现教师、发展教师的呢？

教育即发现

谈到发现教师，首先要回答的问题是：为什么要发现教师？

在希腊德尔菲神庙门楣上，有一句著名的名言："认识你自己。"苏格拉底将其作为自己哲学原则的宣言。作为万物之灵的人类，在认识自然、认识社会，探索科学真谛的道路上已经走得很远了，但是在认识自己的道路上却举步艰难。因为人是最高级、最复杂的生物，人的心灵成长、大脑发育、思维规律等还有许许多多的盲区、黑箱等着我们去探索、去破译。古人讲"不识庐山真面目，只缘身在此山中""当局者迷，旁观者清"。著名画家吴冠中先生说："风格是作者的背影。"这些名家名言都深刻地揭示了一条真理：人的成长需要他人的发现，也需要自我的发现。

作为校长，发展学校是第一要务。可怎样发展学校，却是仁者见仁，智者见智。有的通过砌大楼买设备，改善外在形象；有的通过创品牌、搞宣传赢得名声；有的通过抓分数求升学率迎合大众。而我们始终认为，发展学校的第一要务是发展教师。没有教师的发展，学生的发展、学校的发展终究是空中楼阁。

学校作为发展共同体、学习共同体，人与人之间互相发现显得尤为重要。马克思说："人是社会关系的总和。"人在群体中、集体中，互相赞美、互相鼓励、互相欣赏、互相激励、合作竞争，对人的潜能有极大的激发和唤醒作用。教育就是一朵云推动另一朵云，一棵树唤醒另一棵树。教师与学生是如此，校长与教师、教师与教师也是如此。

孔子曰："三人行必有我师焉，择其善者而从之，其不善者而改之。"陶行知先生也说过："当心你的教鞭下有瓦特，你的冷眼里有牛顿，你的讥笑里有爱迪生。"这两位中国历史上最伟大的教育家的话语，都道出了教育艺术的真理：教育即发现。教师要善于发现学生的潜质，发现学生的特长，发现学生未来可能的优势。我们校长做的也是伯乐的工作，肩负着伯乐的使命，发现每一个教师的潜能，把每一个教师培养成"千里马"，让他们驰骋在人生的万里疆场。

把人性内在的力量唤醒、激发、放大

怎么发现教师？这是对校长智慧的挑战。我们的管理团队在多年的探索中，总结出一套行之有效的方法。

首先要相信教师，要相信每一个教师都是优秀的。

"天生我材必有用"，世界上没有两片相同的叶子，也没有两张相同的面孔。优秀不是与他人比较，而是与自己比较。只要找到自己的闪光点，尽情地让自己的光芒闪耀，你就是优秀的。要相信每一个人都是可塑的。人是发展中的人，成长中的人，逐步成熟的人。每一个人都蕴藏着巨大的潜能，都有无限的可能性。一旦得到领导肯定、同事认可、学生信赖，他们就能爆发出巨大的能量，释放出夺目的光彩。要相信每一个人都是向上的。"人之初，性本善"这是古训，我们认为"人之初，性向善，性向上"。这是我们的管理哲学和人性判断。因为我们这样认识人，相信每个人都向上、向学，在管理中就顺性而为，把教师内在的人性力量唤醒、激发、放大，让每一个人都走在向学、向上的大道上。我们尝试了一些策略：

地平线报告。每3—5年，我们要求每位教师撰写个人的《地平线报告》。报告的重要一点是规划人生愿景：我的一年地平线在哪里？5年地平线在哪里？10年的地平线在哪里？并且在报告中要表达出个人的内在潜力是什么，希望学校提供什么平台。我们在阅读教师报告后，综合分析，因人设岗，充分相信每一个，调动每一位教师的潜能。

北小大讲坛。"北小大讲坛"不仅邀请各地名师来北小献课，各行精英来北小传道，更重要的是让北小有一技之长的老师在讲坛上一展身手。有的擅长中医，就讲养生之道；有的擅长水墨画，就教水墨技艺；有的擅长烹饪，就展示厨艺。真正体现能者为师，人人为师。

教师品牌日。在教师个人申报的基础上，学校统筹安排，某一天为某位老师教学品牌展示日。这一天这位老师就是学校的聚焦点：有教学思想微报告，有教学风格大课堂，有教学沙龙大家谈，有教育才艺大展示。

其次是解放教师。这里讲一个小故事。

音乐老师查育辉是团队中最年轻的成员之一。2005年刚由高淳应聘到北小的他，很快便接到了一次面向全南京市的优质音乐课展示的任务。执教的课题是音乐欣赏课《听妈妈讲那过去的事情》。这个一向被孩子们戏称为"麻辣教师"的查老师，会给孩子们呈现怎样的一节音乐欣赏课呢？参与活动的每一位老师都充满期待。然而，即便是有了这样的心理期待，当课堂进行到后半段时，查老师的"另类演绎"，仍然让不少老师惊诧不已——

"毫无疑问，这首歌的歌词离咱们城里孩子的生活有些遥远。要不这样，同学们能不能根据自己的生活与理解，重新来为这首歌填词？"大胆而富有创意的建议很快便得到了同学们的积极响应。于是，同学们4人一小组，忘情而投入地参与到歌词新编的活动中来。不一会儿，孩子们即兴编撰的歌词新鲜出炉。听听——"霓虹灯在繁华的都市里闪耀，晚风吹来周杰伦那忧郁的歌声；我们坐在软软的沙发上面，吃冰激凌还看着电视；我们坐在进口的电脑面前，玩 CS 还听 MP3……"

下课了，面对听课老师的热议与质疑，查老师多少也有些惴惴不安。毕竟，以这样的方式重塑音乐经典，对他而言也只是一种大胆尝试。然而，随着学校音乐组组长梁老师和分管艺术学科的唐老师一番情真意切的评点，查老师的顾虑很快便烟消云散了。"查老师，这是我们近年来听到的最富有活力与个性的音乐课了。真是太棒了！"

在实践中我们深深地体会到，发现教师，尊重是前提，解放才是关键。束缚教师思想的绳索太多，这个不许、那个不准，这样如何唤醒教师内在的改革愿望，激发改革热情？那么，怎么解放教师？我们的思考是：解放教师的思想。《国际歌》中唱道："让思想冲破牢笼。"我们校长鼓励教师大胆尝试，大胆改革，大胆实践。同时，解放教师的时间。教育改革，管理者往往是"加法思维"，不断给教师们增加各种任务，于是一线教师不堪重负，时间一长，改革的热情就逐渐消失。我们学校十分重视"减法思维"，给教师减去不必要的负担，把教师从无效或低效的工作状态中解放出来，去做更有价值和意义的工作。还有，解放教师的空间。我们鼓励"我的课堂我做主"，鼓励教师有自己的思想，有自己的个性，有自己的风格。我们尝试的策略是：

教师课程。我们鼓励每位教师在融合国家课程和校本课程的基础上，创设自己的教师课程。教师课程就是教师个人根据学生素质发展要求，依据个人的文化底蕴、兴趣特长而开发的富有鲜明自我特色的课程，这一举措极大解放了教师的创造性。于是"诗经课程""绘本课程""牙刷课程""读写绘课程"等像雨后春笋般涌现出来。

"瘦身运动"。人要精干健康，学校管理也要瘦身去肥，轻装上阵。我们要求"瘦"掉一切不必要的形式主义、面子工程。鼓励教师在备课和批改作业上因人而异，百花齐放。可以在旧教案上二次三次备课，骨干教师可以在教科书上写简案，可以删掉练习册上不必要的练习，作文批改可以变精批细改为重评轻改，互批互改。

"没有天花板的教室"。这一创意含有两层意思。其一，思想没有边际，创意没有边界。鼓励教师创新课堂教学。其二，我的课堂可以行走，花园是我的课堂，紫金山是我的课堂，玄武湖是我的课堂，大学实验室也可以成为我的课堂。

职业幸福存在于每一天创造性的工作中

发现教师，更需要引领教师前行。

这种引领首先是价值的引领。"为一大事来，做一大事去"是我们对北小教师人生价值观的引领。每个人到人世间走一遭到底为了什么——不仅仅是为了生存，为了享受，更是为了实现自身的价值。

引领还应是专业引领。北小有着朴素的理念：领导者首先要成为领跑者。唐隽菁副校长是德育特级教师，她带领的德育团队频频在省市教学比赛中获奖。张齐华副校长是数学特级教师，他手把手辅导出一批又一批优秀数学青年教师。我作为语文特级教师，和教科室语文特级教师朱萍主任，带领语文团队阔步走在"12岁以前的语文"改革道路上。

引领还体现在思维方式上。个性较强的教师因为自信自负，有时失之偏颇和固执，因此我们引导他们学会多角度思考，换位思考，学会辩证思维。青年教师思维方式往往停留在非彼即此、非白即黑的二元思维模式，在教学研究中，我们就让他们寻求"第三种思维"——除此之外还有哪些可能，把教师的思维向四面八方打开。

引领更是为人处世的榜样。学校有一部分青年教师离开父母、离开家庭，只身来到省城打拼。他们身边没有了长者的指引和告诫，身心容易陷入低谷，为人处世容易失之偏激。我们管理团队以身作则，与青年教师一起探讨，如何处理好人与人的关系，人与自然的关系，人与内心的关系。这种引领帮助他们走向人生和谐安宁的美好境界。

引领教师，我们尝试的具体策略有：

名师模仿秀。这是借外力引领，让每一位教师选择一位自己最崇拜的名师，学他的教育思想、教学艺术、课堂操作流程。等老师觉得自己模仿已近形似乃至神似时，向全校教师展示自己的模仿秀。当然模仿秀是手段，最终是为了超越模仿，成为最好的自己。

同上一堂课。这是用身边的人引领。同上一堂课包含同年级教师同上一堂课，这是同事之间互相引领。更重要的是校长与教师同上一堂课，特级教师与年轻教师同上一堂课，师父与徒弟同上一堂课。这是专业引领、文化引领，更是精神引领和榜样引领。

团队展示周。这是团队引领。我们针对教研组内老中青三代上教研课，往往会把年轻教师推上前台，而中老年教师缺乏展示和锻炼的机会，学校开设"团队展示周"活动，规定展示周内"老大上课，老二评课"，即年龄最大者上课，年龄居老二者评课。这样让中老年教师也有发光发热的机会和平台。

发现教师，为的是成就每一位教师。

马斯洛的"需求层次理论"告诉我们，人的最高需求是"自我价值的实现"。当自我人生价值实现，人的内心才能出现所谓的"高峰体验"。教师的人生价值主要体现在人生追求的达成，内在精神的丰盈，社会大众的充分认可与欣赏，教育对象对自己的崇敬与爱戴以及自己教育思想体系的影响力。如果能达到"立德""立功""立荣"的崇高境界，那便是人生的最大价值。

发现教师还要成就教师的职业幸福。教师的职业幸福在哪里？就在每天创造性的工作情境中。我们期待教师每一天都怀有"婴儿的眼光"，带着"黎明的感觉"走进每一堂课、每一次活动。教师的职业幸福就是创造性地开展每一天的工作，创新是教师内在幸福的不竭源泉。这是我们坚定的信念。

十年磨一剑，成就每一位。正是多年来我们对教师发展孜孜不倦的坚持和追求，学校呈现了喜人的景象。

近 8 年里，学校培养出 5 位特级教师。特级教师陈静的"享受数学"享誉省内外；特级教师唐隽菁的"开放德育"讲座遍及大江南北；特级教师唐文国老师的"本色语文"赫赫有名；特级教师朱萍的"生活作文"大名鼎鼎；特级教师张齐华的"文化数学"更是红遍全国，粉丝无数；特级教师林春曹的"言意兼得语文"闻名遐迩；我的"情智语文"在小学语文教学界独树一帜。林丽、吴京钧、查育辉、朱雪梅、吴贤、崔兴君等几十位教师在全国赛课中获一等奖。

团队发展、共同进步是学校文化传统。语文团队和"12岁以前的语文"品牌共同成长，每年接待络绎不绝的参观学习者，多次被评为南京市优秀教研组。数学团队在张齐华副校长引领下，数学文化研究影响不断扩大。英语团队在林丽老师带领下，一路高歌。科学组团队每位老师都是一朵"花"，呈现花团锦簇的繁荣景象。美术团队水墨画特色课程成为南京市水墨画盟主。音乐团队在儿童合唱比赛中屡获大奖。体育团队的花样跳绳、足球、武术操、啦啦操项目竞相斗艳，其中啦啦操更是多次获得全国冠军、世界冠军。

学校"情智教育"的办学主张经过10多年的探索，形成了情智管理、情智课程、情智教学、情智校园、情智活动、情智队伍的体系，多次在全国和全省教学成果大赛中获奖。

北小位于玄武区，玄武教育历来有发现教师的传统。在这片热土上，发现了斯霞、王兰、袁浩、陈树民等一大批卓越教师和校长。学校老校长袁浩先生发现了沈峰、蔡燕、朱萍等杰出教师。沈峰又发现了林丽、赵薇等优秀教师。在北小，发现教师、发展教师、发展学校，我们一直走在路上。

（作者系江苏省南京市北京东路小学校长）

（文章原刊于《人民教育》2016年第13期）

学校转型：

如何调整组织架构和课程设置

当社会不再旁观，教育怎么办？

李希贵

2014 年年末，一部美国大片《星际穿越》风靡中国影院，3 个小时跨越多维空间的关于人类生存的探索激发了国人对未来的想象，更是掀起了一股跨界穿越的思维旋风。

这个时代的迅猛变化，正如《星际穿越》的剧烈冲击，给学校教育带来从未有过的挑战，我们再也不能用关门的办法去隔离学习与生活、无视学校与世界各个角落之间无法抗拒的"连接"。

坚守的困惑，抉择的艰难，教育，从来没有像今天这样需要面对如此多的波诡云谲和气象万千。

当教育的大门再也关不起来的时候，七嘴八舌论变革，众说纷纭说创新。

社会不再旁观。社会对教育变革的诉求，急不可待；社会与教育的交锋，短兵相接。

教育的大门，再也关不起来了。

房檐滴水，年年照旧。曾几何时，我们早就习惯了象牙塔里的日子，以不变应万变，显得我们成熟而稳健；不跟风不逐流，被认为是从容淡定。从农业经济、工业革命到数字时代，100 年的变迁让社会天翻地覆，但今天的学校却与 100 年前出奇地相似。

"唯一办事聪明的是裁缝。他每次总要把我的尺寸重新量一番，而其他的人，老拖着旧尺码不放。"萧伯纳昨日的嘲讽常常让今天的我们尴尬，如果我们试图变成那位聪明的裁缝，就必须打开教育的围墙，去丈量社会的诉求、未来的呼唤和世界的心跳。

风驰电掣的时代穿越，扑面而来的世纪追问，当教育再也关不住自家大门的时候，还是索性跳入社会的瀚海。

“因循二字，从来误尽英雄。”早在 100 多年前，俄国著名数学家马尔科夫就曾谆谆告诫我们：“任何一个进步的体系，也都是开放的，不然，就会丧失其发展的可能性，因而也就会丧失其进步性的特点。”

深呼吸，抬头望远，张开我们的臂膀，拥抱那个我们本该拥抱的社会，与之共舞，与之共赢。

2015 将是变革之年，需要我们在变与不变中作出坚守与突破的选择。

拨开“学区制”的霾

十八届三中全会的《中共中央关于全面深化改革若干重大问题的决定》（以下简称《决定》），让“试行学区制”第一次出现在党的纲领性文件中。

应该说，这为我们今后很长一个时期政府公共教育的发展模式，提供了一个具有方向感和操作性的指南。

然而，在还没有弄清“学区制”的情况下，许多地区的官员们便开始生吞活剥，他们甚至连《决定》中的“试行”都给忘记了，立刻在自己的管辖范围内疾风骤雨般推行“学区制”。有的组建教育集团，一夜之间，十几所学校翻牌，让名校成为托拉斯；有的增加管理层次，在学校和教育主管部门之间，又多了一层“婆婆”；有的则重新划分教育主管部门中层处室和直属单位的职能，让他们分区连片管理学校，如此等等。

严格地说，“学区制”是一个特定的概念。作为一个相对独立的治理结构，它只有成为一个具有独立法人地位的组织，才能承担起政府与公民所赋予与期待的责任。责权利相统一，向来是构建任何一个组织或管理层次的首要原则。因而，真正的“学区制”必须“制”字当前，认真厘清每一个学区所拥有的责任，以及履行如此责任所必需的权利。

从这个意义上说，目前以县、区行政区划形成的公共教育基本管理单位，基本具备了这样的"学区制"要素，作为独立的法人实体，他们的责权利在制度设计上是相对完整的。现在的问题是，由于依附于行政区划而形成的学区管理单位过大，学校发展难以均衡，就近入学更是无法实施。面对这样的矛盾，在短期内又不可能完全脱离行政区划设定学区的情况下，我们应当如何面对？

我们的建议是，从"学区管理"起步，逐渐逼近"学区制"。根据目前各地教育管理体制的现状，"学区管理"模式应该把握好两个要素，即模块化管理和扁平化结构。

所谓模块化管理，是将行政区划中的义务教育学校和所属的就学范围，按照一定的原则，划分为若干个组团。条件成熟时，也可将高中学校划入其中（但目前尚不具备条件，这必须与整个社会转型的进度同步操作，切不可操之过急）。这样形成的学区，我们不妨称之为学区管理模块，由于权利赋给、财税体制、资源流动等制度要素在法律法规框架下无法在这样的"学区"内实现，因而，万不可将之"学区制"，更不能赋予相应的行政权力。没有法人地位的组织自然没有责任压力，而没有明确责任压力的组织，一旦行政赋予了一定的权力，就很容易迷失权力的价值取向，不仅权力的边界越来越模糊，尤其值得警惕的是，极可能形成以自我利益为中心的权力，这样的权力对被管理者来说无疑是更多的灾难。

因而，为了便于实现公共教育的发展目标，解决当前义务教育普遍存在的难题，我们完全可以实施"学区管理"，将这样的一个个模块化社区作为规划事业、调配资源、方便就学的管理单位。所有学区的管理主体，仍然是上一级具有法人地位的区域教育行政部门，而不是增加一个新的管理层级。

说到这里，扁平化结构就不言自明了。任何一项改革，都应该以调动育人主体——学校的积极性、激发学校的活力为目标，任何仅仅希望便于管理者掌控的改革都不会得到基层学校、教师、校长的拥护，也就不会具有生命力。因而，目前有些地区所进行的集团化管理、学区制改革，在学校和教育行政部门之间加一些"婆婆"，是逆时代发展之潮流的，也是早在上个世纪就被国务院明令禁止的。

高中教育在内外夹击中寻求突围

从来没有像今天这样，全社会的目光聚焦于超级中学现象。从同情理解到痛恨鞭挞，五味杂陈，七窍生烟，过去我们在教育的象牙塔里可以自说自话、自圆其说的理由，今天已经很难说服社会。

每一位具体的家长都很现实，他们必须要分数；整个社会的人们又很理性，他们一再追问，高中教育，人在哪里？

如果说，过去的高中教育，我们更多地困惑于教师的职业倦怠、学生的厌学情绪，那么今天及今后，我们却进入了一个内外夹击的新时代。

如何寻求突围之路？

我们的态度是，从教育自身开始，而不是等待别人。

我们可以做、应该做的事情有许多。

首先，要调整课程结构。高中教育已经进入普及教育的新阶段，高中校园里的学生，其基础状况、智力水平有着不可回避的千差万别，他们的兴趣爱好、潜能性向五彩斑斓。然而，我们的必修课程仍然是精英教育年代所要求的难度和容量，在那个同龄人中的 5% ～ 10% 精英分子接受高中教育的时代，这样的必修要求并不过分，但对于今天普及时代的绝大部分学生就难以承受。

压缩必修内容不仅仅是因为高中教育的普及，更是因为社会对人才需求的变化。如果说工业社会可以承受传统教育培养的"标准规格"人才，那么在今天，社会已经有着多元的人才诉求，个性张扬、创意无限、跨界思维，已经成为人才市场的流行语。这时候的高中教育就必须从过去的批量化生产，转向面向个体的定制式创造，其课程结构也理应进行相应调整，在压缩各学科必修内容的基础上，加大选修课的比重，这是新时代高中的不二选择。

需要特别指出的是，过去有些学校和地区对选修课程缺乏科学定位，已经严重误读了选修课程的内涵。我们认为，选修课程的主体，仍然应该以高中课程各领域中核心学科以及由此生成的综合课程为重点，让那些学有余力而又酷爱某一学科或学习领域的学生，在自己喜爱的课程学习中酣畅淋漓，找到真爱，发掘潜能，启动自我发展的内动力。

这样说来，表面上各个学科在压缩必修内容，实际上却在为有可能真正喜爱这门学科的孩子们提供更多深度学习的空间，可谓退一步，进两步也。

其次，要通过高中课程标准的修订，解放教师和学生。教育部领导同志曾在多个场合反复强调，今后要取消考试说明，让修订后的高中课程标准成为高中教学、高考和评价的依据，这样的课程标准应该具有可操作性。应该说，这样的要求使我们的高中教育走向越来越接近世界教育发展的潮流。

然而，如果课程标准仅仅是描绘出一个不可企及的至高台阶，实践中再让每一位教师去帮助学生搭建若干个攀往制高点的脚手架，那么由于若干方面的局限性，许多时候教师的做法不一定是科学、合理的，违背规律的教育就有可能发生。一个可操作性的课程标准，应该最大限度在课程内容上分清层次，在质量标准上明确相应的水平，也就是要帮助师生设定好最佳的适宜台阶。

课程标准不仅是教师领导教学的拐棍，更应该成为学生自主学习的指南。在信息来源多渠道已经成为现实的今天，学生自主学习的可能性大大增加，每一位学生的学习进度、深度与自我期待变得越来越不同，他们脱离特定教师指导与掌控之后的学习，应该有一个适合他们的课程标准。我一直在想，这个课程标准的编写，从一开始就应该立足于为学生编写和使用，他们方便了，学得顺畅了，教师的教学自然也就顺当了许多。

从学生到教师，有这样一个让人心明眼亮的课程标准，大一统、一刀切的重复学习与机械训练自然大可不必，也必然市场不再，解放学生和教师也能得到部分实现。

还有一个高利害要素，就是评价，再聚焦一些，就是高考录取制度的改变。2014 年的教育，最为出彩的就是在国家层面考试与招生制度改革引导下的上海和浙江的试点方案。已经有迹象显示，一些有责任心和使命感的高校，已经开始研究分数之外对学生的综合评估。只有这种多元、开放、综合的录取机制开始启动，才有可能大面积开启高中教育百花齐放的明天。

给这些改革以包容，允许他们有一些闪失，等待他们的不断成熟，政府和社会都需要耐心。

落实学生中心，到了撬动“结构”的时候

学校里到底在以谁为中心？这是一个十分清楚又特别模糊的话题。

说它十分清楚，是因为墙上贴的、文章中写的、校长口中讲的，都是以学生为中心。

说它特别模糊，是因为在真实的办学实践、评估奖励等各种看得见、摸得着的工作中，又往往忘记了学生。

尽管大家全都了然以学生为中心在学校教育工作中的关键地位，可要真枪实弹做起来，我们往往选择的捷径是放弃。

十八届三中全会提出的治理结构与治理能力现代化给了我们很好的启示，如何让我们的学校管理真正走向学校治理，对应对这个转型的时代来说，既是挑战，更是机遇。

理论和实践都明白无误地告诫我们，结构决定性质，结构不变，事物的性质很难改变。

在传统学校的管理体制下，管理主体常常被误以为只有一个校长，又由于校长的权力来自上级的任命，因而，在上下利益冲突、左右矛盾纠结、前后路径相左的时候，一所学校到底能否在全领域、各环节自始至终以学生为中心就完全取决于校长个人的价值取向，而制度设计本身并不具有这样的规定性。

事到如今，改造学校治理结构正逢其时，让学校从管理走向治理，关键在于优化学校的治理主体。

十八届三中全会《决定》提出的“试行学区制”，为改善学校治理结构创造了一个机遇。当我们的学校与周边社区真正形成利益共同体的时候，社区各方代表组成的教育委员会，就应该代表孩子和家长的利益参与到学校治理之中。尽管大量的实践表明，他们的权利不能没有边界，同样需要

制约，但是，由他们确定校长的选聘，由他们参与校长业绩的评估，由他们参与学校重大战略的方向与资源配置的流向，都会让学校生态发生令人欣喜的变化。这个社区教育委员会以孩子为中心的价值取向，必然会影响校长以学生为中心的办学追求，进而影响到每一位教师以学生为中心的教学实践。

另一个进入学校治理结构的应该是学生会。尽管不同学段孩子的认知水平、思维品质、管理能力各不相同，然而只要把他们吸纳进治理结构中，我们就会惊讶地发现，一个孩子必有成人没有的能量，他们的视角、眼光、经历、渴望与成人大不相同。如果给他们的酸甜苦辣应有的关照，给他们的异想天开应有的地位，学校治理结构的主体里，自然就有了他们的一席。

即使在学校内部管理机制的变革中，也同样有足够变革的空间。目前学校管理中普遍存在的校级干部工作切块分割制，导致了学生地位的迷失。分管教学的，当然以学科教学为中心；分管德育的，大都以组织一些出彩的活动为骄傲；分管科研的，往往比较关注教师论文著作发表的数量。这些分管领导所关注的重点相加，大都是在撕裂学生，尤其是这些分管指令传递到老师那里，而且指令之间存在矛盾冲突的时候，我们很难要求教师有那么大的定力，始终坚持以学生为中心。

因而，通过调整管理机制，让每一位握有重要权力的管理者，不再以做事为目的，让他们心中只有学生，这是从根本上解决目前学校管理痼疾的关键。

跨界思维突破教育瓶颈

有数据显示，2014年被冠以全国性的教育论坛超过了1200场，也就是说，每天都有3个以上的论坛在同时拉开帷幕。更值得关注的是，以新媒体、第三方智库甚至其他行业为主办方的论坛大行其道，超过了任何一个年份，悄无声息中，一大拨业外族群穿越边界走进教育。

诸多积重难返久医不愈的教育沉疴，也因此迎来了跨界思维互联互通的新机遇。

　　无须多说，单是互联网迅猛发展所带来的跨界思维，就向教育变革提供了许多全新的视角和多元的渠道。

　　首先是基于移动互联的用户观。很多企业突破了过去传统的客户概念，优先考虑的不再是产品和利润，而是把用户需求和如何黏住用户作为公司的重大战略；他们也改变了传统客户思维只关注大客户的习惯，转而面向一个个“最细胞”的用户；他们还改变了传统客户思维中一次性交易的短期行为，转而试图与用户成为终身朋友，进而希望与之长期合作，共同参与产品的开发。

　　这样的跨界思维方式，恰恰是校园里极度匮乏的，如何松一松抓分数、抓教育 GDP 的那只手，让教育者的眼睛不再仅仅关注教育的“利润”？

　　当我们把学生看作用户的时候，我们会更加在意他们的深度需求，面向每一位学生的因材施教才会扎根课堂；师生成为合作者，共同开发和创造适切的课程产品才有了可能，师生平等的校园生态才会自然显现。这个时候，真实的教育才有可能发生。

　　其次，无论我们是否愿意，也无论我们是否准备好了，以线上线下学习相融洽的 O2O 学习模式已经来到了孩子们中间。线上学习的市场特性，必然要求每一家线上平台具有强有力的黏性，而游戏化便成为平台开发商的第一选择。当线上的学习因为好玩而模糊了学习和游戏的边界的时候，学习和学校都必须重新定义。

　　当孩子们带着线上的体验走进传统的教室时，也必然带来改变传统课堂的渴望。他们不会喜欢一面是火焰、一面是冰山的学习生活。因而，如何让学习变得好玩，以游戏化的思维解决长期困扰我们教学生活的顽症，是我们绕不开的选择。

　　另外，互联网时代，当人取代商品成为所有信息的核心节点时，我们会发现每个人都在主动或被动地进行着跨界知识储备。一个“个体”或“学校”的价值，是由连接点的广度和密度决定的，你的连接越广、越密，你的价值就越大。这种关联性向我们教育工作者猛击一掌。本来，我们的教育就是特别讲究联系的，不仅包括知识内在的联系，也包括各领域之间的联系，然而不幸的是，分科教学画地为牢，恰恰让我们常常失去这样的关联；育人本是系统工程，每一位教师齐抓共管，学校、家庭、社会通力合作，才能产生教育效应，然而不幸的是，我们恰恰在这个问题上痛心疾首；每一位学生就是一个世界，我们不仅关注他们的分数，还应该关注分数背后的东西，更应该关注他们的生命健壮和精神成长，然而遗憾的是，我们并没有如此系统地形成促进学生成长的关联性模型。教育，依然靠的是零散的经验和想当然的判断。

基于移动互联的跨界思维，让我们为之一振，每个学习者在学习过程中所产生的任何数据都可以转化为信息，任何信息都可以相互关联，任何信息的关联之中，都可能生成意想不到的观点。

留意学生的每一个微笑，关注学生的每一次感动。喜怒哀乐间，倾听他们花开的声音；酸甜苦辣中，欣赏他们果熟的欢笑。把学生们的一切一切都收入眼底，放入心间，每一位教育者的内心都装有一位位全信息的孩子，这样的教育才能真正进入理想天地。

跨界思维，意味着我们要敢于超越之前思维的局限，突破传统工业时代那套讲究程式、严密、控制的思维模式，寻找到专业与人文、理性与感性、传统与创新的交叉点，甚至重新审视自我，完成自我颠覆和重塑。

（作者系国家督学、北京十一学校校长）

（文章原刊于《人民教育》2015 年第 01 期）

让每一位学生成为他自己

北京十一学校

　　21世纪，我国进入激烈的社会转型期。一方面，经济快速发展，社会文明程度不断提高，人们的行为方式、价值体系都发生了明显的变化；另一方面，个性发展的诉求日益彰显，更加凸显个人在学习中的价值取向和主动性之重要。人们更加关注个人幸福感和生命价值。社会的进步和发展对教育提出了更高的要求。日新月异的信息技术为个别教育的实现提供了可能。

　　我国实施新一轮高中课程改革以来，课程"千校一面"的状况逐渐得到不同程度的改观，但改革仍然是在传统教育模式框架内的修修补补。学校转型任务紧迫。《国家中长期教育改革和发展规划纲要（2010—2020年）》的颁布为学校转型变革搭建了宽阔的政策平台，也对教育提出了更高的要求。

　　这种背景下，2009年我们开始了学校转型性变革的实践。变革以提供选择性的课程为起点，以制度变革为保障，最终实现从价值选择到教学组织形式，从课程结构到管理制度，从教学方式方法到学校组织文化等全方位的转变。

　　学校转型是学校教育整体形态的根本性变革。我们首先确立了共同的价值观，以让每一位学生成为他自己为价值追求，将"立德树人"作为教育工作的根本任务。通过将国家课程、地方课程校本化，我们构建了一套分层、分类、综合、特需的选择性课程体系，实施选课走班，实现了每位学生一张课表。课程变革带动了学校管理制度的转型，并最终实现学校组织文化的变革，从而构建起了一种全员育人、关注个体的新型育人模式，学校实现了转型。

育人模式改革的价值追求

学校转型是一种实践行为，但要有共同的价值观作为思想基础。在确立共同的价值观的过程中，我们对学校教育的价值和学校培养目标有一个符合时代变化和发展的重新定位。立足"每一个"的自主成长，提出创造适合每一位学生发展的教育，以"让每一位学生成为自主发展的主体"为价值选择。强调教育是发现和唤醒，发现每位学生的不同特点和个性差异，唤醒他们沉睡的潜能。搭建各种平台，利用各种刺激，去发现和唤醒他们的潜质，帮他们找到自我，认识自我，让学生在人生方向的引导下发展。

要让这样的观念成为全体成员行动的指导思想，认同是极为重要的。为此，我们发动全校师生参与讨论，通过各种方式，让这个价值观在学校每个成员的内心扎根；又先后通过"育人目标确立年""课堂成长年""课程成长年""制度重建年""教学落实年""反思年"等系列年会主题活动，把这些价值观具体化，以更加清晰、可操作性的语言表现出来，通过相关主题活动进行深化；更重要的是，通过课程变革，让价值观与具体的教育教学行为联系起来，在每一个课堂和每一位教师的教育行为中落地。

一位学生一张课表

课程是学校育人目标、办学理念的载体。学校顶层设计的思想都必须通过课程才能与教师和学生发生关联。只有通过课程才能形成包括目标、内容、实施方式、评价等在内的教育链条，也才能整合学校所有的教育资源，为学生服务。所以，课程变革是学校转型的基础，只有改变课程，才能从根本上改变学校。针对教育当前存在的问题，课程变革的诉求主要在于增加多样性和选择性。为此，我们首先通过对国家课程、地方课程的校本化，构建了一套分层、分类、综合、特需的课程体系（见下页表1）。以

265门学科课程、30门综合实践课程、75个职业考察课程、272个社团、60个学生管理岗位，提供给学生选择。

表1 分层分类综合特需课程设置

课程类型	科目
分层课程	数学、物理、化学、生物
分类课程	语文、英语、历史、地理、政治、体育、技术
综合课程	艺术、高端科学实验、综合实践、游学课程
特需课程	书院课程、援助课程、特种体育

这套由分层与分类、专项与综合相结合的课程体系，通过对国家课程的校本化，突出以学生个体为单位的选择性，除了少数的必修课程外，其他大部分都是选修课程，所有的课程排入每周35课时的正式课表。学生不仅可以选课程，还可以选择学习时段，最大限度地满足每一位学生的学习需求，实现了一位学生一张课表。通过选课，课程与每一位学生联系起来，构建起每一位学生自己的学习系统。随着走班上课，这些课程得以落实在每一间教室、每一节课里，带动教与学方式的变革。随着配套的资源系统、评价与诊断系统的跟进以及学校的各项管理制度的重建，确保课程链条上各个环节形成一个相互支撑的有机系统，学生的选择权由可能变为现实。

为了给学生更多自主选择的空间，我们实施了"大小学段制"，每个学期分两个大学段和一个小学段。大学段主要进行统一课程的集中学习。两个大学段之间的小学段，为期2周，学生仍然到校学习，但不安排统一的学习内容，每位学生根据自己的学习需求，制定出符合自己的自主学习规划，进行自主学习；也有很多学生利用这段时间，走出学校，到社会和实验基地进行实地体验学习等。小学段给了每位学生进行校外社会体验和个性化学习的机会，也使他们的自主学习能力得到锻炼和提升。

表2　高中大小学段安排一览表

学年	高一				高二				高三							
学期	高一（上）		高一（下）		高二（上）		高二（下）		高三（上）				高三（下）			
学段	1	A	2	3	B	4	5	C	6	7	D	8	9	E1	10	E2	11	F1	12	F2	F3

　　学生的课程选择权需要通过一定的教学组织形式来实现和保证。选课包括两层含义：一是选择适合自己的课程模块；二是选择适合自己的学习时段。通过选课，每位学生形成了自己的课表，到不同的学科教室上课，在不同的教学班之间流动，而老师们则在各自固定的教室里等待学生上课。通过走班上课，有选择的课程体系落实到每一节课上，落实到每一个学习过程和每一个时间点上，这时，学生的课程选择权才真正由可能变为现实。正是这种教学组织形式的推进，使学校转型从课程变革深入到管理制度，这才有了管理制度的重建等一系列其他方面的转型。

　　在教学组织的变革中，学科教室的建设和准备是重要的一环。教师要把传统的行政班转变为教学班，教室必须改变，承载更多的教育功能。一方面，要从一种功能转变为上课、读书、实验、讨论、教研等多种功能；另一方面，要从一样的教室转变为具有学科特点的学科教室。在这个变革的过程中，各种学习资源进入教室，走到学生的身边，为学生的自主学习提供了便利。同时，学习资源的进入，带动了学生的自主学习，带动了课堂教与学方式的变革，将变革向更深处推进。

新技术引领个性化评价改革

　　多样化的可选择的课程实施，必然需要评价体系的变革，从管理工具和手段，转变为引导学生的发展，为教与学提供服务。立足多元性、层次性、易操作、抓关键的原则，过程性评价引导学生关注自己的学习过程，随时随地记录和反馈，便于学生有针对性地调整自己的行为和学习状态，成为学生学习动力的推动器，也引导学生学会对自己的行为负责。在过程性评价体系的建设和实践中，有两个环节非常重要：其一，研发适合于本学科、不同的课程内容，甚至是每一位学生的过程性评价指标体系；其二，有多功能的网络技术平台的支撑，方便教师和学生随时登录、记录与查阅。

评价体系变革中的另一项重要内容是学业诊断体系的建设。我们把考试转变为诊断，发挥考试的诊断功能，通过诊断分析，帮助教师和学生查找问题，为改进教与学提供服务。诊断的改进从研究命题开始，我们成立了命题专家团队，对每一份诊断试卷精心设计，对试卷数据进行系统、科学的分析，帮助教师与学生发现问题和漏洞；同时，个性化的学生学业诊断与考试评价分析系统，借助网络平台和数据分析工具，也为每一位学生提供不同角度的学业发展信息，为学生的自我管理、自我规划提供服务。

育人模式改革拉动学校转型升级

学生的独立人格、独立思想和自主发展的动力在课程的选择中被激发出来，要求学校能够包容个性不同的成员，最大限度地发挥每一个人的潜能，给每一位师生自由的空间，激发每一个人的主动性、积极性和创造性，才能为选择性课程的实施提供保障。这种情况下，以注重效率、"成就事"为价值取向的管理，暴露出明显的不适合，学校要从"成就事"转向"成就人"，实现从管理向领导的转型。

领导学校，首先要带领全校教职员工，描绘出学校未来发展的愿景，确立共同的价值观和奋斗目标，实现价值领导。调整组织结构是学校转型的杠杆，课程及其实施过程的变革，凸显学校教与学的需求，迫使学校管理重心下移，形成服务第一、师生导向的扁平化组织结构。校长与师生直接对接，教学一线的需求能够得到快速回应。

领导更关注领导权力的下放与分享，淡化行政管理，注重团队领导，通过让更多的优秀教师参与学校管理，让每一位教师成为学科教室的建设者和领导者等方式，搭设各种平台，扩大教师的影响力。还注重教师的专业成长，提供可选择的专业成长课程，建立各种激励机制，激发每一个成员的主动性、积极性和创造力。教育是一个互动的过程，领导更注重搭建各种沟通的平台，建立沟通、对话、协商的机制，通过与组织成员建立关系，运用情感的力量去达成目标。

随着选课走班的实施，原来的班主任管理模式被打破，面对处于流动中的学生，管理的工作量陡然上升，需要建立与之配套的管理机制。拥有了自主选择权的学生，独立人格和独立思想日渐凸显，需要更多的自主空间，但又要保持良好的教学秩序。经过摸索，我们逐渐建立起全员育人、自主管理的教育网络。从年级层面，我们实施了"分布式领导"模式，把年级层面上的教育教学管理事务分解为导师、咨询师、学科教研组长、小学段与研究性学习主管、过程性评价主管、终结评价与诊断主管、选课与排课主管、教育顾问（特殊行为问题）、自主研修主管、考勤主管、大型活动主管等多个岗位。由任课教师根据自己的专长，主动承担，既确保了年级工作和教育教学管理的高效、有序，又给每一位教师搭建了施展个人才华的平台。更为重要的是，随着行政班和班主任的消失，任课教师的教育和管理的责任大大增加。每一位教师从学科教学走向了学科教育，他们不仅要负责学科的教学，还要关注学生的心理、情绪和人际交往；不仅要教会学生，更要教学生会学，要管理和领导学生的学习。当每一位教师都是教育者，学校就实现了全员育人。

全员育人还要与学生的自主管理能力结合起来，才能构成一张和谐的网络。选择权激发了学生自主发展的愿望，但教育最终的目的是让每一位学生学会自我管理。按照"评优体系引导＋基本行为规范为底线"的思路，我们改革了评优体系，让具有不同潜质和能力、特长的学生脱颖而出，发挥优秀学生正能量的引领作用。而在给予学生最大限度的选择权和自主发展权利的同时，更强调学生要懂得尊重规则，行为规范。为此，我们从学生成长的角度，出台了"学生在校基本行为规范"，每一位学生都必须学习并认真遵守。

实现每一位教师的转型

学校转型不仅是教育实践的变化、培养目标的重新构建和实现，而且是教育者自身的发展变化过程。没有一线教育实践教师自身的变化，要实现转型是不可能的。因为只有教师转型了，学校转型才能深入到每一个课堂、每一间教室、每一个教育过程，学校才能呈现出适合每一位学生成长的生态。教师转型最根本的是观念的转变，当教育致力于让每一位学生成为他自己的时候，教师的职责需要从单纯的传递知识的授业者，转变为学生学习的管理者，通过互相影响、讨论、激励、了解、鼓舞，发现和唤醒学生的内动力；更多的时候，他们还是一位顾问，一位交换意见的参与者、咨询师，一位帮助发现矛盾论点而不是拿出现成真理的人。变革更多的是对惯性思维习惯的挑战，学校转型中面对的很多问题都无法用传统的思维模式解决，只有转变思维方式，换一种思路，才能找到合适的办法。面对全员育人的要求，教师还需要重新思考自己的专业素养结构。学校转型把传统教育加在学生身上虚假的力量剥去，在一所充满学生选择权和决定权的学校，在一个个学生自主学习的课堂，教师更需要从传统的职业尊严中走出来，寻找新的威信。

每一位教师观念的转变，策略的运用，方法的创新、借鉴都必须经历别人无法代替的过程，而由于个体的差异，这种经历的快慢、缓急每个人是不一样的。因此，教师转型更需要策略和方法。让一些学科或一些老师率先尝试，通过各种分享机制，让率先获得的经验得到最大限度的分享，让后来者在先行者的经验中起步。还要允许落后，给没有赶上的教师一个思考、彷徨、旁观的过程。

高校团队助力学校转型

经过 4 年的实践探索，学生状态、教师情态和学校形态都发生了很大的变化。2009 年和 2013 年，北京师范大学脑与认知科学研究院专业人员先后组织了两次调查，数据的对比分析，一定程度上展现了学校转型变革的实践效果（见下页图 1）。

课程的适切度有了明显提高。2013 年 6 月的调查显示：93.2% 的学生认为目前学习的课程适合自己（见下页图 2）。

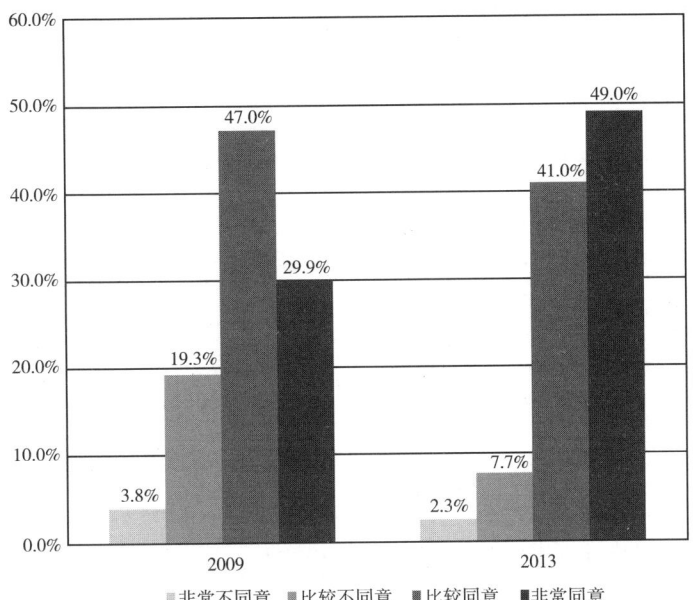

图 1　在学校，我能选到适合我的课程

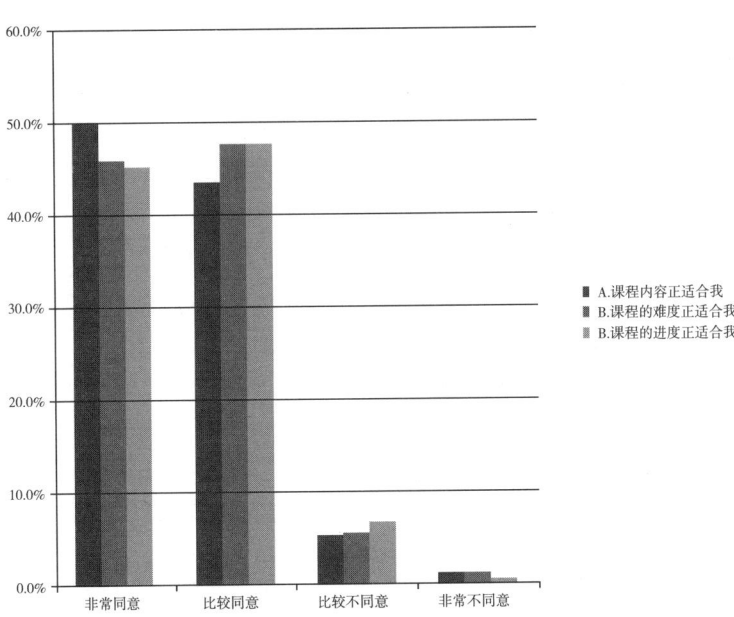

图 2　2013 年对课程适切度的调查

学生的自我负责意识、社会责任意识、自主发展的愿望和能力日渐增强。90.3% 的学生认为"学校所学的课程对自己的未来发展有重要意义"，94.8% 的学生认为"我能够根据学习目标安排自己的学习"。开放性和动态性营造了每个成员积极参与、共同负责的新型群体关系，学生对他人、集体、社会负责的意识和能力提升。2012 年"两会"期间，学校"人大代表助理团"的同学在平时搜集舆情民意和调研的基础上形成了 8 份提案，通过全国人大代表宋鱼水提交到了"两会"。

学校整体质量呈上升趋势。2009 年，在学校课程改革进行的初期，调查结果显示：该年度在同伴关系、师生关系、课程与教学、资源与支持、组织与领导和文化认同这六个方面的综合指数均处于 C 级水平。2013 年，学校课程改革进入第四年，诊断结果表明，全面推行课程改革后学校在整体质量上呈现出上升趋势（见图 3）。2013 年 6 月进行测查时，在师生关系、课程与教学、资源与支持、文化认同维度均由 C 级进步为 B 级，组织与领导保持在 B 级水平并有一定程度的提高。综合指数值（82.18%）也上升到 B 级水平。

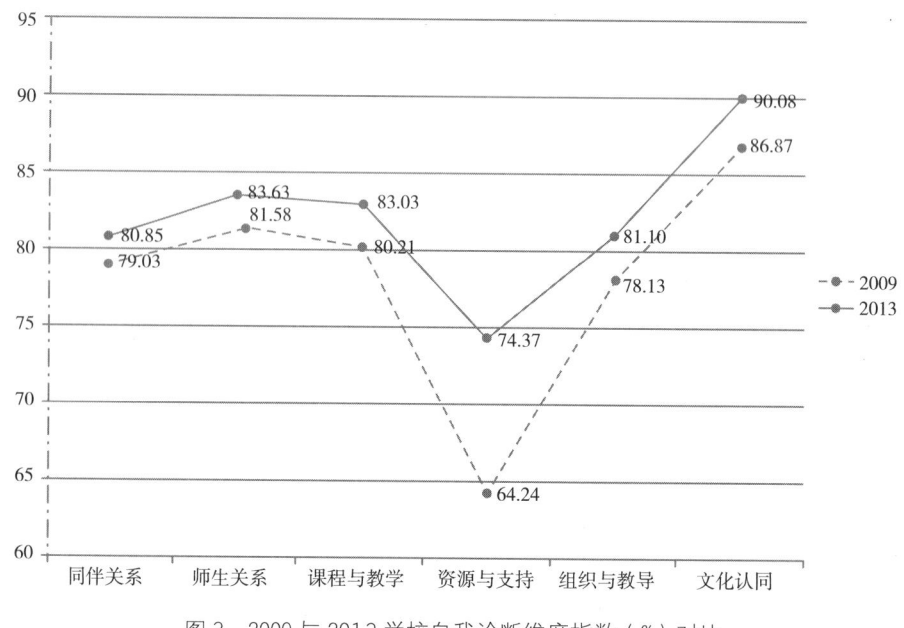

图 3　2009 与 2013 学校自我诊断维度指数（%）对比

转型后的校园，同伴关系、师生关系和谐。2013 年的调查显示，89.2% 的学生表示"我对自己与同学之间的关系很满意"，95.8% 的学生表示"我很喜欢我的同学们"。对和谐关系的体验，也在师生关系的调查中得到了验证（见表 3）。

表 3　学生感知到的师生关系状况

调查维度	具体题目	非常同意	比较同意	比较不同意	非常不同意
学生全面发展得到关注和支持	成绩不是老师评价我们的唯一标准	54.9	38.8	5.4	0.9
	老师鼓励我们思考和规划自己的未来	61.2	35.9	2.5	0.4
	老师关心我们的生活状况	53.2	38.1	8.0	0.7
	老师在关心我们的学习之外，还能真正倾听我们的心声	53.7	38.2	6.4	1.7
每个学生得到公平的对待和关注	老师能公平地对待男生和女生	59.9	34.3	4.1	1.7
	老师能公平地对待每一个同学	55.4	38.5	4.5	1.6
	老师不会因为成绩的好坏而对同学们区别对待	48.3	41.1	8.9	1.7
	无论家庭背景如何，老师对同学们都能一视同仁	64.4	34.6	0.9	0.1
老师与我的关系	老师了解我的情况	43.6	48.4	7.0	1.0
	我随时可以获得老师的帮助	52.8	41.7	4.8	0.7
	我和老师相处得很好	53.3	44.3	2.0	0.4
	我对自己与老师之间的关系很满意	52.3	43.5	3.6	0.6

资源服务于学生，得到学生的认可。2013 年，对资源丰富性、开放性、安全性及使用性等方面的调查显示：学生对这几项重要学校资源的平均认可度达到 92.7%（见下页图 4）。学校的管理服务现状以及管理空间的调查，能够在一定程度上反映学校的环境氛围情况。对以校长为代表的管理者的满意度调查，得到超过 90% 的学生的认可，其中，同意"学校管理

者愿意听我／同学们的想法”的学生比例由 2010 年的 79.2% 增加到 2013 年的 91.8%。

　　学校整体状况得到绝大部分学生的高度认可。2013 年调查显示，学生对学校的课程、师生关系、同伴关系、资源与设施、组织与管理状况、学校秩序与安全等整体氛围的综合满意度达到 95%，对学校的培养目标、教育理念、学校氛围、社会声望、学校的特色优势等方面，学生的平均认可度高达 97.5%。

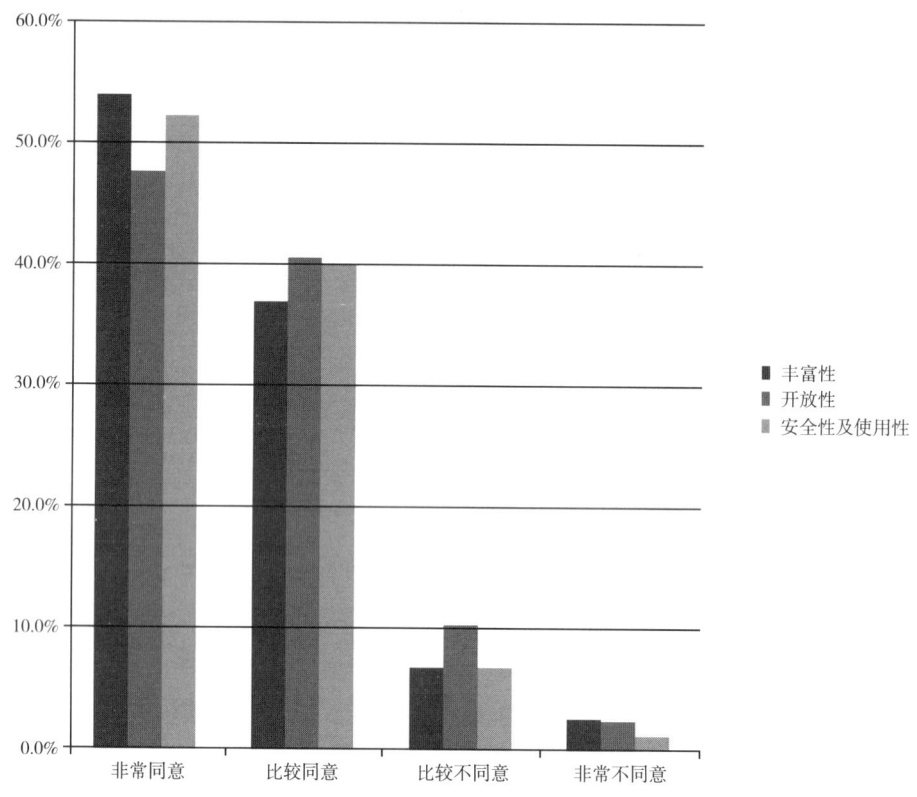

图 4　2013 年对资源丰富性、开放性、安全性及使用性等方面的调查

学校转型任重道远

学校的转型性变革是一个深刻、持续、整体的渐进过程。真正实现转型这样深刻的变化，还需要经历一个较长的时段。

第一，全人教育下教师专业素养结构面临着重构，教师培训和教研任务繁重。在转型过程中，虽积极探索在学校转型过程中的教师专业成长之路的经验，但是随着改革的深入，教师的培训和教研任务仍将十分迫切而繁重。

第二，教师从理念到行为的深刻改变将是一个不断深入的过程。当传统的权威被打破之后，寻找并体验到新的职业尊严和职业生存方式，在学校转型过程中实现每一位教育者自身的发展，将成为每一位教师不断深刻面临的最真实的挑战。面对一个个鲜活的学生个体时，尤其是当一时看不到教育的效果时，挑战的已经不再是教育的技巧方法，而是每一位教师的心理和思维习惯。

第三，学校各项制度重建的工作还只是刚刚开始。在过去几年的摸索中积累了一些对新岗位的认识、对新流程的梳理，但是新的制度还在不断构建，新产生的岗位还需要在实践运行中不断磨合，并找准各自的职责定位和工作流程。学校各项制度重建的浩繁工作量将成为学校整体转型面临的巨大挑战。

第四，启动每一位学生的内动力任重而道远。由于学生存在的个体差异，每一位学生内动力启动的机制和兴奋点可能都是不一样的，这将是一个庞大的数据库，需要多功能的数字化技术支撑。如何真正利用"云计算"的优势，实现对学生个性化诊断、指导、帮助和激励的持续进行，这样的工作我们还在一步一步地摸索中。

第五，转型后的学校与整个教育生态和社会生态的对接仍需研究。在我国现行的体制下，新的育人模式的运行需要考虑与国家课程方案和上级教育主管部门的对接，学校生态需要与整个教育生态和社会大的生态环境的融合。

选课走班后怎么育人？

李 亮

2012 年下半年，我从高三下来，接手北京十一学校新一届高一的历史教学工作，正赶上学校育人模式改革全面铺开。虽然从教 20 多年，自认为有较多的知识储备、经验积累、创新成果，但还是感到力不从心，产生过无数的动摇、怀疑、困惑和纠结。2015 年 6 月，我们的学生自豪地毕业，而经历 3 年的磨砺，我对教育的理解已然发生巨大改变。身份还是教师，但已经不是以往的那一个，焕然成为一名"新"教师了！

以往，谈起教育观念的转变，我认为是比较容易的。比如，"学生的利益高于一切""提高学生的主体性"等，我感觉自己都能理解和认同，并在教育教学过程中自信、主动地去实践落实，自我感觉效果还不错。如今，我意识到，那样的认识其实还相当肤浅，没有科学合理的制度保证，就没有脱胎换骨的转变，就不能逼近教育的本质。是育人模式的改革，催化了我作为一个教育者的涅槃。

用制度解放学生，改变教师的学生观

作为教师，我热爱学生，把他们当作国家民族的希望，积极主动地为他们的成长努力：关心他们的每一个需求，教育他们改正缺点，千方百计促进他们积极学习。20 多年来我得心应手，但进入新模式，我迷茫了。

学生选课走班，没有固定的教室、固定的班级，没有班主任、班长，很难"抓住"动态中的学生。有时感觉某个学生做法不对，要跟他谈谈，他会很礼貌地说："老师，我还有社团活动，有空再跟您解释。"在课堂上，学生胆子大了，个性强了，他们并不认同很多常规结论，会直接质疑我。还有的学生对历史不感兴趣，历史课上做其他事情……我作为教师的权威优势、知识优势、经验优势显得那么不堪一击，我甚至觉得自己不会上课了。

是学生变了？是我落伍了？是我们的改革有问题？我该怎么办？困惑和懊恼随之而来。

今天再回头看，那是制度转型带来的阵痛，是观念转变的必经阶段。后来，我从李希贵校长和许多领跑教师那里得到启发和帮助，在理论上有所感悟，在学生观上发生了根本变化。

我们以往为学生设定了理想的人才模型并赶着学生朝那个方向发展，标榜的是"为了学生的利益""以人为本"。那时，即便我们努力"发挥学生的主体性""尊重个性差异"，也是受到局限或浮于表面的。现代教育是要把学生培养成具有独立人格的人，而不是物或工具。只有这样的人，才具有创造力、责任感和顽强意志。

北京十一学校育人模式的改革突破了传统体制的束缚，能够从本质上落实这一基本观念：学生自主选课，根据自己的情况决定自己的未来，教师只能在尊重学生选择的基础上帮助他们实现理想；高端课程、社团实践给学有所长的学生提供更加广阔的发展空间……

这样的制度设计，使学生真正成为学习的主人，把师生放在真正平等的平台。教师不能再按照自己的理想模式去"塑造"学生，而是按照学生的理想需求去帮助学生、引领学生。教师丰富的专业学识，未必是这一个学生所需要的；教师在自己学术领域的地位，未必是学生敬仰的；教师认为对的，未必是学生认同的……这些都成为正常事。教师要增长更多的本领，尽可能满足学生的成长需求。

再就是怎样看待有个性的学生。个性与缺点是有本质区别的。苏霍姆林斯基说，"每一个学生都是具体的"，没有个性的人是不存在的。以往，虽然我们也倡导"尊重学生的差异"，但对待不合群、不听话、严重偏科，甚至行为出格、思路迥异的学生，我们总认为是问题，想要纠正过来。新模式下，我意识到，不能用自己的个性去抑制别人的个性，企图消灭个性的教育是违背人的发展规律的。我努力帮助学生发展积极个性，学生的天性得以舒展。用制度去解放学生，"以人为本"的学生观得以真正落实。

教学真正转变到从学生发展需求出发

伴随着学生观的转变，我的教学观也在变化。选择历史课程的学生组成教学班，但他们对学习的要求是不同的：有的兴趣多一点，有的兴趣少一些；有的是来听故事的，有的是来学学科方法的；有的想对历史作宽泛的了解，有的想对具体问题进行深刻认识……所以，选修课没必要要求学生一律掌握所学内容，并达到统一的较好水平。把课程内容整合成营养较为全面的大餐，让学生获得各自所需的养分，让学生自己的那部分需要得到满足即可。

教学观的变化引发课堂教学的变化：教学真正从学生的发展需求出发。实际上，现实生活中的每一个细节，都是历史运动规律的反映，从解决学生生活中的困惑入手，以服务学生的成长为目标，结合历史运动的基本规律，适度渗透历史学科的人文素养和历史学科的思维方法，可以激发学生对历史学习的兴趣，把最不喜欢历史的学生与学科的关系拉近，因为人的生存和发展需要理解这些现实问题。这一过程同样也可以使绝大多数学生达到基本的要求。课堂结合现实，剖析与之关联的典型历史案例，则可以使对历史作深入研究的学生获得提升。我的课堂教学，都是结合学生最关注的现实问题整合教学资源，或者由学生提出最需要解决的问题组织教学。

要获得学生的真正需求和感受，教学过程必须是平等、民主、对话式的。我的课堂允许学生以自己的方式听课。在真实的学生面前，我可以发现问题并找到适合的方法帮助不学习的学生，对个性极强的学生，我也能够在课后进行有针对性的引导。

走班选课形成的教学班里，学生更为活跃，需求更为多样，表现更为真实，进而呼唤课堂德育要与之相适应。我深信：只有满足学生的综合性需要，做到德育、教学双落实，才能在选课的过程中，守好课堂主阵地，使课堂成为学生最喜欢的地方。

在宽松的课堂氛围中，我更多地鼓励学生建设良好的伙伴关系，学会合作学习和分享成果，学会借鉴和感恩，学会尊重和妥协；在课堂纪律方面，我更强调底线意识，不断深化个人和集体关系教育。学生很珍惜我的每一堂课，不少理科学生都愿意到我的教室上自习、做值日。他们认为，我的课堂有他们亟待补充的养料。

在分布式管理中树立为学生服务的育人观

成长过程中，有很多因素制约着学生单科（特长）素养的提高和再提高。以往任课教师只管上好自己的专业科目，其他综合性问题由班主任去解决。新模式下没有班主任，要想真正满足学生的成长需求，这些综合性问题的解决任务自然由全体教师共同承担。北京十一学校革新组织机制，在年级组织结构中进一步扁平化，"年级主任——班主任——科任"垂直分层的身份区别不存在了，只存在两个基本身份：教师和学生，实行平等的分布式管理。

分布式管理，是指年级教师分别组成自习管理、咨询师、教育顾问、常规管理、课程管理等几个项目组，每一个项目组有3位或者4位教师，承担本项目的规划、实施，年级主任在宏观上进行协调配合。例如，咨询师项目组负责对学生的人生理想目标引领、学业专业辅导、心理问题进行梳理；教育顾问项目组负责对学生进行规则意识培养、公民道德教育、违纪违规转化教育。每个项目组独立工作，又相互支持，对学生成长负责，而不是对年级主任或校长负责。图1（见下页）为分布式管理的师生关系图，每个学生遇到问题都能在身边找到可以帮到自己的教师。

我在辅导历史学困生的时候发现，学生往往提出其他困惑，或者暴露出行为习惯等其他问题，而解决这些困惑和问题会使历史学习上的问题迎刃而解。我主动参加年级的分布式教育工作，担任"教育顾问"，在实践中更多地了解到学生成长的本质规律，更深刻地理解到了新模式的科学性、人文性，也促进了我教学能力的提高。

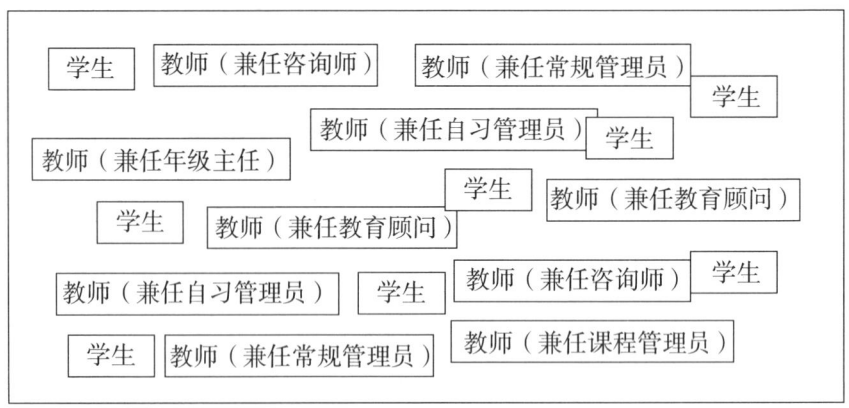

图 1　分布管理师生关系图

　　学生心智尚未成熟，容易出现各种错误。但通常情况下，我们认为是错误的东西，在学生的认识中可能是当然正确的。所以，我们必须给学生说明、解释和辩护的权利。了解到学生这么做的理由，我们才可以对症下药。以往班主任与学生交流时，学生慑于权威，常常违心地说"我"错了、"我"改正，不敢自辩。这就隐藏了学生思想上的不足，使教师失去了帮助的契机。新模式下，教师没有了给学生定性的权利，成为学生最单纯的帮助者。学生在教师面前，没有必要掩饰真实的思想，会坦然为自己辩护。我们不会也不能立即给学生行为定性，而是肯定其行为、情感、思想中的合理性，弄清他们行为不合理的原因，帮他们找到认识上的误区，争取学生的认同，促使学生心智成熟。这是我对"尊重学生"的新的理解。

　　学生的本质都是向上的。作为教育顾问，我更多地同违纪的学生进行心对心的交流，当学生触犯规则的时候，进行过不少惩戒、处分教育。捍卫规则是公民的基本素养，我坚定不移地执行规则。但是，了解到学生内心真实的想法和青少年特有的思考方式以后，我感到沟通更为重要，使学生理解规则更为重要。个人性格、成长环境、情绪情感，都会使学生对规则的理解产生不同的想法。但无论多严重的违纪行为，当我们的分析以己推人的时候，学生都会反思自己行为的危害性。我坚信学生"性本善"。

一旦发现问题，我会第一时间帮助学生改进，而不论这个学生是不是我所教班级的，是不是我所管年级的。这是新模式制度决定的：走班选课过程中，许多学生是跨年级选课的，社团活动都是大带小、老带新，很多专业活动是新教老；去行政化以后的校园里，师生关系朴素、简单、实在，教师只需为学生负责，为学生成长服务。这个时候，我是第一责任人，我要在教师职责范围内对我发现的这个需要帮助的学生负责到底，直到这个问题解决，不做二传手，不把问题推给别人。

案例：

调课之争

9月30日下午5点，我正带领学生忙着打扫历史教室，再过半小时，就是十一假期了。这时，两位哭得上气不接下气的学生找到我："李老师，您去帮我们说说贾祥雪老师吧，他太固执了……"话没说完，就又稀溜溜地抽泣起来。

"哟，快坐下，有话好好说，这是怎么了？"

来人是理科的两位女学生：胡丹丹和刘彤彤！北京十一学校规定：本学期选课后可在第一个月内调整，上交调课单截止日期是9月26日下午5点。这两位同学觉得独轮车新奇好玩，就选择了这门体育课程。可开学练了3周多，两人扶着还能蹬半圈，一撒手肯定摔跟头，膝盖小腿摔青了，两人也坚持不住了，想赶在26日那天上交调课单。但当时体育老师在开大会，两人就先在"调出课程"的教师签名处模仿体育老师张继荣的笔迹签了字，又在"调入课程"的教师签名处模仿飞盘教师黄恕的笔迹签了名。26号下午5点之前，她们把这张山寨版的调课单，送到了高三学部专管网上调课的教师贾祥雪的办公桌上。

贾老师身高1米9，体重230斤，北京大学理论数学博士。人长得粗犷，但心思极其细密。周日加班全面调课时，一眼就看出了这张申请单有问题，几经核实查出签字是假的。

"老师，我们都向贾老师认错了，昨天认错、今天认错，可他还是不给我们调课！"两个孩子委屈、不满、急切地说。

"那就是我可以给你们调课了？可我不负责这事啊，再说已经过截止时间了！"我说的是实话。因为全校四千多张课程表、上百门选修课，课表调整是统一利用周末学生不上课的时间各级部课程负责人协商决定的，不能轻易改动。

"贾老师说，亮哥是你们教育顾问，让我们找您，您跟他说说就能改！"两个孩子眼里放光，努力让我意识到，我是他们的那根救命稻草。

我暗自称赞，贾老师这是让我来履行教育顾问的职责啊！我思考了一下，开始施教。

"那你们跟贾老师道歉，是怎么说的？"

"我们就说代替老师签字，是不诚实的，是不尊重老师的，更是不应该的。"丹丹说。

"让贾老师生气，让体育老师生气，给学校体育课造成混乱，也不利于自己成长。"彤彤说。

"虽然当时快到截止时间了，我们找不到体育老师，但我们也不该弄虚作假，欺骗贾老师！"丹丹补充说。

"你们的认识是对的，但没触及本质，所以贾老师让你们来找我。"我指了指身边的一本《社会契约论》说："这本书告诉我们，你们的行为是违背法律的，在很多国家已属犯罪，在我国至少已突破了道德底线。"

听到这里，两双童稚的眼睛充满了震惊。

"每一个人都拥有自然和社会赋予他的独立的权利，包括你们和我。职务权利也同样是独立而崇高的。我们个人无权擅自代表别人行使别人的权利，更不能擅自代表别人行使职务权力。从法律的角度讲，擅自代表别人做事属欺诈行为，后果严重的构成犯罪。具体点说，代替主管教师签名、伪造假的调课单涉嫌伪造公文罪。好在你们认识到错误并及时改正。以后可不能干这种愚蠢的傻事了！"

"从做人的角度，你们的行为也危害巨大。欺骗贾祥雪老师，让你们在老师、同学面前失去了诚信这一最为珍贵的品质，挂上了不诚实的标签。经常突破道德底线的人，你们想想，能得到身边人的信任吗？再有，因为时间紧就擅自简化程序，这容易使你们养成一种害怕麻烦、不按规章和制度办事的坏习惯，都这么做，社会不就乱套了？其实，你们提前一些，就不会有这些麻烦。"

两个小姑娘频频点头，诚恳接受我的观点。

"可是贾老师相当顽固不化！我们昨天给他道歉，今天给体育老师道歉，还补填了正式的调课单，他还是不给我们调！您得去跟贾老师说说！"两个人动手来拉我的胳膊。

"我去他也调不了，都过了时间了，认了吧！我其实打小也喜欢独轮车……"

"您不是说一切为学生服务吗？学生需要您去服务一趟！"刘彤彤杏眼倒竖，来真的了。这下我没辙了，想想去了会得到贾老师的再教育，装作"被胁迫"的样子，去吧。

"我估计你也顶不住。"贾祥雪看着我走进数学教室，乐了。

"贾老师，您让她们找我，我把道理给她们讲清楚了。她们已经认识到对不起老师、对不起自己，课您就给调了吧……"

"贾老师，李老师已经教育我们了，我们从社会、从法律、从做人都知道做错了……"两位女生积极配合。

"李老师，您是教育顾问，怎么也这么想！截止到 26 日 5 点，就是为了周末大家聚在一起统一调课。戏剧、音乐、体育、劳技这些课涉及多少人、多少场地，能定下来、开起来就不容易了，怎么能朝令夕改，有这么办学的吗？"

贾老师义正词严，拉开上数学课的架势，我虽有准备，但也始料未及。不过立马也就明白了，直想拍案叫绝。但我还要继续自己的角色："不对呀，贾老师，咱们不都是为学生服务的吗？学生是有错误，可是课还是得给人家调啊！"

"哎呀，李老师，为学生服务也是要遵守规定的，不能因为她们两人的错误影响绝大多数学生啊！她俩只要在截止时间前拿出真实的调课单，都不至于有今儿这事，她们得为自己的错误负责啊！"

"贾老师，真的不给我们调？"我已经开始放弃了，可两个学生还不死心。

"哎呀，你们两个怎么这么固执？！要调也可以，估计校长有这个权力，你们可以找校长商量商量。"看来，贾老师认为我们的双簧还不足以让两个学生得到足够的规则教育，把校长抬了出来。我一听，感觉有必要从校长角度分析一下，揭开最后的谜底。

"不必了吧，找校长，得从冒名签字说起，再跟校长道一回歉？兴师动众重新调课，还不知要牵动多少部门，现在国庆放假有些老师都下班了，是找回来，还是国庆之后，停课来组织调课？校长也不能破坏规则，也不会决定调课。"我说。

看到确实调不了课，两个孩子泄了气。气氛沉闷下来，我说："其实不调课也没什么，独轮车具有挑战性，我就喜欢……"

"李老师、贾老师，其实独轮车换成飞盘，我们也没下死决心。"彤彤说。

"我们就是怕疼、怕苦，想换一个舒服点的。"丹丹说，"这回我们真就下死决心，练好独轮车！"

我憋不住，直乐。一圈走下来，我相信，这两个孩子一定可以从中悟到很多。而选课走班下，德育工作则呈现出新的样态：每位教师都参与进来，教师之间有了更多的合作与沟通，服务于学生成长的教育合力发挥出更大的力量。

（作者系北京十一学校教育顾问、历史教师）

（文章原刊于《人民教育》2016 年第 21 期）

郭涵：用你对世界的认识去影响他

余慧娟　邢　星

"华润最近收购了英国的 TESCO 超市，这里有一个管理文化冲突的问题。"郭涵站起来，从包里拿出最新一期的《中国企业家》杂志，"这个杂志办得很好。"

她穿一件设计简洁的半身职业裙装，外搭纯白西服外套，简单、干练，透着准确的分寸感，和她的说话风格一样。

"华润面临的文化冲突是东西方文化的冲突，我们集团化办学也会面临城市文化与农村文化的冲突。看看人家怎么解决问题，再想想我们的问题怎么解决。"郭涵说到这儿，也许才让人感到我们是在采访一位中学校长。

采访前不久，一篇题为《北京一零一中学：高考满分作文的"摇篮"》的文章在网上热传。起因是在 2015 年高考中，一零一有 8 位考生获得了语文大作文满分。这个成绩并非偶然。近年来一零一的高考文理科语文平均分持续居于北京市和海淀区前列；2010 年海淀区共有 10 篇满分作文，其中 6 篇来自一零一。高考满分作文背后的诀窍是什么？这篇文章把"读书"列在首位。而采访中，我们发现，这也和郭涵这位爱读书的"文化校长"密不可分。

校长为什么要读书，为什么还要读企业家的书？

《人民教育》：有人戏称"这是一个全民不读书的时代"，特别是移动互联网出现后，大家对电子移动终端非常着迷，娱乐、社交和"快餐式"阅读占据了主导。在这种背景下，您如何坚持自己阅读并带领老师和学生阅读？

郭涵：关键是校长自己要爱读书。校长的内心有了文化向往或文化自觉，读书这事就好办了。记得从上小学到现在，读书一直是我生命的一部分。所以，当了校长，想让老师学生多读书，也就成了我的"自然动作"。

在一零一，我一直主张在学生中开展阅读。老师向学生推荐阅读书目，学生自己组织读书报告会，办阅读季……校长的引领很重要。如果校长自己不读书，去推动别人、影响别人怎么可能呢？

《人民教育》：校长多忙啊，怎么有时间读书？

郭涵：校长"忙"，没错。今天哪里有不忙的校长啊！但是，读书本身就应该是校长"忙"的一部分。并且，读书是随时随地的事情。茶余饭后，难得的节假日空闲，都是我自己的"阅读季"。另外，除了"爱读"，还要"会读"。我看书看得比较快，而且喜欢在上面画画写写，好玩儿，也很有收获。

《人民教育》：校长需要读什么书？

郭涵：读书最好还是要读经典，读名著。人啊，跟谁在一块儿很重要，读书就是与谁为伍、跟谁对话。人生在世，不图钱财，可总得跟那些思想家、文学家对话！而做校长的，更要和历史上的中外教育家对话。这种对话，就是阅读。每当我潜心阅读的时候，书的作者好像就在我身边，在我眼前。

读书还要看校长关注什么事。为了改革，为了管理，企业管理类的书有时也会给我们做校长的很多启示，我把它叫作"治理能力迁移"。企业家改革的步伐要比我们快，他们承受的压力也比我们大。所以，他们改革的热情、思路和方法等很容易引起我们的共鸣，也很有借鉴价值。

而后就是思想文化领域的书。我不同意这是所谓"无用之书"的说法。恰恰相反，它有大用，能"久用"。因为它是沉淀之后的思想精髓。这些东西读多了，不知道什么时候，它就会走进你的头脑，帮助你思考问题，分析问题，处理问题。

教育领域的书当然更要读，要经常读。既要读旧的，也要读新的，这是校长的"必修"啊。尤其是中外教育史，可是要好好读！

我还坚持看《人民日报》，我不但喜欢它的文字，更喜欢它的高屋建瓴，它的家国情怀，它的纵横捭阖、全球视野。有几本杂志我也爱看，比如《三联生活周刊》，最近讲股市那期，给我提供了透彻分析问题的范例；《中国企业家》杂志访问了耶鲁大学金融经济学教授陈志武，他所谈的"一带一路""互联网＋"，我印象很深。

在阅读中，有很多东西看起来好像与教育没有太直接的关系，但是它可以为你提供很多思考、分析和处理问题的角度，这就是刚才我所说的"治理能力迁移"。校长思考、分析和处理问题的角度非常重要。每个学校都面临很多问题，这些问题最后都要校长拍板、作决定。我们要通过阅读明白中国处于什么样的发展阶段，教育在其中的地位和作用；要理解教育政策背后政府的考虑，这是校长应有的高度或境界。

《人民教育》：所以校长读书主要是解决思维方式的问题。

郭涵：对。我觉得思维方式特重要。比如我们办人文实验班的基本目标，不是培养什么"文科状元"，而是希望通过我们的培养，未来有一批人、哪怕少数人能够在思想文化领域影响我们国家，影响这个世界，甚至影响历史。这一点，实在太重要了！所以实验班特别重视学生思维方式的培养。

《人民教育》：您选书的标准是什么？

郭涵：首先是自己的关注方向。通常，我平时关注什么，就会去阅读什么。文后以我的阅读时间顺序列了一个最近几年的阅读书目，你从中可以看出我阅读的“与时俱进”，也可以看出我一以贯之地关注什么和阶段性地关注什么。此外，我也要看作者的经历，看他思考问题的深度。

一零一的前身是1946年创办的张家口市立中学；几经辗转、更名，1949年，学校从革命圣地西柏坡迁入北京；1950年，经周恩来总理批准，在圆明园遗址非主体部分建新校址。现在每一年，一零一都组织师生赴西柏坡开展革命理想教育，在圆明园大水法遗址前举行高三成人仪式。

不是学生不喜欢德育，而是我们怎样做、做什么样的德育

《人民教育》：大家都觉得现在的德育很难做，孩子很难教育，尤其是道德教育，爱国、担当、感恩……全是难啃的硬骨头。一零一是怎么克服困难，实现育人上的成功的？

郭涵：今天的德育很难做，没错。用心去做，德育就能做好。我时常想，今天的年轻人，他们对职业不会从一而终，可以随时跳槽。但是有一样东西是伴随他们一生的，这就是道德品质。在一零一，我见过太多的学生，他们当年高考成绩不是最优秀的，但是他们在一零一得到了太多太美的德育熏陶，一零一为他们打下了永不消退的精神底色。长大后，他们在职场上表现得非常出色，德才兼备。几十年来，无数的一零一毕业生总是以“一零一人”为自豪。想起这些，我内心总是涌起一种责任感。所以，德育在中小学阶段实在太重要了！

当然，德育的内容有很多：爱国主义教育、法治教育、心理健康教育，等等。我们尤其重视红色文化、公民文化、生命文化这三个领域。红色文化讲一零一传统；公民文化主要讲规则意识，还包括公益文化、领导力；生命文化讲对自己和他人生命，对自然、对动物的热爱。

《人民教育》：我们听说一些学生甚至老师听到"传统""主流"就有点抵触，学校因此做德育的积极性不高，产生一种"他们喜欢什么，我们就给他们什么"的教育倾向。

郭涵：别的学校我不清楚，但一零一不是这样的。比如，长期以来，我们都对学生进行爱校教育，组织学生去西柏坡"寻根"，我们强调的就是"传统"，就是核心价值观。学生老师往返很辛苦，可都非常高兴。学校的任务是什么？是培养人！未成年人有两大特点，一是淡泊传统，二是有主观能动性，所以学校一定要坚持用正面的东西引导他们。

德育不能死气沉沉，年年老是三月学雷锋、五月感恩母亲节。比如，我们每年两届运动会都很有创意。学校有运动会主题，每个年级、班级也都有。2014 年运动会是践行社会主义核心价值观。学生自行设计，把"公正""民主"等丰富元素从入场式一直贯穿到比赛结束，自始至终表现出来。他们事先要学习很多东西，这就不仅仅是开一场运动会了。

《人民教育》：德育各个学校都在做，一零一是怎么做出效果来的？

郭涵：首先，"大道理"还是要讲，要内化于心。每年工作要求中我都会强调：课堂上必须传递社会主义核心价值观。因为中学生阅历少，判别是非的能力比较弱，学校一定要多给他们积极的影响，这是基本要求和做法。

最主要的是外化于行。"思想引导行为，行为养成习惯。"一定要反反复复去做。这种"反复"不是运动式的，不是为做而做的敷衍，而是"随风潜入夜，润物细无声"，是规范、要求、活动、环境……它一直在这个校园里，一直在。

《人民教育》：为什么特别强调生命文化？

郭涵：教育的根本是对生命的培育。首先要珍爱生命，包括珍爱自己的生命、他人的生命、大自然的生态。

我们的学生去北京松堂关怀医院，给年迈甚至生命垂危的老人送去温情。我们的学生去“太阳村”，给服刑人员的子女送去生命的关爱。每当听学生讲起这些的时候，我的内心就充满了感动和敬意。其实，一个人如果学会了关爱自己、关爱他人，对这个世界充满了敬意和爱心，他就是一个幸福的人。

德育，就是充分利用学校和社会的教育环境，创造契合孩子天性的教育机会。教育，和天性契合很重要。

《人民教育》：现在有个别孩子在面临中考、高考压力或遭遇挫折时，轻易地就选择放弃生命，学校怎么预防这种事情？

郭涵：生命教育要随时装在校长心中，寻找教育机会，开阔学生的视野和心胸。

比如这次田径世锦赛，十项全能冠军伊顿在 100 米、400 米、110 米栏等几个跑步项目上都拿到了高分，可是他当年为什么练跑步？因为他是单亲家庭，没有钱坐车，结果跑步练成世界冠军。这学期学校工作会上我讲了这件事情，讲到体育工作尤其要突出生命教育。我就是这样随时去讲，让干部、老师和学生明白人生就是要战胜很多困难，告诉他们别人在遇到困难后怎么去做。

今年 6 月 11 日下午，北京师范大学梁灿彬教授为一零一高二年级学生作了一次名为“相对论与星际穿越”的物理讲座，奇点、黑洞、四维空间这些专业词汇频频从孩子们口中说出来。4 月中旬，瑞士举办了第 43 届日内瓦国际发明展，一零一中学有 8 名学生参加，4 个项目组取得了两金一银一铜的好成绩。3 月 28 日，第 35 届“中外教师科技教育创新论坛”在一零一召开。更早一些，一零一连续承办了 2012～2014 年两届北京市中学生模拟联合国大会，是 2008 年北京奥运会的奥林匹克青年营。再加上我们坚持了 20 年的、全校师生共同参与的“施光南艺术节”“12·9 演唱会”，还有刚才我说的经常性的各类大型高端讲座等。从大的方面讲，这些都和生命教育相关联。因为学校营造的是乐观、向上和宽松的办学环境。环境，对生命的影响是无形而有力的。

"世界很广阔，你要把他往高处推，并用你对世界的认识去影响他"

《人民教育》：您经常给老师们开非常高端的讲座，引导教师要有高度，这是基于什么考虑？

郭涵：不瞒你说，10年前，我受过一个刺激。我们请来一个人给老师们讲奥运会，效果不好。后来开教代会的时候，老师们提意见："希望学校开的讲座要有档次。"从此，学校层面，每学期开两次讲座，我亲自请人，内容亲自定。另外，各个部门每学期都要搞很多高端讲座，政治的、经济的、科技的、军事的、文学的，可以说应有尽有。

作为老师，除了教育，还需要知道别的，不能只是备课、教学。世界很广阔，你要把他往高处推，并且用你对世界的认识去影响他。

《人民教育》：您也特别重视给学生开讲座。

郭涵：我特别希望学生眼界宽广。眼界宽并不表现在通过互联网知道很多具体的事实，而是尽量打开思维，提升思维的高度。一个学生在学校6个学期如果能听上几场十几场好的讲座，他将一生受益。

比如我们请过好莱坞著名华裔作曲家王宗贤讲《音乐与电影的华丽探戈》，请世界著名建筑师渡堂海讲《聆听自然的呼吸》。他们讲的学生不一定都能听懂，也不一定所有学生都在听，但是总有一些人在听，总能听懂一些，不知道哪天、哪个人就会说："哦，中学的时候我听过这个人的讲座。"教育不是立竿见影的事。

我们各个年级、班级都开讲座，年级针对普遍问题开主题讲座，每个班级有家长的资源。

《人民教育》：一零一出去的学生有什么特点？

郭涵：我们的学生比较鲜明的特点就是敢说。他们不惧怕权威，我觉得这跟他们见得多有关。这就是我希望他们眼界宽广的原因，也是他们迷恋这个学校的原因。

我们的学生正派、大方、大气、厚道。厚道，在今天特别宝贵。他们具有兼济天下的情怀，具有未来担当人才的基本素养。

我们的学生体育好，因为我们很重视体育，不光是制度保证、内容保证，关键是学校传统的作用。我们学校体育、艺术都很好，为什么？我喜欢。因为我喜欢，我更理解"全面发展"的道理，推进起工作来力度完全不一样，所以校长一定要丰富。这个我必须感谢学校。我中学是在一零一上的，时值"文革"，班班自己组织体育锻炼。我们可以从中体会：什么叫校风？一所学校会留给学生什么？学校文化建设的作用是什么？

《人民教育》：刚才讲到学生很迷恋一零一，除了可以开阔眼界，还有其他原因吗？

郭涵：环境。这个学校好玩儿。学校有 4 个荷花池，学生们假期出去，把从五湖四海带回来的水灌到里头。春天荷花还没长起来的时候，航模小组的飞机呜呜呜在湖上转。我办公室对面的山坡上有一个小亭子，经常能看到不知道哪个班级又在那里上课。大雪天我们可以停课，给他们时间出去疯玩儿。学校就是充分利用这样的教育空间。我觉得，学生喜欢这所学校是因为学校给他的东西他接受了，他很快乐。

近几年，国家深入推进义务教育均衡发展，名校集团化办学是其中的重要举措。目前，郭涵管理着北京一零一以及上地校区、双榆树校区等 5 个校区，她有哪些经验和建议呢？

一个校长的管理范围应该有多大？

《人民教育》：集团化办学怎么处理学校文化的差异？管理怎么融合？

郭涵：今天的不少校长都快变成"师长""军长"了，很累。我们有农村校、新建校，有区内的、区外的，有基础薄弱校，也有比较好的，差异真的很大。定位是首要的。校长要根据一所学校的起点和历史去定位，在其现有基础上提出新目标，实事求是。然后就是制度，制度应该基本上是一样的。学校文化一定要"内生"，别人的经验拿回来也要吸纳、改造成自己的东西。

《人民教育》：校长不好当啊。

郭涵：责任太大了。首先是校长工作的边界问题。一个校长究竟能带多少学校？现在几个校区责任都在我身上，我们这些人做事标准又高，学校给我了，总要有所提高。我觉得每个分校有自己独立的法人代表会更好，需要责任分担。我们接管了一所农村校，更理解教育均衡的必要。均衡怎么去做？运行过程中有哪些问题？我们有责任提出来。

"人"是另一个问题。一定要关心人。我们现在管理中最大的问题是什么？激励机制。老师、校长增加了这么多工作量，他所得的待遇和他的付出匹配吗？远远不匹配。

《人民教育》：一零一怎么解决教师待遇与付出不匹配的矛盾？

郭涵：首先，校长必须意识到：老师这个群体在变化，激励机制也要变。一零一现在做"专业和文化激励"，比如帮助博士教师出书，请我们自己的特级教师开研讨会交流心得经验，鼓励每个老师"微创新"。老师群体的经济、文化层次整体在提升，很多时候他们工作可能不是为了物质奖励，而更看重事业和成就。因此要把学校工作变成教师自主的专业发展需要，这就是"专业和文化激励"。

另外，校长要"心中有人"。每个老师的成就，大的、小的；每个老师的困难，孩子升学、父母生病……哪怕学校很大，有几百位教职员工，校长心里要装着所有人，从老师的角度去考虑他的难处，并时时为他取得的成就而由衷地高兴。

《人民教育》：工作和生活，您怎么分配时间？

郭涵：工作和生活是交融的，工作就是生活，生活也是工作。

《人民教育》：如果有新校长请您给他几条建议，您会建议什么？

郭涵：首先要对教育事业有一种敬畏。新加坡校长任命书上写着：“你的手中是许许多多正在成长中的生命，每一个都如此不同，每一个都如此重要……他们依赖你的引领、塑造和培育，才能成为最好的自己和有用的公民。”如果校长领导着三千名学生，这可是三千个稚嫩的生命啊！他们背后还站着上万名家长！所以，校长的工作常常是如履薄冰，容不得任何失误。

然后，要遵循教育规律。我们千万不能做违背规律的教育！这句话说起来容易做起来难，尤其在功利化的今天。

至于人品、修养、读书，不仅仅是校长，所有的教育工作者都要争取“全优”。

《人民教育》：您认为什么样的校长是好校长？

郭涵：你领导的这所学校，你走的时候比你来的时候更好，这应该是好校长的标准之一。

郭涵阅读书目：

文 学

《巴金散文选》《老子》《论语》《孟子》《庄子的智慧》及“名家推荐年度最具价值的散文随笔”

经济管理

《第五项修炼》《从优秀到卓越》《赢》《世界是平的》《细节决定成败》《下一个倒下的是不是华为》《经济学内外》《人力资源管理》《组织行为学》《大数据》

教育学

《生活在混沌边缘——引领学校步入全球化时代》《未来的学校——变革的目标与路径》

其　他

《在哈佛听讲座》《历史的坏脾气》《人类行为与社会环境》《生活于趣味》

（作者单位系《人民教育》）

（文章原刊于《人民教育》2015 年第 21 期）

守正出新一零一

赖配根　邢　星

在圆明园的遗址上，坐落着一所中学——北京一零一中学（以下简称一零一）。

走过长长的绿荫小道，抵达学校的大门口，仿佛穿越一段久远的历史。

一零一的前身是 1946 年创办的"张家口市立中学"，当时的教师队伍由延安大学、鲁迅艺术文学院及晋察冀边区的一批优秀知识分子组成。此后辗转于太行山区；1946 年年底迁至革命圣地西柏坡附近；1949 年迁入北京；1950 年，经周恩来总理批准，在圆明园遗址非主体部分建新校址。它是中国共产党在老解放区创办并迁入北京的唯一一所中学。其校名由郭沫若题写，意为"百尺竿头，更进一步"。

这段光荣的历史，铸就了一零一大气、担当的精神底色。

60 多年来，一零一为国家培养了近 4 万名优秀毕业生，其中有党和国家领导人，有在各个领域卓有建树的科学家、艺术家、学者，还有默默无闻的祖国建设者……

走进一零一，就是走进博大、厚重的精神世界。

"我们追随时代潮流，但不盲从概念"

1999 年，郭涵回到母校一零一任校长。

"我刚来，老教师就给我一句话：一零一应该抓什么有什么。这句话对我刺激很深。"郭涵陡然感到肩上的担子特别重：学校的过去如此耀眼，自己还能做什么？

她不愿贸然提出什么新理念，而是一头扎进课堂听课。"教学是学校永恒的主题。那时候规模还没现在大，所有教师的课我都听了一遍，所有人我都谈了一遍话。"她又走进学校的历史深处，内心越发充满敬畏。

她担任一零一校长这段时间，正好是中国基础教育改革风起云涌的10多年，新思想、新理念、新口号铺天盖地。但深深理解一零一传统的她，拒绝做教育的"革命者"。她提出了一个似乎不太合时宜的办学理念：守正出新。所谓"正"，就是"第一，要按教育规律办事，第二，要发扬学校独有的传统"；所谓"新"，不是指革命、变革，而是指改革、改良、创新，乃至"微创新"。

郭涵有一句名言："我们追随时代潮流，但不盲从概念。"她认为："办教育，就要对教育规律有种虔诚和坚守。不要盲目跟风，尤其要拒斥教育功利心，要把教育办成教育，而不能办成别的。面对纷乱，有时你也许会怀疑：我'落伍'了吗？但是多一点淡定和理性，多一份虔诚和独立思考，你就不会随波逐流。"对于一零一的发展方向，她从不提国内领先、国际一流之类的话，而是重温学校传统，"上世纪50年代，一零一就提出：培养全面发展的社会主义接班人。我们到现在也一直在这样做"。这是故步自封吗？不，"要把这句话真正落实到教育细节里边去，是非常难的"。但她孜孜以求，涓涓细流，终成江海。

她特别重视"基础"。"基础教育，应该是永远按照规律做'基础'，为学生打好做人的基础、学业的基础、身体的基础、心理健康的基础。"她在景山学校上小学。"景山学校一年级非常重视汉语拼音教学，学好拼音，拿字典就会看书了。所以我的汉语拼音特别好。""文革"期间，她在一零一上学，对一位物理教师印象深刻。"那时很多学校的讲台都空了，但这位老师该讲就讲，该测验就测验，他的测验永远是基础性的。换算的单位我有时搞不清楚，数可能是对的，但小数点点得不对。我明白了什么是失之毫厘差之千里。"这就是基础。

她不喜欢教育的“宏大叙事”，这可能有宣传效果，但于学生成长无益。“教育不是一轮，它是一轮又一轮不断地去沉淀、丰富、完善。”教育尤其是基础教育，不是“戏剧”，而是要做好常态的工作。郭涵倡导，在常态中做好每一天。“教育就是积累。我们算过，在中学阶段，学生3年上多少节课，6年上多少节课，这些都是潜移默化的东西，是他18岁以前的底片。在这个过程中，教育犯了错是不大有机会改正的。”

“守正”不是“守旧”。正者，真也。对教育的真理和规律，郭涵坚守不移。正者，大道也。如果是符合社会潮流、教育改革大势之事，她常常是“虽千万人，吾往矣”。“教育实践永远走在政策的前头。”这是她常说的一句话。去年，中共北京市第十一次党代会第一次提出建世界城市，今年北京市德育教育的主题就聚焦于世界城市公民培养。早在13年前，一零一就有了“校长接待日”活动，至今仍坚持如常，其重要目的就是培养学生的公民意识。

2008年，北京市启动高中自主排课、自主会考改革实验，一零一是首批10所实验学校之一；同年，北京市教委成立北京青少年科技创新学院，启动“翱翔计划”，开展中学创新人才培养的探索，一零一成为其最早的一批基地学校。

2010年，北京市教委推出高中创新后备人才培养实验班，一零一就率先开设了“人文实验班”……

敬畏历史，追随潮流，赋予郭涵宽广的教育视界。一零一的一个特点，就是善于把教育做“大”，而不是局限于一隅。“我在一零一读书时，我们的数学老师非常爱看书，他读马列著作，《反杜林论》《哥达纲领批判》他都能讲。他还组织了哲学学习小组。讲几何，他就用辩证法给我们讲如何论证。还有英语老师，画画挺好，讲语法时画了好多小人，正在走的是现在进行时，站着的就表示一般现在时。”教育就应该这样有趣、大气。每次高考完，许多中学特别关心自己的升学率在当地排第几。郭涵觉得这很无聊。“教育一定要从中跳出来。我们不能只盯着眼前学习这点事，要站在学生生命成长的高度上看教育。”

今年 3 月 20 日，北京大雪。雪后的一零一银装素裹，仿佛是一个童话世界。她陶醉了，决定让孩子们走出教室，融入雪的王国。整个校园顿时一片沸腾。各个年级包括高三都放开前两节课时间，让孩子们在校园里赏雪景、堆雪人、打雪仗。"一定要让孩子们体验大自然是什么样的，纯粹的美丽又是什么样的。"苏霍姆林斯基说，要让孩子们懂得疼爱大自然。疼爱大自然、欣赏过纯粹美的人，才会有大胸襟。

去年 9 月开学典礼上，郭涵郑重宣布：一零一的育人目标，是培养未来担当人才。因此，她希望从一零一走出的孩子，知识的宽度、精神的高度都要与众不同。"一个人知识面宽，看问题的视角就不一样。"她重视高端引领，比如把各行各业的权威乃至大师级人物请进校园，与师生面对面。"'文革'前，很多国家领导人都到一零一讲过课。"现在，他们请来了莫言、梁衡、王蒙、周国平、李开复、略撒……"领略了大师的风采，想庸俗都难。"她的目的，是要打破权威的神秘感，让学生敢于质疑，不迷信权威，同时，"让他们向这些杰出的名字靠拢，立志长大以后也成为这样的人"。

让每个学生向杰出的名字靠拢——这就是郭涵和一零一的雄心。

责任担当是一个人的核心素养

今年 3 月的一天，北京市海淀交通支队中关村大队的几名警员齐齐地坐在一张大会议桌前，他们正热烈地探讨：一零一校门口上下学高峰拥堵和过马路难的问题到底怎么解决？

与交警们面对面一起参与讨论的人，竟是一帮稚气未脱的孩子！他们已提出了好几个方案：架设过街天桥、借助校门前的引水渠改建地下过街通道……可惜，这些方案可行性都不高。听完交警们专业而细致的讲解，孩子们沉默了。

这时，一位初中生递上厚厚的一沓调研资料，胸有成竹地发言："我们学校门前路口东西向直行红灯持续 40 秒钟，南北向 26 秒，足够行人过马路。但因为直行红灯时车辆仍然可以右转，所以高峰时总有半条马路车流不断。问题的关键在于交通高峰时右转车流量过大。”

他的方案一下子重燃了大家的热情，同学们又争先恐后地讨论起来。这个说：“造成学校门前拥堵的主要是接送学生的车辆。”那个问：“如果加设一排隔离自行车和机动车道的小栅栏，机动车是不是就不能在校门口停放了？”有人显然是有备而来，未等交警开口就抢着回答：“对！这样不能停车就可以分散校门口高峰拥堵压力，也可减少在校门前路口右转的车辆。”

听着孩子们的讨论，交警们心里阵阵惊喜，大队长最终拍板：“加设隔离栅栏的方案可行，我们试试吧！”

很快，这一讨论结果就在学校大屏幕上公布了。

参加讨论全过程的郭涵感慨：这些孩子不愧是从“校长接待日”活动中锻炼起来的，善于从生活中发现问题，并勇于面向社会开展建设性的行动，将来他们一定能够担当大任。“把国家的未来交给他们，是可以放心的。”

在郭涵眼里，中学应该有“天下情怀”。“我总是和老师们说，我们工作在基层，但我们的境界不能低。要从社会发展、国家建设、民族大业的高度来理解、反思自己的教育行为。”一零一直倡导培养学生的社会责任感。“责任感是一个人的核心素养。具备了这一素养，他才会对自己负责，对父母负责，对学校负责。长大以后，他才会对社会负责。”

因此，2000年，刚任一零一校长一年的郭涵，便提出开设“校长接待日”：每学期从校长开始，学校所有中层干部每周一中午轮流接待学生，接待地点和接待干部姓名提前公布；所有学生只要愿意都可以跟校领导对话；“校长接待日”学生提出的所有问题都要在学校大屏幕上公开反馈。她希望通过这一活动，引导孩子关注学校公共生活和观察社会问题，逐渐培养起他们敏锐的社会责任感。上述校门口交通问题的解决，不过是这一持续13年的活动众多故事中的一例而已。

责任、担当，是公民教育之本。本土情怀、国际视野，是大国公民的精神品格。

　　一零一是从西柏坡走过来的，他们组织学生开展"寻根"之旅：每届高一新生都要到西柏坡参观革命遗址，向当地小学生赠书、赠学习用品等。每年 3 月底，组织大约 100 名学生代表到西柏坡参观，还与当地一所农村小学结对，每次去都要搞捐助活动。"革命传统是我们的基因，是我们的根，我们不能丢，而且要不断丰富它。"他们还引导学生亲近中国传统文化。她说，这样，即使有些孩子出国了，"他也带着中华民族的文化血统，身上流淌着中华文明的血液"。

　　"模拟联合国"活动在基础教育界方兴未艾。2012 年，他们热情地承办了第三届北京市中学生模拟联合国大会。9 月 15 日，大会召开，学生们扮演着不同国家的外交官，奔走于"联合国大会""安全理事会""经济与社会理事会""历史危机委员会""商业挑战赛"等分会场，参加模拟的"联合国会议"发言、讨论。这次活动参与学校达 72 所、学生及志愿者近 600 名，是北京市中学生模拟联合国大会开办以来规模最大、辐射范围最广的一届，其会务工作之繁巨可想而知。但是，联系组织"成员国"、设计会议议题、布置分会场等所有会务工作，几乎全部由一零一的学生自主完成。

　　一零一为什么对这项活动如此情有独钟？"我们认为，它一方面可以为学生提供一个锻炼能力的大平台，提高他们自我管理、自我服务的意识；另一方面，今后中国进一步走向世界，就有一个对多元文化的理解问题，活动有助于提升学生这方面的能力。"郭涵说。

　　一个未来的公民，不能只会工作，而要懂生活、会审美，有情趣、有品位。

　　郭涵认为，教育应该为学生幸福奠基，这其中就包括他有喜怒哀乐，要教他如何寄托情感。艺术是对心灵的净化，一零一很重视艺术教育。郭涵谦虚地说自己不会唱也不会拉，"但我爱听"，实际上，她很会欣赏音乐，特别是高雅音乐。于是，以金帆交响乐团为代表的艺术教育，就在一零一蓬勃开展。这个乐团成立于 1988 年，每年以排练一台新年音乐会为主要训练内容，年复一年，如今积累的曲目有 200 首之多，在基础教育界独树一帜，在全国性比赛中常常拿大奖。"有一年我们去俄罗斯演出，全世界来了 10 个乐队，其他乐队都是职业的，只有我们是中学生、业余的。同场排练近千人的交响乐，一开始我们排在边上，但每排练一次，指挥就调一次位置，最后好多主要位置都是我们的孩子。"

郭涵明白，音乐教育不是为了让每个孩子成为艺术家，而是让他们成为合格的公民。一零一之所以 25 年如一日坚持做交响乐团，是"希望从我们学校出去的孩子都能看懂、听懂、喜欢交响乐，并尽量让每个人都具有欣赏一门艺术的能力"。他们的交响乐团，人员全部由初中、高中各年级学生组成，每年都要补充新鲜血液。每年排练的新年音乐会，面向所有新生演奏。乐团的成员，是学校音乐节、艺术节的主力，更是班级、社团里艺术活动的积极分子，他们把音乐之美传递给身边每个同伴。

"天行健，君子以自强不息；地势坤，君子以厚德载物。"有责任，有担当，有情怀，有趣味，这才是形象丰满、可亲可敬的一代新人。

给学生最大的思想创造自由

一零一占地 20 万平方米，可能是北京城区最大的中学。

但郭涵更看重的，是学校为学生个性成长、独立思考提供的空间有多大——这个"大"是看不见的。

她不追求"颠覆性的变革"，而是倡导"因地制宜的改革"。她沿着"微创新"的思路，提出"年级 + 书院"的双轨班级管理制度：实行横向行政班的年级管理和纵向教学班的书院管理相结合的模式。年级负责主题教育，书院负责学业指引。当然，这里的重点是书院。我国古代书院，强调自由讲学和研讨学术并重，提倡学生以学术为中心开展合作研讨，讲演辩论、自修问难，很适于有个性、思想活跃的学生的成长。

一零一成立了 3 个书院："学森书院""圆明书院""IUC 书院"，分别以钱学森理科实验班、人文实验班和国际合作班为基础面向全体学生开放。

普通行政班学生通过学校测验，获得"模块免修"的可以进入书院修习特色课程。书院课程注重发展学生的思想深度、提升学生的素质层次、培养学生的学术能力，班额一般在 15 人左右，为学生讨论、研究、实践留足了自我发展的空间。

每个书院按学科领域聘请大学教授和本校名师各一人为首席导师，另聘一两名教师、学生助教组成导师团队。书院打通高中三个年级的界限，进行纵向自主式学业管理，高一年级上学期进行通识课程培训，到高一下学期再根据研究兴趣确定研究方向、选择导师。

清华大学、国际关系学院、中国社会科学院、中国科学院、北京语言大学、国防大学等一大批知名学校的专家，都成了学校的导师，他们为学生打开通向知识与思想海洋的大门。

更重要的是教学视角的变化。地理老师引导学生从地理的角度重温、解读戴望舒的《雨巷》；政治老师给学生推荐《生活中的经济学》《牛奶可乐经济学》《货币战争》等读物；历史老师围绕着"大禹在历史上是否存在"展开话题讨论，介绍 20 世纪初的"疑古"思潮……有时，课堂就设在图书馆，"学生围坐着，每人一杯茶，边喝茶边聊。我听的那节课聊的是《红楼梦》，评论薛宝钗和林黛玉，书院'山长'与学生质疑、互动，很有意思"。

或许，在这样自由的空气中，能产生一批"中学生思想家"。

当然，只有一部分学生能进入书院，更多的学生还是在常规的行政班学习，他们能有多少思想自由呢？

且看一零一的常规教学制度。

2011 年，学校组织各学科教研组和备课组，对本学科常态课教学基本要求进行了一次集体研究和细致梳理，编写出了一册《北京一零一中学常态课有效教学质量控制标准》，依据不同课型明确教学评价体系。比如，"现代诗歌朗诵会"属于高二年级的活动课。在《语文学科活动课评价量表》中，其评价项目包括：任务导向、清晰授课、多样化教学、引导学生投入学习过程和学习效果五个大项。每个大项又加以细化，比如"引导学生投入学习过程"就被分解为"学生投入学习"和"课堂气氛融洽"两个小项。而"学生投入学习"的具体评价内容共有 3 个方面：能提出有意义的问题或能发表个人见解；能按要求独立思考、多角度分析问题；学生间主动倾听、合作、分享——分值总计 10 分。不要小看这 10 分，分分指向学生在课堂上的思想自由度。

这只是写在纸上的制度吗？

当然不是！

副校长严寅贤的语文课很受学生喜欢，为什么？就是因为他在课上特别注意培养学生的思维能力，鼓励学生向老师、教材提问。他上朱自清的《荷塘月色》，自己不作过多讲解，而是把大部分时间留给学生点评课文。"我把学生分成 5 组，每组做好 PPT，推荐一个人到讲台上来，讲述你所在的组点评《荷塘月色》的观点。随后，我再把自己的鉴赏文章拿出来，与学生共享，看看我们对同一个内容有什么相同或不同的观点。"这就把学生的思维引向深处。10 多年来，他一直坚持做一个读、思、写结合的教学实验：每周编辑一期《语文读写周报》，一版编印总量 5000 字左右不同体裁、不同内容、不同风格的"美文"；另一版留空白页，要求学生紧扣所编印的文章写 800 字以上的"自由作文"。"我创办《语文读写周报》的目的，就是要在课堂之外，拓展学生阅读思考表达的空间。"

郭涵认为，学校不仅要给学生思想的自由，还要给学生创造的自由。

一天，高二学生付泽宇找到负责社团活动的李铁军老师，申请成立"模拟创业社"。李铁军二话没说，同意了。很快，两台复印机被搬进校园，付泽宇热火朝天地开办"免费复印"。原来，他先是发现了校园"商机"：学校复印机只对教师开放，学生大量的复印需求得不到满足。接下来他开始拉赞助，复印纸一面打广告，另一面就可用来给同学们免费复印了。

免费复印的成功为"模拟创业社"吸引了不少社员，付泽宇又开始琢磨着创办一份报纸。李铁军提醒他："我们学校已经有很多校报、班刊，你再办一定要找准定位。"付泽宇仔细研究了"市场"，推出了《先锋一零一报》，观点鲜明、文风犀利，一面世就广受好评。这大大"刺激"了他的创业"胃口"：依托"模拟创业社"，成立了"白日梦"网络融资平台，帮助社员、同学尝试创业梦想；搞 3D 打印，追踪前沿科技……

有思想创造的自由，教育的空间才无限大，像付泽宇一样富有创造精神的学生才会"喷薄而出"。

培育高贵的精神基因

郭涵的梦想，是让学生拥有高贵的精神基因。她深知，一所学校要"立"起来，必须靠高贵的精神。"做基础教育，最理想的境界是促进学生自然生命和精神生命的和谐发展。"

旺盛的生命力是高贵精神的"本钱"。在郭涵看来，体育与智育同等重要，"我在全校会上讲，体育老师不要小看自己，体育可是教育方针的一个方面，跟智育是平级的"。她说，体育运动应成为人的一种生活方式，并提出，让操场成为吸引学生的地方。为此，一零一对学生每天做什么作业、做多少作业，都作出了明确的规定，以留给学生充足的体育活动时间。从上世纪 90 年代起，学校每周都排 4 节体育课。现在，每到中午，学校的大操场都是沸腾的，乒乓球、羽毛球、篮球、足球等各种球类运动，丰富多彩，且都由学生自己组织。下午的"每天锻炼一小时"也早已成为学生们的自觉行动。

他们还形成了独特的"跑文化"。"我们校园特别大，吃饭要跑，上厕所要跑，去办公室找老师更要跑。"一位毕业生说。"利用独特的地理优势，我们每年冬季组织学生长跑，就是绕着圆明园的福海跑。圆明园西区开放以后，那里地势平坦，有山有水，学校就成立了定向越野社团，学生自己组织各年级几十个人到这里做活动，既锻炼了身体，又了解了这个园子的历史文化。"

有了强健的体魄，便可放手"高贵其精神"了。

首先要着眼学生精神的宽度。

今年 6 月 20 日上午，那是令人惊奇的时刻，"神舟十号"航天员聂海胜、张晓光、王亚平在远离地面 300 多千米的"天宫一号"为亿万青少年带来了神奇的太空一课。此时，一零一高一（3）班的王晗同学就在太空授课的"地面课堂"现场，并在质量测量演示实验过程中举手发言，获得了与航天员对话的机会。

当天下午，在一零一的阶梯教室，国家最高科学技术奖获得者、我国预警机之父王小谟与北京京剧院京胡琴师燕守平正进行着一场“科学与艺术的对话”，主要听众就是几百名一零一学生。

仅仅一天，一零一的学生就接触了这样多不平凡的事件。“他们精神世界的收获得多大啊！”郭涵感叹。这样的“一天”多了，学生的精神视界不就宽广了吗？

有了宽度，就要有厚度、深度。

有人说，一个人的阅读史就是他的精神史。一零一很早就重视培养学生的阅读兴趣。他们分两手抓：一手抓“快餐阅读”，比如前述的每周一期《语文读写周报》；另一手抓“经典阅读”。他们每学期都要求学生买一本书、读一本书、点评一本书、完成一篇读书笔记，并开展一次“优秀读书成果展示活动”。一零一校园由此充满书香。

诗歌是人的情感、精神纯美的表达。中学时代就是诗的年代。可是，为了应试，许多中学把诗赶出了课堂。与此相反，诗歌教学成了一零一的一道独特风景。比如，在高中阶段，他们把教材中的诗歌整合起来，尤其是20多首现代诗，集中放到高二教学——高二学生对诗歌的感悟力比较强了。课上不是死板的文本分析，而是让学生自己去鉴赏、朗诵、体验。“只是要求学生做PPT，根据诗歌主题配乐、配图朗诵。朗诵之后，要求学生仿写。整个过程老师只是引领。”一首《我爱这土地》，学生竟朗诵得落泪。“这样的朗诵，让诗歌完全进入了学生的心灵。”

读书，读诗，青春因而变得美丽、厚重。

郭涵不满足于此，她还要让学生去仰望精神的高度。

2013年春季新学期开始，除了大师领航课程、高端人物讲座等“走进高端”的教育形式外，一零一又与中国社会科学院合作开设“走进人文社科学术殿堂”课程。“学生可能了解理工科研究是什么样，但对人文社科研究则无感性认识。社科院文科学术能力最强，我们就让学生走进这样的机构，去了解人文社科学术研究的最前沿。”

目前，他们已参观了社科院的考古所和近代史所。在考古所，他们看到了许多国宝级文物，"屋子不大，里边一件挨着一件，学生看了很震撼"。到了近代史所，他们参观了所里的专业图书馆。"图书馆有好几层，我们进了其中一层，书架特别高，一直顶到天花板，上面密密麻麻摆着的都是民国时期老报纸的复印件。学生拿下来翻看，特别感兴趣，不愿意走。我们从图书馆出来到报告厅听报告时，有一个男生说：老师，我还想在这儿待行不行？我同意了。直到我们要离开社科院了，他才依依不舍从图书馆出来。"高建民老师说，"如果直接跟学生谈学术研究，他们可能觉得很枯燥，但咱们总有办法让他们走进学术。"

是的，让学生走进学术殿堂，就是要让他们去仰望人类文明的高峰，去感受精神生产工作的愉悦。

在此基础上，让学生的精神变得纯粹。

2010 年的一天，一零一人文实验班的高一学生来到一所打工子弟学校——风华爱心希望小学（以下简称风华），打算在这里开展一次主题班会活动。可是当他们真正走进这所小学时，顿时被眼前的景象惊呆了：校舍、课桌椅破烂不堪，坐在阴暗教室里的小孩子们一个个显得灰头土脸，教师更是少得可怜——这样的学校距一零一竟然仅有几公里！

"他们需要我们的帮助！"学生们内心的爱与责任感被唤醒了，一次短暂的主题班会活动迅速扩展并持续蔓延开来。他们号召捐款、捐衣、捐文具，又很快组织起每周一次支教，开始持续地帮助风华。一年后，他们又以其为主要对象，着手研究打工子弟学校存在的诸多问题，完成了一份 2 万多字、包含 13 个子课题成果的研究报告，并据此向北京市政府提出了 6 项建议。现在，支教风华的教鞭已从人文实验班传递到一零一的其他班级：自愿报名后经过选拔、培训的 18 位"教师"，来自高一年级的各个班，他们每周四教授的课程已经编入风华的课表。

也许，他们不能改变什么，但他们给风华的孩子带去了梦想、希望，他们自己的精神也得以升华，心灵因爱而博大。

每年的新生入学和毕业典礼，郭涵都要提醒老师们反躬自问："学生在一零一学习 3 年或 6 年，我们能够给他什么？我们又给了他什么？"

一位 2009 届毕业生在《向我成长的环境致敬》随笔中这样怀念母校：

"她的大气、平和、深厚让我自信地沉默；她的平等、博爱、包容让我温暖地看世界；她的艺术气质、质朴的品格牵引着我追求高尚生活。一零一是花园式学校，这花园更是精神上的花园，她让从一零一走出的学生成为精神上的贵族。"

这就是一零一和郭涵要送给学生远行的人生礼物。

（作者单位系《人民教育》）

（文章原刊于《人民教育》2013 年第 20 期）

改变教育，在我们的一念之间

唐江澎

江苏省锡山高级中学（以下简称省锡中）建校已经 110 周年了。在漫长的一个多世纪的岁月里，我们久久地期待，期待着有这样的一天，当我们学校培养的毕业生进入各所著名高校，都能作为嘉宾欢聚在我们的校园里，检阅我们的教育成果。今天这个期待终于成为现实，这对我们 110 年的办学历史无疑是莫大的鼓励、安慰。

高中如何培养出使我们民族强大起来的生力军

期待这一天绝不是自今天开始，因为从我们建校的那一刻起，当时的校主匡仲谋先生就把匡村大学的计划列入了他发展教育的宏图，连大学的地址都已经选好，师资都已预聘。但是日寇的战火，使匡公的大学梦付之一炬。

大学梦也不是匡仲谋先生的个人梦想。我们知道，中华民族要立于世界强国之林，必须由人口资源大国迈向人力资源强国，而要实现这一梦想，大学和中学就需要联起手来，促使今天的教育发生积极的改变。

各位大学的来宾，在你们的教学生涯中，都会深切地体味到这一点：那些以填鸭的方式锻造出的高分学生，虽然看起来光艳，但进入大学后，往往经不起大学 4 年的锻造。一些高中的"刷题式"教育，只能培养解题高手，而没有办法培养出使我们民族强大起来的生力军。

当你们走进有些高中的时候，会发现体育课早已远离了我们的学生，歌声已经在校园里消失，阅读已经被边缘化，学生参与社会实践常常成为一种奢望。

批评中国今天高中教育的人太多了，而真有变革行动者甚少；省锡中要做的是拿出一点历史担当的精神，让今天的教育发生哪怕看起来微不足道但却足以影响一代人素质的那么一点点改变。

近年来，我们从办学经验中提炼出“生命旺盛、精神高贵、智慧卓越、情感丰满”作为培养学生核心素养的基本追求和课程建设的核心大纲。

我们要培养生命旺盛的人，让运动成为每一个孩子的习惯，于是我们每天设立一节体育课。我们要培养精神高贵的人，广泛的社会参与成为学生校园生活的一种常态，于是我们的诚信超市实现无人值守，学生自我管理……

我们要培养智慧卓越的人，让阅读成为学生奠定一生生命厚度的一种基本方式，于是我们敞开图书馆，把每一间教室的后面布置成班级书房。我们还让学生去动手、体验、实践，把想象变成现实的创造。让学生在想象创造的激励中，学会一种技术语言，制造一件物化作品，完成一份工程日志，形成一篇严谨的学术报告。

我们努力培养情感丰满的人，让孩子们在体验、感悟中表现美、创造美，于是我们把艺术课程变成艺术与生活、艺术与情感、艺术与科技、艺术与社会四大类型的选修课程。虽然我们不得不面对今天的高考现实，不得不考虑升学率，但我们仍然努力追求学生三方面的均衡发展，即学业与学术、品位与修养、竞争力与适应力。

我们为什么要办大学节

现实的高中教育，不谈升学率是没有今天的，但是只谈升学率，我们的民族会失去明天；不谈升学率是没有地位的，但只谈升学率，我们的教育就没有品位；不谈升学率走不动，但只谈升学率，我们的教育就走不远。

有人说，任何教育的改革都是对立的力量相互妥协以达至某种平衡。

我想省锡中今天的所有努力，就是在我们面向现实的时候，仍然仰望理想。

今年是我校建校 110 周年，我们不想把校庆变成节日化、仪式化的庆典，而要赋予校庆教育性、影响力、熏染力。要借校庆活动，把大学的专家、教授请到学校，以期实现大学精神、大学文化对学教育产生一种浸润、渗透、影响。

哲学家雅思贝尔斯在谈及大学使命的时候，认为大学的使命有四个方面：研究与教学；教育与培育；个体间神圣的、生命的精神交往；庄严的学术活动。因为追求真理永远比获得知识重要，因此研究学术就是大学的立身之本。大学应该是研究的神圣殿堂、学生生命成长的生命场。

我们中学太需要这样的文化了：我们要用学术影响力来发展学生的核心素养；要用大学里那种大师与学生之间的生命交往来促进师生平衡关系的建构；我们希望以研究的方式来达到学生的深度学习，而不要把教学都变成风干了知识点的简单记忆。

我们办这次大学节，首要的价值就是要让学校受大学文化和精神的深层影响。其次，我们希望能影响大学招生方式的转变。多年来大学招生主要是以"宣介式"进入中学的，也就是在学生已经被传统的教学方式教育完成之后，在收获的端口大学站在那里进行自我推介，以吸引那些用传统方式培养出来的学生报考。我们这次办大学节，就是倡导把大学"宣介式"招生变成"孵化式"的一种培育。所以，今天有 13 个实验室进入我们学校，有 18 所大学的优质生源基地在我们学校挂牌。

高中是学生人生观和价值观形成的关键阶段，在这个关键阶段有一个重要的使命，那就是让学生认识"我是谁"，知道"我将来要走向哪里"。

怎样实现人生的准确定位？需要两个前提：一是对个性特质充分地认识和把握，我们的做法是让学生在体验式课程环境里熟悉、了解自己的个性；二是学生能够对大学的专业有基本的了解。在此基础上完成自己的生涯规划。可现实是，一些中学生为分而学，考出来待价而沽。

我不得不说，如果中国的大学不能改变只是招"分"而不是招"人"这一现状，那么，培养创新型人才以及建设一流学科、一流大学都将是一句空谈。道理很简单：一流大学建设必须依靠一流的人才选拔模式。

　　我知道现实的政策有时也许是没有办法改变的。但我们依旧可以有为。在我们学校，至少有三分之一的学生能够在高中阶段初步确立自己的志向，能够把高中的“学业”同大学的“专业”选择贯通起来，把大学的“专业”与踏入社会安身立命的“职业”贯通起来，与人生建功立业的“事业”贯通起来，甚至与襟怀天下、造福人类、安顿灵魂的“志业”贯通起来，变“为分而学”为“因爱而学”。如果能做到“五业”贯通，如果我们的学生都能真正地为了兴趣、爱好、追求、使命、情怀而学习，那么几十年后我们国家将大师辈出！

　　在此，我非常恳切地表达一个想法，那就是每个人每天都应该给自己留一点做梦的机会，否则那盏照亮我们心灵的明灯将会暗淡。也许你们不经意间的一句话就点燃了学生心中的一盏明灯，这盏明灯将照亮他整个人生的前程。

　　哲人说，如果只谈理想就会落于空泛，如果只谈实务就会迷失方向。要紧的是把我们脚下的每一步都同我们追求的理想联系起来，只有不让遥远的地平线在我们眼睛里消失，我们的脚才会迈出有意义的一步！

　　（本文是作者在该校 110 周年校庆大学节上的即兴演说。发表时略有删改。）

（作者系江苏省锡山高级中学校长）

（文章原刊于《人民教育》2017 年 13—14 期）

在高考之上

——福建省福州第一中学近年办学探索侧记

赖配根

一所中学到底怎样才算大？

占地 260 多亩、学生 2400 多人的福建省福州第一中学（以下简称"福一"）高中部，不可谓不大，但在校园来回溜达几次后，对面积大小也就没有什么感觉了。直到走进学校的体育馆，一块大型木雕赫然入目，上面镌刻着 7 个大字——"为天下人谋永福"。校长李迅说，这是福一的办学宗旨。

这是何等气魄！有了这样的办学胸襟，就是一间陋室，那也是天底下最大的学校。

我由此真正走进福一。

从历史的血脉中提炼学校之魂

文化是学校之魂，而历史是文化之源。

一个合格的学校校长，首先是学校历史精神的化身。

2002 年，刚担任福一校长的李迅，就一头扎进了校史中。"翻开福一的历史，我惊讶了！"越是摸清福一的历史脉络，他越是被学校文化之广博折服。

福一的前身可追溯至 1817 年创建的"圣功书院"（后改名"凤池书

院"，清末著名的新学创办者陈璧曾任第 12 任山长）和 1870 年开办的"正谊书院"，"圣功"出自《易经》"蒙以养正，圣功也"，"正谊"则取自董仲舒的名言"正其谊不谋其利，明其道不计其功"。1907 年，两书院合并更名为"全闽大学堂"，是福建最早的公立学校。当年，福州人说福一人是"天子门生，门生天子"。"天子门生"指的是进士。另据史载，曾为帝师的陈宝琛当过福建高等学校（福一的前身）的校长。沈葆桢、梁遇春、林觉民、林志钧、陈盛馨等都是福一的历史名人。新中国成立前，福一就被列为全国最优秀的十所中学之一；1957—1959 年，连续三年获得全国高考红旗。

这样的历史沃土，应该哺育出灿烂的学校文化。但有一个现象令李迅奇怪：每年校庆校友回校，只有上世纪 40 年代的校友会唱校歌，而且唱着唱着就激动得哭了。毕业于上世纪五六十年代之后的校友，却常常不记得校歌了。原来，福一的校名屡次变更，每变一次，校歌就改一次。

一所学校有校歌，就像一个国家有国歌。要让学校成为学生终身追忆的地方，就要让校歌成为他们精神图谱的一部分。

李迅决定找回福一的文化基因。他重温那首诞生于抗战烽火令当年校友歌哭与共的老校歌："闽山苍翠水萦回，美哉伟哉我福中。正谊风池托迹古，此邦人物甲南东。李忠定（即南宋抗金名臣李纲，福建邵武人），俞家军（明代抗倭名将俞大猷，福建泉州人），缅怀壮烈挹高风。鸡鸣风雨同舟切，百千健儿齐起勤勇复公忠，振起中华民族万祀永无穷。"他把这首和其他几首校歌让学校教代会投票决定选用哪首，结果大家一致选出了这一首。

"在这首歌中你能体会到，它唱出了一种冉冉的正气。它缅怀先烈，都是中华民族文化底子里的东西，让人唱得很有激情。"这才是福一的精神底色。2003 年以后毕业的福一学子，每年的校庆聚会，唱的就是这首校歌，他们还制作成微视频广为传播，受到学子热捧。"去年校庆时，厦门大学七八十个福一的校友聚在一起，当时下雨了，他们竟然在雨中唱着这首歌！那一刻，不就是福一文化精神的凝聚吗！"

校训也是学校的精神标识。福一原来的校训与校风是融合在一起的，就是"勤奋、严谨、求实、创新"。这 8 个字放在别的学校似乎也同样适用，"一所有这么长历史的学校怎么会没有自己的魂？"李迅又开始解读校史。早在 1902 年，福一当时由书院变为大学堂的时候，对于要办成什么样的学校就有完整的表述："心术端正，文行交修，博通实务，讲求实用，庶几植基立本，成德达材"。"我组织学校的老先生讨论。'植基立本，成德达材'这不是中华民族的一种追求吗？基础、根本的培植非常重要，其目的是'成德达材'，德摆在第一位，材在其后。"于是，他们把这 8 个字作为校训，又把"心术端正"等 16 个字作为育人目标。"这不是我李迅的创造，而是我们从福一自己的历史脉络中提炼出来的文化基因。"

数学出身的李迅，对历史一直充满温情的敬意。他采纳学生的提议，设立了富有福一特色的"学校纪念日"：把 1902 年 4 月 9 日成立"全闽大学堂"、2002 年 5 月 13 日新校区建设启动以及校友邓拓的诞辰日，林觉民、陈盛馨的殉难日设为纪念日。左宗棠为福一手书的"景贤维明"被制作成匾额悬挂于学校大礼堂；体育馆"为天下人谋永福"大型木刻两旁，是校友林觉民的简介及其《与妻书》全文。学校图书馆藏书多达 13 万余册，其最大的特色就是古籍多，保存了一大批距今 100 多年的线装书，同时有全套的"二十四史"和《资治通鉴》等。这样，福一的 200 年历史、中华民族的精神，就融入学校教育、学生的血液了。

在此基础上，2006 年经过全校讨论，福一清晰提出了学生的八大素养：国家责任、独立人格、学会学习、健体怡情、服务意识、国际视野、实践能力、自力自治。这些素养都扎根于学校的历史和实践，同时具有强烈的未来指向。比如"自力自治"，取自 1921 年著名教育家杜威到福一作专题演讲的内容，又很有现实性。

中学之可贵，在于超越考试

福一的高考成绩一直是全省的骄傲，尤其是近年来，不断上新的台阶。但从李迅到普通教师，都聚焦一个问题：如何不唯高考、超越高考？

作为基础教育的最后一环，福一人明白，厚植基础、严格规范，是中学教育的本分。要做好这一本分，需要耐心、沉静，来不得半点讨巧。"我们福一的传统，就是非常严谨、扎实。"初中部校长林波说，比如"学生手册"，就系统、详细地告诉学生升入福一以后该怎么做，"你的一言一行，直到各个学科的作业如何做，都有明晰的规定，甚至有样板示例"。比如高中语文，"每篇课文无论长短均应通读 1 ～ 2 遍。一般要求诵读一遍，默读一遍""默读每分钟不少于 700 字"；至于作业的修改符号使用，他们给出了详细的图例。"刚开始学生不太习惯，有的孩子甚至要用一个学期才能适应过来。"但他们从未降低标准。每年高一新生上化学实验课，分管教学的副校长都会去听课并拍照。"就一个拿试管的姿势，五花八门，一个班40 个学生就有 40 种拿法。我们就拿出科学的规范，对每个学生进行统一要求。"

生活不能苟且，教育更不能。

2007 年，福一初中部复建。李迅给初中的定位是：先树人、后升学——教育，首先要教人把人做清楚。他到初中部检查工作，先看两样：一是学校的卫生怎么样，"地上一尘不染，说明工作落到实处了"；二是学生的精神面貌如何，孩子懂事有礼貌，他就开心。

不苟且、严规范，基础教育才"基础"。福一毕业的孩子，无论未来走向何方，他们首先都将是懂规矩、有教养的公民。

超越考试、超越高考，更关键的是要在课程、教学上下功夫。

福一的课堂已经开始突破"考点"思维。

两年前，李迅就向全校教师发出号召：各学科都不能放松学科的本质教学，应该把高考的内容只当作"地板"，同时努力去构建或完善自己本学科的"天花板"，还要争取让部分学生把"天花板"顶出几个洞。

福建是 2016 年进入全国卷高考的，一些学校措手不及，但福一却很从容，因为他们没有唯"高考马首"是瞻。日常教学他们注意把握学科的本质，注重学科思想、方法。比如理科数学，福建省原来高考选修考查知识点为矩阵与变换、不等式选讲、坐标系与参数方程，三选二；全国卷高考选修考查知识点为不等式选讲、坐标系与参数方程、几何证明选讲，三选一。福一的教学内容则融通两者、超越两者。"我们这样做的目的显然不是为了高考，而是为学生终身发展考虑。"

物理教研组也有一个共识：日常教学一定要跳出题海，不能把物理教学仅仅看成是背一些物理定律、做一些物理习题，而是要发挥物理学科在培养人、培养拔尖人才方面独特的作用。因此，他们不是仅教授高考考点的教学模块，而是全部开出国家课程标准中开列的所有模块，让学生感受物理学科的魅力。

这是福一学科日常教学可贵的底线坚守。

为了培养学生前述的八大素养，李迅带领教师们重构学校的课程体系。他倾注大量心血建立福一的核心课程、荣誉课程。"在国外，核心课程是面向每一个学生且有学校特色的，这所高中确认为核心课程的，另一所高中却不认为是'核心'。"福一最早设立的核心课程，是"中华文化导读"。曾经对美国、德国等教育作过深度考察的李迅，对于中华传统文化在中小学丧失阵地忧心忡忡。"我跟老师们讨论，都觉得当时语文课把体现中华传统的古文去掉了太多。"所以，福一把"中华文化导读"第一个列为核心课程。之后是"公正与责任"课程。"这门课程实际上是讲我们的宪法，但不是就宪法讲宪法，而是用学生身边的案例渗透宪法精神，让学生理解公正、担当责任，非常受欢迎。"

荣誉课程方面，他们做得比较早的一个是"航海"，另一个是"商业"。"商业课程"是从友好学校——英国汉斯比中学引进的，被誉为英国最好的商业课程。至于"航海课程"的开设，还是源于校史情结。"清末，福一的创办者沈葆桢负责马尾船政，招收的学员有好几个都是福一的学生，所以中日甲午海战参加者就有福一的校友。"李迅觉得，不开设"航海课程"，有点对不住福一的先人。"航海课程"就这么开起来了。他现在的"奢望"是在学校旁边的乌龙江"围一块作为福一的航海训练中心，不要让我们的孩子老是在游泳池里去'航海'！"

如今，福一已经建立起面向全体学生的核心型课程和基础性课程、面向不同类型学生的发展性课程（拓展型课程）、面向拔尖学生的高阶课程——创造性课程（精深型课程，即荣誉课程）等三大层面的校本课程体系，总共100余门。现在，李迅可以自豪地说，福一的课程拿到世界上去，也是相当领先的。

"没有体艺，不是福一"

2015 年《中国好歌曲》节目比拼现场，迎来了一位惹人注目的选手——来自福一的高二学生雷雨心。

雷雨心品学兼优，喜欢音乐，但不是音乐特长生，她的梦想是做林徽因一样的建筑设计师。当时专家评委就很惊讶：在学习和高考压力之下，你怎么还能有时间和同学们玩音乐？她情不自禁地说了一句震动全场的话："因为我们的李迅校长给了我们别的校长想给而又不敢给的青春！"

一些高中的日常教学，非高考科目常常靠边站。但福一恰恰相反，每学期排课表，从高一到高三，先排音乐、美术、体育，然后才排其他学科。他们的艺术、体育教师都是高标准配置，体育教师 25 位、音乐教师 8 位、美术教师 4 位，而且这些教师，"每一个都有能拿到台面上、非常棒的技能，有一位武术教师就曾拿过亚洲的银牌"。

"没有体艺，不是福一"这一理念被全校师生高度认可。

由于种种原因，"小学、初中把一些应该完成的学科教育给漏掉了。有的孩子进入高中后，连五线谱都不认识，素描一点儿都不会，篮球也不会打"。李迅想起美学家席勒的一句名言："我们读完一首美的诗，想象力就恢复了生气。"他提出，高中是基础教育最后的守望。"不管多么辛苦，我们福一都要保证每个学生完成国家规定的基础教育阶段体艺教育的目标。让童年时代错过的东西，在青少年时代得到弥补！"

另外，中学体艺教学往往被简单处理。曾经有一个学生给李迅写信，反映学校艺术教学很无趣，课上总有做作业的人，期末老师只是凭一幅画或一首歌决定学生的成绩。

李迅决心全面提升学校体艺课程。一是在把握国家体艺课程总目标的基础上制定切合福一实际的课程目标，使学生真正具备体艺素养。他要求高中艺术教育做到：普及基本知识（例如音乐课要解决识谱问题）；学会鉴赏艺术作品；初步掌握一项艺术技能；还有要养成关于音乐、美术的礼仪规范。二是尝试小班化分层教学、分层评价，为不同基础的学生设计、选择不同的教学内容、教学方法和评价方式。比如艺术教育，除了开足国家要求的必修、选修模块之外，还发挥每个教师的特长，为学生开设了电子钢琴、小提琴、琵琶、二胡等单项艺术技能选修课。

不仅如此，整个的福一都浸泡在艺术之中。学生宿舍每层都摆放一架钢琴，"现在我们每个班差不多有 10 个学生弹钢琴，他们家远住校，所以我们就在宿舍楼配置了钢琴"。但还是"琴少人多"，学生就自己排表：这半小时你弹，另半小时我弹。每天下午五点半至七点，宿舍楼飘扬着优雅的琴声。学校的下课铃，都是非常暖人心的音乐曲子，"它们全部由教师、学生选择编排，学校从不干预"。这两年，学校还成立了交响乐团，"全部都是学习不错的普通学生组成，没有一个特长生"。这简直就是奇迹。"福州的小孩一般学的是钢琴、小提琴，但交响乐团五大门类乐器都要有。怎么办？只能让孩子们'转行'！有一个低音大提琴手，是高二才从钢琴改过来的。"

崇尚体育一直是福一的传统。"'没有体艺，不是福一'这个概念，不是学生进入学校之后才开始有的，在他们拿到录取通知书的那天我们就给他们植入了。"体育老师缪滢滢说，"通知书后都附有体育组老师致家长的一封信，主要是锻炼的建议，还推荐观看'福州一中体育先修课程视频网站'，上面有五大项运动技能入门练习等视频。"每年 11 月中旬至来年 4 月中旬，全校师生环校 1400 余米长跑是福一每天不变的风景。学校操场上，几乎周周都有体育赛事。

崇敬规律是教育的生命。高一新生入学后的第一次环校长跑，总有学生跑步动作不规范、呼吸调整不合理，体育老师都一一纠正。"2006 年开始，体育倡导学生按照兴趣选择项目，结果我们发现学生体能下降。"2008年，他们果断进行了调整：每节兴趣选项课都安排 10 分钟的体能训练，使学生熟练掌握运动技能的同时稳步提高身体素质。体育兴趣选课，许多学生都是一味地按照个人的喜好选择，可能出现有的孩子下肢力量强上肢力量弱的选择了足球，上肢力量强下肢力量弱的选择了排球。实际上，两者的选择应该反过来。"我们普通高中不是要培养运动员，而是要促进每个学生身体素质和谐发展。所以我们提出，体育选项要按照学生兴趣及其实际情况进行。"

运动改变大脑，审美变化气质，福一给孩子们的青春是诗性的。

"我们福一的'傲气'就在于，培养出了一批很正气的孩子"

作为管理者，李迅的一个突出之处，是把每一个员工的冷暖放在心上，让老师在福一活得比较快乐。"只有这样才能使每个老师对学校有依恋感，对工作才会投入。"

福一的许多老师来自外省，近年来福州房价上涨快，怎么解决老师的住房之忧？10多年前，学校就低价购买了一些住房，又在校内盖了一个学术交流中心，把其中空余的房间提供给老师使用，保证每个老师都有床位。李迅还要求学校工会与校外其他部门、系统作好联络沟通，为老师争取最优惠的买房价格。

职称是教师关注的另一个焦点。福一每进一个教师，都要对他的未来发展负责。"从2005年开始，我们就构建了一个人力资源数学模型，以后每年招教师，年龄、性别应该如何分布列得清清楚楚，以保证今后二三十年学校的职称评审都能顺畅评下去。"10多年来，福一的教师职称评定都非常顺利。

"这样我们就把教师给稳住了。教师安心教书了，许多事情就好办了。"

在此基础上，李迅强调以严治校。"一所学校，特别是大学校，一定要有非常严格的要求，这样才能确保学校健康发展。"福一的教育教学管理制度，可以称得上"严厉"。比如私自调课，他们界定为重大责任事故。一位非常优秀的体育老师，一次学校大型活动中很辛苦地负责编排节目，活动结束后回老家待了几天。其中一天下午她有课，她图方便私自让一个老师代课，被教务处巡查时发现。这下事情严重了。"她来我办公室求情，哭哭啼啼的。我让人事部门算了一下，因为这个事故那年她的工资要损失7000多元，确实是一笔不小的数目。"但李迅没有在原则上后退。"我跟她讲，你是我的一员爱将，更应该遵守学校的规定，我不能为你去违反学校的规矩。"

以严治校、尊崇规矩，不是为了较真，而是要守住学校的正气，还教育一方净土。

学校正气自校长始。福建省立医院的一位医生，孩子毕业于福一，想到美国去读书，但英语分数低了些，也希望学校网开一面。"我就问他：你们医院能改医疗记录吗？他说不能。我说你的医疗记录不能改，我们的成绩就能改？"2009 年，福一面向福州市以外招了 50 名学生。按照规定，这些学生高中 3 年都必须住校。那届高一快结束时，一位家长以孩子肠胃不好为由，希望搬到校外住。福一当然没有允许。不死心的家长就搬动有关领导给学校下达"指令"。福一仍旧婉拒了。2014 年，高一期末考试结束，一名成绩名列前茅的寄宿制学生也提出搬到校外住，管理的老师有点动摇了，但李迅严肃地说：如果知识分子连一点骨气都没有了，我们还剩什么？

当了 10 多年的福一校长，在招生方面李迅从未给自己开过"后门"。不仅如此，"我们学校的其他管理者，许多是福州当地人，都有亲戚、朋友，但他们从不跟我提这些事，因为他们知道我的态度"。

公正、正气，是一所学校也是一个人的精神脊梁。李迅希望每个教师把脊梁骨挺起来。

"我常跟老师讲，你一旦选择当老师，千万不要想发财。老师的财富在哪里？在你培养的每一个学生。"李迅在骨子里是一个理想主义者，"如果你以补课的名义收了学生的钱，以后你在学生心目中就一文不值"。

曾经有人查阅过福一教师的档案，发现他们很多都是来自边远的乡村，在社会上没有什么"关系"。为什么会这样？因为他们招聘教师的第一原则，就是公平。当然也会有一些人打招呼，但学校从未因此失去原则。每次新学年第一天的学校工作会，李迅都要向新聘教师交心："你们是靠什么进福州一中的？公平和实力。我希望你们把这种东西还给福州一中的学生们。小到学生的座次怎么排，大到学生的成绩怎么评定，如何评优评先，你们都一定要非常公平。"

一个教育效果自然而然来了：福一的孩子都非常在乎公平。李迅颇为自得地说："我们福一的'傲气'就在于，培养出了一批很正气的孩子。"

“天地有正气，杂然赋流形。下则为河岳，上则为日星。于人曰浩然，沛乎塞苍冥……”

以“为天下人谋永福”为办学旨归的福一，以浩然“正气”、介然“骨气”成就教育“大气”，自觉融入中华民族生生不息的精神洪流中。

（作者单位系《人民教育》）

（文章原刊于《人民教育》2017 年第 02 期）

高考变了，高中怎么办？

吴　坚

时代变了，教育怎么变

　　思考和把握教育发展的方向选择，首先应该读懂时代；而读懂时代，首先应该关注经济社会的发展状态。当今中国经济正处于历史性的发展转型期，其典型特征与生成背景大概有如下几个方面：人口红利时代（以劳动力密集型为特征的制造业）向知识型经济时代转化（高科技、高附加值产业）；资源消耗模式（重污染低效益的粗放型加工业）向创新科技模式转化（技术研发、创意园区）；市场依赖型（产业链低端的外贸出口业）向金融服务、外向投资型转化（互利合作、环境友好型）；政策主导、效益优先取向（透支畸形、集聚膨胀的产业模式）向制度建设、公平原则取向转化（机会均等、负面清单的自贸区模式）。

　　社会需求决定了人才培养的思路与策略，与经济发展相适应的教育发展转型也将成为必然的趋势。基础教育必须改变一味追求成绩分数与政绩数字的现象，不再把统一、标准、格式、效益等工业化特征看作根本原则，而是趋向实施多元评价，鼓励个性发展，创设有利于学生自主成长的教育空间，以更具特色的课程选择与教学组织来满足创新人才培养的需要。

　　2014年国务院颁布的新高考改革举措正是为了适应中国社会政治经济的发展，体现现代教育的基本思想，培养符合时代需要的创新型人才。在高中学段的文化课程中增加选择性，体现以人为本的教育理念，针对不同类型不同特长、具有强烈自主学习需要的教学对象，提供可以满足其合理发展、有序提升、专长突出、公平均衡的分类教学模式。学生拥有自主选择学习类型的愿望应得到充分的响应，而每个学生在学校中的学习经历也将呈现出多姿多彩的样貌，真正实现“考试招生改革方案”所提出的综合培养多元评价的指导理念，打破单一低效的围绕着应试需要而展开学校教育的现状。

教育犹如一场交响乐，当高考这个指挥棒变化了，所有的乐章风格呈现都会变。从问题导向出发，我们可以预见的或正在经历的过程性矛盾会有这样一些：

（1）高中课程格局发生变革，师资结构配置需要调整，课程表需重新设计（一人一张课程表），教学模式也会发生极大转变。

（2）语文、数学、外语三科是否会被过分加强，理、化等科目是否被削弱，教师的教学方式及任教心态将可能发生改变。

（3）学生需提前选定等级考科目，实际存在盲目性和博弈意识，对自身兴趣特长甄别及大学专业咨询指导的需求将愈加迫切。

（4）按照选考单科划分等级比例，高考的区分度下降，合理选科的意义可能大于强化训练的意义，教学分化加剧。

（5）课程改革的力度加大，学生的选择权加大，教学标准设定的适应难度必定也会加大。

教育变了，学校怎么办

问题的产生与思路的开拓是同步进行、相互依托的。学校必须紧密围绕培育学生的核心素养，把握转型发展的社会大趋势，遵循教育规律办学，努力创设自由的环境、严谨的规划、深刻的体验，积极探索。

课程标准、课程方案及课堂实施将走向多样化，无论对学校、教师还是学生，课程选择的自主权大大增加。“3+3模式”意味着原来的文理分科被打破，6门等级考科目中任选3门，完全可以按照学生自己的擅长与喜好进行组合，由此产生的20种组合方式的选择不仅对学生是前所未有的挑战，对学校的课程设置系统更是莫大的考验。

高中学校的办学水平和培养质量可能就在这一环节有了实质性的分野，如同美国高中把能够开设 AP 课程的数量看作自己办学水准的标志。而在学科教学的实施中，由于有了等级考与合格考之分，教师的教学选择也将成为一个原本不是问题的问题：在基础学历的合格类教学中如何保证质量？在升学依据的等级类教学中如何达成目标？相对原来的高考模式，现在的合格考显得太基本，而等级考的评价分决定权并不主要在你自己手上，而是在你同批次同科目其他考生的考试结果的对应关系上。

复旦附中在全员生涯规划指导基础上尊重学生的选择，出现了全部 20 种组合的课程菜单。利用软件设计同时结合人工调整，生成了每个学生的走班课表，最终每个学生一人一张课表，上面注明了走班上课的教室地址及教师姓名。合格性课程每周 2 课时，等级性课程每周 3 课时。

根据 6 门学科教师的实际情况，有的老师只担任合格性考试教学，有的老师只担任等级性考试教学，也有老师同时担任合格性考试和等级性考试的教学，教学任务的安排是根据教师的教学能力、学校发展需要、学生的喜欢程度决定的。目前上海市教委还未公布合格性课程和等级性课程的课程标准，所以我们结合自己学生的实际情况，加上教研组多次研讨，形成了自己的课程标准。

教与学的模式面临转型需求，传统的知识传授和能力培养将不再显得那么有效和可持续，跨越式学习成为普遍的存在方式。课程标准将不再是唯一规定，而仅仅是一个旅行指南，真正的教学实施主导权应该在教师手中，这样教育和教学必然呈现更为多样化的面貌。

当分层走班全面铺开时，每个学生要在相应的学时段（大概占总学时数的 1/2）、不同的教学场地，进行不同的选 3 科目学习，原有的学科教学的封闭性被打破，所有信息在走班传播过程中也会进行丰富和整合。原先的行政班教学有利于整体教学目标的实现，而分层走班的教学实施中个性化增强，可以实现跨越式学习（不同学段、不同层次、不同模式），更关注到每一个学习者的类型和需求，教学的针对性和主动性增强，除班主任外，学业导师制将是一个重要选择，全面培养、全员德育的理念可以因此而真正落实。

经过尝试，我们在高一年级不分层走班，而是按原来的行政班级上课，目的是让学生亲身体验6门学科（理化生政史地）的学习过程，发现自己的学科兴趣，同时也是对国家学历教育的基本标准和要求的实施保障。这期间我们会针对新的高考改革方案进行系列解读和宣传，包括召开家长会和年级大会，让家长和学生首先熟悉并了解新的高考改革的背景和意义，分析选科的基本原则和条件，并充分理解本次高考改革所提供的选择机会和发展规划，学生应本着兴趣特长及以后的专业发展和生涯规划，合理而有力地选择适合自己的学科，而不是以恐慌的心态，甚或是投机的心态去被动迎合新的高考方案。

从高二年级上学期开始，6门学科（理化生政史地）开始分层走班教学。统计学生的选科情况、合理安排师资和教室，接着排课，这是最重要的环节，需要不断调整才能形成完整的课表。开学第一周内，我们允许学生调整选科，从第二周起至学期结束不允许学生再次调整选科。

为了保证正常的教学秩序，取得预期的教学目标，我们采取了以下措施：

（1）在固定时间段实行按照学业水平合格及等第不同要求进行分层教学，合格班代号为H，等第班代号为D，每位同学都确定有3门D类课程，2或3门H类课程。

（2）每位学生仔细阅读个人课表，确定自己的选课类别与具体上课时间、上课地点的安排，对照科目名称与教室号，提前了解并作好学习准备。

（3）分层走班教室分布在博学楼1—4层，每天涉及3—4课时；学生的个人物品必须存放到教室后橱柜中，在非上课时段课桌内外不得存放任何个人物品，相关学习用品（书籍、文具、作业等）走班时随身携带，务必作好上课的提前准备。

（4）课间10分钟（含预备铃2分钟）必须做好个人卫生及上课预备工作，不可拖拉迟到，要有充分的时间考虑，尤其是如果前面一节课不在博学楼进行的情况下。

（5）每门课程都需设有1到多位课代表（由任课老师确定），负责协助任课老师做好课内外教学工作，包括收发作业、联系课程班内的学生、课前课后的教室执勤安排等。

（6）在教师办公室前设有作业收发柜，各门课程布置的课外作业可以按照老师的时间要求，投放到相关学科课程的橱柜位置（看清柜子上的标签），课代表按时整理并负责交送发放。

（7）在相关课程教学中，学生必须按照任课老师安排确定固定座位，不得随意变动；每节课前都由任课老师负责考勤，并作好记录，如有请假可由课代表转达任课老师，事后学生本人一并到教务处办理销假手续。

教育评价需呈现出更加积极的多维度多方位的形态机制，突出人才培养所必需的核心素养内涵，认识教育中过程性体验的意义。原有的考试评价体系侧重解题能力与单一分数形式的评价，而在分层背景下同一学科的不同层次将用不同标准去评价，学习的过程性评价需要有非常充分的体现，也即是考试结果并不能完全取代学习过程。所谓合格考科目的学习并不特别需要为最后的通过与否担心，而体现的恰恰是学历教育的完整性与素质化，评价就应该是多维的，尤其需要掌握对学生学习过程的实录反馈。教学模式也将更重视过程性体验（阅读、运动、游览、实践、研究、交流），努力推行学程性记录和学分绩点（GPA）综合评价，确保全方位培养的质量与效果（见下页表1）。

教育教学环境必须提升与拓展，丰富完善资源配置，提供充足而又合理的教育教学平台，以保障有效教学和个性培养。在分层走班实施中，课程设置更加注重选择性，自主选择分层教学，实行走班，环境资源是极其关键的。从师资的质与量到教室的宽裕度，从专项培养方案的可行性认定到充分的创新实验室和公共教育教学场馆及设备设施，包括艺体及选修板块的教学资源安排，所有资源必然集中于可知可感的教学和培养环节，而非门面形象。

概括起来，基本应该比原有行政班教学模式增加配置20%～50%的教学资源，才能较好满足个性化培养需求。这需要学校因地制宜进行调整，更需要教育行政部门的支持。

表1　复旦附中的评价方法和成绩评定的依据

平时成绩的评定	出勤情况（25分）	①全勤25分 ②迟到、早退一次－1分 ③病假二次，事假一次－1分（公派交流事假除外） ④无故旷课一次－5分
	课堂表现（25分）	①认真专注与否 不够－0.5分，扣满5分为止 ②积极参与与否 不够－0.5分，扣满5分为止 ③主动发言与否 不够－0.5分，扣满5分为止 ④乐于合作与否 不够－0.5分，扣满5分为止 ⑤独立思考与否 不够－0.5分，扣满5分为止
	作业情况（25分）	①及时完成递交与否 欠交一次－1分，扣满15分为止 ②书写工整，格式规范 差别－1分，扣满5分为止 ③完成质量高效、优质 差别－1分，扣满5分为止 ④练习错题有订正 差别－1分，扣满5分为止 ⑤值日工作认真完成 差别－0.5分，扣满3分为止
	测验成绩（25分）（备注：按照学期内指定测试的总评分确定，缺考的当次做0分处理）	①前30% 25分 ②31%—50% 20分 ③51%—70% 15分 ④71%—90% 10分 ⑤后10% 5分

续　表

学期总评成绩	合格性课程	①学期总评成绩（100%）＝平时成绩（50%）＋期末考试（50%） ②平时成绩（100%）＝考勤（25%）＋作业（25%）＋课程表现（25%）＋阶段测试（25%）
	等级性课程	①学期总评成绩（100%）＝平时成绩（30%）＋期中考试（30%）＋期末考试（40%） ②平时成绩（100%）＝考勤（25%）＋作业（25%）＋课堂表现（25%）＋阶段测试（25%）

个性化生涯规划与升学指导成为学校教育的必备环节。因为选择的概率大大增加，自我分析和客观判断始终贯穿在学生高中 3 年的学习生活中，因此，我们为每一名需要的学生配备了选科及升学指导导师，为学生提供相关学业发展过程中的问题解决方案，这也将成为每所高中学校的常规责任。

在 3 年的高中学习中，引导学生选好科是为大学的专业学习打基础，是一种升学指导，更是生涯规划，关系一个学生终身发展与成就。因此，非常有必要设立"综合素质评价"记录的信息平台，试行多元评价，实时记录，持续跟进学生成长的全过程，及时推进确立教育诚信体系建设（见下页表 2）。

表 2　复旦附中的综合素质评价设计及操作方法

综合素质评价（备注：我们学校确立了"四个主人"培养目标，即让学生成为学习的主人，学校的主人，国家的主人，时代的主人）	社会工作	主要反映学生在校园内外参与学校管理的具体情况，了解除去学生的学业成绩外，学生还积极参与了哪些校园管理。包括学生在班级内、团学联、宿舍管理等方面的职务。
	志愿者活动	主要记录的是学生除去"博雅网"要求之外的志愿者活动，需要填写活动日期、活动地点、活动内容；学生在校期间，还参与其他志愿者服务或是公益劳动。真实记录学生在高中 3 年每学期的公益劳动。
	出勤情况、礼仪情况	参考德育处下发《复旦附中学生入校情况登记表》中的内容，"出勤情况"指的是学生迟到，"礼仪情况"包括未穿校服及未戴胸牌或违规使用手机，若本学期无迟到或未穿校服记录，请在该两项处填写"良好"；主要记录学生日常行为表现，写实地给出学生的日常成长。
	奖励情况	学生在本学期获得的荣誉称号或在其他各类赛事中的获奖记录。

续　表

综合素质评价（备注：我们学校确立了"四个主人"培养目标，即让学生成为学习的主人，学校的主人，国家的主人，时代的主人）	突出表现	记录学生在拾金不昧、活动参与、志愿者服务、班级建设、小课题调研、研究性学习、社会调查、科研活动、创造发明等方面的突出表现。
	班内情况	主要指班主任老师对于学生一学期的综合评语。
	学期整体情况	主要是根据学生在本学期的表现，请班主任老师给出综合评价，评价共分 A、B、C、D 四个等级，A 为最佳；一旦出现三次以上违规使用手机，则综合评价将是 B 及以下。

　　师资培训及教研活动侧重强调学生中心和问题导向原则，明确教师专业化发展的方向与路径，才能真正赋予教师教学活动的主导权。新高考招生方案中，公平正义和人的培养是教育的核心问题。教育应贯通初中与高中、高中与大学（或职业教育）的培养系列，消除学段之间人为的分割壁垒，尽可能淡化升学的瞬时性压力，去除产生获取教育优先权益而进行社会博弈的一切可能性土壤。因此学校必须首先去除以单一分数效益模式评判教育教学质量的思维导向。教师的主导地位能够发挥正确的作用是问题的关键，其核心内涵就是一切教育行为的出发点和归结点都应是真正围绕"人"的培养，教师的专业化发展具备了有力的支持和拓展条件，教学观念的转变才成为可能。

（作者系复旦大学附属中学校长）

（文章原刊于《人民教育》2016 年第 13 期）

个性化学习中的时间管理"密码"

董君武

个性化学习是新高考背景下学习方式变革的必然趋势。脑科学和神经科学研究的新成果证明了学生学习时间的非同步性,说明学生的优势学习时间具有差异性。因此,对学习时间的科学安排与选择对实现个性化学习非常重要。

学生对不同知识与能力的习得具有关键期、"机会窗"和不同个性偏好

脑科学和学习科学的研究表明,学生对不同知识与能力的习得具有关键期和学习"机会窗",而且人类个体的生命节律会对学生的状况产生不同影响。

脑科学研究表明,在青春期结束之前,依据功能标准形成并选择神经回路的过程一直存在,但是该过程仅在精确的"时间窗"内才会发生,且不同脑结构的"时间窗"也有差异。Bruer 将这一极易受经验影响的脑发育时期称为关键期[①]。只有在关键期内,脑结构才能依据相应的功能标准得到修饰和优化,错过了关键期,皮层相关脑区的回路不再改变,不再形成新的连接,失去的连接无法恢复,不适当的连接也无法删除。

---

① 安东尼奥·M·巴特罗、库尔特·W·费希尔、皮埃尔·J·莱纳.受教育的脑——神经教育学的诞生 [M].北京:教育科学出版社,2011:94.

目前，对于高级认知功能关键期中发展"机会窗"的起始时间以及持续时间的研究仍缺乏有力的证据和成果，但我们仍可以作出一个合理的推断：高级认知功能的获得同样具有关键的"机会窗"①。在学生关键期的发展机会窗的起始时间中，给学生提供对应的经验学习与体验是非常有价值的，因此探索与经验相关的学生大脑发展的关键期，可以有效促进学生的个性化学习与发展。

另外，生命节律与学习偏好时间也对学习安排产生影响。这要求学校在统筹教育和学习时间时，给学生提供广泛的时间选择的可能，这样才能有效地促进学生的个性化学习。

总体而言，学校决定着学生学习时间的整体配置和自主选择时间的可能性。学校安排某一阶段开展哪些学习与实践活动，学生就只可能从中进行有限的选择；学校每天安排上几节课，学生只能在上课时间进教室学习……因此，学校在思考学生学习时间具有选择性的配置时，应考虑：一是配置学生可以任意安排学习内容和形式的"留白式"时间，二是在学校教师和预设的学习内容和形式中，安排学生的自主学习时间。市西中学在促进学生个性化学习中，对学习时间的配置进行了系统的思考设计与实践探索，为学生不同学习内容、不同优势学习时间的科学安排提供了广泛的自主选择和配置的可能。

表 1　市西中学每个学期学习时间安排表

序号	时间	名称	学习主要任务与活动
1	第 1—2 周	开学准备与计划阶段	1. 假期学习实践活动总结、交流分享。
			2. 作好学习准备，适应新学期学习生活。
			3. 制订新学期学习计划，并开始实施。

---

① 安东尼奥·M·巴特罗、库尔特·W·费希尔、皮埃尔·J·莱纳．受教育的脑——神经教育学的诞生 [M].北京：教育科学出版社，2011：95.

序号	时间	名称	学习主要任务与活动
2	第3—8周	日常学习活动阶段（一）	1. 根据教师教学进度，有计划开始个性化学习。
			2. 自主选择参加学生自主管理、社团活动和研究性学习项目研习等。
			3. 根据自己学习状况，开展个性化的预约学习。
			4. 选择参加学校各类活动，其中全校性活动第一学期体育节、第二学期科技节。
3	第9—11周	期中复习迎考与总结阶段	1. 复习迎考，对半个学期的学习内容进行全面系统的复习总结。
			2. 期中考试，检测半个学期的学习情况，发现自己的进步与薄弱环节。
			3. 总结经验，发现问题，寻找差距，在教师指导下进一步明确下阶段学习的目标与任务。
			4. 实践活动，开展考试之后的“3+5”日实践活动。其中第一学期为高一南京考察和高二农村社会实践活动；第二学期为高一高二创新实验室与社会调查，高三年级成人仪式。
4	第12—17周	日常学习活动阶段（二）	第1、2、3项任务同“日常学习活动阶段（一）”。4. 选择参加学校各类活动，其中全校性活动第一学期为文史节，第二学期为艺术节（含英语戏剧节）。5. 6月上旬，高三年级毕业典礼。
5	第18周—20周（学期最后3周）	期末复习迎考与总结阶段	1. 复习迎考，对一个学期的学习内容进行全面系统的复习总结。
			2. 期末考试，检测一个学期的学习情况。
			3. 总结反思，在教师指导下总结一学期学习的得失，思考并明确下学期学习目标与任务。
			4. 实践活动，开展考试之后的“3+5”日实践活动，并准备假期实践活动。

续　表

序号	时间	名称	学习主要任务与活动
6	7月—8月（暑假）及1月—2月（寒假）	假期学习与实践阶段	1. 假期计划，学校编印假期学习与实践指导手册，学生制订个性化计划。
			2. 学习实践，学生根据早期计划开展实践活动。暑假：新生寻访校友和军政训练；高一文化游学和项目研习；高二见习居委主任和进楼宇看企业。寒假：高一开展项目研习志愿者服务等社会实践；高三开展形势考察与教育活动。
			3. 自主学习：根据自身实际，开展免修的超前自学或系统复习，并可预约咨询与学习。

科学合理地整体配置高中三年的学习时间

从学生 7 月下旬收到录取通知开始计算，至参加 6 月上旬高考召开毕业典礼为止，高中学生在校时间不超过 35 个月，计 1050 天左右。这三年，伴随着身体发育的完成，学生的心理、思维和人格等方面发生着非常大的变化，科学合理地整体配置这三年的学习时间，对学生的个性化学习与发展具有重大意义。市西中学将高中三年划分为三个阶段：规划与适应期、践行与发展期、内化与成熟期，据此指导学习时机与内容的选择。

规划与适应期。学生从收到录取通知至高一年级的寒假，是学生个性化学习的规划与适应期，这个时期的主要任务是让学生熟悉高中生活和所在的学校，逐渐适应高中阶段的学习，并在思考未来的基础上规划人生，明确高中三年的学习目标和行为选择。市西中学对这一阶段的时间安排主要包括：高一年级 7—9 月底，入学系列教育；高一年级 9—10 月，适应性学习与教育；高一年级 11—12 月，选择与责任教育；高一年级 1—2 月，阶段总结与反思。

践行与发展期。从高一寒假到高二年级结束是个性化的践行与发展期，这个时期的学生对高中学习的目标、任务和学习方法等方面已经具有比较全面的理解和把握，对自己的学习特点和发展目标逐渐清晰，开始专注于符合自己发展要求的个性化学习进程中，而且，这个阶段的高考压力并没有迫在眉睫，学生还有足够时间根据自己的兴趣爱好，通过更多自主的选择来完成自己所需的独特的学习任务。因此，这是高中个性化学习最关键的发展时期。市西中学对这一阶段时间的整体安排主要包括：高一年级2—6月，选择中践行；高一暑假7—8月，文化游学与项目研习；高二年级9月—次年6月，实践中发展。

内化与成熟期。从高二结束的暑假至高考结束（或毕业典礼举行），是个性化学习的内化与成熟期。这个时期的学生经过系统复习、高考磨炼等环节，对自我以及发展目标具有更加清晰的认知，逐渐内化为自己对未来的信念和追求，学生在这个阶段进一步走向成熟，为他们走向社会和后续学习奠定基础。市西中学对这一阶段的学习时间安排包括：高二暑假7—8月，全面复习，自主安排；高三第一学期9月—次年2月，新课学习与第一轮复习并举；高三第二学期至期中考试2—4月，系统复习，难度达到峰值；高三第二学期期中之后5—6月，冲刺高考，走向社会。

对学生一学年学习时间进行整体思考和配置

学校教育以学年为单位周而复始，每一年都会有一些具有普适性的教育活动，而且这些活动具有一定的周期性，因此整体上科学合理对每个学年教育时间进行配置，有利于不同学生根据自身学习时间非同步性的特点，对学习时间作出适合自己的计划和安排，促进学生个性化的时间安排与管理。同时，每天的教育安排也具有一定的周期性规律，学校对每天作息时间的安排，对学生个性化学习具有直接影响，应预留给学生可充分自主选择安排的时间，这样才能真正保证学生的个性化学习与发展。

市西中学在整体配置每个学年时间时，将每个学期分解为五个阶段：开学准备与计划阶段、日常学习活动阶段（一）、期中复习迎考与总结阶段、日常学习活动阶段（二）、期末复习迎考与总结阶段，每个阶段都有特定的教育要求与学习任务。这样，一个学年2个学期计10个不同的阶段，再加上寒假和暑假，共计 12 个时间配置阶段。表 1 即是市西中学对每个阶段时间的配置及主要的学习活动安排表。

学校对一学年学生学习时间整体思考和配置，是学生科学管理学习时间的前提。只有系统把握学习时间的整体安排，学生才能清楚哪些时间可以自行安排，哪些时间应该自己计划，才能学会时间管理。这份时间安排表具有时间模块化、内容交替性、进程节奏性等特点，为学生自主安排学习时间提供了广泛选择的可能，体现了学生学习时间非同步性的要求。

教师对学习时间的配置与学生的自主安排相辅相成

在学校对学生学习时间整体配置的基础上，影响学生个性化学习的时间安排还有两个方面的要素：一方面是教师对课堂教学时间的安排以及对学生自主学习时间安排的指导；另一方面是学生根据自身的学习实际和发展需要，对学习时间的自主计划与安排。

教师对学生学习时间的配置与指导。教师对学生学习时间的配置具有举足轻重的地位，教师"统"得多一点，学生"自由"少一份；教师"放"得开点，学生"自觉"多一份。而且，教师对学生学习时间的配置和指导，既表现在教师对课堂教学时间的调配上，也表现在对学生课余学习时间计划与安排的个别化指导上。

在课堂教学时间的配置方面，教师应该对课堂教学时间进行精细的思考与安排，才能使每节课的时间发挥最大的学习效益。在这方面，教师至少应该关注三方面的问题：

其一，关注课堂学习时间与目标的一致性，教师应该充分考虑学生的学习目标达成的可能程度，把更多的学习时间用于较难达成的目标。

其二，关注课堂学习时间与内容的协调性，教师安排学生的学习时间需要考虑学习内容的难易程度和重要程度。在时间允许的条件下，对于相对重要的学习内容可以安排比较多的时间让学生进行学习，而且要舍得花时间让学生对应该掌握的学习难点进行学习与突破。

其三，关注课堂学习时间与方式的匹配度，教师在安排课堂学习时间时，应考虑运用不同学习方式的时间配置，对于不同的学习方式在一节课中出现的可能性和频度以及学生运用这些方式开展学习的时间，都要进行认真的计划与安排。

在对学生自主安排学习时间的指导方面，教师可通过兴趣培养等方式对学生课余学习时间的安排进行引导，针对学生的个性化学习状况提供个别化辅导。主要表现为：

第一，对课堂学习时间安排的即时指导，教师根据教案预设的学生学习时间，时刻关注每位学生的学习进程，针对学生课堂学习目标的达成程度和学习内容掌握进展，适时调整教学进程，对不同学生的学习时间安排和学习进程进行及时的指导。

第二，对课余学习时间安排的引导，教师通过交流，为不同学生的后续学习指明方向，鼓励和帮助学生根据自己的学习状况和发展要求，有效安排课余学习时间。

第三，对课余时间的安排，教师还应针对学生不同阶段在学习上的特殊状况，及时提供个别辅导，如为解决学生在不同阶段的学习瓶颈，教师要在学习时间的配置与安排上提供有针对性、具体可操作的建议。

学生对学习时间的自主安排。学生对学习时间的自主配置与安排，体现了学生对自身学习状况和发展需要的认知，反映其个性化学习的目标和要求。这种时间管理能力，既是学生学习能力的具体表征，也是学生综合素养的重要内涵。因此，学校应该创造条件，给学生更多自主安排学习与实践时间的可能性，这是学生开展个性化学习的内在要求，也是促进学生持续学习与发展的重要保证。市西中学学生对于学习时间的自主选择与安排主要表现在三个方面。

基于发展需要安排三年学习时间。每位学生要根据自己的人生规划和高中三年的发展目标，整体思考高中三年的学习内容，有效配置各类学习与实践活动的时间。学生整体安排高中三年的学习时间应分析和解决三个问题：

一是根据自己的学习与发展目标，分析自己的学习优势和兴趣，并规划分配多少时间总量，用于学习优势和兴趣的发展，再把时间总量按高中三年的学习任务和重点，进行一个合理科学配置。

二是分析自己学习的薄弱环节和劣势所在，确定这方面学习的基础性目标和要求，规划为达到这一目标所要花费的时间总量，然后分解到不同的学习阶段。三是分析其他课程和活动所涉及的学习内容对自己发展目标的影响，比较均衡地配置剩余的学习时间，以达到自己预设的学习与发展目标。

基于学习科学安排阶段性学习时间。学生学习时间的安排还应该基于学习科学的规律，通过提高自己时间管理的科学性，提高学习的效率和效能。学生根据学习科学安排学习时间应关注四个问题：

一是每位学生应该逐渐认识自己在不同学习时间对不同内容的学习敏感性和效果的差异性，总结出自己学习不同内容的优势学习时间，然后在计划安排学习时间时，应该有意识地将相应的学习内容安排在自己的优势学习时间。

二是大脑在不同学习内容的交替感知过程中，新的学习内容会成为对前面一个内容学习的一种放松和休息。学生在安排学习时间时，除了考虑某些学习内容需要较长时间的专注投入外，还需要考虑两种或两种以上不同领域学习内容的交替性学习。

三是根据人脑的记忆与遗忘规律，学生要通过适时的复习，增强对已学知识的记忆与理解，减少对这些内容的遗忘率。学生在安排学习时间时，应把握好复习的频率以及不同频次复习之间的时间间隔，认清自己记忆与遗忘的时间曲线，科学地安排学习与复习时间。

四是积极的休息是有效学习的必备条件，学生根据学习科学和规律安排自己的学习时间，必须充分考虑学习与休息的关系，科学合理地配置学习与休息的时间分配比例，不仅能够保证身心健康，而且可以大大提高学习效率。

基于学习现实安排每天和每周学习时间。每天的学习时间安排是最需要计划的时间单位，而每周的学习时间安排是学生一种基本的学习周期，所以学生应该对每天和每周的学习时间进行精心计划和安排：

一是每天的作息时间安排既要考虑学校的整体作息时间，更要分析每天课程表的安排，针对每门课程可能需要当天完成的作业量，妥善安排每天的作息时间，并应预留若干机动时间，以应对自己每天学习过程中所出现的突发情况。

二是在每天作息时间安排的基础上，对每周的学习时间作出安排，特别是双休日学习时间与学习内容的配置，对学生的个性化学习尤为重要。例如：根据记忆－遗忘规律对已学内容的复习，在进行时间间隔较长的复习时，很可能需要安排在双休日进行，学生应该针对自己的学习实际，以周为单位，安排一个相对科学合理的学习时间表。

个性化学习的真正开展，有赖于学校和教师在配置学生学习时间方面的基本认识和理念，努力为学生提供可以充分自主选择、安排的时间整体配置，积极指导学生发现自己对不同内容的优势学习时间，科学计划和管理学习时间。这是更好地实现全面而富有个性的学习与发展的重要秘诀。

（作者系上海市市西中学校长）

（文章原刊于《人民教育》2016 年第 13 期）

容短促长：立体课程架构下的动态走班实践

邱　锋　冯冬怡

　　我们一直致力于发展"容短促长"的育人模式。让教育从学生的优势开始，从褒扬他们的长处开始，从正强化开始，着重挖掘他们的优势，给他们发展的平台，使他们的"长"变得更长；并在强项学科学习中，唤醒其主体意识，自信地去改变自己的"短势"学科，使优势变为特点，让"短势"逐渐变强，且最终带动其他资质的和谐发展，成为一块有个性特长的饱满和谐的"钻石"。（见下页图1）

　　我们把学生的个体需求和社会对学生的需要作为课程建设的核心，围绕多元资质和人格养成开发了"三层七类"（纵向三个层次分层分类推进，横向七个类型的课程领域）的课程体系，构建了"璀璨钻石"课程模型，以促进学生有差异的和谐发展，最终成为各种各样的璀璨钻石。

　　三个层次。学校根据学生的实际情况，将必修课程、国家选修课程、校本选修课程有机整合，有层次、有梯度地设置了课程目标，以基础课程、拓展课程、卓越课程三个层次来逐级分层推进，以契合学生实际的发展水平，满足学生的不同发展需求。

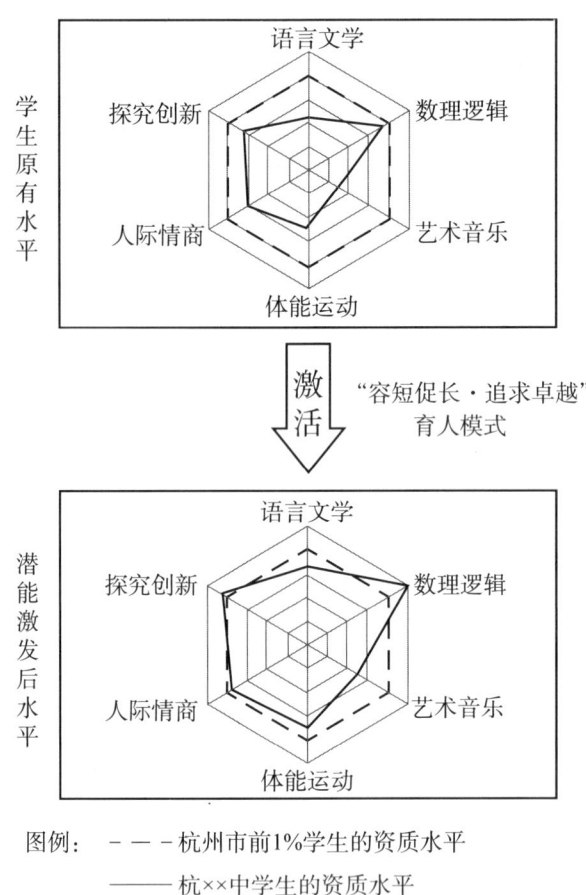

图例：－－－杭州市前1%学生的资质水平

　　　　——杭××中学生的资质水平

图1　钻石图——数理资优生

优化课程架构，让每一位学生都能找到自己的舞台

　　七个领域。为了契合学生不同的资质、水平，充分挖掘学生的潜能，在课程的内容上，根据学生的多元资质和人格养成途径进行课程开发，满足学生个性化发展的需求。

　　在开发"三层七类"课程体系满足学生校内发展的同时，我们还开发了生涯规划教育课程体系，引领学生提前认识与谋划未来，并据此调适好当下校内学习的自我定位。

2012 年，学校借鉴国际 AP 中心的生涯规划教育，开始探索适宜本校学生的生涯规划教育。我们引进哈佛大学的 Career Tests 教材，根据本校学生实际，进行了本土化的校本开发和实施。构建了与德育、学科教育、学校活动相融合的"三位一体"的生涯教育系统工程。（见图 2）

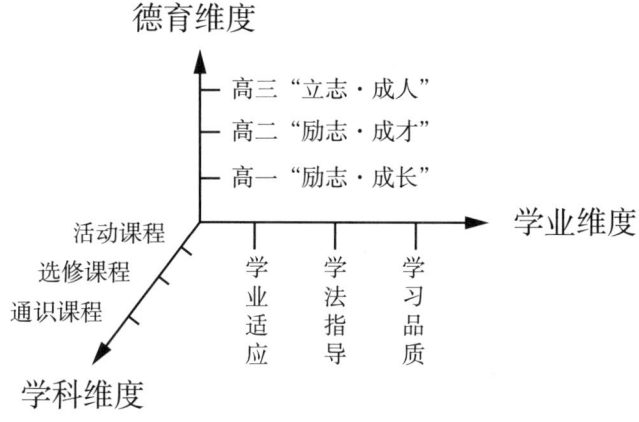

图 2　"三位一体"生涯教育系统工程

与德育相结合。学校一直开展"三气"（"正气、大气、灵气"）立志德育，生涯规划教育与"三气"立志教育相结合，实现从高一到高三以"励志"到"砺志"到最后"立志"的逐步推进。

与课程相融合。面对"7 选 3"及未来大学和专业的选择，学校普及较专业的生涯通识课程，开发了"杭十四中高中生职业生涯规划"通识课程，内容整体划分为四个模块，分别为：认识自我（测试板块）、认识专业（选课板块）、认识职业（兴趣板块）、认识学习（励志板块）。四大板块立足个体由高中到大学再到社会的成长逻辑开展，为学生建构起完整的人生规划的思路和方向。结合深化课改的要求，学校将生涯教育与学生的社会实践活动相结合，鼓励学生利用社会实践亲自去了解相关职业、熟悉职业、体验职业。

与学业相契合。高中的生涯教育是一种学生自我理想实现的教育，因此需要有从高一到高三成就自我的行动路径。鉴于高一年级学生刚进入高中，学校加强学业适应教育，帮助学生尽快适应高中生活，养成自主学习能力。高二阶段必修走班的全面铺开，学生将面临学考和选考，因此，学校加强学法深入指导，提高学生学习的实效性。高三的学生，面对高考的现实压力，学校强调学习品质历练，提高学生学习的坚持力，并根据自我意愿制定良好的生涯规划，实现人生的理想。

动态走班，真正实现个性化学习

为了尊重学生的差异选择，学校在课程设置和实施中采用了分层分类必修走班、网络课程、导师制个别辅导等多种动态的走班管理。

2012年起，大胆突破传统必修课采用行政班教学的模式，推行必修走班新模式。如信息技术和通用技术课程，每个学期高一、高二的学生可自主地选择。

随着课程改革的不断深入，学校根据学生对物理、化学学科的兴趣爱好、学习潜质和对未来的规划，进行分层走班。

高一第二学期物理、化学开始走班。学生可根据自己的能力选择修习物理A层、B层和C层。A层，是把该学科作为学考科目的学生；B层，是能力和基础中等，参加选考的学生；C层，是学科知识基础扎实，接受能力强，参加选考的学生。学校根据学生的选择组成班级进行授课，真正实现个性化学习。

高二第一学期学考结束后（11月份），参加物理、化学、历史、地理4门学科选考的同学进行走班学习。高二第二学期学考结束后（4月份），理、化、生、政、史、地、技术7门学科全部实行走班学习。高三阶段，语、数、外三科根据学生的水平和自愿原则进行分层走班学习。

为扩大学生选课的空间，提高学生的自主学习能力，满足学生个性发展的要求，学校开发和开设了网络课程，依托网络平台建立虚拟班级，实现选修课程的"网上走班"。学校将由视频、学案等组成的选修课程挂在网上，学生在指定时间进行网上选课，教师可通过网络平台完成教学、作业布置、批改、答疑等工作，学生可通过在线学习上交作业，完成课程学习。

目前，学校完成了基于学考、选考和同步课堂的三层次高中微课体系建设，"彩虹学堂"已有近 40 个学科模块，内容涉及全部三个年段的课程，两校区 3000 多名同学可以登录自己的个人门户，根据自身情况安排学习计划。

在走班制下的学生管理上，我们通过"导师制"，开展针对性的指导，使学生的个性得到最优化发展。学校的导师分为朋友型导师，主要由任课教师担任导师，负责对走班学生的教育教学管理，强调对学生兴趣的培养，学业能力的指导；长辈型导师，主要由班主任担任，负责对所在行政班的学生进行常规的指导和教育；学科型导师，主要由学科主教练担任，导师在学科方面有绝对的权威，利用学科指导挖掘学生某方面的潜能，促进学生全面发展；疏导型导师，主要由有一定心理辅导技巧的老师担任，对在个性发展、人格健康等方面存在一些问题的学生进行专业的疏导和人生的指引。

在保持行政班不变的前提下，学校实行行政班和教学班双轨管理制度。

行政班班主任不仅要抓好行政班的各项管理工作，还要把管理的触角延伸到自己班级学生所在的教学班中，加强和教学班班主任及任课教师的联系和沟通，及时解决走班教学中发生的问题。

教学班老师担任走班班主任，全面负责教学班的管理工作。任课教师一岗双责，既要完成学科教学任务，又要承担起对所任的教学班的学生管理的责任。教学班班主任通过"一卡通"系统加强对学生的考勤、纪律、卫生等方面的管理，及时在系统上登记学生的表现情况，并随时与行政班班主任沟通交流，实现无缝对接管理。

"钻石"视角，实现评价的多元化科学化

随着走班的不断推进，学校需要以过程性评价来考量学生，让其在过程体验中获得正向的、有利于激发自我潜能的差异性评价。据此，我们推行数字教学评价系统的应用，实现了上课出勤情况、课堂表现、作业完成情况等教学情况的及时反馈和可视共享。

任课教师每周按时完成学生作业情况、课堂表现等过程登记，相关任课教师、班主任有权限通过信息平台，及时了解学生在走班过程中的学习态度、学业状况、课堂表现等多方面情况，适时指导、教育学生。最终，每一位学生都有一张呈现他多元化发展的类似雷达的"钻石评价图"。（如图3）

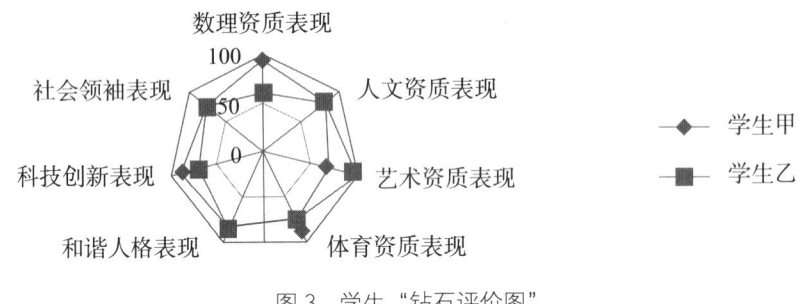

图 3　学生"钻石评价图"

我们坚持全面的评价观，着眼于学生千差万别的发展现状，坚持从不同的维度评价学生，即评价不只是关注学生的学业成绩，而且要发现学生多方面的潜能，注重他们综合素质的提高，关注其道德、智能的和谐发展。

着力打破普通纸质评价的单一性，不再用简单的量化分数来评价学生，而是采用定量和定性相结合、发展性和结果性评价相综合的方式对学生进行综合评定。

学校还建立《学分认定暂行规定》，对知识拓展、职业技能、兴趣特长、社会实践这四类课程从不同的角度、以不同的方式进行学分认定，其中包括学业认定、证书认定等。

（作者单位系浙江省杭州市第十四中学）

（文章原刊于《人民教育》2016 年第 13 期）

学生发展指导综合性解决方案探索

沈　军

　　学生发展指导是学校为促进学生全面且有个性发展而向学生提供的一系列指导和服务。据中国青少年研究中心发布的一项权威报告显示，目前的中国高中教育呈现出教育环境不理想、学生心理压力大、漠视师生关系和偏好高考科目等问题。这一切都让一线教育工作者深感加强学生发展指导已是迫在眉睫的重要工作，而学生发展指导制度的实施将是我们对应试教育进行纠偏所迈出的实质性一步，关注人本发展，关注学生的发展趋势，必将成为我国未来高中教育发展的一个"不变信念"。

　　其实在学校的日常工作中，包含了学生发展指导的一些内容，只是较为零散和分离。如果把学生发展指导中心置于学校的某一个行政部门之下，甚至当作某一项很具体的任务去完成，我们认为这是缺乏战略眼光的，应该把它作为一项能够影响学校未来整体发展大计的要事去通盘考虑，慎思笃行，谋定而后动。

建立学生发展指导中心，引导学生科学规划人生

　　北京市八一学校学生发展指导中心的学生发展指导体系包含学业指导、升学指导、职业指导、生涯指导、生活指导、健康促进、思想指导和心理指导等功能（见图1），凝聚学生、服务学生、发展学生，帮助学生了解自己、了解社会、展望未来，发现并发展自己的特长，科学规划自己的人生。

我们充分结合现有的德育、心理、社团活动、社会实践课程，在学科教学中融入学生发展规划内容，打造以学生生涯发展脉络为主线的课程、活动、管理、咨询，小初高一体化学生发展指导体系。

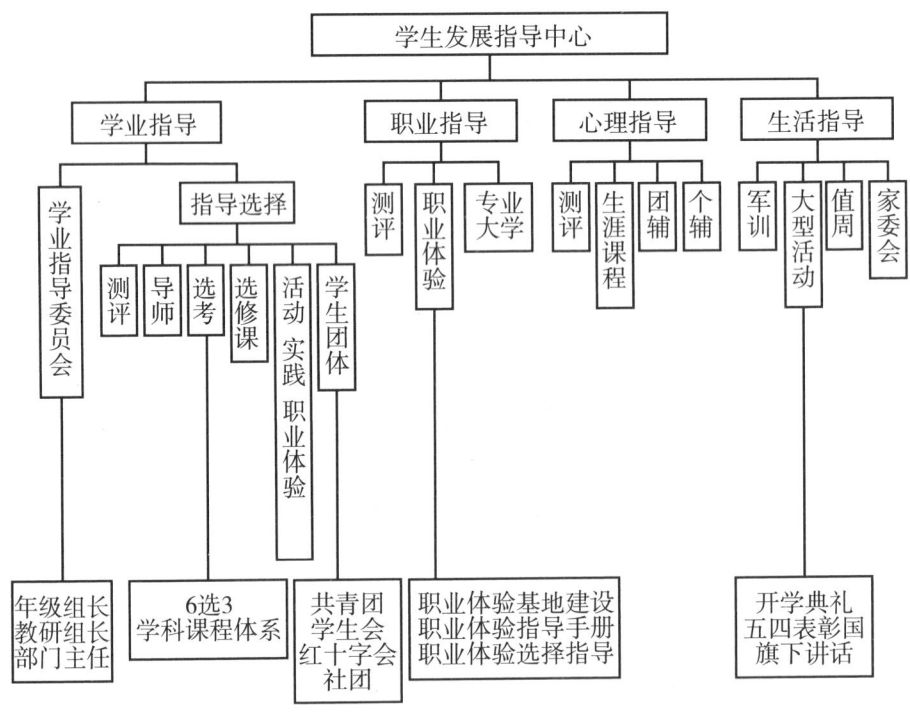

图 1　学生发展指导中心功能与职责

构建学生发展体系，制定综合性学生发展指导解决方案

　　北京市八一学校学生发展指导体系以"学生发展核心素养"为核心（见图 2），采用"分阶段能力指标建立 – 围绕指标的资源配备 – 体系实施 – 发展及评价"的学生发展综合模式，借鉴北美及欧洲成熟学生发展指导体系，结合中国教育体制特点和八一学校特色需求研发而成。该体系以生涯规划课程为核心内容，以职业素养补充课程为资源特色，兼顾相应的辅助教学资源和配套教学场馆，是一个综合性学生发展指导解决方案。

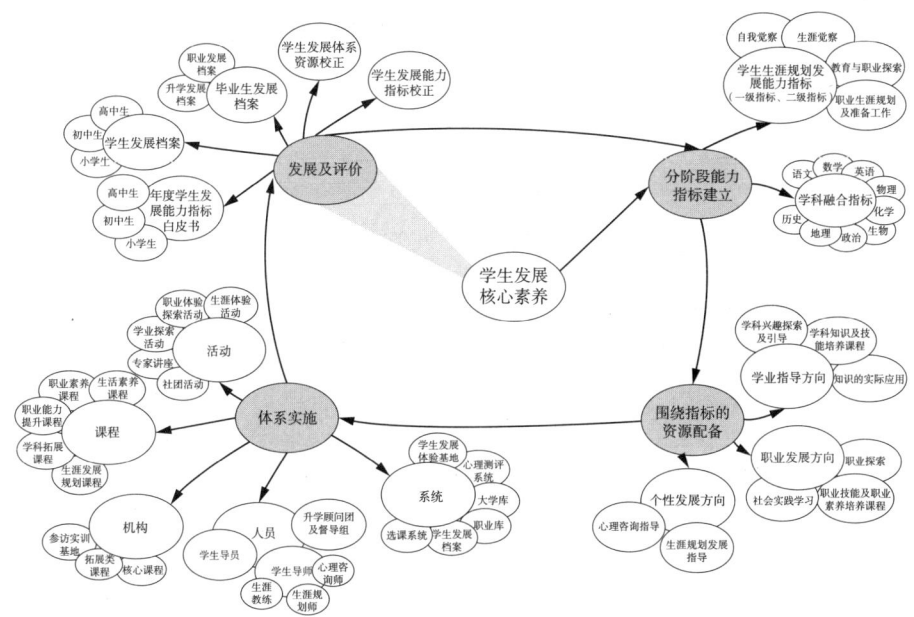

图 2　学生发展指标

学生发展指导中心要为学生未来的人生发展作出引导，引领其为自己探寻发展之路。尽管这一指导没有标准答案，如生涯发展既是一个不断自我实现的历程，又是一个不断自我追寻的过程，然而我们作为学生前行路上的引导者、陪伴者，需要以"为学生的品质人生奠基"为学生发展指导中心所有工作的基础，用行动践行"培养具有中国精神的品质公民"的使命。这是学校学生发展指导中心的基本理念。

基于核心素养，分步骤实现指导目标

我们学校的学生发展指导以"重视学科指导、引导职业发展、倡导个性培养，提高实践能力"为原则，是建立在国家学生发展核心素养体系指标及北京市中小学生综合素质评价指标上，结合学校自身特点设定的（见图 3）。

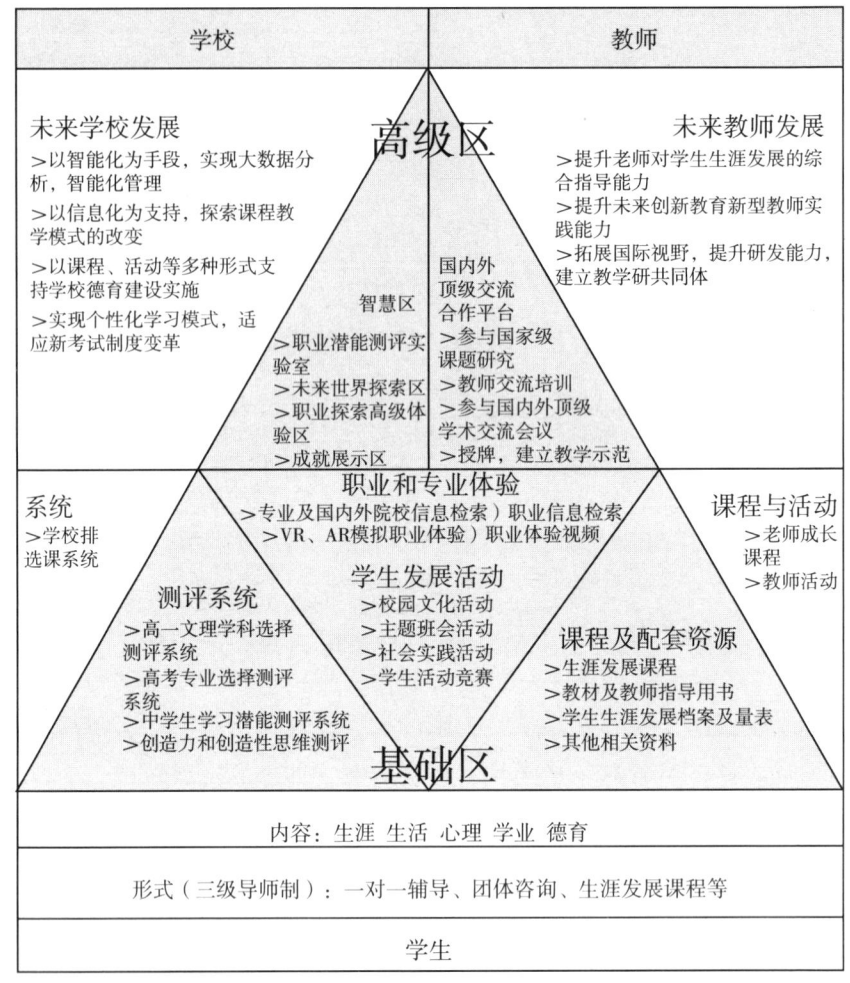

图 3 基于核心素养的学生发展指导模型——以生涯引领为特色

在指标的建立过程中，我们借鉴了学科课程标准、学科能力指标，重视学生对学科目标的理解及学生生涯发展过程中学科能力的培养，借鉴了21世纪技能框架中面向职业发展对核心学科教学原则的要求，完成学生素养发展指标及整体框架的设定。

在学生发展综合模式中，我们将学生发展分解为四个部分，并依此确定工作步骤。第一步，完成学生生涯发展分阶段能力指标的建立，从学生发展的角度，小学、初中、高中分为不同的学段进行设定。第二步，围绕设定的不同能力指标完成学科发展、职业发展、个性发展资源的配备，这也是实施前的重要准备阶段。第三步，进入具体实施阶段，完成人员、课程、活动、辅助机构、系统设定，实施全方位的学生发展指导。第四步是发展与评价阶段，在实施过程中，不断修正调整资源配备、实施体系、能力指标，同时完成在校学生发展档案、毕业生发展档案、学校年度学生发展白皮书。

学生发展指导体系如何落地

我们确立的分阶段能力指标资源配备由三部分组成，分别为学业指导方向、职业发展方向和个性发展方向。学业指导方向又依据不同的层面，分为学科兴趣探索引导、学科知识及技能培养、知识技能的实际应用；职业发展方向分为职业兴趣探索、职业技能及职业素养培养课程、社会实践实习；个性发展方向分为心理咨询方向和生涯规划发展指导，辅助学生的个性养成发展。

人员配置分为三个部分：学生导师、学生导员、升学顾问及督导组，督导组将完成专家讲座和对学生导师、导员的指导，学生导师可以通过培训认证考试成为心理咨询师、生涯规划师及生涯教练。

在软硬件资源配置方面，首先是场馆及智能系统的建设。我们建立了学生发展指导中心，功能模块包括公共测评区、生涯视听区、职业探索体验中心、个人咨询指导室、团体指导中心、职业潜能测评中心等。同时，充分利用学校现有的专业教室，比如虚拟演播室、金融体验中心等相关教室进行学生发展指导工作。

在课程体系建设方面，以生涯发展为主线，融合核心素养和 WICS 教育领导力模型，在原有课程基础上发展形成三大课程形态和六大课程集群，重点完善高中生涯规划课程体系并完成资源配置。

在资源建设方面，主要包括一体机评测系统、TOPSIS 选课走班系统、德育建设、专业／职业体验和实践基地等。通过一系列研究，我们认为，学生发展指导中心对于学生的生涯、心理、职业和学业的指导，不能简单地凭借直觉和经验，而是应该把这种指导变成大数据支持下的科学、有依据、准确度较高的实践行为。

一体机可以让学生自主进行人机互动，让学生通过测试进行自我探索以及专业、职业倾向探索。TOPSIS选课走班系统不是排课软件，而是计算工具，通过设置适当的标准参数和权重进行具体应用，对于学生选课有一定的指导意义。该系统的科学性、综合性、准确性和发展性，正在运行过程中逐步完善。这样，学生升入高中后，通过一系列客观科学地测评，而非凭借教师的经验和简单的个人喜好，决定在高考"六选三"要求下的选课组合。通过参考学生累积的大数据，能够真正把选课走班与学生发展指导结合起来，真正实现对学生持续的正向帮助。

不可否认，我国的学生发展指导尚处于初级阶段，机会与挑战并存。一是部分学科教师的短缺及不同层次师资的分配存在问题。二是在师生沟通方面，选课走班后，学生与学科教师的沟通可能达不到与原来班主任的频度。三是课程整合的工作很难，缺少国家标准，教师们动力不足，容易引发抵触。四是要让学生发展指导中心发挥真正的作用，学校组织结构要进行相应改变，而学校整体变革所需时间较长，如何取得师生和家长的理解是学校必须面对的难题。

（作者单位系北京市八一学校）

（文章原刊于《人民教育》2017年第09期）

跑得起来与跑得更好

——上海复兴中学课程设计理念与策略

陈永平

"课程"是什么？作为校长，在我的工作语境中，基本上认同课程既是关于学生生存和发展的顶层设计蓝图（课程设计，也即狭义的课程），又是对这个蓝图的动态化实施（课程实施，也即我们常说的教学）。

其实，通过对课程理论的梳理，我们不难发现课程的核心问题还是学生的发展，因此上海市复兴高级中学在课程构建和实施中都紧紧围绕"把握学生成长需求、引领学生成长追求"展开。

思路："跑"与"道"的双向支撑

在英文中，"课程（curriculum）"一词是由拉丁语"currers"派生出来的，意为"跑道（race—course）"。在这个隐喻中，我们能想到的学校课程类型实际上有两种：一类是先铺好道引导学生去跑；另一类是学生在跑的过程中，学校持续跟进地搭平台、铺出道。这两类课程一类可以保障学生"跑得起来"的质量，另一类可以激发学生"跑得更好"的欲望。

（一）道引跑：基于育人目标的跑道预设，保障学生"跑得起来"的质量

为了贯彻党的教育方针，保障国家教育意志的实现，实现学校的办学理念和培养目标，学校必须作好课程体系的顶层设计，这是保障学生"跑得起来"的底线。

1. 在内容设计上，以多元课程保障学生有充分的选择。面对上海市高考政策的新变化，复兴高中进行了学校课程教学模式的系统性变革。我们按照课程特点，具体分为七个板块（见表1）：

表1　复兴中学课程教学系统

	课程领域	相关学科
1	语言与文学	语文、英语、诗词鉴赏、其他语言等
2	数学与逻辑	数学、信息科技、逻辑学等
3	人文与社会	思想政治、历史、地理、生涯规划等
4	科学与实验	物理、化学、生物、天文学、明日之星等
5	艺术与技术	音乐、美术、艺术、劳动技术、影视制作等
6	体育与健康	体育与健身、体锻、排球、游泳、心理等
7	综合学习活动	社会实践、社团活动、主题文化节等

每个板块又设计为基础、拓展、特长、研究等不同等级：

基础——严格按照国家课程标准完成教学目标与基本课时，注重双基落实，达到学业水平考试难度。

拓展——以学科知识体系为主线，以主修、辅修为学习形式的拓展课程，满足学生不同方向与不同层次的发展需要，注重能力培养，达到高考难度。

特长——以综合实践创新能力培养为目标，适合爱好本学科、能力较强的学生，激励学生自主学习、主动探究和实践体验，比高考水平有一定幅度的提升。

研究——围绕体现共同核心价值的学习目标，在自主参与的基础上，以主题活动等形式展开的实践研究课程。不仅涉及单一学科知识，更需要跨学科整合，同时体现德育的渗透与泛化。

整个课程体系按照不同类型功能覆盖了每一名学生在校学习的需要，以供每名学生在教师指导下进行选择性学习。这样的设置提高了课程的科学性、针对性、丰富性、自主性、选择性，满足了学生多样化的需求，实现了从教程到学程的转变。

2.在学生指导上，以选课指导强化生涯规划。高考新政的亮点在于增加学生的选择性，为学生发现自身兴趣和长处、自主选择等级性考试科目创造了有利条件。由于有20种学科组合，许多学生会面临选择困难的局面，因此学校有责任帮助学生认识自我，清晰定位，为学生提供科学选科指导，这对于整个高中的课程改革都是一次很好的推动。比如，介绍高校专业大致分成哪几大类，对学生的基础知识和能力有哪些要求；或者邀请大学来介绍学生个性与专业的匹配度以及各专业的就业前景，让学生对将来要报考的专业有较为清晰的认识，提早作好准备。

（二）跑出道：基于追求引领的跑道创生，激发学生"跑得更好"的欲望

进入新世纪以来，促进人的个性、主体性和创造性发展已经成为全球教改的共同趋势，全课程、无边界课程、STEAM课程、创客课程等纷纷出现在上海市的教改实践中。面对上海市提出的建设有全球影响力的科创中心发展目标，复兴高中除了注重建构系统的课程来保障学生的综合素养外，也更为注重通过"跑道的创生"，激发学生"跑得更好"的欲望。我们认为，课程也是师生在具体教育情景中联合创造新教育资源的过程，教师和学生不仅仅是预设课程的接受者，也能成为自己课程的创造者和建构者，也就是学生可以跑出属于自己的路，并且能在学校、教师的支持下跑得更远、跑得更好。要贯彻这样的理念，就要给师生提供情境性、经验性和个性化的经历，使得师生在这一"先跑起来"的过程中实实在在地体验、亲历和创造教育经验。复兴高中主要从两个方面入手：

1.在实践中成长，不断完善综合实践活动课程。学校的综合实践活动课程体系的不断完善，体现了"学生先跑起来，学校及时跟进保障"的创生特征。一方面，复兴高中的学生社团建设是开放、自主、探究、创新的，学生通过寻找志同道合的学友，可以自由结社，学校通过选育和优配校内外指导教师实现跟进，通过这样的滚动发展，学校现已形成了5大类30余个学生社团，参加人数近千人，社团活动从零散走向系统化、规模化、效益化。另一方面，在学生社会实践课程体系的构建中，也是通过先鼓励学

生自主开展社会考察、党团活动、与社会街道共建等社会实践，学校再在其中发掘、建设、完善一批优质的示范性社会实践基地和项目，以此来培养学生服务社区、服务社会、乐于奉献的精神，增强社会责任感。

2. 在探究中创造，不断建构科创体验课程。为推动把"创新基因"植入每一个学生的素养结构，学校努力搭设多学科、综合性的创新实验室平台，开放多元化的科创体验时空，让学生能够在这样的平台体验中创生自己独特的经验，也为学校创生出新的课程资源。目前学校已经有物理、化学、植物组培、数字影音、数字地理、天象馆、心理等多个实验室，同时也将校史馆纳入创新德育体系，在这些创新实验室中，师生共同创生出环保 DIY、数学 TI、基础机器人等特色课程，为培养学生创新素养、开发学生创新潜质搭建了研究性、探究性优质跑道。学校还构建了具有复兴文化特色的"实验室群"，如地理创新实验室就是依托天象馆、地质馆、环境教育研究室、数字地理教室"两馆两室"而形成的一个实验室群，它可以借助这几种硬件达成对学生综合能力的培养目标。同时，学校还计划与中科院、复旦大学、同济大学等开展深度的人才贯通培养合作，为每个创新实验室聘请配备至少 1 名高校相关专业的博士或博士后，并让复兴的师生与这些科研人员共同研究开发个性化科创课程，真正让想跑起来的孩子跑得更快更好。

策略："分"与"合"的有机结合

课程是学校为实现培养目标而选择的教育内容及其进程的总和，它要能同时回答如何促进学生个性发展和全面发展的问题，一方面要让学生在自主选择中实现个性成长，另一方面也要给学生完整的知识体系和生活。复兴高中通过"分"与"合"的有机结合，让课程这个跑道更宽广、更坚实，让学生跑得更快、更远。

（一）"分"：让"跑道"更宽广

复兴高中在确保完成国家与地方课程的教学内容的基础上，结合教改新思路，大力开展走班制，在课程实施中采取分层、分类和订制的策略，提供"可供学生选择的课程"，给予并尊重学生选择的权利，做到"一人一课表"。

1. 以分层教学尊重差异。为尊重学生在学习基础、学习能力、学习状态上的差异，让教师在授课时更有针对性，同时也给所有学生提供足够的创造性思考的时空，复兴中学在国家课程的校本化实施中大力开展分层教学。如高一年级开展的数学走班制分层教学，就基于分层递进教学的理念，遵循面向全体的原则、分层动态原则、激励性原则，将学生划分为 A、B、C、D 四个层次，设计出适合不同层次学生需要的学习内容。我们发现分层教学有诸多优点：能充分满足不同层次学生的要求，使水平不同的学生都能得到发展；因材施教便于教师课堂教学实施，且便于教学改革；实行分层目标教学可以使一些优秀的学生脱颖而出；便于引入竞争机制，调动学生积极性，减少并消除后进生的心理负担和压力。

2. 以分类培养发展特长。分类教学也是复兴高中课程实施的策略之一，高二的物理、化学等课按照学业水平的不同分为"合格班"与"等级班"两种类型进行走班。一些人文类的基础型课程如语文、英语也按照听说读写等不同主题进行分类教学。另外，分类教学还应用在培养发展学生的学科特长上。2016 年，复兴高中与复旦大学数学学院联办了流动性的"苏步青班"，每周活动一次，为有明确数学偏好的学生提供了高端的学习平台。

3. 以个性定制引领追求。在分层、分类的教学模式之外，为了更好地满足学生兴趣爱好和发展需求，复兴高中创造了"微班级""微课程"制度，为学生提供个性化定制课程。"微课程"容量小，易聚焦，能够及时地反映新知识、新成果、新动态，使学生的课程更趋丰富，多样性也得到了大大提升。学生可以自主选择"微课程"，灵活组合成"微班级"，这样学生能够在一学期内学到自己感兴趣的多门课程。另外，在复兴高中，个性化的定制课程，还包括少数学困生可以定制自己喜欢的学科导师对其进行点对点辅导，导师可对其进行有针对性、差异化的备课。

（二）"合"：让"跑道"更坚实

除了依托"分"的策略体系培养学生的个性特长，复兴高中还通过"整合""对接""统一"等"合"的策略保障学生的全面发展，培育学生的综合素养。

1. 推进学科整合。为了加强对学生综合素养的培育，针对课程实施现状中各学科相对割裂的问题，复兴高中通过多种学科的知识统整来强化学生综合能力的培养。我们的学科整合涉及课程结构、课程内容、课程资源以及课程实施等各个方面。譬如，我们开展政史地的学科整合实践。首先，组织三个学科的教师研究对方学科的教材、教学大纲，挖掘三门学科的共通点，这种共通不仅包括学科知识内容上的重合，更是一种对学生思维能力与情感价值培养目标上的契合，也是社会人文学科方法论的贯通。其次，在课堂教学的形式上设计一系列的专题课程，如在专题中加入地缘政治、历史地理等与地理学科相关的内容，让学生能够把高中阶段人文社会学科的知识融会贯通，形成全面系统的认知结构。通过专题化的研究性学习，学生能够从历史材料中提炼政治观点，在政治现象中对照历史经验，在地理知识中形成综合思维。最后，在教学方式上注重对学生综合能力的锻炼。特别是要提高学生阅读图表、分析案例材料等处理复杂信息的能力，提升学生的社会人文素养和认知水平。

2. 开展培养对接。作为实验性、示范性高中的复兴中学，集聚了一批资优生。这些学生有着更高层次、更远目标的发展需求。学校及时跟进，通过与相关高校的"合作"与"对接"，为学生架桥铺路，让学生能够跑得更远。在这样的培养对接中，我们让高水平大学主动来参与复兴人才培养的体系设计、培养过程和综合评价，从"掐尖"式选拔变为先培养后选拔，建立起真正适合学生发展的课程体系，如我们不仅有上述提到的与复旦大学联办的"苏步青班"，还与同济大学合作探索了"苗圃计划"。可以说，这样一种基于课程协同的培养对接模式，真切体现了复兴高中创建"满足学生充分发展需求"的教育的办学理念。

只有高质量地达成课程目标，才能保障其育人效益。因此，复兴高中特别强调课程实施中的"规准意识"。规准，就是行动的规则和工作的标准，我们主要从课程计划、课程行动方案、课程实施效果评价，从备课、课堂观察、听评课、作业、考试等环节，形成了"可检测"的课程建设与教学管理的基本规范和质量达成标准。如我们规定教研组活动以"主题教研"的方式开展，在研讨中必须回应教学的六个领域：内容与节奏、主题与角色、程序与细节、方法与手段、组织与形式、知识与能力，同时教研活动方案必须包括以下要素：教研主题、教研时间、教研地点、教研人员及人员安排、教研目标、教研负责人、教研主持人、教研准备、教研过程、观察量表、教学设计。

复兴高中在课程上的一切努力都是为了让学生们跑得更快，跑得更好。

（作者系上海市复兴高级中学校长）

（文章原刊于《人民教育》2016 年第 14 期）

上海育才中学：基于学程化的课程样态与组织模式

陈青云

高中教育承上启下。高中应该是学生个性、才能、人格发展日趋完善的关键阶段，是自我认知、自主规划、自觉调控能力加强和逐渐清晰的过程，这就迫切要求学校课程在丰富性、多样性、高选择性上有所作为，使学生获得个性化的学习经历，形成个性化的知识结构，养成个性化的思维方式。但是目前大多数高中奉行的"一个班级、一张课表、一个进度、一种方法"的教育模式无法满足学生个性化的学习需求，学校办学特色也被淹没在同质化的培养目标和课程设置中。

我校在长期的摸索中，通过对国家课程的校本化实施，创设了基于学程的课程样态和组织模式，使学校获得了新的生长点。

更具选择性的课程设置

在各国试图增强课程灵活性以满足学生个性化需求的探索中，有效经验之一是开设微型课程。这种方式不仅可以照顾到学生间的能力差异，而且大大增加了学生的选择机会。我们借鉴了微型课程的设计思想，根据国家颁布的课程标准和不同学科特点，结合内容难度和时间跨度，对教材进行科学的重组，将统一、长跨度的课程分解为不同层次、不同类别、小巧灵活的课程模块，让学生根据自己的学习基础、优势和发展志趣进行选学。

如下图1所示，我们对上海市的三类课程进行统整，建构了多层、多向、多类别、模块化的学校课程。多层即学习内容的多个水平层次；多向即学习内容指向学生多样的发展旨趣；多类别即同一学科内不同类别的学习内容；模块即将学科课程划分为内容相对独立但具有内在逻辑关系的相应部分，每一部分称为一个模块。

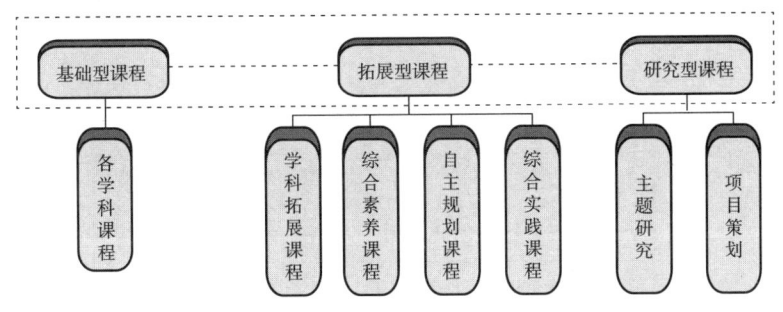

图1　三类学校课程

针对不同的学习需求，学科基础型课程和拓展型课程划分了"A、B、C"或"A、B"不同水平层次。以数学学科为例，数学 A 层面向社会与人文方向发展的学生，数学 B 层面向数理、工科方向发展的学生，数学 C 层面向对数学特别感兴趣的学生；又如英语学科，除了常规课程之外，学生可以在听力、阅读、翻译与写作等方面选择某一类别及层次进行深度或补充学习。

模块的重组不是简单机械地划分，而是科学合理地统整。以生命科学学科为例，上海市生命科学基础型课程和拓展型课程教材共 4 册 14 章 51 节。我们将其划分为 A、B 两个层次，共 17 个模块。根据知识之间的关联和学生的接受程度，对每个模块确立若干个主题，再根据主题对原先教材中各章节的内容进行统整，并链接丰富的相关资源供学生自主学习。如下表 1 显示的生命科学 B 层次第七模块。

按主题重组模块，不仅有利于学生对主题内容的整体把握，更重要的是可以集中解决学生自主学习过程中涉及同一主题的各类问题，这种课程设置转变了学生知识建构的方式，提升了学生的思维品质，更有利于激发学生学习的兴趣。

表 1　生命科学 B 层次第七模块内容

模块序列	主题	主要内容	原教材公布	资源链接
生命科学 7B	遗传	一、细胞分裂	第二册第七章第二、三节	实验：植物花粉母细胞减数分裂的观察资料：基因互作
		二、分离定律	第三册第八章第一节	
		三、自由组合定律	第三册第八章第一节	
		四、伴性遗传	第三册第八章第二节	
		五、遗传病	第三册第八章第四节	
		六、基因连锁和交换定律	第四册第三章第一节	
		七、孟德尔遗传定律的拓展	第四册第三章第二节	
		八、变异	第三册第八章第三节	

基于学程的课程组织方式

　　丰富的课程为学生的选择提供了可能，但如何把选择的可能转化为现实，就要有灵活的课程组织实施方式。以学期或学年为时间单位的课程组织方式缺乏足够的弹性和灵活性，使学生的选择缺乏变通的空间和余地。为此，我们创设了基于学程的课程组织方式，让微型课程得以落地。

　　所谓"学程"是指学生学习的一个基本时间单位。我们将每一学期划分成 3 段，每段称为 1 个学程，这样高中阶段原来的 6 个学期就变成了 18 个学程。1 个学程又对应 5 个教学周。

　　学程和学科模块相对应，每个学程学生都可以自主选择 8 个不同内容、不同水平的模块。由于每一个模块所需要的教学时间是和学程相匹配，就使得 1 个学程内模块的组合有了多种可能，课程组织的灵活性大大增强，保证了课程的高选择性。

　　学程的创设使得学生可以自主把握学习节奏，自主规划学习进程。学有余力的学生可以通过模块免修直接进阶到高一层次的模块，较其他学生更快地完成该学科的学习，从而获得更多可以自由支配的时间，更好地实现自己的个性化发展。

此外，由于所有的学习过程都需要学生自己去选择和设计，所以学程客观上对学生提出了更高的要求。学生需要基于对自身学习能力的清楚认识去判断、选择，进而找到最适合自己的学习路径，这个过程会增强学生的自主学习意识和能力，使学生学会自主规划。

实施"问题中心"的教学

如果说高选择性的学校课程体系和基于学程的灵活课程组织方式解决了学生"学什么"的自主性，那么课堂教学就需要随之发生变化，以解决学生"怎么学"的自主性。为此我们积极探索和实践"问题中心"的教与学，把问题置于课堂的中心，激起学生认知冲突，引导学生质疑反思，推动学生合作探究，并在不断的思维碰撞中实现价值澄清。

如何实施"问题中心"教学呢？

首先，需建立激励性的评价标准。对于不同的课程模块，教师要制定不同的评价标准，不仅要让学生知道"怎么学"，还要能激励学生发现和强化自己的优势。

其次，制定可视化的学习目标，让学生明确知道"学什么""学到什么程度"，而且目标必须是可检测的。

再次，开展自适应的问题学习。"自适应"的问题学习是指学生根据在独立学习和合作学习中已经解决、没有解决或正在生成的问题，及时调整学习行为，在由解决问题带来的思维碰撞中，形成不同的知识结构和思维方式的过程，学生通过积极思考、自我总结、主动操作获得知识和技能。以"生命科学"为例，学生在完成有关"激素"的问题学习之后，呈现的知识结构图个性化特征十分明显。（如下页图2、图3所示）

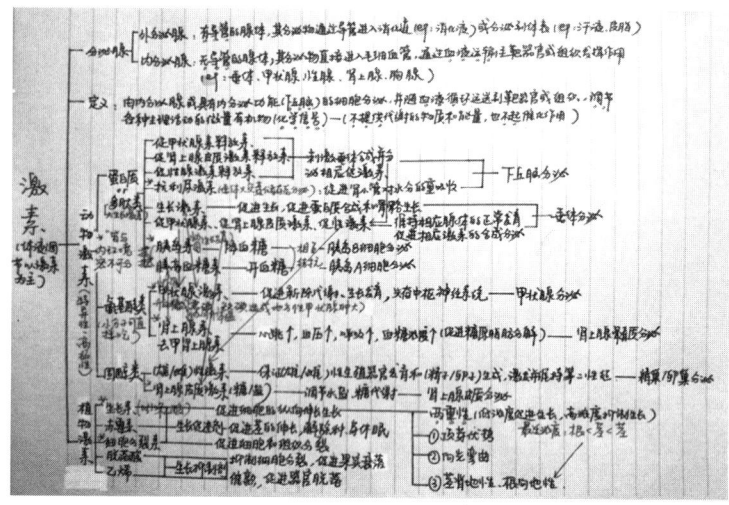

图 2 学生 A 的知识结构图

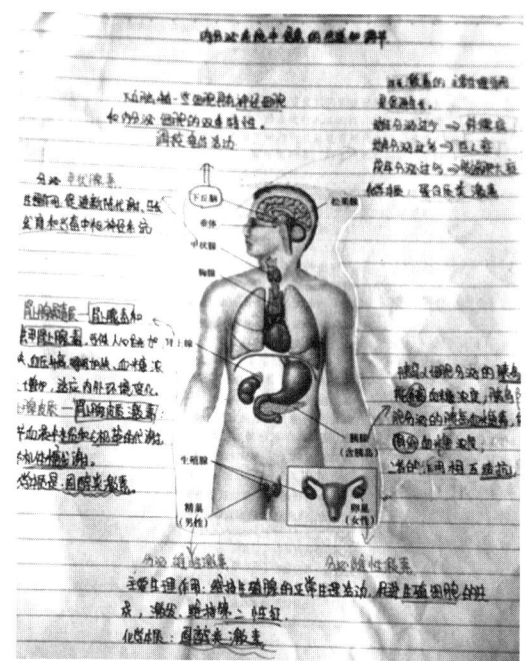

图 3 学生 B 的知识结构图

最后，教师要设计分层作业，让不同程度的学生都能体验到学习的成就感，并通过尝试挑战更高层次的作业激励自己不断进步。我们编制了与每一个模块相对应的《学习手册》，优化集聚"问题中心"教学的教育资源，为学生的自主学习提供学习支架，将自适应的问题学习从课堂内延伸到课堂外。

更科学、及时的学习支持

学生在选择、规划自主学习的过程中，肯定会遇到诸如"不会选择""不知道学习哪里出问题了"等困惑。对此，我们为学生提供了专业指导和帮助。

一是开发基于网络的课程管理平台。

分层走班、个性化、高选择性的课程组织形式产生了每个学程近千张的个性化课表，这让课程组织的复杂性大大增加，课程管理的难度超乎想象。学校开发基于网络的课程管理平台，保证了课程组织实施的科学有序。

网络平台可以跟踪每一位学生在各学程的学习情况，包括选课情况、各科学习情况追踪分析、学分和学业成就积点统计等，保证每位学生的学习历程都进入学校的管理平台。

在评价上，改变了过去期末一个分数、一份评语的简单评价方式，更加关注学生的学习经历和态度。借助网络的即时性，教师可以随时对学生进行过程性评价。学生的一次发言、一次作业，甚至是一个动作，都可能获得关注和点评。学生可以通过平台，及时了解到教师对自己的评价。这种持续、不断进行、动态的评价，对于学生调整、改善自己的学习活动具有重要的指导作用。

二是组建学生发展指导中心。

在学程化的课程模式刚开始运行时，绝大多数学生表现出不适应。为了帮助学生清醒地认识自己的特质、优势和潜能，学校组建学生发展指导中心，在整个学习过程中给予学生恰当而及时的发展指导，并为每个学生建立了个性化成长档案。

　　我们对每个学生进行学习多维分析测试。从学习方法、信息处理、时间管理、学习目标、注意力集中、阅读技巧、笔记技巧等方面对学生的学习情况进行测评；借助“学习优势（Learning Styles）测评系统”，从环境偏好、情绪偏好、社交偏好、生理偏好和心理（认知过程）偏好等五个方面对每位学生进行学习优势评估，形成一份学生学习风格测评报告。

　　依据测评报告，学生发展指导中心对每位学生进行个性化指导，帮助学生清晰地认识自我，科学合理地制定高中三年的学习规划，找到最适合自己学习的路径，初步明确自己的发展方向。

　　根据测评结果，教师会考虑不同学生的学习优势和学习风格，并在教学目标、教学内容、教学活动、教学组织以及教学管理等方面作相应调整，实现传统的课堂教学模式由粗放式向精细化、由集体施予到关照个体差异的转变。

　　此外，学生发展指导中心还根据不同时期的学生身心特点，开设相应的课程模块供学生选择。如高一的“新生活·心开始”适应性课程、高二的“跨越生命的彩虹”“心灵捕手”发展期课程、高三的“心理与职业规划辅导”预备期课程。同时，学科发展指导中心的教师全天候接受学生预约，给予学生个性化的指导和帮助。

　　三是开发个性化学业诊断、诊疗系统。

　　以往的每一次练习后，学生只能获得一个简单的分数，而分数无法暴露学生存在的问题。我们开发“个性化学业诊断系统”，借助评阅软件，为学生的每次练习提供个性化诊断报告，如图4、图5：

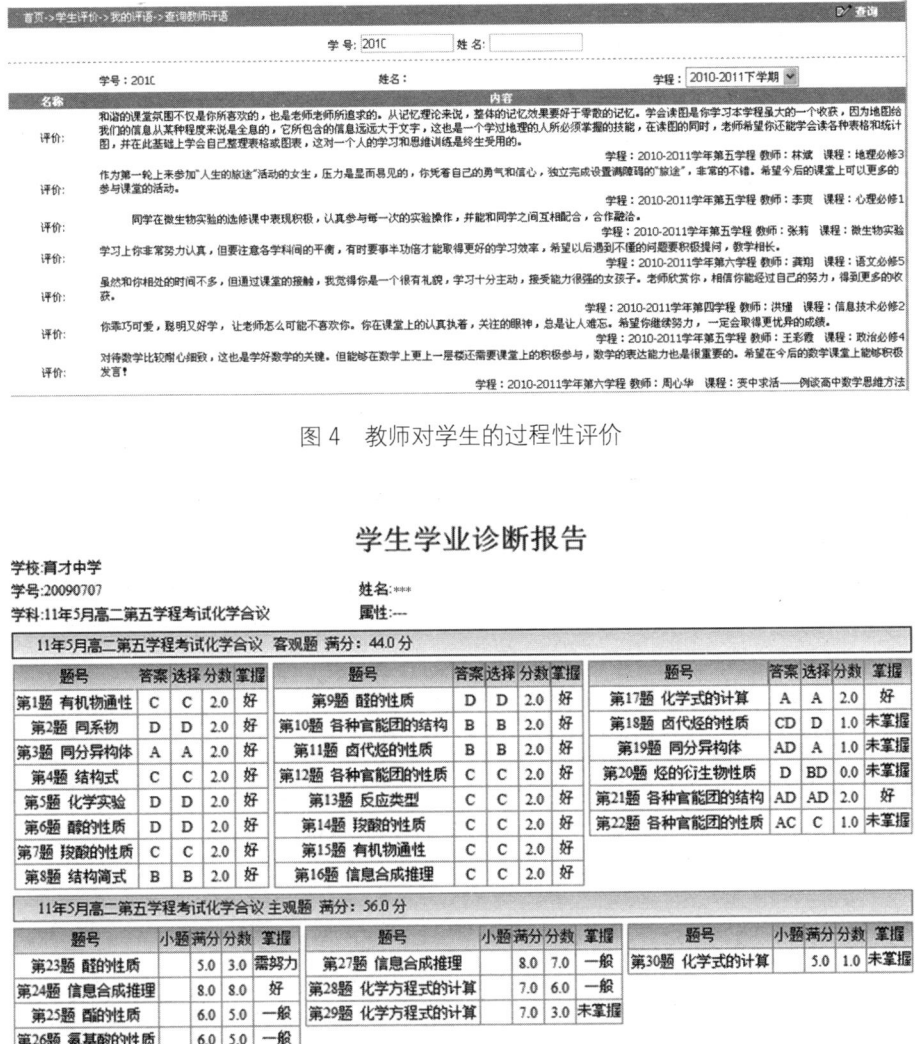

图 4　教师对学生的过程性评价

图 5　学生学业诊断报告

当学生明确地知道自己学习存在的具体问题后，就可以进入学校的"个性化诊疗系统"，点击相应的微视频，得到针对性的学业指导，并通过相应的变形题反复练习。在系统中，每个学生都会留下学习的轨迹，这些统计数据能帮助学生系统地分析学习中存在的问题，帮助教师了解学生群体存在或个体集中存在的问题，不断改进自己的教学行为。

更积极、主动发展的教师

当学生的自主学习意识和能力不断提高时，就要求教师的教育观念、教学行为必须发生根本的转变。教师不再是知识的传授者，而是学生学习活动的设计者、引导者、支持者，教师的专业潜能得到激发。

此外，学生选择课程在某种程度上意味着选择教师，这对教师的专业素养和专业能力构成了巨大的挑战，形成了对教师发展的倒逼效应。

政治教研组依据学科特点，设计了多种课型，其中活动课最受学生欢迎。他们根据当前的社会热点和学生感兴趣的问题，结合课本知识，在教学中穿插不同形式的活动，如课题探究、“我做代表我提案”、案例小品辨析、辩论赛等。学生分工合作，查找资料，深入调研，形成初步成果，在课堂上交流展示。每一堂活动课都着眼于培养学生自主学习能力、分工协作意识、质疑和创新精神、口头表达能力等。师生共同设定评价标准、一起参与评价，学生不再是游离于课堂之外的旁观者。争先恐后地举手，头头是道地讲解，你来我往地争论、画龙点睛地解答，成为政治课堂的常态。

当“问题中心”教学全面实施后，老师们认识到教学不单单是传授学科知识，还要深入发掘学科价值，更多地关注学生的认知规律，提供本学科所独具的问题视角、思维策略、特有的运算符号和逻辑工具等，把问题置入课堂，用问题建构学生的学习和成长。

如生命科学教研组设计了有助于推动学生自主学习的层层递进的学习过程：带着问题阅读、初步感知—小组讨论交流，进一步理解—教师精讲拓展、共克难点—主题检测、查漏补缺—知识梳理，形成个性化知识网络。在第一环节，学生初步感知主题学习的内容，同时带着问题进入第二环节小组讨论交流。在交流环节，部分学习能力较强的学生自然成了讲解者，带领其他小组成员学习，而该环节中学生无法解决的问题成为教师精讲拓展的核心内容，这就到了第三环节……如此递进，大大提高了教学效能。

　　个性化学程的实践点燃了教师智慧和激情的火把，形成学生自主成长、教师积极发展、教育资源不断丰富的"文化场"。

（作者系上海育才中学校长）

（文章原刊于《人民教育》2016 年第 13 期）

网上走班：课程的私人定制

王丽萍

　　"选择"是本次学业水平考试改革的亮点，"选择教育"是晋元高级中学长期坚守的办学理念。我认为，实施高考新政后，晋元高中的"选择教育"面临三个主要问题：一是学校的办学理念怎样既不断地满足学生的个性需求，又与新的高考政策相适应；二是学科文理不分科，各学科地位平等，没有主科副科之分，对各门学科学校怎样开足开好；三是随着学科的开足开好，班级自然要增加，要满足学生"学考"选择3门自由组合的基本需求，师资和教室空间怎样解决。

　　为此，我们从办学理念、学习主体、走班形式三方面进行了有针对性的思考，研究有效的综合性解决措施，重在用网上走班的新形式，解决上述三个问题。

　　一是不断提升"选择教育"办学理念的内涵。学校创设一种自主抉择的学习过程和彰显个性的教育环境，用网上走班的新形式顺应数字化时代的教育，更好地尊重和满足学生的学习时间、学习内容和学习方式的选择权利。

　　二是不断促进学生个性化学习与发展。我校的实体走班，已经在原有传统教育的组织方式上有了较大突破，但学生学习方式上的自主性、学习时空上的灵活性仍受到局限，特别是学校优质教育资源、名师课堂还满足不了学生的需求。而实施网上走班，则为学生创设了随时随地随需的学习环境，大大激活了学生的自主学习潜能，进一步满足了学生的个性化学习需求和发展。

三是积极主动适应上海高考招生制度改革的需要。实施网上走班，有利于根据每个学生的兴趣能力、发展取向和学涯规划，量身定制个性化课程"套餐"，有利于学生通过线上线下、课内课外、校内校外提供的丰富学习平台，促进个性化学习目标的达成。这些对于学校主动适应高考制度综合改革的新要求，对于学生3门"学考"的选科与自学，时间分配与空间利用，都具有重要作用和现实意义。

何为网上走班

网上走班是相对于实体走班而言的，是在校园网络学习环境下，通过适合的学习技术与学生的学习方式相契合，混合运用实体课堂和虚拟课堂组织教学，由学生自主选择学习的开放课堂。

学校开发了网上走班课程体系，建成了网上走班的选课管理平台、课程资源平台、教学教研平台和自主学习平台等平台系统，特别是专门开发了网上走班学习平台。该平台具有多通道的课程分类、多路径的课程选择和人性化的课程推送，已成为我校学生网上走班学习的保障平台。

网络信息环境为学生创造了线上线下、课内课外、校内校外开放、自由而灵活的学习时空和环境、机会和可能。网上走班教学就时间选择而言，可能在正式课堂或课堂之外进行；就空间选择而言，可能在实体教室与虚拟网络进行；就环境选择而言，可能在校内或校外进行；就网络选择而言，可能是线上、线下课堂同步或交替进行，也可能只在网络课堂进行。但其学习形式有正式和非正式之分，课堂也就有正式的课堂和扩展的课堂之别。网上走班教学的实施与建构过程，是学生学习从实体教室走向虚拟课堂并对网络依赖程度不断增强的过程，也是学习从现实群体环境走向网上群体环境的过程，更是教师主导教学活动逐步减少和学生主体自学活动逐步增多的过程。

怎么开展网上走班

网上走班的教学组织形式丰富多样，总体可归纳为“三类、四层”。“三类”即“基础类、发展类和特需类”学习课程。基础类课程基本涵盖所有学科；拓展类课程有创新素养课程、“苗圃”课程、科技竞赛课程等；特需类课程有各学科普识类、拓展类及巩固类等课程内容。

“四层”即“A 选层、B 选层、C 选层和特需选层”的组织教学层次，知识难度逐层递增。这样的组织形式，学生可以自选不同类型中的教学内容“套餐”，参与不同选层的网上走班学习。

其中，课内的、课外的网上走班，其组织形式又有所不同。课内的网上走班以类似实体走班的组织形式为主，学生网络选课选班，教师组织学生在实体教室里同步自选自学网络课程。而课外的网上走班，学生则在不同的时间地点，同步或异步自选自学相同或不同的网络课程。

以高二年级化学《几种重要的化学计算方法》网上走班教学为例。课前，学生们带着已经完成预习任务的纸质学习任务单进入电脑房，进入数字化学习平台。

环节一：教师课程导学。教师在数字化学习平台进行学习流程的演示，开始课程导学，让每位学生明确本节课的学习目标和学习流程。

环节二：学生自主学习。教师停止导学。学生在网络课程中选择《几种重要的化学计算方法》开始学习。通过课前学习任务单，学生对计算方法中所举的典型例题已有了亲身的实践体验。在网络平台上的任务栏里，学生依据自己的学习习惯自主选择观看“重要计算方法”的微视频或者 PPT 课件，并在学习任务单上记录学习笔记。教师现场巡视、检查和指导。

环节三：学生进阶练习。学生在网络平台上点击进阶训练 A 组题，依次进行答题并得到电脑同步反馈。A 组题完成后，问题不多的学生，选择观看 A 组题详解 PPT 课件的内容，然后进入进阶练习 B 组题的训练；存在解题错误或者疑问较多的学生，则观看 A 组题的详解微视频；也有个别学生对于知识内容存在疑问，选择了回看重要计算方法的微视频讲解；要等 A 组题的内容搞清楚，再进入 B 组题的训练。每个学生的学习进度都明显不同。教师通过教师机选择监看部分学生的答题情况，并通过课堂巡视，主动关心学生的答题情况，与学生交流讨论，进行个别化的辅导。

环节四：师生共解疑难。当大部分学生完成了进阶式练习 B 组题，教师通过监看或者巡视交流，明确了 B 组题中学生疑难问题较多的题目，即组织学生进行交流讨论来解决疑难问题。教师在教师机上用 PPT 播放题目，学生讲解题目，讲解时说清使用哪一种化学计算方法、判断使用该方法的依据和解题过程。如果讲解得不完善或者还有其他求解方法，请其他学生补充。C 组题的解答则只给答案和提示，有兴趣的学生可以在课外与老师或者同学进行讨论学习。基础的内容通过线上自学方式完成，较难的内容通过实体课堂讨论分析完成。

环节五：布置分层作业。作业分为难度不同的 A、B 层，学生可以根据自己的学习情况加以选择，A 组题必做，B 组题选做。学生在课后登录平台，在平台上完成题目，并自己进行校对，不懂的内容可与同学、老师进行交流。

环节六：交学习任务单。下课后，学生上交在课堂完成的学习任务单，老师可以从中得到学习效果的反馈。

为加强网上走班课程开发，学校制订了《网上走班课程计划》，确定了课程内容开发的总体目标、内容结构和选择策略，精心开发了一批网络基础课程、拓展课程和特需课程，同时制作了一批精品微课程。其中各类视频课 290 节、微课 337 节、特色范例课 31 节、学科辅导课 697 节，引入校外精品课 254 节。

同时，学校还开发了一批辅助教学资源。如备课资源 4870 多项，课堂辅助资源 4300 多件套，辅导资源 2450 多项，作业资源 5230 多项，评价资源 1680 多项；制作各类微资源包 370 多件，专题学习网页 29 个，极大地丰富了课程的选择性。

网上走班的制度保障

重视教学内容的筛选与设计环节。我校网上走班内容筛选与设计，持守三点原则和三大策略。

三点原则为：强调实体走班与网上走班“两翼”内容的融合衔接，保证教学融通补益，不交叉、不重叠；重视知识类型分析，把握哪类知识更适合网络学习，强调实体走班不可替代性；尊重“教”与“学”的实际，明确重点难点和必教内容，把握学生感兴趣或难以掌握的内容。

三大策略为：加强学校课程领导力，落实实体走班与网上走班“两翼”教学内容的系统设计；加强学科课程执行力，落实学科教学内容的统整设计；加强学习环境构建，落实网络学习内容呈现的表征设计。

在此基础上，学校组建了“配送式”“自选式”两大类教学内容“套餐”，形成了两大模块相整合的网上走班教学内容体系。学校还根据“两翼”教学内容配置，确定用四分之一的课时量实施网上走班。

加强教学方式的策划与实施环节。我校针对线上线下、课内课外、校内校外等不同时空环境，提炼构建了“三式、五步”的网上走班教学方式（见下页图1）。“三式”是指自学·授导式、自学·助学式和自学·协作式等方式。“五步”是指任务单导学、微课程自学、对话式研学、微资源探学、进阶式检学五大学习过程环节。

“三式、五步”教学方式，增强了教学主体、主导的融合，教法、学法的整合，有效提高了学生基于信息技术的混合式学习能力和分布式认知水平。

完善研究实践管理环节。学校以加强研究团队、实践团队和管理团队的三支队伍一体化建设为抓手，确保网上走班课程开发、教学实施和管理的同步发展。具体做法是：强化平台建设优化学习环境，强化团队建设引领教学探索，强化教学设计落实助学过程，强化自主学习转变学习方式，强化制度建设保障教学科学高效，强化激励机制激发教师参与热情。

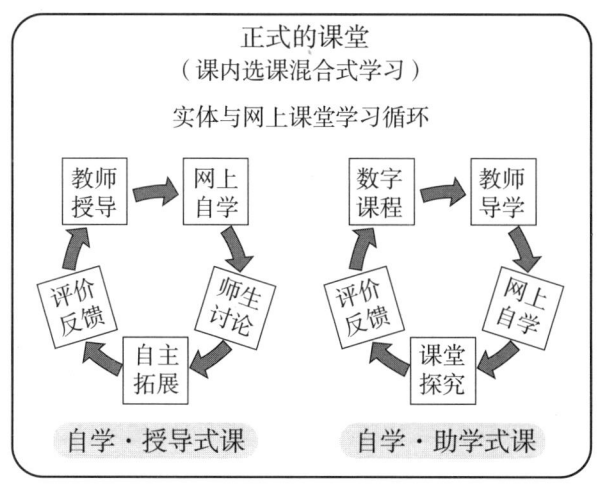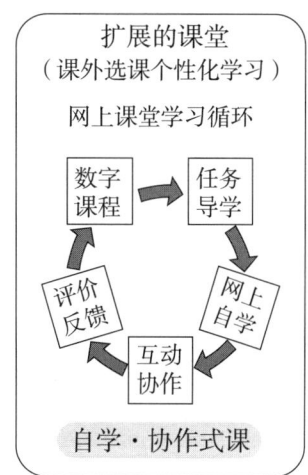

图1　网上走班教学方式

在实施过程中，建立晋元网上走班教学管理机制，不断完善规章制度和管理模式，先后制定了《网上走班实施管理办法》《网上走班学习指导手册》等一系列制度与要求，保障了各项改革探索的有序开展。

强化教学过程指导和操作环节。网上走班学习的过程，是学生自组织、自选择和自学习过程。为此，学校针对教学过程提出了"四性"：尊重教师教授行为与学生学习行为的融合和统一性，增强教师教学设计与内容呈现的助学和生成性，提高学生自学过程与研讨活动的高效和协作性，强化师生双主体的交互性，确保网上走班的科学性和有效性。

我校采取的三项措施是：制定《网上走班教学实施管理办法》，推动资源开发、教学实施、平台维护和服务管理等工作；制定《网上走班课堂教学基本要求》，指导教师开展内容筛选、教学设计、组织策划、讨论交流和组织管理；制定《网上走班学习指导手册》，指导学生加强学习规划、内容选择、网络自学、过程自管和作业评价等基本操作要求。

落实学习评价管理环节。为提高网上走班学习的有效性，我校积极推进评价主体、评价过程、评价方式的改革，注重考查学生线上线下、课内课外、校内校外学习过程和学习体验，按照三类课程中"配送类""自选类"学习内容"套餐"，针对学生共同的、自选的内容与时间，重点从信息素养、学习行为、探究活动、学习成果及知识应用等方面进行评价。同时，根据平台显示的学习时间、次数与过程以及电子作业质量、活动角色等进行综合评价。这些过程性、终结性和成果性相结合的评价形式，进一步完善了学校学分制评价体系。

（作者系上海市晋元高级中学校长）

（文章原刊于《人民教育》2015 年第 02 期）

综合素质评价软而无效问题求解

吕　建

　　将综合素质评价作为高考招生录取的重要参考，是高考新政的一个亮点。从近年来高校招生实际运行情况看，综合素质评价结果与高考招生之间还只是处在"软挂钩"状态，综合素质评价结果在高招录取中的"参考"作用十分有限，因此，无论是普通高中、高校还是教育行政方面，对学生综合素质评价的实施与运用主要还停留在形式和理想状态。通过多方联动，让"软"挂钩"硬"起来是一种应然性的价值取向。

普通高中：从"写实"到"引领"，保证评价效度过硬

　　学生小朱的音乐素养在我校是数一数二的。热爱音乐的她总是积极参加学校的各项活动，元旦晚会、英文歌曲大赛，她的音乐才能受到全校师生的一致好评。3年来，在"成长记录平台"上，她详细记录了参加每次活动的感受，班主任也给予了较高的评价。透过她的演唱和写实性记录，老师们都认为她是有音乐天赋的女孩。然而在2016年的高考中，她因一分之差无缘本科院校。

　　究其原因，我认为是我们忘记了学生的个性化成长需要从生涯规划出发，需要对学生的未来发展给予相应的引领，进行学业规划指导。如果在高一阶段老师对小朱的写实记录进行分析、引领，指导她走音乐之路，凭借她现有的文化成绩、音乐天赋和对音乐的兴趣，或许她能够考

上一所重点院校，她的天赋就会得到更好的发挥。

学生小朱的个案告诉我们，普通高中综合素质评价需要从"写实"到"引领"，保证评价效度过硬。

有专家指出，基于高考改革的要求，综合素质评价应发挥"两张筛子"的功能和作用[①]。第一张筛子指向群体，看的是筛子筛下的部分，更倾向"基础性发展目标"的"基础性"，依据相对统一性的指标，以基本过关为要求，从而成为录取"入闱"的初始门槛之一。第二张筛子指向个体，看的是筛子里留下的部分，更倾向"基础性发展目标"的"发展"，注重个性和潜质。现行综合素质评价的功能和作用，还基本上局限于第一张筛子，而第二张筛子应该是综合素质评价的主调。但目前可供第二张筛子鉴别的学生在真实情境下的问题解决、任务完成、能力倾向、特长展示、才华表现等综合素质的事例和成果太少了，政策所期待的"可信可用"的综合素质事例、成果和成长记录仍然是稀缺品。

在评价实践中，我们起初也局限于"六大指标"的评价，要求各评价主体按照"六大指标"逐项对照，分等级评价，这在促进学生素质全面提升方面的确起到了积极作用。但评价结果的差异化较小，很难看出隐藏在相同等级背后不同学生之间的本质差异，高校对这种评价结果并不感兴趣。顺应综合素质评价与高校招生挂钩的必然趋势，近年来我们把评价的重点放在促进学生个性发展上，"过程写实"是我们采用的主要评价方式，其中教师的引导发挥着越来越重要的作用。

"过程写实"评价就是要求综合素质评价的各相关主体，包括学生本人、同伴、老师、家长以及社会人士在内，用简洁的语言文字、代表性的图片影像等，如实记述事件的关键性过程及客观结果，真实展现学生在特定情境下做了什么、怎么做的和做得怎样，一切以事实说话，不加入主观

---

① 杨九诠. 综合素质评价的困境与出路 [J]. 华东师范大学学报（教育科学版），2013（6）：36—41.

描述或评价。做事的方式可以是个人完成，也可以是与他人合作完成，与他人合作完成的，要注明合作的对象、方式和自己在组织中承担的角色；做事的时空不限，可以是在校内，也可以是在家庭或社会，但要注明具体的时间、地点和证明人；做事的内容不限，包括社会实践、公益劳动、研究性学习、自主探究等，能较好体现自己全面发展和个性特长的均可，鼓励展现兴趣特长。

为解决"过程写实"评价带来的信息量大、记录不便等操作性难题，我校借鉴一些网络平台的运行理念，开发了学生成长电子记录平台，并逐步完善升级，配之以手机客户端。各评价主体在任何有网络的时空都可以下载用户端，输入预设的用户名和密码，就能够登录平台，随时记录关键事件的发生、发展过程，保证记录的及时、客观、真实、准确，资料上传后，在平台保存，可供任何有权限查看的主体随时查阅、复制、下载、转发和评价。

为减少无效记录对评价的干扰，保证记录结果的评价效度，方便记录结果在评价中的运用，每学期的期中、期末，教师会引导学生对此时间段内的日常记录按德、智、体、美、劳五个方面进行分类整理、筛选、梳理出最能反映自身成长的关键性、代表性、典型性评价记录，每类控制在5条以内（可以不填），放在平台的展示页面。各学期的评价记录由平台按时间先后自动排列，较直观地展现一个学生在高中阶段成长的历程。

高三毕业前，我们专门安排时间，组织学生对3年来各类关键性记录再次分类精选，归纳筛选并浓缩成基于日常记录的最能连续反映或集中反映个人特质和潜质的10项以内的典型材料，制作成个人推介材料，展示在成长记录平台。典型材料中涉及的需要佐证的材料，通过超链接形式与平台的后台资料相链接，可随时被调用和查阅。需要运用评价结果的人，包括高中和高校教师，只需要登录平台输入学生姓名，就可以方便地调阅、查看该学生高中阶段成长中的关键事件，研判学生的个性和潜质，作出质性评价。如需要对学生深入了解或是对学生的记录存疑，可点击超链接查询原始记录，进一步深入了解。

我们认为，对高中阶段的教育而言，综合素质评价重在过程，最主要的任务是动员和组织各评价主体进行搜集、整理，形成丰富翔实、真实可信、能够有效展现学生个性和潜质的过程性为主的材料，通过活动过程的记录和展示，鼓励和引领学生个性化发展，促进学生潜质的最大化发掘，并向高校提供真实可靠、有实际参考价值的过程性评价素材。高中学校还有一个更重要的任务，就是在写实的基础上，基于学生成长过程中写实记录的梳理和数据分析，对有特殊技艺、潜能的学生提供个性化学业指导，为所有学生进行生涯规划的引领。在学校层面要建立学生成长指导制度，把握学生的发展态势，让每一个有个性发展潜能和发展需要的学生都能得到更好的发展，从而保证综合素质评价的评价效度过硬。

高等学校：从“招分”到“招生”，保证评价应用过硬

2016年7月，学生小王接到了省内某985高校的录取通知书，但小王却提出要重读高三。小王的父亲是一家化工企业的技术总监。在父亲的引导下，小王自小喜欢化学。中考时，小王以化学满分进入我校。进校后，他选择了化学兴趣小组。课余时间，他时常泡在实验室进行相关实验研究，撰写的研究论文发表在核心期刊，获得过化学奥林匹克竞赛一等奖。登录他的电子成长记录平台，相关记录栏目里大多是关于化学方面的实验记录、课题研究、发明制作。老师、家长和同学对他的评价，都显示他有化学方面的天赋和特长。

但是在高考志愿填报时，他填写了专业服从，在刚好达到该校化学专业控制分数线，但辅助分中语文没有达线的情况下，被调剂录取到他既无特长也无兴趣的计算机专业，与他感兴趣且有学科专长的化学专业失之交臂。

在此，我们作一个假设：高校招生时，在分数相同的情况下，如果能

参考学生的综合素质评价，考虑学生的兴趣特长和发展潜质，也许小王的命运会被彻底改变。普通高中、高等学校和教育行政部门之间科学分工，真正联动，或许是解决问题的有效出路。

作为高中，我们希望高校在综合素质评价实施中发挥以下作用。

一是服务作用。在综合素质评价过程中，高校要发挥其专业优势与学术优势，加强对综合素质评价指标和评价标准的研究，指导普通高中正确进行综合素质评价操作，形成高校与高中之间的全面全程互动，发挥其在综合素质评价中的引领作用；希望高校加快研制包括学校宏观层面和专业微观层面、有鲜明学校特色和专业特点的录取标准，并将个性化且操作性强的录取标准与高中阶段的综合素质评价标准对应和匹配起来，形成一种高校录取与综合素质评价对应接轨的录取机制；希望高校将学校的录取机制通过可操作、可量化的考核制度固定下来，明确学校不同专业在学生基本素养和各项特长方面的具体要求，同时在学校网页、省级招生平台等媒体上展示，既方便社会尤其是普通高中学生随时查阅，并对照要求主动发展和完善自我，也方便社会监督，保障录取条件的公正、公开。

二是引导作用。高校可以通过在普通高中建立生源基地的做法，引导基地学校对应高校的人才选拔要求特色化办学。高校还可以通过在基地学校开设大学先修课程的做法，加强对学生生涯规划、课程选择等方面的指导，并将修学学时学分计入学生综合素质评价档案，在高考录取时作为重要参照，引导生源基地学校的学生适应高考改革的新要求和高校人才培养要求。

三是主导作用。综合素质评价事关大学的人才选拔，在综合素质评价结果的使用上，根据自己的办学理念，对普通高中提供的过程写实性综合素质评价材料进行审查和认定，遴选适合自己需要的学生。这样不仅可以使综合素质评价的等级认定更为客观，减少腐败的发生，而且更有利于高校办学特色的形成。在综合素质评价结果的采用上，希望高校投入一定的人力物力，注重对报考学生自身素养与学校专业培养目标的对应性，选拔出自己所需要的人才。

近年来，我校与高校进行了紧密型合作，积极探索高中与大学的人才系统培养模式。以同济大学的"苗圃计划"为例，我校从高一学生中选拔对同济大学办学特色和理念高度认同、学科专业兴趣比较明确、知识面宽、综合能力强、富有创新精神和具有明显培养潜质的学生作为培养对象，进入同济大学的"苗圃计划"，通过大学课程前移、开展创新性实验计划、学生进大学参加创新活动等方式，引导学生的学习和专业兴趣，发现学生的潜质和专业特长。通过大学专家对学生的全程跟踪指导，以及学生对高校和相关专业的切身感受，由学校与学生双向选择，让真正喜欢并对大学相关专业感兴趣的学生有更多机会进入心仪的大学。同济大学还打破按部就班的教育惯例，给"苗圃计划"学生制定针对性的培养措施，真正做到因材施教，为创新人才和拔尖人才的培养开辟了快速通道。

"自上而下"与"自下而上"机制的切合，个体偏好与群体偏好交融，既能深刻触及学生的精神世界，调动学生主动发展、自主选择的积极性，彰显人性化教育魅力，也激发了高校自主办学、差异化发展的内驱力，必将有助于优化教育生态，释放出多元互动、协同进化的生态张力。

教育行政：从"制度"到"监督"，保证评价体制过硬

从前面讲到的学生小王的事例不难看出，尽管小王在高中阶段的综合素质评价档案已经很完善，能较好体现该学生的兴趣特长，尽管高校也认为将小王录取到计算机专业不利于该学生个性特长的进一步发展，但受于目前招生制度的限制，普通高中和高校都无能为力。解决问题的关键是教育行政主管部门要加快研制综合素质评价与高考"硬挂钩"的体制，并形成与之配套的制度规范，才能真正打通综合素质评价与高校招生挂钩的"最后一公里"。

一是自上而下建立统一形式、有效衔接的普通高中学生综合素质评价信息管理平台。目前，国家采用的是分省招生，各省份在制定招生录取政策时，对综合素质评价结果与高考挂钩的要求不尽相同。同时，各地各学

校在综合素质评价的操作和结果的呈现方式上也不尽相同，这直接导致了高校在招生时，难以用一个相对客观的标准衡量和评判学生的综合素质评价结果，即使参照也往往会受到"是否客观公正"的质疑。

普通高中学生综合素质评价纳入高考招生体系，必须诉求程序和统一性，才能与高校招生有效融合。在建立国家级综合素质评价平台难以实现的情况下，建立以省为单位，省、市、县、校四级统一运行的省内综合素质评价平台，是必要的，也是可行的。省级平台主要是提供一个综合素质评价的格式化评价模板，同时负责学生综合素质评价结果的收录，直接供高校查询使用。

这一方面能够有效引导各地、各学校对综合素质评价工作的常态化、规范化操作，提高评价结果的透明度，方便社会监督，有利于保证评价结果的客观公正；另一方面高校在招生时，能通过省级平台，方便快捷地调阅、查询到各生源学校、每一位考生的综合素质评价情况，同中找异，招到自己学校适合的人才。上海市普通高中学生综合素质评价信息管理系统值得借鉴。省级平台建设不仅要有规定动作，还应该给各地和各学校在平台上提供个性化拓展空间，使地区特色和学校特色得到体现。

二是建立高校有一定自主裁量权、放管结合的招生选人机制。前几年，高校自主招生过程中暴露出的贪腐问题，让自主招生面临信任危机，因此招生政策逐步收紧。这在一定程度上有效遏制了高校招生中的腐败现象，但与此相伴，综合素质评价在高考中的"参考"功能也进一步被弱化，"唯分招人"在看似公平的背后也隐藏了事实上的不公平，学生小王的事例足以显示高校缺少自主裁量权带来的弊端。

学生综合素质评价是一种质性评价，天然具有"主观性"弊病，高考招生体系本能地崇尚和践行"客观性"，两者之间的矛盾和冲突显然不能简单通过控制招生自主权来实现。同时，导致腐败的根本因素不是综合素质评价本身，而是与之有关的制度和环境，比如社会诚信体系、监管制度、公示制度、抽测制度、责任追查制度、惩戒机制等不够严苛，等等。这就需要教育行政部门通过教育立法等方式对相关制度进行更深入、更彻底、更广泛的改革，坚持“谁填写，谁负责；谁使用，谁评价”的原则，规约评价主体的权利和义务，规范操作程序，形成“高校有权不任性、不敢腐、不愿腐、不能腐”的招生机制。

（作者系江苏省海安高级中学校长）

（文章原刊于《人民教育》2017 年第 06 期）

爱国教育要接地气

李晓利

多年来，中学爱国教育最大的困难是如何把爱国转化为学生的心理需要，转化为学生内在的追求。天津南开中学基于中学生的阶段性成长特点和爱国教育的要求，总结出了一些比较"接地气"的做法，或许能为他校提供一点启示。

树立榜样，要贴近学生、贴近生活、贴近实际

南开中学是周恩来的母校，这是学校得天独厚的爱国教育资源。从上世纪 80 年代开始，南开中学就把"以周恩来为人生楷模"作为爱国教育的主线，但学校没有停留在灌输上，而是从学生的心理认知出发，解决好了"为什么学周恩来、向周恩来学什么、怎么学周恩来"这三个关键问题。

为什么要以周恩来为榜样？

青少年在成长过程中时时在寻找自己的榜样，引领自己成长。中学生在这一方面的心理需求尤其强烈。要效仿什么样的人，追什么样的星，对学生能否树立起正确的世界观、人生观和价值观影响深远。因而，学校应重视榜样的树立，引导中学生在成长的关键期少走弯路。

真正有引领作用的榜样，要能深入学生心灵，有吸引力、感召力，令学生信服，还要贴近学生、贴近生活、贴近实际。对于南开中学的学生来说，这个榜样必然是周恩来。

周恩来中学时代是在南开中学度过的。4 年里，因志向远大、品学兼优、忧国忧民、以天下为己任，他被张伯苓称为是"南开最好的学生"，被严范孙评价为"具有宰相之才"。周恩来待人热情，乐于助人；学习刻苦，成绩优秀；长相帅气，善于演讲和演话剧；胸怀大志，有梦想；有很好的文学功底，写得一手锦绣文章；创办校刊，组织社团，有很强的组织管理能力，是学生中的领袖。他几乎符合了"偶像"的所有素质。

老校友赵启正曾在一篇文章中写道："南开的'DNA'是什么？当然就是南开精神——'允公允能，日新月异'。南开精神具体的形象就是周恩来总理。"可见，周恩来在学生心目中地位之高大。

向周恩来学什么？

学校引导学生学习的周恩来，是中学时代的、与学生同年龄时的周恩来，而不是作为国家总理的周恩来，这样的教育设计更贴近学生。学校提出学习中学周恩来，为成人作准备：

知识准备。周恩来求学时，南开中学学制为四年，总共开设了 17 门课程。他毕业时成绩居于优秀行列。我们把周恩来的学习精神和方法归纳为四点：勤学苦练、联系实际、善思好问、珍惜光阴。

身体准备。中学时的周恩来爱好打篮球、排球、网球，有时候也打乒乓球。他坚持每天早晨的长跑锻炼，增强体质、锻炼意志。

价值观准备。中学时的周恩来实现了两个至关重要的思想抉择，表现出鲜明的价值取向：一是确立国家观念，二是形成民主思想。如在入学第二年，他写有一首诗作《春日偶成》：极目青郊外，烟霾布正浓。中原方逐鹿，博浪踵相踪。由此可以看出，中学时的周恩来已经确立了使中华腾飞世界的理想和信念。

文才准备。周恩来练得一手出类拔萃的锦绣文章。学校至今保留着他在中学时的 52 篇作文，篇篇精彩。

口才准备。周恩来在南开中学期间，积极参加演说活动，锻炼口才，曾连续两年作为学校的 3 名代表之一参加校际辩论赛，南开中学两次夺得全市第一。

能力准备。周恩来在校四年参加了 14 个社团，担当了多种校内职务。

周恩来与同学发起成立敬业乐群会，先后担任智育部长、副会长、会长，还办会刊《敬业》学报，他积极参加由学生承办的校刊《校风》工作，每周出一期，他是编辑代表，还在梁启超、蔡元培等名人来校演讲时承担了记录工作。

当时南开中学话剧社十分活跃，被称为中国话剧的摇篮。周恩来积极参加话剧演出，由于当时学校只有男生没有女生，而周恩来长得清秀，一般女角都由他来扮演。

社会准备。周恩来没有关在校门内读死书，一有机会就接触社会，特别注重深入社会底层，与普通大众交朋友。

人格准备。中学时期的周恩来完成的各项人生准备，归结到一点就是人格准备。

这些努力实在、具体、可学，成为学生观摩学习的参照。

怎么学周恩来？

创建"周恩来班"。我校从 1993 年开始，在高中各年级开展创建"周恩来班"活动，至今已坚持了 22 年。从 2012 年开始，学校在初中设立"邓颖超班"荣誉称号，每年各命名一个"周恩来班"和"邓颖超班"。

成立学习研究周恩来小组。该小组 2010 年 8 月成立以来，以天津市周恩来邓颖超纪念馆、觉悟社旧址纪念馆和南开中学为基地开展学习研究活动。组织撰写了《以周恩来为人生楷模教育读本》《周恩来南开中学校作文笺评》等学习读本。

开设"以周恩来为人生楷模"选修课。从 2010 年开始，我校开设"以周恩来为人生楷模"和"周恩来的人生智慧"选修课，受到了学生们的欢迎。选修课与《以周恩来为人生楷模教育读本》一书紧密结合，针对青少年成长成才的需要，以周恩来在南开中学期间的学习生活为课程重点，引导学生们学习。

精心组织入轨教育、缅怀活动、表彰大会等学习活动。进入南开轨道的第一课是"以周恩来为人生楷模"的教育。学校从高二年级选拔出优秀学生担任新生辅导员。每个新班级委派一男一女两名辅导员，组织和带领新生参观校内的周恩来中学时代纪念馆、南开中学校史馆、总理宿舍，瞻仰总理铜像，观看三集电视连续剧《与周恩来同窗的岁月》，学习校训、校歌。开学后，学校及时组织新生开展"以周恩来为人生楷模"的主题班校会活动和演讲比赛，使新生一入校就强烈感受到周恩来总理与南开的紧密联系。学校充分利用校史资源，使教育的历史感和现实感紧密地结合在一起，使"以周恩来为人生楷模"的主线教育从学生一入校就内化于心。

1976年1月8日，敬爱的周恩来总理逝世。我们每年在1月8日这一天组织开展各种形式的活动缅怀、学习周恩来。

3月5日是周恩来诞辰日，每年的这一天，学校都会隆重举行"纪念周恩来总理诞辰暨表彰先进大会"，对一年来在德智体美各方面表现突出的个人和集体进行表彰。

实施"义工制"，在实践中升华爱国情感

没有学生亲身体验和感悟的爱国教育是不接地气的，也是苍白无力的。培养学生的爱国感情和习惯，就要引导学生参加社会实践，在实践中体验、感悟和升华，增强社会责任感。

南开中学自2001年起开设义工制社会实践课程，其基本内容是：学生利用课余时间走出校园，每年在社会上完成50小时的义工任务。具体时间分配为每学期各8小时、暑假20小时、寒假14小时。"义工制"活动要求班班有基地、人人有岗位。为了保障"义工制"得到切实有效的落实，学校通过建立学生联络员制、班级指导教师制及学分制管理学生义工活动。

班级同学自由组合活动小组，自主确立义工活动内容和地点。每组选出一名责任心强、积极性高的同学任联络员。该生一方面组织本组学生自主选择和自行联系建立义工活动地点，另一方面负责与学校的沟通，及时反映学生活动中的状况。

由德育处、团委、学生会义工部和各班主任担任辅导员对学生义工活动给以指导和必要的检查。每次活动都有活动时间、内容记录和联络员签字；联络员对小组内每个同学的活动表现要有阶段评价；每个义工活动地点要对学生的实际表现有阶段性的评价反馈。

　　每阶段义工活动开展前后，都要进行充分的动员和总结。工作开始前各团队要上缴计划由德育处审批，阶段性工作完成后各班要进行总结，学校也要组织典型团队在全校大会上总结交流。最后，依据学生表现评分，实行学分制管理。

　　南开中学的义工活动在开展时还呈现出了几个特点：

　　一是学生自主参与性强，积极性高。虽然在寒暑假有些学生居住很分散，没有办法形成小组，但绝大多数同学仍在自己所在地进行个人实践活动。有一位到平津战役纪念馆服务的同学在周记中写道："有一次，我们接到了一个接待参观团的任务，但是天降大雨。我们先到的几个人打着伞在基地门口焦急地等待，心想这次任务算是完不成了。我甚至已经准备好了如何向馆领导道歉。但令我感动的是，大家陆续到齐了，而且没有一个人迟到。我们也圆满地完成了那次实践任务。相信我们能把这种责任感带到学习和生活中，努力做好每一件事。"

　　二是义工活动中出现了打破班级形式开展义工活动的特点。如：学生们发现现代社会中的人们逐渐遗忘了一些文化传统，有许多优秀的民族技艺正在被遗忘、荒废甚至失传。为了唤起人们对于传统文化的重视，让更多的人关注、学习传统文化，2013年12月14日，南开中学高二年级四个班的学生们集结在文庙开展了一系列以弘扬民族文化为主题的义工活动。学生们在寒风中向路人展示武术、书法、民乐、舞蹈和棋类等传统文化，向路人发放宣传单，介绍中国传统文化的博大精深和重要意义。跨越班级界限组织活动，使学生的组织能力得到了很大的提高。

　　随着年级的更替，义工活动点的工作并没有停止，而是在高低年级之间自然地过渡着。许多高年级的同学快进入毕业班时，会在最后一个暑假联系一个低年级的团队共同在义工点活动一段时间，顺利完成交接。在许多义工点，虽然做义工的同学变了，但义工工作还是一直稳定、持续、效果显著地进行着。例如，南开中学学生会外联部的学生常年利用课余时间，每周末到周恩来邓颖超纪念馆担任义务讲解员，不论风雨冷暖都坚持完成，并且每年都从高二年级传到高一年级，从未间断。

　　三是义工活动点涉及面广、公益性强，活动形式多样。到2015年初，据不完全统计，南开中学青年志愿者义工实践点近 300 个。除在周恩来邓颖超纪念馆、平津战役纪念馆、市图书馆、养老院、儿童福利院等长期坚持的基地活动外，还出现许多新颖的形式。比如，有的学生到临终关怀医院照顾病人，有的慰问农民工并为其子女讲课，有的到路口做交通协管员，有的为社区困难家庭学生进行一帮一学习辅导等。2011 级 2 班，从高二开始进行盲童的有声读物录制活动。他们和天津市视力障碍者学校取得了联系，利用南开中学体验创意中心进行有声读物录制。截止到 2013 年 8 月，已经录制完成 40 余种有声读物，受到了盲童的欢迎。在多样的活动中，“服务、公益，关注社会弱势群体”的主题得到了充分的体现。许多义工活动点因为学生们工作成绩突出，还主动与学校建立长期联系。

（作者单位系天津南开中学）

（文章原刊于《人民教育》2015 年第 20 期）

发展性德育：从零敲碎打走向生态构建

欧　健　周鹊虹

当前德育的开展往往是无序的、零碎的，这很大程度上造成了德育的事倍功半。要提升德育实效，就必须重视德育资源的整顿、协调和组合，把零散的德育活动和课程协同衔接，发挥最大合力。

重庆市第一中学对德育工作进行了系统规划，将规范化、集约化、精细化融入德育理念，构建了一个基于实际的、富有发展性的德育实施框架体系，把德育目标高效地落实到每一天的教育实践中。

围绕"健全人格"，具化德育目标

学校首先围绕健全人格，将德育目标归纳为三个维度：人对自我情绪和欲望的调节与控制，建立起对自我的认知、反省与完善的理性自觉，信仰与社会主义核心价值观的铸炼。以此为出发点，学校提炼出了德育的三大抓手：养成习惯、塑造品质、培育信仰。

良好行为要成为稳定的个人品性，需要习惯养成来巩固。对于中学生来说，良好的习惯主要包括学习习惯、生活习惯、安全习惯、文明礼仪等。我们围绕习惯养成问题对数千名城乡学生进行了现状调查，发现中学生的"四大习惯"养成情况还有很多不尽如人意的地方，需要认真地研究对策，这更加坚定了我们加强习惯养成教育的决心。

道德品质是一定社会或阶段的道德原则、规范在个人身上的体现和凝结，是处理个人与他人、个人与社会关系一系列行为中表现出来的稳定特征和倾向。当今社会环境复杂多变，各种思想、文化混杂，中学生正处在人生的一个特殊时期，世界观、人生观和价值观还未形成，可塑性强，需要引导，是加强德育的大好时机。对于学校教育来说，品质塑造主要包括责任感、善良、宽容、乐观、自信、进取、勇敢、独立等内容，这些直接制约学生人格、心理和审美能力的提高，决定他们能否成为合格的社会主义事业建设者和接班人。

信仰教育主要包括爱国、爱党、爱人民、爱社会主义等高尚的世界观、人生观和价值观等内容。它的重要性是毋庸置疑的，而信仰危机带来的往往是社会腐败、思想堕落。

三大抓手确立的过程，是梳理学校德育工作思路的过程，也是德育目标不断具化的过程。至此，发展性德育的目标体系得以建立。

发展性德育的关键词是“整合”

发展性德育实施框架体系的关键词是“整合”，通过整合形成良好的德育生态。它涉及三个策略体系的九个创新领域：一是学校宏观策略体系，包括年级目标策略、主题活动策略、家校合作体系、环境育人体系，使发展性德育更加系统化、发展化、明确化；二是中学发展性德育的教师实施策略体系，包括社会实践策略、教师示范策略、心理辅导策略、课程育德策略，使发展性德育更加丰富，更具社会性、合作性；三是构建全面、多维评价策略体系，使发展性德育更加多元、多样。具体如下：

细化年级德育管理，建立科学的德育序列。学生在不同发展阶段有其不同发展特点，德育要确保其针对性和实效性就需要了解其阶段特征，从而采取相应的德育措施和手段。重庆一中在尊重教育规律和学生身心发展规律的基础上，根据不同年龄阶段学生的身心特点，对中学德育目标、内容和课程体系进行了系列化设计，把德育渗透于教育教学的各环节，构建中学各阶段有效衔接的、体现年段性的德育内容体系。比如，创建了年级德育目标管理制度，建立了贯穿 6 年教育的年段德育目标序列：初一

"好习惯伴随一生"、初二"迈好青春第一步"、初三"扬起理想的风帆"、高一"铸炼核心价值观"、高二"自立自强担责任"、高三"立志有恒成栋梁"。

开好学科课程与专业德育课程，巩固学校德育主阵地。重庆一中的德育课程包括三方面：专门性的德育课程，包括思想品德与思想政治教育课、时事政策课、党课、团课等；充分挖掘教学各个环节的德育因素，设置多维度、多层面的德育目标，在教学设计和教学过程中进行全面的德育渗透；以社团为主体的社团文化课程，注重开展专题性、集约型德育序列主题活动的策划与实施，比如十月"文化季"、十一月"科技季"、十二月"艺术季"、三月"口才季"、四月"体育季"、五月"读书季"等，通过系统化的设计和连贯性的实施，对学生进行持续、系统的德育影响，提高德育实效。

在方式方法上，既强调学生的充分体验，也强调教师的身先示范。学校充分发挥学生在学校生活中的自主性，提出了"体验生活，感悟人生，锻炼才干，服务社会"的活动理念，注重学生主体的感受、直接经验的获得。每名高中生除了完成基地社会实践，还必须在高一、高二的寒暑假完成不低于50小时的自主社会实践项目，并提交社会实践报告，由学校评审，评审合格计入综合素质评价；鼓励和支持学生自发开展流动义卖"绿叶义工协会""环球自然日"等爱心组织和活动。同时，学校与教师在"以爱为核心""以言行为载体""以有形的方法和无形的影响为手段"三大理念上达成共识，有方法、讲策略、有针对性地对学生的道德模仿进行干涉，使学生的道德社会化由感性上升到理性自觉的层次。

在校园设计和布局中，遵循高品位原则，尽可能做到形式新颖、工艺精细、布局合理、格调高雅、赏心悦目、寓意深刻、美观实用、便于教学和维修。重庆一中充分挖掘建筑园林中的文化育人要素，进而形成了一中校园的"院""场""馆""树""水""塑"六大文化主线，建构起了六位一体的特色环境文化系统，从每幢建筑物的外观形状到每间教室的内部装修，从校园的整体布局到花坛里的一草一木都经过了精心设计，蕴含了较高的知识含量和艺术水准。

在做好常规心育的基础上探寻创新点，探索心理健康教育与德育工作的融合。重庆一中结合学校实际情况设计了一系列符合发展性德育要求的心理健康教育内容，创造性地开发了美育和艺术疗法的心理健康课程，将正能量传递给学生。据不完全统计，平均每学期有 500 名学生在心理咨询室化解了成长中的烦恼，约 2000 多名学生参与每年 5 月举行的心理健康节大型活动，并通过团体辅导活动等增长知识、释疑解惑。

形成“家校教育共同体”，使家校间产生同频共振。重庆一中在家长委员会、校讯通、家长开放日、家长信、家访、家长 QQ 群等现有的合作方式之外，利用多媒体手段建立各种博客、贴吧和家校主题网页，用于交流、发布和沟通；设立专门的家长接待日，主班教师负责接待，保证沟通频次和时限；调动家长背后的社区资源和职业特点，走出校园进行鲜活的实例教育，实现资源共享；设立“亲子日”，让忙碌的家长和孩子在这一天可以尽享亲子间的温情。

建立促进学生自我教育、自我管理、自我砥砺的德育评价新机制，实施制度化的评价和程序化的运作。该评价机制强调“三多”，即评价主体多元、评价内容多样和评价方法多样。

评价主体上，将学生本体、学生群体、课程教师、学生家长和社会元素纳入到评价主体系统中来，形成学生自评、互评，教师评价，家长评价和社会评价多维结合的评价模式。同时还要求学生对同伴进行评价，这样的评价要求学生必须进行全方位的观察，并进行自我反思，从而实现同伴教育和互助教育，促进德育的内化。

评价内容上，既涵盖能力、心灵、情感和素养上的发展，也关注单个学生在不同成长阶段的发展；既注重具体案例、具体情境中的学生个体，也注重对普遍现象的评价反思。

评价方法上，改变传统单一的纸笔测试，采用撰文考察、社会生活问卷调查、家校联系本分析、学生个体案例分析、家长访谈等多项评价方式，进行常态分析和特殊情境下德育发展情况的分析，将认知性测试、量化测试和表现型测试相结合。

[本文为全国教育科学规划单位资助教育部规划课题"中学发展性德育的实践研究"（FEB120436）课题成果。]

（作者单位系重庆市第一中学）

（文章原刊于《人民教育》2016年第09期）

课程整合：

一场艰难却意义非凡的变革

"1+X 课程"与学生发展核心素养

窦桂梅　胡　兰

为了给学生"聪慧"与"高尚"的人生奠基，清华大学附属小学（以下称"清华附小"）制定了《办学行动纲领》，开展了"1+X 课程"改革。随着课程改革的不断深入，我们越来越清晰地认识到，课程改革的目的就是指向提高学生的综合素养。特别是去年年初，教育部颁布《关于全面深化课程改革　落实立德树人根本任务的意见》后，我们更加明确地认识到"核心素养"在立德树人中的基础地位。因此，我们发动全体教职工，群策群力，认真学习，反复研究，制定了清华附小的学生发展"五大核心素养"，使我们的课程改革更加有"魂"，更加有"根"。

基于人的全面发展与历史传承的思考

一个人从出生成为家庭的一员，再到成为社会的一员，是一个不断社会化的过程。一个大写的"人"，应该具有强健的身体、健康的心理，应该有自我认知和学习的能力，还应该能够理解他人，具有社会责任感和使命感。在一个人社会化的进程中，特别是在小学阶段，学校为其确定怎样的发展目标，提供怎样的"营养"和帮助，与学生的当下乃至今后的发展关系极大。

过去那种知识本位，以学科知识结构为核心的传统课程体系已经无法适应知识经济、信息化时代对人才的需求。我们的教育必须培养全面、和谐、完整的人，必须指向人的核心素养，让学生追求完整的生活、完整的人生，要在一个以个人发展和终身学习为主体的核心素养模型中，在一个“不偏重知识”“不唯能力”且“情感态度不缺失”的学校环境中实现生命成长。

清华附小是一所有百年文化积淀的老校、名校。“山川悠远，维其劳矣。”无数先辈的所言所行昭示我们：选择清华，就选择了一生的责任。依据清华大学“自强不息，厚德载物”的校训，我们将“立人为本，成志于学”立为校训。

如何“立人”，怎样“成志”？早在民国时期，清华大学梅贻琦校长就指出“培养人要从小学做起”，之后周诒春校长又提出“完全人格教育”。在经历岁月月的更迭之后，我们把“为聪慧与高尚的人生奠基”确定为办学使命。如何在守正中传承、传承中创新呢？站在百年历史的征程上，我们认为，对人的塑造还应该传承“完整人格”的思想；而完整人格应该既有聪慧的头脑又有高尚的品格，既有家国情怀又有国际视野，应该是健康、阳光、乐学的现代的人格形象。

如今，为顺应国际教育的改革趋势、增强国家核心竞争力、提升我国人才培养的质量，国家将全体性、基础性、发展性的素质教育，转向了与时代发展、社会变革、国际发展趋势密切相连的核心素养提升。这既是国家人才战略发展的需要，又是个体终身发展的需要。正是基于以上思考，我们在构建“1+X课程”时，力图将学生发展的核心素养融入其中。

清华附小学生发展的五大核心素养

我们在认真总结清华附小100年来办学经验的基础上，根据小学生的年龄特点和发展规律，初步拟定了清华附小学生发展的“五大核心素养”。

1. 身心健康。

“身心健康”源于原清华附小校董马约翰先生身体力行，清华大学老校长蒋南翔倡导的“每天锻炼一小时，为祖国健康工作五十年”的体育精神，这里指学生的生理和心理健康。

清华附小学生要养成良好的生活习惯，努力达到身体发育良好，视力达标，体态匀称，体质强健。每个学生至少要有一项自己喜欢的体育运动，有较强的身体活动及协调能力、疾病抵抗能力，面对危险逃生自救的能力。要热爱生活，自信向上，悦纳自己；学会微笑、感谢与赞美，尊敬师长，友善乐群，乐于助人；要学会情绪管理，自强不息、积极进取，拥有朝气蓬勃的"精气神"。

2. 成志于学。

"成志于学"源于清华附小前身"成志学校"的校名，取义于清华附小"立人为本、成志于学"的校训。这里指学生永远葆有积极的学习状态。志存高远，通过学习成长、成人，努力成才，成就未来事业。

清华附小学生应当学而不厌，拥有扎实的基础、广泛的兴趣进而形成志趣。要增强学习内驱力，勤于学习、敏于求知，既能自主学习，又能与人合作，具有良好的学习习惯、科学的学习方法，学会思考，敢于质疑，勇于探究，并能够把学习所得运用于社会生活中，做到知行合一。

3. 天下情怀。

"天下情怀"源于清华大学"厚德载物""中西合璧"的办学思想及清华附小百年来一直坚持的公益情怀。这里指我们的教育要使学生扎中华根，铸民族魂，做具有国际视野、天下情怀的现代中国人。

清华附小学生应自尊自重，自立自强，拥有爱家人、爱家乡、爱集体、爱人民、爱祖国的思想感情。要有为社会服务和奉献的公益精神；要有振兴中华的社会责任感、使命感；要有较开阔的国际视野，能够理解、尊重、包容多元文化，能与不同文化背景的人进行平等交流，友善相处和交往。

4. 审美雅趣。

"审美雅趣"源于清华大学四大国学导师"至真、至美、至情"的美学境界。这里指学生应该具备符合社会主义主流价值的审美意识和创造美的能力。

清华附小学生应向往与追求美好形象和美好事物，学会感知美，善于发现美、体验美、理解美，在对生活、自然、科学、艺术的欣赏中，受到美的熏陶。在此基础上传播美、发展美、创造美，提高自身的精神境界和审美品质，进而做到语言美、行为美、心灵美。

5.学会改变。

"学会改变"源于清华大学"人文日新""独立之精神，自由之思想"的理念。这里指学生主动适应、超越自我、勇于创新。

清华附小学生应具有敏锐的环境感知能力和信息捕捉能力，面对不断发展进步的社会和生活，能够悦纳，学会适应，顺应发展，不断改变自己的心智模式，实现自我超越。要勇于面对生活中遇到的实际问题，形成并发展积极的人生态度，敢于实践，动手动脑，大胆尝试，不怕困难，通过自己的努力影响周边的人和事，传递正能量。还应有敢为人先的精神，具有批判性、创造性思维以及创新实践能力。

清华附小学生发展核心素养，外显为"健康、阳光、乐学"的样态，通过学校课程、教育教学、管理、校园文化等工作以及家庭、社会的共同努力来实现。

基于学生发展素养的"1+X课程"构建

落实核心素养，需要以课程为依托，将核心素养转化为学生学习的生产力。这就要求我们必须建立起一个适合学生整体、多元发展的课程体系。

（一）重整课程结构

课程品质影响着学生核心素养的发展，课程结构影响着学生的素养结构。传统的课程结构在育人目标、课程内容、课程实施、课程评价等方面缺少自主性，忽略学生的个性化需求，难以适应学生核心素养的发展需求。为此，必须重整学校课程结构。

为实现课程目标，学校精简、整合国家课程，创生适合的校本课程，逐步形成一套基于国家课程且高于国家标准的、符合清华附小学生发展需要的"1+X课程"体系。

"1"指优化整合后的国家基础性课程，我们把原来的十几门课程，根据学科属性、学习规律及学习方式整合为五大领域："品格与社会""体育与健康""语言与人文""数学与科技""艺术与审美"。这五大领域指向的是学生发展的核心素养：公民道德、国家认同、身心健康、审美情趣、学会学习。

"X"指实现个性化发展的特色课程，包括学校个性课程和学生个性课程两个层次。"X"指向的是与学生个性气质相契合的核心素养，如创新素养、人际交往素养等。学校个性课程为学生提供体现学校育人特色的必修系列课程；学生个性课程为每一位学生提供众多适合自己的多元化选修课程，包括特需课程，鼓励学生自创课程。"1"是"X"的基础，"X"是"1"的补充、延伸、拓展。两者相辅相成，融合共生，动态平衡，共同促进学生的发展。

在目前状态下，"1+X课程"中的"1"与"X"追求的是"0.618"的黄金分割比值。"+"不是简单的加法，而是"1"与"X"相辅相成，形成一个趋于合理的整体的课程结构。既使学生学好国家规定的核心知识、形成核心能力，又能在这个基础上使知识得到拓展或深化，使能力特别是运用知识的能力、探究问题的能力、动手实践的能力得到提升，满足学生个性需要。

"1+X课程"体系旨在帮助儿童更好地建立书本知识与现实生活世界之间的有机联系，在与世界的开放联系中不断拓展思路，开阔视野，创生意义，从而更加有效地面对现实问题，成就高素质的现代公民。

（二）重构课程内容

"核心素养"并非与生俱来，需要通过各教育阶段长期培养，而科学合理的课程内容则是其重要保障。国家课程为学生核心素养的形成奠定了坚实基础，应当使之成为发展学生核心素养的核心途径。但由于地域、学情的差异，学校要依据具体的育人目标和学生实际情况加以调试及补充。

为此，我们首先以学生发展的需要为依据，在把握国家课程标准的基础上，梳理、整合各版本教材的课程内容，规划了我们的课程实施。主要做了两项工作：一是制定语文、数学、英语等学科的《质量目标指南》，据此明确了每门学科的教学目标、教学内容、实施策略，并提供了大量的课程资源包，达成了国家课程标准的细化、具体化。二是研发了语文、数学、英语学科的《课堂乐学手册》，将教学内容的课堂落实方式呈现出来，取代了传统的练习册，达成了课堂目标的操作化，也实现了减负增效。

其次，在学校整体课程构建的过程中，我们努力凸显"阳光体育、书香阅读、创新实践"三大特色。一是强调体育课程在学校教育中的核心地位，通过"每天体育三个一"（每天一节体育课，每天一个健身大课间和晨练微课堂，每天每个学生一个体育自主选修项目），为学生打下健康身体的底子。二是强化母语，通过语文学科本身的改造，适当增加学习时间，补充大量诵读、阅读、积累内容，为学生打下精神的底子。三是强化创新实践，每周一次90分钟的创新实践课等，使学生有充分的时间合作、探究，在校内外学习场所内进行研究性学习，打下创新的底子。三大特色，既是实现"五大核心素养"的体现，又为学生在各学科中形成核心素养奠定了基础。

最后，开发丰富的个性课程，基于清华特色，最大限度地满足学生个性需求。学校个性课程包括：主题阅读、清华少儿数学、英语视听、书法、足球、戏剧、头脑创新思维课（DI）、3C（Care、Connection、Creation）课程等；学生个性课程包括：运动项目自主选修、艺术项目自主选修、科技项目自主选修、"一条龙"课程、"种子"课程以及众多自创课程（如水木秀场、名生讲堂、水木TV、校园吉尼斯等）。这些课程涉及五大板块，消弭了学科边界，服务于学生核心素养的发展，彰显了我校"儿童站在学校正中央"的课程理念，受到学生的欢迎。

（三）固化课程实施

核心素养的培养切忌空洞灌输，应当引导学生在教育情境中自我建构。

就学习方式而言，面对整合后的学习内容，学校更强调学生通过质疑、发现问题，然后在小组内通过自主、合作的方式获得深刻的学习体验。清华附小的课堂强调"预学、共学、延学"的动态三环节。预学——让学生自主建构知识和发现不懂的问题，带着准备和疑问走进课堂，使教师的教学更有针对性。共学——以问题串的形式呈现学习内容，以小组合作为主要学习方式，师生、生生合作解决问题，学生在质疑、释疑的循环中获得持续提高。延学——学生带着更深层次的问题在课后继续思考，鼓励学生应用知识解决实际问题。这个过程实际上是鼓励学生改变传统的认知方式，实现核心素养的自我建构。

就学习空间而言，教室里学生的座椅由"秧田式"变为"卡包式"，便于学生间相互交流学习，同时教室依据功能进行分区，分为集体学习区、单独辅导区、自主学习区、作品展示区。既为不同需要的学生学习提供便利，同时也让教室发挥更大的育人功能。除了教室，清华附小力争将校园建成儿童乐园、生态田园、书香校园，校园里植物多、书多、健身器材多，到处都有供学生动手实践的课程资源，校园成了更为开放的学习空间。

就课时安排而言，清华附小改变了以往40分钟的固定课时，长短结合，张弛有度。"基础课时"35分钟，主要用于基础性课程的实施；"大课时"60分钟，主要用于整合课程的实施；"微课时"10或15分钟，用于晨练、晨诵、习字等；"加长课时"90分钟，用于大型综合实践活动课程的开展。

综上所述，我们的课程改革，就是力图使学生建立系统的思维方式，体验知识之间的联系，还原事物或问题在现实生活中的本来状态，使原来学科本位的多个知识纵横联系，聚合裂变，促进学生关注生活、关心世界、整体考察、系统思考、全面发展。避免重复、零散、琐碎，消除高耗低效，在五大板块整合的过程中，更加突出了学生核心素养的整体发展。

百年清华附小正焕发青春，通过对核心素养及核心素养导向下"1+X课程"的深入研究，我们的学校教育更加接近本真，更加适应时代发展需求，整个办学水平再上一个新台阶，走向新阶段的"成志教育"。

（作者单位系清华大学附属小学）

（文章原刊于《人民教育》2015年第13期）

对课程进行时空的整体改造

安　华

我们学校的课程改革不是修修补补，不是简单地增加一门课程或减掉一门课程，而是针对以往学科偏多、知识中心等问题，着眼于培养学生核心素养，运用整合的思想，对课程进行时空上的改造，从课程结构、课程设置、授课时间、课表安排等方面进行改革探索。现在，清华附小的课表，已让课程变得"灵活有弹性"。

优化重组：弹性改变课时比例

根据学校"1+X课程"的总体设计，以及整合后各领域课程的实际需要，我们在各课程的授课时间上作了较大调整。

首先，国家基础性课程经过优化整合，把原来各学科重复的内容归并、整合，把学科内的教学内容根据学生学习情况适当进行优化重组，这样整合后的基础课程"1"就不再需要原来那么多教学时间了，我们把省下来的时间用于"X"课程。

现在，优化整合后的国家基础性课程接近总课程的70%，个性发展课程接近总课程的30%。"1"与"X"的教学时间之比近于黄金分割比值0.618。当然，在基于儿童完整发展的思考下，课程整合要不断为儿童提供真实的教育情境，我们在考量"1"与"X"的比例时，要留有"裕度"。当课程整合到一定程度，"X"即为"0"。那时，"1"与"X"即形成一个大写的"一"，那就是一个完整意义的儿童。

其次，适当增加语文课程教学时间。重视母语教学是世界各国教育的一个共同点。识字和写字、识词和积累词语、阅读和表达（包括说话和写作）等，都是一个人终身受用的核心知识和核心能力。我们积极挖掘母语教育的文化性，整合阅读资源、生活资源和文化资源，以促进儿童的语言和精神共同成长。

因此，在课时设置上，课表成了构筑母语时空大厦的必要保障。在我们的课表上，低年段语文课程教学时间占到25%，高年段也占到了22%。

最后，为培养学生的创新精神和实践能力，属于学生动手制作、实验或社会实践活动的时间也有一定增加。正如人们在游泳中才能学会游泳一样，学生在实践活动中动脑、动手，大胆尝试、探索，才能提高动手能力，才能培育创新精神，因此，在这个方面适当增加课时是完全必要的。

张弛有度：灵活调整课时长短

为了适应整合、改革后的课程内容，学校在保证课时总量不变的前提下，调整了课时比例，将原来固定的"一刀切式"的每节课40分钟调整为90、60、50、35、10分钟等的大、中、小、微课时。

"基础课时"是35分钟，主要用于整合后的基础性学科的教学，这比原来减少5分钟，对老师的课堂教学提出了更高的要求，强调精讲精练，减少无效劳动，提高教学实效性。

"大课时"60分钟，主要用于语文、科学、书法、美术以及一些综合性课程。如语文课，要认字，写字，读文章，交流读书感悟，还需练笔、作文等，原来的每节课40分钟，着实不够用，改为60分钟，师生都感到比较合适。再如科学，每堂课都有实验，需要使用很多器材，学生要积极参与、观察、思辨、假设，动手实践，记录实验情况，报告实验结果等，改为60分钟，进行得就比较充分了。

"创新与实践"、头脑创新思维课、戏剧、部分品德与社会的综合实践课，是周五下午间周一次，课程性质、内容要求教学时间必须相对长些。

小、微课时为 10 或 15 分钟，为晨诵、习字等。

同时，根据主题课程整合的需要或者儿童生命成长需要，可以整合 30 分钟和 60 分钟课时形成 90 分钟的综合性课程，为儿童提供丰富的、综合的课程体验。

大课间为 50 分钟，变原来的被动做广播体操为主动项目。学生在运动场上，可以整班跑步、跳绳，也可以根据自己的特长参加各种体育社团，还可以自主到操场不同的健身区域去，在体育老师的带领下练习专门的运动项目。

根据课程性质和教学内容配以不同的课时，体现出了课时的灵活性，而且长短课时相间，也使学习生活张弛有度，富于变化。

尊重主体：个性化、选择性

因材施教、发展个性是教育的基本原则之一。学校整合后的课程“1”是对学生共性的要求，是重要的底线。“X”课程则注重培养学生的独立性和自主性，促进学生在教师指导下主动地、富有个性地学习，满足不同学生的学习需要，使每个学生都能得到全面、和谐的发展。因此“X”课程尤其注重学生的选择性。

清晨入校后，学生可自主选择在图书馆参与阅读微课堂，或在操场参加晨练微课堂。每周参与一次“创新与实践”课，开展跨学科主题实践；或每周上一次戏剧表演课，或每周上头脑创新思维课等。体育是附小的核心课程，要求达到“每天体育三个一”，即学生每天一节体育课和晨练微课堂、一个大课间、一个自选喜欢的体育运动项目，如轮滑、板球、武术、篮球、健美操、足球等。现在，根据学生、家长、教师等各方面的调研情况，学校为学生提供丰富的、可选择的“X”课程达 40 多个。每个学生都可以根据自己的兴趣、爱好、特长选择参加。

因为课程有了选择性，所有学生对于这些时段的学习和活动兴趣普遍较浓。一天下来，学习和活动紧张有序，但学生并不感到多苦多累，这从他们阳光、灿烂的笑容里可以看出来。课表，让课程活了起来。这个“活”

也让儿童活了起来，他们成了课表设置之本、课表制定之源。每一天，儿童的生活都充满期待，因为他们都拥有自己的一张课表。

（作者单位系清华大学附属小学）

（文章原刊于《人民教育》2015 年第 13 期）

"课时改革"来了？！

——上海市江宁学校教学组织形式变革实践

吴庆琳

在课程改革背景下，学生个性得以张扬，个性化学习持续发展。为了实现"适应差异、满足需求，提升每一位学生发展品质"的办学目标，上海市江宁学校以变革教学组织形式为切入点，深化课程改革，对构成教学组织形式的各种要素进行重新设计、优化和多元组合，即改变教学活动中人员、程序、时空关系上的组合形式，从而提高教学的针对性和有效性。重构课堂教学时间就是其中的重要方面。

学校针对学生学习特点的群体差异以及学习内容的差异，重新划分单位课堂教学时间，打破每节课 35 分钟的固定安排，根据学生的实际学习需求、不同学科和不同教学活动的需要确定不同的课时长度。目前，主要进行了以下两种探索。

长短课时结合，让语言学习更科学

学校前期进行的问卷调查显示，小学低年级学生有其独特的群体差异：自律、自制能力较差；课堂上注意力易分散；对教师的讲解、机械的重复朗读易产生厌倦心理；语言基础薄弱，对新语言知识的遗忘速度较快；等等。同时，心理学研究表明，低年级学生的有意注意持续时间相对较短，最长只能坚持 10～15 分钟，后大脑就会出现阶段性疲劳，形成"思维低谷"，每节课学生能够充分有效运用的时间最多只有 20 分钟。根据艾宾浩斯遗忘曲线规律，学生学过的知识，20 分钟之后忘记约 40%，当天忘记约 70%，第二天忘记约 75%。鉴于儿童的学习心理特点、有意注意时间以及记忆规律等，学校原来每周三节、每节 35 分钟的英语课在小学低年级授课时无法充分有效利用，过长且过于分散的课时安排造成了低年级学生的英语课堂学习效果不佳，学生无法处于适宜的语言环境，不能让所学的知识及时复现，更加大了知识的遗忘率。

基于此，学校对低年级英语、语文的课时进行了分割与重组，施行长短课时结合，重组教学内容，在行动研究中构建长短课时的操作框架与实施策略，探索适应低年级学生身心特点和学习习惯差异的有效经验。

具体操作：

第一步，课时分割：在小学部一二年级，打破英语、语文学科每节课固定为 35 分钟的课时安排，将其分别分割为 15 ～ 20 分钟左右的短课时，英语学科由每周"3+1"的课时安排改为"4 短 +1 长"的课时安排，即每周 4 天小课时（每天 15 ～ 20 分钟），1 天大课时，周课时量不变；语文学科由每周 9 课时的安排改为"4 短 +7 长"的课时安排。

第二步，课时重组：将英语短课时与语文阅读短课时相组合，使一节 35 分钟的常规课时由英语、语文两门学科组合而成，形成一个完整课时的概念。

第三步，教学内容重组：短课时并非简单地将原来一节课的教学内容"一分为二"，而是对教材中的知识单元体系进行合理的整合重组，在教学内容安排上保证知识的内在联系与及时复现，发挥短课高频教学的优势，并与相关学科进行有效的衔接。比如，沪版牛津英语教材 1B 第三单元 Things around us 中三课的教学内容分别是 seasons（季节）、weather（天气）、clothes（服饰），为了充分利用短课时的优势，我们将这三课教学内容重新组合，变成将每一个季节、此季节的天气和此季节所需要的服饰结合在一起，如："spring"（春天），"How is the weather in spring?"（春天的天气），"What do you need in spring?"（春天的服饰）这些内容同时教学，将原来 9 课时的内容重新组合成 12 节短课和 3 节长课，这样三篇课文分别出现的句型会在每天的英语课上出现，复现率大大提高，帮助学生轻松记忆，熟练掌握。

第四步，课时衔接：两节短课时的教师结成合作伙伴，共同备课，不仅在教学内容上有适当衔接，还应在上课形式上形成互补，做到动静结合，一张一弛，切实做到充分利用35分钟，发挥教学的有效性。

70分钟自然课，让学生充分合作与探究

小学自然教材中有不少实验探究内容，让学生"体验科学探究过程，学习简单的科学探究方法，提高动手操作能力"是自然课程的重要目标。然而，在目前每节35分钟的自然课中，因时间限制，学生的实验探究活动往往更多地停留在操作层面，甚至由老师代讲、代做，学生主动探究的能力及合作精神得不到很好的发挥。针对这些问题，我校将每周两节35分钟的自然课连排，延长单次课的课时长度，形成70～85分钟"长课时"，从而给予学生充分的实验探究时间。

具体操作：

第一步，将五年级自然教材（牛津版）进行内容重组，形成七个主题单元："天气""常见的化学物质""平衡、压强和浮力""人的遗传""动物的生存""动物的习性""电的产生与利用"。每个主题单元包含几个主题探究活动，每个探究活动有分层的教学目标、实验项目和相应评价方式，力争每个学生在连续两节课（70～85分钟）的时间里，体验"提出问题—作出假设—制订计划—使用工具和收集证据—处理数据和解决问题—交流与表达"的完整探究过程。

第二步，根据教学内容需要一周两节自然课"打包"，两节连排，形成"长课时"。目前有两种课型：一是主题探究活动课，一般两节连上，中间没有课间休息，学生可以体验完整的探究过程，不会因为课时原因造成探究活动的中断或缩短；二是普通教学内容课，一般不采用两节连上，有课间休息时间，第二节课多利用课件、拓展阅读、小组讨论和观看视频等方式，减轻学生的疲劳感，提高学习兴趣。另外，有的探究活动并不需要70分钟，但35分钟又不够，这时两节连排的优势更加凸显，老师可以在85

分钟（包含课间 15 分钟）的时间段内根据需要安排下课时间，即把时间分成三段，第一段时间（X）大于 35 分钟，开展小组探究活动，第二段中间休息时间（Y）为 10 ～ 15 分钟，第三段时间（Z）小于 35 分钟，进行第二阶段的教学，这样便形成"X+Y+Z=85 分钟"的时间安排。

70 ～ 85 分钟的自然课不仅可以保障较完整的探究过程，还给学生合作提供了时间。我们在自然长课时教学中开展小组合作学习，根据"组内异质、组间同质"原则组建 4 ～ 6 人学习小组（参见表 1），形成小组合作学习共同体。小组合作模式多样（参见表 2），交流充分。组长由小组同学自己选出，不由老师指派，且组长可以轮流担任；角色分工也不是一成不变，而是根据活动需要，以学生主动申报为前提，组内商量后决定，这样学生可以在不同的角色扮演中发展不同的能力。

表 1　合作小组的成员组成及分工

学生类型	主要特点	分工	人数
自律协调型	有自我约束能力，与同学关系良好，有一定的组织协调能力，一般是班级里的小干部。	组长，负责材料分发、协调	1 人
善于表达型	喜欢自然学科，知识面广，善于组织语言表达自己或他人的想法，喜欢与他人交流。	讨论后的汇报交流与评价	1 ～ 2 人
细致入微型	虽然不善于表达，但观察仔细，认真细心，有时会有意想不到的发现。	实验中的观察员、记录员	1 ～ 2 人

续　表

学生类型	主要特点	分工	人数
动手操作型	对自然课兴趣浓厚，喜欢动手实验，积极思考，能在实验中提出自己的想法。	实验中的设计师、操作员	1～2人

表2　小组合作模式

小组合作模式	课例	详情
各自分工、共同完成一个主题研究	《天气现象》	教师将教学内容分成6个任务，分别是了解天气的符号，观测最高、最低气温，了解降水，了解风力及风向，看云认识天气和天气谚语。小组中6位同学分别承担一个学习任务。
独立活动、小组交流、汇总数据进行研究	《物体酸碱性的测定》	学生先各自测定9种物体的PH值，完成个人学习单（学生的活动部分内容），然后交流各自的测定结果，完成小组合作学习单——将按酸碱程度排列作为小组学习内容并写下排列后的感想。
共同设计实验方案、完成探究学习活动	《自然界里的水循环》	每个小组根据实验材料设计一个模拟实验，并画下来。然后进行交流，并评价其他小组设计的实验，指出每个小组的优缺点，同时修改自己设计的实验，之后进行实验操作，观察实验现象，讨论交流，认识自然界里的水循环。

续　表

小组合作模式	课例	详情
灵活分组，6 人可以"3+3""2+2+2""4+2"，也可以和其他组同学组成临时学习小组	《电池提供电能》	教师提供足够的实验材料，小组成员可以自由组合，2 人配合，3 人合作，不仅每个人都有动手实验操作的机会和足够的实验时间，也增加了小组成员之间的互动与交流。
灵活分组，6 人可以"3+3""2+2+2""4+2"，也可以和其他组同学组成临时学习小组	《昆虫的生命周期》	教师将 6 个不同的昆虫生活史标本分别放在各个小组的实验桌上，同学们自由参观，在自己感兴趣的昆虫前进行观察，并做好记录。在这样的临时学习小组中，大家的交流反而比平时上课更为轻松。

　　为了观察小组合作的过程与效果，对长课时及小组合作进行"微格分析"，学校专门为自然实验室配置了录像设备，每个小组都安装了摄像头和话筒，可以对上课过程和每个小组的合作过程进行实况录像。现在一共录制了 13 个长课时教学内容。目前，学校正在利用微格分析法、时动分析法等，将这些录像课中每一个教学环节进行细化，并与短课时进行对比，研究长课时的优势以及分析小组成员在学习活动中的合作与交流情况，对小组合作的有效性进行评价，并及时改进课堂教学行为。

　　"课时改革"正在路上。

（作者单位系上海市江宁学校）

（文章原刊于《人民教育》2017 年第 10 期）

把"STEM+"理念融入全课程

——江苏南京外国语学校的"STEM+"课程探索

邹　正

　　"人"是教育的出发点，也是教育的归宿。因此，学校教育在突出教育的社会价值的同时，还要进一步考虑实现其社会价值的基础——人的价值，追求社会价值和人的价值的统一。尤其需要强化学生的家国情怀，唤醒学生的生命自觉，鼓励学生全面发展、自由成长，成为更好的自己。

　　在全球化、信息化的背景下，国家竞争日益凸显为人才竞争。作为一所具有鲜明办学特色的学校，南京外国语学校必须回应时代的召唤。我们将学校的发展目标定位为"建设具有中国特色的世界一流学校"。围绕这一目标，学校提出了"融贯中西、文理并蓄"的特色课程理念，在原有"基础性课程、拓展性课程、荣誉性课程"的"金字塔"式课程模式中融入了"STEM+"课程理念。

摒弃"拼盘式"结构，指向"立体性融合"

　　上世纪 80 年代，面对科学技术发展中出现的拔尖人才危机，美国政府开始对人才培养模式和制度进行反思，提出了跨学科、跨领域的 STEM 教育。

　　STEM 教育发展的方向是以科学技术为路径、实现跨学科融合为特征，关注最新技术及其实践应用，培养能够综合运用多学科知识解决实际问题的复合型创新人才。近年来，我国基础教育也开始重视 STEM 教育，旨在提高学生的科学素养和创新能力。

随着 STEM 课程的推进，有学校提出 STEAM 课程理念，将艺术（Arts）融入 STEM 课程；也有学校提出 STREAM 课程框架，将阅读（Reading）融入 STEM 课程；还有学校提出 STREAMSS 课程，"SS"是指体育（Sports）和服务（Services）。

我校提出"STEM+"课程理念，受"互联网+"思想的启发，"+"代表的是连接、跨界整合。

"STEM+"课程融入了培养学生科学精神和实践创新能力的理科拓展性课程，如信息学、机器人学、通用技术课程等；还融入了培养学生人文底蕴的人文拓展课程，包括读闲书、国学入门、国学精粹、北京大学文科先修课程；还糅进了培养学生批判性思维能力和全球胜任力的课程，如面向历史和我们自己、哈佛大学辩论课程、模拟联合国课程、未来企业家课程；同时还融入了促进学生表现力、创造力以及审美情趣增长，教会学生健康生活的艺术、体育、心理课程，如形体操、太极、艺术大师进校园、戏剧、绘画、书法、生命的风铃等。通过这些课程，学生得以健康、全面、个性地成长。

单纯"+"的概念是"拼盘式"课程结构，只有在课堂教学结构中更深入、跨学科"融合"，才能促进学生学科知识、能力、素养之间"立体性融合"，包括"文理融合""数理融合""理艺融合""理论与实践融合"等方面。

"STEM+"课程正是基于"立体性融合"理念，努力培养学生良好的批判性思维能力、自主学习力、社会行动力、全球胜任力，促进学生在文化基础、社会参与和自主发展三方面充分发展。

项目性学习实现跨学科深度融合

"STEM+"课程理念融入基础性课程，实现了学科融合，并且引领了学习方式的变革。

在国家课程的教学中，为避免分科学习、知识割裂的弊端，我们提倡教师在指导基础上，用“翻转课堂”的教学方式，引导学生自我规划、自主学习、独立思考、独立研究、自己动手完成他们感兴趣的，与生活、社会相关的数学、科学和信息学等项目性学习，实现知识、能力、素养的“融合”。

例如，在化学课堂，教师提出问题：“微型化、集成化、便携化和自动化已经成为当今科学发展的主流趋势，化学实验室的试管、烧杯、培养器皿等各种实验用品能不能微缩到一张芯片上，挂在钥匙扣上随时备用呢？”

学生课后上网查阅了解到微量液体的操控、反应和分析的芯片实验室（lab-on-a-chip）可以实现这一目的，同时了解、比较芯片实验室的常用材料、性能和制作工艺。他们对此产生了浓厚的兴趣。

教师在课堂教学中引入芯片实验室制作，带领学生利用网上购买的Sylgard184型PDMS预聚体及固化剂套装、可打印的聚苯乙烯热缩片以及计算机绘图软件、激光打印机、真空干燥剂、烘箱、剪刀、手术刀、双面胶等工具，自制芯片实验室。

整个过程中，学生经历了利用绘图软件设计芯片实验室通道图、激光打印、烘箱烘烤制出阳模、PDMS预聚物与固化剂的调和制备、芯片成型、产品介绍和演示等系列环节，化学学科知识、材料科学、工程设计、微流控技术、计算机绘图等综合应用其中。置身于前沿科学环境中，既激发了学生对科学的浓厚兴趣，扩展了视野，在综合复杂的情境中，也实现了学科知识、能力、素养的融合。

跨学科的项目性学习是“STEM+”课程最常使用的方式。基于学科融合，我们设计多个研究性项目，如秦淮河治理、PM2.5治理等大量与生活实践紧密结合的项目，供学生根据兴趣和能力素养特征自行选择。通过广泛征集项目解决方案，促进学生创新素养的发展，实现跨学科、跨领域融合。

首先是科学与技术的融合。我们开设数字化化学实验、灵敏的触角——生物传感器等课程。其中，数字化化学实验让学生了解数字化传感器的工作原理，利用数字化传感器设计化学实验，对教材中传统的实验改进与拓展，探究生产生活中有趣的化学问题。

比如，高一年级学生利用温度传感器测定发现了酒精灯并不是外焰温度最高的，从而对初中课本上的"结论"提出质疑，认识到"实验探究比理论分析更可靠"。利用氧气浓度传感器，学生发现人在密闭空间里缺氧窒息时，氧气并没有像想象中耗尽（约占空气体积 10%），从而诞生了"过量的燃料燃烧能把氧气耗尽吗，还会剩余多少氧气""不同燃料燃烧消耗氧气是否存在很大差异"等一系列探究问题。科学与技术的融合拓宽了学生实验设计的思路，大大提升了学生的探究意识和批判性思维能力。

其次是技术与艺术的融合。学校专门开设了通用技术与创新制作、软件设计与立体雕刻、软件设计与三维模型打印等课程。其中，通用技术与创新制作课程涉及电钻、手摇钻、锯床、钻床、切割机等基本加工工具和激光雕刻机、3D 打印机等先进设备的学习和使用。作品的加工制作过程，便是学生空间设计、计算机制图、设备操作能力的提升过程。我校学生利用3D 打印机与激光雕刻机设计、制作出一台可供使用的 3D 打印机，他们设计、制作的仿生机器人和无动力小车频频在国际国内比赛中获得大奖。

再次是科学与人文的融合。历史上的科学大师几乎都是"文理并蓄"的，因为只有融会贯通，才可能产生顿悟。

目前，国内外越来越多的自然科学竞赛最后均要求以陈述及辩论的形式呈现观点，甚至是英文的陈述和辩论，这反映的正是文理融合的趋势。我们专门开设了青年物理学家辩论课程，带领学生用实验探究物理问题，培养学生的动手实验能力、观察分析能力，提高综合分析问题、解决问题的能力。这门课程中，学生还会学习辩论技巧，参加世界青年物理学家对抗赛，这些经历不仅提升了专业素养，还培养了团队合作精神，为今后从事科学研究打下良好基础。又如，在人造皮肤研究项目中，除了生物、化学、物理等专业知识的呈现，我们还格外注重学生审美素养的培养。

"STEM+"课程如何培养学生社会参与素养

学生的核心素养中，社会参与素养是重要方面。"STEM+"课程体系不仅强调跨学科融合，更注重学科学习与社会、生活的融合。我们开设"STEM+"课程，重要的目的是培养学生的责任担当、实践创新素养，实现其社会参与。

"STEM+"课程以项目设计与实施为载体，将学术性学科知识转化为可解决实际问题的生活性知识。它需要选择典型性项目进行结构化设计，让学习者在体验和完成项目中学习多学科知识与技能。这种课程融合方式，强调社会实践活动以及社会问题解决能力的培养，强调多学科知识融合到真实的社会性项目中，在实际情境中实现学生的社会参与。项目的过程分析、活动设计等社会分析是核心。

在高一"STEM+"课程学习中，部分学生与南京大学环境科学院的研究生合作了一个社会分析项目。他们选取全市 13 ～ 18 岁青少年学生为研究对象，以学校、交通工具、家庭或者社区等三大场所为空间研究范围，采用基于个体行为的暴露评估方法测定学生日常生活中的污染暴露水平。研究大气颗粒物 PM2.5 和教室 / 家庭环境中降尘污染暴露对青少年体内重金属积累的影响，寻找其相关性，进而探究大气颗粒物环境暴露对青少年健康的影响。

研究过程中，在方案设计及优化、数学建模、计算机制图等方面，学生都获得锻炼和提高，同时，在关注社会、健康的过程中，学生保护环境的社会责任感显著提升。通过社会参与、合作交流的方式，"STEM+"课程走出学科领域，实现了更高层次的"立体性融合"。

南京外国语学校开设了 91 门选修课程，有 88 个学生社团，是学生社会参与的主渠道，"STEM+"课程实现了与其他选修课程、社团的融合，极大地拓展和丰富了"STEM+"课程的内涵。

例如，"水质研究社"曾用"STEM+"方式完成了一次公益活动。2016 年 3 月，网络上流传这样一条消息，"市场上一半以上的电水壶产品锰含量在 10% 左右，人体长期过量摄入金属锰会影响神经系统的功能……"该社团成员提出，这个结论需要验证。于是，他们利用学校实验室的电感耦合等离子体发射光谱仪（ICP）实验检测这个结果，学生买来几款便宜的不锈钢电水壶，在老师指导下，多次测定反复煮沸水中的锰元素含量，检测结果是都不超标，且远远低于国家标准。

科学实验的结果让学生们深刻意识到科学精神的重要性，同时这个过程也巧妙地实现了学生的社会参与，增强了他们关注社会、参与社会的责任感。

责任担当、实践创新素养的培养，需要人文素养与科学素养的融合才能实现。为了弥补 STEM 课程中人文素养的缺失，我们还尝试开设了致力于培养批判性思维力和全球胜任力的综合课程，比如哈佛大学辩论课程、模拟联合国课程、未来企业家课程、面向历史和我们自己等等。

这些课程旨在拓宽学生的国际视野，发展学生表达能力、综合分析问题能力和批判性思维能力，逐步提升人文精神，帮助学生建立正确的价值观、历史观，培养胸怀天下、关注社会、关爱生命、有责任感的公民，灵活睿智地处理好可能出现的纷繁复杂的社会历史问题。

在学习过程中，它强调的正是 STEM 课程的精神，让学生置身于复杂情境中，理解和辨识事物的多样表象，联系历史与社会背景信息灵活处理问题，形成素养。

在我们看来，中学阶段的教育必须着眼于基础，而这种基础自然包括为学生打好创造的基础。"创造的基础"是自然生长起来的，需要良好的科学和人文氛围，需要知识世界与生活世界的有机融合，需要转变教与学的方式，保护好学生从心底生发的热爱与专注的情感种子。从这个意义上说，"STEM+"课程扩充了 STEM 教育的内涵，强调了社会价值、人文艺术、信息技术的相互融合，增加了学生智力因素和非智力因素的交叉互动，为创造种子的萌芽、生长提供了肥沃的土壤。

（作者系国家督学、江苏省南京外国语学校校长）

（文章原刊于《人民教育》2017 年第 01 期）

课程之美哪里找？

马　宏　江均斌

　　多年来，重庆市巴蜀小学一直在探寻课程的美，因为只有找到课程的美，才能创设出"美"的课程。

"故事数学"：学科融合产生"1+1>2"的效果

　　一上课，周智雄老师便讲起了《长毛猴大战孙悟空》的故事。

　　长毛猴与孙悟空比试谁能把毫毛变成的金箍棒变得更长。他俩各自从身上拔下一根毫毛，都是0.009米。孙悟空数学学得好，使出"乾坤大挪移"，"哗"——小数点向右边移了三位，变成9米。长毛猴不喜欢学数学，使出看家本领"蛤蟆功"，吐出三个巨大的泡泡"0"，放到"0.009"的末尾，"金箍棒"变成了0.009000米。孙悟空举起9米长的棒子打过去，长毛猴举起0.009000米长的棒子来还击。"嘭"的一声，长毛猴的右手被打成了"熊掌"。

　　"各位同学，为什么长毛猴会输呢？"学生答："小数点每向右移动一位，小数就扩大10倍；而根据小数的性质，在小数末尾添0，小数的大小不变。"

　　这时，长毛猴说："谢谢各位同学告诉我'小数点移动'这一数学秘诀！我也会'乾坤大挪移'了，再去找孙悟空决战。"

　　回到阵前，长毛猴用力将小数点一推！小数点真的移了一位——不过呢，是向左移了一位！变成了 0.0009。长毛猴再次发力，小数点又向左移了两位，毫毛最后变成了 0.000009 米的棒子……孙悟空举起 9 米长的棒子横扫过去，长毛猴举起 0.000009 米的棒子来挡，结果嘛——左手也被打成了"熊掌"……

"各位同学，同样是移动小数点，长毛猴为什么又输了呢？"学生答："小数点向左移，小数就会缩小。"

长毛猴终于明白了：连续两次被打败，都是因为自己数学不好。从此他痛改前非，认真学习，一年后，凭借"除法功"打败了孙悟空的"乘法功"。到底详情如何，且听下回分解。

没错，这是一节数学课，却以故事语言的形象、生动和故事情节的冲突感、紧张感营造出文学化的课堂。这就是周智雄老师领衔研发的"故事数学"课，这个曾经的文学青年从事数学教学后，常常思考如何将数学学科综合化。单一形式的美总不够完善，"融合"可以将美推向极致：数学的抽象美、逻辑美融合在文学的形象思维之美、想象之美中，知识变得有趣味，课堂变得生动，学生更爱数学也更爱文学了，学科之美的融合可以产生"1+1>2"的效果。

"儿童小说"：给孩子一双创造美的手，提升他们审美的眼睛和心灵

有一天，语文老师唐先俊听班里几个孩子说，有学生正在自发写小说。他在课上一公布，这下全班 30 多名学生都开始写小说！可十几天过后，坚持"创作"的只剩下几个人。原来，有的学生根本不知道小说究竟应该怎么写，有的学生总写不满意就放弃了，有的学生随兴致写一阵停一阵，到最后自己都忘记要写什么了。

唐先俊敏锐地察觉到：孩子的创作欲望需要激发和维持，有必要开设一门"儿童小说"课程，帮助孩子们完成写小说的心愿。经过精心策划，唐老师的"儿童小说"开课了："起死回生""节外生枝""峰回路转"……一个个生动巧妙的创作技法讲授不仅让学生们掌握了使小说"波澜起伏"

的秘籍，更让他们感受到了文学之美。孩子们乐此不疲地创作实践，成果颇丰，无一不体现着创造之美。我们相信，这些孩子在今后的小说阅读中将不再仅仅是被情节吸引，更会不自觉地去体味文学创作的技法和艺术，不断提升审美能力。

一个学期下来，四年级的学生就可以写出两万字的作品，童话、科幻、穿越、历险、现实等内容应有尽有。六年级的杨鲤宁同学在一学期中写了两本小说，其中以老师为原型创作的《幽默大师》受到同学追捧……由于孩子们取得的优秀成绩，"儿童小说"课程被多家媒体报道，产生了良好的社会反响。

唐老师说，这是一门"听来的课程"。孩子有一双善于发现美的眼睛，有一颗对美敏感的心，他们离美、离美的教育很近。教师要善于在孩子中间挖掘美，寻找美的课程，进而给他们一双创造美的手，提升他们审美的眼睛和心灵，这就是最好的美的教育。

"用 iPad 创作旋律"：不仅教给孩子美的当下，更要教给他们美之未来

巴蜀小学的音乐课很不一样。

上课铃响了，"您好，老师！老师，您好！"同学们用优美的童声合唱向老师问好。这种新颖的师生问好形式既符合音乐课的特点，又具有美感。

同学们都觉得音乐课的内容很"新潮"。在六年级课堂上，桂栖老师选择了同学们喜欢的周杰伦演唱的《菊花台》作为引入，让学生边听边唱边享受音乐带来的美；随后，引导学生掌握 7 个基本音符和民族调式中的"五声调式"，同学们现学现用，很快就能自己创作旋律。

更"新潮"的是，桂栖老师教学生用 iPad 创作旋律。学生可以利用 iPad 中的钢琴软件独立创作，也可以联网进行小组合作创作。有了 iPad，每个学生都可以成为作曲家。六（三）班一个女生自己谱曲、自己填词创作的歌曲《三叶草》在校内流传开来，现在已经成为很多师生的手机铃声。

美是创造，创造也产生美，但并不是所有"创新"都是美的。课程怎样创新才能更美？首先是符合学科本质。童声合唱的问好形式只有放在音

乐课堂上，才格外具有一种形式美与内容美的和谐统一之美，放大了美的效果。第二是符合学生需要。选择学生熟悉的乐曲进行音乐教学，可以拉近学生与美的距离，让美的欣赏、美的学习因为符合学生接受心理变得更容易，进而让美的教育的过程变得更美。第三是符合时代发展。美本身也随着时代发展而发展，音乐之美的内涵在扩大，传统的音乐有其古典的美，电子音乐甚至数字音乐也将开创新时代的美。教育不仅要教给学生美的当下，更要教给孩子美之未来。

（作者单位系重庆市巴蜀小学校）

（文章原刊于《人民教育》2015 年第 15 期）

语文课堂如何向生命敞开

李伟平

课堂学习的质量直接影响学生发展和个体的生命生长。基于这一认识，在参与华东师范大学叶澜教授"新基础教育"研究的过程中，学校确立了"生命关怀"的教育理念，把促进师生的真实生命成长作为课堂教学的出发点和归宿，积极探索"生命关怀"理念下的课堂教学。

怎样才能把学生"装"进心里

首先，在学情分析上下功夫。在传统教学中，教师往往关注教材分析而忽略对学生的了解。随着"学生立场"的建立，我们开始在学情分析上下功夫。比如，为了提高某个学段学生的语文素养，教师要分析学生已有的知识经验和基础，有哪些新的困难，需要什么学习策略，需要哪些帮助。此外，我们还关注学生相关语文知识、能力、情感的衔接点、提升点是什么。通过这样的分析，教师慢慢将每个学生"装"进心里。

从一定意义上讲，要使学情分析具体并具有针对性，需要教师具有较高的文本解读能力以及对学生学科学习成长需要的把握能力。只有准确解读教材与本班学生特点，才能备出学生的可能性来，并在此基础上加以具体化，确定课堂教学目标。当然，对学情的解读不能仅仅局限在教学设计环节，还应贯穿在课堂教学过程中，体现在学生的校园生活中。

其次，要设计创造性的学习任务。这就需要教师创设开放的问题，它可以由教师提供，也可以师生共同讨论来确定。

再次，要尽可能让学生经历探索知识的过程。在这个过程中，教师要让学生充分体验、领悟、探究、发现、把握和发展。由于每个学生具有不同的思维习惯、知识基础、学习策略等，在学习过程中，学生的学习方式、想法会呈现出不同的个性特点。这时，教师要以一种特殊的教学机智，随时、随地、随机地把握每一位学生的学习情况，尊重每一份求学的愿望，尊重每一种合理的学习结果，及时捕捉灵性闪现的思维火花，适时给予肯定和激励。

教学目标要具有思维层次性

教学目标是教师教学的方向和核心，"生命关怀"视野下的课堂教学目标设计要具有思维的层次性。

首先，教学目标设计要具有整体性。语文教师要改变原有的只见眼前文本、不见教材系列整体的设计思维，设计类文本的整体育人价值。比如，对小学阶段抒情类文本的育人价值进行了这样的设计：一是通过教学内容的结构化呈现，使学生依托一篇篇课文的学习，在逐渐感知并领悟"一般情绪""理智感""道德感""美感"的基础上，丰富其精神生命成长的质量。二是通过教学内容的结构化重组，使学生在不可复制的课堂生命历程中得到独特的学科逻辑滋养——掌握"情感共鸣"和"情感抒发"的方法，并最终学会一类课文的阅读方法和结构。

这样的整体设计，使教师逐渐形成教学中的"结构意识"，以这类课型所独具的路径和独特视角、发现方法和思维策略来重组教学内容和教学过程，为学生提供一种唯有在这个学科、这类课型的学习中才可能获得的经历和体验，提升学生的欣赏和表达能力。

其次，要具有延续性和递进性。在传统的语文教学过程中，教师很少制定系统性和整体性的一类文本的教学目标，致使教师忽视小学阶段教学的延续性和递进性。

比如，小说是初中语文教学的重要任务，如何才能让学生在学习写人记叙文的基础上实现小学阶段对小说教学的渗透以及与初中的衔接呢？我们以六年级上册篇幅短小、人物简单的小小说《船长》《爱之链》等为载体，进行了具有针对性的教学设计。在《爱之链》的教学中，我们制定了这样的教学目标：

（1）用简洁的语言概括主要内容，体悟小说的独特表现手法。

（2）学习运用"读情节、圈细节、想背景"的小说人物形象品读的方法结构，从多个方面整体把握乔依无私助人的特点，并进行综合评述。

（3）理解爱之"链"的含义，并懂得：遇到需要帮助的人，每个人都要给予无私的帮助。

这样的教学目标，需要语文教师改变自己进行教学设计时割裂的思维方式，制定整体性和综合性的教学目标。同时，还需要教师改变以往对文本短期效应的功利追求，把学科学习与学生的可持续发展相结合，进行阶段递进式设计。

变"散装"为整体设计

长期以来，语文"散装"的教材呈现方式增大了每篇课文教学的随意性和盲目性，使语文学科在教学过程中的独特地位和育人价值被削弱。因此，教师要对教学内容进行加工和整合，形成完整的结构体系。

首先，要进行教学内容的结构化设计。在参与"新基础教育"研究的过程中，我们在语文教学内容、教学方法和教学过程的结构化方面加以实践和探索。

课外阅读，是语文教学的重要组成部分。课外阅读课内指导，是提升学生阅读品位和能力的重要途径之一。激发学生的阅读兴趣、分享阅读快乐，培养学生的阅读习惯、掌握阅读方法等是课内指导的核心目标。基于这种理解，我们确立了"课外阅读课内指导"的三种变式课：读物推荐课、方法指导课和主题交流课，这三种变式课在低、中、高年段又有独特的教学目标和教学内容。

站在整体综合的教学立场，小学语文课堂教学需要由一节课向一类课进行转换，实现点状到结构化的整体内容的序列转型。在这个过程中，我们根据不同的学习内容，围绕拼音、识字、阅读教学、习作教学、听说教学、课外阅读语文学科综合活动等形成了 53 种课型研究成果。每一种课型都由"育人价值挖掘""系列化教学内容""教学目标设计""教学过程展开逻辑""教学建议"等五部分组成。

其次，一类课的教学要实现序列化。任何一类课的教学内容都是序列化的。所谓序列化，要有纵向和横向两个维度。纵向维度是指年段的递进，按照年级从低到高的发展脉络形成相应的体系。横向维度是从各年段教材中开发出与年段目标相应的教学内容，形成横向系列。纵横两大系列有机关联，共同组成一个完整的内容体系。

比如，对"读写结合类课型"，我们将系列化内容设计为：一、二年级——词句的读写结合训练，三年级——句群的读写结合训练，四年级——从句段向篇过渡的读写结合训练，五年级——着重谋篇布局，关注逻辑段之间联系的读写结合训练，六年级——综合提高艺术加工能力的读写结合训练。

教学内容的结构化需要我们以学生发展需要为出发点，遵循语文学习的规律，整体设计语文教学。只有教师对语文教学的知识逻辑和过程逻辑有了整体和准确的把握，才能确保我们上的每一堂语文课能给学生的精神世界提供基于语文逻辑的文化涵养。

带给学生清冽的思维冲击

过去，教师往往按照教学设计的内在逻辑进行环节转换，教学过程只是单纯教学环节的串联。这样的课堂封闭、机械、单向、点状、被动，失去了对学生成长的真实意义。"生命关怀"视野下的小学语文课堂教学要注重各个环节的内在联系，从而推动课堂教学逐渐深入。

在"生命关怀"的课堂中，语文教师不再拘泥于具体形式和程式化的问题，而是通过丰富的课堂动态调整，指向思维目标的落实，展开深度的教学。

同时，教师要给学生呈现富有挑战性的课堂教学活动，能带给学生强烈的思维冲击。在学生尝试解决问题的过程中，教师不能安静地等待学生的问题解决方案，而应不断给予"过程中的点拨和指导"——或是给学生指出新的探究方向，或是打开问题解决的思路。只有这样，才能不断丰富学生的学习体验，学生的思维也才能因此而不断深入。

《月光启蒙》是苏教版五年级下册的课文，文中有这样一句话："黄河留给家乡的故道不长五谷，却长歌谣。"在执教过程中，教师和学生相互碰撞，生成了以下的互动过程：

"五谷能长，那歌谣怎么会长呢？"在经过一番讨论后，一个学生说："我认为，这些歌谣是母亲从外婆那里学的，外婆又从她妈妈那里学的。这样一代代传下来。"

教师随即点穴："你的意思是说这些歌谣是流传下来的，那文章为什么不用'流传歌谣'呢？"

这样一问，学生的讨论更加深入，有学生提出："那里的人生活虽然清苦，可他们依然生活得很有滋味。他们一起编歌谣、唱歌谣，歌谣里有他们对生活的向往。"

教师马上提升："噢，原来他们的生活是这些歌谣的摇篮。歌谣是从他们的心里长出来的。"

讨论到这里，马上有学生提出："这样的话，我认为五谷是生长出来的，歌谣是孕育出来的。"

老师再提升："孕育，多么好的一个词啊，歌谣顿时有了生命。"

叶澜教授指出，课堂教学是师生在学校共同度过的时光，是他们共同创造的只有在学校中才存在的活动方式，是师生生命活动中重要而有意义的组成部分。只有将这一理念深深植入每位教师心中，才能在课堂教学中找准师生互动的切入点，诱发学生的思维活动、情感活动，真正实现语文学科的育人功能。

（作者系江苏省常州市局前街小学校长）

（文章原刊于《人民教育》2015 年第 10 期）

辑四

空间设计教育学：
让学校空间容纳更多样态的学习形式

中关村三小：3.0 版本的新学校

刘可钦

学校教育中的"难题"

学校在发展过程中面临着共性的问题。比如，我们每个空间都装满了学生，在狭窄的教室，学生只能固定在自己的椅子上来听讲，做练习；教材、教案、作业、分数构成了教师生活的全部；我们的管理方式几乎都是布置任务、检查工作，多样和个性化的管理模式很难体现。

我们在每节公开课上几乎都能看到那些孩子喜欢的学习方式：合作、发现、动手，但遗憾的是，现实中并不多见。因为老师担忧，放开了管不住，更因为狭窄的教室只能排排坐。

老师是学校最重要的资源，从把孩子送到学校的第一天起，家长就希望孩子能够遇到一个好老师，尤其是遇到一个好的班主任。可是当越来越多的班主任成为"抢手货"的同时，更多的老师却不敢当班主任了，因为压力太大。

鉴于对上述现象的思考，我们想通过一些改革，让这些问题的解决能够有所突破。

中关村第三小学目前是一校两址，中关村校区建于 1981 年，万柳校区建于 2003 年，目前两个校区有将近 6000 名师生。三小的每一位师生都期望有所改革和变化，但狭窄的空间让新的设想举步维艰。

2012 年春，海淀区政府在黄金地段给了我们一块地，虽然不大，但是可以承载我们对教育追求的渴望，也给了我们新的发展契机。

教育空间"变形记"

于是，我们极尽想象：我们的新学校应该是什么样的？新校区建设开启了学校每个人的"教育大脑"，我们努力透过空间的变化，表达我们对教育的追求，学校文本性的发展纲要和工地上的施工蓝图同步启动了。

我们选择了美国的一家建筑事务所和中国建筑设计研究院联合设计新校区，力求站在全球的视野之下，重新看待我们的学校。可是，设计师们首先问道：你们学校的理念是什么？

我跟老师们说，这不是一件简单的盖房子的事儿，我们要把这个建筑作为一种"课程存在"。同时，期望这所学校是安全的、亲和的、温馨的、绿色的，还期望能够有这样和那样的空间，更期望教室的空间能够大一些，而且是可以组合的……但这些概念，用什么样的形式表现出来，并不能够马上描绘出来。

于是，我们开始了与设计师的一系列对话：学校里的每一处空间如何让孩子们感到如家一般的温馨？能不能不再是一间间孤立的教室，能否创造团组式学习的可能？我们现在的学校太大，学生众多，怎样才能拥有像小学校一样的便捷、自如……

设计师将我们的感性认识转化成了空间的理性建构：三间教室加上一间几乎同等大小的开放教室，组成了这座新学校的结构单元。教室和教室之间的墙壁消失了，取而代之的是可以灵活组合的活动隔断，让教室根据教与学的需求进行"变形"。

这样就产生了"班组群"和"校中校"的概念。

班组群，就是将过去以一个个班级为单位的管理空间，延展为三个教室组合在一起的群组空间，将三个年级、不同年龄的孩子放在一个"班组群"中生活、学习，是一个家庭式的学习基地。四个班组群组成了一个"校中校"，实行人财物、责权利的统一和自治，也实现了小学校般的便捷和温馨。

　　我们认为，这样的空间能够比较好地把传统的班级授课和我们期望的教师指导下的开放学习以及我们所追求的小组探索性学习有机融合在一起，满足个体学习、小组学习的需要以及团队学习等多重的需要，我们称之为"学校3.0版本"。

　　处处都是教室，处处都是图书馆，处处都是博物馆，处处都是舞台，是我们对于"学校3.0"空间的具体描述。我们希望，每一处空间都是孩子乐意去的地方，也是能够探索学习的地方。在新校区建设的过程中，最可贵的价值就是打破了原来的空间思维定式，开始有了想象和突破。原来教育还可以这样去做，原来我们的空间还可以这样去实行，原来是物理意义上的一道道墙，阻隔了我们教育的想象。当我们跨越这些阻隔时，发现学校教育还有许许多多新的和未知的领域，等待我们去探索。这，对于每个三小人来说都是极其珍贵的。

教育的空间变了，教育的形态应该怎么改变？

　　在"校中校"和"班组群"的空间形态下，我们开始了新的思考：这样的空间里，我们的教育怎么发生？师生如何生活？站在过去、现在和未来，我们应该怎样做教育？

　　对应"班组群"中大孩子和小孩子共同学习、生活，在目前既定的学校空间里，我们设计了毕业课程。六年级时，有一个月的时间被称为"学长日"，六年级的学生5～6人一个组，到对应的年级和班级做学长，带着学弟学妹们一起学习、游戏。这当中，学生角色的变化使他们获得了课堂上不一样的体验。这种"学习伙伴"的角色胜过了传统的"师长"角色。在这里，教师的作用就是创设一个让学生承担责任的学习氛围。

　　在这个过程中，我们意识到，课程就是生活，活动就是机会，孩子最好的老师是孩子。

　　当然，我们对于学校资源的认识，也在逐渐扩大：学校楼道里有一个狭小的空间，曾经是装杂物的地方。后来，我们把这个空间打开，里面放了一些书，竟然成了孩子最愿意去的地方——"书洞"。类似于这样的开放型空间变得越来越多，孩子们不再仅仅局限于教室内的学习。在今天，足迹所至皆学习。学校也不能仅仅是课上和课下的两极生活，而应该是孩子生活的全部。

更多样的学习空间和内容，也促发了教师团队的多样组合。老师们过去只在"我的语文学科""我的数学学科"中生活，每个人都以学科和教材为中心。当把学生看成一个完整的人来重新审视我们的工作时，当以学生为中心重新思考我们的教与学时，老师的跨学科的交往就增多了。

对应新校区的"校中校"的管理，我们开始了"级部管理"的实验。在这个过程中，北京十一学校李希贵校长耐心地为我们介绍十一学校的"级部管理"改革思路和做法，让我们少走了许多弯路。我们还组成了4个模拟班组群的研究团队，将现有三个年级的师生整合在一个团队之下，独立开展各种学习活动。在"文化周""家长志工""秀·才""数学好玩"和英语"达人秀"等活动中，老师们跨越学科和班级的界限，共同制订方案，吸引家长的参与，组成教育共同体，服务于孩子的成长。

在追求一个好老师上好自己课的情况下，我们开始追求一群老师的协同教学，期望通过不同教师的组合，解放我们的教育力。这样的团队组合，不再因为一个老师的更换而引发家长不必要的担心，因为家长知道了所有的老师都会共同努力。

学校3.0的空间设计，对应着教育要有"真实的学习"的课程规划，我们开始了学习的方式探索。首先，教师教研的方式需要跨越学科界限，因此，我们组建了6个综合学科的教研组，即：数学、科学、技术和工程；历史与社会科学类；语言类（中文、英文）；视觉艺术类（美术、手工、摄影、微电影）；表演艺术类（音乐、戏剧、舞蹈）；积极身体活动的健康生活方式。

其次，学习内容变成主题性的综合学习。比如关于"桥"的主题性综合学习，一开始的方式是音乐唱个歌、语文作首诗、数学算算题、美术画个画等。这样的形式，看着热闹，孩子快乐，但是老师们却开始担忧：这样的学习犹如"甜点"般可口，学生的基础知识、基本技能是否扎实？能不能像主餐一样进入我们居家过日子的菜谱（课程）之中？

于是，"项目学习"开始进入我们的视野。项目学习要有真实的问题，而且这个问题要能够通过一个个"脚手架"，鼓励学生自主完成。比如，关于"桥"的一个真实性的问题就是：选一个桥，做成 PPT 的观光导览图。完成这个任务，需要满足三个条件：这个桥必须有故事，必须有历史，而现在你还能身处其中；到这个桥上你还能够看到其他三处观光的景点。最后要利用信息技术，利用工具推送到移动终端，做一个导览图。有了这样的"脚手架"，再引导学生展开完成这个问题的策略设计：在这个行动当中我可以做什么，团队的其他成员可以做什么，哪些是优先级，哪些是次要级，怎样保证项目能够完成等。

这种学习，是为了聚焦于 21 世纪核心素养。而 21 世纪的核心素养只能通过真实的学习，改变学生获得学习内容和资源的路径，才能够让孩子获得这样的学习经历。

从几百年前王阳明的"知行合一"，到一百年前的杜威和陶行知的生活即教育，教育即生活，这些都是真实学习的倡导者。当我们把"真实的学习"作为课程价值追求时，就不再仅仅满足于开设了什么课程，有多少门类，而是致力于寻找更加具有综合意义的项目，包括项目的评价，我们叫评价量规；我们也不再困惑于区分是"项目学习"，还是"问题学习"，或是"主题学习"，甚至疑惑"我还能不能用讲授式的学习"，而是将讲授式（直接教法）的学习和项目学习有机融为一体。最重要的是我们的老师不再纠结于一节课的课时够不够了，不再仅限于"我讲不完"这样的困扰，而是通过"算大账"，把学生当成一个整体的人的不同发展阶段来把握。

由此，教师的角色由传授者转变为助人者。

未来的教育还有更多的可能性

对我们来说，课程的建设是最最艰难的。我们先成立了 50 个人的课程委员会，再到 24 个人的跨学科综合组，再到 30 个人的课程委员会。此外，还有一个课程研发的突击队。我们希望通过这样的方式让更多的老师对课程有所感觉。因为一个好的经验或理念可以通过超强的执行力推进下去。

但是，我们更需要一个从学校自身出发慢慢生长出来的课程体系，成为我们每个人的专属。

发展的视野开阔了，学校的半径也就延展了。2012 年我们联合国内的翠微小学、巴蜀小学、四川大学附属小学等 30 多所优秀的学校，组成联盟学校。在美国威斯康星大学梁国立教授的主导下，我们与美国、芬兰、澳大利亚、新加坡等国家的优质学校一同开展"桥""飞行物"的主题活动。我们期望在共同做一件事的过程中，学习如何开展项目学习，学习如何办一所好学校。我们期望立足于全球背景之下，体会东西方教育的不同，寻找优秀学校的共同基因，实现跨文化学习。

因而，我们办学的价值取向也有了更高远的立意。"大家三小"——这是我们的共同愿景，也是我们的办学理念。这意味着，学校作为一个大家庭，要促进每一个人的成长，所以这个学校需要提供大家庭般的温暖和力量；大家庭的发展，更需要每个人的进取心，所以团队的进取心也是我们追求和努力的方向；需要在全球视野下，有更开阔的视野来看待我们的教与学及学校生活，因此，我们就有了教育孩子、团结人们、引领社会的办学宗旨。

学校 3.0 的理念，学校教育共同体的组成和发展，真实的学习指导下的课程、课堂内外的教与学，成为定位新三小发展的三块思想和专业知识的基石。

所有尝试，我们都刚刚开始。目前，我们正在进行探索和实践，未来还有更多教育的可能等待着我们。

（作者系北京市中关村第三小学校长）

（文章原刊于《人民教育》2015 年第 11 期）

班组群、校中校：一种新的学校教育组织生态

刘可钦　梁国立

突破班级，学校教育还有很多种组织可能

第一次工业革命以后，特别是各国义务教育的普及，使班级授课制开始作为学校教育的基本组织形式和教育关系出现。

班级授课制的优缺点已经被广泛讨论过，总结起来大体体现在三个层面。在教育教学实施层面，空间固定而呆板狭隘，教师主导，教材（课本、学习材料）具体确定，学习内容和过程的计划性和一致性强，学习资源贫乏且脱离真实世界，学习内容和形式刻板等。在教师层面，教师大部分学科背景单一而便于重复，似乎具有更高效率等优点，教师间画地为牢，以个人手工作坊的方式进行工作，缺乏团队合作，创新性不足等。在学生层面，学生的主体性差，学生间可能更趋同，学生的个性和多样性难以获得尊重，难以因材施教等。

至今，班级授课制依然是世界各国学校义务教育的普遍组织形式，是现当代学校教育的组织基石。但是，班级授课制从来不是学校教育天然和唯一的组织形式。

在美国和中国等国家的历史和现实中，都存在过一位或几位教师对同一班级进行"复式授课"，即不同年龄、水平的孩子在一间教室同时上课、学习不同内容。

针对班级授课制的缺点，现代学校也作过一些改进尝试。比如 20 世纪

70 年代美国的开放教室、开放学校探索，同一年龄或不同年龄的学生在一个大空间中，最多人数达到 200 多人，多位教师根据学生在不同学科的不同水平，进行分组教学。

近些年，西方国家的一些教育探索走进了中国校园。中学阶段，尤其是高中阶段的"每学生一课表"已经开始出现了，"一个班一位教师"的全科教育在中国的一些学校里也存在着。

但是，这些实践还是基于班级授课制来进行的，不同的是，班级里的学生可能更多依据其不同学科的不同知识水平而组织，或者在班级内部实现混龄学习，"负责"班级的教师人数或多或少。"班级"的组织形式与分科教学的"授课"功能仍密不可分。

学校教育有没有可能进一步突破"班级"？不仅仅是班级内部结构的改变，班级与班级之间还有没有教育拓展空间？

学校的主要任务是"组织学习关系"

学校应该是一个怎样的地方？

学校，首先应该是学生学习人与人之间关系的地方，是实践人与人之间相处，学会包容、诚信的地方，是遵守共同规则，实现共处、共融、共进的教育场所，而不仅仅是学习孤立的知识或技能。

这样一来，教育就不仅仅是教师与孩子之间的事情。知识、技能、行为、品质的形成，也不仅仅是单向地由教师指向学生。学习不再是简单划分为课上或课下的两极生活，而是学生的生活全部。如果从"关系"角度思考学校教育，我们会发现，学校中最重要的关系是学生与学生之间的关系。孩子最好的老师常常是孩子，孩子与同伴一起学习，孩子向同伴学习，并在过程中学会自省、合作、互助，形成良好的社会行为和品质。

因此，学校的任务就不仅仅是组织学科学习，而主要是组织起多样化的学习关系。学习关系不应仅是学生和教师的，而是教师、学生、家长、学校的管理者、社区以及其他关联方的总体的良性互动关系，这些关系构建起一个常态的、绿色的、可持续发展的教育生态，形成教育共同体。

其次，学校要帮助孩子面对过去、现在和未来，是进行知识、能力和品质建构的"真实的学习"场所。

"真实的学习"是什么样的？在一个有意义的真实的学习场景中，学生能够认识并提出真实的问题，探索并获得真实的知识、习得真实的技能、养成真实的品质。实现真实学习的有效手段和路径是结合小组学习、团队探究等多样的学习方式，开展基于项目的学习和基于表现性的评价，等等。学习不再是被动接受的过程，而是主动建构的过程。学习的资源不再局限于校内、书本，教与学发生的地点和时间也不仅仅存在于教室或学校时空中，而应是学生的足迹所至。

学习关系要能够超越种族、宗教、经济、地域等的差异，视其他学校、地区或者国家的孩子如同邻家小孩，支持更大关系范围内的孩子们在一起玩耍，一起学习，一起成长。这样，我们的孩子才有可能去解决这个全球化的世界现在和未来可能面临的真实问题。

学校应该是一个这样的地方：教育孩子，团结人们，引领社会。

因此，学校教育的变革，必须能够为孩子提供丰富多样的学习资源与可能，为实践真实的学习和发展创造条件，包括为教师提供必要的专业工作空间、资源和支持，必须能够为班级、学校、家庭和社会等的共同合作提供可能和平台，必须能够站在社会发展和时代变迁的前沿思考和实践。

就学生人数而言，北京市海淀区中关村三小是北京市乃至全国的大学校。在2012年，三小有幸可以建一个新校区。综合以上对于班级授课制和学校本质的思考，我们开始谋划并实践学校教育的整体创新。要进一步解放和发展学生的学习力，解放和发展教师、家长的教育力，促成和发展学校、家庭、社会的教育合力，我们设计、尝试、准备并实践着与之相匹配的学校教育组织生态，即"班组群"和"校中校"。

班组群、校中校，拓展教育的多维空间

什么是班组群？

"班组群"就是把来自数个连续年级的班级的学生组成一个学习共同

体。在这个学习共同体里，学生不仅与同龄同学共同学习，同时也根据自己的整体发展需要，与其他年龄段学生共同学习。来自不同学科的教师组成“家庭式合作团队”，共同负责整个班组群的所有学生在校期间的日常教育和管理工作，并且与家长密切合作，共同做好校内外不可分割的学生教育和发展工作。

什么是校中校？

“校中校”是把数个班组群的几百位学生、几十位教师组织起来，组建成一个相对独立而内部开放融通的教育共同体。它是一个数百人的小型学校的架构，有自己专门负责学校日常工作的业务校长。

班组群、校中校的组织形式如何改变了教育？

在学生层面，学生不仅与同年龄的同学共同学习、一起成长，在三小，他们还与上下两个不同年龄段的孩子共同学习，一起成长；他们在一个规模较小的“校中校”中学习和生活，与教师、学校管理者关系密切。这并不是班与班的简单连接，而是形成了学生与学生之间、学生与多个层次的教师之间丰富的学习关系。在这样丰富多彩的社会生态里，孩子拥有多样成长的楷模和同伴，这为他们学习、实践一生健康发展所需的知识和能力提供了传统的班级授课制无法比拟的学习可能和机会。

通过实践我们进一步发现，学习关系丰富了，学生学业学习的空间和余地也大大拓展了。比如在班组群中，学生的学业学习不再囿于与同年级的学生同步。以往，学生只有要不跳级、要不留级的简单选项，不得不丢掉已经拥有的重要的同伴关系，面临着与陌生同学重建关系的问题。在班组群里，学生不仅有上、中、下三年这样更加宽广的学业成长时间，还可以基于每个个体多元智能的发展，形成同一班组群内多样学习组群的学业成长空间。

在教师层面，不同学科的教师共同管理班组群，学科协同、责任分担、整合联动，不仅保留了学科教师任课及研修的专长，同时融合了全人教育，也避免了已经研究证实的班级授课制下教师的孤独和隔膜。在小而完备的校中校社会人文环境和合作学习的教育生态环境中，和学生一样，教师个体也更便于认知自己、同伴和团队，便于获得归属感和价值感。

教育生态空间应该为学习关系空间服务。在班级授课制的教育生态空间里，班级相对固化，当学生与班级其他学生、学生与班级教师之间出现矛盾时，常常陷入不得不调学生、换教师的窘境。这是让活生生的人的关系空间去适应固化的班级空间，班级有时甚至会打破人与人的学习关系。班组群的师生关系、生生关系是多路径的，一条路走不通可以轻松地换另一条路，这便于保留大部分原有的人与人的关系空间，班组群空间的灵活更利于学习关系的稳定。

在教育教学实施层面，班组群、校中校更容易发生"真实的学习"：跨学科整合知识，同伴合作，基于丰富的师生关系、生生关系进行社区学习、混龄学习，让更加多样的家长参与进来，在一个比较完备的组织机构中解决问题和生活。

班组群、校中校不是简单地给班级做加法，而是在拓展教育的维度，进而让教育在更加多维的无限空间里发生。如果把以学科教学组织起来的班级看作一个二维面上的点，年级对班级的连接仍然在这个二维面上，而班组群却是在三维空间里伸展的线，校中校整合着三维空间向前推进，形成教育的四维空间。教育已经不是在单一的班级、年级层面上发展，而是在更加丰富和立体的家校多维空间生长，这种空间的拓展是几何级数的，是有无限可能的。

班组群、校中校对中国教育的现实意义

在当下中国，很多学校是在"越大越好"的逻辑下建立和发展的，而且现实是，越好的学校规模越大。大规模学校可以发挥教育的集合效应，但是同时，"如何为学生提供更加有针对性的课程和学习活动""如何为教师的工作和发展提供更加适宜的专业支持"等问题日渐凸显。

另一方面，农村小规模学校普遍存在，它们中的大部分都正在力争把乡村学校——无论是空间还是课程——办成城市里大规模学校的样子。我们看到的一所小规模乡村学校，有67位1—6年级学生，11位授课教师，仍然感到师资紧张，因为这所小规模乡村学校一直试图按照国家课程和地

方课程的要求，分年级开满所有规定课程。而三小一个班组群的学生规模和学生年龄差异情况与之类似，却只需 7 位教师共同管理。

中国有数量巨大的适龄儿童要进入学校学习，城镇化发展向城镇学校教育规模提出了进一步挑战，中国农村有如此大规模的乡村小规模学校或教学点。我们应该办什么样的中国学校？

有研究表明，小规模学校，尤其是乡村小规模学校具有特殊的教育价值：第一，有利于学校人性化管理；第二，有利于提高教育质量；第三，有利于提高学生出勤率；第四，有利于构建和谐的教育环境；第五，有利于提高社会成本效率；第六，有利于传承与发扬乡村文明。

中关村三小班组群、校中校的教育实践就是在这样的理论和现实背景下，创新性地求问和探索着中国教育未来的发展道路：在空间上应充分应用可能的教室和多样学习空间，而不是让学习仅仅发生在相隔离的教室；实践真实的学习，在课程上进行多样课程有机整合，辅助于项目学习，而不对学科知识教学过分求全；在学习材料和资源上不仅仅局限于极其有限的课本和课堂，而充分获益于无限的多维学习关系空间。我们希望，“班组群”和“校中校”的组织生态、科学专业的“真实的学习”的课程以及“邻家孩子”的学校教育共同体的教育实践，能够给他人以启迪。

（作者单位系北京市中关村第三小学）

（文章原刊于《人民教育》2016 年第 01 期）

空间即课程

李振村

美国之行的启发

2009年，我曾到纽约一所私立小学考察。这次考察，颠覆了我几十年教育生涯建立起来的关于教室的概念。因为这所小学的一间间教室简直就像一所所"微型学校"：图书、实验仪器、乐高玩具、衣物收纳箱、洗手盆等一应俱全，一个角落铺着一块漂亮的带卡通图案的地毯，另一个角落居然还放着一台微波炉，教室的门口安装着一台按压式直饮机，不时有孩子上课期间走到门口弯下腰到直饮机前喝水。

教室里放置图书是可以理解的，为什么还有这么多跟学习似乎"无关"的东西？当我提出这个疑问时，老师回答：为了方便孩子生活。那么，教室不是孩子们学习的场所吗？我仍感困惑。对方答曰：对小学生而言，生活即学习，学习即生活。

到了上科学课的时候，只见孩子们每人带了一些器具，哗啦啦跟着老师走出校园，穿过马路，走到学校对面的一个很大的公园里，开始分小组观察植物。老师告诉我，凡是跟植物相关的课程，他们很少在教室里上，大多是在这个林木葱茏、生态极为丰富的公园里完成的。所以这所学校的科学课成了最受学生欢迎的课程，该校的毕业生居然有很多走上了植物学的研究道路。

还有一次，我在纽约的美国现当代艺术中心（MoMa）参观，看到了一个场景：一群少年，围坐在一辆倒立的自行车前热烈地讨论着什么。我好奇地凑到近前，原来是一群初中生在上一节装置艺术课。等到这群学生上课结束，我向那位带队的老师询问："这到底是一次参观活动还是教学活动？"他认真地回答我："这是场馆课程！"见我不明白，他耐心解释："所谓场馆课程，就是利用社会上的各种专业场馆来展开相关内容的教学。""这和带领学生参观有区别吗？""区别非常大！首先，它有系统而明确的课程目标和课程规划；其次，它不是课外活动，当然也不是校内课程可有可无的补充，它就是学校课程有机的不可分割的一部分。只不过，这个课程实施的地点由校园转移到了更加适合的校园外的场地而已。"

美国之行给了我很大的启发。

其一，当我们的教室越来越像标准化生产车间的时候，美国小学的教室越来越像个性化的温暖的家，在这个温暖舒适的"家"里，集中了尽可能丰富的教育资源，让孩子们触手可及，乐在其中，随时可以展开各种学习和研究。

其二，当我们把孩子严格限定在校园里学习的时候，美国已经把大自然、社区、各种场馆等空间都当作了孩子学习的课堂。这种空间上高度开放的教育，与生活、社会和大自然高度融合，孩子们的学习不再是"与世隔绝"的，而是由此变得生机勃勃、丰富多彩、鸟语花香、情趣盎然。

构建专属于一间教室的课程

2012 年，我受北京十一学校李希贵校长的委托，到北京筹建十一学校的第一所小学分校北京亦庄实验小学（以下简称"亦小"）。当时李校长已经和特邀的校园设计师开始了对这所学校校园空间的革命性规划。我们反复思考：如何最大限度地让校园建筑和各种场地成为课程的一部分？如何最大限度地让每一个物理空间都具有教育价值？如何突破教室和校园的围墙，让社区、大自然和各种场馆也成为亦小"全课程"实施的场地？

于是，我们在已经初具雏形的建筑框架里，把两间教室并作一间，一、二、三年级的教室全部放大到 120 平方米。在这样的教室里，不但实现了把更多的教育资源直接放到孩子身边的目标，而且让教室功能分区成为现实：讨论区、阅读区、实验区、休闲区……多种分区充分满足了个别化学习的需要。同时因为铺设了地毯，摆上了沙发，放置了漂亮柔软的靠垫，教室里安全、温暖、舒适的气息扑面而来。几乎所有第一次踏进教室的一年级孩子，原本怯生生的眼神，面对这样的教室都立刻迸射出不可抑制的惊喜和激动。

如果仅仅是教室面积增大，仅仅是铺上地毯摆上沙发，而教育理念、课程结构、班级管理和教学方式等不发生变革，再大的面积，再舒服的设施，都有可能沦为"压抑"学生的场所。所以，大教室用来干什么，这才是问题的关键。我们接下来做的，就是在一、二、三年级实施国内公办小学尚不多见的"包班制"：两位老师包教一个班级，老师的办公桌就设在教室里，老师全天候陪伴在孩子身边。

包班这种管理结构的变化，首先推动了老师学生观的变化。在传统的班级管理制度里，学科老师各人自扫门前雪，上完自己的课就走人，老师眼里只有学科，而没有"人"。老师成了"学科控"，一个个鲜活的个性迥异的孩子变成了学科符号。很少有老师会关心除自己所教学科之外的学生生命的整体完善和发展，也很少有老师能够深入细致地把握孩子在自己所教学科之外的各种状态。

包班就不同了。两位老师与学生朝夕相处，他们能够更深入地观察和发现学生内隐的特质和生命亮点，能够更敏锐地捕捉学生身上细枝末节的各种问题，同时也能够更全面地看待学生的学习和成长，当然也就能够更好地给予孩子及时的帮助。尤其是这种朝夕相处的陪伴，为建立更融洽、和谐的师生关系提供了足够宽广的时空基础。

有了"包班制"这样的班级管理结构变革，接下来的课程和教学方式的重建就有了良好的条件：因为是两个老师包班，所有的时空都属于这两个老师，他们就可以按照课程目标，构建属于这间教室的课程，可以把原本被一节节课切碎的时间还给孩子，开展长时段学习，可以自主、自由地安排他们与孩子每天的生活。学科老师走马灯一样的、轮番轰炸式的教学消失之后，师生的生活开始变得从容了。让教育慢下来，终于成为了美妙的现实。

以我们学校刚刚结束的一年级的"发现春天"课程为例。

几乎所有版本的小学国标语文教材都有春天单元，但同时，几乎所有版本的小学国标语文教材也都仅仅是设立一周的春天单元课程而已：生机勃勃、万物萌动的春天被压缩风干到几篇三四百字的文章或者两三首诗歌里，简短的文本、5天的时光，美好的春天就这样与孩子们迅速擦肩而过。当然，很多学校会安排春游，但仅仅是"游"而已，这种游与课程本身没有什么关联，孩子感受不到"游"与"学"的关系。

而我们学校的"发现春天"主题课程，因为是包班，老师有充分的自主安排课程的权利，春天课程的实施被拉长到一个多月。在一年级，持续一个月的春天课程中，教室里始终"盛开"着各种各样的花：花盆里的、画布上的，还有用园艺工人剪下来的树枝手工粘贴的花枝。这时候，空间就成了春天本身。而15首春天的诗歌、15本春天的绘本、8篇春天的文章、6首春天的歌曲、3个春天的戏剧表演……当然，最重要的还有每周至少3次的到校园里或者校园外对春天的观察、记录，让春天融化在了孩子的生活里、生命里。最终，每个孩子都拥有了一本自己手绘的春天的书，里面是孩子们一个月的关于春天的写绘作品。老师到印刷厂帮孩子们装订成册，教室里铺上红地毯，举行隆重的春天作品发布仪式。伴随着夏天的到来，春天课程才画上一个完美的句号。

在这段旅程中，孩子们的学习始终就在真实的春天里，自始至终都有春天的伴随。空间不再是单纯的物理存在，而真正成为了课程本身。孩子不再是对着一本薄薄的教材研究春天，不再是阅读几篇干巴巴的诗文认识春天，整个教室、整个校园、整个的大自然，都成了孩子学习春天的"教材"。因为他们感受到春天无处不在，所以才能写下这样美妙的诗句："我来了，春天就来了。"

教室空间的意义，是生命气息和成长性

校园里到处悬挂或者张贴着各种名人名言以及体现先进教育理念的标

语口号，这是中国校园文化的一大特色。不能说这些名人名言和标语口号对学生一点教育意义没有，因为耳濡目染总会留下些印记。但我总认为，最适合的教育一定是距离儿童心灵最近的教育，也一定是源自鲜活体验的教育，一定是与儿童自身生活息息相关的教育。

再说教室，很多学校的教室里，都喜欢张贴各种攀登榜、红花榜、小星星之类的榜单，目的无可厚非——鼓励竞争，促进学生学习。但这样的教室带给绝大部分学生，尤其是小学生的心理感受是不安全的、紧张的、压抑的。一个处于这样心理状态下的孩子，生命状态不可能像春天的花朵一样灿烂绽放，学习的真正意义也因此丧失：仅仅为了赢得一个排行的奖励，求知本身的快乐没有了。我们因此提出了一个理念：教室空间的意义，是生命气息和成长性。

生命气息和成长性，就是要让每个孩子能看到他自己，看到他自己的成长痕迹。所以，在我们学校的教室乃至校园里，几乎所有空间都属于孩子。低段包班的教室里，都有一面墙壁上贴着"生日树"，每个孩子的生日都出现在这棵树上。与这棵树关联在一起的是生日课程——这是每个孩子最向往的课程。屋顶上悬挂下来的麻绳上，挂着一个个心愿瓶，孩子们把自己的心愿投进去，老师会定期打开，根据孩子的心愿安排调整教室生活。方便粘贴的墙壁四周，也根据课程变化不断更换孩子的作品。教室外面的粘贴墙上，也都是孩子的作品——是每一个孩子的作品。即便这个孩子的作品在成年的人眼里很幼稚、很粗糙，没有关系，照样悬挂在醒目的廊道里。

这种空间文化熏陶出来的孩子，就有了与众不同的观念。有一次，学校举行绘画作品比赛，一年级的孩子经过讨论认为，我们绘画不是为了比赛，而是为了感受美好，我们不参赛，我们用自己的作品美化自己的教室。结果，这个班级的孩子也就自动放弃了参赛。我为此十分激动，因为这不仅意味着我们的孩子有了独立思考的能力，而且因为他们已经意识到学习不是为了展示，而是为了自己内在的需要和快乐。

在我们学校，还有一个特殊的景观：海报。各种各样的海报：手绘的、印制的、立体的、平面的……五花八门，琳琅满目，折射出了校园自由多元的生态。

为什么小学校会有这么多的海报？这是因为我们学校的活动原则是：能在级部搞的，不在学校搞；能在班级搞的，不在级部搞。因为活动的单元越小，个体学生的参与度就越大，参与机会就越多。我们学校还有一个原则，除了上级安排的必须参加的活动之外，学校内部任何部门组织的活动都不允许通过行政命令的方式强迫孩子们参与。

如何让孩子参加活动？就必须借助"市场"的力量——靠活动本身的魅力吸引孩子和老师参加。在这种机制下，活动的重心不断下移，各部门、各班级或者孩子们自发组织的各种活动，都想尽办法吸引大家参与。于是，争奇斗艳的海报就这样源源不断地涌现，贴满校园几乎每一个有人走动的角落。海报，就这样成为了空间课程重要的一部分。

把课程空间扩展到浩瀚的世界

前面提到的美国的场馆课程和小学科学课程，一直引发我的思考。当我把自己在美国的发现和思考与我的同事们分享时，得到了大家的高度认同。

借鉴这种高度开放的课程空间理念，我们学校"发现春天"主题课程就有了不一样的实施路径和策略。这个课程的核心目标是培养孩子对大自然的敏感和热爱，如果只是在教室里通过书本学习，春天就没有了生命，孩子不可能对书本上的春天产生共鸣。所以，一年级"发现春天"课程的展开，始终伴随着大自然的花开花落：什么花开，孩子们就立刻去观察什么花，画下它们的样子，把自己观察到的、想象到的讲给老师或者父母听，请他们帮忙记录下来。有一次，老师看到几个一年级的孩子观察着地上的野花，小小的手护着花朵，嘴里还喃喃自语："这样不知名的野花，也有盛开的自由。"这句话，来自教材里的一个绘本故事。此刻，诗句的意义和绘本故事真正活在了孩子的心里。

到二年级，春天课程又有了螺旋式的上升。孩子们模仿法布尔观察记录大自然的形式，开始了为期一年的"自然笔记"。和一年级完全不同，孩子们观察的视角和记录的方式更深入了，也更科学和规范了。比如孩子们去校园的玉兰园中观察玉兰时，先画出玉兰的样子，再画一个表格，写下玉兰的科属、花开的时间等，然后写下一个关于玉兰的故事。老师和孩子们走出校园，到附近的南海子公园，去北京植物园，去北宫森林公园。随着记录和观察，"自然笔记"成为孩子们走向自然的桥梁。从三月中旬到六月中旬，二年级每个孩子都兴致勃勃地完成了至少25篇自然笔记，绘画越来越有设计感，文字描述从最初的100字，到现在轻松写到300字（优秀的孩子能写到1000字）——当然字数绝对不是我们刻意追求的，而且孩子们根本就意识不到他们是在写作文，他们是在像植物学家、动物学家搞研究一样学习。比这些更重要的，是孩子初步具备了和大自然沟通对话的能力，这是在教室里无论如何也学习不到的。

值得一提的还有五年级的"万物启蒙"课程。这个课程采用全新的"微课程"形态，通过竹子、石头、茶、瓷、月亮等一个个具象的"物"，把孩子们的视野引向这个"物"背后博大精深的中国传统文化。而这个全新形态的"微课程"，绝大部分时间是在各种场馆、植物园、校园绿化带等广阔的空间里实施和完成的。

仅让墙壁会说话是远远不够的

苏霍姆林斯基有一句广为流传的名言：让学校的墙壁也说话。这句话形象地表达了"空间即课程"这一理念的部分内涵。为什么说是部分内涵呢？因为仅仅让墙壁会说话是远远不够的。空间在现代课程意识里，对学生不仅仅具有熏陶意义，它本身就应当成为课程的一部分。

时下，课改是最热门的话题。但我们发现，讨论或者研究课改的都是教师、校长、教科研人员，鲜有校园建筑设计师的身影；如何设计建设现代学校也是大家关注的重点，但讨论或者研究现代学校建设的，基本都是建筑设计师，顶多加上校长和教育行政干部在一边敲敲边鼓。此时，学校空间如何适应甚至参与到教育过程中，往往得不到足够的重视和思考。

关注课程改革，再也不能仅仅局限于学科本身的融合和创新，而要有更广阔的视野，把空间这一重要元素融合到课改的范畴之内，统筹谋划，让空间与课程浑然一体，共同发挥育人的综合效应。

（作者系北京亦庄实验小学校长、《当代教育家》杂志总编辑）

（文章原刊于《人民教育》2015 年第 12 期）

以美学经纬"再织"校园空间

刘　慧

　　教育的本质是什么？是心灵的转向。具体而言，就是唤醒人的灵魂，解放人的身心，推动人的成长。而心灵转向的通道很多，或是丰富多彩的校本课程，或是个性特色的社团活动，或是美好怡人的校园环境。

　　作为教育重要维度的校园物质环境，是学校基于对教育的深刻理解，而以一种形象、立体的方式进行表达。其本身就是一种姿态，一种外现，陈述着内含而确然的教育倾向；浸染、渗透、传承着学校的文化信息，承载着一定的教育理念和文化意蕴，形象地表达着学校教育独特而鲜明的时代气息、文化气质和个性主张，是不可言说的学校教育之美。

缺少灵魂的校园像无家可归的"流浪者"

　　荷兰建筑大师哈库斯曾提到：现在的全球大都会（特别在亚洲）已经没有各自的特色……都市的发展全靠经济市场和消费力的推动，而非历史和文化传统造成，所以也无所谓历史和集体回忆，人类的经济生活流动最需要的就是机场、酒店和商场——这三样东西变成所有"通属城市"的坐标。这类"通属城市"往往是建筑洋了，特色没了，城市大了，空间小了，人口多了，交往少了，密集的人流后面是疏离的文化空间与人际关系。

　　借用这一观念，审视当下学校物质环境建设不难发现，现在不同的学校基本上按统一的标准、格式化的程序进行操作。标准的操场，气派的体育馆、图书馆等看上去大同小异，形式雷同，却失去了自我。正所谓有了气派，少了气氛，有了物象，少了物趣，有了空间，少了空灵，仿佛成了无家可归的“流浪者”。

这些现象折射出学校物质环境与精神气场的脱节甚至背离。没有了价值的根基、文化的流动、审美的追求、儿童的立场，校园物质环境也就失去了灵魂，没有了气象，成了简单的、碎片化的、异化的物质存在。

困境1：校园物质环境的审美价值取向究竟是什么？

著名建筑大师安藤忠雄认为，所谓建筑，就是以某计划概念为本，经由各阶段，在整体与部分中反复问答，然后逐渐下决定的作业。此时首先遇到的困难是，能否从当初的概念贯彻到最后。当下，校园物质环境建设往往流于雷同化、浅表化、格式化、碎片化。商业化、功利化的时代背景，使得一些校园景观常常简单地“拿来”，肤浅地复制。这些作品的审美结构往往零散而趋于同质化，鲜能忠诚自己的核心价值观，少有独特、别致的流淌与回味，容易导致人的审美疲劳与麻木。而一旦某种商业化、固定化的外在形象、框架、模板被当作物质环境建设的“葵花宝典”时，校园的整体布局、建筑群像则可能出现结构相近、风格无异的现象。建筑与建筑，与文化，与人之间，缺少彼此交织形成的独特的审美关联。

困境2：校园物质环境该怎样恰当表达特定的生活方式？

司汤达有个精彩的句子：美即对幸福的许诺。矗立在校园里的“幸福的建筑”，是一种“田园牧歌”的生活方式的恰当表达，充盈着明朗而开放的美感，让置身其中的人感受到生命的喜悦，积淀独特的校园记忆。任何一所学校都有自己的历史传统、文化脉络及行走路径，所以“放之四海而皆准”“千校一面”的环境建构发展模式显然是不可取的。当校园物质环境仅仅成为水泥、钢筋等原料组合而成的一个巨大的容器，抹去了故乡山水的灵气、文化的韵味时，环境本身包蕴的众多教育美学的信息与精神资源也必将遭遇大量的流失，“乡愁”式的环境美感由此缺席。

物质环境是一种“生命的在场”，也是教育干净而纯粹的表达。一切设计和建筑作品，都在向我们讲述一种最适合在其内部或围绕其周围展开的特定生活。我们在建设过程中，要将之当成生命体来思考，凸显其不辩自明的个性。这些物质环境除了在物态上"养眼"之外，还要"养心"，成为我们的"精神上的庇护所"，时时在无言地提出一种敦请，给我们一种"启示录般的狂喜"，促使我们成为特别的某种人。

教育，总是用最好的形式传播真理

柏拉图认为，"教育，总是用最好的东西"，教育不仅要选择客观真理作为内容，而且也决定用最好的形式去传播真理。怎样的建筑与空间设计，才可以使学校物质环境建构从"通属"困境中突围，经由最好的形式反映出教育最本质的精神之美呢？

香港—深圳建筑城市双年展上，香港大学教授王维仁策划的"再织城市"主题，给我们带来了启示。围绕这一主题，王维仁教授在都市建筑、地域和时间织理上作了冷静而全新的审视，并作了如下策展宣言："再织城市强调的不只是单栋建筑的造型和风格，而是建筑与建筑互相联系、交织所形成的城市空间。这不仅是市民日常生活的场所，也是一个城市的文化反映。"

由此可见，当设计摆脱了平面线型的、格式化的思维惯性，就会切实考虑到环境中的物质关系，物质构成的环境生态，以及如何最大化地满足人在物理空间与精神维度的双重需求，从而在以人为本的基础上，更好地考虑环境与物质，与生活，与文化，与人的融合。学校物质建设过程，要经历物质层面、心理层面和心物结合的过程，成为个体与群体精神共同生长的文化过程，将文化留存于建筑间，融化在生活里。

美学经纬如何"再织"校园空间

氛围，即教育的风格。人们对于校园环境的感受，不只是关注某一物质的存在，更经由它而获得与周围事物的亲密度，以及呈现出来的整体氛围与教育气象。这就提醒我们，在物质环境建设时，除了关注表面的观感，是否还应有"清晰的旋律"，"简单而严格的和弦"；还要追问是否深度地表现了学校的教育哲学，是否能辐射到人的精神灵魂。在美学视野下"再织"校园氛围，即努力将心中的美凝结在每一块砖瓦之间，寻找和演绎具象和抽象之美的统一，使得环境与物质、生活、文化以及人之间互为联动，交融一体。巧妙的构思，完美的搭配，色调的统一，线条的流畅，都是对人类共通之美的诠释。而这样的"二度创作"，正是物质环境之于教育本质的价值彰显、形式表达，实现了与精神环境的融合。

每一所校园从物质到精神，都有自身的"肌理"，都在寻求多样与单纯、开放与紧密、复杂与简单的平衡。因此我们应从自然、和谐、气质等多个美学维度进行校园肌理与氛围的"再织"，并在设计与创作的过程中，始终把握人性审美的尺度，实现皈依于美、重生于美的价值引领与意义建构，使整个校园成为一个审美文化场域，人能在其中实现审美地生存。

生态空间，自然之美。柏拉图认为，美存在于观者的眼中。有品质的校园环境，是"美丽的宁静"，既美观而深具自然气质，能够激发深入其中的人通过敏锐的情感来体验自然的氛围。自然，意味着自然而然，天然去雕饰，更具人性，更有生命力；也意味着遵循事物内部的规律，行为优雅。梁从诫认为，没有孩子会生来不爱树林、池塘、草地，不爱野花和小鸟。作为校园核心主体的儿童，应该像野花野草一样自然生长。如何通过物化环境进一步释放儿童自然生长的天性，满足儿童自然生长的需求呢？

首先，保留纯自然空间。如以"花田的想象"为田园意象，让师生自由认领土地，在草坪，空地，随意播撒草籽花种，借助风、水、阳光、空气，用自然耕作的方式，保持与自然的亲密联系，学习了解生命与自然之间的互动和相互依赖。

其次，景观设计以环境自然化为取向，追求艺术之自然，使校园漂浮着一种灵气，成为学生心动、神往又难忘的地方。比如我们学校开启了"回到百草园"的美丽工程，以草芽、水流、双桥、沙石等自然元素打造了一座让孩子自由撒野的童年伊甸园，让美与自然的天性苏醒。

人文空间，和谐之美。和谐是美的本质。美的物质环境应以精神理念系统为灵魂，从宏观角度构造出均衡和谐的统一体。校园物质环境建设要"兼具雕刻家的眼力和工匠技术"，能够因地制宜，雕刻时光，注重起承转合，注重对整体格调的把握；同时，又要让不同的素材、不同的元素融洽地相处在一起，每个细节都注入我们的细腻、热情与耐性。

校园物质环境，必须体现所处时代与地域某些最珍贵的价值观。我们在环境设计时充分尊重苏南水乡城市的地域特点、人文特色，让地域文化从校园四处渗透出来，犹如漂浮在四周的独特的气味。人入其间，如行走在江南画卷中，雨声荷声、绿杨丹杏、小楼画桥、秋千燕子，疏密、高低、浓淡，构成和谐而不失张力的审美冲击，传达了江南水乡传统的审美意趣，给人以文化的亲近感与归属感。

物质环境建设植根于社会和物理中，要与过去联系起来，成为未来的一种符号，努力让建筑"开口说话"，借以提升人的灵魂状况。在物质与灵魂一体化的校园，人才会有归属感，才会充实、丰富，拥有美好记忆。我们认为，建筑是我们的"第三层皮肤"，当人与物质环境和谐一致时，彼此之间就能相互作用，产生心灵的交流、文化的流动，并由此感受到美的存在与价值。

游戏空间，个性之美。校园环境建设，是知性与理性的产物，是梦想的广场，既有富足的意义，又有丰富的表情，要能让学生心情逐渐高扬，笑容慢慢绽放，从心底涌起兴奋感，甚至漂浮着游乐场的味道。我们以儿童为中心，以游戏精神为统领，构筑了"游戏空间"这一整体的景观意境，在坚硬感觉的建筑物上，营造出一种柔和活力的气氛，让环境成为游戏的资源，激发儿童游戏的冲动与审美的想象，洋溢着独特的游戏魅力。校园建设时一种诱导的优雅艺术，使人的内心敞开，有闲逛的冲动和游戏的激情，时时、处处迸发着想象和欢乐，上学成了充满惊喜和发现的小旅行。美好的童年记忆在此空间生发并延续：时光隧道，童心迷宫，成长树，梦想艺术馆……多样、有趣、平等的游戏空间，激发了学生灵动的游戏创意，进入这样的空间，孩子能自然地沉浸其中，而不仅仅是路过。行走校园，就是一次次发现之旅，让儿童在游戏中自我发现，释放个性。

我们身处怎样的环境，会在很大程度上决定我们相信什么。审美地生存，就是让我们从已经感到餍足的生活方式中摆脱出来，重新获得精神的平衡，迈出创造的姿态。美，不仅是教育的目的，也是教育的手段，存在于秩序与多变之间。从物质骨架到教育魂灵，在单纯的构成之中，实现复杂的空间，并通过美学经纬“再织”校园空间，追求工具理性与文化生活的和谐统一，让人与物，人与自然，人与社会，人与人，人与自我的关系在美的视野下经历重建与共融，成为“理想的贮藏室”。

（作者单位系江苏省张家港市实验小学）

（文章原刊于《人民教育》2016 年第 20 期）

图书在版编目（CIP）数据

《人民教育》精品文丛／余慧娟主编 . —上海：华东师范大学出版社，2019
（大夏书系）

ISBN 978 - 7 - 5675 - 9737 - 2

Ⅰ.①人 ... Ⅱ.①余 ... Ⅲ.①基础教育—中国—文集 Ⅳ.① G639.2-53

中国版本图书馆 CIP 数据核字（2019）第 206314 号

大夏书系·《人民教育》精品文丛

《人民教育》精品文丛

总 主 编	余慧娟
副总主编	赖配根
策划编辑	李永梅　程晓云
封面设计	奇文云海·设计顾问

出版发行	华东师范大学出版社
社 址	上海市中山北路 3663 号　邮编　200062
网 址	www.ecnupress.com.cn
电 话	021‐60821666　行政传真　021‐62572105
客服电话	021‐62865537
邮购电话	021‐62869887　地址　上海市中山北路 3663 号华东师范大学校内先锋路口
网 店	http：//hdsdcbs.tmall.com

印 刷 者	北京密兴印刷有限公司
开 本	700×1000　16 开
印 张	122
字 数	1 600 千字
版 次	2020 年 9 月第一版
印 次	2020 年 9 月第一次
印 数	1 000
书 号	ISBN 978 - 7 - 5675 - 9737 - 2
定 价	397.00 元

出 版 人	王　焰

大夏书系·《人民教育》精品文丛

身体
教育学

丛书总主编　余慧娟

本册主编　钱丽欣

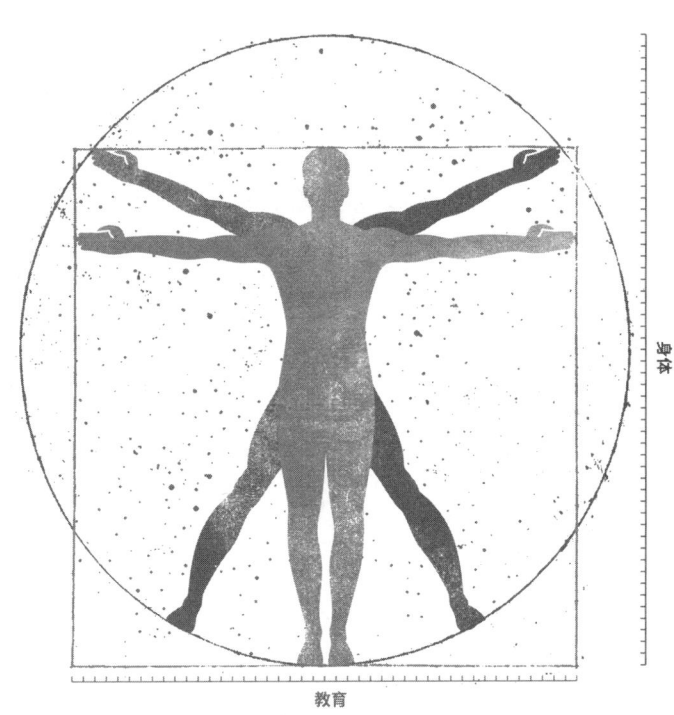

身体

教育

华东师范大学出版社
全国百佳图书出版单位

人民教育

《人民教育》精品文丛编委会

目 录

CONTENTS

总序　办伟大的学校，做伟大的校长和教师

✦ 翟　博

　　《人民教育》编辑部应华东师范大学出版社之邀，出版这套丛书，可喜可贺。

　　创刊于1950年的《人民教育》杂志，积聚了深厚的历史财富、广博的教育资源、深远的影响力和良好的公信力，被读者亲切地誉为"中国基础教育第一刊"。近几年来，《人民教育》杂志围绕中心，服务大局，坚持"方向性引领、专业化服务"宗旨，着力引领读者深入探讨中国基础教育改革发展的一系列重大课题，并在理论和实践层面作出回应，获得读者高度认可。其中，既有对教育现代化、立德树人、教育公平、教育质量观等重大理论问题的思考，也有校长领导力提升、学校办学的新经验，还有教师发展的新思路，更有最前沿的学习方式的引介，上接天线，下接地气。从《人民教育》近几年发表的文章中，精选、分类结集成册，既充分发挥了文献的长远价值，便于读者系统阅读，也能够更好地扩大传播面。在当前转瞬即逝的刷屏式海量、碎片阅读背景下，高水平的专业文章更能够帮助读者聚焦关注点，提高阅读的获得感，提升专业水平。

　　具体而言，《人民教育》精品文丛具有如下特点。

　　第一，丛书立足于新时代中国基础教育的历史使命，对重大教育课题和重点难点问题给出了丰富且可资借鉴的回答，是引领、推动中国基础教育发展的珍贵文献。

党的十八大以来，以习近平同志为核心的党中央高瞻远瞩，提出了一系列重要的教育思想和教育论断，为新时代基础教育发展指明了方向。党的十八大报告首次提出，把立德树人作为教育的根本任务。习近平总书记多次强调，要全面贯彻落实党的教育方针，培养德、智、体、美、劳全面发展的社会主义建设者和接班人；要处理好德与才的关系，解决好德与才相统一的问题；要让学生做到明大德、守公德、严私德；要把立德树人的成效作为检验学校一切工作的根本标准。深刻领会立德树人的丰富内涵，认真探索立德树人的实践路径，深入研究立德树人的理论，是新时代给基础教育提出的重大课题。

在这一背景下，基础教育需要切实承担起一系列重大使命。要把社会主义核心价值观教育融入教育全过程，放在更加突出的位置加以落实，引领学生树立正确的历史观、民族观、国家观、文化观。要植根于中华优秀传统文化的土壤，培育文化自信和中国精神，把中华优秀传统文化融入课堂教学和学校教育全过程，在创造性转化、创新性发展中传承中国人的文化基因。要大力发展素质教育，树立德、智、体、美、劳全面发展的质量观。要重新思考、践行好学校、好校长、好老师的标准。坚持育人为本，转变教育思想观念，认真落实习近平总书记提出的"四有"好老师的要求，进一步提升校长和教师的专业素质。从单纯以学科考试分数为主要评价指标转到全面发展的理念上；从关注少数尖子生的发展转到关注每一个孩子的发展上来；从过于强调统一步调转到更多关注个性发展上来。

《人民教育》精品文丛，正是站在基础教育改革发展的最前沿，围绕以上重大课题、重要使命，组织国内顶尖专家、优秀校长教师，提供前沿思想理念和脚踏实地的解决方案。《新时代学校使命》一书，由社评和《人民教育》核心议题的前言构成，高度凝练了对当前教育问题的思考，包括教育自信、教育质量观、核心价值观教育、美育、教育活力，等等。《身体教育学》一书，力图借助"身体教育学"这个最新概念，以整体的观念来推动全面发展。《核心素养的中国实践》一书，期待带动整个基础教育质量观的变化，以适应未来对人才和教育的要求。《名校的那些"秘密"》一书，以活生生的案例来展示学校社会主义核心价值观教育、培养文化自信、落实立德树人根本任务的管理、课程、空间设计等诸多实践路径。《还可以怎样学习》一书，聚焦近年来学生发展素养目标的变化，以全球视野介绍更广阔、更多样、更有效的学习方式。《"好校长"是怎样炼成的》一书，专注于校长的价值领导力、课程领导力、教师领导力和沟通领导力等核心要素的实践解读。《老师，你为什么不再进步了》一书，关注教师的成长与高原期突破。《朝向心灵伟大的教师》一书，汇集教育界、文化界及商界名人的成长故事和教育故事，力图为校长教师打开新的窗口，从社会的角度来看教育。

第二，丛书集中展现了中国教育实践经验与智慧，引导读者建立和提升教育自信。

中国教育质量迅速提升的一个重要秘密，就是中小学的每一堂课，都在努力体现国家战略、国家意志，国家顶层设计与一线微观实践高度融通呼应。

对美好生活的渴望，对美好教育的热烈追求，是中国教育成功的重要动力。纵观中国基础教育改革开放40年来的历程，对美好教育的追求，成为教育发展、教育工作者改革创造的重要驱动力。这套丛书中提炼的好学校、好校长、好教师的改革经验，无不是在回应广大人民群众对美好教育的殷切期盼。

与时代潮流合拍，创造高品质的教育，是教育改革的重要经验。近年来，中小学涌现了一大批好校长、好教师，就在于他们敏锐地抓住了时代发展的脉搏，大力提升自己的政治素养，养成法治思维，涵养博大的精神世界，从宏观上保障了教育教学改革的正确方向。同时，近年来中国基础教育改革的一个关键突破点，是从主要关注教学方式层面的改进转向学校整体层面的变革，体现了与新时代精神的密切呼应。

从这套丛书中还可以看到如国家认同教育、核心价值观教育、优秀传统文化教育、学校文化、课程构建与优化、选课走班制度等方面的具体操作经验。这些都是我们的中小学扎根中国大地实实在在干出来的智慧结晶，是中国基础教育之所以卓越的重要因素，也是我们教育自信的来源，值得学校校长、教师认真研读、借鉴。

第三，丛书呼吁教育工作者乘着新时代的东风，办伟大的学校，做伟大的校长和教师。

伟大的学校，不是仅仅为升学服务的学校，而是要为学生未来创造美好生活的学校。美好生活，不仅意味着谋生就业能力，也意味着正确的价值观，丰富的精神世界，厚重的家国情怀，强烈的社会责任感，健康的自我调节能力，和谐的人际交往能力。伟大的学校，也不仅仅是学生成长的乐园，还应该是教师的人生幸福所在。教师的幸福与学生的发展密切相关。只有当教师从心底里认同教师职业，才能真正参与到学生的成长之中，也才能获得自身职业价值的实现，收获作为教师的幸福。伟大的学校，善于激发教师的职业热情，帮助教师获得成就感。这也是《名校的那些"秘密"》等书揭示的秘密所在。

伟大的校长，其领导力不仅体现在过硬的政治素质、坚持正确的办学方向上，还体现为优良的道德品质，更要有教育的定力，"习惯于择高处立，寻平处坐，向宽处行，务实，求稳，但内心却向往教育的理想，一切为了民族的未来"。伟大的校长，是善于成就教师的校长。李烈感言："当我哪一天不再做校长时，如果老师们在背后这样说：'李烈当校长的时候，我们是真的在快乐地工作着'，那就是对我最高的褒奖了。"伟大的校长还应是优秀的学习者，善于在繁忙的事务间隙，终身学习，反思完善。在工作中，伟大与平庸的区别往往在于能否不断注入生命的激情，能否不断发现心灵伟大的教师和存在无限发展潜能的孩子。

伟大的教师，首先是一个精神灿烂的人。教师是深度参与学生精神生活的引领者。无论是做"四有"好老师，还是做好"引路人"，教师自身的精神修养是前提，这包括坚定的理想信念、崇高的道德修养、对丰富个性的包容、对人的发展性的充分认识、传递正能量的意识和能力、沟通的艺术、自我情绪管理，等等。善于发现美是他们共同的特质。他们还是一群积极回应环境的人，能够敏锐地发现新问题，通过学习、思考、行动来调整自己，跟着时代一同进步。这些伟大教师的特质，读者可以从《老师，你为什么不再进步了》《朝向心灵伟大的教师》等书中充分感受。

中国社会正处在全面深化改革、实现中华民族伟大复兴中国梦的进程中，社会转型、技术变革等都给基础教育提出了严峻挑战，教育工作者如何看待新情况、解决新问题，考验着我们队伍的素质，更考验我们的学习能力。2013 年，习近平总书记在中央党校建校 80 周年庆祝大会暨 2013 年春季学期开学典礼上的讲话中指出，"要依靠学习走向未来""只有加强学习，才能增强工作的科学性、预见性、主动性，才能使领导和决策体现时代性、把握规律性、富于创造性"。愿读者在这套丛书中，能够充分感知新时代对我们提出的使命和要求，了解我国基础教育改革发展的基本脉络，把握学校办学的正确方向和科学规律，发展和培育伟大学校、伟大校长、伟大教师成长的"基因"，立志办伟大的学校，做伟大的校长和教师，为伟大的时代贡献自己的价值。

2018 年 7 月

（作者系中国教育报刊社党委书记、社长）

总序　办伟大的学校，做伟大的校长和教师

序　重新认识身体与教育的关系

✦ 刘良华

原始初民社会的教育，普遍以身体为本位。无论教以狩猎，或者采集野果，皆以改进身体技能为教育之基本目标。身体强健而孔武有力或心灵手巧者，被举为英雄。原初之教育，不仅以身体强健或灵巧为教育之根本目标，而且以身体演示、亲身示范为教育之基本方法。

后世教育对原初教育的超越，始于文字或书面语之发明与流行。人类最初只有口语，将口语作为教育的媒介与技术虽然有直接的教育效应，但其影响力与传播范围毕竟有限。文字或书面语被发明出来，教育才开始跨进新时代，教育界随之发生"千年未有之大变局"。一切人类的科技与艺术的进步，都可以追溯到文字或书面语以及印刷术的发明。在人类教育史上发生过的种种事件之中，文字或书面语以及后来印刷术的发明算得上第一个重大事件，亦算得上第一代核心教育技术。也正因为如此，《淮南子·本经训》云："昔者仓颉作书，而天雨粟，鬼夜哭。"

但是，文字或书面语以印刷术的发明在推进教育进步的同时，也带来了教育的问题。这个问题曾经引起教育哲人的注意，并将这个问题视为教育变革的关键枢纽。杜威曾从这个问题出发，建构起整个《民主主义与教育》的基本框架。他承认文字和书面语的发明促成了正规教育的诞生。正规教育为年轻人提供大量的书本知识，年轻人可以凭借系统的书本知识丰富自己个人化的狭隘的经验。紧接着杜威就发出警告：从非正规教育转到正规教育，

"有着明显的危险"。他认为，最初的身体教育以及身体学习总是亲切的、有生气的。相反，正规教育过于依赖书面语言，容易变得"冷漠和死板"，变得"抽象和书生气"。在正规的学校教育中，儿童所要学习的东西都储存在语言符号里。这种语言材料貌似高级，实际上却是肤浅的。杜威提出的解决办法是在非正规的和正规的、偶然的和有意识的教育之间保持"恰当的平衡"。否则，正规的学校教育就会培养出没有活力的书呆子或自私自利的专家。

杜威对语言文字在教育中的重要意义以及教育过度依赖语言可能导致的灾难性后果的认识，类似卢梭在《论科学与艺术》中对普罗米修斯及其所带来的技术的警惕态度，也类似《论语》《老子》和《庄子》等古典教育哲学对语言所持的紧张态度。《论语·阳货》曰："天何言哉？四时行焉，百物生焉。天何言哉？"《老子》开篇就以"道可道，非常道。名可名，非常名"宣布沉默不语的教育价值。《老子》多次强调"多言数穷""希言自然""知者不言，言者不知"。《庄子》则以"庖丁解牛""抱瓮灌园""轮扁斫轮"等寓言故事来提醒人们警惕书面语言的教育价值及其有限性。

意识到文字以及书面语的教育价值及其有限性，并不意味着教育应该彻底回到事事让学生亲身经历、亲身体验的身体学习的原始教育状态。相反，现代教育不仅需要重新关注身体教育以及亲身体验的直接经验，而且同时需要更加精致地编制以文字和图像为基本工具的书本知识，尤其需要重新认识身体与大脑、身体与道德、身体与劳动、身体与艺术的关系。

身体与大脑的关系大体可以抽象为"身心"问题。人体的大脑原本属于身体的一个部分。一般而言，"身"主要指人的四肢及五脏六腑。"心"主要指人体的上半身尤其是大脑（至于大脑与心脏是否可以进一步分为心与脑，理论上尚无统一的结论）。就大脑与人体的其他部分的关系而言，有两个关系尤其重要。一是大脑与四肢的关系。四肢运动必导致大脑紧急动员。表面上是四肢运动，实际上是大脑对四肢发出指令。运动不仅导致四肢的费劲，而且导致大脑的费神。二是大脑与五脏六腑尤其是心脏的关系。大脑一旦进入思考状态，人体就需要给大脑提供额外的血气。按照中医的说法，心思则气结。大脑的思考不仅需要供血，而且消费人体的元气。大脑思考时，人体是否能够及时供血并补充元气，取决于人体是否有足够的睡眠。动生阳，静生阴，动静结合，元气充沛。适时适度的静修以及充足的睡眠对任何人的身心健康都是重要的，而对儿童的身心发展至关重要。

身体与道德的关系，可简化为知行关系。道德知识或道德观念虽然可以引领人的行动，但是，道德问题总体上是一个需要亲身践履和亲身验证的实践问题。如果说道德教育的核心是意志训练或意志教育，那么，意志训练或意志教育的关键恰恰在于亲身经历以及某种程度上的身体磨练，而主要不在于道德说教或道德灌输。体育之所以被视为第一课程，除了为了提高学生的体质，同时也为了提升学生的自信心与意志品质。

身体与艺术的关系，主要显示为身体的力量感与灵巧性以及与之相应的壮美与秀美。身体的力量感带来壮美，而身体的灵巧带来秀美。按照康德的说法，壮美使人敬畏，秀美使人喜爱。而在特别的艺术类型比如舞蹈、戏剧的情境之中，身体与艺术几乎合二为一。

更重要的是身体与劳动的关系。身体运动与体力劳动在原始教育中原本直接相关，此两者同出而异名。现代人超越了谋生状态之后，劳动逐渐减少，不少人甚至彻底远离劳动。按照"用进废退"的原理，离开劳动之后，人的身体和大脑将无可避免地趋向萎缩。而且，减少或远离劳动的直接后果并不止于身体与大脑的萎缩，更严重的后果是人的责任感和社会意识等道德品质的退化。正是在这个意义上，劳动教育需要全面突围。在从猿到人的发展过程中，劳动曾经起了关键的作用。而在从儿童发展成成人的过程中，劳动将再次发挥其关键作用。劳动将为教育开新路。反之，没有劳动，就没有教育。

总之，身体教育学即便不是教育学的全部，至少，也是教育学的源头。

2018 年 5 月

（作者系华东师范大学教授）

第一辑

脑科学研究开启儿童发展的无限可能

脑科学研究告诉我们什么

✦ 刘文利　孙静茹

大脑是人类学习和创造的生理基础，教育必须遵循大脑发育的规律，帮助儿童塑造大脑，让大脑朝着健康的方向发展。但是，理解大脑是一件困难的事，大脑是宇宙间已知的最复杂、最精致的器官，复杂、精致到"无与伦比"。大脑的结构和功能始终是自然科学研究中最具挑战也最具魅力的课题。

脑科学研究告诉我们的

脑科学研究的主要任务是了解大脑的神经细胞如何活动，其次是探究环境与教育经验如何影响脑的活动。随着脑科学研究的不断深入，其揭示的事实将对教育产生深远的影响。

大脑是可塑的

脑科学研究告诉我们：大脑是可塑的。大脑可塑性是指大脑可以为环境和经验所修饰，具有在外界环境和经验的作用下塑造大脑结构和功能的能力。大脑的可塑性分为结构可塑性和功能可塑性。

大脑的基本组成单位是神经细胞，又叫神经元。大脑约由 1000 亿个神经元组成。每个神经元有树突、胞体和轴突。树突负责接收其他神经元传来的信息，胞体负责加工整合信息，轴突负责把这些信息传递给下一个神经元。神经元与神经元之间的连接是靠"突触"完成的。大脑的结构可塑性就是指大脑内部的神经元和突触之间可以经由学习和经验的影响而建立新的连接，从而影响个体行为。

人脑的高级功能中枢主要集中在大脑皮层。利用大脑表面的裂和沟，研究者把大脑皮层划分为枕叶、颞叶、顶叶和额叶等四个区域。这些区域有相对明确的"责任"分工，枕叶主要负责视觉功能，颞叶主要负责听觉、视觉整合及记忆功能，顶叶主要负责躯体感觉整合及空间视觉整合功能，额叶则主要与思维、判断、推理、决策等有关。这些区域虽然有分工，但在完成许多高级功能时需共同参与、彼此协作，使大脑形成一个"完整"的"工作网络"。大脑的功能可塑性可以理解为通过学习和训练，大脑某一区域的功能可以由邻近的脑区代替，也表现为脑损伤患者在经过学习、训练后，脑功能可在一定程度上得到恢复。

大脑的可塑性与年龄密切相关

近年来，有科学家提出人脑的发育有三个高峰期。其中，第一个高峰期是在胎儿期，高端是在母亲受孕 3 ~ 4 个月的时候；第二个高峰期是 0 ~ 6 岁，高端是 2 ~ 3 岁；第三个高峰期是 12 ~ 18 岁，高端是 14 ~ 15 岁。在大脑发育高峰期内，其功能和结构特别容易受环境和经验的影响，可塑性水平最高，敏感性最强。在大脑可塑的敏感期内，若有良性、丰富的环境信息刺激，可以改变神经元的大小、脑结构总质量和突触的数目，增加神经元之间的有效连接和轴突髓鞘化的形成。

现代神经科学认为，大脑是一个动态发展的过程。大脑的结构和功能在经过敏感期以后，甚至在完全发育成熟后，仍然保持着相当程度的可塑性。在人的一生中，为了不断适应新的变化和需求，大脑一直在"重建"自身。基础教育阶段是儿童大脑发展的重要阶段，是教育"重塑"大脑大有可为的阶段。

丰富的环境刺激有利于大脑发育

在与环境接触的过程中，神经元在经验的刺激下，突触增多，使脑神经的连接网络更加丰富。人脑就是基于个体自身的经验来创设新的连接，以实现功能重塑与不断发展。大脑的容量不仅取决于神经元的数量，更取决于人的一生中随基因程序和生活经验发展起来的神经元之间的功能连接。对于正常人脑而言，大脑高级皮质功能的可塑性是学习和经验积累的结果。运动技巧的学习和丰富的环境因素可引起突触数量的增加和树突的增长，学习和经验可使高级皮质代表区增大。

最近，一个国际科学家小组研究发现，在学习过程中，复杂的生化信号可以协调神经网络中的一些快慢变化，从而保持大脑的平衡，让大脑通过感官从环境中提取和存储新的信息。在学习时，大脑面对未知的新体验，会在同时达到较高的灵敏度和稳定性的需求中获得平衡。

环境对个体大脑的发展具有非常重要的作用。丰富的环境刺激和经验可促进大脑的功能发育，剥夺环境刺激将严重阻碍儿童的脑发育。研究表明，不玩耍的孩子或者很少被触摸的孩子的脑比正常同龄孩子的脑小 20% 左右。一系列以观察或实验为依据的研究结果表明，可塑性的神经元会在受到教育干预时发生变化。

学习可以促进大脑的生长与发展

学习属于高级神经活动或脑的高级功能。研究发现，学习可以增强大脑皮层某一功能代表区的活跃程度，促使大脑皮层重新组合。

实验教学可以培养儿童的形象思维

大脑主要包括左右两个半球，两个半球相互合作。对大部分人来说，左脑是处理语言信息，进行抽象思维和逻辑思维的神经中枢；右脑主要处理表象信息，负责非逻辑的或形象化、直觉式的思维，主管人们的视觉、知觉、空间感觉、形象记忆、模式识别、身体感受和情绪反应等。右脑的这些特点可以进一步概括为非言语性、形象化和直觉性。

在传统教学中，我们更注重学生的逻辑思维能力的培养。实际上，通过合适的右脑思维训练，能够培养学生的形象思维能力。形象思维以事物的形象（表象）为思维材料，是事物的本质和事物之间规律性的关系在人们头脑中间接的、概括性的反映，具有形象性、概括性、运动性和创造性等特征。

学生在想象和联想的过程中，可以顺利地将抽象的结构和形象的模型联系起来，通过类比学习来减轻记忆的负担。这也是提高学生想象力和创造力，促进学生全面发展的重要途径。

中小学有许多实验内容有助于学生形象思维的发展。以高中生物教学为例，为了帮助学生理解一些物质的结构，经常涉及模型的构建，即进行"建模"实验，如 DNA 双螺旋结构模型、细胞膜流动镶嵌模型、真核细胞的三维结构模型的制作等。研究表明，在"建模"实验教学中可以触发儿童的形象思维。

动手操作能够刺激大脑的不同区域

儿童通过视觉、听觉、味觉、嗅觉和触觉等五种感觉器官获得各种环境信息刺激，由此诱发儿童大脑中新树突和突触的形成，同时促进神经环路的修饰。神经环路使用频率的增加，促进更多新突触的形成，增加神经元之间的有效连接，增加大脑内信息的输入和储存。

大脑是高级神经中枢，人们可以通过各种操作来满足生存需要，认识各种事物，学习各种知识，创造和使用各种工具，从而引发大脑的思维。大量研究表明，动作、操作为儿童提供了许多认识各种事物和社会环境的机会，在解决问题的过程中，使儿童获得新的经验，改变儿童与环境互动的方式，从而促进儿童的大脑发育。

空间认知能力可以通过学习来改变

美国学者凯瑟琳·辛普森（Catherine Simpson）研究发现，伦敦市中心的交通线路错综复杂，数以千计的车辆挤在路上。其中黑色出租车司机以他们对伦敦市中心地理位置的全面认识而闻名。比如，他们知道每个建筑的地点，知道怎样从一个地方到另一个地方，途中会经过什么商店等。这是因为英国法律规定，要考取出租车执照，考试者需要花长达四年的时间上课，并骑着小型摩托车或自行车在伦敦市中心熟悉路况。

研究显示，这些考试者脑部海马区后方的体积比对照组的大，而且这个体积会随着他们学习时间的延长而显著增大，即工作经验越久的司机，脑内相关的这个区域就越大。与此同时，海马区的前方会变小，可能是为了给后方的生长腾出空间。这些变化说明，人们可以通过学习来提高空间认知能力。

工作记忆是一种有效的信息储存机制

工作记忆（working memory）是一种对信息进行暂时性加工和储存的记忆系统，包含一个中央执行部分和两个从属的子系统（也称为两个缓冲区）。在科学教育中，理解、思维等高级认知活动更需要一个暂时的信息加工和存储机制，保存被激活的信息表征，为下一步加工作准备，工作记忆就是这样一种有效的信息存储机制。工作记忆容量大的学生会尽力去理解科学知识，如概念、规律、原理等，相对而言，工作记忆容量小的学生则努力去记住科学知识。

研究表明，对科学学科学习兴趣低的学生，其工作记忆容量较小，而工作记忆容量小的学生对科学学科的喜爱程度也较低。由此可见，工作记忆是影响学生学习科学学科的重要因素。正如荷兰学者保罗·柯尔斯克纳（Paul Kirschner）所言，科学教育若想得到发展，必须在教学、学习及评价过程中融入工作记忆因素，否则，再多的努力也无法解决学习者学习科学的困难。因而，在教学中，教师要不断扩大学生的工作记忆容量，使他们拥有积极的学习态度，促进学生的科学学习。

脑科学研究对教育的启示

学习既是一个复杂的生物现象，又是一个体现多元文化的社会现象，不仅与神经结构和功能之间存在相互作用与影响，还涉及心理、社会、文化、传统等方面。脑科学研究对理解学习的本质和规律，揭示大脑学习的奥秘具有重要意义，并且将影响教育的科学化进程。

在大脑发育的不同阶段采取相应的教育策略

教师要充分利用脑可塑性的发展规律，重视儿童的早期教育。脑科学研究表明，在个体发展的生命全程，大脑都具有一定的可塑性，然而在个体发展的不同阶段，脑的可塑性也不尽相同，而且脑部不同区域的发展也并不同步。这就要求我们在大脑发育的不同阶段采取相应的教育策略促进儿童大脑的发展。

幼儿处于大脑发育的敏感期，脑的可塑性较强，进行早期教育或及时干预的效果更好。父母和幼儿园老师要注意对孩子运动、语言等能力的培养，经常带孩子到大自然中多运动，多与孩子交流，多认识各种事物，通过五种感觉器官感知世界，刺激大脑的相关区域。

对小学阶段的学生，教师要尽可能利用参与式教学方法，如游戏、角色扮演等，让学生在形象、生动的游戏活动中通过多种感觉器官获取信息。还可以设置多种情境，给学生尝试解决问题、锻炼各种能力的机会，在这个过程中，注意培养学生认真思考问题、清晰表达自己、准确理解他人的能力。

中学阶段，教师要尽量让学生通过各门课程的学习和各项活动的参与得到全面发展。人的各种认知和思维活动依赖全脑的协调活动，通过运动、语言、数学、科学、艺术等方面的学习，可以让学生的大脑受到多样性刺激，促进学生大脑的均衡发展。

教师要根据学生大脑的发展规律，综合制定有利、有效的教育方案或干预措施，真正帮助学生实现健康成长。

增加动手操作教学环节

儿童的动手能力会随着大脑的发育、动作经验的丰富而逐步发展，手部经常运动，特别是手部的精细动作对大脑的发育和智力的发展具有促进作用。儿童动手做事情时，手的动作是在大脑的支配下进行的，是观察力、注意力、控制力、联想力、空间认知能力等的综合运用过程。同时，手的动作又反过来刺激大脑的支配能力，促进大脑各功能区的发展，从而加速脑神经的成熟与发展。在基础教育阶段，教师要创设合适的教学环境，尽可能多让儿童动手制作，以刺激儿童的大脑发育。

科学教育可以为学生提供很多动手操作的机会，在设计实验方案、寻找实验材料、操作实验仪器、探究实验过程、分析实验结果等一系列动手动脑的活动中，大脑的各部分都受到相应刺激。教师在为学生创设的科学探究活动中，尽量让学生多动手，而不是为了"节省"课时，急于告诉学生所谓的"正确答案"，或让学生"死记硬背"实验内容和实验结论。

创设良好的教育环境

脑的可塑性贯穿儿童发展的全程，甚至人的一生。环境和教育经验在人的一生中都会对大脑产生积极或消极的影响。教育的任务就是要为儿童的大脑发展提供有利的环境。良好的教育环境，不仅包括校园景观、教室布置、图书资料、教学仪器、教学设备等，还包括儿童学习的人文环境，如师生关系、生生关系、家校关系等。教师要尊重学生，满足学生的求知欲望和社会交往需要，以爱心和耐心回应学生的各种需求。在基础教育阶段，一个安全、没有欺凌、彼此关怀、能够正常表达人类情感和需求的校园环境，有利于儿童的大脑发育，也有利于儿童的健康成长。

随着研究水平和技术手段的不断提高，人类对大脑的了解将会越来越深入，这些研究成果必将对教育有越来越丰富的启示。教育者应高度重视脑科学研究和发展，为儿童提供适宜的刺激和材料，促进他们的大脑朝着健康的方向发展，为国家培养更多的创新人才。

[本文为国家社会科学基金"十二五"规划 2011 年度教育学一般课题"创新人才培养始于人生开端期的研究——基于早期大脑发育规律"（课题批准号：BBA110017）的阶段性研究成果。]

作者单位系北京师范大学脑与认知科学研究院
原载于《人民教育》2015 年 01 期

第一辑　脑科学研究开启儿童发展的无限可能

参考文献：

[1] Toyoizumi T, Kaneko M, Stryker M P, Miller K D. Modeling the dynamic interaction of hebbian and homeostatic plasticity. *Neuron*, 2014, 84 (2): 497 DOI: 10.1016/j.neuron.2014.09.036.

[2] 朱宗涵. 儿童早期发展学科进展的启示 [J]. 中国儿童保健杂志，2008，16（1）：1-2, 8.

［3］Gabrieli J D. Dyslexia: A new synergy between education and cognitive neuroscience. *Science*, 2009, 325(5938): 280–283.

［4］凯瑟琳·辛普森.人类的大脑［M］.北京：人民文学出版社，2011.

［5］Johansson B B. Brain plasticity in health and disease. *The Keio Journal of Medicine*, 2004, 53(4): 231–246.

［6］蔡铁权，叶梓.促进科学学习的"工作记忆"［J］.全球教育展望，2012，41（7）：79–83.

［7］周加仙，董奇.学习与脑可塑性的研究进展及其教育意义［J］.心理科学，2008，31（1）：152–155.

［8］王亚鹏，董奇.基于脑的教育：神经科学研究对教育的启示［J］.教育研究，2010（11）：42–46.

体育运动如何促进儿童大脑发育

✦ 刘文利　赖珍珍

脑科学研究成果表明，科学、合理的体育运动不仅能够提高儿童的身体素质、身体机能，塑造良好的身体形态，还能影响和促进大脑的发育，从而保障儿童的身心健康发展，提高认知能力和学业成绩。

改变儿童的大脑结构和功能

2011 年教育部发布《切实保证中小学生每天一小时校园体育活动的规定》，再次强调了学校要切实保证学生每天一小时的体育活动。这一规定是有脑科学依据的。要实现儿童大脑结构和功能的良性塑造，需要通过每天的体育活动来刺激大脑的相关区域。大脑只有得到持续不断的刺激，才能在结构和功能上加以改善。

近年来，研究者将功能磁共振成像（Functional Magnetic Resonance Imaging, FMRI）技术应用到体育运动与大脑发育关系的研究中，用来定位和定量检测实验对象在完成各项知觉、运动和认知任务时的大脑活动，从而揭示人类心理活动的大脑机制。研究发现，体育运动可以改善儿童的大脑，促进包括大脑重量、大脑皮层厚度、大脑不同脑区沟回面积等大脑结构的变化。

美国伊利诺伊大学厄巴纳－香槟分校的查多克（Laura Chaddock）等人

利用功能磁共振成像技术对 55 名 10 岁儿童脑部结构进行扫描后发现，那些有氧体适能高的儿童，具有较高的认知控制能力和较大的大脑背侧纹状体。有氧体适能是指心肺系统消耗和使用氧气的最大能力，大脑背侧纹状体是控制儿童认知的主要神经中枢之一，体育运动能够提高儿童的有氧体适能，从而促使大脑背侧纹状体逐渐增大并发生结构上的变化。

体育运动不仅能够改变儿童大脑的结构，也可以改变儿童的脑功能。大脑功能的改变主要表现为相关脑区的激活水平和脑功能网络联结的变化。那些有氧体适能高的儿童，认知控制能力较高，大脑的前额叶和顶叶脑区的激活程度也相对较高。

研究发现，不仅长期的体育运动影响相关脑区的激活水平，短时的体育运动也能使儿童相关脑区的激活水平发生改变。陈爱国等人让儿童做一次 30 分钟的短时中等强度有氧运动，利用功能磁共振成像技术检测被测儿童做该项运动前后脑激活模式的特征性变化，结果发现，这一运动能增加儿童大脑前额叶的双侧额上回和双侧额中回等区域的激活程度。

儿童期大脑有很好的可塑性，体育运动可以帮助儿童塑造健康的大脑，改善其结构和功能。因此，学校应为儿童创造良好的运动条件，而且要保障儿童运动有足够的时间和空间。

改善儿童的记忆力和注意力

记忆力和注意力是儿童智力的重要组成部分，对儿童的认知发展和学习具有非常重要的作用，记忆力和注意力水平的提升可明显提高儿童的学业成绩。一些学习困难的学生，可能是注意力出现问题而并非智力发展障碍。增强儿童的记忆力，提高儿童的注意力，无疑将对他们的学业成绩产生重要影响。体育运动恰恰有这样的功效。

儿童大脑的海马区会因为体育运动的影响而发生积极的结构变化，从而使儿童记忆能力获得提升。海马是大脑中一个具有高级信息整合功能的重要脑神经结构，与儿童记忆能力密切相关。查多克等人研究发现，9～10 岁健壮儿童负责记忆功能的海马区域比那些不够健康儿童的大了 12%，这说明，健康的体魄有助于提高儿童的记忆力。

体育运动对记忆力和注意力确实存在积极影响，主要表现在提高短时记忆能力和注意力上；有规律的体育运动能够有效地提高工作记忆能力，并对选择性注意和抑制控制有积极作用；体育运动较多的人群的学习成绩显著高于体育运动少的人群。

有研究显示，多年系统的足球训练可以促进青少年女子足球运动员注意力的快速发展和提高。足球锻炼对小学生注意的广度也有很大的影响，而且中等强度的锻炼效果比小强度的锻炼效果要好。这也提示我们，开展校园足球运动，有利于提高儿童的注意力。

鞍山师范大学体育学院的孔久春在实验后发现，中等强度的乒乓球、少儿健身拳和跳绳等对儿童的注意稳定性具有明显的促进作用，其中乒乓球最为显著。这与乒乓球运动的特点有关，如乒乓球小，来回运动速度较快，球在空中运行的时间短，对人体的灵敏反应速度提出了较高要求等。少儿健身拳锻炼具有游戏、感觉统合训练的特点，动作本身比较复杂，动与静、快与慢、高与低、起与落等变化都在瞬间，这就要求儿童不断提高自身控制能力及适应能力。

中小学阶段是神经系统生长发育的重要时期，具有很强的可塑性。在这一时期要加强儿童注意力稳定性的训练，增加相关的体育运动。

一些教师和学生家长认为，学生只有坐在课堂里听讲，坐在教室里（或家里）写作业才是"学习"，孩子到外面参加体育运动占用了学习时间，会妨碍学业成绩的提高。这种认识是非常错误的。

最近，加拿大多伦多大学的研究者发表研究报告指出，一个人一天坐在家里看电视或在电脑前工作的时间长短，与其患心脏病、糖尿病、癌症等高度相关。研究者建议，每坐半个小时，至少要站起来活动两三分钟。这一研究告诉我们，学生每堂课之间的 10 分钟休息和活动，对学生的健康是非常重要的。课间，老师一定要将学生"赶"出教室，让他们到室外活动，打打球、跳跳绳、跑跑步、做做操，这样才有利于学生下一节课的学习，使之能够更加集中注意力，增强记忆力，提高学习效果。

提高儿童的执行功能

执行功能是指在完成复杂的认知任务时，对各种基本认知过程进行协调和控制的高级认知过程。注意、抑制、计划、任务管理、监督、工作记忆等过程都属于执行功能。通过这些过程，大脑可以对事物保持长时间的注意，抑制不恰当的行为，终止不需要的行动，保证在执行新任务时实现任务与任务之间的快速转换，同时监督行为和改正错误。

小学阶段是儿童大脑功能发展的快速时期，也是执行功能发展非常重要的时期。在日常生活和学习中，如果小学生具有良好的执行功能，不仅可以帮助他们有效地计划、管理、实施多项任务，而且还能增强他们对社会环境的适应能力，约束自身的行为，遵守社会规范，并促进其学业进步。执行功能不良的儿童，不仅学习能力受到损伤，还可因此引发其他行为和情绪方面的问题，如攻击行为、注意缺陷、多动、孤独、抑郁等。很多研究表明，体育运动能够促进儿童执行功能的改善。

有氧运动是指身体的大肌肉群长时间持续做有节奏的运动。实验发现，短时中等强度的有氧运动更有利于促进小学生执行功能的提高。比如，健美操将音乐、舞蹈和体操融为一体，通过一定的组合和编排，用一套基本动作改变身体姿势和动作的方向、路线、频率、速度、节奏等，让身体运动非常富有韵律和美感。在做健美操的各个动作时，要求大脑迅速发出操纵指令，在动作的转换中个体要抑制无关信息、刷新工作记忆并进行快速的思维转换。因此，健美操对执行功能的抑制功能和转换功能具有非常积极的影响。

有研究者对4～6岁爱运动的儿童与不爱运动儿童的执行功能进行比较，结果发现，爱运动儿童的执行功能要明显强于不爱运动的儿童，原因是经常的体育运动会使儿童有更多的机会学会控制他们的活动与行为，有利于儿童的身心健康。

综上所述，学校要基于脑科学研究的成果，制定出适于脑、促进脑、保护脑的体育运动课程和策略，加强和保证儿童在学校的体育运动种类、运动强度和运动时间。中小学应积极创编和建立丰富有益的体育运动方案，在为儿童提供丰富的体育运动资源的同时，开展多种形式的体育活动，提高体育运动促进脑发展的针对性和实效性。

（感谢扬州大学陈爱国老师对本文提出修改建议。）

[本文为国家社会科学基金"十二五"规划 2011 年度教育学一般课题"创新人才培养始于人生开端期的研究——基于早期大脑发育规律"（课题批准号：BBA110017）的阶段性研究成果。]

作者单位系北京师范大学脑与认知科学研究院
原载于《人民教育》2015 年 05 期

参考文献：

[1] Chaddock L, Hillman C H, Pontifex M B, et al. Childhood aerobic fitness predicts cognitive performance one year later. *Journal of Sports Science*, 2012, 30(5): 421–430.

[2] Chaddock L, Erickson K I, Prakash R S, et al. A functional MRI investigation of the association between childhood aerobic fitness and neurocognitive control. *Biological Psychology*, 2012, 89(1): 260–268.

[3] Davis C L, Tomporowski P D, Boyle C A, Waller J L, Miller P H, Naglieri J A, & Gregoski M. Effects of aerobic exercise on overweight children's cognitive functioning: A randomized controlled trial. *Research Quarterly for Exercise and Sport*, 2007, 78(5): 510–519.

[4] Ellemberg D, St. Louis-Deschênes M. The effect of acute physical activity on cognitive function during development. *Psychology of Sport and Exercise*, 2010(11): 122–126.

[5] Guiney H &Machado L. Benefits of regular aerobic exercise for executive functioning in healthy populations. *Psychon Bull Rev*, 2013(20): 73–86.

[6] Biswas A, Oh P I, Faulkner G E, Bajaj R R, Silver M A, Mitchell M S, & Alter D A. Sedentary time and its association with risk for disease incidence, mortality, and hospitalization in adults: A systematic review and meta-

analysis.*Annals of Internal Medicine*, 2015 DOI: 10.7326/M14-1651.

［7］蒋长好，陈婷婷.有氧锻炼对执行控制和脑功能的影响［J］.心理科学进展，2013，21（10）：1844-1850.

［8］孔久春.体育锻炼方式对儿童注意力稳定性的影响［J］.中国学校卫生，2012，33（4）：485-486.

［9］陈爱国，殷恒婵，颜军.让孩子赢在体育课：脑科学研究对体育的启示［J］.全球教育展望，2013，42（2）：93-99.

［10］颜军，王源，陈爱国，马冬静.短时中等强度不同类型运动对小学生执行功能的影响［J］.体育与科学，2014，35（6）：94-100.

［11］吴广宏，徐培，梁斌.足球与乒乓球锻炼对小学生注意特征的影响［J］.中国体育科技，2007，43（2）：106-109.

大脑爱音乐，你知道为什么吗

✦ 刘文利　胡　玥　南　云

大量研究表明，音乐教育不仅对儿童的情感发展有促进作用，还可以提高儿童的认知能力和社会能力，对提高学生的学业成绩也有积极影响。然而，音乐教育并没有受到应有的重视，音乐课程在很多学校开设不足，一些学校甚至把音乐课程看作"副科"。在一些农村和贫困地区，专职音乐教师缺口较大，音乐教学器材严重不足，这些问题必须引起有关部门的高度关注。

提高儿童的记忆力

美国得克萨斯大学阿灵顿分校心理学家研究发现，音乐训练与长时记忆存在密切联系。心理学家运用脑电图技术测量了14位音乐家和15位非音乐家的大脑神经元电活动，并记录大脑额叶和顶叶的加工差异，这14名音乐家学习古典音乐均达15年以上。研究发现，音乐家大脑额叶中部的神经反应比其他人快300～500毫秒，顶叶的反应则快400～800毫秒。顶叶在大脑额叶正后方，对于知觉加工能力、注意力和记忆力发展都很重要。对于长时记忆的任务来说，音乐家比其他人有更快的脑电图神经反应。这一研究揭示了音乐对于非言语类事件的长时记忆有帮助，从而证明音乐训练是一个提高认知能力的好方法。

芬兰科学家研究发现，听音乐时大脑中边缘系统的海马对循环播放的音乐小节有积极反应，当音乐小节重复播放时大脑内侧颞叶的区域活动不断增加。海马是大脑中构建长时记忆的关键结构。该研究表明，短时记忆和长时记忆过程很可能是相互依赖的。

无论是短时记忆还是长时记忆都对学生的学习有重要影响，音乐对儿童认知能力提高的作用应该引起教育工作者足够的重视。

提高儿童注意力控制以及对未来的组织和规划能力

美国波士顿儿童医院对平均练习 5.2 年、每周练习 3.7 小时、平均开始学习年龄为 5.9 岁的学习演奏乐器的儿童进行了长期的跟踪研究，发现儿童早期的音乐训练有助于提升其执行功能。受过音乐训练的儿童前额叶皮层的特定区域表现出活动的增强，这些区域与执行控制能力有关。

美国佛蒙特大学研究了 6 ～ 18 岁儿童演奏乐器和大脑发育之间的关系。研究发现，小提琴或钢琴等乐器训练能够帮助儿童专注、控制情绪和减少焦虑。由于音乐训练需要动作的控制和协调，可以促进大脑运动区的发展。

而且，音乐训练会促进执行控制区脑皮层厚度的成熟，提高儿童的注意力控制以及对未来的组织和规划能力。音乐训练还对抑制控制或情绪调节有关的大脑区域皮层厚度有至关重要的塑造作用。研究者指出，学习演奏小提琴还可以帮助儿童克服心理障碍。

促进儿童语言能力的发展

语言和音乐一样，是人类社会重要的沟通手段。语言学习与音乐学习在听觉感知和认知等方面有许多相同之处，如在听觉感知方面，语言和音乐都以音高、时长以及音色为基本属性；在认知方面，语言和音乐加工都需要记忆和注意的参与。接受过一定音乐训练的人不但有较高的音乐加工水平，同时这种较高的听觉加工能力也可以迁移到语言学习中。由于音乐训练提高了听觉系统的敏感性，从而使所有依赖听觉系统的功能（以言语能力为主）得以更加完善。

一项由美国芝加哥 100 多名青少年参加的研究显示，音乐训练能提高大脑对语音的反应能力。跟随一个固定节拍活动需要大脑负责听觉和运动的区域同时工作，节奏是音乐和语言的固有部分，注重节奏技巧的音乐训练可以锻炼大脑的听觉系统，产生很强的声音——语义联系，而这正是阅读学习至关重要的方面。

美国范德堡大学医学中心的研究者发现，儿童区分音乐节奏的能力与其理解语法的能力呈正相关，音乐节奏感强的儿童理解语法的能力也更强。

通过对比 14 位音乐家和 9 位非音乐家在做音乐和文字任务时的大脑活动后，英国科学家发现，短时间的音乐训练能够增加大脑左半球的血液流动，而左半球是语言学习的主要区域。这项研究表明，大脑负责音乐和语言加工的神经机制有共同的脑区。

美国西北大学研究者发现，听觉工作记忆和音乐能力与阅读能力有内在的联系。听觉工作记忆和注意力以及随后在任务中记住指令的能力，是音乐能力的重要组成部分，音乐能力也与儿童时期的言语记忆和读写能力有密切的关系。加拿大科学家发现，通过仅仅 20 天的基于音乐认知训练的交互式卡通片教学，可以提高学龄前儿童的言语智商。

美国西北大学还发现，比起被动地坐在教室里学习的同伴，那些经常积极参加音乐课程的孩子，通过两年的学习，其大脑处理语言和阅读任务的效率有显著的提高。当然，音乐课程的类型也很重要。演奏乐器的学生要比参加音乐鉴赏的学生有更高的神经加工效率，这证明积极体验和有意义的音乐学习对大脑发育具有重要的作用。音乐训练（至少 2 年）可以提高大脑区分相似音节的能力，而且这与读写能力密切相关。

这些研究告诉我们，音乐学习和语言学习之间有内在的生物学联系。在音乐教育中，注重对儿童听觉系统的开发、加强节奏感的训练、培养区分不同节奏的能力等做法，都有利于儿童语言能力的发展。在音乐教育中，还需要特别强调学生的学习动机和积极主动的状态，直接演奏乐器比音乐鉴赏更能刺激儿童大脑的相关区域发展，让孩子在音乐学习中"动起来"，并且持续学习音乐。

可以让学生更喜欢学校、情绪饱满地投入学习

音乐学习不仅能促进儿童的大脑发育，还能调动学生对学校生活的积极情绪。芬兰研究者比较了 10 所学校近 1000 名 9 岁和 12 岁学生的学校生活质量与音乐学习之间的关系。研究发现，有无音乐课程的两组学生对学校的认同和满意度具有显著差异，那些学习了更长时间音乐课程的学生，对学校生活的大多数方面的评价给出了高分，尤其是对学校的总体满意度、成就感和给予学生的机会等方面。

要让学生情绪饱满地投入学习，就要让学生喜欢学校，每天盼望去学校上学。一个有效的办法就是积极开展音乐教育，组织各种音乐社团，让所有学生都有机会至少参加一个适合自己的音乐团体，让学生在音乐学习中获得乐趣，从而将更多的热情投入到课程学习中，由此提高学生的学业成绩。

英国的一项研究显示，唱歌或演奏乐器能够增加幼儿的亲社会行为并提高孩子解决问题的能力。让孩子唱歌，学习演奏乐器，可以在学校环境中使那些有学习困难和情绪障碍的孩子减少孤独情绪。

7 岁以前是音乐学习的敏感期

很多研究认为，7 岁以前是大脑对音乐学习的反应最为敏感的时期，这个时期大脑的可塑性强，音乐训练的效果也最好。比较音乐训练总年限相同，但音乐训练起始时间不同（一组 7 岁以前，另一组 7 岁以后）的两组成年音乐家，结果发现，在 7 岁之前开始训练的音乐家的感觉运动整合加工能力明显优于 7 岁以后才开始音乐训练的音乐家。

加拿大康考迪亚大学的研究者发现，7 岁之前的音乐训练对于大脑的发展有显著的影响，那些早开始训练的孩子大脑的运动区有更强的神经连接，而这部分脑区负责计划和执行动作。学习乐器需要运动、视觉和听觉系统的协调，这项研究强有力地证明：7 岁之前学习乐器能够促进大脑运动和感觉区域联结的发育。在运动技能方面，7 岁之前开始学习的音乐家表现得更精确。在大脑结构方面，7 岁之前开始学习的音乐家大脑胼胝体——连接大脑的左右半球的神经纤维束有更多的白质，越早开始音乐学习的音乐家，这种

连接就越紧密。

我们要充分认识儿童音乐学习敏感期的重要性，学校要"抢时间争速度"地大力发展小学音乐教育，特别是小学低龄段的音乐教育。学校应增加一二年级学生学习音乐的课程时间，提高音乐学习的强度，充分利用音乐学习的敏感期，让儿童更多地接触音乐，让小学生大脑的发育更完善。

李克强总理曾经指出："贫穷固然可怕，但失去平等受教育的权利更加可怕；消除贫困或难短时兑现，可创造公平必须刻不容缓。"一些农村和贫困地区的学校开不出音乐课，学生的大脑发育必然受到影响，由此他们的语言发展、学业成绩等也会受到影响。国家要加强音乐教育资源的配置，特别要向农村和贫困地区倾斜，让每个农村和贫困地区的儿童在小学阶段至少学习演奏一种乐器，学会唱歌、识谱，让教育公平从音乐教育开始，让孩子在音乐学习中度过美好的童年。

学校要按照《义务教育音乐课程标准》为每个年级的学生开出足够的音乐教育课时，提供多样的音乐学习材料，尽量为学生创造音乐学习以及乐器演奏的机会，开设音乐社团或音乐兴趣小组，帮助学生至少学会一种乐器，并坚持练习，这对其一生的发展都至关重要。

作者单位系北京师范大学脑与认知科学研究院

原载于《人民教育》2015 年 07 期

参考文献：

[1] American Psychological Association (APA). (2014, August 8). Musical training offsets some academic achievement gaps, research says. *Science Daily*. Retrieved January 9, 2015 from www.sciencedaily.com/releases/2014/08/140808110024.htm .

[2] British Psychological Society (BPS). (2014, May 7). Musical training can increase blood flow in the brain. *Science Daily*. Retrieved January 9, 2015

from www.sciencedaily.com/releases/2014/05/140507211622.htm.

[3] Burunat I, Alluri V, Toiviainen P, Numminen J, and Brattico E. Dynamics of brain activity underlying working memory for music in a naturalistic condition. *Cortex*, 2014, 57: 254–269.

[4] Dennis Y, Li H, Loran F, Derek D, and Adam D. The music of power: perceptual and behavioral consequences of powerful music. *Social Psychological and Personality Science*, 2015, 6(1): 75–83.

[5] Eerola P, Eerola T. Extended music education enhances the quality of school life. *Music Education Research*, 2014, 16(1): 88–104.

[6] Gordon R, Shivers C, Wieland E, Kotz S, Yoder P, and McAuley J D. Musical rhythm discrimination explains individual differences in grammar skills in children. *Developmental Science*, 2014, DOI:10.1111/desc.12230.

[7] Hudziak J, Albaugh M, Ducharme S, Karama S, Spottswood M, Crehan E, Evans A, Botteron K. Cortical thickness maturation and duration of music training: health-promoting activities shape brain development. *Journal of American Academy of Child and Adolescent Psychiatry*, 2014, 53(11): 1153–1161.

[8] Kraus N, Hornickel J, Strait D, Slater J, and Thompson E. Engagement in community music classes sparks neuroplasticity and language development in children from disadvantaged backgrounds. *Frontiers in Psychology*, 2014a, Volume 5, Article 1403.

[9] University of Texas at Arlington. (2014, November 18). Musicians show advantages in long-term memory. *Science Daily*. Retrieved December 25, 2014 from www.sciencedaily.com/releases/2014/11/141118125554.htm.

[10] Zuk J, Benjamin C, Kenyon A, and Gaab N. Behavioral and neural correlates of executive functioning in musicians and non-musicians. *PLoS ONE*, 2014, 9 (6): e99868.

充足睡眠对儿童的身心发展至关重要

✦ 刘文利　魏重政　饶恒毅

康德说："有三样东西有助于缓解生命的辛劳，就是希望、睡眠和微笑。"实际上，我国中小学生的睡眠时间严重不足。2014年世界睡眠日（3月21日）中国医师协会发布《2014中国睡眠报告》，调查40个城市8286人的睡眠状况后分析发现，三成以上学龄儿童的父母抱怨孩子睡得不够，最重要的原因是孩子的作业太多（占77.3%），其次是上学时间太早（占58.5%）。上海交通大学、美国西北大学、约翰霍普金斯大学合作研究，调查中国8个城市55所小学20778名五六年级学生的睡眠情况，发现37.96%的学生每天睡眠时间不足9小时，64.44%的学生白天打瞌睡。相比郊区小学生，城市小学生睡觉时间更晚，白天打瞌睡的比例也更高，家长的家庭收入和教育水平越高，学生的睡眠时间则越短。[1]

充足睡眠是保证大脑健康发育的必要条件，不仅帮助儿童消除身体和大脑的疲劳，还能提高记忆力和学习效率。若儿童的睡眠时间被剥夺，不仅会对他们的大脑功能、认知能力、在校表现、身体健康状况产生不良影响，还会对他们的情绪产生困扰。

充足睡眠促进儿童大脑发育

儿童大脑的健康发育，离不开充足、稳定的睡眠周期。当一个人从清醒状态进入睡眠状态时，其大脑的生理电活动会发生复杂的变化。通过脑电图研究，人的睡眠周期可分为四个阶段，外加快速动眼睡眠阶段，第一阶段个体处于浅睡状态，第二阶段个体很难被唤醒，而第三、四阶段的睡眠通常被称为"慢波睡眠"（slow wave sleep，SWS）。每个睡眠周期一般持续90分钟，每晚会重复几次完整的睡眠周期。睡眠和睡眠周期影响着胎儿和婴儿的神经系统、感觉系统的发育，影响记忆的形成与巩固，还影响人的大脑的可塑性。

美国南佛罗里达大学的Graven和Browne通过观察婴儿的行为发现，睡眠和睡眠周期开始于胎儿发育第26周到28周。而后，随着婴儿的出生并逐渐长大，学步阶段的孩子（1～2岁）会在夜里出现难以入睡或多次醒来的状况，大部分儿童在学步阶段之后又能恢复安稳的睡眠，但有一部分儿童的睡眠问题却会持续存在。

2015年，挪威科技大学的Steinsbekk和Wichstrom通过对795名6岁儿童的家长进行追踪研究发现，失眠症状会增加儿童出现行为障碍、抑郁症、社交恐惧症的风险。而且睡眠障碍与精神病症状之间还存在随时间变化的双向相关，即4岁儿童的注意缺陷多动障碍、对立性反抗症、抑郁症与他们6岁时的失眠症显著相关；4岁儿童的梦游症状则能预测他们6岁时的分离焦虑障碍。另外，失眠和梦游的症状具有时间稳定性，即4岁时有失眠和梦游症状的儿童到6岁时还有相同症状。不过，4岁儿童的睡眠过度和梦魇症状则不会持续到6岁。[②]

2015年，美国哥伦比亚大学Keyes等人分析了从1991年到2012年青少年睡眠时间的变化趋势，发现15岁的青少年每晚拥有充足睡眠的比例下降最快，从1991年的71.5%下降到2012年的63.0%。[③] 而15岁正值青少年发育的关键期，8～10小时的充足睡眠对其非常重要，因为睡眠时间不足不仅会影响其大脑的健康发育与认知功能，同时还会减缓人体正常新陈代谢的速度，进而影响青少年的身体健康。

可见，儿童越早形成稳定的睡眠周期，就越能促进儿童的大脑发育，还避免可能发生的精神症状。我们鼓励父母帮助孩子从小养成良好的睡眠习惯，从而保证他们健康和快乐地成长。

充足睡眠帮助儿童巩固记忆

通俗地说，记忆巩固是指学习之后，将学习内容从短时记忆存储到长时记忆的加工过程，记忆巩固之后才能更有效地指导行为。充足的睡眠有助于加强大脑的突触连接，从而巩固记忆。德国吕贝克大学 Gais、Lucas 和 Born 的研究中，实验者给高中生布置一项英语和德语单词的学习作业后，一组高中生第一晚没有睡眠，另一组则正常睡眠。48 小时后，实验者测试学生记得的词汇，发现没有睡眠的学生的平均遗忘率高达 15%，而正常睡眠组则基本不忘。[④]

睡眠与记忆之间有着密不可分的关联，睡眠促进记忆巩固，而记忆巩固的加工过程也帮助保持睡眠。美国布兰迪斯大学的 Haynes、Christmann 和 Griffith 研究了果蝇的记忆巩固中枢——背中部成对神经元（dorsal paired medial, DPM）。他们发现，当 DPM 神经元被激活时，果蝇在进行记忆的巩固，而且此时它们的睡眠时间更长；当 DPM 神经元被抑制时，果蝇则保持着清醒。也就是说，DPM 神经元的激活促进了记忆的巩固，也使得果蝇保持在睡眠状态。[⑤]

信息时代，儿童每天都在接受和学习许许多多的信息，在学校学习不同的科目时，学生需要记住教学的知识点。而教师和家长都希望学生能够记住尽可能多的信息，那么，保证学生充足的睡眠，就能帮助他们巩固记忆，提高学习效果。

睡眠剥夺会影响儿童身心发展

睡眠剥夺（sleep deprivation）是指个体在过去 24 小时内缺失一定时长无干扰的睡眠，也指在睡眠不足情况下认知功能及相应神经活动变化的一种人为限制睡眠的实验研究，时长可从一夜到几十小时不等。[⑥]

睡眠剥夺影响大脑认知功能的健康发展。美国宾夕法尼亚大学 Goel 等研究发现，睡眠剥夺会导致个体的认知加工速度变慢、认知任务的学习减缓、无意识的短暂昏睡等问题[⑦]，从而影响到大脑的注意功能。第二军医大学的彭华等对参与者进行 32 小时的睡眠剥夺实验，并在睡眠剥夺前后进行注意力测试，发现睡眠剥夺后的反应时间明显长于睡眠剥夺前，错误率显著高于睡眠剥夺前，说明参与者在睡眠剥夺后注意力明显下降。[8] 这是因为大脑不同区域的激活会受到睡眠剥夺的影响。

美国宾夕法尼亚大学的 Ma 等人则发现，相比睡眠充足的人，睡眠剥夺个体的大脑不同区域的激活程度都显著减少，包括双边顶内沟、双边脑岛、前额叶皮质和海马回[9]，而这些都是影响个体认知功能的重要脑区。

睡眠剥夺影响儿童的身体健康。葡萄牙里斯本大学的 Paiva、Gaspar 和 Matos 调查了 3476 名八年级到十年级学生在周末和非周末的睡眠时间、体质指数、对于身体健康的抱怨（头痛、背痛、疲劳感等）、与健康相关的生活质量等。18.9% 的学生报告他们在周末有睡眠剥夺的情况，周末的睡眠时间比非周末少 3 个小时以上；37.2% 的青少年有睡眠问题，其中 25.5 的青少年存在入睡困难；随着年龄的增长，存在睡眠剥夺的学生比例也逐渐提高。可见，睡眠剥夺，显著增加了青少年出现头痛、疲劳感、易怒、紧张、脖子肩膀酸痛、头晕等健康问题。[10]

睡眠剥夺对神经细胞造成损害，"补觉"补不回来。美国威斯康星医学院的 Everson 等研究发现，睡眠剥夺会对大鼠的内脏神经细胞造成损伤。研究者将大鼠分为 A 组和 B 组，两组都接受三种不同的处理条件。在第一种条件下大鼠接受部分睡眠剥夺，每天剥夺 35% 的睡眠时间；在第二种条件下接受完全睡眠剥夺；在第三种条件下大鼠维持正常睡眠；试验持续 10 天。A 组的大鼠不能"补觉"，而 B 组的大鼠每天有一段"补觉"时间，10 天下来能累计"补觉"2 天。10 天里，实验者记录了所有大鼠的心脏、肝、肺、脾等内脏器官，发现与正常睡眠的大鼠相比，完全剥夺睡眠和部分剥夺睡眠时间的大鼠的内脏细胞损伤均显著增高，如肠上皮细胞的损伤是正常睡眠大鼠的 5.3 倍；每天有一段"补觉"时间的 B 组大鼠只是减少细胞损伤，而不是避免。[11]

睡眠剥夺与情绪障碍密不可分。美国 J·威廉富布赖特文理学院和美国创伤后应激障碍研究中心的两位科学家研究发现，睡眠剥夺与情绪障碍、焦虑障碍、双向情感障碍、抑郁之间存在显著的相关。[12] 因此，教师和父母不仅仅要关注青少年的睡眠问题，也需要关注睡眠不足背后存在的情绪困扰和情感障碍。失眠问题，可能源于青少年在应对生活、学习压力时过度的情绪反应，而改善睡眠则需要改变其对于焦虑事件的反应。

　　睡眠剥夺影响学生的在校表现。2005年，上海交通大学和美国西北大学、约翰霍普金斯大学联合调查了上海市818名一年级学生的睡眠情况，并在2009年追踪了其中612名学生的睡眠情况和在校表现，包括学习专注、学习动机、学业表现（语文、数学、逻辑）和同伴关系等四个方面。研究发现，在一年级时白天常打瞌睡（睡眠不足）的学生在四年后的学习专注、学习动机和学业表现受到不良影响的可能性分别是睡眠充足学生的1.14倍、1.11倍和1.18倍，且睡眠不足对其学业表现造成了不良影响。因此，教师和家长除了督促儿童不要在周末频繁熬夜外，也要时常关心他们的情绪状况以及他们是否有充足的睡眠时间。

帮助儿童建立良好的睡眠习惯

　　培养一项睡前常规活动。睡前常规活动旨在帮助儿童将某一固定行为与入睡联系起来，从而形成良好的睡眠习惯。睡前活动可以有洗澡、刷牙或者讲故事等。美国圣约瑟夫大学、香港中文大学和新加坡国立大学调查14个国家的10085名0～5岁儿童的母亲，发现睡前常规活动与儿童更好的睡眠状况存在相关。拥有睡前常规活动的儿童的上床睡觉时间更早、入睡时间更短、睡眠持续时间更长，而且半夜醒来的可能性也更低。但是，只有不到一半的母亲报告他们6岁以下的孩子每天晚上都有睡前常规活动。[13]

　　执行科学合理的睡眠时间。儿童的身体发育，既需要营养均衡的膳食，也需要科学合理的睡眠时间。美国国家睡眠基金会专家在数据研究的基础上制定出适合各个年龄段的人每天应有睡眠时间的指南，如下表。[14]教师和家长可以根据各年龄段的睡眠时间合理地对儿童进行睡眠教育。

各年级段适合睡眠时间

年龄段	睡眠时间（小时/天）
新生儿（0～3个月）	14～17
婴儿（4～11月）	12～15

年龄段	睡眠时间（小时／天）
学步儿（1～2岁）	11～14
幼儿园儿童（3～5岁）	10～13
小学生（6～13岁）	9～11
初、高中生（14～17岁）	8～10
青年人（18～25岁）	7～9
中年人（26～64岁）	7～9
老年人（65岁或以上）	7～8

保证睡前不用电子设备。随着智能手机和平板电脑的普及，很多中小学生都有自己的手机或其他电子设备，并且经常在睡觉之前玩，可是他们并没有充分意识到这对自己的危害性。美国康涅狄格大学和耶鲁大学合作研究发现，过度暴露在人工光线中，将会影响人体正常的睡眠周期。他们让两组人在睡前看书，一组使用电子阅读器，另一组阅读纸质书籍。相比阅读纸质书籍，用电子设备阅读的人在睡觉时延迟了褪黑素的分泌，这是因为使用电子设备时发出的蓝光会抑制褪黑素的分泌，从而扰乱人体正常的生物钟。[15]褪黑素是一种人体自身分泌的、有昼夜节律的、可以诱导自然睡眠的激素，如果它的分泌受到抑制，将会影响人的入睡时间和睡眠质量。过度暴露在人工光线中还可能导致癌症、肥胖、糖尿病及其他疾病。

养成午睡的习惯。适当的午睡可以缓解人体午后的疲劳感，提高午后心境状态和觉醒状态，而且短时午睡对于恢复个体健康身心状态也有促进作用。西南大学赵大勇研究发现，在夜间正常睡眠的基础上，20分钟的午睡对恢复午后身心状态的效果最好；要促进记忆巩固，则需要更长时间，因为睡眠周期中第三和第四阶段的慢波睡眠能够促进记忆的巩固。但需要注意的是，午睡不能替代夜间睡眠，也不能完全补偿夜间的睡眠不足。

推迟早晨上课时间。上海交通大学和美国西北大学、约翰霍普金斯大学选取上海市6所具有相似特点的小学（6所学校的日程表相同、学生的社会经济状况和睡眠时间无显著差异）进行基线调查（睡眠、年龄、体重等信息），并将这 6 所学校随机分为 3 组：对照组 2 所、A 干预组 2 所和 B 干预组 2 所。A 干预组的学校日程表推迟 0.5 小时（上午从 7:30 推迟到 8:00；下午从 15:30 推迟到 16:00），B 干预组的学校日程表推迟 1 小时（上午从 7:30 推迟到 8:30；下午从 15:30 推迟到 16:30），对照组学校则保持不变，这项干预从 2007 年 9 月持续到 2009 年 9 月。两年后，干预学校的学生有更长的睡眠时间，并且白天打瞌睡的现象也明显减少，而且这种积极的改变在 B 干预组的效果要优于 A 干预组。可是，对照学校的情况却恰好相反，学生的睡眠时间变短、白天打瞌睡的现象增加。这说明，适当推迟早晨上课时间能够促进学生睡眠情况的改善。

睡眠是人体生理调节和身心健康的重要保证，而且儿童在深睡眠期还会产生和释放对于发育至关重要的生长激素。为保障儿童充足的睡眠时间，教育部门应建立相应的监督机制，杜绝随意增加课时的现象，减轻中小学生的学业负担。学校也应该加强睡眠健康教育，有可能的话开展学校、社区儿童睡眠行为筛查，各方共同努力为儿童营造充足睡眠的条件。

[本文为国家社会科学基金"十二五"规划 2011 年度教育学一般课题"创新人才培养始于人生开端期的研究——基于早期大脑发育规律"（课题批准号：BBA110017）的阶段性研究成果。]

刘文利、魏重政单位系北京师范大学脑与认知科学研究院、北京师范大学中国基础教育质量监测协同创新中心，饶恒毅单位系美国宾夕法尼亚大学医学院神经成像中心

原载于《人民教育》2015 年 20 期

注释：

① Li S, Arguelles L, Jiang F, Chen W, Jin X, Yan C, Shen X. (2013). Sleep, school performance, and a school-based intervention among school-aged children: A sleep series study in China. *PLoS ONE*, 8(7), e67928.

② Steinsbekk S, & Wichstrøm L. (2015). Stability of sleep disorders from preschool to first grade and their bidirectional relationship with psychiatric symptoms.*Journal of Developmental & Behavioral Pediatrics*, 36(4): 243–251.

③ Keyes K M, Maslowsky J, Hamilton A, & Schulenberg J. (2015). The great sleep recession: Changes in sleep duration among US adolescents, 1991–2012. *Pediatrics*, 135(3): 460–468.

④ Gais S, Lucas B, & Born J (2006). Sleep after learning aids memory recall. *Learning & Memory*, 13(3): 259–262.

⑤ Haynes P R, Christmann B L, & Griffith L C. (2015). A single pair of neurons links sleep to memory consolidation in drosophila melanogaster. *eLife*, 4, e03868.

⑥ 刘欢 . 睡眠剥夺影响情绪稳定性的脑网络研究［D］. 西南大学 2014 年硕士论文 .

⑦ Goel N, Rao H, Durmer J S, & Dinges D F. (2009). Neurocognitive consequences of sleep deprivation. *Seminars in Neurology*, 29(4): 320–339.

⑧ 彭华，贺斌，赵忠新，赵明霞，李雁鹏，夏斌，黄流清 . 睡眠剥夺对健康人注意力的影响［J］. 临床神经病学杂志，2009，22（2）：133-135.

⑨ Ma N, Dinges D F, Basner M, & Rao H. (2015).How acute total sleep loss affects the attending brain: A meta-analysis of neuroimaging studies. *Sleep*, 38(2): 233–240.

⑩ Paiva T, Gaspar T, & Matos M G. (2015). Sleep deprivation in adolescents: Correlations with health complaints and health-related quality of life. *Sleep Medicine*, 16(4): 521–527.

⑪ Everson C A., Henchen C J., Szabo A, & Hogg N. (2014). Cell injury and repair resulting from sleep loss and sleep recovery in laboratory rats. *Sleep*, 37(12): 1929–1940.

⑫ University of Arkansas, Fayetteville. (2015, March 25). Sleep loss tied to emotional reactions. *Science Daily*. Retrieved July 23, 2015 from www.sciencedaily.com/releases/2015/03/150325140212.htm.

⑬ Mindell J A, Li A M, Sadeh A, Kwon R, & Goh D Y. (2015). Bedtime routines for young children: A dose-dependent association with sleep outcomes. *Sleep*, 38(5): 717–722.

⑭ Hirshkowitz M, Whiton K, Albert S M, Alessi C, Bruni O, DonCarlos L,⋯ Hillard P J A. (2015). National Sleep Foundation's sleep time duration recommendations: Methodology and results summary. *Sleep Health*, 1(1): 40–43.

⑮ Stevens R G, & Zhu Y. (2015). Electric light, particularly at night, disrupts human circadian rhythmicity: Is that a problem?*Philosophical Transactions of the Royal Society of London B: Biological Sciences*, 370(1667), 2014.

脑科学研究告诉我们母语教学怎样才能更有效

✦ 刘文利 肖 瑶 刘 丽

语言是人类文明的成果，更是信息传递的工具。从群体角度来看，它是人与人沟通的桥梁；从个体角度来看，它是重要的大脑功能。作为儿童最早接触的语言，母语学习会对儿童的情绪情感、第二语言、音乐及数学等多个方面的发展产生影响，对个体一生的发展至关重要。

母语学习对儿童多方面发展产生影响

母语学习影响情绪情感发展

美国哥伦比亚大学通过功能性磁共振成像实验，研究 24 名大学生（平均年龄 21 岁）在不同语言指导下情绪唤起的脑活动。被试依据提示采用三种方式中的一种来观察一幅负性图片中的人物或场景：让被试自然观看、增加感受强度地看（如想象事情是发生在自己身上）、降低感受强度地看（如想象事情会变好）。结果发现，在后两种方式下，被试的脑活动区域与水平有所不同，在增加感受强度的条件下被试的杏仁核活动增强，而如果减小感受强度则被试的杏仁核活动降低。

杏仁核位于大脑的边缘系统，是控制和调节情绪的重要结构。杏仁核活动水平的高低在一定程度上反映了情绪激活的强度。另外，关注人物与关注场景条件下激活的脑区也有所不同，关注人物时激活了与"自我"加工相关的内侧前额叶皮质，如默认的自我参照，将自己带入图片人物所处的状态中；而关注场景时则激活了外侧前额叶皮质，这一脑区与较复杂的认知活动有关。[①] 这说明，即使面对同一幅图片，不同语言指导下的情绪激活是有差别的。

英国萨里大学的一项研究用"情感谈话"的方式测量了4岁和6岁儿童父母与孩子的交流特点。"情感谈话"包括讲故事和回忆两项任务。结果发现，在"讲故事"任务上，母亲比父亲使用的情绪词汇多，且母亲对4岁女儿比对4岁儿子使用的情绪词汇更多；在"回忆"任务上，父亲对4岁女儿比对4岁儿子使用的情绪词汇多。因此，长大后女生比男生对情绪更加敏感、善于表达，也能够更好地处理情绪。可以说，儿童早期接触母语的丰富程度影响了孩子的情绪和智力发展。[②]

英国诺丁汉大学心理学院学者探查语言与情绪之间的关系发现，当被试对语境中正性词汇作判断时，做出"拉"这个动作的反应时间短于"推"的动作；相反，对语境中负性词汇作判断时，被试做出"推"这个动作的反应时间短于"拉"的动作。这是因为人的认知具有自动化加工的特点，正性词汇唤醒了积极情绪和相应的认知，因此能够较快做出接近自己方向的动作；负性词汇的唤醒机制则反之。[③]

由此可见，语言理解具有情感诱发性，在认知驱动下不同的词汇色彩能够诱发相应的情绪反应。对于孩子来说，丰富的母语接触，尤其是那些包含情绪词汇的语言输入能够促进孩子的情绪体验和情感发展。

母语学习促进第二语言学习

关于脑加工母语和第二语言的机制，目前比较有影响的理论是美国密歇根大学学者提出的"同化—顺应"假说。同化假说认为，第二语言学习使用母语学习的神经网络。顺应假说认为，学习第二语言所用的大脑结构和母语学习加工的大脑结构不同，第二语言学习者需要使用顺应第二语言特点的脑结构。说明第二语言熟练度越高越需要使用母语加工的脑区。[④]

湖南湘潭大学赵志敏等人对两组6～9岁和10～12岁学习汉语的儿童的实验发现，在第二语言学习过程中，母语基础不好的6～9岁儿童受到母语的影响是负性的。也就是说，如果这个阶段儿童的母语基础有限，第二语言水平也会受到限制。而 9 岁以上的儿童母语基础达到了较高水平，能够促进第二语言学习。换言之，学好母语是学好第二语言的基础。⑤

俄罗斯喀山联邦大学的一项研究以处于母语学习初级阶段的学生为对象，在教学中充分运用母语的特点，建立母语与第二语言之间语法、词汇的联系并加以区别，结果发现，母语学习能够使学生较快地掌握第二语言。⑥因此，教师在教学中系统地比较母语和第二语言的异同能够使学生有效地掌握外语。

母语与音乐学习息息相关

美国范德堡大学的实验者对 25 位 6 岁儿童的节奏感和形态句法能力等进行了标准化测试，在控制儿童智力水平、社会经济地位等因素后，该研究首次证明节奏感知能力与儿童语言形态句法产生之间的关系。结果发现，音乐和语言加工在神经认知资源上有重叠。⑦从而证明儿童的语言发展和音韵感知具有相关性。

法国艾克斯 - 马赛第三大学让被试在听见非真实单词之前，加入一段简单的音律先导，这段音律可能与该单词的音节匹配，也可能不匹配。结果表明，匹配的先导音律使语言的加工进行得更有效、更快捷。⑧这说明音乐与语言在脑加工机制上存在共通性，音乐对语言加工有着显著的影响。

母语能力与儿童的数学认知相互关联

北京师范大学脑与认知科学研究院在汉语母语加工与数学认知的关系上作了多项研究。结果发现，和加法运算相比，乘法运算更多地激活了大脑的中央前回、辅助运动区和左半球的颞上回。这些区域大多与口语加工，如舌头和咽喉运动的计划和执行有关。也就是说，乘法运算与语言加工息息相关⑨，成人在做乘法运算时更加依赖语言加工⑩。

此外，研究者还选取北京市 1556 名 8 ～ 11 岁儿童完成多项认知任务。结果表明，女生在算术任务（如简单减法和复杂乘法）上的得分高于男生，且在数量比较、数字比较以及填充规律数列、选择反应时（对目标原点出现在屏幕的左、右方位作出选择）以及汉字韵脚判断任务（判断是否押韵）上的表现均优于男生。当控制了汉字韵脚判断的成绩这一变量后，两者在数字加工任务（算术任务、数量及数字比较、填充规律数列等）上的得分并无显著差异，而在一般性认知任务（如选择反应时任务）上的成绩仍存在差异。也就是说，女生在算术方面的优势很可能得益于她们的语言优势。[⑪]

母语学习要抓住重要时期

母语学习既然如此重要，那么应该从什么时候开始对儿童进行母语教育呢？答案是越早越好。研究表明，婴儿时期的个体已经具备了一定的语言感知能力，大脑中也开始了最初的知识体系构建。[⑫]

母语学习具有敏感期，错过将造成不可逆转的损伤

母语学习的敏感期从出生的时候就开始了，如果婴儿在出生后的一年内没有得到母语的适宜刺激，未来的母语学习将受到制约。如果婴儿营养不足或语言输入量不够很可能造成不可逆转的语言能力损伤。因此，这一阶段需要父母加强与孩子的沟通，保障孩子的营养。

美国西北大学的研究者对 1 岁多的婴儿进行了测试。测试材料包括一些婴儿不熟悉的图片，向婴儿成对呈现。每对图片包含一幅动物图片（如"dax"，一种德国猎犬的名称）和一幅无生命物体的图片（如工艺品）。呈现 6 秒后，两幅图片从视野消失，婴儿会听见一个包含该动物名称的新单词"dax"的语句提示，语句有两种可能的形式：一种是具有动作倾向性的，如"dax"在进食，提示这是一个有生命的物体；另一种是无倾向性地陈述"dax"在那里，单单从这一句话难以判断"dax"是有生命或是无生命的物体。在测试阶段，"dax"和工艺品的图片重新出现，婴儿会听见提示音"看着 dax"。结果表明，在有动作倾向性的指示下，婴儿更容易作出正确的选择，即看向德国猎犬的图片。通过多对图片的研究结果均表明，尽管婴儿可能还不会开口说话，但是已经具备了用已知动词（如例子中的"进食"这一动词）来推断新名词（如"dax"）所指代图片的能力。

德国莱比锡马克斯·普朗克人类认知与脑研究所的研究者对 71 名德国婴儿的语言发展能力进行追踪。研究者让婴儿在 4～5 个月时听一组单词，

其中有少量的单词与其他单词的重音不匹配，观察婴儿在这些单词呈现时的脑电活动，并测量了这些儿童在 2～3 岁时的口语能力。结果显示，4～5 个月婴儿的德语单词重音感知水平较好地预测了 2～3 岁时的口语能力。也就是说，口语习得的重音感知基础在 1 岁之前就已经体现出来，并且成为预测 2～3 岁儿童口语发展的重要指标。

以色列特拉维夫大学语言和大脑实验室的研究人员通过对 1 岁以前缺乏语言接触的儿童案例进行分析发现，这些孩子在学龄时期或成人后有着不可逆转的语法障碍。其中，缺乏语言接触的原因包括 1 岁之前生长环境的孤立（如和动物一起长大的野孩子）、听觉障碍或体内大脑发育所需的维生素 B1 不足等。[13] 这些研究有力地证明了早年的语言"输入量"不足直接导致了未来的语法障碍。

小学生母语学习呈现连续性，早期能力影响其后续发展

法国格勒诺布尔第二大学的科学家在一年级开学初对 394 名孩子（平均年龄 6 岁）的听力理解、单词分解和词汇三个方面的表现进行测试，并在学年末选用一篇中等篇幅的文章来测试孩子的阅读理解能力。通过回归分析发现，学年初学生的听力理解和单词解码能力（通过阅读中单词解码的准确性和流畅性来测得）能够显著预测其学年末的阅读理解能力。这为早期阅读困难的风险评估及较早的辅导训练介入提供了参考价值。[14] 如果学校能在一年级开学初对孩子进行各方面语言能力的测量，并利用这基础性的一年时间对有以上几个方面语言能力缺陷的儿童进行及时、有效的干预，或许可以抢得宝贵的干预时间，从而帮助阅读困难学生提升阅读能力。

挪威奥斯陆大学研究了早期语言发展对于儿童未来三年语言发展水平的影响。研究以 43 名 6 岁唐氏症（智力低下、语言能力弱）儿童为研究对象，每隔一年进行一次语法、词汇以及短期口语记忆能力的测查。结果发现，和同龄的正常儿童相比，三次测查中这些儿童的几项语言能力始终落后。进一步分析得知，这些儿童在 7 岁时的语法、词汇、短期口语记忆能力对于 8 岁时的对应能力有着显著的预测作用，预测百分比均达到 69% 以上。也就是说，这些儿童 7 岁时的母语基础较差，影响其一年后的语言发展状况。[15]

北京师范大学的研究人员跟踪测试了 264 名不同家庭儿童的汉字识别、

词汇量及阅读能力，并用分层回归的方式建立儿童语言发展的模型。结果发现，在控制了无关变量后，儿童在初始阶段的词汇基础以及 4 ～ 10 岁的词汇发展速度可以预测其 11 岁时的语文阅读能力。[⑯]

美国弗吉尼亚州立理工大学测量了 436 名双胞胎儿童在 10 岁时的阅读成绩及其在 11 岁时的自主阅读情况。结果发现，这些儿童在 10 岁时的阅读成绩显著预测了其 11 岁时的自主阅读动机及频率[⑰]，从而证明母语能力发展在一定程度上具有持续性。

小学母语教学中教师的重要作用

小学阶段是儿童母语学习的一个重要时期，儿童在这一阶段的母语学习呈现出不同的特征。与中学生和大学生相比，小学生认知程度明显尚低、自我控制能力不足，在母语学习上的表现很大程度上依赖于教师的关注程度和教学方法。因此，教师必须明确自身的主导性角色，在儿童的母语学习中，紧紧抓住字、词、句、段，听、说、读、写整体推进，发挥积极作用。

另外，小学儿童的母语学习呈现出连续性。依据研究中不同年龄对应的大致年级来看，一年级时的语言听力能力、二年级时的口语能力、三年级时的阅读能力以及一至三年级时的词汇发展水平均预测了下一年级的部分语言能力的发展状况。儿童当前的语言和阅读能力发展状况对于其语言和阅读的后续发展产生了影响。

教师应该把握好小学儿童母语学习的这一特征，全面、有侧重地关注儿童的语言发展。另外，由于儿童在入学前就已经有了一定的个体差异，教师需要接纳他们不同的母语基础，并采取不同的教学方式和策略。

教师在阅读中的主导作用不可忽视

教师在儿童母语学习中具有不可替代的作用。研究表明，那些教师较少给予学生阅读训练的班级，学生表现出明显的阅读障碍，学生直到五年级都没有具备自主阅读的能力。因此，教师一定要发挥自身的主导地位，切忌在学生语言学习方面采用"不管不问""无为而治"的态度。

一般认为，基因在儿童的阅读成绩上发挥的作用最大，而环境（包括课堂经历在内）的作用也不容小觑。美国佛罗里达州立大学的一项新研究以来自不同环境学校一二年级280对同卵和526对异卵双生子为被试。结果发现，教师给予学生较多阅读训练的班级，儿童因基因不同存在个体差异；但教师给予学生较少阅读训练的班级，所有儿童的阅读成绩均明显滞后。[18]

美国南卫理公会大学的一项干预研究发现，被诊断为智力缺陷或低智商的一年级儿童在长期的强化指导下能够学会阅读。研究中，干预组由 1 ～ 4 名学生和一名老师组成，每天进行 40 ～ 50 分钟的阅读强化训练。四年后，研究者发现，干预组的学生可以独立地以一年级或更高的水平进行阅读。在词汇、阅读技能上，获得特殊指导的学生显著比对照组表现得更好。[19]该研究给特殊儿童的母语教育带来了希望，在教师关注、强化课程学习的情况下，儿童有提高母语阅读的潜在能力。这告诉我们，不要轻易放弃班级暂时"落后"的学生，给予他们更多的关注能够帮助他们赢得进步。

教师要讲究指导策略

尽管儿童在脑功能方面存在个体差异，但在母语学习的过程中教师给予学生合适的指导方法是非常重要的。

美国德州农工大学的一项汉字研究以 325 名一至三年级中国小学生为被试，比较不同类型汉字的学习难易程度。通过学习和测试，研究者发现，那些有部首且较少笔画的汉字更容易被习得，尤其在汉字有较高视觉复杂性时，部首的易化效应表现得更为明显。[20]因此，低年级语文教师进行识字教学时可以充分利用部首的作用；另外，需要向学生重点强化无偏旁及有复杂笔画字的练习，以加深孩子的记忆。

北京联合大学毛荣建等进行了三四年级听写障碍儿童的认知干预研究。研究采用汉字视觉辨别、形音联结的任务范式。视觉辨别任务包括即时 / 延时视觉辨别任务和图片辨别训练以及字母涂色训练。即时 / 延时视觉辨别任务和图片辨别训练主要考查儿童能否在一组图形中辨别出之前学习过的图形。字母涂色训练是让儿童将四种不同字母涂成规定的四种不同的颜色，每张纸片上写一个字母，含有不同字母的纸片随机排列。形音联结任务包括形音联结训练和形音配对训练。形音联结训练向儿童呈现图形和声音，让儿童判断两者是否匹配；形音配对训练让儿童先学习图片的对应名称，在测试阶段向儿童呈现图片，让儿童说出对应名称。结果发现，视觉辨别、形音联结结合的综合干预比单一的视觉辨别或形音联结干预效果更好，综合干预组儿童在视觉辨别、听写正确率方面均高于单一干预组儿童。[21] 因此，在语文教学过程中，教师应该注重通过汉字的形义、形音的联结训练来提高儿童的汉字记忆和理解。

小学阶段要强调各个学科均衡发展

研究表明，音乐能力不仅是艺术能力的一部分，也是语言发展的重要推动力。教师要重视母语教学与音乐教学的共通性，加强字词的语音教学。同时，建立母语与儿童其他方面发展的联系，如利用母语与音乐元素结合的诗歌教育，提高教学实践的趣味性和创新性。

此外，母语学习和数学学习有一定的关联性。这种关联性表现在乘法运算时对于语言的同步使用以及语言优势对于算术能力的促进作用上。可见，母语和数学学习是彼此影响的。在一定程度上，语言能力的提升有助于数学技能的储备与提高。因此，在儿童发展的早期，多学科均衡发展具有重要意义。

综上所述，中国文化博大精深，母语教育承载的不仅是一门学科的知识，也是对传统文化的继承与发扬。脑与认知科学研究呈现出的母语学习对儿童认知发展的影响和诸多特点，必须引起教育工作者的高度关注。

[本文为国家社会科学基金"十二五"规划 2011 年度教育学一般课题"创新人才培养始于人生开端期的研究——基于早期大脑发育规律"（课题批准号：BBA110017）的阶段性研究成果。]

刘文利、肖瑶单位系北京师范大学脑与认知科学研究院、北京师范大学中国基础教育质量监测协同创新中心，刘丽单位系北京师范大学脑与认知科学研究院

原载于《人民教育》2016 年 01 期

第一辑 脑科学研究开启儿童发展的无限可能

注释：

① Ochsner K N, Ray R D, Cooper J C, Robertson E R, Chopra S, Gabrieli J D E., et al. For better or for worse: Neural systems supporting the cognitive down- and up-regulation of negative emotion. *Neuroimage*, 2004, 23(2): 483–499.

② Aznar A, Tenenbaum H R. Gender and age differences in parent-child emotion talk. *British Journal of Developmental Psychology*, 2015, 33(1): 148–155.

③ Filik R, Hunter C M, Leuthold H. When language gets emotional: Irony and the embodiment of affect in discourse. *Acta Psychologica*, 2015, 156: 114–125.

④ Cao F, Tao R, Liu L, Perfetti C A, Booth J R. High proficiency in a second language is characterized by greater involvement of the first language network: Evidence from Chinese learners of English. *Journal of Cognitive Neuroscience*, 2013, 25(10): 1649–1663.

⑤ 赵志敏. 母语基础对二语习得的重要性研究［J］. 西昌学院学报：社会科学版，2010，22（4）：18–20.

⑥ Khisamova V. Accounting features of the native language in teaching a foreign language. *Procedia - Social and Behavioral Sciences*, 2015, 191: 131–136. 15.

⑦ Gordon R L, Shivers C M, Wieland E A, Kotz S A, Yoder P J, McAuley J D. Musical rhythm discrimination explains individual differences in grammar skills in children. *Developmental Science*, 2014, 18(4): 635–644.

⑧ Cason N, Schon D. Rhythmic priming enhances the phonological processing of speech. *Neuropsychologia*, 2012, 50(11): 2652–2658.

⑨ Zhou X L, Chen C S, Zang Y F, Dong Q, Chen C H, Qiao S B., et al. Dissociated brain organization for single-digit addition and multiplication. *Neuroimage*, 2007, 35: 871–880.

⑩ Zhou X, Booth J, Zhao H, Butterworth B, Chen C, Dong Q. Age-independent and age-dependent neural substrate for single-digit multiplication and addition arithmetic problems. *Developmental Neuropsychology*, 2011, 36(3): 338–352.

⑪ Wei W, Lu H, Zhao H, Chen C S, Dong Q, Zhou X L. Gender differences in children's arithmetic performance are accounted for by gender differences in language abilities. *Psychological Science*, 2012, 23(3): 320–330.

⑫ Friedmann N, Rusou D. Critical period for first language: The crucial role of language input during the first year of life. *Neurobiology*, 2015, 35: 27–34.

⑬ Lee H, Chen R, Lin Y, Yang Y, Huang C, Chen S. The written language performance of children with Attention Deficit Hyperactivity Disorder in Taiwan. *Research in Developmental Disabilities*, 2014, 35: 1878–1884.

⑭ Gentaz E, Sprenger-Charolles L, Cole P. Reading comprehension in a large cohort of French first graders from low socio-economic status families: A 7-month longitudinal study. *PLoS ONE*, 2013, 8 (11): e78608.

⑮ Nss K B, Lervag A, Lyster S H, Hulme C. Longitudinal relationships between language and verbal short-term memory skills in children with Down syndrome. *Journal of Experimental Child Psychology*, 2015, 135: 43–55.

⑯ Song S, Su M, Kang C, Liu H, Zhang Y, McBride-Chang C, ···, Shu H. Tracing childrents vocabulary development from preschool through the school-age years: An 8-year longitudinal study. *Developmental Science*, 2015, 18(1): 119–131.

⑰ Harlaar N, Deater-Deckard K, Thompson L A, DeThorne L S, Petrill S A. Associations between reading achievement and independent reading in early elementary school: A genetically-informative cross-lagged study. *Child Development*, 2011, 82(6): 2123–2137.

⑱ Taylor J, Roehrig A D, Hensler B S, Connor C M, Schatschneider C. Teacher quality moderates the genetic effects on early reading. *Science*, 2010, 328(5977): 512–514.

⑲ Allor J H, Mathes P G, Roberts J K, Cheatham J P, Al Otaiba S. Is scientifically based reading instruction effective for students with below-average IQs?. *Exceptional Children*, 2014, 80(3): 287–306.

⑳ Kuo L, Li Y, Sadoski M, Kim T. Acquisition of Chinese characters: The effects of character properties and individual differences among learners. *Contemporary Educational Psychology*, 2014, 39: 287–300.

㉑ 毛荣建，刘翔平.听写障碍儿童汉字学习的认知干预研究［J］.中国特殊教育，2012（5）：58–63.

脑科学研究对学好第二语言的启示

✦ 刘文利　肖　瑶　刘兰芳

随着中国融入世界大家庭，儿童的第二语言学习越来越受到家庭、学校及社会的重视。对儿童来说，第二语言不仅是一种交流工具，还可以促进儿童脑功能的完善，在认知、行为等多方面影响儿童的发展。

学习第二语言促进儿童脑与认知能力的完善

研究发现，第二语言学习对儿童早期的认知发展具有推动作用。具体表现为：与单语儿童相比，双语儿童在认知、注意及控制等多方面表现出优势。

双语学习对儿童认知发展的促进作用，主要表现在注意控制能力的发展及解决问题的能力和创造力的开发。[1] 近期，加拿大麦吉尔大学的研究肯定了第二语言学习者在认知和执行功能方面的优势[2]，德国哥廷根大学的研究也指出，第二语言掌握的熟练程度直接影响儿童认知和执行功能方面的表现[3]。

新加坡国立大学的一项研究发现，双语婴儿在早期具有认知优势。研究者向婴儿展示一只熊或一只狼的彩色图片。对多数婴儿来说，熊的形象是熟悉的，而狼的形象是生疏的。视觉适应性（婴儿注视时间越短，表示越容易厌烦）范式的研究结果发现，双语婴儿比单语婴儿更快地对熟悉的图片感到厌烦，对新奇的图片表现出兴趣。事实上，婴儿对熟悉图片的厌烦速度以及对新奇事物的偏好比率是他们在概念信息、非语言认知、表达和接受性语言以及 IQ 测试中表现的一个公认预测指标。在一定程度上，婴儿更快地对熟悉图片产生厌烦、对新奇图片感兴趣，表明其在认知方面具有更突出的接受能力。也就是说，与单语者相比，双语者在婴儿时期就表现出更高的认知潜力。④

以色列海法大学的研究人员测试发现，双语者在学习第三种语言时比单语者更有优势，更能轻松达到精通的程度。研究中，实验者挑选两组以色列 6 年级学生作为样本，让他们学习一门外语。第一组的 40 名学生是来自苏联的移民，其母语是俄语，同时可以流利地说希伯来语作为第二语言；第二组的 42 名学生均是本土希伯来人，除了说希伯来语，无法流利说出其他语言。这些学生的学校均开设英语课程。研究人员同时对两组学生进行希伯来语和英语测试，并给第一组学生增加了俄语测试。在比较和综合分析这些测试结果之后，研究人员发现，第一组学生英语的写作、拼写、词态（单词在不同语句中变化成的不同形态）的均分高出第二组学生 20% 以上。也就是说，儿童越早掌握第二语言越能促进新语言的学习。这是因为他们在学习第二语言的过程中熟悉了接受新语言的方式，同时第二语言促进了他们的认知能力，因此能够更快地学会新语言。⑤

美国西北大学的一项研究证明，不同水平的第二语言经验对于皮层下的听觉加工有着不同的影响。实验选取两组 7 ～ 9 岁的被试，其中一组从出生开始同时学习西班牙语和英语，另一组儿童 4 岁之前是西班牙语单语者，4 岁开始学习英语。研究向儿童交替呈现合成音节 "ba" "ga"，并记录被试的听觉脑干反应，反应结果在一定程度上体现了听觉敏感度和脑干听觉通路的神经传导功能。结果表明，从出生开始学习两种语言的儿童比相继学习两种语言的儿童具有更高的听觉基础频率，这一频率的高低决定了音高知觉的灵敏度和在嘈杂环境中集中注意听目标对象说话的能力。因此，儿童第二语言早期的经验水平能够提高其听觉神经系统的适应性。⑥

美国华盛顿一家儿童发展机构对幼儿园到 8 年级儿童成绩发展轨迹的分析表明，和本地的英语儿童学习者相比，将英语作为第二语言学习的儿童在学习方法、自我控制和外化行为方面在幼儿园时均优于本地儿童，而他们的社会行为发展也呈现出更良好的曲线。⑦

西班牙格拉纳达大学的研究者发现，无论是形状还是空间记忆任务，与单语儿童相比，双语儿童的反应更迅速、准确率更高，双语儿童更具短时记忆优势。[8]

多种因素影响第二语言学习

针对不同年龄阶段第二语言学习者展开的研究发现，影响第二语言学习的因素是多方面的，包括婴儿时期的目光转移能力、儿童第二语言的接触量、母语基础以及情商等。

美国华盛顿大学对10个月的单语英语儿童的研究证明，婴儿的目光转移（一种社交互动能力，即婴儿与说话者的目光交流以及看向说话者看着的物体）对于第二语言学习具有促进作用。实验中，西班牙语教师在这些儿童面前读书或是玩玩具，记录儿童的行为和脑电数据。结果表明，事件相关电位的数据反映婴儿目光转移能力越强，他们对于第二语言的语音感知能力越好。这可能是因为在互动过程中，儿童获得了更多的信息，因此能够在第二语言的测试上表现更佳。[9]

儿童第二语言的接触量会影响第二语言掌握程度。土耳其学者对一个3岁男孩进行了个案研究，男孩的母亲是土耳其人，父亲是美国人。从出生开始，父母就为这个孩子营造双语环境。该研究测试了这个男孩的接受性词汇——听、读等接受性活动中能够理解的词汇和产出性词汇——说、写等活动中能够正确使用的词汇在两种语言上量的比较。结果发现，接受性词汇两种语言的表现几乎相同，而在产出性词汇上，男孩在英语上的表现显著优于在土耳其语上的表现（产出的正确词汇率分别是96%和67%）。这是由于他近四个月都住在美国，除了父亲外，他接触的大部分家人也跟他说英语，儿童对一种语言的掌握情况很大程度上取决于儿童在该语言上的接触量。[10]

打好母语基础对于儿童的第二语言学习有巨大的促进作用。新加坡南洋理工大学吴英成等提出，在第二语言的教学设计和实践课堂上，应充分借助第一语言手段，有意识地引导学生对第一语言、第二语言进行对比，以深化理解、加强表达。[11]另一研究直接证明了第二语言学习水平与母语联系程度相关。英国华威大学的一项研究比较了435名6个月到7岁英语和双语（除英语外，还学习了日语或汉语、西班牙语等）儿童在语言词汇上的加工特点。结果发现，相同年龄单语者的英语单词习得比例高于双语者，意味着他们在英语概念上理解得更快，然而双语者在学习新单词时比单语者表现出更高的联系效应。这说明双语者在学习一种语言单词的意义时，会同时联系它在另一种语言上翻译的单词意义。也就是说，一种语言的加工促进了另一种语言的加工。[12]

伊朗伊斯兰阿萨德大学研究者进行了情商对于学习策略选择的影响研究。研究中，100 个平均年龄为 24.4 岁的伊朗语学生填写情商测量与英语语言学习策略的调查问卷。结果发现，情商与第二语言学习策略的相关性达到显著水平。情商高的学生使用的策略比情商低的学生更多更频繁，他们更多地使用认知（如练习、分析和推理等）、元认知（如确定重点，安排和计划学习，评价学习效果等）、社交（如提问、合作等）和补偿策略（如积极猜测，克服说和写的不足等）。[13] 由此可见，较高的情商有利于第二语言学习策略的掌握。

研究表明，儿童在第二语言上的接触量通常比以该语言为母语的儿童少，这种接触量的差异给儿童的第二语言学习带来了挑战，影响了词汇数量，也使第二语言学习者难以有效运用语义环境信息，难以在该语言上达到与母语学习者相同的水平。

美国纽约大学的一项纵向调查，跟踪了从幼儿园到小学五年级儿童的学习发展轨迹。这些儿童包括以英语为母语的本地儿童和以英语为第二语言的儿童。结果发现，这些以英语为第二语言的儿童的数学成绩与本地儿童的差距在五年级时充分缩小，但是一直到五年级语言成绩依然显著低于本地儿童。[14] 说明即使在幼儿时期开始接触英语，第二语言晚学者依然很难达到该语言的母语学习者水平。

如何才能学好第二语言

研究表明，第二语言学习能促进儿童注意、记忆等方面的发展，无论是教师还是父母，都应该重视儿童第二语言的学习。但由于儿童学习第二语言的起步时间较晚以及第二语言与母语学习加工上的区别，第二语言学习对于儿童来说无疑也是挑战。作为教育者，必须清楚地认识到第二语言学习对儿童发展的重要性，并和儿童一起积极应对面临的挑战，促进儿童的第二语言学习。

尽早让儿童接触第二语言。虽然关于第二语言学习是否存在特定的敏感期，以及敏感期的年龄，该领域的研究并未达成一致结论，但不可否认的是，错过了较早年龄的第二语言接触，会让儿童学习第二语言变得更为困难；加上第二语言和母语学习脑机制方面的差异，很多母语加工的技能不能得到很好的迁移。因此，在儿童较小的时候，父母应该关注儿童的第二语言发展，尽可能为孩子创造机会接触第二语言，即使不能提供给孩子像母语一样的环境，也可以适量地让孩子听一些外语单词，教孩子认读一些外语单词，让孩子在早年拥有外语的基础感知，有利于在学校的第二语言学习取得进一步发展。

增加儿童接触第二语言的机会。第二语言接触量对于儿童的第二语言学习水平影响较大。的确，语言作为一套符号系统，有一定的变化和灵活性，但同时又是依托于词汇、句法而存在的。从这个意义上来说，语言学习是积累的过程，需要长期的、足够的接触语言的时间。因此，教师需要作好长期计划，努力创造儿童可以了解、接触、练习第二语言的环境，如让儿童每天锻炼一点口语，多熟悉一些单词，多阅读一些带有该语言文化内涵的文章，让儿童体验语言中所蕴含的文化魅力，并学会用第二语言交流，使儿童的第二语言水平稳步提升。

激发儿童学习第二语言的兴趣。研究表明，和单语儿童相同，双语儿童更喜欢和那些用本地口音说母语的同伴交谈，而非和外地口音的同伴交谈。可见，在言语交流对象的选择上，儿童都表现出对熟悉口音的偏好。[15] 因此，培养儿童的好奇心，让他们产生与其他语言者交流的兴趣是儿童主动寻求第二语言学习机会、提高第二语言水平的前提。学校可以通过改善校园环境、教学组织，加强与儿童父母的沟通，强化儿童学习第二语言的兴趣，提高儿童的第二语言学习水平。

选择合适的学习方法。第二语言的教学不应该是刻板的教学。在教学过程中，教师应该考虑教学方法的适切性，努力使儿童的注意力、记忆力等能力得到最大程度的发展。如培养儿童的兴趣，以夸张、幽默的方式来吸引儿童的注意力；告诉儿童一些记忆单词、语法的技巧，让他们学会结合、比较和思考，使学到的知识更加牢固。

另外，对于同一语言来说，将其作为第二语言来学习的人在该语言上取得的成绩往往不及这一语言的母语学习者，这也是第二语言学习的一个瓶颈。因此，教师应该关注第二语言学习的难点，并且运用母语学习和第二语言的联系，力求突破瓶颈。在第二语言课堂上，教师可以适当地使用母语，一方面向儿童阐明两种语言在语法、词汇上的联系，帮助儿童更快地将第二语言的知识点融入自身的知识架构体系，另一方面要强调两种语言不同的地方，使儿童在学习第二语言时不过多受到母语习惯的影响从而带来混淆。⑯

脑科学研究用事实告诉我们，第二语言教学对于教育者来说责任与挑战并存，教师要深刻认识到第二语言学习对于儿童脑功能完善的促进意义。尽早、尽多地让儿童接触第二语言，同时结合儿童发展特点，采用合理的教学方式，引领儿童的第二语言学习。

[本文为国家社会科学基金"十二五"规划 2011 年度教育学一般课题"创新人才培养始于人生开端期的研究——基于早期大脑发育规律"（课题批准号：BBA110017）的阶段性研究成果。]

刘文利、肖瑶单位系北京师范大学脑与认知科学研究院、北京师范大学中国基础教育质量监测协同创新中心，刘兰芳系北京师范大学脑与认知科学研究院

原载于《人民教育》2016 年 01 期

注释：

身体教育学

① 龚少英. 双语学习与儿童认知发展关系述评［J］. 中国教育学刊,2005(4)：40–42.

② Baum S, Titone D. Moving toward a neuroplasticity view of bilingualism, executive control, and aging. *Applied Psycholinguistics*, 2014, 35(5): 857–894.

③ Susan C. Bobb, Wodniecka Z, Kroll J F. What bilinguals tell us about cognitive control: Overview to the special issue. *Journal of Cognitive Psychology*, 2013, 25(5): 493−496.

④ Singh L, Fu C S L, Rahman A A, Hameed W B, Sanmugam S, Agarwal P., et al. Back to basics: A bilingual advantage in infant visual habituation. *Child Development*, 2015, 86(1): 294−302.

⑤ University of Haifa. Bilinguals find it easier to learn a third language. *Science Daily*. 2011, www.sciencedaily.com/releases/2011/02/110201110915.htm.

⑥ Krizman J, Slater J, Skoe E, Marian V, Kraus N. Neural processing of speech in children is influenced by extent of bilingual experience. *Neuroscience Letters*, 2015, 585: 48−53. 31.

⑦ Halle T, Hair E, Wandner L, Mcnamara M, Chien N. Predictors and outcomes of early versus later English language proficiency among English language learners. *Early Childhood Research Quarterly*, 2012, 27: 1−20.

⑧ Morales J, Calvo A, Bialystok E. Working memory development in monolingual and bilingual children. *Journal of Experimental Child Psychology*, 2013, 114(2): 187−202.

⑨ Conboy B T, Brooks R, Meltzoff A N, Kuhl P K. Social interaction in infants' learning of second-language phonetics: An exploration of brain-behavior relations. *Developmental Neuropsychology*, 2015, 40(4): 216−229.

⑩ Sakırgil C. The differences in the receptive and productive vocabulary size of a bilingual boy speaking English and Turkish. *Procedia-Social and Behavioral Sciences*, 2012, 69: 977−983.

⑪ 吴英成，林惜莱. 语言本体与第二语言教学接口："语言本体知识及其教学"理论与实践［J］. 海外华文教育，2011（1）：12−19.

⑫ Bilson S, Yoshida H, Tran C D, Woods E A, Hills T T. Semantic facilitation in bilingual first language acquisition. *Cognition*, 2015, 140: 122−134.

⑬ Zafari M, Biria R. The relationship between emotional intelligence and language learning strategy use. *Procedia-Social and Behavioral Sciences*, 2014, 98: 1966−1974.

⑭ Han W. Bilingualism and academic achievement. *Child Development*, 2012, 83(1): 300–321.

⑮ Souza A L, Byers-Heinlein K, Poulin-Dubois D. Bilingual and monolingual children prefer native-accented speakers. *Frontiers in Psychology*, 2013, 4: 953.

⑯ 贾黎 . 母语在二语习得课堂中的应用 [J] . 读与写：教育教学刊，2009，6（5）：33–34.

脑科学告诉我们艺术教育有多重要

✦ 刘文利　赖珍珍　南　云

脑与认知神经科学研究表明，人通过视觉、听觉、嗅觉、味觉、触觉等多种感觉器官来接收外界各种信息。不同信息由人体不同的"信息通道"进入大脑，激活不同脑区，形成不同的思维表征。艺术学习与创造的过程"滋养"了包括感觉统合、注意、认知、情绪及运动等神经系统，促进大脑的发育。因此，义务教育阶段必须对艺术教育给予高度重视。

没有艺术的教育是不完整的教育

艺术教育不但可以提高儿童的艺术素养，增强儿童对艺术带来的愉悦与美的丰富感受，而且还对儿童的多方面能力发展具有非常积极的作用。

增强儿童的认知系统，发展儿童的认知能力。美国斯坦福教育研究院的艾斯纳教授认为，艺术学习可以提高学生体验联系能力、观察能力、解决问题能力、判断能力及想象力。音乐通过刺激神经激活模式来帮助我们思考，这些神经激活模式整合并联结了多个脑区。同步神经元集合可以提高脑的信息加工效率和效果，音乐能刺激大脑活动并使之协调一致。脑电研究表明，比起那些没有音乐经验的儿童，有音乐经验的儿童对乐音的听觉刺激变化更加敏感，会产生更强的脑电波变化。还有研究表明，音乐家比非音乐家更擅于整合来自多个感觉通道的信息。

美国西北大学 Kraus 等人研究了 100 多名芝加哥地区的儿童，请这些儿童根据听到的声音敲打手中的节拍器。结果表明，儿童跟随音乐节奏敲打节拍器的准确率与儿童对目标音节的反应准确性一致。儿童的阅读能力、打节奏的能力与大脑对声音的反应一致性之间有联系，音乐节奏能力与非音乐领域特别是与语言能力的提高有关。

美国西北大学的一项研究显示，高中的音乐训练有助于改善学生大脑对声音的响应及其听觉和语言技能。研究者招募了美国芝加哥地区的 40 名高中新生，让近一半的学生参加乐队课程，每周在学校接受 2～3 小时的群体乐器训练，而其他人则参加初级预备役军官训练团，在与音乐组相似的时间段进行锻炼活动。三年后研究发现，预备役军官训练团组表现出大脑皮层下言语响应一致性逐渐衰退的模式，接受音乐训练的学生没有表现出这类衰退，表明音乐训练促进了听觉皮层的成熟。所有的受试者都改善了与声音结构意识有关的语言技能，但是参加音乐课学生的改善更为明显。

美国范德堡大学的研究者测试了 6 岁儿童的音乐韵律感知能力、语音意识、语法能力、非言语认知能力。研究表明，音乐节奏感和语音意识与语法能力有关，在音乐节奏任务中表现好的被试在语法任务中能取得更好的成绩。

美国佛蒙特大学研究人员发现，乐器演奏训练能够帮助儿童专注、控制情绪和减少焦虑。音乐演奏需要儿童控制和协调各项运动，能够影响大脑的运动区，甚至改变大脑中调整行为的区域。音乐训练会影响与执行功能有关的脑区的皮质厚度，而执行功能与工作记忆、注意控制、计划组织能力相关。

还有研究表明，书法训练也能提高儿童的认知能力。华东师范大学周斌等人采取整群随机抽样的方法，在上海市某小学随机抽取两个四年级班作为实验班，开展书法练习干预训练；同时在该校同一年级选取一个平行班，不进行任何干预，作为研究的控制班。每周两节毛笔书法训练课，并布置一定量的书法练习作业，干预时间持续两年，在干预前后测试书法训练对儿童多元智力发展的影响。结果表明，书法练习对学生的数学、语言、运动、音乐和内省智力均有促进作用。[①]

培养儿童的创造力。人脑左右两个半球的功能具有不对称性。左脑主要控制右侧机体的感觉和运动，主管语言、书写、抽象的分类、数学运算和逻辑推理等，承担逻辑思维、分析思维、习惯性思维的功能，被称为"数字脑"。右脑主要控制左侧机体的感觉和运动，主管空间认知、音乐的感知与欣赏、图形识别、综合记忆和接收其他非语言的信息，即侧重听觉、视觉、舞蹈的审美感知，承担创造性思维、形象思维、综合性思维的功能，被称为"艺术脑"。此外，由于胼胝体的作用，大脑左右半球能够互相协调、互相配合、互相补充。任何复杂的心理活动，如艺术活动、科学活动都必须依赖大脑两半球不同功能的互补和协调才能完成。在艺术学习和创造过程中，左右脑共同发挥作用，一方面靠逻辑思维形成概念，一方面发挥想象、联想等形象思维功能，促进大脑两半球的联结，培养充满创造力的人。可以说，艺术活动会提升所有参与者的创造性。

美国休斯敦大学的研究人员主张将艺术教育与科学、技术、工程和数学教育相结合，这样做不仅能提高学生的创造性思维和问题解决能力，也能让学生更好地学习和理解科学和数学。

香港做过一个为期一年的教师与艺术家合作项目，参加此项目的有790名儿童、217名家长和65名教师。其间，艺术家至少要提供60个小时的在校服务，给教师提供培训或在艺术教育课堂上提供帮助。每个学校选择戏剧、视觉艺术、戏剧与视觉艺术结合三种艺术形式中的任意一种。研究发现，经过一年艺术教育后，孩子的语言和形象创造力都得到了提高。[②]

激发儿童的学习动机。儿童的学习动机决定他们是否愿意在某一特定想法上采取行动。学习动机影响出勤率、学校气氛和辍学学生数量。如果学生在学校长期体验失败，会导致"习得性无助"，即某种长期且严重的、对环境适应的不良状态。与其他课程相比，手工、制图、建构、戏剧艺术、安装物体、田径运动等对学生更加具有吸引力。还有一些活动能很好地调动学生参与的积极性，如舞蹈、戏剧表演、戏剧创作等。这些活动能帮助学生在原因和结果之间重新建立联系，增强学生的专注能力并改善其注意状态，促进学生自我动机的形成，因此可以减少"习得性无助"现象的出现。

提高儿童的学业成绩和学科成就。艺术教育对学生的学业成绩和学科成就有显著影响。很早就有科学家肯定艺术教育的重要性，指出在快速发展的社会环境中要想获得成功，艺术教育是必要的，与其他学科相比，艺术教育能帮助人们取得更高的成就。

　　欧美发达国家都很重视艺术教育。依据以脑科学为基础的学习理论及有关儿童认知神经发展的研究，美国图森联合学区发起了"艺术开启大脑"运动，将艺术教育与学科教学进行整合，从而提高学生的学习成绩。项目发起人之一琼·阿什可拉夫特认为，每所小学都应该提升艺术课的比重，因为艺术对于提高学生学习成绩、改进薄弱学校有重大作用。"艺术开启大脑"项目运用音乐、戏剧、舞蹈、视觉艺术辅助阅读、写作、数学和科学的教育，每个学校雇用1个综合艺术专家和7个艺术家，这些艺术家与教师一起工作，通过艺术教育支持核心内容的教学。此外，学生还学习小提琴和管弦乐器等的演奏。这样的教育从幼儿园一直延续到八年级，一个学年36个星期，每周两节课，一节课30分钟。"艺术开启大脑"项目校的学生在阅读、数学、写作等科目上的考试成绩明显高于对比校的学生。"艺术开启大脑"学校的教师在所有指标上都表现得更好，包括教学设计、整合艺术的教学以及对各种学习活动的创造性使用等。[③]

　　研究表明，艺术能力与较高的大学入学分数之间有一定相关。美国大学委员会报告说，1999学年，参加艺术课程的学生分数高于其他人。在大学入学测试中，学习摄影、艺术欣赏和艺术设计（摄影与电影制作的分数接近或相同）的学生取得了高出平均分47分的数学分数，而语言分数则高出31分。2000学年也得到了类似的结果。[④]

　　改善儿童的情绪智力。情绪智力是在现实中获得成功的关键因素之一。艺术教育包含了情感教育，艺术作品中蕴藏强烈的感情因素，在艺术教育过程中通过艺术作品形象表达出来的思想情感最能打动学生，可以达到"以情动人"的教育效果。通过戏剧表演等方式可以训练和发展学生的移情能力，让学生在模仿中体验角色的思想感情，学习不同角色间的交往方式，学会从他人的角度看问题，认识和理解不同角色的义务和职责，学会体谅别人，宽容他人，进而使同情心、责任心得到发展，逐步养成互相帮助的良好品德，并将负面的道德情绪体验转化为积极、健康、肯定性的亲社会行为。如在戏剧表演中，通过讨论、排练、演出等，学生学会站在别人的立场思考问题，从而采纳别人的观点，学会交流、合作与分享。

　　相对科学学习，艺术学习具有更大的灵活性。艺术学习没有统一的标准答案，不论是鉴赏作品还是自己创作，每个人都可以有不同的见解，没有正误之分。艺术学习有助于学生理解过去和现在的人类经验；学会接受和尊重不同的人、不同的思维方式和做事习惯；运用艺术的方式处理生活中的各种处境；处理没有标准答案的情境，有效解决问题；分析非语言交流；评论艺术创作；使用多种方式交流想法和感受，更清晰有力地表达自己。

促进儿童的亲社会行为发展。斯洛文尼亚的一项研究发现，艺术干预能促进儿童亲社会行为的发展。[⑤] 研究者与教师和外聘艺术家合作，对实验组开展艺术教育干预，学习内容包括音乐、舞蹈、戏剧、文学等，而控制组不参与这些活动。研究发现，在亲社会行为和道德倾向方面，艺术教育组的儿童对挫折表现出更大的承受能力，更加倾向于和谐地处理同伴间的矛盾，与同伴相处时表现出更多的亲社会行为，与同伴和老师的合作更加融洽，表现出更强的适应性。另一方面，与对照组相比，艺术组儿童表现出较少的沮丧、焦虑、孤独和无助。研究者认为，艺术实践不仅提升儿童对艺术的感受能力和对美的想象力，而且为儿童提供了一种将艺术与现实生活联系起来的可能性，并且能提高认知判断能力，对儿童倾听同伴的想法、重建自己的想法和概念有积极的影响。

德国的 Kirschner 和 Tomasello 研究了团体的音乐创作活动是否影响儿童的互助与合作行为。实验组在完成任务前需参加 3 分钟的联合音乐活动，包括两人一起唱歌、跳舞和敲打乐器，而控制组在这 3 分钟也进行互动，但不是音乐活动。联合音乐活动或互动活动结束后，每组的儿童需要完成两个任务，分别测试儿童之间的互助行为和合作解决问题的行为。结果发现，与没有进行联合音乐活动的儿童相比，完成联合音乐活动的儿童更愿意帮助对方完成任务，也更频繁地自发合作解决问题。[⑥]

剑桥大学的 Rabinowitch 等人研究了音乐团体交互活动对儿童同理心的影响。音乐小组互动项目实验组儿童参加一学年的音乐互动游戏和任务。控制组儿童也同时完成一些相似的游戏和任务，但是不涉及音乐。在项目开始前和结束后测量儿童的同理心。研究发现，一学年后，实验组儿童的同理心分数显著提高，也显著高于控制组。由此说明，游戏过程跟音乐互动结合在一起，可以促进儿童积极的社会情绪能力的发展。[⑦]

何为艺术教育的正途

树立正确的艺术教育观。很多教师和父母对艺术教育功能的认识存在局限性，把艺术教育促进儿童创造性发展的作用看得过于简单和肤浅，盲目追求立竿见影的教育效果，而不考虑艺术教育所具有的长期的、潜移默化的影响。儿童艺术赛事的功利性对父母、孩子和教育机构产生了很大的误导，很多父母和学生为了中考、高考而刻意培养学生的艺术特长。

应该指出的是，艺术的效果不是直接生效的，其价值主要来自内在的经验或行动。艺术活动不是高效率的活动，我们不应将注意力放在短期的效率上。艺术教育发展的是那些需要经过长年累月的调整才能发展完善的神经系统，从认知能力到创造能力及情绪智力都要经过长时间的累积和沉淀才会有明显的改善，对儿童的艺术教育绝不能急功近利。

激发儿童对艺术的兴趣。艺术教育中的拔苗助长表现在教师要求儿童学习抽象复杂的艺术知识，而不是让儿童凭自己的兴趣去喜欢某件物品或不喜欢某件物品。儿童感兴趣的可能是某个具体的艺术品，而不是一般的艺术概念。在观察艺术品的过程中，培养儿童感官的灵敏性，使之养成观察的习惯，发展对艺术的持久兴趣。

在学校的艺术课上，一些教师的教育行为往往是从刻板的教育计划出发，机械地灌输艺术知识，而不是以学生为中心，体验孩子的愿望和想法，根据学生的真正兴趣来教学，使得艺术教育形式化。这样的艺术教育不仅不能促进儿童各方面发展，反而削弱了儿童天生的创造性。艺术教育必须改变这种状况，以激发学生学习艺术的兴趣并长期保持这样的兴趣为主要目标。

为农村儿童提供充分的接受艺术教育的机会。教育资源分配不均一直是我国教育公平面临的主要问题之一。由于受各方面条件限制，农村儿童获得的基础教育资源少于城市儿童，艺术教育资源更是如此。艺术在儿童认知发展和社会性发展方面有着独特的作用，如果能够给农村儿童提供充分的接受艺术教育的机会，对于他们各方面均衡发展，对于解决教育公平问题，可以起到重要的推动作用。

改变对儿童艺术创作的评价方式。教育系统关注艺术测试分数，导致学生减少对艺术的投入，而将注意力放在争取更好的分数上。如何让孩子更好、更快、更有效地接受艺术教育？我们认为，应该让儿童自己多体验，启发他们的创造性思维。保护儿童的创造动机和创造兴趣是培养儿童创造力的重要基础。在培养儿童创造能力的过程中，不应只看重儿童的创作结果，更不能以成人的角度和评价标准来评价儿童的创作成果，而应关注儿童的创作兴趣、自信、想象和思考，并积极引导和鼓励儿童。

没有艺术的教育是不完整的教育。通过艺术教育，开发儿童大脑潜能，为培养高素质创新人才打下坚实的基础。艺术所带来的益处既有深度又有广度。正如那份划时代的报告《变革的捍卫者》所指出的：艺术教育可以提升成就感和幸福感，挖掘学习潜能，提高自尊、成绩、社会参与及交流技巧。但是艺术活动必须得到恰当的设计、整合及充分的支持。[8]我们希望更多的学校把艺术教育作为儿童发展的重要需求和培养未来人才的有效手段，为发掘人的创造性资源服务。

[本文为国家社会科学基金"十二五"规划 2011 年度教育学一般课题"创新人才培养始于人生开端期的研究——基于早期大脑发育规律"（课题批准号：BBA110017）的阶段性研究成果。]

刘文利、赖珍珍单位系北京师范大学脑与认知科学研究院、北京师范大学中国基础教育质量监测协同创新中心，南云单位系北京师范大学脑与认知科学研究院

原载于《人民教育》2016 年 17 期

注释：

① 周斌，刘俊升，刘柏涛. 书法练习对儿童多元智力发展的影响［J］. 心理科学，2010（6）：1509-1511.

② Hui A N N, He M W J, Ye S S. Arts education and creativity enhancement in young children in Hong Kong. *Educational Psychology*, 2015, 35(3): 315-327.

③ Opening Minds through the Arts. Available:http://www.tusd1.org/contents/

depart/oma/index.asp.

④ College Board. The College Board: Preparing, inspiring, and connecting (on line). Available: http://professionals.collegeboard.com/gateway.

⑤ Krofli R. The role of artistic experiences in the comprehensive inductive educational approach. *Pastoral Care in Education*, 2012, 30(3): 263–280.

⑥ Kirschner S, Tomasello M. Joint music making promotes prosocial behavior in 4-year-old children. *Evolution and Human Behavior*, 2010, 31(5): 354–364.

⑦ Rabinowitch T C, Cross I, Burnard P. Long-term musical group interaction has a positive influence on empathy in children. *Psychology of Music*, 2013, 41(4): 484–498.

⑧ Fiske E B. Champions of change: The impact of the arts on learning. *Arts Education Partnership & the President's Committee on the Arts & the Humanities*, 1999.

从脑与认知神经科学视角看儿童道德发展和教育

✦ 刘文利　魏重政　刘　超

道德是儿童自身发展的需要，也是人类文明进步的保障。6 ～ 18 岁是道德教育的重要阶段，此时的儿童正处于身心快速发展期，在参与社会生活的过程中逐渐形成自己的思想、价值观，迫切需要父母和教师的正确引导与帮助，从而促进儿童全面健康的道德发展。

儿童的道德发展具有阶段性特征

在道德发展过程中，儿童会逐渐学习社会生活中的道德规范，在社会化过程中逐渐习得道德准则，同时以这些准则指导自己的行为。关于儿童的道德认知发展，主要有皮亚杰的道德发展两阶段理论和科尔伯格的道德推理阶段理论。

皮亚杰的道德发展两阶段理论。皮亚杰主要研究了 4 ～ 12 岁儿童的道德观念，认为儿童的道德发展主要经历了两个时期：

一是道德他律期（5 ～ 8 岁），这一时期与认知发展的前运算阶段相对应，处于他律阶段的儿童通常只从行为的结果作出道德判断，而很少考虑行为的动机，他们尊敬权威，相信规则是由父母或其他权威人物制定的，并认为违反了规则就应受到严厉惩罚。

二是道德自律期（8 ～ 12 岁），这一时期与认知发展的具体运算阶段相对应，进入自律阶段的儿童开始能够设想他人的立场，以行为的动机而非行为的结果来进行道德判断；他们也开始重视同伴和自己在道德判断中的作用，认识到没有绝对不变的道德原则。

科尔伯格的道德推理阶段理论。科尔伯格的"道德推理阶段理论"认为，儿童的道德判断按三个水平和六个阶段向前发展，每一个阶段有不同的道德判断动机。

一是前习俗水平。这一道德水平的特点是以自我为中心，注重个人利益。处于这一道德水平的儿童会以行为的直接后果和自身的利害关系来判断好坏是非。它包括两个阶段：

第一阶段：服从与惩罚定向阶段。这一阶段儿童以行为的后果为是非判断的标准，他们服从权威或规则只是为了避免惩罚。

第二阶段：朴素的利己主义定向阶段。这一阶段的儿童开始意识到他人的利益与需要，对行为好坏的评价取决于能否满足自己的需要，也包括能否满足别人的需要。

二是习俗水平。处于习俗水平的儿童能够理解社会规范，认为个人的行为要符合社会和他人的期望。它包括两个阶段：

第三阶段："好孩子"定向阶段。处在该阶段儿童的道德行为是为了获得他人对自己的赞同，总是考虑到他人和社会对"好孩子"的要求，认为当个好孩子就应该遵守规则。

第四阶段：维护权威或社会秩序的道德定向阶段。处于该阶段的儿童其道德价值以服从权威为导向，认为遵纪守法就是好的。

三是后习俗水平。处于后习俗水平的儿童道德评价会以普遍的道德准则和良心为基本依据，超越法律与权威的标准。它包括两个阶段：

第五阶段：社会契约定向阶段。处于该阶段的儿童不再用单一的规则去评价他人的行为，承认不同的人可以拥有不同的价值观。在强调按契约和法律规定享受权利的同时，认识到个人应尽义务和责任的重要性。

第六阶段：普遍的伦理原则定向阶段。人的道德建立在对普遍道德的信仰之上，如正义、公正、平等、自由等，而不再拘泥于法律。此时，决定道德的是个体内在的良心。科尔伯格认为，只有极少数人能够完全达到最后一个阶段。

尽管每个人的道德发展都要经过这几个阶段，但发展速度有快有慢。一般来说，0～9岁属于前习俗水平，9～15岁属于习俗水平，16岁以后有部分人能够向后习俗水平发展，但并非每一个人都能达到道德发展的最高阶段。

认知能力和情绪影响儿童的道德判断

在社会生活中，我们经常作出善与恶、好与坏、美与丑、忠与奸等判断，而善恶就属于道德判断。基于脑机制研究提出的双加工模型认为，道德判断主要涉及两个过程：一是深思熟虑的认知推理过程，与抽象道德原则的习得和遵循有关；另一个是相对内隐的情绪动机过程，与社会适应相联系。在不同的刺激情境中，认知过程和情绪过程都起着重要作用，只是两种过程的参与程度不同。

认知能力对儿童的道德判断具有重要影响。皮亚杰认为，他律阶段的儿童作道德判断时会依据特定的规则进行推理，这些规则由父母或者权威者制定，他们认为这些规则是固定的、刻板的；自律阶段的儿童作道德判断时仍然是根据一定的规则来推理，他们更加灵活，可以认识到，在大家都认可时，道德的规则是可以改变的。

道德包含两个重要的决策制定过程：一是理解社会情境中人们的利益受到行为的影响，二是判断行为的对错，即道德判断。儿童与道德判断有关的认知能力主要有理解愿望、情境中考虑道德因素的能力、观点采择能力（儿童设身处地理解他人的思想、愿望、情感等内部心理活动的能力）、对犯过者人格特质的理解等。皮亚杰认为，儿童在婴儿期处于极度自我中心状态，不能将自我与非我区分开来，只有长到八九岁，具备了一定的观点采择能力之后，儿童才能实现真正的"去自我中心"。具备观点采择能力意味着个体具备了解释他人状态并进而解释自己的情感和思想的能力，是亲社会行为倾向中的能力因素。儿童观点采择能力的发展与信息加工能力存在很大关系，通常儿童到了青春期才真正产生对他人的"真共情"，因为他们开始能够真正同情他人所承受的痛苦。

美国内布拉斯加大学林肯分校的 Kumru 等人研究发现，青少年的道德推理水平与观点采择水平呈显著正相关，并且观点采择水平还与亲社会行为呈显著正相关，说明观点采择能力直接影响青少年亲社会行为的表现。

美国芝加哥大学的 Cowell 和 Decety 研究发现，儿童不仅表现出对亲社会行为的自动注意过程，还表现出对行为的认知控制过程（正电位时间推迟），这说明儿童偏爱亲社会行为不仅仅是源于简单的注意过程，还因为儿童能够产生对行为的认知判断。

另外，当儿童在情境中考虑道德因素并进行归因时，他们需要对自己和他人的情绪及认知心理状态进行表征。已有研究证明，右侧颞顶联合区支持人类在道德判断中对他人不同成分心理状态进行推理，包括对他人心理状态的初级编码、使用这些信息进行道德判断、自动推断他人心理状态以及对已经完成的道德判断进行事后心理状态推理，从而证明判断的合理性等。涉及认知功能系统时，背外侧前额叶是人类大脑中负责认知加工的重要脑区之一，支持工作记忆的活动，负责行为的计划、组织和调控，对各种感觉、记忆、情绪信息的整合发挥着重要作用，在人类进行道德判断过程中扮演着举足轻重的角色。

情绪是儿童道德判断的重要成分。道德情绪是指在道德情境中由个体对自我的理解或评价所引发的情绪，如损人之后感到内疚、羞耻，助人之后感到高兴、自豪等。内疚、羞耻、厌恶是三种常见的道德情绪。内疚会促使个体产生道歉、对受害者进行补偿、帮助他人免于受伤等亲社会行为的意愿，而且内疚情绪的产生能修复人际关系，也能加强有利于人际关系的行为模式，如补偿行为，而羞耻者会试图掩饰自己认为羞耻的行为。

苏州大学的研究者调查了 157 名六年级儿童的羞耻情绪理解能力（高、低）、情绪状态（羞耻、控制）和情绪作用类型（内源性、外源性），并考察了儿童在不同情境下的合作行为。研究发现，小学儿童的羞耻情绪理解能力对其合作行为有显著影响，高羞耻情绪理解能力的小学儿童表现出更多的合作行为。这说明，羞耻情绪理解能力可以促进儿童的亲社会行为。另外，厌恶与道德判断之间也存在着密切关系，厌恶情绪相关脑区参与道德判断的过程。

道德情绪判断与归因会随年龄而不断发展。有研究综合考察了 3 ～ 10 岁儿童的道德情绪判断与归因，并且将儿童对意图的理解和对道德的理解相整合。结果表明，3 岁儿童通常将消极的行为结果判断为难过的情绪体验，在 5 ～ 7 岁的儿童看来，如果一个人成功贬损了别人，这个人会感到高兴；

10 岁左右的儿童能够综合考虑道德和意图，多数认为，如果一个人成功贬损了别人，这个人应该感到难过。相应地，他们的情绪归因也由"结果定向（行为的结果）"到"意图定向（行为的意图）"到"道德定向（行为道德与否）"发展。

首都师范大学与中国地质大学合作研究发现，12 岁儿童的情绪判断类型较为单一（如高兴、难过），在归因上以道德定向为主，而 14 岁以上的儿童出现了更多复杂的情绪判断（如内疚、后悔、羞耻）及移情定向（理解行为者的情绪）归因。

美国芝加哥大学的研究者认为，道德判断中的认知加工过程与情感之间存在着复杂的互动，并且会随着个体发育过程而出现动态变化。情绪因素不仅参与道德判断的全过程，而且是道德判断中不可或缺的重要成分。

遵循儿童发展规律实施有效的道德教育

为了促进儿童的全面发展，形成健康的人格，在中小学阶段培养儿童的道德情感、道德认识和道德判断能力非常必要。我国的中小学道德教育需要基于儿童的道德发展规律，选择合适的教学方法，在丰富教学形式的同时，选用与现实联系紧密的教学内容，不脱离实际，也不单靠道德灌输，而是更多地给予学生实践道德行为的机会，并且注意在实践过程中激发学生的道德情感。

遵循儿童认知发展规律，避免单纯道德灌输。科尔伯格认为，儿童道德发展是一个逐步上升的过程，它按一定的规律以固定的顺序向前发展，不会倒退，也无法超越。在道德教育中，要遵循儿童道德认知发展的规律，而不是按照成人的意志向他们灌输难以理解的道德准则。例如，幼儿园教师要知道幼儿对于他人受到的伤害更加敏感，他们宁愿选择帮助受害者，而不选择惩罚施害者；小学教师要知道儿童开始逐步形成道德信念，学校道德教育内容要符合儿童的道德认知发展规律。

激发并培养学生的道德情感。道德情感是促使儿童把道德概念转化为道德行为的中介，是道德意志和道德行为的内驱力，是个体道德品德发展与健全人格形成的内在保证。小学生的道德情感正处于不断发展的过程中，是进行道德教育的重要时机。认知神经科学的研究成果也表明，道德判断既是"认知推理"的过程，也是"情绪直觉"的过程，在某些道德情境中情绪直觉过程还起着主要作用，也有研究支持道德推理必须通过道德情感的中介作用才能影响道德行为的观点。因此，在道德教育课程中除了道德知识的传授外，培养学生的道德情感并且帮助学生内化道德情感尤为重要。

教学内容要可践行、可测量、可评估。在道德教育中，如何将抽象的公民道德规范用具象、生动的方式进行展示，决定着教育和传播的效果，这就需要道德教育工作者思考如何才能真正做到教学内容的可践行、可测量、可评估。对于小学生而言，爱父母、爱同学和朋友等更容易理解、践行。教师可以列举实际生活中常见的道德问题，在教学中创设一个道德两难的故事情境，引发学生的思考，让学生主动运用所学的道德知识加以分析和判断。这样一方面可以加深对道德规范的理解，另一方面也可以提高自我作出适宜道德判断的能力。

教学形式要丰富多样。在个人参与程度高的情境中，情境诱发的强烈情绪体验使人们无法理性地判断，从而作出非功利性的义务论道德判断。因此，在道德教育的形式上，应考虑学生的心理特点，控制不同的参与情境，充分调动学生的参与感和积极性。在中小学的思想品德课堂中，教育工作者需要采用更有感染力的参与式教学方法来提高学生的兴趣和参与程度，如头脑风暴、小组讨论、经验交流、故事分享、角色扮演等。此外，学习环境也需要丰富，除了教室还可以带领学生到真实的社会环境中进行学习，如学校、社区、福利机构等。需要注意的是，教育过程中要鼓励儿童积极参与，发表意见，敢于挑战，不惧权威，培养学生独立判断和思维能力，为儿童提供自由、安全的学习环境，并尽量进行积极评价，而不作消极否定。

皮亚杰曾说："一切的道德都是一个包括有许多规则的系统，而一切道德的实质就在于个人学会去遵守这些规则。"希望中国的儿童能够不仅仅在书本中阅读这些规则，而且早日将这些规则内化于心，落实在行动上。

[本文为国家社会科学基金"十二五"规划 2011 年度教育学一般课题"创新人才培养始于人生开端期的研究——基于早期大脑发育规律"（课题批准号：BBA110017）的阶段性研究成果。]

刘文利、魏重政单位系北京师范大学脑与认知科学研究院、北京师范大学中国基础教育质量监测协同创新中心，刘超单位系北京师范大学脑与认知科学研究院

原载于《人民教育》2017 年 01 期

参考文献：

［1］Edwards C P, & Ramsey P G. (1986). *Promoting social and moral development in young children: Creative approaches for the classroom.* New York: Teachers Colleges Press: 152.

［2］Kumru A.(2002). *Prosocial behavior within the family context and its correlates among Turkish early adolescents.* ETD collection for University of Nebraska-Lincoln. Paper AAI3074086.

［3］Cowell J M, & Decety J. The neuroscience of implicit moral evaluation and its relation to generosity in early childhood. *Current Biology*, 2015, 25(1): 93–97.

［4］丁芳，曹令敏，张琛琛.小学儿童羞耻情绪对其合作行为的影响［J］.青少年研究（山东省团校学报），2013（1）：19–24.

［5］吴宝沛，张雷.厌恶与道德判断的关系［J］.心理科学进展,2012,20(2):309–316.

［6］Yuill N, Perner J, Pearson A, Peerbhoy D, & Ende J. Children's changing understanding of wicked desires: From objective to subjective and moral. *British Journal of Developmental Psychology*, 1996, 14(4): 457–475.

［7］Decety J, Michalska K J, & Kinzler K D.The contribution of emotion and cognition to moral sensitivity: A neurodevelopmental study. *Cerebral Cortex*, 2012, 22(1): 209–220.

［8］谢熹瑶，罗跃嘉.道德判断中的情绪因素——从认知神经科学的角度进行探讨［J］.心理科学进展，2009（6）：1250–1256.

第二辑

道德是教育的最高目的

学校德育苍白之痛

✦ 潘永久

我在示范高中做了 14 年班主任和 4 年德育主任，关于德育工作的困惑却越来越多：文明礼貌、遵章守纪、环保节约、安全生命等教育，在小学、初中、高中大量地重复开展；学生在校园内表现很好，但走出校园就判若两人。

我进行了很多尝试，总结出了一些看上去有效的教育方法，但结果总是不尽如人意。我越发感觉到学校德育工作的徒劳，甚至认为，学校德育就是个伪命题。而且，这种观点不是我个人的抱怨，而是很多德育工作者心里解不开的疙瘩。

大家都说，社会风气不好归根究底是教化出了问题。在现代社会，教育包括三个施教主体：家庭、学校和社会。那么，问题到底出在哪里？

90%的问题学生背后都有一个问题家庭

每个孩子都是父母的镜子，你在镜子里看到了什么，就看到了什么样的父母。一些父母自己"身不端""言不正"，却要求、期待孩子举止优雅、言行得体。

下面几组镜头并不罕见：早晚接送孩子上下学，家长将车堵在学校门口，在马路中央就让孩子下车，还对保安出言不逊；以时间紧张为借口，拉着孩子不走斑马线，横穿马路；无视文明候车线，拉着孩子坚定不移地站在地铁出口标志线上……这就是我们的家长给孩子作的示范。

如果仅仅是家长文化水平低、父母离异、家庭环境等原因制造了问题学生，还可以理解。最可怕的是，社会层次较高的家庭培养出来的孩子，也越来越多地暴露出思想问题。有些家庭不关注家庭读书氛围的营造，而是给孩子灌输拜金主义、权力万能等扭曲的人生价值观。而且身体力行：孩子入学，家长不忘托关系、走后门为孩子选一个好班级；高考报志愿，往往选择预期收入高的、仕途发展快的专业，而不是支持孩子选择喜欢的或适合的……一旦面临选择，"利"字当头，这才会出现"我的爸爸是李刚"等社会事件。这些社会问题不仅葬送了这一个孩子，也让其他孩子意识到个人努力的徒劳，对人生感到悲观。我对18年德育工作中遇到的"问题学生"进行了粗略统计发现，90%的问题学生背后都有一个问题家庭。

德育理想与社会现实格格不入

"白沙在涅，与之俱黑。"现实中孩子成长的环境与我们的期待相差甚远。如无证商贩排队的校门口、网吧扎堆的校园周边、充斥暴力黄色内容的网络、铺天盖地的虚假广告、粗制滥造的非法出版物、随意违章的交通秩序、寥寥无几的社区教育场所等。

有形环境虽然恶劣，但只要有决心，容易根治。无形环境的耳濡目染对学生伤害更大："仁义礼智信""温良恭俭让"等传统美德在当下似乎没有了市场，"仓廪实而知礼节，衣食足而知廉耻"的观念也经不起推敲了，社会风气没有在经济高度发展之后得到改善，人的道德素质没有得到提高。反之，"名利"好像已经成了大家共同的追求；"素质差"似乎成了外国人眼中中国人的标签。这些，我们有目共睹。当然，任何一个时代、任何一个社会都可能存在这些问题，但在当今的中国社会似乎表现得更为突出。

一方面，社会通过媒体大力宣传先进文明、优秀传统文化；另一方面，消极颓废有毒的风气猖獗流行。这让价值观正在形成中的青少年如何选择？理想与社会之间的矛盾如何平衡？我们的学校一直教导学生向善，而社会让学生看到的现实却与此格格不入，这是学校德育难以取得实效的主要原因。

学校德育是不完整的

每个学校都会结合本校实际和学生特点开设一些德育课程和德育活动。然而，学校德育工作总是举步维艰，障碍重重，效果不尽如人意。

有些学校"一二·九"长跑、春游、学工、学农都取消了，一些学校甚至理科实验都不做了，以视频代之。究其根本，安全至上。因为一旦出现安全事故，来自家庭和社会的压力实在太大，学校背负不起，只好绕道而行。这些活动看似与德育无关，却是培养学生吃苦耐劳、百折不挠、悲天悯人等品质和科学严谨的态度、精神的重要载体。难道我们真的指望孩子困坐在课堂上就能成长为一个人格健全的人？

学生跳楼事件在校园里偶有发生，家庭、社会往往将责任归咎为学校的教育不当或学习压力过大，继而衍生出"学闹"，再加上媒体不负责任地推波助澜，有的学校和教育行政部门只好息事宁人，用"钱"私了，而不走法律程序。学生心中至上的学校都没有法治精神，怎么要求孩子？其实，仅仅老师的批评或学习的压力不足以导致学生下决心走上不归之路，更多的是来自家庭和社会的压力。但舆论压力面前，学校把握不准批评的尺度，该严厉批评的只好淡化，该惩罚的也都作罢。但没有批评、惩罚，教育还是完整的吗？

家庭、社会、学校这三股力量原本该方向一致、互相助推，这样孩子的品德才能健康发展。然而，现在的形势是三股力量三个方向，相互牵拉，相互制约，孩子左倾右斜，无所适从。家庭、社会的示范是有形的，而学校教育往往是无形的，有形的示范和无形的说教，哪个更有力度？学生每天看到的家庭和社会，总跟学校教育大相径庭，学校教育就显得苍白无力。

"陈力就列，各司其职"，这大概是解决目前德育问题的最好的办法。社会、家庭、学校统一教育理念，各司其德育之责，我们的孩子才会有健康成长的土壤。

作者单位系辽宁省大连市第二十四中学

原载于《人民教育》2015 年 08 期

重新认识道德和道德教育

✦ 鲁　洁

道德教育的根本功能是发展人和解放人，而不是限制人和束缚人

一是关于道德的本质。我们在搞德育课程的时候，反复明确一个观点，即不是为了道德而道德，而是为了人的生活，使人活得更好。进一步去研究它，什么叫好呢？就是活得更像一个人。道德为什么存在？就是使得人能够实现和生成人的本质，使自己能够成为一个人，实现人之为人。这就是道德在我们生活中的功能和作用。

道德中的"道"即做人之道，这个问题我国古代的哲学家已经说得很清楚了："德"是人走在这个"道"上所需要具备的品性。"道"和"德"还是有点不同，"道"是本体性的，"德"是功能性的。从根本的做人之道上去理解道德，道德就不会被理解为一种具体的规范，就不会把重点放在这里。

二是道德教育的功能。我们习惯地认为道德教育是对人的限制，这也不能做，那也不能做。实际上，我认为道德的根本功能是发展人和解放人，而不是限制人和束缚人。所以强调超越，不要为一些现成的规定所限制，而应使人实现自己的自由。这是对道德教育功能的新认识。

三是关于道德教育的过程与方法。我们在课程研究中认为道德教育的过程是生活的，道德学习就本质而言不是知识学习，而是一种生活实践的学习。当然不是说知识学习没有用，知识学习也有它自身的作用。

四是关于道德与道德教育的研究不是纯学术的研究，而应该是自己的一种生活方式。这是在学术和人生的关系上，我自己慢慢悟出的一点道理。我后来越来越懂得，道德与道德教育学术成就的高度只能是自己生活的高度。康德之所以能够提出"像仰望星空一样仰望道德"，这种思想高度必定是他自己生活的体会，要不然他说不出这个话来。孔夫子对仁的体认，"仁者人也""仁者爱人"，我认为也是他的一种生活态度。亚里士多德对道德的知和行的关系，我相信是他自己道德实践的总结。特别对我们这一行，一个人他怎么生活，他的生活的品质有多高，与其取得的道德教育学术成就有多大多高有很密切的关系。

学术研究离不开我们自己生活的方式，自己的生活境界。我比较强调超越，道德的本质是要解放人，去除对人的束缚。我现在也慢慢体会到，学术研究的过程就是一种不断地自我修炼的过程，使自己能够不断地得到升华，否则真的不会有什么高度，只能做一些技术性的东西。

生活德育如何建构

"人""道德""课程"是构成道德教育的基本要素，是道德教育理论的核心概念。我的研究从这些基本要素入手，期望揭示道德教育的本质及其终极指向，为走向生活的道德教育建构核心理念。

从生活实践的角度看，"人"不是由某种先验的抽象本质所规定的存在，"人"其实就是他的现实生活。人之为人，是由他的生活规定的，用学术一点的语言说，人是由他的存在方式规定的。那么，人的存在方式是什么呢？我认为，实践是人本源性的存在方式。而创造性、超越性、关系性则是实践的固有本性。人与其他存在的根本区别就在于人是实践的，实践是人的本质属性，那么基于实践的创造性、超越性、关系性也就是人的规定性。

我越来越体会到，人与其他动物不同，人不是被创造的，而是自己"做成"的，是在实践中自己成就的。在这个过程中，教育能干什么呢？教育是人为了造就自己而设定的实践活动。教育的原点是"育人"，教育的指归是"成人"——使人得以做成一个人。教育的过程实质是一个"人化"的过程，是引导人不断地实现和创造人所特有的本质和生存方式的过程。

道德是源于生活、内在于生活的，是生活的解释和目的系统。道德以其特有的"应当"和"不应当"的话语系统对于人的生活作出解读，它要人读懂的是人之为人的本然的、根本的存在方式，它所彰显的是"成人之道"，就是得以充分展现人之本质属性的生活道路，道德所指向的是"人"之生成。人本身是人的最高价值，成为一个人，就是人之最高的价值追求，是人存在的根本目的，也是道德的根本指向。

基于对道德的这种认识，我认为道德教育的基本使命就是要引导人走上"成人之道"，去做成一个人。我们通常会说，"人是怎样生活的，他就是怎样的"，这是很有道理的。道德教育要使人做成一个人，就要引导人以人的存在方式去生活；道德教育要改变人，提升人，就要促成人的生活的改变和提升。道德教育不是诉诸孤立的、静态的人性改造，而是具体落实为生活的建构和改变。道德教育不能等同于"思想的改造"或"行为的养成"，而是促使人在整体生命投入中去建构、重构他自己的生活。生活不是天生自成的，每个人的生活都是通过自己的实践建构起来的。对人来说，这种建构生活的活动也不是天生就会的，道德教育在这里就有了用武之地。道德教育的根本作为就是教人学会建构属于他自己的生活。在当今新的历史时期中，道德教育更应该期待人学会建构的是：有目的和理想、有超越和反思、和谐共生的生活。

道德内在于生活，它不是生活的一块镶嵌物，它融入、渗透于整个生活之中。道德的存在形态主要是生活的。人只有在现实的生活关系、生活活动中才能真实地遭遇道德，才产生掌握和学习道德的需要。人也只有在生活中实践道德（做有道德的事），才能学到道德、生成德行、成为有道德的人。由此看来，道德学习的本质，不是"知识学习"，而是生活的、实践的学习。当然，道德教育并不排除"道德之知"的学习，而是认为这种"知的把握"必须以达到某种实践境界为前提。"道德之知"只有在行中才能最后完成。在道德上，真正"知道了"，就意味着"实现了""达到了"。

新德育课程奠基于生活论的道德哲学和课程哲学，我认为它在课程的本体观、知识观、学习观、主体观等方面发生了根本性的转变：本体观——知识论走向生活实践论；知识观——从科学化知识走向生活化知识；学习观——从理性知识的习得到生活意义的生成；主体观——从单个主体到交往主体。

新德育课程的基本理念是回归生活。德育课程要"源于生活，通过生活，为了生活"。在课程的实施中，不仅要关注课程的内容是否贴近生活，还要努力促使课程学习能真实地改变生活。

品德课的学习是一种价值和意义的学习，跟事实和知识的学习是很不同的

从 2002 年 9 月开始，我对小学德育教材的教学进行跟踪，在这个过程中我所关心的是以下几个问题。

第一个是课标和教材的可行性和存在的问题。有许多问题在编写的时候没有发现，也不可能发现，等到了教学的时候就会原形毕露。通过教学的跟踪，我体会到，课程的设计、教材的编写和教学的实践应当成为一种相互促进的循环过程。

第二个是在课程实施过程中，以前传统的"三中心"的教学策略的转变。在课程改革中，教师开始把教材看成一种工具，而不是一种主体。所以现在有更多的老师开始知道"用"教材去教，而不是"照"教材去教，懂得要按学生的情况去教，要活用教材。当然这个过程也会发生各种各样的问题。也曾经有一段时间，老师甚至把教材撇开了，完全按照自己的意念在教。所以如何正确发挥教材在教学中的作用，我觉得这还是一个需要在理论层面继续讨论的问题。教材不是中心，它在教学中的合适的位置在哪里，需要去研究，现在至少老师知道它只是一个工具。

以教师为中心的问题，这个变化比较明显。从表面的一些现象看，学生的主体性开始被激发了，但是我觉得还是存在隐性的问题。在许多情况下，课堂的整个过程还是在教师预设之中，教师绕来绕去，问这个问题那个问题，到最后还是问到自己预设的问题上。据我的观察看，课堂上都是老师在提问题，学生很少提问题，学生真正的主动参与还不尽如人意。实际上教师现在所关注的还是关于怎么教的问题，而对学生怎么学的问题还不怎么关注。

以课堂为中心的问题我觉得也还是有所扭转，对学生整体的生活经验有所关注，但是还嫌不够。

第三个问题是怎样把握好品德课教学的特点。品德课应该说与智育课还是有很大不同的。品德课的学习是一种价值和意义的学习，跟事实和知识的学习不同。这一点我觉得我们的老师已经有了一定的了解，在实际教学过程中知道在学生自身生活的基础上，使他们去体验生活，形成一种生活的态度和价值取向，这一点认识有很大的提升。另外，他们也注意到知和行的关系，有一部分老师就做了一些课外延伸的研究，怎么将课堂中学习的内容在学生的实际生活中有真正的体现，关注到学生的生活实践，我觉得这一点是有进步的。但是这个问题还有待深入，譬如说要具体去分析到底怎么体验，体验形成的机制到底是什么，在什么样的情况下体验等之类的问题，还要比较细化地去引导教师。

第四是对综合课的把握。综合课是第一次尝试，如何来把握综合课，而不是单纯地把它教成历史课、地理课，或是孤立的品德课，要让老师体验到综合性，这是一个需要探索的新问题。这一点我觉得老师们也有很大的进步。

目前，我感觉到我们的教学要真正从"三中心"中走出来，还有一个比较长的过程，怎么关注和把握学生学的问题还没有解决。我们反复强调备课不是备教材，而是要备学生，在这个主题下面学生是怎么想的，他的问题在哪里，他的道德矛盾是什么。实际上老师现在备课，这些问题还是比较少能备到的。现在普遍开设的公开课，大多不是在自己的班级上课。从表面的情况看，老师好像还能讲得很顺溜，这也就反映了一个问题，他们的备课其实都不是从学生出发的（因为她对所教班级的情况其实是一无所知的），还只是在把握教材这个方面花了许多功夫。评课的人也往往只是从教师教得怎样作出评价，对学生到底学得如何不作深究。我们一直反复强调，不要换班上课，你就在自己的班级上课，因为你更多的功夫要用在了解学生上。小学的教材有多少难度？就是在了解学生这一方面很难。我觉得现在要从传统的"三中心"中走出来还有一个很漫长的过程，但也只能一点一点地去推动。

对我个人来讲，跟踪教学的收获是比较大的。看到教师们进步很大，我很开心。特别是我对小学教师这个群体，有了新的认识。我觉得这些小学教师真的是很不简单，他们的敬业精神，他们表现出来的悟性，都让我惊讶。由于小学教师和儿童之间的这种关系，于他们灵魂的净化和超越功利的考虑是很有作用的。可以看出他们爱这些孩子，不去计较自己的得失。

（本文摘自《回望八十年——鲁洁教育口述史》，该书由教育科学出版社2014年3月出版。）

作者系南京师范大学教育科学学院名誉院长、教授、博士生导师
原载于《人民教育》2015年19期

知行课程："十岁天空"的设计与实施

✦ 黄 静 韩 冬

帮助学生建立"油门"和"刹车"系统

十岁，幼学之年，学生即将进入第二次成长期，身高、体重、运动能力均有较快的增长，是一个浑身充满活力的阶段。然而，它也是一个麻烦不断的转折阶段。如果将小学阶段学生六年的学习能力、道德修养、精神品质比喻为 U 形曲线，中年段处在 U 字形的底部。十岁，恰恰就在这个令人头疼的底部。

十岁现象引起了我们的注意，但是怎么解决这个"问题"呢？一次，清华大学副校长谢维和教授在《开学第一课》中提到，十岁学生身上所表现出的不是问题，而是现象，是特点，是附小课程研发的起点。"四年级现象已经得到了全国各地甚至世界各国教育同行的重视，大家要坚定地往下走啊。"谢教授的话让我们找到了研究的方向和信心。我们查阅了大量的资料，发现德国的教育法规定，四年级之前必须根据儿童的本性教学，即同化学习；从四年级开始，要根据社会需要来教学，即顺应学习。原来，四年级确实是个教育教学的转折点。

课程，是学生成长的核心供给力。我们思考：养成教育贯穿人的一生，怎样尊重和契合学生生理和心理的特征，依着儿童生命成长的节点，各有侧重，因需而设课程呢？针对四年级学生的特点，让学生建立两个良好的系统——"油门"（自主、自强）和"刹车"（自律）系统无疑应该成为课程的目标。

要让学生的"油门"和"刹车"运行良好，必须从知行开始。"知"，就是一种探索和学习，探索世界未知事物的本质，明晓里面的来龙去脉；"行"就将知的积累应用到现实世界、现实生活中，并在这个创造过程中体现精神。在这种思考下，"十岁知行课程"诞生了。

根据儿童认知心理发展特点，结合学校办学理念、国家立德树人的根本任务，知行课程细分为三个维度：自主发展维度，包括自我意识的完善和自我控制的调节能力；文化修养维度，主要指思维品质发展；社会交往维度，主要指与同伴的友谊、师生关系等。

针对中年段学生的心理特点，知行课程更侧重于自我发展维度的目标达成，包括自我心理的塑造、自我管理和约束、自我调整和控制等；另外，文化修养和社会参与维度有机地辅助自主发展的目标，最终三个维度的目标水乳交融，有效地促进学生的心理塑造、情感提升、品格修养。

"知"和"行"不能只关注外显行为

对于四年级学生的"知"与"行"，不能只关注学生的外显行为和活动现象，因为外显行为往往受环境、同伴、教师、家长等因素的影响，而并非学生真实的内心感受和想法。因此在组织实施课程时，我们更注重学生的内心体验。

1. 自主发展课程

（1）自我体验。进入四年级以后，孩子们开始对世界产生独特的思考，开始用自己的眼光去看待周围的一切。这个时候，教育要及时引导他们从正确的角度看待世界，用积极的态度看待身边发生的事情。要做到这些，最好的方式莫过于让孩子们观察、感受和理解生命的由来。

我们给每位学生发下一包种子，让他们带回家种在花盆中，亲自照顾，记录种子发芽、生长的重要时刻。小小的种子在孩子们的细心呵护下，经历了播种、间苗、移苗、开花、授粉的全过程，最终结满了累累硕果。一只可爱的蚕，在孩子无微不至的照顾下，经历一次又一次的脱皮，吐丝做茧，最后化蛹成蝶。

这些活动在孩子心中留下的不仅仅是丰厚的收获，更播撒下责任和耐心的种子，播撒下对生命的尊敬。在孩子们拍下的照片、写下的随笔中，老师们欣慰地看到，孩子们从中学会了感恩、珍惜、负责、积极向上，这样的自我体验无疑是最可贵的。

（2）自我成长。清华附小一贯重视学生的习惯养成教育，习惯有时候看起来是小事，却蕴含了足以改变命运的巨大能量。在"十岁的天空"这一主题课程下，教师充分调动学生的积极性，设计了自我成长系列课程。在听取老师、家长和小组同学建议的基础上，经过自己的慎重考虑，每位学生制定了一个"100天改掉一个缺点或者养成一个好习惯"的目标。孩子们以自己喜欢的方式制作了记录表，将每天坚持的情况记录下来。

心理学家研究指出，一项看似简单的行动，如果能坚持重复21天以上，就会形成习惯；如果坚持重复90天以上，就会形成稳定的习惯。老师们在班级中积极鼓励那些坚持了21天好习惯的同学，同时和家长一起为孩子庆祝；当其坚持到66天和100天时，学校还准备了更大的惊喜，以此强化孩子们好习惯的养成。同伴、老师、家长的鼓励对孩子改掉缺点或养成好习惯产生了强大的动力，使他们能够坚持下来。对家长来说，曾经让自己深感头痛的孩子的坏习惯终于被克服了，自然也非常乐意与孩子一起达成目标。

（3）自我约定。对于四年级学生在遵守纪律方面出现的倒退现象，老师们没有着急，而是从对学生"自我尊重、获取他人尊重的需要比较强烈，开始从活动的效果、动机等多方面评价自己和他人，开始学会独立地把自己与他人比较"这一心理特点出发，和学生一起讨论：作为一名四年级学生，应当自觉做到哪些？

在此基础上，每个班级都制定出班级公约，例如"自主安排学习时间""做力所能及的家务（整理房间、洗内衣、红领巾）""上卫生间不拥挤，互让有序"等。在公约中，大家还提出了"努力克服自身存在的缺点""努力让自己在某一方面成为大家的榜样"等自强目标。老师们又建议学生自己设计"自主、自律、自强"奖章，每月月底评选出表现突出的学生。如此一来，各班的纪律有了明显好转。

2. 文化修养课程

（1）开发属于自己的课程。我们鼓励每一个孩子都开发一个属于自己的小课程，昆虫研究、摄影学习、诗歌写作、体育健身课程等。无论是组织小社团，还是编辑自己的作品集，都会得到老师和家长的鼓励与支持。这样，学生中原来只是因为单纯的性格相投、目的相同而走到一起的小团体，走向因兴趣爱好相同而能共同学习的小社团，在志趣相投的同伴交往中，提升了彼此的文化修养。

（2）共同营造充满文化气息的成长环境。在中年段的知行楼里，各种带有附小文化符号的环境布置随处可见。台阶上的"三字口诀"，提醒学生时刻记住"诚实守信"与"自律自强"；走廊里的故事廊柱，让学生跟文学经典与做人哲学时时相遇；教室外的宣传栏记录着学生在"知"与"行"中留下的精彩收获；教室内根据不同学科加以分区，有学生自己设计、布置的小角落，每一个角落都有属于自己的小故事……

3. 社会参与课程

（1）做一次设计师，我也行。活动不一定都得由老师设计，十岁的学生可以自己做设计师。我们鼓励孩子们跨越校园，将关注的视线和触角延伸到社会的各个角落。无论是公益活动还是生活体验，只要孩子提出的想法得到了同学们的积极响应，老师和家长都会担任学生的梦想导师，帮助其实现自己的设计梦。这样的过程，对于十岁的孩子来说，无疑是一次前所未有的成长体验，使他们内心充满成功的喜悦，对未来充满信心。

（2）参加一次比赛或集体活动。附小每学期组织的活动都非常丰富，每月都有活动的主题，"我是演说家""足球联赛""书中人物游行""图书义卖"……各类活动丰富多彩。但总有一些学生或缺乏兴趣，或信心不足，各类活动中都找不到他们的踪影。为此，老师们将关注的重点放在这些孩子的身上，鼓励他们积极参与至少一项活动，为自己十岁的天空添上一抹亮丽的色彩。老师们也为他们鼓劲，在活动中给他们拍照，将留下的美好瞬间珍藏在纪念册中。

在四年级即将结束时，我们计划为所有四年级学生过一次集体生日，生日会的主题就叫"十岁的天空"。生日会分为成长、感恩、风采、梦想四个单元，孩子们和自己的老师、同学、家长一起分享自己的成长故事，表达对父母、师长的感恩之情，欣赏同伴成长的风采，展望美好的未来。

私人订制课程仍有较大空间

上述课程方案有的正在进行中，有的已告一段落，有的还只是一个设想。但我们已经欣喜地看到了孩子们的变化，他们开始正视自己的十岁，努力让属于自己的十岁天空变得与众不同，或者更有意义。课程的实施也给老师们带来丰富的思考。

我们意识到，现象不等于问题。在知行课程的开发中，教师一直带着研究现象的态度建构与实践课程，这种定位让教师从过去的成长干预者、训导者转化为陪伴者。很多教师放下身段，与学生"一起成长"，这种态度让具有开始挑战权威特点的中段学生很容易接受，如"与老师一起改缺点""我们的公约"等课程都取得了很好的效果。

关注全体不等于关注到了个体。课程实践中，我们发现"十岁"只是一个符号，学生身心发展差异之大在中段体现得尤为明显，有些学生已经呈现高段学生的样态，有些学生还是低段学生的心智，这就给之前统一的课程设置带来了巨大挑战。针对这种情况，我们增加了针对个体"私人订制"的课程，取得了很好的效果。因为班容量较大、学生家庭背景较为多样等原因，私人订制课程还有很大的空间。在今后的课程设置和实践中，还要更加关注个体的差异，因材施教，让课程真正在儿童身上留下烙印。

当然，对于一项刚刚开始实施的课程，我们从没期望它能解决所有问题。但我们坚信，只要时刻坚持"儿童站在正中央"的理念，我们的课程就能带着孩子走过跌跌撞撞的十岁，带给孩子们一种美好的力量，让他们走向少年的理性，飞向自己心目中那片澄澈透明的天空……

作者单位系清华大学附属小学
原载于《人民教育》2015 年 13 期

发现和培育学生的真善美

✦ 每世英

为了把社会主义核心价值观落实、落细、落小，陕西省户县惠安中学积极创新德育实践，通过"好人教育"，让学生在家做一个好儿女，在学校做一名好学生，在社会做一个好公民，在未来做一个好栋梁。

家庭道德作业：改变说教与双重人格，让品行养成落地

俄国教育家乌申斯基曾经说过："教育不但应当培养学生对劳动的尊敬和热爱，也还必须培养学生劳动的习惯。"社会需要的是品德好、有能力、有特长的合格公民，所以从小培养孩子的自理、自立能力与学习成绩同样重要。为此，我们给学生布置家庭道德作业，与家长形成合力，实现共同的育人目标。

首先，我们对家长进行问卷调查。结合当前中小学德育工作的重点和学生中普遍存在的一些突出问题，学校设计了关于学生道德养成的调查问卷。结果发现，家长支持学生做力所能及的家务，希望学生学会感恩、理解父母的艰辛等。此外，家长还建议，增加家庭道德作业内容，如关心父母、长辈，主动跟家人和客人打招呼；在特殊的日子，如父母、长辈的生日，春节、重阳节等有纪念意义的日子，教育孩子养成问候、祝福长辈的习惯等。

在综合家长建议和学生实际的基础上，我们研究设计出了具有校本特色

的"惠安中学学生家庭道德作业手册",从信仰、品质、素养、学习、生活、交流等六个方面30个维度对学生进行考量。学校规定,学生应根据个人实际情况和学校的统一要求,每月完成一定数量的家务作业,双休日、节假日由家长记录和评价学生的表现,并填写到统一的表格中。家务劳动方面,学生根据自己的实际情况,从中选择有关项目,自主完成。

节假日的"道德作业",一般安排开展系列教育活动,或以小组为单位指导学生开展社区服务等活动。在特定的、具有纪念意义的日子里,学校会提前安排一个教育主题,统一布置相关道德教育内容的作业。如在重阳节、春节等安排以"感恩·孝敬"为主题的活动;在9月30日烈士纪念日,开展爱祖国演讲比赛等活动。通过这些传统的或有特殊纪念意义的重大节日活动,让学生懂得感恩、学会爱国。

除家庭道德作业外,学生还可根据自己的实际情况,从《家庭道德作业库》中选择到家庭以外的社区、街道、门店等社会场所开展公益活动,这种"家庭"以外的道德作业,让道德教育融入到真切的社会生活中,更能体现教育的实效性。

"家庭道德作业"的完成时段分为周内、双休日、节假日。学校规定学生每月要做一定次数的家务劳动,做得越多,积分越多,15分为满分。要求走读生在周内必须完成一定的量,不能全放在双休日,住宿生在双休日完成。节假日正常完成。

考虑到学生年龄跨度、学段跨度等实际情况,学校充分发挥年级组的管理职能。各年级可以依据学生实际,个性化地开展工作,如统一布置的作业上可以有所不同,要能反映出年级和班级学生的特点。

为了更好地开展这项活动,学校还建立了"家校联评"的激励机制,学生平时家庭道德作业完成的过程和结果呈现,家长都会参与其中,除学生自评打分外,家长要给出简单评价并赋分。学校把"家庭道德作业"的检查评比纳入"好人"评比之中,采取周评、月评、学期评,并在期末进行积分累计,将结果记入学生的成长记录袋,积分高的将获得"好学生"提名候选人,并在期末的"十佳颁奖典礼"上进行隆重表彰。

创设德育场景，以"信"养德

通过社会生活场景在校园的再现，为学生模拟一个生态体验的德育场景，进而对学生进行真实感受的诱发，进行现象的汇聚和比较，在一定的情景设计上唤醒人性的真善美，是我们德育创新的一个有效办法。

诚信售水，就是我们在校园内创设的一个德育的场景：在学生往来的必经处或操场等人员较多处，放置若干件优质的瓶装饮用水和一个敞口的盛钱纸箱，无人监管也没有监控设施，任由学生自己取水、放钱、找零。

一是建立组织机构，确保活动有序运转。学校在年级成立"诚信自愿者联盟"，在班级建立"诚信自愿者联合会"，具体负责诚信售水活动。各班成立采购组，了解市场动态，选择并联系供货商，依据销售情况采购健康的饮用水；仓储摆放组，每天7:30前在各自销售点摆放瓶装水，课后有专人负责巡视并及时补充水源；结算组，每天19:00在各自摊点取钱并清点，依据当日销售情况计算摊点当日诚信指数和学校当日诚信指数，并及时予以公示。以一周为单位，依据全校每日诚信指数计算全校周诚信指数，并公示。

二是设立诚信基金，确保活动正常运转。学校借助股份制的模式，在班级设立"诚信基金委员会"，资金的10%由班级筹措，90%由学校垫付，通过股份合作，既增强学生的责任心和荣誉感，培养学生的诚信品质，又让学生学会经营和管理。基金委员会设5名委员，分别负责市场调研、采购、仓储摆放、资金结算和消息发布等。

三是建立考评制度，确保活动长期运转。各班建立售水监督委员会，对售水的各环节和管理者进行民主监督；年级建立考评委员会，对进行售水活动的同学和各班的活动进行客观、公正的量化和评价，发布日诚信指数和周诚信指数，并进行每日点评。其评价结果纳入年级的量化考核，并在学校的"十佳"评选中，推出年级和学校的"诚信最佳"候选人。

四是加强跟进教育，确保诚信教育的持久和深入。在活动开展过程中，我们通过以诚信为主题的班会课、"中国梦·诚信梦"征文活动、"我诚信·我快乐"演讲比赛等系列活动，提升学生对"诚信"的认识，培养学生的责任感和担当意识，并逐步在学生内心树立"诚信"的人生目标。

为了进一步落实诚信教育，继"诚信售水"之后，我们又开展了诚信借书活动。诚信驿站的书籍由教师和学生自愿捐献，每本书都有捐书者的姓名，并在书的扉页上标有借阅期限，要求在规定的期限内还书。

在诚信售水和诚信借书的基础上，学校开展诚信大使的评选活动。每名"诚信大使"可领取一辆带有惠安中学诚信标识的自行车，拥有一学期的免费使用权。

巴尔扎克说，教育就是一切社会里把恶的数量减少，把善的数量增加的唯一手段。学校通过系列德育创新活动的开展，发现和培育每个学生身上真善美的因子，使其成为未来社会的有用之才。

作者系陕西省户县惠安中学校长
原载于《人民教育》2015 年 09 期

德育的科学性在哪里

✦ 冀晓萍

2014 年 12 月，在一次全国性论坛上，一位校长站在台上，激动地抛出了一个问题："难道德育就只能靠校长的悟性搞吗？"

台下，上百位校长给了他最热烈的掌声。

德育难，难就难在它仿佛羚羊挂角无迹可寻。于是，我们习惯了凭经验、靠模仿，去开展德育工作，却很少深思德育的科学性问题，只好归结于"悟性"二字。

对此，北京师范大学现代心理学教授林崇德给出了另一个答案。

他说，德育是有规律可循的，要"提高德育的实效，就必须回归到德育的科学性上来"。

从出生到成熟，在品德结构上，大约经历六个重大时期

《人民教育》：林教授，您好！一个人道德品质的形成，受到多种因素影响。有的时候，我们甚至会产生学校教育对道德品质的无力感。在这种情形下，您提出，德育也是一门讲究科学性的专业，能作一下解释吗？

林崇德：德育本身是个复杂的、开放性的话题。但德育也是有规律可循的，就是要符合孩子身心发展的年龄特征，符合品德发展的内在规律性。只有这样，个体品德才能有节奏地、循序渐进地、健康地、最大可能地向

前发展。

我认为，了解孩子不同年龄段的身心发展特征，是德育科学性的出发点。

《人民教育》：对于同一年龄段的不同孩子来说，这种身心发展特征具有普遍性吗？品德发展也表现出了这种阶段性特征吗？

林崇德：对。人的成长在社会和教育条件下表现出一定的阶段性。这些阶段，有长有短，一个时期接着一个时期，新的阶段代替旧的阶段，不能乱，也不能倒退。当然，个体由于条件的不同，每一时期或阶段的时距幅度会有变化，但从总的发展过程来说，是大体恒定的。品德发展确实也表现出了一般的、典型的、本质的阶段性。

《人民教育》：那么，在基础教育阶段，学生的品德发展可以分为几个阶段？这些阶段又各自呈现出什么特征？

林崇德：儿童从出生到成熟，在品德结构上，大约经历六个重大时期：

0～1岁，是适应性时期。这个时期不可能有道德认识，也不可能有意做出什么道德行动来，婴儿需要的是有规律的满足和舒适的照顾。

1～3岁，是品德萌芽阶段。机械地以"好"（如"乖""对""好人"）与"坏"（如"不好""不乖""坏蛋"）为标准，并能做出合乎成人要求的道德行为。此时，儿童掌握不了抽象的道德原则，道德行为是极不稳定的。

3～6、7岁，属于情境性品德发展期。这时，儿童道德行为的动机带有很大的情绪性和情境暗示性。这个阶段的主要任务是开始接受系统而具体的道德品质教育。

6、7～11、12岁，即小学阶段，这是品德发展的协调性时期。道德知识系统化并形成相应的行为习惯。低年级，道德行为还依赖教师、家长的指令，言行比较一致，动机与行为也比较一致。随着年龄的递增和道德动机的发展，到了高年级，言行一致和不一致的分化逐步增大。这个阶段的主要任务是发展道德信念，以提高道德行为的思想境界。

11、12～14、15岁，即少年期，是动荡性品德发展时期。一方面是道德信念和道德理想的形成期、世界观的萌芽期，开始以道德信念来指导自己的行为；另一方面，心理发展跟不上生理的迅速成熟，逆反、对抗心理出现，幼稚与成熟、冲动与控制、独立与依赖并存。这是两极分化严重的阶段。这个阶段的主要任务是处理好过渡时期的各种矛盾。

14、15～17、18岁，即青年时期，品德发展的明显特点是成熟性。能较自觉地运用一些道德观点、原则、信念来调节行为，世界观、人生观也初步形成。这个阶段的任务是形成道德行为的观念体系和规划，激发青年的开拓进取精神。

适应性、机械性、情境性、协调性、动荡性和成熟性，是这六个阶段的主要特点。当然，各个阶段的特点之间是交错联系的。新阶段之初可能保有大量前一阶段的年龄特征，一阶段之末也可能产生较多下一阶段的年龄特征。

《人民教育》：我们常常说，孩子的成长要抓住关键期。两个阶段之间的交叉期，是不是就是"关键期"？

林崇德：对，这个关键期，也叫转折期或关键年龄。每个人的个性心理特征都要经过量变到质变的几次飞跃，并表现为一定的年龄特征，也就是"关键年龄"。

我们的研究表明，2.5～3岁、5.5～6岁、小学三年级和初中二年级是品德发展变化的关键期。比如，小学生的男女界限，小学中的"乱班"正是三年级的现象；中学生品德的两极分化正是初二的现象。最近也有一些研究表明，小学五年级是中小学品德发展的转折期，因为品德不良和心理问题，如人际焦虑、学习焦虑、孤独倾向、冲动倾向等，从五年级开始。这个问题还需要继续研究，因为不同时代背景下，"关键期"或"转折期"可能会有差异。德育工作要适应这些关键年龄的质变特征来采取适当的措施，做到有的放矢。

有人认为，过了关键年龄，某些教育就无法进行，有的才能就无法培养。这对强调早期教育是有意义的，但我认为，把关键年龄绝对化也是不对的。关键年龄之后，可塑性会小一些，训练和培养的难度会大一些，但并非不可能改变。

《人民教育》：品德发展的阶段性特征，对德育工作意义重大。但在德育工作中并没有得到足够的重视和实践，不同阶段之间也很难衔接。您认为，中小学德育工作应该如何规划？

林崇德：小学阶段的德育规划要注意：行为守则要细化，多组织社会活动，用多种手段如表扬、激励等增强学生的道德动机。在德育内容上要分年段区别对待。低年级要侧重常规教育和训练；中年级侧重热爱集体、热爱学习和自觉意识上的训练；高年级侧重社会公德、意志品格和爱国意识的教育，培养文明待人的习惯，防止生成不良行为习惯。当然，这三个年段的要求必须是相交叉的，只是重点不同。

中学阶段的行为规范不宜定得过细和太具体，可以参照具有概括性的"中学生守则"。当然，对于不同年龄要有不同要求。初一侧重社会公德与遵守纪律的教育以及文明待人和自觉纪律的习惯培养，这与小学阶段高年级的要求衔接起来；初二、初三应侧重意志品格、道德伦理和国家、民族前途的教育，让学生学会用意志力自觉去加强道德修养，并养成初步稳定的道德习惯。

高中阶段在加强道德伦理教育的同时，要着重加强世界观和人生观的教育，并改造过去形成的一些坏习惯。

从方式上来说，要严慈相济，集体培养与个别训练相结合，充分考虑到他们品德发展的原有水平与结构，尊重他们正确的主见和选择，发展他们各自的兴趣和个性。从而，既有统一的要求，又照顾到个人特点。

品德发展离不开个性发展

《人民教育》：不少德育工作者认为，现在的学生"太有个性"，为德育工作制造了很多障碍。比如，有些学生自己想怎么样就怎么样，从来不考虑别人的感受。

林崇德：现在说起"个性"，褒贬不一，甚至认为"个性"是德育的障碍，这跟我们对"个性"的理解有关系。我是这样理解"个性"的：一是把个性看作个性意识倾向性和个性心理特征的总和；二是强调个性的四种特征，即全面整体的人、持久统一的自我、有特色的个人和社会化的客体。

《人民教育》：在一个人的心理特征中，"个性"和"品德"是什么关系？

林崇德：品德发展是离不开个性发展的。

一方面，个性意识倾向性在品德发展中起到动力或动机系统的作用。个性意识倾向性由兴趣、爱好、动机、目的、理想、信念、自我意识、人生观和世界观等心理成分组成。

这些成分中，有的本身就是品德发展的动力因素，如道德动机、兴趣、理想、信念等，今天我们结合社会主义核心价值观，反复强调理想信念教育，就是因为它已然成为品德教育的核心问题；有的与品德平行发展，但关系密切，如自我意识等；有的与品德交叉发展，一些因素构成品德的组成部分，甚至是核心的部分，如人生观和世界观等。

另一方面，个性心理特征能赋予品德发展以经常的、稳定的特征。具有不同先天遗传素质的个体，在不同的社会环境和教育影响下，经过自己的主观努力，会形成不相同的道德面貌，它们集中体现在品德的心理特征，即道德认识、道德情感、道德意志和道德行为等方面。

《人民教育》：也就是说，品德是"个性"的一个侧面？

林崇德：对，品德应看作个性的一个特殊形式，或个性的一个侧面，是个性中具有道德价值的核心部分。现在，我们的德育工作者有时候发现，德育难度增加了，这跟儿童的个性多元化直接相关。但这也只是表面现象，最根本的是，我们要研究儿童个性背后的社会因素和家庭因素。如果我们还用简单划一的德育方式，就很难出实效。因此，我们的德育工作必须转向，要在作好整体规划的基础上，更加突出"个体"，从个体的成长背景中寻找根源和解决办法。

品德要经历从量变到质变的过程

《人民教育》：品德的发展，都需要哪些条件？

林崇德：归纳起来，不外乎生物条件、环境条件、教育条件和实践条件。

我们的研究发现，遗传会影响个体的品德发展。同时，品德作为心理现象，其发展过程离不开脑的发育和生理成熟，离不开生理机制或物质基础。

比如，青春期在生理上出现了"三大变化"：外形剧变使青少年认识到自己长大了，从而产生了独立的意向，进一步发展自我意识；体内机能增强，大脑皮质的联络神经纤维在数量上大大增加，为联想的、推论的、抽象和概括的思维过程创造了物质条件，此时的青少年容易激动；性发育成熟，青少年开始意识到自己向成熟过渡，也对性机能产生神秘感，有了情绪、情感的新体验。此时，如果青少年能受到良好道德环境的陶冶，绝大多数都能健康成长。反之，很容易出现不良习惯和品质。

当然，我们一定要记住，生物因素只给品德发展提供了可能性，而环境和教育则把这种可能性变成现实性。

《人民教育》：由此看来，环境和教育在品德发展中起着非常重要的作用。但是，目前德育的实效性不尽如人意，主要原因是什么呢？

林崇德：对学校教育而言，第一问题就是师资问题。我们曾调查研究了 100 个中小学先进班集体，发现先进班集体形成的根本原因，在于班主任所作出的主观努力。这些班主任善于通过集体力量形成正确的集体舆论、信念、情感、意志和行为习惯，促使大部分学生形成良好的品德，同时也改造了品德不良的学生。

德育还面临新的挑战。现在有些学校实行走班制，常态的行政班消失。很多人担忧，传统的班集体不见了，很多德育工作无法开展。其实，其他形式的集体如社团等同样可以承担这个角色。但是，现在一些学校片面追求升学率，放松了德育。有调查显示，学生认为，年级越高，学校越不重视德育。

家庭教育在青少年品德发展中的作用日益凸显。父母的教育观念是否正确、父母是否以身作则，都是影响儿童品德发展的关键。研究发现，父母在不同情境下的亲社会行为，显著地影响着青少年自己的亲社会行为；父母的教养方式也显著影响着孩子的社会性发展。现在独生子女太"独"现象和离异家庭子女太"怪"现象都是显性信号。

品德发展的环境相当复杂，互联网中"拳头＋枕头"也以负面形式投射到儿童世界。

所以，一方面，我们要看到教师、集体、家庭共同构建了学生品德发展的主要生态，学校需要协调好三者关系，形成最大合力。另一方面，德育工作者还要采取有力措施去抵制复杂社会对青少年的负面影响。

《人民教育》：那么，在条件具备的前提下，从原理上来说，德育是怎样引起学生品德变化的？

林崇德：这个过程不是立刻完成的，学生还要经历对德育内容的领会、掌握、内化等多个环节，是一个从量变到质变的过程。

我们在研究中发现，学生的品德是在他们"知"的反复提高和"行"的反复训练中逐步发展起来的，并经过一个又一个阶段。"知"的要求是背诵和理解，以铭记在心中；"行"的要求主要是形成良好的习惯，这是一个人完整品德结构发展中质变的核心。

因此，我们应该将德育看作是学生品德的一个局部的、小的变化或量变的过程，是比较明显的、稳定的品德质变的基础。教育的任务，就是使知识经验不断"内化"和"动力定型化"，变成他们自己的信念、理想和行为习惯，且能自行迁移，形成"自动化"的活动，从而促进他们品德的质变。

作者系《人民教育》记者
原载于《人民教育》2015年06期

学校德育可以大有作为

✦ 王维审

我在学校做了 17 年班主任，4 年德育主任，是实实在在的德育"草根人"。我认为，学校的组织化特征赋予了学校德育科学性、明确性和稳定性等鲜明特征，班级和学校又构成了道德生成的教育生态。这是家庭教育、社会教育所不具备的。所以，我们要强调学校在德育中的主体地位，学校德育完全可以大有作为。

学校德育的"软骨病"可以治

教育的根本任务是"立德树人"，教育要强，德育必须强。但是，在中小学阶段，学校德育患上了"软骨病"，体制和体系上的不健全，让中小学德育始终处于"带病"工作状态。病因在于：

第一，向上没有研究力量的支撑。学校德育处室向上面对的多是行政机关而不是德育研究机构，不能得到更高级别研究机构的业务指导和引领。

第二，向下没有专门的德育力量。班主任是中小学校德育的中流砥柱，但是所有的班主任都属于兼职岗位，既不"专门"也不专业，绝大多数班主任还是把主要精力放在自己的教学业务上，班级工作也大都停留在管理层面。

第三，德育评价手段不到位。中小学校更愿意评价教师的师德和教学业绩，很少有人想到去评价教师的德育能力，至于你开展了怎样的德育活动，进行了怎样的德育研究，对学生进行了怎样的心灵引领等，因为很难量化而被简单忽略。

第四，激励措施缺失。在大多数地方，教师职称中没有德育系列，教师骨干评选中没有德育类别，这种评价激励措施的缺失，也让德育工作者"行无力，做无劲"，德育效果自然也就大打折扣。

但学校"软骨病"并非不能治，学校要通过自我改造和提升实现德育影响力的最大化：确保全员德育真正落实，重点做好德育干部和班主任队伍建设，引导班主任的专业化发展。注重学校德育策略的优化。改变传统德育说教化、抽象化、空洞化的特点，让学生在生活中获得道德实践的机会，让学生在看得见、摸得着、感受得到的道德情境中获得自我教育和成长；把碎片式的德育活动做成系统化的德育活动课程，规划、打造一个融合智育、体育、美育以及劳动教育的开放性教育生态；按照学生不同的年龄段和成长期有针对性地设计德育内容和方法，构建符合学生心理、生理和个性的适应性德育。随着课程改革向纵深推进，诸如小组合作、选课走班等学习方式应运而生。特别是"选课走班"逐渐从理念变成实践后，学校必须不断创新德育形式，有针对性地开发以成长导师为主，学业顾问、学校管理人员和互助同伴等多元参与的多轨式学校德育模式。

其中，德育策略的优化，每位教师都有极大的伸展空间。以我的德育实践为例。从我登上讲台的第一天起，撰写教育叙事就成了我最"专业"的业余爱好。迄今为止，我已留下700多万字的文字痕迹，发表的教育叙事文章也过千篇。最重要的是，教育叙事让我寻找到了一条德育路径。起因很简单，一个历经几任班主任、几乎让我"黔驴技穷"的"问题学生"，在无意中看到发表在杂志上专门写他的文章后，竟然第一次有了"羞涩"的感觉。于是，我坚持为他写了70多篇教育故事，他也在这些故事中一点点改变，慢慢成长。通过这件事，我发现了故事的教育价值，便开始尝试用故事对学生进行"教育"。最开始是我写他们，后来是我们一起写自己、讲自己。在每天的课外活动时间，我们班设有"我讲我心"时段，学生把自己一天遇到的故事讲给身边的同学听，并有一至三个同学在全班分享；每天晚上，学生会把自己的故事及反思写在"我写我心"叙事本上，在回顾与反思中让

"自我德育"入脑入心。相比"强制主义""灌输性特征""脱离生活""成人化""孤立化"等常规德育，"故事法"的意义在于通过"生命叙事"，让学生自己的道德故事进入德育现场，为学生个体建构自己的道德经验提供了可能、兴趣和机会。

家庭和学校是一起奔跑的同行者

家庭教育是未成年人的基础教育，在启蒙教育和全人教育中有着突出而独特的作用。据研究，家庭教育对孩子不同阶段的影响十分惊人：幼儿园期间，家庭教育占 80%，幼儿园占 15%，社会占 5%；在小学期间，家庭教育占 70%，学校占 20%，社会占 10%；中学期间，家庭教育占 40%，学校占 30%，社会占 30%；大学期间，家庭教育占 10%，学校占 30%，社会占 60%。由此不难看出，在学生接受高等教育之前，家庭教育始终占据着学生成长因素的重要地位，对学生成长的意义和价值巨大。但我国的家庭教育不尽如人意，突出表现在两方面：

一是家庭教育关注的是成才而不是成人，多数家长把对孩子的关注点聚焦在学业成绩上，固守"学习好就一切好"的育儿观；二是家庭教育重言传轻身教，家长失范、失德成为家庭教育之殇，也给学校教育带来了严重的负面影响，使学校德育孤掌难鸣。

有些家长片面地认为，学生入学就意味着教育的接力棒交到了学校手里，要么把自己当成学校教育的监督者和旁观者，要么对学校教育指手画脚、针锋相对，这是一种极其危险的想法。事实上，学校教育不是接过了接力棒，而是和家长一起握紧了接力棒，家庭和学校成了一起奔跑的同行者。

苏霍姆林斯基说："两个教育者——学校和家庭，不仅要一致行动，要向儿童提出同样的要求，而且要志同道合，抱着一致的信念，始终从同样的原则出发，无论在教育的目的上、过程上，还是手段上，都不要发生分歧。"

对于家长来说，选择了学校就是选择了这所学校的办学理念；对于学校来说，接纳了学生就是接纳了学生家长的家庭教育。学校应该通过家长会、家长学校等家校联合阵地，向家长输送家庭教育观念和方法。在对家委会功能的定位上，也应该更倾向于两者在育人理念上的交换与交流，而非物质上的简单帮助，或者把家长当作学校教育的后勤。

事实证明，良好的家校沟通对家庭教育具有引导作用。我发现，在很多中小学的网站上都设有论坛，家长意见都可以以匿名的方式在上面反映出来。比如，某中学的一位家长在论坛上发布了《致××校长的一封信》，指出学校课外活动太多，学生自由度太大，孩子不能适应，造成成绩下降的问题，建议学校严格管理，给学生更多应试上的指导。结果引来一群家长的反驳，引发了一场关于该校办学理念的大讨论。这就是家校沟通的一个很好的案例。长期以来，家庭教育与学校教育之间不是势不两立的，而只是缺乏沟通。建立良好的家校沟通机制，是实现家校德育联动的必然路径。

与社会联动，形成目标一致的大德育体系

社会环境对学校教育的影响是巨大的，无论是学生个体的成长，还是整个学校的教育生态，无不承受着社会的影响和干扰。近年来，一些缺少社会责任感的文化作品开始泛滥，给未成年人的精神成长带来了严重的负面影响，给思想道德教育带来相当大的困难。再加上部分新闻媒体纯粹追求猎新、猎奇，缺少起码的社会舆论正向引导；对学校教育进行不公正报道，束缚了学校和教师开展教育的身心和手脚，更是把学校德育置于犹豫、彷徨、无所适从的境地。

社会因素对教育的最大影响，还体现在应试教育上。虽然教育行政部门每年都会出台一系列促进素质教育的政策和法规，但在整个社会层面，分数仍然是衡量学校办学质量最重要的指标，升学率仍然是社会套在学校身上的枷锁。再加上一些地方政府盲目追求政绩，把高考成绩作为量化学校办学水平的唯一标准，这就直接诱发并加剧了学校片面追求升学率的行为。在应试教育的影响下，学校课程设置中与升学有关的文化课的地位被无限提高，一切与升学无关的课程的地位变得可有可无，"考什么学什么"仍然是很多学校管理者最"朴素"的教育观。同时，由于人和道德的复杂性以及教育成果的延迟性，导致思想品德教育成为最耗费时间和精力的一项教育内容，被划归为"出力不讨好"的"鸡肋"教育。所以，很多"片面追求升学率"的学校要提高办学效益，首先考虑的就是把德育窄化成德育知识课。当道德教育

成了一门学科，人的品性成了可以用分数量化的知识，学校德育的乏味、枯燥、无效就会成为必然。

面对社会的强大影响和压力，学校教育是不是就无能为力了呢？答案是否定的。学校除了实施对学生的教育功能以外，还是全社会先进道德文化的讲坛和舆论阵地，学校德育应主动地参与社会环境的改良和建设。

一方面，学校德育可以直接把自身的道德力量辐射并影响于社会，通过各种形式向全社会实施正面的价值引导；另一方面，学校德育应该主动连接其他德育力量，形成德育合力。作为整个社会德育系统中最具能动性的学校德育，应该通过与当地政府、社区、企事业单位、社会公益机构等之间的沟通，形成学校内部与外部目标一致的大德育体系，形成社会整体关注、学校重点实施的联动德育局面。

加强道德建设，治疗道德问题，需要全社会共同担当。每一个人都应该成为道德建设的参与者，而不能只做旁观者和享受者；都应该成为道德环境的维护者，而不能只做抱怨者和批评者。也许我们的社会道德建设还不令人满意，也许我们的社会上确实还存在着种种非道德现象，但这不应该是我们选择推诿和放弃努力的理由。如果我们现在不去想办法改变，糟糕的事实就永远不可能改变；如果我们现在不开始在田里种下庄稼，再肥沃的土地也会长满野草。教育的问题，归根结底不是"能不能"的问题，而是"愿不愿"的问题。只要我们愿意，学校德育不仅可行，而且大有可为。

作者单位系山东省临沂市兰山区教体局教研室

原载于《人民教育》2015 年 08 期

像抓GDP一样抓学校体育工作

七中万达学校：为什么把体育定为"第一课程"

✦ 陈　刚

　　我曾到四川省都江堰参加"5·12"灾后重建工作，在七一聚源中学和八一聚源高中任校长。面对身边 280 名师生的瞬间离去，学生的灾后心理重建至关重要，也极为艰难。我们选择以体育为突破口，每天早上我带着学生跑操，洪亮的口号、奋进的步伐给人以新生的力量。就在那一刻，我体悟到无论一个生命的禀赋和现状如何，教育都应赋予他们一种蓬勃向上的精神，而体育就有这种神奇的力量。

　　来到成都七中万达这所新建校后，很自然就对体育特别重视。我们将"身心雄健"放在学生培养目标（身心雄健、情感丰满、精神高贵、智慧卓越）之首，提出了"健康是生命最基本的素质，体育是七中万达第一课程"的理念。在学校体育工作上我们有一些独特的做法和体会。

三年跑 600 公里才能毕业

　　在我们学校，学生毕业有四个体育硬标准：体质健康达标；体育态度合格；熟练掌握 2 ～ 3 门体育技能；3 年完成 600 公里长跑。

　　其中"3 年完成 600 公里长跑"受到极大关注。长跑是我们一直坚持的，但为什么要成为毕业的条件？我们也是逐渐才意识到长跑的丰富教育价值的：3 年跑完 600 公里，不仅可以在一千多个日日夜夜的坚持中让学生获得健康的身板儿，更重要的是让孩子们养成坚持锻炼的好习惯，从而能够终身锻炼。这个大目标我们已经看到了端倪：雾霾严重的时候，学校停止了户外活动，但是好多孩子依然戴着口罩去跑步，我们需要拦阻和劝说才能让他们停下；高考前一天，高三的孩子还主动到运动场上跑步，完成高中 3 年的最后一跑。他们说，天天跑步习惯了，一天不跑就不舒服，总有一种欠账的感觉。

3 年 600 公里的课程概念，还清晰地告诉学生，把一件简单的事情长期坚持下去的意义；最终跑完 600 公里时，也完成了他们人生中的一次小小的壮举，这增加了孩子们战胜困难的信心。

体育走班制

我们发现，几乎每所学校都常见一种怪现象：学生们喜欢体育运动但不一定喜欢上体育课。经过调查我们了解到：学生运动能力差异很大，感兴趣的运动项目各不相同，内容划一缺乏选择的体育课当然就只是部分学生的天地了。因此，从开校的第二学期始，学校实行年级分项选课走班教学。在完成基础的身体素质锻炼的基础上，我们尽自己所能，开设了足球、篮球、排球、乒乓球、羽毛球、啦啦操等选修模块，供学生自主选择，在充分尊重学生的差异与个性发展需求的前提下，保证他们身体素质的均衡、稳步提升。另外，在毕业时，我们有"熟练掌握 2 ～ 3 门体育技能"的要求，这也是个硬指标，学生们在自己喜欢的项目中锻炼往往都能很好地达成。掌握一些体育技能，其目的也是为了增加孩子们终身锻炼的兴趣点，让他们将来尽可能不放弃身体锻炼。

规划大课间

中学生的学习任务重，大课间是他们一天之中宝贵的运动时间，怎么利用好它，让它更科学、更有效果、更受喜爱，我们对此进行过多次修改完善。

开校之初，大课间只有 20 分钟，主要内容是夏季广播体操或太极拳，冬季跑操。后来时间增加到 30 分钟，在跑操前增设了准备活动。现在，大课间时间又调整为 35 分钟，内容调整成四段：第一段广播体操热身；第二段跑操；第三段自由运动，学生自选项目运动；第四段整理放松运动。经过调整的大课间，更加科学，也更受学生喜爱，其效果也比以前无规划时好很多。

三点体会

1. 改变的不仅仅是身体

我们的这些努力使学生的体质测试数据和体育考试成绩明显优于同类其他学校。让我们更加惊喜的是学生对体育的态度有了很大变化。学校的调查数据显示，在我们学校热爱体育运动、坚持各种锻炼的学生占 79.3%。从学生及家长的反馈中，我们也可以看到学生在体质、体育态度、体育技能甚至人际交往、意志品质等方面都有正向的变化。

初一的李雪荧在作文中写道："从小学跑 400 米需要老师全程监督才勉强完成，到初入初中时跟着同学一起坚持完成每天 800 米，再到现在每天早晨主动拉着朋友到操场跑步，这其中的变化连我自己都有些惊讶。"

更让人高兴的是孩子们精神面貌的改变，这是一些家长有代表性的声音："当孩子们回家时，我们看到的不再是神情疲惫的脸庞，而是洋溢着青春的活泼身影，作为家长的我们也是由衷地高兴。""作为家长，看着孩子红润的脸庞和阳光自信的笑容，我们突然也生出一种盼望：走进七中万达的绿茵场，也酣畅淋漓地来一次自己的'3 年 600 公里'的计划。"

运动带给孩子们健康的身体、愉悦的心情、乐观的态度和自信的品质，体育的多重育人价值让我们收获了惊喜。

2. 学校体育是最得民心的工作

最初提出 3 年跑 600 公里才能毕业时，我们有过担心，害怕各界尤其是家长会质疑这将增加学生的负担，影响学生的学业，结果却出乎意料，我们听到的几乎全是支持的声音。

高一年级邓皓家长的看法颇有代表性，他们非常理解我们的做法："正是看到了升学压力下一些学校对学生体质健康的忽视，看到了学业负担下孩子们精神上和身体上的疲惫（才有了 3 年 600 公里跑）。"为什么家长会普遍支持？我回想起一次对家长开展的小调查。一系列选项，让家长选择最希望孩子达成的两项。有的家长希望"孩子成绩优秀"，有的家长希望"孩子乖巧懂事"……但所有家长都选了"孩子身心健康"这项，所以学校体育是最得民心的工作！学校每一项体育活动都得到家长的大力支持：学校体育活动现场总少不了家长们加油、拍照的身影；有的家长在接孩子时会陪孩子跑上两圈；还有家长在参加体育节时激动得写诗……

3. 坚守成为我们的信念

体育不是一门"副科"，它是"人生的基石"。当初，我提出"健康是生命最基本的素质，体育是七中万达第一课程"时，干部、师生、家长或许还有一些质疑，那时体育不过是一门可有可无的科目；现在学校上下真切地认识到身体素质是其他一切素质赖以存在的基础，同时也是中小学生的核心素养，既然如此，中小学怎么重视都不过分。

现在，"人生基石"的信念已经深入学校师生及家长的心中。每天中午及下午放学后的运动场上总会看到师生运动的情景；不少家长在孩子的带动下也开始坚持跑步；教师啦啦操班每周二下午开课，学员爆棚；前段时间都江堰"双遗"马拉松赛中，我校不少老师自发报名参加并跑完全程……这一切都是自觉的。

学校体育不是竞技体育，而是群众体育。外出参观学习，常有校长向参观者展示他们的体育奖牌、奖杯。但我们更关注全体学生的运动状况，着力培养全体学生科学锻炼的意识、习惯和能力。基于这样的认识，我校每年举办的趣味运动会、科技体育节都坚持全员参与，一个都不能少，没有看客。我们设置了运动门槛较低的"人椅"、长绳、"多人多足跑"等趣味项目，也有武术操、搏击操、太极拳、弟子规操等集体项目。即便是不擅长体育甚至身体不健全的学生也有机会参与，并能够在体育活动中找到合适的项目。

课内课外融合，教是为了不教。一些学生喜爱游戏项目，如响簧、扔沙包、滚铁环、踢毽等，只要有一定的锻炼价值，学生都可以申报，获准后就可以在大课间自由运动环节进行运动。这极大地丰富了运动内容，激发了学生的锻炼兴趣。

同时，为了帮助孩子养成坚持锻炼的好习惯，从 2014 年秋季起，学校给学生布置节假日体育作业，要求学生在家长的督促下，在节假日也要坚持锻炼。

我们最终希望：体育锻炼跟学校没有关系，跟课程没有关系，甚至跟具体项目没有关系，运动要成为孩子们一生的基本需求。学校的体育课无非只是一些例子，你可以用自己喜爱的任何方式，在任何允许的时间地点进行锻炼，只要科学，只要能坚持。

体育可以与不同学科课程融合。体育不仅可以育体，还可以育美、育心、育德，对于学生核心素养的培育有其独特的地位和学科价值。基于此，我们学校要求在教学中改变学科本位思想，围绕学生核心素养的培育，打通学科壁垒，融通学科教学。目前，体育与艺术、政治、历史、地理、生物、物理等学科展开了学科合作，取得了初步的经验。如，体育课上，政治老师全程参与；在其后的政治课上，学生可以就体育课上的切身体验，探讨"竞争与合作"的问题，那些鲜活的、历历在目的感受使其效果远超传统的政治课。体育的教育价值是宽广、深厚的，需要我们努力发掘。

作者系四川省成都七中万达学校校长

原载于《人民教育》2015 年 11 期

没有了体育，教育就不完全

✦ 王建萍　张晓霞　刘小兰

中国奥林匹克运动的先驱张伯苓曾说："教育里没有了体育，教育就不完全。"学校开展阳光体育工作是培养学生的体育技能、强健体魄的基本要求，也是学校实施素质教育的重要途径。

在长期探索中，甘肃省兰州市西固区福利路第二小学形成了一套追求高效、讲求实效的"大课间＋眼保健操＋体艺课＋课外活动＋艺术兴趣活动"的新型而有效的阳光体育活动模式。

在阳光体育工作中，福利二小从认识、参与、指导、监督、总结、协调等六个方面作好机制保障，抓好领导、教师、时间、内容、器材、场地、过程、评价"八落实"。为解决动力问题，学校把阳光体育工作纳入日常工作日程和教师工作目标考核范畴，每天的活动及时检查、评比，做到领导、制度、责任、措施、经费"五到位"，形成了统一行动、分层落实、协调配合的工作体系。活动中观摩、检查、评比、反馈等多元评价，有效促进了活动质量的逐步提高。

教导处科学规划、统筹安排，把阳光体育两课（体育课、活动课）、四操（眼保健操、国操、自编操、手语操）、两活动（上、下午大课间）纳入作息时间表中，保证孩子们每天至少锻炼一小时；在活动器材的配备上，校方统筹为主、孩子们自筹为辅，缓解了家校双方购置器材的压力；每周两次与体育课搭配开设的下午第三节课外活动保证了孩子们平均每天一节的体育活动时间。

学校开展阳光体育工作，必须尊重学生的年级特点、师资特长、场地实况和各班建议等实际，作好统筹规划，以"锻炼的实效性、内容的全面性、功能的多样性、参与的广泛性及活动的趣味性、娱乐性和可选择性"为原则，在活动内容与形式上倡导快乐体艺、趣味体艺。

一是从不同学段的个体差异出发，论证并拟定班级大课间自主活动方案，有效保障各项活动的顺利实施。如一二年级学生心理尚不稳定，肢体运动的协调能力较差，对这些学生侧重设置团体活动和有利于团体精神培养的体育活动，如老鹰捉小鸡、丢沙包、转风车、小跳绳、打沙包、找朋友等；三至六年级学生心理渐趋稳定，个人能处理的问题越来越多，自信心逐渐增强，对这些学生侧重开设团体与个体相结合的协调性、韵律性强的活动，如各种球类、竹竿舞、筷子操、彩带操、轮滑等。

二是大力挖掘师生资源，积极开发健康向上的阳光体育校本课程。活动形式要阳光，让学生乐于接受、乐于参与、乐于坚持。福利二小相继创编了4套形式活泼、风格迥异、融多种教育功能为一体的适合全员参与的校园自编操（功夫扇、剑术、竹板舞、旗语操）和手语操（《感恩的心》《游子吟》《鹿寨》）、扇舞（《老师的目光》）等特色校本课程。采取自主（特长班、各种兴趣组）和专项（篮球、跳绳、班级特色体育项目、书法）相结合的多元化发展途径，丰富了阳光体育"2+1"活动内涵，突出了学校特色项目，兼顾了孩子们的兴趣爱好。

三是经常开展不同形式、不同规模的竞技比赛、观摩等活动。学校每月都会举行两三次阳光体育比赛，项目丰富，包括拔河、跳绳、轮滑、篮球、团操、自编操等多项比赛，还设置了班级特色自主活动展示等，班主任、科任教师、体艺教师紧跟各班活动，保证活动开展得有形、有质、有效；每年举行春秋两季运动会；每学期对外举办一次面向同行或家长的阳光体艺大课间观摩活动。有序的组织、自成特色的活动内容及浓厚的活动氛围，成为福利二小最好的对外宣传。

福利二小借阳光体育的特质来表达对学校教育本质、教育特征、教育宗旨、教育实施的理解，探索出了一条"凸显阳光体育理念，构建和谐阳光校园"的学校发展之路。

在各种活动中，学生们拥有了机智、勇敢、顽强、不甘落后等优质的人格品质；学生们学会了自觉遵守规则、服从裁判、尊重对手和观众、团结协作、维护集体荣誉等良好的思想品德，健康的个性心理特征逐步形成；孩子们受到了美的熏陶，获得了体现美和感受美的丰富情感和体验，具有了鉴赏美、创造美的欲望和能力；敏锐的观察力、良好的注意力、丰富的想象力以及灵活的思维力逐步形成，孩子们更加自尊、自爱、自信、自强。

阳光体育加速了学校教师的专业化发展，推动了优秀团队的形成。在理解阳光体育与学校教育的关系中，教师对教育有了更深的认识，自身的创作灵感与创作欲望被激发出来，与之相关的论文相继发表，诸多融入美育理念的校本课程相继开发出来。2014 年，在国家级课题下，学校教师又申报了与阳光体育密切相关的两项市级规划课题和 15 项市级个人课题。这些课题基于实际问题的发掘，教师们在持续的研究、探索中，在专业水平上实现了更高的飞跃。

作者单位系甘肃省兰州市西固区福利路第二小学
原载于《人民教育》2015 年 14 期

将来的体育课要教孩子两样东西

——访教育部体育卫生与艺术教育司司长王登峰

✦ 李小伟

学生身体素质出现积极变化，但形势依然严峻

记者：2010 年的学生体质与健康调研显示学生身体素质面临着下滑的严峻情况。又经过数年，当前学生身体素质的状况如何？

王登峰：党和国家历来十分重视学校体育工作，重视学生的健康。毛泽东同志在新中国成立之初就提出"发展体育运动，增强人民体质""健康第一，学习第二"；邓小平、江泽民、胡锦涛等也先后多次对学校体育工作与青少年体质问题作出重要讲话和批示。2007 年，中共中央政治局召开会议专门研讨加强青少年体育增强青少年体质问题，并于 5 月 7 日下发了《中共中央国务院关于加强青少年体育增强青少年体质的意见》（中央 7 号文件）。当年还推出了全国亿万学生阳光体育运动。2011 年政府工作报告明确提出，"保证中小学生每天一小时校园体育活动"。

党的十八大以来，以习近平为总书记的党中央，十分关心体育工作，关心广大青少年健康成长。习总书记指出，身体是人生一切奋斗的本钱，少年儿童要注意加强体育锻炼，家庭、学校、社会都要为少年儿童增强体魄创造条件。"要分类指导，从娃娃抓起，扎扎实实提高竞技体育水平，持之以恒开展群众体育，不断由体育大国向体育强国迈进。"总书记的重要论述高屋

建瓴、方向明确，对于做好教育、体育工作具有十分重要的指导意义。

党的十八届三中全会更是将"强化体育课和课外锻炼，促进青少年身心健康、体魄强健"写入指明今后我国改革方向的《关于全面深化改革若干重大问题的决定》当中，上升为国家战略，足见党和国家对青少年体育的关心，对青少年健康成长的关怀。

近年来，各地区、各部门认真贯彻、落实党中央、国务院青少年健康的一系列重要决策，学校体育工作呈现出新的面貌。几年来，我国相继制定了《国家学生体质健康标准》《高校体育工作基本标准》等若干政策性文件，学生体质健康监测、体育课程标准实施等关键环节有了制度依据。各级教育行政部门把学生体质健康水平纳入教育现代化指标体系；各级政府有关部门协同工作，形成了齐抓共管青少年体育的联动机制。

经过不懈努力，我国青少年的体质健康水平持续 25 年下滑的状况出现了积极变化，根据教育部 2012 年对 15.05 万名青少年、2013 年对 12.3 万名青少年的抽测数据，我国青少年的形态发育水平在 2010 年全国学生体质调研的基础上有所提高。数据显示，我国城乡学生身高、体重、胸围的生长发育水平继续呈现增长趋势。尤其是城市男生以及 7 岁至 12 岁年龄段的学生，增长最为明显。数据表明，肺活量指标逐年稳步上升；爆发力素质（立定跳远）出现好转；耐力素质显现止"跌"并逐步回升；速度素质（50 米跑）下滑趋势得到遏制；力量素质下降速度减缓；柔韧性素质（坐位体前屈）指标明显回升。

记者：学生身体素质积极变化的主要原因是什么？

王登峰：应当说，原因是多方面的，政策导向和推进落实是关键：一是义务教育阶段"减负"、取消"小升初"考试、小学毕业就近入学政策的逐步落实，在一定程度上缓解了小学甚至初中阶段学生的升学压力；学生综合素质评价制度的逐步实施、以"立德树人"为目标的课程改革的推进，激发了学生、家长和学校推进素质教育的积极性。二是中考体育加分制度调动了初中学生参与体育锻炼的积极性。初中生各项体质健康指标出现积极变化的趋势最明显。三是教育部加强学校体育督导、学生体质健康抽测公示政策的出台，激发了各地重视学校体育的积极性。四是各地加大学校体育投入、推进体育师资队伍建设、推进体育教学改革、因地制宜开展阳光体育运动的形势初步形成。

记者：当前学校体育工作还面临哪些挑战和困难？

王登峰：当前我国青少年体质健康形势依然严峻，具体表现为中小学生体质健康积极变化仍很脆弱，视力不良检出率和肥胖率继续上升，并呈现低龄化倾向。同时，"运动不足"仍是亟待解决的问题。

导致这一状况的主要原因是，受应试教育和片面追求升学率的影响，一些学校存在着严重的"重智育、轻体育"的现象，没有高度重视学校体育工作。同时，受师资、场地等诸多因素制约，体育课开课率和每天一小时体育活动时间得不到有效落实。

据教育部基础教育质量监测中心对15个省（自治区、直辖市）的129个县（市区）的四年级和八年级的体育课时和课外体育活动时间监测显示，中小学的体育课时不足率，四年级为56.5%，八年级达到了76%，31.6%的四年级和83.5%的八年级不组织学生进行课外体育活动。而四年级语文课超标率为63.6%，数学超标率达到了80.5%。八年级物理、数学课时超标率最高，分别达到了95.9%和80.7%。也就是说，大量的体育课时被挤占了，被用于与升学考试相关的语文、数学等科。

体育课程教学改革新方向

记者：针对现阶段的学生身体素质问题，教育部会有什么样的应对措施？

王登峰：今后，教育部将采取积极措施加强青少年体育，增强青少年体质，增加体育课时就是其中的实招：新一轮基础教育课改中，在总课时减少的情况下，小学三至六年级每周3节体育课将提高为4节，高中每周2节提高到3节。这就要求任何学校不得以任何理由和借口占用体育课时，要让每个学生都得到充分锻炼，并学会至少两项终身受益的体育锻炼项目。

记者：在这种情况下，对学校体育课程的目标、任务、安排会有什么样的调整？

王登峰：我国学生在全世界是上体育必修课最多的，从小学一直到大学二年级体育都是必修课，加起来有14年，但很多人竟然连一个运动项目都没学会。这说明学校体育教学存在问题，必须深化改革，让孩子学会一两项伴随终生的运动技能。

在教育部门的规划中，发展校园足球和学校体育的目标都是一致的，即通过体育运动或校园足球培养学生健全的人格，提高他们的运动技能，增强他们的体质健康水平，这就是当前这种情况下，学校体育必须达成的"三位一体"的目标。

目前的学校体育改革强调体育课一定要教会学生运动的技能，因为只有教会学生运动技能，才可以激发他们上体育课、参加体育锻炼的兴趣。

今年两会期间，全国政协委员、前篮坛明星姚明提出了关于在中学阶段全面推广专项体育课的提案。我觉得，这一提案与我们学校体育改革的整体思路是完全一致的，值得推广。事实上，体育课最重要的目标就是要让学生掌握一到两项能够陪伴他们终生的运动技能，只有在技能不断提高的情况下，学生才会有锻炼的积极性。这对提高学生体质健康水平，整体促进学校体育工作健康发展非常重要。

我们过去在体育教学这方面强调得不够，很多情况下学生一个学期下来要学习七八个项目，每一个都是浅尝辄止，最后上了十几年体育课可能一项运动技能都没能掌握。

将来所有体育课都要教孩子两样东西，就是教育部提出的"1+X"体育教学改革："1"是一个专项，所有孩子每周一节体育课都要用来学这个项目，学校至少教会学生一项运动技能，并要不断提高技能水平；"X"是基本的运动技能，就是跑、跳、投，提高他们身体的灵活性、灵敏性。

学生到中学掌握了一定的基本运动技能后，可以根据自己的兴趣专门学一个或几个项目。目前，上海已经进行了实践，并取得成效。但我们国家地域辽阔，条件千差万别，绝不能搞一刀切。像上海、北京等条件优越的地方可以搞专项化教学，理想的状态是学生喜欢什么就学什么；条件差一点的地方可以开展"一校一品"，学生同学一个项目，都会一项技能；而那些场地、师资、器材都不具备的"三无"学校，不管选择什么项目，先"动"起来就好，哪怕是简单的跑步也行，要确保运动量和学生的体质健康。

足球作为体育必修课并不意味着所有学生都一直学足球

记者：国务院印发的《中国足球改革发展总体方案》提出：把校园足球作为扩大足球人口规模、夯实足球人才根基、提高学生综合素质、促进青少年健康成长的基础性工程，增强家长、社会的认同和支持，让更多青少年学生热爱足球、享受足球，使参与足球运动成为体验、适应社会规则和道德规范的有效途径。我国学校体育有很多项目，为什么单单选择足球作为学校体育的突破口？

王登峰：体育是教育不可分割的组成部分，体育除了教人学会运动技能、提高健康水平以外，还能促进学生智力发育，同时帮助学生养成团队合作、遵守规则、尊重对手、尊重裁判、坚韧不拔、永不服输的精神，所以体育在学生培养中起着基础性不可替代的作用。

现在很多孩子说他们热爱运动，但是讨厌上体育课。体育课到底应该怎么上？其中很重要的就是要在体育课上让孩子们学会一至两项能够伴随终生的运动技能，我认为这个意义是非常重大的。

选择足球作为学校体育的突破口，其目的是为了立德树人，整个学校体育都是为了起到这样的作用。为什么单单选择足球？因为足球是世界第一大运动，足球"世界杯"的影响力甚至超过了奥运会。过去，中国的体育通过获得金牌能够提振民族自信心。今天，参加奥运会很容易就拿几十块金牌，金牌的数量已经不能影响到中国人了。但足球不一样，足球在所有体育项目中分量是最重的，所以把足球作为突破口，也是对全国人民期盼足球发展的一个直接回应。要实现中国足球的腾飞，就必须打好人才的根基，我们希望通过发展校园足球能够加大中国足球发展的人才根基，为我们国家足球事业发展奠定坚实的基础。长远来看，校园足球更是我们学校体育改革的先行者，先行先试，是实现立德树人根本任务的必然选择。

记者：作为主管部门，教育部对校园足球工作有什么计划？

王登峰：教育部 2014 年 7 月在全国学校体育座谈会上"接棒"校园足球后，一直致力于打造"升级版"的校园足球。我们的目标是用 3 年的时间将校园足球定点学校数量由目前的 5000 所增加到 2 万所，足球人口增加到

2000万。我们计划从四个方面着手：

第一是普及。足球作为体育必修课并不意味着所有学生都一直学足球，因为在学校体育里，除了教学生基本的运动技能，如跑、跳、投等，还要让学生学习不同的运动项目，如篮球、排球、乒乓球、羽毛球等。足球作为必修课，是指一个学生有一段时间要学足球，但其他项目也要学。在校园足球特色学校里，学生除了学习基本的运动技能以外，还要拿出一定的时间来上足球课，比如现在小学每周4节体育课，初中高中每周3节体育课，校园足球特色学校每周至少有一节体育课应该教足球，而非特色学校则不必每周一节足球课。

第二是教学和训练。在特色学校，因为每周都有一节足球课，因此要制定全国统一的教学大纲，确定在不同年级循序渐进地学习什么样的足球技能。同时，我们还要组织校内课余的训练。因为特色学校所有的学生都要学足球，所以还可以开展丰富的和足球相关的体育文化活动，可以组织班级比赛、年级比赛、学校比赛，甚至可以把课堂学的核心技术编排成大课间操，让孩子们练。

第三是组织竞赛。将来我们要建立四级联赛制度。小学主要是鼓励大家广泛参与，因此我们不搞小学的全国比赛，小学的比赛只要到地市就可以了。初中则要组织全省比赛。高中和大学组织全国的分区赛和总决赛，从而形成以学校为单位的四级联赛体系。

第四是在四级联赛基础上把有潜力的学生选出来按照区域来组队，集中参加夏令营和冬令营。这样一来，经过几轮之后四级联赛的水平一定会提高，可以在比赛中选拔出优秀人才进行培训，优秀的足球后备人才成长也就更成体系了。

记者：谢谢您接受我们的采访！

作者系中国教育报社记者

原载于《人民教育》2015年11期

应紧急遏制经济增长却体质下降的趋势

✦ 吴　键

青少年体质健康不容乐观

我国对青少年学生体质健康大规模的持续研究始于 1985 年，那年由教育部等国家六部委共同组织了 7～22 岁全国学生体质与健康调研。此后每五年一次，截至 2010 年共进行了 6 次。每次调研涉及 31 个省（自治区、直辖市）26 个民族约 30 万学生，检测项目含身体形态、生理机能、身体素质、健康状况等 4 个方面 24 项指标。调研显示，我国学生的身体机能、身体素质的各项指标总体上都呈现出下降趋势。

1985～2010 年学生身体机能、身体素质变化如下：

反映呼吸系统生理机能的肺活量，25 年来，总体水平下降，尽管 2005～2010 年有较小幅度增长，但是，2010 年的水平依然低于 1985 年、1995 年和 2000 年。

反映学生速度素质的 50 米跑，25 年间前 10 年有较明显提高，后 15 年总体呈下降趋势。

反映学生爆发力的立定跳远，25 年间前 10 年有所增长，1995～2005 年下降明显，2005～2010 年基本稳定。

反映男生力量素质的引体向上，25 年间前 10 年有所增长，但其他时期，除了 2005～2010 年城市组 13～18 岁年龄段、乡村组 13～14 年龄段略有上升外，其他年龄段均呈下降趋势；反映女生力量素质的仰卧起坐，前10年增长明显，但其他时期，除了2005～2010年城市组7～10岁年龄段略有上升外，其他年龄段均呈小幅下降趋势。

反映心血管系统机能的耐力跑，除了乡村组1985～1995年的10年间有所上升外，其他时期，学生耐力素质总体呈下降趋势；虽然2005～2010年城市组也略有提升，但这只能表明下降趋势得到部分遏制。

以上数据多截止于2010年。近些年从部分省市也传来了很多乐观的数据，很多专家也认为我国青少年身体素质下降趋势初步得到了遏制，但这样的观点还需要今年的学生体质与健康调研的最终数据给予证实。

"屏幕时间"增加，"静态生活"形成

身体机能和身体素质除先天遗传外，与后天的体育锻炼以及生活方式、营养状况有密切的关系。世界卫生组织推荐一个"运动不足"的衡量标准："特定人群每周参加30分钟中等强度身体活动的次数少于5次，或者参加高强度身体活动的次数少于3次以及类似情形。"以此为标准，2010年的体质健康调研发现，我国在校青少年的身体活动水平明显不足，"静态生活"状态已经形成。

学生在校的体育锻炼时间未得到充分保障。我国国家新课程标准规定，小学1—2年级每周体育课为4节，3—6年级每周3节；初中阶段每周3节；高中阶段每周2节。2010年的调查显示：约有30%的小学、40%的初中、超过12%的高中不能达到这个标准。

按照《中共中央国务院关于加强青少年体育增强青少年体质的意见》规定，学校要安排"每天一小时校园体育锻炼"。2010年的调查显示：汉族小学阶段，城男、城女、乡男、乡女（分别指代城市和乡村的男生和女生）每天体育锻炼不足30分钟的分别为15.07%、17.44%、20.50%、21.87%；初中阶段这组数据成了28.44%、36.37%、28.96%、34.40%；而高中阶段则达到了41.65%、53.80%、38.47%、50.00%。总体上，30%～40%的学生每天体育锻炼时间不足30分钟。

作业时间过长挤占睡眠时间。在巨大的考试压力下，做作业、复习时间

增加，学生的睡眠时间减少，极大地影响学生的体质与健康。

按照教育部相关规定，学生每天的睡眠时间为：小学生9小时以上，初中生9小时，高中生8小时。事实上，由于巨大的学业压力，大部分学生都没有达到这个标准。2010年调查显示，小学生平均睡眠不足9小时的占60%～70%；初中学生平均睡眠不足8小时的占60%～80%；高中学生平均睡眠不足7小时的占50%～71%。

按照教育部规定，小学一年级不留作业，二三年级的作业量不超过30分钟，四年级不超过45分钟，五六年级不超过1小时；初中各年级不超过1.5小时；高中各年级由各省制定。事实上，调查显示，小学生平均每天超过1小时作业的接近40%；初中做作业时间平均超过2小时的为23%～44%；高中做作业时间平均超过4小时的为78%。

日常体力活动减少、摄入增加降低了体育锻炼的效果。社会富裕带来了学生生活方式的较大改变。居住环境、交通方式不断改善，减少了学生的体力活动。2010年调研显示，城市男女学生上学、放学步行和骑自行车的越来越少，乘坐公共汽车和私家车者总体上超过30%。社会富裕也为青少年学生高能量物质的摄入提供了可能，不科学的饮食行为、过度保护的教养方式，导致膳食不平衡或营养过剩，更直接引发了青少年肥胖症的增加。2010年调查显示，学生肥胖和超重检出率继续大幅度增加，7～22岁，城男、城女、乡男、乡女的肥胖率分别为13.33%、5.64%、7.83%、3.78%，超重率分别为14.81%、9.92%、10.79%、8.03%，也就是说城市男生中每七个孩子就有一个肥胖。

"屏幕时间"增加，"静态生活"形成。中国教育科学研究院2012年度《学生体质健康行为调查》显示，基于网络的游戏、阅读、交友成为青少年闲暇时间的主要生活方式，久坐不动的"静态生活"习惯逐渐形成。调查显示，中小学生在课外和双休日，占用最多时间的活动是"做作业""玩手机"。近20.2%的中学生每天用于上网、看电视、玩游戏的"屏幕时间"近一个小时；在双休日，有14.8%的中学生的"屏幕时间"超过120分钟。过多时间沉溺网络，使得青少年没有机会到户外参与更多的体育活动，难以形成健康的生活方式和行为习惯。

由于用眼过度，青少年视力问题日趋突出，2010年学生近视检出率，小学、初中、高中学段分别达到 40.89%、67.33%、79.20%。

青少年运动不足将严重伤及个体健康与国家可持续发展

我国青少年体质健康持续下降问题由来已久。以往对中国青少年体质健康问题的关注，仅仅停留在测试和报告中，很少深入关注体质健康问题对青少年个体成长及其一生幸福的影响，更少关注青少年群体体质健康问题与国家人力资源整体质量，乃至国家经济可持续发展之间的密切关联。这也正是青少年体质健康问题长期得不到社会各阶层的普遍重视、现状得不到有效改善的根本症结之所在。可以说，我们已处在一个必须转变思路、正视危机、寻找对策、改变现状的关键时刻了。

有鉴于此，下面介绍的这项 2011 年由包括中国教育科学研究院在内的全球 30 多个体育、教育、医学、卫生等权威组织参与的，对发达国家和新兴经济体国家民众身体活动及体育锻炼状况的研究——"运动规划（Designed to Move）"，或许能为我们必须正视的现实和必须改变的行动提供一些新的思路与借鉴。

运动不足会对个体的成长与发展构成巨大威胁。

运动不足，对于个体而言，其危害是巨大和严重的。但就目前情况看，中国的家长和青少年自己对此显然并没有清醒的认识。"运动规划"研究认为，积极参与体育活动的青少年，在其一生中，可能具有的优势是：发展成肥胖者的机会只有运动不足者的十分之一；在同样条件下，考试成绩可能提高 40%；在一些国家，吸烟、吸毒等危险行为的概率将有所下降；考上大学的机会增加 15%；一生的收入比别人多出 7%～8%；医疗费用每年可以节省 2741 美元；一生中生病的时间缩短，致残率比别人低三分之一；平均寿命可能增加 5 年。

"运动规划"研究认为，缺乏体育活动的青少年，在其一生中，可能处于的劣势是：30% 的人会发展成肥胖者，成年以后成为肥胖者的概率是运动充足者的 2 倍；上学期间，每年缺勤的天数比平均值要多 2 天；健康状况整体变差；学业成绩比运动充足者差，考试分数降低，男生认为自己是"差生"的可能性要比运动充足儿童高出 46%，女生延迟一年毕业的可能性要比运动充足者高出 51% 以上；工资收入要比运动充足者低；一生中，生病天数平均每年要比运动充足者多一周。

成年时期的运动不足，往往源自青少年的运动不足。因为青少年成长过程中的身体活动，将影响大脑的发育和身体的感受，并以此奠定运动的身心基础，这是早期运动体验增加终身运动习惯养成可能性的生物学基础。

运动不足将引发国家巨大的医疗经费耗损

"运动规划"研究显示，一些发达国家，在 60 年的时间内，其国民身体活动的量和强度大幅度下降，"运动不足"已经成为普遍的状况。美国自1965 年到 2009 年，身体活动下降了 32%，预计到 2030 年，将下降 46%。新兴经济体国家，如中国、巴西、印度，身体活动下降现象更是惊人，下降幅度巨大。中国自 1991 年到 2009 年，身体活动下降了 45%，如不加改变，预计到 2030 年，将下降 51%。

运动不足可导致非传染性疾病和精神疾病。研究表明，过早死亡、心血管疾病、高血压、中风、Ⅱ型糖尿病、代谢综合征、结肠癌和抑郁症等都与运动不足有关。统计显示，全世界每年有 530 万人因缺乏运动而过早死亡。

为了治疗各种因运动不足引发的非传染性疾病和精神疾病，各国政府都需要为此支付巨额的医疗经费。显然，这些医疗经费，实际上就是一个国家遭受的直接经济损失，也就是政府要为"运动不足"担负的国家经济成本。

调查统计与推算的结果显示：美国 2008 年遭受的损失是 1470 亿美元，大致是美国联邦政府教育年度预算的 2 倍。预计 2030 年，损失将达到 1917亿美元。

推算结果显示，中国 2008 年遭受的损失是 200 亿美元，大致是中国政府年度医疗保健总预算 3594 亿元的三分之一。预计 2030 年，这项损失将达到 675 亿美元。

以上仅是从个体幸福生活和国家医疗经费损耗的角度，对青少年体质健康问题危害的分析。事实上，中国青少年体质健康持续下降的趋势在人才培养方面造成的不良后果也正在逐步显现，甚至已经威胁到国家人力资源的质量，最突显的是对一些特殊人才的选拔遭遇困境。如 2015 年 3 月，教育部发出通知，确定全国 16 所省级示范性高中为空军首批青少年航空学校，面向所在省份招收应届初中毕业生。青少年航空学校的建设背景，很大程度上是因为按照以往的招生办法，在应届高中生中已经招不到符合飞行员身体条件的合格毕业生。

改善青少年体质健康，再不能只停留在调研分析、制定政策的层面上了，而必须将其视为我国人力资源强国计划中的重要一环，从国家战略的高度，作好顶层设计，投入必要资金，调度各界力量，予以特别的重视。

作者单位系中国教育科学研究院
原载于《人民教育》2015 年 11 期

体育发展的区域样本：像抓 GDP 一样抓学校体育工作

✦ 程　路　李小伟

目前，中小学体育工作面临的主要问题是：重视不够，常常被挤占，基本运动时间无法得到完全保障；农村学校及经济欠发达地区学校的场地、器材、设施不足；体育教师整体数量不足，尤其农村学校专职体育教师非常缺乏，现有的师资水平也不能完全达到要求且队伍不稳定；体育教学观念、方法陈旧，体育课的枯燥与学生的运动热情间的矛盾日益严重；体育课（活动）与运动安全的矛盾日益严重……这些因素共同导致了中小学校体育课、体育活动无法按质按量完成，学生身体素质连年下滑，长此下去，国家和这代年轻人的未来堪忧。

以上这些问题是一所学校无法独自面对的，需要通过一个地区的整体推进来解决。近几年，一些地区十分重视学校体育工作，作了有益的尝试。

能否在千头万绪的工作中落实体育，考验着区域教育管理者的眼光、责任心和意志力

青少年身体素质低下，其影响是滞后的，他们身体真正出现问题往往是成年以后的事。也就是说，加强学校体育工作，不做、缓做与马上就做，在学生驻校期间是看不到显著区别的，它是一个费力却不出效果的事。这也是学校体育工作被长期忽视的重要原因。

这些年来，从国家层面上，学生健康、体质问题已经被提到非常重要的位置了。2007年《中共中央国务院关于加强青少年体育增强青少年体质的意见》下发，2011年"保证中小学生每天一小时校园体育活动"被写进了政府工作报告，去年，教育部还颁布了《学生体质健康监测评价办法》《中小学校体育工作评估办法》《学校体育工作年度报告办法》等实践规范性文件，表达了在国家层面上的意志和决心。

是否能在千头万绪的工作中具体落实这项工作，则考验着区域教育管理者的眼光、责任心和意志力。我们看到所有成功的学校体育工作经验，都有各级政府、区域教育管理部门的重视，由他们着手解决学校无法独立解决的一些实际问题，比如教师能力不足的问题，场地不足或器材缺乏的问题。

在教师能力的提升上，区域培训就比学校独自组织的培训在质量上、效率上有很大的优势。比如，郑州市金水区每三年就组织辖区内所有的体育老师进行一次综合素质封闭式培训，因为有相当数量的教师参培，培训就可以照顾到30岁以下、30～40岁、40岁以上教师的不同需求；区里有能力请到高水平的教师，受益面也更广，效率和效益都能兼顾。金水区体育课的整体质量很高，跟他们的这些努力分不开。

学校硬件条件的改善往往也不是单一学校能够做到的，区域教育管理者必须想在前面，做在前面，必须把这项工作与区域的整体规划、教育均衡发展协调起来，同时要影响和说服当地的人大和政府，为学生身体素质投入更多。比如，江苏省曾统计过，省内农村学校有1500块破旧的操场，江苏省从2012年开始启动实施农村中小学运动场地塑胶化建设工程，省里和各地区都有很大的投入。这件事如果地方教育管理部门不出面，仅靠农村学校自身几乎不可能完成。

同时，区域也可以充当智囊和协调者的角色，替学校出谋划策，解决实际问题。比如，北京市西城区南部地区16所小学的运动场面积一直无法达标，而在2012年西城区规定，所有中小学生每天都要有一堂体育课，这样，在小小场地上往往要有五六个班级同时上体育课。为此，西城区开展了小场地体育教学课题的研究。今天，他们在场地的合理规划、小场地适宜的替代项目、课程的交错安排、小场地特殊教学方法以及借助学校独特景物进行运动等方面都有建树，让学生在狭小的空间中也能达到大场地的运动效果。在这项研究工作中，区域的整体统筹调动了所有面临这个问题的学校的智慧，而其成果又能为这些学校所分享。

监测、评估与督促让学校体育工作不再流于形式

很多地区的学校体育改革都把重点放在了保障每天一小时运动上，不让这一小时被其他课程挤占。但时间上的保障并不能完全扭转学校体育"软性工作"的性质，时间留了出来，放羊的、应付的也大有人在。之所以会出现这种状况，一个很重要的原因就是学校体育工作的效果无法直接看到。知识的学习有一套完善的考评体系，且成绩被所有人看重，而体育课的考试及其成绩往往没有权威性和影响力。学校体育工作是流于形式还是走向深入改革，关键的一点就是能否建立一套有效的监测、评估和督促机制。江苏省通过建立学生体质监测网，用行政、社会舆论及大学生身体素质监测结果督促各地中小学体育工作的做法，成效显著。

江苏省专门成立了学生体质健康监测机构，在地方财政的专项支持下，所辖的 13 个地级市也分别成立了监测站，形成了省、市、监测点校三级监测网络，每年对学生的身体素质进行监测，范围包含了省内的 10 所高校和来自 13 个地市的 82 所中小学，每年开展 6 万～ 10 万样本量的监测，监测身体形态、生理机能、身体素质、健康指标等近 30 项指标。每年对检测数据进行统计、分析，撰写出《江苏省学生体质健康蓝皮书》，制作《江苏省中小学学生体质健康管理地图》。每年 5 月 7 日定期以新闻发布会、通报等形式公布全省学生体质健康监测结果，通过媒体及时向社会公告，并组织相关专家回答记者的提问，引起了社会的广泛重视。这项工作在江苏省已经成为常态。监测结果有力地推动了江苏各地、市间在学校体育工作上的良性竞争，使学生身体素质的数据也像过去的 GDP 指标一样，成为百姓衡量政府执政水平、社会文明及人民幸福程度的诸多指标之一。

由于学生体育锻炼的效果有一定的滞后性，江苏省还建立了大学一年级新生身体素质测试回溯生源地的社会公告制度。从 2007 年起，省教育厅每年分别对 10 多所高校近一万名江苏籍大一新生的身体素质进行测试，同时，发放调查问卷，调查他们在高中阶段学校体育工作的情况。测试结果按照生

源所在地进行排名，并正式反馈给各市、县（区）党委、政府、教育行政部门和高校，这就形成了对中小学学校体育工作的"倒逼机制"，它引起了各级党委、政府的高度重视和教育系统的广泛关注。各地也都参照省里的做法对本地高中、初中学生身体素质进行测试并排名，起到了很好的导向作用。

目前，很多地方开始着手建立学生身体素质监测网络，期望用体质监测数据来督促学校体育工作的根本落实。这件事的成败关键在于方案的科学性，数据的真实、准确性。江苏省在做这项工作之初，就考虑到了各种细节问题，他们集中了南京师范大学、南京体育学院、东南大学、扬州大学、南京理工大学、江苏省疾病预防控制中心等单位的专家形成了专家指导组，确立了科学、可行的监测方案。省教育厅还制定、印发了专门的《监测质量监控工作规程》，使这项工作的每一步都有严格的规范。在具体工作中，明确了分工，每年的监测工作都由专人执行专门的监测项目。这样，各地就稳定地形成了非常专业化的体质监测（即体育项目测试）和健康监测（即健康体检）两支队伍，专业性提升了准确率。在监测期间，省教育厅还组织专家组进行现场"点对点"的检查，一旦现场发现问题马上反馈，立即整改，为数据真实做最后一道"保险"。只有这样严谨地工作，才能保证最终结论的可信，才能让后续的督促工作公平，有说服力和公信力。

通过有效的监测、评估和督促机制，借助行政的力量、社会舆论的力量，江苏省的学校体育工作得到了应有的重视，近年来学生的身体素质有很大改善。

学校体育要为学生终身健康负责

当一个地区的体育课都开足开好，达到了提高学生身体素质的目的后，学校体育还能向哪里发展？

上海市的"小学兴趣化、初中多样化、高中专项化、大学专业化"改革，代表着学校体育为个人终身健康负责的方向。2012年上海市在17所高中开展体育课"走班制""小班化"教学，打破班级、年级界限，学生按自己的兴趣选择项目，学校按学生水平分班，实行二三十人小班化教学。上海市每学期安排14周学习，每周采用一个80分钟的大课和40分钟的小课（或活动）进行教学或巩固练习，力求让孩子们在高中三年基本掌握一项体育技能，这样就为他们终身进行这项锻炼奠定了坚实的基础。

体育课的选修制有力地改变了学生喜爱运动却不喜欢体育课的现象，两年后的一次调查问卷显示，81.5%的学生喜欢这种体育课，孩子们锻炼的自觉性大大提高，效果也更好。以参加试点的金汇中学为例，2011年该校学生体质健康综合评价及格率为66%，远低于区平均水平，仅两年及格率就提升到85%，超过区平均水平。

高中体育专项化改革是上海市学校体育系统改革的第一步，上海要使其"下引"初中、小学体育，"上推"高校体育：小学体育更注重培养孩子的运动兴趣，开展游戏和运动项目相结合的探索；初中则给予学生充分的运动项目选择，让他们能够更多地接触一些项目，发现自己的兴趣点。而大学阶段的公共体育课则要在高中的基础上，把所学技能巩固提升，向专业化的方向发展，让学生都成为有一定专业技能的运动者。

上海市的这项改革的目标是让学生有终身锻炼的兴趣和资本，他们认为学生只有在有一定的专项运动技能的前提下，才更愿意一直锻炼下去。这项改革的规模无疑也是十分宏大的，仅仅这17所学校的13362名学生，上海市就为他们设置了19个可选的体育项目，原本在362个行政班级中的学生被重新分入了592个小班，其中所需要的专业师资、专业场地、专业器械、专业课时都是十分巨大的，但上海市意识到这件事的价值，愿意为此付出。

并不是所有地区都有上海市的实力，郑州市金水区的"一校一品"则提供了另一个方向，即一所学校可以根据自身的现实条件、历史沿革、文化背景甚至师生喜好等独特的因素，确定一个体育项目作为学校发展的重点，同时可与学校的特色文化建设及品牌创立同步起来，通过社团、课外活动等形式加以落实。现在金水区内50多所中小学基本上都有自己的一项特长体育项目。比如，文化绿城小学确立了空竹特色体育项目，在娱乐、健身、修性的同时，也就逐渐确立了"坚韧挺拔、正义气节"的竹文化作为学校精神，学校着力培养气质高雅、正气凛然的谦谦君子。

"一校一品"不同于以往的"体育传统项目学校"，它从更高的层次上体现了体育的育人价值，体育不仅能给学生一个健康的身体，还能带给他们积极向上、永不服输的精神以及尊重规则、有竞争有合作的现代意识，而不同的运动项目又会带给人不同的文化和精神气质。因此，从这个角度上讲，体育也是一种德育，一种文化特色教育。

其中校园足球也是一种方向。足球项目对人的运动要求较均衡，有对抗性和趣味性，精神内涵也十分丰富。同时，足球在我国也是最受关注的运动项目之一，而整体运动水平却很低，在这样的背景下，足球进校园成了当前体育界和教育界的一种共识。从国家的层面，教育部会将足球列为中小学的必修课内容，计划用3年时间让足球定点校数量达到2万所，让足球人口达到2000万。

辽宁省沈阳市法库县较早提出了要做"足球之乡"的愿景，去年，全县所有中小学及中心幼儿园都已经普及了足球课。他们经验的核心是"校园足球是全县的事"，全县上下的高度重视使经费投入、师资配备、课程保障、场地升级都能顺利地进行。目前，他们的工作初见成效，近两年全县学生体质健康监测结果表明，学生的肺活量有所提升，肥胖率、近视率均有所下降，而学生在精神上获得的无形财富更是无法估量的。

以上只是一些学校体育工作先行区域的经验。从总体上看，学校体育仍是整个教育工作的最薄弱的环节之一，学生体质健康形势依然严峻，希望各地都能尽快行动起来。

程路系《人民教育》记者，李小伟系中国教育报社记者
原载于《人民教育》2015年11期

体育：有趣、出汗、技能、安全

✦ 张玉国　任海江

清华附小"1+X课程"体系，把"健康、阳光、乐学"作为学生培养的三个样态，且把"身心健康"这一要素放在了五大核心素养的首位，意在强调对学生身体健康的重视。我们深知，课程是培养学生核心素养的重要载体。如果说教育是一种供给，课程就是其中的核心供给力。

通过"1+X课程"的整体建构与实施，清华附小的体育课程也在优化组合。我们以阳光体育的教育理念为杠杆撬动和统领体育学科教学，深度挖掘符合学生需求的阳光体育课程内涵；对国家规定的体育教学内容进行优化、整合，针对不同层次学生的技能水平和兴趣需求，补充更有针对性的教学内容，使体育课程结构具有丰富性、选择性、实用性、针对性。

"有趣、出汗、技能、安全"

清华附小学生通过体育课程究竟要达到什么样态？学生能够初步掌握几项体育技能？怎样养成终身体育锻炼的意识？怎么使孩子们真正在小学阶段打下强健体魄的底子？在不断地梳理、调整、修改后，我们提出了清华附小学生所要达到的课程目标。

"有趣"指向学生学习内驱力的激发；"出汗"指向学生每天一小时以上的运动强度和密度；"技能"指向学生学习技能的成长；"安全"指向为学生

提升健康运动的环境保障。

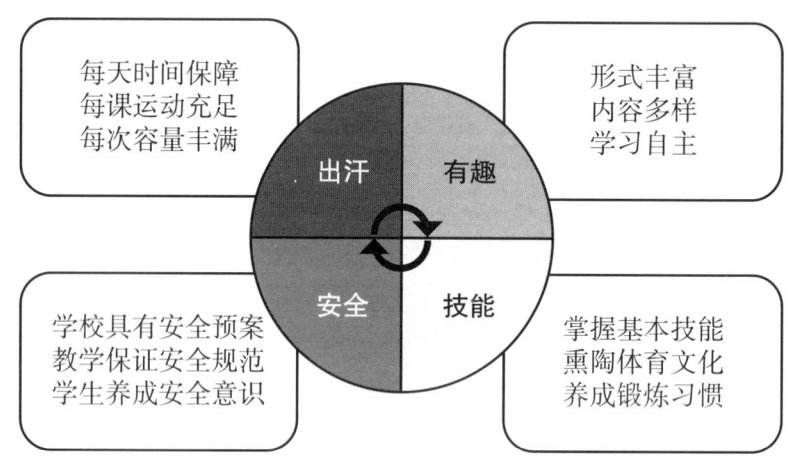

基于国家课程又高于国家课程标准

结构决定品质！课程结构决定着人才培养的规格与层次。为了更好地满足不同层次学生的需要，实现体育与健康板块相结合，我们尝试整合课程资源，对国家课程进行精简、整合，补充适当的校本课程，形成一套基于国家课程又高于国家课程标准的"1+X 体育课程"体系。

"1+X 体育课程"体系中的"1"是指优化整合的国家基础性课程。这是学生的必修课程，是必须坚守的底线，其内容和形式相对稳定，旨在扎实落实国家体育基础性课程，努力使学生在身体健康、运动参与、运动技能、心理健康等四个维度均获得成长。

"1+X 体育课程"体系中的"X"是指实现个性发展的特色化体育课程，是适应学生个性化发展的拓展性课程，由"学生个性课程"和"学校个性课程"两个层面的内容组成。

"学校个性课程"是基于清华文化的特色化课程。现在，足球已经成为清华附小的品牌体育项目。每年都有校园足球联赛，在 2014 年巴西"世界杯"期间，学校举办了为期一个半月的"马约翰杯"联赛。全校 40 个班级，组建了 80 支球队，600 人参与比赛，做到"全覆盖"，全员参与。比赛期间，运动员配合默契，啦啦队等后勤同学也积极合作。一时间，足球联赛成了家长、老师、学生热烈讨论的话题。

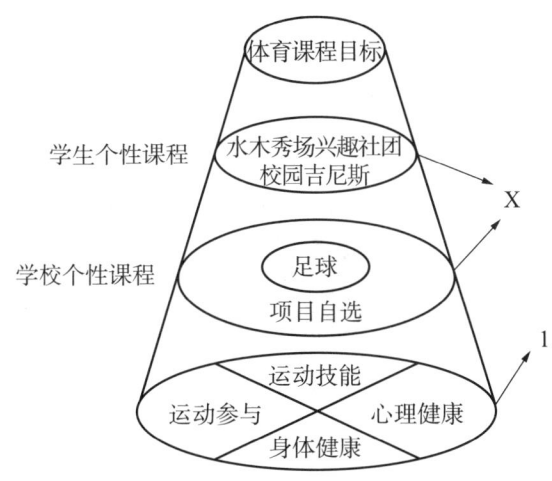

　　"学生个性课程"是基于学生资源的生成性课程。我们总结学生最喜欢的一些项目，如足球、篮球、健身球、踢毽子、跳绳、攀岩等，形成学生个性课程。让学生们有选择的空间，选择喜欢的运动项目，只有这样，他们才会感到真正的快乐。不同的项目在不同的地点进行活动。每一个学生都在体验着运动的"快乐"、运动的"美"，孩子们在享受快乐、体验运动美的过程中增强体质。

　　需要特别强调的是，"+"不是简单的加法，而是促进"1"与"X"相辅相成，达成"1"与"X"的平衡。

变统一规划为自由灵动，变被动健身为主动参与

　　在推行"1+X体育课程"过程中，我们发现，原本单一的教学方式无法有效激发学生的内驱力，原本固定的40分钟体育课时也无法满足不同教学内容的有效实施。我们在课时安排、教学方式、学习途径等方面进行了改革。

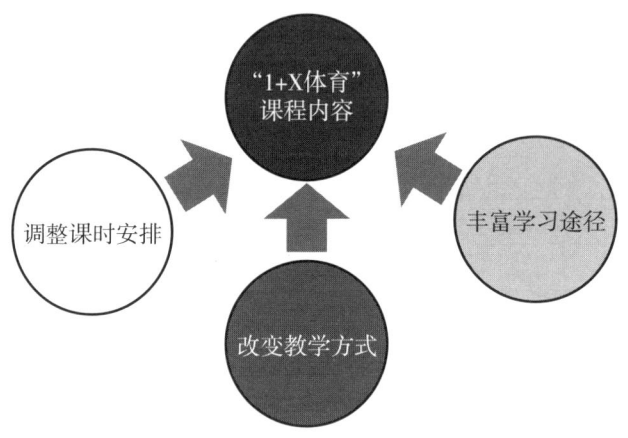

每天体育"三个一"。为了让体育在学生的成长中发挥更积极、更重要的作用，我们提出了"每天体育'三个一'，健康工作五十年"的倡议。

每天体育"三个一"，即每班每天一节体育课；每天一个健身大课间，一次晨练微课堂；每个学生一个体育自主选修项目，在学生层面实现了"我的课堂我喜欢，我的课间我选择，我的项目我做主"。

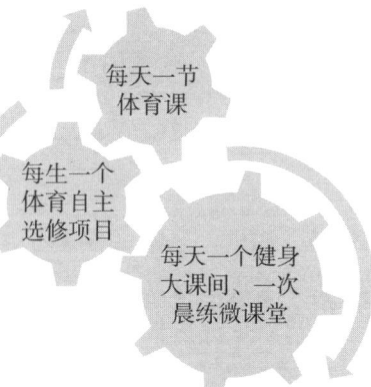

每天"三个一"体育计划

要"规范"更要"自由"。传统的体育教学过于强调示范的准确规范、队列的整齐划一、技能的熟练运用，却没有站在儿童的立场上去思考教学，忽视了学生作为一个完整意义上的"人"的需求。

为了更好地激发学生自由的天性，学校取消了原本统一的课间操，变统一规划为自由灵动，变被动健身为主动参与，变单一选择为形式多样。学生可以自由选择健身项目，自由选择健身方式，使学校真正成为解放儿童天性的学习"笑园"，精神"佳园"，成长"乐园"。

要"模仿"更要"创造"。过去，"教师教什么，学生学什么"，没有充分调动学生学习的积极性和主动性，更没有给学生创设思考和创新的空间，学生对运动技能的学习与掌握过于僵化。经过长时间的摸索与研究，我们划分出三种体育课型："情境教学课型""问题解决课型"和"自主学习课型"。

三种课型都强调了"学"的重要性，引导教师在备课的过程中从思考如何"教好"过渡为如何让学生"学好"。

小学体育课程的目的，在于激发学生体育锻炼的兴趣，获得体育锻炼的基本技能，进而形成良好的体育锻炼习惯，在体育锻炼中逐步提升其身体、精神和道德品质。我们通过梳理、提升学校丰富的体育课程教学资源，固化为清华附小"1+X体育课程"，既满足了学生的个性化需要，又符合当今课程改革的价值导向。如今，我们的课程目标更加清晰，教学内容更加丰富，课程实施更加高效。

通过"1+X体育课程"的构建与实施，清华附小学生在国家体育健康标准测试中连续5年有提升，及格率达到97%以上；肥胖率和近视率低于全国平均值，而且每年都呈现出下降的趋势。学生整体的精神风貌，主动参与体育锻炼、自主锻炼的意识以及体育锻炼的方式得到显著改善。学校成为中国教育学会体育与健康分会"十二五"重点课题实验基地校，同时获得多项运动示范校、先进单位等荣誉，学生在各级各类比赛项目中屡创佳绩。

"1+X体育课程"也赢得了社会各界的广泛赞誉。多方美誉使我们清楚认识到，在课程改革的路上社会各界对我们寄予的期待，这更加坚定了我们继续完善和推广"1+X体育课程"的决心。

作者单位系清华大学附属小学

原载于《人民教育》2015年13期

体育课要在"质"上下功夫

✦ 李晓红

多年来，江苏省泗阳双语实验学校遵循"健康第一"的指导思想，把学生的体质健康作为学校的第一要务和素质教育的突破口，通过体育强健孩子的身体、健全孩子的个性，培养富有朝气、阳光、灵动、健美的学生。

从儿童出发，设置适宜的体育课程

为促进学生的身心发展，满足孩子的发展需求，我们对全校学生进行问卷调查，了解孩子是否喜欢现有的体育课，喜欢什么样的体育课，有哪些运动爱好。调查的结果令我们吃惊：孩子都喜欢运动，但是很多孩子不喜欢体育课，原因是单调、枯燥，很多是跑步、跳高、跳远、队形队列等不需要器械的简单活动，有的甚至就是机械的训练。而孩子们喜欢的体育课是有器械的、活一点的、自由的、游戏的，喜欢的运动有球类、武术、滑冰等，说明孩子不喜欢太多的约束，爱尝试、爱新鲜。由此，我们认识到，体育课内容要丰富，形式要多样，而且体育课不应该是"累活"，要让学生感到轻松愉快。

于是，学校组织体育教师进行专题研讨，逐条分析体育课存在的各种问题，从学校和自身找原因，寻找有效的解决策略和办法。

用丰富的内容吸引学生。为了让每个学生掌握一到两项自己真正喜欢的、能够陪伴终身的运动技能，除常规跑跳等项目及国家规定的检测项目（如仰卧起坐、坐位体前屈等）外，按照国家课程标准并结合校情，我们增设了专业性的篮球、乒乓球、武术和娱乐性的空竹、轮滑等课程。考虑到不同孩子的年龄和运动特点，我们在一到六年级开设武术、乒乓球，一二年级开设轮滑，三四年级开设篮球，五六年级开设抖空竹。每周不少于1节体育课，有的项目分学期开设，这些都为必修课程。

在此基础上，为满足孩子的个性差异，让每个孩子得到不同的发展，学校在每周五下午开设体育选修课程，主要项目有呼啦圈、网球、足球、花样跳绳、独轮车、羽毛球，供孩子们自主选择。

在开发体育课程的过程中，很多教师对轮滑、空竹等体育项目并不是非常了解，为了准确定位这些课程，使其更加具有操作性、发展性、规范性，我们组织教师编写每门课程的《校本体育教程》，设置起源，基本技术，年级教学内容、目标及教法学法，明星与体育等四大板块。起源主要介绍运动项目的历史演进、项目特点、健身价值等；基本技术介绍运动项目的基本技术操作和规则；年级教学内容、目标及教法学法则分年级设置基本内容、基本目标和教法学法；明星与体育主要介绍该项目的国内外运动明星，介绍明星的主要成绩和励志故事，激发孩子对运动的热爱，充分体现各种课程的教育价值、健身价值、育人价值、社会价值。

用活泼的形式调动学生参与的热情。为了让孩子走出教室，走进大自然，在阳光下健康成长，我们提出体育和游戏、音乐、舞蹈等相结合的教学理念。低年级的体育活动内容游戏化，高年级形式多样化。

如跑步训练，低年级设置"动物运动会"，把全班学生分成兔子组、山羊组、小猴组、小鹿组，给孩子戴上各种头饰如兔子、猴子、山羊、小鹿等，分组进行接力赛。这样既达到了运动目的，又增加了运动的趣味性，还可增强团队的凝聚力。高年级跑步训练改为野外拉练，到学校附近的田园、树林等进行耐力跑，与大自然亲密接触，享受阳光下的有氧运动。高年级还进行音乐伴奏跑，由音乐教师创编快慢结合的音乐，5分钟快节奏跑后，再3分钟慢节奏跑，不断交替，让孩子随着音乐快慢跑。

深挖体育课独特的教育价值

学校体育不同于大众体育和竞技体育，学校体育课的"质"直接影响体育课作用的发挥。基于这种认识，我们把"育"放在首位，深挖体育课独特的教育价值。

育身：内与外的统一。小学体育课最基本的目的是强身健体，促进学生正常的生长发育，我们反对以牺牲小学生身体健康为代价的片面锻炼的做法。因此，体育项目的设置，不仅要符合学生的年龄特点，而且需要教师清楚动作要领，规范、准确，做到内外统一。

为此，每学期开学初，学校组织体育教师进行基本技能达标训练和考核，过关之后才可上岗。如武术项目强调内要心与意合、意与气合、气与力合；外要手与足合、肘与膝合、肩与胯合。如果武术动作不规范，不仅会造成身体的畸形发展，还会造成扭伤、拉伤等意外伤害。

育心：身与心的和谐。为了让学生身心放松，增加体育课的娱乐性、趣味性、情趣性，我们可以在体育课上设置一些小情境，一般不超过 10 分钟，既可以作为课前的热身，也可作为课中的气氛调节或课末的小憩。

动态小情境可以是各种健美操、武术操和球操等配上相应的音乐或一些经典诗词朗诵。如篮球操表演配上《男儿当自强》，孩子们随着音乐边唱边运动；乒乓球操配上《三字经》，孩子们随着音乐边运动边背诵；绳操配上一些古诗词如白居易的《忆江南》、李绅的《悯农》、杜牧的《山行》等。

动态小情境，一般放在课前，作为热身运动。调节生理和心理，既科学合理地进行体育运动，避免运动损伤，又增添气氛，活跃课堂，使孩子在快乐的环境中快速投入运动状态，达到身心合一，育美，育心，陶冶学生的情操。

静态小情境分为两种，一是与自我的心理对话，在操场上，孩子双目闭合，或正襟危坐或平躺在草坪上，教师指导学生调匀呼吸进入静谧祥和状态，尽情享受阳光的温暖，呼吸大自然的清新空气，想象浩渺天空的广阔，产生一种身轻如燕的感觉，烦恼、劳累统统消失。中间可播放一些孩子喜爱的轻松音乐，如《春天的故事》《花香》《种太阳》《蜗牛与黄鹂鸟》等，优美的旋律可增进大脑活动，使人产生心旷神怡的感觉。二是与自己的身体对话，主要是瑜伽呼吸法，通过指导孩子用不同的呼吸方法，有效地按摩胸部、腹部器官，让孩子熟知身体的一些主要部位。有时，教师会进行"看谁反应快"的身体部位小测试，调节课堂节奏和气氛。

体育教学中的每一项活动都有一定的目的任务、组织原则、规则要求。在运动过程中，教师注重培养学生接受、包容、团结、关心他人和互助合作的精神，培养学生的集体意识以及积极向上、坚忍不拔、勇敢顽强、机智果断等意志品质，促进学生健全人格的发展。

作者系江苏省泗阳双语实验学校校长
原载于《人民教育》2015年24期

南菜园小学：通过体育精神提升学生自信

✦ 郭立侠

北京市密云县南菜园小学建校于 2006 年，坐落在外来人口的聚集地，74%的学生是来自 22 个省市的随迁子女。这些孩子多数没有受过良好的家庭启蒙教育，也没有接受过系统的学前教育。他们的学习基础参差不齐，没有养成良好的生活习惯和学习习惯。更大的问题是，他们普遍缺乏自信，问卷调查中 30%以上的学生认为自己学习成绩、习惯、自信心、文体特长、见识等方面与本地学生有很大差距，这种低落的士气对我们的各项教育工作都很不利。

建校之初，我们就意识到了学校体育工作的价值，想通过体育精神提升学生自信。但当时学校连块规范的操场都没有，全校也只有一名体育老师，从体育做起谈何容易。校领导班子对学校的生源、师资、环境作了全面调查、分析。调查显示，36.7%的学生认为自己在吃苦耐劳方面比本地孩子有优势，加上我们仅有的这名体育教师还是出身于武术世家，有国家武协的武术五段段位，于是我们便确定了武术作为学校发展的突破口。

课程开发原则——"生本"第一还是运动规律第一？ 2007 年我们就开始了武术校本课程的研究，没有先例，是按武术套路规律开始，还是以学生能力、特点为主，几经周折，事实让我们最终确立了一个原则：要让学生"一看就喜欢，一学就上手"，这要求我们要了解不同年龄阶段学生的身心特点，也要吃透武术技术原理，将其消化分解，使之与学生能力、兴趣点相结合。我们的这项研究获得北京市基础教育课程建设优秀成果一等奖。

体育背后的精神更可贵。体育对一个人的成长有全面的教育价值，因此，我们从没把武术只作为一项技艺来教，我们发掘了很多：通过对武术文化的学习了解祖国文化的博大精深；通过对武术基本功的训练培养持之以恒、锲而不舍的精神；通过"武德"的培养促进孩子身心健康发展，形成健全人格；通过掌握一些有趣的武术技能养成锻炼习惯……所有这些内容在我们课程和活动中都有充分体现。由此，我们推断，任何一项体育项目背后都会有很丰厚的精神、文化财富，需要学校在教学、训练的同时尽可能地发掘出来。

寻找兴趣与安全的结合点。现在的很多学校都会取消哪怕稍稍有点安全隐患的体育活动，而完全安全的运动又可能无法引起学生的兴趣，运动项目枯燥、呆板是学校体育的大敌。为了让学生真实感受到武术实战的魅力，又避免在武术实战中受伤，我们经过多次的研究和实践，利用废纸、旧布、海绵、皮条和木棍制作了精灵球、软棍、拂尘等辅助器械，很好地弥补了武术教学中的不足。精灵球也被全国中小学体育教学指导委员会采用和推广。此外，为了应对雾霾和恶劣天气，我们还创编了武术项目的室内操，使锻炼能够全天候开展。

做出自己的特色，与人不同，也是一种价值。自 2008 年 9 月起，密云县中小学推行每天半小时集体跑步活动。大家都跑，我们怎么跑？"跑出文化，跑出特色"！我们按年龄特点合理安排跑步距离、运动量，再按照这些数据精心设计跑步的队形和路线，再把这些路线进行巧妙设计，配上音乐，最终我们跑出了气势宏伟的太极图！在愉悦身心的同时，提升韵律美感，达到了音乐与体育的完美结合。这项活动获得了教育部全国中小学阳光体育运动优秀案例最高奖。

"文武双修、德才兼备"的武术特色教育，促进了师生的身心健康。每天一小时的体育锻炼，全体师生从开始很难坚持，到后来全员轻松参与，走过从被动到自愿的一个过程。今天，孩子们的体质增强了，疾病减少了。我们学校学生体质健康标准达标率为 100%，在密云县学生体质测试评比中获得先进校的荣誉称号。2011 年、2013 年两次随机抽取参加北京市"国家学生体质健康标准"测试赛，均获团体第一。

精神风貌上的改变更让我们感到欣慰。武术教会了孩子们以乐观豁达、积极向上的心态面对生活，以坚韧不拔、坚持不懈的精神战胜困难；长期的"武德"教育，使孩子们学会了宽容、合作和正义，团队意识增强；更重要的是，我们的孩子从入校时就有低人一头的自卑感，通过习武得到了明显改善。我们的孩子在同龄人中个个都算得上是小"高手"，自信写在脸上，而自信正是这样一种可以带给学生全方位正向迁移的品质，让他们在很多方面都有了不服输的品质。曾经体弱多病的王鹏同学，没有自信，六年的刻苦练习使他获得了北京市武术比赛金牌。家长感慨：我的孩子通过习练武术，不仅成了身强体健的武术特长生，还全面提升了各方面的综合素质。

个人如此，学校也一样，武术上的特长带动了学生的全面发展，不仅教学质量连年提升，现在南小的孩子们也敢于登上各级各类赛场，他们在合唱、舞蹈、古筝、小提琴、葫芦丝、演讲、书画、曲艺各方面都有所长，以往那些低着头自感不如当地人的南小孩子不见了。

我们选对了体育，选对了武术。

作者系北京市密云南菜园小学校长

原载于《人民教育》2015 年 11 期

体育专项化改革让学生收获兴趣与技能

✦ 王 洋

随着上海经济社会的快速发展，传统的学校体育教学模式在促进学生全面发展、学科育人等方面的功能未得到有效发挥，学生体育素养、自觉锻炼意识和自主健身能力有待提升。"高中体育专项化"课程改革作为学校体育改革的突破口，是构建未来上海学校体育课程体系的重要组成部分之一。

2012 年 10 月，曹杨第二中学成为上海市"高中体育专项化教学改革"试点单位。学校在"健康第一，以学生发展为本"等核心理念指导下，始终把学校体育工作放在重要位置，秉承"文理相通、人文引领"的办学理念，不断挖掘学校体育内涵、大力推进专项化教改工作。我们以"彰显体育核心价值"为准则，以"培养有能力、有知识、热衷体育运动的人"为目标，创新工作载体，初步达到了激发体育兴趣、提高运动技能、促进专项发展、提升生命质量的预期效果。

"健康第一"和"终身体育"提升对体育价值的新认识

目前，我校已进入体育专项化教学的全面实施阶段。我们以学生兴趣和技能水平为依据，打破传统班级概念，分层次进行专项教学安排，设置有足球、篮球、羽毛球、乒乓球、网球（高一、高二）、健美操、排球（高三）共 7 个专项。在专项化教学中，学生按兴趣选项后重新编班，实行小班化教学，每个年级均编设 10 个专项教学班，每班学生人数不超过 30 人。在不增加现有体育课时的基础上，我们采用了"80+40"的模式，将三节体育课中的两节课连上，保证学生有充分的锻炼时间。

如果说在专项化之前，学校做到了重视体育、开足开齐体育课、面向全体学生，那么在专项化实施后，从学生兴趣、分层、小班化出发，满足了学生个性化的发展需求，"健康第一"理念在专项化平台上价值有所提升。

专项化教学不仅要做到"眼睛向内"，完成课内规定的任务，而且要"眼睛向外"，在课外丰富阳光体育运动、组建体育俱乐部、开展运动队训练、体育竞赛等。学生坚持科学地参加体育活动，学有"一技之长"，"终身体育"从专项化整体上、整合上入手价值也有所提升。

如今的体育课是曹杨二中校园里最热闹的时光。在推进体育专项化教学改革的过程中，学生慢慢从"喜欢体育"到"喜欢体育课"，一字之差，学生就从一个观摩者、评论者转变为参与者和实践者。目前，我校有体育类社团 12 个、校运动队 10 支。在校体育文化节上，全员参与的班级达到了 80%。

"小班化、数字化"促进体育课堂的新变化

在组织专项教学的时候，我们以不超过 30 个人的标准进行专项编班，实施小班化教学，保证每个学生在每节专项课上都能接受教师的指导，体育教师也能对学生的技能学习情况有充分了解，可以提供针对性的训练方法，保证专项课的练习效率和学习效果。

在教学策略上，我们运用信息化提高课堂效率。学校率先为体育教师配备 iPad mini，在专项课上教师利用苹果机顶盒将 iPad 与大电视无线互联，将拍摄到的学生技术动作即时反馈分析，并进行技术、战术内容的演示。这种方式学生参与的积极性高，课堂效果明显改善。

场地、场馆是开展专项的必备条件，面对专项增加带来的场馆问题，学校想方设法挖掘利用校内外场馆资源。除了学校现有的足球场、篮球场、羽毛球馆等场馆，我们还使用区里的公共体育馆进行教学和训练。

我校体育组现有教师 12 人，是一支凝聚力和战斗力很强的队伍。在师

资方面我们认为，在专项化教学改革中要解决好教师与专项匹配问题，积极为教师创造交流、培训、提升的机会；要利用好社会资源，聘请高水平教练充实教师队伍；在招聘教师时不仅考虑通用型的，更要关注专业型的教师。

体育综合素质评价开拓体育科研的新方向

体育组每两周组织一次专项化教学教研活动，对教学进度、教学内容、教学管理、评价方法等问题进行专题讨论。

我们以问题为导向解决实际开展中遇到的问题。例如什么是专项化，80分钟的大课怎么上，学生兴趣如何保持等。为此体育组开展多个领域的课题研究，顾亚军、帅凯翔等多位老师的研究成果获国家或区级奖励。

比如体育老师们发现第一年学生技能水平进步较快，但高二下学期开始，会遇到技能学习瓶颈，水平提高缓慢，学习兴趣降低。经过研究，他们提出的解决方法是合理安排教学进度，强化基础学习；增加学生参加各种比赛的机会，用比赛促进技能提高；开展多种校内社团活动及体育比赛，提高学生的学习兴趣。

对于不同专项的学生，如何用一定的标准来衡量学习效果呢？我们首先尝试统一考核方式，由理论考核、技术评定及专项素质等内容组成，并以30%、40%、30%的比例统计分数。

其次建立学生体育综合素质评价体系。结合学校的综合素质评价，我们将"体育专项化"评价标准转化成体质、体能、体育精神与体育品格、健身习惯、运动知识和技能、运动经验和运动智能、特长项目等7个维度，建立学生体育综合素质评价体系。在每一个学年末，学生都能得到一张体育健康的网状图。我们希望用多维度指标让学生在提高体育技能的同时培养他们的健身习惯和运动特长，让更多的学生参与运动，关注健康。

"周末专项体育俱乐部"探索技能提高的新途径

专项化是新事物，但专项化不代表是零起点。女足是我校的特色项目，学校始终坚持"做好人、读好书、踢好球"的培养原则，努力达到运动成绩和文化学习"双提高"。2012届女足队员任晓彤通过复旦大学千分考自主招生进入生物工程专业学习，同年左亚男同学也以优异成绩考入东南大学建筑系。

女足的课程、教材、选材、训练、师资等比较成熟，女足的传统优势和典型榜样促使学校在专项中将其作为重点加以打造。在全市的17所试点学校中我校是最早开设女足专项班的学校，在三个年级共有101名女生参加足球专项课学习。市、区两级校园足球联盟联赛让我们的普通学生也有机会参与高水平的足球比赛。女足特色引领，其他专项教学可以从中汲取有益有效的经验，避免从零开始，这样专项化的起点就处在较高的水平上。

在全市试点高中里面，我们还首创了"周末专项体育俱乐部"培训。周末俱乐部的开展是对专项课教学的一种拓展，学校向社会体育培训机构购买服务，聘请校外专业教练员，校内教师作为助教，利用体育俱乐部的场馆对学生进行技能培训，为一部分爱好体育运动的学生提供了提高运动水平的机会，参加俱乐部培训已然成为他们学习生活的一部分。今后我们希望从学校购买服务过渡到学生购买培训，用市场化的手段来推进学生体育习惯的养成和运动锻炼的终身化发展。

作者系上海市曹杨第二中学校长
原载于《人民教育》2016年13期

第四辑

艺术是儿童看世界的第三只眼

艺术，提升和滋养生命

✦ 郭志平　郭轶琼　唐　旻

2013 年，我们艺术教研组经过多次讨论，提出了艺术教育的学科宣言：艺术教育——提升和滋养生命。为什么把艺术教育定位于此？因为我们认为，艺术教育是素质教育不可或缺的重要内容，在提高青少年审美修养、丰富精神世界、培养创新意识、促进全面发展等方面具有不可替代的作用。

在学校学科建设的大背景下，我们整合国际、国内的艺术教育资源，创新艺术教育模式，取得了一些成绩。

新课程观是学科建设的"航标"

学校教育最主要的产品不是学生，而是课程。然而，我们过去对于艺术教育的课程观存在种种误区，如：艺术不是人人都能够学会的；会唱几首歌、会弹几首钢琴曲就是懂艺术了；艺术比赛中得了奖项就是很高的艺术成就；等等。这些观念导致艺术教育窄化成了针对少数学生的精英教育，导致教师将艺术知识技能的教育等同于艺术教育，导致我们重视比赛结果而忽略了比赛本身的育人功能。所以，进行学科建设规划时，我们首先想到的，就是要变革课程观，让艺术课程真正成为"提升和滋养生命"的载体。

一是倡导"艺术教育全覆盖"的课程观。推行"艺术教育全覆盖"，倡导"人人懂艺术，人人有才艺"，让每个学生学会感知美、展示美、创造美；

打造课堂教学、课外活动和校园文化"三位一体"的艺术教育模式；保证艺术课程开课率达 100%，让每个北京三十五中的学生在毕业时都能拿到个人才艺证书。

二是培养"学有特长"人才的课程观。不同学生对艺术教育有着不同的诉求。在课程设计中，我们充分考虑学生的个体差异，设计了四大艺术课程模块，包括基础必修课程、拓展课程、研究型学习课程和社团课程。我们力图通过四大课程模块的建设，满足不同层次学生的需求：在基础必修课程中，让学生对各种不同的艺术形式有所了解；在拓展课程中，让学生对自己感兴趣的艺术形式进行体验；在研究型课程中，让学生进一步探索；在社团课程中，让学生对相关艺术形式的知识和技能进行系统学习，以培养他们的艺术实践能力和创新能力，并充分彰显其个性。

三是建立"学生是最好的课程资源"的课程观。艺术教育要让学生多接触艺术，多接触经典，成为一个情趣高雅的人。我们充分利用学校"七团一校"（即金帆民族乐团、合唱团、舞蹈团、话剧团、京剧团、行进打击乐团、管乐团、娄师白书画艺术学校）的资源，发挥艺术团体在校园文化建设中的引领辐射作用，定期在校园内举办赏析音乐会。由学生乐团为全体学生现场演奏（演唱）经典艺术作品、讲解作品，让全体学生都能够身临其境地享受高雅音乐。

在这样的课程观下，我们大胆改革艺术教育课程，在面向全体学生的基础性、普及性的基础上，兼顾个性化教育，力争让每一个孩子都成为艺术教育的受益者。主要做法有：

1."艺术主题"课程

分科教学给学生带来的最大影响就是学科知识的碎片化，就艺术学科而言，学生要在不同的年龄段学习演唱、演奏、音乐、舞蹈、绘画、书法等多门课程，课程内容往往相互叠加，但在课时安排上却是割裂的。这就造成重复学习，效率低下。

"主题课教学"模式具有三大特色：大整合、大迁移、大贯通。在"主题课教学"模式中，核心是"主题教育"，音乐、美术、舞蹈共同诠释一个主题，三节课互为联系，通过不同的艺术形式给学生以多维度的艺术感受。

比如在《敦煌》主题教学中，音乐课从敦煌的音乐风格来展示敦煌，舞蹈课通过敦煌舞蹈中的肢体语言来表达敦煌，美术课从敦煌壁画的内容来解读敦煌，让学生得以整体感知敦煌。

2."艺术在身边"的欣赏课程

以往，传统欣赏课的模式是学生坐在教室中听音响中播放的音乐，教师巡视。现在，我们进行了大力度改革，以国家教材内容为基础，由各个学生艺术团体对其中的欣赏内容进行现场展示、讲解。

如初中部的艺术赏析课程，由学生合唱团演唱《牧歌》《美丽的草原我的家》等歌曲，让学生在欣赏蒙古族歌舞的过程中，学习长短调常识；舞蹈团表演《大河之舞》，让学生去欣赏欧洲民间歌舞（踢踏舞），等等。

3."私人定制"的个性化课程

高中阶段的艺术课程在学习内容和形式上，需要更加突出时代性、多样性和选择性，进一步增强课程内容与社会发展、科技进步及现实生活的联系。在我们学校，艺术课程真正实现了"走班制"。其中，音乐分为演唱、演奏、音乐与舞蹈、音乐与戏剧表演、创作、鉴赏等6个模块，每个模块的课程都是不同的。如演唱模块包括独唱、重唱、合唱、组合唱等；演奏模块包括钢琴、行进打击乐、民乐、管乐等课程；音乐与戏剧表演模块则包括歌剧、话剧等课程。而美术则分为绘画、雕塑、工艺、书法和篆刻、设计、摄影、电脑美术、鉴赏等8个模块。

4."因地制宜"的艺术素养课程

充分利用学校地处文化中心的优势，与国家大剧院、中山音乐堂、首都博物馆等合作，让学生走出学校，走进高雅艺术殿堂，身临其境感受艺术的真谛。我们制定的项目有：国家大剧院举办青少年普及音乐会、中山公园音乐堂"打开艺术之门"、首都博物馆和国家博物馆"艺术之旅"、中国美术馆"公众讲座"等，这些项目的考核方式主要是让学生写作一篇相应的学术论文。

多元评价方式为学科建设"把好关"

在学科建设中，评价方式的改革很重要。这是因为评价是决定新的课程观能否落到实处的一个抓手。对于艺术学科来说，艺术本身是非语意性的，如果按照传统的一考定分数的评价模式，不仅不符合艺术学科性质，也不能够全面完整地评价学生。为此，我们探索出了"以证代分、以展（演）代评、以研代考"的多元评价方式。

1. 以证代分

以证代分即以艺术经历和证书代替终结性分数。学校推出了才艺证书，它与学生在校学习时的艺术经历息息相关。获得才艺证书的标准是：参加过一场演出、展出过一幅作品、当过一次艺术志愿者、欣赏过五场音乐会、观看过五场画展。

什么是艺术志愿者？走进学校金帆音乐厅的人会发现：音乐厅内各种服务岗位的在岗人员都是由学生担任的；学校进入社区、敬老院等社会福利机构慰问演出时，也会招募相应的学生志愿者。在这种评价方式中，学生可以灵活安排自己参加艺术活动的时间，使评价更加人性化。

2. 以展（演）代评

音乐靠演，美术靠展。艺术作品的生命力绝不是靠寥寥几句评语就能涵盖的。以展（演）代替评价就是要彻底打破传统课堂上教师用"好"与"不好"、"像"与"不像"、"准"与"不准"来评价一个学生艺术水准或艺术作品的桎梏，而通过展演的形式，让学生能够得到充分展示，真正享受艺术带来的快乐。

每年学校都会举行全员师生自编、自导、自演的"志成杯"艺术节才艺展演暨颁奖典礼。学生将自己在艺术课程当中习得的成果在这个舞台上进行展示。每次展演历时一个月，节目形式多样，有书画作品展、歌舞、曲艺、魔术表演，几乎涵盖了所有艺术门类。从个人报名到班级展示，从年级选拔到全校展演，层层选拔，人人参与，每一名学生都是这个舞台的主人。

3. 以研代考

法国作家福楼拜曾说"科学和艺术在山脚下分手，在山顶上会合"，可见科学与艺术密不可分。以研代考，即以研究性学习代替考试，将艺术课程内容以课题的形式呈现，用科学的思维学习艺术。在观看音乐会或画展之前，艺术教师都会和学生一起探讨曲目和作品的相关信息，如表演形式、创作背景、作家、作品风格、乐队编制等，并填写相应的调研报告单，力求让每一位学生有目的地去观看，并在结束后完成调研报告的相应内容。

特色项目建设为学生提供高水平教育资源

我们深刻认识到，课程资源建设是艺术教育提升和滋养生命的保障和推动力。有什么样的课程资源就会有什么样的课程，课程资源的丰富性和适切性程度决定着课程目标的实现范围和水平。为此，我们进行了一些特色建设，以促进教师专业成长，为学生提供更多的艺术教育资源。

1. 艺术专家联盟工作室

艺术专家联盟工作室（The Art Experts Alliance Studio，简称：AEAS）以北京市西城区教委在我校成立的"郭志平名师工作室"为纽带，将国内知名院校、组织、艺术家、音乐教育家引入校园，初步形成了"艺术教育联盟"。这是学校在上一个十年艺术教育已获得全国中小学艺术教育先进单位的基础上，新近建立的一支专业、外向、开放并且与国际接轨的新型工作团队。"AEAS"以优化组合的方式，充分发挥专家的引领、咨询作用，为学校、西城区、北京市乃至全国的艺术教育发展、艺术教师培训、艺术教育管理模式改革等提供支持和推进。

如今，学校的艺术专家联盟工作室有郭志平名师工作室、北京金帆百人华乐团、吴灵芬教授合唱工作室、Harmony 爱乐合唱基地、北京电影学院生源基地校、王甫建指挥工作室等。

2. 北京金帆音乐厅

北京金帆音乐厅是全国唯一一座建在中学的、拥有管风琴的音乐厅。该音乐厅是北京市中小学中艺术水准最高的 94 个金帆团的象征，也是学校、西城区、北京市的学生与国际一流艺术家、艺术院团交流的窗口。它不仅是一座标志性建筑物，更是学校艺术教育腾飞的基石。全年 300 天的展演和培训，对学校学生全面开放，我们的学生可以"足不出户"就欣赏到世界顶级的不同风格的艺术作品。

3. 民族器乐博物馆

民族器乐博物馆是我们学校又一标志性建筑，也是全国唯一一个"活"的器乐博物馆。博物馆收集了来自全国各地的民族器乐，让学生以志愿者的形式穿上各个少数民族的服饰，来演奏这个民族的乐器，介绍这个民族的历史和文化，让每一件陈列品"动"起来。进入这座"活"的博物馆，每个人都能感受到一个民族的文化是一个民族的灵魂。依托历史、立足现实、面向未来，让每一个人以礼敬、自豪的心态对待自己的民族文化，这是我们义不容辞的责任。

作者单位系北京市第三十五中学
原载于《人民教育》2014 年 13 期

怎样上好艺术课

✦ 罗　炜

正确理解艺术课程的"综合"

课改初期，有相当数量的艺术教师将艺术课理解为"美术＋音乐"，随之将艺术教学视为音乐和美术知识与技能的简单相加，忽视了对"艺术元素、艺术语言、艺术法则"的整体领悟和教学，导致出现"拼盘""大杂烩"和"蜻蜓点水"等现象，使艺术课失去了内在的综合价值。有些教师甚至人为地将艺术教材中的音乐、美术、舞蹈、戏剧等部分割裂开来，进行单一、枯燥的知识技能教学，难以实现艺术课程整合、融合的要求，使艺术课程的实施步入了困境。

其实，艺术课程的"综合"，首先是理念的综合、过程的综合、学习活动方式的综合，其次才是内容的综合。综合的实质是通过各种艺术形式及各领域知识和技能的融合与贯通，对学生进行文化的渗透、审美能力的培养，促进学生艺术评论和鉴赏能力的提高。因此，艺术课程应该从关注学科到关注人的整体发展。只有这样，通过艺术课程培养出来的学生才是"完整的人"。

为了真正理解和落实"综合"，教师可以从一个点进行突破。例如，以群体性的学生戏剧展演活动带动综合艺术课的教学。在艺术课程中，戏剧最能体现艺术课程的综合性，即兴的戏剧表演是孩子们非常喜欢的形式，它比音乐、舞蹈的表现力更全面、更丰富。戏剧表演可以通过引导学生体验戏剧角色的形态、心理，使他们具有换位思考的能力；还可以通过开发学生视觉、听觉能力，使学生体验和学习如何表达与交流，对培养学生的观察力、动作的协调性都具有重要作用。戏剧表演带来的综合性体验，对学生欣赏、理解和表现其他艺术形式也有重要价值。湖南省长沙市开福区开展的"让梦飞起来——艺术课程戏剧教学展演"活动，师生一起创作短小精美的儿童剧，由音乐教师指导排演、配乐等，由美术教师指导道具、舞美、化妆等，从选材到演出，学生都积极投入，广泛参与，是真正意义上的综合艺术课。

充分拓展艺术学习的空间

在多数人的心目中，艺术课程仍然是一门"副科"，难以得到各级领导和广大教师、家长的重视，导致学校投入逐渐减少。调查中我们发现，一些学校艺术课程所必需的设备严重不足，艺术教室、器材、配套资源和信息化技术都不到位。各地博物馆、艺术馆的数量也难以满足需求。农村学校的情况更是不容乐观。

如何解决这一难题？艺术教师应充分挖掘和利用当地的艺术课程资源，根据当地的自然和人文环境，因地制宜，多渠道、多方式地开发和利用艺术课程资源。如可以用枯草、豆类果实、细铁丝、柚子皮之类的废旧材料做创意手工贴画，让那些被人遗弃的材料在学生手中"活"起来——长胡子的先生、穿裙子的姐姐、王子和公主……这些"宝贝"经过剪切、弯曲、重叠被赋予了新的生命。这样的制作过程，让孩子发现了大自然的美，唤醒了他们热爱自然的天性。

农村地域宽广，民俗风情浓厚，民间艺术就是丰富而宝贵的艺术课程资源。有些教师把民间艺人请进教室，进行民间或民族艺术教育，使学生既可以学习、了解我国的民族艺术，也可以传承祖国的传统文化。长沙市开福区中岭小学艺术教师周丹经常把民间剪纸艺人、二胡和笛子高手以及京剧爱好者请进课堂，或为学生表演，或给学生谈学习之道，或教授孩子们学习传统技艺。学校还因地制宜开发了校本艺术课程，成立了舞狮组、笛子组、泥塑组、雕刻组，拓展了学生学习艺术的空间，走出了一条艺术教育特色之路。

条件不好的农村兼职艺术教师如何开展综合艺术课教学呢？一位参加工作不久兼教语文和做班主任的小学艺术老师，根据自身特长和学校、学生实际开发了综合性艺术教学活动"班级夏季服装发布会"，将音乐、美术、表演融为一体，并把"环保、传统、人文"理念贯穿于艺术教学过程之中。

首先，师生一起讨论主题，共同确定方案，学生收集各种废旧材料，一起制作服装。教师将全班学生分为五组：以报纸为材料的"文字速递组"、以书画作品为材料的"传统艺术组"、以皱纹纸为材料的"五彩斑斓组"、以废旧塑料袋为材料的"襟飘袋舞组"、以废旧蚊帐为主要材料的"快乐伙伴组"。每组设计两套材料相似，但风格、主题不同的服装。

教师在整体造型、细节制作、色彩搭配等方面给予指导。在此环节，教师不仅对学生进行基础美术知识的渗透，还告诉学生红、黄、蓝三原色可以调成一切美丽的颜色，让学生学会色彩的调配。

当风格各异的服装制作出来后，每组学生选择与各自服装风格一致的音乐，走上 T 型舞台。农村的孩子缺少展现自己、上台表演的机会，虽然他们的音乐节奏踩得不够准、步伐显得犹豫不决、pose 不太到位，但这是他们第一次在 T 台上表演，而且是穿着与组员们合作设计、制作的服饰，这次艺术活动成为他们小学阶段一次难忘的经历。

要让学生形成艺术个性

在教学过程中，一些艺术教师的教学缺乏个性和创意，或是"满堂灌"，或是安排一个又一个的教学活动，常常是这个活动学生还意犹未尽，下一个活动又赶场似的来了，导致教学出现"走过场"的现象。

为什么会这样？主要是一些教师还没有充分理解艺术学习的本质。艺术学习是一种情感活动，是一种带有强烈个人色彩的内心体验过程。学校先要充分认识艺术课程的真正价值，再开展多种多样的个性化的艺术活动。课堂上教师要关注每一个孩子独到的感觉、理解和表现，鼓励学生的个性化表现，培养学生独特的审美情趣。

福建省泉州市马甲中学王路芳老师开发的高中校本课程"图形创意"，主要从常见图形元素入手，提倡"以小见大""小题大做"。她带领学生利用笔、书、手、眼、条形码等身边常见的事物去进行各种设计和创意。在设计过程中，学生的想象力和创造力得到最大程度的发挥，充分展现了学生的个性特长。

艺术教学中最重要的是让学生学会自由表达自己。在一次自画像课上，长沙市开福区新竹小学艺术教师刘瑛让学生从家里带来小镜子，先让大家照一照自己，并说说自己的特点，然后摸摸自己的鼻子——鼻梁、鼻翼、鼻孔，摸完再照照镜子，鼓励大家把它画下来……尽管孩子们画的鼻子很滑稽，但是每个孩子都能抓住自己鼻子的特点，画得生动有趣，让人不禁感叹6岁孩子的创造力。可见，自主的学习活动引发了学生独特的艺术创造力，有利于学生艺术个性的形成。

艺术课程的实施，不仅仅是一个简单的文本验证过程，更是一个充满探索、创造和建设的过程，也正是在这个曲折复杂的过程中，师生的生命才得以彰显，使每一节课、每一次活动都充满创造的快乐与激情。

作者单位系湖南省长沙市开福区教育科研培训中心
原载于《人民教育》2014 年 24 期

艺术教育值得反思的四个问题

✦ 陈　平

艺术也是一门基础学科。艺术活动在孩子智力的开发中起着重要的作用，而且艺术对于孩子的意义越是年幼越能显示其价值。当孩子还不会写字，甚至还不会说话时，他们最喜欢做的一件事就是拿起笔在白纸上涂鸦。涂鸦，是孩子表现自己，表达对这个世界看法的最早的方法。孩子在涂鸦中认识世界，在涂鸦中提高自己的认知能力和学习能力。国外有研究表明，把幼儿放在一个艺术环境特别是音乐的环境中学习，会改变其脑结构及脑功能，提高其学习水平。

艺术教育具有两大功能：一是提升学生的美感体验；二是开发学生的想象力及创造力。而基础教育阶段是培养创新思维、创造能力的重要阶段。在此阶段，人的创造性思维火花可能光芒四射，也可能逐渐熄灭。教育的基本作用，在于保证人人享有充分发挥自身才能和尽可能牢牢掌握自身命运而需要的思想、判断、感情和想象方面的自由。艺术创造及艺术表现可以让孩子们的创造性思维火花"光芒四射"。

中小学如何有效进行艺术教育呢？我们可以关注以下几个问题。

怎样帮助学生寻找到打开艺术殿堂的密码？

一个基本没有接受过审美教育的孩子步入博物馆，面对早已褪了色的彩陶、锈蚀的青铜、残破的马王堆帛画……孩子是很难有感觉的。因为此时的孩子几乎是空着脑袋进去的，他们还没有解读这些艺术品的知识，没有能与这些艺术品对话的基础。

艺术创造主要是个人的事，可以不需要过多指导，但审美不一样，它一定需要引导及教育。孩子在没有任何知识积累的情况下走进博物馆，他们将很难走进"艺术"，他们仅仅是"艺术美"匆匆的过客。而艺术之"美"，依然安静地躺在玻璃柜子里。

被誉为"美学之父"的德国美学家鲍姆嘉通，把美学定位为"感性认识的科学"，但他同时认为审美能力不能一味提高感性贬低理性，而应把感性和理性统一起来。他提出要以"正规的艺术理论"为指导，将伟大的作家作为楷模进行正确的审美训练。

所以，审美需要知识的储备，需要方法的指导，需要我们带孩子们一起探寻打开艺术殿堂的密码。中小学的艺术教育是给学生提供这一密码的主要渠道。在艺术课程的学习中，教师应该提供典型作品，以这些作品为"楷模"对学生进行"审美训练"。

对典型作品，不仅要对作品本身的主题、形象、节奏、构图、色彩、创作方法等进行分析，也要对作者、作品创作的背景及作品背后的故事进行分析。无论是好的作品，还是优秀的艺术家，都离不开对生活的深度体验，离不开对人生的深刻反思。艺术教育，通过典型作品的分析，通过对艺术大师们坎坷命运、跌宕人生的学习，不仅可以深化作品的主题，而且可以提高学生的包括艺术素养在内的人文素养。通过审美学习建立起来的艺术素养，是学生日后打开艺术殿堂之门的密码。

什么样的学习方法更适合艺术教育？

感性认识是审美教育的基础，也是进行审美活动的出发点。但审美活动又是人类特殊的认识活动，它离不开理性思维，需要思考、需要分析。审美就是对艺术作品及艺术现象进行评判，它需要辨析、思考与判断，需要对审美过程中出现的问题进行追问、探求。

当我们在看战争题材的作品时，看到的是血腥悲惨的场面，这些场面并不能给我们任何快感和愉悦。但为什么这样的作品还是有审美价值呢？我们对于这一问题的思考将有助于审美能力的提高，审美的意义就在于对这些作品的价值进行的思考与追问。审美能力就是一种思考力，它包括敏锐的感受力、丰富的想象力、洞察一切的审视力、良好的记忆力、创作能力、鉴赏力、预见力、表达力等。可见审美能力的训练，可以让学生在诸多方面得到发展。

审美教育同时具有感性及理性的特征；所以需要在一个具体的感性的情景中进行体验与学习，并且能围绕作品本身，围绕艺术现象进行广泛的对话，展开思辨式的教学。

这样的体验学习，包括参观美术馆、博物馆，到音乐厅聆听音乐会等。但对于中小学生来讲，更多的审美体验及思辨学习是在课堂中围绕教学目标及教学主题，设置问题情境，对艺术作品及艺术现象进行对话及探讨。

《格尔尼卡》是毕加索的代表作，作品控诉了德国法西斯在格尔尼卡小镇犯下的暴行。一名盖世太保头目在毕加索的画室看到了《格尔尼卡》，就问毕加索是不是他的作品，毕加索毫不客气地说"是你们的作品"。在与学生赏析这一作品时我设计了两个情景。第一个情景，我扮演盖世太保，学生扮演毕加索。我问学生："毕加索先生，这是你的杰作吗？"学生答："是的。"我问："你画中画了些什么？"学生答："格尔尼卡小镇的一些场面……"第二个情景是我与学生互换角色，我扮演毕加索，学生扮演盖世太保。学生问我："毕加索先生，这是你的作品吗？"我停顿了一会儿，严肃地说："不，这是你们的杰作！"全班学生笑了，他们一下子明白了《格尔尼卡》作品的主题。在这样的体验及对话式学习中，学生的审美体验得到强化，审美能力得到提高。

什么样的能力更值得我们去追求？

某中心小学举行了大陆与台湾小朋友的美术联展，两岸小朋友的作品都给我们留下了深刻的印象。大陆小朋友的作品具备扎实的基本功，老练的笔法，完美的构图，令人叹为观止；而台湾小朋友的作品则童趣盎然、色彩绚丽，体现出超凡的想象力及丰富的表现力，观后让人心花怒放。我们钦佩大陆教师能在短时间内把大师们的技法"传授"给学生，学生们的素描作品，其明暗关系的处理、虚实的表现似乎已很难挑剔，国画作品水墨变幻无穷，笔法老练，颇有大家风范。一看作者仅有十一二岁，观者更是称奇。但我们更钦佩台湾教师能把自己几年乃至几十年的绘画体验告诉学生，引导他们去关注现实生活，表现民风民俗，体现时代风貌，鼓励他们大胆寻找自己的表现方法，画面充满了稚气、童趣和情趣。

儿童的绘画应有儿童的特性，体现儿童心理，反映儿童情感。画面活泼明快、洋溢生活气息、笔法幼稚、构图不合常规是儿童绘画的特点，有稚拙才有成熟，有生活才有艺术，有探索才有进步。违背了学生的身心发展规律，超越了学生的认知能力，用成人眼光、按学院方法对学生进行训练，以期望学生尽早显露其艺术才华，其结果只会遏制学生更大才华的发展。这就好像早熟的果子——不甜。

好奇产生美。十多岁的孩子处在童话王国中，好奇、幻想、探求构成了生活的全部，对孩子的教育重要的是给他们提供一个能激发想象力、发挥创造力的自由发展的环境。艺术教育要留住孩子像婴儿一样看世界的眼光：一种新奇的、疑惑的、渴望探寻的眼光。这样一种眼光可以让孩子时时有发现美、表现美的冲动。

对于大部分学生来讲，他们将来从事与艺术相关工作的可能性不大。所以，艺术教育关注学生美的感悟力、想象力及创造力，比单纯的技法训练更重要。艺术教育要懂得解放学生，解放他们的思维，解放他们的大脑和双手。国外有一节素描课，老师出示的是石膏像"断臂维纳斯"，但老师的要求却是：请学生画出有手臂的完整的维纳斯像。学生面对这样的作业，就无法再把注意力集中在物体的形体与明暗上了，因为学生根本看不到完整的"维纳斯"。"维纳斯"的美在哪里？"维纳斯"的美已经不在对这些形体与明暗精细刻画的技法中。"维纳斯"美在学生的心中，美在学生无穷的畅想中。这一节课，学生们不仅给维纳斯装上了"两臂"，也给自己插上了审美的"翅膀"。

怎样的评价更适合艺术教育？

在全国第四届中小学生艺术展演活动中，教育部体卫艺司司长王登峰说："参加展演的队伍都表现出了很高的水平。但他们表演越出色，反而越让我担心。"他担心有限的艺术资源被参加演出的孩子无意地过多占有，使其他孩子无法得到本应有的艺术教育；参加展演的孩子因为过度进行竞技水平的训练，而影响了文化课的学习。

这一现象，关涉学校艺术教育的评价问题。学校艺术教育确实需要评价。科学的评价可以促进艺术教育健康发展，不当的评价会让艺术教育误入歧途。如何评价艺术教育的成果，确实是学校艺术教育中值得思考的问题。

艺术教育曾一度成为中小学素质教育的"主旋律"。而学校及教育部门把艺术教育的"兴奋点"主要集中在只有少数人参与的大型文艺会演上，集中在以艺术特长生为主的各类比赛活动中。目前各类艺术比赛或会演，水平越来越高，排场越来越大，几乎达到了准专业的水准。在现场观看时确实让人振奋，但过后想想，问题不少。学校艺术教育只成就了几个艺术精英，而对关乎全体学生的艺术课程的开设及课堂教学改革关心不够，随意减课停课的现象还时有发生。这就是所谓的"锦标主义腐蚀了艺术教育"，把艺术活动作为学校的"形象工程"，这不该是学校艺术教育发展的方向。

艺术教育需要评价，但以考试评比为目的的艺术教育是功利的教育，它异化了艺术教育的本质。评比的目标就是要比高下，评比也必须有一个具体、明确、统一的标准。但艺术不同于其他技术活儿，可以说在艺术面前难分高下。"统一"不是艺术教育所追求的目标，多样化或个性才是我们的目标。而统一化的艺术比赛或考试只能造就刻板的、毫无艺术灵气及个性的学生。

现在有一种舆论值得警惕：要让学生在德智体美劳各方面全面发展，要让学校重视美育，只有把艺术科目纳入中考或者高考科目。这种观点或者这种做法是不可取的。以考试的方式来推动艺术教育，其结果只能让更多的孩子逃离艺术，让更多的孩子痛恨艺术。从长远看必将损害艺术教育的健康发展。

艺术教育要重视表现性、情景性评估，这也是由基础教育及艺术教育的特点决定的。基础教育最重要的价值取向是基础性及全面性，它要求关照到每一个学生的发展，这是教育公平的一个具体体现。基础性教育应该少一些艺术类的比赛，多一些可以让更多人参与的展示；少一些高端、大气、上档次的"高大上"艺术展演，多一些小型的、群众性的、灵活的"小众活"的艺术展演。

越是文明社会就越离不开美育、离不开艺术教育。蔡元培先生当初倡导教育要培养高雅的情感，倡导高雅的美术。今天的"高雅"，今天对于艺术教育的要求，早已超越蔡元培提出的剧院里不再只演奏"简单的音乐、卑鄙的戏曲"，市街上不再出现"飞扬的尘土、横冲直撞的马车"（虽然目前的社会还会出现这样的现象）。今天的"高雅"与今天的艺术教育，是要让人们的生活更有品质；是要让人们更有创新精神，更能体现出自己的价值。党的十八大报告提出了"建设美丽中国"的美好前景，要建设美丽中国首先需要我们具有审美眼光，需要有建设美、创造美的能力。

现在，比任何时候都应重视艺术教育。

作者单位系江苏省锡东高级中学

原载于《人民教育》2014 年 21 期

科学与艺术的交融

——兼谈"钱学森之问"

✦ 沈致隆

2009 年 11 月，钱学森去世仅 11 天，安徽省 11 位教授在报纸上发表了一封公开信，提出了著名的"钱学森之问"，就是"为什么我们的学校总是培养不出杰出人才"。

其实，早在 2007 年 8 月，时任总理温家宝同志看望钱学森的时候，他自己已回答了"钱学森之问"："处理好科学和艺术的关系，就能够创新，中国人就一定能赛过外国人。"钱学森为什么这么说？科学与艺术之间存在什么样的关系？对培养创新精神有什么作用？这些确实值得我们探讨。

从钱学森的成长谈起

钱学森不仅科学知识渊博，而且具有很高的艺术修养。

钱学森的父亲钱均夫，曾任浙江省教育厅厅长。他认准儿子是当科学家的材料，却在钱学森 5 岁时就让他学习绘画和音乐。吹着口琴一路长大的钱学森，不仅学业成绩优异，而且对艺术也很热爱，在书法、绘画、写作上尽显才艺。1929 年，钱学森考上了上海交通大学机械工程系，课余时间经常去听音乐会，认真研讨《艺术史》《艺术论》等论著。在繁重的学业负担下，多数学生的课余时间都被课业占去，钱学森却参加了学校乐队。那时，学校乐队的练习和演出很频繁。他是乐队的主力圆号手，因此他既要比不参加乐队的同学多挤出一些学习时间，还要比乐队的其他人多挤出一些练习时间。钱学森平时很节俭，穿着也十分朴素。但市内一有高水平的乐团演出，他往往徒步很长的路程，去欣赏音乐会，而且购买最好的票位。

后来，钱学森到了美国学习、工作，也一直没有放弃艺术方面的修养。他说，只要听到贝多芬的《D大调小提琴协奏曲》《第四钢琴协奏曲》或钢琴奏鸣曲《悲怆》，他的心便会为之颤动，为之共鸣，便会感受到一种崇高审美力量的激励和催动。就是在这壮美音乐的激励下，他领悟了人的尊严、人的价值和他此生的使命。钱学森时常向人们提起这样的话题。

1991年，在国务院、中央军委授予钱学森"国家杰出贡献科学家"的授奖仪式上，钱学森说："我还要利用这个机会表示对我爱人蒋英同志的感激……蒋英是干什么的？她是女高音歌唱家，专门唱最深刻的德国古典艺术歌曲，正是她给我介绍的音乐艺术以及这些艺术里包含的诗情画意和对于人生的深刻的理解，使得我丰富了对世界的认识，学会了艺术的广阔思维方法。或者说，正因为我受到这些艺术方面的熏陶，所以我才能避免死心眼，避免机械唯物论，想问题能够更宽一点、活一点，所以在这一点上我要感谢我的爱人蒋英同志。"

钱学森用自己的成长历程，说明了在杰出人才的培养过程中，科学和艺术之间的融合起到了很大作用。

科学和艺术的共性：对美的追求

表面看，科学与艺术是完全不同的两类学科：科学重理性，具抽象性；艺术重感性，具形象性。科学依靠归纳与推理，严谨；艺术依靠灵感与想象，浪漫。科学以逻辑思维方法为主，求真；艺术以形象思维方法为主，求美。

然而，就是对这两个存在明显差异的学科，诺贝尔物理学奖获得者李政道教授却说："科学与艺术是一个硬币的两面，谁也离不开谁。"他之所以这样说，是因为科学与艺术之间有着共性和交融。

科学与艺术的重要共性之一，就是对美的追求。也就是说，科学不但求真也要求美，科学家像艺术家一样追求美，是科学取得创新性成果的原因之一。

德国天文学家开普勒，是行星运动三大定律的发现者。当他把哥白尼认为的行星轨道由圆形改为椭圆形，并最终确定太阳在椭圆的一个焦点上时，他高兴得跳了起来，喊出的第一句话是："感谢上帝，让我看到了美！"

英国剑桥大学数学教授、经典名著《数学原理》的作者、分析哲学创始人、1950年诺贝尔文学奖获得者伯特兰·罗素说："数学包含的不仅是真理，也有无上的美，一种冷峭而严峻的美，恰像一尊雕塑。"

科学与艺术之间的这种共性，对于创造和科学创新有着重要的作用。

一方面，很多杰出科学家所采取的研究方法，本质上是美学的、直觉的。爱因斯坦的助手霍夫曼，在分析爱因斯坦成功的奥秘时说："爱因斯坦的研究方法，虽然以渊博的物理学知识为基础，但在本质上，是美学的、直觉的。"

像爱因斯坦由狭义相对论导出的方程：$E=mc^2$，非常简洁，却概括了最广泛的自然规律。科学公式或科学理论越简单，概括的自然现象越普遍，应用的范围越广阔，在美学上越有价值。这个公式将自然界存在的最普遍的两种形式——质量和能量，仅用一个常数光速的平方联系在一起，揭示了看似没有关系的两个物理量之间的简单关系，从而成为美学史上和美学教科书中科学美的典范。

其实，很多著名科学家都有类似的切身体会：大自然本身很美，具有简洁有序、高度概括、和谐统一等审美要素；而揭示大自然规律的科学原理、方程和实验，如果符合大自然真实情况的话，也必定存在着审美要素。所以，很多科学家在研究时，都会力图追求理论美、方程美和实验美。

与此同时，与审美有关的思维，往往是非逻辑思维。这是一种没有完整的分析过程与逻辑程序，是依靠灵感或顿悟迅速理解并作出判断和结论的思维，即一种灵感思维。钱学森就把思维归纳为三种形式，即逻辑思维、形象思维和灵感思维。他认为，创新科学成果需要这三种思维方式联合运作。

1996年，三位英、美教授因为成功制备并揭示了碳60分子的特殊结构，而共同获得当年的诺贝尔化学奖。让人惊讶的是，碳60的结构却是这三位科学家从艺术作品中获得灵感，设想出来的！

1985 年，三位教授用激光轰击石墨，形成新的化合物分子，就是碳 60。他们要尽快发表文章，说明自己制出了前人没有合成的化合物，就必须给出其结构。但是，当时样品量太少，无法分析，化学家们灵机一动，想到 1967 年加拿大蒙特利尔世博会的美国馆是一个球形，设计者是美国艺术家巴克敏斯特·富勒。他们设想，碳 60 的结构是不是也如球形呢？

他们弄来一些硬纸片，裁成 12 个五边形和 20 个六边形，然后对照足球拼成 32 面体，数一数两种多边形的边的交点，正好是 60 个。于是，他们把碳 60 的结构想象为 32 面体的球笼状，和足球一样，将其命名为富勒烯，又名足球烯。这个设想，在 1995 年人们制作出足够多的样品后，通过 X 射线衍射分析等各种手段，证明了他们假想的结构符合真实情况。而这个科学史上的发现，也成为科学研究受艺术作品启发的一个著名事例。

另一方面，对美的探究和追求，也是让许多科学家不停钻研、不断攀登的动力之源。

科学研究的过程并非一帆风顺。然而，为什么杰出人才能克服诸多困难？有的人认为，是因为他们拥有坚强的意志、顽强的品格。这确实是原因之一。但是，杰出人才对于自己去追求创新、去不断突破，有着更为高远的想法。美国科学院院士，囊括菲尔兹奖、沃尔夫奖、克拉福德奖三项世界顶级大奖的哈佛大学数学教授邱成桐曾说："数学的美和艺术的美是相通的……真与美总是联系在一起的，这种对美的探究和追求，是让数学家不停钻研的动力。"

英国理论物理学家狄拉克，在获得诺贝尔物理学奖演说时也说："理论物理学家的工作，就是以漫长的一生追求美。"

这种对美的追求，不仅让科学家愿意克服现实中的种种困难，以获得最高的美的精神享受，也使他们更注重在创造活动中的精神追求，而不是各种功利的获取。想一想，当一个研究者的眼界被项目、经费包裹着的时候，当一个学生的眼界被好工作、挣大钱局限着的时候，怎么可能有杰出人才的涌现？

从这个角度说，科学与艺术更深层的相通之处在于非功利的精神气质。在这种状态下，产生出的科研成果和艺术作品往往具有典范价值。

艺术的想象力与科学的创造力

爱因斯坦擅长并经常演奏小提琴。因此，有人就将他取得科学成就的原因简单地归结为他的音乐爱好。这种观点不全面。拉小提琴并不能造就科学家，也不能催生科学真理，真正的原因，除了爱因斯坦有深厚的物理学、数学造诣和顽强的科学探索精神之外，是他在科学研究中运用了形象思维，发挥了艺术家的想象力，从而具有了惊人的创造才能。

爱因斯坦的相对论诞生后，一直很少有人理解并接受。直到1919年5月发生日全食，英国科学家在非洲和南美洲都观察到，光线通过太阳引力场时偏转了，与爱因斯坦根据广义相对论数学推导出的偏转角度一样。由此，广义相对论获得世人的广泛认可。对此，爱因斯坦说出了一段名言："当1919年日全食证明了我的推测时，我一点也不惊奇，要是这件事没有发生，我倒会非常惊讶。想象比知识更重要，因为知识是有限的，想象概括着世界上的一切，推动着进步，并且是知识进化的源泉。"

"想象比知识更重要"，这是艺术构思和创新的特征，其实也是科学创新的特征。在当前的信息社会里，这一点更加重要。

有这样一个故事：

老师出了道题目："如果真像电影《2012》那样，有一艘船，让你做主，你会选什么人上船？"几十个学生七嘴八舌，好几个回答说，要测试基因，挑选那些基因最优秀的人上船；还有人说，要挑选身强力壮的，体弱的不行。老师问：你们觉得知识分子应不应该上这个船？多数人都认为不应该。为什么不应该？多数人说没想过为什么不应该，但有一个学生回答：我们现在全部的知识，一个U盘就够了，干吗还要知识分子？

这个故事，生动地说明了在知识几乎唾手可得、知识量不断积累增长的今天，拥有知识本身并不是一件困难的事情。美国哈佛大学开展了"为理解而教"项目，有一位教授研究了很多诺贝尔自然科学奖获奖者，最后得出的结论是：创新并不需要过多的知识，它们之间并不是正相关的关系。

那创新与什么有关？正如爱因斯坦说的那样，与想象力有很大关系。想象力本身是一种形象思维。创新理念不是来自逻辑思维，而是源于形象思维，形象思维能力的高低取决于一个人的文化艺术素质的高低。文化艺术素质高的人，他的形象思维就强，想象力就丰富。而形象思维往往大量存在于艺术之中。

现代科技有两大支柱，一是相对论，一是量子力学。由于量子力学是研究微观粒子的学科，所以在研究过程中，想象力起了很大作用。像量子力学的 6 位重要创始人都和文学艺术有着不解之缘：其中 3 位是出色的钢琴演奏家，另外 3 位中，奥地利的泡利对德国诗人歌德的作品极有研究，法国的德布罗意本身曾获得历史学学士学位和文学硕士学位，奥地利的薛定谔曾写出不少诗歌作品。如薛定谔在研究量子力学的波动方程时，为解释量子态的叠加，假设了著名的思想实验"薛定谔的猫"，想象力无比丰富，比喻十分神奇。

在这个思想实验里，薛定谔假设：一只猫被封在一个黑匣子里，匣子里有食物也有毒药。按常规理解，黑匣子里的猫要么是死的，要么是活的，与你是否打开黑匣子观看无关。然而，量子论却说这猫在黑匣子里是既死又活的，它是活态与死态的叠加态；只有到打开匣子进行观测的那一刻，才能决定猫的命运。注意是"决定"，而不是"发现"。也就是说，作为一个观察者，你的观察行为影响了被观测的客体，这与经典物理是相冲突的。在宏观层面，观测行为对客体的干扰可以忽略不计，你用一把尺子去量桌子不会导致桌子的状态发生变化。然而在微观世界，粒子尺度非常小，运动速度非常快，你要测量它必须与它发生作用，那么也就改变了它的状态。这个思想实验，生动地体现了量子力学的不确定性。

就这样，薛定谔用宏观世界"猫"的生死，说明了微观世界的混沌，进而生动地说明了量子力学的本质，使之通俗易懂，从而成为科学史上最著名的十大思想实验之一。从这个实验中我们也可以看出，想象力在科学创造发明过程中的巨大作用。而薛定谔的想象力，与他对诗歌艺术的爱好和钻研不无关系。

其实，在人类文明发展史上，科学与艺术早期是不分的，后来随着社会的发展和进步，科学与艺术才逐步分化。当今，科学与艺术的交融越来越受到人们的关注，并已成为当今世界科学文化发展的特征之一。法国著名文学家福楼拜早在 19 世纪中叶就预言过："越往前走，艺术越要科学化，同时科学越要艺术化。两者在山麓分手，回头又在山顶会合。"他的话，在今天得到了越来越多的证实。

十八届三中全会发布的《中共中央关于全面深化改革若干重大问题的决定》提出要"改进美育教学，提高学生审美和人文素养"，并探索"不分文理科"等，对于基础教育改革是一个重要要求和提醒：通过激活学生的形象思维和灵感思维，培养他们的想象力和创造力，是让杰出人才"冒出来"的丰沃土壤。

作者系哈尔滨工程大学兼职教授

原载于《人民教育》2014年03期

参考文献：

［1］李斌."中华民族大有前途"——温家宝亲切看望朱光亚、何泽慧、钱学森和季羡林［N］.人民日报，2007-08-06.

［2］王文华.钱学森的情感世界［M］.成都：四川人民出版社，2002.

［3］爱因斯坦文集（第一卷）［M］.北京：商务印书馆，1976.

［4］赵中立、许良英.纪念爱因斯坦译文集［M］.上海：上海科学技术出版社，1979.

［5］詹姆斯·W·麦卡里斯特.美与科学革命［M］.李为译.长春：吉林人民出版社，2000.

［6］聂运伟.爱因斯坦传［M］.武汉：湖北辞书出版社，1996.

［7］Ronald W.Clark.（1973）*Einstein: The Life and Times*.London：Hodder and Stoughton.

［8］阿瑟·米勒.爱因斯坦·毕加索：空间、时间和动人心魄之美［M］.方在庆，伍红梅译.上海：上海科技教育出版社，2006.

［9］严加安.浅谈科学与艺术的共性与交融——在"中国科大论坛"上的演讲［N］.中国科大报，2012-09-25.

培养具有艺术精神和艺术诗性的人

——俄罗斯艺术教育及其启示

✦ 刘月兰　周玉梅

俄罗斯因其卓越的艺术作品和独特的历史内涵在世界艺术发展史上占有重要的地位。高尔基曾说过，俄罗斯人民在艺术领域和心灵创作中展现了惊人的力量，在极其恶劣的环境中创造了优秀的文学、杰出的绘画和独树一帜的音乐，这也使得整个世界为之赞叹。这些成就与艺术创作史为俄罗斯艺术教育奠定了丰富的理论基础，成为世界优秀的艺术文化遗产。

艺术教育的内容远不止于美术与音乐

一直以来，俄罗斯将中小学作为学生学习艺术，发掘学生的艺术感知能力，激发学生艺术创造力的最佳阶段。当前，俄罗斯中小学实施的艺术课程大致分为音乐与戏剧艺术、造型与绘画艺术以及世界艺术与文化等。

1.音乐与戏剧艺术

俄罗斯音乐与戏剧教育的目的是让学生在掌握技巧的同时提高学生对音乐戏剧作品的鉴赏力和自身的音乐素养。俄罗斯著名音乐教育家卡巴列夫斯基也强调："音乐教育不是培养音乐家，而是培养人，所有音乐戏剧教育的最终目标都应旨在发展学生的艺术精神。"

俄罗斯音乐戏剧教育的一个显著特征是强制性，即所有人必须接受音乐戏剧艺术教育。音乐戏剧课在俄罗斯普通教育的 11 年期间（小学 4 年、初中 5 年、高中 2 年）是免费教育的必修课。

课程的基本内容是关于音乐戏剧的通识知识，课程设置丰富多样，包括俄罗斯古典音乐戏剧的发展历史、国内外不同时期的音乐艺术流派、传统优秀艺术作品鉴赏、乐曲的识谱训练、纯正的发声练习、戏剧的表现形式、音乐表现的手段和形式、音乐的体裁、音乐戏剧活动的基本要素、乐队的组成和声音的类别等。

俄罗斯古典音乐和戏剧是中小学音乐戏剧艺术教材的主要内容。为了体现民族特色和艺术精神，大量俄罗斯杰出艺术家的作品被编入教材中，如肖斯塔科维奇的弦乐四重奏和协奏曲，柴可夫斯基的芭蕾舞剧《天鹅湖》《胡桃夹子》和歌剧《黑桃皇后》，格林卡的《为沙皇献身》，达尔戈梅斯基的歌剧《爱斯梅拉尔达》和《水仙女》等。柴可夫斯基作品强烈的戏剧冲突和炽热悲怆的色彩、肖斯塔科维奇乐曲后浪漫主义和新古典主义风格的结合、达尔戈梅斯基对讽刺歌剧和诙谐戏剧的尝试、斯克里亚宾对无调性音乐的悉心探究以及拉赫玛尼诺夫对世纪之交社会现实的关注……都满足了青少年对于古典音乐戏剧艺术的向往。

除了音乐戏剧艺术知识的学习，学校还注重音乐戏剧的体验和创作，鼓励学生在体验经典艺术的过程中创造出属于学生、体现学生个人艺术情感、彰显学生个性的作品。学校定期为学生提供个人或者集体创作、表演、鉴赏、讨论的艺术课程和活动，每个学期学校会联合文化部门组织主题晚会、专题表演和节假日演出等活动，为学生提供设计、交流、体验和发展自己的平台。学校支持、鼓励学生体验和创造艺术，这也使得俄罗斯音乐戏剧艺术能够在新的历史时期持续大放异彩，保持传统艺术的永恒张力。

2. 绘画与造型艺术

俄罗斯中小学绘画与造型艺术教育的内容包括：俄罗斯造型艺术的萌芽及其发展的历史，造型艺术为世界艺术史所作出的贡献，绘画造型艺术基础知识的学习，如色彩与线条的组合、视觉与空间的对比、材料的运用等；不同绘画艺术流派的体裁特征，如历史画、为俄罗斯造像、战争题材、风景画等；大师作品欣赏，如色彩运用、画面布局、创作背景、构造形式的学习等；临摹名作，领略建筑风格，如哥特式、文艺复兴式、巴洛克式等，学生可以到美术博物馆参观学习。

另外，19世纪中叶学院派的代表画家谢米拉茨基的《罗马酒神节》和《耶稣与女囚》，以及巡回画派不同题材的画作都被编入中小学绘画艺术教育的教材中。而保存完好的古典建筑则是学生感受经典艺术气息，激发学生投身艺术事业的最好教材，如巴洛克式建筑风格的典型代表彼得堡马林剧院，运用哥特式风格装饰的教堂和冬宫，运用俄罗斯风格设计的莫斯科救世大教堂和正在发展中的"新俄罗斯风格"以及著名雕塑家安妥科利斯基的《伊凡雷帝》《彼得一世》和《垂死的苏格拉底》等都成为俄罗斯中小学学生在公共艺术活动中体验艺术的经典范式。

3. 世界文化与艺术

世界文化与艺术的教育主要包括世界文化与艺术的类型、特点，世界文化艺术的发展历程以及与俄罗斯文化艺术的相互交融和影响，新时期本民族和世界文化艺术发展的新动向等。

艺术对于每个人都是重要的

1. 艺术教育是"强制教育"

俄罗斯中小学艺术教育能够得以普及与政府的大力扶持密不可分。俄罗斯政府不同时期出台的关于规范和发展艺术教育的文件法案，充分体现了其长期以来对民族经典艺术遗产的继承以及对国民艺术素养提升的高度重视。

即使在政治经济形势动荡时期，俄罗斯政府也从未中断对艺术教育的普及实施。如1997年7月俄罗斯职业教育部（后因政府体制改革在2003年后已不存在）专门颁布《艺术教育大纲》，规定艺术教育课程为中小学校必修课程，要求丰富艺术课程的设置，鼓励学校和社会开办各种艺术教育形式的组织。

《艺术教育大纲》指出，中小学艺术教育的目的在于学生艺术理论技巧和艺术素养以及艺术创造力的整体培养，艺术教育不是培养"艺术家"，而是培养具有艺术精神和艺术诗性的人。

除了强制规定艺术教育课程在中小学开设外，俄罗斯政府对学校自行组织各类艺术教育活动持开放政策，并给予地方学校因地制宜开设艺术课程的自主权。同时，政府出资开设青少年艺术教育学校，学生可根据个人兴趣选择课程免费接受艺术教育。

2. 浓郁的艺术文化

除学校教育外，家庭和社会也是学生接受艺术教育的重要途径。正如苏霍姆林斯基所说："对所见所闻的观察、倾听和体验，犹如通向美的世界的窗口。所以，我们一项重要的任务，就是教会孩子看到和感受到美，而待他们有了这些能力之后，则要教会他们如何感知艺术的诗性魅力。"俄罗斯家庭普遍注重对孩子艺术审美力和感受力的培养。周末和节假日，父母会陪同孩子一起听歌剧、参观艺术展览，一起到郊外读书写生，感受大自然的魅力，并将这种对美的感受内化为体验生活、热爱生活的一种心灵源泉。而让艺术成为认识生活、理解生活的一种手段，则是俄罗斯人普遍追求的理想状态。

在俄罗斯，艺术教育已渗透到国家的各个层面，大众公共艺术设施成为中小学生接受社会艺术教育的重要阵地。画廊、歌剧院以及马戏场中各类形式的表演和展出从未间断，无论是社区还是小城镇，作为社会艺术教育的补充机构都得到了基本的普及，如伏尔加河沿岸的小城市弗拉基米尔、罗斯托夫、喀山、下洛夫哥德罗，都建有自己的博物馆、音乐厅等。而诸如美术馆、剧院、宫殿、公园、广场等公共艺术设施在莫斯科和圣彼得堡这样的大城市更是不胜枚举。

3. 基于"人"的艺术教育

一直以来，艺术教育的技艺化和工具化是许多国家艺术教育刻意回避但又在实施中会不自觉导致的两种倾向。

技艺化的艺术教育过于重视艺术的技巧，忽视对于艺术本身的感受和启发，使艺术教育的人文性大大削弱。而过分强调工具化的艺术教育又无视艺术本身的东西，使其丧失在发展学生艺术能力上的独特价值。因此，俄罗斯在认识到技艺化和工具化在一定历史时期对艺术教育发展有促进作用的同时，更注重和强调基于"人"的艺术教育。

俄罗斯《艺术教育方案》指出，艺术教育是人们掌握本民族和人类艺术文化的过程，是发展和形成艺术价值观、精神世界、情感智力财富的最重要的方式。俄罗斯人不视艺术为娱乐消遣或是单纯的技艺，而强调艺术教育的人文性和情感功能，对于儿童的艺术教育，不论是学校还是家庭都认为艺术教育不只是艺术知识和技能的习得，更多的是使他们由此获得对于艺术的热爱和对于人生的感悟以及充满诗性的心境。

我们应该学什么

通过对俄罗斯中小学艺术教育状况的研究，对比我国中小学艺术教育的实际，可以发现，我国中小学艺术教育还有许多方面有待改进和提高。

1. 音乐和美术课不能替代艺术教育

当前我国中小学开设的艺术课程大多为音乐和美术课，而教学资源的配置以及师资队伍的建设都以音乐和美术课为主。加德纳的"多元智能理论"认为，人的能力由语言、数理、空间、音乐、运动、社交、自知等七种智能元素整合而成。而完全将"音乐和美术教育"等同于艺术教育显然是对艺术教育内涵的误读。

艺术教育不能仅仅局限于音乐和美术，而应包括文学、戏剧和舞蹈等更多的门类。例如俄罗斯中小学艺术课程除美术和音乐之外还包括文学、形象艺术、建筑审美之间的联系，影视剧和音乐会以及歌剧中的音乐所表现的不同功能，除此之外，社会艺术氛围对于学生艺术精神和艺术情感的熏陶也是艺术教育的重要组成部分。

我国中小学校应着眼于艺术教育视野的扩展。正如教育部颁布的《学校艺术教育工作规程》及《进一步加强中小学艺术教育的意见》所规定的：要开足开齐艺术课程，保证艺术教育的质量。艺术教育对于教育经费的投入要求很高，政府应在财政上给予中小学艺术教育大力支持，相关部门应加快公共艺术设施的完善，同时加大对名胜古迹以及古典建筑艺术的保护力度，为学生诗性智慧的启发提供良好的社会艺术氛围，进而促进学生整体素质的提升。

2. 艺术教育应面向全体学生

我国艺术教育起步晚，发展慢，城乡之间存在明显的差距。农村中小学校在教育资源的配置、教育观念及管理方式等方面明显滞后于城市中小学校，艺术教育的开展更是一片空白。而我国是农业大国，如果农村艺术教育长期得不到足够的重视和普及，农村中小学生无法接受艺术教育、感受艺术魅力的现状得不到根本性改变，无疑会加剧我国中小学艺术教育整体水平的持续下降，也将使得全面推动素质教育的改革成为一纸空文。

在普及城乡艺术教育，促进学生个性化教育方面，俄罗斯有很多值得我们借鉴的经验，如大力开发地方民俗艺术，因地制宜开设艺术课程，融艺术于民族文化，既有利于经典艺术文化的传承，又有助于农村中小学生心灵的滋养和艺术情感的陶冶。因此，我国农村中小学艺术教育的出路即充分挖掘当地传统文化资源，开发乡土文化。如拥有世界"文化、自然、记忆"三大遗产桂冠的云南省丽江市就是农村艺术教育改革进程中涌现出的一个优秀典型，东巴文化、民族舞蹈服饰等都为开展艺术教育提供了得天独厚的条件。在传承优秀民俗艺术的同时，我们也应意识到艺术教育应关注每个学生的个性特点，鼓励他们体验个性化艺术活动，以形成个人独特的艺术情感，进而发展个性化的审美体系，为农村中小学素质教育的普及创造可能。

3. 中小学艺术教育要去工具化和技艺化

当前，在工具理性和功利主义的社会环境影响下，我国中小学艺术教育专业化倾向严重，已逐渐成为服务于升学、择校、考试等外在目的的工具。一方面，因为没有升学的压力，很多学校不重视艺术课的实践教学，本不多的艺术课课时被语文、数学、英语占据；另一方面，家长为了孩子今后在激烈的择校竞争中能够脱颖而出，给孩子报各类音乐、舞蹈、乐器等艺术辅导班。这都体现了学校和家庭对待艺术教育的态度带有很重的功利主义倾向，将艺术视为一种纯粹的工具，而忽略了艺术之于儿童心灵的诗性的启发，学生也逐渐丧失了对艺术的诗性和情感的感受能力。

其次，艺术教育原有的人文和情感特色被忽视，将知识和技能的传授视为艺术教育的唯一目的，导致艺术教育逐渐变成纯粹的技艺教育，使得艺术教育丧失其激发学生艺术诗性的作用而仅仅成为一项生存技能。艺术教育形成了以"技艺"为核心而非以"人"为核心的艺术教育体系。因此，中小学阶段的艺术教育更应该注重青少年艺术诗性的启发，而不同于高等艺术教育所面临的就业问题。

总之，我国中小学艺术教育的目标应定位于学生全面素质的发展，激发学生艺术潜能，形成以"人"为核心的中小学艺术教育思想。实现这样的目标，要依靠政府、社会、家庭以及广大艺术工作者的力量，在借鉴他国经验的同时，努力挖掘本民族的艺术作品，为青少年艺术精神和艺术情感的培养创造机会，从而进一步推动我国教育质量的全面提升。

作者单位系新疆石河子大学师范学院

原载于《人民教育》2014 年 10 期

参考文献：

［1］Дробицкий Э,Ромашко Е.*Современное искусство России*.Творческий союз художников России, 2006.

［2］Савенкова Л.Г.Интеграция в современном художественном образовании детей:педагогические основы междисциплинарного взаимодействия. *Русское слово*.http://yandex.ru/clck/jsredir，2010-11-02.

［3］Фомина Н.Н. Искусство детей в культуре России первой трети XX века. Детство Отрочество. *Юность*，2010（2）：13.

［4］李莉 . 农村中小学如何面对现实开展艺术教育［J］. 美与时代,2007（2）：123.

［5］Красильников И.М.Педагогические технологии в дополнительном художественном образовании детей: Пособие для педагогов дополнительного образования.*Просвещение*，2008（10）：13.

戏剧让儿童用整个身心学习

戏剧，构建儿童的第二重生活样态

✦ 林长山　李春虹

戏剧是清华附小"1+X课程"中"艺术与审美"领域中的课程。它体现课程整合的理念，通过文学、音乐、美术、舞蹈等多种艺术形式，再结合校园生活，以舞台演出的形式呈现出来。

根据儿童心理特点构建戏剧课程内容

学校坚持"班班有戏剧，人人都精彩"的戏剧课程理念，旨在促进每一个儿童核心价值观的塑造与核心素养的提升。我们将戏剧课程目标分为基础目标与个性目标两类。

1. 基础目标

戏剧提供"参与·体验·整合·创造"的综合教育情境，从儿童自主发展、文化修养、社会参与等三个维度综合提升儿童的核心素养。

自主发展：使每个学生能自我探索，感受环境与个人的关系，从各种艺术表现形式中丰富自我的生活和心灵。

文化修养：通过审美与鉴赏活动，认识各种艺术的价值及文化脉络，了解文化作品，并能参与多元文化的艺术活动，从而获得文化熏陶与修养提升。

社会参与：使每个学生了解艺术与生活的关系，通过戏剧中人与人之间关系的了解与互动，增强学生参与社会生活的意识，并能身体力行。

2. 个性目标

在达成基础目标的同时，通过戏剧这一育人路径，为有个性化发展需要的学生设定创造思维、心理疏导等"私人订制"目标。

创造思维：通过各种情境、实践平台为有创造性的戏剧创作、戏剧表演等提供个性化的实践路径。

心理疏导：通过特需课程进行性格的完善、情感的补充、行为的疏导、心理的抚慰等。根据学生个性化的发展需要，构建学生个性化发展的课程目标。

在戏剧课程的目标导向下，根据学校的办学理念以及儿童心理特点，形成两类课程内容，即基础类课程和拓展类课程。

基础类课程包括戏剧知识、剧本创作、舞美道具、戏剧表演。

戏剧知识：戏剧的历史、戏剧的人物类型等戏剧基本知识。

剧本创作：剧本的种类、典型剧本分析以及剧本的合作创作。

舞美道具：道具的类型、道具的功能、道具的使用以及道具的制作流程和方法。

戏剧表演：了解戏剧表演的基本要求和范式。创设戏剧情境，通过分角色、分小组等各种形式，体会表演的心理活动和肢体动作等。

拓展类课程包括创造力戏剧课程和特需戏剧课程，为学生的个性化发展提供可能。

创造力戏剧课程：为个性化的学生提供不同需求的剧本创作的课程，以学生自己的需求为基础，以自己的发展为目的，量身改编剧本，甚至可以创造性地自编剧本。

特需戏剧课程：为有特殊心理、特殊行为障碍的学生提供有针对性的表演形式，为其提供安全、温暖、适宜的戏剧表演情境。

整合，增进学科融合

在课时、教师配置以及家校合作等方面，戏剧课程都进行了整体安排，既充分利用了时间，又将各学科教师整合在一起，增加了学科之间的融合。同时，在家校协同配合方面也有相得益彰的效果。

1. 科学设置课时

戏剧课主要利用"1+X课程"中"艺术与审美"的"X"必修课程的课时进行教学。除了班级每周的"艺术与审美"课时安排外，学校还在每周三中午安排"水木秀场"活动，让学生成为戏剧的主人，并为学生提供了一个自主发展的实践平台。在每周五下午"创新实践"时段，德育主题教育与特需戏剧课程相整合，为个性化的心理疏导、行为锻炼、意志引导等提供了综合性教育情境。

2. 主题整合学科

在多学科的边界点寻找教育生长点，对主题整合多学科具有重要的实践意义。戏剧课程是一门综合实践性课程。怎样进行多学科整合，发挥学科育人合力？

我们根据不同年段的特征形成不同年段的主题。低年段：言行得体、协商互让；中年段：诚实守信、自律自强；高年段：勇于担当、尊重感恩。围绕主题整合了语文、美术、舞蹈、音乐、德育等内容。在教师配备上，实现多学科教师合作教学，发挥多学科整合的教育合力。

教师之间的磨合与研讨，强化了学科之间的融合与交流，以更适宜、更活泼的实践教学活动来实现育人目的。班主任主要负责戏剧的组织、协调以及剧本的选择、台词的设计、编排等；舞蹈老师负责表演的形体动作等；音乐老师负责音乐的编排等；美术、书法老师负责道具的制作和使用；德育老师配合完成舞台的表演与排练等。

3. 家校互动合作

如何增强家校之间的融合、共进，是学校的一项重点工作。戏剧，为学生提供了第二重生活，提供了多样态、多类型的角色人生，丰富了学生的内心世界与精神感受。

家长积极参与戏剧课程实施，无论是对孩子的心理疏导、调整，还是戏剧相关资源的搜集，都发挥了积极有效的支持。在此过程中，增加了家校之间的磨合与交流，在逐步达成理念认同的同时，也形成了育人合力。

4.年段梯度教学

不同年段的学生的心理结构、生活经验以及发展需求等都是不同的。学校在实施戏剧课程时，根据年段的特点和教育目标，进行梯度教学。

低年段是舞台表演的入门阶段，以引导和模仿为主，训练学生的模仿力。

中年段是舞台表演的发展和巩固阶段，以排演为主，训练学生的表现力和表达力。可让学生在尝试表演的基础上，担任其他职务，如音效设计、舞美设计、服装设计、化妆设计等。

高年段是舞台表演整合发展创造的阶段，以创编为主，训练学生的创造力。这需要孩子们分工明确，在整个教学中分组实施。每组都会设置各个职能部门，如音效设计、舞美设计、服装设计、化妆设计等。

作者单位系清华大学附属小学

原载于《人民教育》2015 年 13 期

身体教育学

普及戏剧教育，审美文化时代的呼唤

✦ 陈　珂

戏剧教育有广义与狭义之分。通常意义上，戏剧教育是一种专业教育，目的是为了培养专门从事戏剧工作的编、导、演、舞美等职业性人才。广义的戏剧教育则是通识性的，是针对青少年儿童及大众进行的，是将戏剧因素融入普通学校教育过程，以提高审美鉴赏能力为主的一种方式。这里所说的主要指广义的戏剧教育。

在中国社会经历了农耕文化和工业文化这两种以物质获取为主的文化之后，人类文化与文明的第三个阶段正在到来。这个文化与文明超越了1.0版本的农耕文化和2.0版本的工业文化，窃以为可以把它称为"审美文化与文明"。

通过数千年的农耕文化与文明、工业文化与文明的发展，在物质富有的基础上，我们的幸福感开始转移。凭借现代工业和科技手段，人类已经可以花很少的精力便可获得相当丰厚的财富和物质基础。此时，幸福感指标变得越来越高，精神层面的权重越来越大，超越了物质所带来的那部分满足感。净化感、崇高感——此类审美感，变得越来越引起我们关注——这时很多人都会发现物质的物化满足只是一种低层次的满足。因此，人们开始看重人与社会的审美文化需求。对于教育而言，到了审美文化的阶段，其目的是对下一代进行完善的人格塑造和博雅教育。

中国的戏剧教育普及有些举步维艰

西方戏剧从早期发生的形态上看，参与者、制作者和主要流行的阶层都在中高层。皇家贵族和社会精英直接以及长期的参与，使得戏剧活动在欧美发达国家成为全社会的生活和生命的存在形态。虽然社会不断发展和变迁，但这种戏剧传统一直被延续下来。对于西方人来说，走进剧院，是生活的常态。用黑格尔的话说，戏剧是一个民族集建筑、绘画、雕塑、音乐、舞蹈、文学、歌舞等为一体后才能成立的艺术，所以戏剧形态代表一个民族文化和艺术的最高形态。

在对戏剧教育重要性的认识和推进方面，一家在美国颇受推崇的公益机构——美国戏剧教育协会（The Educational Theatre Association，简称 EdTA)，以"通过戏剧教育塑造人的生命"为使命，致力于在美国和世界范围内推动戏剧教育。它们表彰学生在戏剧领域的成就，通过多种途径为学生创造更丰富的戏剧体验，为教师提供包括专业发展培训和行业交流平台在内的各种资源，向公众宣传发展戏剧教育的好处，让公众更好地了解戏剧教育。

在我国，中国古代传统的音乐、绘画、书法、棋艺，即所谓的"琴棋书画"，都是属于精英群体的，唯独戏剧是属于比较底层的群体的，其从业者也长期被称为"戏子"，直到今天这个词汇依然作为一个贬义词在被频繁使用，戏剧的社会地位可想而知。唐宋时期，曲艺从业者的地位还相对较高。到了宋元金时期，中国戏曲开始成形，其从业者基本都是来自社会底层，一些汉族文人因为生活落魄而成为职业戏剧家，社会地位很低。在而后的朝代中，文人做戏大多是业余票友，以案头剧本创作为消遣，多以文学家（词家）居之，成为职业戏剧人的很少。这种情况直到民国时期才有所改观。从中可以看出，戏剧教育一直没有真正成为培养中国士大夫和精英分子的教育环节。

因此，相对于欧美国家从幼儿园到青少年时代戏剧教育活动贯穿始终、人人喜欢进剧院的状况，中国的戏剧艺术及戏剧教育普及有些举步维艰。虽然在明清时期中国戏曲相当繁荣，但进入现当代以来，尤其是进入 21 世纪以来，戏剧艺术及戏剧教育有点阳春白雪，贵且稀少。就算是中戏、上戏、国戏这国内三所顶级的高等戏剧教育院校，数十年来的本科毕业生总数都没有超过 3 万人。这跟十几亿人口的基数相比确实是太稀缺了。另外，在中国艺术人才网发布的《2013 艺术教育行业分析报告》中提到，2002 年至 2013 年间，全国设置艺术类专业的高校从 597 所增加至 1679 所，艺术类考生人数从 3.2 万增加至近 100 万。10 年间，艺术类高校增加 1082 所，艺术类考生增加近 97 万人，增长 30 多倍。而这些艺术专业类别主要是音乐、美术、传媒、影视类，戏剧艺术和戏剧教育专业几乎没有。

回到"我是我"

早在 1917 年，蔡元培就曾经以一篇很重要的论文——《以美育代宗教》阐述了他对美育的诸种观点。但中国自 20 世纪 50 年代逐步建立起庞大的全国性中小学教育体系以来，我们的美育都"羞答答"地被称为"素质教育"或"艺术教育"。美育是我国整个教育事业中的薄弱环节，主要表现在一些地方和学校对美育育人功能认识不到位，重应试轻素养、重少数轻全体、重比赛轻普及，应付、挤占、停上美育课的现象仍然存在；资源配置不达标，师资队伍仍然缺额较大，缺乏统筹整合的协同推进机制。

近年来，国家开始渐渐重视美育的问题，并颁布了许多关于加强和改进学校美育工作的政策方针。2012 年，党的十八大明确把"美育"作为教育的根本任务之一，并作为衡量教育质量的一项重要内容。2013 年，党的十八届三中全会上通过了《中共中央关于全面深化改革若干重大问题的决定》，其中包括"改进美育教学，提高学生审美和人文素养"。2015 年 9 月 15 日，国务院办公厅发布了《关于全面加强和改进学校美育工作的意见》，要求强化美育，并明确提出用戏剧课程强化美育的措施。我认为，戏剧课进入我国中小学课表，只是时间问题。

戏剧和其他艺术形式不一样，音乐、美术等是"我"对"我"的艺术，"我"看"我"听"我"感受，可以"单打独斗"，戏剧则不然，"我"要扮演他人，要"我"与"他"合二为一，还要团队合作，在一个群体中完成各种人物角色的扮演。扮演是人类的本能，就像我们幼年时期都玩过家家的游戏。不仅如此，狮子、老虎、狗等，只要是群居动物，就会有各种扮演游戏，它们通过这个方式学习怎么和群体里其他个体交往。

因此，戏剧教育类课程中非常重要的一点，就是观察。当小孩学会观察，就代表着他对社会规则的学习开始了。他们可以扮演唐明皇，扮演柳梦梅，就像过家家时扮演爸爸一样，通过观察、体验进行学习。这就是戏剧教育巨大的魅力，一点点渗透在生活里。

随着社会的发展，教育越来越回归其终极目标：回到"我是我"的层次，培养拥有完整人格的孩子。而戏剧教育的目标是通过扮演，体会人与外部、内心和世界的沟通。人一生下来就处在关系当中，人和神的关系、人和天地的关系、人和社会的关系、人和他人的关系，而其中最复杂的关系，大部分人意识不到，那就是人和自我的关系。戏剧教育透过角色的扮演让我们学会内省，学习做配角怎么不妒忌主角，做主角怎么可以不骄傲，怎么知道做成一件事情要分工，知道每一个角色都很重要，同时有助于培养学生的表达能力、创造力、时间管理能力、自我约束能力、自信心、同理心……这是多么重要和直接的教育啊，比空喊"德育"好得多。

戏剧教育的五个阶段

从戏剧教育本身的架构来讲，我认为，可以分为五个阶段。

第一阶段：假装，以"假"的状态来"装"。"装"是基础的、以自我为中心的，是在"我是我"状态下的一种扮演，实际上也是扮演的一种特点，完全从自我的状态里面开始。

第二阶段：模仿，"模"是照样，"仿"是形体的表现，也是扮演的一种方式。假装是以"我"为核心的，模仿是以"他"为核心的，是对一个对象的模仿。模仿的时候，要以"我"的对象为支撑点，要观察周围的环境、人和事，同时还要能够通过观察用肢体把"他"模仿出来。

第三阶段：扮演，是把"我"和"他"（对象）结合起来，把内心的体验和外部的体现合二为一，这是扮演的最高阶段。

第四阶段：编导，"编"是状态词，要学会编人物的状态、人物的故事，再发展到编一个完整的故事，然后再到编小品、编片段、编独幕剧。"编"之后的重点在"导"上面，要会把故事排演出来，在舞台上、影视上立起来。

第五阶段：制作，实际上就是管理，其最大的特点是控制。制作之前有创意策划，之后有推广营销，实际上都在管理的范围之内，因此制作是戏剧教育的最高阶段。

结合戏剧教育的架构和适合的年龄阶段，我认为，3～6岁主要培养的是假装，属于戏剧教育的启蒙阶段，让孩子"回归人扮演的本能"，调动孩子的想象力和行动力。6～9岁依然以假装为主，以模仿为辅。9～12岁以模仿为主。12～15岁以扮演为主，这就是真正的演戏了。6～15岁也称为戏剧教育的初级阶段，以"人格养成"为中心，着重于对人的价值观和行为方式的塑造。15～18岁就要以编导为主，以制作为辅。这个阶段称为戏剧教育的成长期或发展期，着重塑造学生"艺术"的人格。对18岁以后的成年人而言，戏剧教育主要以审美欣赏的方式开展，着重培养人的审美素养。

作者系中央戏剧学院教授，博士生导师

原载于《人民教育》2016年18期

教育戏剧：以戏剧作为人的学习媒介

✦ 马利文

当我问及所接触到的普通小学生、中学生、研究生抑或各级各类教师，他们绝大多数认为，"戏剧"是一个与自己关系不大的事，是"文艺圈"的事，除了小时候偶发的"演员梦"，基本上认为自己这辈子不会"上台演戏"。在人们印象中，"戏剧教育"是传授戏剧专门学科知识与能力的学科教育，是朝向培养未来从事演艺职业方向的人的教育。所以，当"教育戏剧"作为一个新词出现在人们视野中的时候，常常引发好奇和迷惑。

学校开展戏剧教育的目的是展演？

由于带有上述关于"戏剧教育"的普遍认知，以往在中小学开展戏剧教育主要有两种形式：建立学生戏剧社团；举办校园戏剧节，进行校园戏剧展演。突出的特点也有两个：参与戏剧社团的是少数人，一所学校有 10 ～ 20 人；以比赛促进演出，注重展演结果。

戏剧教育的途径一般有两个：多数重视戏剧教育的学校约请社会艺术团体中的戏剧工作者或者艺术家进入学校，为学校编写剧本，为社团学生排演剧目，或指导学生模仿演出经典的传统话剧，如《雷雨》；少数学校由具有戏剧特长和爱好的教师为学生编写剧本，以课本剧为主要内容，以语文老师和外语老师为主要力量，带领剧团学生排演。戏剧作为学校艺术教育的一项特色，在学校扮演着锦上添花的角色。

随着课改的深入，个别具有探索精神的中小学开始尝试在学校开设戏剧选修课，将戏剧作为艺术审美课程纳入正式课表中。这与上面提到的学校仅有学生社团相比，是一个进步，从课时、课堂空间上给了戏剧在学校的一席之地。但从内容看，学校的戏剧课程，主要约请社会艺术团体的专业戏剧工作者进入学校为学生教授"声（音）、台（词）、形（体）、表（演）"四大功课，沿袭了戏剧教育专业培养方案，而不是针对儿童、青少年的戏剧课程。

近年兴起的"校园心理剧"，成为学校心理健康教育的一项新探索。个别地区和学校开始由教师写剧本，带领学生排演以学生现实心理困惑和关心的问题为主题的戏剧，呈现形式主要是学校戏剧的展演比赛。（见下表）

当前中小学戏剧教育特点表

	主题形式	对象	实施者	内容	目的焦点
1	建立学生戏剧社团	少数学生	社会专业戏剧艺术工作者	传统经典戏剧重排	演出
			学校语文老师、外语老师、个别有兴趣与特长的老师	改编课本剧	演出
2	举办校园戏剧节	少数学生	学校/教委/社会机构	演出剧目	演出
3	艺术审美/戏剧选修课	稍微多一些学生	社会专业戏剧艺术工作者	"声（乐）、台（词）、形（体）、表（演）"四大功课	演出
4	课外活动	稍微多一些学生	社会专业戏剧艺术工作者	"声（乐）、台（词）、形（体）、表（演）"四大功课	演出
5	校园心理剧社团	少数学生	学校心理辅导教师	创编以学生学习生活为内容的剧本	演出

从上面的总结概括中可以看出当前中小学戏剧教育的几个特点：

（1）存在形式多样，建立学生社团、开办戏剧艺术节是较为普遍的做法；开设戏剧教育选修课、戏剧课外活动、校园心理剧社团是个别地区和个别学校的做法。

（2）学校参与实施的主要人员来自学校中的个别语文老师、外语老师和心理辅导老师；校外的参与力量来自专业戏剧艺术工作者。

（3）学校参与的学生集中在少数学生群体。

（4）无论是课程还是活动，抑或社团与戏剧节，目的都聚焦于活动结果，以演出为目的，以展演为最终呈现结果。

一定程度上，这些戏剧教育探索在中小学发挥了培养学生审美素养的作用。但由于参与学校戏剧教育的为小众，内容强调剧本、表演技能，注重结果展演，必然引发我们进一步思考：在学校开展戏剧教育的目的是什么？戏剧进入校园该如何定位？为什么要做这场演出？让学生学习剧本、展演与比赛之后呢？演出这件事与学生的学习和发展中的其他问题是什么关系呢？为什么要在学校开展戏剧？戏剧仅仅是少数人的特权，还是可以普惠所有的学生？……

"教育戏剧"是由教师与学生一起共同建立的虚拟的学习体验情境

与"戏剧教育"相比，"教育戏剧"只是两个词顺序的颠倒。但是，其内涵和实施过程却不同于人们头脑中普遍认知的"戏剧教育"。

"教育戏剧"将戏剧与教育的本质联结进行了整合。教育，以人的发展为最终目的；戏剧以促进改变和让人们生活得更好为目的，两者本质内涵一致。"教育戏剧"是以戏剧作为人学习的媒介，为促进人更好地认识自我、了解自我、发展自我，更好地认识他人，与他人沟通、互动、合作，更好地建构所生活的社群，更好地学习应对这个世界的"不确定性"，改变自身，改变世界。

"教育戏剧"以戏剧结构为框架，以戏剧实作的方式展开学习探索，关注整个学习过程中个体与群体的发展，它不以表演为目的，过程就是它的目的与结果。这是与人们头脑中普遍存在的传统"戏剧教育"的本质差异之处。

从这个意义上讲，我们的教育缺少"教育戏剧"，非常有必要引入"教育戏剧"。

巴西导演与戏剧理论家，也是最早开始探索社区戏剧教育方式的戏剧家奥古斯都·波瓦（Agusto Boal）说，戏剧是为改变而存在的艺术。戏剧是伴随着人类的诞生而出现的艺术，是人类自我观照的艺术，是每个人都具有的与生俱来的天赋。只是，戏剧在演变的历史中，区隔了观众和演员之后，戏剧才逐渐成为少数人的特权，多数人失去了与戏剧的内在的、本质的联结。

戏剧产生于人类的自我观看与反思中。当人开始作为一个观演者（spect-actor）（既是演员，也是观众）存在，一方面自身在行动（action），同时，一方面他又能觉察到自身在行动，戏剧就由此诞生。戏剧是观照人自身灵魂的镜子。戏剧具有两个嵌套的空间，一个是实在的、现实的空间，一个是虚构的、梦幻的空间，人依靠记忆和想象在这个梦幻空间中，也穿梭于现实空间和梦幻空间。

所以，人可以知道自己在扮演角色，也可以观看自己在扮演角色；人可以被现实空间的演员带回到自己原有的记忆空间，也可以将自己带入一个想象的空间中；人可以同时随着戏剧进入此时此地，也可以同时觉察戏剧讲述的事情发生在彼时彼地。这种虚构的、梦幻的空间，就是一个美学空间，因由这一美学空间的存在，人可以有机会看到所发生的故事在眼前被放大、聚焦，让人有机会更清晰、仔细地看到发生了什么。

如果这个故事就是当事人自己的故事，他就有机会拉开距离看到曾发生在自己身上的故事，引发他的反观与反思；如果这个故事是他人的故事，也可能触发观看者内在的个人经验与感受，与他人的经验进行参照，同样有机会来反观自己，引发反思。若作为观演者，他在虚拟的戏剧空间中，还有机会可以重置他的故事，依照他的意愿改变他的故事，戏剧为观演者提供了一个尝试改变的可能性机会，并且通过亲手去布置这种改变，让观演者有机会去尝试新的角色、新的行为。

因为戏剧是虚拟的情境，是"假戏真做"，是观演者"信以为真"地投入实战，所以，戏剧一方面提供了安全的环境，让参与者有勇气尽情冒险，探索"不确定性"情境，而不必担心后果；另一方面，戏剧提供了真实体验，让参与者切实从扮演的过程中获得触动、反观、反思与学习。

"教育戏剧"就是这样一个现象场，一个由教师与学生一起共同建立的虚拟的学习体验情境，教师带领学生共同经历一场冒险，这里没有演员和观众的绝对区分，每个人都是观演者，带着各自的个人经验，探索需要学习的自然科学知识、自身发展与社会发展议题，在这个历程中，学习尊重与合作，学习体察不同的角色位置、责任、观点，学习了解自己和他人的不同价值，学习面对和处理不同的社会冲突、社会议题。"教育戏剧"是一种综合的教育教学形式，可以同时指向学生的知识学习、认知发展、情绪情感和行为转化等多重教育目标。

发端于19世纪二三十年代的英国和美国的教育戏剧，经过众多戏剧教育实践者和理论工作者的整合，在20世纪六七十年代，发展成为一个较为成熟的学科。教育戏剧是一个较大的概念，在其自身发展形成的历史过程中，出现了发展性戏剧、创作性戏剧、教育性戏剧等多种形式，但它们都具有教育戏剧所关注的共性特征：发展性、创造性、过程性、非正式性、角色扮演等。

教育戏剧发展需要面对的两个关键问题

一是学校管理者的认知与创新。学校管理者对教育戏剧的内在本质的认知，是促进教育戏剧在学校发展至关重要的关键力量。做教育戏剧的目的不是为了登台表演，不是摆花架子，而是将教育戏剧作为促进学生发展和教师发展的重要抓手与突破定位，作为学校教育的重要而且是必要的课程与教育形式。

教育戏剧是一种平实的、润物细无声的"不言之教"教育形式，它可以融合进学校的团队建设、不同的学科教育、学校的团队活动、班级管理、家校协同等学校的不同面向的工作中，可以通过多途径融合学校工作的形式，发挥强大的艺术教育影响力。

对教师而言，教育戏剧可以帮助教师通过亲身体验，深入地理解什么叫作真正的尊重学生的个性与选择，什么叫作真正的对话教育教学，什么叫作真正的从儿童的经验出发……

对学生而言，需要深入地"参与"与"体验"，以"亲身"经历学习爱国、责任、尊重、合作等这些抽象的概念，激发他们的潜意识和想象力，让他们发现创造的快乐。

在学校实施教育戏剧时，需要更加开放、包容与创新的态度，在教学空间、课时、教师的教学评估等方面都需要给教师探索所需的空间，不能以传统的课堂规范、传统的评价标准、传统的课时和排排坐的课堂模式来局限教育戏剧教师。学校需要与教师一起探索适应于学校特点的教育戏剧生存发展生态，让这种新的教育教学范式充分发挥出它的功效与价值。

二是教育戏剧教师的专业素养与能力。在学校实施教育戏剧，主要不是依靠浓妆墨彩、服装道具，也不是依靠舞台、剧本，而是依靠师生的自发性、创造性捕捉学生生活经验中面临的问题，依托戏剧的艺术架构，推动问题解决，在即兴创作演出、角色扮演、模仿、游戏等方式中，由实作而学习，让学生获得美感经验，促进他们的认知发展、知识学习、个性与社会性方面多元能力的发展。实施过程既是戏剧也是教育，它同时兼具艺术性、教育性和社会性。

因此，作为实施教育戏剧的教师，必须具备教育、文化、艺术素养和"个性与社会性"发展状况所构成的较高的综合素养才能胜任工作，这也是在学校开展教育戏剧的关键。

[本文系北京师范大学教育学部 2015 年度学科综合建设专项项目"基于学生实践反映能力发展的整合课程设计与教学"的研究成果（编号：2015JGXM002）]

作者系北京师范大学教育学部教育心理与学校咨询研究所副教授，应用戏剧与表达性艺术教育研究中心主任

原载于《人民教育》2016 年 18 期

教育戏剧课程如何大众化

✦ 徐学初

关注教育戏剧的同行可能会有这样的疑问：为什么一所学校把教育戏剧作为必修课纳入校本课程，从 2010 年开始一直坚持到现在？这所学校希望通过教育戏剧教给孩子们什么？今天我们就试着作出解答。

如何在课堂上玩好戏剧"即兴定格"

我们理解的教育戏剧不是领学生做课本剧，也不是把学生培养成演员，而是老师运用戏剧的技巧，在既定的课程框架下，引导学生发挥想象、创设情境、表达思想的一种教学活动。

简单地说，教育戏剧就是成年人带着孩子做游戏。这看似很简单，但实际上"带孩子玩"对成年人来说是很困难的事，还要玩得尽兴、玩出花样、玩得有意义，更是难上加难。

在教育戏剧课堂上，我们经常运用的"玩法"是"即兴定格"。每一种艺术都有它自己的呈现方式，作家靠文字，画家靠笔和涂料，戏剧家则可以靠人类的肢体——几个人在一起做出动作，就可以演绎世间万物、人情百态，这种"即兴定格"多有趣！它就像橡皮泥，可以教孩子捏出这个世界来，捏出丰富的人生来，它是我们启发学生创意的重要教学方法。

以我们引导学生进行原创戏剧作品为例，学生以小组为单位设计即兴定格，设定基本的情景。我们在这一环节有两个要求：第一，定格的人物一定要在尖锐的矛盾冲突中，周围的人也一定要跟这个冲突有联系。第二，希望这个冲突取材于"你"的生活，表现"你"所经历的、"你"的朋友经历的或是"你"听到的生活中的事情。

接下来，我们会尽量利用即兴创作、小组讨论、问题研究等方式帮助学生丰富这张定格中的人物和情景。

学生在理解了核心事件和人物关系之后，要根据情景加入语言。他要去设想：他是怎样的身份、性格？人与人之间是什么关系？产生了什么矛盾？根据这一连串推断，学生自己即兴创作出台词。老师会带领学生继续发展连续定格，一般有3～5个定格就可以讲一个连贯独立的故事。这个连续定格做到高潮处，我们会"暂停"，让学生以自己所扮演角色的身份来讨论矛盾冲突：为什么会出现这个矛盾？之前发生了什么？有可能造成怎样的后果？有没有可能去解决这个问题？学生自己在过程中间去找到合理的回答，而不是老师灌输答案。

比如，关于"学霸"被同学排斥的校园事件，关于"孤独者"如何与周围人群共处的故事，还有以梁启超为核心人物创作的维新变法的故事，可以让学生体验社会变革中的社会风潮。对于高一的学生而言，认知个体生命的价值、处理人际关系、思考个人和社会的关系、深入理解人类生存处境、了解人的本质……这些都是非常重要的命题。跟这些核心命题相关的故事，我们都愿意去发展它，想出更好的策略，让学生经由参与故事的编创和演绎，在过程中感受、反思，进而深化自己的认识，修正现实中的行为。

最后，我们还会进行"演后谈"，就是让学生跳出角色，以观众身份来谈整个过程中她的感受、观察和思考。

教师怎么样评价教育戏剧课上学生的表现呢？第一，看学生创设情景故事的逻辑性；第二，看学生语言和身体的表现力；第三，看学生在"演后谈"中呈现出来的思维活跃度和思想深度。

除了上面提到的反映人际关系和社会情况的"实戏"故事，我们认为即兴定格也可以运用于"虚戏"创作——偏重于情感、想象、象征的动作表演，可以引导学生运用肢体来对诗歌、绘画、装置艺术等当代艺术进行再创造。

比如，我们请学生选择一个物件（意象），根据它的特点来讲述自己的个性（内在自我），由此创作一首关于自己的小诗，再跟小组配合，通过肢体动作把它演绎出来。比如这首：

> 我是一个等边三角形，
> 我的稳定来自朋友、家长、老师的支持。
> 我不是圆，没有它那么圆滑细致，
> 我很简单，也很直接，
> 棱角有点锋利。
> 有时候，我的思想很有限——
> 因为我是封闭图形，
> 但是如果你打开了我，
> 我会和你在一个屋子里组成新的图形。

表演时，学生的朗诵配合流畅的动作变换呈现出这首小诗。孩子们从中可以对彼此有一个本真的了解；而且她们会发现，原来自己也可以用诗歌、戏剧来表达、创造，这对学生是很好的锻炼和激励。孩子在课上写出这样的小诗只需要 10 分钟左右，而且每个孩子都能完成，每个孩子都愿意参与演出。有个孩子表演后这样表达："我在写自传小诗的过程中感悟到：人除了和别人打交道，还要抽出时间和自己沟通。"

我们还尝试过影子戏、偶戏、环境戏剧，等等，逐渐地丰富教育戏剧课程内容。针对高一学年的课程，我们大致形成了自己的体系：第一学期，我们主要带学生参与各种戏剧活动，学习戏剧的诸多要素，做"过程戏剧"故事工作坊；第二学期，我们主要鼓励学生做各种原创作品，借由她们感兴趣的改编或原创故事，发展故事工作坊；学年结束，我们引领学生完成她们比较完整的原创戏剧作品，作为学年学习成果，在校园戏剧节上汇报演出。

我们希望学生在教育戏剧中学到什么

我们当然希望学生亲近戏剧，同时我们团队认为，美育不是戏剧教育唯一重要的目的；借由戏剧艺术去看到自己、看到别人、看到众生、看到天地，这种真切的"看到"，对我们的学生太重要了。假读、假写、假看、假听、假做是现在的学生很大的问题。这种"假"怎么能够破除？戏剧的"假"倒是可以破除生活的"假"呢！回归本质的教育戏剧带给学生真实的情景体验，让学生感受到真实的感情和真诚的交流，这才是我们最希望学生在教育戏剧中学到的东西。

通过教育戏剧或戏剧本身，学生能够提升的首先是理解力。这种情景的理解与纯文本的理解是不一样的。比较而言，文章理解需借助上下文语境；情景理解则很直观，"你"就在画面中，能够设身处地理解发生了什么事情。这种基于换位思考的理解机会，会让一个孩子终身受益。

其次是表达力。即兴表演没有现成剧本、没有排练过程，而是即兴发挥所得，这对孩子的语言能力锻炼非常有效。在表演过程中，为了让观众明白剧中人的处境和意图，表演者会自觉调用她的语音、表情和肢体，她反复考虑自己的语音、语调、表情和肢体动作怎么去配合才能最恰当地表达创作意图，不断实验，然后经受表演时舞台下观众目光的洗礼，每一次都是非常重要的成长机会。以后，当学生走进社会，她面对人群时会更加从容淡定，她的举止谈吐也会表现得更加得体、适宜。

最后是思维力，这是高中生必须加强的能力，也是我们通过教育戏剧课程最终期望达成的目标。教育戏剧能否有效提升高中学生的高阶思维能力？就目前实践来看，我们认为它确实可以做到，甚至可以比普通课堂做得更好。普通课堂教学也提供情景，学生们也讨论问题，但这些问题很多时候是老师预设的，不是由学生借由情景、人物即兴生成的。在教育戏剧课堂上，由学生原创的故事情景所引发的问题是学生主动提供的，她们要在这个问题中扮演各种角色，所以她们参与到问题中各种具体的主观经历、体会、感想，对问题理解更深刻，也更愿意去讨论问题、解决问题。这也是参与过教育戏剧课程的孩子在课堂上往往表现得更加主动的原因。

我们的教育传授知识固然重要，但是知识如果不能迁移、无法调用，仍然无法帮助学生有效面对变动不居的未来世界。我们为什么选择教育戏剧？就是因为它可以给学生提供在未来新的情景中能够被调用的能力，包括理解力、表达力、思维力，等等；更进一步，学生能从中培养对自我、关系、价值、人的本质的深度认知力，学习到与人合作、高效配合、实践行动的诸多方法，这些能力会在学生未来的社会生活中发挥作用。这些才是孩子们喜欢教育戏剧的真正原因，也是我们愿意去尝试并坚持教育戏剧的根本所在。

在普通的教室里一样可以做教育戏剧

上海市第三女子中学是一所百年名校，也是现在上海市唯一的一所公办女子高中。在我们多年构建的课程体系中，如何把"教育戏剧"课程丰富进去，让女孩们有更广阔的成长空间，能在学校快乐地度过 3 年，并在离开学校时拥有她们自己独立的思想和价值判断？

我们学校的"教育剧场"课程实际上是在学校 120 多年以来的国际交流教育和艺术教育的土壤上生长出的一棵新芽。在这个课程背后，有一个国际化的专业团队支撑我们。我们和新加坡友好学校联合，邀请新加坡青少年剧场著名导演何家伟先生以及南洋女子中学的戏剧教师、导演 Nick Ng 先生每年到学校来作戏剧课程和戏剧社团指导，这样的合作持续了 5 年；澳大利亚的教育戏剧教师培养专家 Bauke Snyman 先生从今年开始也和我们学校合作，来指导课程内涵的丰富和课程体系的架构，有了这 3 位专家的帮助，我们的课程才能从容走到今天。另外，上海教育戏剧领头人李婴宁老师是我们理念上的引领者，她从课程开发之初就给予我们很多细心指导和帮助，我们也经常参加她工作室的各种培训活动。

在校园里，课程的具体实施是由徐萍、蔡文琪和我 3 位语文教师负责的。我的两位合作伙伴已经教了 24 年语文，我也教了 12 年。从 2010 年接触到"教育戏剧"这个概念开始，我们就对它非常感兴趣，学习越多，理解越深，我们越希望把它引入学校课程体系中来。我们用了 5 年时间践行这个想法，想试试"教育戏剧"是不是能够接上海的地气，接女中的地气？能不能对女生产生真正的深层次的影响？

除了课内资源，我们还有日益成熟的课外资源，女中百年艺术教育的传统，自由开放、中西并包的校园文化以及上海良好的艺术教育资源和艺术教育氛围。我们戏剧社学生自主编演的戏剧，在外聘艺术家的指导帮助下，每年上演一次大戏，每次演出都是学校非常重要的文化活动，都会引起极大反响，已经成为女中文化的重要组成部分。此外，上海话剧艺术中心最近几年专门邀请专业导演、演员排演课本剧，不论是剧本还是表演都日臻完善，具有较高的艺术性，因此我们邀请他们到学校来展演；专业剧作家和演员参与的"教育剧场"，如果由我们自己设计、实施有很大难度，因此我们会带着学生走进上戏小剧场，参加上海戏剧学院教育戏剧的专业活动，丰富她们的经历和体验。

对于三女中的"教育戏剧"课程，上海市政府给予了大力支持，将以前的小礼堂改建成小剧场，配备了专业灯光、音效和投影设备。学生在这个300平方米左右的空间里，可以坐、跑、躺、卧，自由地舒展身体。

但是我必须强调，尽管如此，做"教育戏剧"未必需要非常专业的人员和设备。戏剧不是天花板上的事，而是地板上的事。没有高大上的"声、光、电"，一样可以带领学生做戏剧，即便在普通的教室里，也一样可以做"教育戏剧"。"教育戏剧"课程在我校的实施（参见下表）始终是大众化取向的。

课程性质	综合实践性课程、必修课
授课对象	高一年级全体学生
上课人数	每班 30 人左右
任教教师	语文教师、驻校戏剧专家
课时	每周 1 次，共 80 分钟
考核方式	课堂表现评价量表成绩 + 期末演出成绩
延伸活动	校戏剧社（高一、高二学生自愿参加）邀请上海话剧艺术中心到校进行戏剧演出学生赴上海戏剧学院参与教育剧场体验活动

一种新的课程进入学校应该有各种形式的探索，我们只是在"教育戏剧"领域作了一些初步的尝试，希望有更多的同行对此感兴趣，大家可以一起来践行和研究！

作者单位系上海市第三女子中学

原载于《人民教育》2016 年 18 期

国外青少年教育戏剧探索与实践

✦ 萧 薇

　　我们常说的戏剧教育（Dramatic Education），是与音乐教育、美术教育等相对而言的单科艺术教育，属于门类艺术教育中的一种。而教育戏剧（Drama in Education），是20世纪初期英国将戏剧列入学校课程之后逐渐发展起来的一种教学方法，是不同于戏剧艺术专业教育的另一种对于戏剧教育的理解与运用。

　　教育戏剧的目标是在教师或导演（组织者）有计划的指导下，以人的活动天性为依据，采用大量的即兴表演、角色扮演、场景再现、动作模仿、戏剧游戏等方法来进行戏剧体验活动，让参与者在彼此互动的接触中发挥想象、表达思想、开发心智、增进审美体验和自我感受，为主体提供宽松、有趣和不断自我完善、自我激励的环境，达到启迪心灵、塑造完美人格的目的。在这些戏剧活动和教育课程中，青少年可以通过戏剧手段了解风俗和信仰、认知他人和自己，发展和表达对于现实世界的理解与生命感悟的能力。

　　"在所有的艺术门类里，戏剧是离人最近的艺术，戏剧教育是最便捷、最适当的人文素质教育。"① 多数发达国家和地区早已把"教育戏剧"作为普通教育的重要组成部分，戏剧课程相继被各国纳入中小学的核心课程中。

　　以美国为例，它的教育戏剧水平非常发达，普及程度也很高。从幼儿园、小学、中学到大学乃至研究生，学校都普遍设置了教育戏剧课程，形成了一个系统、循序渐进、金字塔式的教育戏剧体系。

美国曾于 1987 年颁布了《国家戏剧教育研究计划》，列出了戏剧与剧场课程的范本，并将其教学内容归纳为"个人资源的内在与外在发展""以艺术上的合作创作戏剧""戏剧及剧场与社会情况的关联""建立审美上的判断能力"四个方面，并按照年龄进行划分，从幼儿园开始至十二年级分成六个阶段，由浅入深逐步完成。到了 1994 年，美国全国性艺术教育组织进一步颁布并制定了《艺术教育国家标准》，对从幼儿园到中学的教育戏剧内容给予了原则性的要求和具体的说明指导，并明确地将戏剧、音乐、舞蹈、视觉艺术一起列为艺术教育的重要领域，戏剧则作为一门独立的单科课程在中小学校普遍开设。

即兴表演与戏剧游戏

在教育戏剧中，带领者往往通过即兴表演和戏剧游戏，把激发和强化多重感官功能作为一个重要的教学内容，通过多种训练手段来培养学生敏锐独到的观察力、细腻准确的感受力和理解力，使学生具有对于自身内部和外部环境的确认和敏感度。

从本质上说，戏剧教育就是令人回归本性的一种教育，因为它能够帮助受教育者通过各种方式获得更多的人生经验，是一种和生活保持着最紧密关系的教育，尤其是即兴表演和戏剧游戏，它们中的很多训练项目直接跟生活联系在一起；无论是规定情境的即兴表演，还是角色扮演等，都离不开从生活中获取素材，这些练习不仅向青少年们提供了多样化的生活场景，还提出了解决人生困难和瓶颈的可能性。

这种教育戏剧内生的一种"体验式学习"方式，带动了国外很多学校的教育形式往更注重体验和活动的方向发展。

"体验式学习"是让青少年从实践和经验中学习，而不是简单的了解和记忆书本知识。比如在美国，小学教师教授学生关于动物的知识，不会让孩子仅仅拘泥于课本，而是带孩子们去动物园亲身观察，再把教室变成"动物园"——让学生们装扮成不同的动物，学习动物的身体形态、结构、特征，并且模仿它们的神态和动作，然后再让学生通过自编自演短剧的形式，学习食物链的概念以及达尔文的自然选择理论。类似这种体验式学习，既能够帮助学生扎实地掌握学科知识概念，还能锻炼学生的观察力、理解力、领导力、协作力和沟通力，这样一举多得的教育戏剧的教学方法，在国外很多地区和学校都有开展。

即兴表演是表演创作中的一种，是指在没有经过先期计划与事先准备（包括文本）的情况下，依靠对于"此时此刻"来自直接环境和人的内在情感的刺激，作出直觉反应而进行创作的艺术实践活动，它被看作一个"现场"或"即兴"的自发性活动。这种表演形式注重把个人意识集中在"当下"所发生的一切情况上，着力于强化对个体正在做的事情的深刻理解，这种"意识"和"理解"的融合，为创造者提供了一种情境，那就是把自己想象成情境中的人物，完全听从自己的本能、情感和思考方式的指引，根据对于自己所在处境的理解、分析和判断，在一系列的"可能里"选择最合适的方法采取行动。对于即兴表演（创作）的学习、锻炼和强化，会对一个人的应变能力、生活能力和艺术创造能力的发展产生巨大影响。

戏剧本身就是"play"的一种，但又绝不仅是消遣娱乐，它充满了意义与重要性。戏剧游戏对儿童自然发展和统整的重要性，可以从联合国宣言"将游戏视为全世界儿童不可或缺的权利"这个口号中显现出来。游戏是人类在儿童时期最主要的一种自发性的探索活动，是帮助我们认知空间与时间、他人与自我、事物与结构以及真实世界的一种方式。"儿童自发自导的活动，可以让他将投入的经验及感受加以概念化、结构化，并且带到活动中可以触及的层次。在这层意义上，游戏提供了儿童一些机会去表达出让他们感到困扰、冲突及迷惑的情境。由于知觉发展的过程尚在进行中，幼童的语言特别缺乏流畅性……因此，各式各样的游戏材料都适合用来协助儿童表达其情感及态度。"② 由此可见，戏剧游戏不仅可以满足儿童好动的需求，还可以在这一过程中帮助儿童发泄过剩的精力、学习承担生活中的责任、达成克服困难的目标以及释放挫折感。戏剧游戏通过彼此之间的身体接触与团队协作，不仅发泄了竞争的需求，用可被接受的方式表达攻击性，还在这一过程中学习如何与他人相处。另外，戏剧游戏有助于儿童无拘无束地想象、学习适应他人与表达自己，当儿童在游戏时，他们不仅表达出自我人格的特殊性，也带出了之后可以融入其人格的内在资源。

活动性教育戏剧

对于青少年来说，活动性教育戏剧是指在教学活动之外，以戏剧为主要形式的主题活动，它是课堂教学的延伸，隶属于学校教育范畴，同时又是校园文化建设的重要组成部分，对于繁荣校园戏剧起到了良好的政策支持和导向作用。

这种活动的形态高度开放。它包括以下四个方面的开放性：空间开放——活动形式并不仅局限于剧场空间，在教室、活动室、工厂、野外、咖啡馆等任何一个提供安全保障的可活动空间都可进行，也就是说只要有人的地方，都可以从事这种活动；内容开放——参与的人感受到什么、想象到什么、想要表达什么都可以成为此项活动的内容，活动由大家共同参与，没有"演者""作者"和"观者"的界限和分工；形式开放——表达形式不拘一格，同时也不作限定和规范，注重所有参与者的相互学习、经验共享、共同探索，培养大家的民主与平等意识；心态开放——活动在一种高度自由，没有任何外来的精神、心理桎梏和限定的情况下进行，参与者享有高度的民主，彼此之间平等并相互尊重。以上这些开放的目的，是让青少年参与者作为一个整体去进行"自我净化、自我娱乐、自我发展、自我探索、自我教育"，不以最终的演出结果和水平为要求，而是注重整个戏剧活动中实现自我教育的最终目标。

这种活动性教育戏剧有以下几种形式：

（1）角色扮演。这种形式准确地说是戏剧元素表演，不是完整的演出。它的实施目标是运用戏剧形式针对某一主题来让学生表达观点，倡导学生首先来扮演跟这些主题相关的角色，以促进他们对社会、生活、情感、心灵等方面的观察思考，使学生增强角色意识，学会换位思考，有利于学生身心的全面和谐发展。比如说，如果对社会热点"医患关系"进行探讨，就让学生饰演医生、病人、病人家属等角色，来分别体验一下这些角色所面临的冲突和困境。

（2）情境教学。在教学过程中，有目的地引入或者创设一种情境，将枯燥抽象的内容寓教于"剧"，融入一些十分有意义且具备探索性的情境之中，引发学生的情感体验，最后再归结成为探究性、研究性学习，从而帮助学生理解和获取知识技能，并使课堂教学形象化、趣味化、交际化。比如，在"医患关系"的主题下进行情境设置：一个急诊病人由于家人催促医院过急，造成护士没有经过过敏测试就使用了药物，引发了医患纠纷。

（3）课本剧编演。一般来说，课本剧是以教材为基础，选取其中故事性、动作性、冲突性较强的篇目加以改编，将文本中的文学性与戏剧性相融合，是一种熔课文教学和戏剧演出于一炉，对学生进行德、智、体、美教育的新鲜活泼的教学辅助形式。这种课本剧编演的形式，不仅可以锻炼学生的改编能力，对于学生理解文字作品中的时代背景、主题立意、人物性格、矛盾冲突等，有非常好的效果和意义。

（4）其他活动形式。比如含有戏剧成分的模拟剧场、戏剧观摩、论坛剧场、校园剧演出等。一般来说这些活动形式能够实现学生"我的舞台我做主"的"全责式"创作，从编剧、导演、排演、舞美制作到宣传海报，都是学生自己动手，自力更生。同时，还能够以互动的戏剧形式创造一个安全的、具有吸引力的、鼓励大家讨论的空间。这种教育戏剧的手段让多元的声音和想法得以呈现，促进个人或群体的自我发现、相互交流与连接。

荒诞派剧作家尤奈斯库说过，"戏剧是人的本质需要"，对于青少年儿童来说更是如此——教育戏剧是面向青少年的素质、人格教育，融汇了课堂和课余的戏剧活动，目标是在戏剧实践中学习生命智慧、开启创造力、体验人生真谛，达成全人素质。教育戏剧由于承载了丰富的社会人文内容，对人的思想情感产生道德、审美等多方面影响，对青少年的智力开发、人格形成、个性发展、体能锻炼甚至劳动意识的培养都具有重要作用，能使学生多方面获得协调发展。

作者单位系清华大学艺术教育中心

原载于《人民教育》2016年18期

注释:

① 董健, 马俊山: 戏剧艺术十五讲 [M]. 北京: 北京大学出版社, 2004: 399.

② Bayat M. Nondirective play therapy for children with internalizing problems. *Journal of Iranian Psychology*, 2008, 4(15): 267−276.

劳动教育是人生第一教育

劳动教育的本质在于培养劳动价值观

✦ 檀传宝

本文希望通过价值分析讨论学校劳动教育的问题与改进。但不妨先从对"五一节"的观察与思考开始。

"劳动节"里为何没有"劳动"？

每年"五一（劳动）节"，除了央视、《人民日报》等官方媒体，一般社会媒体连篇累牍的报道几乎都聚焦在节日期间的赏花、远游、奇闻趣事等娱乐性事件上。在游人如织、人头攒动的气氛里，在所有人都兴高采烈"过节"的时候，有多少人会留意"五一节"与其他节庆的本质不同？

"五一节"，又称"五一国际劳动节""国际示威游行日"（International Workers' Day 或者 May Day）。其起源是1889年7月14日，由恩格斯领导"社会主义国际"（第二国际）在巴黎召开的第一次代表大会。该会议通过的《劳工法案》及《五一节案》，决定以同盟罢工为工人争取应有权益的斗争武器，并决定把5月1日这一天定为国际劳动节（规定1890年5月1日，世界各国的国际劳动者举行示威游行，庆祝劳动节）。目前，世界上仍然有80多个国家将"五一节"设定为全国性节日。新中国成立后不久，中央人民政府政务院即于1949年12月作出决定，将5月1日确定为"劳动节"。从1989年起，国务院基本上每5年表彰一次全国劳动模范和先进工作者，每次表彰数千人。

换言之，"五一节"设立的初衷或本意大体有两个：一是用示威游行方式争取劳动者权益（如八小时工作制等）；二是肯定、褒扬劳动以及劳动者的价值。今天，即便不是所有人都已经忘记，但多数人已不再关心劳动节设立的初衷、本意，已是比较确定的事实。在"五一劳动节"的现实演绎里，已经只有"节日"，没有"劳动"了。

与"五一劳动节"的异化相似，学校的"劳动教育"也已在现实中畸变。而"劳动教育"的现实畸变，又何尝不是与劳动节异化相同的一种社会价值畸变的反射光？

"劳动教育"的现实畸变

我们可以明显观察到学校劳动教育的三种畸变。

劳动教育畸变为技艺学习。这在一些学校给人参观的"劳动教育 Show"里体现得最为充分。一些学校最爱给来访者展示的往往都是孩子们的手工艺品，例如陶艺、手工、剪纸……展品可谓琳琅满目，蔚为壮观。凭良心说，孩子们学会这些手工制作，意味着既动脑又动手，手工课既是劳动教育又是审美教育，开好这些劳技课程也不容易。不过问题在于，如果学校的劳动教育只是教会了儿童某些简单的手艺，且在技艺学习过程中，儿童对于材料的节省使用、对劳动价值的切身体认，以及对劳动者的尊重等劳动价值观的教育付之阙如，则劳动教育的本质已不复存在。其结果很可能是：一些学会某门手艺的儿童只是在为自己的"聪明才智"自豪；而另外一些儿童在体验到劳动的艰辛之后，有可能得出的结论常常是：长大后绝不做辛苦的劳动者——这也是劳动人民子女通过漫长的学校教育后，往往更不尊重他们作为"劳动者"（尤其是体力劳动者）的父母、发誓不再做他们父母一样的"劳动者"的原因之一。

劳动教育畸变为休闲娱乐。这一畸变在所谓的毕业班最为常见。学生们"拼搏"（复习、考试等）得太累之后，一些学校、班级会安排某些"劳动教育"，让大家艰苦的学习生活"放松放松"。这样，到田间地头、工厂车间的所谓"劳动教育"就已经完全蜕变为一种纯粹的娱乐活动。"少爷小姐"式的走马观花，多了观光的轻佻、少了教育的厚重。因为既然功能上只是让学生紧张的学习生活得以"调剂"与"放松"，则这一类型嘻嘻哈哈的"劳动教育"，当然也就已经远离了对于劳动、劳动过程、劳动成果及劳动者的起码敬畏。这种劳动教育的实质是一种"劳动观光"，与有意义的"劳动教育"无关。

劳动教育畸变为惩罚手段。劳动变成某种惩罚手段是最恶劣的畸变，但是在中国社会由来已久。很多人还认为这一惩罚形式既避免了体罚等引起的伦理争议，又可以让学生得到合理规训，是一个"不错"的教育手段。于是，每当中小学生犯错，班主任就可能宣布：罚擦黑板或者打扫卫生一周！

这有点像几年前已经废除，但是在新中国成立后却实行很久，学习苏联建立起来的劳动教养理念、制度及其变异。建立劳动教养制度的初衷是"根据中华人民共和国宪法第 100 条的规定，为了把游手好闲、违反法纪、不务正业有劳动能力的人，改造成为自食其力的新人"（1957 年 8 月 3 日，中华人民共和国国务院公布了经过 1957 年 8 月 1 日全国人民代表大会常务委员会第七十八次会议批准的《关于劳动教养问题的决定》），但是后来泛化成对所有轻微犯罪、有各种政治和道德问题，但不足以被判刑人员的行政处罚。

但问题在于，当本来具有正面、积极价值的劳动异化为一种处罚手段使用时，被处罚者对于劳动的体验就自然与行动被强制、自由被剥夺等负面、消极的心理感受建立起联系，劳动也就必然被视为一种痛苦的、应当尽量避免的人生经验。而劳动一旦被受教育者看成是负面的心理体验（或厌恶刺激、负强化物），劳动的宝贵价值也就被完全遮蔽，劳动又如何能够发挥其积极的"教育作用"？

劳动教育的价值本质与合理实践

"劳动教育"现实畸变的诸多表现，有一个最根本的原因，那就是劳动教育者已经忘记劳动教育的价值本质。那么，什么才是"劳动教育的价值本质"？我们不妨从马克思、恩格斯的有关论述里寻找某些关键智慧。

马克思、恩格斯至少从三个角度表达了对劳动价值的看法：首先，"劳动是一切价值的创造者"①，即不仅劳动创造了财富，而且创造了人类自身、美与人类的全部文化。因此，劳动以及劳动者具有"无上光荣"的价值。其次，劳动者反而为自己所生产的产品、生产过程、劳动价值符号（如货币）等劳动要素所奴役的劳动价值的异化，是现代资本主义制度的罪恶，应当通过社会变革特别是社会主义的实践予以拨乱反正。第三，劳动是脑力与体力的统一，"劳动过程把脑力劳动和体力劳动结合在一起"②。机器大工业、现代社会的分工导致了体力劳动与脑力劳动的第二次分离，也必将促进两者在更高水平上的结合。社会主义教育应当努力贯彻教育与生产劳动相结合的原则，以培养具有健全体力和脑力的新型劳动者、不断提升自由个性的"全面发展的人"。

因此，在马克思主义者看来，劳动教育的本质目标是，也只能是：通过适当的教育途径培育具有健康劳动价值观、追求社会正义、实现体力脑力结合，以及养成具有自由个性的"全面发展的人"。因此，健康的劳动教育应当强调的重点当然是：

（1）劳动价值观：劳动、劳动者光荣；好逸恶劳、不劳而获可耻。（2）社会制度正义：反对和逐步消除劳动异化，鼓励受教育者追求"按劳分配"等社会主义分配原则与社会制度正义。（3）现代教育观：教育应当与生产劳动相结合，培育具有自由个性（在劳动过程中也就是具有劳动的内在热情与劳动创造性）的"全面发展的人"。

应当特别强调的是，劳动教育虽然包括劳动技能学习、调节紧张学习生活等功能，但其最核心、最本质的价值目标却只能是：培育学生尊重劳动的价值观，培育受教育者对于劳动的内在热情与劳动创造的积极性等劳动素养。后者为本，前者为用，劳动教育在实践上切不可本末倒置。学校劳动教育的种种畸变不是忘记了劳动教育的本质，就是将核心目标与一般功能混为一谈，值得广大教育工作者警醒。

为了加强劳动教育，教育部、共青团中央、全国少工委曾于2015年8月发布了《关于加强中小学劳动教育的意见》（以下简称《意见》）。《意见》在表述"抓好劳动教育的关键环节"时，第一条就强调要"落实相关课程。要根据《义务教育课程设置实验方案》和《普通高中课程方案（实验）》，将国家规定的综合实践活动课程、通用技术课程作为实施劳动教育的重要渠道，开足开好。要明确并保证劳动教育课时，义务教育阶段三到九年级切实开设综合实践活动中的劳动与技术教育课，普通高中阶段严格执行通用技术课程标准，课时可视情况相对集中。各地各校可结合实际在地方和学校课程中加强劳动教育，开设家政、烹饪、手工、园艺、非物质文化遗产等相关课程。在德育、语文、历史等学科教学中加大劳动观念和态度的培养，在物理、化学、生物等学科教学中加大动手操作和劳动技能、职业技能的培养，在其他学科教学和少先队活动课中也应有机融入劳动教育内容"。《意见》对于劳动教育的推进具有重要的现实针对性。

特别值得肯定的是，该《意见》还开宗明义要求"明确劳动教育的主要目标"，即"通过劳动教育，提高广大中小学生的劳动素养，促进他们形成良好的劳动习惯和积极的劳动态度，使他们明白'生活靠劳动创造，人生也靠劳动创造'的道理，培养他们勤奋学习、自觉劳动、勇于创造的精神，为他们终身发展和人生幸福奠定基础"。虽然文件没有更明确地提出"劳动价值观教育"这样的概念，但是这一目标表述中已经明确提出要促进中小学生形成良好的劳动习惯、劳动态度，培育其勤奋学习、自觉劳动、勇于创造的精神，特别是"使他们明白'生活靠劳动创造，人生也靠劳动创造'的道理"，应该说，"劳动价值观教育"的意涵已经得到了基本确认，希望广大教育工作者能够作准确的体认，大家一起努力，让劳动教育"不忘初心"，早日回归健康轨道。

总而言之，对劳动教育的概念、劳动教育的本质等作前提性反思，是正确开展劳动教育的前提。所谓劳动教育的现实畸变的分析，以及劳动教育合理回归的建议，也完全仰赖这一前提性反思。

作者系北京师范大学公民与道德教育研究中心主任、新疆维吾尔自治区"天山学者"特聘教授、全国德育学术委员会理事长

原载于《人民教育》2017 年 09 期

注释：

① 中央编译局：马克思恩格斯选集（第 3 卷）［M］. 北京：人民出版社，
  1972：239.
② 中央编译局：马克思恩格斯全集（第 23 卷）［M］. 北京：人民出版社，
  1972：555.

加强中小学劳动教育　创新高素质人才培养路径

——教育部基础教育一司就《关于加强中小学劳动教育的意见》答本刊记者问

✦ 冀晓萍

日前，教育部联合共青团中央、全国少工委印发了《关于加强中小学劳动教育的意见》（以下简称《意见》），引发社会各界广泛关注。教育部基础教育一司负责人就有关问题回答了本刊记者提问。

培养勤于劳动、善于劳动、热爱劳动的高素质劳动者，是党和国家对教育的根本要求

问：请您介绍一下《意见》出台的背景和意义。

答：新时期出台加强劳动教育的意见，有三方面考虑：

一是贯彻中央精神的要求。尊重劳动、尊重知识、尊重人才、尊重创造，是党和国家的长期方针，把广大中小学生培养成德智体美劳全面发展的社会主义事业建设者和接班人，是我国教育方针长期坚持的目标。新一届党中央高度重视中小学劳动教育工作。2013年六一国际儿童节前夕，习近平总书记在参加"快乐童年　放飞希望"主题队日活动时指出，"少年儿童从小就要立志向、有梦想，爱学习、爱劳动、爱祖国，德智体美全面发展"，强调"生活靠劳动创造，人生也靠劳动创造"，希望广大中小学生"从小就要树立劳动光荣的观念，自己的事自己做，他人的事帮着做，公益的事争着

做"。今年五一前夕，习近平总书记在庆祝五一国际劳动节暨表彰全国劳动模范和先进工作者大会上的重要讲话中强调，"要教育孩子们从小热爱劳动、热爱创造，通过劳动和创造播种希望、收获果实，也通过劳动和创造磨炼意志、提高自己"。今年六一国际儿童节，习近平总书记在会见中国少先队第七次全国代表大会全体代表时，又再次强调"人世间的一切成就、一切幸福都源于劳动和创造"，并对广大少年儿童提出了"争当勤奋学习、自觉劳动、勇于创造的小标兵"的殷切希望。因此，切实加强劳动教育，努力把广大少年儿童培养成勤于劳动、善于劳动、热爱劳动的高素质劳动者，是党和国家对教育的根本要求。

二是学生全面发展的需要。当前，由于各种原因，中小学生劳动机会减少、劳动意识缺乏，出现了一些学生不会劳动、轻视劳动、不珍惜劳动成果的现象，离全面发展的要求还有一定的差距。加强劳动教育，发挥劳动综合育人功能，能达到促进学生全面发展的目的。通过劳动教育，可促进学生形成勤俭节约、踏实肯干、意志坚定、团结协作的优良品质和劳动光荣、创造伟大的思想观念；通过劳动教育，可促进学生形成基本的生活和生产劳动技能、初步的职业意识和创新创业意识以及动手实践、解决实际问题的能力；通过劳动教育，可促进学生强健体魄，形成健康身心和健全人格；通过劳动教育，可促进学生树立"劳动最光荣、劳动最崇高、劳动最伟大、劳动最美丽"的劳动审美观。因此，切实加强劳动教育，做到以劳树德、以劳增智、以劳强体、以劳育美，是提高中小学生综合素质的有效途径，能够为他们终身健康发展奠定坚实基础。

三是劳动教育现状亟待改进。近年来，中小学生劳动教育受到较大程度的削弱，现状不容乐观。从学校来讲，劳动与技术课程经常被占用，师资、场地、经费缺乏，劳动教育无计划、无考核；有的把劳动当惩罚手段，劳动多教育少，忽视劳动观念和劳动习惯培养。从家庭来讲，体力劳动和生产劳动在家庭教育中被忽视，家长往往只关心孩子的学业成绩，只要学习好，什么都不用干。从社会来讲，一夜暴富、不劳而获的思想有所蔓延，体力劳动和生产劳动被淡化。劳动教育的现状同国家社会发展需要、素质教育要求、学生终身发展目标有相当差距。因此，切实加强劳动教育，是坚持立德树人，深化教育领域综合改革的现实需要，对培育和践行社会主义核心价值观，传承中华优秀传统文化，实现中华民族伟大复兴的中国梦具有重要意义。

用3～5年时间，推动建立课程完善、资源丰富、模式多样、机制健全的劳动教育体系

问：此次出台的《意见》，对中小学劳动教育设定了怎样的目标？

答：《意见》既提出了劳动教育的培养目标，也提出了劳动教育的工作目标。

培养目标：旨在通过劳动教育，提高广大中小学生的劳动素养，促进他们形成良好的劳动习惯和积极的劳动态度，使他们明白"生活靠劳动创造，人生也靠劳动创造"的道理，培养他们勤奋学习、自觉劳动、勇于创造的精神，为他们终身发展和人生幸福奠定基础。

工作目标：一是在宏观目标上，提出用3～5年时间，推动建立课程完善、资源丰富、模式多样、机制健全的劳动教育体系，形成普遍重视劳动教育的氛围。二是在微观层面上，提出具体工作路径，加强示范引领，推动在全国创建一批国家级劳动教育实验区，推动地方创建一批省级劳动教育实践基地和劳动教育特色学校，带动全国中小学劳动教育深入开展。

问：中小学开展劳动教育的基本原则有哪些？

答：《意见》提出了劳动教育的四条基本原则。一是坚持思想引领。中小学劳动教育既要让学生学习必要的劳动知识和技能，更要通过劳动帮助学生形成健全的人格和良好的思想道德品质。二是坚持有机融入。要有效发挥学科教学、社会实践、校园文化、家庭教育、社会教育的劳动教育功能，让学生在日常学习生活中形成劳动光荣、劳动伟大的正确观念。三是坚持实际体验。要让学生直接参与劳动过程，增强劳动感受，体会劳动艰辛，分享劳动喜悦，掌握劳动技能，养成劳动习惯，提高动手能力和发现问题、解决问题的能力。四是坚持适当适度。要根据学生年龄特征、性别差异、身体状况等特点，选择合适的劳动项目和内容，安排适度的劳动时间和强度，做好劳动保护工作，确保学生人身安全。

问：《意见》对各地各校开展劳动教育的路径有哪些具体的指导？

答：《意见》明确了劳动教育的实施途径，提出要切实抓好相关课程、

校内劳动、校外劳动、家务劳动等关键环节。

一是落实好已有的劳动教育的相关课程。义务教育阶段三到九年级切实开设综合实践活动中的劳动与技术教育课，高中阶段要开好通用技术课，要明确并保证课时。地方和学校还可结合实际在地方和校本课程中加强劳动教育，开设家政、烹饪、手工、园艺、非物质文化遗产等相关课程。其他学科也要有机融入劳动教育，如在德育、语文、历史等学科教学中加大劳动观念和态度的培养，在物理、化学、生物等学科教学中加大动手操作能力和劳动技能、职业技能的培养，在其他学科教学和相关教育活动中也应有机融入劳动教育内容。

二是积极组织开展校内劳动。如在学校日常运行中渗透劳动教育，积极组织学生参与校园卫生保洁和绿化美化工作。如普及校园种植，开辟专门区域种植花草树木或农作物，让班级、学生认领绿植或"责任田"，予以精心呵护，有条件的学校可适当开展养殖。大力开展与劳动有关的兴趣小组、社团、俱乐部活动，进行手工制作、电器维修、班务整理、室内装饰、勤工俭学等实践活动。广泛组织以劳动教育为主题的班团队会、劳模报告会、手工劳技展演，提高学生劳动意识。

三是组织校外劳动实践，结合研学旅行、团日队日活动和社会实践活动，组织学生学工学农、参加公益劳动与志愿服务。要求学校将校外劳动纳入学校教育工作计划，并规定小学、初中、高中每个学段都要安排一定时间的农业生产、工业体验、商业和服务业实习等劳动实践。

四是鼓励学生积极参加家务劳动，教育学生自己的事情自己做，家里的事情帮着做，引导学生践行中华传统美德，参与孝亲、敬老、爱幼等方面的劳动。要求学校安排适量的劳动家庭作业，布置类似洗碗、洗衣、扫地、整理等学生力所能及的家务。

做好配套保障，使劳动教育落实到每一所学校、每一个孩子身上

问：《意见》在加强中小学劳动教育保障方面，有哪些具体的措施？

答：《意见》明确提出要加强统筹协调、加强师资建设、加强资源开发和加强督导评价。

一是加强统筹协调。文件的落实，加强领导是关键的一步。因此《意见》要求各级教育部门和学校加强对劳动教育的领导，明确劳动教育责任主体和负责部门，特别是加强县级统筹，确保劳动教育的时间、师资、经费、场地、设备等落实到位。还要加强校内校外统筹，充分发挥各方力量，形成合力。

二是加强师资建设。全面加强劳动教育，需要一支高素质的劳动教育师资队伍。《意见》提出要在工资待遇、绩效考核、职称评聘、评优选先、骨干教师培养等方面，对劳动教育教师同等对待，以保持劳动教育教师队伍的稳定与发展。建立专兼职结合的劳动教育教师队伍，广开渠道，开门办学，聘请能工巧匠、专业技术人员担任兼职教师。加强培训，配备专兼职教研员，组织经常性的教研活动，促进劳动教育教师专业化发展，从而不断提高劳动教育教学质量。

三是加强资源开发。劳动教育资源本身应该是很丰富的，工厂、农场、商店、田园，到处都可以是劳动教育的场所。目前劳动教育资源显得缺乏，关键在于开发不足。因此，《意见》有针对性地提出要加强劳动教育资源的开发。要求各地各校因地因校制宜，加强劳动教育场地或实践基地建设，充分利用现有青少年校外活动场所、青少年宫和示范性综合实践基地开展劳动教育，并积极争取社会支持，充分利用学校布局调整中的闲置校舍和产业结构调整中的闲置厂房等社会资源，建立各行业劳动教育实践基地，从而满足劳动教育需要。

四是加强督导评价。《意见》要求各级教育督导部门开展劳动教育督导，将学校劳动教育实施情况纳入中小学责任督学挂牌督导内容。同时要建立学生劳动评价制度，将评价结果记入学生综合素质评价档案，并作为升学、评优的重要参考依据。劳动教育最重要的是过程，因此要加强过程性评价。我们希望通过加强督导评价，真正使《意见》得以贯彻实施，从而使劳动教育落实到每一所学校，落实到每一个孩子身上，促进他们全面发展。

作者系《人民教育》记者

原载于《人民教育》2015 年 17 期

劳动教育将全面突围

✦ 冀晓萍

日前，教育部联合共青团中央、全国少工委印发了《关于加强中小学劳动教育的意见》（以下简称《意见》），各类媒体纷纷转载讨论。一时间，劳动教育成为舆论的焦点。

重提劳动教育既是基于现实的亡羊补牢，更是放眼未来的未雨绸缪

《意见》一发布，很多人的第一个疑问是：为什么在这个时候，用这么大的力度强调和推动劳动教育？

《光明日报》曾经报道过一项针对某示范高中高一学生的劳动能力调查。结果显示，在这些未来的栋梁当中：从没洗过衣服的占 79%，不会或不敢使用电饭锅、液化气炉的占 67%……

这种情况在当前的大学生中丝毫未得到改善。有媒体曾经对兰州在校大学生的自理能力进行了一次问卷调查。结果显示，上大学前 56% 的学生没有做过家务。面对其中的一道题目："你觉得不做家务的原因是什么？ A. 不想做，讨厌做家务；B. 学习压力大，没有时间；C. 一直都是家里人做，没有想过这个问题；D. 不会做；E. 父母不让做"，72% 的大学生选择了 C，6% 的学生选择了 B，58% 的学生选择了 A，22% 的学生选择了 E。

这一调查揭示了两个突出问题：一方面，家庭教育不重视劳动教育，家

人包办严重；另一方面，学生没有培养起热爱劳动的情感和习惯。

2014年，全国"两会"网络访谈时，国家邮政局市场监管司副司长刘良介绍了一项邮局的新业务，是把高校学生积攒的脏衣服快递回家，家长洗干净后再邮寄回来。这个商机令人啼笑皆非，又让教育汗颜。一屋不扫，何以扫天下？

透过这些现象，足见我国的青少年劳动教育已经到了令人担忧的程度。

与此同时，西方教育发达国家却对孩子做家务的问题专门立法。德国法律规定：孩子6岁前可以玩耍，不必做家务；6～10岁，偶尔要帮助父母洗碗、扫地、买东西；10～14岁，要剪草坪、洗碗、扫地及给全家人擦鞋；14～16岁，要洗汽车、整理花园；16～18岁，如果父母上班，要每周给家里大扫除1次。对于不愿做家务的孩子，父母有权向法院申诉，以求法院督促孩子履行义务。

而西方国家的"家庭车库教育""学校工场教育"就是家庭、学校为学生创造的可利用的劳动教育平台。

疏远了劳动教育，我们失去了什么？

2013年以来，习近平总书记多次号召中小学加强劳动教育。他强调"人世间的一切成就、一切幸福都源于劳动和创造"，中小学生要从小"树立劳动光荣的观念""自己的事自己做""通过劳动和创造播种希望、收获果实，也通过劳动和创造磨炼意志、提高自己""争当勤奋学习、自觉劳动、勇于创造的小标兵"。这不只是来自党中央的精神，更是一位长者对青少年的真诚忠告。

劳动教育不只关乎情感态度价值观，全国教育科学规划领导小组基础教育学科组专家冯振飞认为，这还与我们苦苦追问的创新人才培养路径紧密相关："劳动教育让学生掌握一定的生产技术知识，参加劳动实践，有助于青少年了解现代生产和技术的基础原理，培养学生手脑并用的兴趣和能力，促进学生主动运用科学文化知识去解决实际问题。"

"对技术的理解、探究与反思，有助于培养学生的创造性思维，形成时代发展所必需的技术素养、技术创新意识和技术实践能力。"

"劳动技术学科的实践性、综合性、创造性特点，决定了其在以劳树德、以劳增智、以劳强体、以劳育美、以劳创新等方面的特殊功能与地位。"上海市教育委员会教学研究室教研员贺明菊说。

中央教育科学研究所原所长卓晴君认为，现在还有必要从民族命运的角度强调劳动教育的重要性。因为"劳动教育不仅关系到教育内部如何培养人的问题，更与整个国家的国民经济发展紧密相连"。

就像习近平总书记4月28日讲话中说的那样："劳动者素质对一个国家、一个民族发展至关重要。劳动者的知识和才能积累越多，创造能力就越大。提高包括广大劳动者在内的全民族文明素质，是民族发展的长远大计。"

可见，劳动教育已经到了必须重视的时候。今天，三部门重提劳动教育，既是对中央精神的部署，也是对教育热点、难点问题的回应；既是基于现实的亡羊补牢，更是放眼未来的未雨绸缪。

学校弱化、家庭软化、社会淡化，劳动教育全面受困

劳动教育再出发，首先要做的是"回头看"，摸清当前劳动教育的问题所在，以问题驱动劳动教育的下一步规划发展。

当前，劳动教育的问题可从学校、家庭和社会三方面来分析。

冯振飞在任第八届国家督学期间，曾调研过3个省的26所农村初中。他发现，只有7所学校开设了劳动与技术教育课程。学校劳动教育被明显弱化。

江苏省苏州市职业大学教授傅小芳认为，学校劳动教育的失位以21世纪初的新课程改革为分野。进入新世纪，新一轮课程改革在中小学催生了一门新的必修课程——综合实践活动，该课程包括四大学习领域，劳动与技术教育就是其中之一。综合实践活动的开设，本意是为了推动素质教育。但在贯彻当中，各地、各校在做法上，尤其是在对待原本发展良好的劳动与技术课程上出现了明显分化。

"一些省市如江苏、浙江、上海等地，依然以地方课程的形式在中小学开设劳动技术课程，而大多数省市自治区都不再开设独立的劳动技术课程，劳动教育的课程地位遭到质疑。"

"劳动与技术教育对教师的专业技术水平、设施设备的配置等都有较高要求，导致一些学校在选择综合实践活动内容时避重就轻，劳动与技术教育

的开展程度和质量受到很大影响。"

北京教育科学研究院基础教育研究所副所长程晗认为，劳动教育在学校沦为"说起来重要，做起来次要"，还与评价的缺位密切相关。推行素质教育多年，考试学科一直是学校教育的重点，而劳动教育没有被纳入学生升学和学校评价体系，就很难得到教育行政部门、学校和家长的足够重视，必然被边缘化。

这与冯振飞在调研中得到的回应不谋而合：调研中，校长普遍反映，因为劳动教育"学而不考"，造成学校重学科轻劳动与技术课。家长、学校、社会都把升学作为教育和学习的主要任务。

同时，各地区、各学校间开展劳动教育水平还存在较大差异，少数先进地区的劳动技术课程结合现代特点引入了许多先进技术和设计理念，注重培养学生的创新精神和动手实践能力，成为学生最受欢迎的课程，大大提高了他们的综合素质并不断涌现出劳动技术创新作品，有不少还获得了专利；但在大部分地区，主要由于思想认识问题，劳动技术教育的路径、方法还比较陈旧、单一，有待创新。

当前，家长群体在教育理念上还存在很多误区，如重学业轻劳动，重脑力劳动轻体力劳动，并将之传递给孩子，"学习好就行，家里的活儿不用你管""学不好就去扫大街"成为家庭教育口头禅，家庭劳动教育软化。最终，孩子成为"学习机器""生活白痴"。

傅小芳认为，大学生不会（愿）剥鸡蛋、不会（愿）铺床、不会（愿）洗衣服、不会（愿）钉纽扣这些怪象背后，独生子女现象也值得重视：

"社会已进入独生子女一代，两代人众星捧月般地照顾一个孩子，不仅家务全包，还包揽了孩子的基本生活劳动。在无微不至的'关怀呵护'下，孩子自小就失去了参加家务劳动的机会，也就无法培养热爱劳动的情感、习惯和能力。"

贺明菊认为其中主要原因是社会劳动教育淡化："我国尚未建立起企事业单位联手学校组织教育的规则，学校的劳动教育实践基地和其他社会资源有限，加上很多学校本着学生安全的原则，也不敢组织学生社会劳动实践。"

"一些领导干部带头投机取巧、不劳而获、贪污腐败等不良社会现象，也冲击和淡化了诚实劳动、勤劳致富、劳动光荣等优良社会传统。"程晗说，

"这对劳动教育产生了严重误导，导致学生轻视劳动、不珍惜劳动成果、奢侈攀比的不良现象。"

同时，社区劳动教育的氛围也日趋淡薄。"城市居住环境被分割成住宅、超市、绿地等不同的功能区域，可供劳动和玩耍的地方越来越少；网络所构建的虚拟世界成为孩子们的精神乐园，'偷菜'的乐趣取代了种菜的快乐；在生活中能接触到的体力劳动者往往被当作反面教材来批判。"傅小芳说，"这就不难理解，为什么许多学生甘愿成为四体不勤、五谷不分的人了。"

学校弱化、家庭软化、社会淡化，劳动教育面临全面围困，需全面突围。

抓关键环节全面突围

劳动教育再出发，既要明确目标方向，又要找好路径、手段。

《意见》将劳动教育的培养目标落在培养学生的"劳动素养"上，为学生的终身发展和人生幸福奠基，是对"育人为本"这一教育工作根本要求的落实和贯彻。

为了使劳动教育能有步骤、有层次地推进，《意见》又提出了工作目标和工作路径，使要求可执行：用 3～5 年时间，"推动建立课程完善、资源丰富、模式多样、机制健全的劳动教育体系，形成普遍重视劳动教育的氛围"。同时，示范引领，先在全国创建一批国家级的劳动教育实验区、一批省级劳动教育实践基地和劳动教育特色学校，用这些有限的"点"带动全国劳动教育"面"上的深入开展。

劳动教育要全面突围，就要坚持问题导向，抓住落实课程、开展校内外劳动实践、鼓励家务劳动等关键环节，重点突破。

劳动学习是人人必须拥有的经历，基础教育应该面向全体学生开设劳动课程。《意见》将课程视为学校劳动教育工作最首要的关键环节，明确规定，其中国家规定的综合实践活动课程和通用技术课程要"开足开好"。要明确并保证课时，义务教育阶段三到九年级要"切实开设综合实践活动中的劳动与技术教育课"，普通高中阶段则严格执行通用技术课程标准，课时可"视情况相对集中"。另外，《意见》还提出，劳动教育要在地方课程和学校课程中"加强"，在学科教学中"渗透"，在少先队活动中"有机融入"。课程路径多元，又适度适当。

劳动教育强调手脑并用、实践和体验相结合。《意见》要求，劳动教育要注重"做中学"和"学中做"。从校内劳动和校外劳动两条途径提出了要求：

校内要将劳动教育渗透到学校日常运行中，"学生参与校园卫生保洁和绿化美化"，"开辟专门的种植区域，由班级、学生认领绿植或责任田，有条件的学校可适当开展养殖"。《意见》还要求"大力开展与劳动有关的兴趣小组、社团、俱乐部活动"，并"广泛组织以劳动教育为主题的班团队会、劳模报告会、手工劳技展演"。

《意见》强化了对校外劳动的要求，首先要纳入学校的教育工作计划，"每个学段都要安排一定时间的农业生产、工业体验、商业和服务业实习等劳动实践"；充分利用社会劳动教育资源，"结合研学旅行、团日队日活动和社会实践活动"，组织学生学工学农；城乡学校开展劳动教育要结合实际情况，城镇学校可"组织学生参加公益劳动与志愿服务"，农村学校可"农忙时节组织学生帮助家长进行适当的农业生产劳动"。

劳动意识、态度和能力的养成需要从小孩子开始，要从孩子成长的第一课堂——家庭入手。《意见》要求，学校要密切家校联系，鼓励学生参与家务劳动，并"针对学生的年龄特点和个性差异"，布置适量的劳动家庭作业；要转变家长对孩子参与劳动的观念，使家长成为"孩子家务劳动的指导者和协助者"，形成劳动教育合力。

围绕劳动教育工作的开展，《意见》从统筹协调、师资建设、资源开发、督导评价四方面入手，提出了一整套劳动教育的保障机制。

明确劳动教育责任主体，强化责任意识，从县级、校内、校外三方面加强各部门间的统筹协调。

既要提高劳动教育教师待遇和地位，强化专业培训，又要广开渠道，"积极探索建立专兼职结合的劳动教育教师队伍"。

既要因校制宜，又要积极争取社会支持，充分利用闲置社会资源，建立劳动教育实践基地。

劳动教育的评价既要发挥督导的监督作用，又要探索建立校内劳动评价制度，营造良好的社会氛围。

《意见》已从顶层设计上指出方向，但劳动教育要在教育中落地生根，还亟待各地方相关部门、各学校遵循教育规律，因地制宜，科学规划，创新思路，制定出可操作的具体细则，使劳动教育不落空，不跑偏，不变味。

作者系《人民教育》记者

原载于《人民教育》2015 年 17 期

立新实小：劳动为教育开新路

✦ 冀晓萍　魏永生

黑龙江省牡丹江市立新实验小学（以下简称"立新"），是一所劳动教育老牌名校。

说它"老牌"，是因为从 1958 年进入校史到今天，58 年跌宕起伏，劳动教育在立新从未中断。

说它有"名"，是因为立新因劳动教育多次承受令人艳羡的荣耀：

《人民日报》、《光明日报》、中央电视台、中央人民广播电台等国家级媒体先后大手笔报道立新的劳动教育经验。

1991 年，时任中共中央政治局委员、国家教委主任李铁映视察立新时高度评价它是"全国教育战线全面贯彻党的教育方针的一面旗帜"。

2001 年，时任教育部总督学柳斌到立新考察时说："如果有人问我什么是素质教育，我会告诉他立新小学就是素质教育。"

……

与此同时，立新又是一所新学校，它的每位继承者都没有躺在功劳簿上一劳永逸，而是时刻思考着如何在劳动教育上创新、出新。

常有人问："立新为什么会如此不遗余力地搞劳动教育？"

校长隋桂凤说："因为这是孩子成长的需要。孩子生来就热爱自然，向往创新，渴望同学间有意无意的交流……这些是规规矩矩的课堂无法给予的。而劳动教育有能力解决这些问题。"

近几年来，立新基于孩子的成长需要和课程逻辑，从劳动认知到劳动体验，再到劳动创造，全面布局，总结创设出一套资源丰富、机制健全的"劳动育人校本课程体系"。

孩子们把劳动当作"一件创造美好的事"

"孩子们享受着劳动创造的幸福生活，却与劳动形同陌路，很少去想幸福生活从何而来。"

隋桂凤认为，要建立对劳动的积极认知，必须从自我服务、家庭体验、校园岗位、社会实践等全面设计课程，让孩子们看到劳动在人生、社会发展中的关键性价值。

对于自我服务课的重视，源于多年前隋桂凤看到的一幕：一个高个子男生堂而皇之地伸出脚来，旁边的同学蹲下来给他系鞋带。

"我当时很震惊：欺负行为，在立新是绝对不允许的。"隋桂凤走上前去，真相却令人啼笑皆非："原来，这个 13 岁的小伙子竟不会系鞋带。"

她调查后发现，自理能力差的现象在低年级更为严重。为了补上自我服务这一课，让学生有目标地掌握技能、养成习惯，学校为每个学生建立了"自我服务反馈档案"。自我服务课主要在家中开展，学校要做的是督促与评价，每周反馈、总结。

期末考试后的第二天，学生要经受"自我服务技能大比武"的检阅：这一天，以学年为单位列队操场，劳动主任一声令下，学生们就要在 1 ～ 3 分钟内完成各自的任务：一年级系红领巾、二年级系鞋带、三年级穿理校服、四年级叠衣服、五年级洗袜子、六年级包书皮。看似简单，但要在短时间内完美呈现，靠的是日复一日的平常功夫。

家庭体验课注重贴近孩子各阶段的动作发展水平：低年段"家里的事情学着做，不给父母添麻烦"，中年段"父母的事情帮着做，争做父母的小帮手"，高年段"家里的事情抢着做，体验父母的辛苦"。

配合家庭体验课，学校开展了"当一天小管家"活动，让孩子真正去打理一家人一天的衣食住行。感恩、节约、勤劳等观念变成鲜活的现实需求教育着孩子们，化作家人眼中的一幕幕动人画面：

"我怀二胎时，正擦地板，文琪（三年级）突然跑过来说，'妈妈，你都怀孕了，你休息，我来擦'。然后，跪着把100多平方米的地板擦完，累得满头大汗，还笑嘻嘻的。"

"有一天我做完家务，小米跑过来给我捶背，还说'妈妈，我以后天天给您捶背'。她还真的坚持下来了。"

"白浩林在家做很多事，洗碗、拖地、擦玻璃、叠被子，每天还帮我们准备刷牙水和牙膏。"

……

在校园岗位课程中，立新设置了纪律监督员、卫生监督员、红领巾广播员、礼仪标兵等数十个"红领巾体验岗"，让孩子们参与学校管理，初步体验劳动岗位的责任感和价值感。

社会实践课程的设计既突出了体验，又注重实践。

"陪父母上一天班"活动是立新每年五六月份的常规项目：工作日，中高年段每班每天派一人到父母单位或父母介绍的单位体验一天，并完成一次访谈，了解这个岗位对人才有什么要求、对人类有什么贡献等，回来后形成报告，在班队时间召开"我的社会实践体验小小发布会"与大家分享。

"我们希望这种体验能打破学生对职业的概念化认识，触发学生对职业生涯规划的思考。"隋桂凤说。

立新还跟社会单位合作，组织学生到部队、造纸厂、污水处理厂、药厂、奶牛场、飞机场、高校实验室等校外劳动基地参观；组织学生担任牡丹江博物馆解说员、牡丹江图书馆管理员，定期服务；组织学生与农村同龄人同吃同住同劳动……

不必说教"爱惜公共设施""珍惜盘中餐""保护自然环境"……因为孩子们已经体验到了，感触到了。立新的孩子已经把劳动当作"一件创造美好的事"：主动为小区扫雪，每天帮助独居老人把垃圾拎走……流动的校服是对立新劳动教育实效最好的宣扬。

劳动技术教育不仅是已有知识的综合运用，还是新知识、新能力的综合学习

在立新人看来，劳动教育不能停留在劳动情感和浅层次认知上，劳动教育要深入下去，必须让学生去琢磨知识与劳动的关系。

如何达成？"六园""六室"课程中"做中学"和学科渗透课上的"学中做"在立新相向而行。

像多数城市小学一样，立新的校园面积不大，但他们极尽能事，在教学楼前的狭长地带开辟出了"六园"：果树园、百花园、蔬菜园、农作物园、葡萄园和小动物园。孩子们在"六园"中，通过基地观察、劳作来"了解植物生长的一般过程""掌握简单种植饲养的方法"。

基地观察课按各年段的认知水平和兴趣点，设置了六个主题：一年级是"开启园林王国的金钥匙"；二年级是"探求花卉世界的奥秘"；三年级是"品味种植蔬菜的艰辛"；四年级是"共享农作物丰收的喜悦"；五年级是"期盼硕果累累的金秋"；六年级是"传递一份生物科学的答卷"。

一到春天，"六园"焕发生机，孩子们拿起铁锹、翻土、捉虫、施肥、除草、剪枝，看着幼苗萌发、爬蔓儿、开花、结果。孩子们问："为什么玉米、豆角要播种，茄子、辣椒要育苗，韭菜不用种自己就能长？"……一个个小问号把孩子们带进了生物知识王国。

采摘季，采摘量大的时候，"六园"指导老师会组织孩子们到校外菜市场售卖。为了合理定价，孩子们会先到市场上跟同类商品比较品质，再借来电子秤或包装起来论个卖。讨价还价、加减乘除不敢出错，因为售卖所得还要给小动物园里的火鸡、孔雀、兔子和鸽子们购买过冬口粮呢。计算派上用场了，孩子们知道数学重要了。

"六室"是立新实现"进行简单的工艺品和技术作品的设计与制作"等课标内容的依托。学生社团形式的技能训练课就在这里对学生进行基本的劳动技术启蒙。

插花室里，孩子们用自制的手工花练习，待到花繁叶茂时，就用真花真叶做盆景。立新的走廊里、会议室里、办公室里，学生的插花作品是最好的装饰。

无土栽培课室里，学生们配兑各种营养液，在瓶瓶罐罐里种洋葱头、白菜根、养殖花卉，观察水培植物生长的奥秘。

烹饪室里，使用炉灶、擀拉面、做寿司、包饺子、简单熘炒等都是必学技能。一年下来，学生都能独立做出一桌营养美味的餐食。

陶艺室里，学生使用拉坯机学习泥塑、制陶。

电器拆装课上，学生拆拆装装家用电器，既满足了好奇心，也接触到了导电、传声、信号等基本的技术。

木工室里，孩子们学着用基本的工具修理、制作桌椅板凳等小物件。打好木工基础后，孩子们还可以跟专业教师学习木刻。牡丹江市木刻学会就成立于此。

就像隋桂凤说的那样："劳动技术教育不仅是已有知识的综合运用，还是新知识、新能力的综合学习。"木刻不是一件容易的事情，它需要融入书法和绘画艺术。要刻一个字，学生得先在纸上设计，再去学习、琢磨甲骨文、篆书中这个字的写法。但木刻教师王爱雪发现，"这种充满艺术感的劳动让孩子们痴迷、忘我"。

有一次，李原刻字时，锤子不小心砸到手，皮破血出。但他不吭一声，继续刻字。同学看到后喊老师，李原不高兴了："喊什么喊，不就出点血吗？"王爱雪赶紧过来给他包扎，李原却说："没事儿，就是破点皮，马上要下课了，我得赶紧刻。"为了能多刻会儿，孩子们还纷纷请求王爱雪中午开放木刻室。

而学科渗透课注重的是"学中做"，把学科知识落到生产劳动中，回到知识的本源。

每学期初，立新都会召集所有教师将各科教材中可渗透劳动教育的内容统一标注出来，并作好一学期的活动规划上报学校。比如：数学课中学到"比例和比例的应用"时，就组织学生将课堂所学应用到劳动中，为小动物配饲料或帮二年级小同学配制水培植物所需的复合型营养液。科学课讲到"蚯蚓的习性"，就组织学生翻地，看看蚯蚓的生活是否如书上所言。

知识学习与劳动，在立新已经自然地融为一体了。

劳动教育的最高落点是创新能力的培养

"劳动教育在孩子的成长中究竟起什么作用?"

隋桂凤带着团队反复思考、研究这个问题,最终得出结论:"除了要培养好的品行、习惯、体格外,还要培养好能力。而好能力的最高落点就是创新能力的培养。"立新的创新能力培养路径有两条:班级创意课和科学实验课。

一到周五,再马虎的孩子也不忘拎着自己的"创意工具箱"来上学。这是他们上班级创意课的必要装备。

班级创意课从废物利用类、艺术审美类、科技实验类三方面规划,在43个中队全面普及,班班立项,突出全体参与。

班级创意课的课标和技术难度,对低、中、高段的要求呈逐级提高的趋势:低段要"培养学会审美动手能力,尝试创意",中段要"拥有创意设计能力并能够将设计制成作品",高段要"作品包含创意巧妙构思,独立完成精品之作"。

"课程的内容设计必须征求全班同学的意见,课程实施以班级授课为主,配合学年内走班。"隋桂凤说,"以此保证最大限度地尊重每个孩子的兴趣。"

"从构图到布局,再到制作完全依赖学生的创造力和动手能力。"卷纸画指导教师张灵惠说,"老师仅提出主题要求,比如这两周以花卉为主,下两周以动物为主。"

班级创意课在教上注重发现,强调顺势而为。"有位同学把草画成了蓝色。他特别喜欢蓝色,觉得小草也可以是蓝颜色的。他用蓝色的草表达他的一种喜欢和愉悦,有何不可呢?"

在孩子们手中,一捆吸管、一把冰棍棒、一截丝袜、一堆药品,变身成纸塑、蛋壳贴、数字油画、丝网花、风铃等,虽然稚嫩却充满了想象。

立新还是"中国少年科学院科普教育示范基地",所有班级都成立了班级科研所,主要开展生物科研类、科技创新类和社会调查类三类研究。

"实验盆"是立新开展生物科研的主要载体。立新每个教室的空地、窗台上都摆满了农作物、果蔬、花卉等各类"实验盆"。种植中,孩子们遭遇的问题五花八门:

白浩霖种的仙人掌蔫了，他从网上查到可能染了炭疽病。他买来抗病毒药液，每天喷三次，仙人掌竟慢慢活过来了。

三年级的小辰跟父母去种子店，一口气说出了十多个种子名。父母以为他瞎说，店主却瞪大了眼睛："小伙子，你是怎么知道的？"因为在买熟种子、假种子的教训中，孩子们养成了提前查阅、主动研究的习惯。

……

在各种问题的解决中，孩子们收获了学习方法和科学思维。

孩子们小心地照料"实验盆"，心里都藏着一个"花王梦"。每年9月9日的"斗宝大会"是立新对种植实验的评价总结：先在班里比，冠军拿到年级比，年级冠军再拿到学校里比。经过唇枪舌剑、实物对比，学生投票评出优胜者。

因为教室空地有限，一些"实验盆"需拿回家种。有的"实验盆"等到"斗宝大会"时都快枯萎了，孩子很伤心但没人作假，因为每个孩子都有一本观察日记，记录着盆栽的生长阶段，还配有孩子和盆栽各生长阶段的合影，教师定期批阅。

在立新，还有8个班开设了包括三层阶梯式科技培训课程的科技实验项目：初级是科学知识普及课，突出学；中级是科技制作课，比如物理学上的声光电、化学上洗发水的制作、生物学的洋葱切片等，突出做；高级是科学研究课，集中对科技制作、科学研究感兴趣的学生进行课题指导，突出研。

创新能力培养的效果如何？隋桂凤常有意识地去收集初中的意见，他们对立新输送的学生评价是"有独到的见解""思维方式显现独特优势"……

创造性地解决课时、评价和师资等配套难题

课程的分层、丰富，为学生全面而有个性地发展创造了丰富的资源，但也给课时、评价和师资带来了巨大压力。这些问题如何解决？

"我们在开齐开满国家、地方课程的基础上，把基地观察课、技能训练课以及班级创意课排入课程表，每周一节或隔周一节，由专职劳动教师任教。"

"自我服务课和家庭体验课安排在家中完成，一周一布置、一周一反馈、

一周一展评，由班主任教师负责实施。"

"科技实验课、校园实践课采取主题研究或学生社团活动的方式进行，利用校内课余时间完成。"

"社会实践课集中授课，停课一天或半天。"

德育副校长季晓荷说："多种学习方式的合理搭配既分散了课时压力，又能保证校本课程的高质量完成。"

课程评价是劳动教育的一大难题，立新围绕"好体格、好品行、好习惯、好能力、好趋势"的育人目标，制定了可行性强的《"立新百花好少年"评比方案》，将一学期的劳动教育目标具化为含学校实践、社会实践和家庭实践3大类的30个项目，比如，每天见到老师问好、主动捡拾垃圾、及时完成作业、会钉纽扣等，经自评、互评和师评，每达成3项就能评定1朵花。

"完成学校实践获得5朵花就可以申请晋级樱桃树；完成社会实践获得2朵花就可以申请晋级京桃树；完成家庭实践所有项目获得3朵花，就可以晋级丁香树。获得3种树木奖励可申请晋级杏树。"

"我们力求体现形成性评价与终结性评价的结合，突出发展性、过程性、激励性、科学性和互动性。"隋桂凤发现，具体透明的评价项目，有趣味的晋级方式，极大调动了孩子们的积极性。

立新的劳动教育已远远超出简单体力劳动的范畴，对师资配套要求高。立新对教师结构进行了多次优化、调整。目前，配备了6位专职劳动教师，45位兼职劳动教师（主要是班主任），8位科研基地科研人员。

"51位专兼职教师来自不同学科，我们一方面请农经专家对他们进行培训，补足专业知识；一方面在教师中树立模范，以点带面。"

对这些兼职劳动教师来说，要挑起学科教学和劳动创意课的双重重任，工作量大。如何调动他们的积极性？

"我们靠的是多年劳动教育的文化认同和成熟的工作机制。"组织上，隋桂凤亲自挂帅，建立了一支由校级领导、中层干部和班主任及科任教师组成的智囊团，经常性地研究课程内涵建设，解决出现的难题并及时总结好做法、好典型。

"学校统筹设计劳动教育短、中、长期发展规划，并分解为每学期各部门的具体目标任务，具体到每个岗位、每次实践活动和思想渗透、每个管理制度的出台和考核评价的落实上。”

"我们还确立了问岗位、看态度，问责任、看担当，问实效、看业绩的考评体系，并制定了考核细则。加大对研究基地骨干教师的奖励倾斜，加大力度表彰奖励对劳动教育做出突出贡献的教师。"

除此之外，立新还组织具有各种专业背景的家长，建设了一支高素质的校外辅导员队伍，参与到课程建设当中。但家长的流动性影响了课程的稳定性和质量，立新主动找到辅导员所在的单位，建立长期合作关系。

多元、开放的师资构成，灵活地解决了师资难题，保证了课程的高效落实。

立新把劳动教育搞得风生水起，他们靠的是什么？

如果用一句话概括，那么应该是：始终保持对教育的独立思考，并创造性地解决问题。

冀晓萍系《人民教育》记者，魏永生系《黑龙江教育》记者

原载于《人民教育》2015 年 22 期

"新劳动教育"：让人事相趣

✦ 章振乐

苏霍姆林斯基说："儿童的智慧出在他的手指头上。"没有实践的教育就像"空中楼阁"，劳动的双手才是"智慧的创造者"。双手的劳动在智力发展上起着特别重要的作用，双手劳动涉及人与自然的关系，而离开人与自然的相互作用，智力的发展、体魄的强健都是缘木求鱼。

然而，在当下的中国，伴随生活水平的大幅提高，越来越多的人远离了劳动，远离了大地、阳光、清风明月，远离了大自然，也就远离了生命的本体，如同安泰离开了大地，这是何其危险的事情！更值得警醒的是，随着城镇化的推进，现在不少年轻人已经失去了劳动热情，丧失了劳动精神。尤为严重的是，许多人对"劳动"还存有偏见，并不断地误导着下一代。

在工作中，我们常常会发现：许多孩子完全成了"小皇帝""小公主"，不会整理自己的床铺，不会系鞋带、洗衣服，书包要大人背，班里的卫生要大人搞……自理能力如此，合作能力更遑论多强。

2012年，我们萌生了以"天人合一，人事相趣"为宗旨的"新劳动教育"理念，力图让学生在劳动中回归自然、亲近土地，感到劳动光荣，体验人对生活的能动创造；感到劳动有趣，去发现大自然对人的贡献；感到劳动快乐，在劳动中发现自我的才能。希望通过"新劳动教育"唤醒孩子对自然、对劳动的热爱之情，让孩子们的双手变得灵巧，智慧得到发展，健康快乐地成长为一个热爱生命、热爱生活的人。

"新劳动教育"如何植根校园？

为了让"新劳动教育"的理念落地生根，我们精心设计了三个载体，并以此为核心深度推进：一是"开心农场"，农场的事情开心做；二是"内务整理"，自己的事情自己做；三是"包干区域"，班级的事情人人做。

1. "开心农场"，让童年浸润泥土的芳香

美国作家理查德·洛夫认为："孩子就像需要睡眠和食物一样，需要和自然接触。"相反的是，现代儿童却在不断地远离自然，患上了"自然缺失症"。这种症状不仅发生在现代的欧美诸国，也发生在拥有悠久的农耕文明的当代中国。2010 年夏天，一位科学老师带着科学社团的学生去挖土豆。到了地里，学生纷纷发问："老师，怎么一个土豆也没有啊？"这样的笑话也曾出现在教师身上。一位 80 后教师就误把油菜叶认作萝卜缨儿，足见我们对自然、对土地、对常识的远离已经到了多么可怕的程度！

作为"新劳动教育"的主要阵地，我们围绕"开心农场"开展了一系列活动。这些活动有学校组织的，也有家长、班委策划的，包括收获节、夏令营、爱心义卖、童心手绘、亲子采摘、手拉手迎丰收等。

在众多的活动中，"开心农场夏令营"特别值得一提。每年暑假，我们都会组织"开心农场夏令营"。孩子们自愿报名参加，家长们也十分支持。每天早上 7 点多，阳光已经十分强烈了，但孩子们无畏无惧，有说有笑地来到农场，收摘黄瓜、丝瓜等蔬菜，测量、观察豇豆的生长，为菜苗浇水、除虫……九十点钟的时候，孩子们已经汗流浃背，浑身湿透，但是很少有人偷懒、抱怨。孩子们的表现和变化，让农场师傅和家长们赞不绝口："像这样的苦都能吃，以后学习、生活肯定也不怕吃苦。""这两天，孩子晒黑了，真的像个小农夫。不过，看到他回来争着抢着做家务，我们感到很欣慰！"

在"开心农场"，孩子们种植各种蔬菜、瓜果和花卉，不仅认识了许多植物，还能了解一年四季的气候变化与植物生长的关系，更能体验到劳动的艰辛、收获的成就。老师们也在劳动的过程中领悟许多道理，感受到教育和种植一样，要依从天性、遵循大道，该捉虫时就捉虫，该施肥时才施肥，要学会耐心守候、精心培育，不能拔苗助长……

围绕"开心农场",学校还进行了课程的开发与整合,以国家课程的校本化和校本课程的主题化为方向,开发了"低段语文读写绘课程""基于农场培植的数学统计课程""节气课程"等特色课程。以此为基础,我们正在进行课程规划,着力开发围绕"新劳动教育"的多元课程体系,让孩子的童年接地气、有阳光,促进孩子的精神发育、生命成长。

2."内务整理",让孩子养成终生受益的习惯

在和孩子接触的过程中,我们发现他们的生活自理能力普遍薄弱,不会系鞋带,不会收拾房间,不会整理书包,这类孩子比比皆是。于是,我们借鉴军队"内务整理"的经验,成立了少年军校。

每年9月的第一周,学生都会进入少年军校参加军训,学习军人的内务整理方法。军训之后,再从班级的内务整理、学习的内务整理、家庭的内务整理三方面抓起,每一项都有要求,每一项都有评比。经过三年多的坚持和努力,学生在内务整理上取得了明显的成效。无论是下课还是放学,只要离开教室,学生都会自觉地整理好自己的物品。我们随时去观察学生的抽屉,都是大书放下面,小书放上面,其他物品也摆放得整齐有序。桌面更是干干净净、清清爽爽。教室里上文化课如此,操场上上体育课亦然。上课前,他们能自觉地把球拍放成一排,整整齐齐的;热身活动后,脱下的外套也是叠得工工整整的。

为了提升内务整理的实效,避免一部分孩子在学校做一套,家里又是另一套,我们每个月都会开展"内务整理进家门"的活动,随机到学生家里去访问、拍摄,然后在学校的鹿鸣电视台公开表扬内务做得好的同学,播放相关的视频,为全校孩子树立身边的榜样。通过家校亲密合作,学生的习惯逐渐养成,不少家长反映:孩子现在很乐意做好自己的事,还喜欢把学校里的整理法则用到家里。孩子爱劳动了,自然能体会到父母的辛劳,也就更懂事了。

在做好"内务整理"的同时,我们还引导学生把"内务整理"的方法迁移到学习上,对学过的知识及时进行整理,以促进知识的条理化和思维的系统化。

著名教育家叶圣陶说:"什么是教育,往简单方面说,只须一句话,就

是要养成良好的习惯。"其实，"内务整理"的目标和功能正在于此，而这就是我们期望的教育，更是我们矢志不渝的追求。

3."包干区域"，让责任融进孩子的心里

"新劳动教育"不仅要让孩子参与劳动、体验劳动，更要让孩子在劳动的过程中感到劳动光荣，形成积极的劳动观念，树立明确的责任意识。

近年来，我们发现不少学校聘用清洁工来打扫校园。孩子们在家不会劳动，在学校又没有劳动的机会，以致不会拿扫把，不会洗毛巾，不会擦桌子……为了扭转这种局面，我们特意推出"包干区域"制度。

学校为每个班级划分一块包干区域，由学生自行打扫。校园的洁净，全是学生劳动的成果，也是他们自觉维护的结果。在清扫中，孩子们学会了劳动，更学会了珍惜别人的劳动成果。

在包干区有一块比较特别——34个厕所。学校要求，四年级以上的班级都要承包清扫厕所的任务。一开始，不少学生有怨言，觉得厕所太臭了，不愿意打扫。我就亲自给学生讲道理，让他们明白，学校就是我们每个人的家，打扫学校的厕所就是打扫家里的卫生间。老师们也身体力行，和孩子们一起清扫，几周下来，孩子们习惯了，也渐渐养成了不怕脏、不怕臭的劳动品质。

让人欣慰的是，孩子们真的把这种品质带到了日常生活中。一位家长在"每月一信"中写道："一天，儿子上完厕所，就弯腰刷起了马桶。我走过去问，他解释说：'妈妈，马桶没冲干净，我擦一擦，免得时间长了擦不掉。'顿时，我的眼眶湿润了。要知道，我的宝贝儿子，从来没有这样关心过家里的卫生。后来，他告诉我，应静老师曾带他们一起用去污粉擦洗厕所里的污迹，搞得很辛苦、很干净……"读着这样的故事，我相信，孩子们在包干区不仅参与了劳动，更懂得了责任的承担和许多做人的道理。

西方有句谚语：播下一个意识，收获一个行动；播下一个行动，收获一种习惯；播下一种习惯，收获一种性格；播下一种性格，收获一种命运。当我们播下"新劳动教育"的理念之后，孩子们有了喜欢自然、亲近土地、热爱劳动的行动，日积月累，它自然会沉淀为习惯，结晶为性格，让孩子终身受益。

"新劳动教育"新在何处?

热爱劳动是中华民族的传统美德,劳动教育一直是中小学德育的重要内容。然而,由于社会功利观念的影响,重"应试"轻育人、重分数轻成长、重课内轻课外、重作业轻实践等做法十分盛行,劳动教育不断被"应试"教育的洪流淹没,比重微乎其微,成效更是不尽如人意。正是看到了危机所在,我们认为劳动教育应该得到高度的重视,一方面要提升其地位,加大其比重,另一方面要赋予其新的内涵、探索出新的方法,于是,"新劳动教育"应运而生。那么,与传统的劳动教育相比,"新劳动教育"究竟新在何处?我们认为,总体而言,在范畴上,传统的劳动教育归属于德育,而"新劳动教育"不囿于德育,涉及教学和综合实践等领域。由于范畴的差异,也就使得"新劳动教育"在目标、内容、评价等方面呈现出一定程度的新意。

1. 目标上与德、智、体融通

劳动教育的目标是让学生树立正确的劳动观念和劳动态度,热爱劳动和劳动人民,养成劳动习惯。"新劳动教育"与之对应的目标是,培养学生正确的劳动观念、主动的劳动意识、愉悦的劳动情感、良好的劳动习惯、基本的劳动技能。除此以外,"新劳动教育"还注重培养学生浓厚的探究兴趣、积极的创造精神、灵活的动手能力以及强健的身体素质。

每年的立夏,我们都会组织学生到农场摘蚕豆,然后剥蚕豆,煮蚕豆,吃蚕豆,描画相关的场面,诵读有关立夏、蚕豆的诗歌……学生劳动着,体验着,学习着,创造着,收获着劳动的辛苦、心灵的快乐、身体的成长、知识的迁移……不难看出,"新劳动教育"的目标是复合的而非单一的,主要在立德树人(健体、育美和长智),它的影响是综合的、持久的,能够让学生在心灵修养、动手实践、合作互助、强身健体、感恩自然、珍惜粮食、孝敬长辈等方面获得全方位的提升。

2. 内容上与学科课程整合

"新劳动教育"与传统的劳动教育最为显著的区别在于,内容上不只局限于德育,还包括文学、科学、艺术、体育等多个领域。"新劳动教育"不仅要培养孩子的劳动观念、劳动技能、劳动习惯，还要让孩子在多样化的"新劳动教育"校本课程中认知、体验、探究、创造。

在实践中，我们把国家课程校本化，把"新劳动教育"与语文、数学、科学、美术、体育等学科课程有机地统整、融合，如孩子们在拔萝卜的时候研究萝卜过冬的秘密，学习植物根的形态和作用；在向日葵园里绘画，描绘植物绚丽的色彩和多姿的形态……这样，"新劳动教育"就有了丰厚的根基、广阔的空间，而学校教育也因为"新劳动教育"有了大地，有了阳光，有了新鲜的元素，扎实而接地气。

3. 评价上侧重体验

教育的革新，评价是重要的一环。在"新劳动教育"中，我们变革传统的评价方式，不重短期重长远，不重划一重多元，不重分数重参与，不重结果重过程，不重知识重实践。让孩子们大胆尝试，充分体验，积极探究，愉快合作，只要经历过，就能得到肯定，只要努力过，就能有所收获。

在七小，我们围绕"新劳动教育"组织了各式各样的活动，以此来锻炼并测评学生多种多样的能力。有的竞争性较强，要一分高低，如农运会上比赛搬运土豆，哪个小组搬运的土豆最多就能获得"土豆搬运能手"的称号。表面上看，这是纯粹的比力量，但通过规则的设置，它其实还比速度、比灵巧、比合作。有的创意性较强，要展现个性，如"蔬果创意大赛"——设计一款新颖、美观的蔬菜卡通，孩子们各自发挥想象，尽用其能，各美其美。有的展示性较强，要各显风采，如"舌尖上的七小"——制作一道富有特色的菜肴，学生向家长或亲友拜师学艺，精心操练，倾情分享。

有的活动完全是开放性的，没有统一的评价标准，只关注综合性的表现。每周四，学校都会组织学生到市场开展蔬菜"爱心义卖"。三、四年级的学生轮流参与，一学期每个班轮到一次。轮到义卖的时候，该班的学生就分组行动，有的去农场收摘，有的负责搬运，有的清理蔬菜，有的摆摊销售。义卖的过程不仅让孩子们学了"农"，还学了"商"。比如，如何清理蔬菜才更有卖相？如何摆放蔬菜才更合理？顾客的消费心理如何揣摩？学生、家长和老师不由自主地拧在了一起，彼此分析得失、总结成败。没有谁是老师，也没有谁是考官，大家就是一个学习共同体，也是一个命运共同体。

教育不是一朝一夕的事。"新劳动教育"同样如此，应该始终贯穿于孩子的日常生活之中，每天整理内务，每天打扫包干区域，经常在农场开展各类"新劳动教育"课程，聚沙成塔，集腋成裘，习惯就渐渐地养成了，智慧就渐渐地结晶了，体魄就渐渐地强健了，心灵就渐渐地丰盈了……

2013 年五一国际劳动节，习近平总书记发表了重要讲话："劳动是财富的源泉，也是幸福的源泉……必须牢固树立劳动最光荣、劳动最崇高、劳动最伟大、劳动最美丽的观念……让全体人民进一步焕发劳动热情、释放创造潜能，通过劳动创造更加美好的生活。"我们坚信，"新劳动教育"只要坚持不懈地开展下去，一定会让每一个孩子的生活更美好！

作者系浙江省富阳市富春第七小学校长

原载于《人民教育》2014 年 08 期

没有劳动，就没有教育

✦ 王文英

家长的忽视，升学的压力，当前社会普遍存在的"唯分数"的价值取向以及对体力劳动者根深蒂固的轻视，使"劳动"这一颇有价值的教育内容离孩子们越来越远。于是，"四体不勤，五谷不分"成了今天在校学生的普遍状况。难道这是社会需要的人才？这是我们能够为之骄傲的教育成果？显然不是。

拿我们学校来说，学生来自全国 22 个省份，是一所政府定点吸纳进城务工人员子女的小学。原以为这些来自农村、山区的孩子在劳动技能、自理能力方面要比城里的孩子强一些，然而情况并不容乐观：一年级新生不会系鞋带、不会使用卷笔器的比比皆是，新生班主任常常充当老师、"保姆"双重角色。即便是五六年级的孩子，使用扫帚、拖把时依然笨手笨脚。与家长谈及这样的现象，他们往往感慨：自己没有文化，只能四处打工，干又苦又累的活。他们希望孩子专心读书，通过读书改变命运。于是，劳动被摆在了次要的位置，可有可无。

教育部新修订的《中小学生守则》（征求意见稿）第三条这样诠释"爱劳动"的含义："自己事自己做，积极承担家务，主动清洁校园，参与社会实践，热心志愿服务，体验劳动创造。"可见，培养正确的劳动观念，养成良好的劳动习惯，习得一定的劳动技能，是儿童健康成长的必需，是一名合格小学生应具有的基本素质。

苏霍姆林斯基说过："脱离劳动，没有劳动，就没有也不可能有教育。"教育离不开劳动。那么，怎样将我们的学校教育与劳动紧密结合，让劳动在促进孩子健康发展的过程中发挥应有的作用？我们作了一些尝试与努力。

第一份入学作业

在每一年新生入学前，学校都会提前召开新生家长会，会议的一项重要内容是解读《给新生家长的十八条建议》，其中除了对学习用品的准备、仪容仪表的要求、安全接送的建议之外，还要求家长帮助孩子完成一份入学作业：

（1）建议准备木制铅笔，型号为HB，学会使用卷笔器；（2）学习正确使用橡皮，做到既擦得干净又不会破洞；（3）建议准备3个文件袋，分别装入语文、数学、英语书及相应的一些学习资料，能熟练地进行整理收纳；（4）学会使用扫把、簸箕、抹布，能完成简单的打扫任务；（5）学会系鞋带、穿衣服。

这是孩子们入学的第一份作业。这份作业不是读书、写字，而是关于学校生活自理能力的几项要求。开学第一周内，每位班主任都要认真检查这份作业的完成情况。按照要求掌握技能的学生，会获得一张"劳动奖励卡"。同时，每个班还要选出技能高手参加年级的比赛，如"整理书包小能手""卷笔大比拼""扫地之星""系鞋带大王"等。这项比赛对于孩子们颇有吸引力，他们的参与欲、表现欲都很强。除了参赛的学生，一年级学生都要观看比赛。我们还邀请家长、科任老师一同观摩。在加油、鼓励、赞许声中，孩子们涨红了小脸，使出浑身力气投入到比赛中……热烈的场面给孩子们留下了深刻的印象，劳动的意识也随之植入他们的心田。

自己的事情自己做，通过这份特殊的作业，孩子们开始做到了！

我的学校我"装扮"

什么是爱校的表现？不随地乱扔果皮纸屑，自觉维护学校环境是爱校；不在桌椅上乱涂乱画，爱护学校设施设备是爱校；不与同学吵闹，形成文明友善的校园风气是爱校……爱校的表现有很多，在我校，还有一项特别的爱校行动，那就是——我的学校我"装扮"。

我校于2006年8月整体搬迁。新的校园，免不了要进行整体的校园环境设计和布置。对于这项工作，可能很多学校首先想到的是联系广告策划公司，由专业人士来完成。我们没有这样做。我们认为，学校是师生共同经营的大家庭，它的布置应该有自己的特点、独特的气质，而这些对于不熟悉学校、不了解教育的设计师而言，是很难完成的。为此，我们发动全校师生共同参与，献计献策。

如今，漫步在校园里，处处都有孩子们的劳动成果。令人赞叹不已的"浮雕"就是其中的代表，那是用废旧报纸作原材料的杰作。全校师生一起将收集的报纸和着胶水打烂，由美术老师在墙上、板子上勾出各种图案的轮廓，然后学生顺着轮廓将纸浆一点点粘上。那时，一到午休时间，孩子们便急急忙忙地赶往"施工现场"。参与"施工"的孩子小心翼翼地粘着纸浆，其他孩子则在一旁充当"技术指导"，"这里再粘厚一点"，"那里的线条应该细一些"……热火朝天的场面，让孩子们根本没有意识到自己膀子酸了，脖子麻了。

这些"浮雕"已有6年历史，至今还完好无损，依然那么美丽。每天，它们都会迎来孩子们的身影。"这幅是我姐姐做的，你看，多好看！""你姐姐真了不起，我也想学！""小心，要轻轻地摸！别弄坏了！"这些声音告诉我们，孩子们对这些浮雕已经有了别样的感情。是啊，因为是孩子们自己的劳动成果，他们才会如此自豪，才会那么珍惜。

还有，万象馆外墙的"水娃图"，那是美术老师制版、学生喷漆，由5个水娃构成的装饰墙；百耕园外的颇具江南特色的围墙装饰图，那是师生一起画线条、描图案完成的；校门南侧的学生作品展览区，摆放着孩子们利用废旧物品制成的玩具、"时装"、小发明……

孩子们的创意作品点缀着校园，也让爱校行为成了一种自觉行动。

属于孩子们的"一亩三分地"

学校东南角有一块空地，约一亩三分。特殊的数字激发了我们的灵感，何不向政府申请，建一块属于孩子们的"自留地"——劳动实践基地？在政府部门的支持下，这一亩三分具有江南水乡农家小院特点的菜园子——百耕园建成了。

百耕园分为3个区域：农耕工具陈列区、育苗区、果蔬区。园子的西侧沿着围墙搭建的长廊是农耕工具陈列区，里面陈列着由家长、教师捐赠的各地农耕工具，从纺织类、农耕类到渔业类，大大小小共有200多件。育苗区位于农耕工具陈列区和果蔬区之间，是一个大约180平方米的钢结构大棚，专门用于培植幼苗。果蔬区在园子东侧，四周挖了水渠，水渠上建了两座木桥，孩子们可以由此进入菜园。

蔬菜的种植承包给各个班级。在老师的指导下，孩子们学习育苗、压条、栽培；在老师的带领下，他们进行日常的管理，如浇水、施肥、拔草、培土，等等。孩子们认真记录从播种、发芽到成熟的时间，观察蔬菜瓜果成长过程中的变化，撰写使用农具生产的心得。

这个过程是辛苦的，但从未听到孩子们喊累；这个过程也是需要时间的，但在学习之余他们总会挤出时间。在他们的悉心照料下，蔬菜长成了，这时候他们还要负责"销售"。他们会在学校醒目的地方张贴告示，上面写着哪一天什么时间段开卖什么蔬菜。于是，校园内常会有这样的情景："小菜农"们像模像样地将新鲜蔬菜整齐地摆在学校广场上，与闻讯前来购买无公害蔬菜的老师、家长讨价还价……

种菜、收菜、卖菜，带给孩子们无穷的乐趣。有了劳动的体验，他们的作文越写越生动；尝到了劳动的艰辛，他们懂得了"粒粒皆辛苦"的道理；品味到劳动的喜悦，他们开始对体力劳动者"另眼相看"。

这一亩三分实践基地，让那么多难以实施的"教育难点"变得简单、有效！

因为劳动所以赢得荣誉

"思思""源源"是我校学生的形象代表，女孩形象为"思思"，男孩形象为"源源"。被授予"思思""源源"称号是我校学生的最高荣誉。因此，评选条件相对较高。首先，作为学生形象代表，就要具备我校学生的气质特点：专注、快乐。此外，还另行约定了一个条件，那就是要具有一定的生存能力——我校学风为三个"学会"，即学会交流、学会思考、学会生存。如何衡量是否具有一定的生存能力？我们用的是"劳动奖励卡"。

"劳动奖励卡"，顾名思义就是奖励通过劳动为自己带来方便、给他人带去服务的表彰卡，具体奖励措施如下：

（1）达到学校要求的自理能力，获劳动奖励卡一张。（2）维护学校餐厅秩序满一周，并取得良好效果的，获劳动奖励卡一张。（3）做满一周图书馆义工，工作认真负责的，获劳动奖励卡一张。（4）提供手工作品，并在展示区展出的，获劳动奖励卡一张。（5）出色完成班级卫生清理，可获劳动奖励卡。（每班一个月一评）

只有具备专注、快乐的气质特点，同时又集满了一定数量的劳动奖励卡的孩子，才有资格参选"思思""源源"形象代表。对于劳动奖励卡的数量，不同的年级有不同的要求，班级"思源"代表、年级"思源"代表与校级"思源"代表的数量又有所不同。这一特别的评选条件，促使孩子们形成劳动的习惯、服务的意识，由此也让孩子们体会到，因为劳动所以赢得荣誉，只有付出才会被别人肯定！

慢慢地，学校发生了喜人的变化——校园更整洁了，孩子们更快乐了。

小冰是个随班就读的孩子，黑黑的她头发总是乱糟糟的，整天耷拉着脑袋，不爱说话。但进入四年级后的一天，我在走廊里碰到她，尽管她还是黑黑的，但梳起了马尾辫，整个人精神不少。经过我身旁时，她郑重地行了队礼。奇怪，是什么让小冰判若两人？原来，她在班主任的帮助下，参加了开放式书吧管理员的招聘，经过一番努力，她成为一名图书管理员，每天负责图书的上架、下架以及修补图书的工作。因为工作关系，她与人交流慢慢多了起来，性格也开朗了不少……

我明白了是什么让那么多到访我们学校的客人对我们学校"一见钟情"：是整洁优美的校园，是雅致温馨的布置，是文明有礼的学生，更是其乐融融、充满活力的氛围！而这一切，源自我们别具一格的劳动教育。正如高尔基所说，劳动是世界上一切欢乐和一切美好事情的源泉。

苏霍姆林斯基说："一个人的和谐全面发展、富有教养、精神丰富、道德纯洁——所有这一切，只有当他不仅在智育、德育、美育和体育素养上，而且在劳动素养、劳动创造素养上达到较高阶段时，才能做到。"是的，劳动是儿童健康成长不可缺少的重要因素。它可以涵养品行、发展智力、强健体魄、提高审美素养。那么，就让劳动教育拥有一席之地，为儿童的健康成长助力吧！

作者系江苏省太仓市新区第二小学校长

原载于《人民教育》2014 年 22 期

图书在版编目（CIP）数据

《人民教育》精品文丛 / 余慧娟主编 . —上海：华东师范大学出版社，2019
（大夏书系）

ISBN 978 - 7 - 5675 - 9737 - 2

Ⅰ.①人 ...　Ⅱ.①余 ...　Ⅲ.①基础教育—中国—文集　Ⅳ.① G639.2-53

中国版本图书馆 CIP 数据核字（2019）第 206314 号

大夏书系·《人民教育》精品文丛

《人民教育》精品文丛

总 主 编	余慧娟
副总主编	赖配根
策划编辑	李永梅　程晓云
封面设计	奇文云海·设计顾问

出版发行	华东师范大学出版社
社　　址	上海市中山北路 3663 号　邮编　200062
网　　址	www.ecnupress.com.cn
电　　话	021 - 60821666　行政传真　021 - 62572105
客服电话	021 - 62865537
邮购电话	021 - 62869887　地址　上海市中山北路 3663 号华东师范大学校内先锋路口
网　　店	http：//hdsdcbs.tmall.com

印 刷 者	北京密兴印刷有限公司
开　　本	700×1000　16 开
印　　张	122
字　　数	1 600 千字
版　　次	2020 年 9 月第一版
印　　次	2020 年 9 月第一次
印　　数	1 000
书　　号	ISBN 978 - 7 - 5675 - 9737 - 2
定　　价	397.00 元

出 版 人	王 焰

（如发现本版图书有印订质量问题，请寄回本社市场部调换或电话 021-62865537 联系）

丛书总主编　余慧娟

本册主编　程路

大夏书系·《人民教育》精品文丛

老师，你为什么不再进步了

华东师范大学出版社
ECNUP　全国百佳图书出版单位

人民教育

《人民教育》精品文丛编委会

目　录

Contents

第四辑 》》

有光、有花、有童话的日子

总　序
办伟大的学校，做伟大的校长和教师

瞿　博

　　《人民教育》编辑部应华东师范大学出版社之邀，出版这套丛书，可喜可贺。

　　创刊于1950年的《人民教育》杂志，积聚了深厚的历史财富、广博的教育资源、深远的影响力和良好的公信力，被读者亲切地誉为"中国基础教育第一刊"。近几年来，《人民教育》杂志围绕中心，服务大局，坚持"方向性引领、专业化服务"宗旨，着力引领读者深入探讨中国基础教育改革发展的一系列重大课题，并在理论和实践层面作出回应，获得读者高度认可。其中，既有对教育现代化、立德树人、教育公平、教育质量观等重大理论问题的思考，也有校长领导力提升、学校办学的新经验，还有教师发展的新思路，更有最前沿的学习方式的引介，上接天线，下接地气。从《人民教育》近几年发表的文章中，精选、分类结集成册，既充分发挥了文献的长远价值，便于读者系统阅读，也能够更好地扩大传播面。在当前转瞬即逝的刷屏式海量、碎片阅读背景下，高水平的专业文章更能够帮助读者聚焦关注点，提高阅读的获得感，提升专业水平。

　　具体而言，《人民教育》精品文丛具有如下特点。

　　第一，丛书立足于新时代中国基础教育的历史使命，对重大教育课题和重点难点问题给出了丰富且可资借鉴的回答，是引领、推动中国基础教育发展的珍贵文献。

党的十八大以来，以习近平同志为核心的党中央高瞻远瞩，提出了一系列重要的教育思想和教育论断，为新时代基础教育发展指明了方向。党的十八大报告首次提出，把立德树人作为教育的根本任务。习近平总书记多次强调，要全面贯彻落实党的教育方针，培养德、智、体、美、劳全面发展的社会主义建设者和接班人；要处理好德与才的关系，解决好德与才相统一的问题；要让学生做到明大德、守公德、严私德；要把立德树人的成效作为检验学校一切工作的根本标准。深刻领会立德树人的丰富内涵，认真探索立德树人的实践路径，深入研究立德树人的理论，是新时代给基础教育提出的重大课题。

在这一背景下，基础教育需要切实承担起一系列重大使命。要把社会主义核心价值观教育融入教育全过程，放在更加突出的位置加以落实，引领学生树立正确的历史观、民族观、国家观、文化观。要植根于中华优秀传统文化的土壤，培育文化自信和中国精神，把中华优秀传统文化融入课堂教学和学校教育全过程，在创造性转化、创新性发展中传承中国人的文化基因。要大力发展素质教育，树立德、智、体、美、劳全面发展的质量观。要重新思考、践行好学校、好校长、好老师的标准。坚持育人为本，转变教育思想观念，认真落实习近平总书记提出的"四有"好老师的要求，进一步提升校长和教师的专业素质。从单纯以学科考试分数为主要评价指标转到全面发展的理念上来；从关注少数尖子生的发展转到关注每一个孩子的发展上来；从过于强调统一步调转到更多关注个性发展上来。

《人民教育》精品文丛，正是站在基础教育改革发展的最前沿，围绕以上重大课题、重要使命，组织国内顶尖专家、优秀校长教师，提供前沿思想理念和脚踏实地的解决方案。《新时代学校使命》一书，由社评和《人民教育》核心议题的前言构成，高度凝练了对当前教育问题的思考，包括教育自信、教育质量观、核心价值观教育、美育、教育活力，等等。《身体教育学》一书，力图借助"身体教育学"这个最新概念，以整体的观念来推动全面发展。《核心素养的中国实践》一书，期待带动整个基础教育质量观的变化，以适应未来对人才和教育的要求。《名校的那些"秘密"》一书，以活生生的案例来展示学校社会主义核心价值观教育、培养文化自信、落实立德树人根本任务的管理、课程、空间设计等诸多实践路径。《还可以怎样学习》一书，聚焦近年来学生发展素养目标的变化，以全球视野介绍更广阔、更多样、更有效的学习方式。《"好校长"是怎样炼成的》一书，专注于校长的价值领导力、课程领导力、教师领导力和沟通领导力等核心要素的实践解读。《老师，你为什么不再进步了》一书，关注教师的成长与高原期突破。《朝向心灵伟大的教师》一书，汇集教育界、文化界及商界名人的成长故事和教育故事，力图为校长教师打开新的窗口，从社会的角度来看教育。

第二，丛书集中展现了中国教育实践经验与智慧，引导读者建立和提升教育自信。

中国教育质量迅速提升的一个重要秘密，就是中小学的每一堂课，都在努力体现国家战略、国家意志，国家顶层设计与一线微观实践高度融通呼应。

对美好生活的渴望，对美好教育的热烈追求，是中国教育成功的重要动力。纵观中国基础教育改革开放40年来的历程，对美好教育的追求，成为教育发展、教育工作者改革创造的重要驱动力。这套丛书中提炼的好学校、好校长、好教师的改革经验，无不是在回应广大人民群众对美好教育的殷切期盼。

与时代潮流合拍，创造高品质的教育，是教育改革的重要经验。近年来，中小学涌现了一大批好校长、好教师，就在于他们敏锐地抓住了时代发展的脉搏，大力提升自己的政治素养，养成法治思维，涵养博大的精神世界，从宏观上保障了教育教学改革的正确方向。同时，近年来中国基础教育改革的一个关键突破点，是从主要关注教学方式层面的改进转向学校整体层面的变革，体现了与新时代精神的密切呼应。

从这套丛书中还可以看到如国家认同教育、核心价值观教育、优秀传统文化教育、学校文化、课程构建与优化、选课走班制度等方面的具体操作经验。这些都是我们的中小学扎根中国大地实实在在干出来的智慧结晶，是中国基础教育之所以卓越的重要因素，也是我们教育自信的来源，值得学校校长、教师认真研读、借鉴。

第三，丛书呼吁教育工作者乘着新时代的东风，办伟大的学校，做伟大的校长和教师。

伟大的学校，不是仅仅为升学服务的学校，而是要为学生未来创造美好生活的学校。美好生活，不仅意味着谋生就业能力，也意味着正确的价值观，丰富的精神世界，厚重的家国情怀，强烈的社会责任感，健康的自我调节能力，和谐的人际交往能力。伟大的学校，也不仅仅是学生成长的乐园，还应该是教师的人生幸福所在。教师的幸福与学生的发展密切相关。只有当教师从心底里认同教师职业，才能真正参与到学生的成长之中，也才能获得自身职业价值的实现，收获作为教师的幸福。伟大的学校，善于激发教师的职业热情，帮助教师获得成就感。这也是《名校的那些"秘密"》等书揭示的秘密所在。

伟大的校长，其领导力不仅体现在过硬的政治素质、坚持正确的办学方向上，还体现为优良的道德品质，更要有教育的定力，"习惯于择高处立，寻平处坐，向宽处行，务实，求稳，但内心却向往教育的理想，一切为了民族的未来"。伟大的校长，是善于成就教师的校长。李烈感言："当我哪一天不再做校长时，如果老师们在背后这样说：'李烈当校长的时候，我们是真的在快乐地工作着'，那就是对我最高的褒奖了。"伟大的校长还应是优秀的学习者，善于在繁忙的事务间隙，终身学习，反思完善。在工作中，伟大与平庸的区别往往在于能否不断注入生命的激情，能否不断发现心灵伟大的教师和存在无限发展潜能的孩子。

伟大的教师，首先是一个精神灿烂的人。教师是深度参与学生精神生活的引领者。无论是做"四有"好老师，还是做好"引路人"，教师自身的精神修养是前提，这包括坚定的理想信念、崇高的道德修养、对丰富个性的包容、对人的发展性的充分认识、传递正能量的意识和能力、沟通的艺术、自我情绪管理，等等。善于发现美是他们共同的特质。他们还是一群积极回应环境的人，能够敏锐地发现新问题，通过学习、思考、行动来调整自己，跟着时代一同进步。这些伟大教师的特质，读者可以从《老师，你为什么不再进步了》《朝向心灵伟大的教师》等书中充分感受。

中国社会正处在全面深化改革、实现中华民族伟大复兴中国梦的进程中，社会转型、技术变革等都给基础教育提出了严峻挑战，教育工作者如何看待新情况、解决新问题，考验着我们队伍的素质，更考验我们的学习能力。2013 年，习近平总书记在中央党校建校 80 周年庆祝大会暨 2013 年春季学期开学典礼上的讲话中指出，"要依靠学习走向未来""只有加强学习，才能增强工作的科学性、预见性、主动性，才能使领导和决策体现时代性、把握规律性、富于创造性"。愿读者在这套丛书中，能够充分感知新时代对我们提出的使命和要求，了解我国基础教育改革发展的基本脉络，把握学校办学的正确方向和科学规律，发展和培育伟大学校、伟大校长、伟大教师成长的"基因"，立志办伟大的学校，做伟大的校长和教师，为伟大的时代贡献自己的价值。

2018 年 7 月

（作者系中国教育报刊社党委书记、社长）

序
教师应当是自觉的学习者

吴 非

编者要我重看这些文章，告知书名为《老师，你为什么不再进步了》，我因之警醒，也因之有了一点新的感受。现在各地比以往任何时期都重视教师的继续教育和专业发展，很多学校在这方面有许多措施与创新，特别是一些研究课题，直接关注教师个人的精神追求。这本书里的教师都在积极探索，但书名却又耐人寻味。这让我再次面对这个问题：一些老师为什么会止步不前？

或许是职业倦怠，或许身处艰难环境，或许是理想的脑袋碰上了得意洋洋的钉子，或许更糟糕的是，他根本没有"热爱"的禀赋，选错了职业。

时下"教育家""名师"活动较多，宣传力度也很大，然而，社会最好的教育状态则在于大批教师是合格的，能胜任教育工作。学生在受教育阶段一直能遇见合格的教师，他所接受的教育才会有价值。

合格的教师最重要的职业特征，就在于他自身是善于学习的人。

1966 年，国际劳工组织和联合国教科文组织发布的《关于教师地位的建议》第三部分"指导原则"中，对教师专业化作了说明，提出"应把教育工作视为专门的职业，这种职业要求教师经过严格地、持续地学习，获得并保持专门的知识和特别的技术"。这句话定义准确。我的理解是，"严格地学习"，指"获得"教师基本资格，即"入门"资格，而"持续地学习"，则是为了"保持"教学的资格。教师专业底子不可能是静止的一桶水，而应当是奔腾的江河。一名教师不能继续学习，必然丧失"教"的资格。"获得"教师资格的专训教育也许只需要四年或六年，"持续"学习则是终身学习，"保持"只是"合格"的一般要求，真正上升为"发展"，远远不止教育行政部门强制实行的"继续教育每学期 36 学时"那么简单。

该建议在"教师的责任"部分，列为第一条的是："鉴于教师的职业地位在很大程度上取决于教师自己，所有教师应力图在本职工作中尽可能达到最高标准。"

为什么要力图达到"最高标准"？因为教育是为未来社会培育人。教师所有的努力，都要由未来社会评价。未来社会的文明水平如何，取决于当下的教育高度。有意思的是，这份建议是 1966 年发布的，其时中国教育正经历史无前例的苦痛，那个时代的"教育"给中国社会和文化留下了无数的伤痕，至今隐痛仍在。我们这一代教师应当有责任感，有担当，以最好的职业品质完成历史使命，不给未来的教育留下遗憾。

教师应当比一般人善于学习，因为他是"教"者，就必然"会学"。他持续不断地学习，有时甚至不一定是"追求"，而是职业本能，生命本能。如果认识不到自身应当"比一般人会学"，恐怕也就难以体会到思考和探究的乐趣，任何培训和进修都不过是例行公事，他的课堂有可能把个人的平庸发展为一群人的平庸。

相对于各种培训和进修，我觉得更应倡导教师的个人学习。我不认为教师只是"教育"的执行者，教师必须有属于个人的思考，必须经常和"问题"共处，教师的职业修养只有个人才能完成，当专业发展不为名利所诱惑，成为职业自觉时，才可能是有趣味的。

教师在有了一段教学经历后，他应当有"探索"和"自我更新"的能力。社会能提供必要的进修条件固然重要，但更重要的是个人能成为自觉的学习者，能通过个人的探索、总结与反思，把教训和经验变为职业能力提升的阶梯。一名没有功利心、勇于探索、不怕失败的学习者，是学生最好的老师。

过了很多年我才逐渐明白：做教师的，其实是通过课堂在教自己。我在教学生的同时，也在教自己领会常识的伟大，教自己主动"学"，教自己理解什么是教育，教自己怎样有智慧地面对渴望学习的人……

当学习成为生活方式，自我启蒙就是最好的人生状态，就有可能"保持"进而"发展"职业能力，有属于个人的发现和创造。所有的个人思考都是有价值的。有时，随着思考的深入，问题变得复杂，盘根错节，我们无法主导或干预；有时，思考又溯回原点，回到一般人不得不承认但不愿遵守的常识，问题似乎变得简单而千年无解。问题缠绕着职业思考，教学中始终有困扰的问题，如同身处巨浪激流中仍然固执地想寻找源头，但是，这样的困境发展了自由思想，在精神桎梏下无限拓展了个人的想象力。教师的学，不在于能不能得到，能得到多少，而在于有没有属于个人的思考。

必须把专业修养的提升当成个人的事。一些教师把职业进修当作行政要求，而没有意识到这是个人安身立命之本，因而他们的学习总是被动的。我在一些教师培训班上看到教师签到、刷卡，散会时点名，总感到难堪：教师的进修需要这样严管和监督，如果让学生知道，会有什么后果？

平庸的教师总能在任何时代都能找到懈怠的理由，如战乱灾荒，政治运动，商品经济大潮，教育产业化，社会价值观扭曲，工资待遇不高，教育腐败，等等，他们像是在等待，似乎想等到一个理想的环境再来发展自己，他们在埋怨中耗尽人生，同时也实现了"误人子弟"。

热爱教育的教师有精神寄托，同时"比一般人会学"，他们内心辽阔，他们的课堂充满激情，闪耀着智慧之光。无论在什么时代，都能看到那些真正的教师，否则一个民族不可能创造灿烂的文化。看到古代精美的雕塑和绘画，看到那些历经千年风雨仍然屹立的殿堂，我会想象那些匠人是怎样安静地劳作，为了自己的快乐追求，为了自己的职业名誉。他们也曾经历不为人理解的困窘，有过贫穷和饥饿，但这些没能磨灭他们对职业的热爱，专制的锁链，屈辱和压迫，扼杀不了自由思想和创造激情。因为热爱，他们富有想象力；因为肯学会学，也因为执着，他们能创造。这样的态度和情感促进了创造力和技术的进步。人只活一辈子，为什么不追求美好的职业状态？

现今教师面对的困难，再过一二百年，不足挂齿，但后人对我们今天的职业状态也许很不理解，他们会奇怪：当时那几代教师的职业追求怎么那么低？

我由此也想到，要警惕异化。现在教育界太喧嚣了，过多的"特色"有可能遮蔽常识，娱乐化的"赛课"、评比冲淡了教学职业责任，而过多的团队集中活动有可能冲淡个体知识分子的思考力。

　　一棵长在市中心的树，固然万众瞩目，但它失去了田野。所以，教师的进步要有安静的环境。

　　是为序。

2018 年 5 月 15 日　南京

（作者单位系南京师范大学附属中学）

第一辑

慢慢来，先努力做个好教师吧

慢慢来，先努力做个好教师吧

成尚荣

近来，总有三个概念在头脑里盘旋：好教师、名师、教育家。不言而喻，三个概念的层级性是分明的，找到三个概念在教师发展坐标体系中应有的位置也是不困难的。我认为，这三个概念其实是在教师面前树起了标杆，鼓励教师有更高的目标，引导教师不断追求、不断进步。对此，我并不纠结，而且十分赞同。盘旋的不是这些，而是这三个概念在当下的实际位置和状态。

把兴奋点转移到"做个好教师"上

事实越来越清楚地告诉我们，当下，很多人并没有搞清楚这三者的关系，位置也摆得不太准确。因而，教师发展的战略重心与策略有失偏颇，一个科学合理的教师发展格局至今并未真正形成。如果不加以调整，将会严重影响教师发展，影响教师队伍建设。这绝不是言过其实，更非危言耸听。我把这些现象作了一个初步概括。

名师成长、教育家培养过热。毋庸置疑，我们当然需要名师，需要教育家。习近平总书记说得非常明确，"一个有希望的民族不能没有英雄，一个有前途的国家不能没有先锋"，唯此，才能形成"天地英雄气，千秋尚凛然"的壮丽气象。当今，名师不是多了，而是远远不够；教育家不是多了，而是太少。加大名师、教育家培养的力度理所当然，无可非议。但是，我们常常缺少一种"复杂性思维范式"的思考：名师、教育家是从哪里成长起来的？答案很明确：没有一大批好教师，名师、教育家的培养必定是无源之水、无本之木，会成为空中楼阁。但正是这样的基本问题被我们忽略了，甚至被误解了，把关系搞颠倒了，总想以名师、教育家来引领、带动教师发展，而有意或无意中把好教师的培养搁置起来。如今名师、教育家成了炙手可热的词，温度过热。过热的另一端肯定是热度不足，抑或可能过冷。君不见，名师工作室、教育家培养工程风生水起，冠之以名师、教育家名义的展示会、研讨会、高峰论坛处处可见，有时几乎是目不暇接；而相比之下好教师的培养从区域层面来看，声息很小、很弱，大都还止于规划，"躺"在文本中。对于这种过热、过冷的现象，我们必须警惕。

值得关注的是 2014 年教师节习总书记的讲话。他对教师的希望用四个句子来表述，每个句子的开头都是"做好老师"："做好老师，要有理想信念"，"做好老师，要有道德情操"，"做好老师，要有扎实学识"，"做好老师，要有仁爱之心"。2015 年教师节习总书记给"国培计划"（2014）北京师范大学贵州研修班参训教师的回信中，勉励教师"努力做教育改革的奋进者、教育扶贫的先行者、学生成长的引导者"。中央总是把目光紧紧地投向"大教师"，聚焦在做"好教师"上，这绝不是对名师成长、教育家培养的否定，而是引导我们要更关注和深入思考另外一个问题：做好教师更重要，名师、教育家还是要从做个好教师开始。试想当所有教师都成了好教师时，还怕没有名师的成长，没有教育家的诞生？相反，当大家把兴奋点都置于名师、教育家时，广大教师很有可能处在边缘地带，此时，还有什么名师、教育家可言？两种价值取向都是正确的，但战略重点是不同的。当前教师队伍建设的重点是否应当调适呢？是否应把兴奋点转移到"做个好教师"上呢？是否应让"做个好教师"热起来呢？我们深以为，这是完全应该做的，而且事不宜迟。

让成长、发展有节奏感，体现慢效性

我们对名师、教育家的成长要求过急，而名师、教育家的培养对象本身也显得过急。以下的话语我们并不少见：一年入轨、三年合格、五年成骨干；三年或五年要有自己的教学主张，形成教学风格，要出版属于自己的专著，而且形成自己的操作体系。这样的要求往往有"协议"之类的承诺，给培养对象带来的压力可想而知。正因为此，不少培养对象慢慢形成一种意识：快快成长，快快出成果，快快成名成家。在这种要求和意识的背后是"一举成名"的念头与心态。其实，这是违背教师发展规律的，往往带有一种功利化、浮躁化、世俗化的色彩。从心理学的角度看，这是一种"目的颤抖"——目的性过强，反而导致害怕乃至失败；而且，这种念头和心态很有可能造成被培养教师的自恋——迷失自我，丢失自我。"过急"问题不防止、不解决，其结果不仅不会理想，甚至可能适得其反。

让名师、教育家的成长赶快回到发展的规律上来，让成长、发展有节奏感，体现慢效性，作好长期努力的准备，警惕名师成长、教育家培养中的"暴富"现象。我们应当让名师成长、教育家的养成具有中华美学精神。首先，中华美学精神中十分可贵的元素是虚静和坐忘。虚静是我国传统美学体系中的一个重要学说，是一种心境的自由，是一种品格，是一种创作的态度和生活的态度；坐忘是一种精神，也是一种境界和心态，精心、投入、忘我。虚静与坐忘结合在一起，才能进入真正的创作境界，进入创造、创新的状态。虚静与坐忘的实质是克服、抛却追求名利的私念，超越物欲与现实。这是名师、教育家必备的品格和追求的心境。

其次，中华美学精神要求避免并克服"轻心"与"贱心"，要有一种"追体验"的功夫，开发想象，放弃成心；要避免"贱心"，要激发和唤起生命的自主性，追求崇高，提升品位。阅读如此，教师发展亦应如此。止于效率和表面，追求所谓成果和目的，以为可以走捷径，那是"轻心"；放弃自我，追逐物欲，放弃崇高感，被利益绑架，那是"贱心"。"独上高楼，望尽天涯路""衣带渐宽终不悔""众里寻他千百度"才是成功的密码和境界。

最后，中华美学精神倡导文化积淀，在丰厚的文化土壤里自然生成，追求的不是快速，而是慢速，甚至是"龟速"。慢，才会严谨，才会小心，才会潜心探究、深度体验；慢，恰恰是成长的节律，大概朱光潜的"慢慢走，欣赏啊"正是一种自然生长状态的描述；也许昆曲《班昭》里的四句唱词"最难耐的是寂寞，最难抛的是荣华，从来学问欺富贵，好文章在孤灯下"，正是对快速生长的拨乱反正。如果用《大学》开篇的话来质疑引领名师、教育家成长，可能是直抵问题核心的："知止而后有定，定而后能静，静而后能安，安而后能虑，虑而后能得。"

名师、教育家诞生在具有节日仪式感的课堂里

在培养名师、教育家的过程中，我们还存在过于"工程化"的现象。过于"工程化"，是指把培养期待过多地系在"工程"上，以至于依赖"工程"。当下名师、教育家工程是相当流行的，这里寄托着行政部门、教科研部门的急切期盼，企图通过"工程"让名师、教育家的培养能落地，能真正落实。这也反映了中国特色的培养理念——打造。

我以为，对"工程"打造不能过于批评，更不能否定，因为"工程"打造更多的是一种制度安排、条件提供、平台搭建、任务驱动等，以有目的、有计划地推动名师、教育家成长，这是有必要的。对行政部门和教科研部门的这一举措我们应该理解，应该感谢。但现在的问题是，"工程"打造只是一种外部动力，非内部动力，而内部动力才是发展的根本动力；同时，"工程"打造只是一种载体和方式，还应寻找、创造其他途径，搭建新的平台。由于这些问题还没有真正解决，"工程"很可能演变为"工程化"，而"工程化"很有可能演化为工具化、工业制造化。若此，极有可能淡化了价值理性，强化了工具理性；淡化了文化底蕴，强化了操作手段；淡化了自由境界，强化了刻意、功利色彩。其结果是目标非但不能真正达成，且违背了人才成长规律。

纵览历史，放眼世界，好像还未发现有此类的培养工程，但名师、大师、教育家仍不断涌现。究其原因，我们仍是固守着工业时代的思维。对此，我们暂且不再讨论，需要讨论的是，如何让培养对象既在"工程"内，又在"工程"外。所谓在"工程"内，就是让他们借助"工程"这一平台，促使自己有更丰厚的文化修养、高尚的审美意趣以及自由创造的心灵，转

变在"工程"里的角色定位，从受训者到创造者，从燃烧物而成为点燃者，让自己心底里燃起梦想之光，而不要过多地受培养目标、要求以及发展途径的限制，采取自己喜欢、适合的方式，自然、自由地成长。

其中还有一个亟待注意的问题是，让培养对象不要离开学校，尤其不能离开课堂，永远在教育现场。我不禁想起北师大的童庆炳教授。童先生是我国著名的文艺理论家，莫言等著名作家曾是他的学生。他说："我在 40 年的教学生涯中，始而怕上课，继而喜上课，终而觉得上课是人生的节日，天天上课，天天过节，哪里还有一种职业比这更幸福的呢？我一直有个愿望，我不是死在病榻上，而是有一天我讲着课，正谈笑风生，就在这时我倒在讲台旁，或学生的怀抱里。我不知道自己有没有这个福分。"这位全国名师，受到大家衷心的敬仰、爱戴，他不是诞生在"工程"里，而是诞生在具有节日仪式感的课堂里，发展在文化的认知、体验、创造之中。给名师、教育家培养对象的，也许不是一种"工程"，而是给他一个巨大的空间、一种浓郁的文化氛围、一种宽松自在的体制机制，让他们自己点燃自己。而课堂、教学实践、教学现场永远是可以点燃希望的田野。事实证明，对教师而言，离开课堂还有什么名师、教育家可言呢？

别林斯基曾这么谈论儿童文学作家："儿童文学作家是生就的，不是造就的。"生就，自然生长、生成也；造就，则是刻意打造也。名师、教育家该当"生就"吧！

（作者系江苏省教育科学研究所原所长）

（本文原载于《人民教育》2016 年第 7 期）

新教师成长攻略

赵群筠

　　浙江省杭州市拱墅区每年新进教师近 300 人，8 月初报到，8 月底上岗。如何让这些大学毕业生在短短的 20 天内完成角色的转变，从容自信地走上讲台，成为我们在新教师培训过程中需要思考的问题，如：培训课程如何满足新教师的实际需求？怎样的培训内容和方式才能得到他们的认同？如何通过新教师培训为学校注入积极的力量？

　　2013 年，我们尝试建构一种务实的培训课程，通过区域优秀教师的引领，让新教师习得教学的方法和技能，感受团队精神，培植他们教育的信念和勇气，使他们尽快融入拱墅教育这个大集体。

从新教师需求出发设置培训课程

　　对于刚刚毕业的大学生来说，他们对学校里的一切都充满着神秘的新鲜感：第一次面对学生、第一次备课、第一次走上讲台、第一次家访、第一次布置与批改作业……只有顺利完成这些"第一次"，他们才算真正完成了从学生到教师的角色转变。

　　针对这些"第一次"，我们精心设置了新教师暑期培训课程（见下表），包括"职业信念与教师精神""班主任工作艺术""教学基本技能"等几大板块，以求真正触动每一位学员，激发他们的学习欲望，增强培训效果。

新教师暑期培训课程表

类别	课程名称	课程内容
职业信念与教师精神	团队建设与职业激情激发	破冰及团队组建
	我们即将走过的这一年	新教师角色转变
	教师的职业修炼	新教师教育教学及成长叙事
	特殊的孩子特殊的爱	来自特殊学校的教育叙事
	谁说新教师不能快速成长	新教师的成长范例
	成为一个懂得感恩与欣赏的教师	龟背活动（培训活动末期）
班主任工作艺术	班主任新上任	主题班会、班级活动、班级管理、班级文化建设
	第一次面对家长	家校沟通的艺术
	面对"麻烦学生"	学生观、教育机智
教学基本技能	第一次备课	教学设计的理论与实践
	第一次走上讲台	课堂教学常规、课堂调控能力、因材施教等
	高效才是硬道理	教学有效性，包括时间管理等
	第一次布置和批改作业	学业评价的实践操作
	富有艺术感的课堂	克拉克的课堂艺术及其讲演录

为优化培训课程，我们对区内曾参加过新教师培训的教师进行了广泛而细致的调研，在此基础上，充分考虑新入职教师的实际需求。首先考量的除了提高教师走上工作岗位后的"职业技能"外，还要激起他们对职业生命的触摸与感动。为此，我们将"职业信念与教师精神"置于第一板块，希望他们从周边的教育故事中获取成长的动力，也从他人的叙述中找到职业的自觉。另外，我们也希望新教师通过听取经验和亲历锻炼的方式，对教育教学有深刻的认识，并引发他们以探究和实践的精神去面对真实的任务情境。

如果说这三大板块是显性的课程内容，是在导师、助教引领下的"任务型学习"，那么，由学员主导的团队建设活动、结业汇报及其策划、个性才艺展示、口才训练等，则是"隐性课程"，旨在让学员们在习得知识和技能的同时，建设一种良好的人际关系，彰显团队合作精神。

开学之后，针对新教师的特质，我们又开发出更多适合本区新教师的培训课程，在具体教育教学语境中，使之精细化、项目化。为此，我们按照"单元主题"的方式进行组织和安排，形成了"微型培训课程群"。简单地说，就是在某个单元主题的引领下，以多个学习任务的形式，通过小组研讨、集中研修将之内化吸收，并转化为教学的实践动力。

"微型培训课程群"的实施强调以下几个方面：（1）小组研讨和集中研修有机结合；（2）以任务为驱动，小组成员分工明确；（3）强调文献的学习，每次研讨，学员都按照话题顺序整理观点，因此，每次研讨都是一次极好的文献检索的训练；（4）学以致用，如在"观课·议课"研修活动中，学员们用自己设计的观察量表进行现场课堂评价，有理有据，令人信服。

这样的课程群，贴近新教师的实际需求，受到他们的广泛欢迎。比如，"开学第一天"征文活动，鼓励新教师记录职业生涯中珍贵的第一天；"观课·议课"系列研修，让新教师通过技术分析，对课堂有了更深刻的理解；"家校沟通"活动，用十大话题解决新教师的相关困惑。第二学期初，针对新教师教育教学过程中出现的问题，我们及时研讨"师生关系管理的挑战与对策"，进行"创意寒假作业（活动）"设计比赛。

无论是暑期的集中培训，还是开学后的"微型课程群"研修，我们都本着"尊重需求、自下而上、互动体验"的研修理念，通过小组研讨与集中研修相结合的方式，充分发挥学员的积极性和主动性，共同对课程进行建构和实践。我们始终相信，培训课程的生命力，决定了教师培训的效率和持续力。

在暑期集中培训过程中，除了授课讲师之外，我们还为每个新教师小组配了一位助教。助教的职责是：做新教师团队的"领头羊"，组织、参与他们的各种活动；批阅和回复新教师每天上交的培训感悟；在每天的课程学习前，主持"智慧分享"节目；协助新教师策划和排演诸如才艺展出、结业汇报等综合性活动。助教来自区学科教研员、各中小学与幼儿园的骨干教师以及上一年度的优秀新教师学员。他们有激情、有经验、有创意，不仅与学员们共同学习、共同研讨，也与学员们共同成长。

在情境中落实和内化任务

创设教育教学情境，使培训课程在情境任务中得以落实和内化，这是新教师研修的基本策略。

用事件导入。在进行研修活动时，课程内容往往通过某个事件来导入。比如，在"科学的时间管理"这一讲座开始前，授课教师只字不提培训内容，而是微笑着邀请一位学员上台来分享一个故事。原来，这位学员因午睡导致上课迟到。授课教师并未批评他，而是向大家提出了一个问题："如果你是一位教师，因为午睡耽误了下午的上课时间，你该怎么办，该如何预防？"以这种出乎意料的方式，直接向学员们推出了这节课的核心问题：你如何管理时间？这种真实情境下的问题导入，使原本沉闷的讲座瞬间活跃起来，学员们争相表达自己的想法，你一言，我一语，讨论越来越深入。

以素材为抓手。要突出课程的情境性，素材的组织显得特别重要。图片、视频、故事等素材，能极大地激发新教师聆听、思考和讨论的积极性。在"有声有色的课堂"讲座中，授课教师融合了美国最佳教师克拉克在《热血教师》以及在上海等地演讲、授课的精彩片段，并在讲座前后设置了颇具梯度的思考题，从而使思想的火花在这里碰撞。

以教育教学为指向。比如，在开学后一次"观课·议课"的集中研修活动中，学员们通过对观课、议课的理论和做法的充分讨论，通过对"课堂观察量表"的设计尝试，通过对"模拟课堂"进行的评课实践，树立起"教学研究必须基于实证"这一基本观念。在"家校沟通"活动中，我们则邀请部分家长、学生进行座谈和情景模拟，使新教师认识到，只有认真倾听家长的声音、孩子的声音，家校沟通才有意义和价值。

让新教师发出自己的声音

为了满足新教师的实际需求，让他们发出自己的声音，我们在实际的活动设计和开展中，凸显"以研修者为本"的理念。

自主性。暑期培训过程中，通过学员自主设计部分活动来激发他们发展的自主性，譬如班徽的确定、展板的设计、结业式的安排等。开学之后的培训，则在单元主题的框架下，分"小组研讨"和"集中研修"两个环节。小组研讨活动中，成员可以自主决定场地、形式、分工、主题，从而使研修活动更加具有创意，更加具有针对性和实效性。"集中研修"的课程安排，基本由小组研讨决定。

生活化。我们希望新教师培训能符合青年人的特质，能与他们的生活相结合。因此，在分组时，尽量打破学校、学科间的界限，尽可能地为年轻人的生活交往创造条件，也为他们打开视野提供可能。各小组在研修时，不仅可以在办公室、会议室，也可以选择咖啡厅、山坡、草坪等场所进行讨论和学习。在自然和愉悦的状态下进行研修，效果事半功倍。

鼓励言说。"10分钟口才培训"是每次暑期培训讲座之前的必修课，在助教的组织下，20位学员走上讲台，分别就某个话题阐述自己的观点。这既锻炼了学员们的言说能力，也为他们提供了一个表达观点、交流思想的平台。而这些，在日后的教学之中，又是必不可少的。

加强体验。新教师走上工作岗位一个学期之后，我们组织他们到本区唯一一所特殊学校进行教学体验。四年级的语文课上，授课的新教师因为叫错了一个自闭症孩子的名字，孩子便开始一遍又一遍地念叨每个同学的名字，使课程无法正常进行。面对这些状况，新教师耐心安抚、耐心讲解。正如一位学员所说："因为年轻，所以缺乏应对策略；也因为年轻，我们饱含深情，愿意用爱来浇灌课堂。"经过这次触及他们灵魂的特殊的培训经历，新教师对教育的"爱"和"责任"铭刻于心，并引发出强烈的思想震撼，这将长久陪伴他们的职业生涯。

对新教师来说，团队认知是他们融入区域教育、走上职业岗位的保障，也是他们能够持续发展、健康发展的力量源泉。在新教师培训和研修过程中，我们始终把团队精神的培养作为重要的价值取向。如暑期集中培训的第一天，我们借鉴企业培训的团队游戏——"马兰花"来破冰，学员在听到指令后迅速抱团组队，很快消除了新教师之间的陌生感和紧张感。在此基础上，小组成员共同设计小组 Logo、小组口号、组歌，体现了他们对共同价值的认同和追求。我们将开学之后的单元主题活动命名为"周五有光"活动，一方面是因为集中研修时间在周五的晚上，另一方面我们也希望能通过每次研修，让新教师真正发出属于自己的"光"。

（作者单位系浙江省杭州市拱墅区教育局）

（本文原载于《人民教育》2015 年第 12 期）

好老师的成长基因

孙孔懿

一位值得孩子终生怀念的老师就是好老师

在讲述"什么样的老师是好老师"时，苏霍姆林斯基曾讲过这样一个故事：

一位刚从大学毕业的年轻英语教师来到一所农村学校任教，她心里有点忐忑不安："我们没学多少教学法，我可怎么工作呀？"可是没过多久，她的外语课就成了学生们最喜爱的科目。过去，学校里总有不少孩子讨厌外语，而现在，孩子们在课堂上被点燃的求知火花燃烧到了课外，孩子们不需要完成指令性作业，而是成群结队去找这位老师："您看看，我写的这篇英语短文有没有错误，我准备把它登在墙报上。""这本英文书我已读完，再给我一本好吗？"精力充沛的女教师总会满足孩子们的要求，还和他们一道组织英语晚会，排演英语戏剧，创办英文新闻报，准备"英国人民文化艺术晚会"，甚至还找来许多复制品办起了"英国艺术博物馆"！

两年后女教师因事离校，一位有18年教龄的知名教师接替她上课。不料没过几天，学生们的态度就发生了逆转，甚至看都不愿看一下外语课本……

每年收看中央电视台的《寻找最美乡村教师》节目，我都会被感动。那些在深山、密林、荒原、海岛坚守讲台的优秀教师，不计名利，风雨不动，引领一批批孩子走出蒙昧，摆脱封闭，走向崭新的天地。他们为什么能坚持下来？因为他们的心和孩子们一起跳动，他们的生命与孩子们联系在一起。

这两件事常让我思考，对于"好老师"，有没有一种既准确又简单的判断方法呢？应该是有的，那就是孩子们那一根根易感的心弦。苏霍姆林斯基在谈及办学理想时，并未提出"领先""一流"等宏大目标，他只想办一所值得孩子们留恋的学校。他以孩子们的情感归依为办学的最高取向，这其实也可以迁移到好老师身上：一位值得孩子终生怀念的老师就是好老师。

苏联教育家加里宁说过：教师应该感觉到他的一举一动都处在最严格的监督之下，世界上任何人也没有受到这样严格的监督，孩子们几十双眼睛盯着，须知天地间再也没什么东西能比孩子的眼睛更精细，更敏捷，对于人心理上各种细微变化更富于敏感的了，再没有任何人像孩子那样能捉摸一切最细微的事物。

事实上，孩子的敏感性远远超出了成人的想象。著名的罗森塔尔效应就是一例。孩子不仅能理解老师的言说，而且能领会其言外之意。为孩子们衷心接纳并留驻于记忆深处的老师，该是多么值得骄傲啊！当老师记着学生、学生也记着老师的时候，当孩子们忘掉了在学校所学的一切，心中仍然活跃着一位老师的音容笑貌的时候，便是老师最幸福的时候。最幸福的老师当然也就是最好的老师。世界上有什么荣誉，能比这种幸福体验更难得、更珍贵的呢？

好老师的成长依赖于对学生的了解

当我们将"好老师"与"受到学生爱戴和久远铭记"紧密结合起来时，"好老师的成长"便自然包含着以下要义。

它意味着教师与学生在情感上日益接近、贴近，且能经受住种种考验。南京师范大学附属小学的特级教师斯霞，曾被任命为南京市教育局副局长。组织上想给她一个惊喜，事先并未征求她的意见。谁知任命书下达后，她没有感到惊喜，只是感到意外。她谢绝了这一好意，甚至从未跨入已为她准备好的副局长办公室。斯霞坚持与孩子不离不弃，长相厮守。还有南京师范学院的老院长、著名幼儿教育专家陈鹤琴先生，在他病重弥留之际，老友高觉敷去看望他。他口不能言，遂以颤抖的手写下9个字："我爱孩子，孩子也爱我。"这是他一生的信念、追求和体验。

它也意味着能一天比一天更细致、更准确地了解每一个孩子。苏霍姆林斯基几乎一辈子都在致力于人的研究与教育。他越深入研究，便越发现人性的深邃与复杂。他多次感叹：人的精神世界是复杂的，有时甚至是很难理解的。除了难以穷尽的共性之外，人的个性更是无限的。他说："对学生身上的人性的认识是无穷无尽的，所以不能说，认识就此告终，你身上再没有什么东西是我所不知的了。"他感叹道：要做到了解学生这一点，一辈子也不够啊！

它还意味着教师能准确地找到对每个孩子心灵深处施加教育影响的小径，特别是能找到开启那些"难教儿童"心扉的钥匙，成功地将这些儿童引上健康发展的轨道。

在艺术界，许多艺术家都曾因心有余而力不足、无力表达自己想要表达的境界而感到痛苦。艺术哲学家阿恩海姆由此得出结论："一个人真正成为艺术家的那个时刻，也就是他能够为他亲身体验到的无形体的结构找到形状的时候。"以此观照，一位真正的好老师，要能为自己的教育教学思想找到通向学生的最佳渠道，能为自己的教育教学理念找到最具效能和美感的实践形式，能提出许多切实可行的新观点、新方法、新举措，体现自己独具一格的艺术匠心。

要学会选择适合自己的成长路径

好老师成长的道路千差万别，不胜枚举。若论其"基因"或曰"基本因素"，可以归纳为天性与自觉性两个方面。

许多好老师都曾表示自己从小就爱孩子，爱当教师。著名特级教师魏书生，1971—1978年在盘锦电机厂工作的六年多时间里，先后150多次提出当教师的申请。这一点很难以其他因素解释，多出于他的天性、他与教育的缘分。

与此相反，一些老师的悲剧也就在于他的天性不适合做教师。有位好不容易等到退休的女教师在告别时满怀伤感：我不喜爱学校工作，它没有给我任何乐趣。我每天都盼望着课快些结束，喧哗声快些消失，可以一人独处……这位女教师的悲剧不在于"师德"的缺失，而在于她以喜爱独处的性格从事了需要合群的教师工作。有鉴于此，苏霍姆林斯基对新教师提出建议：如果你的本性孤僻、不爱交际、沉默寡言，更多地愿意独处或与少数朋友交往；如果儿童的每一次淘气都引起你的苦恼和心悸；如果你热情不足，理智有余，对发生的一切都进行非常仔细的斟酌，那么建议你不要选择教师职业。

天性的作用固然不可忽视，但它并非成为好老师的唯一因素。事实上，有些本来不太适合做教师的人，在从事教育工作一段时间后可能会渐渐爱上孩子们，爱上教育事业。这些兴趣、爱好和情感的变化，就是他的发展、他的成长。这里，成为一名好老师的决定因素是他的自觉性和主观努力。

现代教育家朱自清的某些天赋条件本来不怎么适合做教师，他的学生、著名作家魏金枝回忆：朱先生讲课，"总是结结巴巴地讲。然而由于他的略微口吃，那些预备了的话，便不免在喉咙里挤住。于是他就更加着急，每每弄得满头大汗"。"一到学生发问，他就不免慌张起来，一面红脸，一面急巴巴地作答……倒弄得同学们再也不敢发问"。朱自清似乎自己也觉得不适合做教师，打算辞职，学生却因为他的严肃认真而挽留了他。"他的为人的态度，为学的精神，为学的功夫，教书的精神，都是认真而严肃的。他的热忱，仿佛深藏不露。朱先生思想很新，与同学们谈论，总是平易而虚心的。他常与同学们一起讨论哲学上的问题，讨论人生的意义，提倡用白话写作，策励青年进步，很快就得到学生的信仰。"

后来，朱自清到台州师范等学校任教时，与学生的关系更亲密了。学生们称他为"爱师"，争着要他上课，朱自清也决心"把自己的生命全献给教育青年的工作"。此后在清华大学国文系任教的 20 余年中，朱自清每次上课前仍然坚持作极认真的准备。他以严肃认真的态度赢得了一届届学子的衷心爱戴。特别是他宁可饿死也不领美国救济粮的骨气，更是一代知识分子和广大青年学生的人格楷模。

（作者单位系江苏教育科学研究院）

（本文原载于《人民教育》2015 年第 17 期）

专注的力量

尤　炜

1991 年的美国独立日，沃伦·巴菲特和比尔·盖茨第一次会面。此前，年长盖茨 25 岁的巴菲特从不喜欢 IT 人士，而盖茨也对"那个只会拿钱选股票投资的人"毫无兴趣。但是，当盖茨的父亲在晚宴上提出"人一生中最重要的是什么"这一问题时，两位原本宣称彼此"不在一个世界"的成功者却给出了相同的答案——专注。他们也从此一见如故，开启了一段最具"含金量"的友谊。

不过，在一个成功秘诀、心灵鸡汤和人生金句泛滥成灾的时代，专注是不是已经沦为老套的说教？面对日常工作的平淡、重复、沉重、束缚以及时时袭来的倦怠感，倡导教师们专注，是不是又显得过于前卫甚至奢侈？

问题的关键在于，我们需要真正理解什么是"专注"。或者说，对于一名普通教师而言，"专注"意味着什么。

即使怒不可遏也要心平气和

许多年之后，在写回忆录时，雷夫·艾斯奎斯老师仍会记起那堂点燃了他的头发的化学课。

一天，当一个平凡的小女孩的酒精灯无法点燃，而其他同学已经兴奋地开始实验时，雷夫老师决心要让她顺利实验，于是他要求全班停下来等这个眼噙泪水的女孩。雷夫反复检视，发现问题在于女孩的酒精灯芯太短。

但是当雷夫终于帮女孩点燃酒精灯时，他迎来的并不是感谢与欢笑，而是全班同学惊慌的尖叫声——由于只关注学生和酒精灯，雷夫的头发被点着了。紧接着，一些学生实现了他们的夙愿——借灭火之机，把老师的脑袋拍打了一顿。

类似的故事，很多教师也都听到过，经历过。甚至可以说，这位曾荣获美国"总统国家艺术奖""全美最佳教师奖"的美国教师所做的事，对许多教师来说真的并不新鲜：

每年都带孩子远足，他总是走到马路中央拦下车辆之后才让孩子通过；他做梦都在为孩子挑选莎士比亚戏剧的伴奏音乐，常常半夜醒来；他坚持每周玩"Buzz"游戏帮学生理解数学，想尽办法帮学生借来好书，每天在学校工作十个小时，连休息时间都奉献给了教育……

可是，为什么雷夫老师深刻地塑造了学生的灵魂，而很多教师的辛勤工作却最多不过是收获了感谢？为什么一名小学教师能那样深远地改变学生的人生，而一名高中教师常常不过是帮学生考上了大学？为什么我们几乎能做雷夫做的所有的事，却仍然会被他的著作与演讲震撼和感动？仅仅归因于中美教育制度、社会文化的差异，无疑是缺乏说服力的。我想，最重要的在于雷夫老师比我们更专注，或者说更好地领悟了"专注"的真谛。

专注当然意味着认真、勤劳和坚持，意味着对教育工作的投入和对教育事业的执着。但是，专注并不仅仅是这样。专注意味着一名教师只要进入教育场域，就必须时刻处于"教育者"的状态。认真、勤劳、坚持、投入、执着都令人感动，而专注则引人警觉，它不断地提醒我们：别忘了，你是老师！

专注，看起来只是一种态度，实际上包含着敏锐的反思、高度的自律和深刻的平等。对学生来说，教育的影响无处不在，教师必须保持专注，在每一个教育细节中尽可能把正向效应发挥到极致，随时准备消除负面的因素。因此，反思与自律必不可少。而只有教师真正认识到自己与学生的人格平等，才会专注于学生的生动复杂、潜能无穷和单纯脆弱，也只有如此，反思和自律才会有源源不竭的动力。

每天都准时到达教室，当然很好；如果能像雷夫老师那样"每天以最大的热忱和激情出现在孩子们面前"，肯定更好。因为孩子们会感受到教师来这里是要与他们分享美好的时光，而非仅仅是督促他们好好学习。

对学生奖惩分明、斥恶扬善，当然很好；如果能像叶圣陶老师那样"即使感情冲动到怒不可遏的程度，也就立刻转到心平气和"，也许更好。因为如果教师都不能做到克制和优雅，如何能指望学生做到。

所教内容了如指掌，上课成竹在胸，当然很好；如果能像彼得·贝德勒老师一样"不管头天晚上怎样挑灯夜战，熬夜备课，总觉得上课没把握"，也许更好。因为这样才能守护对人类文化的谦卑，更能保持对学生智慧与潜能的敬畏。

带着学生远足旅行，社会实践，当然很好；如果能像苏霍姆林斯基老师那样"跟孩子们在南方的灿烂的星光下过夜，煮粥吃，讲述神话故事和一些书的内容"，也许更好。因为在星光下，师生之间完成的不仅是课程，更是情感与情感的凝望，思想与思想的握手，生命与生命的触碰。

回到那节"危险"的化学课吧。它彻底改变了疲倦沮丧，几乎就要放弃教师工作的雷夫。他对自己说："如果我这么在乎教学，在乎到连自己的头发着火都没发现的话，那我就走对方向了。"头发被点燃，并非因为雷夫不够熟练，而是因为当时的他专注于如何将一个技术问题转化为教育资源，专注于如何让这个女孩回家时脸上可以挂着微笑。如果当时的雷夫老师只是迅速地点燃酒精灯并继续完成化学知识的教学，那么直到今天，"第56号教室"也许仍只是一个平凡的编号而已。

走出"复印机状态"

"这明明是我的班，可为什么他们总能发现我看不到的东西？"在一次"德育名师现场课堂"活动中，一名30岁出头的班主任疑惑地发问。

可能的答案有很多，从性格、经验到教育理念，甚至还会提升到师德层面。但我的回答是：名师比一般教师更有"专注力"。

1978年，哈佛大学教授埃伦·兰格与另外两位心理学家本齐翁·查诺威、亚瑟·布兰克一起进行了一项关于"专注力"的实验。实验地点选择在纽约大学研究生中心。实验者用三句不同的话向排队使用复印机的人要求插队——"劳驾，我可以用一下复印机吗？""劳驾，我可以用一下复印机吗？因为我要复印东西。""劳驾，我可以用一下复印机吗？因为我赶时间。"

如果人们真的专注倾听，第一句话和第二句话产生的效果应该是一样的，"因为我要复印东西"其实是一句废话。可事实是第二句话的插队效果要远好于第一句。同样，第三句话本来是最有说服力的，但是它的效果与第二句话却几乎相同。兰格教授由此发现，使用复印机的人其实并没有仔细关注请求插队的人说了什么，只是因为后两句话都包含请求与理由，他们就心不在焉地根据"句式"作出了相似的反应。换句话说，人们并非没有听见他人的请求，而是不愿，或不会积极调动思维来关注对方的话语。这也被人称为"复印机状态"。

经过大量的研究，兰格教授指出："我们说一个人不够专注或是缺乏专注力，意思是他过于死板地依赖传统意义上的范畴以及它们之间的区别。""这些我们创造的范畴植根于脑海，难以磨灭。我们去了解自己面对的现实以及大家共同面对的现实，然后我们成了这些所谓现实的牺牲品——事实上它们只是观念、想法而已。"因此，想具备良好的专注力，必须不断建立新的范畴。

对教师来说，有关学生的"刻板印象"是专注力的大敌。虽然对学生的分类和界定不可避免（事实上它们也是人类认识事物的基本方式），但优秀的教师会不断回到了解、理解学生的起点，用客观而富于温情的目光观察他们，并积极调动自己的思维，持续修正、突破已有的印象与判断。在专注力的持续推动下，这些教师会不断调整、改进自己的教育策略与教育行为。很多人会感叹于优秀教师对学生的了解之深，或感动于学生与教师心灵相依之紧。其实最应该点赞的，是这些教师对学生的专注。

28岁就获得"全美最佳教师"称号的罗恩·克拉克曾经有过两个令人头疼的学生。

罗恩·克拉克利用周末时间去看学生达坎的比赛，和这个总是打架、挨罚的学生一起吃午饭，一起乘公共汽车，逮住机会就对他微笑，每当他做对时就表扬他。然而达坎仍然在一周内受了四次处罚。当沮丧的罗恩·克拉克老师把处罚单递给达坎时，他并不知道，就在这一周的某一天放学后，达坎哭着对妈妈说："克拉克先生对我很失望。"原来，这个看起来总是无所谓，总是带着一层"坚硬外壳"的学生，心底仍然渴望着关爱和赞许。

在贾伊八年级时，罗恩·克拉克带着全班同学去日本，在广岛和平公园合影时，无论老师怎么说，贾伊一直面无笑容，最终被排除出合影的队列。他甚至和辛辛苦苦带他们出国游学的老师发生了激烈的争吵。尽管罗恩·克拉克不断提醒自己应该冷静、理性，他还是为自己钟爱的学生不尊重自己感到伤心。多年以后，贾伊在信中告诉老师，当时刚刚参观完纪念馆的他还沉浸在对原子弹受害者的同情与悲悼中，根本没有办法笑出来。所有的冲突，只是源于老师把学生的感动、悲伤当成了某种冒犯，进而引发了严重的失望与不满。

多么熟悉的故事！面对一个"油盐不进"的学生和一个"忘恩负义"的学生，连罗恩·克拉克这样的教师都几乎要掉进"刻板印象"的陷阱中，可见保持专注是多么困难，也可见保持专注是多么重要。达坎和贾伊是幸运的，罗恩·克拉克老师一如既往地鼓励他们，支持他们。在有的教师那里，他们也许就将被贴上一个或几个标签，然后被彻底放弃或打入另册。

那么，教师该怎样保持对学生的专注呢？蒙台梭利博士的建议很重要："教师必须去掉自己内心的傲慢和发怒等坏脾性，使自己沉静、谦虚和慈爱。他们应该尊重儿童，理解儿童，与儿童建立一种新的关系，引导儿童自己去进行活动。"

贾伊说得对："我知道我表现出来的行为可能恰恰与我的想法相反，但这只是因为孩子们的行为方式不同于成人。"因此，一个专注的教师应该多观察、多了解、多体谅、多等待、多思考。至于决定、判断和行动，一定要慢一点、少一点、精准一点，并且始终保持反思与自律。因为专注的教师需要穿越，需要找到（或者说找回）孩子的逻辑、孩子的方式。就像苏霍姆林斯基说的那样："只有那些始终不忘记自己也曾经是个孩子的人，才能成为真正的教师。"

因专注，得自由，以创造

在关于教育的种种抱怨中，漫天遍野的"规定""程序"所带来的束缚、被动以及重复性工作引发的倦怠占了很大的比重。面对这样的现实，谈"专注"有多大的现实意义？

我的看法是：如果你真的做到了"专注"，如果你做到了真正意义上的"专注"，你将获得自由，你将永不枯竭，你将走向创造。

上海建平中学的阴卫东老师很有名，他的名气不仅因为他是信息技术方面的"金牌教师"，更因为他不同于一般教师的风格。他不带家教、不申报课题、只发表过一篇论文，虽然他的学生在信息技术奥赛中获奖无数，他却坚决支持为已经严重功利化的比赛降温。以赛亚·伯林曾经区分过两种自由，即"做……"的积极自由与"免于（不被强制）做……"的消极自由。可以说，阴老师的"不在乎"为他赢得了消极自由，而阴老师的"在乎"则为他带来了更有价值的积极自由。他专注于自己的学科，专注于学生在这门课上的收获、快乐和成长。一句话，阴老师专注于教育本身，而这为他带来了深刻而全面的自由。

也许有人会说，我们都是凡夫俗子，阴卫东的故事于我们不过是自我安慰，甚至是自欺欺人。但我要说，阴卫东并没有超凡脱俗，他的不同之处在于，他用教育的精神超越人生的束缚，用平静的心灵屏蔽现实的喧嚣，用真正的专注获得了真正的自由。而这些正是沉溺于吐槽的教师最需要的正能量。

毋庸讳言，教师的工作有着重复、单调的一面，容易让人感到无趣甚至枯竭。因此，甚至有人认为：越专注的教师，其职业倦怠可能来得越早、越严重。

我想，心理学家安塔·卡斯滕在 1928 年进行的实验能够回应这种貌似颇具逻辑性的观点。卡斯滕将受试者置于"半自由场景"，然后要求他们完成一些持续、单调甚至重复的任务。可以想象，倦怠很快出现了。但是，一位因不断写"ababab……"以至右手麻木的受试者，在被要求签署自己的姓名和住址时，轻松自如地完成了任务。而另一位因不断画线而声称连胳膊都抬不起来的受试者，却能随意地整理自己的头发。这说明，情境和活动的变化能够快速消除倦怠。在现实生活中，专注力很强的人，能充分利用哪怕是短暂的情境变化来重蓄能量。因此，卡斯滕得出这样的结论——"专注力本身不会引起疲劳"。

一些真正专注于教育的教师，即使长期从事同样的工作，也能自己创造变化，来不断地重新出发。著名古典文学专家、东南大学教授王步高先生，退休后来到清华大学讲授"大学语文"。尽管王老师的"大学语文"早在 2004 年就被评为国家精品课程，他却仍在不断寻求改变。每次备课的时候，他都把自己以前的讲稿或录像重看一遍，修正、添补，甚至推倒重来，以保证新讲的不低于原有的水平，保证自己不断超越自己。现在，并非核心课程的"大学语文"，已经成了理工科氛围非常浓厚的清华园中最受欢迎的课程之一。

王步高老师的经历让我想起朱永新先生的一句话："一个教师不在于他教了多少年书，而在于他用心教了多少年书。"真正用心的教师，不会陷入职业倦怠的泥淖，因为他们永远在路上，永远见着不同的风景，永远有着新鲜的希望。而那些"教了一年书，然后重复五年十年乃至一辈子"的教师，职业倦怠可以说是他们的宿命。也许，用心、专心，并不忘初心，正是有关"专注"的一种清新可人的注释。

最后，专注将把我们引入创造的大门，不仅因为它带来了自由和不竭的动力，还因为他能帮助我们形成良好的直觉。史蒂夫·乔布斯曾说："要想专注，就要勇于对其他 1000 个好主意说'不'。"良好的直觉让他敢于否定，勇于创新。纪实摄影大师乔尔·迈耶罗维茨曾比较在科罗拉多大峡谷中摄影的一般爱好者与杰出摄影师的区别——一般爱好者往往根据头脑中预设的图景寻找所谓"正确"的地点，而后者则凭借直觉寻找"有新意"的地点。乔布斯和摄影师们的直觉，无疑是创造的重要元素，而这种直觉并非完全来自天赋，在很多情况下，它是由长时间的专注积累、提纯而成的。

在教育工作中，总有一些教师不仅新意百出，而且准确恰当。即使面对新情况、新挑战，他们也能很快拿出既有教育意义又切实可行的方案。

可以说，这些教师有着良好的教育直觉。但问题在于，我们常常只停留于羡慕这种直觉，却忽视了一点：这直觉也许与经验、天分有关系，但更与他们平日里对教育的认真思考，对学生的仔细观察，对工作的力求精进密切相关。简而言之，专注带来直觉，而直觉引导创造。

1916 年，43 岁的梁启超编成《曾文正公嘉言钞》，他认为曾国藩虽然"非有超群绝伦之天才"，却取得了很多才华过人者没有取得的成就，是因为"其一生得力在立志自拔于流俗"。11 年后，在给儿子梁思忠的信里，梁启超写道："我自己常常感觉我要拿自己做青年的人格模范，最少也要不愧做你们姊妹弟兄的模范。"

梁启超既是学界宗师，又是教育名家，他的话为有关"专注"的讨论填补了一个重要阙漏。无论是"立志自拔于流俗"，还是"做青年的人格模范"，都意味着一种极高的自我要求与自我期许。从某种意义上讲，具有这样人格特质的人，才可能是真正的"专注者"。因为对他人和外物的"专注"，无非是自我的一种延展，而只有"内自足"的人，才能真正做到平等、敏锐、善意……才能做到真正的"专注"。所以，无论我们讨论什么，是专注，还是专业，我们都必须牢记乌申斯基的教诲："教师的人格，就是教育工作中的一切。"

（作者单位系人民教育出版社）

（本文原载于《人民教育》2014 年第 17 期）

教育家的成长及其影响因素

周　川

　　江苏实施"人民教育家培养工程"，我有幸忝列"导师"团队。数年来，我按照培养计划要求，与培养对象近距离接触，一起研读经典、质疑问难，一起观摩课堂、考察学校，所获良多，实可谓随着培养对象一起成长。当然，由于培养工程直指"人民教育家"这一宏伟目标，身为"导师"，也深感兹事体大，任重道远；数年来参与其事，耳闻目睹"教育家"一词，难免在兹念兹，望文思义。

　　教育家是在教育工作中取得突出成就、有较大影响的教育工作者，主要是指那些成就突出、影响较大的教师和校长这两类教育工作者。

　　教育家首先是一个行动者、实践者，而不是理论者。不仅如此，教育家还不是一个普通的行动者，而是一个有专长的行动者，一个在教育实践中取得突出实绩、作出显著贡献的行动者。作为教师，他必定诲人不倦，教书育人，桃李芬芳；作为校长，他必定治校有方，师严道尊，校风纯正。历史上那些著名的教育家，他们首先是一个成功的教育行动者。孔子以"仁人"之心，有教无类，因材施教，长善救失，培养了弟子三千、贤人七十二；陶行知秉持"生活即教育、社会即学校"的理念，实行"教学做合一"，解放学生的头脑、双手、眼睛、嘴巴，还有学生的空间和时间；马卡连柯收留三千多流浪儿童和失足少年，把他们造就成品行端正的新人，其中不乏将军、工程师、医生、记者、技工，谱写了一首苏维埃的"教育诗"；叶企孙一辈子坚持为物理系一年级学生讲授"普通物理学"，从他的课堂里走出去的有杨振宁、王淦昌、邓稼先这样的大师级人物；蔡元培"仿世界大学之通例"，循"思想自由"原则，取"兼容并包"主义，将一个封建衙门式的旧北大改造成一个科学与民主的新北大。有突出的教育专长，有突出的教育实绩，是教育家最根本的特征。

教育家也是一个研究者，一个行动研究者，而不是一个单纯的教书匠。教育家之所以能够取得突出的教育实绩和成效的重要原因之一，就是在他的教育实践中，包含着对实践本身的有效研究：研究学生，研究教学内容和教学方法，并且通过这种研究，改进自己的教育实践。研究已经成为他教育实践过程的一个内在的构成要素。成功的教育实践，必然包含着有效的研究，这是由教育对象的独特性所决定的。苏霍姆林斯基说过，"没有也不可能有抽象的学生"，并且"每一个学生都是一个独一无二的世界"，因此，"可以把教学和教育的所有规律性都机械地运用到他身上的那种抽象的学生是不存在的。也不存在什么对所有学生都一律适用的在学习上取得成就的先决条件"。这个论断，可以看作教育的一条铁律。正是在这个意义上，"教师的劳动就是一种真正的创造性劳动，它是很接近于科学研究的"。苏霍姆林斯基在30多年的教育生涯中系统观察、记录、分析研究过100多个所谓学习"差生"，为这些学生建立思维档案，为每个学生设计最有针对性的教学内容和方法，其观察记录之细微，分析研究之深入，世所罕见，所以他在教育上的成就之大也就不难理解了。

教育家更是一种素质，一种品德，一种人格境界，而不仅仅是一个称号。教育家是教育工作者中的佼佼者，除了有突出的教育实绩、有独特的教育经验和理念外，他更要为人师表，以身作则，既为经师又为人师；他要使自己这个特定的人，成为教育目的的化身，使自己的个人素质、个性品德、思维方式、言行举止，成为教育的资源，成为学生的楷模和榜样。孔子一生克己复礼，表现出"智、仁、勇"，且爱生如子，学不厌、教不倦。他被奉为"至圣先师""万世师表"，是有充足的德行依据的，不能说全是出于统治者的需要。蔡元培私德"谦让和蔼、温良恭俭"，公义"特立不屈、勇往直前"（任鸿隽语）。他代表着两种人格：一是"中国传统圣贤之修养"，一是"自由平等博爱之理想"（傅斯年语），因而被誉为"大德垂后世，中国一完人"（蒋梦麟语），"学界泰斗，人世楷模"（毛泽东语），"中国近代最大的教育家"（冯友兰语），可谓实至名归。教育家的不同凡响之处，最难能可贵之处，就是这种品德的修养、人格的境界以及由此形成的美好声誉和口碑。

教育家的成长，是一个比较复杂、漫长、艰辛的内外兼修的过程。它首先是教育工作者个人修炼的过程。他必须从自身做起，努力提高自己的教育专长和品德修养：他要真正投身于教育实践，专注于教育实践，坚持教育实践，绝不离开教育实践一线；他要不断反求诸己，反思、研究、改进自己的教育实践，不断地从"知不足"到"自反"，从"知困"到"自强"；他还要在实践中不断学习，既学习专业知识，又学习教育理论，并广涉百科，丰富自己的知识储备，扩展智慧，增长才干；他更要苦其心志，修身养性，澡身浴德，砥节砺行。这样一个修炼的过程，是知识和经验不断积累的过程，是智慧和才能、精神和人格不断升华的过程，是一个教育工作者向教育家从量变到质变的内在发展过程。

教育家的成长也需要合适的土壤和环境。一是要有尊师重教的社会环境和氛围。大到一个国家，小到一个乡镇，只要真正重视教育，崇文兴教，"贵师重傅"，就有可能出教育家，甚至是大教育家。相反，如果"读书无用论"盛行，"贱师轻傅"，何谈出什么教育家？二是要按照教育规律办教育。有些时候看上去是在办教育，可实质上却丢失了教育，背离了教育。教育要使人向善，要增进人的智慧，要强健人的体魄，可有时候我们却在教"假大空"的东西，却在用蛮横无理的考卷肢解学生的头脑，用沉重的应试负担损坏学生的健康。学校是教育的场所，可有时候我们只是在"办学校"而没有"办教育"，以至于学校沦为"考试加工厂"，甚至沦为"学店"或"官衙"。三是要在体制上确立教育工作者的主人翁地位，给教师、校长真正的教育自主权，允许他们按照自己的教育信念和思想，创造性地从事教育工作。凡此种种，虽为外因，却至关重要。

从孔子、孟子、荀子，到胡瑗、朱熹、颜元，再到严复、蔡元培、陶行知，这些名垂青史的大教育家，不仅记录了中国教育曾经有过的辉煌，也为后人树立了教育家的崇高榜样。当下，与我国庞大的教育规模相比，我们的教育家确实太少了。实施教育家培养工程，在一定程度上就是这一窘况的某种反映，它反映出人们对"教育家"的一种渴望，一种迫切的心情。

但教育家的真正成长，最终还是要取决于广大教育工作者自身的努力修炼，取决于教育体制改革的实质性突破。

（作者系苏州大学教育科学研究院教授、院长）

（本文原载于《人民教育》2014年第14期）

当代教师：如何走向教育家境界

潘　涌

20 世纪 90 年代，联合国教科文组织在《学会生存》中指出：教育者的任务是"发展一个人的个性并为他进入现实世界而开辟道路"。这个意蕴深远的观点，曾经在全球范围内产生了广泛影响，对今天的教师具有深刻的启示意义。从一个以传承知识为基本职能的教师走向创生未来的教育家境界，就必须确立一种基于"生本"理念的全新职业价值观，专注于为每一位学生独特的成长、可持续的发展和活力横溢的创造找到个性化的路径和开放的前景，并由此创生一种更高级的社会文明。

胸有顺应天性、参差错落的精神生态观

正如世界上没有两片完全相同的树叶那样，也没有两个精神结构和生理结构完全重合的人。独具慧眼地发现每个学生在求知和探索过程中表露出来的特殊"精神基因"，及时通过艺术手段予以最大化的彰显，这是培植人才的教育的逻辑起点。著名教育家陶行知有一首朴素的教育诗深蕴着这样的育人真谛："人人都说小孩小，谁知人小心不小，您若小看小孩子，便比小孩还要小！"每个孩子的心灵世界，就是一个对称于无限"大"之外宇宙的无限"小"之内宇宙，其中存在着有待彰显的"微量精神基因"。这些不易为常人所明察的"微量精神基因"，极其深远地规定着学生个体遥远的成长前景，预示着每个学生改变命运的可能途径。就人类文明发展的理

想而言，这些参差错落、丰富多彩的"精神基因"无疑是世界丰富灿烂、美好和谐的必要条件。

教师心中应当具备以个体性、未来性、可持续和可增值为基本价值维度的人才生态观，在此基础上制订教育教学方案与策略，唯当胸中无成见，尔后眼里有人才。个体性指每个学生区别于他人的独特性，表现在求知趣味、思维倾向、表达爱好等方面。未来性指每个学生尚未表现或尚未充分表现出来，但有预兆透露出来的成长可期性和必然性，属于"未来进行时"，象征着发展的特定指向。可持续指学生个人因进入顺应天性的成长道路而获得了动机、动力和方式等各要素和谐统一的发展无限性，包括发展空间的广阔性和发展时间的延续性，伴随这种动态持续性的是学生个体生命的不断升值。

教师胸中应有摇曳生姿、参差错落的精神生态观，方能开明而大度地走进课堂教学，仿佛置身群英荟萃的未来世界。

把握表达本位、思想至上的教学发展观

一个智慧生命的成才，既需要教师用慧眼去发现其未来独特的"生长点"和"创造域"，更需要通过一定的教学周期来持续优化，这样两者才能合成教育学意义上的深度智力开发。凡是堪称卓越的课堂教学，必然善于优化潜智潜能、别材别趣，擅长为学生的心灵深植创造性思维的"芯片"——好奇、质疑、想象、批判等卓越心理品质，促进主体生命的思想力和表达力日益增强，最终抵达作为主体精神审美对象化的理想境界。

教师教学观的核心在于前瞻未来人生和世界的不确定性，启发学生面向明天学会学习，学会化解不可预测的挑战和风险的诸种特殊品质，即批判性思维、开放性立论和逻辑性创新。

批判性思维是所有学科学习的共同本质要求，是学生走向开放性立论和逻辑性创新的必要起点。其要义在于变"接受本位"为"表达本位"：从学习主体本位立场出发，用心灵所过滤的观念和话语来表达自己，从而开启学生独特的理性思维旅程。

我们应该重新审视和评价教学过程中"接受"与"表达"的基本关系。认知、理解和鉴赏，均是表达的基础。教师的课堂教学不是培养陷于知识、思维套路的机械性接受力，而是引导学生充分展示独特的生命智慧、凸显情意元素的强大思想力和表达力。学习就是为了培养学生的深度批判力和缜密评论力。正如联合国教科文组织颁布的《儿童权利公约》所指出的："儿童有权在自己的发展过程中作为一名自主的行动者表达意见。"又对此阐释："儿童有发展其智能、道德和精神所需的自由。"（儿童泛指 18 岁以下的青少年）在这种砥砺并打造未来公民理性思辨力方面，教与学大有可为。

建立尊重个性、鼓励特色的多维评价观

面对学习者参差起伏、纵横交错的多元精神生态，教师需要放弃指令性应试教育范式中整齐划一的标准尺度，避免以园丁的名义"精心修剪"学生原生态的思维个性与表达个性，避免龚自珍所痛斥的"斫其正，养其旁条，删其密，夭其稚枝，锄其直，遏其生气"的"病梅"恶果。

应试教育以统一化的标准进行评价，忽视"个人发展"的合理性和必要性，而准军事化、平均化的"全面发展"衡量尺度，更远离独特的"生命意志"及其天然欲求。实际上，教育评价完全可以将社会基础的规范要求与个人发展的独特诉求有机融合起来，而不是简单分离甚至机械对立。否则，脱离了个人的生命意志，就难以有社会整体进步的可持续动力。

基于这种反思，教师在具体评价标准的拿捏上，要摒弃固步自封、泥古不化的固化尺度，建立鲜明、高标准、开放性的多维评价观。坚持科学理性和艺术精神并重，以真诚激励为主要导向，以精湛语言为基本抓手，贯穿教学的所有流程，捕捉其中可能的任何契机，深度唤醒每个学生发现自己特长、弘扬自己特色的自觉意识，坚定开发自我的选择性发展能力，并使之形成学习上自享、发展上自豪、评价上自励的良性循环。一旦如是，教师眼里个个是才俊、人人有前途，何来"不中绳墨""不中规矩"之类的杞人之忧？

概而言之，教师所为，不仅在于使每个学生趋近传统意义上专业领域

的"成才"，更应该实现和谐完整内涵的"成人"；不仅在于使之完成生物学层次上的"成人"，更要达成凸显个人独特本质规定的"成己"。教师可以"少有所为"，甚至"无所作为"，但只要其价值重心放在激励学生从"成才—成人—成己"这一逻辑链条上不断突破并上升，就能化"无为"成"大为"：发现你自己，成为你自己，造就你自己。唯其如此，教师才真正踏上一条通向21世纪教育家境界的必由坦途。

（作者单位系浙江师范大学）

（本文原载于《人民教育》2014年第22期）

教师专业发展的新挑战、新特征、新角色

郑金洲

新挑战

经济社会发展到今天，教育的生存发展环境发生了重大变化。在不断深入的课程改革大潮中，每一位教师都面临着一场专业发展的新挑战。具体可总结为以下几点：

1. 文化反哺的常态化。

文化反哺是指下一代人将自己掌握的知识经验等传授给上一代人，是由年少者来教育年长者。伴随多媒体科技的日益发达以及社会文化环境的变化，文化反哺在家庭教育中也越来越常见。当父辈面带羞涩地向我们求教怎么打领带的时候，当母亲拿起越来越复杂的各种遥控器向我们求教怎么用的时候，我们深深体会到了这些反哺现象的存在。一位同事要晋升教授，需要通过计算机考试，他向上初中的儿子请教。他说向儿子学电脑的时候痛苦极了，从前教训儿子的那些话现在被儿子一一奉还："没看我正忙着吗？你自己去想一想。""你怎么这么笨啊，这么简单的问题也不会。"当前的老师就面临着同样的挑战：在信息途径多元的环境中，学生掌握着大量的教师不了解的知识，你知道的可能学生已经知道了，你不知道的可能学生也早已经知道了。面对这种看上去教育者角色倒置的变化，教师必须承认并正确认识这一客观事实。

2. 学生价值的多元化。

有人说今天是一个信念缺失、道德滑坡、底线堕落、行为失范的时期，

这有些言过其实，但也从侧面指出了当下社会价值多元的基本特点。这样的特征也突出反映在学生身上。

我国过去的 30 多年走过了西方 300 年的发展历程，发展速度飞快，但许多问题也在期间积累下来了，社会学称之为"时空压缩理论"：时空高度压缩，大量的问题聚集，价值观念在一个时间点上呈现出历时、跨空间的各种形态。教师该如何用自己的一元价值来面对多元价值，如何在"一"与"多"中寻找平衡点？在学校里，教师是社会的代言人，是社会主流价值观念的引领者和代表者，要用主流价值去引导学生，用正向价值去激励学生。

还有一个问题值得关注，那就是学生文化的日益壮大。上世纪五六十年代出生的教师在做学生的时候，几乎不存在"学生文化"的说法，家长的意见就是子女的想法，教师的判断就是学生的看法，不存在学生这个特定群体所共有的价值观念和行为方式。但在今天，这种文化已经客观存在，并且影响重大。教师要做好教育教学工作，首先就要了解学生文化，在参透学生文化层的基础上影响学生，打动学生，推动学生发展。

3. 教师权力的分散化。

人对权力都有一种潜在的迷恋感，如同英国前首相丘吉尔所说，一个不迷恋权力的人是一个可能从来没有享受过权力滋味的人。在课堂上，教师与学生之间呈现一种隐性的权力分配。以往，教师在课堂上几乎可以支配一切，学生的一言一行、教学内容的选择、教学方法的运用、课堂教学的进程等，完全由教师掌控。但在今天这样一个多元、开放的社会形态中，教师需要从激发学生的主观能动性出发，从提高学生自主学习能力出发，从唤醒学生主体意识出发，把一部分权力让渡给学生。课堂上如何重构权力结构，实现师生发展的双赢？教师常常为此感到无所适从。这些问题摆在教师面前，需要教师正确对待、科学分析、切实把握。

4. 家庭结构的单一化。

家庭结构对学校教育有着明显影响。我国独生子女政策实施了 30 多年，中国家庭尤其是城市家庭呈现出较为明显的"四二一"型或者说宝塔型家庭结构，即 6 个成年人呵护、养育 1 个孩子。这样的家庭结构有可能导致的是对孩子的过度溺爱甚至是过度教育。家庭成员的压力传输到学校教师，就是对教师要求的日益提高，要求教师对自己的孩子更多地予以关注、关爱。从另外一个角度来说，随着中产阶级家庭所占比例的日益增加，也会导致家长对子女教育的高度重视。中产阶级家庭的一个突出特点就是重视子女教育，期望子女接受良好的教育，享受优质教育资源。他们对子女的教育有着比其他家庭更迫切的渴望，希望将自己的孩子送进好的学校。

新特征

在这样的时代背景下，与教育前辈们相比，今天的教师成长呈现出新的特征。

1. 未成熟期拉长。

以前，只要用心、投入，一位教师工作十来年就能成长为成熟教师，但今天很难确定一个教师成熟的时间节点。教育变革持续化，新问题、新情况、新矛盾层出不穷，教师需要不断适应新的挑战，需要不断调整自己的教学理念和行为。一劳永逸，以不变应万变已经成为历史。

从教师专业成长阶段来讲，一般经历角色认同、角色适应、角色成熟、角色高原期、角色骨干5个时期。现在看来，由于教育内外环境变化甚大，教师需要在适应这个阶段上下更大功夫，花费更多时间，需要不断自我更新。适应能力的强弱成为教师专业发展的重要特征，适应快则成长快，适应慢则成长慢。真正成熟成为一件比较困难的事情。

2. 职业倦怠感强。

今天，教师面临的压力日趋加大，工作的不确定性日益增加，各种各样的突发事件层出不穷，工作的成就感逐渐呈递减趋势。这一切都会无形中增加教师职业的倦怠感。倦怠期，教师难以对工作保持较高热情，投入程度也会下降，直接影响教学质量。这种情况持续时间过长的话，可能会引发教师心理健康等一系列问题。在西方一些国家，教师感到工作过度焦虑时会主动联系心理辅导者，通过心理咨询来缓解和调适自己的心理状态。这一做法在我国还不多见，教师常常需要自我克服心理不适，通过内在动力的自我激发来解决职业倦怠问题。

3. 个体发展差异大。

教师个体间的差异从未像今天这么大。纵向上看，教师代际间差异在拉大，20 世纪 60 年代、70 年代、80 年代甚至 90 年代出生的教师共处于一所学校的情况并不罕见。他们之间在世界观、人生观、价值观上有很多完全不同的看法。有人这样评价不同年代的教师，60 年代的教师是个性缺失，70、80 年代的教师是价值缺失。这样的评价不见得准确，但也有一定的道理，一定程度上反映出教师代际之间的差异。由此产生的一个问题是：一个自身缺乏个性的教师如何培育学生的个性，促进学生的个性发展？一个自身价值多样化的群体，如何引导学生形成相对统一的价值观，让学生具有强烈的社会责任感？

横向上看，教师相互之间的差异更大。教师走进学校的动机、需要、愿望等都有不同，对学科的理解、教材的驾驭能力、未来发展的期许以及学生观、教学观等都参差不齐。这对教师间的合作来说，既是利好，因为可以差异互补，同时也是障碍，因为难以对话交流。

4. 支持性因素匮乏。

一个教师的成长发展取决于三个因素：反思、挑战、支持。

首先，教师要善于对自己的教育教学行为进行系统反思，反思自己教育教学的利弊得失，剖析自身教育教学存在的问题以及明确后续的努力方向。

其次，需要在反思的基础上迎接后续教学的挑战，反思是手段，其目的在于改进教育教学实践，更好地促进学生身心的健康成长和教师自身的发展。

再次，教师在迎接挑战、重建自己教学的过程中，需要一系列的支持因素支撑，专家的引领、校长的认可、同伴的认同、学生的配合、家长的包容以及自己的教育价值观念等都是重要的支持因素。从今天来看，这些支持因素尤其是外部支持因素还不多，难以形成支持的合力，教师的变革行为受到不少阻碍。

5. 自我更新的要求迫切。

在教师群体中存在一个奇怪现象：教师尤其是中小学教师不太乐于改变自身，反而倾向于自我封闭。联合国教科文组织也曾对此情况进行专门分析，认为教师之所以倾向于保守，一方面是因为教师传递的是过去的知识，表现为用过去的知识教今天的学生，让他面对明天的未来。不断地传递过去的知识，价值观念也就变得与过去的时代相应，所谓文以载道。另一方面是因为教师使用的基本上是相对稳定的教材，第一次备课认认真真，第二次修修补补，第三次有可能直接拿着教案就进课堂了。教师的这种保守特性在以往甚为严重，但当下有了明显变化，教师逐步认识到在理念和行为上都需要有新的改变。这种强烈的愿望年轻教师有，年纪大的教师也有。老师们开始接纳变革，积极更新，但对未来还充满担忧和困惑，对变革更新带来的变化还不明确。

新角色

处于新的时期，教师专业发展角色的总要求是爱教、懂教、善教。无限的热爱才会激发无尽的动力，情感投入了，才能真正有一番作为。懂教，表现为对教育教学的基本规律有较为深入的把握。深入了解教育、精通教育不是一件易事。引导性、弥散性、渗透性、示范性等都是教育的基本特征，认识并在教育实践中灵活运用这些特征，是教育工作的基本要求。善教，表现为有独到的教育理念，有独特的教学模式，有影响广泛的教学作为。爱教、懂教、善教三者是作为一个整体存在着的，也可以把三者看作一个循序渐进的过程，"爱"才会"懂"，"懂"才会"善"，才会精。在这一总体要求的背景下，教师需要表现出如下几方面角色定位：

1.创意设计者。

教师开发校本课程需要创意设计，备课就是创意设计的过程。有了创意的设计，课堂才有可能转变原有一言堂的状态，师生结伴成长才可能实现，课堂才能真正焕发生命活力，教学质量的提升才有可能得到保障。

我听过一堂课，教师讲的是《石钟山记》。她在教学准备阶段经过查询相关材料发现，《石钟山记》有点类似于研究型学习报告，作者父子经过一番实际的勘察探究才知道石钟山名字的由来。老师转念一想，何不把《石钟山记》作为一篇研究型学习的总结报告来解读呢？她对教学进行了如下设计：在学生朗读学习《石钟山记》课文的基础上，让同学们以小组为单位研讨 5 个问题，如果把《石钟山记》作为一篇研究型学习的总结报告来解读，研究型学习的主题是什么？研究型学习经历了哪些阶段？研究型学习中遇到哪些障碍？研究者是如何克服的？研究型学习的组织形式如何？研究型学习的成果有哪些，是如何表达的？通过这几个问题的探讨，既可以让学生掌握《石钟山记》作为一篇文言文的基本内容，也可以让学生了解研究型学习的基本要素有哪些，较好地实现了语文教学与研究型学习的统一。

在课堂教学中，好的创意设计是成功的一半，教师越来越需要在教学中发挥自己的聪明才智，体现自己的独有设计。

2. 信息整合者。

我们生活在一个信息化社会，信息就像空气一样弥散在我们的周围，教师需要不断提高自身的信息整合能力，否则就有可能被信息淹没，无法定韬略、辨方向。"整合"就要有立足点，就要有基本立场。这种立场就在于教师自身的教学理念，在于自己对教学的基本认识。我们经常讲要打通学生的生活世界和书本世界的联系，学生生活世界的信息就需要教师有意识地整合进教学的书本世界之中；文化反哺、学生文化、学生掌握的信息资源也需要整合进互哺的过程中；我们每天都接触各种媒体，网络的信息汹涌而至，整合也意味着教师要及时吸收并转化这些信息，让这些信息为自己的教育教学活动所用，为自己的认识与视野的拓展服务。

3. 文化相对论者。

从非意识形态的角度上说，文化没有好坏之分、高下之别，只有在特定的社会场景中才能更为真切地把握。在全球化到来的今天，在国际交流日益频繁、深入的情况下，在各种文化纷呈多样的情景中，教师需要把自己塑造成为文化相对论者。要包容、理解、认可不同于自己的文化，对于与自己不同的文化，应该采取这样的态度：我虽然无法接受，但我却可以理解；我虽然无法认可，但可以包容。对于学生文化尤为如此。

在今天，学生文化越来越浓厚，而且学生文化之间也存在着不同的表现形态。教师对学生文化不应排斥，而应更多地在教育教学中接纳、利用，把这些文化巧妙地融入自己的教学过程中。另外，有研究表明，学生现在越来越多地从大众媒介中获取信息，大众传媒甚至成了学生获取信息的主要来源。在这种情况下，教师也需要认识到大众传媒文化的重要意义和价值，充分挖掘大众传媒文化的教育潜力，运用大众传媒文化推进教学改革。

4. 知识批判性分析者。

以往，教师常被定位为知识的传授者，"教师要给学生一碗水，首先自己要有一桶水"，主要是把自己"术业有专攻""闻道在先"的知识传递给受教育者。我们也常用园丁、蜡烛、春蚕等来形容教师的角色特征，好像教师的劳动主要是给予、奉献、单向的付出。今天，我们要培养学生的创新精神，激发学生的创新活力，培养学生的创新思维，仅靠一味地给学生提供既定的结论，进行知识的大范围复制，是无法做到的。学生自身的成长、创新人才培养的需要、教育要求的变化等，都需要教师越来越多地成为知识的批判性分析者。在很大程度上，要和学生一道分析知识从何处来，甄别知识是什么，探讨知识向何处去，对知识进行多角度、多层面的评判。心理学的相关研究成果也表明，对知识进行批判性分析，是形成独立思维、提升创新能力的基本途径。在这里需要说明的是，"批判"不只是批评、评判，对知识进行的分析、探讨、评论等都属于批判的范畴。

5. 终身学习者。

在农耕文明时期，一个教师只要学几年就可以教一辈子，私塾先生就是典型代表；在工业文明时期，一个教师只要学十几年就可以教一辈子，师范生毕业大概就可以了；而在今天，一个教师只有学一辈子才能教一辈子。一个优秀教师有着多个方面的特征，但有一个特征是必备的，那就是持续学习的能力，爱学习、善学习、会学习。人类的进步、知识的更新、职业的挑战、自身发展的需求、学生的深刻变化等，都需要教师终身学习，把学习当作一种生活方式、工作责任、精神需求。以前，我们定义学校时，总是把学校作为正在成长发展过程中的青少年去接受系统教育的地方。现在这个定义也需要作出相应改动，学校也是教师学习的地方，教师只有不断学习，才能胜任自己的工作，才能成为一个合格的教师。

（作者系中国浦东干部学院教务处主任、华东师范大学教育系教授）

（本文原载于《人民教育》2014 年第 7 期）

大数据时代，教师胜任力将重新定义

乔锦忠

不管人们是否愿意，一个崭新的时代已经来临。

十年前，谁能想到"阿尔法狗"可以打败世界围棋冠军李世石？谁又能想到淘宝会对批发和零售业产生如此大的冲击？大数据时代已然来临，很多行业处在剧烈变动之中，比如出租车行业、电信业、银行业、出版业等，都隐约地处于一种惶恐与应变之中。

在这种背景下，我们怎能"奢求"教育会在这场变革中安之若素？

大数据和"工业4.0"将重塑教师的工作方式

教育作为镶嵌在社会系统中的子系统，其发展应与政治、经济、社会和文化相适应。教育与社会系统的适应主要体现在教师更新观念、知识结构和能力技能，体现在学校调整课程结构和内容，应用新的教育技术和改善校舍等方面。在教育改革过程中，改善硬件条件，调整课程结构、内容和应用新的教育技术相对容易，而提高教师素质则相对困难。

但现代化的关键是人，教育现代化主要体现在教师的观念、知识结构与能力技能等方面的现代化。时代在飞速变迁，第四次工业革命浪潮风起云涌。以大数据为核心，以智能工作、智能生产和智能物流为特征的"工业4.0"，必将改变未来的社会和未来的教育，也必将对教师素质提出新的要求。

虽然教育不是制造，学校不是工厂，但不可否认的是，产品生产方式对课堂教学组织形式和课程组织形式有巨大的影响。班级授课制是第一次工业革命的产物，学科课程虽然在工业革命之前就已存在，但随着工业革命的深入，学科分化才成为主要的课程组织形式。班级授课制和学科课程制至今仍是学校教育中最主要的教学和课程组织形式。

"工业4.0"时代，以大数据为依托，人与人、人与物之间有了更好的互联互通性，制造智能化初见端倪，产品能更好地满足顾客个性化、多样化、复杂化的需求。也就是说，生产者可以向消费者提供个性化的解决方案。生产者的职责将由操作、服务转变为规划、协调、评估、决策、设备和系统的维护。由此可见，生产者要胜任工作必须具备较高的知识和能力素养，集设计生产、技术支持和管理服务等角色为一体。

当前教师的教学观念、知识结构和能力技能主要建立在班级授课制和分科课程制基础之上。我们过去经常谈到的教师专业素养和胜任力等也以此为基础，如教师的学科专业知识，备、讲、批、辅、考等基本技能，语言表达、沟通协作、反思能力、责任意识和进取精神等胜任力都是基于前三次工业革命（分别以蒸汽机、电力和计算机网络为标志）时代的要求。

在以大数据为特征的新时代，教师的工作方式将不可避免地发生很大的改变。知识和信息的共享使得教师不再是过去意义上的知识垄断者和权威，慕课的出现使得课堂翻转不可避免，教师可以在对学生作业数据开展分析的基础上，为学生提供分层甚至定制式的学科教学进度计划和培养方案，使因材施教真正成为可能。更多的人机互动，使得人与人之间的沟通和情感交流变得更加重要。借助于活动来培养学生的社会性也将成为重要的话题。教师对学生价值观和思维方式影响的重要性将超过任何一个时代。

迎接大数据时代，您需要作好哪些准备

需要建立以学生为主体的教学观念。差别化教学意味着教师要更新教学观念。在班级授课制组织形式下，教师确定课堂教学进度一般以中等偏下学生为基准，采用相对整齐划一的节奏进行教学，主流的教学观是教师

主导。尽管从理论上一直也在提倡学生为主体，但在实践中很难落实。在大数据时代，随着学生自主学习能力的增强，学生为主体将真正成为可能。

教师教学观念会影响其工作方式，但教学观念的转变在一定程度上也受制于工作方式。在某种意义上说，教师工作方式的改变对于其教学观念的改变起着决定性作用。过去我们经常抱怨教师教学观念陈旧，教师之所以教学观念陈旧是因为与陈旧的教学观念相适应的工作方式还在持续。现在教师的工作方式发生变化了，教学观念自然也会随之而改变。

知识的深度和广度需要不断拓展。在大数据时代，教师工作的重心将从知识传授逐渐演变为开展教学评估，根据学生学习节奏、进度和效果，为学生设计个性化的学习计划和方案，与学生就学习效果、学习方法和学习计划等进行有效沟通等。随着学生学习进度差异的逐渐放大和自主探索领域的不断扩大，教师在学科知识深度和跨学科知识广度方面也必须不断延伸，能够做到"上下贯通、左右逢源"。

可以预计在不远的将来，教师会跨学段教学，甚至跨学科教学。一些只能胜任某学科、某段教学任务的教师，可能会逐渐被淘汰。而那些知识基础较为雄厚、能够上下贯通的教师，那些能在同一领域内不同学科间（如自然科学领域内的物理、化学和生物，社会科学领域内的经济、政治、法律和社会等学科间），甚至不同领域内进行自由穿梭的教师，将大受欢迎。当然，这客观上依赖于大学通识教育的普遍实施。

当前，很多教师仅仅满足于按照教材安排、参照教学参考书进行教学，对核心素养和课程标准漠不关心。可以想象，随着学生自主学习能力的增强，教师如果仅仅依靠教材而不围绕着课程标准中的知识点和要求深入开展研习，将很难应对学生提出的问题。也就是说，新时代的教师要逐步摆脱对教材的一味依赖，根据课程标准和核心素养要求，自主选择合适的教学材料提供给学生进行学习。

具备文献检索能力和教学材料加工能力。中小学教师要想摆脱对教材的依赖，必须具备相应的文献检索能力和对教学材料进行辨别和加工的能力。教师不但要知道知识的来龙去脉，明晰知识的内涵、外延，还要知道如何采用学生能理解和接受的合适形式呈现给学生，让学生能够借助这些材料进行有效学习。也就是说，教师不但是学生学习活动的组织者，同时也是学习材料的提供者和推荐者。中小学教师的教学方式将变得越来越像大学教师，要具备基本的研究能力。

强化教学评估能力和学习指导能力。如前文所言，在新时代教师利用数据进行教学评估的能力将不可或缺。作为专业人员，教师不仅能够根据课程标准和核心素养要求为学生提供学习资源，而且还要对学生的学习能力和学习方式等进行评估、指导，要让学生在原认知水平上有实质性的发展，而不仅仅是机械地完成规定任务。

为了方便教师更快了解学情，对学生作业进行电子化同时进行数据挖掘的APP将很快会出现并得以普及。学生或家长可以很方便地借助于APP把作业信息传递给教师，教师借助于数据挖掘可以快速了解学生对知识的掌握程度和在班级中的位置。

基于"项目反应理论"的分层作业和测评系统也将会被开发，这意味着作业是异质化的，学生只要能熟练完成一定难度的测试题目，就不需要再进行大量重复的同类习题练习。这将大大减轻教师的工作负担，同时也将提高学生的学习效率。

教师要对学生的学习方式进行有效的指导，就要了解不同学生的特质。比如有的学生是视觉识别型，有的学生是听觉识别型。有的学生理解力强，学习节奏快；有的学生反应慢，学习节奏慢，但思维的深刻性好，掌握知识较为扎实。优秀教师最重要的秘诀就是能包容、有耐心，不轻易打乱学生的学习节奏。教师按照学生特有和擅长的节奏以及习惯的学习方式来组织教学将是未来教学中的主要方式。由此可见，撰写评估报告和提出学习改进建议将成为未来教师工作的中心内容。

需要提高沟通交流能力。随着人机交互和人物互联的深入发展，人与人之间的沟通和情感需求的重要性必将凸显。在大数据时代，如果说班级授课制仍有存在的理由，其中最可能的原因就是人与人的在线交流不能完全代替面对面交流，在线条件所创造的数字空间，不能代替人与人在一起创设的集体氛围。所以，技术越发展，人与人之间的沟通和情感交流越重要。

现在很多教师与学生及其家长之间的沟通效果并不理想，其中重要的原因是教师对学生各方面情况的了解不够全面和深入。大数据时代，教师能更加方便、更加深入地了解到学生的情况，这样沟通的时候就会有根据，交流也才会更有效。

当然，教师与学生和家长之间的沟通效果，除了受沟通内容的影响，主要还受到教师个人沟通技巧的影响。在日常教学工作中，一些教师与学生之间的沟通主要是简单的批评和表扬，与家长之间的沟通主要是通报情况和要求配合。而且这些批评、表扬和"告状"，往往因为缺乏充分的证据支持和教师居高临下的态度，让学生和家长反感。

沟通中最重要的原则就是尊重。教师在与学生和家长进行沟通之前，先要有很好的铺垫，先创设愉快的氛围，然后在和风细雨中把问题引出来，让对方接受并认识到存在的问题和需要改进之处。最后，还要给对方鼓励和肯定，让学生和家长愿意接受教师提出的建议并付诸行动。沟通的目的是为了解决问题和增进感情，而不是通过耍威风、摆架子来刷自己的存在感。

增强活动组织能力，培育学生的社会性。学校不仅有学术生活，而且还有社会生活。在智能化时代，人的社会性会受到一定程度的挑战。学科教学进度的分层和个别化使得班级作为集体的存在感受到影响。而体育、音乐等活动则反而在凝聚学生、培养学生的社会性方面起到比过去更加重要的作用。

教师具备良好的活动策划和组织能力，可以在活动中培养孩子健康的身心，锻炼外形和气质，培养团队协作能力和社会交往能力。孩子在团队活动中会遇到各种问题，他们在处理这些问题的过程中会逐步理解个人与集体的关系，会理解为了团队共同利益需要克制个人冲动、需要支持和配合他人的工作，而这是大数据时代特别重要的素质。

提升培育价值观和思维方式的能力。技术越发达，越需要进行价值观和思维方式方面的教育。在大数据时代，学生是数字原住民。随着学习越来越智能化，价值观的培养将变得更为重要，培养学生具有自主、进取、利他、包容和同情等积极的价值观，将成为影响教育成败和人类前途命运的决定性因素。技术和权力一旦被价值观扭曲的人掌握，可能会带来不可估量的灾难。

每个教师都有对学生进行价值观教育的责任。首先，在学习材料的选择上，要有正确的价值导向。其次，可以借鉴"价值澄清"等模式对学生进行价值观教育。让学生相对自由地进行选择，在尽可能广泛的范围内进行自由选择；对每一种可能选择的后果进行审慎思考后作出选择；作出喜欢的选择并对选择感到满意；乐于向别人公布自己的选择；根据作出的选择行事；作为一种生活方式不断重复。最后，教师要对学生不良的价值选择进行积极引导，使其最终能够树立正确的价值观。

思维方式的培养在大数据时代也非常关键。中国人的思维具有整体性和情景性特点，西方人的思维具有个体性和分析性特点。这两种思维方式各有优劣。大数据时代，知识将会在新的高度上进行分化和整合，需要学生有更加复杂的思维水平和思维方式。

作为教师不但要了解整体思维和分析性思维，还要借助具体学科和活动来促进学生的思维发展，如借助于主题学习和问题探究来培养学生的整体思维。

一个崭新的大数据时代已经出现在我们面前，教师作为专业人士，需要未雨绸缪，勇敢、智慧地迎接将要到来的挑战。

（作者系北京师范大学教育学部副教授，

北京市门头沟区京师实验小学原校长）

（本文原载于《人民教育》2016 年第 15 期）

教师应具备的七大素养

郑金洲　吕洪波

从现阶段情况来看，无论是教师的角色定位，还是其核心素养和工作方式，都呈现出一系列新动向。

教师定位的三重转变

定位是行为的前提，定位准确、清晰，行为才可能到位，才不至于出现错位、抢位、越位。教师的角色定位也是如此。在教育实践中，教师的角色定位既源于自身对职业的感受和认知，也来自对教育内外因素变化的参照与考量。以下三方面的变化大概是较为明确的。

由学科教学者转变为育人者。教师一般来说都是执教某一个学科的，常以为自己把特定学科知识掌握了，能够把知识点详细分解并让学生掌握，也就完成教育任务了。这种角色定位适应了单一知识教学的要求，但在全员德育、一体化德育的背景下，显得越来越不合时宜。我国正处在经济社会的深刻变革期，各种社会思潮激荡，思想多元化倾向明显，大力培育践行社会主义核心价值观，加强对学生思想品德、政治觉悟的引导，增强学生的理论自信、制度自信，已成为当务之急。相关理论研究成果告诉我们，德育以及价值观的教育具有弥散性，不是单一途径、单独设课能完全奏效的，而是学科间、课内外综合发挥作用的；具有渐进性，不是一蹴而就，而是日积月累逐渐积淀而成；具有引导性，不是直接灌输，而是在各种场景中经由自觉思考得到的；具有示范性，教师以及其他社会成员的以身作则、率先垂范作用明显。这就要求每一位教师切实承担起德育的职责，每门学科要把德育放在突出位置，每位教师都是学生德育的示范者，形成德育一体化的良好格局。

由"学校人"向"系统人"转变。在计划经济年代，教师通常是固着于某一所固定的学校执教，职业生涯从开始到结束都是在这所学校度过，有一种说法叫"扎着小辫进来，白发苍苍出去"。近年来，这种情况正在发生根本性变化，教师不再是某一所固定学校的从业者，而是在区域教育系统内流动。2014年教育部《关于进一步做好小学升入初中免试就近入学工作的实施意见》中明确提出，我国下一阶段要"试行学区化办学"。无论是学区化办学，还是当下各地实施的集团化办学，一个重要的举措就是教师流动机制的建立，借助于教师的流动，优化各校教育资源，提升各校办学质量水平。教师正在日渐成为系统流动的个体，教师职业的流动特征也日益明显。

由"教育人"向"社会人"转变。随着全面深化改革的不断深入，尤其是随着深化教育领域综合改革的持续推进，教育与政治、经济、社会、文化、生态建设的整体性、协同性、系统性程度越来越高，客观上要求教师走出学校的围墙，参与社会各种活动。2015年10月教育部下发的《关于加强家庭教育工作的指导意见》中明确提出：各地教育部门和中小学幼儿园要积极引导多元社会主体参与家庭教育指导服务，利用各类社会资源开展家庭教育指导和实践活动，扩大活动覆盖面。这一要求，也从一个侧面体现出教师应该走出学校，融入社会，有目的地引导社会主体参与教育活动。

教师的七大素养

教师到底应该具备哪些素养？哪些素养属于核心素养？这是一个理论界和实践界多年来一直共同关注的问题。对于这个问题，不同时期、不同阶段会有不同的回答。在今天的时代背景下，教师的素养应该着重强调以下几方面。

信息素养。我们今天生活在一个信息化社会，信息像空气一样，无处不在。有研究表明，现在每18个月产生的信息，相当于人类社会有文明记载以来所有信息的总和。信息每天都汗牛充栋般产生，假如哪一个教师还死守着"术业有专攻""闻道在先"的信条，以为学生不了解的你了解、学生没掌握的你掌握了，用师范教育的几年知识就可以"包打天下"的话，就无法适应学生的要求，也无法提高教育教学水平和质量。生活在信息化社会的学生，每天都接受着大量的信息，他们的信息素养甚至比教师都高。融入信息社会，提高信息素养，已成为教师能够胜任教学工作的基本前提。

"信息素养"一词，是美国图书馆学会1989年提出的，如今已被普遍接受。从教师专业发展的角度来看，信息素养至少表现为以下内容：有获取新信息的意愿，能够主动地从生活实践中不断地查找、探究新信息；能够较为自如地对获得的信息进行辨别和分析，正确地加以评估；可灵活地支配信息，较好地掌握选择信息、拒绝信息的技能；能够有效地利用信息、表达个人的思想和观念，并乐意与他人分享不同的见解或信息。

创新素养。美国心理学家托兰斯的研究发现，教师在创造性动机测验中的成绩，与学生的创造性写作能力之间存在一定的正相关。这一发现表明，教师创新能力的高低制约着学生创新能力的发展。没有教师教育教学上的持续创新，学生的创新能力也就很难发展起来。这也意味着教师需要改变原有的单一注重知识传授和再现的行为，不能再把知识点的分解和讲解作为自己教学的主要目标甚至是唯一指向，需要切实将教育教学看作持续创新的过程，将每次教育教学活动的设计当作创意生成的过程。教师的这种创新素养主要表现为：对教育教学具有挑战心、好奇心、想象力；鼓励学生创新，把学生当作创新主体，促进学生在学习中张扬创新的主体性；宽容学生的失败，鼓励学生适当冒险，营造教学中激励创新的氛围；把教育教学看作学生主动学习、探究反思、变化更新的创新过程；在教学中为学生提供创新的时间和空间，形成激活学生创新欲望、培育学生创新潜能的作用力；自己在教学中持续不断创新，把每次教学都当作创意设计和实施的过程等。

跨学科素养。从学生全面发展的要求来看，教师既需要为学生提供单学科知识，也需要引导学生掌握学科间的联系，在学科与学科的有机关联中形成对问题的真正掌握。自然科学以及社会科学的发展也越来越多地指向学科的交叉与融合。另外，从社会实践和生活实际中也可看出，所有问题的解决都不是靠单一学科，都是基于不同学科的有机结合，综合性地分析和探讨，才有可能找到解决问题的答案。所有这一切，都要求教师进一步扩大和提升跨学科素养，不仅要系统掌握本学科本专业知识，而且要有意识地提高自身跨语文、跨数学等方面的素养，要对生活的各个层面（时事政治、经济发展、科技动态、乡土人情……）所涉及的各种知识有所把握，要细心研究如何从学科相联系、相交叉、相渗透之处提出探究问题。非语文、非数学的老师要研究本学科应用语文、应用数学的特点，在提高学生本学科素养的同时，促进学生语文素养、数学素养的提升。美国当前正在蓬勃兴起的"共同核心标准运动"，即制定和实施各州通用的全国性统一核心教学标准。目前已出台了语文和数学两个学科的核心标准。其中语文核心标准除了本学科的要求外，还有跨学科的语文素养标准，对6—12年级的其他文科（包括历史和社会研究学科）和理科（包括科学和技术学科）的阅读和写作提出了要求，具体明确地提出了在其他文科和理科的情境下学生需要掌握的各项语文能力。

媒体素养。自媒体正在使教师私密空间与公共空间的界限变得模糊，使教师个体行为与公共行为的距离变短。教师增强自身的媒体素养已变得迫在眉睫。在这里，教师媒体素养指的是教师认识、评判、运用传媒的态度与能力，既指教师面对传媒各种信息时的选择能力、理解能力、质疑能力、评估能力，也指教师在认识媒体的基础上对媒体的巧妙运用，大体可分为基础、核心及关键三个层面。其中，各种领域的知识积累和教育教学的阅历是基础要素；把握各种媒体的特性，正确解读各种信息并恰当运用，培养对媒体信息的批判意识和批判能力，提高对不良信息的辨认能力和免疫能力，同时学会有效地利用媒体信息为教育教学服务等是其核心要素；有着追求当代教育新鲜信息的强烈愿望是关键要素。

社会参与和贡献素养。以往教师多将自己限定在学校围墙之内，不太关注政府事务，甚至对社会上的种种弊端熟视无睹，认为那是官员和政府的事情。随着国家治理体系和治理能力现代化的不断推进，越来越要求教师参与到政府事务中去，参与到社会事务中去，在社会参与中体现自己的价值，甚至由于教师的特殊身份和知识占有的便利条件，成为公众参与社会事务的引领者。同时也要求教师主动承担社会责任，参与学校周边环境建设，通过发挥自身的教学资源优势，服务社区居民，提升学校的社会影响力和知名度，为社会作贡献。

自我管理素养。如今，教师面临的压力日益增大，各种各样的困惑也越来越多，而外在的激励手段相对匮乏，专业水平越高，能够给予自己指导的专家越少。此时，教师的自我管理素质和能力就显得愈发重要，能不能很好地管理自己，约束好自己，激励好自己，直接影响其专业发展水平。自我管理注重的是教师的自我教导及约束的力量，亦即行为的制约是通过内控的力量（自己），而非传统的外控力量（校长、专家），简单来说就是知道自己应该做什么，知道自己应该怎么做，能够有效采取行动。教师的自我管理素养涉及很多内容，如目标管理，明确自己的努力方向，并不断积极向这个方向迈进；时间管理，能够区分任务的轻重缓急，对时间作出统筹安排，工作时不会有拖延症；沟通管理，善于针对不同沟通对象采取不同的沟通行为，对影响沟通的事情抓苗头、抓早、抓小；情绪管理，能够控制自己的情绪，不在情绪激动或失控的情况下采取不当行为，冷静地对事物作出判断；健康管理，认清自己的身心状况，经常锻炼以保持健康体魄，经常进行心理自我调适，保持积极乐观的情绪等。

未来教师新要求

教师的新定位、新素养，必然反映为对教师的新要求。把新要求落到实处，新定位才能到位，新素养才能形成。

把政治纪律、政治规矩放在重要位置。自教师职业产生以来，任何一个社会时期，都会有对教师的政治要求，但这点在当下对我国广大教师有着非同一般的重要性。在今天经济社会深刻变革的时期，各种政治思潮激荡，需要教师保持高度的政治敏感性，对各种政治主张作出分析、鉴别，引导学生坚定正确的政治立场，抵制不良政治思想的影响。教师是知识的传承者、社会主流价值观念的代言人，肩负着学生"成人"的使命，在政治立场上需要旗帜鲜明。无论是党员教师还是非党员教师，都应该把守纪律、讲规矩摆在重要位置。

把适应变革作为常态。改革只有进行时，没有完成时；改革以后所面临的问题并不见得比改革以前少，这已成为事实。对教师来说，在教育教学活动中，要切实树立教育没有终极观念的基本观点。要认识到教育教学改革是长期的，没有尽头的。改革总是随着时代的发展而发展，随着时代的变化而变化，改革也总是由浅入深、层层递进的。一个时期领先的教育观念，在另一个时期可能恰恰是改革的对象；一个时期教育上的优秀做法，在另一个时期可能恰恰是发展的负累。教育正是在克服自身一个又一个缺陷的同时，走向新的更高水平的。忽视学生的时候，我们需要大声疾呼教育中要看到"人"的存在；过度关注学生的时候，我们也要尽力扭转认识上的偏颇，给经济社会发展的需要以恰当的定位。忽视教材的文本解读的时候，我们需要形成教材是蓝本也是文本的观念；但过度解读教材、超越教材的应有边界的时候，我们则要引导尽量回归教材的政治、文化、学科等属性，不能一味地主张"一千个读者，有一千个哈姆雷特"。凡此种种，不一而足。从这个意义上说，观念更新永远在路上，恒久的、普适的、一劳永逸的教育观念几乎是不存在的，教师要经常检视自身教育教学观念存在的缺陷与不当并及时加以调整。

把学习当作生活方式。教育学的逻辑起点之一或者说最重要的逻辑起点就是学习，由学而至教，由教而至成长，由成长而至成人。这可以说是基本逻辑。对教师来说，这个逻辑同样成立。有人在形容当今社会的变化时，用了这样的语言来概括：六年前是古代，六年后是未来。这样的话虽有言过其实之嫌，但的确反映出信息化社会的变化特点。在农耕文明时期，教师学几年可以教一辈子；在工业文明时期，教师学十几年可以教一辈子；在后工业文明时期，教师只有学一辈子才能教一辈子。以前，我们定义学校的时候，是从学生的学习角度出发的；在今天，学校已不再单一指学生的学，也是指教师的学，是教师与学生的共同学习、结伴成长。与专业水平高的教师打交道，总是给我们留有这样的深刻印象：他热爱学习、酷爱读书，学习欲望强烈，持续学习能力强，善于通过学习反求诸己，变革自身。我很同意一种观点：一个人的成长史就是一个人的阅读史。读什么样的书、怎样读书、读了多少书，决定了你会成长为一个什么样的人。教师真正把学习当作生活习惯、当作精神追求了，本领恐慌不再，能力素质也会不断得到提升与发展。

（作者分别系中国浦东干部学院教授、博导，
上海长宁区教育学院特级教师）
（本文原载于《人民教育》2016 年第 11 期）

高效教师的七个习惯

（英）斯科特·巴克勒　保罗·卡斯尔

积极主动

我们真正可以掌控的唯一事物就是自己。对于日常生活的外部事物我们无法控制，比如我们无法控制天气、交通，也无法控制督学何时到访。我们所能控制的仅仅是我们对外部情况的应对方式。堵车时，我们也许会变得焦躁，但也可以调整关注的角度，去享受广播中的音乐，规划明天的活动或者只是看看那些匆匆赶路的行人。关于天气，我们应该试着去理解风雨交加的天气对学生造成的影响，或许学生会比往常表现得更为"活跃"，因此我们可以在开始讲课之前花一点时间营造一种平和的氛围。

我们可以在认知、精神以及思想、情感和身体层面对自己作出调整。如果我们开始感到焦虑不安，那么事情可能会失控。我们可以通过调整身体状态，从而在认知和情感层面重新获得平衡。例如，我们可以调慢呼吸，并专注于呼吸的过程，让自己变得平和。

保持积极的心态，不仅可以让我们面对不可控情境时能够更好地应对，还能让我们在焦虑因素和可控因素之间寻求平衡。在日常教学过程中有很多方面都会让我们担忧，比如成绩的等级差异、课程的变化等，我们必须去考虑可以影响这些方面的因素。我们不能控制所有的焦虑因素，但是我们可以控制那些我们能够影响的因素。例如，成绩的等级差异可能是一个令我们担忧的因素，那么我们可以把消除等级差异作为一个目标，并且通过我们的教学来对这一因素形成影响。不断变化的课程也许不是我们可以控制的因素，但是我们可以考虑如何去主动应对这种变化。

如果把精力集中在我们无法控制的因素上，会显得被动。相反，如果在那些可以改变或影响的因素上作出努力，我们就会更加积极主动。尽管该道理人人皆知，但是一些选择仍然会导致负面的结果，或出现所谓的错误，尽管我们不能改变已经发生的事情。从积极的角度来说，我们可以反思发生了什么、为什么会发生，然后去考虑如果类似的事情再次发生，我们会不会作出更好的决策。

总之，第一个习惯——"积极主动"，就是在我们能掌控的范围内，对我们的选择及其可能带来的后果负责。

以终为始

"终"是"以终为始"这一习惯的核心概念，可以定义为"最终目标"。思考自己在职业生涯中真正想要的是什么，什么能带给你教学生涯中最高的成就感。

许多教师关注短期的目标和日常的教学，但真正的成功需要确定长期目标。这一目标可能无法通过短暂的反思而形成，需要很长的时间来确定。实际上，目标并不仅仅是有高薪的工作，更是个人价值的实现。

综上所述，第二个习惯涉及最终目标的确定。一旦确定了目标，教师就可以用第三个习惯——"要事第一"的原则来规划实现目标的步骤。

要事第一

紧急任务和重要任务有怎样的区别？这个习惯帮助教师去思考紧急性和重要性的区别，重点去计划、排序和实施这些任务。

柯维提出了一种有效的方法，通过一个 2×2 矩阵的四个象限来帮助教师判断任务的轻重缓急（见下表）。

时间管理优先象限表

	紧急	不紧急
重要	象限1——紧急事件：我必须首先处理这件事情！	象限2——这件事对我很重要，我需要花一定时间来做这件事。
不重要	象限3——有人让我快速去做一些事，但这些事对我而言并不重要。我应该说"不"。	象限4——这件事怎么会在我的清单中？

象限1：这个象限指的是紧急任务。变得高效的关键是，限定或尽快处理进入第一象限中的任务，从而可以关注那些第二象限的任务。

象限2：这个象限里的任务是一个人真正有效工作的关键。如果你已经理解前面所说的两个习惯，你将有勇气对那些无关紧要的事情说"不"，因为你确定了自己的最终目标，并明确了事情对自己的重要性。这个象限中的任务将对你的工作产生深刻的影响。

象限3：这个象限中存在一个悖论：会存在紧急但不重要的任务吗？在面对紧急事件时，如果教师花费精力去完成这类紧急却不重要的任务，那么很可能将没有时间去完成那些自己应该去做的重要任务。以使用电子邮件为例，人们经常以检查和回复邮件作为一天工作的开始，而不是规划这一天需要完成的任务。实际上，归类为"紧急事件"的大多数任务是别人为了在最后期限前完成任务而强加的。回到邮件这个话题，教师打开的每封邮件都会花费时间和资源去处理：阅读后作出是否删除、回复或保存的决定。

象限4：可以说那些不重要也不紧急的任务会因其他象限任务的紧迫性而被忽略。

这种模式的最终目标是确保你能够减少象限1中的任务，而把更多的时间花在象限2的任务上，同时避免在象限3和4的任务上花费时间，因为这些任务并不重要。实际上，如果可以达到这种平衡，你将会更好地安排和掌控自己的工作和个人生活。为了确保能够在象限2的任务上投入更多的精力，教师需要花费一些时间来处理一些事情：需要先明确象限1中的事情已经处理完毕，因为这些任务也不能被忽视，此外还要对象限3的事情进行妥善的处理。

双赢思维

这个习惯强调互利互惠，而不仅仅是一个人获利。我们应该建立一种可持续的、长远的多边人际关系。

教师可以考虑在班级通过建立有效的家校合作关系来提升学生的阅读水平。还可以在某天晚上组织一个家长工作坊，让尽可能多的家长参加，在工作坊中重点介绍家长帮助孩子提高阅读能力的一系列策略。首先向家长说明为什么要帮助孩子提升阅读能力。研究显示，家长的参与在提高儿童阅读能力方面有重要作用。然后，可以向家长介绍针对不同文学类型促进孩子阅读能力提升的一系列策略。将孩子作为工作坊的核心，教师和家长为提高孩子阅读能力这一共同目标而携手合作。这种方式可以有效提高班级学生的阅读水平，这对教师有益，同时也可以让孩子和家长享受共同阅读带来的珍贵体验。

知彼解己

当别人与我们说话时，我们究竟听到了多少？作为教师，我们倾向于解决问题，但在理解情境之前就试图解决问题是不对的。以行为管理为例，在课堂上，我们可能会发现一些未经许可的行为，并且这些行为产生了不良后果（比如轻声的甚至高声的喊叫），但是作为老师的我们真的理解学生为什么会做出这种行为以及如何防止类似行为的再次发生吗？要充分理解所发生的事情，唯一的办法是了解前因：在这种行为出现之前发生了什么？在确定解决方案之前，我们是否对发生的事情有准确的理解和判断？从另一个例子来看，学生在完成作业方面存在困难，作为老师，我们首先要了解学生在课上学习的效果，诊断学生的问题究竟是什么。

在我们做之前，我们是否倾听了别人在说什么？"倾听"有五个层次：充耳不闻、假装倾听、选择性倾听、细心倾听、移情聆听。最后一个层次——移情聆听，正是我们需要加强的方面，我们需要在倾听时充分理解对方，用我们的耳朵聆听对方在说什么，通过观察对方的肢体语言，"用心倾听"并理解他们所要表达的意思。虽然倾听别人需要付出很多精力，但是这比后期去消除误解要省力得多。

合作增效

前面提出了以双赢理念进行合作、设身处地聆听他人，第六个习惯则是在这些习惯的基础上实现有效的团队协作。作为一个群体（班级）的管理者，需要提倡团队协作。通过这样的合作或协作，目标更容易实现。实际上，协作的含义就是使整体效能大于各个部分的效能。

促进协作的核心在于以包容的心态建立一种互相尊重的氛围，当团队中的每个人都受到肯定和鼓励的时候，那么教师的工作成效将超越个人的最佳水平。

不断自我更新

最后一个习惯是关于个人发展的：更新你的个人资源，保持高效能。这涉及一系列不同的维度，包括教师在身体、精神和情感上的幸福，例如确保自己吃了健康的食物，有时间放松，拥有高质量的睡眠，身体上达到最佳状态，这些将为你从事教学作好充足的准备。

［本文摘自由（英）斯科特·巴克勒、保罗·卡斯尔著，张浩、郝杰等译的《写给教师的心理学》，该书由华东师范大学出版社 2016 年 5 月出版。］

（本文原载于《人民教育》2017 年第 1 期）

第二辑

像孔子那样做教师

像孔子那样做教师

——《论语》新解

李 亮 周 彦

经典阅读永远都不会太迟。对经典的解读也从来都不缺乏、不拒绝新鲜的视角。其实，每个人心里都装有自己的《论语》。身份不同，视角不同，眼中的《论语》也必定不太一样。我们站在普通教师、日常教学的角度读《论语》，亦有别样的心得和收获。

做一个真实的教师

《论语》虽是经典，但各篇章对话之间并无上下一贯的系统联系。然而，正像李泽厚先生所说，读罢全书，却仍然可以见到一个"相当完整的生动印象"，那就是孔子。透过《论语》，我们分明看到了一个生动、真实的教师。

他有爱憎，不做好好先生。后世的人往往只关注儒家的中庸，于是遇到事情便选择不置可否，谁也不得罪，变成一副世俗的嘴脸，林语堂称之为"超脱老滑"。孔子不是这样的，他有自己的爱憎。子贡问他，君子也有憎恶吗？（《论语》第十七篇的第二十四章，注作 17.24，下同）他说有。他憎恶讲别人坏话的人，憎恶自己下流却毁谤向上的人，憎恶勇敢而不懂理智的人，憎恶专断而执拗的人。有憎有恶才有活生生的人的情感。

他会着急，急了还会发誓。一次孔子拜会了南子，据说这是一个不道德的女人。于是招来了子路的不悦，孔子急得发誓说，我如果做了坏事，老天会惩罚我！老天会惩罚我！（"天厌之！天厌之！"6.28）。一个老师被冤枉或者被怀疑了，想自证清白又没有太多的证据，情急之下的发誓，多么诚实，一点也不装腔作势。

他经常会被学生批评和质疑，子路首当其冲。老师见南子，他不高兴；孔子在陈国断了粮食，他也带着嘲弄的语气质问孔子：君子也有毫无办法的时候（15.2）？老师要去做官，他又颇有微词（17.5）。看来，孔子的学生可以对他说不，可以不高兴！

他还会发牢骚。他曾抱怨没有人知道自己，没有人起用自己，因怀才不遇而抑郁感叹（14.35）；面对现实他也会有悲观的情绪，用凤凰鸟来比喻当时天下无清明之望（9.9）；他还会前后矛盾，既提出"不患人之不己知，患其不能也"（14.30），又公开埋怨"莫我知也夫"（14.35）。

如此不悉数列举。足见，孔子其实并非如后世，尤其是宋明理学描绘的那样超凡入圣，他就是这样一个普通的平常人，在学生的眼中，他并非一个所谓高尚完美的至圣先师，他可以被挑战，可以被诘问，甚至可以被指责。

为师者，就应当如孔子那样做个真实的老师。

真实的老师是自信的老师。过于看重自己的形象，唯恐一个真实的自己撑不起教师这个角色，生怕有什么问题会让孩子瞧不起，这样的老师，究其原因恐怕是缺乏人格自信、文化自信。一颗为孩子着想的心也允许有各种犹豫、疑惑、焦急、无奈、后悔，但充满自信的老师能够开放应对，越是藏着掖着，有所顾忌，就越会背负沉重的思想枷锁。孔子无疑很自信，自信到能够允许和接受学生的批评，这种批评看来也并不影响学生对他的尊敬。

真实的老师还是一个生动的老师。自己生动，也能让学生生动。一个教学技艺精湛的老师也许可以用语言感染孩子，但一个真正的好老师更应该用整个身心来教育孩子，他即是教育，他就是教材。一个生动的老师，最大的感染力就来自身教。严格点说，应当是只有自然的身体力行，没有刻意的为人师表。自然状态的表现也许对学生的影响更大。孔子对学生的教诲也绝不仅是"子曰"而已，他整个人就是教育的最大资源。看看他的学生，哪一个不生动呢？子路性格爽直，子贡聪明灵活，曾点谨慎迟缓……孔子固然喜欢沉默不语、勤奋好学的颜回，但他也一样喜欢时不时质问他的子路，愿意与他"乘桴浮于海"，也喜欢"不受命"的子贡，甚至对曾被他批评为"朽木"的宰我也有过称赞。学生性格的发展，最为突出的价值就在于对人的丰富心灵的尊重。人的心理结构各异，具有无限丰富的可能性，唯有引导他们各自生动地成长与发展，个体精神的自由才有基础。我们共享文化的传统，但却可以有个体的发展与创造，这本身就是丰富生活的应有之义。如果教出的学生千人一面，那就是教育的失败。

让学生在问题情境中徜徉

孔子和弟子的一些对话，两千多年以后读起来也并不觉得枯燥，启发、诱导、批评、反诘、叹服、悲悯、无奈，异常丰富的情感蕴含其中。一个循循善诱的老师形象跃然纸上。最为突出的表现，就是老师重视营造问题情境，善于提问，也善于解答学生的问题。从教学论的视角看，"问题意识"是《论语》中特别值得驻足和回味的教学现象。

孔子常常用问题来回答学生的提问。与其说是回答，不如说是启发。子游问"孝"，他反问子游，如果"孝"只是赡养，那与养狗养马有什么区别（2.7）？子夏问"孝"，他反问，不给父母好脸色看，仅仅让年长的先吃酒饭就是"孝"吗（2.8）？子路问如何侍奉鬼神，什么是死，孔子反问不能侍奉人，怎能侍奉鬼？不懂得生，怎懂得死（11.11）？老人家没有直接回答，给出的问题就像是提示，是拐杖，学生借助这些问题去思考，自己就能得出答案。

孔子似乎不怎么喜欢帮学生"彻底解决问题"，反而会给学生留下点问题。比如，子路问"政"，孔子说就是自己带头，大家努力，子路没听明白，要求老师多讲一些，孔子补充说，不疲倦（13.1）。再比如樊迟问"仁"，孔子说"爱人"，樊迟再问如何是"知"，孔子说了解别人，樊迟还是不懂，孔子继续解释道，"举直错诸枉，能使枉者直"。樊迟还是没弄明白，但孔子似乎并没有继续解释的意思，樊迟出来之后请教了子夏才把问题弄清楚。看来孔子也并不急于通过一次的讲解就彻底解决学生的问题。

孔子还喜欢追问。老师追问学生，是为了帮助学生理清思路。子张问如何做到"达"，孔子反问，你的"达"是什么意思？子张说就是在国家和宗族中有名气，他告诉子张两者不一样，然后才开始进一步解释（12.20）。相比较而言，孔子更多的时候喜欢等着学生追问。子张、子路、司马牛、冉有都追问过孔子。最为典型的是子张的追问，孔子的每一个回答中，都有他不明白的地方，于是就有了链条式的追问："如何可以搞政治？""什么叫五种美德？""什么叫施恩惠但不花费？""什么叫四种恶行？"一个接一个地追问，最后终于把问题弄明白了。

从这些饱含"问题意识"的对话中，我们不难梳理出几个孔子关于"问题教学"的特征。

第一，思考比答案重要。我们通常认为，学生来请教，当然要给出答案，高明一点的老师也许会给出寻求答案的方法，总之要让学生带着疑问来，还要带着疑问走。老师的角色规定就是解疑，但孔子似乎不这样想。他也适当地解疑，但他更在意问题，不仅不刻意追求解答得天衣无缝、十全十美、滴水不漏，还抛给学生更多的问题去思考，看来老人家觉得让孩子一直保留着疑问更有必要。

第二，无论是提问还是解答，老师的语言简洁、不啰唆，不担心学生听不懂。老人家三言两语，子路听不明白很着急，非拉着老师让他多说一点。这是多有意思的场景！想想我们说很多，求着压着强迫着孩子听，可孩子呢，并不感兴趣，还很排斥。孔子倒好，就像一个"懒汉"，你问一句，我冒两个字，你再问一句，我再冒两个字，很少见到那种学生不问或不想知道的时候，他对着学生左叮咛右嘱咐的。这样的简洁，学生的理解反倒有了更多的空间。

第三，要让学生追问。这是孔子与学生的问答里最精彩的地方，也是与今天我们看到的师生对话最不相同的地方。我们今天的课堂里，老师追着学生问，精彩的是老师的提问，因为那似乎显示了老师的水平；学生精彩的是回答，是猜中老师想要的答案，是能够让听课老师响起掌声的回答。孔子好像倒没这样认为，他通常懒得去设计环环相扣的问题，而是等着你一步一步问下来，但是你再往下问，问到关键的地方，难点重点的地方，老人家也会滔滔不绝，说个痛快，说到你明白为止。

往深处琢磨，我们似乎还能触摸到孔子关于"问题教学"的一些理念。（1）学问学问，不会问岂能叫学问，学生的问题意识和提问能力很重要，老师要留给学生提问的空间和余地，一下把答案和盘托出，学生就没有了提问的需求。（2）学习应当是一种主动的行为，不是老师追着逼着你、勉强让你学，而应当是自己"求学"。本末倒置，学生没有积极性、主动性，老师讲得再多再好恐怕也不行。（3）老师解答的意愿要和学生求知的意愿相吻合。急急忙忙地把答案和盘托出，一下讲得太多，学生想听吗？唠叨的老师是不是反而会败坏学习的兴味呢？（4）老师的解答要合乎学生的理解水平，这样，老师的解答才有意义。

孔子的那些问题之所以美妙，就在于能触发思考，在于对知识的探求，在于求知的满足和不满足。问题，不正是一条通往美妙教学世界的路径吗？

从现实生活中汲取教育智慧

孔子的教育教学就在日常生活、教学之中发生着。他不仅关心学生的现实生活，而且善于用生活中的经验来引导学生理解一些艰深的道理。哪怕是他所极力推崇的一些深刻的理念，在他看来，也无一不是可以落实在饮食、睡觉、绘画、穿戴、走路上。所以孔子的教育很有生活气息和感觉。我们今天把生活当作一种教育资源，似乎还不够开阔，生活能给予教育的启示远不止这些。

首先，孔子关注学生的日常生活。宰我白天睡大觉，被老师批评"朽木不可雕也"，并进而得出要听其言观其行才可。颜回身居陋巷，生活得很快乐，孔子称赞他有贤德（6.11）。固然，他们的生活方式不同于现在，但孔子对学生日常生活的关注，不仅仅是出于生活之便，而是基于学习、生活、人生之间的联系，这种联系在今天却日渐被老师们遗忘。

现代生活的特点之一就是专门化、精细化，教育从社会总体生活中分化出来，又进一步分为学校教育、家庭教育和社会教育几个板块。老师精力有限，面对几十个学生，只能关注到他们在学校中的表现，甚至只能关注到他们上课听懂了没有，作业完成没有，考试考好了没有。如果有孩子成绩出了问题，那一定是课上没认真听，课下没好好复习、预习。这些当然都有可能，但很多时候，学习出了问题，病根却在日常生活中。想通过提高学习的强度来"治疗"学习的问题，有时收效甚微，有时南辕北辙，甚至会适得其反。

比如，你可能只留意一个孩子晨读时没能把昨天的古诗背熟，却未必会想到昨晚他的爸爸妈妈大吵了一架，闹着要离婚，他到现在也静不下心来背书而处于惶恐之中；你留意到一个孩子上课思想开了小差，在无聊地把玩手上的橡皮，却未必想到他刚才与同桌闹了别扭，正盘算下课如何打破僵局；有些孩子一个阶段成绩突然下滑，你简单地以为他被什么游戏分了心，却未必了解到他其实是想借助游戏逃避现实里的什么问题，而如果背后的原因不被及时发现，"成为一个不愿学习的孩子"就会变成一个自我实现的预言，到后来他也认为自己真的爱上了游戏，放弃了学习。在这样一些时候，我们就需要有教育的眼光，而不仅仅局限在教学的视野里。

孩子的生活是完整的，我们的教学只是他日常生活的一个片段，教学的问题都有生活的关联。我们单指望在学校课堂将一个人塑造完成，是很难的。在现实条件下，我们要尽可能地关注一些特殊孩子的生活，他们生活中缺少的关爱，遇到的问题，都会以某种形式在学习中传递出来。借用经济学的术语，教育是"嵌入"学生的日常生活结构之中的，我们的教育面向的是整个的人，而不是某一门学科的成绩，就好像孔子对子贡、子路这些弟子的教诲，早已超出了"学问"的范畴而直指人生。学生对生活有了正确的认识，对学习才会有健康的态度。

其次，孔子重视日常经验的教育意义。这从学生的评价里能够看出。子贡说，老师讲诗书礼乐我们能够听到，老师讲人性天道我们却听不到（5.13）。因为孔子很少谈大题目，少用大字眼，强调从近处、从实际、从具体言行入手。不是不讲大问题，而是不直接讲，不把问题弄得很高深。

李泽厚先生一言以蔽之，"道在伦常日用中"。颜回也评价过老师，他说老师的引导与教诲，发掘了他的才能，好像能够高高站立起来了，但想要继续跟着前进，又感到还有许多未知（9.11）。

这样的例子举不胜举。比如孔子用敬神的玉器来比喻子贡（君子不器），既褒其才能之高雅贵厚，又贬其发展不够全面（5.4）；"好学"就是不追求饮食居所的优越，做事勤勉、说话慎重，接近有德行的人来匡正自己（1.14）；用先有白底，再有绘画，来表示内心情感的"仁"是外在体制的"礼"的基础（3.8）；用麻布来纺织帽子就是礼制（9.3）；如此等等，都是用日常的经验来阐述大道。

这样的思维方式、论述方式有着实用理性的思想传统，但发掘日常经验的教育价值，却是教育智慧的体现。智慧有时就表现为一种跨界的眼光，发现学习与生活、社会与自然中原本看来毫无关联的事物间的潜在联系。这是一种直观的思维，整体的思维，区别于分析的、逻辑的思维形式。如果后者更具有科学倾向，前者就更具有艺术或者美学倾向。这种思维方式对今天解决生存、社会等世界性问题都具有不可忽视的价值。

自然原本就是一个整体，人类从中整体地划分出来，个体又从类中划分出来，教育从人的社会生活中划分出来，各个学科又将教育划分为不同的板块。总之，孩子往往无法把现实生活中的问题与课堂上、书本中的观点与公式联系起来。结合生活的教育，不是生硬地把生活拉进课堂，在课堂中讨论几个现实热点，仿佛这就是生活化了，重要的是从生活中实践、体验、领悟知识，同时也将知识运用于生活实践之中。

再次，孔子的教育常常融化在师生日常的聊天中。他和学生的一些对话与其说是讨论，不如说是聊天，不仅聊日常的话题，朋友的话题，聊天的氛围也很生活化。

孟懿子问如何是"孝"，孔子说"不违背"。樊迟替孔子赶车时，孔子就对他说，孟懿子问我如何是"孝"，我说"不违背"。樊迟问什么意思，孔子说，父母活着，按照礼制来侍奉，去世了按礼制安葬和祭祀。（2.5）学习就发生在这些日常的聊天之中。

一次颜回和子路在旁边，孔子说，你们何不谈谈自己的志愿呢？子路的志愿是与朋友分享的豪爽，颜回是不夸耀的居敬持志。子路反过来说，愿意听听老师的志愿吗？孔子说，使老一代安心，朋友一代信任，年轻一代关怀。（5.26）聊志向，也要相互说说，别只听学生说，学生也很想知道老师的志向呢。

这种日常的聊天具有一种拉近心灵的效果，什么是老师与学生的平等对话？高高在上，抛个问题给学生，然后在一旁听学生讨论，再怎么低下身来，也没有平等的情味。与学生像朋友一样的聊天，将教育化在这些日常的语言中，才更接近教育的本真。

如果说，孔子的这些聊天有什么特别值得一提的话，那就是教师的在场，即讨论与对话中"有我"，有教师的存在。换言之，讨论的主体是"我们"，而不是单单的"你们"；是我们一起交流对某个问题的看法，而不是老师来听听你们有什么想法。

孔子也受到道家学说的影响，说如果主张行不通了，就坐木排到海上漂流去，跟随我的大概是子路吧，子路很高兴，孔子马上提醒道，子路比我还勇敢，但只是不知道如何剪裁自己。（5.7）与学生交流自己面对困境的想法，也随机点出子路的粗犷、鲁莽。

孔子问子贡，他与颜回谁比较厉害。子贡说，哪敢与颜回比，他闻一知十，自己才知二。孔子说，是不如他，我和你都不如他。师不必贤于弟子倒是其次，把自己也放进去和学生比较一番，该有多大的气魄。

孔子更时常拿自己说事。既有自我谦虚的评价，比如不敢称自己圣与仁，觉得自己只是诲人不倦而已（7.34）；也有极力的辩解，你们这些学生以为我有什么隐瞒吗？我没有什么不对你们公开的（7.24）；也有对自己的剖析，觉得自己一以贯之（15.3），也觉得自己努力实践做一个君子，但还没有达到（7.33）。而最为经典的对白，就是子路、曾点、冉有、公西华侍坐，师生五人畅谈理想的场景。孔子不仅没有否定其他几位的志向，也表明了自己的理想与曾点相同（11.25）。孔子不怕暴露自己的缺点，敢于向学生表明立场。

我们常说孔子懂得因材施教，不同的人来问仁，问孝，问同一个问题他都能给出不同的建议，这有一个前提，就是他很了解自己的学生。这是从老师的角度上来看的一种惯常的看法。如果反过来想，从学生的角度来看呢？孔子的学生也一样很了解孔子，也许在学问上还难以企及，但他的脾气、兴趣、志向、爱好、憎恶，统统在与学生交流的过程中，一览无余地暴露在学生面前，包括在朝廷上的唯唯诺诺（遵守礼节）和被隐士质问时的无言以对。

教育的场域里，在师生相互的眼中，彼此都应当在场。我们提倡"把学生当成一个完整的人看"，这是人本取向的必需，其实还少了一半，就是教师在学生的眼中，也应当成为一个饱满而丰富的人。

正是借助了这些因素，孔子没有把日常生活看作是什么教育教学的资源，而是就在教育中生活，在生活中教育。他没有刻意为之，却饱含教育的智慧，更暗合了教育中的一些亘古不变的规律。

（作者单位：李亮系江苏省教育科学研究院；

周彦系南京凤凰母语教育科学研究所）

（本文原载于《人民教育》2014年第20期）

"好老师"孔子的学习哲学

何伟俊

孔子为师之道的根本就一个"学"字，他成为好老师的秘诀在于他的"好学"。据郑也夫先生统计，在《论语》里，"学"出现了 56 次，"教"只出现了 7 次。纵观《论语》，讲孔子教育教学方法的只有一句话："不愤不启，不悱不发，举一隅不以三隅反，则不复也。"

作为教育家，孔子的教育智慧更多地体现在他自己的学习感受、体悟之中。

终身学习者

《论语》开篇首字即"学"字。孔子和弟子们说得最多的大概就是"学"。

《论语》首篇第一章孔子的三句话，是孔子对弟子掏心窝的话，他的人生感悟、对"学"的深刻理解都包含其中，可谓"开学寄语"，殷殷嘱咐。"子曰：学而时习之，不亦说乎？有朋自远方来，不亦乐乎？人不知而不愠，不亦君子乎？"

孔子这三句话向弟子们传递了他的"学习哲学"——学习，是人类的第一特征；学习，是人生的第一要务；学习，是生活的第一乐趣；学习，是为师的第一本领。

这样的哲理，孔子说出来是那样亲切和真诚。当孔子感受到弟子们心中的困惑、疑虑、芥蒂时，他如此说，其实是在与弟子们交心。这样的交心富有情趣、充满感情。情是孔子对待弟子的真诚、关心和期待；趣是孔子说话的语气。

当我们反复吟诵"学而时习之，不亦说乎？有朋自远方来，不亦乐乎？人不知而不愠，不亦君子乎？"体味其中的音韵、节奏、声调，弟子们面对孔子席地而坐，孔子面带微笑，用亲切舒缓的语气对学生谆谆教诲的场面，自然地浮现在我们的眼前。"不亦说乎""不亦乐乎""不亦君子乎"不是反问，是商量，是启发，是循循善诱。

《论语》以"学"开篇，同样，孔子的人生始于"学"，且终身实践。在那个没有"终身学习"概念的时代，孔子用自己的行动表明他是个"终身学习者"。

子曰："吾十有五而志于学，三十而立，四十而不惑，五十而知天命，六十而耳顺，七十而从心所欲，不逾矩。"（2.4）

少年立志学习，才成就了孔子的人生。苏格拉底说："未经审视的人生，是没有意义的人生。"东西方两位先哲可谓"心心相印"。孔子不断审视自己的人生，最后达到"自在""通达"的境界——"从心所欲，不逾矩"。这样的不断"审视"，不断"进阶"，始终伴随着一种行为——"学"。"十有五而志于学"：人生起步于学，学也贯穿于他的一生。年轻时，学做人做事的本领，学知识、学技能；"三十而立"：因为学，有了知识、技能，他能在社会上做事，自立于社会；"四十而不惑"：社会阅历和人生经验的积累，加上不断学习、反思，人生的智慧不断丰富，他对很多事、很多问题能看明白而不迷惑；"五十而知天命，六十而耳顺，七十而从心所欲，不逾矩"：还是因为学习、修行，他"下学而上达"，上遵自然天命，下容世道人情，心之所愿都不会逾出规矩。

这是一个从事功层面到智慧层面再到精神层面的过程，也是一个从物质到心灵的生命历程。

叶公问孔子于子路，子路不对。子曰："女奚不曰，其为人也，发愤忘食，乐以忘忧，不知老之将至云尔。"（7.19）

"不知老之将至"，是因为"发愤忘食，乐以忘忧"。其实，此时的孔子已经60岁左右，在那个时代是名副其实的老人了。在这个年龄，孔子仍然

"发愤忘食"，可见其学习动力多么强大。因为忘情，孔子在这样的学习状态中享受着快乐，忘记了忧愁，真可谓"心忘方入妙"（恽寿平语）。

自少年始立志学习，成为终身学习的先行和楷模，这才有了"好老师"孔子的诞生。

学习的方法与思维方式

除了好学的态度和精神，孔子的学习方法和思维方式也值得借鉴。

"见贤思齐焉，见不贤而内自省也。"（4.17）意思是生活中遇到的每一件事、每一个人都可以成为自己的老师，都能从中学到东西。哪怕是那些不好的遭人摒弃的，我们也能通过"自省"而引以为戒。这就是孔子的学习方法：好人好事要学；不好的人和事，不是一味去指责、鄙视，而是反观自身，从反面将之转化为学习资源以提升自己。

将整个生活都看作学习、修炼的场域，时时、处处、事事学习。学习是发自内心的喜好。

正如子贡所言："夫子焉不学？而亦何常师之有？"（19.22）没有固定的老师，只要有可学之处，皆是老师。所以，"三人行，必有我师焉"。

这既是开放的学习态度，也是孔子学习的思维方式——从多方面学习，并非一概接受，不加思考，而是"择其善者而从之，其不善者而改之"。"择"，是一种学习智慧。当今社会，信息、知识爆炸，我们往往缺少的不是知识，而是选择知识的智慧，化知识为能力与德行的智慧。

子曰："知之者不如好之者，好之者不如乐之者。"（6.20）知之者，知性层面；好之者，情绪层面；乐之者，精神层面。学习也好，做事也好，或者从知性开始，或者从喜好开始，最终达到心灵愉悦才是最高的境界。快乐的境界，就是人与知识的融通，人与世界的圆融无碍。

现今的教育讲"乐学"，多流于表面和形式，往往是肤浅的兴趣，简单的激励。乐学，不是轻轻松松，不花时间，不用努力；乐学应建立在喜欢的基础上，真的喜欢才有真的快乐；喜欢又建立在懂得、理解的基础上，也就是对知识本身魅力的喜爱之情。这里，孔子把"乐之"作为学习的最高境界，回应了《论语》开篇他的学习哲学——"学而时习之，不亦说乎"。

孔子是用审美的眼光与方法学习，天人合一是他观照自然的情怀；同时，"智者乐（"乐"读"要"，喜欢的意思）山"，"仁者乐水"，也是孔子向自然学习的体现。

正因为与山水天地相融，向自然万物学习，才有了"子在川上，曰：'逝者如斯夫，不舍昼夜'"。孔子把自己对宇宙、历史、生命的思考，融入了滔滔不息的流水之中。山水的启示，让孔子明白了"知者动，仁者静。知者乐，仁者寿"的人生智慧，在于知进退，也就是动静相宜，动静协和，文武之道，一张一弛。

孔子好学、乐学，不断提升自己的生命境界，成为后世心目中"高山仰止，景行行止。虽不能至，然心向往之"的楷模。

学而后教

子曰："默而知之，学而不厌，诲人不倦，何有于我哉？"（7.2）这是孔子"为师之道"的精髓。

"默"并非"默写""默背"，而是指凝神静气、沉下心来，静静去学习、体味、琢磨。"知"是记下来，融化到心里面的意思。"学而不厌，诲人不倦"，是孔子学习、教学真切的感受。用现在的话说，孔子一生都在"备课"。他乐学、乐教，享受教书育人的幸福。

孔子经常将自己的学习体验融入到教学中。

"学而不思则罔，思而不学则殆。"（2.15）这是孔子原创的"学习"思想经典，从古到今，被引用率很高。学和思，是客观的知识经验和主观的建构之间的关系。学习了客观的知识经验，经过思考的整理、加工，融入自己的认知结构，才能内化为自己的知识。这样的知识才是系统化、清晰化的，才不会因为知识的繁杂而"罔"（模糊不清，混沌不明）。思，是一个转化的过程，也是一个建构的过程。对学习而言，思考的作用再作强调也不为过。尤其是当下，无论教师还是学生，缺少的不是学，而是思考，独立的思考和判断。

孔子对"学"与"思"的密切关系，揭示得很深刻。这一点，孔子有切身体会。他曾经说："吾尝终日不食，终夜不寝，以思，无益，不如学也。"（15.31）有了真切的自我学习体验，才可能启发、引导弟子们更好地学习。孔子对"学"还有另一个独特的体验——"学如不及，犹恐失之。"（8.17）这道出了孔子作为学习者的感受。"及"的甲骨文，由两部分组成，前面是个人，后面是一只手，一只手抓住一个人。"及"的本意是赶上、达到、抓住。"学如不及"是说学习好像抓不到某个东西一样。有时候，我们要说一句话，想要表达一个意思，似乎想清楚了，却说不出来或说不清楚，就好像看见那个东西却抓不到一样。"犹恐失之"，就是抓在手上，还害怕丢掉了、消失了。当灵感一闪而过却不能及时捕捉的时候，内心会有些许遗憾，这种感觉是很真切的。如果你贴心地与孔子对话，就会对孔子的这种学习体验产生共鸣。

学习还是一个动态的过程。孔子的话启示我们，学习是一个"抓住"的过程，如果不能将学到的东西刻在心里、融入灵魂，学习就可能抓不住。

正是因为在学习上孜孜以求、持之以恒，孔子的学识水平，用颜渊的话说"仰之弥高，钻之弥坚。瞻之在前，忽焉在后"。作为教师，他的教学可谓"资之深，则取之左右逢其源"（孟子语）。然而，在上课之前，我们的孔老先生还要——"温故而知新，可以为师矣。"（2.11）

这里的"新"不仅仅指新的知识，更多指新的理解、新的发现、新的感受、新的体验。孔子是在有了这些"新"之后，才敢于"为师"的。同样，我们的备课，不仅仅是写出漂亮的教案，更应是把所教的知识、内容自己先学习、琢磨、体会，融入自己的理解，让知识在自己的精神世界里活起来，成为心中的火炬。教学，就是用自己心中知识的火炬，点燃、照耀学生的心灵和精神。这种教之前的"学"，不是简单地重复熟悉的知识和能力，而是知其所以然、温故而知新、成竹先在胸。在课堂上，如果学生学不会、不会学，教师便束手无策，那么根子就在于教师自己不会学，事先没有学过。只有你自己学过了，会了、懂了，清楚来龙去脉，在学生需要启发、帮助时，你才能给予有效的启发和帮助，真正的教学才能发生。

经典，就是这样跨越时间的。

孔子做了一辈子的老师，他为何如此享受为师的快乐？再想想我们自己，职业的倦怠感经常困扰我们。这种倦怠，除了社会环境、待遇等因素，更源于教师没有把学习当作自觉的行为。

当一个老师不好学，无法从学习中获得快乐时，他的教学很容易陷入乏味和倦怠的状态。假如一个老师对所教的内容有自己真切的感受，有独立的想法、理解和发现，他一定会产生表达的欲望，愿意与学生分享，怎么会不开心、不高兴呢？

"诲人不倦"的前提是"学而不厌"。教学说到底也是一种分享，如果你真的是好学的人，你肯定也是乐教的老师。孔子说"何有于我哉"，孔子对自己的好学特别自信，既然学而不厌，那么诲人不倦又有何难？

教师的读书、学习，不仅是为了充实丰富自己，也是为了克服职业倦怠，达到"诲人不倦"的目的。向孔子学习，首先学习做一个学习者——先学者、会学者、善学者、好学者、乐学者。（本文所引用《论语》章句，均见杨伯峻先生的《论语译注》）

（作者单位系江苏省兴化市教研室）

（本文原载于《人民教育》2016年第2期）

教师为什么要有专业生活

——民国白马湖教师群启示录

周 勇

上世纪 20 年代，浙江上虞白马湖畔的春晖中学汇集了一群了不起的教师，形成本文所谓的"白马湖教师群"，成员包括夏丏尊、丰子恺、朱自清、朱光潜等。关于这群教师，学界已从"新文学""新教育"等角度作了许多研究，今人因此不难了解这群教师在中国现代文化教育史上的先锋地位与贡献。这的确是一群了不起的中学教师：且不说中国第一份诗歌期刊、现代散文典范等重要的新文化成就均出自他们之手，单提后来他们虽无缘继续在同一所学校里做教师，仍努力办出了中国第一份学生杂志《中学生》，便足以令人肃然起敬。

除了令人钦佩、感慨当年基层教师卓越的文化教育革新表现外，这群教师显然还可以为反思、优化近十年兴起的由"教育专家"主导的"教师专业发展"运动提供历史参照。不过就这群教师而言，本文真正感兴趣的既不是他们有过多少文化与教育革新成就，也不是他们的奋斗经历能为我们提供何种更有意义的"教师专业发展"路径，而是他们在白马湖畔聚集以来，有过什么样的专业生活，他们为何把自己的那些专业生活看得那么重，以至即使不算"工作量"，也要勉力为之。

夏丏尊：因为觉得自己做得还不够好

这群教师中，夏丏尊最早来到白马湖畔的春晖中学，时为 1922 年春。那年，夏丏尊 36 岁，教龄 15 年，堪称涉世已深。然而他的性情一点也没变，仍像当初那样朴实和蔼、任劳任怨，年轻时的社会理想与忧患意识同样没有褪去——"看见世间的一切不快、不安、不真、不善、不美的状态，他都要皱眉"（丰子恺语）。他自 21 岁做教师以来的种种专业生活，从自学宋明理学增强自身修养与忍耐力，到做训导主任时，无论捣蛋学生怎么挑衅，都不放弃教育，皆是为了将学生引向真善美的人格。

推崇人格教育的校长经亨颐一直信任夏丏尊，春晖学子也很快知道，严厉、不妥协的夏先生性情其实十分温和，且真心为他们操劳，为他们好，许多学生因此称他为"妈妈"。按理说，这样一位好老师仅凭经验或习惯，就可以做好教育了，然而夏丏尊教完国文课，仍想多做点，或者想着怎么把工作做得更好些，让春晖学子乃至全国学子通过他的努力，可以多接受一点真善美的文化熏陶。于是他不仅用心为校刊《春晖》写东西，还开始翻译 19 世纪意大利诗人亚米契斯的文学作品《爱的教育》。

一个国文教师忙完教学和各种杂事后，还要跨越专业，去翻译西方文学，这在民国教育界恐怕也不多见。在南北军阀混战的年代，夏丏尊为何给自己强加这种吃力且不一定讨好的专业生活？答案就在于《爱的教育》深深打动了夏丏尊，使他觉得自己做得还不够好，他以及全天下的父母、教师还可以为儿童提供更好的教育。如他所言："我在家中早已是二子二女的父亲，在教育界是执过十余年教鞭的教师。平日为人为父为师的态度，读了这书，好像丑女见了美人，自己难堪起来，不觉惭愧了流泪。"

正是真诚的感动促使夏丏尊忙完一堆事情后，仍要用心翻译《爱的教育》，"介绍给与儿童教育有关的做教师做父亲的人们，叫大家也流些惭愧或感激之泪"。1924 年，《爱的教育》在上海出版。不知道当时"做教师做父亲的人"看了后是否会留下"惭愧或感激之泪"，但这本书的确是一种当时所没有并且蕴含真善美的"新文学"。夏丏尊不辞辛劳翻译它，不考虑有何回报，也足以表明，他所做的一切专业努力都是为了让学生得到更多更好的文化熏陶，养成真善美的人格。

由此想起，夏丏尊课余还做过一项课题，名曰"叫学生在课外读什么书"。如此通俗的课题名放在今天怕是立不了项，不过表达构思时，夏丏尊确实不需要什么专业术语，他只是想从自己读过的中外名著中，精选出一份书单献给学生，包括《民约论》《物种起源》《共产党宣言》《工人绥惠略夫》《呐喊》《爱罗先珂童话》等。这些书都符合他的国文或文学课程标准：把真心装到口舌中去。由此还想起，放学时，这位"妈妈"教师常常站在校门口，挥手叮嘱学生，不要贪玩啊，早点回家啊。

从翻译《爱的教育》，到做课外阅读课题，再到放学时像妈妈一样目送学子，此外还有为了上好国文课，认真研究古今中外的文章，这些都是夏丏尊白马湖畔的专业生活。真可谓一言一行皆是为了将拳拳爱心献给学生，让学生获得真善美的文化熏陶与人格教育。更令人欣慰的是，在白马湖畔，夏丏尊并不孤独，在他的联络下，一群文化教育理想相近的教师陆续来到了白马湖。先是丰子恺，然后是刘延陵、匡互生、朱光潜、朱自清。白马湖畔的教师岁月和专业生活因此成为这群教师的集体记忆。

丰子恺：为了证明艺术的美学内涵和教育价值

夏丏尊来春晖后没多久，便把丰子恺拉来一起做教师。当时丰子恺24岁。此前，丰子恺除在日本学了一年美术外，只在上海做过一阵子图画教师，但他十分热爱艺术，为人也和夏丏尊一样诚恳谦虚。学生很快便喜欢上了他的美术课、音乐课和英语课。春晖学子似乎从未见过如此热爱艺术的老师，无论是课堂上，还是在课外，都可以看到丰子恺对于艺术的痴迷，仿佛他的专业生活乃至整个日常生活都是围绕艺术而展开的，艺术生活就是其专业生活的中心内容。

确实如此，课堂上，他向学生讲述自己的艺术发现，课后则孜孜不倦地研究中西艺术理论与作品。这使得他有太多的艺术发现要与学生、同事分享，所以上完课，他还会另找场地，给学生开设文学艺术讲座，并把演讲内容整理成通俗易懂的文章，发表在夏丏尊主持的校刊《春晖》上。甚至在中秋赏月晚会上，他也要发表关于贝多芬的演讲，向学生传授音乐史知识，教学生欣赏古典音乐名作。

由艺术理论与艺术史研究构成的课内外专业生活本已十分丰富，然而这些仍不能让痴迷艺术的丰子恺感到满足。就像夏丏尊为春晖乃至全国学生贡献了《爱的教育》，丰子恺也想通过自己的努力，为春晖及全国学生奉献一种崭新的艺术作品。于是他开始尝试用毛笔创作漫画，并逐渐练成一套风格独特的艺术手法，来描绘儿童情趣、学生生活、山水意境和社会现实。1924年年底，他从自己的画作中，挑了一幅《无言独上西楼，月如钩》，并将它公开发表，丰子恺由此一夜成名。

相比于成名，更值得关注的是这一点：在白马湖畔，专业生活本已十分丰富的丰子恺找到了令自己最满意的专业生活，那便是创作简洁传神、意境深远的漫画。那么，这位乡村中学美术教师为何如此痴迷于艺术呢？做了那么多的艺术理论与艺术史研究，还觉得不够，还要埋头从事艺术创作？答案十分简单，丰子恺是个以美术和美育为本业的教师，他说："向来的教育，偏重在真善，忘却了美。就是重视知识和道德，看轻美育。"

民国初期，美育及美术教师的确毫无地位可言。即使德高望重的蔡元培先生主持大局，也无法改变社会及一般教师对于美术的轻视。亦曾做过美术老师的鲁迅更是因为不堪冷遇，直骂轻视美育的人都是猪猡。然而就是在这种备受歧视的冷漠环境中，丰子恺硬是依靠自己的艺术研究与创作，闯出了一条美育道路。这一路闯下来，除了需要坚定的美育理想作支撑外，显然还要有一股不服输的劲头，但更重要的也许还是丰子恺的专业生活。如果不致力于艺术研究与艺术创作，一味空喊美育理想，丰子恺拿什么去反抗当时的冷漠，拿什么在漠视艺术的人面前，证明艺术具有值得重视的美学内涵与教育价值？

当然，也不能忘记那群聚集在白马湖畔的教师，他们的真心欣赏和鼓励为丰子恺开辟美育道路提供了不可或缺的支持，使得他更加无法放弃自己的专业生活与美育努力。夏丏尊喜欢他的漫画，朱光潜也喜欢，他们都期待看到丰子恺画出更多更好的作品。他们还把校刊栏目题图交给丰子恺，校刊半月出一期，因此他们和春晖学子常可以看到丰子恺的画作。如此一来，他们也必须相应拿出美好的新文化成果来与丰子恺达成唱和之乐，所以夏丏尊会更加用心地翻译《爱的教育》，朱光潜则跑到中西方古典艺术世界里寻找美学，并于1924年冬完成生平第一篇美学论文《无言之美》。

朱自清：倾心与同仁相互唱和的教育氛围

最后一个被夏丏尊拉来的朱自清同样喜欢丰子恺的漫画，朱自清来到白马湖后，会有什么样的专业生活，是否也曾为夏丏尊、丰子恺等同仁及春晖学子奉上某些新文化？时为1924年春，26岁的朱自清从位于宁波的浙江省立四中来到了春晖中学。刚出车站，他便被白马湖一带的山光水色吸引住了。到校后，白马湖教师群成员之一的刘熏宇把他在湖边盖的另一所房子让给朱自清住。隔壁便是夏丏尊的"平屋"，中间只有一行矮墙，四周尽是夏丏尊精心栽种的花木。

一群教师都喜欢到夏丏尊家聚会，谈文学、艺术和教育。一个月后，朱自清在校刊上发表了《春晖的一月》，其中说"春晖的师生"给了他"两件礼物"。一是"无论何时，都可以自由说话；一切事物，常常通力合作"。"第二件礼物是真诚，一致的真诚。"因为可以真诚畅谈，朱自清很快就深刻理解了夏丏尊、丰子恺等人的教育理想，并与他们形成了默契的教学分工与合作。他在校刊上发表《教育的信仰》等"教育学"论文，把夏丏尊等人无暇注意的上佳文学作品选入国文课堂。这些都表明朱自清来春晖后，迅速形成了可与同仁相互唱和的专业生活。

唱和之余，朱自清还为同仁及春晖学子送去了两件礼物：一是新诗，一是现代散文。他还联系了和商务印书馆关系甚密的好友俞平伯，创办了《我们》月刊，白马湖畔的新文化与新教育氛围因此变得更加浓烈。可惜好景总是不长。第二年，校方人事发生变动，接着校内新旧两派的较量也公开化了，这群不服输的教师随之纷纷离开春晖。在地理层面，白马湖教师群算是散了。但在文化教育层面，这群教师并没有散。他们先是创办上海立达学园，接着又经营开明书店，创办《中学生》杂志。如夏丏尊所言，这是他们为全国学生开设的"第二课堂"，其文化容量与教育效果甚至比学校里的"第一课堂"还要大。到底是一群不肯认输的教师，无论环境如何改变，都会努力践行自己的专业生活与教育理想。即使后来遇到野蛮无比的"日本宪兵"和"美帝国主义"，他们也不曾失却自己的书生本色和集体尊严。

（作者单位系华东师范大学教育高等研究院）

（本文原载于《人民教育》2014 年第 17 期）

我的小学老师

于永正

一拿起笔，我的小学老师就一一浮现在我的脑际，清晰、真切，一如60多年前。

一

最难忘的张敬斋老师是我初小的老师，即1—4年级的老师，教我们语文、音乐、美术和体育。

难忘张老师的微笑。1947年，张老师刚到我们山东莱阳徐家夼初级小学时，不过十八九岁。瘦高挑儿，大眼睛，尖下颏，留着分头，一天到晚乐呵呵的。他目光敏锐、亲切、热情，总是笑着和我们说话。四年中，我只见他发过一次脾气。升入四年级时，由于班长"执法过度"，上自习课时推搡了一位同学，张老师批评了他，班长的脸涨得通红，犟了一句，张老师斥责道："你身为班长，怎么可以这样呢？"片刻，张老师叹了口气，拍拍班长的肩，转身走了。四年，我只见张老师发过这一次短暂的脾气；四年，微笑只离开过他的脸5分钟。

难忘张老师教我们写字。张老师写得一手漂亮的柳体字，还能写美术字。升入三年级，我们每天上午最后一节课是写字课。先是仿写，张老师给每个人写一张字，每张12个，让我们把纸蒙在上面描。也不过描三四次吧，老师写的字就被洇模糊了，张老师就再给我们写一张。张老师不厌其烦地写，我们不厌其烦地描，一描描了一年。升入四年级，开始临帖，每天照着字帖写 12 个字。张老师喜欢柳体，我们临的都是柳公权的《玄秘塔碑帖》，一临又是一年。

写得好的字，张老师画个红圈，特别好的，则画双圈。我们每天为"红圈"而奋斗。作为孩子，学习动力就是这么简单。我的写字兴趣是被张老师的"红圈"激发出来的。张老师的"红圈"吸引我步入书法艺术的殿堂。至今，我还能回味出儿时研墨散发出来的墨香，"非人磨墨墨磨人"。且不说写字的过程让我获得的其他养分，在我的生活里，在我的精神世界里，我至少多了一方完全属于自己的天地。无论是欣赏古今书法家的作品，还是自己挥毫泼墨，都是一种精神上的享受。这种感觉不可言喻。这也是我当了老师后，之所以重视写字、希望学生能写一手好字的原因。

说到红圈圈，我又想起了张老师在我作文簿上画的一条条红色波浪线。那醒目的波浪线，永远铭刻在我的脑海里。张老师很重视作文教学，每周一篇，我们用小楷笔竖写，张老师用朱笔批改，有眉批，有总批。老师用毛笔画的竖波浪线一顿一顿的，非常好看，有时几乎画满了全篇。如果说，我的写字兴趣是被张老师的红圈圈激发出来的，那么我的作文兴趣则是被张老师的红波浪线激发出来的。我当了老师后，深知波浪线的作用，也就从不吝啬红墨水了。

有一年放寒假前，张老师为考试成绩好的同学画奖状（给多少同学画，记不清了），我的奖状上画了一只蹲在树枝上展翅欲飞的小鸟，旁边写了一句勉励的话。我回到家就临摹那只小鸟，居然画得很像。没想到，竟从此喜欢上画画了。那时的美术课没有教材，张老师叫大家"随便画"。画自己感兴趣的内容，越画越爱画。那时没有家庭作业，我的课余时间几乎全用来画画和拉京胡。而今，我们的学生有多少能根据自己的兴趣，有选择地学习？没有兴趣的学习叫"应付"，被动学习很难出天才。

忘不了张老师的音乐课。音乐课上，张老师教我们唱《志愿军战歌》《歌唱祖国》《嗨啦啦啦啦》（一首关于抗美援朝的儿童歌曲）。能教的歌儿教完了，张老师便教我们拉京胡、唱京戏。后来发现我有小嗓（假嗓），又因材施教，单教我一段《汾河湾》中柳迎春唱的"儿的父去投军无音信"。

张老师应该是新中国把器乐演奏引入音乐课的第一人——1950年在音乐课上就教我们拉京胡，不是第一人吗？

张老师还教我们打锣鼓。"胶东秧歌锣鼓"热烈欢快、振奋人心，我们打得酣畅淋漓、如痴如醉。节假日，张老师带领我们敲锣打鼓去附近村庄宣传抗美援朝。我除了打锣鼓，还演活报剧。我演过李承晚（剧本是张老师编的），至今还记得其中的台词："我叫李承晚，南朝鲜，我来坐江山。我的江山坐不稳，认了个干爹杜鲁门……"

没有艺术的教育，是残缺的教育。艺术教育也不只是教唱歌、教画画儿。

那时农村条件差，学校只有一个空荡荡的操场。张老师亲自为我们挖了一个大沙坑。体育课上，张老师教我们跳高、跳远。至今，张老师那"剪式跳高"的身影还留在我的脑海里。

课间，沙坑成了男生的摔跤场。张老师常常站在旁边笑眯眯地看，有时还教我们一手。我的摔跤本领就是在沙坑里，在富水河畔的沙滩上练出来的。"文革"时，有个到小学"造反"的大块头儿中学生，挥着拳头向我冲来，被我摞倒在校门口。那男生像《水浒传》里的"洪教头"似的爬起来，头也不抬，悻悻地走了。

就我所知，那时农村小学没有体育课，张老师是凭着他的直觉和爱好，自己开发的。我和同学津津乐道的还有张老师带领我们游泳、给梨树掐花、慰问军属、拾粪（即牲畜的粪便）等活动。

说到拾粪，现在还脸红。"庄稼一枝花，全靠粪当家。"升入四年级，张老师要求我们每天早晨背着粪箕拾粪，然后背到学校，在校门口一字摆开"展览"。晨读后，再把粪背回家（那时我们每天先到校晨读，晨读后回家吃早饭，饭后再回校上课）。一年中，我只拾到过一次牛粪，其余的都是挖河里的淤泥充数。张老师说："淤泥也是好肥料！"

什么是素质教育？素质教育就是教师素质的教育，即教师有什么样的素质，就会有什么样的教育。张老师是凭着他的品格、热情、认识、直觉和悟性来从事教育的。我断定张老师那时没有系统学习过教育学、心理学，更不知何谓"素质教育"，他是凭着出众的才华、渊博的知识和广泛的爱好来从事教育并影响着他的学生的。

非常庆幸，在我刚跨进校门的时候，遇到了张敬斋老师。张老师对我的影响是广泛而深远的。

二

升入五年级，有了地理课。教地理的是徐国芳老师。徐老师快 50 岁了，头发梳理得极为规整，分向左右的头发从来都是服服帖帖的，没有一根张牙舞爪脱离集体的。他嘴巴上翘，行动稳健，说话轻松。徐老师好脾气，从来都是笑眯眯的。

20 世纪 50 年代初的小学《中国地理》课本是分省编的，即一个省一课。徐老师上课时，边画地图边讲。譬如讲我们山东省，他边画边说："我们山东省像一头蹲下的大骆驼，头伸进渤海和黄海里，它的头就叫胶东半岛。"这句话讲完，山东的轮廓也就出现在黑板上了。我们异口同声地说："哇！真像骆驼！"然后，徐老师又标出省会济南和其他大城市，自然少不了我们烟台，顺便又标出了我们莱阳（课本中的山东地图并没标上莱阳）。接着画铁路，画泰山山脉，再讲物产，最后讲邻省和濒临的海。讲到"烟台苹果莱阳梨，肥城蜜桃大如拳，乐陵小枣甜如蜜"时，我们都很自豪。紧接着，徐老师又加了一句："烟台苹果莱阳梨，不如潍坊萝卜皮。"我们都大叫："吹牛！萝卜皮有什么好吃的？"徐老师说："潍坊也是咱们山东的，那里的萝卜确实好吃。"说完，他又在地图上标出了潍坊所在的位置，我们又高兴起来。

我看到山东半岛"伸"进大海里，十分担心地向徐老师提了个问题："老师，咱们山东半岛要是'断'了，我们不就掉进大海里了吗？"徐老师嘿嘿一笑，道："半岛可不是漂浮在海面上的，你这不是杞人忧天吗？"

徐老师的地理作业"千篇一律"——画地图。第一课讲全国行政区，就叫我们画全国地图，以后每教一个省，就画一个省。我有绘画的基础，每个省都能画得很像书上的地图，经常得到徐老师的夸赞。我的同桌孙绍君画得潦草，他画的山东地图活像一个不规整的梨，徐老师却说："不错，不错，有点儿意思就行。"徐老师的口头禅是"有毛就是鸡"。孙绍君写的大字，笔画粗，同时担任我们五、六年级书法课的徐老师却说："孙绍君的字有颜体的味道。"常常在他写的某一笔、某一画上画个小红圈儿。圈儿虽然小，却让绍君每次写字都全力以赴。当了老师后，我明白了，不是徐老师要求不严格，这叫"尊重差异""因材施教"。之后我当了老师，也学会了在学生写的字的某一笔、某一画上画红圈，也能在每个后进生身上找到闪光点。

学完了中国地理，画完了中国地图和各省地图，祖国就镌刻在我心中，永不磨灭。到中学读《世界地理》时，我依然保留着画地图的习惯，画完了五洲四海，世界就在我心里了。

画地图让我养成了看地图的习惯。每当我站在中国地图前，徐国芳老师和善的面容就会浮现在我的眼前，耳畔就会响起他那天真又爽朗的、"嘿嘿"的笑声。

三

我的小学男老师名字有些女性化。和徐国芳老师一样，白晓云老师也是男性。白老师姓白，人和他的姓一样，也白。他穿着整洁，爱戴一顶蓝色"解放帽"，而且帽檐是"黑化学"的（一种黑塑料，在当时非常时髦）。

白老师教我们历史。每讲一课，他就让我们看课后的思考题。"第一个问题怎么回答呢？"白老师问，然后引领我们画出书上有关的句子。我们把这些看似零散的句子连起来一读，居然通顺、完整。个别连接不好的地方，白老师会给我们添加几个词语，说："这就是第一题的答案。"依此类推，把课后问题的答案，都在书上圈画出来了。一篇长文，我们只需记住其中十来句即可。就这样一课课地画下去，让我学会了读书要善于抓要点、重点。白老师从不布置书面作业，复习时，只是要求我们熟读每课圈画的句子。期中、期末考试，我们的历史成绩都很优秀。我们对于学历史感到非常轻松。

读中学和师范的时候，我把这个方法迁移到所有学科。期末复习时，我先把各科课本通读一遍，边读边用红笔圈画出每课的重点、要点（好多地方平时就画了，但用的不是红笔）。复习第二遍、第三遍、第四遍的时候，我只读并记住我画的重点、要点，既省时又省力。每次考试，各科都得高分，95% 以上的考试内容都在我的圈画之中。在初中和师范，我都是"三好"学生。

1977 年，我到徐州党校学习马克思主义哲学、政治经济学，每次考试，同班的大学本科生都考不过我。这得益于白老师教给我的读书方法。我能把厚书读薄，同样也能把薄书读厚。

白老师让我懂得了什么叫"授之以渔"。

四

王其欣老师高高的，瘦瘦的，和白老师相反，他的皮肤黝黑。他是校长，兼上我们的自然课和美术课。

我们从不称他为校长，都称他为"老师"。对此，他很高兴。他常说："我不是称职的美术老师，我不会画画儿。"他常用"蜀中无大将，廖化作先锋"和"滥竽充数"来自我解嘲。

但王老师善于激励。他的办法是让我们的画儿"上墙"——一进校门的过道两边的"学习园地"上，贴满了我们画的画和写的大字。每期都有我画的人物、动物，还有京剧脸谱儿。

王老师经常站在"学习园地"前欣赏我们的字、画，连声赞叹："好，好！"他那像欣赏心爱的宝贝似的眼神，永远定格在我的记忆里，永远让我感动。

小学毕业，我到了徐州。王老师还亲自给我父亲写信，说我有绘画天赋，建议将来读美术学院。这让我深受鼓舞，立志长大当画家。

读中学时，我"移情别恋"，想当一名作家。但几十年来，业余时间我仍不时挥笔作画，自得其乐。得意之中，总会想到瘦瘦高高的王其欣老师，想到他对我们儿时的欣赏与鼓励。人如其名，名如其人。王其欣老师让我学会了欣赏学生。

往事如昨，历历在目，一切是那么清晰、亲切，一如 60 多年前。

岁月无情。如今，四位老师都走了。倘若他们健在——

我一定会为老师们双手呈上我的新作——《做一个学生喜欢的老师——我的为师之道》，请老师批阅；我一定会为他们清唱一段《汾河湾》中的"儿的父去投军无音信"，再次请老师指正；我一定会为他们画几幅京剧脸谱，博老师一笑；我一定会为他们挥毫书写"师恩永沐"四个大字，以表达我对老师们的谢意与敬意……

（本文原载于《人民教育》2016 年第 6 期）

培养一代雄健的国民，要有三五代教师持续站立的姿态

吴　非

听到铃声，我还是习惯地看看表，想着这是第几节课，是预备铃还是上课铃，别迟到了。

其实，我是不会迟到的，我已经退休好几年了。偶尔学校会请我给学生讲个话，有时走在路上，会有学生认出我，惊喜地喊"老师好"。我对青年同事说，正常情况下，从大学毕业到退休，一名教师的职业生涯只有30多年，不要觉得漫长，总共只能上一两万节课，你要慢慢地享受，慢慢地。算上插队期间当过两年代课教师，我实际教龄只有31年。青年教师比我幸运，很多人可以在讲台上站40年，他们会有更多美好的记忆。

当你的心静下来，成为一个观察者和倾听者时，就会觉得周围的一切妙不可言

1973年，在"文革"的绝望中，有位赋闲的忘年交说：你还年轻，不要荒废，你去学天文，或者去读历史，然后就知道该怎样活了。这话有禅意，但意思不复杂。我明白，他是教我通达乐观：学天文，在星空下，一个人能认识到自己的渺小；读历史，想象沧海桑田，必然感受到人生的短暂，然后不骄不躁，不生狂病，认认真真地做成一点小事。

40多年前的谈话，影响了我，令我思考自己能做些什么，不该做什么，思考什么事值得用一生去尝试。1977年考大学时，我三个志愿全填

了师范。入学后，多次听到老师表扬"专业思想牢固"，不解其意。到中学工作几年后，当年的大学老师告知：其实你的高考成绩可以报更好的学校。虽然当年考试成绩对考生保密很荒谬，可是志愿是我自己填的，和考分无关，我在选择适合的职业。填报了这个志愿，我就去做了，最后也从这个职业上退休，这说明当初对自己的判断是准确的，我实践了自己的志愿——把一件事做到底。我毕业后分配到南师大附中，直到从这里退休，也被人莫名其妙地表扬，说"不容易啊"！可是，无数中国人不都是这样，世世代代在一块地里耕作吗？

总有一件事需要我去做，而且我能把它做好。有几回，在公开场合，大概是有些疲惫，同时在讲话中对教育现状表示忧虑，于是有同行叹息，称我明知不可为而为之，刻苦钻研无私奉献而屡屡碰壁云云。其实又是误会：我从没"奉献"，从不"刻苦"，也谈不上"坚守"——我选择自己的生活，我在做自己感兴趣的事。只是有时感到有些力不从心，累；累了，我就放下手上的事，去想；想多了，也会累，但如果不想，心里就空了。有人认为"空"即是好，我看未必，没有了灵魂，就会知道躯壳有多轻。

因为职业生命中有热爱，因为发现了趣味，我就是这样站在讲台上，一节课一节课地感受快乐，也时不时地有些忧伤。然而，这就是生活啊。曾有人问，为什么你能忍受简单重复的工作？我当时并没有感到我的教学工作是"简单重复"，更不是"忍受"，我每教一遍课文，都能有新的发现，而每次面对不同的学生，我也会想：如果我仍然用以前的教学设计，这些学生会不会有独特的表现？

人们发现并遵从常识的道路多漫长啊！回顾自己的经历，我想，如果当初就能明白那些规律就好了，如果当初社会能再开放一些就好了。但是，在当时的条件下，我们已经做得很不错了，因为我们当时就感受到了职业乐趣。每天在学校，和老师学生在一起，都能发现有价值的事，这些事不断地启发我。当你的心静下来，成为一个观察者和倾听者时，就会觉得周围的一切妙不可言。

多年前，有学生在作文中写道："'独生子女'曾像一张孤独恐惧的标签，贴在我身上，但一年来，我一下子像是有了几十个兄弟姐妹……"

他或许是在冲动之下写出来的，但他的话感动了我。后来我在很多班集体都说过，随着岁月流逝，你们会珍惜青春时代的友情，而会忘却所谓的竞争和名次。

毕业班常有"倒计时牌"，这无聊无趣的设计风靡全国。我的同事去听高三复习课，有位学生发言谈"倒计时牌"，与大部分同学以"倒计时"激励自警不同，那位学生说自己的伤感，因为"和老师和同学们在一起的时间只剩几十天了"！听到她的述说，我也热泪盈眶。想当年，有学生在高考前一天把教室打扫得干干净净，轻轻地说："再见，亲爱的教室……"

如果教师不"知趣"，则会常有倦怠感。听同行发厌倦之语，我不奇怪，任何职业都可能有倦怠期。但我不相信一名教师从没感受过教学的快乐，和学生在一起怎么会没乐趣呢？那些泡在麻将桌边的人不知老之将至，那些饮酒者一餐竟日，而和一群活生生的学生在一起，互相倾听，教学相长，渐入佳境，怎么反不如打牌、喝酒？一些同行热衷应酬，送往迎来不以为苦，一谈到教学就叫苦嫌累。我想，也许各有各的乐趣吧。只有发现了职业乐趣才有可能"敬业"，不能想象一个人会认真地去做自己讨厌的事。

学生在基础教育阶段，会有60—90位不同年段、不同学科的教师教过他，每位教师的工作在人成长中所起的作用是有限的。学生学语文共12年，其中高中阶段一年或三年由我执教，我未必有能力影响他的人生道路，也很难对他的语文习惯养成起决定性作用，但我不能因为个人作用微不足道就无所作为，同样，我不会因为这些工作有可能被视为"例行的重复"而放弃寻找乐趣。

"兴趣是学习的动力"，这是教育常识；同理，"热爱"也应当是教师的职业动力。虽然各有所爱，但随着时间流逝，人们会越来越清楚地发现，真正有价值的是对职业品质的认识。物质诱惑往往只能维持一时，这类诱惑会令人失去自我。教育界诱惑也多，我不得不经常割席，但又不得不经常妥协，否则就成孤家寡人；当我发现学生的学习开始功利化、人生观也社会化时，我只能告诫自己："能做多少是多少""能守一步就不后退"。生活在人群中，我无法摆脱世事缠绕，但我记得自己的"志愿"。

母亲去世后，我回校上班，走进教室，同学们向我致意。我对他们说：

"母亲认为我从小性急，一直怀疑我能不能成为一个好教师，为了让她放心，我一直在努力。"我不知学生能否记住我的话，但我一直记得母亲对教师荣誉的爱护。

学生记住了那些正确的话，证实我们先前的努力没有白费

初上讲台时的激情，至今仍感到有意思。当时承担那么繁重的工作，读了好多书，还能腾出时间去挑战陈腐的教育观，几乎没空闲，年轻真好！我和同事经常互相激励：这件事，如果我们不去做，可能就没有人做了，我们来做吧。上世纪 80 年代没有奖金，但有洪波涌起的思想启蒙，可以大口大口地呼吸新鲜空气，那时在学校遇上不理解的事就直说，无所畏惧地批评领导："育人目标不要搞假大空""你们班子的决策是错的"。那时很多老师都能公开质疑，比如：凭什么要在总结上写"在局领导和校领导的关怀和指导下"？没这回事呀，明明是老师们的智慧，大家克服困难摸索做成的，要不我们哪里有乐趣？我们不是受操纵的机器人，不是可以随意拧来拧去的螺丝钉。

社会尊重有积极进取心、有理想的人，人们考虑问题就不会太复杂，克服困难的勇气也比较强。然而，很多事也让我困惑：那些本来简单的教育常识，为什么在中国社会环境中，会逐渐被歪曲得繁复暧昧，遥不可及？为什么一名教师不能有自己的思想？同样的问题，无数教师都看到了，为什么不敢发出自己的声音？跪着读书，跪着听旨，跪着教书，教育怎么可能立人？

有激情是因为有理想，有梦。没有理想，没有梦，可能很难面对那么繁重的工作。上世纪 90 年代，有次在外地参加某报座谈会，我谈了自己的职业观，第二天有人告诉我，说某作家称我是"末代理想主义者"。我没想到自己以 40 出头的年纪就能成"末代"。当时我说：她可能是开开玩笑的，作为从事文学创作的人，她也是有理想，有梦的。又是 20 年过去了，我们仍会看到很多青年带着理想，带着梦在生活。教师面对少年儿童，面对青年，他们每天在看着我们，如果一群有梦的学生遇上了无梦的教师，这代

人还会有明天吗？

恒久的理想，要有理性支撑。教师最好的职业状态，是既能保持教学激情，又能理性地看待教育对人的作用。从教七八年后，我开始深入关注一些事，也许是有了一些观察的经验，特别是自己教过的学生走上社会后，启发了我的深度思考。面对学生的种种表现，我会想，他（她）离开学校后会是什么样的？我从他们的性格习惯，从他们对人和事的态度上，推测未来；我从种种教育细节上，发现了书本上没有的知识。我学会理性地分析自己的教学，我想到，我和学生的共同课堂，应当由我们"做主"；教科书的设计未必完全适合我们，专家的观点未必正确；课堂的生命活动，教育学教科书上没有描述，教师则能感受到那样的灵动；我的课，必须有"我"，对学生而言，也必须有他的那个"我"……在这日复一日平凡的教学中，勤于思考的教师总会有自己的体验和发现。这样的经验，书本没有阐述，而它却具有独特价值，特别是在面对具体的人和事时，常常会成为教师的教育本能，"素养"和"风格"往往也是这样形成的。教师在从事一般人所认为的"简单重复"的工作中，能发现一般人忽略的常识和常理。对一个个具体的学生而言，他的实践具有独特的魅力，无可替代，从这个意义上而言，每节课都将是独一无二的，都是崭新的。

学生回忆中学时代，他们的记忆让我对教育的观察思考逐渐变得清晰。一些学生提及我常说的一句话："人生很多事，20年过去，一朵小浪花。"这句话不是我的发明，只是我常说，影响了学生，让他们面对困难和挫折时能豁达、从容。我由此想到，很多说教其实没用，能让学生铭记的，往往是教师自身对待事物的思想和态度。

我是从精神饥荒的年代熬过来的，总渴望能多读点书，面前该读的书太多了，而我的阅读总是少得那么可怜。我读书比较杂，大部分是教育教学之外的书，但在阅读时我没忘记自己的职业。取法乎上，视野开阔了，反观教育教学现状，常有顿悟，很多教学上的智慧，就是人们从社会生活中获得的启示，就是依据常识常理的课堂表达。教师有职业追求，也有个人的精神世界，我从二者的联系中观察学校发生的教育，往往能看到更多有趣的事物。

课堂上发生了多少令人难忘的事！近两年，我在思考"课堂上究竟发生了什么"，回顾自己的课堂，写了一些笔记。课堂上发生的事，只有浸润其间，沉潜于教学中的人才会发现趣味。比如，教学中总有"买椟还珠"的现象，你以为学生记住的是知识，可是他们记住的却是教师无意间的某个思路，这个思路给他重要的启示；教科书的教学设计未必适合你的学生，教师量体裁衣式的自行开发，才是最有用的教科书；课堂提问，学生答错了，但有时答错了反而更美，我会惊讶地赞叹，学生从我的神态中获得了更多的启示，而在我不过是本能的反应。

我越来越强烈地感到，爱因斯坦所说的教育要培育"和谐的人"是多么富有理性，也越来越发现教育的人道精神对教师的职业实践是多么重要。时下社会很在意教育的"含金量"，具体到教学，体现为分数至上，即"含分量"；学生走出校门，缺乏社会责任感，是非观念淡漠，则是"含人量"不高。能指望一名没有趣味、没有理想的人有创造的激情吗？我强烈感受到，要办对民族未来负责的教育，也要办对教师的职业生命负责的教育。教育原则被歪曲，教育必然失去价值，教师的职业观也会错乱。

2013年我参加了1993届学生毕业20年纪念会，有学生说，当年上课的时候，老师拿着一本词典，感慨地说："我中文系出身，还有这么多字不认识，怎么敢不学？"这话让他时时想起，手不释卷。另有学生问大家，是否记得进高中后第一次作文的题目。他说，老师在黑板上写下了四个大字——从夏到秋，"从那天起，我第一次有了沧桑感，每年我都会想，又'从夏到秋'了"。我没想到，自己出的一道作文题能让学生记住20多年。还有学生撰文回忆，30年前读初二时，因为怕写作文跑题而不敢下笔，我告诉他，不要怕跑题，先把你想写的全写下来。他认为这是最实用的写作指导。我说的这句话，教科书上并没有。

我看到，多年后同窗相聚，仍然能在一起憧憬一百年、两百年后，科学技术发展将给人类带来的福祉；他们会为节省一张打印纸而重新设计，他们在聚会时互相提醒不要留下垃圾……

鲁迅说得好："无穷的远方，无数的人们，都和我有关。"学生记住了那些正确的话，证实我们先前的努力没有白费。任何社会的崛起，都得看三五代前人们所作的努力，看当时的教师是怎样工作的。培养一代雄健的国民，要有三五代教师持续站立的姿态。在这个世界上，无论什么职业，一旦被人热爱，就会成为他的宗教，无论在什么样的境遇之下，他都努力地把它做到极致，人类文化和文明就是这样出现的。

很多人崇仰瓦尔登湖边的梭罗，言必称梭罗，他们时时幻想进入那样的澄明之境。他们慕名来到了这个林中小湖，却发现没有什么特别的美，也无法品出诗意，他们想象不出一个孤独的人在这里如何生存，于是他们惊叹梭罗的"不容易"和"坚守"。他们拍了照，过了一会儿，纷纷驾车离开。这里太寂寞了。一百多年前，这里无人知晓，唯其如此，沉静的心，简朴的生活，思考的习惯，熔铸出了"品质"。

2011 年 6 月，我体力不支，决定退休。最后一次课是选修课，谁也没想到，我也没说。我不需要任何仪式——没有哪个农夫会一本正经地在农田里举办退休仪式。我一如既往地上完课，铃声响了，我缓缓地对学生说"下课了"，然后我就回家了。

（作者单位系南京师范大学附属中学）

（本文原载于《人民教育》2014 年第 17 期）

第三辑

老师，你为什么不再进步了

"发现教师"就是占领学校发展的制高点

成尚荣

南京市北京东路小学教师队伍建设有了新突破，教师专业发展有了新进展。新突破、新进程聚焦在一个重要的命题上："发现教师"。"发现教师"既是一个命题，又是一个概念，也是一个法则，同时我期待它会渐渐地发展为一种理论。

教师队伍建设、教师专业发展需要一个个命题，一个命题就是一个方向；需要一个个概念，一个概念就是一种逻辑；需要一些法则，法则既是保障又是引领。而命题、概念、法则很有可能发展、提升为一种理论。正因为此，南京市北京东路小学的"发现教师"具有普遍意义和实践价值。

所谓普遍意义，是基于基本问题的深刻认知和实践操作框架的寻找。基本问题的深刻认知，建构起共同的立意，而共同的立意实质是最大公约数，因而基本问题是根本问题，根本问题的应答与解决当然具有普遍意义。实践操作框架是在对基本问题应答与解决中逐步形成的，它具有共同的要义与规则，可供其他学校借鉴。"发现教师"的普遍意义与实践价值正是为当下教师队伍建设、教师专业发展寻找到最大公约数，搭建起具有基本要义和共同规则的操作框架。如果作些分析、概括的话，其普遍意义和实践价值体现在以下几个方面。

发现：揭示教育的真义

何为教育？圣贤们早就作出了精辟的回答：教育是对学生的唤醒、激励，是思维火炬的点燃，是对学生进步、发展的鼓舞。不难发现，唤醒、点燃、激励、鼓舞的基础与前提是发现，发现的过程同时也是唤醒、点燃、激励、鼓舞的过程，因此发现与唤醒、点燃、激励、鼓舞是同义、等价的，都揭示了教育的本义与真义。

"发现教师"这一概念的核心是发现，即唤醒教师内在发展的需求与潜能，激发教师的信心与勇气，点燃教师的激情与思维，鼓舞教师积极互动地发展。假若我们深入理解，准确把握"发现"，那么教育就回归其本义、提升为真义，教师发展也必将在教育本义、真义上有突破和超越。由此，我们不难发现和理解北京东路小学的教育主张：情智教育。情与智的共生、共长，支撑起一个完整的人。情智教育正是对人发展、对完整人发展深义的发现。发现，正在成为北京东路小学的教育主题，而且成为主线，贯穿于整个教育过程中。"发现教师"正是在这样的境脉中提出来的，是具有普遍意义的。

发现教师：揭开学校发展之真秘

教师在学校发展中的地位，提到任何高度来描述都不过分，因为有什么样的教师就有什么样的课程，就有什么样的课堂，就有什么样的教学质量，最终就有什么样的学生。我曾说过，教师是学校发展的制高点，也许有人会说，制高点当是文化，当是教育哲学。但是，无论是文化还是哲学都是关于人的，是人创造了文化，创立了哲学。而教师在学校里正是文化与哲学的创造者，所以教师是学校发展的制高点并非言过其实。同样，联合国教科文组织等多个组织共同提出"复兴始于教师"，我们是能理解、高度认同的。教师的复兴才使学校、教育复兴。

问题是，如何让教师站到制高点上去呢？其真秘在哪里呢？北京东路小学的回答是：发现教师。"发现教师"告诉我们，教师发展不是被"管"出来的，而是"发现"出来的。这绝不是说教师队伍建设不要"管"，而是怎么理解"管"，"管"什么。"发现教师"让对教师的管理走向对教师的领导，领导的主旨在于对教师的尊重、信任和鼓励，并进行专业指导和支撑。"发现教师"还告诉我们，教师发展也不是被"教"出来的。同样，这绝不意味着对"教"，对教师的培训、辅导的否定，而是说"发现教师"其实是教师发展的"不教之教"。校长孙双金对"发现教师"作了很好的阐释："发现教师"让教师"认识自己"，"发现教师"是教学的艺术和学校领导的智慧。我的理解是，"发现教师"让教师发展更自主、更积极，在发现中发展，这是办好学校、教师队伍建设的真秘。这一真秘所有学校概莫能外。

相信、解放、引领、成就：让熟知成为真知

相信教师、解放教师、引领教师，最终成就教师，这是大家所熟知的。但"熟知非真知"，从熟知到真知有个过程，这个过程对管理者的领导智慧是一个极大挑战。真知，不仅仅是真正知道，而是从根本上予以把握并付诸实践。真知不在口头，而在深刻的认知和深度的实践中，针对认知与实践，孙双金校长归结了九大策略，正是这些策略让熟知成了真知，让真知真正得到实践。

每个策略都有理念智慧的闪光。

《地平线报告》：目标在远方，目标不断后退，但不放弃更不抛弃，永远向前，地平线不在远方，而在教师的内心深处。《地平线报告》是发展动力和发展愿景追求的表达，有了发展动力和发展愿景，还怕不发展吗？

"教师课程"：学校所有课程都要经教师去理解、整合、调适，所有课程都是教师课程。北京东路小学勇敢地提出这一概念，其旨意就是让教师去创造课程，让教师成为课程创造者。

"没有天花板的舞台"：有舞台，即有平台有机会；没有天花板，即没有限制，空间无限大，机会无限多，不仅永远向前，而且要永远向上。只有在舞台上，才会锤炼教学艺术，才会冶炼教学风格，只有在没有天花板

的舞台上，教学主张、教育理念才会自由飞翔，带来无限的未来。

由真知凝练成的策略，其实是一种发展的结构，这一结构具有召唤性、点燃性、解放性。

教师与课程、与课堂、与管理、与生活：
在教师发展的关联元素中寻找新的生长点

学校，离不开课程、课堂、管理；教师，离不开课程、课堂、管理、日常生活。这是教师发展的框架，也是教师发展的基本元素。问题是在同样的框架中，面对基本元素，为什么有的学校教师发展好、发展快，而有的学校却并不理想呢？原因不在框架，而在框架中如何让教师有存在感、获得感、成就感，让"没有天花板的舞台"从虚拟状态变成现实状态。

让我们谈谈这些题目："从模仿到重构：国学课程让教学生命焕发活力""'3D课外阅读'课程：滋养我的阅读后花园""数学绘本：跨界整合成就跨越发展""'娃娃科学课程'：学科共同体的爆发力"……不断地变革、实践，不断地发现自己，不断地创造，不断地超越。"教学主张：给成长插上腾飞的翅膀""变革：一个年轻教师的奔跑与超越"……一个题目就是一个理念，就是一个发展的突破口，就是一个新的生长点，它们都在闪光。这些鲜明的特性，让共同框架成为和而不同的文化气象，教师个性得到发扬，教学风格得以形成。

回应共同的热点问题：转化问题成为教师发展的新起点

小学教师队伍的性别结构失衡，已是一个普遍现象，而且有进一步扩大的趋势，学校不能没有应对制度。但如何对待制度，在物欲不断增强、价值观失序的今天，教师发展的内在动力减弱，"被发展"现象比较普遍；学校规模的扩大，集团化办学的推进，新教师越来越多，新教师如何培养，究竟怎么让他们站稳课堂，以至占领课堂……一个个新问题不断涌来，这些都是普遍现象。面对这些共同问题，我们该怎么办？

教育的热点难题，北京东路小学没有回避，也没有敷衍，而是让这些问题经过转化而得以解决。转化，既是方式，也是策略，是另一种发现。北京东路小学的转化，一是结构的转化——让性别结构转化为优势结果。也许一时改变不了师范招生、教师招考的政策，但可以在性别结构上进行改善，即发挥男教师的优势，把男教师合理地分配到各个年级、各个班去；与此同时，让女教师的优势也转化在学生发展上——耐心、柔韧、精致、品质的培养。二是制度从"冷"到"暖"的转化，让制度温暖起来——教师常带着情感和专业在流动中发展起来。三是教师发展动力，从外在转为内在——心中有条地平线，永远向着诗和远方。四是新教师发展，从职前的受训转向职后的继续学习——学校成为"后师范院校"。这些特征，破解了教师发展中的难题。

北京东路小学"发现教师"的尝试是十分有益的，但我最想说的是他们建构的"12岁以前的语文"。因为"12岁以前的语文"告诉我们所有的发现最重要的是教师的自我发现，所有的发现最终都是为了发现儿童，发展儿童。可以说，"12岁以前的语文"已对"发现教师"作了最具体、最生动的诠释。

（作者系江苏省教育科学研究所原所长）

（本文原载于《人民教育》2016年第13期）

发现教师：揭开学校发展的密码

孙双金

在校长心中，教师永远是第一位的。学校发展最根本的是教师发展，唯有教师发展了，成长了，学生才能得到真正的成长。我当了近20年的校长，有一个坚定的信念：教师是学校最宝贵的财富，人是学校的第一生产力，抓住了人的发展就抓住了学校发展的根本和关键。而发现教师，是我校领导、管理教师的共识，正如哲人所说："生活中不是缺少美，而是缺少发现美的眼睛。"江苏省南京市北京东路小学（以下简称"北小"）是如何发现教师、发展教师的呢？

教育即发现

谈到发现教师，首先要回答的问题是：为什么要发现教师？

在希腊德尔菲神庙门楣上，有一句著名的铭言："认识你自己。"苏格拉底将其作为自己哲学原则的宣言。作为万物之灵的人类，在认识自然、认识社会，探索科学真谛的道路上已经走得很远了，但是在认识自己的道路上却举步维艰。因为人是最高级、最复杂的生物，人的心灵成长、大脑发育、思维规律等还有许许多多的盲区、黑箱等着我们去探索、去破译。古人讲"不识庐山真面目，只缘身在此山中"，"当局者迷，旁观者清"。著名画家吴冠中先生说："风格是作者的背影。"这些名家名言都深刻地揭示了一条真理：人的成长需要他人的发现，也需要自我的发现。

作为校长，发展学校是第一要务。可怎样发展学校，却是仁者见仁，智者见智。有的通过砌大楼、买设备，改善外在形象；有的通过创品牌、搞宣传，赢得名声；有的通过抓分数、求升学率，迎合大众。而我们始终认为，发展学校的第一要务是发展教师。没有教师的发展，学生的发展、学校的发展终究是空中楼阁。

学校作为发展共同体、学习共同体，人与人之间的互相发现显得尤为重要。马克思说："人是社会关系的总和。"人在群体中、集体中，互相赞美、互相鼓励、互相欣赏、互相激励、合作竞争，对人的潜能有极大的激发和唤醒作用。教育就是一朵云推动另一朵云，一棵树唤醒另一棵树。教师与学生是如此，校长与教师、教师与教师也是如此。

孔子曰："三人行，必有我师焉！择其善者而从之，其不善者而改之。"陶行知先生也说过："当心你的教鞭下有瓦特，你的冷眼里有牛顿，你的讥笑里有爱迪生。"这两位中国历史上最伟大的教育家的话语，都道出了教育艺术的真理：教育即发现。教师要善于发现学生的潜质，发现学生的特长，发现学生未来可能的优势。我们校长做的也是伯乐的工作，肩负着伯乐的使命，发现每一位教师的潜能，把每一位教师培养成"千里马"，让他们驰骋在人生的万里疆场。

把人性内在的力量唤醒、激发、放大

怎么发现教师？这是对校长智慧的挑战。我们管理团队在多年的探索中，总结出一套行之有效的方法。

首先要相信教师，要相信每一位教师都是优秀的。

"天生我材必有用"，世界上没有两片相同的叶子，也没有两张相同的面孔。优秀不是与他人比较，而是与自己比较。只要找到自己的闪光点，尽情地让自己的光芒闪耀，你就是优秀的。要相信每一个人都是可塑的。人是发展中的人，成长中的人，逐步成熟的人。每一个人都蕴藏着巨大的潜能，都有无限的可能性。一旦得到领导肯定、同事认可、学生信赖，他们就能爆发出巨大的能量，释放出夺目的光彩。要相信每一个人都是向上的。"人之初，性本善"是古训，我们认为"人之初，性向善，性向上"，这是我们的管理哲学和人性判断。因为我们这样认识人，相信每个人都向上、向学，我们在管理中就顺性而为，把教师内在的人性力量唤醒、激发、放大，让每一个人都走在向学、向上的大道上。我们尝试了一些策略：

地平线报告。每三年至五年，我们都要求每位教师撰写个人的《地平线报告》。《地平线报告》的重要一点是规划人生愿景：我的一年地平线在哪里？五年地平线在哪里？十年地平线在哪里？并且在报告中要表达出个人的内在潜力是什么，希望学校提供什么平台。我们在阅读教师报告后，综合分析，因人设岗，充分相信每一位教师，调动每一位教师的潜能。

北小讲坛。"北小讲坛"不仅邀请各地名师来北小献课，各行精英来北小传道，更重要的是让北小有一技之长的老师在讲坛一展身手。有的擅长中医，那就讲养生之道；有的擅长水墨画，那就教水墨技艺；有的擅长烹饪，那就展示厨艺。真正体现能者为师，人人为师。

教师品牌日。在教师个人申报的基础上，学校统筹安排某一天为某位教师教学品牌展示日。这一天这位教师就是学校的聚焦点：有教学思想微报告，有教学风格大课堂，有教学沙龙大家谈，有教育才艺大展示。

其次是解放教师。这里讲一个小故事。

音乐老师查育辉是团队中最年轻的成员之一。2005年刚由高淳应聘到北小的他，很快便接到了一次面向全南京市的优质音乐课展示的任务。执教的课题是音乐欣赏课《听妈妈讲那过去的事情》。这个一向被孩子们戏称为"麻辣教师"的查老师，会给孩子们呈现怎样的一节音乐欣赏课呢？参与活动的每一位老师都充满期待。然而，即便是有了这样的心理期待，当课堂进行到后半段时，查老师的"另类演绎"，仍然让不少老师惊诧不已——

"毫无疑问，这首歌的歌词离咱们城里孩子的生活有些遥远。要不这样，同学们能不能根据自己的生活与理解，重新来为这首歌填词？"大胆而富有创意的建议很快便得到了同学们的积极响应。于是，同学们四人一小组，忘情而投入地参与到歌词新编的活动中来。不一会儿，孩子们即兴编撰的歌词新鲜出炉。听听——"霓虹灯在繁华的都市里闪耀，晚风吹来周杰伦那忧郁的歌声；我们坐在软软的沙发上面，吃冰激凌还看着电视；

我们坐在进口的电脑面前，玩 CS 还听 MP3……"

下课了，面对听课老师的热议与质疑，查老师多少也有些惴惴不安。毕竟，以这样的方式重塑音乐经典，对他而言也只是一种大胆的尝试。然而，随着学校音乐组组长梁老师和分管艺术学科的唐老师一番情真意切的评点，查老师的顾虑很快便烟消云散了。"查老师，这是我们近年来听到的最富有活力与个性的音乐课，真是太棒了！"

在实践中我们深深地体会到，发现教师，尊重是前提，解放才是关键。束缚教师思想的绳索太多，这个不许、那个不准，这样如何能唤醒教师内在的改革愿望，激发其改革热情？那么怎么解放教师呢？我们的思考是：解放教师的思想。《国际歌》中唱道："让思想冲破牢笼。"我们校长鼓励教师大胆尝试，大胆改革，大胆实践。同时，解放教师的时间。教育改革，管理者往往是"加法思维"，不断给老师们增加各种任务，于是一线教师不堪重负，时间一长，改革的热情就逐渐消失。我们学校十分重视"减法思维"，给教师减去不必要的负担，把教师从无效或低效的工作状态中解放出来，去做更有价值和意义的工作。此外，还应解放教师的空间。我们鼓励"我的课堂我做主"，鼓励教师有自己的思想，有自己的个性，有自己的风格。我们尝试的策略有以下几种：

教师课程。我们鼓励每位教师在融合国家课程和校本课程的基础上，创设自己的教师课程。教师课程就是教师个人根据学生素质发展要求，依据个人的文化底蕴、兴趣特长而开发的富有鲜明自我特色的课程，这一举措极大激发了教师的创造性。于是"诗经课程""绘本课程""牙刷课程""读写绘课程"等像雨后春笋般的涌现。

"瘦身运动"。人要精干健康，学校管理也要瘦身，轻装上阵。我们要求"瘦"掉一切不必要的形式主义、面子工程。鼓励教师在备课和批改作业上因人而异，百花齐放。可以在旧教案上二次三次备课，骨干教师可以在教科书上写简案，可以删掉练习册上不必要的练习题，作文批改可以变精批细改为重评轻改，互批互改。

"没有天花板的教室"。这一创意含有两层意思。其一，思想没有边际，创意没有边界，鼓励教师创新课堂教学。其二，我的课堂可以行走，花园是我的课堂，紫金山是我的课堂，玄武湖是我的课堂，大学实验室也可以成为我的课堂。

职业幸福存在于每一天创造性的工作中

发现教师，更需要引领教师前行。

这种引领首先是价值的引领。"为一大事来，做一大事去"是我们对北小教师人生价值观的引领。每个人到人世间走一遭到底为了什么——不仅仅是为了生存，不仅仅是为了享受，更是为了实现自身的价值。

引领还应是专业引领。北小有着朴素的理念：领导者首先要成为领跑者。唐隽菁副校长是德育特级教师，她带领的德育团队频频在省市教学比赛中获奖。张齐华副校长是数学特级教师，他手把手辅导出一批又一批优秀的数学青年教师。我作为语文特级教师，和教科室语文特级教师朱萍主任，带领语文团队阔步走在"12岁以前的语文"的改革道路上。

引领还体现在思维方式上。个性较强的教师因为自信自负，有时失之偏颇和固执，因此我们引导他们学会多角度思考、换位思考、辩证思考。青年教师思维方式往往停留在非彼即此、非白即黑的二元思维模式，在教学研究中，我们就让他们寻求"第三种思维"，除此之外，还有哪些可能？把教师的思维向四面八方打开。

引领更是为人处世的榜样。学校有一部分青年教师离开父母、离开家庭，只身来到省城打拼。他们身边没有了长者的指引和告诫，身心容易陷入低谷，为人处世容易失之偏激。我们管理团队以身作则，与青年教师一起探讨如何处理好人与人的关系，处理好人与自然的关系，处理好人与内心的关系。这种引领帮助他们走向人生和谐安宁的美好境界。

引领教师，我们尝试的具体策略有：

名师模仿秀。这是借外力引领，让每一位教师选择一位自己最崇拜的名师，学他的教育思想，学他的教学艺术，学他的课堂操作流程。等老师觉得自己模仿已近形似乃至神似时，向全校教师展示自己的模仿秀。当然模仿秀是手段，最终是为了超越模仿，成为最好的自己。

同上一堂课。这是用身边的人引领。同上一堂课包含同年级教师同上一堂课，这是同事之间的互相引领。更重要的是校长与教师同上一堂课，特级教师与年轻教师同上一堂课，师父与徒弟同上一堂课。这是专业引领，文化引领，更是精神引领和榜样引领。

团队展示周。这是团队引领。我们针对教研组内老中青三代上教研课，往往会把年轻教师推上前台，而中老年教师缺乏展示和锻炼的机会，学校开设"团队展示周"活动，规定展示周内"老大上课，老二评课"，即年龄最大者上课，年龄居老二者评课。这样让中老年教师也有发光发热的机会和平台。

发现教师，为的是成就每一位教师。

马斯洛的"层次理论"告诉我们，人的最高需求是"自我价值的实现"。当自我人生价值实现，人的内心才能出现所谓的"高峰体验"。教师的人生价值主要体现在人生追求的达成，内在精神的丰盈，社会大众的充分认可与欣赏，教育对象对自己的崇敬与爱戴以及自己教育思想体系的影响力。如果能达到"立德""立功""立荣"的崇高境界，那便是人生的最大价值。

发现教师还要成就教师的职业幸福。教师的职业幸福在哪里？就在每天创造性的工作情境中。我们期待教师每一天都怀有"婴儿的眼光"，每一天都带着"黎明的感觉"走进每一堂课、每一次活动。教师的职业幸福就是创造性地开展每一天的工作，创新是教师内在幸福的不竭源泉。这是我们坚定的信念。

十年磨一剑，成就每一位。正是多年来我们对教师发展孜孜不倦的坚持和追求，学校才呈现了喜人的景象。

近八年里，学校培养出六位特级教师。特级教师陈静的"享受数学"享誉省内外；特级教师唐隽菁的"开放德育"讲座遍及大江南北；特级教师唐文国老师"本色语文"赫赫有名；特级教师朱萍的"生活作文"大名鼎鼎；特级教师张齐华的"文化数学"更是红遍全国，粉丝无数；特级教师林春曹的"言意兼得语文"闻名遐迩；我的"情智语文"在小学语文教学界独树一帜。除此之外，林丽、吴京钧、查育辉、朱雪梅、吴贤、崔兴君等几十位教师在全国赛课中也荣获一等奖。

团队发展、共同进步是学校文化传统。语文团队和"12 岁以前的语文"品牌共同成长，每年接待络绎不绝的参观学习者，多次被评为南京市优秀教研组。数学团队在张齐华副校长的引领下，数学文化研究影响不断扩大。英语团队在林丽老师的带领下，一路高歌。科学组团队每位老师都是一朵"花"，呈现出花团锦簇的繁荣景象。美术团队水墨画特色课程成为南京市水墨画盟主；音乐团队在儿童合唱比赛中屡获大奖；体育团队的花样跳绳、足球、武术操、啦啦操项目竞相斗艳，其中啦啦操更是多次获得全国冠军、世界冠军。

学校"情智教育"的办学主张经过十多年的探索，形成了情智管理、情智课程、情智教学、情智校园、情智活动、情智队伍的体系，多次在全省和全国教学成果大赛中获奖。

北小位于玄武区，玄武教育历来有发现教师的传统。在这片热土上，发现了斯霞、王兰、袁浩、陈树民等一大批卓越教师和校长。学校老校长袁浩先生发现了沈峰、蔡燕、朱萍等杰出教师。沈峰又发现了林丽、赵薇等优秀教师。在北小，发现教师、发展教师、发展学校，我们一直走在路上。

（作者系江苏省南京市北京东路小学校长）

（本文原载于《人民教育》2016 年第 13 期）

老师，你为什么不再进步了

——教师发展"高原期"突破的关键

宋立华

成为骨干教师之后，有的人开始止步不前了，原因在于，一些人的心态发生了微妙的变化，倾听意识逐渐减弱，倾听行为变少：对待那些新手教师或者比自己资历低的教师，他们会因为自诩"走过的桥比别人走过的路多，吃过的盐比别人吃过的饭多"而封闭心灵的耳朵，不让那些可能有新的创意和想法的声音进入；对待那些与自己差不多的教师，他们不再是认真倾听、欣赏学习的态度，而是"鸡蛋里面挑骨头"，或者认为"不过如此"，以彰显自己的教育教学主张和做法的先进；对待学生，他们会以"过来人"自居，以保证优质教学效果为圭臬，采取"我的地盘我做主"的做法，并自豪于"以前的学生就是这么教都成功了"，进而不再倾听学生的想法，导致课堂充满了教师自己响亮的"独奏"声音；对待自我，随着成绩和荣誉的获得而逐渐自恋、自赏、自满、自傲，不能倾听内心深处的声音，迷失了前进的方向。因为倾听的缺失，骨干教师失去了前进的动力，陷入了成长的泥沼中，专业发展变缓或停滞，从而步入"高原期"。

倾听的态度：无意、尊重与耐心

亚里士多德在《尼各马可伦理学》一书中说："听是容易的，任何人都能做到。但倾听正确的人，带着合适的关注，在恰当的时间，有好的结局，以正确的方式，不再是容易的，也不是任何人都能做到的了。"可见，倾听并非易事。骨干教师一旦缺乏倾听意识，倾听行为不恰当，就等于堵上了耳朵，封闭了心灵。因此，教师需要具有良好的倾听态度。

骨干教师需要具备许多良好的倾听态度，首当其冲的是无意、尊重与耐心。"无意"是一种"虚心清静，损气无盛，无思无虑"的态度，是一种抛弃偏见或者至少将偏见暂时抛到一边的态度。它意味着骨干教师倾听时不再持有任何固有的观念，也不为自己的任何前见所限制。因为事先没有向他人的言说投入一种先入为主的态度和行为，也就不会因个人观点的介入而变得视野狭窄。这样，同事、学生以及其他人的创造性潜能和可能性就能够逐渐彰显出来，骨干教师也因为偏见、前见的退场得以走进学生和同事的心灵，真正听懂他们的言说。

尊重和耐心则是指骨干教师要在内心深处将所有同事、所有学生当作与自己一样的平等主体，尊重他们独特的想法，耐心等待他人的言说，这样可以创造一种友好的氛围，将"畅谈"和"倾听"的外在途径打开，进而产生"听君一席话，胜读十年书"的效果。没有尊重和耐心的倾听，常常以高傲的态度、藐视的话语、不屑一顾的眼神、不置可否的回应、迫不及待的打断等方式表现出来，容易造成对方心理上的不快，堵塞对方表达的渠道，自然也很难得到有价值的收获。

日本著名作家黑柳彻子在《窗边的小豆豆》一书中描述了自己幼年与巴学园校长小林宗作对话的过程，其中，小林宗作用 4 个小时专注地倾听一个儿童滔滔不绝地讲自己感兴趣而成人认为无关紧要的事情。面对一个"知之甚少"的儿童，小林宗作没有用自己成人的丰富经验进行判断，也没有露出不耐烦的样子。他和蔼的神情，向前探出的身体，不时的追问，满脸的关切，恰当的引导，就是无意、尊重与耐心的真实写照，也是骨干教师在倾听同事、专家、学生时应具备的态度。

倾听的行为：勇气、移情与反省

有人说："站起来说话需要勇气，坐下来倾听同样需要勇气。"此言不假。骨干教师要想做到真正的倾听，必须有勇气相伴。没有勇气，就会产生惧怕心理，害怕听到那些"异于自己所想""颠覆自己观点""反对自己主张"的话语，因为它们可能会"破坏教育教学预设""挑战自己的话语权威"，将教学带入一个难以掌控的方向，将自己推向一个尴尬的境地。而这种缺乏勇气的倾听，自然置骨干教师于原地踏步的状态。可见，勇气之于倾听的重要性。倾听的勇气如同美国学者帕尔默所说的教学勇气，它的秘诀是"保持心灵的开放，即使力不从心仍然能够坚持"。而这背后，是对教育、对教学、对学生深切的爱。

移情是一种换位思考，是"站在他人的位置"体验他人的内心和精神世界。骨干教师倾听时有了移情，就会变换位置、角色，以接纳的态度理解对方。比如，在倾听学生言说时，不再理所当然地认为"怎么那么笨，都讲过这么多遍了还不会"，也不再怀疑"学生头脑中为何会冒出那么多奇怪的想法"，而是从学生的阅历、心理出发去理解、体验学生的言语以及言语背后的内容。倾听时的移情，意味着骨干教师能够主动体察他人的各种需求和情感变化，用他人的眼光看待、分析、审视教育教学中的所作所为，这样的"想他人所想，思他人所思"的倾听才能够走进他人的心灵世界。同时，这种移情还表明了对他人言说的回应、关切、理解和珍惜。这样，倾听者和言说者之间就能建立起相互信任的和谐关系，取得良好的倾听效果。

反省是指骨干教师在倾听学生、同事以及其他人的整个过程中，对倾听的意识、方式、态度、行为等进行有意识的审视、监控与评价。比如，反省自己是否具有倾听意识，能否主动倾听他人；自己倾听过程中是否保持了尊重、勇气、关怀的态度；是否做到了无意、宽容和移情；自己的非言语表达是否真正符合倾听的情境，以及以上种种做得如何。倾听时的反省类似于"照镜子"，能让骨干教师时时、处处对自己倾听的方方面面有清醒的意识，如若没有做到或者做得不好，能够及时进行调整、完善。其目的是使骨干教师保持真正的"开放"和真实的"接纳"，让他人的声音能够顺利、准确地"入耳""入心"。

倾听的原则：兼听则明

"兼听则明，偏信则暗。"骨干教师要想尽快走出"高原期"就需要听取各种声音，包括那些与自己观点和看法不一样的见解、与自己思路相左的"异向交往话语"、与权威相反的结论甚至是当面的批评指正话语等。因为只有这样的倾听，才能避免犯片面的错误，才能走出将自己的观点和看法视为"真理"的误区，才能客观正确地认识自己的不足与优点。

当然，骨干教师的"兼听"也并非一味地接受、不加辨别地吸收。"别裁伪体亲风雅，转益多师是汝师。"在倾听过程中，骨干教师要对他人的意见和观点分别裁定并加以取舍，才能取长补短，不断前进。

对于骨干教师而言，凝练、表达并推广自己的教育教学理念和模式很重要，倾听教育场域中的各种声音，并从各种声音中汲取有益成分更为重要，尤其是对于那些久久处于"高原期"的骨干教师更是如此。孔子云："我欲仁，斯仁至矣。"也就是说，"仁"离我们并不遥远，如果我们能够发挥主观能动性，打算或想要（欲）"仁"的话，就会做到。

只要骨干教师具有一定的倾听意识，想要改变自己倾听的现状，掌握一些倾听方法，必定会有效缓解、缩短其"高原期"，助力其专业发展从"高原"走向"高远"。在倾听专家理念中汲取教育的智慧和思想；在倾听学生所思所想所惑中走进他们的世界，完成教育任务并实现教学相长；在倾听同行经验传授中不断借鉴学习、吸取教育教学真经；在倾听家长的声音中吸取多元建议和意见以改进工作；在倾听自我的过程中不断反思体悟，认识自我，看清前行的方向……可以说，成功的教育离不开善于倾听的教师，成功的教师就是善于倾听的教师。

（作者单位系吉林师范大学教育科学学院）

（本文原载于《人民教育》2017 年第 2 期）

解决教师职业倦怠：来自企业的启示

朱　哲

第一次听到"职业倦怠"这个词，是在新教师入职培训中，张群（化名）有些不以为然："职业倦怠？至于吗！"此时的张群对这份职业充满了憧憬，他满脑子都是培训老师所讲的"幸福"和想要"改变教育现状"的使命感。

几年之后，"教育"在张群心目中已失去了"初见"时的美好，剩下的只是备课、上课、批改作业等一地鸡毛般的琐碎。每天的工作时间超过 12 个小时，他认为工作和生活严重失衡。学生不敢管，家长惹不起，学校要求高，这一切都让他觉得工作"亚历（压力）山大"。

最让他受不了的是经常收到的各种行政命令，从教改的方向、读书笔记到班会记录检查，事无巨细。此时的张群就像流水线上的一只机械手臂，在"被支配着干这个干那个"中"没有了自己"。

当理想与现实渐行渐远，他与学生的距离也远了，对现状的失望让他再也找不回当初的那份热情和希望，每天只是在"忍受"工作。他意识到这种状态不好，但除了忍，他真的不知道自己还能做些什么。

"我需要帮助"

张群并非个例，职业倦怠也并非教师群体独有的现象。在经济高速发展的今天，"疲惫但坚持着"已成为很多人的工作常态。

关于职业倦怠，北京师范大学心理学院副院长张西超打了一个比喻：同时给两只气球充气，一只气球不停地充，另一只气球充满后，放气，再充满。结果就是第一只气球很快就爆了，而第二只气球则可以持续很长时间。从可持续发展的角度看，显然第二种方式值得推崇。

"倦怠"一词的英文为 burnout，意指燃烧殆尽。该领域的权威专家、美国社会心理学教授 Maslach 通过大量的研究分析提出，职业倦怠包括情感耗竭、玩世不恭和自我效能感下降三个维度。她编制了目前使用最广的"Maslach 职业倦怠测量问卷"，根据问卷得分可判定倦怠的程度。

处于倦怠状态的员工不仅工作绩效大幅降低，还会对人际关系及其身心健康产生破坏性的影响，组织（企业、政府、学校等）会因此付出医疗支出增加、客户满意度下降等沉重代价。因此，从上世纪 80 年代开始，职业倦怠成为企业人力资源部门会议上经常讨论的话题之一。

2004 年发布的《中国"工作倦怠指数"调查报告》发现，70% 的被调查者正在承受轻微的倦怠，39.22% 的被调查者处于中度倦怠，13% 的被调查者处于严重倦怠状态。

犹如人们潜意识中总误以为"精神有病"的人才去看心理医生一样，倦怠被贴上的是"性格缺点""意志力薄弱"等标签，似乎遇到倦怠是员工无法胜任工作的表现。因此，出于"自我保护"的心态，很多人不愿意对领导、对同事诉说自己在"泥潭"中的挣扎。这种长期的隐忍让倦怠更加"肆意"地侵害人们的身心健康，阻碍人们获取必要的支持和帮助。

实际上，倦怠的产生是环境与个体因素综合作用的结果。荷兰乌德勒支大学的 Demerouti 教授在进行实证研究的基础上，提出了"工作要求－资源模型"。

该模型认为，长期不合理的工作要求，如过高的工作压力、工作环境恶劣等，会耗尽员工的热情及体力，进而产生职业倦怠及其他心理健康问题。而诸如工作自主性、职业发展前景、领导支持等工作资源则具有激励作用，能催生敬业与和谐的工作氛围，进而提高工作绩效。反之，工作资源的缺乏则可能导致挫败感，导致员工成就感降低和对工作的疏远、畏惧。

这项研究结论给企业的人力资源管理带来重要的启示。员工可以接受很高的工作要求，但组织要提供工作顺利开展所需要的各种资源，比如弹性工作时间、加薪等。"又想马儿跑，又想马儿不吃草"式的高要求低资源配置，必然导致员工的倦怠，乃至崩溃。富士康13连跳就是最好的警醒。

随着积极心理学和组织行为学的融合，现代人力资源管理不再简单地将出现倦怠等问题的员工解雇了事，而是转变策略，主动帮助员工预防和解决工作生活中的各种问题，以保证他们以饱满的热情投入到工作中。

这种更积极的措施叫作"员工帮助计划"（Employee Assistance Program），简称 EAP。英国第二大能源供应商南苏格兰电力公司开展的是 EAP 为核心的"健康与幸福行动计划"，为员工及其家属提供心理健康知识宣传、健康与幸福调查、压力管理、24小时免费咨询、健身房会员证、戒烟支持、体重管理以及财务和法律等工作相关问题的服务项目。这项计划使员工的因病缺勤率下降了5.6%，公司的医疗成本大大降低。张西超等中外研究者所作的多项实证研究发现，EAP 能有效降低员工的倦怠状况，减少离职率，并能提高个体的幸福感、组织忠诚度和工作绩效。

虽然绩效是所有的组织优先考虑的指标，但人文关怀也是必不可少的要素，EAP 是整合"绩效"和"人本"这一对矛盾共同体的最有效解决方案之一。它为员工及其家庭提供360度的身心健康管理服务，为组织管理层提供相关管理提升建议。可以说，EAP 是比物质奖励更好的福利项目。

在西方，EAP 已走过了近百年的历程，大多数的企业、政府、学校和军队部门都引进了 EAP 项目。我国的 EAP 才开展了十多年，属于起步阶段。随着国家对心理学应用越来越重视，一些大型国企、政府部门开始实施 EAP 项目。EAP 成为落实党的十八大工作报告指出的"人文关怀和心理疏导"的重要途径。

做自己的"HERO"

通常情况下，在人群中大概有5%～10%的人存在严重的心理困扰，比如抑郁倾向、重度职业倦怠等，如果不对其进行及时的危机干预和心理咨询，有可能严重影响周围人群的心理健康水平，甚至出现自杀等极端行为。70%～80% 的人面临的是工作压力、夫妻关系等普通的心理困扰，他们需要的是学会一些自助技巧和保持幸福的方法，防止这些困扰长期累积或扩大化。还有 10% 左右属于心理素质超强的人，能够持续保持积极乐观的工作状态。北京的郝杰老师就是其中的一员。

她是全校公认的"拼命三郎"。早到校晚离校是常态，年年担任初三最差班的班主任，并在毕业时将班级成绩提升到全校前列。要实现这个奇迹，其背后付出的艰辛和努力可想而知。

郝杰经常是晚上七八点钟才能回家。有一次，她提议出门散步，顺便跟儿子交流一下感情。但是孩子在玩耍时，不小心被健身器材打到面部，脸上顿时血肉模糊，多半的牙齿脱落错位。听着儿子的嚎哭，郝杰崩溃了，在那一瞬间，内疚、悔恨、悲伤一起涌上心头。

她觉得自己太对不起孩子了。因为班主任的工作非常繁忙，从小到大，她很少照看孩子。儿子生病时一般都是爱人请假照顾。作为一个母亲，连孩子都照顾不好，努力工作还有什么意义呢？

在医院里，郝杰整整哭了一晚上。只有通过眼泪，她心中的痛苦才稍稍得以释放。哭完之后，她清醒了许多。"幸亏伤的是牙齿，如果是眼睛，岂不是更糟糕？"她安慰儿子，也劝慰着自己。想到以后儿子吃饭比较困难，她赶紧从网上买了一台食物研磨机。

第二天早上，郝杰已完成了"自我修复"。她甚至没有因为这件事情请假，而是把儿子托付给爱人，自己匆忙赶到学校上课。她爱儿子，也爱学生，但是孩子有父亲照顾，毕业班的孩子更需要自己。

即便如此，郝杰也不认为自己在"拼命"。她很重视身体健康，每天的课表中必定给自己安排一节体育课。之所以有如此优异的表现，原因在于她坚信自己有能力"hold"住压力，在于她热爱自己的工作，在于她能处理好工作与生活的关系。

这种强大的心理能量就是现在职场流行的词汇——心理资本，包括希望、自信、坚毅、乐观四个要素，其英文首字母组合起来便是"HERO"。

如心理资本概念的提出者 Luthans 教授所言，心理资本是储藏在人们心灵深处的一股永不衰竭的力量，高心理资本的人具有掌控工作和生活的

"魔力"。北京易普斯咨询有限责任公司是国内成立最早的专业 EAP 服务机构，拥有庞大的员工数据库。他们调查发现，高心理资本对工作有积极的促进作用，心理资本高的员工对工作的满意度是心理资本低的员工的 2 倍，活力是后者的 5 倍，忠诚度是后者的 9 倍。而且，作为管理者的高级经理人的心理资本普遍比一般员工高，其倦怠水平则低于一般员工，他们的抗压能力更强，工作状态更好。

正是这种积极的力量让郝杰在"很忙、很累"的工作中，不仅没有觉得精力和体力透支，反而能体会到"精神富足"的幸福。

不同于人格特质的难以改变，心理资本是一种类特质，可以通过培训的方式加以改变。这意味着，经过专业的训练和练习，每个人的心理资本都可以得到改善和提升，从而增强应对压力的心理能量。

教师是职业倦怠的高发人群。中国人民大学和新浪教育频道在 2005 年所作的中国教师职业压力和心理健康调查的结果显示，86% 的被调查教师出现轻微倦怠，58.5% 的被调查教师出现中度倦怠，29% 的被调查教师出现重度倦怠，也就是说 10 位教师中，有 3 位可能处于重度职业倦怠中。然而不容乐观的是，目前还缺乏系统的教师外部支持和救助项目。

与教师类似，10086 等客服电话的话务员倦怠比例也非常高。因为工作职责要求，无论客户说的话多么难听，话务员既不能挂电话，更不能对骂，只能一遍遍地道歉："对不起，给您造成不便了！"平均每天接几百个电话，其中相当一部分是带有强烈情绪色彩的投诉电话，话务员要承受的心理压力是其他行业的人难以体会的。

作为全球规模最大的电信运营企业，中国移动集团较早地开始关注话务员等各类员工的压力问题，并积极寻找解决方案。从 2005 年开始，中国移动陆续在一些下属公司引进 EAP 项目，并逐步成为提升管理者及员工心理资本的重要途径。除了个体和团体的心理资本增值培训，广东公司建立了名为"幸福加油站"的网站。当员工感觉压力大、心情烦躁的时候可以打开专业的压力测量问卷，评估自己的状态和压力来源，进行梳理反思，然后根据网站的指导方法，自行制订解决方案。通过自助式的测评和调整，员工的心理资本得以提升。

这些投入带来了丰厚的回报。中国移动集团所作的匿名调查显示，接受心理资本增值培训的员工，其幸福感、组织满意度、工作满意度都有显著提升，压力水平、离职倾向、职业倦怠等均有下降，企业的凝聚力和人文氛围得到显著增强，实现了个人与企业的双赢。

不只是一双会劳作的手，而是整个的人

第一个正式的教师援助计划开始于 20 世纪 70 年代中期的美国，如今已成为较为普遍的服务项目。假如俞伟（化名）能参与 EAP 项目，或许他的那段倦怠经历会好过一些。

工作第一年，俞伟被安排接高三的课。由于经验不足，学生高考考砸了。学校认为他教不了高中，新学期安排他到初中任教。学校的不信任严重打击了俞伟的自信心，有两年的时间，他总是郁郁寡欢，怀疑自己"不适合做老师"，觉得"自己在耽误学生"，甚至准备换工作。最后是来自学生的支持挽救了他。俞伟跟学生的关系非常好，当他教了一年的初中学生得知他要被学校调去其他班级的时候，学生们自发找到校长，要求他留下。这份支持和感动让俞伟重新"活"了过来。

在此期间，除了家人和学生，俞伟没有任何"外援"，他靠"自愈"度过了长达两年的"黑暗期"。GDP 当道时，组织关心的是你能不能干活，而不是你为什么不能干活。汽车大王亨利·福特曾说过一句名言："为什么当我只需要雇佣一双手的时候，我却不得不雇佣他整个人呢？"

毫无疑问，带着"整个人"来工作的员工，必然包含与岗位职责不相干的要素，而且"人"会受到环境、关键事件、组织氛围等其他因素的影响。要让这个"人"的双手产生最大的绩效，就要求组织在环境、制度、流程等方面进行改善，以保护这个人的"一双手"安心投入工作。

在《重燃焰火》一书中，作者、教育学教授 Brock 将教师的倦怠归因为三种因素：组织环境、行政领导风格和教师人格。2013 年美国权威民意调查机构盖洛普的调查结果也指出，提升教师的敬业度，每所学校急需一位更好的校长，因为"管理者在他们团队成员的敬业度上起到关键作用"。

正是意识到管理者的重要作用，组织管理领域提出了"积极领导力"的概念。在《积极领导力》一书中，作者密歇根大学罗斯商学院的卡梅隆教授提出4种积极领导力策略：一是营造积极氛围，管理者要在组织中培养出激情、感恩、宽恕的氛围；二是建立积极关系，即关注员工的优势而非劣势，注重扬长避短，以便在组织内部建立起互相支持的能量网络；三是实现积极沟通，即强调乐观、支持性的沟通，更好地帮助员工学会积极的自我反馈；四是构建积极意义，即关注个人幸福与组织目标的联结，重视个人价值及归属感。

以往，雷厉风行、就事论事通常被认为是管理者的优点，实际上，当管理者心直口快地批评员工时，完全忽视了心理要素对解决问题的效果。而拥有积极领导力的管理者传递的是正能量，他们关注的重点是如何发掘人的积极品质，营造积极、幸福的组织氛围。

但管理者也面临着压力和倦怠的"摧残"。美国邮政服务公司实行的EAP项目包括管理者教练计划、沟通和压力管理等培训，目的是帮助管理者应对工作中面临的各种危机。

公司要求管理者给予员工充分的关注，细心观察其在工作中的表现。如果员工出现频繁的迟到或早退、工作失误持续增多、与同事出现异常争吵等，管理者会假定这种变化是由家庭或心理因素引起的，并鼓励员工向EAP寻求帮助。他们会给员工一份推介书，包括员工的工作内容、工作表现、EAP服务机构的电话号码和保密原则等信息。EAP人员会为管理者提供员工问题的解决方案、建设性反馈技巧等服务。无论员工是否接受EAP服务，管理者都需要继续提供反馈，监控员工的出勤、绩效和行为，并考虑适当减轻员工的工作压力。如果员工为了解决困扰请了长假，在返回工作岗位前，管理者和EAP咨询师要举行欢庆会，目的是让该员工重新融入工作环境。

为了在维持高效工作的同时，让员工感受到组织的温暖，许多企业开始推行"工作－生活平衡"计划。就连以严谨刻板、加班频繁著称的日本佳能公司也规定每周三为"不加班日"，鼓励员工放下工作，准时下班与家人、朋友共度美好时光。

此外，环境改善也是关注"整个人"的一部分。很多组织会把管理条例、规章制度挂在墙上，但所起到的作用微乎其微。有一家企业的墙壁文化很特别，他们挂的不是条文，而是员工孩子的画作。每当员工抬头看见这些作品，心中充满的是家的温暖。或者在办公区域多放几盆绿植，养一些金鱼、乌龟等小动物，也能够有效缓解员工的焦虑和紧张感。这些都是对"人性化"很好的诠释。

教师的职责神圣而伟大，但教师首先是一个人，校门之外必然面临生活的压力、教育子女的困惑、家庭的冲突等各种问题。我们不可能保证每一位教师时刻都充满积极情绪，但我们应该做到，当他们处于困扰之中的时候，伸出一双温暖的援助之手。

（作者单位系《中小学数字化教学》杂志社）

（本文原载于《人民教育》2014 年第 18 期）

寻找教师职业幸福的魔方

曹新美

老师，你的幸福感哪儿去了

近年来，关于"你幸福吗"的问题常常被问及各类人，从政界领袖普京到商界巨头比尔·盖茨，从诺贝尔文学奖获得者莫言到普通农民工。

为什么在社会更加进步、经济发展更为迅速的今天，人们开始关注"幸福"了呢？300多年前英国哲学家休谟曾说过："所有人类努力的伟大目标在于获得幸福。"2012年6月28日，第66届联合国大会宣布，追求幸福是人的一项基本目标，幸福和福祉是全世界人类生活中的普遍目标和期望，决议将今后每年的3月20日定为"国际幸福日"。

同样的，教育的宗旨是为了培养幸福的孩子，是为人一生的幸福奠定基础。只有幸福的教师才能培养出更加幸福的孩子。因而，教师的职业幸福感也成为教育界和全社会普遍关注的话题。

"你当教师幸福吗？一年365天，你有多少天是幸福的？如果有一把尺子测量人的幸福感，刻度从0（最不幸福）到10（最幸福），你的幸福感会在哪一点上？"当这些问题摆在一线中小学教师面前时，一些教师的回答让人深思。有的教师回答，除了寒暑假，其他时间都不幸福；有的教师回答，自己的幸福感为4（有一点不幸福，比持平低一点）或3（不太幸福，心情低落）；也有的教师认为自己的幸福感为2（不幸福，心情不好，提不起劲儿），甚至有的教师选1（很不幸福，感到抑郁、沉闷）。教师职业本应是一个令人尊敬、受社会崇尚的职业，但为什么有的教师却感受不到幸福？是什么使他们在这个"光鲜亮丽"的职业中心情低落，感到抑郁、沉闷？

下面是我们摘录的两位中学教师对自己工作状态的描述。

"我是一位区级重点中学的男老师，从教十年，是学校教学骨干和骨干班主任，已连任班主任六年，兼任教科研课题组组长、年级组长。为了防止学生抄作业，我早上 6:40 到校进班，晚上 6 点后离校回家。目前孩子 3 岁多，正处于上有老下有小的事业上升期、极度劳累疲乏期。有时会对工作和家庭产生厌恶反感。现在感觉很累，感觉什么都无所谓。"

这位老师的描述让我们深深地感受到，他在工作中产生了严重的疲惫和倦怠感，甚至产生了悲观厌世的抑郁情绪。

另一位教师写道："我是一位有十年教龄的中学教师，两三年前我开始对自己曾经热爱的工作产生了厌倦情绪，每天只是机械地重复，没有激情，没有理想，我已经看到了我 30 年以后的样子，感觉十分悲哀。"

在这位老师的描述中，他失去了理想，丧失了激情，看不到自己工作的价值，对自己的未来失去了希望。这也是典型的职业倦怠的表现。

什么是职业倦怠呢？职业倦怠是在以人为服务对象的职业领域中，个体感到付出了较多的情感和人力资源，而又没有得到相应的回报和价值认可，所产生的一种情感资源过度消耗、人际关系淡漠、个人成就感降低以及身心疲乏不堪的消极状态。

教师职业是育人的职业，教师是职业倦怠的高危人群。职业倦怠有三个非常典型的核心特征。一是情感衰竭：表现为工作热情完全消失，情绪烦躁，容易发脾气，易迁怒于人。二是去人性化：对他人不信任，多疑，指责抱怨，将人视为无生命的物体。三是个人成就感降低：对自己的工作意义和价值的评价下降，工作变得机械化，且效率低下。上述两个案例中的教师都明显地表现出职业倦怠的这些特征。

是什么让教师职业倦怠

在对某大城市 4741 名在校中小学教师开展的调查中，我发现，有 22% 的中小学教师存在中等程度以上的职业倦怠感，其中情感枯竭的程度较为严重，49% 的教师感到工作耗尽了自己的感情，感到精疲力竭。在对教师职业倦怠的因素分析中，中小学教师平均每周承担 10 节课以下的只占 31.9%，而每周 10 节课以上的占 61.2%，其中 25.3% 的教师每周 16 节课以上。结果显示，每周承担 10—20 节课的教师的职业倦怠程度显著高于每周承担 10 节课以下的教师，尤其是承担 16 节课以上的教师，在职业倦怠的两个核心成分——情感枯竭和去人性化程度上显著高于每周 10 节课以下的教师。另外，班主任的职业倦怠程度显著高于其他教师，班主任由于付出的心血较多，因而情感枯竭程度更高，但在教书育人的价值感方面，班主任的价值感明显高于其他教师，这是因为班主任承担着管理和教育学生的直接责任，更能体会到教育学生过程中的成就感和价值感。在学段上，小学教师的职业倦怠感中的情感枯竭程度显著高于初中教师。在科目上，担任语数外科目的教师职业倦怠感显著高于其他学科教师，情感枯竭和去人性化程度表现尤为显著，而在个人价值感上则高于其他学科教师，也许是因为这些科目更受学校和学生重视，使教师在教学过程中体验到更多的成就感和价值感。

就该市各地区来说，农村校的教师情感枯竭和去人性化程度显著高于城区教师，区级薄弱校教师的职业倦怠感程度高于区级优质校的教师。可能由于生源和教学资源配置等差异，使农村校和薄弱校的教师在教育过程中付出的心血和精力更多，又感到付出与回报的不匹配，因而对学生的情感更加冷漠，厌恶感和不信任感更强。

前文中的两位老师，都提到各自的从教时间为十年。十年教龄是教师职业发展的瓶颈期，也是职业倦怠的高发期。从我的调查数据看，职业倦怠感的高发期在从教第六年到第十年，这一阶段恰恰属于教师专业发展的成长期，也称之为自动化期。在这一阶段，教师对教学技能的掌握已经达到熟练和自动化的程度，对所教科目的内容和程序基本了然于心，教学上不再有高挑战性的任务。正如第二位教师所说的，每日机械地重复，缺乏创造性，逐渐磨去了教师的激情和理想，在专业发展上进入了瓶颈期，因而导致了职业倦怠感。这一阶段的职业倦怠感显著高于其他阶段，尤其是这一阶段的去人性化程度显著高于其他阶段。而从教五年内的年轻教师的价值感丧失程度显著高于其他阶段，这一阶段的年轻教师可能由于刚走出校门，理想与现实之间的差距较大，加上对学生的了解不深，缺乏经验，在教育过程中难以体会到个人的价值感和成就感。

除了教师职业的原因，教师的家庭原因也会加重教师的职业倦怠感。从年龄上看，25—35岁的教师职业倦怠感中的价值感最低，这一阶段正是成家立业期，子女的教育、老人的抚养、生活安置、购买住房等来自生活和家庭的负担，也给教师们带来了心理上的压力。

从上述两位老师的描述中还可以看出，产生职业倦怠的一个非常重要的原因是教师对自身教育工作价值感的理解。像第一位老师所言，每天起早摸黑地辛苦工作只是为了防止学生抄作业，当然会觉得工作没有价值感。

职业倦怠感不仅会给教师造成心理上的负面影响，还可能导致抑郁。我们采用贝克抑郁量表（BDI）对教师的职业倦怠与抑郁状态进行相关研究分析，表明职业倦怠与抑郁存在显著的正相关。在我们的抽样调查中，某市中小学有41.4%的教师无抑郁症状（BDI ≤ 4分），14.4%的教师存在轻度抑郁（5分 ≤ BDI ≤ 7分），25.1%的教师存在中度抑郁（8分 ≤ BDI ≤ 15分），33.6%的教师存在严重程度的抑郁（BDI ≥ 16分）。抑郁是一种心理疾病，不仅会使人情绪低落、悲伤、失望、负疚、自责、缺乏自信，没有价值感，丧失对工作和生活的兴趣，工作效率降低，对未来失去希望，而且严重时还会导致失眠、哭泣、绝望，甚至导致轻生，严重影响人的生活质量和生命质量。

我们采用贝克焦虑量表（BAI）对教师的职业倦怠和焦虑程度进行相关分析，表明职业倦怠与焦虑存在显著正相关。采用临床上通用的阳性症状BAI ≥ 45为判断界限指标区分，有35.7%的教师超过了这一临界值，出现较严重的焦虑症状，常常或总是感到头晕（23.9%），消化不良（23%），紧张（21.8%），心悸（20.6%），害怕发生不好的事（23.9%），不能放松（24.8%）等典型症状。近年来职业倦怠、抑郁和焦虑等心理问题也影响到教师的身体健康，一些教师患咽喉炎、高血压、胃溃疡、妇科肿瘤等疾病的概率有所增加。

发现正能量

如何消除或降低教师的职业倦怠呢？近年来我们进行了相关的正向研究和积极干预，期望能寻找到缓解职业倦怠的良方。从对教师身上的积极心理因素与职业倦怠关系的研究看，虽然有22%的教师有不同程度的职业倦怠，但还有78%的教师并没有产生严重的职业倦怠，他们身上有哪些正向的力量支持着他们积极有效地工作呢？我们对教师个体的正能量和积极品质进行了调查。

通过相关分析，教师的职业倦怠与教师的个人成长、对生活的控制感和满意度、生活的目标感、自我接纳、人际的信任感、感恩和宽恕等积极心理能量呈现极其显著的负相关。有生活的目标，能够自主调节和控制自己的工作，对自己接纳，对他人信任、感恩和宽恕，能降低教师的职业倦怠感。在研究中我们还发现，教师自身的优势和美德与职业倦怠的程度存在极其显著的负相关。这些优势和美德包括创造性、好奇心、开放、爱学习、智慧、勇气、持之以恒、勤奋刻苦、真诚热情、爱与依恋、仁慈慷慨、社会智慧、忠诚合作、公平正直、领导能力、宽恕、谦虚谨慎、判断力、自主自律、对美的欣赏、感恩、乐观、幽默、信念等，拥有这些美德越多，教师的职业倦怠感就越低。

积极心理学的倡导者塞里格曼先生认为，幸福有五个核心要素。一是要有积极的情感，诸如自豪、快乐、欣喜、幸福等，积极情绪与职业倦怠感呈显著的负相关；二是要积极投入和沉浸在工作中，体验职业的幸福；三是要有良好的人际关系，把他人放在心中，尊重每个人的价值，善待他人；四是要追求有意义和有价值的人生目标，当一个人心中有理想和目标时，人生才有意义和价值，才会感到更加幸福；五是要体验到个人的成就感，在成功和成就中享受幸福。积极心理学提出，心理学的使命不仅要治愈和修复心理的疾病和创伤，更要培养和提升美好的心理品质，激发每个人内在的成长动力，用自身的力量去治愈心理疾病。

通过对中小学教师进行积极心理教育的培训，转变教师的教育理念，从积极的视角去发现自己和学生身上的优势与美德，为每天平凡的教育工作赋予意义和价值，感恩和宽容我们身边的每一个人，付出爱心和善举，可以显著降低教师的消极情绪，减少职业倦怠感。一位教师在培训反思日志中写道：

> 以前班级日志是我治班的重要阵地，通过它把违规现象、班级问题记录下来。每天翻阅后，总免不了声色俱厉的训斥，对违规学生的惩罚也变得理直气壮。于是，学生们畏惧我、害怕我、躲避我、防范我……而我每天的工作也非常痛苦，觉得班上尽是不听话的孩子。现在我转变了理念，改变了方式，用班级管理宝典把班上每天的好人好事记录下来，每周的班会由批评会变成了表扬会、赞美会和建议会。慢慢地，班上违规违纪现象少了，我和同学们的关系也亲近了。

在这个案例中，教师从原来对学生每日的监督和审判转变为欣赏和赞美。心理学研究表明，每天加工积极的信息、发现美好的事物会让人更加幸福和乐观。

还有一位班主任遇到这样一起事件，在校运动会上，班里有四位同学参加 4×100 米接力赛，全班热烈呐喊助威，但在最后一棒时，传接棒时发生失误，丢掉了原本可以获得的荣誉。比赛一结束，班里炸开了锅，接棒的同学抱怨传棒的同学，助战呐喊的同学也埋怨责骂，甚至还有同学动起了手。班主任拍了三下巴掌，示意大家安静下来，然后让全班同学手拉手围成圈，席地就坐，听她讲话。她只说了三句话："今天我非常感动，我要衷心地表达三个感谢。一是感谢参加接力赛的四位同学，他们虽然掉棒了，没有取得名次，却能拼尽全力，坚持跑完，没有给我们班丢脸，让我们为四位同学的付出鼓掌（全班同学鼓掌）；二是要感谢今天在比赛中呐喊助威的同学们，你们喊哑了嗓子，为比赛的同学加油，让我们为自己的行为鼓掌（全班同学鼓掌）；三是要感谢刚才相互争执的同学，你们是真心希望我们班能赢得比赛，让我们为大家这种强烈的集体荣誉感鼓掌（全班同学鼓掌）。然后，请大家与身边的同学握个手，说声谢谢！"就这样，通过"三次鼓掌＋一个握手"，班主任没有一句责备和批评，神奇地化解了一场纷争，刚才还在怒目相对、恶语相向的同学瞬间冰释前嫌，握手言和。

有的老师已经习惯了以批评和管教的方式去履行职责，以为只有"严师"才能出"高徒"，只有指出学生的问题才有利于学生的成长。殊不知，苦口的良药人人都不爱喝，逆耳的忠言容易伤人，往往造成学生的防御和逆反。这样就把原本"一番好心好意"的快乐、幸福的教育过程变成痛苦的折磨过程。真正的教育力量应该来源于学生自身，只有水到渠成，因势利导，才能产生神奇的效果。良药可以甜口，忠言可以顺耳，换一种欣赏的视角，换一种积极的心态，换一种智慧的方式，换一种激励的语言，可以达到更好的教育效果。

说到底，教师要有一双神奇的慧眼，去发现和培育自身及学生身上的优势与美德，把教育的力量变成爱，把良好的建议用平等真诚的方式传递给学生，在一种和谐友好的氛围中，师生共同成长和发展，让优势和美德的阳光洒满心间，从而远离职业倦怠，体验到职业的快乐和幸福。

（作者系北京教育学院教授、发展与教育心理学博士）

（本文原载于《人民教育》2014 年第 18 期）

教师倦怠，校长何为

陈钱林

　　我刚到瑞安安阳实验小学时，根据以往惯例，与教导处的同事一起闭门安排教师岗位。想不到，开学初在教师大会上宣布时，有一位教师当场就哭了。原来她声带有息肉，医嘱近期少说话，而我们却给她安排了一年级语文老师兼班主任的工作。都宣布了，再变就被动。后来，尽管做了补救，这位教师也同意了，但每当听到她沙哑的声音时，我总有些内疚。

　　一年后，我们制定了自主选择岗位制度——每位教师在学年期末填报下学年岗位的志愿，学校原则上按照教师的志愿安排，凡特殊原因难以满足的，暑假期间，由教导处联系该教师商量调整。在研究这个制度时，有人担心，全体教师各有各的意见，会不会因此导致安排不了岗位？实践证明，所有的担心都是多余的。教师都很善良，即使满足不了志愿，尊重在先，大家也都能理解。

　　我曾有个比方：7个人喜欢喝茶，3个人喜欢喝咖啡，学校有5杯茶、5杯咖啡，如果允许选择，就会有8个人能喝上自己喜欢的饮料。即使喝不上喜欢的饮料的两个人，因为客观原因而无法选择，也会表示理解的。

　　其实，学校许多事都是可以选择的。如备课，可以允许教师选择手写或者电脑备课；如上课，可以鼓励教师选择自己喜欢的教学风格。当前，基层学校教科研的形式主义倾向比较严重，一些学校统一要求全体教师做课题、写论文，许多教师就上网下载论文，而且怨言颇多。为此，我们制定了教科研套餐制度，教师在课题、论文、读书、论坛四项中，选择一项自己喜欢做的就可以。这项制度实施后，不仅只是减轻了教师负担，更因为是自己选择的，教师做得也更称心。

在建设小学，我把选择作为教师管理的核心理念。建设小学有个名师共同体制度，每学年初由教师双向选择组成若干个教研共同体。我觉得，名师共同体与教研组的区别在于，教研组是"包办婚姻"，而名师共同体是"自由恋爱"，同样的教研组织形式，背后的理念迥然不同。跟自己选择的人在一起研究教学，心情会更舒畅。

教师对外出培训都很在乎。一般学校的教师培训都由学校指派，长期没有被派到的教师，多少都会有意见。我们也引进选择机制，给每位教师安排一定量的培训经费，在包干经费范围内，教师可以自主申请外出，这样就给了教师选择权。即使不出去，那是自己主动放弃的，也不至于有失落感。

曾有校长与我交流，说教师对专业成长没兴趣，他曾多次请专家来校作讲座，却发现大部分教师在听讲座时看微信。我说，这不是教师不喜欢专业成长，而是不喜欢"被专业成长"的方式。作为知识分子，教师的尊重需要与自我实现需要相对强烈。鼓励教师专业成长，激发其成就感，既是尊重，又是满足自我实现的需要。

我喜欢用民意问卷的方式调查教师的需求。刚到安阳实验小学时，我们通过问卷了解到教师最迫切的需求是读本科，因此我们就与高校合作，在校内举办了本科函授班。调到建设小学后，通过民意调查，我们发现教师对在区级以上教研会开公开课的需求相对强烈，我们就积极承办各级教研会。三年来，起码有200多人次拿到区级以上的公开课证书。

在安阳实验小学时，有一次，学校有一个去杭州培训的名额，我们慎重商量后把机会给了一位骨干教师。想不到，这位教师到办公室后就发牢骚，说老是出去没意思。这件事引发了我的思考：小猫喜欢吃鱼，小白兔喜欢吃萝卜，拿鱼给小白兔，当然不受欢迎。看来，没有基于需求的机会，既强迫了他人，又造成学校资源的浪费。

于是，我们创新了教师专业成长帮扶制度，每位教师都制定个人专业发展规划，选择自己的专业定位与近期努力方向，并提出具体的需求。当学校有开课、培训等机会时，依据教师的需求分配。如此一来，因为有针对性，许多教师都心存感激。曾有位教师很希望在普通话方面发展特长，正好学校分到一个参评省级普通话测试员的名额，我们就把机会给了她。后来，她通过了考评，并把普通话特长融入语文教学，形成了独特的教学风格，很有成就感。

如果能引领教师投身于学校发展大计，则能从更高的层面激发其成就感。在建设小学，我们规划了教育品牌建设线路图，并发动全体教师共建教育品牌。随着学校品牌的逐步形成，参与其中的教师逐步产生了创业的成就感。2014 年 3 月，建设小学承办了几场面向全国的自主作业品牌现场会，我特意设计让更多的教师亮相。如在第一场现场会中，学校安排 11 位教师参与访谈，30 个班级同时出公开课，目的就在于让更多的教师体会到被人认可的快乐。

当前，许多企业都设立人力资源部，针对员工进行个性化的帮助，其最大的价值，在于关注并疏导员工的情绪，激发员工对企业的归属感与幸福感。这些人性化的管理方式，学校应该借鉴并有所作为。

比如从情绪管理的视角，学校要多站在教师的立场去处理事情。教师免不了与家长发生矛盾，我的原则是，除非是特别不可容忍或者多位家长反映的事情，否则我一般不会马上找教师对证。非要了解真相时，大部分情况下我都选择私下交流。教师特别爱面子，越私下处理，越会记情，也越容易改进。如果动不动就在教师大会上讲家长反映的事，很容易刺痛教师的自尊心，有时候伤害的不只是一个人，很可能引发教师群体的反感情绪。

我刚到建设小学时，一批家长到教育局上访，要求换数学老师，并指定要年轻教师。了解情况后，我发现这位 52 岁的数学老师兼两个班的数学课，很敬业，教学质量也很好，学生也喜欢，只是对学生严格了些，并且不喜欢与家长沟通。我认为，如果迫于家长压力换老师，一则给即将退休的教师心灵上留下创伤，于心不忍；二则必定会引发教师群体，特别是老教师群体的反感情绪。于是，我们就做家长的思想工作，坚持不换老师。三年后，这位教师以实际行动赢得了家长的信任，怀着愉快的心情光荣退休。

情绪管理，要尊重教师的职业心理。学校姓"学"，学校文化的主流应该是教育文化。安阳实验小学的教研氛围非常浓厚，这样的文化"场"特别容易给教师以良好的心境。在建设小学，教师研究的风气日盛。我们推出了"星卡"评价，号召教师努力使"每张星卡背后都有一个感人的教育故事"，从而追求"在教育的江湖有自己美丽的传说"的幸福感。我倡导把教育作为一种信仰，引发了教师的共鸣。

　　知识分子相对清高，常有"宁为玉碎、不为瓦全"的心理，不愿意做看起来平庸、低俗的事情。当前，学校管理的行政化倾向，已经成为教师职业倦怠的催化剂。上级行政部门常要求学校做些与教育教学无关的事，如为迎接验收而临时整理档案台账，为应对检查而组织形式主义的活动，很容易引发教师的反感情绪。在两所学校任职时，我都积极探索校本管理，特别是反对各类形式主义的东西。

　　让教师安心于教书育人，是最好的情绪管理方式。情绪管理，还要特别关注教师的群体文化。人具有群居特性，每位教师在学校都会有个相对亲密的圈子。在充满正能量的群体中，即使有些消极情绪，同事们稍微劝慰几句，气也就消了；在充满负能量的群体，好好的事情，都会生出是非来。学校管理的介入，就是要弘扬教师群体的正能量。

　　建设小学的名师共同体，就是让志同道合的教师组成一个个学习型的共同体；在安阳实验小学时，我们设计了教师社团制度，凡教师发动共同爱好者三人以上，就可以向学校工会申请成立社团，学校可给每个社团适量的活动经费。这些措施，都是弘扬教师群体正能量的尝试。我总觉得，人对信息的接受是一个恒量，接受正能量多了，意味着负能量就减少了。同样，情绪好了，幸福感多了，倦怠感的存在空间自然也就少了。

（作者系浙江杭州师范大学附属学校原校长）

（本文原载于《人民教育》2014 年第 18 期）

寻求教育共识：学校应走向"集体行走时代"

周　彬

在一所学校里，校长和教师，学生和家长，每一个人都在思考教育教学活动，每一个人都将参与教育教学活动。如果大家心朝一处想，劲往一处使，这就是搞好教育最大的财富；但如果大家想法不一样，目标不一致，这就成了实现教育突破最大的障碍。

事实上，如果大家事先达成了共识，那么大家共同的目标，就是如何把教育搞得更好；如果大家没有达成共识，那么最重要的任务就不是如何搞好教育，而是深陷彼此理念或者利益的争斗之中，尽管每个人都在拿教育说事，但教育本身却消失得无影无踪。今天的教育，不论是家校合作，还是学校分科教学，或者为了学生全面发展，教师个人英雄主义已经没有市场，在教育共识基础上的学校"集体行走时代"已经来临。

共识是学校"集体行走时代"的诉求

在学校中，对于教育共识的重要性，可能班主任是最有体会的。尽管班主任不是学校的管理中枢，但却是学校所有教育教学活动的执行中枢，不管学校下发多少文件，也不管学校举办多少活动，最终都会在班主任这儿得到汇总，并由他来执行或者协调执行。可是，班主任毕竟只是"一个"人，当然也可以理解成，班主任毕竟也只是一个"人"，再怎么能干、再怎么专业的班主任，不可能把学校方方面面的工作都做好，所以，班主任最重要的工作并不是靠自己的付出去"执行"任务，而是靠自己的能力去"协调执行"任务。

既然班主任的主要工作并不是去执行任务，而是协调大家共同执行任务，那就意味着如果班主任失去了"协调大家"的能力，就只能自己去执行这些教育教学任务，一个人意欲替五六个人干活，其结果，一定是自己累得要死要活，仍然不可能实现五六个人共同干活的目标。只有一个人想方设法地"协调"这五六个人，力求在过程上有着相对统一的想法，在结果上有着相对一致的目标，通过大家的齐心协力，才可以相对轻松地完成教育教学任务，还可以较高质量地达成教育教学目标。

这样的协调工作非常不容易。在现实生活中，大多数班主任，甚至是绝大多数班主任，最后宁愿选择自己亲力亲为地执行这些教育教学任务，也要回避对"协调执行"教育教学任务的挑战。

于是，在教育实践中就涌现出了无数班主任无私奉献的故事或者案例，也提炼出了无数班主任在"执行"教育教学任务时的技巧与智慧，但所有这一切，丝毫没有增加班主任这个岗位的吸引力，也丝毫没有让班主任这项工作变得更加轻松与自在。只是用这些无私奉献的故事或者案例，掩盖了班主任日常工作的艰辛与乏味；用那些艺术化的技巧与智慧，掩盖了大多数班级教育工作的冲突与低效。

在学校中，何止班主任面临着"共识之殇"！无论是作为课堂教学实施者的教师，还是作为学校领导者的校长，都深陷教育共识达成的困境之中。想必在课堂教学中的老师不一定感受到教育共识的好处，但对没有达成共识时的痛苦，会有着极为深刻的体会。每位老师都希望学生学好，每个学生都希望自己学好，但在如何才能学好这个问题上，老师与学生是很难达成共识的。

在老师看来，牺牲今天的娱乐换来明天的幸福，这是值得的；但在学生看来，没有了今天的娱乐，明天的幸福又有什么意义！在老师看来，没有了每天的训练，就不可能有考试时的熟练；在学生看来，用训练换来的熟练，对自己的未来只是白练而已！即使有与老师达成共识的学生，但他们面对的并不是单一学科的老师，而是搭班的五六位老师，当他们和某位老师达成共识时，并不意味着就与所有的老师达成了共识，除非这五六位老师先达成了共识。因此，对于学科老师来说，如果没有和学生达成学习共识，我们的课堂教学就很难实现教学目标；如果没有和搭班的同事达成教学共识，我们的班级教学就很难实现育人目标。

在中国，几乎每所学校都有自己的办学理念，几乎每一位校长都有着自己的教育理念，可是这些办学理念常常以枯死在宣传橱窗里而告终，以写在学校文件上而止步。不是这些办学理念不够好、不科学，而是在办学传统中形成的办学理念，没有与今天教师群体的信念相和解；校长个人冥思苦想出来的教育理念，没有经过教师群体的理解与体认。于是，一所没有灵魂的学校就这样诞生了。

教育共识来自"实践体谅"而非"理论说服"

曾经有一位老师向我抱怨，说现在的学生真的太难教了，你想尽各种办法，他似乎都不为所动。我说，如果我们的学生可以随随便便地听从别人的教导，那么这个学生是在变好的路上走得更远，还是在变坏的路上走得更快呢？诚然，我也相信教育是有规律可循的，搞教育也应该遵循教育规律，尤其是应该顺应孩子的成长规律，可是每一种规律在不同学生身上，在不同班级里，在不同学校中，表现出来是不同的，所以我们遵循和实现这种规律所采用的方法和举措也是不一致的。在教育中强求一致，本身就是对学生个性化和教育情境性的反动。

在教育教学活动中，并不存在直接的利益交易，也少了市场中面对面的讨价还价，于是大家觉得教育教学活动显得更加清纯与高尚，老师似乎也少了那份俗气与短视。但这并不意味着参与教育教学活动的各方，包括学生及其家长，老师及其学校，当然还包括学生与学生之间，学生与老师之间，老师与老师之间，老师与学校之间，就可以自动或者自然地在教育目标上达成共识。

学生在家里是"唯一"，到学校就成了"之一"，老师希望自己整个班级学得更好，但不等于班级里每个学生都学得更好；家长虽然也希望孩子所在班级能够学得更好，但他们更希望自己的孩子在班级里学得更好。作为班主任或者学科老师，虽然在班级里并不存在家长和你交易，或者学生和你谈判的情况，但如果你不能处理好让"整个班级学好"和让"班级每个学生学好"之间的关系，那就很难搞好"家校合作"，很难在班上营造一种和谐而又积极上进的班风。

正如每一位班主任、任课老师，都希望把整个班级教好一样，每一位校长也希望把学校办好。但是，不管校长的办学理念多么先进，没有一个管理干部是为了你的办学理念而工作的，他们也有自己的教育理想，也有自己的工作利益；不管学校的办学成果有多大，也没有一位老师仅仅为了学校办学成果而努力，他们还有自己的教育情怀、教育理想。因此，在学校中，虽然少了市场交易的那种尴尬，虽然少了面对面讨价还价的俗气，但不等于我们就可以否认对方对教育活动的利益诉求，就可以否认学校管理干部和老师的教育情怀、教育理想。

不管是在班级管理还是在学校管理中，我们都要遵循育人规律和管理原理，但遵循规律和原理的前提，是要凝聚人心和达成共识。你可以尝试用科学的教育原理去说服别人，也可以尝试用管理的权威去要求别人，但这一切只能让人服从和屈服，而不可能因此就把人心凝聚起来，因此就达成了共识。如果你有科学的道理和感人的情怀，肯定有利于你在班级管理和学校管理中凝聚人心和达成共识；但如果没有对他人的教育利益的充分考虑，没有对他人的教育情怀的充分尊重，没有对他人教育信念的充分信任，凝聚人心和达成共识就会离你越来越远。

教育共识总在"想得更高，做得更实"的地方

把管理定格在风气的营造和文化的形成上，当每一个人都因此而受益时，共识就存在于利益的交点上。一个班级好与不好，是不能通过考得好与不好予以评判的。如果这次考好了，我们就说这个班级是好的，那这次没有考好的同学，会不会有被抛弃的感觉；如果这次考差了，我们就说这个班级不好，那这次没有考好的同学，会不会觉得是自己损害了整个班级

的利益。我们要关心班级考得好还是不好，但作为教育工作者，更要关心考得好与不好的原因是什么。

事实上，在一个班集体中，班级如果风气很正，班级文化积极上进，哪怕这个班级暂时考得差一点，最终也会考个好成绩出来，而且给我们的还不仅仅是好成绩，整个班级在各个方面都将表现得很优异，因为风气弥漫在整个班级工作的方方面面。更重要的是，那些没有取得好成绩的同学，也会从良好的班风之中，从大家积极上进的文化里，获得进一步努力的力量，获得在未来取得良好成绩的信心。

家长会关心整个班级考得好还是不好，但他们更关心自己孩子考得好还是不好，一旦把班级建设的重心放到成绩上，不但凝聚不了人心，反而会让大家处于人人自危的竞争状态之中。

与之相反，当我们把管理定格在班级风气的营造和文化的形成上时，这就考虑到了班级中每个孩子的利益，也有助于每个孩子学习目标的达成。在学校管理中也是如此，不管教得好还是教得不好的老师，他们都是学校教师队伍中的一员，对教得好的老师，我们要看到他们的优点，表扬甚至推广他们的做法，但对于教得不好的老师，他们需要的是学校与同事的帮助，而不是把他们进一步孤立起来，并予以批评与指责。

一所学校好与不好，并不表现在单个老师身上，而是看整个教师队伍的工作状态与文化气质。当学校风清气正时，教得好的老师会带领大家教得更好，教得不好的老师也会因为大家的帮助而教得更好，这样的局面不就是大家的共识吗？

把管理定格在过程的优化上，而不是结果的计较上，大家都感受到优化过程的善意，共识就存在于那份善意中。当新生来到学校的时候，每个人都意气风发，对未来充满希望，不管是班级建设，还是学校管理，都是比较容易的。可是，当学生进入高三以后，学生间的分化就变得非常明显，学得好的学生会为了更好的未来而努力，这些孩子的家长也非常配合班主任和学校的工作，对于班主任提出的一些建议或者意见，他们也乐于接受并及时操办。

但这个时候，那些学得不好的学生，甚至包括他们的家长，都逐渐地站到了班主任和学校的对立面，当他们看不到自己的未来时，再好的道理与再有效的建议，都会被他们看成是班主任或者学校对他们的挑剔。这样的情况是非常容易理解的，当结果已经呈现在你面前的时候，再和你讲过去应该怎么样的话，丝毫不会让你感恩，只会引发你的愤怒：为什么在过程中你不提醒我们，为什么在过程中你没有教育我们！

在班级管理中建立诊断和形成性评价指标，对学生和家长建立反馈和预警机制，让大家关注自己在学习过程中的优点与缺点，从而保证通向目标的道路不会过于曲折，更不会突然脱轨，这样就有了过程优化带来的善意，而不是见到结果后的同情与指责。这样的教育教学方式应该也是大家希望的共识所在。

在武侠小说中，凡是练习独门绝技的，最后都难免走火入魔；在军事活动中，凡是孤军深入的，最后都难免全军覆没。在教育这条路上，不论是课堂教学、班级管理，还是学校管理，没有学生与老师在学习上的共识，再精彩的教学都难以有效达成教学目标；没有家长、学科老师和班主任之间的共识，再严厉的班级管理都难以实现育人目标；没有学生、教师和学校管理者之间的共识，再智慧的学校管理者都难以实现教育目标。

当我们的教育教学活动失去教育共识这个基础时，我们的投入与奉献往往换不来大家的理解与支持，留给我们的往往是越来越多的委屈与不解；当我们把教育教学活动建立在教育共识的基础上，我们将赢得大家的支持与参与，在教育教学的道路上齐心协力，共同进步！

（作者系华东师范大学教师教育学院教授、院长）

（本文原载于《人民教育》2016 年第 15 期）

为名师成长加足"燃料"

龚春燕

教师的专业成长有周期性。在特定的周期内施加特定的影响，可以让一批教师成长为名师。从 2010 年开始，重庆市实施了中小学"未来教育家"和中小学"名师工作室"培养工程（以下简称"名师名家"工程），确立了 5 个名师工作室（学员 26 人）和 38 位未来教育家培养对象。经过五年多的实践，形成了"政府创设平台、专家引领指导、学员自我发展、团队共同促进"的机制，取得了良好的效果。

我们不缺名师名家的"种子"，要创造条件让"小家"变成"大家"

关于名师的界定有很多，我是这样理解的：名师（家）一定具有高尚师德，掌握了教育专业知识，具备不断获取信息、整理信息的能力；一定是爱孩子、爱学校、爱教育事业的优秀教师、优秀校长。这样来看，中国 1000 多万中小学教师中，不缺乏名师、教育家，而是缺乏对他们的发现、肯定，我们应该创造条件让名师（家）"长"出来。

通过培养，可以使教师从宽泛、低定位、小范围意义上的"名师（家）"向严格、高标准、大范围意义上的"名师（家）"迈进，由"小家"向"大家"靠拢，并且在成长过程中，可以通过其个性化、特色鲜明的教育实践，发挥其影响力，带动更多的教师、校长为教育事业作出更多、更大的贡献。为此，重庆市实施了"名师名家"工程。

遴选学员时，我们坚守了两个原则：一是注重培养对象的代表性。遴选范围涵盖了学前教育、中等职业教育等领域，包括公办学校、民办学校、城市学校和农村学校的老师，也包括管理干部，如区县教委主任、学校校长、教研机构负责人，还有学校教师教育科研人员。我们坚持"德、才、情"并重的选拔原则，把真正优秀的教师、管理干部遴选到培养对象中来。二是注重培养定位的高端化。重庆市教委按照"骨干教师、学科带头人、名师（家）工作室、未来教育家"的四级名师（家）成长路径，设计并启动了重庆市最高端的教师队伍的建设工作，帮助培养对象行走在成为巴渝教育家的路上。

名师（家）的成长具有社会性，主要表现在学校、家庭、社会等与教师生活息息相关的环境因素对教师的影响上。名师（家）是学校的文化象征，是教育人心中的理想。名师（家）也需要社会的认可，同时名师（家）的思想也会影响社会，推动社会的发展。

构建"九力"课程，形成价值共同体

每一位教师都有名师（家）梦，但往往是相当数量的教师怀抱美好的理想走上讲台，却在漫长的从教岁月中慢慢陷入平庸的沼泽。教师的人生如果黯淡，学生的生命就缺乏引路的心灵之光。

名师（家）的成长需要确立自主成长的愿望，而产生成为名师（家）的主观愿望和内在需要，还应有将思想意识付诸实践的行为方式，包括学习、实践、反思和研究等方式。

引导广大教师成长为名师（家），构建课程是核心。基于对名师和教育家的认识，五年来，我们初步构建了名师（家）培训"九力"课程。课程的目标、结构、内容、评价以名师的需要为基础，用大家熟知的案例进行分析，把名师的价值追求、专业精神、成长规律等凝聚起来形成价值共同体。

理想力课程：关键词是动力、目标和竞争。理想是名师（家）最重要的一环，你的理想有多远多高，就决定你要走多远、飞多高；理想是动力，是目标，更是一种竞争力。

学习力课程：关键词是读书习惯、淘书方法与思考领悟。读书是名师（家）成长的关键。怎么去淘书、买书、读书，然后悟出自己的东西，这是名师（家）的学习能力；读书要有自己切身的体会，把书读成自己的东西，这是关键。

精进力课程：关键词是教学准备、教学实施与教学反思。精进力是名师（家）的基本功，也是教师的专业能力。你对工作的执着态度、每节课后反思怎么上得更好、当工作中出现问题时寻找最佳的解决方式，这些都是精益求精的力量。

发展力课程：关键词是生活、时代与科技。名师（家）一定是与时俱进的，不能沉沦在过去对教学的理解。邱学华老师已经80多岁了，执教数学公开课时，会使用现代科技设备，并开设了博客、微信，和广大教师进行网络交流。

表达力课程：关键词是课题研究、撰写论文与大胆立论。名师（家）首先是研究型的教师，但光研究不行，还要写文章发表，让人们更加了解你所作的研究和取得的成果。同时还要善于表达、传递自己的观点和理念。

协同力课程：关键词是沟通、理解与尊重。有一个名师（家），就有一个团队，这个团队要通过什么样的方式来营造和理解？怎么形成真正的力量？这需要更多的人协同、合作。

艺术力课程：关键词是预设、生成与艺术。大家喜欢名师（家）的课，因为名师（家）对课程、课堂和学生的协调处理都有自己的一套办法，我们从中能看到名师（家）艺术性的积淀，看到他们对教育的理解。

创新力课程：关键词是新思维、新思路与新方法。对名师（家）而言，创新让他们的课堂给人耳目一新的感觉，包括选择的方式、方法。该课程的目的在于增强创新意识，塑造创新人格，发展创新思维，获得创新技法。

思想力课程：关键词是总结经验、形成流派和淬炼思想。名家名师名在思想，名在课堂，名在对教育的独特理解。因此，名师（家）要善于总结自己从教的经验和理念，提炼成思想和流派。

影响力课程：关键词是人格、学术与文化。名师（家）一定是有影响力的，包括学术的影响、文化的影响和人格的影响。

创新培训方式，让名师由"蛹"化"蝶"

重庆市实施"名师名家"培养工程，坚持专业培训和文化熏陶结合，教育教学理论培训与教育教学实践观摩结合，师德培育与从教情怀感悟结合，内外兼修，"术""道"并重，帮助培养对象从"德""能""才""情"等各方面找到提升的方向，最终实现质的飞跃，由"蛹"化"蝶"，进入一种新的境界。

在培训过程中，我们注重了六个方面：一是培养方式的多元性。集中研修和个性研修结合。集中研修包括主题研修、驻所研修、拓展研修。主题研修是每年组织培养对象到国内一流的高等院校等进行集中学习，提升培养对象的综合素养；驻所研修是组织理论导师与实践导师相结合的导师团队深入基层，为培养对象专业发展导航把舵；拓展研修是培养对象按照研修小组开展展示与研讨活动，每年定期举办论坛与讲堂活动、组织巡讲与交流活动。个性研修是培养对象根据自身专业发展定位的需要选择高校访学、名校挂职、实践研修等自主研修方式。

二是培训内容的拓展性。我们设置的培训内容既专且博，不只局限于教育学、心理学领域，还覆盖了国学、经济学、政治学、哲学、社会学、艺术学等多领域的综合性培训内容，以此打开视野，丰厚积淀。同时，还让学员走出去，学习其他地方的先进经验。五年来，有16人（次）前往美国、英国、韩国、澳大利亚、新加坡等国家，以及香港、澳门、台湾等地学习5—8天，有3位学员学习了半年。

三是培养学员的自主性。我们既依托西南大学师资团队资源，注重驻所研修，同时也强调学员在单位的自主研修。不论是办学特色凝练，还是校本课程开发，不论是教学模式架构，还是教学课堂打磨，不论是课题研究，还是个人论文撰写，我们都强调遵循理论支撑和实践发展相结合、基础研究和重点培养相结合的思路，为名师（家）培养提供理论指导和自主交流平台。

四是著作阅读的广泛性。我们强调多读书，为学员配备中外教育、心理学相关的著作，包括《论语》《孟子》《老子》等经典作品，也包括《第56号教室的奇迹》《大数据时代》等新时代的代表性书籍。学员们采用集体阅读和个体阅读相结合的方式进行阅读，并举行论坛集中讨论，他们观点新颖、论述严密，讨论时火花四射。这些阅读为他们的教学改革加足了燃料、蓄足了动力。在阅读中，学员们学以致用，广收博采，融合百家，自成高格，促进了他们经验的总结、思想的凝练、流派的确立。

五是培训导师的高端性。每位学员配置双导师，理论导师是来自中国教育科学研究院、北京师范大学、华东师范大学等单位的博士生导师，实践导师是教育部2005年"教育家成长丛书"中全国中小学教育领域的名家、大师。在两位导师的共同指导下，培养对象形成了个人发展规划，找准了自身定位定型，明确了发展方向和路径。

六是培训管理的创新性。政府利用行政资源提供财力支持和交流平台，专家从自身擅长的领域为培养对象的发展作引领和指导，培养对象组成团队在相互交流中共同进步，最终目的是为了实现培养对象的自主发展。我们制定了"名师名家"培养管理办法，对考核评估、结业答辩、高校访学、名校挂职和学术成果出版资助等都作了明确规定，给予了每位学员最大的发展空间。

（作者系重庆市教育评估院原院长，
重庆市"名师名家"培养工程项目主持人）
（本文原载于《人民教育》2015年第20期）

第四辑

有光、有花、有童话的日子

学生家庭背景变得复杂，教师如何装下所有学生

吴　非

一

上课间隙，有时我会想：学生这会儿在想什么？他们为什么会那样想？后来我知道，学生和我一样，也在想老师在想什么以及他为什么那样想。作为任课教师，我并不认为只要上好专业课就算完成任务。

当年我们总把学生当作"可塑性很强"的群体，谁承想，几十年间社会发生了那么大的变化，学校教育会出现那么多预料不到的状况！学生群体不再那么单纯，家庭教育背景变得复杂。教师不能选择教育对象，因此对其职业素养提出了更高的要求。教师必须遵循教育原则，同时必须是更有智慧的人，他对学生不能再用单一的教育法，他的教育教学要兼顾有不同背景与个性的人。

不同的家庭背景与境遇对学生的人格、性格可能造成影响，学生到了学校，教育就得发挥作用。如果要用相对公平、统一的尺度衡量学生并实施教育，我认为未必是考试成绩，而是个人文明修养，因为这涉及他在未来能否立于世。

我长期在高中教学，面对的学生，年龄在 15—18 岁。学生多为独生子女，而很多教师也是独生子女，这很有意思。考试制度稳定，不讲"家庭出身"和"政治面貌"，没有了"阶级""阶层"的标签，背景淡化，特权受到一定的遏制，人的"文化差异"也就显现出来。家长的教育观比较乱，

学生的思想和学习也会跟着乱，这就会呈现出各种意想不到的矛盾。但是，教师不能乱，教师的教育理想和教育原则不能变，方法则要应时而化。

二

最重要的教育观，是"人的教育"。教师眼中如果没有"人"，面对复杂的班级状态，肯定束手无策，他的教育教学也必然乱成一团。教师眼中有"人"，富有人道精神，面对学生时，他才能真正地"以人为本"，注重细节和习惯的养成，少犯错误。

目前社会最为敏感的是平等诉求，学校和教师都不可等闲视之。中国的文化积淀，有不少落后的因子埋藏在教育中，人分三六九等，官民之别，贫富之别，一直存在（否则中国文化不至于把"有教无类"当作不得了的原则），直到当下，仍然存在落后的"城乡之别"。比如，进城务工人员子女的入学仍然存在一些障碍，即使政府有应对措施，但由于生活条件差，这些孩子在校可能遭遇歧视，从而影响其健康成长。

我在江浦区五里村行知苑小学，听老校长杨瑞清和同事们讲述帮助外来务工人员子女的事，很感动也很难过。那些冬天里没有鞋袜的孩子，他们生活的地方离南京繁华中心有十几公里。怎样保护学生的自尊，怎样减少他们内心的纠结，往往不是靠教师慷慨解囊就能解决的。此类事宜细不宜粗，能不能说服班级节俭办事，减少活动开支，让所有的学生都能想到别人的难处；能不能提请学校制订由班主任掌握的资助或减免名单，形成制度，等等。无论如何，不让一人向隅而泣。不知为什么，教室里只要有一个学生郁郁寡欢，我就觉得自己的课上不好。

不久前某杂志微信刊出我的旧文，内中提及劝教师上课不要用"寡妇"这个词，防止心理敏感的孩子受伤。有读者困惑：诸如此类的事很多，教师一一关照，课怎么上？但我认为，只要教师心里有学生，办法有的是。比如，民间轻慢信仰与风俗的俚语，政治运动留下的伤痕，家庭不幸的记忆，个人遭遇过的挫折，等等，都可能给心灵敏感的学生造成痛苦。教师上课说话，能不考虑学生的感受吗？教师博大的胸襟充满仁爱，装得下所有的学生，就能装得下世界。

三

教师帮助学生是职责，不能要求学生报"恩"。曾有学生在随笔中提到"父亲又失业了"，我托班主任悄悄地帮了他几回，学生考上大学后来信感谢，说其实知道是老师帮他的。我没回信。这个学生毕业后找到了一份薪水较高的工作，我把喜讯告诉同事时，办公室的所有老师都欣慰不已（我很看重同事的这种情感），一个家庭终于度过了最艰难的日子。比这更令人欣慰的是学生在信中说：老师，我知道怎样报答社会。这就对了，教师无论如何不要把学生当作"私产"，否则教育的性质就变了。

我和一些有过各种困难的学生成了对话者。我们交流对问题的看法，但我从不试图"改变"他们，我努力去想他们选择的合理性。我认为，总体而言，学生还是向往美好人间，向往真善美的，这或许取决于教师的教育姿态和价值追求。教师境界不高，学生的困惑会变多；但也存在另一种可能，即学生因此学会混世，如果老师是个乡愿，在他的影响下，学生群体可能会庸俗化、社会化。

虽然一直在一所学校工作，但所带的班级也有不少差异。1987年我带南大少年预备班，学生年幼，多数来自农村，为了让他们熟悉南京，星期天我常带他们外出参观、游玩。有次在博物院大厅，正向他们讲解，有个学生大声地往地上吐了痰，我没出声，蹲下，用手帕擦去地上的痰，悄悄扔进垃圾箱，然后低声对大家说："这是城市，要注意。你们以后都会是知识分子，不能随地吐痰。"我在做这件事时没抬头，是不想让那位同学难堪。我想的是：他肯定明白了，他以后想吐痰时能记起我说的话。

不管面对什么样的学生，也无论学生有什么样的困难，"教师的样子"最重要。我认为，只要教师有原则、守常识，任何复杂的问题都不难解决；作为教师，处置问题不能偏向任何群体。做一件事，会不会引发负面影响，会不会留下不良后果，要有预估。如时下非常流行的"成绩排名次"，对学生的伤害是长期的。有班主任把"名次榜"公然贴在教室讲台边——这种事做了，还有什么错事不敢做？有两位任课教师见到班主任在教室张贴测验名次，先是耐心劝说，劝说他取下之后，再告知校方，建议重申校规，以绝效尤——宁可得罪同事，也不违背教育原则，这才是对学生对学校负责的态度，学校有这样的教师，学生才能真正地"成人"。

一个学生毕业多年后打电话邀请我聚会，但没留姓名，自称"当年我在班上成绩不行，老师不一定记得我"。我回电严厉批评，告诉她：整个班的语文是我教的，你这样说话，不像是我的学生，我从没以成绩论人，你的话让我生气——教育要教会学生自由平等、自尊自强，学生毕业多年，仍没从成绩阴影中走出来，这就是说，我的教育任务没有完成。我因之感到沮丧。

无论学生之间存在何种差异——家庭背景、学习成绩、性格特征、志趣爱好等等，都可以忽略，但在一间教室里，所有的学生都应当成为文明人。学生有教养，"融合"就不是困难。学生友爱，是人生幸事，教师为什么要说"重友情也要重视成绩"？（小学生家长要求孩子"和成绩好的同学交朋友"，也是很混账的话。）应试教育鼓吹竞争，同窗友情变得淡漠。有次进教室后，我看到有课桌空着，记起这张课桌昨天也是空着的，于是有所不安，问："他怎么没来？"周围几个学生摇头表示不知道。我无法克制自己的愤怒，发了火："同在一个班，邻桌两天没来，竟然无人关注，这是什么集体？"这个班有 20 多个"三好生"，高一时该班还被评为"文明班级"，学生竞选班委颇有豪言壮语，怎么会说一套做一套？那天我严厉批评了他们半节课，事后听闻有家长到校长那里去投诉我。他投诉，我不在乎，我在意的是我教的学生是不是正常人。学生如此冷漠，教师为什么不能生气？孔子遇上这种事，也会生气的。

四

教师的职业，要求他眼中看到的是"人""生命"，而非尊卑贵贱的等级标签。在教室里，我常想，我面对的人，在未来要成为劳动者，要成为父亲母亲，他们要组成"社会"，他们要担负建设新的文明的责任。因此在这个年龄段，教育要培养他们共同的价值追求和良好习惯。他们的灵魂中应当有这样一些元素：人、人性、生命、仁爱、友情、善良、正直、诚实、坦白……有了这样的品格和修养，当他们站立在社会上时，就能有公民姿态，有担当。如果我们容忍向青少年灌输"我死之后任凭天塌地陷、洪水滔天"的人生观，必将给自己留下无尽的职业耻辱。

我希望教过的学生能"走得出去""站直了做人"，否则我的工作没有价值。我最怕学生变得庸俗猥琐，我常告诫学生："你有许多自由，但不是什么事都可以做的。"学生不会独立思考，价值观出错，有可能无所忌惮地做坏事。1996届学生的毕业典礼上，全体高三教师致辞，大家让我第一个讲（也许他们认为语文教师肯定最能讲），我只说了四个字："做个好人。"不久前这一届有个班纪念毕业20周年，有学生发言，说一直记得老师说的"做个好人"。我说："看来，至少到目前你仍然还是好人。"大家都笑了。"做个好人"，容易吗？不容易，但也不难。

基础教育就是打底子，在这个年龄段，文明教养是一点点地聚合的，教师不能大意。学生不敢奢望教师个个都是指路明灯，至少他能找到值得尊敬的教师，有人格魅力、有智慧、有办法的教师，让他不至于蒙受屈辱。

我在教学中想过，规训虽重要，但比规训更重要的是教师的教育姿态和情感。引导不同环境背景的学生成长，还要注意接受教育过程中的趣味，教育要培养优雅而有趣味的人，一个群体能关注自我品质，能够追求生活趣味，那么，文明就能成为共同追求。教师本人也应当是优雅而有趣味的人，我们社会太缺少这样的人群了。

一个成天唉声叹气翻看学生成绩册的教师，一个因学生家庭背景而生出势利眼的教师，一个只知道鼓励学生"拼搏"、追求"成功"的教师，他的表情、眼神都可能成为学生的噩梦。

（作者单位系南京师范大学附属中学）

（本文原载于《人民教育》2016年第15期）

此生迷上语文课

黄厚江

有年轻教师把我当作有成就的人，问我如何达到今天的高度的。我说：热爱语文吧！这不是套话、大话，因为唯有发自内心地热爱，才能使一个人不离不弃、痴迷执着地去做一件事，才能够做得好并由此感受语文教学带来的无尽快乐。

语文教学很好玩，语文教学值得我们用一生的热情和智慧去热爱。这是我经常说的话，也是我发自内心的感受。而且，我觉得我们有责任让学生和我们一样觉得语文很好玩，让他们和我们一样热爱语文。有老师让我题词，我常常写：让学生热爱语文是语文教师最大的责任和幸福。

1980年师范学校毕业后，我来到一所大队公社中学，我的理想就是做一位学生喜欢、领导放心、家长认可的教师。而要实现这个看似朴素而简单的目标并不容易。

一般说，学生喜欢了，领导就放心，家长就认可。可是怎样让学生喜欢呢？当然要依靠课堂。于是，我用心琢磨课堂教学。那时候，没有教研活动，没有教研员，学校里连一本专业的杂志也没有，更没有什么师徒结对、专业培训和名师培养工程。所以，每学期一拿到新教材，我就选几篇课文进行深入研究，琢磨着怎么教学生才会更喜欢。这让我渐渐摸到了课堂的门道，学生也越来越喜欢我的课堂。他们的眼神，他们的热情，他们的夸赞，他们优秀的成绩，都成了我最大的快乐。渐渐地，也有同行愿意来听听我的课，不为别的，只是因为听学生说黄老师的语文课好玩。很多家长也常常当面或者背后夸我，说孩子以前不喜欢语文课，现在喜欢了。

和年轻教师们谈专业成长，我常常告诉他们：每学期好好打磨几节课，有时间常常"听听自己的课"，这是非常有效的办法。

1988年，江苏省首次举行的课堂教学比赛便从语文学科开始，我作为一名乡村教师，从学校到公社，从公社到由几个乡镇组成的片区，又从县到市，再到省里，都是一等奖的第一名。应该说，自发而自觉的课堂研究是我成功的一个极其重要的原因。我至今还保留着每学期打磨几节课的习惯。不少课已多次公开展示，获得了不少认可，但我还会再琢磨不同的教法，所以我的许多课都有不同的版本。

有人问我：什么样的教师才能算真正的特级教师？我说：我心中的特级教师，就是教了30年书还喜欢上课的教师；就是走进课堂就陶醉，自己陶醉，学生也陶醉的教师。课上不好，不敢上课，不管发表了多少文章，不管名气多大，也不是真正的特级教师。

我不知道自己的说法是不是有道理，但我始终是这样要求自己的，也从中获得了无限的快乐。每当我走进课堂，学生的眼神就给了我最大的幸福；每当我走出课堂，学生就成为我的牵挂，让我无法割舍。这几十年中，命运给了我许多次离开课堂的机会，市委的党史办公室想调我过去，一个大型的出版社找过我，市教育局教研室找过我，多所高校找过我，就在最近，还有一所很著名的师范大学要调我去。说真的，面对比较轻松的工作，面对大城市的召唤，面对高薪的诱惑，我不是没有动心，但一想到要离开课堂，我就选择了放弃。因为这些工作都无法给我带来源于课堂的快乐和幸福。

用思想引领课堂，用课堂表达思想

20多年来，上公开课成了我一个很重要也很平常的任务。在省里获奖之后，当时的县教研员也是我语文教学的启蒙老师丁如愚先生便带着我到各个乡镇去巡回上课，后来还到几个邻近的县去上课。让我开一节课，成为学校每次对外教学研究活动的保留节目。县、市、省要举行语文教师的活动，也常常指定我上公开课。当然，有成功的，也有失败的，但收获总是丰富的。我从中渐渐感受到语文学科和语文课堂巨大的内在魅力。

有一段时间，很多人对公开课的利和弊提出不同意见。作为公开课的受益者，我态度鲜明地认为：公开课对于年轻教师的成长，对于语文学科的课堂教学改革，无疑是利大于弊的。至于公开课中出现的一些虚假现象和形式主义的问题，并不能成为否定公开课的理由。

新一轮课程改革启动之后，由于我是两套初中教材和一套高中教材的主要编写者，在教材使用培训的过程中，我常常要根据教材组的安排和一线老师的需要，用具体的课堂告诉老师们新教材应该怎么使用，新课程的理念应该怎么体现。我的讲座和课堂受到了许多老师的欢迎，很多地区进行新教材培训时都向教材组提出，希望我去开课和作讲座。有时候，不同版本的教材在同一个地区同一个地点培训，参加其他版本教材培训的老师还会偷偷跑到我的教室来听课，甚至有其他学科的老师跑来听课。

有一次省级教研活动中，我执教了一节作文课，一位历史老师听后不仅和我当面交流，还写了一篇数千字的评述，令我非常感动。在某地讲座结束之后，录像的老师特地跑过来紧紧抓着我的手说："黄老师，你讲得真好！语文老师就应该这样上课。"

还有一次到一所学校上课后，我因事要提前离开。当我走到学校大门口时，正在执勤的两个保安人员竟走过来对我说："老师，你的课上得真好！"我是个普通人，能得到这样的鼓励和肯定，还有什么比这更幸福的呢？

近年来，由于国家对教师队伍建设的投入大幅度增加，各种各样的培训非常之多，上课和讲座的邀请让我应接不暇。我几乎每个星期都要上公开课，这么多年来到底上了多少节公开课，我自己也说不清楚了。好心的朋友劝我，开开讲座就行了，上课风险太大，万一上砸了，坏了一世英名；爱人担心我太累，劝我少接这样的"活儿"，有时候还告诫我不要贪图那种被簇拥的虚荣。说真的，被人拥着签名拍照的感觉的确不错，但并不是我在乎的，我真正在乎的是课堂上的那种感觉。能常常在不同地方和不同的学生上课，感觉真的很好。有时候活动主持人说孩子们能遇到我很幸运，而我觉得真正幸运的是我。作为一名教师，还有什么能比这更幸运更幸福的呢？

2012 年，全国中语会在苏州中学召开"黄厚江本色语文教学研讨会"。我原准备上六节课，从初一到高三六个年级，上不同文体的阅读和写作等六个不同课型。活动组织者都劝我说这样太累了，说别人开研讨会常常是其他人上课，其他人作讲座，自己能上一节课就不错了，有的一节课也不上。这些情况我不是不知道，但这不是我的风格。我坚持要"用思想引领课堂，用课堂表达思想"，在我看来，不能用课堂表达的教学思想，其价值都值得怀疑。当然更重要的是，我热爱课堂，我要用我的课堂来表达对课堂的热爱。后来在爱人和朋友们的坚持之下，我上了四节课，开了两场讲座。累是必然的，但看到来自全国各地的老师把会场挤得水泄不通，不少老师席地而坐，展台前后的空隙也都挤满了听课的人，我一点也不感到累。

我对语文教学精彩世界的不断发现

我不仅从自己的课堂中获得幸福，还在和同行同道们磨课研课的过程中获得快乐。在刚参加工作的时候，我就自发地和我的几个同学开展磨课活动。那时候对课堂的理解还是比较肤浅的，更缺少理论的引领，但那种坦诚无碍的交流方式，以及大家对语文课堂纯净的热爱，至今还让我感动。调进盐城市第一中学和苏州中学之后的集体备课，使我看到了老前辈们的敬业精神和严谨作风，也使我对语文课堂更加敬畏。现在，我经常应邀和一些年轻教师磨课，也经常应邀在大型教学活动中评课，研磨课堂已经成为我工作中非常重要的一部分。

大家都知道，现在评课的风气并不是很好。但不管是小范围的研讨还是大型的活动，我的评课总是秉持坦诚的态度，不虚美，不隐短，既肯定可取之处，也直言不足所在，既指出问题，也说出改进的思路。承蒙大家的宽容，至今还没有人对我的评课提出严重批评。而我也在和大家交流的过程中不断长进，享受着语文带来的快乐。

最近几年，我在全国设立了几个工作站。我和各个团队的成员们一起研究语文教学，交流语文教学的体会，突破语文教学的难题。我们的工作重点就是研究语文课堂。有时候是一两位年轻教师上课，我带着大家一起评点；有时候是我们一起去参加大型的教学活动，听完课坐下来——讨论分析；有时候是我和他们一起上同一篇课文，进行比较分析；有时候我也会上一节没有进行任何加工甚至是从来没有上过的粗坯课，让他们来打磨；有时候相互启发后再上一节课，再进行研究分析。形式多样的研磨课，提高了我们教学的专业素养，也让我们发现了语文课堂更为丰富和巨大的魅力。

有老师问我是怎么写出这么多的文章和专著的，我说：我喜欢啊。在我看来，读一点书，思考一点语文教学的问题，发表一点语文教学的论文，出版一点语文教学的专著，实在是快乐的，实在是幸福的。迄今为止，我发表了500多篇论文，出版了15本书，获得了省政府教学成果三项特等奖，获得一项国家教学成果奖。而这些都只是皮相，背后而内在的是我对语文教学精彩世界的不断发现。随着我对语文教学研究和探索的不断深入，我提出了一系列教学主张，总结出了自己的教学方法——语文共生教学。而这个过程中，我收获了无法描述和无可比拟的快乐和幸福。因为当我们登堂入室，窥见了语文教学的堂奥，我们就能发现语文教学更为迷人的所在。

（作者单位系江苏省苏州中学）

（本文原载于《人民教育》2016年第17期）

我的专业生活札记

张克中

2005 年秋天，华东师范大学的胡惠闵教授在学校艺术楼剧场作了一场题为"学校本位的教师专业发展"的报告，那是我第一次听到"教师专业发展"这个概念。其时，教师专业发展已经在高校学者的研究里到了学校本位阶段。

这样的学术接触让我既惊讶又羞愧。在走上教师岗位 16 年后，我才突然意识到漫长的 16 年间，我所有的教育行为并非真正的专业行为。专业意识、专业思想、专业技术、专业伦理等这些体现教师作为专业者的要素，我欠缺太多，我离合格的教师相距甚远。尽管我也作研究，也进行个人的实践反思，也向他人学习，但没有专业意识、专业观念、专业能力作背景和支撑的职业行为，注定不是专业的自觉，也注定与专业者的专业品质相距甚远。在报告会的现场，我暗自惭愧，若从专业的角度考量，我们有太多的人是不合格的教师，尽管我们也会有许多的职业行为符合专业技术的要求。

胡惠闵教授的报告对我而言是一种专业意识的真正启蒙，之后有意带着专业的意识去审视自己的职业行为后，我才渐有一些专业生活的味道。再读教育理论书籍，就有了新的归属感；再进行个人的实践反思，就有了真切的方向感；再与他人合作，就有了更好的目标意识；再进行学科研究，就有了专业视角；再与家长、学生交流，就懂得什么样的话语和方式更符合专业伦理的要求。

我前后大约用了四年的时间，铺垫了我的专业生活基础和习惯。以阅读教育理论书籍为例，2005年是我阅读的起点，那时读理论书常常一知半解，出于对专业的尊重，我就常常回读那些枯燥无比的译文。好在读书是一种自我需要，好在那时住在学校，夜晚我有大把属于自己的时间。前后有三年的光景，我把自己交给专业书籍，在夜深人静时读书补课，读累了，就站在办公室的窗前，聆听沪宁高速公路上的车流声，默望其实在夜晚根本看不到的惠山。偌大的校园空空荡荡，除了学校门房的灯光，就只有我的办公室还有灯火。但我并不觉得清苦，反而有一种难得的喜悦。孤独可能有许多种，寂寞也是，为专业补课的寂寞，我反而欢喜其中那份难得的清静与澄明。

与此同时，学校自2006年开始着力构建教师专业生活框架，让我有了更多的同行者。一是开展了三次学科规划。由重点关注学科成绩向重点关注教育价值渐次转变，这是教育价值观的统一，也是教师专业信念的确立。二是探索课程变革。课程变革实践的视点由教学、学习转向生命成长，这是教师学科价值与使命的认同过程，也是教师在实践过程中对专业价值认同与坚守的过程。三是利用一次又一次的项目研究把教师推向了专业研究的轨道。这种专业研究既有个人的专业研究，也有团队的专业研究。四是用三年的时间让教师回归阅读。学校用影响、带动、渐进的策略让教师找回了自己内心对阅读的需求。如此的学校行为，让教师整体在专业意识、专业信念、专业追求、专业实践、专业研究、专业合作等方面，都有了不同于以往的变化，我们逐渐形成了共同的教育价值观。在学校制度的规范下，教师开始拥有专业发展的自我习惯和主动需求，阅读成为风气，课程和教学研究成为专业自觉。这些现象的出现，都是锡山高中教师有了高品质专业生活的标志。

今天回首专业发展之路，就我个人的实践体会而言，我认为教师的专业生活除了发生在学校这种特定教育环境里之外，也可以扩展到生活常态中，与生活融为一体，在学校之外的旅行、艺术欣赏、社会调查等等都可以成为自己专业生活的一部分。在我看来，拥有高品质的专业生活，教师应该有正确的专业信念和专业追求，能自觉承担专业责任，其专业研究是教学实践中的常态表现，课堂教学是专业的实践而非经验的行为，他的专业视界足够开阔，所有的教育活动都能最终指向学生健康快乐地成长，专业实践结果也确实带给了学生真切的个性成长帮助。另外需要特别强调的是，高品质的阅读应该是教师个体专业生活必需的一部分。

如果一名教师有清醒的专业信念，并自觉地以专业的态度对待自己的教学实践和教学研究，那么他就正处在自己的专业生活里，品质的高低取决于他是否已经视专业生活为职业的常态，并已从中收获了属于自己的专业幸福。

在我近年的专业生活中，以课堂教学为例，文本的审美发现成为我课堂教学的主要目标。因为它指向独立的阅读能力培养，这种批判性阅读能力的培养，对形成学生的发现能力和创新思维能力有很大帮助。我在上海《文汇报》副刊"笔会"开有"语文笔记"系列写作，呈现的就是这种专业实践。课堂上，学生对蔺相如形象的大胆质疑，对鲁迅在《祝福》中绝望到悲悯情绪的发现，对欧·亨利小说《最后的常春藤叶》中老贝尔曼形象意义的崭新判断，对史铁生在《我与地坛》中表达的新体认，对《雷雨》中鲁侍萍形象的颠覆性理解，对孔子在《季氏将伐颛臾》中愤怒的逻辑理解……都让作为教师的我收获了快乐与感动，而这种幸福感的到来，我以为就是基于专业生活的品质。

教师专业生活对每一位教师个体究竟意味着什么呢？如果我说专业生活对教师个人意味着一种专业要求、职业责任和职业良知，在现实的教育情境下，有人会说这是一份苛求。我明白。然而作为一种实践，同医生专业一样，教师专业同样具有价值冲突性、复杂性和不确定性，但教师的专业性也正是在处理实践中的复杂和不确定的问题时才充分体现出来。如果我们能够真正理解并接纳教育的最终目的是让人成为人的话，那么人在成长中的复杂性就需要教师必须拥有专业生活。我们选择了一种专业，也就意味着我们要承担一份专业责任。

每一个生命其实都需要价值肯定，作为教师同样是。对专业的追求不应该是一种外力的强迫，而应该基于教师自身对专业的自觉。这是一种身份认同后的使命承担。我有时会把目光投向民国时代，看那一代名师如何明确自己的专业生活内容，如何理解专业生活对自我人生所具有的价值与意义。在那个时代，他们同样面临着复杂的人际关系，同样面临着并不理想的学校环境，他们在追求自己的专业生活过程中遭遇的困难与痛苦并不少，遇到的诱惑与尴尬也很多，但因了一份专业的责任、坚守与内心的平静，其收获的专业生活的快乐不仅让人动容，也让人心生暖意。所以，今天我们应该认识到，教师不仅是一份养家糊口的工作，还是一种专业，我们选择了教师职业，就要坚定地选择教师专业生活。两年前，我在《文汇报》提出教师要过专业生活时，遭到了不少业内人士的批评，但今天我仍然要说：教师要过专业的生活。只有建立在专业行为上的教育，才是理想的教育。孩子来到学校，教育者就应该帮助他们经营未来的世界，而不是复制教育者的过去。他们的成长和未来的世界，需要我们现在的专业付出。

（作者系江苏省锡山高级中学语文特级教师，教授级中学高级教师）

（本文原载于《人民教育》2014 年第 17 期）

有光、有花、有童话的日子

张学青

　　小时候一睁眼就可以看到渺渺茫茫的太湖，真是"一泓阳光晒透的清水"，人生中我能体会到的第一片光芒就是我身边的这一眼望不到边的湖光了。东太湖边有一个小村镇——更楼港，这就是我出生的地方。

　　我是家里的第二个孩子，我像父亲也像母亲，母亲是我的港湾，父亲给了我温暖。我的父母深信淳朴的人性、慢与耐心，并且始终认为这在离土地最近的人身上依然完好地保存着。有了淳朴的人性、慢和耐心，你便可以养花了。父母都喜欢花，我也喜欢花，我养的各种各样的花颜值似乎格外"高妙"。然而，我的童年没有童书、童话，只有一张张不断变幻着的江南水乡"童画"，这一张张"童画"后来成了我面对困难、解决困难的力量源泉。

　　青葱时代，读完师范的我又回到了"童画"里，回到了生养我的乡村，成了一名乡村女教师。我教师生涯的第一站是更楼港小学。这是一所乡村辅导校，很小，六个年级四个班，一百多个学生，九个老师。我教过复式班，教过数学。最后一节公开课《凡卡》，让我从村小调到了庙港中心小学。今天，那一段乡村教师的日子依旧是沉淀在我心底的一片湖光。父母亲种了许多普普通通的花，我也不及细看。我细看的是父亲每当听见我教过的孩子的父母夸赞我时就会喝得醺醺然的样子，我细看的是在家里听我试讲后用特殊的普通话告诉我"真好"的母亲的样子，那时的生活很简单，只有泥土的味道，父母美好的样子便是我那时"童画"中最美的风景。

当太湖那一片水光"晕"出的"童画"成为背影的时候，三十好几的我，从乡村跑到了城里——吴江市实验小学。进了城，离开了土地，特别想种花。有花的日子才美，美美的生活才不会倦怠。每种花都有它的品命，讲规矩，不随便，但自在。我养花就是图个自在。

那一段时间，养花、读诗成了我的生活。读泰戈尔、纪伯伦、里尔克、叶芝、华兹华斯、聂鲁达、帕斯捷尔纳克、洛尔加等一批伟大诗人的作品，才知道诗歌的高度在哪里。用纪伯伦的话说，"它是从流血的伤口或微笑的嘴边升起的一首歌"。古代诗词我也喜欢。一本《唐诗鉴赏辞典》，每年暑假都要请出来回读、抄写。平平仄仄的"旧时月色"，教我沉静，也教我深情。与读美妙婀娜的诗不一样的是，我喜欢养质朴而有耐性的花。慢和有耐心是泥土的本色，我进了城也未敢忘却，其实教育又何尝不是如此呢？慢慢来，耐心点，再耐心点等待，像泥土地上的农民一样守望庄稼合乎季节的成熟，难怪教师又叫作园丁呢。

住进城里我喜欢养墨兰。墨兰容易养，总是意外地拔出几株花剑来，一株一株慢慢地开，色彩不算鲜亮，样子不算曼妙。我曾经觉得它小，也曾嫌弃它的花色有点污，可是它一点不嫌弃我，一连开了近一个月，仍然那么好，最难得的是隐隐还有幽香。

同样有幽香的是栀子花，与种在泥土中的相比，我更加喜欢折下一枝插进透明的玻璃花瓶的栀子花，那股幽香足以令人心醉。我喜欢在案头插各种各样的花，用不同的花瓶，有陶的、玻璃的、木头的，有时觉得碗碟之类的也都可以插上花作清供。身边有花，便有了一种柔和的心情，这种心情才会让自己更契合于教育的生活状态，每每日暮甚或夜静，我会在插着花的窗前发呆，会时不时地想，我今天如同这花儿一般有着柔和的微笑了吗？

每到岁暮，我总要养一盆水仙作清供。起初这些长得像庙港大蒜的东西并没有什么好看的，它也不争辩，因为它知道，它的心里孕育着花苞，只要等待，它终究会清香远逸。有一次我用早了矮壮素，但水仙最后到底还是开了，还蓬蓬勃勃地开了一屋子的清香。其实每一朵花儿都会绽放，我们不要急，完全可以慢慢来。

围在我身边的除了花儿就是孩子，孩子如同花儿，我对孩子的目光如同园丁对花儿一般的深情。养花需要深情地施肥、浇水、翻土，因为花木有人情。对待孩子更需要温和、坚韧、信任、等待，如同我小时候看到的那一片太湖的水光，总是在静静目送着远去的橹声和等待归帆的笑靥。

我喜欢让孩子们一边阅读一边记录自己的成长，他们每个人都有一本《我的成长阅读故事》，一个班的记录本就构成了我和孩子们的精神家园。从乡村小学开始，我就带着孩子整本书、整本书地阅读。毕业的时候，我会花上好几天时间，编一本班级刊物作为纪念：《那一年，我要毕业》。看着孩子们喜欢上了一本本书，我就开心，像一个农夫看着麦穗已经拉弯了麦秆一样。

最开心的事莫过于读孩子们的日记了。说着"童"话的孩子才是真的孩子！进城了，我的"童画"在身后了，我必须更加关注童话了。我拼命地读童话，读绘本，看儿童电影和儿童剧，这是在补回我不一般的童年。虽然在情感上我还很容易沉浸在已经逝去的童年的湖边不能自拔，但是我知道，身边的孩子需要有童话的童年。我看儿童电影《小尼古拉》会生出很多很多的感慨，我在"我们的电影院"里和孩子们一起看《极地特快》。在读书节的时候，我们的校园里满是穿越而来的孩子，他们穿着诸如白雪公主、狼外婆的衣服演绎着各种儿童剧，看着孩子们享受阅读的童话表演，我的心醉了。当然也不都是童话剧，也有孩子扮演刘关张、唐僧、孙悟空，演绎着我们的各种经典作品。每每看到这样的校园的时候，我就会想起野外的三月三，想起童年的野火饭、咸肉糯米蚕豆饭。校园的田野感能给孩子一生自由发展的力量！

给每一个孩子自由成长的力量，说说容易做起来难啊。除了有光、有花、有童话，还要有经典。

涉过童话这一条河，我重又回到中国经典作品的大河中来了。我开始从诗经、楚辞读到唐诗宋词，从司马迁、陶渊明读到李白、杜甫，从鲁迅、冰心读到茅盾、巴金。周作人、老舍、汪曾祺、孙犁、钟叔河、流沙河、萧红、董桥、白先勇、张晓风、席慕蓉、三毛、林海音……谁的作品都买来，有空就读上一两篇。鲁迅有戾气，周作人爱掉书袋，我独爱的还是沈从文、汪曾祺一路，包括后来接触到的苇岸、刘亮程、高尔泰等。沈从文是寂寞的，他的作品一度受到冷遇和误解。沈从文先生是一条澄澈的河，他的性情就像河水一样，至刚至柔，有德有仁。他的作品有一种很亮的橙色，因为他对全世界、全人类皆那么爱着，十分温暖地爱着。他不习惯大喊大叫，但他的作品中有一种燃烧的感情，是对于人类智慧与美丽的永远倾心与赞颂。"温和而坚定"——我想它渐渐地占据了我性格的内核，成为一种做事的信念。

于是我通读了《沈从文全集》之后编选了《小学生沈从文读本》，很荣幸的是，初稿之后收到了钱理群先生七千多字的修改意见，我收获的应该是"经典"的力量！我便在学生中开了沈从文作品选读课，孩子们出奇地喜欢，大概沈从文的文学家园里也有个童话世界吧。

我就这样一路在乡村的田埂上走着走着，光着脚，真切地感受着泥土的温度。迎着额前一缕阳光，心底始终绽开美丽的花儿，我在"童画"里，我在童话里，不知疲倦地走着。

真的！有光、有花、有童话的日子很美：我不知道我会走多远／但我知道我心底有一缕阳光／我不知道我在那辽远的乡村还会跑多久／但我知道我心底有一瓣芬芳／我努力地想走得很远很远／是因为我始终相信美丽的远方／我努力地想不倦地奔跑前行／那是因为我坚信每一个生命都会精彩绽放／也许我坚信疲惫了会去做一个梦／梦里可能什么都会模糊／孩子，一群孩子却在梦中央／让每一个孩子成为童话／让每一个孩子在童话中成长／有光、有花、有童话的日子／多么得美，多么得好，多么得美好……

（作者系语文特级教师，单位系苏州大学实验学校）
（本文原载于《人民教育》2016 年第 17 期）

教育人生的美感和质感

任小文

我时常在想，"江苏人民教育家培养工程"给我带来了什么？是他人眼中的一份荣誉，还是我生命旅程中的一份幸运？似乎都不是。我只知道，近五年的培养，让我在不知不觉中发生了嬗变。这种嬗变，有春蚕织茧般的缓慢与艰辛，也有化蛹为蝶般的突然与惊喜。回首过去，我猛然发现，今天的我其实已经是一个全新的我。此生既已为师，便注定与教育相依相伴，而"高度、深度、广度、温度、风度"这些更具立体美感和生命质感的词语，或许更能体现我对教育人生的某种追寻。

教学研究：不同的角度带来不同的高度

2009 年是我从事教育工作的第 25 个年头。在这之前，我幸运地成为江苏省生物特级教师、江苏省首批教授级中学高级教师。这样的荣誉是对我教学工作的肯定与褒奖，然而此时的我却处在了教学的迷惘期：该从何处着手来进一步提升我的教学呢？

在一次学习活动中，崔允漷教授谈及校本教研与专家型教师的话题时提到，通过对世界各国教师专业标准的比较研究发现，教师成长的共同趋势是：学会理解、尊重学生，致力于每一位学生的学习与成长；具有促进学生有效学习的教学实践技能。这一结论深深地触动了我，因为我的教学更多的是从自我出发，考虑的是如何完美我的教学，很少考虑到学生。也许潜意识里考虑过学生，但几乎没有真正在意识层面上考虑过如何从学生"学"的角度去构建我的课堂教学。在这种认识的基础上，我开始进行一次全新的教学研究。

重新出发的过程很艰难。"学"的角度有哪些？何为学习？面对这样的问题，我哑然了。于是我开始了漫无目的的阅读，然而翻阅理论书籍的过程很痛苦，因为教育理论功底特别是相关心理学理论的缺乏，让我的阅读经常处于茫然状态。我向陶洪教授说了我的困惑，陶教授给出了建议："你可以看看相关的文献，例如一些硕博论文，从中聚焦自己的研究方向。"因此我开始带着问题去读相关文献。很快，那种茫然的状态有所改变了，我渐渐明晰了自己教学研究的方向。

然而，新的困惑又出现了：该如何进行研究？我尝试着做了一个研究方案，崔允漷教授给予了真诚的批评，并且提出了具体的修改建议与方法。面对导师的批评，一开始我并不能接受。我觉得作为一线教师，我没有深厚的理论基础，只能进行"草根式"的研究。但多次阅读崔教授给我的建议信后，我慢慢认识到问题所在：我缺乏对科研的基本认识，缺少开展科研工作的基本方法。于是，我重新制订研究方案，慢慢体会导师所说的诸如"概念化""研究结构"等术语，我的教学研究工作逐步走向高处。

"学生现在在哪里？我们要把学生带到哪里去？我们如何带学生到达那里？"这是崔允漷教授经常提醒我们的几句话，这几句话一直激励着我不断改进课堂教学。正是这种思考角度的变化，带来了教学研究高度的变化。我对教学的理解，也慢慢从一线教师的经验层面提升到更有理论高度的境界。

教育思考：发现一个更有深度与广度的世界

一直以为，作为一名教师，我要关注的只是教学，只要关注如何上好每一节课就可以了。至于教育，特别是教育变革，似乎是校长们才应该关注的话题。然而五年的培养让我深刻意识到原来的想法多么狭隘而肤浅：作为一名教师，是不可能也不应该绕开教育去谈教学的。因为教师不是工厂化作业的操作工，教师面对的是一个个鲜活的生命；教学不仅是知识的传授与学习，更是思想与思想的交流、灵魂与灵魂的对话，还是人格与人格的碰撞、生命对生命的责任。

石中英教授提到过一个案例：一个班里有个智障儿，从这个孩子一年级起，老师就要求其他孩子不要去"打扰"他，于是这个孩子如同空气一般"默默"地在班里待了六年！这个案例让我想起了自己的一段经历。在我任教的班级里，曾经有过一个精神分裂的学生。当这个学生症状好转回到学校后，班主任"善意"提醒我不要去管她，只要她不出事就行。幸运的是，我没有听从班主任的建议，而是力所能及地去关照她：每次上课我都帮她把教材翻到指定的页码，每次进行分组讨论学习时，我都悄悄地请几个学生邀她一并参加……这些做法仅仅是出自教师的本能直觉和一个母亲的情怀。听了石中英教授的案例后，我真的有些后怕，如果当时我听了班主任的劝告，那么今天我该怀着一份怎样的内疚来回忆那段往事呢？

如今，反思这段经历后我发现，对于那个孩子来说，学习知识也许并不是最重要的，而教育的价值则随着时间的流逝，从时光深处慢慢浮现、凸显。从这个意义上说，教学只是浅表的现象，而教育则代表了对深层价值的诉求。

现代社会强调每个人必须拥有一定的通用技能，其中基本技能包括读、写、生活技能，复杂推理能力包括提出假设、搜集数据、分析、思考、推理、评估和选择；与工作有关的能力包括合作、个人素质、反思、影响动机的因素。上述的诸多技能都与学生的学校生活有关，作为教师，反观自身，我拥有多少本学科以外的知识？我所拥有的通用技能有多少？我能教给学生多少本学科之外的知识与技能？正是对此类问题的思考，让我看到了像海洋一样宽广的教育世界。

人生叩问：风度源于人格的温度

多年来，我心里一直有一批让我仰慕的教育大家，而"江苏人民教育家培养工程"让我有机会近距离接触他们，聆听他们的渊博学识，亲身感受他们的大家风度和人格魅力，这些都让我获益良多。

许多年前我就拜读过孙孔懿老师的《教育失误论》，为孙老师对课堂和教育的敏锐观察所折服，那时我心目中的孙先生是一个不苟言笑的人。后来有幸在"江苏人民教育家培养工程"中认识了孙先生，他在为我们作"我是如何研究苏霍姆林斯基的"报告时，没有华丽的语言，只有质朴的讲述，从苏霍姆林斯基的生平经历、主要思想，到他对乌克兰教育界乃至对世界教育界的现实影响，再到来自他的成长道路的若干启示等，孙先生娓娓道来。会后，我怀着忐忑的心情向孙老师提出合影的请求，他欣然同意，还询问了我的名字。大约半年后，我有机会再次与孙老师相遇，没想到刚一碰面，孙老师就叫出了我的名字，让我觉得很意外，很惊喜。除了学识广博，这些教育大家身上所展现出的平和淡泊的风范，让我更加倾慕。

在一次小组活动中，我们几位学员不时接听电话，毫无顾忌，而导师们则没有一个接听电话的。过了一会儿，崔允漷先生轻轻地说了一句："难道你们就真的这么忙？"一句话让我无比汗颜，同时又让我想起了另外两个场景。第一个场景是多年前我在北师大刘恩山教授的办公室，与刘教授商谈有关生物竞赛的事宜。其间刘教授的电话响了，刘教授赶紧挂了电话，说了声"对不起"，然后起身把座机线拔了，把手机关了。第二个场景发生在清华大学生命科学院，我有幸在此学习了半个月。学习结束时，施一公教授为我们每个学员颁发结业证书，如果哪位学员没能到场，施教授都嘱咐身边的工作人员将结业证书收好，他要亲自将证书送到学员手上。记忆中的各种场景叠映成辉，透过这光辉，我感受到了什么是对别人真正的尊重，什么是真正的质朴人格！

谦谦君子，温润如玉。不同的时间，不同的场合，不同的先生，但伟大的人格总有相通、相似之处。是他们让我明白：人的真正风度其实是源于其人格所具有的温度。他们都在我前方的高处一再启示我：对人对事，要长存敬畏之心。我愿以先生们为榜样，执着追寻。

朱小曼教授曾在报告中说："今天，在一个呼唤以人为本的时代，当教育活动被看作生命活动加以诉求和期待时，当社会转型的矛盾冲突深刻冲击和影响人的内心世界时，呵护学生，同时呵护自己的情感与心灵，更是教师必须认真对待的使命和自我发展的要求，尤其是一个愿意把教师职业作为生命价值、生命质量和幸福人生来追求的人。"此时重读这一段话，我无比怀念，也无限感慨。是的，我相信自己是一个愿意把教师职业当作人生价值来追求的人。由教学而教育，由教学而人生，由发展学生而完善自我，循环往复，连绵不绝，仰之弥高，钻之弥坚。教学、教育的路正如人生的旅程一样，艰辛而漫长，幸福而又难免忧伤。但理想就如前方的地平线，始终赋予我不断行走的力量，我愿倾尽此生，去追寻更具立体美感的教育人生。

（作者系江苏省梁丰高级中学生物教师、教授级中学高级教师）

（本文原载于《人民教育》2014年第14期）

教育风景：流连与创造

蒋　维

茅盾的《风景谈》提出过一个著名论点：人，也是风景。他认为"人类的高贵精神的辐射，填补了自然界的贫乏"。是的，好的风景，既值得流连，也源自创造，自然界是如此，教育人生又何尝不是这样？

作为一名人民教师（我一直对"人民教育家"的名谓惶惶不安），我深深地知道，自己的言行、举止、思想可能就是影响学生一生成长的"风景"。这"风景"在惠及学生的同时，也让我自己流连其间。

情——关爱

情，是对学生的挚爱，是对事业的执着，是师生在教育活动中所产生的共鸣，是我在教育实践中逐步认识并不断提升的。

记得刚走上工作岗位时，我努力地上课，严格地要求学生，但事与愿违，学生并不像我想象的那样听话。有一次，由于课上与学生沟通不成功，一下课我便跑回办公室放声大哭，一边哭还一边说："哪有这样不听话的学生……"我的师父看到后微笑着对我说："你是老师，哪有和学生计较的老师啊！"至今，这句话仍深深地印在我的脑海中。从那以后，我逐渐学会从理解学生、关爱学生的角度和学生沟通。我常常对学生说："我和你们在人格上是平等的，但我也绝不会放任你们的缺点和错误，我会和你们沟通，直到你们想通为止。"渐渐地，我赢得了学生的尊重。

20多年的工作中，为了让学生喜爱、重视音乐课，我从不随便取消课程，有时因公务调整课程，哪怕一天上六到七节课，我也要把落下的课补上。学校的每一次艺术活动我都认真对待，决不推诿、敷衍，我时常对自己说："要么不做，要做就做到最好。"甚至两次面瘫说话困难时，我也没有放松自己的责任。业余时间，我从不带学生、搞家教。人的精力是有限的，我要把更多的精力投入到教育教学实践中，这样我才会快乐，快乐比金钱更有价值。

教育的热情换来了学生的真情，学生在给我的信中写道："我特别喜欢您的课，您不是把音乐当成工作，而是当成生命的一部分。您把自己的全部情感和思想都融进了课堂，您充满激情的歌声、话语和人格魅力感染着我们。"

雅——塑造

初上讲台，总觉得一节课时间太长，没有东西讲，下课时间没到就已经讲完了。其实，这正是文化缺乏、内涵不够的表现。作为一名教师，尤其是一名优秀教师，光有扎实的基本功是不够的。现今社会要求学科综合，要求多元文化，音乐教师更应站在音乐文化的延长线上，不断丰富自己、提升自己。

因此，我广泛涉猎，读经典原著，从源头上开掘；读看似无关的"闲书"，从流域上去开拓；用"硬读"去修炼功夫，以"悦读"去陶冶性情。这样多年的积累，使得我的教学不仅有"招式"，更有风骨，与同行交流，就不是只附和别人的见解，也能发出自己的声音。

以前我认为教育科研是遥不可及的事情。当我在教育实践中遇到困惑难以解决时，"研究"二字蹦了出来。我豁然开朗，教育实践中的问题就是教育科研的起点，于是我置身于教学情境之中，及时地捕捉教育教学实践中的问题，开展有针对性的研究，加以总结，形成规律性的认识。当我以研究者的眼光审视和分析教育教学实践中的问题时，我发现了音乐教育的新思想、新路子、新方法。在长期教学创新实践和潜心钻研的过程中，我的音乐课堂形成了"情趣相投、静活适度、师生互动、审美提升"的教学特色。

其实，从只知道照本宣科地把教学参考书作为自己教学的拐杖，到有了自己的教学主张，进而逐渐形成自己的教学风格，我清醒地知道这几十年来磕绊的狼狈和修炼的艰辛。幸好，我有同事的帮助、师父的指点和书籍的陪伴。装点我教育"风景"的，岂止我一个人！

趣——追求

工作20多年来，我从一个懵懂、浅薄的大学毕业生，成长为在教育、教学、科研领域等"风景"里可以流连驻足的中年教师，主要受益于南通中学的传统和精神。回想起来，有多少个"第一次"构成了我教育"风景"里的一草一木，一风一云，一水一石。

上世纪90年代初，我的教育教学理念还很落后。在一次青年教师教学比武中，我本雄心勃勃，但只得了三等奖。这一次的事与愿违使我暗下决心，一定要以最优秀的成绩得个让众人信服的一等奖。后来在师父的帮助下，凭着初生牛犊的冲劲和不懈努力，我终于拿到了市区和大市优课比赛一等奖。这使我有了更大的工作激情和动力，于是有了后来的特等奖和多次一等奖的第一名。

当多媒体教学手段刚开始兴起时，大家都处于观望状态，但是我感觉这是一种很有效的教学辅助手段。尽管当时的制作和操作水平还处在初级阶段，我却成了南通市将多媒体技术应用于音乐课的第一人。这次尝试为我今后以多媒体作平台，采集大量的音频、视频素材，设计生动有效的课堂打下了坚实的基础。

我的教学生涯中还有很多难忘的事情，都是我留在"风景"中的足迹。我认为，作为老师，如果能及时抓住成长中无数个"难忘的第一次"，去发现自我、研究自我、完善自我，才会有今后事业无限发展的空间和态势。在多年的工作中，我以永不言败、追求卓越作为专业发展的动力，在一桩桩"第一次"的历练中成长。

智——完善

有一次在徐州作讲座，结束时一位老师走上讲台，向我深深地鞠了一躬。我感到非常惊愕，这位老师激动地说："蒋老师，我要感谢您，因为我本来不想再做音乐老师了，今天您的讲座激起了我的教育热情，我起码还要再干十年。"听了这话，我也被打动了，原来自己的言行可以深深地影响别人。

近几年中，借助"江苏人民教育家培养工程"的平台，我本身获益良多。与此同时，我积极开展团队建设，把致力于音乐教育的老师凝聚在一起，提升他们在教学和科研方面的水平。

在共同的研讨过程中，我发现有些团队成员专业基本功扎实，教学上常有新点子，但缺乏理论支撑；有些教师有较好的教学经验总结，但缺乏凝练个性化教学风格的教科研水平，无法形成自己的教学主张。因此，我通过讲座、辅导、示范课等形式传递给更多的青年教师新的理念和方法，帮助他们构建高品位的音乐课堂；通过定期交流读书体会、网络互动，让团队成员努力拓宽教育文化的视野；定期举行聚焦课堂活动，使他们在实践中探索实现高效课堂的有效途径。团队的建设发展极大地推动了音乐教师的成长。

有这样一段广告词："人生就像一场旅行，不必在乎目的地，在乎的，是沿途的风景以及看风景的心情。"是的，我的成长也是一场旅行，人民教师就是我认定的终极称谓，其他都是"不必在乎"的"目的地"，而我和学生一起流连和创造的风景，才是我所在乎的。

（作者系江苏省南通中学艺术教研室主任、教授级中学高级教师）

（本文原载于《人民教育》2014 年第 14 期）

行知路上，做一辈子的好老师

杨瑞清

2015 年 7 月 25 日，是陶行知先生逝世 69 周年纪念日。这一天，我和南京市浦口区的 70 多位校长走进北京师范大学，开始参加为期一周的学校管理能力提升研修活动。在开班典礼上，负责人深情回顾了去年第 30 个教师节前夕习近平总书记在北师大师生座谈会上倡导全国教师做"四有好老师"的情景，介绍了北师大牵头组织实施的"中国好老师"行动计划，我们这个校长研修班，便是庞大的行动计划中一个具体的实施环节。我们的第一课，就是《做中国最好的老师》。

"千教万教教人求真，千学万学学做真人""捧着一颗心来，不带半根草去""出世便是破蒙，进棺材才算毕业"——习总书记在一篇讲话中多次引用陶行知先生的名言，让我这个在行知路上行走多年的教育工作者激动不已。

在这一天，在北师大，在第 31 个教师节即将到来之际，再次学习习总书记的讲话，回想自己坚持在乡村学校践行行知教育，努力做一名好教师的历程，感慨良多。

30 年行知小学探索，让乡村儿童享受精彩教育

1985 年 9 月 10 日，我激动地度过了第一个教师节。那年的 1 月 10 日，我所在的村办小学被命名为行知小学，而 22 岁的我则成了这所只有

七八位教师、100多名学生的小学的校长。一晃30年过去了，我真切体会到，要办一所质量过硬的好学校，当一名实实在在的好老师，就要执着坚守，悉心探索。

1. 好老师要执着坚守教育岗位。

我18岁从陶行知先生创办的南京晓庄师范中师毕业，到偏僻落后的村办小学任教，决心实践陶行知教育思想，改变学校的落后面貌，在留城和回乡之间，我主动选择回乡。20岁时，组织上调我到团县委担任副书记，我只到任4个月，又辞职回来，在从政和从教之间，重新选择从教。那时的村办小学，只靠收学生的杂费维持开支，骨干教师也留不住，一度陷入困境。有人劝我调离行知小学，为自己谋一个好的出路。我犹豫过，但我没有离开，在解脱和坚持之间，最终选择了坚持。

坚持不懈的努力，使学校获得了持续发展的动力。上世纪80年代初，村民先后为学校划拨80亩土地，并集资十几万元新建了四合院校舍，为行知小学的创立打下了坚实的基础。新世纪到来之际，学校获得了政府一千多万元的投入，建成了现代化校舍，周边8所村办小学先后合并过来。乡村儿童逐步享受到了优质教育。学校也先后被评为江苏省实验小学、模范小学和文明单位。

2. 好老师要悉心探索教育规律。

刚走上教育岗位时，我们发现有的孩子到了上学的年龄却不到学校报名，有的孩子小学没有读完就辍学在家。我和同事走村串户，千方百计地动员家长送孩子上学，从1981年开始再也没有让一个孩子失学。行知小学命名以后，我们顶住多方面的压力，开展了小学不留级实验，再也没有让一个孩子留级。我们发现，只要满怀一份爱心与责任心，就能解决失学问题和留级问题，而想要让乡村儿童也能享受到精彩的教育，则需要更新教育理念，探索教育规律。

在实践中，我们慢慢领悟到了陶行知"生活即教育""社会即学校"的真谛，逐步将稻田、茶园、农庄、长江湿地、老山森林等身边最鲜活的资源纳入我们的课程视野里，自制器材开办小气象站，争取村民支持，开辟实验农场，带领学生种菜、栽树，观察自然，观察生活。

在教学中，我们还发现，虽然很多老师口口声声说自己在"培育祖国的花朵"，但实际上"天天骂花苞，日日掰花苞"，这样如何能当个好老师呢？于是，我们开展小班化教育实验，提倡教师、家长和学生人人修炼"花苞心态"，形成了以"关怀生命，关注生长，关心生态，关切生机"为主要内涵的育人思路，追求"含苞待放，生机盎然"的课堂文化，既欣赏美丽的鲜花，又善待可爱的花苞，努力不让一个孩子厌学，力求做到"幸福每一个"。如今，施教区生源没有一个择校外流，甚至连台湾企业家也把孩子送来行知小学就读。

20年行知基地创业，乡村小学校也可以办出大教育

1994年9月，我幸福地度过了第10个教师节。那年的7月18日，我们依托学校农场，整合社区资源，挂牌成立了行知基地，开始接待城市学生来体验乡村生活。如今，20多年过去了，行知基地累计接待了20多万名城市学生开展社会实践活动，成为全国青少年校外活动示范基地。我真切体会到，要办一所充满活力的好学校，做一名兢兢业业的好老师，就要敢于拓展，勇于创新。

1. 好老师要敢于拓展教育功能。

因为执着坚守，因为悉心探索，我们的学校得到了关注。美丽的实验农场，迷人的乡土风情受到了青睐，于是，行知基地应运而生。金陵中学的高中生来了，南师附小的小学生来了，鼓楼幼儿园的小朋友来了，他们来行知基地短住几天，"学习农业科技""了解农村建设""体验乡村生活"。现在，已有60多所南京市的学校以及常州、镇江、淮阴的学校在基地定点活动。我们发动行知小学的孩子们，做接待城市伙伴的小主人，做指导乡村生活的小先生，与城市学生广交朋友。学生的交往能力、文明礼仪素养得到显著提高。乡村教师、家长也在参与接待中拓宽了视野，提升了立德树人的责任意识和实施水平。

从起步阶段投资10万元，建180平方米小食堂，住宿得由城里学生自己带被子打地铺，一年接待628人，到获得200亩土地的划拨和1.3亿元

资金的投入，建筑面积达 4 万平方米，每年接待量超过 2 万人，我们在艰苦创业中认识到，好老师不能只把眼睛盯在自己的一亩三分地上，在拓展教育功能上，乡村学校大有可为，小学校也可以办出大教育。

2. 好老师要勇于创新教育方式。

校园里种植了 8 亩地的茶树，我们带领一批又一批学生把校园里所有的植物废弃物，包括小麦和油菜秸秆、落叶等，全部丢进茶田里，起到抑制杂草、保湿增肥、清洁生产的效果。孩子们在茶园边种上木槿花，吸引来赤眼蜂飞到茶田里收拾害虫。每个学生都有机会背着小竹篓，体验一下采茶的乐趣，再到茶艺室，观察炒茶的工艺，并在老师的指导下研习茶道。从田头到嘴边，远离污染、优质高效的生态农业的意识，就这样在学生心中扎根。类似这样的课程还有"荷文化""厨艺""陶艺""种红薯""营火晚会""登山野炊"等数十种。正是这种遵循陶行知先生"教学做合一"的理念，坚持采用走进现场、亲自动手、亲身体验的行知教育方式，成为行知基地吸引众多学生的一大法宝。

南京一中高二（2）班褚朝林同学在行知基地学习后说："真想再多待几天！农村生活让我重拾了坚强、协作、节俭、朴素、团结的精神。这也许是我自高中以来最快乐的三天，最充实的三天。"

十年行知国际交流，积极对话、自觉提升

2004 年 9 月的第 20 个教师节，我是在北师大度过的。"中国当代教育家丛书"首发仪式在京师大厦举行，其中有我写的《走在行知路上》。那一年的 8 月下旬，我在马来西亚为华校董事联合会总会主持了 3 天的"行知教育工作坊"，这也标志着行知教育走出了国门。十多年来，有 100 多个国家的 8000 多名师生来到我们学校交流，学校已成为江苏省华文教育基地、国家汉语国际推广中小学基地。我真切地体会到，要办一所品质卓越的好学校，做一名快快乐乐的好老师，就要积极对话，自觉提升。

1. 好老师要积极对话世界学校。

我们专门成立了"南京行知苑对外交流中心"，实施境外学生中华文化

浸濡活动项目、境外汉语教师培训交流项目，每年邀请新加坡、马来西亚的校长、老师来行知小学举办"行知教育三国论坛"活动，支持美国亚利桑那州土桑国际学校开办孔子课堂，在新加坡、马来西亚开展行知教育巡回演讲活动，2013年和2014年，我们还承担了南京亚青会和青奥会"触摸南京——生态环保农业"文化教育项目，并出色完成了接待任务。

大规模的教育对话，让我们有机会学到国外先进的教学经验，也有机会分享博大精深的中国文化和知行合一的教育理念。我们的老师人人参与对话，在教学中，更加自觉地维护学生权益，普遍重视运用小组教学、个别化教学策略；我们的学生人人结交国外朋友，他们还和新加坡的小伙伴开展了青奥会"同心结"活动，一起搭建了"新加坡小屋"，在南京青奥村精彩展示，吸引了世界各地青年运动员的眼球。学校还在澳大利亚友好学校的支持下，开展全校橄榄球运动，学校橄榄球队去年还获得了上海国际"触式橄榄球"邀请赛U12年龄组的冠军呢。

2.好老师要自觉提升整体素养。

在行知小学，我们一直提倡读好三本书：读好行知这本大书，读好实践这本活书，读好生命这本天书。一直强调做好四件事：躬于实践、勤于读书、善于交友、乐于动笔，以此促进教师的专业发展。我们认识到，选择做教师，可能升不了官、发不了财、出不了名，但是只要踏踏实实地做人做事做学问，认认真真做一名好老师，同样能够创造崇高的生命价值，充分享受到生命尊严和人生乐趣。

行知路上，好好再干30年

2015年9月，又到教师节。在浦口区教育局的支持下，我们正在积极筹建浦口区行知教育集团，将以行知小学为龙头，吸纳行知中学、行知幼儿园、行知基地以及周边学校，形成发展共同体，进一步深化行知教育实验。我也在谋求改变自己30年不变的校长角色，将逐步淡出小学行政管理，让年轻的伙伴更好地发挥潜能，更快地推动学校发展。

"还能更精彩"是行知小学的校训。我认为，好老师没有退休一说，好老师可以做一辈子。我相信，行知路上，做一名实实在在、兢兢业业、快快乐乐的中国好老师，好好再干 30 年，一定还能更精彩。

（作者单位系南京市浦口区行知小学）

（本文原载于《人民教育》2015 年第 17 期）

成为一名好老师，是我终生追求的大事

刘晓莉

　　有人把教师比喻成蜡烛，燃烧自己照亮别人；有人说教师是人类灵魂的工程师，是太阳底下最光辉的职业。这些赞美教师的话语，在儿时我就耳熟能详，但只有当我站在三尺讲台的时候，才真正理解这些话语的真谛。

　　1993年秋，我如愿以偿地走上讲台，成为一名乡村教师。从那以后，在陕西省富平县这个革命老区，我和一个个如蓓蕾般灿烂的孩子，一起嬉戏、学习、成长。

　　转眼间，20多载过去了。学校的校舍变得现代化了，老师们的教学方式也有了不小的变化。但是，这么多年来，有一个信念在我心中从来没有改变过，而且随着教龄的增长，我越来越把它融入自己的血肉之中，那就是"教师重要，就在于教师的工作是塑造灵魂、塑造生命、塑造人的工作，要完成这一工作，首先凭借的是教师对学生真心诚意的爱"。

　　苏霍姆林斯基说："爱，首先意味着奉献，意味着把自己心灵的力量献给所爱的人，为所爱的人创造幸福。"

　　我深知，"热爱学生，关心学生"不能只是一句空话。做教师，要用心观察学生的言谈举止，主动了解学生所面临的困难并给予积极的引导和帮助。

　　记得2008年春季开学时，班上一位吴同学当天没来报到，到了第二天还没有来，我跟家长也联系不上。第二天下午一放学，我就骑着自行车去他家，才得知他的妈妈离家出走了，爸爸患上严重的精神分裂症住进了医院。为了给爸爸治病，孩子打算放弃学业。一看到我，吴同学泪水夺眶而出，我拥着他说："明天就来学校，学费我来解决。"回到学校，我向校领导汇报了情况，恳请学校免除了他的杂费，并每月拿出自己的部分工资和全班同学在班上建立起了"特困学生爱心生活补助基金"，解决了吴同学的生活问题，也为班上其他家庭困难的同学提供了帮助。

我工作学校的所在地——刘集镇，跟周边几个乡镇相比，经济相对落后，很少有学生有雨具，有的拿顶草帽，有的披个化肥袋子，还有的什么也没有。每逢下雨天，看着他们在雨中奔跑的情景，我很心疼。后来我和爱人用心积攒了500元钱，特意购买了30把雨伞放在办公室，遇上下雨天，就把伞借给有需要的学生，这样心里格外踏实。不久，我的举动带动了其他老师，为学生提供雨具、文具、活动小器材等成为全校老师的爱心行动。

从教这么多年来，说实话，我没有遇到过什么惊天动地的大事。日子在这些细碎的、近乎平凡的小故事中一天一天地过去。然而，就是这些小故事里蕴藏的"爱"以及在"爱"中健康成长的孩子们，让我对教师这一职业甘之如饴。

苏霍姆林斯基说："教育，这首先是关怀备至地、深思熟虑地、小心翼翼地触击年轻的心灵，在这里谁有细致和耐心，谁就能获得成功。"

作为教师，我知道成绩优秀率的重要，更明白后进生转化对学生、对家庭的重要。"细心观察，耐心教导，榜样教育，表彰敦促，团队提高，全面发展"是我一贯坚持的班级管理法。

我班上曾有一位外校转来的学生。他不爱说话，也不合群，学习成绩居后。了解后我才知道，他曾经因偷盗被派出所训诫教育，班上个别同学也知道此事。我特意叮嘱这些同学，不能在班上传播这件事。平常，我特别留意观察他的行为，发现他值日、大扫除蛮认真，肯吃苦，就及时征求班干部和小组长的意见，让原来的劳动委员任副班长，让这位同学担任劳动委员，并负责保管教室门钥匙。

在我的鼓励和班干部的配合下，这位同学的工作赢得了全班同学的信任和支持。这个变化，也让他坚定了好好学习的决心，后来他还因各个方面突出而成功竞选上了班长。

德国教育家巴特尔说："教师的爱是滴滴甘露，即使枯萎的心灵也能苏醒；教师的爱是融融春风，即使冰冻了的感情也会消融。"这位同学的变化，让我对巴特尔的话产生了深深的共鸣，也深深感受到：教师不仅要"有爱"，而且还要"会爱"，要有爱的能力。对不同的学生，教师爱的表达可以是完全不同的。

就在前不久，我的一位学生遭遇了父母离异。他变得自卑、孤僻，脸上没了笑容，学习成绩直线下滑。

对于这个孩子，我更多地是用母性的关怀去温暖他：为他缝洗衣裳，让平日关系好的同学和他一起活动、复习功课，又让各任课老师课堂上留意他，多给他回答问题以及和同学交流的机会；为了帮助他提高作文水平，我天天给他布置日记作业并及时帮他修改，还买了几本作文书送给他。这些帮助给了孩子快乐和动力，引导他从家庭变故的阴影中走出来，并在小学毕业考试中以优异成绩步入了初中。

爱的力量是如此巨大。所以，习近平总书记才会说："一个人遇到好老师是人生的幸运，一个学校拥有好老师是学校的光荣，一个民族源源不断涌现出一批又一批好老师则是民族的希望。"

当然，好老师除了要有仁爱之心外，还应该"有理想信念，有道德情操，有扎实学识"。成为一名好老师，是我终生追求的大事。

（作者单位系陕西省富平县刘集镇街南中心小学）

（本文原载于《人民教育》2015 年第 17 期）

读懂，但不迁就

黄行福

怎样当好班主任？读懂学生是前提。读懂学生的目的不是为了迎合与讨好，而是为了更好地引导。否则，越懂学生就越有可能南辕北辙，离教育目标越远。

知道学生要什么再适度引导

班主任都有这样的体会：很多情况下，不管我们采取怎样的措施，效果总不那么令人满意。原因当然很复杂，但不懂学生却是一个非常重要的原因。

一次，一位学生在微信上一连几天求我告知某行政村干部的姓名，我没有告诉他。我对这位学生的脾气秉性比较了解。凭直觉，他家人可能对村里某干部有意见，他想写批评文章。批评是好事，任何工作都需要批评与监督，这样社会才会进步。我教他语文，他作文较好，但我担心他剑走偏锋。

3天后，我问他要这个名字做什么用，他果真想写文章批评他。他认为该干部工作作风专断，在新农村建设中很多事情没有兑现。例如，他曾答应每户做一个化粪池并给予补贴，但没有了后文，可能是他私吞了那笔钱。针对他的这种怀疑，我问他对国家有关新农村建设的政策了解多少，每个新农村建设点的资金是多少。他坦言自己完全不了解。我接着又问，他的那些意见是从哪里得来的，他说是从村民那里听来的。

这是教育引导的好时机。借此，我问他：对问题一知半解，只凭道听途说就作判断，是否太武断？然后告诉他要用自己的眼睛去观察，用自己的大脑去思考，还要全面掌握情况，否则就容易得出片面乃至错误的结论。在我一步步的引导下，他才明白了些个中道理。

表面看来，学生这样的思想动态与班级工作没有直接关系，班主任可以不管。但实际上，思想方法支配人思考问题的方法，随时随地都可能渗透在人的行为中。所以，一定程度上来说，班主任的工作是没有明确边界的。好的班主任，应该着眼于学生的长远发展，而不仅仅看到眼前的问题。

读懂学生内心感受再予以帮助

懂得学生内心的感受，是班主任与学生交流的最重要前提。但在很多情况下，学生并不会主动把内心的想法告诉你，班主任必须通过一些技巧来了解。

一女生上课趴在桌子上，同学叫起她，她又立即趴下去。我把她叫出教室，见她双手捂着肚子，问她是否生病了，是否需要送她去医院。她摇了摇头，说想回家去。我明白了，她可能是来月经了。但我没有让她回家，而是把她带到我家，让我爱人帮她解决。一个课间的时间就把问题解决了。

班上的一位男生上课经常迟到，几乎每天都是在快下早读课时才匆匆赶到学校。一天，早读课正好我值班，他又迟到了。我把他叫到办公室，一问才知道，他一家人都迷上了麻将，每晚麻将声都响到深更半夜，吵得他晚上 12 点以后才能勉强睡着，第二天早上又睡不醒，有时来不及洗脸就往学校赶。早餐只能等下了早读课再到校外买几个馒头啃，有时来不及啃就放在抽屉里，上完第一节课再啃，这几乎成了他的生活常态。他还告诉我，他早就对这种状况非常不满了。

怎么帮助他？我让他住校，早上到学校食堂吃饭，过集体生活。一来可以治治他的懒散，二来可以摆脱家里的不良干扰。第二天，他就住校了，过上了集体生活，身上的很多坏毛病都随之不见了。

读懂的目的是为了帮助。学生内心的纠结解除了，他就高兴了，就会有阳光般的心态。

饭桌，是一个让人轻松的地方。在心情松弛的状态下，学生说的大都是心里话、真心话。我就常常遇到这样的情形：在亲戚或朋友家，与学生碰巧同在一桌吃饭。学生与我聊的内容就比较广泛：

"老师，我很想读好书，但我就是控制不了自己。做作业的时候如果有人在外面喊我，我就忍不住想加入他们。爸爸妈妈不在家时，我还偷偷摸摸地去看电视。"

"老师，我爸爸妈妈很少过问我的学习情况，更不过问我在学校的表现。一切都靠我自觉，我常常有一种自生自灭的感觉。"

"老师，我常常想：我到底是不是我爸爸妈妈亲生的？特别是我妈妈，对我一天到晚骂个不停。一会儿地没扫干净，一会儿骂我看电视，一会儿说我根本不像个女孩子。反正我在家里的感觉就是一个字——烦！"

"老师，每到周末我就害怕回家。我每次回到家，爸爸妈妈的第一句话一定是'考试了吗''这次考了多少分'。好像我就只是个分数，不是人，不是他们的孩子。他们很少过问我在学校的表现。"

"老师，我爸爸妈妈真可笑。有一次，我说我要买几本语文课本后面推荐的那些书。你知道我爸爸怎么回答的吗？'书又不能当饭吃，读那么多书干什么。学校不是发了那么多书吗？书不认真读，净想些傻主意。'您说可气不可气？"

以上是一些学生的饭中真言。

在饭桌上，我喜欢与学生聊天。因为在那个场合，他们不是以学生身份出现的，老师也不是以老师身份出现的，大家都是平等的宾客，这为聊天创造了很好的氛围。但此时，我们千万不要板着脸孔说教，而应因人制宜，适时点拨。话不在多，但要谈到要害处，说到点子上。

明了学生的"小算盘"再巧妙应对

人小鬼大，这是部分学生的心态。我教的都是乡下孩子，他们朴实、诚实，但在某些情况下，他们也有自己的"小算盘"。对这样的学生，既不能讽刺，也不能挖苦，更不要惩罚，得设法"治理"好他们。

班上有位男生，一上体育课就以自己有高血压为由拒绝上课。体育老师怕惹事也拿他没办法。还有一次，因数学作业没完成，数学老师要惩罚他，他竟"昏厥"，老师、同学赶紧送他去医院。当时，就有同学向我反映他的血压并不高，他是假装的。在医院，我向他的家长证实这件事。家长反映他在小学时生过一次病，医生给他量了血压，说血压偏高，但以后再没测量过。

后来我发现，他经常打篮球，且从没有过不良反应。综合这些情况，我也觉得他在装病，以此来获取一些"豁免权"。

一天，上完课，我让他课后到我家，我给他测测血压。实际上，我并没有真想让他测血压，只是想敲山震虎，看看他有什么反应。没想到，放学后他果然在同学陪同下到我家测血压来了。一测，血压正常。当然，我还建议他在家长陪同下再去医院测一下。他见"露馅"了，只好说："老师，我没什么高血压，原先都是假装的。"此后，他再也没找什么借口不上体育课了。

其实，类似的现象我们都遇到过。一些人喜欢直接揭穿，虽然也能达到教育目的，但学生毕竟是未成年人，这么做对他们的伤害比较大。班主任就是要尽量拿出万全之策，既保护了学生的自尊，又让他们改正了错误。

需要注意的是，一百个学生有一百种个性。上面说的那位装病的学生就是班上最老实的。在很多班主任眼里，这样的学生是不可能做出格的事的。但只要条件具备，任何人都有可能做出与个性不符的事情来。班主任需要具体问题具体分析，具体情况具体掌握，切不可想当然，更不可戴着有色眼镜看学生。

走进家庭让学生接纳你

我有晚饭后散步的习惯。一天晚饭后，我出去散步，顺便去学生小戴家家访。他家离学校只有不到 300 米的路程，而且我教过他的父母亲。我还没到他家门口，小戴的母亲远远看见我来了，就跑过来迎接。我邀请她与我边走边聊，不知不觉就聊到了小戴身上。

我问小戴在家的情况。他妈妈告诉我：小戴在家什么事都不需要做，家里对他的唯一要求就是学习。但这孩子对学习没什么兴趣，平时考试一般都在 60 分上下。对此，他爸爸基本不管，因为他对于孩子能否考上好学校感到无所谓。孩子爸爸自己喜欢看书，特别喜欢看中国古代名著，尤其是小说。因此，家里收藏了一些中国古典小说，有四大文学名著、武侠小说等。小戴没事的时候就一个人待在楼上的书堆里打滚。

不一会儿，我们就来到了小戴家。他爸爸看见了赶紧把我让进家门。一家三口，让座倒茶，十分热情。小戴手里正捧着一本《三国演义》看得津津有味。于是，我就与他聊起了三国故事，我们之间的共同语言越来越多。最后，我与他达成协议：看小说可以，但必须在完成学校学习任务后才能看，老师和家长一起监督。

两个月后，我又一次来到了他家，这次主要是去报喜的。上次家访后，小戴上进多了，成绩也有了提升。小戴看到我来了非常高兴。一坐定，我就把小戴最近的在校表现报告给了家长。家长非常高兴，不停地对我表示感谢。临出门，我继续为他们鼓劲。两个月后的中考中，小戴表现非常出色。

走出校门，深入学生家庭，去深入了解学生，从学生的喜好入手，拉近与学生的距离，学生就更容易接纳老师。

班主任所做的多是小事、琐事，但如果每件事都着眼于学生成长，那就是大事、要事。

（作者单位系江西省南丰县傅坊中学）

（本文原载于《人民教育》2016 年第 17 期）

只要能快快乐乐做实验

王爱生

我是一名中学物理教师，我梦想的教学境界正如我所崇拜的物理大师费曼所说："我讲授的目的不是为你们参加考试，也不是为你们将来服务于工业或军事作准备，我最喜欢做的是展示这个奇妙世界的一部分供你们来欣赏，再提供一些物理学家看待这个世界的方式……"我觉得这句话概括了一位物理老师应该做的和不该做的，但说实话，我日常做的事却正相反，没时间也没心情提供这个世界的奇妙让学生来欣赏，也不为他们将来的工作作准备，只是为了考试进行高强度的训练，这使我很苦恼。唯独使我欣慰的是，我和学生还有一块共同拥有的净土——实验室。在那里，我可以尽情展示这个世界的神奇，从教 30 多年，在那里，我与学生一起欣赏、陶醉、思考……我将我对实验的感受传达给我的学生们。

实验让我惊愕，让我体验到美，让我永远好奇

即使是我做过很多次的实验，即使我知道接下来的结果，我还是会感叹实验的神奇，它像魔术一样，永远那么令人着迷。当你看到水慢慢流向高处，细碎的冰使水沸腾，蜡烛在水下燃烧；当你发现酒精浸泡燃烧后的手帕竟然安然无恙，烟熏后成黑色的球放入水中又变回银色……你不会发出一声感叹吗？看到孩子们瞪大的双眼，我像魔术师一样充满成就感。一大块金子是黄色的，在扫描隧道显微镜下，10nm 的金颗粒摇身一变是绿色

的，1nm 的金颗粒又是红色的……这些实验向我们"展示这个奇妙世界的一部分"，震撼了我们的心灵。我也常想，设计好了一个令人惊讶的实验，一个物理教师的工作就应该完成了大半。

实验不仅令人惊奇，还有着一种独特的美。这种美不仅有满足视觉体验的新奇之美，还有让人折服的理性之美，因为每次结果都是可以重复的，这就是必然，必然的背后就一定隐藏着某种一以贯之的逻辑，这就是一种逻辑美，这和数学一样。除此之外，它还有话剧一样真实的现场动态美，还有魔术一样神奇奥妙的智慧美。这些美感，只有长期经历实验熏陶，有相当科学、哲学、美学素养的人才能体会，一旦体会到，你就会发现实验实在是一件浪漫的事，让人欲罢不能。很多科学家，他们在实验中更多地在追求一种美感，比如，世界上第一次成功地观测到了量子力学"AB 效果"的日本科学家外村彰，在实验成功的一刻，他体会到的不是一个理性的事件，不是背后的名誉，而是一种美的景象：仿若薄暮时分，细小星辰在你眼前映现，（逐渐）构成宏伟的银河……

实验让我爱上了物理，实验让我对世界永远保有一颗好奇之心。我相信，只要有足够的时间和足够精彩的实验项目，我也一定能够把这份好奇心传递给我的学生。事实上，很多孩子通过我的实验课对物理有了强烈的好奇心。

实验让自然开口，实验让我们敬畏

丁肇中说："实验可以推翻理论，而理论永远无法推翻实验。"司空见惯的温度计，发现了我们看不见的红外线；常见的真空泵让不到 100℃的水就开始沸腾，更是将当年认为不能液化的氦变为液体，从而宣告了所有气体都可以液化的真理！实验面无表情地向我们展现一个个事实，铁一般的新事实永远都在开拓着我们不可能的疆界。实际上，实验就是我们现代人认识未知世界的几种手段之一，而设计一个巧妙的实验就是一个让大自然开口说话的过程。

"傅科摆"在很多博物馆里都能看到，它通常是从三四层楼高的天花板上垂下来，末端挂一个铅锤或铁球，再下面则是一个罗盘，而铅锤或铁球就在那个罗盘上慢慢地移动着。19世纪的科学家都知道了地球在自转，但怎么向普通人证明？地球这么安静，这么悄无声息，它在动吗？还是太阳东升西落更容易让人接受。只有在傅科设计的这个实验面前，看到大铁球莫名其妙地转动，没有发条，没有人力，大家才会承认地球的自转这个事实，地球在这个实验装置下，终于开口讲话了。

我认为，理工科的教学，从某种程度上也可以被看作是让孩子们重走前人发现之路的过程，而实验同样也是孩子们认识世界、让大自然开口的重要手段。我深深体会到，再难的知识、再深奥的理论、再抽象的规律，只要有设计巧妙、说明问题的实验，就能迎刃而解。如果有足够的时间和条件，我更愿意把课本知识完全设计成一个个实验，让大自然替我开口讲课。

实验逼着我们去思考

螺丝帽系上一段细线，吊起来往复晃动就成了一个简单的摆，若这个摆有1秒的周期性就叫作秒摆……每每做这个简单实验时，我都会想象着自己穿越到了四百多年前的意大利，在某一个礼拜之日走进了比萨的大教堂，与伽利略一起仰头观察教堂屋顶上的吊灯来回摆动。那摆动的幅度越来越小，而摆动一次所花的时间却几乎相等，这不符合常理，伽利略瞪大双眼，不敢相信自己的发现。他用自己的脉搏初步验证了判断，回家又做了大量的实验，结果每一次摆动的时间都相同！由此，伽利略发现了摆的特性。

科学精神源于心中对万事万物的好奇心，而尊重事实，努力思考事实背后的真相，并且不达目的誓不罢休，这就是科学精神的本质。在实验课上，我在每个孩子的脸上都发现了这种科学精神的痕迹，他们看到令人惊讶的结果时，像伽利略一样，瞪大双眼，一百个不相信！只是我们都太匆忙了，实验做完，下一科的课堂教学马上就要开始了，他们几乎没有时间展开自己的思索就得离开了，从书中找到一个解释，消除刚才那一刻的迷惑，就是最简便的方法。当然，我觉得这已经很不错了，至少他们会有一点点思考的动机，他们的理解和记忆就比完全只看书更有效果。

实验需要我们更加专注，专注让我们的人生改变

你可能不相信，在16、17世纪的欧洲，有一段时间做实验还是达官贵人进行沙龙交流活动的内容呢。当时的英国皇家学会为了扩大自己的影响力，经常在一些沙龙上做两个公开实验：一个是虎克的显微镜，另一个是波义耳的空气泵。用显微镜去观察蚂蚁的足部，就会相信仪器是人类感官的延伸，可以帮助我们眼睛、耳朵、鼻子做做不到的事，甚至纠正人类感官的谬误。波义耳的空气泵可以说服大家，相信通过仪器看到的比眼睛看到的还要真实。在那个科学正在崛起的岁月里，实验是很多贵族的"玩物"。物理史也告诉我们，欧洲最早的那批现代意义上的科学家，几乎都是有钱、有闲的贵族或富人，他们可以把科学当成自己的业余爱好，甚至在自己家里辟出实验室，从一起床就乐此不疲地开"玩"。我敬重的大师费曼虽然是当代人，但他也是这样一个人，他在酒吧中也能"玩"他的物理。我从中意识到，一个最高境界的研究者要像贵族一样有从容而不功利的心，只有这样，他才能以一种最客观的目光去看待世界，才能把自我放在最不重要的位置上。

这些年，热爱实验的我，也感受到了实验带给我个性品质上的变化，我有了一种以往自己都不能想象的平静和安详，我能深深地理解叔本华的那句话："一个人就其自身而言是什么，在他处于孤独和隔绝时自身遵守什么，没有人能够由于他而丧失或剥夺什么，对他来说这比他拥有的一切或在别人眼中他可能是什么显然更为紧要。"这些年，我更不在乎别人的看法，多少有了一点孤芳自赏，却也明显地少了很多年轻的无知气盛，这两种看似逆向的变化正是实验带给我的，就是因为实验是一件需要高度专注的事情，当你热爱它，你就会被它塑造。

我也期待我的学生们能够拥有这样一份心性，我想让实验去影响他们，让他们也能沉静下来，形成一种专注于身外有意义事物的习惯，最终能够成为自己精神世界的主宰。有这样一颗心灵的人，他们将来也更能够经得

起外在的风雨。然而正像前面所述的那样，今天的孩子们绝大多数都太忙了，他们的目的性太强烈了，压力也很大，很难静下心来沉醉在做实验的快乐中。

　　自然万物全都活在自己的幸福里，并自得其乐地活着。牡丹幸福着自己的妖娆，茉莉幸福着自己的淡雅，我幸福着自己的实验。对此，印度哲学大师奥修说："玫瑰就是玫瑰，莲花就是莲花，只要去看，不要比较。"

（作者单位系吉林省前郭县蒙古族中学）

（本文原载于《人民教育》2016 年第 17 期）

初心不改的教育路

丁光成

从 1981 年开始参加工作，我从事教师这个职业已经整整 35 个春秋。虽满头青丝变白发，我却初心不改，仍然乐此不疲地工作在钟爱的三尺讲台上。

学习帮我克服了先天不足

我出生在湖北的一个小村庄。出生时正好是三年自然灾害后期，到了上学的年龄，又逢十年"文革"动乱，导致学业荒废。1976 年初中毕业，高中实行贫下中农推荐，我政审过不了关，只能回家务农。15 岁体格瘦小的我，在农村跟大人一起干繁重的体力活挣工分。母亲看我实在太小，只好托人求情，我又跟读了一年初二（那时初中、高中都是两年制）。

1977 年乡镇高中开始恢复考试招生，尽管我的考试成绩在全乡名列前茅，但由于政审问题，我仍然只能回家务农。年少气盛而又不谙世事的我，多次独对苍天发问，问老天为什么对我这么不公！我的内心也悲痛至极，不止一次地发誓：只要有机会，一定要好好读书。

当年 10 月，县一中从各乡高中选拔了一批学生之后，父母和亲戚多方求人，最后乡高中领导勉强同意我以候补生资格跟班就读。那时"四人帮"虽然已经被打倒快一年了，但农村中学仍然是开门办学，校办农场，半农半读。虽然我底子薄、起点低、基础差，但我十分珍惜来之不易的学习机会。

1979 年我参加高考，虽然成绩不理想，但还算幸运，考上了当时并不太了解的师范学校。进入师范学校，我如饥似渴地读书，除了专业课，还博览群书，努力弥补"文革"期间造成的空白。经过专业训练，我也逐渐明白了要当好教师、教好书，还必须有深厚扎实的专业知识和渊博的文化知识。正因为此，在以后的工作中，只要有机会学习我就会紧抓不放。

1981 年师范学校毕业时，我以优异的成绩考取了中学物理教师培训班，在那里系统学习了中学物理实验和大学普通物理的重要内容，为后来的教学奠定了较好的基础。参加工作后，为进一步夯实专业知识，我自考了华中师范大学物理系本科函授班。由于是业余性质，只能是白天工作，晚上学习，平时工作，周末和寒暑假学习，五年之后终于系统完成了大学本科物理专业的全部课程。工作 26 年后，为进一步提高自己，我又考取了教育硕士研究生课程班。

我一直不断学习，开始也许是深感学习机会的珍贵，或为了兑现当初立下的誓言，但更多的是为了做好教育工作。尽管年近花甲，两眼昏花，但只要有时间，我仍然坚持学习、阅读，努力跟上知识更新的速度。

年轻一代的老师可能无法理解，但对于我们这些从过去年代中走过来的教师，学习便是初心，它帮助我们克服了先天不足，帮我们穿过了岁月的荆棘之路。

满怀爱不停奔跑的人生

我教过许多学生，包括很多优秀的学生，但印象深刻的还是那些经过共同努力取得进步的学生。

30 年前我教过一位俞姓同学。我从初二开始教他，不久就发现他上物理课无精打采，不记笔记，甚至连书本都不带，上课除了随意说话就是睡觉，作业不交，还经常旷课迟到，第一单元的测试，他只考了 36 分。

经多方了解得知，该同学家庭条件较好，父母老来得子，视他为掌上明珠，自从上初中以来各科考试几乎就没及格过。我专门和俞同学谈心，通过家访希望家长共同配合。我还仔细观察他，发现他虽然成绩不理想，但喜欢画画，有一定的美术特长。

当时班上办了一份《物理手抄报》，征得他的同意后，我就和班级宣传委员做工作，让他担任美术编辑。当我在班上宣布这个决定时，我亲眼看到他激动得脸颊通红。事后这位同学主动找我说："既然老师和同学们信任我，我一定要把这件事干好！"事实证明，他不仅把物理小报的美编做得很出色，而且物理成绩也慢慢有了起色。当他学习遇到困难时我及时辅导，遇到不顺心的事我便以朋友的身份帮他出主意、想办法。他的物理成绩有进步，我又推荐他为"进步之星"。尽管他成绩时有反复，但我总是耐心地和班主任、家长一道鼓励他。中考时，他物理考了76分，顺利上了一所普通高中。他参加工作后多次到学校看望我，感谢我对他的信任、关心、爱护，逢年过节还时常打来电话。

这件事虽然过去了许多年，但想想心里总有一种说不出的喜悦。我也从中感悟到教育的真谛，教学首先要把育人放在首位，只有满怀爱去关心每一位学生，才称得上真正的教育。

我做过团委书记、政教处干部、副校长，中间有很多次离开讲台的机会，但我始终没有这样做。我爱三尺讲台，我爱孩子，也爱教学。在老家的学校，初一年级还没开物理课时，我主动带过思想品德课。在北京十一学校，最初进行六年一贯制改革实验时，初一年级也没有物理课，我自告奋勇地当了数学老师。1995年夏天，我因为用嗓过度得了声带息肉，医生建议我做激光治疗，但有10%失败的可能，也就是说，手术一旦失败将不能再当老师了，我思考良久，还是选择了保守治疗，因为我害怕离开我钟爱的讲台。

虽然当老师要日复一日地完成备课、上课、批改作业、考试阅卷、辅导学生等许多琐碎工作，特别是带课多时一天下来常常是精疲力竭，但只要我一回到课堂，看到学生从心底露出的笑容和发光的眼神时，我的内心就有一种难以表达的愉悦感和满足感，一切劳累和烦恼都烟消云散。一批批学生因为我的工作，学业取得进步，每年都有学生寄来贺卡、打来电话、发来短信，或专门来看望我，这就是我从最初从事教师工作以来一直拥有的朴素情感，是因为热爱而激发的不竭动力。

不少人跟我说起职业倦怠，讲起工作中的疲惫和困顿，我仔细想想，可能因为我们这代人一直在追赶，一直这样奔跑着过来，很少有时间去考虑教育之外的事情。除了这个客观原因，我觉得满怀爱去关心学生，满怀爱站上三尺讲台，我们大概是从这里出发的。

把平淡教学生活过出精彩

"非淡泊无以明志，非宁静无以致远"，我非常喜欢这句名言。

我从刚参加工作时就养成了提前写教学详案的习惯，备课前深钻教材、学习教参，还汲取杂志上的最新研究成果和好的方法与经验。备课时，既备教材又备学生，既备教法又备学法，既备知识又备实验，既备板书设计也备多媒体辅助教学，教案写好后也总是反复精心修改。

为了保证能够熟知教案，我当新教师时还养成了前一晚锻炼身体时复述教案的习惯，把第二天上课的教学内容和安排熟记于心。

物理是以实验为基础的学科，我深知实验对于学生学好物理的重要性，因此对于每一个实验，不论是演示实验还是学生分组实验，上课前我都要动手试做，最大限度地确保每次实验的成功。

上完课后坚持写教学后记，这些习惯至今我都还保持着。长期教同一内容，为避免形成惰性和思维定式，教材每教一遍均仔细修改上次的教案，而每次修改都是对上一次教案的经验总结和升华，都体现着更高层次的思索、更高目标的追求，使同样的内容常教常新、与时俱进。

现在回想起来，我的教学功底，在长期默默总结积累中逐渐变得扎实深厚，因此我的物理教学也深受学生的喜爱。我的一些话语也被那些可爱的学生们届届相传，甚至编辑成"丁丁语录"放到网络上广为流传。

不断研究学生，教学才能精进

长期的教学实践让我深切体会到不断进行研究和改革的必要性，于是我积极投身于教学改革之中。

我刚参加工作时选择物理研究的重点是物理教学方法的研究，结合目标教学实验，对于每个知识点、每节课、每个单元、每个章节，教师"要教什么，怎么教，如何教效果更好"进行深入研究、系统研究，使我对整个初中物理知识体系的认识有了突飞猛进的提高。

后来，我又选择了初中物理学习方法指导深入研究，因为我发现在当时的教学中，研究教师教法的很多，但对学生学习物理方法的研究却很少，或者说对学生学习方法的指导重视不够。于是，我把初中教材中所有的重点、难点、学生学习的薄弱点，一一作了分析，在教学方法和学习方法的结合上寻找突破口，针对学生"要学什么，怎么学，如何学效果更好"进行深入研究。经过探索，我总结归纳出"激发兴趣、夯实基础、教给方法、提高能力、明确目标、培养毅力"的基本方法，经过实验，学生的物理学习成绩不断提高。

我智商平平，但坚信勤能补拙，我是属于那种一旦目标确定就不达目的誓不罢休的人。

我深信，物理教学既是一门科学，又是一门艺术，而我孜孜不倦追求的是物理教学的科学性和艺术性完美结合的最高境界。教无止境，学无终点，教育这条路，我永远在路上。

（作者系中学物理特级教师，单位系清华大学附属中学）

（本文原载于《人民教育》2016 年第 17 期）

做一个心中有风景的人

张静慧

曾经，不止一次有人问我："你们教来教去都是那几本书，现在闭着眼睛都能上课了吧？有没有觉得无聊啊？"

确实，如果按部就班地上课、批作业，日复一日，年复一年，像驴子拉磨转圈似的周而复始，一定会让人觉得乏味而又疲惫。但是，教育教学本身是非常具有创造性、艺术性的，不仅教学内容和方法是动态的，我们所面对的学生也是有血有肉、有情感的。另外，当我们能适当地调适自己的心理，学会倾听自己内心的声音，学会自我调节、自我释放、自我定位时，就会发现，教学环境可以充满活力，每一天都能不一样。

教师要使课堂充满惊喜

课堂教学，是教师最重要的工作。但上课只是教学工作的冰山一角，大家都能看见，而课前的构思、准备，课后的思考、提升，是冰山下别人看不见的、占很大比例的部分。教师只有在课下付出了努力，才能在课上毫不费力。在教学上精益求精，可以说是永无止境的。听其他老师上课，虽然几乎每节课都是自己已经上过几遍的熟悉内容，相同内容的课也听过不止一次，但我总还会从一些提问、实验设计等环节听出讲课者独具匠心之处。

化学必修 1 有个重要实验：模拟氯碱工业原理的"电解饱和食盐水"，

并检验实验产物氯气、氢气、氢氧化钠。早些年，由于学校条件有限，我只能在讲台上做演示实验。后来，实验室条件改善了，就有了让学生动手探究的客观条件。按照课本，检验氢气的方法是先用试管收集气体，用拇指摁住试管口，靠近酒精灯，松开手指，能听到"噗"的一声。上课后我发现了新的问题：学生刚上高一，实验操作不熟练，成功的非常少，有时全班一个成功的都没有；集满一试管氢气，需要较长时间，同时也就产生了更多有毒的氯气，尽管有通风与尾气吸收装置，教室里还是有点刺激性气味。我到生物实验室借用了更小号的试管，但并没改善多少。后来，我从公园里孩子们吹的肥皂泡中得到启发，将少量皂液用表面皿盛好，把实验产生的氢气用尖嘴玻璃导管通入皂液，等吹出气泡，用带火星的木条靠近，会发出轻微爆鸣声，就能证明该气体是氢气。学生对此非常感兴趣，而吹出一个气泡比收集满满一试管氢气，节约了许多时间，也减少了氯气的污染。在我对实验改进的过程中，实验员、组里的几位年轻老师也兴致勃勃地一起出谋划策、动手试验。后来，我们还将这个实验进行改进，用到了市里的评优课上。

课堂是我们教师职业生命中最重要的舞台，课堂的 45 分钟，除了教学生，也是自己的生命经历。所以，教师要懂得享受课堂，而不是把课堂作为既有经验的简单重复。当我们懂得享受上课，就会在课堂中不断发现新的兴奋点，看到新的风景，和学生共同成长，使课堂充满惊喜。

走出自己任教科目的专业界限，和学生来一次精神上的邂逅

任教的科目，是教师与学生课堂对话的主要媒介。但是，我们每个人都是跨学科塑造出来的完整的人，有时不必将自己的精神局限在所教学科这个狭小空间内。在面对这个无限丰富的世界时，完全可以以一个跨学科所造就的完整自我出现。

每教一个高一新班级，第一节课往往会给学生留下深刻印象，所以许多教师都比较重视，我也一样。我曾经准备了许多图片与文字资料，介绍高中化学的基本体系，介绍这门学科的重要性、实用性。后来，我发现自

以为高屋建瓴的介绍，学生并没留下什么印象。有一次，我换了个方法，效果却出乎意料得好。

我先用PPT打出一段文字：

郢人垩慢其鼻端若蝇翼，使匠石斫之。匠石运斤成风，听而斫之，尽垩而鼻不伤，郢人立不失容。宋元君闻之，召匠石曰："尝试为寡人为之。"匠石曰："臣则尝能斫之。虽然，臣之质死久矣。"（《庄子·徐无鬼》）

学生看到化学老师居然给出一段古文，都觉得有点莫名其妙。然后我问学生：看懂这段古文的意思了没有？因为毕竟不是语文课，我也不花时间来逐字逐句翻译，直接打出译文：

郢地有个人鼻尖沾了白垩泥，像蚊蝇的翅膀那样大小，让匠石用斧子给他削掉。匠石挥动斧子呼呼作响，漫不经心地砍削，鼻尖上的白泥完全除去，鼻子却一点也没有受伤，郢人站在那里也若无其事。宋元君听说了这件事，召见匠石说："你为我也这么试试。"匠石说："我确实曾经能够砍削掉鼻尖上的小白点。即使这样，我现在不行了，跟我搭档的伙伴已经死去很久了。"

我问学生，从这段文字中看到了什么。学生有的说匠石的技艺高超，有的说默契的搭档很重要。我说，这就是我给大家看这段文字的原因。学好高中化学，需要我们师生双方的配合。虽然本人没有匠石善斫那般出神入化、挥洒自如，但会认真教学。希望以后我们师生双方能慢慢互相信任、互相配合，在高中三年不留遗憾。然后我再提出关于预习、上课、作业等方面的具体要求。这样总共花了大约10分钟，但给学生留下的印象非常深刻。而且，在以后的教学中，我对学生提出一些比如查资料、归纳总结等软性要求时，来一句"我们要像匠石斫鼻那样互相信任——"，学生接道"互相配合——"，大家会心一笑，气氛十分融洽。

教师要学会接受不完美的事实，给自己的身心松绑

世界不可能是完美的，但人类的伟大之处，就是在一切不完美之中，总能找到自己继续前行的理由。教师都希望自己的每一个学生都出类拔萃，看见学生上课迟到、作业偷工减料，特别有恨铁不成钢之感。但过后想想，学校本身就是允许犯错误的地方，学生也不可能个个热爱学习、求知若渴。学生犯了错误，如果不太严重，我们要指出和批评，但没必要义愤填膺。我们教的班级不可能每次都名列第一，也不可能每项工作都称心如意。如果我们对学生提出过高过严的要求，就可能失去耐心、细心、冷静和理智。所以，有一颗平常之心非常重要。我们要学会接受不完美的事实，对一些想法、观念和行为，学会放手，认真对待过程，淡然面对结果。

学会放手，有的时候是教学方面，有的时候是关于学生的其他事务。

我曾经尽自己所能联系熟悉的企业为学校里的几个贫困学生每月赞助生活费。这件事没有大肆宣扬，但一部分同事是知道的，因为那些贫困学生的信息是他们提供的。有一次，担任班主任的方老师跟我说，他班上有位学生家里有姐弟三个，负担比较重。方老师说，他曾想给这位学生申请学校的贫困生补助，但学生拒绝了，后来他向学生介绍了这个赞助项目，学生也不乐意。他问我，能否悄悄给予赞助，不要让学生本人知道，直接给她父母。我再三考虑，觉得不合适。我向方老师表达了自己的观点：第一，学生有不接受赞助的权利。这位学生家庭经济负担虽重，但还能支撑，不是没有赞助她就要失学了，所以还是尊重她个人意愿。第二，假如悄悄将赞助给她父母，总有一天她会知道，或许会因为父母瞒着她，造成不必要的家庭矛盾。第三，为了保护学生的自尊，我们的赞助项目不会向外宣传，也不求回报，但希望能将爱心传递下去，回报社会。所以，我们一般会在班主任的陪同下和学生本人见个面，要求学生承诺，有时间能做做义工，在他将来有能力的时候，能帮助其他贫困学生。在我的劝说下，方老师放弃了直接给那位学生的父母悄悄提供赞助的想法。

我认识的绝大多数教师都很爱学生，可以说是为学生掏心掏肺，真的

非常感人。不过，师生交往也是人际交往的一种，人际交往中最重要的是保持各自独立的心灵空间。有时，教师不能有"救世主"情结，我们对学生生活的心理介入程度也不要过高。教师情感上的"过度投资"，会使学生觉得丧失了自我隐私的保护能力，学生可能产生压抑感，教师也觉得自己吃力不讨好，师生双方都会备感沮丧。有时，我们要给自己的身心松绑，学会放弃，简单从教。

教师的工作琐碎而繁忙，难免有烦躁的时候，觉得烦琐的工作消磨了自己的理想与激情。我觉得，自我调节非常重要。一方面，我们要着眼于教学中动态变化、生动活泼的一面，寻找一些工作情趣，制造一些快乐元素。另一方面，我们要有意识地兼顾工作与休闲，学会苦中寻乐，不必一直匆匆前行，可以静下心来梳理一下凌乱的思绪，这也是我们重新认识自我的一个契机。

教师的工作平凡普通，但我们灵魂要自由，思考要独立，活得要充实。如果合理安排时间，我们总可以给自己一些自由活动的空隙。例如空闲时，我会看看书，既看教育类书籍，也会看休闲类的小说、散文与时尚杂志。我会泡一壶茶，听听音乐，三五好友相聚。我会每周安排时间锻炼，舞蹈或者瑜伽，散步或者游泳。假期，我会和家人一起出去旅行，拍摄一些美丽的照片，做成相册自娱自乐。我们在成就学生的同时，也要活出自己的精彩。美丽的风景无处不在，我们有理由热爱生命、追求美好，以阳光的心态拥抱智慧人生。

（作者单位系江苏省南菁高级中学）

（本文原载于《人民教育》2016 年第 17 期）

博物明理，格物启智

王　高

1985 年 9 月，刚刚工作不久的我度过了职业生涯中的第一个教师节。在庆祝活动中，老教师们桃李满天下的幸福感和成就感深深地打动了我，感染着我。从那时起，我立志把教书育人作为毕生的追求。如今，我的学生已遍布全国各地，工作在不同的岗位上。我意识到，作为一名教师，最大的幸福就是在成就自我的同时，还培养出了许多的栋梁之材，这一直是我前行的最大动力。

感悟·打开智慧之门

我与物理的缘分，来自一次"包办婚姻"。在高中，我以数学见长，可是高考后被调剂进了物理系。高中生普遍感到物理难学，弄不清基本概念，解不出物理题目，不少人因此而选择文科。物理究竟该怎么学？在大学里我就曾苦苦探求，幸运的是，几位名师为我叩开了物理学的大门。

著名的物理教育家、苏州大学朱正元教授的"物理，物理，以物讲理"的教育思想深深地影响着我，"坛坛罐罐当仪器，拼拼凑凑做实验"的实验思想启发着我；刘炳昇教授的"非常规实验培养学生的探究能力"的实验魅力吸引着我……我深深地认识到，物理不是单一的、理论化的、体系化的书本知识，不是背公式、死做题，于是一个奇妙的物理世界展现在我的面前。

站上讲台后，我仍在寻觅，如何把物理最有价值的东西教给学生？究竟应该培养哪些对学生的终身成长有帮助的素养？

陶行知、陈鹤琴、斯霞等南京本土教育家的教育理念和教改实验为我提供了丰富的营养。从陶行知先生的生活教育理念追溯到杜威的进步主义教育运动，我找寻着生活教育与物理教学的结合点。我逐步树立了从生活化实验出发提高学生科学素养的物理教育理念：注重学生的生活，关照学生的经验和个体差异，充分利用学生身边熟悉的物品开展物理实验，在学生生活世界中进行知识的建构，让学生树立"物理与生活息息相关"的意识，增强对物理的亲近感，产生学好物理的动力。

畅游在教育理论的海洋中，汲取着教育家的教育思想，我不断提高自己的理论素养；聆听着专家们具有深厚学术底蕴的高端讲座，深入了解世界教育改革趋势和中国教育发展前沿，我得到了方向的引领、专业的提升和文化的熏陶。崔允漷、顾泠沅、陶洪三位导师给予我们全面而系统的指导，同行们在互相启发中催生思想，在互动交流中共同成长。

在异国他乡，站在剑桥大学著名的苹果树下，我突然领悟到：物理教学最重要的就是"苹果精神"，这个"苹果"启迪了夏娃，砸醒了牛顿，成就了乔布斯，它就是智慧的化身。我意识到，"格物启智"正是物理教学的精髓。

回归·探寻教育本质

2002年，我被评为特级教师。在申评时我上了"平抛运动"一课，随手用学生身边的铅笔、橡皮筋和白纸即兴做了一个"射猴"实验，较好地验证了平抛运动的等时性，给评委们留下了深刻的印象。从那时起，我开始不满足于教学方法的探索，而对课程设置意义和学生成长规律产生了浓厚的兴趣。

实验、物理思想和数学方法是物理学的三大要素，也是物理学习的核心内容。我用"博物明理，格物启智"八个字来概括我对物理教学"教什么"和"怎么教"的理解和追求。物理教育的深远意义就在于启迪人们产生认识客观世界的智慧，用哲学之钥去解自然之谜，改善人类的生活。简言之，物理教学就是要让学生博物明理。格物启智就是以实验为手段，以提高学生智力为核心，用物理学的思想启迪学生的智慧。

在教学实践中，我努力探寻"格物启智"的最佳路径。众所周知，物理学是一门实验科学，重视实验教学是人们的共识，但是如何把实验教学落到实处呢？

为此，我申报了江苏省教育科学"十二五"规划课题——"生活化实验促进学生科学素养提高的实践研究"，开展了大量文献和实验的研究，并主编了《高中物理生活化实验》作为我校学生的校本教材，既解决了实验器材、场地、时间等问题的困扰，又消除了学生对实验的神秘感和敬畏感。针对现实中教师把"做实验"变成了"讲实验"，学生将"做实验"变成"做实验题"的现象，我策划了"别让实验远离了物理教学"专题，约请特级教师和专家，讨论实验教学中面临的问题和解决的途径，希望借此唤醒广大教师回归物理实验教学本真，引领他们在物理教学的理想与现实之间前行。

超越·站到更高之处

2010 年我有幸成为"江苏人民教育家培养工程"首批培养对象，我非常珍惜这次机会，不断从中汲取营养，为实现我的理想助力加速。

现行的课堂教学改革就是要超越知识教育，从知识走向智慧，我在教学中始终凸显"以鱼学渔"和"实验出智慧"的理念。如果知识的背后没有方法，知识只能是一种沉重的负担；如果方法的背后没有思想，方法只不过是笨拙的工具。因此我在教学中特别注重凸显和挖掘物理思想方法，授学生以"渔"。在朱正元老师"坛坛罐罐当仪器，拼拼凑凑做实验"思想的影响下，我注重生活化实验的开发与在教学中的应用，将抽象的物理知识形象化，以此培养学生的创新思维，同时回归学生生活，让小实验绽放出大智慧的光芒。

如果说教师最美的成长姿态是一种信念，一种理想，那么教育科研便成为我们最美成长姿态的助推剂。直面现实问题，关注实践改善，提升反思品质，推动行为变革，完善自我发展，为实现自己的教育理想，我不懈追求，向着高处不断前行。

中国既需要教育理论家，也需要实践家，更需要能把实践和理论更好结合的教育思想家。我一直告诫自己，不讲空理论，不做伪实践。我不仅要形成自己独特的教学风格、教学思想，还要使之传播，引领更多的老师在专业成长的道路上前行，带动一批人，教好一代人，为教育教学改革贡献更大的力量。

（作者系南京市中华中学教师发展处主任，

江苏省特级教师、教授级中学高级教师）

（本文原载于《人民教育》2014 年第 14 期）

图书在版编目（CIP）数据

《人民教育》精品文丛／余慧娟主编 .—上海：华东师范大学出版社，2019
（大夏书系）

ISBN 978 - 7 - 5675 - 9737 - 2

Ⅰ.①人 ... Ⅱ.①余 ... Ⅲ.①基础教育—中国—文集 Ⅳ.① G639.2-53

中国版本图书馆 CIP 数据核字（2019）第 206314 号

大夏书系·《人民教育》精品文丛

《人民教育》精品文丛

总 主 编	余慧娟
副总主编	赖配根
策划编辑	李永梅　程晓云
封面设计	奇文云海·设计顾问

出版发行	华东师范大学出版社
社　　址	上海市中山北路 3663 号　邮编　200062
网　　址	www.ecnupress.com.cn
电　　话	021 - 60821666　行政传真　021 - 62572105
客服电话	021 - 62865537
邮购电话	021 - 62869887　地址　上海市中山北路 3663 号华东师范大学校内先锋路口
网　　店	http：//hdsdcbs.tmall.com

印 刷 者	北京密兴印刷有限公司
开　　本	700×1000　16 开
印　　张	122
字　　数	1 600 千字
版　　次	2020 年 9 月第一版
印　　次	2020 年 9 月第一次
印　　数	1 000
书　　号	ISBN 978 - 7 - 5675 - 9737 - 2
定　　价	397.00 元

出 版 人	王　焰

（如发现本版图书有印订质量问题，请寄回本社市场部调换或电话 021-62865537 联系）

大夏书系·《人民教育》精品文丛

新时代学校使命

丛书总主编 余慧娟

本册主编 董筱婷

华东师范大学出版社
全国百佳图书出版单位

人民教育

《人民教育》精品文丛编委会

目 录

Contents

第一辑

大事件与大视野

第二辑

质量时代的教育

第五辑

做一个精神灿烂的人

总 序

办伟大的学校，做伟大的校长和教师

翟 博

《人民教育》编辑部应华东师范大学出版社之邀，出版这套丛书，可喜可贺。

创刊于 1950 年的《人民教育》杂志，积聚了深厚的历史财富、广博的教育资源、深远的影响力和良好的公信力，被读者亲切地誉为"中国基础教育第一刊"。近几年来，《人民教育》杂志围绕中心，服务大局，坚持"方向性引领、专业化服务"宗旨，着力引领读者深入探讨中国基础教育改革发展的一系列重大课题，并在理论和实践层面作出回应，获得读者高度认可。其中，既有对教育现代化、立德树人、教育公平、教育质量观等重大理论问题的思考，也有校长领导力提升、学校办学的新经验，还有教师发展的新思路，更有最前沿的学习方式的引介，上接天线，下接地气。从《人民教育》近几年发表的文章中，精选、分类结集成册，既充分发挥了文献的长远价值，便于读者系统阅读，也能够更好地扩大传播面。在当前转瞬即逝的刷屏式海量、碎片阅读背景下，高水平的专业文章更能够帮助读者聚焦关注点，提高阅读的获得感，提升专业水平。

具体而言，《人民教育》精品文丛具有如下特点。

第一，丛书立足于新时代中国基础教育的历史使命，对重大教育课题和重点难点问题给出了丰富且可资借鉴的回答，是引领、推动中国基础教育发展的珍贵文献。

党的十八大以来，以习近平同志为核心的党中央高瞻远瞩，提出了一系列重要的教育思想和教育论断，为新时代基础教育发展指明了方向。党的十八大报告首次提出，把立德树人作为教育的根本任务。习近平总书记多次强调，要全面贯彻落实党的教育方针，培养德、智、体、美、劳全面发展的社会主义建设者和接班人；要处理好德与才的关系，解决好德与才相统一的问题；要让学生做到明大德、守公德、严私德；要把立德树人的成效作为检验学校一切工作的根本标准。深刻领会立德树人的丰富内涵，认真探索立德树人的实践路径，深入研究立德树人的理论，是新时代给基础教育提出的重大课题。

在这一背景下，基础教育需要切实承担起一系列重大使命。要把社会主义核心价值观教育融入教育全过程，放在更加突出的位置加以落实，引领学生树立正确的历史观、民族观、国家观、文化观。要植根于中华优秀传统文化的土壤，培育文化自信和中国精神，把中华优秀传统文化融入课堂教学和学校教育全过程，在创造性转化、创新性发展中传承中国人的文化基因。要大力发展素质教育，树立德、智、体、美、劳全面发展的质量观。要重新思考、践行好学校、好校长、好老师的标准。坚持育人为本，转变教育思想观念，认真落实习近平总书记提出的"四有"好老师的要求，进一步提升校长和教师的专业素质。从单纯以学科考试分数为主要评价指标转到全面发展的理念上来；从关注少数尖子生的发展转到关注每一个孩子的发展上来；从过于强调统一步调转到更多关注个性发展上来。

《人民教育》精品文丛，正是站在基础教育改革发展的最前沿，围绕以上重大课题、重要使命，组织国内顶尖专家、优秀校长教师，提供前沿思想理念和脚踏实地的解决方案。《新时代学校使命》一书，由社评和《人民教育》核心议题的前言构成，高度凝练了对当前教育问题的思考，包括教育自信、教育质量观、核心价值观教育、美育、教育活力，等等。《身体教育学》一书，力图借助"身体教育学"这个最新概念，以整体的观念来推动全面发展。《核心素养的中国实践》一书，期待带动整个基础教育质量观的变化，以适应未来对人才和教育的要求。《名校的那些"秘密"》一书，以活生生的案例来展示学校社会主义核心价值观教育、培养文化自信、落实立德树人根本任务的管理、课程、空间设计等诸多实践路径。《还可以怎样学习》一书，聚焦近年来学生发展素养目标的变化，以全球视野介绍更广阔、更多样、更有效的学习方式。《"好校长"是怎样炼成的》一书，专注于校长的价值领导力、课程领导力、教师领导力和沟通领导力等核心要素的实践解读。《老师，你为什么不再进步了》一书，关注教师的成长与高原期突破。《朝向心灵伟大的教师》一书，汇集教育界、文化界及商界名人的成长故事和教育故事，力图为校长教师打开新的窗口，从社会的角度来看教育。

第二，丛书集中展现了中国教育实践经验与智慧，引导读者建立和提升教育自信。

中国教育质量迅速提升的一个重要秘密，就是中小学的每一堂课，都在努力体现国家战略、国家意志，国家顶层设计与一线微观实践高度融通呼应。

对美好生活的渴望，对美好教育的热烈追求，是中国教育成功的重要动力。纵观中国基础教育改革开放40年来的历程，对美好教育的追求，成为教育发展、教育工作者改革创造的重要驱动力。这套丛书中提炼的好学校、好校长、好教师的改革经验，无不是在回应广大人民群众对美好教育的殷切期盼。

与时代潮流合拍，创造高品质的教育，是教育改革的重要经验。近年来，中小学涌现了一大批好校长、好教师，就在于他们敏锐地抓住了时代发展的脉搏，大力提升自己的政治素养，养成法治思维，涵养博大的精神世界，从宏观上保障了教育教学改革的正确方向。同时，近年来中国基础教育改革的一个关键突破点，是从主要关注教学方式层面的改进转向学校整体层面的变革，体现了与新时代精神的密切呼应。

从这套丛书中还可以看到如国家认同教育、核心价值观教育、优秀传统文化教育、学校文化、课程构建与优化、选课走班制度等方面的具体操作经验。这些都是我们的中小学扎根中国大地实实在在干出来的智慧结晶，是中国基础教育之所以卓越的重要因素，也是我们教育自信的来源，值得学校校长、教师认真研读、借鉴。

第三，丛书呼吁教育工作者乘着新时代的东风，办伟大的学校，做伟大的校长和教师。

伟大的学校，不是仅仅为升学服务的学校，而是要为学生未来创造美好生活的学校。美好生活，不仅意味着谋生就业能力，也意味着正确的价值观，丰富的精神世界，厚重的家国情怀，强烈的社会责任感，健康的自我调节能力，和谐的人际交往能力。伟大的学校，也不仅仅是学生成长的乐园，还应该是教师的人生幸福所在。教师的幸福与学生的发展密切相关。只有当教师从心底里认同教师职业，才能真正参与到学生的成长之中，也才能获得自身职业价值的实现，收获作为教师的幸福。伟大的学校，善于激发教师的职业热情，帮助教师获得成就感。这也是《名校的那些"秘密"》等书揭示的秘密所在。

伟大的校长，其领导力不仅体现在过硬的政治素质、坚持正确的办学方向上，还体现为优良的道德品质，更要有教育的定力，"习惯于择高处立，寻平处坐，向宽处行，务实，求稳，但内心却向往教育的理想，一切为了民族的未来"。伟大的校长，是善于成就教师的校长。李烈感言："当我哪一天不再做校长时，如果老师们在背后这样说：'李烈当校长的时候，我们是真的在快乐地工作着'，那就是对我最高的褒奖了。"伟大的校长还应是优秀的学习者，善于在繁忙的事务间隙，终身学习，反思完善。在工作中，伟大与平庸的区别往往在于能否不断注入生命的激情，能否不断发现心灵伟大的教师和存在无限发展潜能的孩子。

伟大的教师，首先是一个精神灿烂的人。教师是深度参与学生精神生活的引领者。无论是做"四有"好老师，还是做好"引路人"，教师自身的精神修养是前提，这包括坚定的理想信念、崇高的道德修养、对丰富个性的包容、对人的发展性的充分认识、传递正能量的意识和能力、沟通的艺术、自我情绪管理，等等。善于发现美是他们共同的特质。他们还是一群积极回应环境的人，能够敏锐地发现新问题，通过学习、思考、行动来调整自己，跟着时代一同进步。这些伟大教师的特质，读者可以从《老师，你为什么不再进步了》《朝向心灵伟大的教师》等书中充分感受。

中国社会正处在全面深化改革、实现中华民族伟大复兴中国梦的进程中，社会转型、技术变革等都给基础教育提出了严峻挑战，教育工作者如何看待新情况、解决新问题，考验着我们队伍的素质，更考验我们的学习能力。2013 年，习近平总书记在中央党校建校 80 周年庆祝大会暨 2013 年春季学期开学典礼上的讲话中指出，"要依靠学习走向未来""只有加强学习，才能增强工作的科学性、预见性、主动性，才能使领导和决策体现时代性、把握规律性、富于创造性"。愿读者在这套丛书中，能够充分感知新时代对我们提出的使命和要求，了解我国基础教育改革发展的基本脉络，把握学校办学的正确方向和科学规律，发展和培育伟大学校、伟大校长、伟大教师成长的"基因"，立志办伟大的学校，做伟大的校长和教师，为伟大的时代贡献自己的价值。

2018 年 7 月

（作者系中国教育报刊社党委书记、社长）

序

时代意识与学校使命

余慧娟

这本书非常独特。文章全部选自《人民教育》杂志 2014—2017 年间发表过的社评和编者按，短小精悍，却字字珠玑。选题代表了《人民教育》编辑部对时代和教育的判断，内容则体现了国内各方面专家的思想精华。时代意识和学校使命是这本书最突出的特点。

毋庸置疑，我们生活在一个新时代，中国从富起来到强起来的新时代已经来临。社会主要矛盾已经转化为人民日益增长的美好生活需要和不平衡不充分的发展之间的矛盾。教育进入由大而强的时期。教育满足的需求日益丰富和多元，质量和效益成为关注的焦点。我们还应该看到，这也是一个大时代。这个"大"，至少有两层含义：一是一个由资本和技术渗透而形成的经济全球化、信息全球化时代正在到来。传统生活方式正在被革新甚至被颠覆。教育将面临前所未有的挑战。二是由生态安全、基因技术、核武器、人工智能等带来的前景特别是风险，促使每一个国家都要建立关乎人类命运的共同体意识，可谓人类命运共同体时代到来。

在这样的背景下，我们不得不认真思考以下问题：

什么样的教育是现代化的教育？中国的基础教育在穿越了硬件发展、规模扩张的时期之后，又该追求什么？"人的现代化"几乎是共识。"让每位孩子都最大限度地成为他自己……让每位孩子都竭尽所能地发挥自己的聪明才智。……这样的教育即使没有漂亮的校舍也理应是现代化的教育。"北京十一学校校长李希贵这样描述他们的期待。不能不思考的是，现代化的学校，价值何在？我们认为，无论世界怎样变化，学校不可替代的只有人与人的精神交往与心灵对话。"未来的学校，冷硬的纯知识课程或许不那么重要，艺术课、哲学课、心理课、思维创意课却可能变成主课。"

　　如何理解公平和质量的时代内涵？随着社会的不断进步和改革的深入，公平和质量的内涵也在发生变化。教育中的公平，既要考虑社会意义上的公平，也要考虑教育意义上的公平；既有宏观上的，也有微观上的；既有规则的公平，也有机会的公平；既有起点的公平，也有过程和结果的公平。不同类型的改革，无论是高考改革，还是民办学校和公办学校的发展，其考虑公平的层次和角度不一定相同。但无论如何，公平与正义都是国家公共政策的灵魂，也是学校应该遵循的价值原则。当提高教育质量成为基础教育发展的关键，应该追问的是，我们需要什么样的教育质量？"需要努力实现更加全面、更有效益、更加公平、更富活力、更有贡献力、更有竞争力的质量。"结合当前实际，基础教育更需要把握好定位，打好身体的底子，打好道德、精神的底子，"与知识教育同样重要的，是体力的训练和精神的锤炼，尤其是意志力的磨炼"（刘良华），坚持素质教育，促进学生德智体美劳全面发展。

　　如何提高教育质量？教育活力问题往往被忽视，对此，清华大学石中英教授认为，关键是保证学校办学自主权和教师教育教学自主权，最终确保学生能够积极主动和创造性地开展学习。我们认为，教育的基础研究亟待重视，"没有基础科学，最好的设想就无法得到改进，'创新'只能是小打小闹"。教育质量的提升高度依赖于对科学规律的尊重程度。没有基础研究的兴盛，就没有中国教育质量的崛起。更进一步，具有中国特色的教研系统也面临转型之需。"需要从长远着手努力建设三个体系，一是以校为本的课程实施与质量保障体系。这是提升质量的关键所在。二是建设质量监测体系。三是建立对学校课程体系、实施状况、课程评价等的研究、指导、服务体系。"（尹后庆）

如何解决好立德树人中的难点问题？社会主义核心价值观教育如何做实？必须讲究艺术和科学。应像盐溶于水那样把核心价值观渗透到学校的方方面面。要学会利用和重视解决学生内心的价值冲突。如何培养良好的国家认同感？"在国家认同教育中，既要培养学生对国家积极的、正面的感情，又要努力培养其理性的反思和批判能力。"（班建武）

学校要积极发展哪些"新能力"？这些能力不仅包括狭义的针对学生的育人能力，也包括广义的针对教师、家长和社会的教育能力。调动教师的积极性成为许多校长头疼的问题。如何应对家长高涨的教育需求，也是学校面临的高难度课题。今天的家长学校，应该真正成为学校教育的一个必然组成部分。"首先是课程化。'家长学校'是学校家庭教育工作的重要抓手，而把'家长学校'办出效果，关键在于开设好'家长课程'。""其次，要根据家长需求，寻找教育的共识，形成学校和家庭教育的一致性。"在自媒体时代，运动伤害、校园欺凌、饮食安全、教学设施致伤、虐童弑师等问题经由互联网的传播，时常把一些学校推到社会舆论的风口浪尖。因此，危机管理能力也成了学校需要增长的新本领。

如何能够真正读懂学生？这不是一个新话题，但是当下的孩子，被时代迅速改变和重新塑造的力度远远大于从前。在物质相对富裕的环境中生长起来的一代人，面临着人生价值和意义的迷茫。与"为什么活着"相关的另一个问题是：如何活着？"啃老"一族的壮大，不断地提醒我们反思，为何青少年缺乏远大志向？如何帮助他们建立好个人与家人、个人与社会、个人与民族和国家的密切联系？屠呦呦，一个中学时代的"中等生"，一举夺得诺贝尔奖，让我们不禁思考：什么样的学生才是真正的"学霸"？社会在进步，即使在文明的更高级阶段，我们仍然需要和"人性之恶"相抗衡，用温暖而催人奋进的集体，培养学生之间的"人伦之情"。留守儿童真的是一个完全失利的群体吗？为什么有些留守儿童在不利处境中却表现出自强奋进、积极适应的力量？这一系列的问题，都需要我们回到学生本身，深入研究他们的真实处境、真实想法和真实成长，让我们的教育跟上他们成长变化的步伐。

为什么要关心教师的精神世界？物质需求的极大满足，必然将人的精神需求推向前台。现代学校的使命，也日益从知识技能教育转向对人的精神和心灵的耕耘。因此，教师的工作将更多作用于人的精神世界。教师应当是一个精神健康的人、丰富的人，甚至更应该是灿烂的人。然而，教师自身的思想、理想、情怀等却遭受诸多挑战和诱惑，娱乐至上、物质消费、价值多元、职业倦怠时刻侵袭着教师的精神世界。精神灿烂来自幸福生活。教师自己应当有能力过幸福的生活。对此，檀传宝教授认为，要作好三方面的精神准备：一是了解幸福人生"属人"的真谛。追求爱与关怀、自我实现、真善美等，就会收获有意义的人生，远离枯燥、寂寞、无意义的生活。二是建构自我实现的人生梦想。唯有在意学生，学生的成长才能带给我们微笑；只有追求职业生涯的高远目标，才可能收获高峰体验的喜悦。三是培育施展才华的主体素养。幸福人生从可能到现实需要许多条件，包括德行、专业知识等。一言以蔽之，关心教师的精神世界，将成为提升教育质量的关键之关键。

这本书还探讨了诸如高品质学校的特质、优秀教师的成长秘密、美育是未来的教育学、阅读等重要议题，不再一一赘述。相信这些文字能够开启您对新时代学校使命的深度思考和对美好未来的辽阔想象。

2018 年 8 月

（作者系《人民教育》杂志总编辑、编审）

第一辑

大事件与大视野

我们的教育自信在哪里

《人民教育》编辑部

教育自信，说到底是一种文化自信。

国人谈自信，特别是谈教育话题，常常有两种截然相反的论调，要么妄自菲薄、自怨自艾，要么盲目自大、得意忘形。自卑或膨胀都会蒙蔽双眼，让人丧失对事实的客观判断。

当下有种倾向很明显，一提教育或文化，有人总本能地拿西方的标尺来衡量中国，而这个标尺还常建立在对西方社会、文化、教育一知半解的基础之上。相对于不懂（可能也不愿意去懂）西方，更要命的是不懂中国的文化和国情，其突出表现就是，对中国文化、教育的优势和长处，不自知或仅限于模棱两可的认识。

他信的前提是自信。文化自信、教育自信，首先要认识自己的传统，认清自己的优势和不足。具体来说，在中国这块土地上，我们的传统文化、教育传统中，究竟哪些是值得自豪、自信，需要传承并发扬光大的？

所有模糊、笼统、似是而非的答案都证明不了"自信"。只有在中西比较的视野下，同时又深入到中国学术、学问的内部，甚至是学科思维方式内部来谈这个问题，只有反复甄别、比较、总结清楚这片"土壤"里过去和当下正在发生的可贵经验，以"我"为主，方能找到中国教育的自信方向。

当然，话题讨论还可以延伸或衍变。例如，为何"自信"话题难谈，大概也隐藏着不同的声音和立场，这恰恰也反映出我们对当下教育的焦虑感。

有人便认为，真正的"自信"是一种勇气——是敢于承认自己不足和差距基础上的强大；还有人认为，"自信"也是一种复杂、矛盾的情感体验，是博大精深、民胞物与……

　　上世纪 30 年代，鲁迅发表了《中国人失掉自信力了吗》一文，他提出，"必须不被搽在表面的自欺欺人的脂粉所诓骗，却看看他的筋骨和脊梁"。我们的教育自信在哪里，也应该看看文化土壤、教育传统中的"筋骨和脊梁"，认清自己，才能走得更远。

原载于《人民教育》2017 年 02 期

知器与明道

尤　炜

《中国诗词大会》火了。在许多家庭里，对古代诗词"无感"的孩子，脑中古诗词几乎"无存"的父母，甚至觉得竞赛类电视节目"无趣"的老人，都被吸引到荧屏前，一看再看，如痴如醉。新学期刚开始，不少师生已经在语文课上玩起了"飞花令"。

在一个文化取向日趋多元的社会，要将教育背景、审美偏好、思维方式迥乎不同的多个人群吸引到一起，仅仅依靠带有娱乐性的节目创意与市场化的节目运作是很难做到的。可以说，传统文化自身的价值与魅力，放大了当代传媒的"圈粉""造星"功能，从而产生了极佳的传播效果。此前《中国成语大会》《中国汉字听写大会》等节目的热播，原因也莫不如此。

原来日用而不知的汉字有如此大的魅力，原来看起来平常的成语有那么深的江湖；原来那些"道不得"的眼前景、"说不清"的心头情，都已经在古诗词中有了精妙的表达；原来诗和远方并不在天的尽头，而是在历史的深处……无论是惊叹、感慨，还是自愧，种种"原来"告诉我们，虽然枝干屡遭风雨，花叶时或凋零，传统文化的根柢仍然深固。经历了坎坷与冲击，中国人之为中国人的文化基因依然存在。在内心深处，它们其实从未远离。中国文化的基因，以及它所维系的中华文脉，是中华民族屹立于世界民族之林的真正基石。

所谓传承传统文化，其重点就在于不断强化这种基因，维系这一文脉。

近年来，传统文化的普及工作在基础教育领域开始得到一些重视，但严格说来，普及与传承并不相同：前者意在"知器"，关注点是知识的组织与传播；后者重在"明道"，着眼于精神的开掘与延续。在广大中小学，应明确地将传统文化中的核心理念、中华美德、人文精神这些"道"作为青少年学习传统文化的重点。课程目标的确立、学习内容的选择和教学方式的改进都不能偏离这些重点。

有人认为，中小学生主要应学习传统文化常识，理念、精神一类的东西对他们而言过于"高深"。其实，基础教育的"基础"二字，主要意义并不是"简单"或"肤浅"，而是"必需"和"奠基"。普及文化常识犹如修枝剪叶，散花献果；传承文化精神则好比耘土浇水，培根固本。于根柢处着力，正是基础教育的主要任务，当然，因学生的年龄不同，在具体教学中需要遵循"接触、感受—了解、认知—理解、认同"的规律。但是，那种以"降难度"和"打基础"为托辞，将传统文化学习窄化为常识积累和文词记诵的做法，显然并不符合传承传统文化的本旨。

进而言之，"常识"的意义也应有所拓展。常有的观念、常见的思想、常态的行为等，都应属于"常识"的范畴。"常识"之"识"，也不应仅仅是知识，还应包括认识、见识在内。学习这样的"常识"，才能更好地让传统文化植根于青少年心中，而不仅仅是成为其知识版图的一部分。

传统文化是中华民族漫长历史的丰厚遗赠，更是能融入现实社会、开启未来生活的重要资源。传承发展传统文化，不能停留于赞叹其年深日久、古风古韵，而是要使其"与当代文化相适应，与现代社会相协调"。我们不能忘记，返本是为了开新，传承是为了发展。在培育根柢的过程中，想要使其不断壮大深固，除了正视过去，还要放眼当下，让它能从新的土壤中汲取营养。教育工作者只有在这两方面都深思笃行，传统文化才能更好地展枝散叶，开花结果；当代文化才能更具有中国特色、中国风格和中国气派。

、作者系《人民教育》特约评论员

原载于《人民教育》2017 年 05 期

重建中国的精神与灵魂

于　丹

十八届三中全会《中共中央关于全面深化改革若干重大问题的决定》里，有关教育改革的篇幅并不长，只有短短三段话。其中，特别提到了"完善中华优秀传统文化教育"，而且位置很靠前，颇引人深思。

回顾整个 20 世纪，我们不断地颠覆，不断地破坏，不断地斗争。中国现在各个方面的掌门人、中年人，包括我自己在内，成长在什么样的环境中呢？很多人是生于"反右"，长于"文革"，世界观形成于批儒批孔。学生批斗老师，人们之间猜忌、冷漠、攻击，这些东西是专业知识课程可以磨合、解决掉的吗？我们为什么在今天还有很多公共空间的暴力，包括网络上的暴力，这些东西的深层次原因是什么？我并不认为我们的专业知识提升了，就一定能够获得人的自我确认和自我行为的规范。

所以我在这里呼吁，中小学校不仅要完善中华优秀传统文化教育，而且要着力加强这方面的教育。

一个民族不能数典忘祖，就像一个人永远不要笑话自己的童年一样。因为童年学的是做人的规矩，而中华优秀传统文化最核心、最重要的就是传递做人的规矩，并让孩子从这些规矩中获得自我确认能力和自我行为规范能力。大家都知道孟子，他把孔子所讲的"仁义礼智"四个概念进行了重新定义，把"仁义礼智"归结到一颗初心、本心上。所谓"仁爱"，无非就是一个恻隐之心；所谓"大义"，无非就是一个羞恶之心；所谓"礼"，就是恭敬辞让之心；所谓"智"，在孟子看来，不是知识，而是是非之心。我也想说，在知识教育如此发达的今天，知识等同于智慧吗？有了知识就会拥有是非之心吗？恐怕不见得。

"智"的概念，从孟子到明代大儒王守仁，一直在不断地被提及和诠释。王守仁所提出的心学，最重要的观点就是"致良知"。他说，良知只是个是非之心。孔孟朱王走过的这条路，其实就蕴含着中华民族一个独特的文化基因，即"智慧是要明辨是非"，用农民的话说更明白，就是"得知道好歹"。

过去在很多村子里，都有一些目不识丁的大娘或奶奶，邻里吵架了，家庭产生纠纷了，孩子不念书，都可以拎到老太太面前。老太太虽然不识字，但是明事理，说得大家心悦诚服，起码告诉孩子不敢伤天害理。这就是中华优秀传统文化的力量，它让一个社会的人心凝聚起来，有一个核心的东西，带着整个社会、整个国家一直呈现向上、向前的状态。

人类历史上有四大古文明，分别是两河流域文明、埃及文明、印度文明和中华文明，前三种文明都断裂过，只有中华文明一脉相承，从未间断。为什么？因为中华文化的优秀基因一直没有消失，它们塑造了中国的精神和灵魂，也决定了中国式的生活态度和审美方式。

我一直喜欢《浮生六记》。芸娘和丈夫只能喝粗劣的茶叶，她就把茶叶装进纱囊，放在未开的莲花中，早上露水未干时再拿下来；第二天晚上于月光下，再放到另一朵莲花中。连续三天后，粗劣的茶叶也能喝出清香的莲花的味道。

这是什么？这就是中华传统文化所称道的艺术。艺术不见得要考级，而是一个人能够在平凡朴素的日子里活得生机盎然的能力。所以，中华优秀传统文化告诉我们要信任艺术。不要动不动告诉孩子，弹琴可以加分，跳舞可以考级。要让这些事情变得纯粹起来，变成一种审美的、日常的生活方式，让一个人哪怕在最孤独、最具挫折感的时候，也能活得有尊严，活得有乐趣。

我总是认为，在中华优秀传统文化中，有我们这个民族的顶级大智慧，让个体在面对大变化的时代时，能够坚持一些万变中的不变，比如人性的善良、有尊严、明是非。这，不比许多事情重要得多吗？

作者系著名文化学者，北京师范大学教授、博士生导师、首都文化创新与文化传播工程研究院院长，国务院参事室特约研究员

原载于《人民教育》2014 年 05 期

传统文化中的教育精神

《人民教育》评论员

习近平总书记指出，中华文明不仅对中国发展产生了深刻影响，而且对人类文明进步作出了重大贡献。中国优秀传统文化中蕴藏着解决当代人类面临的难题的重要启示。文化传统是历史的，更是当代的。继承和发扬优秀传统文化，因为它是我们的精神渊源，对我们的当下生活和未来命运有着巨大影响。在看似已经远离我们的文化传统中，藏着开启思想、精神"死结"的钥匙。

从教育的角度看，我们不应该只把传统文化看成教育的部分内容或者一个领域，也应该把传统文化作为建设当代中国教育的重要思想资源。传统文化中蕴藏着丰富而深刻的教育思想，其教育精神至今还闪烁着人性和智慧的光彩。

孔夫子与众弟子共坐，一句"以吾一日长乎尔，毋吾以也"，满满的都是坦诚与平等，带着随意与轻松，真正的教育就从这里开始了。

在这样的传统的熏陶下，我们在中国的学校中应该可以看到更多类似的场景，但实际上恰恰相反，因为有太多的教育者对"师生平等"并不能真正接受，更不能将其融入血脉。有些教育者时不时就要拿着各类规矩"野蛮"一下，端着老师的架子"任性"一下。他们不知道，不平等的师生关系也许能压出听话的宝贝，逼出高分的学霸，却无法培养出有着完善人格的人。缺少坦诚、平等的教育永远不能深入到人心、人性和人生的肌理之中。

"道而弗牵则和，强而弗抑则易，开而弗达则思。和易以思，可谓善喻矣。"《学记》提醒我们，教育中最危险的不是明显的"错误"，而是那些似是而非的"正确"。我们的学校中，还大量存在着"跟着老师走是最好的学习方法"一类的"牵"，"只有考到前十名的人才能去夏令营"一类的"抑"和"这个问题应该这样思考"一类的"达"。老师不远不近的陪伴比耳提面命的指教更有效，勉励与商量比留堂请家长更有用，宽容学生的异想天开甚至胡思乱想比简单告诉他们何为正确更有价值。我们的教育者缺乏的不是学养，不是奉献，更不是良好的动机，而是宽松、圆融的教育举措、教育智慧。

在传统文化中，如果说孔子有着最多的信徒，那么庄子便拥有最多的粉丝。他说："天下皆知求其所不知而莫知求其所已知者，皆知非其所不善而莫知非其所已善者。"他提示我们要时刻警觉：求知犹如在知识的原野上跑马圈地，但别忘了停下来整理自己头脑里的缠藤乱麻；引导学生反思当然值得称道，可也许真正该反思的正是用来反思的标准。教育是无比精微的事，它的每一个名词都必须详加考察，认真考量。教育是最怕僵化的，沿着一条原本正确的路走得太远，往往就会偏离正确的方向。

教育的目的在于"成人"。"成人"究竟应依靠"自成"还是"造成"，如今恐怕仍会有很多人选择后者。如果我们能听一听柳宗元笔下种树高手郭橐驼的话，就不难知道这样做"虽曰爱之，其实害之；虽曰忧之，其实仇之"。如果我们能听一听陆九渊关于"自得，自成，自道，不倚师友载籍""教小儿，须发其自重之意"的论述，也许就能让教育去掉许多"虚火"，少了一些"妄念"，回到它清凉宜人的本质。

古为今用、以古鉴今。以上所举传统文化中的只言片语，并不系统，更不全面，但足以展示它对当今中国教育改革的价值。在我们不断与国际并肩同步之时，我们也应该谦虚、客观地向传统文化学习，学习其中有益的知识、经验、智慧、思想，尤其要领会其中的教育精神，使未来的中国教育更有中国特色、中国风格和中国气派。

原载于《人民教育》2015 年 10 期

培育良好的国家认同感

班建武

国家认同是现代国家存在的重要合法性根基，也是一个国家得以生生不息、不断发展的重要内在支撑。公民国家认同感的形成除了需要公正的国家制度作为保障外，更需要教育的后天涵养与培育。放眼全球，没有哪个国家不重视对自己公民的国家认同教育。

国家认同教育，就其实质而言，主要解决的是公民的身份认同问题。而在公民身份认同问题上，目前出现了两种亟待我们关注的新倾向。

第一种倾向是公民的国家身份正日益为公民的私人身份所僭越，由此可能会从根本上削弱公民对国家的义务感和责任感。在高度中央集权的社会中，公民的身份认同主要建立在一种国家公民的身份认同基础之上。可以说，国家身份认同在价值排序上明显高于公民的其他身份认同。目前，随着社会民主化的不断发展，公民的其他身份属性日益得到社会的认可，其身份形态表现出前所未有的多样性。这反映了中国社会对公民权利的重视，是社会进步的重要表现。但同时，公民如何对其不同的身份认同进行价值排序，就成为新的时代问题。比如，有些公民会因为其私人身份存在的合理性而回避、弱化甚至推卸其国家身份的义务要求。这就从一个极端走向了另一个极端。

第二种倾向是公民身份受到来自地区公民身份和世界公民身份的双重冲击。随着中国社会开放性和流动性的不断加大，公民的跨地区流动日益频繁，这就不可避免地带来公民在其身份认同过程中对其所属的地区公民、国家公民和世界公民身份认同的冲突。有些公民可能会过于强调自己的地区公民身份而拒斥其国家公民身份，只强调自己作为某个民族、地区公民利益的合理性，而忽视国家的整体利益。而有些公民则会过于强调自己的世界公民属性，却弱化自己对特定主权国家的归属感，从而有可能走向民族虚无主义。因此，如何在一个开放、民主的社会中，帮助公民平衡好自己的多重公民身份之间的关系，是国民教育面临的重要现实问题。

另一方面，如何平衡公民在国民身份认同中的"求同"与"求异"，也是不可回避的现实课题。认同一方面表达的是对某种身份的主动认可，追求的是与这种身份要求的价值一致性；另一方面，这种追求本身，恰恰也表明了自己与其他身份的不一致性。也就是说，身份认同是一个"求同"与"求异"同时并存的矛盾运动。

从"求同"性的国家认同来看，要在肯定认同和批判认同两方面寻求平衡。长期以来，在国家认同教育过程中，我们对于其中的"求同"认同，基本上主张的是一种非反思性的肯定性认同，即要求公民对国家只能毫无条件地赞同和支持。一旦有人给国家提意见，便被认为是不爱国的表现。实际上，"求同"既包含一种积极情感的无条件肯定，也包含建设性的批评与建议。在某种意义上我们甚至可以说，对国家毫无条件地肯定是容易的，但是能够指出国家发展中的不足，并用一种建设性的立场为国家的发展提供改进意见，是一种更高层次的、更理性的"求同"。因此，在国家认同教育中，既要培养学生对国家积极的、正面的感情，又要努力培养其理性的反思和批判能力。

从"求异"性的国家认同来看，要在维护国家利益的基础上走向与世界各国的"美美与共"。在日益全球化的今天，如果我们对学生的国家认同教育建立在对其他国家的简单否定基础之上，那么这既不利于我们以开放的态度吸收人类的一切优秀文明成果，也不利于学生客观理性地认识整个世界，从而也会削弱我们开展国家认同教育的合理性。

作者系《人民教育》特约评论员

原载于《人民教育》2015 年 19 期

社会主义核心价值观教育不能是一阵风

石中英

引导广大青少年学生将社会主义核心价值观内化于心、外化于行，不是一蹴而就的事情，必须作好长期努力的思想准备。要构建社会主义核心价值观教育的长效机制，需做好以下几方面的工作。

首先，教育行政部门和学校主要领导要真重视，亲自抓。一些地方和中小学校，在开展社会主义核心价值观教育方面，时有时无，时重时轻，重要原因是主要领导不重视，当甩手掌柜。有的学校甚至发出了"社会主义核心价值观教育就像一阵风，过去就过去了"的议论。要解决这样的问题，教育行政部门和学校的主要领导必须亲自出马，负起组织和领导责任，统筹规划社会主义核心价值观教育在本地区、本学校的实践，做宣传、践行和守护社会主义核心价值观的先锋与榜样。

其次，社会主义核心价值观教育要与学校生活密切结合在一起，不能出现"两张皮"的现象。价值观是人们用以评价自己和他人行为对错、好坏以及高尚与否的正当性标准，它们不能孤立地存在，只能通过人们的正当性行为得到表现和传承。因此，社会主义核心价值观教育，必须像盐溶于水那样渗透到学校的教育、教学、管理、服务和学校文化建设的方方面面。一次革命老区的社会实践、一届公平公正的体育比赛、一场体现民主精神的班级选举、一次爱心捐赠活动、一堂语文课上关于责任的讨论，等等，都可以成为青少年体验、认同和践行社会主义核心价值观的有效途径与载体。离开了这样的途径和载体，核心价值观教育只能是纸上谈兵。

再次，社会主义核心价值观教育必须建立社会协作网络。有的学校利用每年地方开"两会"的机会，将学生带到人大、政协的驻地和会议现场，真实体验社会主义民主的实践；有的为了开展公正的教育，不仅在学校里建立了模拟法庭，而且将学生带入真正的法庭，观摩司法正义在我国的实现；有的为了激发学生的报国之志，把学生带到当地革命博物馆或英雄纪念碑前，追忆革命的历程和英雄的故事；有的为了创设家校一致的价值观教育环境，利用家长委员会的平台，共同设计和筹划系列活动。当前，在不断深化改革的社会各个系统、领域，有着数不清的适宜开展社会主义核心价值观教育的案例、场馆、资源。只要学校教育工作者积极行动起来，主动与相关单位对接，就一定能够找到核心价值观教育的源头活水。

最后，社会主义核心价值观教育必须善于利用和解决青少年学生内心的价值冲突。有的老师谈到社会上、网络上不良价值观对青少年价值观成长的负面影响，发出无可奈何、应对乏术的感慨。这种悲观主义的情绪必须克服。事实上，在任何社会中，价值观永远是多元的，今天更是这样。多元的价值观必然在人们的内心产生冲突，这并不是什么坏事情，相反，这是人们价值观学习和成长的宝贵契机。人们内心的价值观信念都是经过种种的价值观冲突之后才建立起来的。面对复杂环境给青少年内心带来的种种价值观冲突，教育者不应幻想它们不存在，也不应去责备它们带来的挑战，而应客观地接受、平等地交流、理性地分析和积极地引导。真理越辩越明，价值观越辩越清。创造一种尊重、平等、宽容和理性的对话空间，正确、积极、主流的价值观最终一定能够赢得学生的认同并内化为他们内心坚定的价值观信念，指引他们走上正确的人生道路。

作者系《人民教育》特约评论员

原载于《人民教育》2015 年 23 期

热门话题与公共政策的逻辑

王　烽

"两会时间"，教育成为代表委员热议的话题。他们的诸多教育类建议、意见，回应人民的渴盼，引发广泛关注。

不论是提出高中教育逐步实现免费，还是针对校园欺凌现象的建言，都在为"更高质量更加公平的教育"鼓与呼。

建言转化为现实，离不开公共政策的支撑。

对照党的十八届五中全会通过的"十三五"规划的建议，代表委员的议案、提案，许多已有草蛇灰线。如对高中阶段的免费教育，提及两点，一是逐步分类推进中等职业教育免除学杂费，二是率先从建档立卡的家庭经济困难学生开始实施普通高中免除学杂费。其背后是分步骤、按类型实施的政策思路。

这体现了国家公共政策鲜明的价值导向。

与个体的个性化体验不同，国家公共政策有其自身的逻辑与架构。

它首先要考虑政府财力。当前我国经济发展已经进入新常态，2015 年全国一般公共预算收入增长 8.4%，是 1988 年以来增幅最小的。"十三五"期间，我国财政性教育经费的增长也会有压力。那么，有限的教育经费增量用到哪里，就需要全盘考虑，要多做"雪中送炭"的事。改造薄弱学校、发展学前教育、化解大班额等，涉及是否达到基本标准的问题，在当下自然排序靠前。

还要考虑地区经济发展和居民收入差异。中央"十三五"规划建议从建档立卡的家庭经济困难学生开始，免除他们的高中学杂费，是一种"精准扶贫"的思路。按照这个思路，非义务教育免费首先从农村、家庭经济困难学生做起，从有条件的地方做起，能够更好地发挥财政经费的使用效益。"两会"期间，陕西、青海、新疆等欠发达地区宣布"十三五"时期，高中和学前一年实行免费教育，体现的也是一种扶贫思路，意在通过扶智实现扶贫。

教育自身内涵发展的需要也是国家公共政策出台的大背景。目前，农村小规模学校和教学点最缺乏的是水平高且稳定的师资队伍，要增强这些学校教师岗位的吸引力，必须提高乡村教师待遇，给予更多的政策倾斜。2015年，国务院出台《乡村教师支持计划（2015—2020年）》，便是对此的及时回应。按照党中央的部署，我们要在2020年基本实现教育现代化。现代化离不开教育信息化，也需要大量的新增经费。这些都说明，国家公共政策还涉及有限的经费用到哪里更"好"的问题，不能贸然出圈。

"两会"前，人民网曾举办"2016年两会热点调查"，近400万网友参与。"教育公平"位居前五。

教育是最大的民生。民生的价值取向是公平与正义，而公平与正义是国家公共政策的灵魂。因此在制定国家公共政策时，要超越一时一地之需，综合考虑全国经济发展水平、教育供需结构、学生成长规律、公众意愿等诸多因素，最根本的是尊重教育规律、解决教育自身最迫切的问题。

为何在"十三五"期间，国家层面没有把九年义务教育延长到十二年？站在通盘考虑的角度，义务教育不等同于免费教育，它至少要包括四个方面：普及、免费、均衡、强制。实现十二年义务教育，对整个国家的经济社会发展有更高的要求。

教育的发展，织于社会经济的大网之中。我们不能跨越阶段，也不能硬生生地揠苗助长。

科学与理性，是公共政策的锚。它保障教育的大船，在公平与质量的航道上平稳前行。

作者系《人民教育》特约评论员

原载于《人民教育》2016年06期

何为法治精神

王人博

　　法治是现代世界的文明形态，也是现代人的一种基本生活方式。世界上的法治实践有千般模样，其精神却是共通的，那就是恪守法律规则，遵从德性。自然世界都有它的节律，而我们人类世界只有温良有序，才会变得更好。"温良"既是现代文明形态，也是现代人必需的教养。法治精神既包含了理性规则，也内化有温良德性。所以，一个法治社会的公民既要服从（国家法律的）外在规则，也要具有内在的公民道德。"法表德里"，表里如一，相互为用。法治与德性的完美结合，才能使心灵与行为和谐统一。

　　说得简单一点，法治就是使我们每一个人言有矩，行有度，为人处事有方寸。少一些言语的戾气而多一些善意，少一些行为的恣肆而多一些谦恭，这是法治精神的题中之义。

　　就我们每一个个体而言，守住本分，不越规矩，这是建成法治社会的基础。法治并不需要宏大叙事，也无须壮怀激烈，它言透的是人世间最普通的道理：官有官道，民有民德。法治之下，官员应知道自己手中权柄的边界；与法治打交道最近的法官，应该明白自己的角色和分量。要知道，"一次不公正的审判，其恶果甚至超过十次犯罪。因为犯罪虽是无视法律——好比污染了水流，而不公正的审判则毁坏法律——好比污染了水源"。法治社会，讲究的是"君子爱财，取之有道"。"信守承诺""童叟无欺"，这是法治社会的基本价值。

法治既是治国平天下的大事，也是在我们身边的点滴小事：一个法治社会就是开车的人不横冲直闯，知道红绿灯的价值；过马路的行人不会站在斑马线上"凑够一拨儿人就走"。要知道，法治与人数无关，只与规则有关。"法不责众"不等于人多就可以无视规则；法治不可能消除冤屈，但它会对冤屈作出一定的补偿，人在无助的时候恰恰需要这种补偿。法治是人在无望的时候的最后慰藉。

　　法治精神之于教师更为重要。教师的三尺讲台，不仅仅是播撒知识之地，也是造就公民的摇篮。教师培养学生为合格的公民，首先自己得是个好的公民导师。正所谓"身正为范、德高为师"，教师站在讲台上，就应是一座标准的公民像。

　　说到底，尊重法律规则的实质是尊重人格。中小学教育应该是锻造现代公民独立人格、自由精神的初步与起始，初始成而事半成。法治的长久事业一半在公民教育与养成。公民教育的精髓就在于人格教育。法国著名社会学家涂尔干就说过："在历史中，我们发现人格总是希望赢得尊重。再没有比这样的准则更掷地有声的了。"学校是世俗学理与道德学说的源泉，中小学教师能从这里汲取泉水，并在讲台上和谈话中把它洒在学生身上。人格成公民便成，法治之命则长矣！

作者系中国政法大学教授

原载于《人民教育》2014 年 23 期

2.0版学校危机管理

《人民教育》编辑部

今年初发布的《中国互联网络发展状况统计报告》显示，截至 2016 年 12 月，中国网民规模达 7.31 亿，相当于欧洲人口总量，其中，手机网民占比达 95.1%。

互联网技术已经广泛而深入地渗透到社会各领域，它在助推各个行业、领域发展的同时，也"助推"着"危机管理升级"。有人把互联网时代的危机事件定义为 2.0 版，其显著特点是危机常态化、急剧化。

互联网风暴中，学校管理难以"独善其身"。

在互联网尤其是移动互联网出现之前，校园时而书声琅琅，时而一片欢腾，在多数人心目中，这里是一方让人精神安宁的"净土"。而今天，本该平静的校园，运动伤害、校园欺凌、饮食安全、教学设施致伤、虐童弑师等问题经由互联网的传播，时常把一些学校推到社会舆论的风口浪尖。

在人群相对密集的校园，危机事件总有一定的发生概率，难免哪个学生踢足球时被球击中导致视网膜脱落，难免哪个"淘气包"对班级同学恶作剧，也难免个别学生课间饮水时被呛着……诸如此类的事情，过去学校只要与家长、孩子作好沟通就能化解，现在学校不仅要与家长沟通好，还要学会应对网络传播。稍有懈怠，短时间内就可能成为舆论焦点；稍一不慎，便有可能落入"危机之网"。

那么，该如何应对？作为学校管理者，必须做到未雨绸缪，降低危机事件的发生概率，提升危机应对和处置能力。这要求学校管理者熟悉学校内教学和管理的各个流程、环节，熟悉教育法律法规、学校财务管理等条文，还要不断提升舆情应对能力，让自己有足够的储备和经验应对一些突发性事件。

学校危机管理进入 2.0 版时代，您准备好了吗？

原载于《人民教育》2017 年 08 期

抓住那些能带来教育飓风的蝴蝶

《人民教育》编辑部

3月5日，李克强总理的《2015年政府工作报告》透露出新信号，促进教育公平与提升教育质量的关系发生微妙变化。提升质量，将成为教育核心命题之一。

提升教育质量，当然关系到教育内部的体制机制改革、课程教学改革、教师队伍等等，但一个通常看不见，不受重视，却始终在教育中发挥重要作用甚至根本作用的大手，一直在指挥着我们的孩子们。学校要培养学生综合素质，家长却只关心分数；学校教育孩子们要树立远大理想，家长关心的却是未来如何挣大钱。学校向左，家长向右，教育效果如何呢？多项研究表明，家庭教育水平与孩子的发展水平呈现正相关。

这也许正是习近平总书记为什么会在春节团拜会上一再强调家庭、家教、家风之重要的原因所在。

学校教育在家长这个问题上真的是无能为力吗？我们明明知道，一个问题孩子背后一定有一个问题家长，却没有往前走一步的想法。孩子有问题了，才想起找家长约谈；期末结束了，找家长来例行公事通报一下情况。有远见卓识的学校，主动迈过这道界碑，开办家长学校，建立家校共同体。如同蝴蝶抖动一下翅膀，就会带来飓风，家长的一点点改变，都会把孩子带进一个新的世界。为什么不去抓那些能带来教育飓风的蝴蝶呢？

目前，家长在教育学问题上，大多数是"流浪儿"。从机构设置上看，家长教育处于"三不管"地带。那些天天等候在校门口翘首以盼的父母们，无论来自哪个社会阶层，在孩子教育问题上，都处于"饥渴"状态——这是家长教育的最佳状态。

以学校为单位组织家长进行引导和沟通，特别是结合孩子的实际情况普及教育学、心理学知识和科学的教育方法，是再合适不过的了。带班多年的班主任，在教育孩子方面就是家长最好的导师。学校本身在家长中间也有很高的"公信力"，"愿意听学校的"，是很多家长的共识。

其实，《中国儿童发展纲要（2001—2010年）》已明确提出："建立多元化的家长学校办学体制，增加各类家长学校的数量。"而早在2004年，全国妇联、教育部就发布过《关于全国家长学校工作的指导意见》，可惜没有得到足够的重视，也因为政出多门，难以落实。

今天的家长学校，当然不能停留在过去的理解上，而应该真正成为学校教育的一个必然组成部分。目前家长教育中小学（幼儿园）已经有多种形式，但大多数属于自由松散型，缺少系统的课程安排，也缺乏保障，并且随着校长的更替，家长教育起落也很大。

从长远看，中国非常有必要建立家长学校教育机制，特别是要明确管理主体和办学主体。家长学校的管理职责可以归口到教育行政部门，办学主体为中小学（幼儿园），并从经费、人员上给予保证，让家长教育常态化、科学化，与学校教育互融互通。家长去学校，不是去听大道理，而是去学习解决实际问题的办法；不是去"受训、道歉"，而是与其他家长交流经验，自省自悟。把孩子的问题解决在未然状态，是教育的最佳选择。

一代家长的素质，一定程度上决定了下一代的素质。我们虽然改变不了家长的素质，但可以改变其教育见识，让那些天天想打麻将的爸爸妈妈，在孩子在家的时候不打麻将；让那些只懂得暴力教育的家长，看到和风细雨的魅力；让那些整天忙于工作的父母，懂得陪伴和对话；让那些想离婚的父母，坚持到孩子成年以后。

原载于《人民教育》2015年06期

创造存在于每一个人身上

罗 劲

伴随着全球化和信息化社会的到来，人类世界迈入了一个前所未有的高速发展时代。无论是呈爆炸式增长的海量知识、信息，还是瞬息万变的生活、工作环境，都让人们切切实实地感受到了各种各样的变化。在享受新科技革命带来的种种便利的同时，人们也必须面对变化所带来的挑战。应对挑战，固然要有"以不变应万变"的心态，也需要追随社会发展的潮流与趋势，变被动适应为主动出击，以创造力或创新素养为武器，去适应时代的快速变迁。创新已经成为当前国家、社会和个人成功的核心要素。每个人都是创新者，人人皆可创造。

创造是生命中最基本的动力。柏格森的创造进化论认为，生物进化历程不仅在于适应环境的变化，更在于不断地创造出新的生存竞争方式（例如物种进化出适于防御和捕猎的甲壳、牙齿）以获取生存优势，因此我们可以说，生命的历程就是创造的历程。同时，创造也是人类的本能，例如，不断地走神或思想开小差（心智游移）是人类意识活动的基本形态之一，虽然在东西方的许多文化和教育传统中，个体都被要求专心致志并尽量克服和避免心智游移，但心智游移就像是人类意识中的"宇宙背景辐射"一样，看似无论如何都无法被彻底摆脱和排除，而更为有趣的是，新近的心理科学研究表明：创造性思维恰恰是在这种心智游移中产生的。因此，就如同"宇宙背景辐射"反映了宇宙大爆炸一样，作为人类意识"背景噪音"的心智游移也与创造之间存在着本质的联系。所以，我们还可以说，创造是人类意识与生俱来的、不可抹杀的本质特征。

当然，这里我们强调创造作为一种本能的存在，并非意味着人们的创造才能天生就具备而不需要后天的培养和训练。事实上正好相反，创造天性需要呵护和培养。恰如一颗饱满的种子，只有得到合适的温度、湿度等后天环境的滋润，才能够生根发芽、开花结果。

"江山代有才人出，各领风骚数百年。"传统上，创造被视为是极少数人类精英才具有的一种能力，因而提到创新我们更容易想到的是鲁班、爱因斯坦、乔布斯等众所周知却又屈指可数的名字。然而，随着时代的发展和研究的深入，人们逐渐意识到这种理解过于狭隘，在把创新置于"高大上"地位的同时，也大大窄化、压缩了创造的内涵与层次。从内涵的角度，创造不仅仅是因应社会发展需要所必备的一种能力，同时也是一种品格、态度和精神，因此创造力不仅仅是指人们产生新颖奇特而具有实用价值的观点或产品的能力，同时也应该是在开展和从事这些活动中所体现出来的品格、态度和精神。从层次的角度，创造不仅仅是杰出的科学、艺术天才们所独有的专利，同时也是社会中每一个成员普遍所具备的素养。无论年龄、性别、种族、国籍，每个人都有创造力，只是表现的内涵、层次和类型不同而已，从一般领域的创造力到具体领域的创造力，从日常生活中的迷你创造力到职业创造力，从"小"创造力到"大"创造力，创新无处不在。

创造存在于我们生活的每一个方面，存在于我们每一个人身上。教育的目的，就是要创设良好的条件，促进每个人创新素养的发展，让每个学生都去做勤奋学习、自觉劳动、善于创造、勇于创造的人，让每个人都去创造人生的意义，创造生命的意义。

作者系《人民教育》特约评论员
原载于《人民教育》2016 年 21 期

美学是未来的教育学

檀传宝

高尔基曾经说过，美学是未来的伦理学。而基于教育的立场，我愿意一再强调：美学是未来的教育学！

作为苏联最伟大的作家之一，高尔基的上述预言显然不是主张美学在未来取代伦理学。他的意思非常明确：伦理要真正变成自由、有效的实践，就必须具有审美的气质。与高尔基异曲同工的另外一个表达则是来自德国的美学家席勒。席勒认为，人的生活有力量的国度、伦理的国度、审美的国度之别。力量的国度靠弱肉强食的自然法则运行，伦理的国度靠社会规范的强制维持，而审美的世界，人们对于一切道德的服从均来源于自由人对于美的向往。

按照这一逻辑，我坚决主张，现代德育应当尽快建立"德育美学观"以及基于德美、育美欣赏的"欣赏型德育模式"。不仅如此，我还坚定地认为，全部教育实践都应当建立教育活动的"第三标准"，即"善"的标准（教育目的）、"真"的标准（教育规律）之外的"美"的标准（审美原则）。

十多年前，当我提出这一主张时，一位教育学老前辈与我讨论说：现实生活里中国教育连教师工资都在拖欠，何谈建立教育活动的审美标准？我当时的解释是：教育活动服从美的规律是不问时代的。因为孔夫子就曾有"兴于诗，立于礼，成于乐"之说。且当现实教育生活中那些成功的教育工作者酣畅淋漓地完成一次"最好"教学的时候，实际上他们也就完成了一次"最美"的教学（即教学美的塑造），只不过他们可能处在不自觉的教育美的创造状态罢了。而所谓"美学是未来的教育学"，其实就是主张从现在开始，让审美、立美的教育在全部教育生活里成为教育工作者的自觉，让审美标准成为所有教育实践的基本标准与常识。

学校美育的价值，只有建立在以上前提性认识的条件下，才能得到真正的确证。日常生活里，人们常常有意无意地将美育窄化为艺术教育。美育当然包括艺术教育，但真正的美育，显然包括艺术美、自然美、社会美、生活美，尤其包括教育美等所有美的形态对人的全面陶冶。同时，真正的美育首先是审美精神、立美精神的学习，而非仅仅某些艺术技艺的训练（尽管艺术技巧是重要的，且学习起来并不容易）。而美育的精神实质，乃在于消解对于人的各种异化，求得人格及其发展的自由与完整。从广义上说，美育与全部教育的审美化实质上是一体两面的关系。倡言美学是未来的伦理学，实际上就是主张美育事业是全部教育的使命！

不可否认，在迄今为止的教育现实中学校美育仍然是寥落的。但今日之中国，也是对学校美育呼唤最为强烈的国度。这一点，我们不难从正反两个方面得出结论。正面来说，中国教育与社会都在升级、转型之中，如何回应人民群众对于高品质教育的需求是中国教育当前最为迫切的任务。而美育的健康发展是高品质教育的最重要象征——这一结论只要对比中国与发达国家的教育差距就不难发现。而若从反面看，现阶段国人诸多粗俗不堪的不文明行为不仅是德育之耻，也是美育之失。如何帮助全体国民从刚刚解决温饱问题、"吃相难看"的生存状态提升到优雅、文明的高品质生活境界，是当代中国教育，更是美育最重要的任务之一。因此，加强美育，正当其时；投身美育，时不我待。

作者系北京师范大学教育学部教授

原载于《人民教育》2015 年 15 期

阅读是春风，吹醒人们心底创造的种子

《人民教育》编辑部

在今年"两会"的记者招待会上，李克强总理表示，"把阅读作为一种生活方式，把它与工作方式相结合，不仅会增加发展的创新力量，而且会增强社会的道德力量"。他说，这也就是他两次把"全民阅读"这几个字写入政府工作报告的原因，明年还会继续。

阅读问题在中外如此瞩目的场合出现，还是第一次。

总理的话，是对阅读价值的高度概括。阅读的道德提升功能，容易理解，但阅读所蕴含的创新力量，阅读与创新之间的逻辑链条是什么，值得我们进一步领悟。

世界上，阅读量大的民族，创新力量也相对强大。犹太民族是世界上人均读书最多的，每年人均读 64 本书。他们创造了许多世界第一：科学发明世界人均第一，世界上人均拥有论文发表量第一，其转化为科学技术的比例世界第一，诺贝尔奖获得者最多。

多项研究表明，阅读是创新的阶梯。优秀的作者在每一页书里都放下了思想的翅膀，帮助我们穿梭在理想与现实之间，往返于继往与开来之中。文字的间隙，更是充满了想象的空间，里面有星月以上的境界，河海之下的情形，能够与昆虫对话，和花木交流……创新是一条大河，阅读就是大河的源头和不断注入河中的活水。

当前，中国的阅读情况不容乐观，人均阅读量只有以色列的十分之一，功利化、娱乐化日渐侵蚀阅读的健康生态。有调查称，在所有销售出去的图书中，超过 70% 是教材和教辅资料。深度阅读的时间越来越不足，浮躁的文化情绪蔓延，中小学生的注意力为电子产品所分散，给图片和段子"点赞"的浅阅读，占据了相当大的分量。

必须改变阅读中的短视行为，常思常新，才能在国家处于转型和发展的"临界点"时，创造经济的奇迹和新的文化辉煌。

阅读素养是学生的核心素养之一。少年的自我教育往往是从读一本好书开始的。然而，我们的阅读教育正在被异化，不少学生"除了考试和练习册，不知阅读为何物"。阅读教育要蜕旧出新，走出"测试性阅读"的困境，塑造以养成思想力、创造力、表达力为目标的新阅读观。

打开一本书，能不能在字里行间挖掘出丰厚自己精神的源流？能不能推翻前人根据同样资料得出的结论？能不能多角度地看待问题，从相同中见不同，从常例中见特例？只有让阅读成为一场精彩的思想探险，它才能回归本来的面貌。

理想的阅读应该是多元和开放的：突破学科的壁垒，挣开权威的制约，听众声喧哗，看各种思想与价值的碰撞，从而给予创新蓬勃的营养。日本第一位诺贝尔物理奖得主汤川秀树，坦率地把自己的物理学成就归功于中国道家哲学；苹果的创始人乔布斯，认为苹果产品的成功很大程度上受益于书法艺术对自己的触动。如今，学科之间的边界正在倒塌，新的创造将更多地从学科融合中迸发。每个人，都要学会善待那些考试用不上的书籍。

只是，学校准备好了吗？在很多中小学，图书馆仿佛头脑空空的"巨人"，充斥着练习册、盗版书等没有阅读价值的书籍，难以看到经典名作。阅读经典，不仅给人以创新的头脑，还赋予人一个高贵的灵魂。不仅让人知道怎么去创造，而且知道因何而创造。阅读之于创新，更重要的在于启发一个人的理想、希望和意志，而不是单单强调兴趣和方法。"两弹一星"功臣邓稼先接到研制原子弹的任务后，对妻子说："做好了这件事，我这一生过得就很有意义，就是为它死了也值得。"从此，他与世隔绝 26 年，为祖国献出了自己的一生。

好友杨振宁评价他，"是中国几千年传统文化所孕育出来的有最高奉献精神的儿子"。这是因为从小学起，邓稼先就广泛阅读中外经典，创造的理想与人格慢慢浸润了他的人生。

　　因为爱与理想，创造成为一件美好和伟大的事物，也因此走得更为长久和辽远。

　　请相信阅读的力量。它是春风，能吹醒每个人心底创造的种子。

原载于《人民教育》2015 年 08 期

享受"读书"

陈平原

随着九年义务教育的普及,"读书识字"已不再是我们的目标,需要加倍努力的,是如何营造"书香社会""书香校园"。在这个过程中,各种激动人心的口号,逐渐失去了效应;不要说"黄金屋""颜如玉"显得虚妄,就连学士、硕士、博士学位,也都只是"而已"而已。这个时候,以平常心面对,读书的魅力方才真正呈现出来。

读书本是平常事,若刻意拔高,说得神乎其神,效果反而不好。我曾写文章辨析大英博物馆中"马克思的足迹"纯属子虚乌有,乃中国人编出来的励志故事。与此相类似的,还有"文革"中广泛流传的鲁迅的"秘密读书室"。此类神话不宜多传,因一旦被拆穿,很容易让人产生幻灭感。

其实,对于识字颇多且略有空闲的人来说,读书是再正常不过的事了;唯一不同的是,有人习惯"正襟危坐",有人喜欢"随便翻翻"。至于古人所说的读书"三上"(马上、枕上、厕上),你把"马上"理解为旅途,就古今皆然了。但有一点,这是一个自然而然的过程,自得其乐就行了,没必要挥舞着旗帜到处炫耀。就像呼吸一样,你如果身体没病,是意识不到它的存在的。

每到 4 月 23 日"世界读书日"来临,总有记者追问:最近读什么书?最喜欢哪一本书?哪本书影响你一辈子?一听问话,你就知道,这是外行。真读书的人,手不释卷,日积月累,就成了今天这个样子。你要我回答,是哪一口饭让我长得这么健壮或苗条的，实在难为人。

只要别暴饮暴食，且食物不变质，也没人投毒，正常状态下，你我就这样"苗壮成长"起来了。让人怀念不已的，是那"不知不觉"中的成长。在我看来，无论是运动员为了特定目标而催肥，还是时尚界流行的减肥，都不是理想状态。

你问我有什么读书体会，回答很简单：暂时忘记卡路里（calorie），保护味蕾，享受美食。

这么说，是因为在我看来，为什么有人痴迷、有人勉强对付、有人则打死也不愿意读书，除了受教育程度、经济能力、空闲时间等不同，关键在于是否感觉到"阅读的乐趣"。过去常说"开卷有益"，这没错；可"开卷"除了"有益"，还必须"有趣"，才可能"可持续"。

我成长在思想封闭的年代，相对容易养成对于书籍的兴趣；现在年轻一辈所面对的诱惑，比我当年多得多。那么多"有趣的玩意"在等着，为何选择相对比较辛苦的读书呢？这个时候，能否真切体会到"读书之乐"，就成了关键。

"阅读"是很个人的事情，所谓的"趣味"，因人而异。审美眼光确有高低雅俗之分，但就"阅读"而言，关键还在找到属于自己的"趣味"。人人说好的，不见得适合你；十年后才能读懂的，不妨暂时束之高阁。对于真正的读书人来说，"偏食"是正常的。因为有"趣味"就意味着有个性、有边界、有局限。第一次面对人人说好而你很不喜欢的书籍时，心里很惶惑，也很茫然。久而久之，明白自己的"阅读趣味"，你就坦然了。

近日读《北京晚报》2013年11月26日的《天堂多了一位爱书人——追忆王晓东台长》，很是感动。文中提及王晓东台长如何关心、鼓励、指导北京电视台开设《书香北京》这档读书节目，病榻之上仍心系"书香"并"推荐今年《读书》第九期159页文章"。作为《书香北京》的制片人，吴玮称："我买到了您推荐的第九期《读书》，忽然觉得这本薄薄的小书沉甸甸的，翻开第159页，是陈平原写的文章《读书是件好玩儿的事》：'我主张读少一点，读慢一点，读精一点。世界这么大，千奇百怪，无所不有，很多东西你不知道，不懂得，不欣赏，一点也不奇怪。'"文章的结语是："我想，这应也是您想说的话：'读书是件好玩的事，不着急，用一生，慢慢欣赏吧。'"（2014年2月18日于京西圆明园花园）

作者系北京大学中文系教授
原载于《人民教育》2014年08期

优质阅读是生命的自我修复

连中国

所谓涉世渐深，可能就是一个人越来越被"事"占领的过程。一个人受教育最核心的意义之一，恐怕是不希望他将来心里只能容得下"事"，而逐渐背弃了"书"，直到心里觉得"书"太傻，再也放不进去任何一本"书"为止。心中有"书"的人不会彻底屈从于现实，他还有自己的灵魂生活，还有远方，还在不断地修复着因久溺人事而产生的"坏区"。"书"是对"事"最关键的救赎。倘若有人问我，一个心里有"书"和一个满脑子都充满了"事"的人最大的区别是什么，我会回答：一个人心中有"书"，他的心中便有了一座晶亮沸腾的星空。他的生命无论是对于工作还是对于生活，都有了更丰富的空间与弹性。

社会越现代化，教育培养的人才就越专业化，这是社会所需。但同时，进入专业的程度愈深，"人"可能愈封闭，愈窄小。我的一位学生家长是一位著名的大夫，不久前专门和我谈论儿子进入大学后的阅读问题。起因是孩子高度近视，又学理工类专业，却将大量的时间投放到人文类阅读上。父亲担心孩子的用眼健康，因此希望孩子将有限的"眼力"投放到自己的专业领域。

我的基本观点是，我们不能拒绝人文类阅读，不能只有专业化知识，人文类阅读帮助我们认识生命并且修复生命，构筑起我们生命大厦最重要的基石。"人"涉世太深后最严重的一种迷失，便是被职务、职称、地位等"炫"住，进而忘记了把握"人"最核心的一个概念：生命。陈平原先生说："那些渊博的、玄妙的人文学，比如文学、史学、哲学、宗教、伦理、艺术等等，是整个人类文明的'压舱石'。行船的人都知道，出海必须有'压舱石'，否则很容易翻船。"优质的人文阅读，一方面可以帮助人拥有更丰富更开阔的可能性，养成更内在的指向"人"本身的深入思考。另一方面，这种可能性一旦与自己的专业构成接轨，就会有别人始料不及的成果。现在主要是引导孩子在保护好眼睛的前提下，要读便读一流的作品。

另一个时代大课题是，在网络时代，如何有效阅读？我以为，如若想让优质的阅读发生，应该持有以下几个基本特征。

排斥喧嚣。现实里不断获取的利益对于遥远而美好的阅读便具有了一种本质上的排斥，"事"越来越重要，"事"越来越多，"书"便渐渐边缘化了。

用自己内心的光亮去寻找自己的阅读。阅读一旦时尚化，我们便难免"中计"，一场浮华过后，内心依旧荒凉。阅读是自我的修行，往往需要一个人上路，不能依靠"集体"。

一旦决定阅读的时候，要放下以往的成见，要放下白天的自己，要放下太多现实的利益诱惑与任务驱动，将自我修复到原初的纯真而好奇的状态。自己如同一条鱼，沉潜在书的河流之中，感受水波的浮沉，让文字如水珠一般与自我相吞吐……自己醇化为一缕风，穿林而过，感受枝叶的阻隔与扶助，听自己的回旋与转身，吸纳整个树林的光影与芬芳……这仿佛是不着调的"诗情画意"。但阅读本质上就是一种出离现实。阅读一旦入情入境，本身便是一场"诗情画意"。人类正是依靠阅读，构筑自己的"天堂"。

有阅读在，证明我们没有被彻底肢解，我们还有愿望和理想在，我们还有自我的精神追求，我们还能有单纯的沉潜发生，我们还能有自己的内心生活。

作者系《人民教育》特约评论员

原载于《人民教育》2017 年 08 期

发现共读中的文化凝聚力

《人民教育》编辑部

多数人认为，我国进入信息时代是上世纪 80 年代中期的事，这 30 多年中，尤其是近些年里，每隔数年都会有新的信息传播方式发明出来。信息传播的多媒体化是这几年的一种趋势，越来越多的信息会被加工成更为直接的形式，作用于我们的底层感觉器官，"读图时代"已经是 10 年前的形容词了，近年来，声音、动画、视频、直播甚至交互……人们把技术可能提供的手段都用到了极致。另一个趋势源自数年前的智能手机普及，它带来了新一轮信息碎片化浪潮，我们越来越习惯于在大量、丰富的信息海洋中游弋，其中每一个信息点都是相对孤立的，我们的耐心越来越少，以至于我们希望每个信息的量越小越好，好让我们有时间去关注更多的事件……我们的注意力（眼球）常常被四面八方的闪光点左右，而无暇对其中任何一个点深入下去。

对个人发展以及社会整体的进步，这些趋势并不完全有利。仔细思考，我们会发现，今天时兴的任何一种信息传播方式，都无法替代有几千年传统的书籍（或电子书）的作用，书籍仍然是系统的知识、思想以及深刻的情感、文化的唯一传播者，读有一定深度的图书，可以训练人的理性思维能力，沉淀人的情感，提升人的素养，这方面的功能任何新式信息传播手段都还不能完全替代。

另一方面，书籍还是凝聚民族文化认同的重要手段。在全球化的今天，一个有着巨大阅读量的国度，书籍能够推动文化中最沉稳的那部分缓缓演进和发展，达成社会的深度理解和默契，从而使这种文化有深层凝聚力，能够跟得上物质文明的发展，有内涵，不会被淘汰、被同化且常葆青春。

我们原本就是一个人均阅读量并不高的国家，今天，我们不仅要补上历史的旧账，还要在新媒体的冲击下扩展阅读人群，这个重任学校必然要分担一部分，为未来培养热爱阅读的公民。新教育的阅读理念中有一个共读的理想，通过共读的行为，我们的学校还可以为提升全社会阅读水平作出贡献。

让孩子们热爱阅读，请马上开始吧。

原载于《人民教育》2017年10期

第二辑

质量时代的教育

我们需要什么样的教育质量

《人民教育》特约评论员

人力资源是我国经济社会发展的第一资源。有报告显示，中国人力资源竞争力进入"爆发式增长期"，2000 年中国在世界排名第 31 位，2012 年大幅上升至第 14 位，成为最有可能跻身人力资源强国的发展中国家。教育是开发人力资源的主要途径。迈向人力资源强国，提高教育质量是关键。

党的十八届五中全会明确要求"提高教育质量"，这是对当前和今后一个时期教育改革发展提出的明确目标、具体任务，是教育各项工作的主题和统领。

质量是教育的生命线。不同历史阶段，质量的内涵不同，目标任务也不同。今天，在全球教育竞争日趋激烈和全面建成小康社会的时代背景下，教育要发挥好关键支撑作用，需要努力实现更加全面、更有效益、更加公平、更富活力、更有贡献力、更有竞争力的质量。

更加全面的质量，就是要遵循教育规律，促进学生德智体美全面发展。这是教育质量的根本。要把理想信念教育放在首位，从小培养"革命理想高于天"的崇高追求，筑牢广大青少年思想文化根基，培养一代代社会主义合格建设者和可靠接班人。要尊重学习者主体地位，培养学生的社会责任感、创新精神和实践能力。

更有效益的质量，就是要强调有效供给。根据人才总需求，动态优化调整人才的类型结构、层次结构、区域布局结构，有保有压、有扶有控。根据人民群众多样化教育需求，建立更加灵活、更加开放、更多选择的教育体系。

更加公平的质量，就是要强调普惠均衡。我们要提高的质量是整体的、全纳的质量，绝不仅仅是少数学生、少数学校、少数地区。要坚持保基本、均等化、可持续，集中力量优先解决最落后、最困难地区的教育发展问题，兜住质量的底线。

更富活力的质量，就是要尊重基层首创精神和学校教师主体地位。提高质量，教师是关键、学校是主体。过去扩大规模，争取更多的资源和投入，主要靠政府行政推动；现在提高质量，要放手释放学校内在活力，让学校在自我发展中生长出特色、生长出质量。"质量时代"，各级教育部门要学会"有所为有所不为"，少一些直接指挥，集中力量办好学校办不了的事，多一些实实在在的服务。

更有贡献力的质量，就是要增强服务国家、服务社会、服务人民的能力。充分发挥教育的基础性、先导性、全局性地位和作用，厚植创新驱动根基，助推发展动力转化。传承创新优秀传统文化，塑造新一代国民。提高全体劳动者创造和参与分配社会财富的能力，打破经济社会地位的代际传递，实现纵向流动。

更有竞争力的质量，就是要在交流合作竞争中扩大中国教育国际影响力。"尺有所短，寸有所长。"要继承和弘扬我国的优秀传统，理性客观地看待和保持我国教育的优势，办出中国风格、中国特色。同时，开放兼容才能强大。在全球化时代提高质量，要强化全球视野，学习借鉴国际先进理念和做法，统筹利用好国际国内两个资源。

提高质量，对全国教育系统的观念、视野、思路、方法都提出了新的更高要求。各级教育部门要牢固树立创新、协调、绿色、开放、共享五大发展理念，加快推进简政放权、放管结合、优化服务改革，以现代化的治理和优质的服务为提高教育质量提供有力保障。

原载于《人民教育》2016 年 03—04 期

质量的崛起有赖于基础研究的兴盛

《人民教育》编辑部

2月11日，美国科学家宣布，他们利用 LIGO 探测器，首次探测到"引力波"——爱因斯坦百年前预见的一种时空干扰波。

随后，麻省理工学院校长在致全校的信中称：没有基础科学，最好的设想将无法得到改进，"创新"只能是小打小闹。只有随着基础科学的进步，社会才能进步。这段话在中国引发的震动不亚于发现"引力波"本身。

在提升国家竞争力的今天，我们反复研究科技创新能力领先的国家，其中重要的经验便是对基础研究的强调与重视。据了解，在经费投入上，大部分发达国家基础研究经费占 R&D（研究与发展）经费的比例为 15% ～ 25%，2012 年美国为 16.5%，但中国仅为 5%。

有人比喻，基础研究是面包，而应用和产业则是面包上掉下的面包屑。一个大国，如果不去做面包，那么它就只能永远捡人家餐桌上掉下来的面包屑。

不重视基础研究，不舍得在基础研究上花血本、下苦功，我们在一些关键领域、核心技术上就只能捡别人的"面包屑"。

教育亦是如此。教育改革在一些重大问题上，为何很难取得社会共识，甚至教育界内部，也时常出现忽视常识、功利浮躁乃至走火入魔的现象？很可能与我们不重视基础研究有关。

越是进入质量提升阶段，越需要有高质量的基础研究。只有我们的教育科研工作者能够静下心来，甘愿坐一坐冷板凳，诚恳地多深入实践作调查研究，诞生一批经得起实践检验的基础研究成果，教育改革的步伐才稳健踏实，而不只是停留于经验、情绪层面没完没了地争论。

但是，一个严峻的现实是，从事基础研究的人承担着巨大的压力，他们总被要求回答：花这么多钱，有什么用？能不能保证有重大成果产出？对基础研究的"无用之用"，我们总是缺乏足够的敬畏和耐心。

我们需要算好长远账。一些重大的基础研究，可能暂时不会产生看得见、摸得着的效益，但从长远看，却给某个领域乃至整个社会带来巨大的"收益"，有时其"副产品"的效果大于"主产品"。

因为高能物理学家需要进行数据传输，欧洲核子中心的科学家发明了WWW网页技术，使互联网走入寻常百姓家，极大地改变了我们的生活方式。这次 LIGO 的重大发现，其减震技术、激光技术和极低噪声技术未来的用途也将极为广泛。

更为重要的是，在基础研究"寂寞长跑"的过程中，将锤炼、培养出一批批顶尖级的人才和团队。麻省理工学院校长就说，历经 30 多年的 LIGO 项目，"是数千大学生和数百博士生的训练场"。

同时，基础研究也要解决好开放引进与自力更生的关系。有的成果可以靠引进，但有的却不行。如人文社科领域，基础研究的基本理念、范式以及研究工具、模型，目前基本全面从国外引进。但是，人文社科研究的特点恰恰是必须立足本土，才可能深入研究对象、正确解释研究对象，并且作出原创性的贡献。改革开放以来，中国基础教育的一线活力四射、万马奔腾，这样的土壤、这样的实践，本应该产生一批有中国气质的教育基础研究成果。遗憾的是，这样的成果凤毛麟角。

是的，中国教育的基础研究是时候吐故纳新了，特别是要立足本土，融通中西，为解决中国教育面临的基本问题开辟道路。比如中国学生学习发生机制、中小学综合课程与分科课程的关系、价值观教育规律，等等。它们困扰基础教育的发展，又不是一线教师凭经验可以解决，亟待教科研工作者耐心、专注的基础研究。

基础研究，解决的是前提性、科学性、根本性问题。前提错了，方向就可能不对，"创造"就白费力气。教育质量的提升高度依赖于对科学规律的尊重程度。没有基础研究的兴盛，就没有中国教育质量的崛起。

原载于《人民教育》2016年05期

核心素养：重构未来教育图景

《人民教育》编辑部

去年3月，一个崭新的概念——"核心素养"，首次出现在国家文件中。在教育部印发的《关于全面深化课程改革　落实立德树人根本任务的意见》中，"核心素养"被置于深化课程改革、落实立德树人目标的基础地位。今天，这个概念体系正在成为新一轮课程改革深化的方向。

为什么要提出核心素养？

十八大提出，要把立德树人作为教育的根本任务。但立德树人靠什么来落小落细落实呢？这是个问题。

曾几何时，知识本位、应试教育填满了学校生活的缝隙，师生争分夺秒，为的是获取更多的知识。然而当知识以几何级态势增长，这种方式还能奏效吗？

人们意识到，知识教学要"够用"，但不能"过度"，因为知识教学过度会导致学生想象力和创造力发展受阻。

教育不能填满学生生活的空间，要留有闲暇。因为学校教育绝不是给人生画上句号，而是给人生准备好必要的"桨"。

更新知识观念是一种世界趋势。国际上多数国家、地区与国际组织都认为，以个人发展和终身学习为主体的核心素养模型，应该取代以学科知识结构为核心的传统课程标准体系。

国际上长达20多年的研究表明，只有找到人发展的"核心素养体系"，才能解决好有限与无限的矛盾；只有找到对学生终生发展有益的 DNA，才能在给学生打下坚实知识技能基础的同时，又为未来发展预留足够的空间。

那么"核心素养"到底是什么？

不同于一般意义的"素养"概念，"核心素养"指学生应具备的适应终身发展和社会发展需要的必备品格和关键能力，突出强调个人修养、社会关爱、家国情怀，更加注重自主发展、合作参与、创新实践。从价值取向上看，它"反映了学生终身学习所必需的素养与国家、社会公认的价值观"。从指标选取上看，它既注重学科基础，也关注个体适应未来社会生活和个人终身发展所必备的素养；不仅反映社会发展的最新动态，同时注重本国历史文化特点和教育现状。在我国，社会主义核心价值观包含了国家、社会、公民三个层面的价值准则。因此从结构上看，基于中国国情的"核心素养"模型，应该以社会主义核心价值观为圆心来构建。此外，它是可培养、可塑造、可维持的，可以通过学校教育获得。

落到学校教育上，还需解决一个关键问题：它同学科课程教学是什么关系？

一方面，核心素养指导、引领、辐射学科课程教学，彰显学科教学的育人价值，使之自觉为人的终身发展服务，"教学"升华为"教育"。另一方面，核心素养的达成，也依赖各个学科独特育人功能的发挥、学科本质魅力的发掘，只有乘上富有活力的学科教学之筏，才能顺利抵达核心素养的彼岸。

核心素养还是学科壁垒的"溶化剂"。以核心素养体系为基，各学科教学将实现统筹统整。比如"语言素养"，它并非专属语文一家，体育课也有——可能只是通过手势和眼神，一个快球、快攻就发动了。现代社会中，人们有效交流的非文字信号能力也是"语言素养"。

对于教师而言，这是个巨大挑战。首先是观念转型——教师要从"学科教学"转向"学科教育"。学科教师要明白自己首先是教师，其次才是教某个学科的教师；首先要清楚作为"人"的"核心素养"有哪些、学科本质是什么，才会明白教学究竟要把学生带向何方。

这也是从"知识核心时代"走向"核心素养时代"的必然要求。

基于"核心素养"完善学业质量标准，还可能改变中小学评价以知识掌握为中心的局面。一个具备"核心素养"的人与单纯的"考高分"并不能画等号。它还将对学习程度作出刻画，进而解决过去基于课程标准的教学评价操作性不足的问题。

　　当然，它不仅挑战我们现有的课程设计与评价体系，同时也拷问着校长和教师的教育素养，从概念到行动，从"知识至上"转向以核心素养为导向，您准备好了吗？

原载于《人民教育》2015年07期

教育自信力：担当与行动更重要

唐江澎

"中国学生发展核心素养"公布了，"新版高中课程方案"即将公布，指向"核心素养"的课程内容与学业评价标准呼之欲出。在新一轮改革启幕的时候，我们需要探讨一个重要的话题：教育自信力。

是否可以这样定义：教育自信力，属于文化自信范畴，是教育者对"立德树人"教育价值的肯定尊崇，对教育规律的坚守践行，是心灵深处对教育改革前景的一份信心、一种期待。有自信力的支撑，我们才有不惮前行的勇气，才有攻坚克难的智慧，才有久久为功的定力，才能让体现国家意志的顶层设计变成校园里生动的教育现实。

增强教育自信力，需要我们确信教育的终极价值。当下教育的主要问题，是"升学需求"僭越价值次序，凌驾于一切追求之上，成为教育唯马首是瞻的事实导向。其实质是将"科学获知"这一工具性价值凌驾于"人的全面发展"这一终极价值之上；把人当作被训练的机器，把涵养熏陶的丰富教育活动窄化、僵化为与心灵隔离的应试行为，把人的精神完整性割裂成理性知识的碎片。这样的教育不仅无法培植学生热爱学习的强烈动机，无法形成终身学习的持续动力，更会让学生在一次次急功近利的阶段目标达成中变得短视、被动、无奈和应付，失去自主发展、创新创造的活力与动力，并失去心系家国、关心人类的襟怀与抱负。

我们应当确认："教育是极其严肃的伟大事业，通过培养不断将新一代带入人类优秀文化精神之中，让他们在完整的精神中生活、工作和交往。"这种"人的灵魂的教育"才可以将"人类的精神内涵转化为当下生气勃勃的精神"，才可以实现教育的终极价值。

增强教育自信力，需要我们拥有推进变革的智慧策略。"天下大事必作于细"，我们倡导"精微变革"，就是把"口号"变成"方案"，在教育终极价值追求的宏观视野内，致力于探索合乎教育规律的变革路径，争取在课程、教学细分的具体领域内寻找到现实可行的实施步骤和方法策略。

增强教育自信力，需要我们以坚守的定力努力去实践。有教育研究者曾感慨："教育改革很多时候被视为失败，其实不然，因为它们从来就未得到实施。"对于今天的教育改革来说，比认识更重要的是决心，比方法更重要的是担当，比批评更重要的是行动。也许我们的实践没有多少超前性与引领性，但至少我们从"分的教育"向"人的教育"努力前行了一步，一步又一步，久久为功，"每个明天都会比今天更美好"！

增强教育自信力，需要我们摆脱"要素驱动"的路径依赖。教育自信力一旦被资源要素绑架，办学者就会围绕生源、师资、投入等要素，依靠抢夺优质生源、集聚优秀教师、增大经费投入等方式实现学校发展。这种模式，放置于一个国家的基础教育发展格局中，实在是弊大于利。一所超级学校的强势崛起，总伴随着一批薄弱学校的雪上加霜，尖子生被抢光、好教师被挖光、名牌大学名额被占光之后，整体教育生态会不断恶化！在发展动力上，应该依靠"专业驱动"，通过提升教师的专业生活品质来提升课程品格，改善教学品质，进而整体提升办学品位。

教育是塑造未来的事业，今天的教育预示着未来的社会样态。如果我们对明天还有坚定的信心，那就应该让今天的教育发生一些变化，哪怕这种变化不那么惊天动地，甚至微不足道，但只要心怀远方，这样的行动必然会获得历史的意义。

作者系江苏省无锡市锡山高级中学校长、《人民教育》特约评论员

原载于《人民教育》2016年24期

用理性精神直面改革

李 帆

　　教育是一个"不确定系统"，所以我们常说，教育改革要摸着石头过河。但教育家吕型伟却幽默风趣地提出了一个关键问题："摸着石头过河，那么，石头在哪里呢？"

　　随着十八届三中全会的召开，教育改革步入深水区，这个问题更加发人警醒。

　　改革的风起云涌中，我们一直在寻找理论的支撑。因为没有理论的行动是盲目的行动。但当诸如建构主义等理论风靡之际，是否有人思考过：用来支撑"以学生为中心"教育模式的建构主义，可能指的是整个人类而不是单个的儿童在构建知识？建构主义主导的教育模式，可能让学生充其量是一个首学者，而没有经过牢靠的系统学习。

　　我们努力完善各种制度，想用制度去推动教育的进步。但当校长教师交流轮岗等义务教育均衡发展制度在各地铺开时，是否有人思考过：面对学生的个性发展要求，面对学校特色发展的趋势，我们该如何正确理解和执行校长教师交流轮岗等制度？造成学校的整齐划一、削峰填谷，并不是这些制度的初衷。

　　我们勇于朝向未来，试图用前沿目标去指引教育的进步。一些地方开始探索教育现代化，但对于教育现代化，我们既缺乏标准，又缺少相关的理论研究。其实现代化是一个相对的概念，目前许多国家进行着"未来学校研究"，并大致形成了两个流派：一是以俄罗斯为代表，着力于学生思维能力培养、学校与社会关系重构等；一是以欧美为代表，致力于通过新技术的应用以推动学习方式的变革。我们到底该走哪一条教育现代化之路？

对这些问题，没有任何现成的、简单的、拿来可用的答案。解答它们，没有透彻的思考，就没有发言和盲目实践的权利。说到底，真正带领教育者蹚过改革湍流的"石头"，不是理论，不是制度，而是一种赋予我们思考力的宝贵的理性精神。只有在理性精神的照耀下，理论和制度才能散发出光芒。

这种理性精神，应该是一种独立思考、科学探究、让人前行的精神。毋庸讳言，当下教育的某些方面弥漫着一股追随"时髦"的力量，一部分教育者上缴了独立思考的权利，说着别人说过的话，实践着别人提出的方法，教育改革看似热火朝天，教育的内核却并没有太大的改变。教育是思想者的事业，没有了独立思考，教育的发展就是一句空话。

这种理性精神，应该是一种善于反思、勇于批判、让人沉着的精神。教育改革，本质上是教育者对自己的改革。然而，我们对自己深入骨髓的批判太少，反思总是在浅层次上"打转转"；我们习惯了闭上自己的眼睛，放弃自己的心灵，在一种惰性中说话和生活。改变它，就要让思想向自己发问，从而在时代的喧嚣里，找到让教育改革安静前行的力量。

这种理性精神，还应该是一种开放心灵、解放思想、海纳百川的精神。理性，并不意味着中庸，也不意味着保守。在这个时代里，每个人都是改革的参与者，都要放弃"看客"和"旁观者"的心态，以多元思维、创造精神去面对改革的各种新问题。如果教育改革不能突破既有的思维定式、不能打破固有的路径依赖，教育又如何能实现自身的发展和超越？

教育改革需要理性精神的滋养。这种精神决定了教育者的情怀和品格，也决定了教育改革的未来和价值。

作者系《人民教育》评论员

原载于《人民教育》2014 年 01 期

教育现代化要攻什么样的"坚"

《人民教育》编辑部

2015 年，基本实现教育现代化进入全面攻坚阶段。要攻什么样的"坚"，这是摆在我们面前的迫切问题。

总体思路是，坚持稳中求进的工作总基调，主动适应经济发展新常态，全面深化综合改革，全面推进依法治教，着力促进教育公平、提高教育质量，加快推进教育现代化。

价值观的传递是育人的根本。要在中小学阶段就给每个学生打下社会主义核心价值观的精神底子。核心价值观教育不能靠简单的说教，而要注重根植于学生的心灵。"爱国、敬业、诚信、友善"等既要上墙，更要内化于心、外显于行。要让核心价值观"活"起来，针对不同年龄段的孩子找到合适的传播、教化方式，真正走进他们的内心、大脑。

价值观教育要润物无声，必须借助文化的力量，用文化高地去涵养学生的精神高地。让学生浸泡在爱国诗词、名家经典之中，浸泡在中华优秀传统文化之中，从而对中国价值、中国精神有认同感、归属感。

公平是教育的永恒话题。一方面，政府要兜底线补短板，教育资源多向边远贫困地区、薄弱学校倾斜，逐步缩小城乡、区域、校际之间的差距。尤其要全面改善贫困地区义务教育薄弱学校的基本办学条件，办好每一所学校；要大力加强特殊教育，不让一个适龄特殊儿童掉队。另一方面，要主动顺应新型城镇化带来的挑战，加强对流动人口子女教育的研究，科学规划、均衡配置城乡教育资源。做好农村留守儿童的关爱和帮扶工作，努力让每个儿童都感到温暖。

规则是公平最好的代言人。教育不但要做大、做好蛋糕，也要切好、分好蛋糕。近年来大城市择校热得到基本遏制的一条经验，就是制定好入学的规则并努力做到规则面前人人平等。今后区域教育公平的推进，可以借鉴这一经验，涉及群众切身利益的事情，都要建立科学合理的规则，以规则公平保障结果公平，让公平看得见、摸得着。

当前，分散式、碎片化的改革已难以解决问题，教育现代化的突破口在综合改革。考试招生制度改革牵一发而动全身，省、市教育改革只有紧紧抓住这一重点，才能充分释放自身的发展活力。当然，地方不能照抄国家顶层设计，而要结合各自实际，在转化实施、落地操作上下功夫。管办评分离是综合改革的另一重头戏，其核心是让学校从依附于行政的被动发展转向自主性的主动发展。学校是教育系统最活跃的细胞。教育办得好不好，关键要看每一所学校是否有活力。

人才培养模式创新是块"硬骨头"。我们需要的是有社会责任感、创新精神和实践能力的学生，而不是只会背书考试的机器。"文明其精神，野蛮其体魄。"没有坚强的体魄，就没有旺盛的生命力。古今中外，一所好的学校，往往有两个标志：一是好的图书馆，二是先进的体育等活动场所。一个不重视体育，不重视学生动手实践的校长，是不称职的校长。美是创造的源泉。学校教育"美"不能缺席。改进美育教学，提高学生的艺术修养，就是提高整个民族的创造力。

现代化的一个重要标志，是法治。依法治教首先是依法行政，各级教育行政部门要尽早列出"权力清单"和"责任清单"，把本该属于学校、社会的权力还回去，为建立多元共治的现代学校治理结构奠定基础。为人师表者，要带头遵法守法。一位信仰法律、尊崇法治的教师、校长，将带动一批学生过上良序的生活。

原载于《人民教育》2015 年 04 期

"依法治教"是推动教育改革与发展的重要力量

劳凯声

十八届四中全会召开，建设法治中国的伟大任务呈现在我们面前。这意味着我国的社会发展进程即将进入一个新阶段。

作为社会的重要组成部分，作为为人类社会生存和发展创造各种基本条件的事业，教育工作也面临着新的任务：为了营造健康和谐的育人环境，推动教育事业可持续发展，应当将教育工作纳入法律的规范，加强教育法制建设。

近几十年的社会变迁，已使教育成为社会发展中一个不容忽视的方面。不同的人对教育有不同的利益追求，试图通过教育实现不同的目的；同时，它又是一个涉及社会公平的敏感领域，人们关注教育的平等与效率问题、教育的公益性与营利性问题、大众教育与精英教育问题、素质教育与应试教育问题，等等。这些问题概而言之，其实质就是要实现怎样的教育发展和怎样发展教育。人们在问，国家与教育应构成怎样的关系？在建立和完善现代教育体制的过程中，政府应如何发挥作用？学校应如何实施教育教学活动？如何才能真正普及教育？怎样保证教育资源和教育机会的公平分配？怎样保障公民的受教育权利？……法律与教育的关系从未这样密切，从理论到行动，法律开始成为教育改革与发展的一种不可或缺的影响力量。

根据"法治国家"的基本精神，健全的教育法治应是以一套完备的教育法律法规为核心的，包括相应的法律实践和法律文化在内的法律系统，这是一个以行政法为主体，民法相配合，辅之以必要的刑法手段，并以其他法律手段为适当保障手段的完整的法律调控机制。实现依法治教，不仅需要制定完备的法律制度，而且需要使这些法律制度为广大公民所接受、认同并遵循运用，为此要在如下方面加强法制建设：

有完善的法制保证贯彻国家对于教育的基本方针、原则，明确教育的地位和作用，规定教育的根本任务，使各级各类教育的培养目标、学制、各级各类学校的规格及其基本的管理制度规范化，为教育行政管理提供明确的依据和目标。

有完善的法制保障公民的受教育权利和全面发展的权利，使之不受任何机关、组织和他人的侵犯。在公民受教育权利受到损害时，有相应的法律措施予以救济。

有完善的法制保障学校的教学环境和教学秩序，改善办学条件，保护学校、教师和学生的合法权益。

有完善的立法制度和包括法律、行政法规、地方性法规在内的比较完备的教育法体系，保证教育工作的各个方面都有法可依，不同法律效力的法律规范协调发展，真正发挥其调节作用。

有明确的法律责任规定，做到执法必严、违法必究，有效地保护教育事业的健康发展，追究并处理违反教育法的行为。

有完善的法律监督制度，对教育法的实施情况进行有效监督，同一切违法与犯罪行为作斗争。

有与现代法治相适应的法律文化，维护教育法所体现的价值原则，革除人治时弊，力促观念和思维方式的更新与转变，使现代社会的教育观念、法律观念融入人们的行为之中，形成实施教育法的良好文化氛围。

要达到以上目标，不仅需要制定一套完备的法律，而且要在法律的遵守、适用、监督、救济、宣传以及相应法律文化的建设等方面花大力气为之奋斗。就此而言，教育法治是一项巨大的社会工程。

作者单位系首都师范大学教育学院

原载于《人民教育》2014 年 21 期

基础教育要牢牢把握好定位

《人民教育》编辑部

习近平总书记考察北京市八一学校时强调，基础教育在国民教育体系中处于基础性、先导性地位，必须把握好定位，全面贯彻落实党的教育方针，从多方面采取措施，努力把我国基础教育越办越好。这精辟地指出了基础教育在中国特色社会主义教育事业中的特殊作用、独特功能，为新形势下办好基础教育指明了方向，提供了思想保障。各级党委和政府要深刻领会这一论述，真正把教育优先发展、办好基础教育落到实处，为实现中国梦奠定坚强基石。

基础教育强，则国家兴。"建国君民，教学为先"，民族复兴的基础在教育，教育的基础在中小学。一个国家的繁荣，不取决于其国库之殷实、城堡之坚固、公共设施之华丽，而取决于其公民所受的教育如何。公民的文明素养、远见卓识和高贵品格，才是真正的力量所在。一个国家的基础教育怎么样，就基本决定了其精神风貌、文明水准乃至国家实力。基础教育决定国民的基本素养，国民的素养决定国家的实力。我们坚持把教育放在优先发展的战略位置，首先要把基础教育放在教育事业发展的优先位置。

办好基础教育，首先要把握好定位，扎实做好"基础"这一大文章。中小学是一个人打底子的阶段。底子打好了，一个人的未来才有无限发展的可能。在基础教育阶段，我们要为孩子打好身体的底子。有强健的体魄，才有旺盛的生命力；生命力旺盛，才会有无穷的创造力。不重视体育的校长是不合格的，体育应该置于学校教育的核心位置。一位好校长、好老师的教育学手册的第一页第一行应该写着：学生身体健康成长是学校教育的天职。我们同时要为孩子打好道德、精神的底子，让孩子扣好人生的第一粒扣子。中小学是一个人习惯养成、道德涵养、精神发育、心灵成长的关键时期。美国诗人惠特曼写道："有一个孩子每天向前走去，他看见最初的东西，他就变成那东西，那东西就成了他的一部分。"我们给予孩子什么样的道德、精神上"最初的东西"，长大后他就会变成什么样的人。我们还要为孩子打好知识、能力的底子。在信息时代的今天，科技日新月异，知识不断更新，基础教育要培养学生什么样的必备品格和关键能力，是时代交给我们的紧迫课题。

办好基础教育，要以素质教育为核心，鼓励学校办出特色，鼓励教师教出风格。素质教育的灵魂是以人为本、因材施教，促进每一个人全面而有个性地发展。素质教育从本质上看是一种着眼于发展、着力于打基础的教育，要为每一个学生未来的发展负责，包括思想品德素质、科学文化素质、身体心理素质、劳动技能素质、审美素质在内。可以说，素质教育是一种高层次的基础教育，是基础教育返璞归真、重新成为真正意义上的基础教育的一种表现。党的十八大以来推进的基础教育改革，强调了"基础"，尊重了学生自主选择的权利，重在培养学生的核心素养。我们要根据时代发展和社会需要，努力培养出更多更好能够满足党、国家、人民、时代需要的人才，以促进中华民族"中国梦"的早日实现。

基础教育是立德树人的事业，关系到每一个孩子的身心成长，我们不能没有虔敬之心。各级党委和政府要坚持把教育包括基础教育放在优先发展的战略位置，及时研究解决教育改革发展的重大问题和群众关心的热点问题，深化办学体制、管理体制、人才培养模式等方面的改革，让教师安心从教、热心从教、舒心从教、静心从教；广大中小学校长、教师要自觉肩负时代使命和职责，争做每个学生健康成长的关键引路人；全社会要发挥尊师重教、崇智尚学的优良传统，家庭、社会、学校之间相互信任、相互支持，全力把基础教育越办越好，共同谱写中华民族伟大复兴的美好明天。

原载于《人民教育》2016 年 18 期

用好教育综合改革这一方法论

王　烽

综合，是一种改革的方法论。习近平总书记反复强调要"增强改革的系统性、整体性、协同性"，十八届五中全会提出以"质量和效益为核心"的指导思想和创新、协调、绿色、开放、共享的发展理念，这为我们指明了深化教育综合改革的方向和要求。

提高质量和促进公平是教育综合改革的主题。当前，我国教育发展已经迈上一个新台阶，高质量、公平性、多样化成为教育发展的价值引领和施政方向。高质量的教育不仅体现在提供更多的接受优质教育的机会，更体现在日常教育教学中，体现在促进每一个孩子健康成长的作用上；公平的教育不仅表现在教育资源和教育机会配置的均衡，更重要的是为每一个孩子提供适合的教育，让弱势群体得到更多关怀和支持。要让人民群众有获得感，改革就要坚持以人为本、从细微之处着眼，围绕改善教育生态做文章。教师、学校是"获得感"的提供者，每一项改革都有不同的目标，但都要服从综合改革的大目标，即激发校长、教师的内在动力，让他们被激励而不是感到"被折腾"。

考试招生和评价制度改革是教育综合改革的突破口。如果说考试招生是一个教育体系的枢纽环节，考试招生制度改革则是教育综合改革的"开关"。高考改革设置"选考科目"，将打开高中课程改革和高中多样化的"玻璃门"；优质高中阶段学校"分配名额"和小升初"划片就近入学、对口直升"，则在很大程度上解放了小学，使小学阶段的教学改革异彩纷呈。淡化了升学考试压力，教育质量标准开始多样化，新一轮教育评价探索正在各地兴起。考试招生改革和评价制度改革并不是简单的技术手段变革，它们从最敏感、最关键的环节启动对教育管理体制、办学体制等的倒逼机制。

治理改革是教育综合改革的关键。党的十八届三中全会提出的"管办评分离"，实质上是要建立现代教育治理体系。本届政府把"简政放权、放管结合"作为"先手棋"，将从根本上解决教育行政管理体制滞后于教育发展现实的问题，打破"收收放放"的恶性循环。教育治理改革首先要"划清边界"，通过权力清单和负面清单划定政府权力边界，根据权责对应原则和公共服务职能范围划定政府责任边界，通过修订学校章程和学校法人治理改革划定学校及其内部成员的行为边界。在边界之外依托社会治理，在边界之内建立社会参与机制，最终形成多元参与、平等协商、开放灵活、法制和契约保障的教育治理体系。

部门联动是教育综合改革成功的保证。教育综合改革，就是用"综合"的方法啃"硬骨头"。"硬骨头"之所以难啃，是因为它涉及利益调整，涉及打破原有思维方式和工作模式惯性。"综合"的一个重要含义，就是有关部门联动、合力攻关。没有哪一项深层次的改革不涉及教育的行政体制、财政制度、人事制度等各方面，哪一个部门不积极，改革都难有成效。记得在一次教育改革论坛上有记者问了一个问题：教育系统的人坐在这里研究涉及其他部门的改革，有意义吗？我的回答是，教育对其他部门改革的需求，不能指望别人提出。一位教育局长则这样回答：改革需要不屈不挠的精神，也需要妥协的艺术。

当前，各地推进教育综合改革，要避免方向不明，内容不清，把综合改革当作一个筐，什么都往里装，特别是要在目标引领下，把牵一发而动全身的关键领域、关键环节找出来，实事求是地研究解决问题的办法，系统、整体、协调并形成合力，如此改革才能真正深化并取得成效。

作者系《人民教育》特约评论员

原载于《人民教育》2016 年 08 期

把教育活力摆在更加重要的位置

石中英

　　教育活力问题是教育系统的一个老问题，也是 30 多年来国家和地方历次教育改革都想努力解决好的问题。目前，各级各类学校的办学活力不足现象依然存在。未来"十三五"期间各级各类教育事业发展应当把增强教育活力摆在更加重要的位置上。

　　教育活力与教育质量和教育公平之间存在着密切的关系。教育活力是教育质量的保障，也是高质量教育的表现形式。没有活力，就没有质量，这应当是一个普遍的教育共识。而教育公平问题表面上看是不同区域之间、城乡之间和学校之间公共教育资源配置及教育供给水平上的差距或不平等，实质上还综合反映了不同区域之间、城乡之间、学校之间教育质量上的差别。产生这种教育质量差别的原因有很多种，不同区域之间、城乡之间和学校之间在教育活力上的差别也是一种不容忽视的原因。显而易见，一个地区或一所学校，尽管在公共教育资源配置方面处于不利地位，但是却充满了活力，具有较高的质量，那么该地区的人们或该校的师生也不会发出公平性抱怨。反过来说，如果一个地区或一所学校，教育活力不足，会加倍地放大在教育基础、教育条件等方面的劣势，导致教育公平性的抱怨。因此，提升教育质量、促进教育公平、实现教育现代化，必须首先考虑解决教育活力问题。

　　解决教育活力问题要求人们对于活力的实质有科学的把握。活力是万事万物的特性及其与环境条件之间的适应性。这种适应性程度高，万事万物就表现出蓬勃的活力，反之就会出现活力不足的样子。这个原理应用于人身上也是一样的。人如何表现自己，不是由自己所谓先验的、内在的本性决定的，而是由人所处的社会关系的性质所决定的。如果这种社会关系与人的自由自觉的类本性相一致，那么人在自己的工作生活中就充满了活力。社会主义社会废除了种种不合理的社会制度，建立了更加自由、平等、公正和友爱的新型社会关系，总体上为各行各业劳动者活力的释放奠定了坚实的社会基础。但是，由于我们还处在社会主义的初级阶段，生产力发展水平还不高，教育上的硬件投入不足，加之人们的思想意识和观念总体上还没有全部达到社会主义社会应有的水平，客观上还存在活力不足的问题。

解决教育活力问题的根本路径在于从学生出发，从教师出发，从学校出发，认清那些压制或阻碍学生活力、教师活力和学校活力的观念的、政策的、文化的和行为的原因，精准地提出旨在克服这些影响活力的障碍性因素的政策、策略和有效办法。在这个过程中，政府的作用在于切实落实学校的办学自主权并保障学校的自主权不受侵犯。学校的作用在于正确地使用这种办学自主权，为教师的教育教学创造更加良好的环境和支持性条件，确保教师的教育教学自主权得到充分的实现。而教师教育教学自主权的使用，根本上也是为了给学生的学习发展提供更加良好的环境，确保他们能够积极主动和创造性地开展学习。如果一所学校，学生在学习和发展上有活力，教师在教育教学上有活力，那么这所学校就充满了活力。学校的师生是否有活力，是检验围绕这所学校开展的各项教育教学改革成败的一个关键指标。

作者系《人民教育》特约评论员

原载于《人民教育》2017 年 10 期

质量时代的教研转型

尹后庆

基础教育改革已经进入到内涵发展的新时期，其发展的核心是提高教育质量，发展的关键是深化课程改革。而教研制度和教研员队伍是推动课程改革实施、促进教师发展的重要专业力量。面对基础教育发展新的形势和任务，应该积极推动教研工作的转型。

针对内涵发展面临的深层次矛盾，我国在完善具有时代特征和中国特色课程体系的同时，需要从长远着手努力建设三个体系。一是以校为本的课程实施与质量保障体系，以引导学校按照基于课程标准、注重教学环节、关注学生需求、促进教师发展的原则，校本化、创造性地实施课程，并在此基础上完善学校自我评价、分析与改进的质量保障机制。这是提升质量的关键所在。二是建设质量监测体系，保证及时、科学地监测、分析、报告基础教育质量，反馈、指导和改进行政的教育决策、管理以及学校的教育教学行为。三是建立对学校课程体系、实施状况、课程评价等的研究、指导、服务体系，通过丰富教学资源、扶持改革实践、推广研究成果等多种手段，为学校和教师的研究与实践提供咨询、服务与专业支撑。这些任务对教研机构的能力建设提出了挑战。

我们应赋予教研机构职能定位新的内涵：探索课程与教学理论和实践的研究机构；提供课程与教学专业指导的服务机构；评价和改进基础教育质量的指导机构。在"研究、指导、服务"的基本职能定位基础上，进一步把教研机构建设成为课程发展中心、教学研究中心和资源建设中心。随着大数据时代的来临，各种测量统计技术的发展，在承担深化课程改革的重任中，还应该成为"数据研究中心"，从而保证"课程建设—课程实施—课程评价"的一致性，在此基础上不断改进和完善课程建设与教学实施。

教研工作要紧紧围绕"培养什么样的人"和"如何培养人"这两个根本问题，按照时代的要求和育人的规律，找准当前基础教育改革和发展中的重点难点问题，要加强调查研究，提出发展思路和应对策略，成为教育行政部门课程与教学工作的重要助手和参谋；要勇于实践，敢于突破，率先将课程与教学改革的各项要求落到实处，不断创造新的经验和成果；要潜心研究、精心指导基层学校和教师的课程与教学业务，大力促进校长课程领导力、教师课程执行力与创造力的不断提升。

要实现教研工作模式的重心下移。教研重心必须下移到关注课程的实施层面：教学空间上，要关注基层学校和课堂的教学有效性，要对所存在的问题进行诊断、研究和指导；教学要素上，要把重心从关注教师的"教"下移到关注学生的"学"，包括从教师到学生、从教法到学法、从教材到学材等；教学环节上，要从教材教法等上游环节下移到有效作业和有效评价等下游环节。

顺应课程改革的发展趋势和破解基础教育内涵发展的难题，都需要教研工作的重点转向研究人，即对教育过程中的教师和学生（特别是学生）的研究。因此教研员要学会引导教师提高关注学生的能力，掌握关注学生的方法，优化关注学生的过程，提高关注学生的效果，促进师生的共同成长。广大教研员要从原来的统一组织教学进度转移到基于课程观视野下的教学研究与服务工作；要从组织考试、教学评比、学科竞赛等，转移到基于课程标准的评价研究、分析、指导与反馈工作；要从自上而下的指令性工作方式，转向引领教师的专业发展与教育文化的再造。

作者系《人民教育》特约评论员

原载于《人民教育》2016年20期

坚持走内涵式综合改革之路

《人民教育》编辑部

2015 年，"十二五"收官之年，考试招生制度改革逐渐落地之年，基本实现教育现代化开始全面攻坚之年。基础教育该以什么样的方式前行？

应该树立新的改革观，走"内涵式综合改革"之路。具体来说，就是以质量提升为核心，以综合改革为抓手，实现基础教育高水平发展。

基础教育难点比较多，但综合起来考虑无非两点：一个是公平，一个是质量。多年来，各级政府和教育行政部门一直积极推进教育公平。目前，有学上已经解决，大城市"择校热"基本被遏制，随迁子女、留守儿童、残疾儿童等都享有了接受教育的平等机会……"温饱型"的教育公平已不是问题。

现在最大的问题是提高质量，实现有质量的公平。质量和公平有时候是联系在一起的。比如择校，说到底是择校长、教师，就是择质量。质量没有抓好，会衍生出一系列问题。

以质量提升为核心，就要聚焦内涵发展。从全国来看，内涵发展的重要抓手是标准化建设。学校办学要有标准。图书馆、操场、食堂等学校必备设施都要标准化，这是基础。此外，教师、校长以及课程、教材也要有标准。内涵发展首先要达"标"。达了"标"，内涵发展才能硬气起来。

"标准"的高低、好坏直接影响教育的质量。有一个好的教师、校长"标准"，就有利于产生一大批好的教师、校长；有一个好的学校"标准"，就可能催生千万所好的学校。什么是好的"标准"？要回归到"人"。工业"标准"是出产品，办学"标准"是要服务人的成长。有利于学生成长的"标准"就是好的，否则就是差的、坏的。

比如"全面改薄"提出的标准：每个教室要有适合眼睛保健的采光，学校要有能满足学生运动需要的运动场地，新增图书为适合学生年龄特点的正版图书，要有足够的厕位，并按1：3设置男女蹲位……这样的"标准"，眼里就有学生。内涵发展需要的就是这种以人为本的标准。

课程教学是内涵发展的重要载体。当前，课程教学改革已不仅仅是学校教育的微观问题，而且上升为国家教育改革的核心环节。课标、教材的修订，教学模式的改革，越来越牵动着家长、社会的神经。未来区域教育关注的核心，应逐步转移到课程教学改革上来。这虽然很难，但却是大势所趋。

树立新的改革观、聚焦内涵发展，关键在落实。2014年，基础教育的一些重大改革顶层设计基本完成，今后重在转化实施、落地操作。考试招生制度改革各地要结合实际出台实施方案，重点大城市遏制"择校热"要巩固成果、防止反弹，顺应新型城镇化和户籍制度改革新形势逐步化解县镇大班额问题……"一分部署，九分落实。"国家宏观改革如此，区域、学校中观、微观改革亦如此。

改革需要自上而下，也需要自下而上。尤其是教育质量的提升，各地情况千差万别，没有哪种模式放之四海而皆准。激发、唤醒区域、学校的改革活力十分迫切。教育行政干部坐在办公大楼里，想不出比基层同志更高明的主意。要善于发现、甄别、总结和推广基层新经验、新创造。

"干一年想三年。"教育改革不能翻烧饼，而应是"接力棒"式的长跑。制订今年的工作规划，至少得想想上一年干了什么，下一年接着怎么干。"十年树木，百年树人。"教育改革的成效，是一茬接一茬干出来的。每一项具体的改革，都是整体改革的一环，需要放到整个链条里面去观照、思考，让上下左右互相协调而不是互相抵消，互相促进而不是互相阻碍。

原载于《人民教育》2015年05期

集团化办学的可持续发展

《人民教育》编辑部

当前，基础教育领域内集团化办学正呈现快速发展的势头。它在一定程度上促进了优质教育资源的扩大和共享，有利于薄弱学校教育水平的提升。在义务教育就近入学政策前提下，集团化办学还可以使集团内的招生范围相对稳定，一定程度上缓解了"择校热"。而且，通过加强集团内校际沟通和协作，有利于促进学校的优势互补，实现相互激励、相互促进，提升整体教育质量。

值得注意的是，集团化办学绝不是将弱校冠以"名校分校"就"大功告成"，"龙头学校"应该切实发挥引领作用，承担起更多的组织协调工作，并形成相对稳定的合作领域和工作程序，从而使集团活动制度化、治理良性化，方可取得集团内各学校整体优化的实效，集团化办学才不至于流于形式。

在这个过程中，集团化办学一定要处理好共性与个性的关系。目前各地集团化办学有多种合作模式，但是根本的还是要发挥集团的资源统筹和共享作用，首先完成"托底"任务。因此，集团化办学的合作领域应当突出重点，把促进各校教师专业发展、课程等教育资源共享和开展教学研究作为主要任务。有的紧密合作型集团还在倡导建立集团共享的文化理念、价值观、制度，这些都是各地根据具体的实际情况所作的有益探索。

从长远看，集团化办学需要充分考虑"集团"的可持续发展。集团既不是硬加在学校上方的一道"管理层级"，也不是可有可无的形式存在。这就需要各教育集团处理好共性与个性的关系，即如何能够实现从一般教育资源共享，到新的集团文化生态构建，在尊重各学校发展历史和实际条件的基础上，充分发挥每所学校的积极性、主动性，释放每所学校、每位师生的活力，真正实现所有学校的可持续发展，促进教育质量的整体提升。共性与个性的关系处理不好，集团就有可能成为学校发展新的体制机制障碍。这也是对各教育集团治理理念与能力的考验。

原载于《人民教育》2017 年 11 期

促进公平、科学选才是时代的重大课题

《人民教育》编辑部

9月3日，国务院正式印发《关于深化考试招生制度改革的实施意见》，标志着新一轮考试招生制度改革全面启动。

此前，党中央、国务院多次召开会议进行研究，8月29日习近平总书记主持召开中共中央政治局会议审议，充分表明这次考试招生制度改革的重大和重要。

为什么要进行改革？

《意见》明确了三个出发点：促进学生健康发展、科学选拔各类人才和维护社会公平。

作为国家基本教育制度，考试招生制度无论是对经济社会发展，还是对学生成长、社会稳定以及国家竞争力提升都具有举足轻重的影响。

也正因为如此，无论怎么改革，都不能放弃最重要的两个价值追求。

首先是公平性。尽管经济快速发展，教育规模迅速扩大，各种教育机会增加，但人们对公平的诉求并未缩减，反而日渐升温。关注点从简单的数量公平转向更有质量的深层次公平。择校热、高考热其实质都是对优质教育资源的竞争，这比仅仅"有学上"的要求大大高出一个层次。而对不同地区、不同家庭背景学生录取比率、自主招生等问题的关注，则是涉及标准、程序以及结果的机会公平问题。希望增加选择性，特别是基于个人兴趣特长的选择考试、学校的自主权，反映了选择权利的公平诉求。改善民生和促进社会公平正义是十八大的郑重承诺，故而，这次改革明确提出，要把促进公平公正作为改革的基本价值取向，并从招生名额分配、选拔录取、监督管理等多方面出台新举措，以保障考试招生机会公平、程序公开、结果公正。

其次是科学性。与公平性问题不同，科学性问题往往是隐性的。如"唯分数取人"，形式上看很"公平"，实际上经过多年的演变和异化，已经对教育和学生的成长造成了伤害，甚至导致恶性竞争，其科学性不足也导致了人们对公平性的质疑。在这个问题上，中央心明眼亮，把科学选才作为考试招生制度改革特别是高考改革努力的方向。选才的标准进行了前所未有的拓展，"两依据一参考"使综合评价作为招生依据成为可能。人才的兴趣愿望得到深度关怀，学生可以在6门学业水平考试科目中选择3门作为高考科目；创造条件逐步取消录取批次，学生选择高校的人为门槛被拆除；推行平行志愿，学生志向满足率大大提升。而人才成长立交桥的搭建，则是对人才发展规律的敬畏与尊重，从另一个角度呼应了科学选才。

公平和科学是考试招生制度改革的两条博弈线。多年来改革的争议点也多在这两条线上徘徊。事实上，对于考试招生制度改革而言，公平性与科学性就像飞鸟的双翼，互相支撑、缺一不可。只有保证并提升公平，改革才有可能持续深化，才有可能办好让人民满意的教育。反之，只有做到科学选才，才能引导学生健康发展，引导社会良性竞争。不顾国情民意片面追求科学性，就会暗藏公平风险；为了公平性而忽视科学性，改革将不会给人民群众带来真正的实惠。

此次改革，正在于从顶层设计的角度系统把握这两大时代课题，做到公平性与科学性的高度统一。

一个好的制度，特别是涉及高利害的选拔制度，总是需要与一个国家的国情相适应，与其文化传统相吻合。未来的落实过程任重道远。我们期待多一份智慧，也多一份宽容。

原载于《人民教育》2014年18期

考试招生改革能否落地，需要大智慧

《人民教育》评论员

9月4日，《关于深化考试招生制度改革的实施意见》（以下简称《实施意见》）正式颁布，迈出了考试招生制度改革的第一步。其重大意义，在于对"培养什么人""如何选择人"作出了响亮的回答。

作为国家层面的顶层设计，考试招生制度面临着多方利益的博弈，需要精准的尺度拿捏。个体与国家，多元与统一，公平与科学，进退取舍之间，无不体现这一改革的广泛性、深刻性和复杂性。

下一步，最重要的是让改革落到实处。《实施意见》中一些措施是比较容易落地的，如取消艺术、体育特长加分；但更多的却是难解之题，难就难在它们常常涉及多个方面、多个部门；难就难在作为一种社会科学问题，可能同时存在多种正确答案。只有解决好这些难题，我们才能把上位的价值追求转化成切实的行动实践。

"公平"问题是重中之重。然而，公平也是分层次的。加强考试招生全程监督，呼唤的是规则公平；提高中西部地区和人口大省高考录取率，彰显的是机会公平。这些公平，都是基于公民平等身份的公平要求。但于教育而言，我们面对的是极具差异性的个体，让"每个人都能受到适当的教育"，让每个人都能"各得其所"，才是教育学意义的最高公平。

正因为此，《实施意见》体现出的不唯分取才、因才招生、多元录取，弥足珍贵。实现它，需要我们进行科学的制度设计，为学生提供选择的权利和机会。学业水平考试承载了这一重任，挟裹了诸多学子的个性要求。随之而来，课程形态的多样化、课程内容的分层化以及走班制、分类育人等管理方式的创新，必将成为基础教育不可回避的问题。"没有兴趣就没有真正的学习，没有选择就没有真正的个性发展"，教育的理想与理想的教育，从未像今天这样靠近，也从未像今天这样迫切地期待实现。

高考考试内容改革值得我们更多的关注。近年来，高考试题屡遭诟病。尤其是语文，每年高考结束，对它的批评几乎成为一种例行的"狂欢"。人们拿出法国、美国等国的高考语文题，对其偏重于测量学生的批判思维、辩证思维大加赞叹。这不能不引发我们的思考：分数不能代表一个人的全部，但分数仍然是各国选拔人才时必备的测量工具，能否用好它，关键要看分数背后的意义，要看分数到底测量出了人的哪些素质或能力。

如果面对试卷，基础教育文科基本靠"背"、理科基本靠"练"的现象不改变的话，那么通过文理不分科提高学生素养、通过高考减法为学生减轻负担就失去了意义。

在高考考试内容的改革中，有一个问题需要引起特别注意。2014年，教育部明确提出，要研制各学段学生发展核心素养体系，明确学生应具备的适应终身发展和社会发展需要的必备品格和关键能力。高考考试必须加强与基础教育的关联性，必须弄明白有哪些核心素养可以通过试卷测试出来，如何测试，这将是一个高考与基础教育之间不断碰撞、不断探索和重建的过程。

新课程改革以来，人们对"考什么教什么"多有批判。但不可否认，两者间的理性逻辑不可割断。在解读《实施意见》的大潮中，考试内容因其微观而多被忽略。然而，整体的胜负手往往就在这些细微处。作为教育者，我们不可不慎待之，谨思之，深研之。

综合素质评价是此次改革的一个亮点，也是一个极度复杂的小系统。尽管这次改革没有采纳部分专家意见，将招生自主权完全放给高校，但一定程度上实现了"有限赋权"，如赋予高校对综合素质评价的自主使用权。它的成败系于两端，一端是高中学校对其信度的保障，一端是高校如何运用评价结果。这是对高校最大的挑战。前不久，中国学生因吃遍所有品牌的方便面而被海外名校录取一事引发国人惊讶，殊不知，海外名校从中看到的却是学生"对事物表现出的持续兴趣和毅力"。如今，中国高校不仅普遍缺乏招生的专业人才和理念，也缺乏相关的制度设计。从这个意义上说，对高校的"有限赋权"不失为一种科学的考量。

制度的出台，并不意味着教育改革从此一帆风顺。对于如何选拔人才，各国都有自己的答案，要走出一条中国特色的人才选拔之路来，需要每个人的智慧。集腋成裘，才能以大智慧应对这个时代的大命题。

原载于《人民教育》2014 年 19 期

第三辑

学校的使命

现代化与学校使命

《人民教育》编辑部

为什么 2015 年伊始，关注现代化与学校的使命？

按照规划，2020 年要基本实现教育现代化。从现在起，满打满算也就 5 年。学校必须找准"现代化"的支点，才能撬动教育整体的现代化。

学校现代化，在地域辽阔的中国是一个复杂的问题。在一些发达地区，20 年前就基本实现了现代化。而在某些地方，前两年才完成"两基"。有的学校，面临硬件现代化达标后该往哪里去的困惑；有的学校，尽管高楼林立，却比任何时候都更封闭……

但历史前进的脚步不会停下。近年来，许多有识之士呼吁，要把现代化的核心转移到"人"身上来。

2014 年出台的考试招生制度改革举措，就是对"人的现代化"的深度回应。作为一个社会最基本最关键的人才培养和选拔制度，在培养具有选择、自主能力和兴趣专长的人这一点上一锤定音，这是教育界"人的现代化"新的开始。

学校应该如何回应"人的现代化"这个命题？找到方向至为关键。对日益被社会"包围"的学校，敏锐发现社会现代化对教育的新需求，将越来越重要。

比如在发达地区，硬件现代化是否还有空间？过去设计课桌椅，代表的是物化标准、共性的"抽象标准"，那么在"人"的个性化的标准下呢？一年级与六年级的课桌椅可以不一样吗？不同学科的教室设计是否应该有所不同？评价教师，是否能以教师对儿童的理解程度、学生对教师的喜爱程度为重要衡量要素？隐藏在标准与制度中的理念，是"人的现代化"教育最好的教科书。

现代化进程对学校提出的最大挑战是"开放"。当市场经济打开了价值观的大门，信息技术潮打开了知识的大门，人均 GDP 达 7000 美元打开了家长高教育需求的大门，学校该如何定位自身的角色？慕课、翻转课堂、云学校持续火爆，"家庭学校"此起彼伏，这不禁让人追问：现代学校存在的价值到底何在？不可替代的只有人与人的精神交往与心灵对话。"未来孩子去学校上学，是去寻找存在感"。教育是情境的产物，以思维方式与价值共识为旨归。只要社会需要有共同的价值体系和规则来维系，学校就有存在之必要。

今天的中国，有两类学校：一类主动打开思想和观念的大门，让学生在真实社会生活中进行社会化，在价值观碰撞中凝聚价值共识；一类选择竖立起高墙，让学生在远离社会、远离信息世界的环境中长大。

惧怕、逃避开放绝不是方向。思考用什么来深化学校对现代人的深刻影响，才是解决问题的办法。

传统文化一再登上学校教育的"头条"。但说实话，很多人并不真正理解为什么我们需要传统文化。越来越多的人在现代社会日益放大的不确定性中失去方向。一些人在迷茫无助中回到孔子、老子、庄子，回到人与人、人与自然、人与社会的终极问题阐释中，由此找回心灵的安宁。有社会学家称，学校的最大价值，也许是在纷繁复杂的不确定世界中帮人找到确定性存在。这个确定性，某种程度上就是传统文化中蕴藏着的中华民族的心理结构与共识。

在"知识服务于工业生产"主导下的学校，智力发展一直处于主要地位。但现代人的发展秩序很有可能发生变化。未来的学校，冷硬的纯知识课程或许不那么重要，艺术课、哲学课、心理课、思维创意课却可能变成主课。

城镇化正在把过去的熟人社会变成陌生人社会。公共意识与规则意识越来越重要。学校面临着内部治理体系的重构和校园生活的重建。因为一个人只有在规范中才能学会规范，在秩序冲突中才能学会敬重规则。

实际上，现代化给学校提出的命题非常广泛。不同地区的学校，面临的问题可能大相径庭。但学校现代化的两条铁律，一与经济社会发展相适应，二与人的发展规律和需要相适应，是永远不会变的。

原载于《人民教育》2015 年 02 期

"树人"需要什么样的道德

冯建军

人不是抽象的。立德树人，不是树一个抽象的人。人具有社会性和时代性，是自己所在、所生活时代的人。因此我们谈"立德树人"，尚需要进一步追问"树什么人，立什么德"。

我们处在一个全球化的时代，处在一个深度变革的时代，处在一个呼唤"以人为本"的时代。这个时代的中国人，是大写的人，更是公民；是公民，更是中国公民；是中国公民，也是全球公民。这个时代的中国人当立生命之德、公民之德、中国公民之德、全球公民之德。这是时代赋予中国人的新道德，也是道德教育的新使命。

立生命之德。生命是人存在的根基。树人的教育，当使人珍惜生命、尊重生命、爱护生命、享受生命。中国传统文化缺少对生命的尊重，致使陶行知当年大声疾呼："中国要到什么时候才能翻身？要等到人命贵于财富，人命贵于机器，人命贵于安乐，人命贵于名誉，人命贵于权位，人命贵于一切。只有等到那时，中国才站得起来！"今日，在校园里，在整个中国社会，尊重生命仍然是迫切需要的树人之德。

立公民之德。生命之德，使人活着。但活着不是苟且偷生，而是活得有人格、有尊严，是社会的主人，是顶天立地的公民。传统中国有奴才的教育，有臣民的教育，有国民的教育，却唯独缺少公民的教育。所以，人民"既无自治之力，亦无独立之心"（梁启超）。改革开放后，市场经济的建立和政治民主化的推进，为公民提供了合适的生长土壤。公民有主体人格，它是公民作为主体所具有的自主、自立、自强意识，是人的自主性、能动性和创造性的表现。公民的主体人格保证公民成为"我自己"，但公民的本质还要体现在"公"上。"公"即公共性。公民必须具有公共性，即参与公共事务，具有对公共事物的关怀。缺少公共性，公民则沦为私民。如何培养公民的主体人格与公共性，将是学校教育面临的一个新课题。

立中国公民之德。任何一个公民都是特定国家的公民，具有一国国籍，以国家成员的身份参与社会活动、享受权利和承担义务。作为中国公民，不仅要遵守国家法律，维护国家利益，忠诚和热爱自己的国家，还应该具有中国传统美德。"爱国、敬业、诚信、友善"是社会主义核心价值观对公民道德的基本要求。其中既有对公民的人格要求，也有对公民职业道德的要求，需要我们巧妙地将它们融入教育教学之中。

立全球公民之德。每个公民都生活在两个共同体中，一个是自己出生的国家，一个是人类共同的地球。前者与个体建立的是一种偶然关系，后者则是一种必然关系。公民可以选择自己的国籍，但无法选择生存的星球。公民需要认同自己的国家，更需要认同共同生活的地球。全球化时代，超越地域和压缩空间的全球联系以及日益突出的全球问题，更需要公民超越狭隘的国家利益，立足于全球和人类的共同发展，强调人权与人道主义、全球意识与责任、环境与可持续发展、国际理解、多元文化的尊重与宽容等全球公民之德。

"树人"之德的教育，不能只依靠学校，但学校起着不能推卸的主导作用。学校的道德教育，要依靠品德课、政治课等，但不能只依靠这些课程，要广泛发挥每一门课程对道德教育的渗透作用。学校里不只是品德、政治教师是进行道德教育的教师，每一位教师都应该成为道德教育的教师。学校里不只是在课程中、在课堂上进行道德教育，日常生活的时时处处都可以是道德教育的课程、道德教育的课堂。

作者系南京师范大学道德教育研究所教授、《人民教育》特约评论员

原载于《人民教育》2014 年 06 期

小学的价值

谢维和

在我从事小学研究的这些年里，时常有人问我：你是一个著名大学的校长，何以要研究小学教育？它究竟有什么特别的价值？起初，我常常无言以对。因为实事求是地说，我对小学的研究，只是过去对高中研究的一种专业性延伸，而并非小学价值的引领。然而，命运之神克罗托似乎为我作出了"安排"。

首先是中国宝贵的优秀传统文化让我感受到了小学的魅力。当人们还在佩服西方学者分析人们几十年前接受小学教育时老师的操行评语与他们今天的性格特征之间的联系，进而得出小学教育的重要性时，我发现中国的老百姓早已概括了"三岁看大，七岁看老"的俗语。

其次，叶圣陶先生的精彩人生也使我对小学教育感到了一种神奇。因为在我的印象中，叶圣陶先生关于教育的诸多精辟和深刻的见解，在个人教育阅历方面的归因上，我们只是看到了他早年直接从事小学教师的教育实践。

当然，维果茨基的弟子赞可夫先生在其专著《论小学教学》中的研究也给我提供了路径。他关于小学教育"入门性"的论述，以及通过"直接的完整性"这个观点，对小学教学的特点及其与中学教学的不同进行的分析，的确给我极大的启发。而我也只是在他这个观点的启发下，提炼了关于小学教学的"顶灯"理论，进而真正深切地认识到小学教育的价值。

当代的丹麦学者克努兹·伊列雷斯在《我们如何学习》一书中关于小学教育的研究与观点，特别是他对于儿童期学习的总体特征的描述，以及从学习的角度将儿童期定义为一个通过"延长了的构建过程的宽广频谱","整合并与复杂的物质、人际和社会环境整体进行关联"的儿童与外部世界建立起广泛联系的生命阶段，则给予了我直接的学术支持和帮助。因为他的论述和研究框架实际上已经非常清晰地揭示了小学教育的深远价值。

回想我自己的求学生涯，小学教育也扮演着非常特别的角色。在上大学之前，我真正接受过的六年正规学校教育中，只有在江西师范学院附小的五年教育是比较系统和规范的，也是印象最深的。我至今仍然记得当时教我数学的梁平老师、教我语文的龙铃辉老师，还有一位我比较害怕的江老师。可以说，后来的学习习惯和发展基础，基本上是小学教育奠定的。我不敢想象，如果没有当年的小学教育，我的人生会怎样。

在我与小学的缘分中，最直接和切近的还要算清华大学附属小学。她怀揣着"为聪慧与高尚的人生奠基"的办学使命，孜孜不倦地探索着小学的教育规律，思考着小学主题教学的模式，揭示出小学生发展的五大核心素养，并将这些核心素养作为小学生发展的"底子"，进而构建了基于学生核心素养发展的"1+X课程"。正如清华附小窦桂梅校长所说的那样："今天我们给孩子们什么样的底子，决定着孩子们未来有什么样的世界。"这里，我似乎看到了"三岁看大，七岁看老"的内涵，叶圣陶先生教育人生的基础，以及赞可夫关于小学教育"入门性"理论和克努兹"关联"概念的拓展。我蓦然想到，清华附小不就是这样一盏"顶灯"吗！她通过核心素养的"打底"、"1+X课程"的整合和直接完整性的教学，照亮了孩子人生发展的道路和未来的远景。而这也正是对小学价值最生动的说明。

尽管我关于小学教育的研究尚未结束，许多新鲜的经验和理论仍然在启发着我，但我对小学教育的价值已有一个比较自信的认识，即：一个人的教育和成长过程中的优点和缺点，一个国家和社会教育发展中的特色与风格，都能够在这个人或国家的小学教育中找到它们的胚胎和萌芽。

作者系《人民教育》特约评论员

原载于《人民教育》2015 年 13 期

高品质学校的 N 个习惯

李希贵

如果把学校视作一个人，那么我们希望一个完整的人所拥有的品质学校也应该具备；而长年积淀而成的品质应该从每一个最细小习惯的养成开始。这里我梳理了高品质学校应该养成的 N 个习惯，不作定论，而是期待提供一种思维方式。

1. 高品质学校在为了学校还是为了学生的选择上，会不假思索地选择学生利益，他们不以集体利益的名义伤害任何一名学生。

2. 高品质学校喜欢发现不一样的孩子和孩子身上不一样的东西，他们习惯于为不一样的孩子提供不一样的帮助。

3. 高品质学校大都"睁一只眼闭一只眼"。对孩子们那些偶然的暂时的错失，他们习惯于闭上眼睛，给孩子一段自我反思的时间，而这时他们往往用另一只眼睛去发现孩子的优点。

4. 高品质学校有一颗柔软的心，同情弱者，帮助弱者，他们习惯于托起弱者飞翔的翅膀。

5. 高品质学校善于把校内外的所有资源都变成学校的课程，只要学生需要，他们甚至"低三下四"求人帮忙。

6. 高品质学校特别在意对所有人的尊重，尤其是对有问题或者有过失的学生，他们仍能习惯性地表现出足够的发自内心的尊重。

7. 高品质学校心态阳光，几乎所有的事情都喜欢放到桌面上解决，他们认为公开才能带来公平、公正。

8.高品质学校特别坦诚，他们习惯说"精诚所至，金石为开"，尽管有时候不合时宜，却往往经得起时间的考验。

9.高品质学校见贤思齐，他们不问英雄出处，在各个领域寻找制高点，他们喜欢不断嫁接别人的长处。

10.高品质学校说话轻声慢语，对那些摔跟头的孩子，他们习惯说，"不要紧"；而对那些因为错误而懊恼的孩子，他们习惯说，"没什么"。

11.高品质学校常常习惯于戴两副眼镜：一副放大镜，他们试图去发现并放大孩子们的优势和潜能；另一副则是望远镜，他们习惯于预测孩子的未来，用望远镜既可以帮助孩子看见明天自己的道路，又可以让学校以未来的发展着眼于今天的培养。

12.高品质的学校朋友多，他们习惯于请人帮忙，但乐善好施更是他们的天性。

13.高品质学校特别谦卑，他们认为，谦虚不是看低自己，而是完全忘掉自己。

14.高品质学校习惯于把更多的钱花在孩子们身上。

15.高品质学校喜欢散步，他们习惯于放松状态下的紧张思考，对别人的三级跳甚至跨栏冲刺熟视无睹，他们习惯于常态下的简单生活。

16.高品质学校看上去有许多"管理的漏洞"，常常让那些"不守规矩"的学生"钻空子"。当"钻空子"的学生多了时，他们常常会反思改进，让有些"钻空子"的行为合法化。

17.高品质学校习惯于伸出大拇指，所有的学生都得到过大拇指的激励。

18.高品质学校喜欢自由，于是他们同样喜欢把自由的空间留给学生。

19.高品质学校性格平稳，却喜欢那些足够"折腾"的学生，他们对学生身上迸发出的创造火花欣喜若狂。

20.高品质学校常常说"有事好商量"，他们鼓励对方把话说完，他们特别愿意动用耳朵，倾听是他们的共同习惯。

21.高品质学校求贤若渴，他们对人才表露出的眼光让人们无法抵挡。

22. 高品质学校知错即改，勇于道歉，尤其是敢于向学生道歉，因为他们知道，唯有如此，才能熏陶出同样的学生。

23. 高品质学校常常"惯"着学生，在他们眼里，学生个个都是宝贝儿。

24. 高品质学校坚守但不执拗，他们始终不忘自己的理想追求，但他们也特别注意"寻找中间地带"，顺应变化的时代。

25. 高品质的学校习惯于择高处立、寻平处坐、向宽处行，他们务实、求稳，但内心却向往教育的理想，一切为了民族的未来。

26. 高品质学校追求卓越，但不追求完美，他们挂在嘴上的是，"办一所不完美的学校，培养一批有缺点的学生"。

作者系北京十一学校校长、《人民教育》特约评论员

原载于《人民教育》2015年14期

恢复"文武双全"的中国教育传统

刘良华

中国教育向来有强调"文武双全"或"智勇兼备""亦文亦武"的传统。然而在当下，身体的教育不仅不受重视，反而被视为影响知识学习的一个捣乱因素。现代教育普遍重视知识学习，考试制度更是加速了对知识学习的重视。把教育简单地等同于知识教育，不仅制造了一批又一批高分低能的人，而且让越来越多的孩子成为"有病的文明人"或"文明的病人"。

让学生学习文化并成为文明人，这的确是教育的重要目标。教育的主要任务是掌握基础知识和基本技能，让人有一技之长，从而能自食其力、独立生活。教育的另一个重要任务，则是让人学会用文明的方式而不是暴力的方式化解冲突。

但现代人在借助教育成为"文明人"的过程中，也付出了"代价"：如果简单地将教育理解为文明教育，那简单化的文明教育不仅会导致个人精神的软弱和残疾，而且会导致身体的衰败，最终让国民成为手无缚鸡之力的"病夫"或"文弱的书生"。历史上，绝大多数"文明古国"发展到一定程度后，就会被周边的野蛮民族（或国家）征服或消灭。古希腊是充分文明的城邦，后来被"野蛮"的罗马人征服。整个世界既是文明征服野蛮的过程，也是野蛮征服文明的过程。文明之所以被野蛮征服，原因就在于，文明使人学会了用语言商谈的方式化解冲突，也因为不再使用暴力而放松甚至放弃了对体力和意志力的磨炼。

所以，知识教育是重要的，但它并不是教育的全部。与知识教育同样重要的，是体力的训练和精神的锤炼，尤其是意志力的磨炼。为此，中国教育改革的一个重要方向就是重视"身体教育"，恢复"文武双全"的中国传统。

"文武双全"的教育，意味着学校要不打折扣地完成课程标准所规定的"体育与健康"的课程任务，并不因任何原因而随意压缩或删减这类课程的时间。

"文武双全"的教育，意味着每天要让学生有足够的运动时间，让文化课与体育课成为学校教育中并驾齐驱的两类重要课程。两类课程虽然不必在时间上平均分配，但至少应该让学生每天有一个小时以上的锻炼时间。"每天锻炼一小时，幸福生活工作一辈子。"

"文武双全"的教育，意味着应该让运动成为一种社会风尚，让学校成为体育运动的中心，由学校体育运动带动社区和家庭的体育运动，由学校运动推动全民运动。加强学校和社区运动场的综合利用。学校运动场所在节假日向社区开放，同时，学校也应综合利用和开发社区体育运动的课程资源，保持学校运动场所与社区运动场所的相互开放和相互支持。要让全社会都把体育运动作为生活的时尚。为了推动孩子的身体锻炼，老师和家长需要亲自带领孩子一起运动，尤其是户外运动。

"文武双全"的教育，意味着运动会要成为生活的重要主题。应该恢复各种运动会和各种体育比赛，让健康的形象、运动技能和运动精神成为全民欣赏、赞赏和追逐的主题，让运动健将成为学校的骄傲和民族的英雄。每所学校每年至少要有一次大型运动会。各个社区也应每年举办盛大的"校际运动会"，让学校之间开展运动技能和运动精神的竞争与合作。

"文武双全"的教育，意味着每个学生至少有一项以上的运动特长，让运动特长成为学生的幸福生活之源，让体育运动成为中华民族伟大复兴的一个关键要素；让每个人因为拥有自己的兴趣和特长而建立起强大的自我和自信；让每个人因为共同的兴趣和爱好而展开共同体生活，建立公共生活的规则和习惯。

作者单位系华东师范大学课程与教学研究所

原载于《人民教育》2014 年 12 期

公办中小学不能成为平庸教育的代名词

张志勇

按照《义务教育法》，我国义务教育阶段学生入学采取划片就近入学的办法。这就有了所谓"公办不择校，择校找民校"的说法。人们给出的理由是：公办学校只提供最基本的公共教育服务，而多样性、个性化教育则由民办学校提供。似乎公办教育就是平均教育、平庸教育的代名词。这是一种误解。义务教育均衡发展，不是平均发展，更不是平庸发展。义务教育同样可以而且必须办出水平、办出特色。这是义务教育均衡发展的题中应有之义。这里，关键是要激发出公办学校的办学活力。

首先，要依法保障公办中小学办学自主权。当前，公办中小学普遍存在政府管得过多、过死，管了许多不该管、管不了、管不好的事情。在剥夺中小学办学自主权的同时，也挫伤了广大中小学校长的办学积极性和创造性。办好公办中小学，必须依法保障、充分尊重中小学校长的办学自主权，必须依法落实中小学校长负责制，赋予校长在副校长提名、中层干部聘任、教师聘任等方面的用人权。扩大学校在教师职称评聘、评先树优等方面的评价权，在绩效工资、优秀教师激励等方面的分配权，在内部机构设置、课程开发、教育质量评价等方面的管理权。

其次，要加快建立中小学现代学校制度。现代学校制度建设的核心是通过学校与政府、教师、学生、家长、社区之间合作治理机制的重建，调动学校教育利益相关方参与学校教育的积极性，释放其创造活力。规范政府与学校的关系，坚持依法治教，明确政府与学校之间的义务和权力边界；规范学校与教师的关系，发挥教职工代表大会的作用，尊重教师的主人翁地位，激发教师活力；规范学校与学生的关系，让学生参与学校民主管理；规范学校与家长的关系，让家长在家长委员会的组织下有序参与学校教育；规范学校与社区的关系，让社区与学校之间形成发展共同体。

第三，要推进公办中小学办学体制改革，实施公办学校管理权、举办权、评价权分离。政府及其教育行政部门作为公办中小学出资人代表行使对公办学校的管理权；委托具有办学资质的社会组织、专业机构按照合约承办公办中小学；同时，委托具有学校教育绩效考核评价资质的社会组织、专业机构，按照政府与公办中小学承办方约定的办学方案对学校进行绩效考核。这一体制，政府及其教育行政部门与有资质的社会组织或专业机构作为"管、办、评"三方，围绕举办高质量的人民群众满意的公办中小学形成三方合约关系，有助于发挥各自的"专业"优势。

第四，要建立各类办学主体平等竞争的公共教育政策环境。学校教育资源配置的体制与学校教育的活力息息相关。在学校教育资源配置方面，政府的重要职责就是创造各类办学主体公平竞争的制度环境，不能有"亲儿子、干儿子、晚儿子"之别。目前，存在两个方面的公共教育政策偏差：一是少数公办中小学打着改革的旗号，在拨款、招生、教师招聘等方面享有其他公办中小学不能享受的特殊政策，造成了公办中小学之间资源配置的不公平。二是有些学校既享受公办学校公共资源的保障政策，又享受民办学校的灵活机制，致使学校"公""民"不分。上述公共政策的偏差，从学校教育资源配置上，破坏了学校之间公平竞争的制度环境，导致学校之间出现了办学水准或质量"固化"的现象，抑制了学校之间的竞争动力，亟须政府进行干预调整，做到"一碗水端平"。

作者系山东省教育厅副厅长、《人民教育》特约评论员

原载于《人民教育》2017 年 02 期

教育亟需一份"权力清单"

《人民教育》评论员

前不久，北京连续几天发布雾霾橙色预警。北大附中初中部决定停课一天。海淀区教委表示，已经派人去学校要求其恢复上课。

然而，教委的"叫停"举措并没有获得广泛的民众支持。网易教育调查显示，超过 7 成的网友支持北大附中停课，甚至有专家认为，这一行政举措实际上干扰了学校的办学自主权。

行政权力与民众意愿的这场"PK"，提醒我们思考：教育行政管理部门的权力边界到底在哪里？

在我们的传统理念中，教育行政管理部门是一个强势机关，整个教育都在它的管控之下。由于行政权力天然的扩张性，它的影子在办学中随处可见：尽管学校千差万别，但在一个区域内，所有学校统一教材、统一教学进度、统一教学内容，个性化办学的空间被大大压缩；尽管学校是独立法人单位，但在许多地方，副校长、中层干部由教育局任命；就连学校如何花钱，也是教育局说了算；教育局还掌握着最为重要的评价权，有"评价"这根绳子拴着学校，校长只能乖乖听话，很多时候只能站在行政的立场去办学校。

曾有校长负气地说：校长需要什么思想？听教育局的就行了！打开教育局网页，上面布置这学期有什么工作，照做就行。

行政权力的无边界渗透，不仅导致办学中屡屡出现违背教育教学规律的事情，而且还出现了以言代法、以权压法的情形。多年来，教育改革难以深入，主要原因之一便是教育行政管理部门没有弄清自身的权力边界，行政管理人员可以依照自己的心情和想法去随意插手微观办学，从而干扰了正常的学校活动，也导致了千校一面，缺少改革的草根活力。

要改变这一多年的积弊，教育行政管理部门拿出权力清单是第一步，也是关键的一步。今年"两会"上，李克强总理提出建立权力清单制度，这是自十八届三中全会作出推行权力清单制度的决定后，中央对权力清单的再一次强调。

为什么中央会多次强调这一新生事物？这是因为通过权力清单，我们能够对权力做一笔"明白账"，让教育行政管理人员明白应该做什么，做到什么程度，做不好怎么办。一言以蔽之，权力清单是一个"可作为"的"清单"，"清单"以外都不可作为，体现的是对公权力行使者必须"依法行使权力"的限权要求。

通过权力清单，我们还可以清晰地分辨出，哪些是本该属于学校和社会的权利而被教育行政管理部门异化为"只此一家，别无分店"的权力了。只有划清权力边界，我们才可能理顺政府、学校、社会之间的关系，才能为"管办评分离"打下坚实的基础，教育治理现代化才可能得以实现。从这个意义上说，教育系统的权力清单，势在必行。

权力清单是教育行政管理部门的一次自我革命，但它绝不能仅凭教育行政管理部门的自觉性来完成。在清理权力的过程中，应该广泛听取基层和群众的意见，对那些反映多、意见大，又不利于激发教育活力的行政权力，要坚决取消下放。

在权力清单形成后，我们也要明白，并非有了权力清单就能管住权力，如果相关制度设计得不到落实，权力清单仍旧只是"一纸清单"。完善而科学的制度体系建设，不仅可以固化政府、学校和社会之间的权力分配新格局，而且可以形成三方互相监督、互相制约的新局面。

权力清单不是一个时髦的概念，是教育改革行进到今天的必需。愿更多的教育行政管理部门行动起来，在积极探索中创造新的改革红利。

原载于《人民教育》2014 年 07 期

从"根"上为教育破题

《人民教育》编辑部

近日,《教育部关于加强家庭教育工作的指导意见》发布,进一步明确了家长在家庭教育中的主体责任,同时指出,强化学校家庭教育工作指导,"推动形成政府主导、部门协作、家长参与、学校组织、社会支持的家庭教育工作格局"。这些"意见"立即引发社会热议,有评论说,它"为家庭教育工作提供了新的改革机遇"。

但许多教师的第一反应却是:这又在给我们增加工作负担。

这里必须搞清楚:我们为什么要在教育学生的同时,"启蒙"家长?它和我们的学校教育到底是什么关系?

孩子每天带着家庭的烙印走进学校,又带着学校的烙印走向家庭。我们不清楚那个世界发生了什么,但是我们知道,有一双无形的手在改变着我们的孩子,让他们对我们绞尽脑汁设计的课程、苦口婆心展开的劝戒、精心组织策划的活动,特别是其中包含的道德、价值观产生轻视,产生怀疑,甚至逆反。

杜威曾说,家庭教育与学校教育的分离是教育中最大的"浪费"。如果学校真正考虑"教育效益"而不仅仅是形式的存在,或者仅仅是智力发展的工具,那么家庭教育就会成为高度重视的领域。家庭教育是根,不在根上破题,学校教育再用力,也可能是舍本逐末的徒劳。

应该承认,学校教育的确解决不了教育的所有问题,也不能奢望靠学校去改变家长的种种想法。但是，提升家长的教育素质，则不仅是必要的，也是可能的。在一个教育走向精致化的时代，家长不仅不应当被排除在外，还应当成为"受教育者"。

实际上，不同的家长群体对专业指导的需求都很强烈。许多家长平时忙于工作，没有时间去研究儿童成长的规律，与孩子的沟通存在大量问题；许多家长有时间，却苦于找不到自己需要的专业知识和方法；很多80后、90后家长初为人父、人母，对孩子的教育更是手足无措……

学校恰恰可以发挥专业教育的优势，通过对家长提供专业援助，对他们的教育理念施以影响，这也是学校家庭教育工作的核心。从一些学校的家庭教育工作效果来看，经过努力，家长确实对教育的理解更科学了。

那么，学校在家庭教育工作中究竟能做什么？

首先是课程化。"家长学校"是学校家庭教育工作的重要抓手，而把"家长学校"办出效果，关键在于开设好"家长课程"。

"家长课程"要依据不同学生家长的具体需求，形式也可以多样化，不同的内容选择不同形式。比如可以是"三方会谈"。传统的家长会把孩子排斥在外，效果不理想。作为教育主体的孩子如果参与到教育过程中，教育效果会更好。同时，学校的教育活动，如远足活动、综合实践活动等也可以邀请家长参加，这样会增进亲子之间的沟通。还可以是讲座，由家长分享案例、专家分析、家长借鉴。

开设好"家长课程"，要引导家长参与到课程开发和实施中，让他们成为课堂的一员。当他们面对一个班级甚至更多的孩子时，他们对自己孩子的理解就有了延伸。

其次，要根据家长需求，寻找教育的共识，形成学校和家庭教育的一致性。

要改变家庭教育中存在的不良倾向——"重智轻德、重知轻能、过分宠爱、过度要求"——关键是要在教育观念上达成共识，特别要向家长传播学校教育的理念。

同时，我们也要认识到，改变成人的教育观念并非易事，因此学校家庭教育工作的原则是有所为，不包办。有所为，就是要发挥好家庭教育工作的组织统筹作用，建立起相应的运行机制。不包办，就是要学会借力，用好社会力量，争取各方面的支持。

原载于《人民教育》2015 年 21 期

推行新《守则》要做好三件事

迟希新

用翘首以盼来形容人们对新版《中小学生守则（2015 年修订）》（以下简称《守则》）出台的关注和期待恐不为过。这一方面说明《守则》本身对学校管理和学生教育有着举足轻重的作用，另一方面也折射出人们对它的创新和突破给予了殷切期盼。

认真研读《守则》，我们会发现与以往"守则"和"规范"不同的是，有一明一暗两个逻辑贯穿其中。

所谓"明逻辑"，就是循着学生成长和发展这个终极目标所构建的逐步深入的生活化的线索。它不仅最大程度地贴近了学生的社会生活，也涵盖了学生的班级生活和学习生活。《守则》不仅指导学生如何与人交流、主动学习，甚至包含了如何上网、文明出行、生活急救等。这些与生活息息相关的建议和引导，以学生的自主成长为中心，由近及远，由具体到抽象，从微观到宏观，旨在培养学生基本的行为习惯，奠定基本的文明素养。

另一个"暗逻辑"，则是外在价值引导与学生品德和观念的自主建构的有机统一。《守则》内容具有明显的价值先导性。第一条就明确提出了"爱党爱国爱人民"。从整体架构上看，首条规则以后的生活化内容都是这一高标要求的有序展开。而达成这一高标要求不是靠强制、灌输和规训，而是凭借生活化教育场景的行动和感受让学生在体验中理解，在理解后感悟，在感悟中生成，最终实现学生品格和价值观念的自主建构。

另外，我们在每一个条目的细则中，也会看到这个"暗逻辑"。以"诚实守信有担当"为例，这一高标要求的达成，是建立在"不说谎""不作弊""知错就改"，以及"言行一致""借东西及时还"这样一些基本的诚信品格和行为训练的基础之上的。

任何一个守则背后无疑都隐含了制定者规制和训导的初衷，因此，被规制者对规则的抵触和拒斥也在情理之中。学生守则在学生眼里无疑也暗含了"你必须""你应该"的强制逻辑。因此，让《守则》真正被学生接纳、认同和践行必然是一个艰难的过程。学校在使用和推行《守则》的实践中，要做好三件事：

首先，要做好细致耐心的"解压"工作。尽管《守则》贴近学生的生活实际，但与学生自由、快乐的童年生活相比无疑是电脑中的"压缩文件"，必须解压后变成"普通文件"才能被学生理解、接纳和喜欢。因此，《守则》中的内容需要教师进行改组和变式，分解和还原成生动鲜活的教育情境与班级生活事件，让学生在真实案例解析和角色体验中感受规则的意义与必要性，主动践行《守则》。

其次，要处理好"新守则"和"老规范"的关系。行为规范注重基础性和操作性，而《守则》则突出了指导性、方向性和预见性的特点，二者各有侧重，都统整在学生全面发展的目标之下，可以相互补充、有机整合。

最后，要彰显活动育人和自主管理的理念。苏霍姆林斯基早就断言：没有活动就没有教育。学生对《守则》的接纳、体认和践行是一个复杂的过程，绝非短时间内的一蹴而就。比如安全问题，不能只是让学生把安全守则铭记于心就万事大吉，而应该在班级活动中，运用价值澄清的策略和角色体验等方式，让学生获得关于《守则》内容的深刻体验，从而学会自我保护并作出正确的道德判断和价值选择。

随着学生年龄的增长，与《守则》相关的教育实践也必须凸显学生的主体性，尊重学生在班级生活中参与的诉求和自主选择的权利。要善于把老师的要求，变成学生自己真实的体验；把老师灌输给学生的观念，变成学生自己悟出来的道理；把老师的规训，变成学生自觉的习惯。

作者系《人民教育》特约评论员

原载于《人民教育》2015 年 18 期

学校建造在清洁的土地上难吗

刘　涛

日前，"常州外国语学校环境事件"闹得沸沸扬扬。该校迁址新校区后，许多学生出现不良反应和疾病。有关方面初步调查显示，该校在校生有247人出现甲状腺结节，成因不明；浅表淋巴结肿大35人，其最常见的原因是感染。而与该校仅一路之隔的是原化工厂受污染地块。

类似的事件近年来并不少见，学校选址安全问题瞬间成为社会关注的焦点。相对于空气污染、水域污染等污染形态，土壤污染是学校选址最为棘手的安全问题，其修复过程的难度之大、周期之长、效果之微已经成为世界性难题。

虽然我国的《教育法》《民办教育促进法》《中小学建筑设计规范》等都提及学校选址安全问题，但表述较笼统，且基本停留在简单的呼吁层面，缺少科学的监测指标和明确的惩戒标准。同时应该承认，学校选址安全之所以饱受土壤污染的直接伤害，与我国土壤治理与修复方面的法律空白直接相关。

许多国家通过立法应对土壤污染与修复问题。美国1980年发布的《综合环境污染响应、赔偿和责任认定法案》执行"谁污染谁治理"的严格责任制，且相关利益主体需要负起"连带责任"。如果责任方逃避责任，政府会先启动"超级基金"修复土地，再追诉责任方，并可要求其支付修复费用3倍以内的罚款。如此严厉的法律规定，让污染生产者面临极高的违法成本，也是污染受害者维权的有力武器。

如何动态地监测和管理学校的环境安全，也是我国学校安全需要迫切跟进的法律建设问题。荷兰的《土壤保护法》把全国 90% 的受污染土地纳入可持续管理框架体系，对土壤的安全问题进行动态跟踪和管理。日本《小学校园设施建设指南》推行一种日常性的学校风险监测理念，水质、土壤、气味、病虫害等潜在威胁都有相应的监测方法和执行标准。

学校不仅仅是教书育人的地方，同时也是一个城市的紧急避难所，因而承载着公共服务的社会空间职能。在学校选址问题上理应保证最大化的信息透明度和社会参与度，可由政府、社区部门和社区居民共同决策。出现潜在安全威胁时，学校必须第一时间通知学生家长。

按照我国《土地利用现状分类》国家标准，学校属于"公共管理与公共服务用地"。我国《环境保护法》明确规定，省级政府可以根据本省实际情况，对不同土地类型制定不低于国家标准的环评标准。在学校环境事件一再发生的背景下，是否给学校用地制定更为严格的环评标准，无疑是省级政府面临的迫切课题。

没有一张"制度的网"，学校选址的安全问题就难以得到根本性解决。"常州外国语学校环境事件"发生后，我国正在酝酿中的《土壤环境保护和污染治理行动计划》（俗称"土十条"）再一次引起广泛讨论。

学校选址的审批过程涉及发改、规划、教育、国土、环保、人防等十几个部门。但目前，各个部门之间条块分割，缺少必要的信息共享和协同机制。早在环评报告发布之前，常州外国语学校新校区建设已经举行奠基仪式，可见目前学校建设过程中各个政府职能主体之间的程序混乱。

从原始的"块状管理"转向"链式管理"，这是学校建设需要迫切跟进的现代监管理念。"链式管理"强调各个部门之间信息共享与协调配合。在面向学校选址的"链式管理"框架中，只有推行更为严格的环评标准，启动更为严格的法律体系，执行更为科学的治理方案，确保更为广泛的社会参与，孩子们的校园环境安全才会有可靠的制度性保障。

作者系《人民教育》特约评论员

原载于《人民教育》2016 年 09 期

"弹性离校"要多从实际出发

汪　明

近日，"弹性离校"的话题引发热议。为了帮助家长解决按时接送孩子的困难，一些地方积极开展"弹性离校"实践，这种主动服务社会的创新之举值得肯定。但要使这种做法真正可持续，既要先行先试，积累经验，同时机制建设和规范管理也要同步跟上。近日教育部办公厅印发了《关于做好中小学生课后服务工作的指导意见》（以下简称《指导意见》），正是基于这样的考虑。

实行"弹性离校"与学生、教师、家长、学校和地方政府关系紧密。如何避免加重学生的课业负担、家长的经济负担和教师的工作负担，避免加大学校的安全风险，是"弹性离校"能否取得实际成效的关键所在。从可持续的角度看，实行"弹性离校"要多从实际出发，以利于更好地赢得各方的支持与配合。

实行"弹性离校"要从学生实际出发，服务内容要清晰，避免加重学生的课业负担。在课后这段时间究竟让学生做什么？如果采取集体教学或补课，成为课堂教学的延伸，势必有进一步加重学生负担的风险，在当前努力减轻中小学生课业负担的大背景下，显然不合时宜。因此，明确课后服务内容非常必要，《指导意见》提出，课后服务内容主要是安排学生做作业、自主阅读，进行体育、艺术、科普活动，以及娱乐游戏、拓展训练、开展社团及兴趣小组活动、观看适宜儿童的影片等，提倡对个别学习有困难的学生给予免费辅导帮助等。也就是说，"弹性离校"不能仅仅满足于托管，而要更多地赋予教育的内涵，使服务内容更加多样化，这是改革应当追求的目标。

实行"弹性离校"要从教师实际出发，参与主体要多样化，避免加重教师的工作负担。客观地讲，部分学生的"弹性离校"确实会加大教师工作量，增加教师负担。正因如此，对参与课后服务的教师给予一定的补助非常必要。此外，在课后服务模式上也应有所创新，课后服务的参与主体除了学校在职教师外，通过政府购买服务方式，引进社会组织参与学校内的课后服务工作，为学生提供更丰富多彩的服务内容，不失为一种有益的做法。

实行"弹性离校"要从家长实际出发，更好地体现政府的主导作用，避免加重家长的经济负担。从目前一些地方的做法看，大多不收任何额外费用。那么，课后服务的性质究竟该如何界定？课后服务的经费该从哪里来？作为一项公共服务，在课后服务中要体现政府的主导作用，强调以政府投入为主，可以通过"政府购买服务""财政补贴"等方式对参与课后服务的学校、单位和教师给予适当补助。应当看到，课后服务不是一项基本公共服务，也不是面向全体学生，在强调政府投入为主的同时，建立经费分担机制同样非常必要，通过协商机制由家长适度付费也在情理之中，但如何防范"高收费""乱收费"需要认真研究。

实行"弹性离校"要从学校实际出发，安全管理要跟上，避免增加学校的安全风险。随着学生在校时间的延长，学校的安全风险自然会有所加大，但不能因为存在这种潜在的安全风险，便将课后服务工作一推了之。配合"弹性离校"实践，加强学校安全管理非常重要，要明确课后服务人员责任，加强对师生安全卫生意识教育；同时要强化活动场所安全检查和门卫登记管理制度，制定并落实严格的考勤、监管、交接班制度和应急预案措施。

"弹性离校"是一项课后服务，主要针对家长按时接送有困难的一部分学生，因而必须遵从自愿原则，防范将部分学生的"弹性离校"变为所有学生的"推迟离校"，将自愿变为强制。

作者系《人民教育》特约评论员

原载于《人民教育》2017 年 07 期

如何让革命传统教育不敷衍、常走心

李向显

纪念中国工农红军长征胜利 80 周年，社会各界高度关注，各种形式的纪念活动很多。在这样的背景下，革命传统及青少年革命传统教育话题再次引起重视。然而，社会上对这一问题的认识并不一致，有些人认为革命传统已经过时，革命传统教育与当下的时代要求差距很大。

革命传统教育究竟意味着什么？在实现中国梦的伟大进程中，这一问题为什么极其重要？我们可以从革命传统教育的实质和青少年发展的本质两个维度来思考。

要进一步理解革命传统的价值。革命传统是中国人民在中国共产党的领导下，在追求民族解放、国家发展、人民幸福而进行的革命活动中，坚持先进价值、代表人类正义而积累的宝贵精神财富。革命传统既是一种先进的价值观，代表着先进文化的方向；同时也是千百万人民群众的社会实践，是一种积极的社会行为，表现了坚韧不拔的革命精神和攻坚克难、百折不挠的情感意志。它既是中国人民在革命斗争实践中凝结的文化成果，是确保革命胜利的重要保障，也因其广泛的群众性和极强的实践性而具备广泛的传承性。文化自信是坚持中国特色社会主义道路自信、理论自信、制度自信的基础，加强革命传统教育，是增强中国特色文化自信的重要举措，也是当代中国青少年实现全面健康发展的迫切需要。今天的孩子面临着日益开放的社会环境，也面临着越来越尖锐的生存发展挑战，许多教育工作者都认识到，引领孩子建设自己的精神家园，给孩子更坚实的精神和思想基础，对这一代人尤显重要。

要抓住革命传统教育的根本。革命传统与中国特色社会主义文化价值具有高度一致性。比如长征精神，具体内涵是对信仰的坚守，不怕苦、不怕死的奋斗精神，集体主义、乐观主义等，这不仅是中华民族精神的结晶，也是人类精神财富的重要组成部分。因此，对青少年进行革命传统教育，必须首先破除革命传统精神已经过时的思想障碍。同时，要善于用现代视角解读、弘扬革命传统的精义。一说到长征，我们脑子里可能首先浮现的是"爬雪山、过草地、吃草根、咽树皮"的情景。如今的青少年对此已经陌生，但其背后的信仰力量是永恒的。在今天开放的社会里，每个人的发展都可能面临着危机，怎样走出困境？怎样从看似没有路的地方走出一条路来？这就需要信念、信仰。今天与昨天先进的、正能量的精神价值在本质上是相通的，唯一的区别是情景，是表现形式。革命传统教育就是要抓住本质，把精神的正能量一代一代传下去。

要努力研究如何加强和改进对青少年的革命传统教育。革命传统教育不能靠空洞的说教，更不能只成为纪念日的应景，必须提高对青少年革命传统教育必要性、重要性的认识，自觉把革命传统教育纳入中小学德育工作范畴。要彻底摒弃革命传统教育已经过时的错误观念，深刻理解革命传统的价值，认识革命传统在文化价值、行为模式和心理健康等方面的丰富内涵。要特别注重创新拓展。革命传统教育的核心在于坚定对青少年的价值引领，采用符合新时期青少年心理生理特征、适应他们所处生长环境的内容和形式。要重视整合与运用社会文化资源，充分调动社会力量，例如学校周边的革命遗址、纪念地等场所或机构可以建成教育基地，老一辈革命先烈、英雄人物等可以成为革命传统教育的有效载体和人生导师。

人类在发展，时代在变迁，但总有一些先进的文化价值会代代相传。我们只有认识到位，持续创新，革命传统教育才能真正做到不敷衍、常走心。

作者系《人民教育》特约评论员

原载于《人民教育》2016 年 19 期

回到儿童的陌生处

发现明日之"我"

《人民教育》编辑部

"生存还是毁灭，这是一个问题。"莎士比亚名剧《哈姆莱特》这一著名追问，道出了千古以来人类寻找人生意义的内在冲动。

这一冲动在当代中小学生身上同样表现强烈。自己今后要成为什么样的人？什么样的生活才是有意义的？这些人生基本问题，常常困扰着青少年。人的自觉行为是建立在价值感之上的。若无法找到人生的意义，也就无法发现生活的诗意，便会对生活厌倦、烦恼乃至绝望。一些青少年讨厌学习，精神迷茫，往往就是因为他们对人生价值无感，缺乏超越庸常生活的精神动力。

面对生长于物质比较丰裕年代的新一代，学校教育要做的不只是以知识改变命运，同时更应该帮助他们找到人生的价值、生活的意义，让他们过上丰富的精神生活。

十多年来的课程改革，以及近年来深入推进的考试招生制度改革，都在给予学生一定的课程学习选择权，其实质是还给学生人生规划的自主权。但选择的前提是要有选择的能力。帮助学生学会学习选择、人生选择的学生发展指导便应运而生，而且将逐渐成为学校教育的基本职责。

学生发展指导的核心是"发展"：努力让每一位学生体认人生的价值，明白自己要成为什么样的人，从而发现自己、发展自己、成就自己。

原载于《人民教育》2017年09期

不一样的"00后",我们读懂了吗

王开东

最近,校园暴力频现,蒙城学生群殴老师,更是将有关"00后"孩子的讨论推上顶点。

老船票根本无法登上"00后"的新船。重建师生关系,刻不容缓。

重建师生关系,基础是要读懂"00后"。"00后"究竟有哪些群体特征呢?

"00后""非常6+1",他们集6人宠爱于一身,索取多,付出少。既养成了自私自大的毛病,也因心怀感恩而具有强烈的情感负担,甚至因不堪重负而变得脆弱。

他们常常以天下为己任,但又懒惰懈怠,害怕身体力行。就算志向成了镜花水月还照常乐呵,无非换个志向从头再来。

他们并非缺乏集体精神的一代人,反而具有强烈的集体认同感和荣誉感。他们很容易用自己的方式构建社群,但他们更关注自我。一旦集体与个体产生矛盾冲突,几乎一边倒选择个体。在他们看来,集体的价值只在于展示和包容自己的个性,否则集体就是有害的,当然可以抛弃。

"00后"有太多获取知识的渠道,知识储备可能完全超过了老师。可问题是,不求甚解,绝不愿意在一个喜好上花费更多时间。但谁敢认定这就是一种错?当"00后"已经变成小溪、小河的时候,如果老师还守着自己的一桶"水",如何建立起自己的师道尊严?

他们是独生子女，从小就有对话成人的经验，自我意识早已觉醒，具有强烈的话语权需求。但"00后"又普遍不肯担责。这是为什么？其实，"00后"的责权意识非常清晰，对未经独立选择的东西他们不会珍视，更不会负责。

顾明远先生曾深刻指出，教育受到三种拉力影响："一是国家要培养合格的公民，希望他们成为国家发展、社会发展的人才。二是家长把教育看成是敲门砖，认为自己的孩子是天才，望子成龙，个个都成拔尖人才。三是市场把教育作为逐利的工具。""00后"的压力不仅来自沉重的学业负担，更来自"三种拉力"所带来的无所适从。教育喧嚣导致社会、父母和老师产生巨大的焦灼情绪，这种焦灼反过来使得孩子浮躁不安、心理负担沉重。为了排遣压力，更多的孩子选择网络，或者关起门释放压力。当孩子们选择无视，有时候不是冷漠，而是一种自我保护。但谁敢保证，这种自我保护不会成为冷漠、孤僻和自私自利的开始？

其实，单纯按人出生年份划分，赋予"00后"一个群体特点，难免简单和片面。每个时代孩子的普遍爱好可能有所不同，但作为孩子的特征又是相近的。这个世界上从来没有所谓某个阶段群体的特点，所有的不过是社会特点在人身上的投射而已。

面对这样的"00后"，我们该怎样重建师生关系？

教师需要运用同理心，深入把握"00后"的心理特点，寻找其行为背后的心理成因。比如"00后"为何总喜欢夸大自己的懒惰？真实原因是，能力是人的巨大缺陷，而懒惰不过是一种选择。懒惰恰恰能够转移老师对他们能力问题的关注。

"00后"孩子之所以不愿和老师交流情感，一是觉得交流没有意义；二是认为不能获得建设性帮助。教师不妨从别人的小事打开话匣子，交流中多说"你"，少说"我"，真正做一个倾听者，并且守口如瓶。在培养起师生深厚的情感之后，还要有意识地培养孩子的社会情感，加强孩子的认识与社会认识的一致性。社会情感有助于开阔孩子的视野，提升他们的境界。

"00后"孩子心智尚不成熟，往往不知道为什么读书，也很少有人有清晰的人生规划。换句话来说，他们根本不知道往哪里走。所以重要的是给孩子方向感，在平等对话的基础上形成价值共识，帮助他们建立更为明晰和有意义的生活目标。

每个人的生命都是一条完整的河流。每个人都是自己生命河流的唯一开拓者。教师的生命河流和学生的生命河流互相交织、补充、交错，成就彼此的波澜壮阔。这是师生关系重建的最高境界。

作者系《人民教育》特约评论员
原载于《人民教育》2016 年 10 期

儿童教育的"种子法则"

朱自强

"狼爸"萧百佑在其博客文章《某晚报记者的采访》中说:"孩子是一张白纸,父母是笔墨,我们一定要用最大的耐心和爱心画好每一笔。"再到互联网上,输入"儿童是一张白纸",会看到大量的支持者。如果按照萧百佑所说,"孩子是一张白纸,父母是笔墨",那么画出来的画——教育的成果,就是成人创造出来的。

300多年前,洛克提出"白板"说,是因为那时遗传学还没有发展起来。但是,今天,仍然有那么多人持有这种儿童观,则非常令人诧异。

究竟应该如何看待儿童,看待儿童心灵?

蒙台梭利早就对这种观点提出批评,她说:"在与儿童的关系上,成人是一个自我中心主义者,不是利己,但是以自我为中心,他总是从自己的角度出发来考虑一切,因此常常会误解儿童。正是由于站在这个立场上,他才会认为儿童是空的容器,是懒惰的、无能的,内心是盲目的,因而成人必须向他灌输知识,为他做一切事情,引导他一步步往前走。直到最后,成人自认为是儿童的创造者……"

卢梭则将儿童看作自然中的有生命的植物。在洛克那里,成人将白纸填满,便是成熟;而在卢梭看来,成熟就是使儿童避免受到文明中病态东西的污染,有机地、自然地从内部生长出"它的果实"。

德国教育思想家福禄培尔继承了卢梭自然人的教育思想。他在教育名著

《人的教育》里，将儿童比作"葡萄藤"，将教师比作"园丁"，认为给葡萄藤带来葡萄的不是"园丁"，而是葡萄藤本身。他说："为进一步接受大自然的教训，葡萄藤应当被修剪。但修剪本身不会给葡萄藤带来葡萄，相反的，不管出自多么良好的意图，如果园丁在工作中不是十分耐心地、小心地顺应植物本性的话，葡萄藤可能由于修剪而被彻底毁灭，至少它的肥力和结果能力被破坏。"

儿童究竟是一张"白纸"，还是一颗"种子"，决定了教育的态度是不一样的——面对白纸，教育者可以随心所欲；面对种子，就必须遵循种子的成长规律（遵循节气，不能揠苗助长）和所需的生长条件（合适的土壤，充足的阳光和水分）。面对一张"白纸"和面对一颗"种子"，教育的难度也是不一样的——灌输容易而激活难。

我们更愿意将儿童的心灵比喻为一颗"种子"。面对这颗"种子"，绝不可以单方面随心所欲地书写，我们必须考虑到激活这颗种子的潜在生命力所必需的合适的土壤、阳光和养料。给予这颗种子所需要的，它的基因图谱才能舒展开来，才可能长成参天大树。

作者系《人民教育》特约评论员

原载于《人民教育》2015 年 11 期

垦"志"不"啃老"

《人民教育》编辑部

又一个青年节到了。这是理想的狂欢，也是青春活力的绽放。然而不知从何时起，青春、少年的理想色彩似乎开始暗淡了。据统计，在我国城市中有 30% 的年轻人靠"啃老"过活，65% 的家庭存在"啃老"问题。社会学家认为，"啃老族"还有扩大的迹象。

少数青少年缺乏学习动力和奋斗精神，原因是多方面的。社会的浮躁，家长的纵容溺爱，家庭教育的重智轻德，都起了相当负面的作用。但个人未能及早立志或志向不坚定，也是重要原因。

美国心理学家曾对 1500 名儿童进行了长期跟踪观察，30 年后他们发现，20% 没有取得任何成就的人与 20% 成就最大的人相比，最显著的差异并非智力水平，而是个性品质。而个性品质中，最重要的便是"立志"。王阳明 12 岁时就立志"读书作圣人"，钱学森在中学时代念兹在兹的就是"民族、国家的存亡问题"。后来，他们果然干出了一番大事业。

调查显示，中学生认为影响自己志向信仰选择、形成的因素，学校教育排在前面。尽管在信息时代，影响学生思想、精神的外在环境日益复杂，但在立志教育方面学校仍大有可为。

问题是如何找到当代立志教育的路径。由志气而志向，由志向而志趣，或许是一个不错的选项。

"志气"是"不信邪"的特质，是那种去做别人认为不可能事情的执着。

漫漫人生路，一个人可能会面临诸多诱惑、陷入无数困境，"志气"的"长短"决定一个人的幸福指数，一个人的成才成功。

挫折教育是培养"志气"的好办法。"天将降大任于斯人也，必先苦其心志，劳其筋骨，饿其体肤，空乏其身"。学校生活中，不难看到当今的孩子意志力薄弱、责任心不强、自信心不足，更有甚者，在遇到小挫折之后就选择结束自己的生命。我们可以从一些小事情开始，让孩子获得克服困难后的成就感，从而逐渐形成乐观坚韧、积极向上的心态。

志气让人勇往直前，志向则为人生明晰方向。人生没有方向，就如同船只行走在茫茫大海，却没有灯塔一样。志向有高低之分，但无价值之别。中国曾经处于主权不全的赤贫时代，几代青年立下为中华崛起而读书的志向，可歌可泣。现在，中华民族要复兴，需要青年们为国家富强而努力。这个使命，具体到每一个人，可以是找一份好工作，也可以是创业与创新。

我们既为现实的当下的志向而鼓掌，也为长远的高大的志向而欢呼。很多学校开设生涯规划课，不正是帮助学生立下志向的好载体吗？"生涯规划"的意义，不仅是让学生尽早找到自己的职业方向，更重要的是让学生认识自己，认识到个人的价值在哪里，如何成为一个有价值的人。

"志"还应该与"趣"相联。如果不能品尝到自己所从事的职业、劳动带来的乐趣，许多人会半途而废。传统的立志教育，可能更多地强调了"志"的坚忍、刻苦的一面，忽略了其也会带来人生"高峰体验"的另一面。实际上，鼓舞一个人持之以恒追求某事某物的，正是在"追"的过程中产生的美妙快乐，并由此对人生的未知图景充满想象与好奇。

一些立志教育做得比较好的学校，往往善于引导学生在选择中确定职业的志向、人生的方向。有了喜欢、快乐为沃土，"志"才会长成参天大树。当然，"趣"不是耽溺于肤浅的快乐，而指向人的精神。有"志趣"的人生，必然是在实现"小我"价值的同时成就"大我"，由个人而家国而天下。

以志气为基、志向为锚、志趣为魂，"人"就会越写越大。

原载于《人民教育》2015 年 09 期

重新认识、发现儿童

成尚荣

最近，偶然的机会看到杜拉斯的一些资料。这位极富思想、风格独特的法国女作家、女导演，开始在书中寻找，后来在电影中寻找。寻找什么？她说："除了童年时代，一无所有。"她十分赞同司汤达的话："童年，无休无止的童年。"正是对童年的不断寻找和发现，让她在法国文学史和电影史上都是独一无二的，占有重要的地位。这让我想到教师。教师的一切更是为了寻找童年，更是为了认识、发现儿童。我的认知判断是：认识发现儿童与教育、与教师是同一语，谁真正发现了儿童，谁就赢得了真正的教育。

认识、发现儿童是大学问、真学问、难学问、深学问，因为儿童是我们"熟悉的陌生者"。儿童，我们既熟悉，又陌生；有时候熟悉，有时候陌生；有的方面熟悉，有的方面陌生；对有的儿童熟悉，对有的儿童陌生。与文艺理论上的陌生化理论不同的是，我们重新去认识、发现儿童不是为了获得新鲜如初的审美体验，更不是为了猎奇，而是为了摆脱狭隘的日常关系和习以为常的惯常化的制约，从而感受儿童的丰富性和生动性。从某种角度说，丰富性、生动性正是另一种复杂性。陶行知曾言"儿童社会充满简单之美"，其深层含义是简单中有着不简单，抑或说，儿童有时用简单的方式，表现了、表达了一些复杂性，这样的美有时很神秘。所以，对我们来说，认识、发现儿童是永恒的课题。

回到儿童的陌生处，当下最为重要的仍然是回到儿童的本义和最伟大之处去。儿童的本义是自由。对儿童探究、游戏的天性，哲学、艺术的创造性以及多种多样的可能性，我们认识仍然很不到位，发现很不够。对儿童的可爱和伟大，我们仍是有着多种不解和误解。这是当前教育中的主要问题，为此，我们应当从根本上转变儿童观，站到儿童立场上去，否则，教育注定在陈旧、落后的圈子里徘徊，在徘徊中倒退，在倒退中最终失败。因此，我们必须重新发现儿童。

值得注意的是，当前儿童教育还有另一个问题和倾向，那就是对儿童的认识和发现是不完整的。这种不完整，表现在三个方面：理论与实践的脱节和分离，理论中的儿童是伟大的，而实践中所发现的儿童却与理论上的发现不尽一致，我们往往以理论遮蔽实践；理想与现实的脱节和分离，现实中的儿童与理想中的儿童有着落差，而我们往往以理想中的儿童代替现实中的儿童；对儿童可能性的认识与把握，注重其积极的、光明的一面，而忽略其消极的、灰色的一面。三个方面的脱节、分离，既说明我们的理论需要修正，又说明实践需要调整。完全可以说我们还没有发现真实的儿童，导致教师的困惑和教育的不知所措，有可能带来教育的失误和失职。我们需要重新发现儿童。

问题还在成人。我们要从儿童完整的世界入手，在完整性中重新发现儿童的真实性。儿童生活在三个世界中：现实的世界、理想的世界、虚拟化的世界，三个世界中儿童的学习方式、生活状态、价值取向是不同的，常常发生猛烈的价值碰撞乃至价值迷乱，而价值困惑、迷乱又影响着儿童的心理状态和学习方式。况且，随着时势的变迁，当今儿童呈现着多侧面性，是与非、善与恶、美与丑，混杂地体现在儿童身上。如果我们只关注某一方面，就可能会遮蔽儿童的真实性。所谓重新发现儿童，就是以完整的视野，再次审视、更加准确地把握真实的儿童。

当然，我们还得重申：重新发现儿童，绝不是对儿童可爱、伟大的否定，恰恰是让他们更可爱、更伟大。

作者系江苏省教育科学研究所原所长

原载于《人民教育》2014 年 11 期

于成长而言，"散步"优于"赛跑"

储朝晖

屠呦呦获得 2015 年度诺贝尔生理学或医学奖，成为第一个获得诺贝尔自然科学奖的中国人。这引发不少人对她教育经历的关注，以期为自己、孩子、学生或相关之人的成长发展作参考。

屠呦呦的中小学乃至大学阶段都是在悠游自在中度过的。她 1948 年进入宁波效实中学学习。当时，屠呦呦的学习成绩不是很突出，成绩单上有 90 多分的，也有 60 多分的。屠呦呦留给高中同学和老师的印象是：在班上不声不响，经常上完课就回家，成绩也在中上游，并不拔尖。

也许正是因为回家不需要做那么多的作业，不必为考试分数着急，屠呦呦回家后才有时间观摩父亲悬壶问诊，还能随意翻看父亲的中医典籍。无意识中，她学到一些学校不传授的知识，也养成了自己独特的兴趣和爱好。这种自然、有效的学习与她天赋的优势潜能以潜移默化的方式发生耦合，最终在几十年后成就了屠呦呦。

当下，不少学校集中所有精力，关注学生的学业成绩，却忘记了学生的成长是在学校、家庭、社会环境的共同作用中进行的，忘记了学业成绩永远只是一个人成长发展的一部分。

众多例证表明，那些最容易被忽略的"中等生"，其日后发展优于前几名的学生。这就是心理学上的"第十名现象"。为什么会这样？因为过分看重分数的学生，往往会通过拉长学习时间、加大作业训练量来获得高分，而压缩了自己其他方面发展的时间和空间，透支了明天的发展可能性。

牛顿、爱因斯坦、爱迪生在中小学阶段都不是学霸，有的还被学校开除过。所以，看学生一定要全面、发展地看，看他是否品行端正，是否有使命感。评价学生不能只看他做对多少道题，还要看他是否有胆量质疑、批判，能否依据自己的体验发现问题；不能只看眼下的状况，还要看他是否坚韧，是否保有好奇心、求知欲，是否具有创新精神。这些都比一时的成绩更重要。

屠呦呦有个不少人都谈到的特点，就是"较真"，只要她喜欢的事情，就会努力去做。在发现青蒿素的过程中，经历了数百次失败，收集了2000余方药，别人看来很枯燥，她却乐在其中、坚韧不拔。研制中，她大量试药导致肝中毒，更显示出她高度的责任感。

这些素质都不是简单的考试成绩所能体现的。要养成这些素质，需要学校、老师帮助学生找到自己的优势潜能，依据兴趣自然成长，遵从天性进行教育。然而，当下教育存在两个误区：一是不少人认为不同的人有相同的起跑线，需要通过相同的轨道才能成才；另一个是走得快肯定比走得慢好，让学生长期处在一个紧张的"赛跑"的状态。

其实，人本身就是多样的，同时社会需求也是多样的，这两者之间就如同不同的锅和锅盖那样，有什么样的锅就能找到什么样的锅盖。如果给不同个性的学生设置同样的起跑线，并要求他们进入相同的轨道，不仅会在过程中叠撞在一起，还会磨损学生个性，进而影响他们的一生。

以教育的快慢而言，屠呦呦的成长与教育上众多的实验都表明，对孩子自然状态下的教育最有利于保护孩子的想象力和好奇心，最接近孩子的天性，也能最有效地发挥孩子的优势潜能。所以，理想的教育是让每个孩子以平常心，依据自己当下的发展状况和自己的能力确定学习内容与学习进度，自主选择学习方式和路径，自主确定向何处去，"散步"前行。这比让所有学生都在一条跑道上"赛跑"，更加符合教育的规律和学生成长的规律。

作者系《人民教育》特约评论员

原载于《人民教育》2015年20期

点燃人生目的的灯芯

李希贵

近日，我到澳大利亚访问，遇到了一大批留学澳洲的北京市十一学校的学子。其中有一位同学略有些羞涩地告诉我，毕业几年了，一直不好意思回母校，感觉无颜见老师，因为自己高中时期确立的若干目标都没有实现。

我非常理解这位同学的心情，我也知道，抱有如此心态的同学并非只有他一个。长期以来，从家庭、学校到社会，实在太重视孩子的眼前目标了，我们没有给他们学会厘清和确认目标的过程，从一开始就希望他们正确无误地设定目标，毫无悬念地逐一实现目标。事实上，这是不可能的。在一次次确立目标的过程中认识自己，体察人生，感受到规划的意义，这本身就是成长。

今天，我想劝同学们一句，不要拘泥于当下的目标，甚至应该缓一步实现那些宏大的人生目标，但应该早一点确认人生的目的，点燃人生目的的灯芯。

在十一学校，有一位卓越的英语老师，从小确立的职业目标是成为翻译家，她希望为人们架起沟通的桥梁，然而命运阴差阳错地把她推到了中学的讲台上。她气馁过，失望过，灰心过，但时间改变了她对职业目标的理解。随着教师生涯的深层体验，她终于发现，一名教师和一名翻译一样，可以殊途同归地帮助别人架起沟通的桥梁。看上去，她似乎没有实现自己的人生目标，但她踏上了追逐梦想的坦途。为什么？因为她早早地明确了自己的人生目的，就是为别人架起沟通的桥梁，她希望从别人的成功里收获幸福。

近期热播的电影《疯狂动物城》，成功地塑造了兔子朱迪的形象。玲珑可爱的朱迪从小就给自己确立了一个在别人看来高不可攀的梦想：成为疯狂动物城的警察。在这个现代化的都市里，有沙漠气候的撒哈拉广场，有常年严寒的冰川镇，有阴险凶猛的狮子、狡猾却又善良的赤狐、黑帮老大鼩鼱、小偷小摸的白鼬，可谓生态气象万千，社会错综复杂。一只兔子的警察梦在如此的社会生态中显得幼稚可笑，然而历经千辛万苦、千难万险、千波万劫，最终让我们看到了一个可爱、智慧、成功的朱迪。朱迪的成功绝不仅仅是让我们重温过去一系列成就梦想的故事，也并非仅仅让人们诠释奋斗与成功的等式，更重要的是让我们理解成功背后的逻辑。因为在朱迪追求职业梦想的背后，是她坚定的人生目的追求，她的警察梦，是与那座有着 64 种动物的都市紧紧地连在一起的，动物城的文明、和谐是她追求的理想，为别人做事是她的快乐之源。正是这样的人生目的，让她对自己梦想的追求更执着，也让她在追求梦想的道路上最终赢得了大家的尊敬。

这两个看似矛盾的故事告诉我们，及早地明确自己的人生目的，可以让一个人在不同的人生道路上，殊途同归，并在追求人生目标的过程中，放大人生的价值。

在十一学校的培养目标中，第一条就是"勇于担当"，我们希望走出校门的每一位十一学子都能胸怀天下，具有民族责任感和历史使命感，自觉为国家、为团队、为家庭、为朋友排忧解难；自觉奉献社会，主动服务他人。我们希望这一目标成为每一位十一学子规划未来、确立目标、把握人生的灯塔。高中毕业，往往是一个人踌躇满志、信心满怀的时候，往往容易迫不及待地追求一个又一个目标的早日实现，但我要提醒大家，更重要的是要让每一个目标变得有意义、有价值。

让我们及早地点燃人生目的的灯芯吧！

原载于《人民教育》2016 年 12 期

他们为何会失却人伦之情？

刘云杉

校园欺凌最近迅速成为社会热点。国务院专门为此下发文件，将开展长达 8 个月的专项治理。

作为一种自然的社会现象，校园欺凌如果只是零星地发生，学校依靠健康的制度土壤、温暖的情感与积极向上的精神氛围便能有效地校正此类越轨行为。而且，偶然的欺凌行为常激发学生群体的正义与勇敢，凝聚友善之情与仁爱之心，培植同情共感、声气相求的共同体。在健康的社会与学校情境中，制度、教师与学生群体如何监视、矫正欺凌事件本身就具有丰富的教育意涵。

但是，在今天，欺凌行为在一些中小学快速蔓延，我们不得不追问：欺凌以何种形式发生在不同类型的学校、不同群体的孩子中间呢？健康校园的育人土壤发生了何种变化？学生的同伴关系、情感体验发生了何种扭曲？对此校园机体能不能自我修复、重焕活力？

在一些寄宿制学校，在一些留守儿童、留守少年中，在父母亲情匮乏、教师关爱缺席的空白地带，血性的、反抗性的青少年帮派文化野蛮生长：逞强与庇护，豪情与侠气，千古英雄少年梦，《水浒》中的流民文化侵蚀着这些少年。人性中自然性的一面由于没有受到知识的滋养、纪律的约束，肆无忌惮地向下滑落，开出诡异的恶之花。乡村社会秩序脆弱，乡村学校教育薄弱，社会的秩序、学校的权威，在他们身上便全然不见了。乡间失教的野蛮少年就是这样炼成的。

另一部分孩子，他们有殷实的家境，有父母的关爱，多在县一中、市重点或某个超级中学就读，他们拥有值得憧憬的人生前景。本应远离校园欺凌的他们，有时也以另一种形式演绎欺凌：因为从小就在残酷的竞争文化中成长，"做人上人"的人生目标使他们常常把他人作为对手，其心灵与情感处在一种持续的激烈竞争状态。于是一种独特的欺凌出现了："学霸"嘲弄、讥笑甚至奴役"学渣"，并在别人羡慕、嫉妒甚至仇恨中享受脆弱的优越感。在他们身上，教育价值以及社会秩序被扭曲了：超越他人及其背后的僭主心态成为显性或隐性的欺凌行为的心理动力机制。

最后，让我们注目另外一个群体：这些孩子自出生伊始，家人对其要求没有一点限制，尽量给予满足，而且有能力满足，致使他们形成一个观念：自己可以任意而为，而不知道义务为何物。孩子是未来，他们有无限的可能，这种信念在这群孩子的父母及其就读的学校身上表现得异常明显。这是典型的现代"无限病"的表征。它让一个孩子不能安静、朴素地做原本正常普通的孩子。它诱使孩子们沉溺于表演：得体的乖巧，适度的反叛，正式场面作堂皇的发言，私下里则调侃嬉笑一切。它让人孤寂却热闹地成长，因为它切断了孩子身上一切自然、质朴的连接。如此，这些孩子不仅成了自然意义上，更成了社会意义上的"独子"，手足之情被生硬地切割了，他人、集体、友谊成为快速"进步"的沉重累赘，义务、责任、师长、具体人生的各种情谊也都成为羁绊，真实的情感支撑、人伦纽带都风飘云散。欺凌于他们而言，如同一种内置的文化基因。

拷问校园欺凌，真正拷问的是当下的社会病理与教育病理。要校正欺凌，回归优良的教育是一个必然选择：以教师权威的严与慈，以同伴之间的"同情的心"与"帮助的手"挽救与恢复教育的人性基础，培植学生的人伦之情。在既温暖人心又催人奋进的集体教育中，养成温和且友善的性情、培育勇敢且正直的心灵，进而建设正义且团结的社会。

作者系《人民教育》特约评论员

原载于《人民教育》2016 年 11 期

抗逆力让留守儿童摆脱成长困境

赵景欣

长期以来，留守儿童被"问题化"或"污名化"的倾向比较突出。媒体所报道的农村留守儿童的"极端案例"以及局部调查所揭示的令人触目惊心的"问题"，直接强化了"留守"这一负面标签。

农村留守儿童真的是问题儿童吗？我们在访谈研究中发现，50%的留守儿童认为自己乐于交朋友、外向乐观或兴趣爱好广泛等；但是，73%的教师和75%的校长却认为留守儿童任性叛逆、难管理、敏感自卑、不善于交往、在学校表现出不良行为和习惯、学习态度消极、学业成绩欠佳等，只有不足10%的教师或校长提到了农村留守儿童的良好表现。

可见，留守儿童被"问题化"的倾向，直接影响了人们对农村留守儿童的看法和期望，留守儿童与问题儿童之间逐渐被等同起来。

这一结论存在很多值得商榷的地方，包括对农村留守儿童问题行为发生率的夸大、测量工具的不科学选择以及问题的简单归因，等等。分析已有的新闻报道和相关研究结果，虽然总体上农村留守儿童问题行为的发生率较高，但是仍然有一半以上甚至更多的农村留守儿童并没有出现相关的问题行为。

在同样的亲情缺失的不利条件下，为什么有的农村留守儿童表现出了发展上的问题，有些留守儿童却没有出现问题行为，甚至能够发展良好呢？我们可以把留守儿童在不利处境中表现出来的这种自强奋进、积极适应的力量称为"抗逆力"，是个体面对危机或困难处境的适应、内在改变、自我矫正及复原的一种能力。

在抗逆力研究中，一个重要的发现就是：不利处境并不必然导致个体的发展不良，个体仍有机会保持正常的发展，并且其发展水平甚至会超出正常个体的发展水平。抗逆力在儿童发展中的作用虽然神奇，却不是一种"超能力"，而是一种人人都能够具备的能力。拥有抗逆力意味着：个人、家庭或社会能够预防、减轻或克服不利处境带来的损害；个体能够转化不利处境，令生命力更坚强。

在抗逆力这一概念框架下看留守儿童的发展，会使我们不再只关注农村留守儿童群体表现出来的问题，而是更关注如何提升农村留守儿童的抗逆力。

能否培养并提高农村留守儿童的抗逆力呢？答案是肯定的。儿童之所以能够表现出抗逆力，主要是源于保护因素的存在。保护因素不仅可以使来自危险性环境中的个体避免出现后期不良的适应结果，而且能够打破个体已经出现的不良发展进程，并引导其进入积极的发展进程。因此，培养农村留守儿童抗逆力的关键在于开发并强化农村留守儿童个体及其生活中的保护因素。一般来说，农村留守儿童积极发展的保护性因素可以分为三类：一是个体保护因素，这主要包括建立人际关系的能力、解决问题的能力、计划将来的能力及对未来的积极预期、自主行动的能力等；二是家庭保护因素，包括父母的支持、父母对孩子行为的管理、父母关系的和谐、留守监护人的关心和良好的教养方式等；三是社会环境保护因素，包括来自学校、社区等环境中的资源，如教师的支持、积极课程的开发、积极友谊关系的建立，等等。

培养农村留守儿童的抗逆力，一个基本原则就是通过提升家庭以及家庭外社会环境中保护因素的水平，来提升个体自身的保护因素水平或增加个体内部的发展资源，进而达成让农村留守儿童在不利处境中积极发展的目的。作为教育者和养育者，要善于挖掘适合于留守儿童的保护因素，以更好地促进其抗逆力的形成和发展。

作者系《人民教育》特约评论员

原载于《人民教育》2015 年 22 期

第五辑

做一个精神灿烂的人

我这样当老师

《人民教育》编辑部

9月，我们迎来第31个"教师节"。

中国有尊师重教的传统，所谓"弟子事师，敬同于父"。但这个传统正经受社会转型的考验。

随着社会经济的发展，大家对教育关注度不断攀升，社会各界对教育的诉求不断"升级"。

教师职业前所未有"压力山大"。学校不再是单纯的"象牙塔"，教师面临越来越多、越来越复杂的新情况、新动向；"00后"成长起来，他们的思维、行为规律有待研究；家长参与学校教育的愿望空前高涨，另一方面，家校冲突也时常发生……

社会转型期的教育生态，折射到教师身上，让这个群体的生存、思想状况变得复杂、变动不居。

明白这个特点，我们对教师职业的关心、关怀才不会流于表面与肤浅。

因此，除了关注教师的师德规范、专业成长，更应该重视教师每一天里生活的状态、心理的健康，还有他们的业余爱好与志趣情趣。

教师，首先是有丰富情感，有快乐、烦恼、痛苦、欲望的有血有肉的一群人。他们以怎样的方式生存与生活，有怎样的兴趣与业余生活，甚至具备怎样的心态与思维方式，都会直接塑造教师群体的价值观。

教师的工作更多作用于人的精神世界，优秀的教师更类似于精神的导师。精神丰富、灿烂的教师才会培育出同样丰富、灿烂的学生。

精神需要标杆。

在教师队伍中，有着一批坚守理想信念、道德情操高尚、学识扎实、具备仁爱之心的好老师。他们所站立的姿态便是教师职业的标杆。

这些精神标杆如何炼成，它们具备哪些共同的"基因"——特别是当他们同样面对日新月异的世界变迁，面对复杂、多元的教育教学情境，经受平凡、单调生活的考验时，他们究竟是如何跨越这些沟沟坎坎的——他们怎样将平凡日子变得"有光有花有童话"，如何永不停歇、不断奔跑地学习？如何把教育教学生活过得有滋有味、不同凡响？

答案在哪里？也许就在我们认为是平凡光阴的每一天里，也许就在普通得不能再普通的三尺讲台内外。

原载于《人民教育》2016 年 17 期

教师的权威去哪儿了？

周永川

对于昔日母校的教师，我有着不少温情回忆，对他们的敬畏之情，始终挥之不去。哪怕现在再见到他们，内心深处始终为他们的权威预留了大大的空间，哪怕他们已经退休了，甚至已经无力来"教育"我们了。老师的那份感情，让我们在学习的路上备感温暖；而我们对老师的那份敬畏之情，让我们在人生的路上永不懈怠！学习了这么多年的教育学，也一直没有解开心中之谜，母校教师的权威形象，究竟是从何而来，又为何永不消失？他们在学历上并不高，地位上并不耀眼，但随着岁月的流逝，老师的权威反而深深地刻在学生的记忆深处。

不知道从何时开始，学生开始淡化教师的权威；更让人觉得困惑的是，要是谁还坚持教师应该保留这份权威，谁就会被贴上"反教育者"的标签。现在的学生，似乎更喜欢与自己打成一片的教师。教育民主化的进程，似乎就是把原本基于权威的师生关系，转变成更为生活化的朋友情谊。其实，淡化教师权威的过程，也是教师悄悄走下神坛并回归生活的过程。

在传统社会中，教师历来是学科知识的代言人，并以此享有崇高的社会地位，也在学生面前获得了不可挑战的权威。谁要是对教师不敬，更不要说挑战教师的权威了，那就是对知识的不敬，对文化的不忠。今天，知识已经不再是稀缺物。要是在课堂上，依然用照本宣科的方式教学，不但无法提高教师的地位，反倒是贬低了教师权威。这种权威的丧失，是社会进步的表现，是学生成长的必然。教师要想在学科知识上保有权威，就应该更深入地研究学科知识，更个性化地解读学科知识，更有效地传播学科知识。没有对学科知识的深度理解与教育转化，教师专业权威的塑造和保持，将是一件难以想象的事。

一直在琢磨，教学技能技巧的丰富，究竟是提高了教师的权威，还是降低了教师的权威。有了更多的教育教学技巧，自然可以把自己的课上得更加精彩，让学生课堂学习更加愉悦，还能够在各种各样的测试中取得可喜的成绩；但另一方面，在教育教学技巧的遮蔽下，学生们看不到教师的学科智慧，也感觉不到教师的真情与真诚，教师在学生心目中的权威不升反降。教育教学技巧可以锦上添花，但对学生学习有实质帮助的，依然是教师的学科思维和学科能力；在学习过程中鼓励学生负重前行的，依然是教师的真诚与热情。当学生看不到教师的学科思维与智慧时，他就无从佩服你；当学生看不到你的真诚与热情时，他就无从感动自己！

权威的大小，并不是一个绝对值，而决定于教师与学生间的相对地位。在我们读书的那个时代，教师的地位基本上是不可撼动的，不论他掌握的知识有多少，也不论他是否有学科智慧，只要他是你的老师，天然就拥有了权威。今天，这种基于传统、身份的权威正在被瓦解。反倒是以生为本、尊重学生的观念被大家推崇备至。但如果尊重学生要以剥夺教师的权威为代价，那这份尊重中是不是少了教育的成分呢？如果学生失去了对教师的敬重，只把教师权威建立在知识与能力的计算上，不仅教师权威被消解，学生主动学习的可能性也会下降，因为谁会主动向没有权威的教师学习呢！

作者系《人民教育》特约评论员

原载于《人民教育》2016 年 15 期

教师成长的秘密

王　洁

我曾经做过老师，有幸遇到很多业务精专、深受学生喜欢，也颇有成就的老师。对这些老师，当时的我不仅崇敬，更是充满了好奇。后来，我开始了基础教育的研究工作，遇到了更多的优秀教师，在和他们的接触中，越来越多地感受到他们的优秀和精彩。

乍一看，每个优秀的教师都"具有较高的专业水平"，都是"自立和自主"，都是"高绩效"的，但是当你越来越靠近他们，走进他们的心灵世界时，你会发现以上任何一种理解都没有错，但似乎又不是特别准确。

几年前，我和几位同事一起开展了一项研究。结合文献研究与经验，我们选取了研究者和一线教师都认可、处于不同发展阶段，又具有不同背景的20名优秀教师，通过成长档案袋分析、现场访谈以及对一些关键事件进行追踪，等等，由此发现他们在成长中的一些共性的、有意思的行为和思想。

他们是一群对自己所从事的职业充满执着和热爱的人。他们谈起自己的学生，谈起自身的工作总是兴致勃勃。虽然他们也有烦恼、有不如意，但始终享受着工作带给他们的丰富多彩。这种执着和热爱最先是出于把自己工作做好的朴素愿望，然后慢慢地演变为一种工作责任心和使命感，最后发展为一种融入个人生命价值系统的专业情感。

他们是一群始终在思考的人。他们善于质疑"不是问题的问题"，在貌似没有问题的事情中"看到"问题，不满足仅仅使用已建立起来的"常规"

加以解决，而是会不断试验和探索，创造更多促进有效教学的可能性。这种创造还意味着打破常规，寻找与众不同的、超乎常规的办法和思路。

他们是一群乐意迎接挑战的人。他们关注自身的实践，关注别人的实践，关注在实践中学习。他们愿意去回应一些不确定的、超越自身能力范围的问题，他们会积极寻求挑战，保持着对没有现成答案的事物饶有兴趣的探索心理、对百思不得其解的事物发起挑战的气魄。

他们是一群积极回应环境的人。当环境没有变化时，他们会预见环境的变化，并且主动作好应对的准备；当环境明显变化时，他们能仔细分析，发现问题所在，通过学习、思考、行动，审视和选择自己的目标，更新和调整自己的行动，丰富自我；当发展到一定阶段时，他们甚至会主动寻求改变环境，使环境朝着更加有利于成长的方向变化。

他们是团队合作的贡献者和获益者。他们的成长过程就是在不断地给予团队给养的同时，也不断地汲取团队给予他给养的过程。

当我一遍遍翻看这些优秀教师的案例时，我发现他们都有着共同的特点，那就是对教育事业的信念与责任心，对教育研究的执着与兴趣。与拥有同样专业背景和社会人文环境的大多数教师相比，差别或许就在于面对同样挑战、问题时的思维方式、应对策略与方法。

其实，成为优秀教师，并非高不可攀。他们只是做了一些普通教师可以学习、可以做到的事。

优秀教师的成长，没有奥秘。

作者系《人民教育》特约评论员
原载于《人民教育》2016 年 13 期

让青春闪发光辉

于　漪

近年来，有两件事常使我心潮起伏，每想起，就会思绪万千，憧憬教育的美景在青年教师身上持续不断地涌现。

教师节，学校邀请 10 位毕业生座谈自己的成长，气氛热烈。区里上百名初入职的青年教师参加。会到中途，一位青年教师举手激动地说："我要于老师抱我一下。"突如其来的要求把大家给怔住了。我走到她座位旁抱了她，她喃喃地说："我妈妈是你的学生，从小她就对我说，那是真正的语文课，开心啊，丰富啊，一辈子忘不了。"体温温暖了我的手，语言和激情温暖了教师的心。

66 届高中生聚会，纪念同窗 50 周年。昔日的准青年如今已年过花甲，但忆及高中学习生涯的多姿多彩，依然龙腾虎跃，活力不减当年。突然，一位男同学严肃地说："有句话已藏在心里十多年，今天再不说就没有机会了。上世纪 90 年代于老师生病住重症监护室，我和同学去探视，见到那番情况，我向上天祷告，宁可自己少活 10 年，也要让老师多活几年。我祷告祷告，后来没告诉妈妈，也没告诉妻子。"这席话使我难以抑制泪水的涌出。我们都不迷信，但师生之间的挚爱深情感天动地。

教他们的时候，我还是一名青年教师，怎么也没想到从教在学生成长中、在学生生命中，一代乃至两代，是如此有意义、有价值，是如此长效。今日的青年教师，从教比我们那个年代难度大增。身处社会转型时代，物质力量巨大，诱惑无处不在，要让自己的青春充满智慧，闪发光辉，十分重要的是要有定力。坚持教书育人的工作，教师要培养学生成长、成人，自己首先就要做人，做志存高远的人。今日的教育质量就是明日的国民素质，教育质量的高低相当程度上掌握在教师的手中。珍视和敬畏每个学生的生命，追求和践行中国梦，就会自觉地爱岗敬业；认真负责，一丝不苟，发挥聪明才智，创造育人佳绩。《论语·子路》中说得好："其身正，不令而行；其身不正，虽令不从。"面对金钱至上，功利横行，青年教师身上要有正气，用人格魅力熏陶感染学生，收春风化雨之良效。

要获得学生认可、信任，共谱心灵成长交响曲，青年教师须把爱撒播到他们的心田。教育事业是爱的事业，没有爱，就没有教育。爱学生是教师从教的黄金法则。这种爱是超越血缘关系的大爱，承载着国家的期望、人民的嘱托。每个学生都是国家的宝贝、家长的宝贝，都是活泼泼的生命体，成人成才的苗子，真心实意、全心全意培养他们，是责任，是使命。以分取人，以貌取人，或以权取人，以钱取人，是对教育事业的亵渎。青年教师感情丰富、追求心灵的澄澈，把莘莘学子装入心中，休戚与共，呼吸相通，窄小的心就会容纳宇宙的宽广。

爱，要落实在实干上，刻苦钻研，成为学科教学的行家。靠教参上课，那是蹉跎岁月。每节课的质量影响到学生生命的质量，学生每一天的大部分时间都是在课堂里度过的，怎样让他们学有兴趣、学有所得、学有追求，是教师必须倾注心血反反复复研究的问题。课教在课堂上，就会随着声波的消逝销声匿迹；课要教到学生身上，教到学生心中，成为良好素质的因子，终身受益。

青春是美丽的，青年教师在从教中闪发光辉，美景绵长。

作者系当代著名语文教育家、享受国务院特殊津贴专家

原载于《人民教育》2014 年 09 期

做一个配享幸福的教育家

檀传宝

有人说，教师是太阳底下最光辉的职业。也有人说，教师站在人类的摇篮边。在我看来，教师是最有可能获得最幸福人生的人类。

"最有可能获得最幸福人生的人类"的意思，一方面是说，教育是人的再生产，是造福于无数个体、族群乃至整个文明的事业。在现代社会乃至整个人类文明中，教师是一切财富、价值之母。但另外一方面，"可能"并非"现实"。许多教师虽然面临获得最幸福人生的可能性，但仍然可能与幸福生活失之交臂。这也是许多教师常常自感职业倦怠、人生惨淡的症结所在。在日常教育生活里，你是翱翔于幸福的天堂抑或挣扎于悲苦的地狱，完全取决于为师者自身是否具备配享幸福的主体素养。

做一个配享幸福的教育家，需要我们做好以下三方面的精神准备——

一是了解幸福人生"属人"的真谛。真正的幸福只与人的高级需要及其满足相关。当你追求爱与关怀、自我实现、真善美等马斯洛称为"高级需要"的满足时，你就会收获意义人生，远离枯燥、寂寞、无意义的生活。相反，当你奉行"人为财死，鸟为食亡"的人生哲学时，你可以畸形地"快乐"却无法收获真正的"幸福"。这是因为人不仅有与动物相同的生存需要、基础需要，而且有只属于人的精神需求。"五花马，千金裘，呼儿将出换美酒，与尔同销万古愁"说的就是感官的刺激永远无法满足精神的饥渴。失去了人的高贵，你就必定与真正的幸福渐行渐远。

二是建构自我实现的人生梦想。幸福，其实就是梦想得以实现的人生。当一个母亲对子女健康成长的希冀得以实现时，母亲是幸福的。当一个学生有内在的学习动机，满世界寻找难题予以突破的时候，课外作业就是幸福的源泉而非沉重的负担。同理，"有事业心"其实是教师的幸福之本，而不仅仅是某种简单的道德诉求。因为唯有我们在意我们的学生，学生的成长才能带给我们微笑；只有我们追求职业生涯的高远目标，我们才可能收获高峰体验的喜悦。虽然在一个普遍奉行实利主义的时代，梦想是最为珍稀的财富，但是一个号称"人类灵魂工程师"的群体，当然有责任走在茫茫人海的前头领跑幸福人生。

　　三是培育施展才华的主体素养。幸福人生从可能到现实需要许多条件。排除客观环境因素，操之在我的只能是修养配享幸福的主体素养。一个在道德人格上遭人侧目的教师，很难获得学生、同事、家长的真正认可。一个渴望实现教育梦想却缺乏必要的专业知识、技能的教师，也只能收获挫折与沮丧。因此，要让事业的梦想得以实现，需要我们修养专业道德、专业知能。从这个意义上说，修养教育教学能力其实是教师追求自己教育幸福的内在要求，而并不只是为了在职业竞争中得以幸存的被动应对。做一个幸福的教师，其实只是要求我们努力做一个伟大的教师并享受作为伟大教师的喜悦而已！

　　做一个配享幸福的教育家，不仅是教育工作者追求个人幸福人生的"为己之学"，而且是当今中国大时代的需要。在应试教育的阴影之下，学生、教师、家长的苦痛需要我们用"幸福教育"的理念进行最大的救赎。伟大中国梦的追寻，更需要无数中国教育家拥有梦想实现的幸福人生。因此，"为幸福而教"应当成为全体中国教育工作者的座右铭！（2014年7月15日，写于京师园）

原载于《人民教育》2014年17期

致青年教师：生命绝色大美永在前方

曹勇军

久闻新疆伊宁吐尔根杏花谷的美名，前段日子想利用一次入疆支教的机会一睹其风采。可到乌鲁木齐一打听才知道，往返距离竟有 1600 公里之遥，而我的逗留时间有限。可对这个遥远、美好事物的向往和好奇召唤着我、鼓舞着我。在我的一再坚持和新疆友人的热情帮助下，我们上路了，奔驰在茫茫大漠，终于在第二天太阳升起之后，来到花谷，饱览绵延不尽的在山风中绽放摇曳的花树花海，也让我懂得生命绝色大美永在前方路上的真谛。这仿佛是我们教师专业成长的一个隐喻，我想借它给青年教师的专业成长提三点建议。

做一个理想主义者。从事教育事业，需要理想和情怀。有时我甚至觉得这种理想是一种类似宗教的情怀，是一种无条件的奉献和一生的追求。青年教师往往以一种理想化的眼光看待自己的职业，他们的理想还没有被现实淬炼过，往往轻慢忽视日常教学苦涩沉重的世俗性，还不知道真正的理想是在日复一日平凡而单调的教育生活中构建出来的对于明天教育所要培养的人的憧憬和使命。教育理想不是那种彼岸的天国，它是理想中的真实，是以我们今天有限的认识、能力和热情，去为十年、二十年、三十年之后民族发展、社会发展培养一代新人。教育中有诗情画意，但更多的是平凡琐碎。你看见什么取决于你内心的期待和追求。教育是理想与现实的交织，如同一朵莲花，花朵开在天空，根扎进泥土之中。我们既是诗人也是农夫，脚踩着坚实的土地，挥洒生命的汗水，等待花开的季节。只有历经艰险、终身追求的人，才能从看似庸常的教育现实中真正领略到教育的诗意和风采。

做一个长跑主义者。长跑和短跑不一样，短跑需要的是速度和爆发力，长跑需要的是耐力、恒心以及在漫长奔跑过程中的及时调整。青年教师不缺少速度和爆发力，缺少的恰恰是耐力、恒心，他们往往急于求成，希望三步并作两步，快速实现人生的规划、专业发展的目标。所以遇到一些困难，抗打击能力欠缺。什么叫作长跑的耐力？今天上好一节课，明天完成一篇论文，后天参加一次培训提升自己，日复一日，年复一年，不改初心，矢志追求，做一个终身学习者，始能到达专业发展的理想境地。有了这样的长时段规划，今天参加一次教学大赛名落孙山算什么？明天参加一次论文评比没有得到理想的名次算什么？后天学校把一个荣誉称号给了其他的青年教师而没有给你又算什么？你还有漫长的职业奋斗之路，你还有无限的可能性，你还有巨大的进步上升空间。

做一个善于把握机会、创造机遇的人。不少青年教师往往坐等机遇的到来，一旦看到这次机会花落他人，便牢骚满腹，消极悲观，觉得怀才不遇。今天，在不少情况下，怀才不遇者往往其"才"可议，至少你缺少沟通、争取的能力，缺少在别人的质疑中证实自己的能力，更缺少主动创造机会的能力。反之，"机遇亨通者"则往往善于展示实力，证明自己，改善舆论环境，创造属于自己的机会。今天让你上一节观摩课，你消极不情愿，别人积极主动；明天，交给你一项科研任务，你偷懒懈怠，别人二话不说，克服困难完成任务；后天，让你周末到区里去主备一篇课文，你不愿牺牲休息娱乐时间，而别人则抓住这次机会，展示了自己良好的专业素养。你说，最后的发展机会属于谁？

当我横跨北疆的大漠，饱览杏花谷这世间大美的时候，我感受到勃发的生命存在。朋友，何不把自己的专业成长也看作一次吐尔根杏花谷之行，感受着诗与远方的召唤，确立终身学习发展的目标，最终抵达专业生活美好幸福的境界！

作者系《人民教育》特约评论员

原载于《人民教育》2017年09期

我出走，是为了更好地归来

肖培东

　　这个考试离去的下午，我看到了我的暑假时光。很美好，很纯净，很自我。它让我合理放纵，让我在时间的浪潮里跌宕起伏，让我的身体和灵魂恣意游走。

　　假期的品质里，自由，可以自己健康安排，无疑是最重要的。

　　该找个地方走走了。世界不是只有校园那么大，你的步履不能只在学校里印上痕迹。去吧，找个乡村，找片田野，看看庄稼是怎么样在夏日的风里摇曳，看看流水是怎么样在炊烟的召唤下远去，看看秸秆搭成的是怎么样一种悠闲，看看太阳又是怎么样悄悄从山沟沟里爬出来。去吧，走进喧嚣繁华的城市里，你要有一次迷路问询的经历，你要有一次在高楼大厦霓虹灯前踯躅迷茫的体验，你的生活不能只在教本上。去吧，到大山深处，到碧海金滩，到你应该要去却总没有时间去的地方，在生活的其他背景里寻找风景，在世界的其他风景里寻找自己。教学的灵感，一半在课堂，一半在生活。

　　该找个时间陪陪亲人了。世界那么大，最爱你的还是你的家人。暑假存在的另一个意义，就是找回自己的家。把你批改过的作业本，你要教的下学期教材，暂时搁置起来。你是你的，你还是你的家人的。你已经亏欠风尘中那渐渐衰老或者快速青春的面孔许多许多了，这个暑假，你要和他们多唠唠嗑，说说七月的阳光，说说八月的蝉唱，和孩子一起翻滚在草地上。没有一个天地比家更需要你。

把时光交给你的唱片，和我一样，一张一张地听。在学校，你听到的都是紧促的铃声，赶着你奔向教室。这个暑假，可以的话，翻出你珍爱的声音。可以靠在摇椅上，唱机里是钢琴曲，或者吉他声，或者小号，悠远神秘，简直太享受。当然，你珍爱的声音，可能是蚂蚁微笑的声音，是蝴蝶停落枝头的声音，是孩子和你撒娇的声音，是老人碎碎的念叨……每个人要有自己的唱片，刻下这世界芜杂又精致的歌唱。那是生命，教师不能远离这世界的声音。

最为你高兴的是，你终于有时间看看书了。确实，平日里，你是真忙，忙到给自己的内心添加养料的时间都没有。每天深夜，你拖着一身的疲惫走进凌乱的家里，你一脸愧疚地面对这个家，也面对书架上恹恹欲睡积满灰尘的一本本书。教师是最不能和阅读脱离的人。所有靠物质支撑的幸福感都不能持久，在书香世界里浸泡出来的淡定宁静，才是我们幸福的真正源泉。这个暑假，泡上一杯咖啡或清茶，看上几本好书。不怕累的话，思考几个问题，写上几篇文章，别让碎片化、浅层次的阅读淹没你所有的时光。你在书里站了起来，你在生活中就站了起来，你的教学，也因此站得更稳重更高耸。

其他，比如你打打球，锻炼锻炼，比如你学着做一道好菜，比如你和朋友们约起来打打牌吹吹牛侃侃大山，或者，你就好好地睡一觉，不用等闹钟的铃声死命地唤醒。当然，心情有了，体力有了，你去做点公益，表达你对生命的感恩。生活，原来，可以这般美好。

好好工作，赚足暑假轻松的本钱，努力，为了享受该有的休闲。我望着校园里的树，望着水里的鱼，它们的世界也可以很大很大。

"我出走，是为了更纯洁的归来。"这一刻，想起里尔克的诗句。我希望，暑假以后，我们都可以更好地归来。

作者系《人民教育》特约评论员

原载于《人民教育》2015 年 12 期

做一个精神灿烂的人

成尚荣

教师节自然想起教师的伟大。

教师伟大吗？用《教学勇气》书中的观点来看，伟大是指"求知者永远聚焦其周围的主体"。教师正是永远的求知者，他们在求知——教育的过程中，培育着自己丰富的精神，具有丰富精神的主体一定是伟大的。

一位年近40岁的骨干教师在师父面前说自己很忙、很累。说了多次以后，师父严肃地对她说：以后不要再对我说你的忙和累，忙和累无非两种原因，一是身体不好，二是能力不强。此后，她再也不说了，因为她知道师父比她更忙、更累、更苦，但师父从来不叫一声苦和累，因为他是一个有精神的人，一个精神丰富的人。她也想做一个精神丰富的人。

的确，当下的教师是很忙、很累的，但一个精神丰富的教师却透过忙和累看到了另外的东西。

看看远去的先生们吧。杨绛先生常说：我是一滴清水，不是一滴肥皂水。清水，微小，但并不渺小，它可以折射出阳光，照亮周围的世界；肥皂水，膨大，却瞬间消逝，五颜六色，却浮夸、浮华。杨绛很忙，但她总是从容地走到人生边上，她"和谁都不争，和谁争都不屑"。原来，她内心充盈，精神丰富，一切云淡风轻。

周小燕先生常说：我是一个足球运动员，刚踢完了上半场，还要踢下半场，下半场还想再进两个球。说这话时，她已经90岁了。这难道只是一种生活的情趣吗？当然是，又不只是，那是生活情趣里的精神光彩。

童庆炳先生常常感叹最后一课。他牢牢记住恩师黄药眠的最后一课："这最后一课，是他带着牺牲的精神，带着豁出命的精神，来给我们讲课的。"他也常常想象自己的最后一课："我正在讲课，讲得神采飞扬，讲得出神入化，而这时，我不行了，我像卡西尔、华罗庚一样倒在讲台旁或学生温暖的怀抱里。我不知道有没有这种福分。"这分明是一种神圣的"殉道"精神。

先生们一个个远去了，给我们留下的是一个个背影，而这些背影恰恰是精神的正面。他们何止是精神丰富，更是精神灿烂啊！

精神丰富和灿烂，从哲学上看，阐释的是人生的意义。人生的意义不是别人赋予我们的，是自己创造的。因此，人既可以是人生意义的创造者，又可以是人生意义的破坏者。创造人生的意义，定会创造教育的意义，在创造学生当下和未来意义的同时，又培育了自己的人格，让自己的精神灿烂起来。从伦理学看，精神丰富和灿烂阐释的是教育的道德意义。教育是科学，要求真；教育是艺术，要求美；教育是事业，要求奉献和创造。这背后深蕴着一个重要判断：教育首先是道德事业，教师首先是道德教师。道德之光，让教师精神丰富起来，灿烂起来。从心理学看，精神丰富和灿烂阐释了青春的新内涵：青春绝不只是人生道路上的一个年龄阶段，更为重要的是人的心理状态、精神状态。精神灿烂，让教师永远青春美好。

值得注意的是，教师的精神、思想、理想、情怀正面临着严峻挑战。我们处在消费时代，享受和娱乐是绕不开的问题。如果我们一味追求物质享受，那必定淡化精神发育；如果我们追求娱乐化生存，必定淡漠思想的力量；如果我们对幸福的认知发生偏差，那必定淡忘价值的澄清和引领；如果我们的专业发展为"专业"所限，那必定忘却教育的尊严和境界的超越。如果想让这些"如果"不会发生，那只有让我们的精神站立起来，让自己的精神灿烂起来。

教师，应当是个精神丰富的人，精神灿烂的人。

原载于《人民教育》2016年17期

图书在版编目（CIP）数据

《人民教育》精品文丛 / 余慧娟主编 . —上海：华东师范大学出版社，2019
（大夏书系）
ISBN 978 – 7 – 5675 – 9737 – 2

Ⅰ.①人 …　Ⅱ.①余 …　Ⅲ.①基础教育—中国—文集　Ⅳ.① G639.2-53

中国版本图书馆 CIP 数据核字（2019）第 206314 号

大夏书系 ·《人民教育》精品文丛

《人民教育》精品文丛

总 主 编	余慧娟
副总主编	赖配根
策划编辑	李永梅　程晓云
封面设计	奇文云海·设计顾问

出版发行	华东师范大学出版社
社　　址	上海市中山北路 3663 号　邮编　200062
网　　址	www.ecnupress.com.cn
电　　话	021 – 60821666　行政传真　021 – 62572105
客服电话	021 – 62865537
邮购电话	021 – 62869887　地址　上海市中山北路 3663 号华东师范大学校内先锋路口
网　　店	http://hdsdcbs.tmall.com

印 刷 者	北京密兴印刷有限公司
开　　本	700×1000　16 开
印　　张	122
字　　数	1 600 千字
版　　次	2020 年 9 月第一版
印　　次	2020 年 9 月第一次
印　　数	1 000
书　　号	ISBN 978 – 7 – 5675 – 9737 – 2
定　　价	397.00 元

出 版 人	王　焰

（如发现本版图书有印订质量问题，请寄回本社市场部调换或电话 021-62865537 联系）